भारतीय दर्शन-1

(प्रथम खण्ड)

अनुवाद

नन्दकिशोर गोभिल

₹ 650

ISBN : 9788170281870

संस्करण : 2026

BHARÁTIYA DARSHAN (Part-1) by Dr. S. Radhakrishnan

मुद्रक : जी.एस. ऑफसेट, दिल्ली

राजपाल एण्ड सन्ज़

1590, मदरसा रोड, कश्मीरी गेट, दिल्ली–110006

फोन : 011–23869812, 23865483, 23867791

website : www.rajpalpublishing.com

e-mail : sales@rajpalpublishing.com

www.facebook.com/rajpalandsons

भारतीय दर्शन-1

वैदिक युग से बौद्ध काल तक

(Indian Philosophy का हिन्दी अनुवाद)

डॉ. राधाकृष्णन

राजपाल

डॉ. सर्वेपल्लि राधाकृष्णन

प्रस्तावना

यद्यपि संसार के बाह्य भौतिक स्वरूप में, संचार-साधनों, वैज्ञानिक आविष्कारों आदि की उन्नति से बहुत अधिक परिवर्तन हुआ है, किन्तु इसके आन्तरिक आध्यात्मिक पक्ष में कोई बड़ा परिवर्तन नहीं हुआ। क्षुधा एवं अनुराग की पुरातन शक्तियां और हृदयगत निर्दोष उल्लास एवं भय इत्यादि मानव-प्रकृति के सनातन गुण हैं। मानव-जाति के वास्तविक हितों, धर्म के प्रति गम्भीर आवेगों और दार्शनिक ज्ञान की मुख्य-मुख्य समस्याओं आदि ने वैसी उन्नति नहीं की जैसीकि भौतिक पदार्थों ने की है। मानव-मस्तिष्क के इतिहास में भारतीय विचारधारा अपना एक अत्यन्त शक्तिशाली और भाव-पूर्ण स्थान रखती है। महान विचारकों के भाव कभी पुराने अर्थात् अव्यवहार्य नहीं होते। प्रत्युत वह उस उन्नति को जो उन्हें मिटाती-सी प्रतीत होती है, सजीव प्रेरणा देते हैं। कभी-कभी अत्यन्त प्राचीन भावनामयी कल्पनाएं हमें अपने अद्‌भुत आधुनिक रूप के कारण अचम्भे में डाल देती हैं क्योंकि 'अन्तर्दृष्टि' आधुनिकता के ऊपर निर्भर नहीं करती।

भारतीय विचारधारा के प्रतिपाद्य विषय के सम्बन्ध में अत्यधिक अज्ञान है। आधुनिक विचारकों की दृष्टि में भारतीय दर्शन का अर्थ है माया—अर्थात् संसार एक मायाजाल, कर्म अर्थात् भाग्य का भरोसा और त्याग अर्थात् तपस्या की अभिलाषा इस पार्थिव शरीर को त्याग देने की इच्छा आदि दो-तीन 'मूर्खतापूर्ण' धारणाएं मात्र, कोई गम्भीर विचार नहीं और यह कहा जाता है कि ये साधारण धारणाएं भी जंगली लोगों की शब्दावली में व्यक्त की गई हैं, और अव्यवस्थित निरर्थक कल्पनाओं एवं वाक्प्रपंच रूपी कुहासे से आच्छादित हैं, जिन्हें इस देश के निवासी बुद्धि का चमत्कार मानते हैं। कलकत्ता से कन्याकुमारी तक छह मास भ्रमण करने के पश्चात् हमारा आधुनिक सौन्दर्य-प्रेमी, भारत की समस्त संस्कृति एवं दर्शन-ज्ञान को 'सर्वेश्वरवाद' निरर्थक 'पाण्डित्याभि-मान', 'शब्दों का आडम्बर मात्र' और किसी भी हालत में प्लेटो और अरस्तू यहां तक कि प्लाटिनस और बेकन के दार्शनिक ज्ञान के तिल-भर भी समान न होने के कारण हीन बताकर छोड़ देता है। किन्तु एक बुद्धिमान विद्यार्थी जो दर्शन-ज्ञान की प्राप्ति की अभिलाषा रखता है, भारतीय विचारधारा के अन्दर एक ऐसे अद्वितीय सामग्री-समूह को ढूंढ़ निकालता है जिसका सानी सूक्ष्म विवरण एवं विधता दोनों की दृष्टि से ही संसार के किसी भी भाग में नहीं मिल सकता। संसार-भर में सम्भवतः आध्यात्मिक अन्तर्दृष्टि अथवा बौद्धिक दर्शन की ऐसी कोई भी ऊंचाई नहीं है कि जिसका सममूल्य पुरातन वैदिक ऋषियों और अर्वाचीन नैयायिकों के मध्यवर्ती विस्तृत ऐतिहासिक काल में न पाया जाता हो। प्रोफेसर गिलबर्ट मरे के एक अन्य प्रकरण में प्रयुक्त किए गए शब्दों में "प्राचीन भारत मूल में दुःखद होने पर भी विजयी और एक विशिष्ट उज्ज्वल प्रारम्भ है जो चाहे कितनी ही संकटपूर्ण स्थिति में क्यों न हो, संघर्ष करते-करते उच्च शिखर तक पहुंचा है।" वैदिक कवियों की निश्छल सूक्तियां, उपनिषदों की अद्‌भुत सांकेतिकता, बौद्धों का विलक्षण मनोवैज्ञानिक विश्लेषण, और शंकर का विस्मय-विमुग्धकारी दर्शन, ये सब सांस्कृतिक दृष्टिकोण से ऐसे ही अत्यन्त

रोचक एवं शिक्षाप्रद हैं जैसेकि प्लेटो और अरस्तू अथवा कांट और हीगल के दर्शनशास्त्र हैं, यदि हम उक्त भारतीय दर्शन-ग्रन्थों का अध्ययन एक निष्पक्ष और वैज्ञानिक भाव से करें और इन्हें पुराना एवं विदेशी समझकर अपमान की दृष्टि से न देखें, इन्हें हेय समझकर इससे घृणा न करें। भारतीय दर्शन की विशिष्ट परिभाषाएं जिनका सही-सही अनुवाद भी आसानी से अंग्रेज़ी भाषा में नहीं हो सकता, स्वयं इस बात की साक्षी हैं कि इस देश का बौद्धिक विचार कितना अद्भुत है। यदि बाह्य कठिनाइयों को दूर करके उनके ऊपर उठा जाए तो हम अनुभव करेंगे कि मानवीय हृदय की धड़कन में मानवता के नाते कोई भेद नहीं, अर्थात् वह न भारतीय है और न यूरोपीय। यदि मान भी लें कि सांस्कृतिक दृष्टिकोण से भारतीय विचारधारा का कोई महत्त्व नहीं है तो भी वह ध्यान देने योग्य तो है ही, यदि और किसी दृष्टिकोण से नहीं तो कम से कम इसी विचार से कि एशिया की समस्त विचारधाराओं से भी यह भिन्न है और सब पर इसका प्रभाव भी स्पष्ट रूप से लक्षित होता है।

ठीक-ठीक क्रमबद्ध इतिहास के अभाव में किसी भी वृत्त को इतिहास का नाम दे देना अनुचित है और इतिहास शब्द का दुरुपयोग है। प्राचीन भारतीय दर्शनों का ठीक-ठीक समय निर्णय करने की समस्या मनोरंजक भी है एवं उसका समाधान भी असम्भव है और इस क्षेत्र में नाना प्रकार की कल्पनाएं की गई हैं, अद्भुत रचनाओं और साहसपूर्ण अतिशयोक्तियों को भी जन्म दिया गया है। खण्ड-खण्ड रूप में पृथक्-पृथक् पड़ी सामग्री में से इतिहास का निर्माण एक और बड़ी बाधा है। ऐसी परिस्थिति में मुझे इस रचना को 'भारतीय दर्शन का इतिहास' की संज्ञा देने में हिचकिचाहट मालूम होती है।

विशेष-विशेष दर्शनों की व्याख्या करने में मैंने लेखबद्ध प्रमाणों के निकट सम्पर्क में रहने का प्रयत्न किया है, जहां कहीं सम्भव हो सका है उन अवस्थाओं का भी मैंने प्रारम्भिक सर्वेक्षण किया है जिनके अन्दर रहकर इन दर्शनों का आविर्भाव हुआ और यह कि किस हद तक ये भूतकाल के ऋणी हैं एवं विचार की प्रगति में इनकी देन क्या और किस रूप में है। मैंने केवल उक्त दर्शनों के सारभूत मूल तत्त्वों पर ही बल दिया है जिससे कि ब्यौरे में जाने पर भी सम्पूर्ण दर्शन का जो मुख्य आशय है वह दृष्टि से ओझल न हो जाए, और साथ ही साथ किसी सिद्धान्त-विशेष को लेकर चलने से मैंने अपने को बचाने का प्रयत्न किया है। तो भी मुझे भय है कि मेरे आशय के विषय में किसी को भ्रम न हो। इतिहासलेखक का कार्य, विशेष करके दर्शन के विषय में, बड़ा कठिन है। वह चाहे कितना ही केवल ऐतिहासिक घटनाओं को लेखबद्ध करने तक ही सीमा में रहने का प्रयत्न करे, जिससे कि इतिहास को स्वयं अपने अन्तर को खोलकर अपना आशय निरन्तरता, भूलों की समीक्षा एवं आंशिक अन्तदृष्टि को प्रकट करने का अवसर प्राप्त हो सके, तो भी लेखक का अपना निर्णय एवं सहानुभूति देर तक छिपी नहीं रह सकती। इसके अतिरिक्त भी भारतीय दर्शन के विषय में एक अन्य कठिनाई उपस्थित होती है। हमें ऐसी टीकाएं मिलती हैं जो पुरानी होने पर भी काल की दृष्टि से मूल ग्रन्थ के अधिक निकट है। इसलिए अनुमान किया जाता है कि वे ग्रन्थ के सन्दर्भ पर अधिक प्रकाश डाल सकती हैं। किन्तु जब टीकाकार परस्पर-विरोधी मत रखते हैं तब लेखक विरोधी व्याख्याओं के विषय में अपना निर्णय दिए बिना चुप भी नहीं बैठ सकता। इस प्रकार की निजी सम्मतियों को प्रकट किए बिना, जो भले ही कुछ हानिकर हों, रहा भी नहीं जा सकता। सफल व्याख्या से तात्पर्य समीक्षा और मूल्यांकन से है और मैं समझता हूं कि एक न्याय, युक्तियुक्त एवं निष्पक्ष वक्तव्य दे सकने के लिए समीक्षा से बचना आवश्यक भी नहीं है। मैं एकमात्र यह

आशा करता हूं कि इस विषय पर शान्त और निष्पक्ष भाव से विचार किया जायेगा, और इस पुस्तक में और चाहे जो भी त्रुटियां रह गई हों, तथ्यों को पूर्व-निर्धारित सम्मति के अनुकूल बनाने के लिए तोड़ा-मरोड़ा नहीं गया है। मेरा लक्ष्य भारतीय मतों को बतलाने का उतना नहीं है जितना कि उनकी इस प्रकार से व्याख्या करने का है जिससे वे पश्चिमी विचार-परम्परा एवं पद्धति के साथ सामंजस्य में आ सकें। भारतीय और पश्चिमी दो विभिन्न विचारधाराओं में जिन दृष्टान्तों और समानताओं को प्रस्तुत किया गया है उनपर अधिक बल देना ठीक नहीं है, क्योंकि भारतीय दार्शनिक कल्पनाओं की उत्पत्ति शताब्दियों पूर्व हुई है, जिस समय उनकी पृष्ठभूमि में आधुनिक विज्ञान की उज्ज्वल उपलब्धियां नहीं थीं।

भारतवर्ष, एवं यूरोप और अमरीका में अनेक मेधावी विद्वानों ने भारतीय दर्शन के विशेष-विशेष भागों का बहुत सावधानी एवं सम्पूर्णता के साथ अध्ययन किया है। दार्शनिक साहित्य के कुछ विभागों की भी समीक्षात्मक दृष्टि से परीक्षा की गई है किन्तु भारतीय विचार के इतिहास को अविभक्त एवं सम्पूर्ण इकाई के रूप में प्रतिपादित करने का कोई प्रयत्न नहीं हुआ और न ही उसके सतत विकास का प्रतिपादन किया गया जिसके बिना विभिन्न विचारकों व उनके मतों को पूर्णरूप से नहीं समझा जा सकता। भारतीय दर्शन के विकास के इतिहास को उसके प्रारम्भिक अस्पष्ट इतिहास से लेकर विशद रूप में लाना एक अत्यधिक कठिन कार्य है और अकेले इस कार्य को कर सकना किसी अत्यन्त परिश्रमी व बहुश्रुत विद्वान की भी पहुंच के बाहर की बात है। इस प्रकार के सर्वमान्य भारतीय दर्शन के विश्वकोष का निर्माण करने में न केवल विशेष रुचि और पूरी लगन की अपितु व्यापक संस्कृति और प्रतिभासम्पन्न विद्वानों के परस्पर सहयोग की भी आवश्यकता है। इस पुस्तक का दावा इससे अधिक और कुछ नहीं है कि यह भारतीय विचार का एक साधारण सर्वेक्षणमात्र है एवं इसे एक विस्तारपूर्ण विषय की रूपरेखा मात्र ही कहना अधिक उपयुक्त होगा। लेकिन यह कार्य भी बिलकुल सरल नहीं है। आवश्यक विचार-विमर्श से इतिहासलेखक के ऊपर एक बड़े उत्तरदायित्व का भार आ पड़ता है जो इस दृष्टि से और भी महत्त्वपूर्ण है कि कोई एक व्यक्ति अध्ययन के इन सब विविध क्षेत्रों में विषय में अधिकारपूर्वक नहीं कह सकता और इसलिए लेखक को बाध्य होकर ऐसे प्राप्त साक्ष्यों के आधार पर ही अपना निर्णय देने के लिए बाध्य होना पड़ता है जिनके मूल्य का वह स्वयं सावधानी के साथ निर्णय नहीं कर सकता। काल-निर्णय के विषय में मैंने योग्य विद्वानों के अनुसन्धानों के परिणामों पर ही लगभग पूर्णतः निर्भर किया है। मुझे इस बात का पूरा ज्ञान है कि इस विस्तृत क्षेत्र का सर्वेक्षण करने में बहुत-कुछ आवश्यक विषय अछूता ही रह गया है और जिसका प्रतिपादन हुआ है वह भी साधारण रूप में ही आ सका है। यह पुस्तक किसी भी अर्थ में पूर्ण होने का दावा नहीं कर सकती। इस पुस्तक में केवल मुख्य-मुख्य परिणामों का साधारण दिग्दर्शनमात्र किया गया है जिससे कि ऐसे व्यक्तियों को जो इस विषय में सर्वथा अनभिज्ञ हैं, कुछ ज्ञान प्राप्त हो सके और जहां तक सम्भव हो कुछ हद तक उनके अन्दर इसके प्रति रुचि जागृत हो सके, जिस कार्य के लिए यह सर्वथा उपयुक्त है। यदि इस विषय में यह असफल भी रहे तो भी अन्य प्रयासों को इससे सहायता एवं प्रोत्साहन तो प्राप्त हो ही सकेगा।

प्रारम्भ में मेरी योजना दोनों खंडों को एकसाथ प्रकाशित करने की थी किन्तु प्रोफेसर जे. एस. मैकेंज़ी जैसे मेरे कृपालु मित्रों ने मुझे सुझाव दिया कि प्रथम खंड तुरन्त प्रकाशित कर देना चाहिए। चूंकि दूसरे खंड को तैयार करने में कुछ समय लगेगा और पहला खंड

अपने-आपमें पूर्ण है, इसलिए इसे मैं स्वतन्त्र रूप से प्रकाशित कर रहा हूं। इस खंड में जिन मन्तव्यों को विवेचन किया गया है, उनकी विशेषता यह है कि भौतिक अस्तित्व की समस्याओं की तार्किक भावनाओं द्वारा व्याख्या करने की अपेक्षा इस विषय पर अधिक ध्यान दिया गया है कि जीवन में उनकी क्रियात्मक आवश्यकता का समर्थन किया जाये। ऐसे विषयों पर जिनका रूप पाठकों की दृष्टि में दार्शनिक की अपेक्षा धार्मिक अधिक है, विचार करने से नहीं बचा जा सकता था, क्योंकि प्राचीन भारतीय कल्पनाओं में धर्म और दर्शन का बहुत निकट सम्बन्ध रहा है। परन्तु दूसरे खंड में अधिकतर विशुद्ध दार्शनिक विषय पर ही विचार किया जायगा, क्योंकि दर्शनशास्त्रों में सैद्धान्तिक दृष्टि का स्थान मुख्यतः सदा ही ऊपर रहता है, यद्यपि ज्ञान और जीवन के परस्पर घनिष्ठ सम्बन्ध को भी भुलाया नहीं जा सकता।

यहां पर मुझे उन कतिपय प्राच्यविद्या-विशारदों के प्रति कृतज्ञता प्रकट करते हुए हर्ष होता है जिनके ग्रन्थों से मुझे अपने अध्ययन में बहुत सहायता मिली है। उन सबके नामों का उल्लेख सम्भव नहीं है जो स्थान-स्थान पर इस पुस्तक में आएंगे। किन्तु निश्चय ही मैक्समूलर, डयूसन, कीथ, जैकोबी, गार्बे, तिलक, भण्डारकर, रीज़ डेविड्स एवं श्रीमती रीज़ डेविड्स, ओल्डेनबर्ग, पूसीं, सुजुकी और सोजेन के नाम का उल्लेख आवश्यक है।

कितने ही अन्य अमूल्य ग्रन्थ जो हाल में प्रकाशित हुए हैं यथा प्रोफेसर दासगुप्त का 'भारतीय दर्शन का इतिहास' और सर चार्ल्स इलियट का 'हिन्दूइज़्म ऐंड बुद्धिज़्म' मुझे बहुत विलम्ब से प्राप्त हुए, जबकि इस पुस्तक की पाण्डुलिपि पूर्ण करके प्रकाशकों के पास दिसम्बर, 1921 में भेजी जा चुकी थी। प्रत्येक अध्याय के अन्त में दी गई ग्रन्थसूची अपने-आपमें पूर्ण नहीं है। यह केवल अंग्रेज़ी जाननेवाले पाठकों के निर्देशन के लिए है।

मुझे प्रोफेसर जे० एस० मैकेंज़ी और श्री सुब्रह्मण्य अय्यर को धन्यवाद देना है जिन्होंने कृपा करके पुस्तक की पाण्डुलिपि के अधिकतर भाग को पढ़ा और प्रूफ-संशोधन भी किया। इनके मैत्रीपूर्ण सत्परामर्शों से इस पुस्तक को बहुत लाभ पहुंचा। मैं प्रोफेसर ए० बैरीडेल कीथ का अत्यन्त कृतज्ञ हूं जिन्होंने प्रूफ-संशोधन किया और कई बहुमूल्य सुझाव भी दिए। मैं 'लाइब्रेरी आफ फिलासफी' के सम्पादक प्रोफेसर जे० एच० म्योरहैड का उनकी उस बहुमूल्य और उदारतापूर्ण सहायता के लिए अत्यन्त कृतज्ञ हूं जो उन्होंने इस पुस्तक की प्रेस कापी तैयार करने में तथा उससे पूर्व भी प्रदान की है। उन्होंने पुस्तक की पाण्डुलिपि पढ़ने का कष्ट किया और उनके सुझाव तथा आलोचनाएं मेरे लिए अत्यन्त सहायक सिद्ध हुई हैं। मैं (स्वर्गीय) सर आशुतोष मुकर्जी नाइट् सी० एस० आई० का भी अत्यन्त कृतज्ञ हूं, क्योंकि उन्होंने मुझे इस कार्य के लिए निरन्तर प्रोत्साहित किया और कलकत्ता विश्वविद्यालय के स्नातकोत्तर विभाग में उच्चतर कार्य के लिए सब प्रकार की सुविधाएं प्रदान कीं।

नवम्बर, 1922 **—राधाकृष्णन**

विषय-सूची

प्रथम भाग

वैदिक काल

पहला अध्याय

दूसरा अध्याय

तीसरा अध्याय

चौथा अध्याय

द्वितीय भाग

महाकाव्य काल

पांचवां अध्याय

छठा अध्याय

सातवां अध्याय

आठवां अध्याय

नवां अध्याय

दसवां अध्याय

ग्यारहवां अध्याय

परिशिष्ट

भारतीय दर्शन-1

वैदिक काल

पहला अध्याय

विषय-प्रवेश

भारत की प्राकृतिक स्थिति—भारतीय विचारधारा की सामान्य विशेषताएं—भारतीय दर्शन के विरुद्ध कुछ आरोप—भारतीय दर्शन के अध्ययन का महत्त्व—भारतीय विचारधारा के विभिन्न काल।

1. भारत की प्राकृतिक स्थिति

चिन्तनशील व्यक्तियों के विचारों के प्रस्फुटित हो सकने तथा विभिन्न कलाओं और विज्ञानों के समृद्ध हो सकने के लिए एक सुव्यवस्थित समाज का होना अत्यावश्यक है जो पर्याप्त सुरक्षा और अवकाश प्रदान कर सके। घुमक्कड़ों के समुदाय मं, जहां लोगों को जीवित रहने के लिए संघर्ष करना और अभाव से पीड़ित रहना पड़ता है, किसी समृद्ध संस्कृति का पनप सकना असम्भव है। भाग्य से भारत ऐसे स्थान पर स्थित है जहां प्रकृति अपने दान में मुक्तहस्त रही है और जहां के प्राकृतिक दृश्य मनोरम हैं। एक ओर हिमालय अपनी सघन पर्वतमाला और उत्तुंगता के कारण तथा दूसरे पार्श्वों में लहराता हुआ सागर एक लम्बे समय तक भारत को बाहरी आक्रमणों से सुरक्षित रखने में सहायक सिद्ध हुए। उदार प्रकृति ने प्रचुर मात्रा में खाद्य-सामग्री प्रदान की और इस प्रकार यहां के निवासी कठोर परिश्रम और जीवित रहने के संघर्ष से मुक्त रहे। भारतीयों ने कभी यह अनुभव नहीं किया कि संसार एक युद्ध-क्षेत्र है जहां लोग शक्ति, सम्पत्ति और प्रभुत्व की प्राप्ति के लिए संघर्ष करते हैं। जब हमें पार्थिव जीवन की समस्याओं को हल करने, प्रकृति से अधिकाधिक लाभसाधन करने तथा संसार की शक्तियों को नियन्त्रित करने में अपनी शक्ति को व्यर्थ नहीं गंवाना पड़ता तो हम उच्चतर जीवन के विषय में, इस विषय में कि आत्मशक्ति में किस प्रकार और अधिक पूर्णता के साथ रहा जा सकता है, सोचना-विचारना आरम्भ करते हैं। संभवतः यहां के दुर्बल बनाने वाले जलवायु ने भारतीयों को विश्राम और कर्मविरति की ओर प्रवृत्त किया। विस्तृत पत्रसंकुल वृक्षावली से पूर्ण विशाल वनों ने धर्मनिष्ठ व्यक्तियों को शांतिपूर्वक विचरने की तथा अद्भुत कल्पनाओं और दिव्य आनन्द के गान में रत रहने की अत्यधिक सुविधा प्रदान की। संसार से क्लांत व्यक्ति इन प्राकृतिक दृश्यों के अवलोकनार्थ तीर्थयात्रा पर निकलते हैं,

आन्तरिक शान्ति प्राप्त करते हैं, मन्द-मन्द पवन तथा निर्झरों का संगीत सुनते हैं, एवं पक्षियों और वनलता-पल्लवों के मर्मरगान से प्रमुदित होकर स्वस्थ हृदय और प्रफुल्ल मन वापस लौटते हैं। आश्रमों, तपोवनों और वानप्रस्थों की अरण्य-कुटियों में ही भारत के तत्त्वचिन्तकों ने ध्यानमग्न होकर जीवनसत्ता की गम्भीर समस्याओं पर विचार किया। सुरक्षित जीवन, प्राकृतिक साधनों की सम्पन्नता, अतिचिन्ता से मुक्ति, जीवन की जिम्मेदारियों से विरक्ति और क्रूर व्यावहारिक स्वार्थ के अभाव ने ही भारत के उच्चतर जीवन को प्रोत्साहन प्रदान किया जिसके परिणामस्वरूप हमें इतिहास के आरम्भकाल से ही भारतीय मन में आत्मज्ञान के लिए एक प्रकार की विकलता, विद्या के प्रति प्रेम और मस्तिष्क की अधिक स्वस्थ और युक्तियुक्त प्रवृत्तियों के प्रति लालसा दिखाई देती है।

प्राकृतिक स्थितियों के अनुकूल होने तथा पदार्थों के गूढ़ार्थ पर विचार करने योग्य बौद्धिक क्षेत्र उपलब्ध होने के कारण भारतीय उस सर्वनाश से बचा रहा जिसे प्लेटो ने सबसे बुरा बताया है, अर्थात् विवेक से घृणा। उसने अपने 'फीडो' नामक ग्रन्थ में लिखा है कि "आओ, हम सबसे अधिक इस बात का ध्यान रखें कि इस विपत्ति से हम ग्रस्त न हों, कि हम विवेकद्वेषी न बनें, जैसे कुछ लोग मानवद्वेषी हो जाते हैं; क्योंकि मनुष्यों के लिए इससे बड़ा दुर्भाग्य और कोई नहीं हो सकता कि वे विवेक के शत्रु बन जाएं।" ज्ञान का आनन्द मनुष्य को उपलब्ध एक पवित्रतम आनन्द है और भारतीय मस्तिष्क में इसके लिए प्रबल लालसा की ज्वाला विद्यमान है।

संसार के अन्य कितने ही देशों में जीवनसत्ता-सम्बन्धी मीमांसा को एक प्रकार के विलास के समान माना जाता है। जीवनकाल के गंभीर क्षणों का उपयोग कर्म करने के लिए किया जाता है और दार्शनिक अभिनिवेश को प्रासंगिक एवं अवान्तर विषय माना जाता है। प्राचीन भारत में दर्शन का विषय किसी अन्य विज्ञान अथवा कला के साथ जुड़ा हुआ न होकर सदा ही अपने-आप में एक प्रमुख और स्वतन्त्र स्थान रखता था। किन्तु पश्चिमी देशों में अपने विकास के पूर्ण यौवनकाल में भी, जैसे प्लेटो और अरस्तु के समय में, इसे राजनीति अथवा नीतिशास्त्र जैसे किसी अन्य विषय का सहारा लेना पड़ा है। मध्यकाल में इसे परमार्थ विद्या के नाम से जाना जाता था, बेकन और न्यूटन के लिए यह प्राकृतिक विज्ञान था और उन्नीसवीं शताब्दी के विचारकों के लिए इसका गठबन्धन इतिहास, राजनीति एवं समाजशास्त्र के साथ रहा। भारत में दर्शनशास्त्र आत्मनिर्भर और स्वतन्त्र रहा है तथा अन्य सभी विषय प्रेरणा और समर्थन के लिए इसका आश्रय ढूंढ़ते हैं। भारत में यह प्रमुख विज्ञान है जो अन्य विज्ञानों के लिए मार्गदर्शक है, क्योंकि बिना तर्कज्ञान के आश्रय के वे सब खोखले और मूर्खतापूर्ण समझे जाते हैं। मुण्डकोपिनिषद् में 'ब्रह्मविद्या' (नित्य-विषयक ज्ञान) को अन्य सब विज्ञानों का आधार, सर्व-विद्या-प्रतिष्ठा कहा गया है। कौटिल्य का कथन है, "दर्शनशास्त्र (आन्वीक्षिकी-दर्शन) अन्य सब विषयों के लिए प्रदीप का कार्य करता है, यह समस्त कार्यों का साधन और समस्त कर्तव्यकर्मों का मार्गदर्शक है।"[1]

चूंकि दर्शनंशास्त्र विश्व की समस्या को समझने का एक मानवीय प्रयास है इसलिए इस पर जाति और संस्कृति के प्रभावों का पड़ना निश्चित है। प्रत्येक राष्ट्र की अपनी विशिष्ट मनोवृत्ति होती है और उसका बौद्धिक झुकाव भी अपना विशेष होता है। इतिहास की शताब्दियों के प्रवाह और उन समस्त परिवर्तनों के बीच जिनसे भारत गुजरा है, एक विशेष

1. देखें, 'इंडियन ऐंटिक्वेरी', 1918, पृष्ठ 102। और भी देखें,' 'भगवद्गीता' 10:32।

एकरूपता परिलक्षित होती है। इसने कुछ मानसिक विशेषताओं को दृढ़ता से पकड़ रखा है, जो इसकी विशिष्ट परम्परा के अभिन्न अंग हैं, और ये विशेषताएं भारतीय जनों के विशिष्ट लक्षणों के रूप में तब तक विद्यमान रहेंगी जब तक भारतीयों को अपने स्वतन्त्र अस्तित्व को अक्षुण्ण बनाये रखने का सौभाग्य प्राप्त रहेगा। व्यक्तित्व का अर्थ है विकास की स्वाधीनता। आवश्यक नहीं कि इसका अर्थ असमानता हो। नितान्त असमानता सम्भव नहीं, क्योंकि समस्त संसार में मनुष्य समान है; विशेषतः जहां तक आत्मा की प्रतीति का सम्बन्ध है, मानव सर्वत्र समान है। काल, इतिहास और स्वभाव के भेद से अवश्य भिन्नता लक्षित होती है। ये भेद विश्व-संस्कृति की सम्पन्नता को बढ़ाते हैं, क्योंकि दार्शनिक विकास का इससे अधिक सुगम मार्ग और कोई नहीं है। इससे पूर्व कि हम भारतीय विचारधारा के विशिष्ट स्वरूपों पर दृष्टिपात करें, कुछ शब्द भारतीय विचारधारा पर परिश्रम के प्रभाव के सम्बन्ध में भी आवश्यक हैं।

प्रायः यह प्रश्न उठाया जाता है कि क्या भारतीय विचारधारा ने विदेशी सूत्रों से, यथा यूनान से, अपने विचार उधार लिए हैं और किस सीमा तक लिए हैं। भारतीय तत्त्वचिन्तकों के कुछ विचार प्राचीन यूनान में प्रतिपादित कुछ सिद्धान्तों से इतने मिलते हैं कि यदि कोई चाहे तो इनमें से किसी भी विचारधारा को सरलता से हीन सिद्ध कर सकता है।[1] विचारों के सम्बन्धन का प्रश्न उठाना एक निरर्थक विषय के पीछे पड़ना है। निष्पक्ष दृष्टि वाले किसी व्यक्ति के लिए संतापों का होना ऐतिहासिक समानान्तरता का ही एक प्रमाण है। समान अनुभव मनुष्यों के मन में समान विचारों को जन्म देते हैं। ऐसा कोई भौतिक प्रमाण उपलब्ध नहीं जिससे कम से कम यह सिद्ध हो सके कि भारत ने अपने दार्शनिक विचार सीधे-सीधे पश्चिम से उधार लिए। भारतीय विचारधारा के हमारे इस वृतान्त से यह स्पष्ट होगा कि यह मानवीय मस्तिष्क का एक नितान्त स्वतन्त्र उपक्रम है। दार्शनिक समस्याओं पर यहां बिना किसी पश्चिमी प्रभाव अथवा सम्बन्ध के विचार-विमर्श किया गया है। पश्चिम के साथ प्रासंगिक संसर्ग होने पर भी भारत अपने आदर्श जीवन, दर्शन एवं धर्म को विकसित करने के लिए स्वतन्त्र रहा। इस प्रायद्वीप में आकर बसनेवाले आर्यों के आदिस्थान के बारे में चाहे जो भी मत ठीक हो, उनका पश्चिम अथवा उत्तर के अपने सजातियों के साथ शीघ्र ही सम्बन्ध टूट गया और उन्होंने एक निजी तथा सर्वथा स्वतन्त्र पद्धति पर अपना विकास किया। यह सत्य है कि भारत पर उत्तर-पश्चिम के दर्रों की ओर से आनेवाली सेनाओं ने बार-बार आक्रमण किया किन्तु उनमें से सिकन्दर के आक्रमण के सिवाय और किसी ने दो विश्वों के मध्य आध्यात्मिक संसर्ग को प्रोत्साहन नहीं दिया। केवल उसके पश्चात् के काल में ही,

1. सर विलियम जोन्स ने लिखा है : "दर्शन की शाखाओं के सम्बन्ध में यहां पर इतना निरूपण पर्याप्त होगा कि प्रथम न्याय अरस्तू के दर्शन के समान है; द्वितीय न्याय, जिसे कभी-कभी वैशेषिक कहा जाता है, आयनिक दर्शन (यूनान) के सदृश है; दोनों मीमांसादर्शन, जिनमें से दूसरे को प्रायः वेदान्त के नाम से जाना जाता है, प्लेटो के दर्शन-सदृश है; प्रथम सांख्य प्राचीन इतालवी दर्शन के सदृश और द्वितीय, पतंजलि का, स्टोइक दर्शन के सदृश है; यहां तक कि गौतम अरस्तू के अनुकूल है, कणाद थेलीज के जैमिनी सुकरात के, व्यास प्लेटो के, कपिल पिथागोरस के और पतंजलि जेनो के अनुकूल है।" (ग्रन्थावली, 1 : 360-1। और भी देखें, कोलब्रुक कृत 'मिसलेनियस एसेज़' 1 :436।) यह मत तो प्रायः प्रकट किया जाता है कि यूनानी विचारधारा पर भारतीय दर्शन का प्रभाव पड़ा, किन्तु यह प्रायः नहीं कहा जाता है कि यूनानी विचारधारा का ऋणी है। (देखें, गाब कृत 'फिलासफी आफ एन्शियंट इंडिया', अध्याय 2)

जब से समुद्र का मार्ग खुला है, अधिक घनिष्ठ संसर्ग को बढ़ावा मिल सका है जिसके परिणामों के विषय में अभी हम कुछ नहीं कह सकते, क्योंकि वे अभी निर्माण की अवस्था में ही हैं। इसलिए सब प्रकार के व्यावहारिक प्रयोजन के लिए हम भारतीय विचारधारा को एक परिपूर्ण दार्शनिक पद्धति अथवा विचारों के एक स्वायत्त विकास के रूप में मान सकते हैं।

2. भारतीय विचारधारा की सामान्य विशेषताएं

भारत में दर्शनशास्त्र मूलभूत रूप से आध्यात्मिक है। भारत की प्रगाढ़ आध्यात्मिकता ने ही, न कि उसके द्वारा विकसित किसी बड़े राजनीतिक ढांचे या सामाजिक संगठन ने, इसे काल के विध्वंसकारी प्रभावों और इतिहास की दुर्घटनाओं को सहन कर सकने की सामर्थ्य प्रदान की। भारत के इतिहास में कई बार बाह्य आक्रमणों और आन्तरिक फूट ने इसकी सभ्यता और संस्कृति को नष्टप्राय करने का प्रयास किया। यूनानियों और सीथियनों ने, फारसवासियों और मुगलों ने, फ्रांसीसियों और अंग्रेज़ों ने क्रमशः इस सभ्यता को दबाने का प्रयत्न किया, और फिर भी इसने अपना मस्तक ऊंचा रखा है। भारत पूरे तौर से कभी पराजित नहीं हुआ और इसकी आत्मा की वह पुरातन लौ आज भी प्रकाशमान है। अपने अब तक के सम्पूर्ण जीवन में भारत का एक ही उद्देश्य रहा है, वह है सत्य का संस्थापन और असत्य का प्रतिकार। इसने त्रुटि भले ही की हो किन्तु इसने वही किया जिसके योग्य इसने अपने-आपको समझा और जिसकी इससे आशा की गई। भारतीय विचारधारा के इतिहास में मस्तिष्क के अन्तहीन गवेषणा के दृष्टान्त मिलेंगे, जो पुरातन होने पर भी सदा नवीन हैं।

भारतीय जीवन में आध्यात्मिक प्रयोजन का स्थान सदा ही सर्वोपरि रहता है। भारतीय दर्शन की रुचि मानव-समुदाय में है, किसी काल्पनिक एकान्त में नहीं। इसका उद्भव जीवन में से होता है और विभिन्न शाखाओं और सम्प्रदायों में से होकर यह पुनः जीवन में ही प्रवेश करता है। भारतीय दर्शन की महान रचनाओं का वह आधिकारिक या प्रामाणिक स्वरूप नहीं है जो परवर्ती समीक्षाओं और टीकाओं की एक प्रमुख विशेषता है। गीता और उपनिषदें जनसाधारण के धार्मिक विश्वास की पहुंच के बाहर नहीं हैं। ये ग्रन्थ इस देश के महान् साहित्य के अंग हैं और साथ ही बड़ी-बड़ी दार्शनिक विचार-धाराओं के माध्यम भी हैं। पुराणों में कथाओं और कल्पनाओं के रूप में सत्य छिपा हुआ है जिससे कि न्यूनबोध जनता के बड़े वर्ग का भी उपकार हो सके। बहुसंख्यक जनता की रुचि को तत्त्वमीमांसा की ओर प्रवृत्त करने का जो दुष्कर कार्य है उसमें भारत ने सफलता प्राप्त की है।

दर्शनशास्त्र के संस्थापकों ने देश के सामाजिक-आध्यात्मिक सुधार का प्रयास किया है। जब भारतीय सभ्यता को ब्राह्मण-सभ्यता कहा जाता है तो इसका तात्पर्य केवल यह है कि इसका मुख्य स्वरूप एवं इसके प्रधान लक्ष्यों का निरूपण दार्शनिक विचारकों और धार्मिक आचार्यों के द्वारा हुआ है, यद्यपि इनमें से सभी का जन्म ब्राह्मण-कुल में नहीं हुआ। प्लेटो के इस विचार को कि दार्शनिकों को समाज का शासक और निदेशक होना चाहिए, भारत में ही क्रियात्मक रूप दिया गया है। यहां यह माना गया है कि परम सत्य आध्यात्मिक सत्य ही है और उन्हीं के प्रकाश में जीवन का संस्कार किया जाना चाहिए।

भारत में धर्म-सम्बन्धी हठधर्मिता नहीं है। यहां धर्म एक युक्तियुक्त संश्लेषण है जो दर्शन की प्रगति के साथ-साथ अपने अन्दर नये-नये विचारों का संग्रह करता रहता है।

अपने-आप में इसकी प्रकृति परीक्षणात्मक और अनन्तिम है, और यह वैचारिक प्रगति के साथ कदम मिलाकर चलने का प्रयास करता है। यह सामान्य आलोचना कि भारतीय विचार बुद्धि पर बल देने के कारण दर्शनशांस्त्र को धर्म का स्थान देता है, भारत में धर्म के युक्तियुक्त स्वरूप का समर्थन करती है। इस देश में कोई भी धार्मिक आन्दोलन ऐसा नहीं हुआ जिसने अपने समर्थन में दार्शनिक विषय का विकास भी साथ-साथ न किया हो। हैवल का कहना है : "भारत में धर्म को रूढ़ि या हठधर्मिता का स्वरूप प्राप्त नहीं है, वरन् यह मानवीय व्यवहार की ऐसी क्रियात्मक परिकल्पना है जो आध्यात्मिक विकास की विभिन्न स्थितियों में और जीवन की विभिन्न अवस्थाओं में अपने-आपको अनुकूल बना लेती है।"[1] जब भी धर्म ने एक जड़ मतवाद का रूप धारण करने की प्रवृत्ति दिखाई तो अनेक आध्यात्मिक पुनरुत्थान और दार्शनिक प्रतिक्रियाएं उत्पन्न हुईं और उपलब्ध विश्वास कसौटी पर कसे गए, असत्य का खण्डन कर सत्य की संस्थापना की गई। हम बराबर देखेंगे कि जब-जब परम्परागत विश्वास, काल-परिवर्तन के कारण, अपर्याप्त ही नहीं झूठ सिद्ध होते हैं और युग उनसे ऊब जाता है तो बुद्ध या महावीर, व्यास या शंकर जैसे युगपुरुष की चेतना आध्यात्मिक जीवन की गहराइयों में हलचल उत्पन्न करती हुई जन-मानस पर छा जाती है। भारतीय विचारधारा के इतिहास में निस्संदेह ये बड़े महत्त्वपूर्ण क्षण रहे हैं, आन्तरिक कसौटी और अन्तर्दृष्टि के क्षण, जबकि आत्मा की पुकार पर मनुष्य का मन एक नये युग में पग रखता है और एक नए साहसिक कार्य पर चल पड़ता है। दर्शन के सत्य और जनसाधारण के दैनिक जीवन का घनिष्ठ सम्बन्ध ही धर्म को सदा सजीव और वास्तविक बनाता है।

धर्मविषयक समस्याओं से दार्शनिक भावना को उत्तेजना मिलती है। भारतीय मस्तिष्क प्राचीन परम्परा से ही सर्वोपरि परब्रह्म, जीवन के उद्देश्य और मनुष्य का विश्वात्मा के साथ सम्बन्ध आदि प्रश्नों के समाधान में परिश्रमपूर्वक लगा रहा है। भारत में यद्यपि दर्शनशास्त्र ने साधारणतया अपने को धार्मिक परिकल्पना के आकर्षण से अछूता नहीं रखा तो भी दार्शनिक विचार-विमर्श की प्रगति में धार्मिक रीतियों एवं क्रियाकलाप ने कोई बाधा नहीं डाली। दोनों का परस्पर संविलयन कभी नहीं हुआ। आगम और व्यवहार के बीच, सिद्धान्त और वास्तविक जीवन के बीच, घनिष्ठ सम्बन्ध होने के कारण कोई दर्शन जो जीवन की कसौटी पर खरा न उतर सकता, उपयोगितावाद की दृष्टि से नहीं, वरन् अपने विस्तृत अर्थों में, कभी भी जीवित नहीं रह सकता था। उन लोगों के लिए जो जीवन और आगम के मध्य वास्तविक नाते का महत्त्व पहचानते हैं, दर्शन जीवन की एक पद्धति या उसका अंग, आत्म-साक्षात्कार का एक साधन, बन जाता है। यहां कोई भी दार्शनिक शिक्षा ऐसी नहीं थी, यहां तक कि सांख्य की भी नहीं, जो केवल एक मौखिक शब्द या सम्प्रदायगत रूढ़ि-मात्र रह गई हो। प्रत्येक सिद्धान्त को एक ऐसी ओजस्वी श्रद्धा के रूप में जीवन में परिवर्तित कर दिया गया जिसने मनुष्य के हृदय को उद्वेलित किया और उसे चैतन्य से परिपूर्ण कर दिया।

यह कहना असत्य है कि भारत में दर्शनज्ञान कभी भी प्रबुद्ध और आत्मचेतन अथवा विवेचनात्मक नहीं रहा। यहां तक कि प्रारम्भिक अवस्थाओं में भी तार्किक चिंतन की प्रवृत्ति धार्मिक विश्वास में सुधार की ओर रही है। धर्म के उस विकास को देखिए जिसका संकेत वेदमन्त्रों से लेकर उपनिषदों तक हुई प्रगति में मिलता है। जब हम बौद्धधर्म के समीप पहुंचते

1. 'आर्यन रूल इन इंडिया', पृष्ठ 170। देखें, 'द हार्ट आफ हिन्दूइज्म' नामक लेख : 'हिबर्ट जर्नल', अक्तूबर, 1922।

हैं तो ज्ञात होता है कि दार्शनिक भावना ने पहले से ही एक विश्वासपूर्ण मानसिक वृत्ति का रूप धारण कर लिया है, जो बुद्धि से सम्बन्ध रखने वाले विषयों में किसी बाह्य प्रमाण के आगे नहीं झुकती और जो अपने उद्यम की किसी सीमा को भी तब तक स्वीकार नहीं करती जब तक कि यह तर्कसम्मत न जंचे, क्योंकि तर्क हर वस्तु के अन्तस्तल में प्रवेश करता है, हर चीज़ की परख करता है और जहां तक युक्ति एवं प्रमाण मार्ग दिखा सकते हैं, निर्भयतापूर्वक आगे बढ़ता है। जब हम विभिन्न दर्शनों अथवा विचार की विभिन्न पद्धतियों तक पहुंचते हैं तो हमें क्रमबद्ध विचार के प्रति विशाल और आग्रहपूर्ण प्रयत्नों का प्रमाण मिलता है। यह दर्शन किस प्रकार परम्परागत धार्मिक विश्वासों और पक्षपातों से सर्वथा मुक्त हैं, यह इससे स्पष्ट हो जाता है कि सांख्य दर्शन ईश्वर की सत्ता के विषय में मौन है, हालांकि उसकी सैद्धान्तिक प्रमाणातीतता के विषय में वह आश्वस्त है। वैशेषिक और योग दर्शन एक परब्रह्म की सत्ता को तो स्वीकार करते हैं, किन्तु उसे विश्व का कर्ता नहीं मानते और जैमिनी ईश्वर का उल्लेख तो करते हैं, किन्तु उसे विधाता एवं संसार का नैतिक शासक मानने से इनकार करने के लिए ही। प्रारम्भिक बौद्ध दर्शनों को ईश्वर के प्रति उदासीन माना जाता है और हमारे यहां भौतिकवादी चार्वाक भी मिलते हैं जो ईश्वर के अस्तित्व का निषेध करते हैं, पुराहितों का उपहास करते हैं, वेदों की भर्त्सना करते हैं तथा सांसारिक सुख में ही मुक्ति की खोज करते हैं।

जीवन में धर्म और सामाजिक परम्परा की श्रेष्ठता दार्शनिक ज्ञान के मुक्त अनुसरण में बाधक नहीं होती। यह एक अद्‌भुत विरोधाभास है, किन्तु फिर भी एक प्रकट सत्य है, क्योंकि जहां एक ओर किसी व्यक्ति का सामाजिक जीवन जन्मगत जाति की कठिन रूढ़ि से जकड़ा हुआ है वहां उसे अपना मत स्थिर करने में पूरी स्वतन्त्रता प्राप्त है। प्रत्येक व्यक्ति, चाहे वह किसी भी सम्प्रदाय में जन्मा हो, तर्क द्वारा उस सम्प्रदाय की समीक्षा कर सकता है। यही कारण है कि भारतभूमि में विधर्मी या धर्म-भ्रष्ट, संशयवादी, नास्तिक, हेतुवादी एवं स्वतन्त्र विचारक, भौतिकवादी एवं आनन्दवादी—सभी फलते-फूलते रहे हैं। महाभारत में कहा है : "ऐसा कोई मुनि नहीं जो अपनी भिन्न सम्मति न रखता हो।"

यह सब भारतीय मस्तिष्क की प्रबल बौद्धिकता का प्रमाण है जो मानवीय कार्यकलाप के समस्त पक्षों के आभ्यन्तर सत्य एवं नियम को जानने के लिए प्रयत्नशील है। यह बौद्धिक प्रेरणा केवल दर्शनशास्त्र और ब्रह्मविद्या तक ही सीमित नहीं है, बल्कि तर्क-शास्त्र और व्याकरणशास्त्र में, अलंकारशास्त्र और भाषाविज्ञान में, आयुर्विज्ञान और ज्योतिषशास्त्र में—वस्तुतः स्थापत्यकला से लेकर प्राणिविज्ञान तक समस्त ललित कलाओं और विज्ञानों में व्याप्त है। इस देश में प्रत्येक वस्तु जो जीवन के लिए उपयोगी है अथवा मस्तिष्क के लिए रुचिकर है, जांच-पड़ताल एवं समीक्षा का विषय बन जाती है। यहां का बौद्धिक जीवन कितना व्यापक और पूर्ण रहा है इसका आभास इस तथ्य से मिल सकता है कि यहां अश्वपालन-विद्या एवं हाथियों को प्रशिक्षित करने की विद्या जैसे छोटे-छोटे विषयों तक के अपने-अपने शास्त्र और साहित्य रहे हैं।

वास्तविक सत्ता के स्वरूप-निर्णय के दार्शनिक प्रयास का समारम्भ या तो विचारक (प्रमाता) आत्मा से या विचार के विषय (प्रमेय) पदार्थों से हो सकता है। भारत में दर्शन की रुचि मनुष्य की आत्मा में है। जब दृष्टि बाहर की ओर होती है तो निरन्तर बदलती हुई घटनाओं का प्रवाह ध्यान आकृष्ट कर लेता है। इसके विपरीत भारत में 'आत्मानं विद्धि', अर्थात् अपनी आत्मा को पहचानो, इस एक सिद्धान्त में समस्त धार्मिक आदेश और

युगपुरुषों की शिक्षाएं समाविष्ट हैं। मनुष्य के अपने अन्दर वह आत्मा है जो प्रत्येक वस्तु का केन्द्र है। मनोविज्ञान और नीतिशास्त्र आधारभूत विज्ञान हैं। भौतिक मन के जीवन का चित्रण उसकी समस्त गतिशील विविधताओं तथा उज्ज्वलता और कालिमा के सूक्ष्म संयोजन के साथ हुआ है। भारतीय मनोविज्ञान ने एकाग्रता के महत्त्व को समझा है और उसे सत्य के प्रत्यक्ष ज्ञान के साधन के रूप में माना है। उसका विश्वास रहा है कि जीवन या मन का ऐसा कोई क्षेत्र नहीं है जहां इच्छा-शक्ति एवं ज्ञान के विधिवत् प्रशिक्षण द्वारा नहीं पहुंचा जा सकता। उसने मन और शरीर के घनिष्ठ सम्बन्ध को पहचाना था। आत्मिक या मानसिक अनुभव, यथा मनःपर्यय और अतीन्द्रिय दृष्टि आदि, न तो असामान्य और न ही चमत्कारक समझे जाते हैं। यह विकृत मन अथवा दैवीय प्रेरणा से उत्पन्न शक्तियां नहीं, बल्कि ऐसी शक्तियां हैं जिन्हें मानवीय मानस सावधानीपूर्वक अभिनिश्चित परिस्थितियों में प्रकट कर सकता है। मनुष्य के मन के तीन रूप हैं—अवचेतन, चेतन व अतिचेतन; और 'असामान्य' मानसिक चमत्कार—जिन्हें भावोन्माद (परमानन्द या समाधि), प्रतिभा, ईश्वरीय प्रेरणा, विक्षिप्तावस्था आदि भिन्न-भिन्न नामों से जाना जाता है—अतिचेतन मन की क्रियाओं के अतिरिक्त और कुछ नहीं है। योगदर्शन विशेषकर ऐसे ही अनुभवों से सम्बन्धित है, यद्यपि अन्य दर्शन-प्रणालियां भी उनका उल्लेख करती हैं और अपने प्रयोजन के लिए उनका उपयोग भी करती हैं।

मानसविज्ञान द्वारा प्रस्तुत आधार-सामग्री ही अध्यात्मविद्याओं का आधार है। इस आलोचना को सारहीन नहीं कहा जा सकता कि पाश्चात्य अध्यात्मविद्या एक-पक्षीय है, क्योंकि इसका ध्यान केवल जागरितावस्था तक ही सीमित है। चेतना की अन्य अवस्थाएं भी हैं जिन पर जागरितावस्था की भांति ही विचार करना आवश्यक है। भारतीय विचारधारा जागरितावस्था, स्वप्नावस्था और सुषुप्ति (स्वप्नरहित निद्रा) पर ध्यान देती है। यदि हम केवल जागरितावस्था को ही सब कुछ मान लें तो हमें अध्यात्मविद्या की यथार्थवादी, द्वैतपरक तथा बहुत्ववादी संकल्पनाएं ही प्राप्त होती हैं। जब हम केवल स्वप्नचेतना का पृथक् रूप से अध्ययन करते हैं तो हमें आत्मवादी या विषयिविज्ञानवादी सिद्धान्तों की ही प्राप्ति होती है। सुषुप्ति या स्वप्नरहित प्रगाढ़ निद्रा की अवस्था हमें अमूर्त और रहस्यपूर्ण सिद्धान्तों की ओर उन्मुख करती है। सम्पूर्ण सत्य की प्राप्ति के लिए चेतना की समस्त अवस्थाओं को ध्यान में रखना आवश्यक है।

आत्मपरकता के विषय में विशेष रुचि रखने का तात्पर्य यह नहीं है कि भौतिक विज्ञानों के विषय में भारत ने कुछ नहीं किया। यदि हम भौतिक विज्ञान के क्षेत्र में प्राप्त की गई सफलताओं की ओर दृष्टिपात करें तो हमें मालूम होगा कि स्थिति इससे ठीक विपरीत है। प्राचीन भारतीयों ने गणितविद्या एवं यन्त्रविद्या की नींव डाली थी। उन्होंने भूमि का माप किया, वर्ष के विभाग किए, आकाश के नक्शे तैयार किए, सूर्य एवं अन्यान्य ग्रहों के, राशि-मण्डलीय परिधि के अन्दर घूमने के मार्ग का परिशीलन किया, प्रकृति की रचना का विश्लेषण किया एवं प्राकृतिक पक्षियों, पशुओं, पेड़-पौधों और बीजों आदि तक का अध्ययन किया।[1] "ज्योतिषशास्त्र-सम्बन्धी उन विचारों का, जो संसार में प्रचलित हैं, आदिस्रोत क्या था, इस

1. हम एक ऐसे अंश का उद्धरण देते हैं जो कोपर्निक्स से कम से कम 2000 वर्ष पूर्व ऐतरेय ब्राह्मण में लिखा गया था, "सूर्य न तो कभी अस्त होता है और न कभी उदय। जब लोग सोचते हैं कि सूर्य अस्त हो रहा है तब वह केवल एक परिवर्तन में आता है; दिन के अन्त में नीचे के हिस्से में रात हो जाती है और दूसरी ओर दिन हो जाता है। फिर जब लोग सोचते हैं कि सूर्य उदित हो रहा है तब वह केवल रात्रि के अन्त में पहुंचकर फिर एक परिवर्तन में आ रहा होता है, और नीचे के→

विषय में हम चाहे जो भी परिणाम निकालें, यह सर्वथा सम्भव है कि बीजगणित का आविष्कार हिन्दुओं ने किया और उसका प्रयोग ज्योतिष-शास्त्र एवं ज्यामिति में भी हुआ। अरबवासियों ने भी बीजगणित के विश्लेषक विचारों को और उन अमूल्य अंक-सम्बन्धी चिह्नों और दशमलव के विचारों को, जिनका आज यूरोप में सर्वत्र प्रचलन है और जिनके कारण गणितविद्या ने अद्भुत उन्नति की है, भारतवासियों से ग्रहण किया।"[1] "चांद और सूरज की गतियों का भी हिन्दुओं ने बहुत सूक्ष्म अध्ययन किया था और यहां तक इस विषय में उन्नति की थी कि उनके द्वारा निर्धारित चन्द्रमा की ग्रहों अथवा तारों के समुच्चय-सचेत परिक्रमा का अंकन यूनानियों द्वारा निर्धारित गति से कहीं अधिक पूर्ण और सही था। उन्होंने क्रान्तिवृत्त को 27 एवं 28 भागों में विभक्त किया था, जिसका सुझाव उन्हें चन्द्रमा की दैनिक अवधि से और प्रतीत होता है कि स्वयं उनकी अपनी आकृतियों से भी मिला था। भारतीय ज्योतिषी मुख्य ग्रहों में से जो सबसे अधिक उज्ज्वल ग्रह हैं उनसे भी विशेषरूप से अभिज्ञ थे। बृहस्पति का परिक्रमणकाल सूर्य एवं चन्द्रमा के परिक्रमणकाल के साथ-साथ उनके वर्ष में नियमित होकर 60 वर्ष के कालचक्र में उनके और बेबिलन के भविष्यवक्ता ज्योतिषियों में एक समान है।"[2] यह अब सर्वसम्मत विषय है कि हिन्दुओं ने बहुत प्राचीन समय में दोनों विज्ञानों अर्थात् तर्कशास्त्र एवं व्याकरण को जन्म दिया एवं उनका विकास किया।[3] विल्सन लिखता है : "चिकित्सा-विज्ञान में भी ज्योतिष और अध्यात्मविद्या की भांति ही एक समय हिन्दू लोग संसार के सबसे अधिक प्रबुद्ध राष्ट्रों के साथ-साथ चलते थे। और उन्होंने आयुर्वेद और शल्य-चिकित्सा में इसी प्रकार पूर्ण दक्षता प्राप्त की थी जैसी कि उन अन्य देशों ने की थी जिनकी खोज के परिणाम आज हमारे सामने हैं, और वह इससे बहुत पूर्व के समय में व्यवहार में भी आती थी जबकि आधुनिक खोज करनेवालों ने शरीर-विज्ञान का परिचय हमें दिया।[4] यह सत्य है कि उन्होंने चिकित्सा-सम्बन्धी बड़े-बड़े यन्त्रों का आविष्कार नहीं किया, इसका कारण यह है कि दयालु ईश्वर ने इस देश के निवासियों को बड़ी-बड़ी नदियां और भोजन के लिए प्रचुर मात्रा में अनाज दे रखा था। हमें यह भी स्मरण रखना चाहिए कि ये यांत्रिक आविष्कार अन्ततः उस सोलहवीं शताब्दी एवं उसके बाद की उपज हैं जिस समय तक भारत अपनी स्वाधीनता खोकर पराश्रयी बन चुका था। जिस दिन से इसने अपनी स्वतन्त्रता खोई और पराये देशों से झूठा प्रेम का नाता बांधना प्रारंभ किया, इसे एक प्रकार के शाप ने ग्रस लिया और यह किंकर्तव्यविमूढ़ हो गया। उससे पूर्व तक इसमें गणितविद्या, ज्योतिष, रसायनशास्त्र, चिकित्सा विज्ञान, शल्यचिकित्सा और अन्यान्य भौतिक विज्ञान के उन विभागों के अलावा जो प्राचीन समय में उपयोग में आते थे, कलाओं, दस्तकारी और उद्योगों के मामले में भी अपनापन रखने की क्षमता थी। इस देश के वासी पत्थरों को तराशना, तस्वीरें बनाना, सोने पर पालिश करके उसे चमकाना, और कीमती कपड़े बुनना जानते थे। उन्होंने उन सब प्रकार की कलाओं, ललित एवं औद्योगिक कलाओं का विकास किया, जिनसे सभ्य जीवन की परिस्थितियां प्राप्त होती हैं। उनके जहाज़ समुद्र पार करते थे और उनकी धन-सम्पदा अपने

→हिस्से में दिन और दूसरे हिस्से में रात कर देता है। वस्तुतः वह कभी अस्त नहीं होता।"—हौग कृत संस्करण, 3 : 44; छान्दोग्य उप० 3-2 : 1-3; यदि यह जनश्रुति ही है तो भी रोचक है।

1. मोनियर विलियम्स — 'इंडियन विज्डम', 184।
2. कोलब्रुक कृत अनुवाद—'भास्कर्स वर्क आफ ऐल्ज़ेब्रा', पृ० 22।
3. देखिए, मैक्समूलर—'संस्कृत लिटरेचर'।
4. 'वर्क्स', खण्ड 3, पृष्ठ 269।

देश से बाहर भी जूडिया, मिस्र और रोम तक अपना वैभव दिखाती थी। उनके विचार मनुष्य और समाज, सदाचार एवं धर्म के विषय में उस युग के लिए अद्वितीय माने जाते थे। यह कहना अयुक्तियुक्त होगा कि भारतीय अपनी कविताओं और पौराणिक कल्पनाओं में ही मस्त रहते थे और उन्होंने विज्ञान एवं दर्शन को त्याज्य समझा, यद्यपि यह सत्य है कि उनका झुकाव अधिकतर वस्तुओं के एकत्व की ओर रहा और वे चालाकी, धूर्तता अथवा विघटन पर ज़ोर नहीं देते थे।

यदि इस प्रकार का भेद करना अनुचित न समझा जाय तो हम कहेंगे कि कल्पनात्मक मस्तिष्क अधिकतर संश्लेषणप्रिय होता है जबकि वैज्ञानिक मस्तिष्क अधिकतर विश्लेषणात्मक पाया जाता है। पहले प्रकार के मस्तिष्क का झुकाव ब्रह्मांड-सम्बन्धी दर्शन की रचना की ओर होता है, जो एक व्यापक दृष्टिकोण से सब वस्तुओं के निकास, युगों के इतिहास एवं जगत् के विघटन एवं विनाश की व्याख्या करता है। दूसरे प्रकार का मस्तिष्क संसार के जड़ एवं अंशव्यापी भागों पर ही केन्द्रित रहता है और इस प्रकार एकत्व एवं पूर्णता के विचार से वंचित रहता है। भारतीय विचारक अस्तित्व के सम्बन्ध में विस्तृत और अभौतिक विचारों पर बल देते हैं और इसलिए आलोचक आसानी से भारतीय विचारकों पर अधिकतर आदर्शवादी, ध्यानमग्न, स्वप्नदर्शी, कल्पनाविहारी और संसार में अजनबी होने का दोषारोपण कर सकता है, जबकि पश्चिमी विचारक अधिकतर विशिष्टतावादी एवं उपयोगितावादी हैं। पश्चिमी विचारक, जिन्हें हम इन्द्रिय कहते हैं उन पर निर्भर करता है जबकि भारतीय कल्पना के क्षेत्र में आत्मज्ञान के ऊपर बल देता है। यहां पर एक बार फिर हमें यही कहना होता है कि ये भारत की अनुकूल प्राकृतिक स्थितियां ही हैं जिनके कारण भारतीयों की प्रवृत्ति कल्पनापरक रही, क्योंकि उनके पास संसार की सुन्दर वस्तुओं का आनन्द लेने के लिए और अपनी आत्मिक संपत्ति को कविता, कहानी, संगीत, नृत्य, कर्मकाण्ड और धर्म के रूप में प्रकट करने के लिए पर्याप्त अवकाश था, क्योंकि बाह्य जगत् के प्रलोभन उनका ध्यान बंटाने को नहीं थे। 'विचारमग्न पूर्व' का नाम जो प्रायः उपहास के रूप में हमारे देश को दिया जाता है वह बिलकुल निराधार नहीं है।

यह भारत का संश्लेषणात्मक दृष्टिकोण ही है जिससे यहां के दार्शनिक ज्ञान के अन्तर्गत अनेक विज्ञान समवेत हैं जोकि आधुनिक समय में अलग-अलग रूप में आ गए हैं। पश्चिम में पिछले लगभग सौ वर्ष के समय में ज्ञान की अनेक शाखाएं हो गईं, जोकि उससे पूर्व दर्शनशास्त्र, अर्थशास्त्र, राजनीतिशास्त्र, नीतिशास्त्र, मनोविज्ञान एवं शिक्षा-शास्त्र आदि एक-एक करके इनसे कट-कटकर पृथक् होती चली गईं। प्लेटो के समय में दर्शनशास्त्र के अन्दर ये सब विज्ञान सम्मिलित थे जो मानव-प्रकृति से सम्बद्ध हैं और जो मानव-हितों के अन्तस्तल का निर्माण करते हैं। इसी प्रकार प्राचीन धर्मशास्त्रों में हमें दार्शनिक क्षेत्र का पूरा सार सन्निविष्ट मिलता है। उसके पश्चात् आधुनिक काल में पश्चिमी देशों में दर्शनशास्त्र एक प्रकार से अध्यात्मविद्या, अर्थात् ज्ञान-सम्बन्धी गूढ़ विवादों, सत्ता और उसके मूल्यांकन का पर्यायवाची हो गया और यह आपत्ति की जाती है कि अध्यात्मविद्या बिलकुल कल्पनात्मक हो गई है, जिसका सम्बन्ध मनुष्य-प्रकृति के कल्पनात्मक एवं क्रियात्मक दोनों पक्षों से सर्वथा पृथक हो गया है।

यदि हम भारतीय मस्तिष्क की आत्मनिष्ठ रुचि को इसके संश्लेषणात्मक दृष्टिकोण के साथ रखकर विचार करें तो हम इस परिणाम तक पहुंचते हैं कि अद्वैतपरक बाह्य शून्यवाद

ही वास्तविक तथ्य है। वैदिक विचार का सम्पूर्ण विकास इसी की ओर निर्देश करता है। इसी पर बौद्ध एवं ब्राह्मण धर्म आश्रित हैं। यह वह परम सत्य है जिसका आविष्कार भारत में हुआ। यहां तक कि वे दर्शन-पद्धतियां भी, जो अपने को द्वैतवादी अथवा अनेकवादी घोषित करती हैं, प्रबल रूप में अद्वैत स्वरूप से आच्छादित प्रतीत होती है। यदि हम भिन्न-भिन्न मतों का सारतत्त्व निकालकर सूक्ष्म दृष्टि से देखें तो प्रतीत होगा कि सामान्य रूप में भारतीय विचारधारा की स्वाभाविक प्रवृत्ति जीवन एवं प्रकृति की अद्वैतपरक बाह्य शून्यवादी व्याख्या की ओर ही है। यद्यपि यह झुकाव इतना लचीला, सजीव और भिन्न प्रकार का है कि इसके कई विविध रूप हो गए हैं और यहां तक कि यह परस्पर-विरोधी उपदेशों के रूप में परिणत हो गया है। हम यहां पर संक्षेप में उन मुख्य-मुख्य स्वरूपों की ओर ही निर्देश करेंगे जो भारतीय विचारधारा में अद्वैत-सम्बन्धी बाह्य शून्यवाद ने अंगीकार किए, और उनके ब्यौरेवार विकास एवं समीक्षात्मक मूल्यांकन को छोड़ देंगे। इससे हम भारत में दर्शनशास्त्र से क्या तात्पर्य लिया जाता है इसे एवं इसके स्वरूप और क्रिया को ठीक-ठीक ग्रहण कर सकेंगे। अपनी कार्यसिद्धि के लिए अद्वैतपरक बाह्य शून्यवाद के चार विभाग करना ही पर्याप्त है; यथा (1) अद्वैतवाद (अर्थात् सिवाय ब्रह्म के दूसरी सत्ता नहीं), (2) विशुद्धाद्वैत, (3) विशिष्टाद्वैत और (4) अव्यक्त (उपलक्षित) अद्वैतवाद।

दर्शनशास्त्र साक्षात् अनुभव-सम्बन्धी घटनाओं को लेकर चलता है। तार्किक आलोचना यह निश्चय करने के लिए आवश्यक है कि एक विशेष व्यक्ति द्वारा जानी गई घटनाएं सब व्यक्तियों को स्वीकार हैं या नहीं, अथवा केवल अपने स्वरूप में ही आत्म-निष्ठ हैं। सिद्धान्तों को उसी अवस्था में स्वीकार किया जा सकता है जब वे घटनाओं की सन्तोषजनक व्याख्या कर सकें। हम पहले कह चुके हैं कि मानसिक एवं चेतना-सम्बन्धी घटनाओं का अध्ययन भारतीय विचारकों ने उतनी ही सावधानी और एकाग्रता के साथ किया है जितना कि आधुनिक वैज्ञानिक बाह्य जगत की घटनाओं का अध्ययन करते हैं। अद्वैतपरक बाह्य शून्यवाद के परिणाम भी मनोवैज्ञानिक सूक्ष्म अन्वेक्षणों के आधार पर स्थित हैं।

आत्मा की चेष्टाएं तीन अवस्थाओं में, यथा जागृति, स्वप्न, और सुषुप्ति में घटित होती हैं। स्वप्नावस्थाओं में एक वास्तविक ठोस जगत् हमारे आगे प्रस्तुत किया जाता है, हम उसे वास्तविक जगत् इसलिए नहीं मानते, क्योंकि जागने पर हमें प्रतीत होता है कि स्वप्नावस्था का जगत् जागरितावस्था के जगत् के अनुकूल नहीं है, तो भी अपेक्षया स्वप्नावस्था के विचार से स्वप्न-जगत् वास्तविक है। यह विभिन्नता हमारे जागरित जीवन के मान्य मानदण्ड के कारण है न कि एक सत्य के विकल्पशून्य ज्ञान के अपने कारण, जो हमें यह बतलाती हो कि स्वप्नावस्थाएं जागरितावस्थाओं से कम वास्तविक हैं। वस्तुतः जागरित अवस्था की यथार्थसत्ता भी तो स्वयं अपेक्षाकृत ही है। इसकी कोई स्थिर सत्ता नहीं, क्योंकि केवल जागरित अवस्था से ही इनका सम्बन्ध है। स्वप्नावस्था में और निद्रितावस्था में यह विलुप्त हो जाती है। जागरित चेतना एवं जागरित अवस्था के जगत् का वैसा ही पारस्परिक सम्बन्ध है जैसा कि स्वप्नचेतना का और स्वप्न में प्रकट हुए जगत् का। ये दोनों परम सत्य नहीं हैं, क्योंकि शंकर के शब्दों में जबकि "स्वप्नावस्था के जगत का प्रतिदिन प्रत्याख्यान हो जाता है, जागरितावस्था के जगत् का भी प्रत्याख्यान विशेष-विशेष परिस्थितियों में हो जाता है।" स्वप्नरहित प्रगाढ़ निद्रा (सुषुप्ति) में ऐन्द्रिय चेतना का एकदम अभाव हो जाता है। कई भारतीय विचारकों का मत है कि इस अवस्था में एक प्रकार की उद्देश्य-रहित चेतना रहती है। हर हालत में इतना तो स्पष्ट है कि स्वप्न-रहित प्रगाढ़ निद्रा एकदम अभावात्मक नहीं है,

क्योंकि ऐसी कल्पना का विरोध स्वयं निद्रा की सुखमय विश्रान्तिपरक भावना-सम्बन्धी परवर्त्ती स्मृति से हो जाता है। इस बात को बिना स्वीकार किए हम नहीं रह सकते कि आत्मा निरन्तर विद्यमान रहती है, यद्यपि सब प्रकार के अनुभवजन्य ज्ञान से यह उस अवस्था में विरहित होती है। जब निद्रा प्रगाढ़ रहती है तब किसी पदार्थ का बोध नहीं होता और न हो ही सकता है। उस अवस्था में विशुद्ध आत्मा विचारों के उन अवशिष्ट एवं प्रक्षिप्त अंशों से सर्वथा अछूती होती है, जो विशेष-विशेष मनोवृत्तियों के साथ उदय होते एवं विनष्ट होते रहते हैं। "भिन्न एवं परिवर्तित होने वाले पदार्थों के बीच जो न भिन्न होता है, न ही परिवर्तित होता है, यह अवश्य उन पदार्थों से पृथक् है।"[1] आत्मा, जो निरन्तर अपरिणामी रूप में विद्यमान रहती है और समस्त परिवर्तनों के बीच एक समान है, उन सबसे पृथक् है। अवस्थाएं बदलती हैं, आत्मा में परिवर्तन नहीं होता। "समस्त अन्तरहित मासों, वर्षों और छोटे एवं बड़े युगों में, भूतकाल एवं भविष्य में यह स्वतः ज्योतिष्मान चेतना ही एक सत्ता है जो न कभी उदय होती है और न ही अस्त होती है।"[2] जहां देश और काल अपने समस्त विषयों के साथ विलुप्त हो जाते हैं वहां एक प्रतिबन्धरहित यथार्थ सत्ता ही वास्तविक भासित होती है। यह आत्मा ही है जो स्वयं निर्लिप्त रहकर जागृति, स्वप्न और सुषुप्ति की अवस्थाओं की परिवर्तनशील मनोवृत्तियों से प्रभावित विचारों के नाटक की एकमात्र साक्षी एवं दर्शक के रूप में बराबर विद्यमान रहती है। हमें विश्वास है कि हमारे अन्दर ऐसी एक सत्ता है जो सुख-दुःख, गुण-अवगुण और पुण्य-पाप से परे है। "आत्मा न कभी मरती है न जन्म लेती है—अजन्मा, नित्य, शाश्वत और पुरातन यह शरीर के नाश के साथ कभी नष्ट नहीं होती। यदि मारने वाला समझता है कि वह इस आत्मा को मार सकता है अथवा मृत मनुष्य यह समझता है कि वह मारा गया तो वे दोनों सत्य से अनभिज्ञ हैं, क्योंकि यह न तो मारती है न मर सकती है।"[3]

सदा एकरस रहने वाली आत्मा के अतिरिक्त हमारे आगे इन्द्रियानुभूति के विविध पदार्थ हैं। जीवात्मा नित्य एवं स्थायी है, अविभाज्य एवं अच्छेद्य है जबकि बाह्य पदार्थ अनित्य और सदा परिवर्तनशील हैं। जीवात्मा परम सत्य है, क्योंकि सब पदार्थों से स्वतन्त्र एवं पृथक् है किन्तु पदार्थ मनोवृत्तियों के साथ परिवर्तित होते रहते हैं।

हम संसार की व्याख्या कैसे करें? विविध प्रकार के इन्द्रियानुभव देश, काल और कारण से बद्ध हमारे सामने हैं। यदि आत्मा एक है, व्यापक है, अटल निर्विकार एवं निर्विकल्प है, तो हमें जगत् में परस्पर-विरोधी स्वरूपों का विस्तृत समूह भी मिलता है। हम इसे केवल अनात्म और प्रमाता के अतिरिक्त प्रमेय पदार्थों का समूह ही कह सकते हैं। किसी भी अवस्था में यह यथार्थ नहीं है। जगत् की मुख्य-मुख्य श्रेणियां—काल, देश, और कारण सब आत्मविरोधी हैं। ये अपने निर्माणकर्त्ता अवयवों के ऊपर आश्रित अन्योन्याश्रित परिभाषाएं हैं। इनकी यथार्थ सत्ता नहीं है। किन्तु ये असत् भी नहीं हैं। जगत् विद्यमान है, हम इसके अन्दर और इसके द्वारा सब काम करते हैं। हम इस जगत् के अस्तित्व के कारण और प्रयोजन, अर्थात् 'कैसे' और 'क्यों', को नहीं जान सकते। 'माया' शब्द से तात्पर्य जगत् की इस अज्ञेयता से ही है। यह प्रश्न कि परम-आत्मा का इन्द्रियानुभूति के निरन्तर प्रवाह के साथ

1. "येषु व्यावर्तमानेंषु यदनुवर्तते तत्तेभ्यो भिन्नम्" (भामती)।
2. पंचदशी, 1 : 7।
3. कठोपनिषद्, 2 : 18-19; भगवद्गीता, 2 : 19-20।

क्या सम्बन्ध है और यह क्यों और कैसे होता है, तथा यह प्रश्न कि दो वस्तुएं सत् हैं, इन सबका तात्पर्य है कि हम यह धारणा कर लेते हैं कि हर विषय में क्यों और कैसे का प्रश्न उठता है। इस मत के आधार पर यह कहना कि अनन्त ने सान्त का रूप धारण कर लिया है अथवा अनन्त ब्रह्म अपने को मूर्तरूप में प्रकट करता है, सर्वथा बेकार की बात है। अनन्त की अभिव्यक्ति कभी सान्त द्वारा नहीं हो सकती, क्योंकि जिस क्षण भी अनन्त सान्त के द्वारा अभिव्यक्ति प्रवृत्त होगा, स्वयं उसकी अनन्तता नष्ट हो जाएगी और वह सान्त हो जाएगा। यह कहना कि इन्द्रियातीत परम सत्ता में ह्रास और पतन होने के कारण वह इन्द्रियानुभूति का विषय हो जाती है, अपने आपमें उसके परमत्व का विरोधी हो जाएगा। पूर्ण सत्ता में ह्रास नहीं हो सकता। पूर्ण प्रकाश के अन्दर अन्धकार का निवास नहीं हो सकता। हम यह स्वीकार नहीं कर सकते कि परब्रह्म, जो परिवर्तन से परे है, परिवर्तित होकर सान्त (मूर्तरूप) हो सकता है। परिवर्तन का तात्पर्य है अभिलाषा अथवा किसी वस्तु का अभाव अनुभव करना और यह पूर्णता के अभाव का द्योतक है। परब्रह्म कभी इन्द्रियज्ञान का विषय नहीं हो सकता, क्योंकि जो जाना जाता है वह सान्त और सापेक्ष होता है। हमारा सान्त मन काल, देश और कारण की परिधि से परे नहीं जा सकता और न हम इनकी व्याख्या ही कर सकते हैं, क्योंकि व्याख्या करने के प्रयत्न का ही तात्पर्य होगा कि हम इन्हें अंगीकार कर लेते हैं। विचार के द्वारा, जोकि स्वयं सापेक्ष जगत् का एक भाग है, हम परम ब्रह्म को नहीं जान सकते। हमारा सापेक्ष ज्ञान जागरित अवस्था का एक प्रकार का स्वप्न-मात्र है। विज्ञान और तर्क इसके अंश भी हैं और इनके कार्य भी। अध्यात्मविद्या की सफलता के ऊपर न तो खेद प्रकट करना चाहिए और न ही उसका उपहास करना चाहिए, न प्रशंसा ही करनी चाहिए और न दोष ही देना चाहिए; बल्कि उस पर गम्भीरतापूर्वक विचार करना चाहिए। बौद्धिक क्षमता से उत्पन्न स्वाभाविक नम्रता के साथ प्लेटो अथवा नागार्जुन, कांट अथवा शंकर घोषणा करते हैं कि हमारी बुद्धि केवल सापेक्ष का विचार करती है और निरपेक्ष परब्रह्म इसकी पहुंच से बाहर है।

यद्यपि परम सत्ता का ज्ञान तर्कशास्त्र की विधि से नहीं हो सकता तो भी वे सब जो सत्य को जानने के लिए प्रयत्नशील हैं, उस सत्ता का अनुभव करके जान जाते हैं कि उसी सत्ता के अन्दर हम सब जीवन बिताते हैं व समस्त कर्म करते हैं और उसी सत्ता से हम सत्ता धारण किए हुए हैं। केवल इसके द्वारा अन्य सब कुछ जाना जा सकता है। यह समस्त ज्ञान का नित्य साक्षी स्वरूप है। अद्वैतवादी तर्क करता है कि उसका सिद्धान्त सत्य घटनाओं के तर्क पर आश्रित है। आत्मा अत्यन्त आभ्यन्तर और गहनतम सत्ता है जिसे सब अनुभव करते हैं, क्योंकि यह ज्ञान एवं अज्ञात पदार्थों की भी आत्मा है और उसे जानने वाला उसके स्वयं के अतिरिक्त और कोई नहीं है। यह सत्य है और नित्य है और इसके अतिरिक्त और कुछ नहीं है। इन्द्रियानुभूतिजन्य ज्ञान के श्रेणी-विभाजन के विषय में अद्वैतवादी का कहना है कि वे वह हैं किन्तु वही उनका अन्त भी है। हम क्यों का जवाब जानते भी नहीं और जान सकते भी नहीं। यह सब एक प्रकार की प्रतिकूलता है, किन्तु है वास्तविक। अद्वैतवाद की उक्त दार्शनिक स्थिति गौड़पाद और शंकर ने अंगीकार की है।

ऐसे भी वेदान्ती हैं जो इस मत से सन्तुष्ट नहीं है और अनुभव करते हैं कि अपनी उलझन को माया के नाम से ढकना उचित नहीं है। वे उस पूर्ण सत्ता के—जो सब प्रकार के निषेधात्मक अभाव से रहित है, स्वयं निर्विकार एवं यथार्थ है, और जिसका अनुभव ज्ञान की गहराइयों में होता है—तथा इस परिवर्तनशील, एवं सृज्यमान जगत् के बीच के सम्बन्ध की

अधिक निश्चयात्मक व्याख्या करते हैं। उस एकमात्र सत्ता की पूर्णता की रक्षा के लिए हमें बाध्य होकर कहना पड़ता है कि यह सृष्टि बाहर से किसी अवयव के जुड़ने से निर्मित नहीं हुई है, क्योंकि इसके बाहर अथवा इसके अतिरिक्त कोई वस्तु है ही नहीं। यह केवल एक ह्रास के कारण ही सम्भव है। इस सृष्टि-रूपी परिवर्तन के लिए प्लेटो के असत् अथवा अरस्तू की प्रकृति जैसे किसी अभावात्मक तत्त्व की कल्पना कर ली जाती है। इस अभावात्मक तत्त्व की क्रिया के द्वारा क्रियाशील अनेक के मध्य में निर्विकार सत्ता का विस्तार हो गया आभासित होता है, जैसे सूर्य के अन्दर किरणें आती हैं किन्तु सूर्य उन्हें धारण नहीं करता। माया नाम उसी अभावात्मक तत्त्व का है जो सर्वव्यापक सत्ता को उच्छृंखल कर देता है, जिससे अनन्त उत्तेजना और निरन्तर रहनेवाली अशान्ति का जन्म होता है। विश्व का प्रवाह उसी निर्विकार की प्रतीयमान अवनति के कारण सम्भव होता है। सृष्टि में जो कुछ भावनात्मक गुण है वह सब उसी यथार्थ सत्ता के कारण है। जगत् के पदार्थ अपनी वास्तविक सत्ता को पुनः प्राप्त करने, अपने अन्दर के अभाव को पूरा करने एवं अपने व्यक्तित्व को उतार फेंकने के लिए सर्वदा संघर्ष करते हैं, किन्तु उनके इस प्रयत्न में उनका आन्तरिक अभाव, अर्थात् निषेधात्मक माया बराबर बाधा उपस्थित करती है जोकि उस मध्यवर्तीकाल से निर्मित है, जो वह हैं और जो उन्हें होना चाहिए। यदि हम माया से छुटकारा पा सकें, द्वैत की प्रवृत्ति को दबा सकें, उस अन्दर को नष्ट कर सकें, उस न्यूनता को भर सकें और बाधाओं को शिथिल कर सकें, तो देश, काल और परिवर्तन विशुद्ध सत्ता में वापस पहुंच जाते हैं। जब तक मूलभूत माया की कमी विद्यमान रहती है, पदार्थ भी एक दूषण के रूप में देश, काल एवं कारणरूप जगत् में वर्तमान रहेंगे। माया को मानव ने नहीं बनाया। यह हमारी बुद्धि से पूर्व विद्यमान थी और उससे स्वतन्त्र भी है। यथार्थ में यह वस्तुओं की, एवं बुद्धियों की भी, उत्पादक है एवं सारे संसार में अत्यधिक क्षमता रखती है। इसे कभी-कभी प्रकृति भी कहा जाता है। उत्पत्ति और विनाश का बारी-बारी से होना और निरन्तर दुहराए जानेवाले विश्व के विकासचक्र इस मौलिक न्यूनता को दर्शाते हैं जिसके कारण संसार का अस्तित्व है। सृष्टि की रचना सत्ता का अवरोध-मात्र है। माया यथार्थ सत्ता की प्रतिच्छाया-मात्र है। संसार की गति निर्विकार सत्ता का रूपान्तर न होकर एक प्रकार से उसका विपर्यास है। तो भी मायामय जगत् विशुद्ध सत्ता से पृथक् विद्यमान नहीं रह सकता। अगर निर्विकारिता न हो तो कोई गति भी नहीं हो सकती, क्योंकि गति निर्विकार की केवल एक प्रकार की अवनति ही है। अचल सत्ता ही व्यापक गति का सत्य है।

जिस प्रकार सृष्टि सत्ता के ह्रास का नाम है, इसी प्रकार अविद्या अथवा अज्ञान विद्या अथवा ज्ञान की अवनति का नाम है। सत्यज्ञान के लिए एवं यथार्थता का साक्षात्कार करने के लिए हमें अविद्या एवं उससे उत्पन्न आवरणों से भी छुटकारा पाना होगा, और जैसे ही हम उनके अन्दर यथार्थता को बलपूर्वक प्रविष्ट करेंगे, सभी स्वतः ही छिन्न-भिन्न होकर टूट जाएंगे। विचार की मन्दता के लिए यह कोई बहाना नहीं है। इस मत के अनुसार दर्शनशास्त्र तर्क के रूप में हमें प्रेरणा प्रदान करता है कि हम बौद्धिक धारणाओं का उपयोग करना छोड़ दें, क्योंकि वे हमारी क्रियात्मक आवश्यकताओं की सापेक्ष हैं और इस भौतिक सृष्टि से सम्बद्ध हैं। दर्शनशास्त्र हमें बतलाता है कि जब तक हम बुद्धि के अधीन रहेंगे और इस अनेकत्वपूर्ण जगत् में खोए रहेंगे, तब तक उस विशुद्ध सत्ता के समीप वापस पहुंचने के लिए हमारी सारी खोज असफल रहेगी। यदि हम कारण का पता लगाने के लिए पूछें कि यह अविद्या अथवा माया क्यों है, जो हमें विद्या (ज्ञान) एवं विशुद्ध सत्ता से दूर घसीटती है, तो

इस प्रश्न का उत्तर नहीं मिल सकता। इस स्थान पर दर्शनशास्त्र के पास तर्क के रूप में यह निषेधात्मक कार्य रह जाता है कि वह बौद्धिक वर्ग की अपर्याप्तता को प्रकट में स्वीकार करके निर्देश करे कि किस प्रकार संसार के पदार्थ मन की वृत्ति के ऊपर निर्भर करते हैं जो उनका विचार करता है, किन्तु जिसकी स्वतन्त्र सत्ता नहीं है। यह हमें उस निर्विकार सत्ता के विषय में कुछ निश्चित ज्ञान नहीं दे सकता जिसके विषय में कहा जाता है कि उसकी पृथक् सत्ता है। जो कुछ संसार में हो रहा है उसके माध्यम से वह न तो उस माया के विषय में ही कुछ निश्चित ज्ञान दे सकता है जिसके कारण संसार की उत्पत्ति हुई। यह प्रत्यक्ष रूप से उस विशुद्ध यथार्थ सत्ता की प्राप्ति में हमें सहायता नहीं दे सकता। इसके विपरीत यह हमें बतलाता है कि यथार्थ सत्ता का सही-सही माप करने के लिए हमें मिथ्या कथन करना पड़ेगा। सम्भवतः एक बार निश्चित ज्ञान प्राप्त हो जाने से सत्य के हित में इसका उपयोग हो सकेगा। हम इस पर विचार कर सकते हैं, तर्क द्वारा इसकी रक्षा भी कर सकते हैं और इसका प्रचार करने में सहायक भी बन सकते हैं। विशुद्धाद्वैत के समर्थक अमूर्त बुद्धि से भी ऊंची एक शक्ति को मानते हैं, जिससे हम यथार्थता की प्रेरणा को अनुभव करने के योग्य होते हैं। हमें व्यापक चेतना में अपने-आपको विलीन करना होगा और उसी के समान व्यापक होने के योग्य बनना होगा। उस समय हमें उस सत्ता के विषय में सोचने की अपेक्षा अपने को उसके समान बनाने का प्रयत्न करना है, उसके ज्ञान के भाव की अपेक्षा वैसा बन जाना है। इस प्रकार का नितान्त अद्वैतवाद तर्क, अन्तर्दृष्टि, यथार्थ सत्ता और व्यवस्थित जगत् के भेद के साथ हमें कतिपय उपनिषदों में, नागार्जुन और शंकर के अतिदार्शनिक मनोभावों में, श्रीहर्ष और अन्यान्य अद्वैत वेदान्तियों में मिलता है और इसकी प्रतिध्वनि परमेनिड्स और प्लेटो, स्पिनोज़ा एवं प्लॉटिनस, ब्रैडले और बर्गसां में भी सुनाई पड़ती है—पश्चिम के रहस्यवादियों में तो मिलती ही है।[1]

अन्तर्दृष्टि के विचार में यथार्थ सत्ता विशुद्ध एवं सहज अथवा जैसी भी हो, बुद्धि के विचार में तो यह एक न्यूनाधिक परम अमूर्तरूप सत्ता है। जिस समय प्रत्येक घटना व आकृति का विलोप हो जाता है, तब भी इसका निरन्तर अस्तित्व अक्षुण्ण रहता है। जबकि समस्त जगत् अमूर्तरूप में परिणत हो जाता है तब भी यह सत्ता अवशिष्ट रहती है। यदि मनुष्य समुद्र, पृथ्वी, सूर्य और नक्षत्रों, देश और काल, मनुष्य एवं ईश्वर आदि के विषय में विचार करना बन्द कर दे तो यह मानसिक विचार के ऊपर एक जबरदस्त प्रतिबन्ध होगा, किन्तु जब समस्त विश्व के अभाव के चिन्तन का प्रयत्न किया जाता है और सब प्रकार की सत्ता को भी मिथ्या समझ लिया जाता है तब मनुष्य के पास और क्या कुछ बाकी बचता है? विचार के लिए, जो सीमित और सापेक्ष है, यह एक अत्यन्त निराशा का विषय है कि जब प्रत्येक सत्तावान पदार्थ का लोप हो जाता है तब उसके लिए कोई विषय शेष नहीं रह जाता। धारणात्मक मन के लिए अन्तर्दृष्टि द्वारा मुख्य साध्य विषय 'केवल ब्रह्म ही सत् है' का तात्पर्य स्पष्ट है, अर्थात् उनके अतिरिक्त अन्य कुछ भी नहीं है। विचार, जैसा कि हेगल ने कहा है, केवल सविकल्प सत्ताओं एवं ठोस पदार्थों के सम्बन्ध में ही कार्य कर सकता है।

1. सांख्यदर्शन में हमें लगभग ठीक इसी प्रकार की आनुभविक जगत् की व्याख्या मिलती है, जिससे केवल निर्गुण साक्षी ब्रह्म में किसी प्रकार का दोष नहीं आता। केवल अनेकात्मवाद का पक्षपात, जिसका आधार तर्कसंगत नहीं है, अपने-आपको बलपूर्वक उपस्थित करता है; और हमारे आगे जीवात्माओं की अनेकता एक समस्या के रूप में है। जब अनेकात्मपक्ष सर्वथा गिर जाता है जिसका तर्क के प्रारम्भ में ही गिर जाना अवश्यम्भावी है, तब सांख्य के सिद्धान्त की विशुद्ध वेदांत के सिद्धान्त के साथ एकरूपता स्वयं प्रकट हो जाती है।

इसके लिए प्रत्येक स्वीकृति से निषेध का संकेत होता है और प्रत्येक निषेध से स्वीकृति का। हर एक ठोस वस्तु रचित है जिसमें सत् और असत्, वास्तविक और अभावात्मक एक साथ जुड़े हुए हैं। इस प्रकार वे विचारक जिन्हें अन्तर्दृष्टि द्वारा सिद्ध सत्ता से सन्तोष नहीं होता और जो ऐसे संश्लेषण की अभिलाषा रखते हैं जिसकी उपलब्धि विचार द्वारा हो सके—क्योंकि इसकी स्वाभाविक प्रेरणा ठोस पदार्थ के प्रति होती है—विषयाश्रित प्रत्ययवाद की ओर आकृष्ट होते हैं। ऐसे अखंड प्रत्ययवादी विचारक विशुद्ध सत्ता एवं प्रतीयमान सृष्टि के दोनों प्रत्ययों को एक साथ जोड़कर ईश्वर के अस्तित्व-रूपी एकत्र संक्षेपण को उपस्थित करते हैं। घोर अद्वैतवादी भी यह स्वीकार करते हैं कि सृष्टि-रचना एक विशुद्ध यथार्थ सत्ता के ऊपर निर्भर करती है, यद्यपि इसके विपरीत कि सृष्टि के कारण उसके कर्त्ता-रूपी यथार्थ सत्ता की सिद्धि होती है। अब हमारे सामने एक प्रकार का विश्लेषित परम ब्रह्म है—अर्थात्, ऐसा ईश्वर जिसके अपने अन्दर सम्भावित सृष्टि की रूपरेखा है और जो अपने स्वरूप में कुल सत्ता के सारतत्त्व एवं सृष्टि के भी तत्त्व को संयुक्त रूप में, एवं एकता और अनेकता को अनन्तता और सान्तता को भी सम्मिलित रूप में संजोए हुए है। विशुद्ध सत्ता अब प्रमाता का रूप धारण कर लेती है, उसी समय अपने को विषय-रूप में भी परिणत करती हुई विषय को अपने अन्दर धारण कर लेती है। प्रमेय, विपक्षता और संकलन, हेगल की परिभाषा के अनुसार निरन्तर चक्रगति से चलते रहते हैं। हेगल ने ठीक ही कहा है कि ठोस जगत् की अवस्थाएं प्रमाता भी हैं और प्रमेय भी हैं। ये दोनों प्रतिपक्ष प्रत्येक ठोस में एकत्र और सम्मिश्रित हैं। महान ईश्वर स्वयं अपने अन्दर दो परस्पर विपरीत स्वरूपों को धारण करता है जहां कि एक दूसरे के द्वारा नहीं, किन्तु वस्तुतः दूसरा (विभिन्न) ही है। जब इस प्रकार का सक्रिय ईश्वर सदा के लिए परिवर्तनशील चक्र में बंधा हुआ वर्णित किया जाता है तब सत्ता की सब श्रेणियां दैवी पूर्णता से लेकर निकृष्ट धूलिपर्यन्त स्वतः ही सामने आ जाती हैं। ईश्वर की स्वीकृति के साथ-साथ सत्ता और अभाव के मध्य की सब श्रेणियां भी स्वतः स्वीकृति में आ जाती हैं। हमारे सामने अब एक विचारमय विश्व है, जिसकी रचना विचारशक्ति से हुई, जो विचारश्रृंखला के अनुकूल है और विचारशक्ति द्वारा ही स्थित है, जिसकी अवस्थाएं ज्ञाता और ज्ञेय हैं। देश, काल और कारण प्रमातृनिष्ठ आकृतियां नहीं हैं अपितु विचार-बुद्धि के व्यापक तत्त्व हैं। यदि विशुद्ध अद्वैत के आधार पर हम अभेद और भेद के परस्पर सम्बन्ध को नहीं समझ सकते तो यहां हम उससे उत्तम आधार पर हैं। एक ही तादात्म्यरूप संसार भिन्न-भिन्न टुकड़ों में बंटा हुआ दिखाई पड़ता है। इनमें से कोई भी दूसरे से जुदा नहीं है। ईश्वर आन्तरिक भित्ति है, जो तादात्म्य का आधार है। जगत् उसकी बाह्य अभिव्यक्ति है, जिसे आत्मचेतना का बाह्यीकरण नाम दिया जा सकता है।

विशुद्ध अद्वैत के मत में इस प्रकार का ईश्वर परम ब्रह्म का ह्रासरूप है, इसे केवल सूक्ष्मतम भेद से उस परम ब्रह्म से पृथक् समझा जाता है। यह भेद अविद्याकृत है जो विद्या से अत्यन्त सूक्ष्म, चिन्तन-योग्य दूरी के कारण पृथक् है। दूसरे शब्दों में, 'यह ईश्वर हमारी उच्चतम बुद्धि का उच्चतम प्रस्तुत पदार्थ है।' दुःख का विषय यह है कि अन्ततोगत्वा यह है एक पदार्थ ही और हमारी बुद्धि भी, चाहे जितना ही विद्या के समीप पहुंचती हो, विद्या-(ज्ञान) रूप नहीं है। यह ईश्वर अपने में अधिक से अधिक सद्भाव और कम से कम त्रुटि धारण किए हुए है, जो है त्रुटि (न्यूनता) ही। माया का पहला ही सम्पर्क, जो न्यून से न्यून परमार्थसत्ता का ह्रास है, इसे देश और काल के बन्धन में डालने के लिए पर्याप्त है; यद्यपि यह देश और यह काल सम्भव रूप में अधिक से अधिक विस्ताराभाव एवं नित्यता के समीप

होगा। परमार्थसत्ता सृष्टिकर्ता ईश्वर के रूप में परिवर्तित हो गई, जो किसी देश में अवस्थित है, अपने स्थान के बिना हिले-डुले अन्दर ही अन्दर सब पदार्थों को गति दे रहा है। परमार्थसत्ता ही पदार्थ के रूप में ईश्वर है, कहीं कुछ है, एक आत्मा है जो सब पदार्थों में अस्तित्व को धकेलती है। वह सत्-असत् है, ब्रह्म-माया है, प्रमाता-प्रमेय और नित्यशक्ति है, अरस्तु के शब्दों में स्वयं अचल किन्तु सबको गति देने वाला, हेगल का परम ब्रह्म, रामानुज का परम (किन्तु सापेक्ष) विशिष्ट अद्वैत है—वह सर्वशक्तिमान एवं विश्व का अन्तिम कारण है। सृष्टि का आदि नहीं एवं अन्त भी नहीं है, क्योंकि ईश्वर के शक्तिसम्पन्न होने का कभी आरम्भ या कभी अन्त नहीं हो सकता। सदा कर्मशील होना इसका अनिवार्य स्वरूप है।

इसमें सन्देह नहीं कि यह ऊंचे से ऊंचा विचार है, जिसे बुद्धि सोच सकती है। यदि हम अपनी बुद्धि की प्राकृतिक गति का, जो सांसारिक पदार्थों में एकत्व स्थापित करने का प्रयत्न करती है और परस्पर-विरोधी शक्तियों में भी संश्लेषण उत्पन्न करती है, अन्त तक अनुसरण करें तो हमें एक ऐसा व्याख्या-सिद्धान्त मिलता है, जो न तो विशुद्ध सत् है न विशुद्ध असत् ही, किन्तु एक ऐसा पदार्थ है जो दोनों को जोड़ता है। सब वस्तुओं को एक सम्पूर्ण में संकलित करने के द्वारा उक्त विचार का निर्माण हुआ है। इस दृष्टिकोण से दर्शनशास्त्र का स्वरूप रचनात्मक प्रतीत होता है, और इसलिए वह स्वभाव से निश्चयात्मक और अपने कार्य में संश्लेषणात्मक है। यहां पर तार्किक विचार, जिनका कार्यक्षेत्र अमूर्त भावों में ही है, हमें ठोस से परे रखते हैं जबकि अमूर्त उन्हीं ठोस पदार्थों में निवास करते हैं, गति करते हैं और अपना अस्तित्व रखते हैं। विचार-बुद्धि युक्ति के रूप में तार्किक विचार की कठिनाइयों से ऊपर उठ जाती है। संसार के इन्द्रियानुभवों से चलकर हम ऊपर परम तत्त्व ब्रह्म तक पहुंच जाते हैं और इस प्रकार प्राप्त हुए पूर्ण के विचार से हम नीचे ब्यौरे तक उतरकर भिन्न-भिन्न अवयवों का ज्ञान करते हैं। समस्त तर्कशास्त्र-सम्बन्धी रूढ़िवाद, जिसे विचार की शक्ति के ऊपर भरोसा है, जगत् के इस प्रत्यय के साथ समाप्त हो जाता है। कठिनाई तब उत्पन्न होती है जब हम विचार-बुद्धि की परमता में सन्देह प्रकट करते हैं। क्या हमारा ज्ञान मानसिक आवश्यकताओं की अपेक्षा नहीं रखता, जो संयुक्त भी करता है और भेद भी करता है? सम्भवतः एक भिन्न आकृति के मन के लिए ज्ञान भी जो प्रतीत होता है उससे भिन्न प्रकार का हो। हमारा वर्तमान ज्ञान हमें यह सोचने के लिए बाध्य करता है कि समस्त ज्ञान इसी प्रकार का होगा, परन्तु जब ऐसे समीक्षक हैं जो ऐसे कथन का विरोध करते हैं तब स्थिति की रक्षा करना कठिन होता है। यह स्वीकार करते हुए कि यथार्थ सत्ता की धारणामयी योजना जो विचार में आई है वह सत्य है तो भी कई बार इस बात पर बल दिया जाता है कि विचार यथार्थ सत्ता के साथ तादात्म्य नहीं रखता। समस्त प्रत्ययों को एकत्र करके एक बना देने पर भी हम प्रत्ययों के आगे नहीं बढ़ने पाते। सम्बन्ध मन का एक अंश है जो सम्बन्ध स्थापित करता है। अनन्तरूपी परम मन भी एक मन ही है और उसी ढांचे का है, जिस ढांचे का मानवीय मन है। विशिष्टाद्वैत का सिद्धान्त कुछ उपनिषदों और भगवद्गीता ने तथा बौद्धमत एवं रामानुज मत के कुछ अनुयायियों ने स्वीकार किया है किन्तु बादरायण ने नहीं किया। पश्चिम में अरस्तू और हेगल इसके समर्थकों में माने जा सकते हैं।

प्रथम मत के अनुसार पूर्ण सत्ता ही यथार्थ है। अयथार्थ सृष्टि वास्तविक है यद्यपि हम नहीं जानते कि क्यों है। दूसरे मत के अनुसार दृश्यमान सृष्टि, देश और काल के सम्बन्ध से जिसका कारण विशुद्ध आत्मा का मायाजन्म ह्रास है, आभास-मात्र है। और तीसरे मत के अनुसार उच्चतम पदार्थ जो हमारे सामने है, विशुद्ध सत्ता और असत् का ईश्वर के अन्दर

संश्लेषण है। हमें तुरन्त एक तार्किक आवश्यकता के कारण यथार्थ सत्ता की निर्विकल्प ज्ञान की सब श्रेणियों को अंगीकार करना पड़ता है। जहां तक कि ज्ञान-विषयक जगत् का सम्बन्ध है, यदि विशुद्ध सत्ता के प्रत्यय को निरर्थक कहकर अस्वीकार कर दिया जाए और हम एक कर्ता के रूप में ईश्वर के विचार को भी अतर्क-संगत कहकर त्याग दें, तब जो शेष रह जाता है वह इससे अधिक और कुछ नहीं कि सृष्टि का यह प्रवाह ऐसा है जो सर्वथा अपने से भिन्न कुछ बनने के लिए उच्च अभिलाषा रखता रहता है। परिणाम में बौद्धमत का ही मुख्य सिद्धान्त आ जाता है। विद्यमान जगत् में विशिष्टाद्वैत की कल्पना के आधार पर निर्विकल्प सत्ता की श्रेणियों के विशेष स्वरूपों का माप उनको अखण्ड सत्ता से पृथक् करने वाले अन्तरों से ही किया जा सकता है। उन सबमें सामान्य व्यापक स्वरूप हैं देश और काल-सम्बन्धी सत्ताएं। अधिक गम्भीरता से ध्यान देने पर हमें विशेष गुणों का स्वरूप स्पष्ट हो सकता है। चिन्तनशील यथार्थ सत्ताओं और जड़ पदार्थों में भेद स्वीकार कर लेने पर हम माध्वाचार्य के द्वैतदर्शन पर पहुंच जाते हैं। यदि हम सत्पदार्थों को ईश्वर के अधीन परतन्त्र मानते हैं, क्योंकि ईश्वर ही एकमात्र स्वतन्त्र है, तो मौलिक रूप में यह भी एक अद्वैत ही है। यदि विचारशील प्राणियों पर बल दें तो हमारे सामने सांख्य का अनेकात्मवाद आ जाता है, केवल ईश्वर की सत्ता का प्रश्न न उठाएं जिसकी सांख्य के अपने शब्दों में सिद्धि नहीं हो सकती। इसके साथ सांसारिक पदार्थों के बहुत्व को जोड़ दिया जाए तो हमारे सामने अनेकत्वयुक्त यथार्थ सत्ता आ जाती है जहां कि ईश्वर भी एक सत्ता के रूप में प्रकट होता है, भले ही वह अन्य पदार्थों के मध्य में कितना ही महान और शक्तिशाली क्यों न हो। यथार्थ सत्ता की निर्विकल्प श्रेणियों के सम्बन्ध में विवाद उपस्थित होने पर व्यक्तित्व की इकाई का आधार दार्शनिक की भावना के ऊपर निर्भर करता प्रतीत होता है। और कोई दर्शन-पद्धति नास्तिकता अथवा आस्तिकता का रूप धारण करती है यह इसके ऊपर निर्भर है कि वह परम सत्ता के ऊपर कितना ध्यान देती है, जिस परम सत्ता के आश्रय में ही इस समस्त विश्व का नाटक खेला जाता है। यह कभी-कभी तो ज्वलन्त रूप में अपने प्रकाश को ईश्वर के अन्दर केन्द्रित करके प्रकाशित हो जाता है और अन्य समयों में धीमा पड़ जाता है। ये भिन्न-भिन्न मार्ग हैं जिनमें मानव-मस्तिष्क अपनी विशिष्ट गुणयुक्त रचनाओं के कारण संसार की समस्याओं की प्रतिक्रिया में उलझा रहता है।

भारतीय विचारधारा में जहां हमें मानव और ईश्वर के बीच निष्कपट संगति मिलती है, वहां दूसरी ओर पश्चिम में दोनों में परस्पर-विरोध स्पष्ट रूप में लक्षित होता है। पश्चिमी देशों की पौराणिक आख्यायिकाएं भी इसी प्रकार का निर्देश करती हैं। आदर्शभूत पुरुष प्रोमिथियस का पौराणिक उपाख्यान, जो मनुष्य-जाति की सहायता करने का प्रयत्न करता है और मनुष्य-जाति-मात्र को नष्ट करनेवाले जीयस से रक्षा करता है एवं नई प्रकार की उत्तम उपजातियाँ प्रदान करता है; हरकुलीज़ के घोर परिश्रम की कहानी, जो संसार को दुःख से मुक्त कराने का प्रयत्न करता है; ईसा को मनुष्य का बेटा मानने का विचार;—ये सब इस बात की ओर निर्देश करते हैं कि पश्चिमी देशों में मनुष्य के ऊपर ही अधिक ध्यान दिया गया है। यह सत्य है कि ईसा को ईश्वर का बेटा भी बतलाया गया है, सबसे बड़ा बेटा, जिसके बलिदान का विधान न्यायकारी ईश्वर का क्रोध शान्त करने के लिए बतलाया गया है। हमारा लक्ष्य यहां यह है कि पश्चिमी संस्कृति की मुख्य प्रवृत्ति मनुष्य और ईश्वर के मध्य विरोध की ओर अधिक है। उस संस्कृति में मनुष्य ईश्वर की शक्ति का मुकाबला करता है, मनुष्य-जाति के हितों के लिए उसके पास से आग चुराता है। भारत में मनुष्य ईश्वर द्वारा निर्मित वस्तु है।

समस्त विश्व ईश्वर के तप के कारण है। पुरुषसूक्त में एक ऐसे निरन्तर क्रियमाण यज्ञ का वर्णन है जो मनुष्य एवं जगत् को धारण करता है।[1] इसी के अन्दर समस्त विश्व चित्रित है, जो एकमात्र अतुलनीय विस्तार और महानता से युक्त है, जिसमें एक वही सत्ता जीवन फूंकती है और जो अपने अन्दर जीवन की सब अवस्थाओं के सारतत्त्व को धारण किए हुए है।

भारतीय विचारधारा का सर्वोपरि स्वरूप, जिसने इसकी समग्र संस्कृति को ओतप्रोत कर रखा है और जिसने इसके सब चिन्तकों को एक विशेष प्रकार का ढांचा प्रदान किया है, इसकी आध्यात्मिक प्रवृत्ति है। आध्यात्मिक अनुभव भारत के सम्पन्न सांस्कृतिक इतिहास की आधारभित्ति है। यह रहस्यवाद है; इन अर्थों में नहीं कि इसमें कोई अलौकिक शक्ति वर्तमान है किन्तु केवल मनुष्य-प्रकृति के नियन्त्रणपरक के रूप में जिससे आध्यात्मिक ज्ञान का साक्षात्कार होता है। जहां यहूदियों और ईसाइयों के पवित्र ग्रन्थ अधिकतर धार्मिक और नीतिपरक हैं, वहां हिन्दुओं के ग्रन्थ अधिकतर आध्यात्मिक और ध्यानपरक हैं। भारत में जीवन का एक मात्र ध्येय ब्रह्म के नित्य सत्ता-स्वरूप को जानना है।

समस्त दर्शनशास्त्र की परम धारणा है कि कोई भी पदार्थ, जो यथार्थ सत् है, स्वतः विरोधी नहीं हो सकता। विचारधारा के इतिहास में इस धारणा के महत्त्व को समझने और ज्ञानपूर्वक उसका उपयोग करने के लिए कुछ समय अवश्य चाहिए। ऋग्वेद में साधारण ज्ञान की प्रामाणिकता की आकस्मित स्वीकृति पाई जाती है। जब हम उपनिषदों की विकासावधि पर पहुंचते हैं, तार्किक समस्याएं प्रादुर्भूत होकर ज्ञान के मार्ग में कठिनाइयां उपस्थित कर देती हैं। उन कठिनाइयों के अन्दर ज्ञान की मर्यादाएं निर्दिष्ट करके अन्तर्दृष्टि के लिए उचित स्थान की व्यवस्था कर दी गई है। किन्तु यह सब अर्धदार्शनिक विधि के रूप में है। जब तर्क की शक्ति में विश्वास उठने लगा तब संशयवाद ने सिर उठाया और भौतिकवादी लोकायत एवं शून्यवादी दार्शनिक क्षेत्र में उतर आए। उपनिषदों की व्यवस्था को स्वीकार करते हुए कि अदृश्यमान सत्ता को तार्किक बुद्धि द्वारा नहीं जाना जा सकता, बौद्धमत ने जगत् की अवास्तविकता पर ज़ोर दिया। इस सिद्धान्त के प्रति वस्तुओं के स्वभाव का विरोध है और अनुभूत जगत् में विरोधी तत्त्वों के परस्पर खिंचाव के अतिरिक्त और कुछ है भी नहीं। वस्तुसत्ता के अतिरिक्त और कुछ है, इसे हम नहीं जान सकते। और चूंकि यह स्वतः-विरोधी है इसलिए यह यथार्थ नहीं हो सकता। बौद्धमत के विकास का अन्त इसी परिणाम के साथ होता है। नागार्जुन के सिद्धान्त में उपनिषदों की मुख्य व्यवस्था का दार्शनिक दृष्टि से समर्थन किया गया है। वास्तविक सत्ता का अस्तित्व है, यद्यपि हम उसे नहीं जान सकते और जो कुछ हम जानते हैं वास्तविक नहीं है, क्योंकि जगत् की बुद्धिगम्य पद्धति के रूप में की गई प्रत्येक व्याख्या भंग हो जाती है। इस सबने तर्क की आत्मचेतन समीक्षा के लिए मार्ग तैयार किया। विचार अपने आप में परस्पर-विरोधी एवं अपर्याप्त है। मतभेद उत्पन्न होते हैं, जबकि प्रश्न किया जाता है कि ठीक-ठीक यथार्थता को ग्रहण करने की दृष्टि के यह अयोग्य क्यों है। क्या इसलिए कि यह भिन्न-भिन्न भागों का प्रतिपादन करता है, पूर्ण रूप को नहीं लेता, अथवा क्या इसलिए है कि इसकी रचना ही ऐसी है कि यह अक्षम है अथवा यह अन्तर्निहित स्वतः-विरोधिता के कारण है? जैसाकि हम देख चुके हैं, ऐसे व्यक्ति भी हैं जिनके मत में वास्तविक सत्ता तर्कगम्य है, किन्तु वास्तविक सत्ता ही स्वयं मात्र बुद्धि नहीं है। इस प्रकार

---

1. ऋग्वेद, 10 : 90; और भी देखें, ऋग्वेद, 10 : 81, 3; श्वेताश्वतर उप० 3–3; भगवद्गीता 11।

से विचार सम्पूर्ण सत्ता का ज्ञान कराने में असमर्थ है। ब्रैडले के शब्दों में 'वह' 'क्या' से ऊपर है। विचार हमें वास्तविक सत्ता का ज्ञान कराता है किन्तु वह केवल ज्ञान-मात्र है, स्वयं वस्तुसत्ता नहीं है। दूसरी ओर ऐसे भी व्यक्ति हैं, जिनका विश्वास है कि वास्तविक सत्ता स्वतःसंगत है और जो कुछ विचार है स्वतःअसंगत है। विचार ज्ञाता और ज्ञेय पदार्थ के विरोध के साथ काम करता है और परम वास्तविक सत्ता ऐसी है जिसमें ये प्रतिकूल तत्त्व नष्ट हो जाते हैं। अत्यन्त ठोस विचार, जहां तक यह अनेकों को एक में संयुक्त करने का प्रयत्न करता है, फिर भी अमूर्त है, क्योंकि यह स्वतःविरोधी है और यदि हम वास्तविक सत्ता को ग्रहण करना चाहते हैं तो हमें विचार को त्याग देना होगा। प्रथम कल्पना के ऊपर विचार जो कुछ प्रकाशित करता है वह वस्तु-सत्ता के विरोध में नहीं जाता किन्तु केवल एक भाग का ही प्रकाश करता है। अवयव-विशेष से सम्बन्ध रखने वाले विचार परस्पर-विरोधी इसीलिए होते हैं कि वे आंशिक हैं। जहां तक उनकी पहुंच है वहां तक ही वे सत्य हैं, किन्तु पूर्ण सत्य नहीं। दूसरी कल्पना हमें बताती है कि वास्तविक सत्ता का ज्ञान एक प्रकार की विशेष भावना अथवा अन्तर्दृष्टि द्वारा प्राप्त हो सकता है।[1] पहले मत वाले भी, यदि यथार्थ सत्ता का पूर्ण रूप में जानना अभिष्ट है तो, भावना द्वारा विचार का स्थान ग्रहण करने का आग्रह करते हैं। विचार के अतिरिक्त भी हमें एक अन्य तत्त्व की आवश्यकता है और वह है 'दर्शन', जिस शब्द का प्रयोग दार्शनिक पद्धति, सिद्धान्त अथवा शास्त्र के लिए होता है।

'दर्शन' शब्द की उत्पत्ति 'दृश्' धातु से हुई है, जिसका अर्थ है 'देखना'। यह दर्शन या तो इन्द्रियजन्य निरीक्षण हो सकता है, या प्रत्ययी ज्ञान अथवा अन्तर्दृष्टि द्वारा अनुभूत हो सकता है। यह घटनाओं के सूक्ष्म निरीक्षण, तार्किक परीक्षण अथवा आत्मा के अन्तर्निरीक्षण द्वारा भी प्राप्त हो सकता है। साधारणतः दर्शनों से तात्पर्य आलोचनात्मक व्याख्याओं (भाष्य), तार्किक सर्वेक्षणों अथवा दार्शनिक पद्धतियों से होता है। दार्शनिक विचार की प्रारम्भिक अवस्थाओं में दर्शन शब्द का प्रयोग इन अर्थों में हमें नहीं मिलता, क्योंकि उस समय दार्शनिक ज्ञान अधिकतर आभ्यन्तर दृष्टिपरक था। यह दर्शाता है कि 'दर्शन' अन्तर्दृष्टि नहीं है, भले ही यह उससे कितना ही सम्बद्ध क्यों न हो। सम्भवतः इस शब्द का प्रयोग बहुत सोच-विचार के बाद उस विचार-पद्धति के लिए किया गया है जिसकी प्राप्ति तो अन्तर्दृष्टिजन्य अनुभव से होती है पर जिसकी पुष्टि तार्किक प्रमाणों द्वारा। परम अद्वैतवाद की दर्शन-पद्धतियों में दार्शनिक ज्ञान विचार की शक्तिहीनता का भाव हमारे समक्ष रखकर आन्तरिक अनुभव का मार्ग तैयार करता है। उदार अद्वैतपद्धतियों में, जहां वास्तविक सत्ता को एक पूर्ण ठोस रूप में माना गया है, दर्शनशास्त्र अधिक से अधिक यथार्थ सत्ता की आदर्श पुनर्रचना का विचार हमें देता है। किन्तु वह यथार्थ हमारी निरानन्द श्रेणियों से कहीं ऊपर और इनके चारों ओर और इनसे अतीत है। परम अद्वैत में यह आन्तरिक अनुभव है जो हमारे सामने वास्तविक यथार्थ सत्ता को उसके पूर्ण रूप में प्रकट करता है। ठोस अद्वैतवाद में, जहां ज्ञान का सम्पर्क भावना एवं मानसिक अनुराग के साथ होता है, यह आभ्यन्तर दृष्टि है। काल्पनिक रचनाओं में अनुभवसिद्ध सत्यों जैसी निश्चितता नहीं रहती। फिर कोई भी मत अथवा तार्किक विचार उसी अवस्था में सत्य समझा जा सकता है जब यह जीवन की कसौटी पर ठीक उतर सके।

1. तुलना कीजिए, ब्रैडले, जो कहता है कि हम वास्तविक सत्ता को एक प्रकार की भावना द्वारा प्राप्त कर सकते हैं, और मैक्टैगार्ट, जो प्रेम (भक्ति) को परम सत्ता का स्वरूप मानता है।

दर्शन एक ऐसा शब्द है जो सुविधाजनक रूप में स्वयं में संदिग्ध है, क्योंकि परम अद्वैत की तार्किक पद्धति से रक्षा करने के लिए और अन्तर्दृष्टि-सम्बन्धी सत्य के बचाव के लिए भी, जिसके ऊपर यह आश्रित है, यह प्रयोग में आ सकता है। दार्शनिक विधि में दर्शन से तात्पर्य अन्तर्ज्ञान का प्रमाण मांगना है और उसका तार्किक रूप में प्रचार करना है। दूसरी पद्धतियों में भी सत्य की तार्किक व्याख्या के लिए इसका उपयोग होता है, जो अनुप्राणित करने वाली अन्तःप्रेरणा की सहायता से अथवा उसके बिना भी प्राप्त की जा सकती है। दर्शन का प्रयोग इस प्रकार मानव-मन द्वारा गृहीत यथार्थ सत्ता के सब मतों में होता है और यदि यथार्थ सत्ता एक है तो उसे प्रकाशित करने वाले सब मतों का परस्पर एक-दूसरे के साथ सहमत होना आवश्यक है। उन मतों में आकस्मिक अथवा नैमित्तिक घटनाओं का कोई स्थान नहीं है, बल्कि उन्हें यथार्थ सत्ता के विषय में प्राप्त भिन्न-भिन्न दृष्टिकोणों को प्रतिबिम्बित करना चाहिए। उन अनेक मतों पर बहुत निकट से विचार करने पर, जो हमें भिन्न-भिन्न दृष्टि से यथार्थ सत्ता का चित्र लेने पर प्राप्त हों, हम यथार्थ सत्ता के पूर्ण रूप को तार्किक परिभाषाओं में जान सकते हैं। जब हमें अनुभव होता है कि वास्तविक सत्ता की धारणात्मक व्याख्या पर्याप्त नहीं है तब हम अन्तर्ज्ञान द्वारा यथार्थ सत्ता को पकड़ने का प्रयत्न करते हैं और वहां सब बौद्धिक विचार समाप्त हो जाते हैं। उस समय हमें परम अद्वैतवाद की विशुद्ध सत्ता का ज्ञान होता है जिसके द्वारा हम फिर तार्किक विचार द्वारा प्राप्त यथार्थ सत्ता की ओर वापस आते हैं, जिसकी हम भिन्न-भिन्न पद्धतियों में अक्षरशः व्याख्या पाते हैं। इस अन्तिम विधि के लिए उपयुक्त दर्शन शब्द का तात्पर्य है—यथार्थ सत्ता की वैज्ञानिक व्याख्या। यह एक शब्द है जो अपनी सुन्दर अस्पष्टता के कारण दर्शनशास्त्र की समस्त जटिल प्रेरणा की व्याख्या के लिए उपयुक्त हो सकता।

दर्शन एक ऐसा आध्यात्मिक ज्ञान है, जो आत्मा-रूपी इन्द्रिय के समक्ष सम्पूर्ण रूप में प्रकट होता है। यह आत्मदृष्टि, जो वहीं सम्भव है जहां दर्शनशास्त्र का अस्तित्व है, एक सच्चे दार्शनिक की स्पष्ट पहचान है। इस प्रकार दर्शनशास्त्र के विषय में उच्चतम विजय उन्हीं व्यक्तियों को प्राप्त हो सकती है, जिन्होंने अपने अन्दर आत्मा की पवित्रता को प्राप्त कर लिया है। इस पवित्रता का आधार है अनुभव की प्रगाढ़ स्वीकृति, जो केवल उसी अवस्था में साक्षात् हो सकती है जब मनुष्य को अन्तर्निहित उस शक्ति की उपलब्धि हो, जिसके द्वारा वह न केवल जीवन का निरीक्षण ही अपितु पूर्णतया ज्ञान प्राप्त कर सके। इस अन्तस्तम निकास से ही दार्शनिक हमारे सामने जीवन के सत्य को प्रकट करता है—उस सत्य को जो केवल बुद्धि द्वारा प्रकाश में नहीं आ सकता। इस प्रकार की दर्शनशक्ति लगभग ठीक उसी प्रकार स्वाभाविक रूप में उत्पन्न हो जाती है जैसे फूल से फल की उत्पत्ति होती है, और इसका उत्पत्तिस्थान वह रहस्यमय केन्द्र है; जहां सब प्रकार के अनुभव का सामञ्जस्य होता है।

सत्य के अन्वेषक को अन्वेषण प्रारम्भ करने से पूर्व कतिपय अनिवार्य साधनों की पूर्ति करना आवश्यक है। शंकर वेदान्तसूत्रों के अपने भाष्य में पहले ही सूत्र के भाष्य में कहते हैं कि दर्शनशास्त्र के प्रत्येक विद्यार्थी के लिए चार साधन आवश्यक हैं। प्रथम साधन है नित्य एवं अनित्य के मध्य भेद का ज्ञान। इसका अर्थ यह नहीं है कि उसे इसका पूर्ण ज्ञान होना चाहिए क्योंकि वह तो अन्त में ही प्राप्त हो सकता है, किन्तु केवल आध्यात्मिक प्रवृत्ति,—जोकि दृश्यमान वस्तुओं को वास्तविक रूप में स्वीकार नहीं करती—अर्थात् अन्वेषक के अन्दर प्रश्नात्मक जिज्ञासुभाव का होना आवश्यक है। उसके अन्दर प्रत्येक विषय के भीतर प्रवेश करने की जिज्ञासा-वृत्ति होनी चाहिए, एक ऐसी चेतन कल्पनाशक्ति, जो प्रकटरूप में

असम्बद्ध सामग्री-समूह के अन्दर से सत्य को ढूंढ़कर निकाल सके, तथा ध्यान लगाने की आदत का होना भी आवश्यक है, जिससे कि वह अपने मन को विचलित न होने दे। दूसरा साधन है कर्मफल की प्राप्ति की इच्छा का दमन, चाहे वह फल इस जन्म में अथवा भविष्यजन्म में मिले। इस प्रतिबन्ध का आग्रह है कि सब प्रकार की छोटी-छोटी इच्छाओं एवं निजी प्रयोजन अथवा क्रियात्मक स्वार्थ का सर्वथा त्याग होना चाहिए। चिन्तनशील मन के लिए कल्पना अथवा अन्वेषण स्वयं अपने-आप में लक्ष्य हैं। बुद्धि का ठीक दिशा में उपयोग है वस्तुओं को, चाहे वे अच्छी हों या बुरी, ठीक-ठीक समझना। दार्शनिक एक प्रकार से प्रकृतितत्त्वज्ञ है, जिसे अपने मानसिक पक्षपात को दूर रखकर पदार्थों का, अच्छी या बुरी दोनों प्रकार की दिशाओं में अनुसरण करते हुए, स्वाभाविक प्रकार से अनुगमन करना चाहिए। वह न अच्छे को बहुत बढ़ाकर और न बुरे की अत्यन्त निन्दा करते हुए व्याख्या करे। उसे जीवन से बाहर स्थित होकर निर्लेपभाव से सबका निरीक्षण करना चाहिए। इसलिए यह कहा गया है कि उसे वर्तमान अथवा भविष्य के साथ कोई अनुराग नहीं होना चाहिए। केवल उसी अवस्था में वह अपना सब कुछ विशुद्ध चिन्तन और न्याय परामर्श के लिए निछावर कर सकता है और सत्य के प्रति एक व्यक्तित्व भावरहित सार्वभौम भाव का विकास कर सकता है। इस प्रकार की मनःस्थिति को प्राप्त करने के लिए उसे हृदय-परिवर्तन कर अवसर देना चाहिए, जिस पर तीसरे साधन में बल दिया गया है, जहां दर्शनशास्त्र के विद्यार्थी के लिए आदेश है कि उसे शान्ति, आत्मसंयम, त्याग, धैर्य, मन की शान्ति और श्रद्धा का संचय करना चाहिए। केवल प्रशिक्षित मन ही, जो पूर्णरूप से शरीर पर नियन्त्रण रख सकता है, जीवन-पर्यन्त निरन्तर खोज एवं ध्यान में मग्न रह सकता है—क्षणमात्र के लिए भी पदार्थ को दृष्टि से ओझल किए बिना और किसी सांसारिक प्रलोभन से विचलित हुए बिना। सत्य के अन्वेषक को इतना साहस अवश्य होना चाहिए कि वह अपने उच्चतम लक्ष्य की प्राप्ति के लिए सब कुछ खोने के लिए उद्यत रहे। इसलिए उसे कठिन नियन्त्रण में से गुज़रने की, सुख को परे फेंकने एवं दुःख और घृणा को सहने की भी आवश्यकता है। एक प्रकार का आत्मिक नियन्त्रण, जिसमें दयारहित आत्मपरीक्षण भी सम्मिलित है, सत्यान्वेषी को मुक्ति के लक्ष्य तक पहुंचने के योग्य बनाएगा। चौथा साधन है मुमुक्षा। आध्यात्मिक प्रवृत्ति के मनुष्य के लिए, जिसने अपनी सब इच्छाओं का त्याग करके अपने मन को प्रशिक्षण दिया है, मात्र एक ही सर्वोपरि इच्छा रह जाती है, अर्थात् लक्ष्य की प्राप्ति और नित्य के समीप पहुंचने की इच्छा। भारतवासी इन दार्शनिकों के प्रति अत्यन्त प्रतिष्ठा एवं श्रद्धा का भाव रखते हैं जो ज्ञान की शक्ति और बुद्धि के बल का गर्व करते हैं और उसकी पूजा करते हैं। ऐसे व्यक्ति जिन्हें दैवीय प्रेरणा होती है, जो सत्य के प्रति उदार एवं उत्कृष्ट प्रेरणा से विश्व ब्रह्माण्ड के रहस्य को जानने के लिए कठिन परिश्रम करते हैं और उसका वाणी द्वारा प्रकाश करते हैं और कठिन परिश्रम करते हुए इसी सत्यान्वेषण के लिए दिन-रात एक कर देते हैं, वे ही वास्तविक अर्थों में दार्शनिक हैं। वे मनुष्य-मात्र के हित के लिए ज्ञान-सम्पादन करते हैं और इसलिए मनुष्य-जाति सदा के लिए उनके प्रति कृतज्ञ रहती है।

भूतकाल के प्रति श्रद्धा हमारी एक अन्य राष्ट्रीय विशेषता है। परम्परा का निरन्तर अनुसरण करते रहना हमारी एक विशिष्ट मनोवृत्ति है अर्थात् युगों तक बराबर प्रचलित प्रथाओं के अन्दर एक प्रकार की आग्रहपूर्ण भक्ति। जब-जब नई संस्कृतियों से सामना हुआ अथवा नवीन ज्ञान आगे आया, भारतीयों ने सामयिक प्रलोभन की अधीनता स्वीकार किए

बिना अपने परम्परागत विश्वास को दृढ़तापूर्वक पकड़कर स्थिर रखा, किन्तु जहां तक सम्भव हुआ नवीन से उतना अंश लेकर पुराने के अन्दर मिला भी लिया। यह सनातन मिश्रित उदारता ही भारतीय संस्कृति व सभ्यता की सफलता का प्रधान रहस्य है। संसार की उन बड़ी-बड़ी समस्याओं में से, जो कालक्रम से बहुत पुरानी और वृद्ध हैं, यही एक जीवित बची है। मिस्र की सभ्यता की महत्ता का पता पुरातत्व- वेत्ताओं की लेखबद्ध सूचनाओं एवं चित्र-लेखों के अध्ययन द्वारा ही पाया जा सकता है, बेबिलोनियन साम्राज्य अपनी आश्चर्यजनक वैज्ञानिक उपलब्धियों, सिंचाई व इंजीनियरी कला के साथ आज खण्डहरों के अतिरिक्त और कुछ नहीं रह गया है। महान रोमन संस्कृति अपनी राजनीतिक संस्थाओं और कानून व समानता के सिद्धान्तों के साथ अधिकांश में आज भूतकाल का ही एक विषय रह गई है। भारतीय सभ्यता, जो अत्यन्त न्यूनांकन के अनुसार भी 4000 वर्ष पुरानी तो है ही, अपनी समस्त विशेषताओं को अक्षुण्ण रखते हुए जीवित बची है। इस देश की सभ्यता वेदों के काल तक पीछे जाने पर एक साथ ही पुरानी भी है और नई भी। जब-जब इतिहास की मांग हुई, इसने समय-समय पर अपने को नये सिरे से युवा बना लिया। जब-जब परिवर्तन होता है उसका ज्ञान नवीन परिवर्तन के रूप में नहीं भासित होता। उसे अपना लिया जाता है और हर समय यह प्राचीन विचार-पद्धति को दिए गए नवीन रूप में स्वीकृत प्रतीत होता है। ऋग्वेद में हम देखेंगे कि किस प्रकार से आर्य-विजेताओं की धार्मिक चेतना ने इस भूमि के आदिवासियों के अन्धविश्वासों का भी साथ-साथ ध्यान रखा। अथर्ववेद में हमें पता लगता है कि संदिग्ध जागतिक देवी- देवताओं को आकाश, सूर्य, अग्नि एवं वायु आदि देवताओं के साथ—जिसकी पूजा आर्य लोगों में गंगा से लेकर हेलेस्पोंट तक होती थी—जोड़ दिया गया है। उपनिषदों के विषय में कहा जाता है कि वैदिक सूक्तों में जो कुछ पहले से पाया जाता था, ये उसी की पुनरावृत्ति अथवा साक्षात्कार-मात्र हैं। भगवद्गीता का दावा है कि उसमें उपनिषदों की शिक्षा का सारत्त्व निहित है। महाकाव्यों में हमें उच्चतम आशय वाली धार्मिक भावनाओं का प्राचीन प्रकृतिपूजा के साथ संगम हुआ उपलब्ध होता है। मनुष्य के अन्दर प्राचीनता के प्रति आदर एवं श्रद्धा की भावना के कारण ही उसे नवीन की सफलता प्राप्त हो सकती है।[1] पुराने भावों की रक्षा की जाती है, यद्यपि पुरानी आकृतियों की नहीं। भारत की इस रक्षणात्मक प्रवृत्ति के कारण ही भारत के विषय में औपचारिक कथन किया जाता है कि वह अचल है। मनुष्य का मन कभी निश्चल नहीं बैठता, यद्यपि वह भूतकाल के साथ एकदम सम्बन्ध तोड़ना भी स्वीकार नहीं कर सकता।

भूतकाल के प्रति इस प्रकार की निष्ठा ने भारतीय विचार में एक प्रकार के नियमित नैरन्तर्य को उत्पन्न किया है, जहां कि प्रत्येक युग एक-दूसरे के साथ स्वाभाविक पवित्रता के बन्धन से जुड़ा हुआ है। हिन्दू संस्कृति युगों की देन है, जिसमें सैकड़ों पीढ़ियों द्वारा किए गए परिवर्तन समवेत हैं। इन परिवर्तनों में कुछ बहुत दीर्घ, विकृत और दुखमय हैं, जबकि अन्य अल्पकालीन, शीघ्रगामी एवं सुखकर हैं, जिनमें प्रत्येक ने इस प्राचीन सम्पन्न परम्पराओं में—

1. तुलना कीजिए, "किसी भी नए मत के लिए अपने को प्राचीन कहकर पेश करने की एक साधारण प्रवृत्ति है। सुधार के प्रचार ने बाइबिल के प्रति लौटने का दावा किया, इंग्लैंड में इवैंजलिकल आन्दोलन ने ईसा मसीह द्वारा उपदिष्ट सिद्धान्त होने का और हाई चर्च आन्दोलन ने प्राचीन चर्च के प्रति वापसी का दावा किया। फ्रांस की राज्य क्रान्ति में भी एक बहुत बड़े भाग ने अपने आदर्श के लिए रोमन लोकतन्त्रात्मक सदाचार अथवा प्राकृतिक मानव की सादगी के प्रति वापसी का ही दावा किया, यद्यपि उक्त राज्य क्रान्ति प्राचीनता के प्रति सबसे बड़ा विद्रोह था।" (गिलबर्ट मरे : 'फ़ोर स्टेजेज आफ ग्रीक रिलिजन', पृष्ठ 58)।

जो आज भी जीवित है, यद्यपि यह अपने अन्दर मृतप्राय भूतकाल के चिह्नों को भी अभी तक संजोए हुए है—कुछ न कुछ उत्तम गुणयुक्त सामग्री जोड़ दी है। भारतीय दर्शन की जीवन-यात्रा की तुलना एक ऐसी जलधारा के प्रवाह के साथ की जाती है जो अपने आदि उद्गम से निकलकर उत्तरी पर्वतों की चोटियों से आनन्दपूर्वक लुढ़कती हुई छायादार घाटियों और मैदानों में से वेग के साथ आगे बढ़ती हुई, अन्य छोटी-छोटी धाराओं को अपनी निरंकुश धारा में समेटती हुई अन्त में एक महान रूप और गम्भीर शक्ति धारण कर उन मैदानों व मानव-समूहों के अन्दर प्रवाहित होती है जिनके भाग्यों का वह निर्णय करती है एवं हज़ारों जहाज़ों का भार अपनी छाती पर वहन करती है। कौन जानता है कि क्या और कब यह शक्तिशाली महान जलधारा, जो इस समय निरन्तर तुमुल कोलाहल एवं प्रसन्नता के साथ प्रवाहित हो रही है, समुद्र में जा गिरेगी जो समस्त नदियों का जनक है?

ऐसे भारतीय विचारकों का अभाव नहीं है जो समस्त भारतीय दर्शन को निरन्तर दैवी प्रेरणा की एक ही पद्धति के रूप में मानते हैं। उनका विश्वास है कि प्रत्येक सभ्यता किसी देवी विचार का सम्पादन करती है, जो उसके लिए स्वाभाविक है।[1] प्रत्येक मानवीय जाति में उसके अन्तर्निहित एक ऐसी कर्म-मीमांसा रहती है जो उसके जीवन का निर्माण करती है और उसे पूर्ण विकास तक ले जाती है। भारत में समय-समय पर जिन भिन्न मतों का प्रचार हुआ वे सब उसी एक मुख्य वृक्ष की शाखाएं मात्र हैं। सत्य की खोज के मुख्य मार्ग के साथ छोटी-छोटी पगडंडियों और अंधी गलियों का भी सामंजस्य किया जा सकता है। एक सुपरिचित विधि, जिसमें छः पुराने दर्शनशास्त्रों का समन्वय हुआ है, इस प्रकार प्रकट की जा सकती है कि जैसे एक मां अपने बच्चे को चांद की ओर संकेत करती हुई बतलाती है कि वह देखो वृक्ष के ऊपर एक चमकीला गोलाकार चक्कर है, और यह बच्चे को बिलकुल आसानी से समझ में आ सकता है—पृथ्वी और चन्द्रमा के बीच की दूरी का वर्णन किए बिना, जिससे बच्चा चकरा सकता था; इसी प्रकार भिन्न-भिन्न मत मानवीय विचार-शक्ति की विभिन्न दुर्बलताओं के कारण प्रकट हुए हैं। 'प्रबोधचन्द्रोदय' नामक एक दार्शनिक नाटक कहता है कि हिन्दू विचारधारा के छः प्रमुख दर्शन परस्पर एक-दूसरे से अलग नहीं हैं, किन्तु विविध प्रकार के दृष्टिकोणों से एक ही स्वयंभू ईश्वर की स्थापना करते हैं। वे सब मिलकर तितर-बितर हुई किरणों का केन्द्र-स्थल बनाते हैं, जिससे भिन्न-भिन्न पहलुओं वाली मनुष्य-जाति प्रकाश के पुंज सूर्य से प्रकाश-रूपी ज्ञान प्राप्त करती है। माध्वाचार्य-निर्मित सर्वदर्शन-संग्रह (सन् 1380) ने सोलह विविध दार्शनिक पद्धतियों का वर्णन किया है, जिनसे क्रमानुसार आगे बढ़ते हुए अद्वैतवेदान्त तक पहुंचा जा सकता है। हेगल की तरह भारतीय दर्शन को यह एक उन्नतिशाली प्रयत्न के रूप में देखता है, जो हमें एक पूर्ण संधिबद्ध संसार का विचार देता है। उत्तरोत्तर इन पद्धतियों में धीरे-धीरे आंशिक रूप में सत्य प्रकट होता जाता है और दार्शनिक श्रेणियों का जब अन्त हो जाता है तो सत्य प्रकाश में आ जाता है। अद्वैत वेदान्त में बहुत-से प्रकाश एक केन्द्र-बिन्दु पर आकर एकत्र हो गए हैं। सोलहवीं शताब्दी के अध्यात्मवादी एवं विचारक विज्ञानभिक्षु का मत है कि सब दर्शन प्रामाणिक हैं।[2] और उनके समन्वय की व्याख्या करते हुए वे कहते हैं कि क्रियात्मक और आध्यात्मिक तथ्य में भेद है, और इस प्रकार

---

1. ग्रीक विद्वान इस विशेष गुण को प्रत्येक जाति की 'प्रकृति' कहते हैं जबकि भारतीय विद्वान इसीको उक्त जाति के 'धर्म' का नाम देते हैं।
2. सर्वागमप्रामाण्य।

वे सांख्य को परम सत्य की व्याख्या करने वाला बताते हैं। मधुसूदन सरस्वती अपने 'प्रस्थानभेद' में लिखते हैं कि "सब मुनियों का अन्तिम लक्ष्य, जो इन भिन्न-भिन्न दर्शनों के कर्त्ता हैं, माया के सिद्धान्त का समर्थन करना है और उनके दर्शन का मूल आधार एकमात्र सर्वोपरि परम ब्रह्म की सत्ता की स्थापना करना है, जो अन्यतम सारतत्त्व है, क्योंकि ये मुनि जो सर्वज्ञ थे, भूल नहीं कर सकते थे। किन्तु चूंकि उन्होंने अनुभव किया कि मनुष्य, जो बाह्य पदार्थों की ज्ञानप्राप्ति के आदि हैं, एकसाथ ही उच्चतम सत्य के अन्दर प्रवेश करके उसे ग्रहण नहीं कर सकते, इसलिए उन्होंने मनुष्यों के हित के लिए नाना प्रकार के सिद्धान्तों की कल्पना की जिससे कि वे नास्तिकता के गढ़े में न गिर सकें। इस प्रकार से मुनियों के उद्देश्य को, जो उनके मन में था, गलत रूप में समझकर और यहां तक मानने पर उतारू होकर कि मुनियों ने वेद-विरुद्ध मतों का भी प्रचार किया, इन भिन्न-भिन्न सम्प्रदायों के विशेष-विशेष सिद्धान्तों को मनुष्यों ने एक-दूसरे से उत्तम बताकर नाना पद्धतियों का पक्ष ग्रहण कर लिया।"[1] अनेक दार्शनिक पद्धतियों के इस प्रकार के समन्वय का प्रयत्न[2] प्रायः सभी समीक्षकों एवं टीकाकारों ने किया है। भेद केवल इतना ही है कि वे किसे सत्य समझते हैं। न्याय के समर्थक उदयन की तरह न्याय को और ईश्वरवादी रामानुज की तरह ईश्वरवाद को ही सत्य मानते हैं। यह सोचना भारतीय संस्कृति की भावना के अनुकूल ही होगा कि विचार की अनेक और भिन्न-भिन्न धाराएं, जो इस भूमि में बहती हैं, अपना जल एक ही सामान्य नदी में डालेंगी, जिसका बहाव अन्यत्र कहीं न होकर ईश्वर के नगर की ओर ही होगा।

प्रारम्भ से ही भारतीयों ने यह अनुभव किया था कि सत्य अनेक पक्षीय है और विविध मत सत्य के भिन्न-भिन्न पहलू को देखकर प्रकट हुए हैं, क्योंकि विशुद्ध सत्य का प्रतिपादन कोई एक मत नहीं कर सकता। इसीलिए उन्हें अन्य मतों के प्रति सहनशील होकर उन्हें भी स्वीकार करना पड़ा। उन्होंने निर्भयता के साथ ऐसे विषम सिद्धान्तों को भी उस सीमा तक स्वीकृति प्रदान की, जहां तक उन सिद्धान्तों को तर्क का समर्थन प्राप्त हो सकता था। जहां तक सम्भव हो सका, उन्होंने लेशमात्र भी प्राचीन परम्पराओं के शीर्षकों को नष्ट नहीं होने दिया और उन सबको उचित स्थान व महत्त्व प्रदान किया। इस प्रकार की उदारता के अनेकों उदाहरण आगे हम अपने इस अध्ययन में पाएंगे। निःसन्देह इस प्रकार की मत-सम्बन्धी उदारता में कई प्रकार के संकटों का समावेश रहता है। प्रायः इस उदारता के कारण भारतीय विचारकों को अनिश्चितता, शिथिलताजन्य स्वीकृति और सस्ते सारसंग्रहवाद का शिकार होना पड़ा है।

3. भारतीय दर्शन के विरुद्ध कुछ आरोप

भारतीय दर्शन के विरुद्ध लगाए जाने वाले मुख्य आरोप ये हैं कि यह निराशावादी है, रूढ़िवादी है, नीतिशास्त्र के प्रति उदासीन है और प्रगतिशील नहीं है।

भारतीय दर्शन एवं संस्कृति के प्रायः प्रत्येक समीक्षक ने इसे एक स्वर से निराशावादपरक बताया है।[3] किन्तु हमें इस बात का भी ध्यान रखना चाहिए कि किस प्रकार एक ऐसा मानव-मस्तिष्क स्वतन्त्रता के साथ किसी कल्पना में प्रवृत्त हो सकता है और जीवन का

---

1. देखें, म्योर, 'ओरिजिनल संस्कृत टेक्स्ट्स', 4 : 1 और 2।
2. सर्वदर्शनसामरस्य।
3. चैल ने अपनी पुस्तक 'एड्मिनिस्ट्रेटिव प्राब्लम्स' (पृ० 67) में लिखा है कि भारतीय दर्शन 'आलस्य और शाश्वत विश्राम की कामना से' उत्पन्न हुआ है।

पुनर्निर्माण कर सकता है, जबकि वह क्लान्ति से भरा और निराशा के भाव से आक्रान्त हो। वस्तुतः भारतीय विचारधारा के क्षेत्र और स्वातन्त्र्य की संगति अन्तिम रूप में निराशावाद है। यदि निराशावाद से तात्पर्य, जो कुछ है और जिसकी सत्ता हमारे सामने है—उसके प्रति असन्तोष से है, तो भले ही इसे केवल इन अर्थों में निराशावादी कहा जाए। और, इन अर्थों में तो सम्पूर्ण दर्शनशास्त्र निराशावादी कहला सकता है। इस जगत् में विद्यमान दुःख ही दर्शनशास्त्र एवं धर्म की समस्या को प्रेरणा देता है। धर्मशास्त्र दुःख से निवृत्ति के ऊपर बल देते हैं—जिस प्रकार का जीवन हम इस पृथ्वी पर व्यतीत करते हैं उससे बच निकलने की खोज करते हैं। किन्तु यथार्थ सत्ता अपने तत्त्वरूप में पाप नहीं है। भारतीय दर्शन में वही एक ही शब्द 'सत्' यथार्थ सत्ता और परिपूर्णता दोनों का संकेत करता है। सत्य और साधुता, और अधिक सही अर्थों में कहा जाए तो यथार्थ सत्ता और पूर्णता, साथ-साथ रहती हैं। यथार्थ सत्ता अत्यन्त मूल्यवान भी है और यही समस्त आशावाद का आधार है। प्रोफेसर बोसन्क्वेट लिखते हैं, "मैं आशावाद में विश्वास करता हूं किन्तु मैं यह भी कहता हूं कि वह आशावाद किसी काम का नहीं है जो बराबर नैराश्यवाद के साथ चलकर अन्त में उससे दूर पहुंच जाता है। मुझे निश्चय है कि यही जीवन का सत्यभाव है। और यदि इसे कोई अनर्थकारी समझता है और समझता है कि यह एक प्रकार से दुष्कर्म को अनुचित स्वीकृति देना है तो मेरा उत्तर यह है कि वह समस्त सत्य, जिसमें पूर्णता का थोड़ा-सा भी पुट है, क्रियात्मक रूप में अनर्थकारी है।"[1] भारतीय विचारक निराशावादी इन अर्थों में हैं कि वे इस जगत् की व्यवस्था को बुराई व मिथ्यारूप में देखते हैं। किन्तु आशावादी वे इन अर्थों में हैं कि वे अनुभव करते हैं कि वे इस जगत् से छुटकारा पाकर सत्य के राज्य में, जिसका दूसरा नाम साधुता भी है, पहुंच सकते हैं।

यह कहा जाता है कि यदि भारतीय दर्शन में रूढ़िवाद न रहे तो यह कुछ नहीं है, और रूढ़ि के स्वीकार करने पर वास्तविक दर्शन की कोई सत्ता नहीं रहती। अगले पृष्ठों में दिए गए भारतीय विचारधारा के समस्त अध्ययनक्रम में इस आरोप का उत्तर मिल जाएगा। दर्शनशास्त्र की अनेक पद्धतियां ज्ञान, उसका उद्गमस्थान, एवं यथार्थता की समस्या के समाधान को अन्य सब समस्याओं के समाधान से पूर्व विवेचना के लिए प्रमुख स्थान देती हैं। यह सत्य है कि वेद अथवा श्रुति को साधारणतया ज्ञान का एक प्रामाणिक उद्गमस्थान माना गया है। किन्तु यदि केवल वेद की उक्तियों को एकमात्र सर्वोपरि, अर्थात् इन्द्रियजन्य ज्ञान की प्रामाणिकता और तर्कसंगत निष्कर्षों के प्रामाण्य से उत्तम स्वीकार किया जाए तो दर्शनशास्त्र अवश्य रूढ़ि-मात्र बन जाएगा। वैदिक व्याख्यान आप्तवचन अर्थात् बुद्धिमानों की उक्तियां हैं, जिन्हें स्वीकार करने का हमें आदेश दिया गया है, यदि हमें यह निश्चय हो कि उन बुद्धिमान आप्त पुरुषों को समस्याओं के समाधान के लिए हमारी अपेक्षा अधिक उत्तम साधन उपलब्ध थे। साधारणतः ये वैदिक सचाइयां ऋषियों के अनुभवों का वर्णन करती हैं जिन्हें यथार्थ सत्ता की हेतुवादपरक व्याख्या करने वाले दृष्टि से ओझल नहीं कर सकते। आभ्यन्तर ज्ञान-सम्बन्धी ये अनुभव प्रत्येक मनुष्य के लिए प्राप्य की कोटि में हैं, यदि वह इसे

1. 'सोशल एण्ड इंटरनेशनल आइडियाज़', पृ० 43। तुलना कीजिए, शोपनहावर : "आशावाद—यदि यह केवल विचारहीन कथन-मात्र ही नहीं है जिसमें सिवा शब्दों के और कुछ सारवस्तु नहीं है—केवल विवेकशून्य और निरर्थक ही नहीं बल्कि विचार का अत्यन्त गर्हित प्रकार है और अनेक प्रकार के दुःखों को भोगते हुए मनुष्य-समाज की दृष्टि में एक प्रकार का कटुतापूर्ण उपहास-मात्र है।"

प्राप्त करने की प्रबल इच्छा रखता हो।[1] वेदों के प्रति अपील करने का तात्पर्य किसी दर्शनशास्त्रातीत मानदण्ड को उद्धृत करने से नहीं है। एक साधारण व्यक्ति के लिए जो मत रूढ़ि है, वही पवित्र हृदय वाले व्यक्ति के लिए अनुभव है। यह सत्य है कि जब हम अर्वाचीन भाष्यों पर आते हैं तो हमारे आगे एक प्रकार की दार्शनिक सनातनता का भाव आता है जबकि कल्पना का उपयोग मानी हुई रूढ़ियों के बचाव के लिए किया जाता है। प्रारम्भिक दर्शनशास्त्र भी अपने को भाष्य-रूप कहते हैं, अर्थात् प्राचीन सन्दर्भों की वे केवल टीकामात्र हैं, किन्तु उन्होंने कभी अति सूक्ष्म शास्त्रीय रूप धारण करने की प्रवृत्ति नहीं दिखाई, क्योंकि उपनिषदें जिनकी ओर वे प्रेरणा के लिए मुख फेरते हैं, अनेक विषयी हैं।[2] आठवीं शताब्दी के पश्चात् दार्शनिक मतभेद ने परम्परा का रूप धारण कर लिया और वह शास्त्रीय रूप में परिणित हो गया। और इस प्रकार वह विचार-स्वातन्त्र्य, जो प्राचीनकाल में पाया जाता था, इनमें नहीं रह गया। इन सम्प्रदायों के संस्थापक धार्मिक सन्तों की सूची में आ गए और इस प्रकार उनके मतों पर किसी प्रकार की आशंका उठाना धर्म-मर्यादा के अतिक्रम जैसा ही अपवित्र कर्म समझा जाने लगा। मौलिक व्यवस्थाएं सदा के लिए बना दी गईं और शिक्षक का कार्य केवल अपने सम्प्रदाय की मान्यताओं को ऐसे परिवर्तनों के साथ, जो उसके मस्तिष्क में समा सकते हैं अथवा समय की मांग को पूरा करते हैं, दूसरों तक प्रसारित करना-भर रह गया। पहले से निश्चित निर्णयों की सिद्धि के लिए केवल नये प्रमाण हमारे सामने आते हैं, नई कठिनाइयों के समाधान के लिए नए-नए अभ्युपाय एवं पुराने ही मतों के पुनःस्थापन कुछ नए परिवर्तित क्षेत्र के साथ या भाषा के हेर-फेर से मिलते हैं। जीवन की गम्भीर समस्याओं पर बहुत कम मनन और कृत्रिम समस्याओं पर अधिक वाद-विवाद मिलता है। परम्परा-रूपी उत्तम कोष अपनी ही बोझिल धन-सम्पत्ति द्वारा हमारे मार्ग में बाधक सिद्ध होता है और दर्शनशास्त्र की गति अवरुद्ध होकर कभी-कभी बिलकुल ही निश्चेष्ट हो जाती है। समस्त भारतीय दर्शन के ऊपर अनुपयोगिता के आरोप में तभी कुछ सार हो सकता है जबकि हम टीकाकारों के शाब्दिक विवेचन की ओर निगाह करते हैं, जिनके अन्दर जीवन की उस दैवी प्रेरणा एवं उस सौन्दर्य का लेशमात्र नहीं पाया जाता, जैसाकि प्राचीन पीढ़ी के दार्शनिकों में था। ये तो केवल पेशेवर तार्किक हैं, जिन्हें मनुष्य-जाति के प्रति अपने उद्देश्य का ज्ञान-मात्र है और कुछ नहीं। तो भी ऊपर जम गई कालजनित पपड़ी की सतह के नीचे आत्मा यौवनपूर्ण है और यदा-कदा फूटकर ऊपर हरी व कोमल कोंपल के रूप में निकलती है, और शंकर या माधवाचार्य के समान व्यक्ति उदित होते हैं, जो अपने को बतलाते तो केवल भाष्यकार ही हैं, फिर भी ऐसे आध्यात्मिक तत्त्व का साक्षात्कार करते हैं जो समस्त विश्व की गति का नियन्त्रण करता है।

भारतीय दर्शनशास्त्र के विरुद्ध कभी-कभी यह कहा जाता है कि यह स्वरूप से नीतिहीन है। "हिन्दू विचारधारा की परिधि के अन्दर कोई भी नीतिशास्त्र नहीं है।"[3] इस आरोप को प्रमाणित नहीं किया जा सकता। समस्त जीवन को आत्मिक शक्ति से पूर्ण करने के प्रयत्न तो यहां सर्वमान्य और साधारण बात है। भारतीय विचारधारा में यथार्थ सत्ता की श्रेणी में अगली श्रेणी में धर्म की भावना का ही अत्यन्त महत्त्व है। जहां तक वास्तविक नीति-

---

1. देखिए, शांकरभाष्य वेदान्तसूत्र, 3 : 2 : 24।
2. विश्वतोमुखाः।
3. फर्क्यूहर, 'हिबर्ट जर्नल', अक्तूबर 1921, पृष्ठ 24।

सम्बन्धी विषय का सम्बन्ध है, बौद्ध मत, जैन मत, हिन्दू धर्म दूसरों से कम नहीं हैं। दैवीय ज्ञान की प्राप्ति के लिए आचार-शुद्धि पहला पग है।

कहा जाता है कि भारत में दर्शनशास्त्र समस्थित या प्रगतिशून्य है और केवल पुरानी सामग्री के ऊहापोह में ही मग्न देखा जाता है। 'अपरिवर्तनशील पूर्व' से तात्पर्य है कि भारत में काल की गति अवरुद्ध हो गई है और यह सदा के लिए एकरस है। यदि इसका अर्थ यह है कि प्रत्येक काल में समस्याएं एक समान रही हैं तब इस प्रकार की प्रगतिशीलता का अभाव सभी दार्शनिक विकासों में एक समान है। ईश्वर, मुक्ति और अमरत्व के सम्बन्ध में वही पुरानी समस्याएं और वही पुराने असन्तोषजनक समाधान बराबर शताब्दियों तक दोहराए जाते रहे हैं, जबकि समस्याओं की आकृतियां वही रहीं, सारतत्त्व में परिवर्तन हो गया है। वैदिक सूक्तों के सोमरस पान करने वाले ईश्वर में और शंकर के परम ब्रह्म में बहुत अन्तर हो गया। वे परिस्थितियां, जिनका असर दार्शनिक ज्ञान के ऊपर होता है, हरएक पीढ़ी में नये सिरे से बदल जाती हैं और उनके प्रति व्यवहार करने के प्रयत्नों में भी उसी के अनुसार पुनरावर्तन हो जाना आवश्यक है। यदि इस आपेक्ष का तात्पर्य यह हो कि भारत में प्राचीन धर्मशास्त्रों में दिए गए समाधानों एवं प्लेटो के ग्रन्थों अथवा ईसाई ग्रन्थों में दिए गए समाधानों में कुछ अधिक मौलिक भेद नहीं है तो इसका अर्थ यही है कि वही एक प्रेमस्वरूप व्यापक आत्मा अपने सन्देश का व्याख्यान दे रही है और समय-समय पर अपनी कल्याणमयी वाणी मनुष्य-मात्र को इन महापुरुषों के माध्यम से सुना रही है। पवित्र सन्देश विविध प्रकार से संकलित होकर युग-युग में हम तक पहुंचते हैं जिन पर जाति एवं परम्परा का रंग-भर चढ़ जाता है। यदि इसका अर्थ यह समझा जाए कि भूतकाल के प्रति भारतीय विचारकों के मन में एक विशेष प्रतिष्ठा का भाव विद्यमान है, जिसके कारण ही 'पुरानी बोतल में नई मदिरा' की लोकोक्ति के अनुसार इस देश के विचारक पुराने विचारकों में नए विचारों का केवल पुट देते रहे हैं तो हम पहले ही कह चुके हैं कि भारतीय मस्तिष्क का यह एक विशिष्ट स्वरूप है। इस देश में प्रगति का अर्थ है, पुरातनकाल के सब अच्छे अंशों को साथ लेकर उनमें कुछ और नई सामग्री जोड़ देना; अर्थात्, पूर्वपुरुषों के विश्वास को उत्तराधिकार के रूप में पाकर वर्तमान समय की भावना के अनुकूल उसमें परिवर्तन कर लेना। यदि भारतीय दर्शन को इन अर्थों में निःसार एवं निरर्थक कहा जाए कि वह विज्ञान की उन्नति को अपने अन्दर धारण नहीं करता तो इस प्रकार की निःसारता नई पीढ़ी के लोगों की दृष्टि में सभी पुराने विषयों में पाई जाती है। उक्त समीक्षा ने जिस प्रकार की धारणा बना रखी है, वैज्ञानिक विकास उस प्रकार का कोई विशेष परिवर्तन अभी तक दार्शनिक ज्ञान के तत्त्व में नहीं ला सका है। अपने वैज्ञानिक स्वरूप में जो सिद्धान्त अधिक क्रान्तिकारी प्रतीत होते हैं—जैसेकि जीवशास्त्र-सम्बन्धी विकासवाद का सिद्धान्त एवं भौतिक जगत् में सापेक्षतावाद का सिद्धान्त—उन्होंने सर्वसम्मत दार्शनिक सिद्धान्तों का प्रत्याख्यान करने के स्थान पर नवीन क्षेत्र में उनका समर्थन ही किया है।

प्रगतिशीलता के अभाव अथवा स्थिरता का आरोप तब आता है जब हम पहले महान भाष्यकारों के बाद के समय पर पहुंचते हैं। भूतकाल के प्रभाव के अधिक बोझिल होने से आगे के उपक्रम में बाधा उपस्थित हो गई और मध्यकाल के सम्प्रदायवादियों के समान पंडिताऊ ढंग का बौद्धिक ऊहापोह, और प्रामाण्य एवं परम्परा के लिए वही सम्मान, और उसी प्रकार के आध्यात्मिक पक्षपात की अनधिकार चेष्टा इत्यादि की सृष्टि हो गई। भारतीय दार्शनिक यदि अधिक स्वतन्त्रता के साथ कार्य कर सकता तो परिणाम कहीं अधिक उत्तम

हो सकता था। दर्शनशास्त्र के सजीव विकास के तारतम्य के लिए सृजनात्मक शक्ति की धारा को निरन्तर प्रवाहित होते देने के लिए संसार के सजीव आन्दोलनों के साथ सम्पर्क आवश्यक है, जिससे विचार-स्वातन्त्र्य को प्रोत्साहन प्राप्त हो सके। संभव है कि भारतीय दर्शन, जिसने अपनी क्षमता एवं शक्ति अपनी राजनीतिक स्वतन्त्रता के साथ-साथ खो दी थी, इस नए युग में, जो हमारे सामने आ रहा है, एक नई प्रेरणा और नई स्फूर्ति प्राप्त कर सके। यदि भारतीय विचारक, प्राचीनता के प्रति जो उनका स्वाभाविक मोह है उसके साथ-साथ, सत्य की पिपासा को भी धारण कर सकें तो भारतीय दर्शन का भविष्य उसके उज्ज्वल भूतकाल के सामने ही अब भी उज्ज्वल हो सकता है।

4. भारतीय दर्शन के अध्ययन का महत्त्व

केवल पुरातत्त्व-सम्बन्धी अनुसंधान के एक अंश के रूप में ही भारतीय विचारधारा के अध्ययन का औचित्य पूरा नहीं हो सकता। विशेष-विशेष विचारकों की कल्पनाएं अथवा भूतकाल के विचार अपना विशेष महत्त्व रखते हैं। ऐसा विषय, जिसने किसी समय पुरुषों एवं स्त्रियों की रुचि प्राप्त की है, हमेशा के लिए और पूर्णतया अपने ओज को नहीं खो सकता। वैदिक आर्यों के विचार-शास्त्र में हम बड़े-बड़े शक्तिशाली मस्तिष्कों को उन उच्चतम समस्याओं के साथ, जो मनुष्य को विचार करने की प्रेरणा प्रदान करती हैं, जूझते हुए पाते हैं। हेगल के शब्दों में, "दर्शनशास्त्र का इतिहास अपने सही अर्थों में भूतकाल-मात्र का ही प्रतिपादन नहीं करता किन्तु नित्य, शाश्वत और वास्तविक वर्तमान काल के साथ भी सम्बन्ध रखता है और अपने परिणामरूप में मानव-बुद्धि के नैतिक ह्रास का एक अजायबघर न होकर उस देवालय के समान है जिसमें समस्त मानव-बुद्धि के अन्तर्निहित तर्क की, भिन्न-भिन्न स्थितियों के प्रतिनिधिस्वरूप देवताओं के समान, आकृतियां सुरक्षित रखी हुई हैं।"[1] भारतीय विचार का इतिहास वह नहीं है जैसाकि पहले ही साक्षात्कार में प्रतीत होता है—अर्थात् केवल पारमार्थिक विचारों का अनुक्रम, जिसमें एक के बाद दूसरा विचार आता चला गया है।

दर्शनशास्त्र को महाबहलाव का साधन बनाना बहुत आसान है, क्योंकि उन लोगों के लिए जो ऐन्द्रिय विषयों में ही लिप्त रहते हैं और एक अव्यवस्थित रूप में विचार करते हैं, दार्शनिक समस्याएं अवास्तविक प्रतीत होती हैं और उन्हें इस विषय में निस्सारता की गन्ध आती है। विरोधी समालोचक दार्शनिक वाद-विवाद को व्यर्थ समय नष्ट करने वाली तार्किक काट-छांट एवं ऐसा बौद्धिक इन्द्रजाल समझता है, जो पहले मुर्गी या पहले अंडा'[2] इस प्रकार की पहेलियों से ही भरा है। भारतीय दर्शन में विवाद-विषयक समस्याएं अनादिकाल से उलझन में डालती आई हैं और कभी भी उनका समाधान सबके लिए संतोषजनक रूप में नहीं हो सका। ऐसा प्रतीत होता है कि आत्मा एवं परमात्मा को जानने की उत्कट इच्छा मनुष्य-जाति की अनिवार्य आवश्यकताओं का विषय रही है। प्रत्येक बुद्धिमान व्यक्ति जब इस विषय पर विचार करता है कि वह बिना कहीं बीच में ठहरने के जन्म और मृत्यु के बीच जीवन-रूपी बाढ़ में बहता है—जिस निरन्तर बहती हुई धारा की बाढ़ में वह कभी ऊपर की ओर और कभी नीचे की ओर उछाल दिया जाता है, तब वह यह प्रश्न करने के लिए विवश

---

1. 'लॉजिक' पृष्ठ 137, वैलेस कृत अनुवाद।
2. अन्ततोगत्वा यह प्रश्न इतना मामूली अथवा दोषरहित नहीं है जैसाकि प्रतीत होता है। देखें, सैम्युएल : 'लक ऑक कनिंग'।

हो जाता है कि मार्ग की कुछ छोटी-छोटी ध्यान बंटाने वाली घटनाओं को छोड़कर, अन्ततोगत्वा इस सब गति का प्रयोजन अथवा अन्तिम लक्ष्य क्या है। दर्शनशास्त्र भारत की जातीय स्वभावगत विलक्षणता नहीं, बल्कि मानवीय हितों का विषय है।

यदि हम पेशेवर दर्शन को एक ओर रख दें, जो अवश्य एक निरर्थक वस्तु हो सकता है, तो भारत में हमें विचार-शास्त्र-सम्बन्धी एक सर्वोत्तम विकास दृष्टिगोचर होता है। भारतीय विचारकों के परिश्रम के परिणाम मानव-ज्ञान की उन्नति के लिए इतने महत्त्व के हैं कि उनमें प्रकट भूलों के रहते हुए भी उनके ग्रन्थों को अध्ययन के योग्य समझते हैं। यदि मिथ्या तर्क, जिसने भूतकाल में दार्शनिक पद्धतियों का विनाश किया, दर्शनशास्त्र को एकदम त्याग देने का कारण हो सकता है, तब केवल भारतीय दर्शन को ही क्यों, समस्त प्रकार के दर्शनशास्त्र को ही त्याग देना चाहिए। अन्ततोगत्वा अविचल सत्य का अवशिष्टांश—जिसे मानवीय विचारधारा की महत्त्वपूर्ण देन के रूप में स्वीकार किया जाना चाहिए, यहां तक कि पश्चिम के प्लेटो और अरस्तू सरीखे प्रसिद्ध विचारकों को भी इसका अंश मिला—कोई बहुत बड़ी वस्तु नहीं है। प्लेटो की अत्यधिक जोशीली कविताओं, अथवा डेकार्ट के निर्जीव रूढ़िवाद का, ह्यूम के शुष्क अनुभूतिवाद एवं हेगल के भ्रामक हेत्वाभासों का उपहास करना सरल है किन्तु तब भी इसमें सन्देह नहीं कि इस सबके होते हुए भी हमें उनके अध्ययन से लाभ ही होता है। यहां तक कि यद्यपि भारतीय विचारकों द्वारा आविष्कृत थोड़े-से ही महत्त्वपूर्ण तथ्यों ने मानवीय विचारशास्त्र के इतिहास की रचना की है तो भी बादरायण अथवा शंकर प्रभृति द्वारा प्रकट किए गए संश्लेषणात्मक और क्रमबद्ध विचार मानवीय विचारशास्त्र में युगान्तरकारी घटनाओं के रूप में और मानवीय प्रतिभा के स्मारक के रूप से विद्यमान रहेंगे।[1]

भारतीय विद्यार्थी के लिए केवल भारतीय दर्शनशास्त्र का अध्ययन ही अपने-आप में भारत के शानदार भूतकाल का सही-सही चित्र उपस्थित कर सकता है। आज भी एक औसत दर्जे का हिन्दू अपने पुराने दर्शनशास्त्रों, बौद्धदर्शनों, अद्वैतदर्शन, एवं द्वैतवाद सबको एक समान योग्य और युक्तियुक्त मानता है। इन शास्त्रों के रचयिताओं की भगवान की तरह पूजा होती है। भारतीय दर्शन का अध्ययन हमारे सामने स्थिति को स्पष्ट कर सकता है और अधिक सन्तुलित रूप में दृष्टिकोण को एवं मन को इस निरंकुश भाव से, कि प्राचीन जो कुछ

1. पश्चिम के अनेक विद्वान भारतीय दर्शन के महत्त्व को स्वीकार करते हैं। दूसरी ओर जब हम ध्यान देकर पूर्वदेशों के कवितामय एवं दार्शनिक आन्दोलनों का अध्ययन करते हैं और उन सबसे भी ऊपर भारतीय विचारधाराओं का अध्ययन करते हैं, जिनका अब यूरोप में प्रसार बढ़ रहा है, हमें उनके अन्दर सत्य एवं इतने गम्भीर सत्य दिखाई देते हैं कि जिनकी प्रतिद्वन्द्विता में यूरोप के बड़े-बड़े मेधावी विद्वानों के विचार तुच्छ रह गए हैं और हमें हठात् पूर्व के सामने घुटने टेक देने पड़ते हैं। इस मनुष्य-जाति की आदिम शैशवावस्था के इस आश्रय-स्थान में सबसे उच्च श्रेणी के दार्शनिक ज्ञान का लाभ प्राप्त करते हैं। (विक्टर कज़िन) "यदि मुझे अपने अन्दर यह जिज्ञासा उत्पन्न हो कि हमें जो, यूरोप में जो केवल ग्रीक रोमन सैमेटिक यहूदी जाति के विचारों पर ही पले हैं, किस साहित्य से सही-सही प्रेरणा मिल सकती है—जिसकी कि अत्यन्त आवश्यकता है और जिससे हमारा आभ्यन्तर जीवन अधिक पूर्णता को प्राप्त कर सके, अधिक व्यापक एवं नित्य बन सके, एक ऐसा जीवन जो केवल इसी वर्तमान जीवन के लिए नहीं अपितु भविष्य के लिए भी उदात्त हो—तो मैं फिर से भारत की ओर ही संकेत करूंगा।" (मेक्समूलर)। "उन राष्ट्रों में जिनके पास अपना दर्शन एवं अपनी अध्यात्मविद्या है और इन विषयों के प्रति जन्मजात रुचि व आकांक्षा है, जैसी कि आज के जर्मनी की विशेषता है और पुराने ज़माने में यूनान की विशेषता थी, काल की दृष्टि से भारत का स्थान सर्वप्रथम है।" (वही)

है अपने-आप में पूर्ण है, दूर करके स्वतन्त्र विचार करने के योग्य बना सकता है। प्रामाण्य की दासता से मन की इस प्रकार की मुक्ति एक आदर्श है, जिसके लिए प्रयत्न होना चाहिए। क्योंकि जब दासता के बन्धन से बुद्धि स्वतन्त्र हो जाएगी तब मौलिक विचार और रचनात्मक प्रयत्न भी सम्भव हो सकेंगे। आज के भारतीय के लिए अपने देश के प्राचीन इतिहास का ब्यौरेवार ज्ञान होना एक विषादात्मक सन्तोष भी हो सकता है। वृद्ध पुरुष अपनी युवावस्था के किस्सों से सन्तोष प्राप्त करते हैं, और इसी प्रकार दूषित वर्तमान को भूलने का भी एक ही मार्ग है कि हम सुन्दर भूतकाल का अध्ययन करें।

5. भारतीय विचारधारा के विभिन्न काल

जब हम केवल हिन्दुओं के दर्शन-सम्बन्धी विषय का प्रतिपादन कर रहे हैं, जोकि उन अन्यान्य जातियों की दर्शन-पद्धतियों से भिन्न है जिनका भारत में अपना स्थान है, तब इस विषय को 'भारतीय दर्शन' का शीर्षक क्यों दिया जाए, इसकी युक्तियुक्तता दर्शाना हमारे लिए आवश्यक हो जाता है। इसका सबसे अधिक स्पष्ट और सुगम कारण इस परिभाषा का सामान्य प्रयोग में आना है। आज भी भारत मुख्यांश में हिन्दू है। और यहां हमारा प्रतिपाद्य विषय भी भारतीय विचार के 1000 ईस्वी अथवा कुछ उपरान्त तक के काल का इतिहास है। इस समय के पश्चात् ही हिन्दू जाति का भाग्य अन्यान्य अहिन्दू जातियों के साथ अधिकाधिक जुड़ता गया।

भारतीय विचार के निरन्तर विकास को विभिन्न लोगों ने विभिन्न समयों में अपनी-अपनी भेंट अर्पित की है, फिर भी उन सब पर भारतीय आत्मा के बल की छाप स्पष्ट दिखाई देती है। इस विकास की ठीक-ठीक क्रमबद्धता के विषय में यद्यपि हम निश्चित रूप से कुछ नहीं कह सकते, फिर भी हम भारतीय विचार को ऐतिहासिक दृष्टि से देखने का प्रयत्न करेंगे। विशेष सम्प्रदायों के सिद्धांत अपनी-अपनी परिस्थितियों की अपेक्षा रखते हैं और इसलिए उनका निरीक्षण उनके साथ ही करना उचित होगा, अन्यथा हमारे लिए उनके अन्दर किसी प्रकार का जीवित आशय खोजना कठिन होगा और वह एक प्रकार की मृतप्राय परम्परा मात्र ही सिद्ध होगी। दर्शनशास्त्र की प्रत्येक पद्धति अपने समय के महत्त्वपूर्ण प्रश्न का एक निश्चयात्मक उत्तर है और इसलिए जब उस पर उसी दृष्टिकोण से विचार किया जाएगा, तभी प्रतीत होगा कि उसमें सत्य की कुछ मात्रा अवश्य है। दार्शनिक तत्त्व निश्चयात्मक अथवा भ्रमात्मक स्थापनाओं के पुंजमात्र नहीं हैं, अपितु एक विचारधारा की अभिव्यक्ति एवं विकास के रूप में हैं, जिसके साथ और जिसके बीच हमें अवश्य तादात्म्य प्राप्त करना चाहिए, यदि हम जानना चाहते हैं कि उक्त पद्धतियों ने अमुक रूप किस प्रकार और क्यों धारण किया। दर्शनशास्त्र का इतिहास के साथ एवं बौद्धिक जीवन का सामाजिक अवस्थाओं के साथ जो पारम्परिक संबंध है, उसका ज्ञान हमें अवश्य होना चाहिए।[1] ऐतिहासिक विधान के अनुसार

1. वाल्टर पीटर की भांति "जैसे अद्भुत रूप से मुड़ा हुआ एक चीड़ का वृक्ष, जोकि किसी इंगलिश मैदान में मात्र प्रकृति की लीला ही होगा, हमें देखने को मिले और हम अपने विचार में उसकी जगह आल्प्स पर्वत की प्रचण्ड जलधारा के संघर्षमय बल का ध्यान करें और उसे आवश्यकता की उपज समझ लें जिसने उसे यह आकृति दे दी है, ठीक उसी प्रकार बड़े-बड़े अद्भुत विश्वास भी, जब उनका सम्बन्ध अपने चारों ओर की अवस्थाओं से हो, अपने स्वाभाविक औचित्य में आ जाते हैं, और यथार्थ में वे एक प्रकार से उनके भाग ही हैं।" ('प्लेटो एण्ड प्लेटोनिज्म', पृष्ठ 10)।

सम्प्रदायों के परस्पर-विरोध में किसी एक का पक्ष लेना अनुचित है, बल्कि नितान्त निष्पक्ष भाव से विकास क़ा अनुसरण करना चाहिए।

ऐतिहासिक दृष्टि से उक्त विधि के परम आवश्यकता का महत्त्व समझते हुए भी हमें दुःख से कहना पड़ता है कि प्राचीन लेखों में काल और तिथियों का सर्वथा अभाव रहने के कारण हम उक्त पद्धतियों के निर्माण का ठीक-ठीक काल-निर्णय करने में अपने को असमर्थ पाते हैं। प्राचीन भारतीयों का स्वभाव इतना अनैतिहासिक अथवा संभवतः इतना दार्शनिकज्ञानातीत था कि हम दार्शनिकों की अपेक्षा दर्शन-पद्धतियों के विषय में अधिक जानते हैं। बुद्ध के जन्म के समय से भारतीय कालक्रम-विज्ञान अधिक अच्छी स्थिति में आ गया। बौद्धमत के अभ्युदय के काल में ही फ़ारस (ईरान) की शक्ति का विस्तार एकिमेनिडी राजवंश के शासन के अन्तर्गत बढ़ते-बढ़ते सिन्धु नदी तक पहुंच गया था। कहा जाता है कि पश्चिम में भारत-विषयक ज्ञान इसी समय हेकाटियियस और हेरोडोटस द्वारा पहुंचाया गया।

भारतीय दर्शनशास्त्र के मुख्य विभाग निम्नलिखित हैं :

(1) वैदिक काल (1500 ई० पूर्व से 600 ई० पूर्व तक) वह समय है जबकि भारत में आर्य लोगों ने अपने आवासस्थानों का निर्माण किया और उसके साथ-साथ इस देश में आर्य संस्कृति व सभ्यता का धीरे-धीरे विस्तार और प्रसार हुआ। यह वह समय है जिसमें वनों के विश्वविद्यालयों का अभ्युदय हुआ। और इन विश्वविद्यालयों से भारत के उच्च आदर्शवाद का प्रादुर्भाव हुआ। इस काल में हम विचार के बदलते हुए स्तर को स्पष्ट भेद के कारण देख सकते हैं, जो मन्त्रों अथवा सूक्तों एवं ब्राह्मणों और उपनिषदों के रूप में प्रकट हुआ। इस युग के विचार यथार्थ रूप में दार्शनिक नहीं है। यह अन्धकार में टटोलने का काल है, जहां मिथ्या विश्वास और विचार में अब भी परस्पर भेद और द्वन्द्व विद्यमान था। फिर भी, विषय को एक व्यवस्था में रखने और उसे सिलसिला देने के विचार से यह हमारे लिए आवश्यक हो जाता है कि हम ऋग्वेद के सूक्तों के दृष्टिकोण की व्याख्या करते हुए उपनिषदों के मत का भी प्रतिपादन करें।

(2) महाकाव्यकाल (600 ई० पू० से 200 ई० पश्चात्) का विस्तार उपनिषदों और दर्शनशास्त्रों के विकासकाल तक है। रामायण और महाभारत के महाकाव्य मानव में निहित एक नवीन वीरत्व एवं देवत्व के संदेश को फैलाने का माध्यम सिद्ध हुए। इस काल में उपनिषदों के विचारों का प्रजातन्त्रीकरण होकर बौद्धधर्म, एवं भगवद्-गीता में उनका संक्रमित होना पाया जाता है। बौद्धधर्म, जैनमत, शैवमत एवं वैष्णवमत की पद्धतियां सब इसी काल की हैं। अमूर्त विचारों का विकास भी जो भारतीय दर्शन के भिन्न- भिन्न सम्प्रदायों में परिणत हुआ, इसी काल की देन है। बहुत से दर्शनों का प्रारम्भकाल बौद्धधर्म के अभ्युदयकाल के साथ-साथ है और वे अनेक शताब्दियों तक साथ-साथ विकसित होते रहे, फिर भी उन सम्प्रदायों के क्रमबद्ध ग्रन्थों का निर्माण-काल बाद का है।

(3) सूत्रकाल (200 ई.) उसके बाद आता है। सामग्री का पुंज बढ़कर इतना अधिक स्थूल हो गया कि दर्शनों के ज्ञान को सूक्ष्म रूप में उपस्थित करने की आवश्यकता अनुभव होने लगी। इस न्यूनीकरण एवं समवायिकरण ने सूत्रों का रूप धारण किया। ये सूत्र बिना उसकी टीकाओं की सहायता के समझ में नहीं आ सकते, यहां तक कि टीकाओं का महत्त्व स्वयं सूत्रों से भी अधिक बढ़ गया। यहां हमें दार्शनिक क्षेत्र में समीक्षात्मक प्रवृत्ति विकसित

होती दिखाई देती है। इसमें सन्देह नहीं कि इससे पूर्ववर्ती कालों में हमें दार्शनिक वाद-विवाद मिलते हैं, जहां मन ने जो कुछ उसे बताया गया उसे निष्क्रियभाव से स्वीकार नहीं किया बल्कि स्वयं भी विषय पर आक्षेप उठाकर और उनका उत्तर देते हुए उनका विवेचन किया। अपने आत्मिक ज्ञान द्वारा विचारकों ने कुछ ऐसे सामान्य सिद्धान्त स्थिर किए जो उनकी दृष्टि में विश्व के समस्त रूपों की व्याख्या करते हुए प्रतीत हुए। दार्शनिक संश्लेषण चाहे कितने ही पूर्ण और तीक्ष्ण क्यों न हों, पूर्व विवेचनारहित होने के कारण, काण्ट की परिभाषा में, बराबर दोषपूर्ण रहे हैं। दार्शनिक समस्याओ के समाधान की शक्ति मनुष्य के अन्दर कितनी है, इस विषय की पहले से विवेचना किए बिना मानव ने जगत् को देखा और परिणामों पर पहुंच गया। प्रारम्भिक प्रयत्न जगत् को समझने और उसकी व्याख्या करने के विषय में यथार्थ में दार्शनिक प्रयत्न नहीं थे, क्योंकि मानव-मस्तिष्क की योग्यता के विषय में किसी ने इस प्रकार की आशंका नहीं की कि उसके जिन साधनों का प्रयोग किया गया, उसमें कार्य-क्षमता थी या नहीं, या जिस मानदण्ड का प्रयोग किया गया वह भी ठीक था या नहीं, इत्यादि। जैसा कि केयर्ड ने लिखा है कि मन 'उस समय पदार्थ को ध्यान से देखने में अत्यन्त व्यग्र' था।[1] इसलिए जब हम सूत्रकाल में आते हैं तो उस समय में केवल रचनात्मक कल्पना और धार्मिक स्वातन्त्र्य ही नहीं, विचार एवं चिन्तन को भी अधिक स्वयंचेतनरूप में पाते हैं। दर्शनशास्त्रों के सम्बन्ध में भी हम निश्चयपूर्वक नहीं कह सकते कि इनमें से कौन प्राचीन हैं और कौन अर्वाचीन। इस विषय में बराबर विरोधी उद्धरण मिलते हैं। योगदर्शन सांख्य की सत्ता स्वीकार करता है, वैशेषिक न्याय और सांख्य दोनों की सत्ता को स्वीकार करता है, न्याय में वेदान्त और सांख्य का विवरण पाया जाता है, मीमांसा प्रत्यक्ष और परोक्ष रूप में अन्य सब दर्शकों के पूर्व-अस्तित्व का पता देती है, और इसी प्रकार वेदान्त में भी अन्य सब दर्शनों का हवाला आता है। प्रोफेसर गार्ब का मत है कि सांख्य सबसे पुराना सम्प्रदाय है। उसके पश्चात् योगदर्शन आया, इसके पश्चात् मीमांसा और वेदान्त और सबसे अन्त में वैशेषिक और न्याय। सूत्रकाल और टीकाकारों के पाण्डित्य-प्रदर्शन काल के बीच कोई विभाजन रेखा नहीं खींची जा सकती। ये दोनों काल आज तक विस्तृत हैं।

(4) टीकाकाल भी ईसा के पश्चात् दूसरी शताब्दी से आरम्भ होता है। इस काल और इससे पूर्व के काल के बीच में कोई स्पष्ट विभाजन रेखा नहीं खींची जा सकती। फिर भी इसी काल में हमें बड़े-बड़े विचारकों यथा कुमारिल, शंकर, श्रीधर, रामानुज, माध्व, वाचस्पति, उदयन, भास्कर, जयन्त, विज्ञानभिक्षु और रघुनाथ आदि का नाम सुनाई देता है। उक्त काल का साहित्य शीघ्र ही शास्त्रार्थों और विवादों में ग्रस्त हो जाता है। हमें इस काल में तार्किकों का एक जत्था मिलता है, कोलाहलपूर्ण वाद-विवाद में रत, अत्यन्त सूक्ष्म सिद्धान्तों में लिप्त और युक्ति व प्रमाणों का सूक्ष्म ताना-बाना बनाने वाले तार्किक, जो सामान्य स्थापनाओं पर परस्पर वाक्युद्ध करते रहे। बहुत से उन भारतीय विद्वानों ने अपने बड़े-बड़े ग्रंथों को खोलने में संकोच किया। जो ज्ञान का प्रकाश देने की अपेक्षा अधिकतर हमें असमंजस में डालने का कारण बनते हैं। उसकी कुशाग्रबुद्धि एवं उत्साह से कोई इनकार नहीं कर सकता। किन्तु इन टीकाकारों में विचारों के स्थान पर केवल शब्द मिलते हैं, दर्शनशास्त्र के स्थान में तर्कशास्त्र की काट-छांट, विचार की अस्पष्टता, तार्किक जटिलता और मनोवृत्ति की असहिष्णुता पाई जाती है, जो बहुत खेदजनक है। इनसे उत्तम श्रेणी के भाष्यकार निःसन्देह उतने ही महत्त्वपूर्ण

1. 'क्रिटिकल फिलासफी आफ कांट', खण्ड 1, पृष्ठ 2।

हैं जितने कि प्राचीन विचारक स्वयं थे। शंकर और रामानुज जैसे भाष्यकार प्राचीन सिद्धान्तों को फिर से स्थिर करते हैं और उनके द्वारा की गई यह पुनःस्थापना आध्यात्मिक खोज के समान ही महत्त्वपूर्ण है।

भारतीय दर्शन के कुछ इतिहास भारतीय विचारकों द्वारा लिखे गए मिलते हैं। लगभग सभी अर्वाचीन टीकाकार अपने-अपने दृष्टिकोण से दूसरों के सिद्धान्तों पर वाद-विवाद करते हैं। इस मार्ग से प्रत्येक टीकाकार हमें अन्य मतों का पता दे जाता है। कभी-कभी तो अन्य कितनी ही दार्शनिक पद्धतियों पर निरन्तर रूप से और जान-बूझकर विवाद किया गया है। इस प्रकार के कुछ मुख्य ऐतिहासिक विवरण यहां दिये जाते हैं। हरिभद्र द्वारा रचित[1] एक ग्रन्थ है जिसका नाम 'षड्दर्शनसमुच्चय' है, जिसमें छहों वैदिक दर्शनों का सार-संग्रह किया गया है। बताया जाता है कि सामन्तभद्र नामक एक दिगम्बर जैन ने, जो छठी शताब्दी में हुआ, 'आत्ममीमांसा' नामक ग्रन्थ लिखा है, जिसमें नाना प्रकार के दार्शनिक सम्प्रदायों की समालोचना की है।[2] एक माध्यमिक बौद्ध, जिसका नाम भावविवेक है, 'तर्कज्वाला' नामक ग्रन्थ का निर्माता है, जिसमें उसने मीमांसा, सांख्य, वैशेषिक और वेदान्त सम्प्रदायों की आलोचना की है। विद्यानन्द नामक एक दिगम्बर जैन ने अपने 'अष्टसहस्री' नामक ग्रंथ में, और मेरुतुंग नामक एक अन्य दिगम्बर जैन ने 'षड्दर्शनविचार' (1300 ई०) नामक ग्रन्थ में, कहा जाता है कि, हिन्दूदर्शनशास्त्रों की समालोचना की है। प्रसिद्ध वेदान्ती माधवचार्य के 'सर्वदर्शनसंग्रह' नामक ग्रन्थ में भारतीय दर्शन का सर्वाधिक प्रचलित विवरण दिया गया है। माधवाचार्य ने 14वीं शताब्दी में दक्षिण भारत में जन्म लिया था। शंकरस्वामी के 'सर्वसिद्धान्त-सारसंग्रह'[3] और मधुसूदन सरस्वती के 'प्रस्थानभेद'[4] में भी विभिन्न दार्शनिक सिद्धान्तों का उपयोगी वर्णन पाया जाता है।

---

1. श्री बार्थ कहते हैं : "हरिभद्र, जिसकी मृत्यु जनश्रुति के अनुसार 529 ई० पू० में हुई किन्तु एक अधिक विश्वस्त प्रमाण के आधार पर जो 9वीं शताब्दी में भी जीवित था और जिसके समान नामों वाले अन्य भी कई व्यक्ति थे, एक ब्राह्मण था जिसने जैनमत स्वीकार कर लिया था। वह 1400 प्रबन्धों का रचयिता था और मालूम होता है कि सबसे प्रथम उसने ही श्वेताम्बर जैन-सम्प्रदाय के शास्त्रीय साहित्य में संस्कृत भाषा का प्रवेश कराया। ब्राह्मण लोग षड्दर्शनों से दो मीमांसाओं, सांख्य और योग, न्याय और वैशेषिक को ग्रहण करते हैं। जबकि दूसरी ओर इसी शीर्षक के नीचे बहुत संक्षेप में 87 श्लोकों के अन्दर, किन्तु बिलकुल निष्पक्ष दृष्टि से हरिभद्र ने बौद्धधर्म, जैनधर्म एवं न्याय, सांख्य, वैशेषिक और मीमांसाशास्त्र के अनुयायियों के सिद्धान्तों की व्याख्या की है। इस प्रकार उसने अपना एक पृथक सम्प्रदाय चुना है, जिसके साथ जैनियों का मत अधिक मेल खाता है और इस सम्प्रदाय को उसने अपने दोनों घोर विरोधी बौद्धमत एवं जैमिनी के कर्मकाण्डपरक सम्प्रदाय के बीच स्थापित किया। अन्त में जाकर वह इन दोनों को भी लोकायत एवं भौतिकवादी चार्वाक की ही श्रेणी रखता है, केवल अपने निजी विचार से या साम्प्रदायिक भाव से ही नहीं, किन्तु उस समय के ब्राह्मण लोग भी उक्त दोनों सम्प्रदायों के विषय में ऐसा ही मत रखते थे।" (इंडियन एंटिकरी, पृष्ठ 66, 1895)
2. विद्याभूषण, 'मेडीवल सिस्टम्स आफ इंडियन लॉजिक', पृष्ठ 23।
3. उक्त पुस्तक के साथ शंकरस्वामी का नाम जोड़ना गलत प्रतीत होता है। देखें, क्रीथ : 'इंडियन लॉजिक', पृष्ठ 242, पा० टि० 3।
4. देखें, मैक्समूलर : 'सिक्स सिस्टम्स', पृष्ठ 75 से 84 तक।

दूसरा अध्याय

ऋग्वेद की ऋचाएं

वेद—वैदिक सूक्तों के अध्ययन का महत्त्व—वेदों की शिक्षाएं—दार्शनिक प्रवृत्तियाँ—परमार्थविद्या—अद्वैतवादी प्रवृत्तियां—एकेश्वरवाद बनाम अद्वैतवाद—सृष्टि विज्ञान—धर्म—नीतिशास्त्र—परलोकशास्त्र—उपसंहार

1. वेद

वेद मानव-मस्तिष्क से प्रादुर्भूत ऐसे नितान्त आदिकालीन प्रमाणिक ग्रन्थ हैं, जिन्हें हम अपनी निधि समझते हैं। विल्सन लिखता है, ''जब ऋग्वेद और यजुर्वेद की मूलसंहिताएं पूर्ण हो जाएंगी उस समय हमारे पास इतनी पर्याप्त सामग्री होगी कि हम उनसे निकाले जाने वाले निष्कर्षों का सही-सही मूल्यांकन कर सकेंगे और यह मालूम कर सकेंगे कि राजनीतिक एवं धार्मिक क्षेत्र में हिन्दुओं की वास्तविक स्थिति एक ऐसे युग में क्या रही होगी, जो सामाजिक संघठन के अब तक के सबसे पूर्व के उल्लेख अर्थात् ग्रीक सभ्यता के उदय से भी बहुत पहले का समकालीन था और जो अब तक के ज्ञात इतिहास में सबसे प्राचीन असीरियन साम्राज्य के स्मृति-चिह्नों से भी पूर्व—सम्भवतः प्राचीन हीब्रू लेखों का समकालीन था और केवल मिस्र के उन राज्यों का ही परवर्ती था, जिनके विषय में सिवा कुछ नामों के अभी तक हम बहुत कम जानते हैं। वेदों से हमें उस सबके विषय में, जो प्राचीनता के बारे में विचार करने पर बहुत रोचक प्रतीत होता है, बहुत बड़ी जानकारी मिलती है।''[1] वेद चार हैं : ऋक्, यजुः, समा, अथर्व। पहले तीन परस्पर एक समान हैं, न केवल अपने नाम, आकृति व भाषा में किन्तु अपने अन्तर्गत विषयों में भी। इनमें ऋग्वेद प्रधान है। इसमें उन दिव्य गीतों का संग्रह किया गया जिन्हें आर्य लोग अपनी प्राचीन मातृभूमि से भारत में साथ लाए थे और जो उनकी अत्यन्त मूल्यवान निधि के रूप में थे। क्योंकि जैसा कि आम मत है, जब अपने नये देश में उनका सम्पर्क अन्य देवताओं की पूजा करने वालों के साथ हुआ तो उन्हें उक्त गीतों को संभालकर सुरक्षित रखने की आवश्यकता प्रतीत हुई। ऋग्वेद उन्हीं गीतों का संग्रह है। सामवेद विशुद्ध कर्मकाण्ड-सम्बन्धी संग्रह है। इसका बहुत-सा भाग ऋग्वेद में पाया जाता है और वे सूक्त भी जो विशेषकर इनके अपने हैं, कोई विशेष नई शिक्षा नहीं देते। उन सबको क्रमबद्ध किया गया है केवल यज्ञों में गाने के लिए। साम की भांति यजुर्वेद की उपयोगिता

---

1. 'जर्नल आफ दि रायल एशियाटिक सोसायटी', खंड 13, 1852, पृष्ठ 206।

भी कर्मकाण्ड के लिए है। कर्मकाण्डपरक धर्म की मांग को पूरा करने के लिए ही इस वेद का संग्रह किया गया। विटनी लिखता है, "प्रारम्भिक वैदिक काल में यज्ञ अभी तक मुख्यतः बन्धन रहित भक्तिपरक कर्म था, जो किसी विशेषधिकार प्राप्त पुरोहितवर्ग के सुपर्द नहीं था, न उनके छोटे-छोटे ब्योरे के लिए कोई विशेष नियम बनाए गए थे; यज्ञकर्ता यजमान की ही स्वतन्त्र भावनाओं के ऊपर आश्रित होते थे, और उनमें ऋग्वेद तथा सामवेद के ही मन्त्रों का उच्चारण रहता था जिससे कि यजमान का मुख, हाथों से देवताओं के निमित्त हृदय की भावना से प्रेरित होकर आहुति देते समय, बन्द न रहे।... ज्योंज्यों समय बीतता गया, कर्मकाण्ड ने भी अधिकाधिक औपचारिक रूप धारण कर लिया और अन्त में एक सर्वथा निर्दिष्ट एवं सूक्ष्म रूप में यजमान के क्षण-क्षण के व्यापार को तारतम्य में नियन्त्रित कर दिया गया। केवल इतना ही नहीं कि धार्मिक अनुष्ठानविशेष के लिए विशेष मन्त्र नियत कर दिए गए, अपितु उसी प्रकार से प्रत्येक वैयक्तिक व्यापार को प्रकट करने वाले मन्त्र भी स्थिर कर दिए गए जो व्याख्या करने, क्षमा-प्रार्थना करने एवं आशीर्वाद देने में संकेतरूप से प्रयुक्त किए जाने लगे।... इन यज्ञ सम्बन्धी मन्त्रों के संग्रह का नाम ही यजुर्वेद हुआ, जिसका 'यज्' धातु से 'यज्ञ करना' अर्थ होता है।... यजुर्वेद की रचना इन्हीं मन्त्रों से हुई है, जो कुछ भाग में गद्य और कुछ भाग में पद्य के रूप में हैं और जिन्हें भिन्न-भिन्न यज्ञों में उपयुक्त होने योग्य क्रम में रखा गया है।"[1] साम और यजुर्वेदों का संग्रह अवश्य ऋग्वेद के संग्रह एवं ब्राह्मणग्रन्थों के मध्यवर्ती काल में हुआ होगा जबकि कर्मकाण्ड की स्थापना पूर्णतया हो गई थी। अथर्ववेद को एक दीर्घकाल तक वेद के रूप में मान्यता प्राप्त नहीं हुई, यद्यपि हमारे मतलब के लिए ऋग्वेद के बाद इसी का महत्त्व है, क्योंकि ऋग्वेद के ही समान यह भी स्वतन्त्र विषयों का एक ऐतिहासिक संकलन है। यह वेद बिलकुल एक भिन्न ही भाव से ओतप्रोत है, जो परिवर्ती युग की विचारधारा की उपज है। यह उस समझौते के भाव की देन है जिसे वैदिक आर्यों ने इस देश के आदिवासियों द्वारा पूजे जाने वाले नये देवी-देवताओं के साथ समन्वय करने के विचार से अंगीकार कर लिया था।

प्रत्येक वेद के तीन भाग हैं, जिन्हें मन्त्रसंहिता, ब्राह्मण और उपनिषद् नामों से जाना जाता है। मन्त्र अथवा ऋचाओं या सूक्तों के संग्रह को संहिता कहते हैं। ब्राह्मणों में उपदेश एवं धार्मिक कर्त्तव्यों का विधान है। उपनिषद् एवं आरण्यक ब्राह्मणों के अन्तिम भाग हैं, जिनमें दार्शनिक समस्याओं की विवेचना की गई है। उपनिषदों के अन्दर हमें देश की परवर्ती विचारधारा की कुल मानसिक पृष्ठभूमि देखने को मिलती है। प्राचीन उपनिषदों में से ऐतरेय और कौशीतकि का सम्बन्ध ऋग्वेद से है, केन और छान्दोग्य का साम से, ईश, तैत्तिरीय और बृहदारण्यक का यजुर्वेद से एवं प्रश्न और मुण्डक का अथर्ववेद से है। आरण्यकों का स्थान ब्राह्मणग्रंथों और उपनिषदों के बीच है और जैसाकि उनका नाम संकेत करता है, आरण्यक उन पुरुषों के मनन एवं चिन्तन के विषय थे जो वनों में रहते थे। ब्राह्मणग्रन्थों में उन कर्मकाण्डों का विवेचन है जिनका विधान गृहस्थ के लिए था। किन्तु वृद्धावस्था में जब वह वनों का आश्रय लेता है तो कर्मकाण्ड के स्थान में किसी और वस्तु की उसे आवश्यकता है, और आरण्यक उसी विषय की पूर्ति करते हैं। याज्ञिक सम्प्रदाय के सांकेतिक एवं धार्मिक पक्षों पर मनन व चिन्तन किया गया है और यह मनन ही यज्ञ की विधि में परिणत हुआ। आरण्यक एक प्रकार से ब्राह्मणों में विहित कर्मकाण्डों एवं उपनिषदों के दार्शनिक ज्ञान के

---

1. 'अमेरिकन ओरिएंटल सोसायटी प्रोसीडिंग्स', खण्ड 3, पृष्ठ 304।

मध्यवर्ती संक्रमणकाल की श्रृंखला के रूप में हैं। जहां वैदिकसूक्त कवियों की कृतियां हैं,[1] वहां ब्राह्मणग्रंथ पुरोहितों की रचनाएं हैं और उपनिषद् दार्शनिकों के मनन एवं चिन्तन के परिणाम हैं। सूक्तों के स्वरूप का धर्म, एवं ब्राह्मण ग्रंथों का नियमबद्ध धर्म एवं उपनिषदों का भावनामय धर्म उन तीन बड़े विभागों के साथ, जो हेगल का धर्म-सम्बन्धी विकास का भाव है, अत्यन्त निकट रूप में समानता रखते हैं। यद्यपि आगे चलकर ये तीनों विभाग साथ-साथ विद्यमान रहे, फिर भी इसमें सन्देह नहीं कि प्रारम्भ में इनका विकास क्रमशः एक-दूसरे के पश्चात् भिन्न- भिन्न कालों में हुआ। उपनिषद् जहां एक ओर वैदिक पूजा की परम्परा में हैं, वहां दूसरी ओर ब्राह्मणों के धर्म के विरोध में हैं।

2. वैदिक सूक्तों के अध्ययन का महत्त्व

किसी भी भारतीय विचारधारा की सही-सही व्याख्या के लिए ऋग्वेद के सूक्तों का अध्ययन अनिवार्य रूप से आवश्यक है। हम उन्हें चाहे जो भी रूप दें—अधूरी पौराणिक कल्पनाएं, असंस्कृत रूपक, अन्धकारावृत विषम मार्ग में की गई चेष्टा का परिणाम, अथवा अपरिपक्व रचनाएं—तो भी भारतीय आर्यों के परवर्ती काल के धार्मिक कृत्यों एवं दार्शनिक ज्ञान के वे आदिस्रोत तो हैं ही, साथ ही उनका अध्ययन परवर्ती विचारधारा को ठीक-ठीक समझने के लिए भी आवश्यक है। हम एक प्रकार की ताज़गी और सादगी, और वसन्तकाल की बयार के समान एवं प्रातःकाल के खिले हुए फूल की भांति एक अनिर्वचनीय आकर्षण मानव-मस्तिष्क के इन सर्वप्रथम प्रयत्नों में देखते हैं, जो विश्व के रहस्य को अवगत करके उसकी अभिव्यक्ति करने के लिए किए गए थे। वेद की मूल संहिताएं, जो आज हमें उपलब्ध हैं, उस समय की बौद्धिक स्फूर्ति से प्राप्त हुई हैं जबकि आर्य लोग अपनी वास्तविक मातृभूति को छोड़कर इस देश में आकर बसे थे। वे अपने साथ कुछ ऐसे विशेष भाव एवं विश्वास लाए जिनका इस देश की भूमि में विकास और प्रचलन हुआ। इन सूक्तों की रचना एवं संकलन के मध्य समय का एक बहुत लम्बा अन्तर अवश्य गुज़रा होगा। मैक्समूलर संहिताकाल के दो भाग करता है—छन्दकाल और मन्त्रों का समय।[2] पहले भाग में सूक्तों की रचना हुई। यह एक रचनात्मक काल था, जिसका विशेष स्वरूप वास्तविक काव्य था, जबकि मनुष्यों के मनोभाव गीतों के रूप में स्वाभाविक रूप से बाहर फूट पड़ते थे। उस समय यज्ञों का कहीं पता नहीं चलता। देवताओं के प्रति केवल प्रार्थना द्वारा ही भेंट दी जाती थी। दूसरा काल उनके संकलन का है, जिसमें उन्हें क्रमबद्ध वर्गों में सजाया गया। आज जिस रूप में सूक्त हमारे सामने हैं उनका संग्रह अथवा क्रमबद्ध रूप में संकलन इसी समय में हुआ। इस काल में यज्ञपरक विचारों का भी विकास हुआ। सूक्तों का निर्माण एवं संकलन ठीक-ठीक किस काल में हुआ, यह विषय कल्पनामात्र है। इतना तो हम निश्चयपूर्वक कह सकते हैं कि ईसा से पन्द्रह शताब्दी पूर्व उनका प्रचलन था। बौद्धमत, जिसका प्रचार भारत में लगभग 500 ई. पू० से हुआ, केवल वैदिक सूक्तों की ही नहीं अपितु समस्त वैदिक साहित्य की पहले से विद्यमानता को, जिसमें ब्राह्मणग्रन्थ और उपनिषदें भी हैं, स्वीकार करता है। ब्राह्मणग्रन्थों में

---

1. ऋग्वेद, 1 : 164, 6 ; 10 : 129, 4।
2. कभी-कभी धार्मिक विश्वासों एवं सामाजिक रीतियों के कारण सूक्तों को भी पांच विभिन्न कालों में विभक्त किया जाता है। देखें, अर्नाल्ड : 'वैदिक मीटर'।

वर्णित यज्ञपद्धतियों को पूर्णरूप से स्थिर होने के लिए और उपनिषदों में प्रतिपादित दार्शनिक विचारों को भी पूर्णरूप में विकसित होने के लिए एक दीर्घकाल की आवश्यकता थी।[1] विचार के विकास के लिए, जो इस विस्तृत साहित्य में प्रकट है, कम से कम एक हज़ार वर्ष तो चाहिए ही। उक्त साहित्य में जिस प्रकार की विविधता और उन्नति दिखाई देती है, उस पर विचार करते हुए उवत अवधि भी अधिक नहीं है। कई भारतीय विद्वानों ने वैदिक सूक्तों का समय 3000 ई. पू. बताया है, दूसरों ने 6000 ई. पू., निर्धारित किया है। स्वर्गीय तिलक इनका समय लगभग 4500 ई. पू., ब्राह्मण ग्रन्थों का समय 2500 ई. पू. और प्राचीन उपनिषदों का 1600 ई. पू. निर्धारित करते हैं। जैकोबी सूक्तों के निर्माणकाल को 4500 ई. पू. रखता है। हम उसके लिए 1500 ई. पूर्व का समय रखते हैं और हमें विश्वास है कि इसे आवश्यकता से अधिक पूर्व का समय कहकर कोई इसका विरोध नहीं करेगा।

ऋग्वेदसंहिता में 1,017 ऋचाएं या सूक्त हैं जो कुल 10,600 स्तवकों में हैं। यह आठ अष्टकों में विभक्त है।[2] प्रत्येक में आठ अध्याय हैं जिनका आगे जाकर फिर वर्गरूप में लघु विभाग किया गया है। कभी-कभी ये दस मंडलों (अर्थात् चक्रों) में भी विभक्त किए गए हैं। यह मंडलों वाला विभाग ही अधिक प्रचलित है। पहले मंडल में 191 सूक्त हैं और सरसरी तौर पर 15 भिन्न-भिन्न ऋषि इसके रचयिता बताए जाते हैं, जैसे गौतम, कण्व आदि। सूक्तों के क्रम में एक नियम काम करता है। जिन सूक्तों में अग्नि को सम्बोधन किया गया है वे पहले आते हैं, इन्द्र को सम्बोधित सूक्त दूसरे नम्बर पर और उसके पश्चात् अन्य सब। अगले छः मंडलों की रचना एक विशिष्ट परिवार के ऋषियों ने की, ऐसा कहा जाता है और उनका क्रम भी एक ही समान है। आठवें मंडल में कोई विशेष क्रम नहीं है। पहले मंडल की भांति इसके भी भिन्न-भिन्न रचयिता बताए जाते हैं। नवें मंडल में सोम को सम्बोधन करते हुए सूक्त हैं। आठवें एवं नवें मंडल के बहुत-से सूक्त सामवेद में भी पाए जाते हैं। दसवां मंडल पीछे से जोड़ा गया प्रतीत होता है। हर हालत में इसके अन्दर से विचार हैं जो वैदिक सूक्तों के विकास के अन्तिम काल में प्रचलित थे। यहां प्राचीन कविता की जो प्राकृतिक छवि थी वह दार्शनिक विचार की शुल्क झलक से पीली पड़ गई प्रतीत होती है। सृष्टि के आरम्भ-सम्बन्धी कुछ काल्पनिक सूक्त ही मिलते हैं। इन अमूर्त विचारों के साथ-साथ इनके अन्दर मिथ्या विश्वासयुक्त भूतप्रेतों को दूर करने वाले विचार भी, जो अथर्ववेद के काल के हैं, मिश्रित हैं। जबकि कल्पनापरक भाग इस विषय की ओर संकेत करता है कि वह मस्तिष्क जो पहले गीतात्मक सूक्तों में अपने को प्रकट कर रहा था अब अधिक पूर्णता को प्राप्त कर रहा है, तब इससे यह भी प्रकट होता है कि उस समय तक वैदिक आर्य इस देश के आदिमवासियों के सिद्धान्तों और क्रिया-कलापों से पूरी तरह परिचित हो गए थे; और ये दोनों बातें इसका स्पष्ट संकेत हैं कि दसवां मंडल बहुत पीछे की उपज है।

3. वेदों की शिक्षाएं

जिन योग्य विद्वानों ने इन प्राचीन धार्मिक ग्रन्थों का जीवन-भर अध्ययन किया है, उनके वैदिक सूक्तों के भाव के सम्बन्ध में भिन्न-भिन्न मत हैं। फ्लीडरर ने ऋग्वेद की प्रार्थना

1. उनमें से आधुनिक दर्शन-पद्धतियों के बहुत-से पारिभाषिक शब्द—जैसे ब्रह्म, आत्मा, योग, मीमांसा आदि निकले हैं।
2. आठवें हिस्से को अष्टक कहते हैं।

का प्रारम्भिक, बच्चों की सी निश्छल प्रार्थना के रूप में वर्णन किया है। पिक्टेट का मत है कि ऋग्वेद के आर्य एकेश्वरवादी थे, भले ही यह विचार अस्पष्ट एवं पिछड़ा हुआ क्यों न हो, रौथ और आर्यसमाज के संस्थापक दयानन्द सरस्वती इसी मत से सहमति प्रकट करते हैं। राममोहनराय की सम्मति में वैदिक देवता परमब्रह्म के भिन्न-भिन्न गुणों के आलंकारिक प्रतिनधि के रूप में हैं। दूसरे विद्वानों के मत में, ब्लूमफील्ड भी उनमें हैं, ऋग्वेद के सूक्त उस प्राचीन असंस्कृत जाति के यज्ञ के निमित्त बनाए गए सूक्त हैं जो कर्मकाण्ड को विशेष महत्त्व देती थी। बर्गेन का मत है कि ये सब आलंकारिक भाषा में लिखे गए हैं। प्रसिद्ध भारतीय भाष्यकार सायण सूक्तों में वर्णित देवताओं की प्राकृतिक व्याख्या को स्वीकार करता है और इसी का समर्थन आधुनिक काल के यूरोपियन विद्वानों ने भी किया है। सायण ने कभी-कभी इन सूक्तों की व्याख्या प्राचीन ब्राह्मणग्रन्थों के धर्म के भाव को लेकर भी की है। विभिन्न प्रकार के ये सब मत एक-दूसरे के विरोधी हों यह बात नहीं, क्योंकि वे सब ऋग्वेद के सूक्तसंग्रह के विषय-स्वरूप की ओर निर्देश करते हैं। ऋग्वेद एक ऐसा ग्रन्थ है, जिसमें पीढ़ी दर पीढ़ी के विचारकों के विचार अंकित हैं और इसीलिए उसके अन्दर भांति-भांति के विचारों का संचय सन्निहित है। मुख्य रूप से हम कह सकते हैं कि ऋग्वेद निश्छल एवं सरल धर्म का प्रतिपादन करता है। सूक्तों का बहुत बड़ा समूह सादा और सरल है, जो एक ऐसी धार्मिक चेतना की अभिव्यक्ति करता है, जो परवर्ती समय के छल-कपट से सर्वथा शून्य था। ऋग्वेद में ऐसे सूक्त भी है जो परवर्ती औपचारिक ब्राह्मणग्रन्थों के काल के हैं। कुछ ऐसे सूक्त हैं, विशेषरूप से अन्तिम मंडल में, जिसमें जगत् के उद्देश्य और उनके अन्दर मनुष्य का स्थान, इस विषय पर किए गए चैतन्य विचारों के परिपक्व परिणाम दिए हुए हैं। ऋग्वेद के कुछ सूक्तों में वर्णित एकेश्वरवाद उन सूक्तों की विशेषता है। इसमें सन्देह नहीं कि कभी अनेक प्रकार के देवता व्यापक ब्रह्म के ही भिन्न-भिन्न नाम एवं अभिव्यक्ति के रूप में थे।[1] किन्तु इस प्रकार का एकेश्वरवाद आज तक आधुनिक जगत् कि तीव्र मर्मस्पर्शी एकेश्वरवाद के समान नहीं है।

महान भारतीय विद्वान योगी श्री अरविन्द घोष की सम्मति में वेद रहस्यमय सिद्धान्तों एवं गूढ़ दार्शनिक ज्ञान से भरे हुए हैं। उनके मत में सूक्तों में वर्णित देवता मनोवैज्ञानिक व्यापारों के संकेत हैं। सूर्य मेधा को उपलक्षित करता है, अग्नि इच्छा को, और सोम मनोभावों को। अरविन्द के मत में वेद एक रहस्यपूर्ण धर्म है, जिसकी तुलना प्राचीन ग्रीस के आरफिक और इल्यूसिनियन सम्प्रदायों के साथ की जा सकती है। एक प्रकल्पनात्मक सिद्धान्त, जो मैं प्रस्तुत करता हूं, यह है कि ऋग्वेद स्वयं एक उपयोगी प्रामाणिक ग्रन्थ है, जो आज हमें उपलब्ध है और जो प्राचीनकाल की उसी मानवीय विचारधारा का है जिसके प्राचीन ऐतिहासिक इल्यूसिनियन और औरफिक रहस्य विनष्ट होते हुए अवशेषमात्र रह गए हैं, जबकि मनुष्य-जाति के आध्यात्मिक एवं मनोवैज्ञानिक ज्ञान को महत्त्वपूर्ण आकृतियों एवं संकेतों में छिपाया गया था; किन्हीं कारणों से जिनका आज निर्णय करना कठिन है, और इस प्रकार धर्मभ्रष्ट व्यक्तियों से बचाकर केवल धर्म में दीक्षितों के प्रति उनका प्रकाश किया गया। रहस्यवादी योगियों का एक मुख्य सिद्धान्त यह था कि आत्मज्ञान एवं देवताओं के विषय के सत्यज्ञान को पवित्र समझकर गुप्त रखा जाए। वे समझते थे कि यह ज्ञान साधारण

1. देखें, ऋग्वेद 1: 164-46 और 71।

मनुष्य के अयोग्य ही नहीं अपितु सम्भवतः अनर्थकारी भी हो सकता है और उसका दुरुपयोग भी हो सकता है, और यदि असभ्य, गंवार और अपवित्रात्माओं को प्रकाश प्रदान किया जाएगा तो उसकी धार्मिकता नष्ट हो जाएगी। इसीलिए वे बाह्य पूजा को क्रियात्मक रूप में बनाए रखने के पक्ष में थे जोकि धर्मभ्रष्ट के लिए अपूर्ण थी और दीक्षित व्यक्ति के लिए आन्तरिक नियन्त्रण का विधान थी, तथा अपनी भाषा को ऐसे शब्दों एवं मूर्तियों का रूप देते थे जो चुने हुए वरिष्ठ व्यक्तियों के लिए उतना ही धार्मिक अर्थ रखता था और साधारण पूजकों के लिए एक ठोस मूर्तरूप अर्थ रखता था। वैदिक सूक्तों की भावना एवं रचना इन्हीं सिद्धान्तों को लेकर हुई।[1] जब हम देखते हैं कि यह मत केवल आधुनिक यूरोपीय विद्वानों के ही मत के विरुद्ध नहीं है, अपितु सायण के परम्पराश्रित भाष्य एवं पूर्वमीमांसा के मत के भी विरुद्ध है, क्योंकि पूर्वमीमांसा को वैदिक व्याख्या के लिए प्रमाण समझा जाता है, तो हम श्री अरविन्द घोष के नेतृत्व का अनुसरण करने में हिचकते हैं; भले ही उनका मत कितना ही सुकल्पित क्यों न हो। यह सम्भव नहीं हो सकता कि भारतीय विचार की समस्त उन्नति वैदिक सूक्तों के उच्चतम आध्यात्मिक सत्यों से उतरकर शनैः-शनैः गिरती चली जाए। मानवीय विकास के सामान्य नियम के अनुसार यह स्वीकार करना तो सरल है कि परवर्ती धर्म और दर्शन असंस्कृत संकेतों एवं आचार सम्बन्धी मौलिक विचारों से और प्राचीन मानवीय मस्तिष्क की उच्च आकांक्षाओं से उदित हुए, बजाय इसके कि उनके विषय में ये धारणा की जाए कि प्रारम्भ में प्राप्त पूर्णता से अवनति के रूप में ये उत्पन्न हुए।

वैदिक सूक्तों के भाव की व्याख्या करने में हम ब्राह्मणों एवं उपनिषदों के मत को स्वीकार करना अधिक उचित समझते हैं, क्योंकि ये तुरन्त उनके पश्चात् आए। ये अर्वाचीन ग्रन्थ वैदिक सूक्तों की परम्परा के अन्दर हैं और उनका विकसित रूप हैं। हम देखते हैं कि पहले बाह्य जगत् की शक्तियों की पूजा करते-करते उपनिषदों का आध्यात्मिक धर्म उन्नत हुआ तो यह बात सरलता से समझ में आ सकती है, क्योंकि धार्मिक उन्नति का स्वाभाविक नियम ऐसा ही है। इस पृथ्वी पर हर जगह मनुष्य बाह्य जगत् से चलकर आभ्यान्तर की ओर आता है। उपनिषदें प्राचीन प्रकृति-पूजा की ओर ध्यान न देकर मात्र वेदों में संकेत रूप में निविष्ट उच्चतम धर्म को ही विकसित करती हैं। यह व्याख्या आधुनिक ऐतिहासिक विधि और प्रारम्भिक मानव-संस्कृति के सिद्धान्त से बिलकुल संगति खाती है और सायण द्वारा प्रतिपादित-प्रतिष्ठित भारतीय मत के भी सर्वथा अनुकूल है।

4. दार्शनिक प्रवृत्तियां

ऋग्वेद में हमें आदिम, किन्तु कविहृदयों के भावोत्तेजित उद्‌गार मिलते हैं, जिनसे विदित होता है कि वे इन्द्रियों एवं बाह्य जगत् के विषय में उठने वाली अदम्य आशंकाओं से मुक्ति पाने की खोज में थे। ऋग्वेद के सूक्त इस अंश में दार्शनिक हैं कि वे संसार के रहस्य की व्याख्या किसी अतिमानवीय अन्तर्दृष्टि अथवा असाधारण दैवी प्रेरणा द्वारा नहीं, किन्तु स्वतन्त्र तर्क द्वारा करने का प्रयत्न करते हैं। वैदिक सूक्तों में बुद्धि का जो प्रकाश मिलता है वह सर्वत्र एक-सा नहीं है। ऐसे भी भावुक व्यक्ति थे जिन्होंने केवल आकाश के सौन्दर्य पर और पृथ्वी की अद्‌भुत वस्तुओं पर विचारकर के वैदिक सूत्रों के निर्माण द्वारा

1. 'आर्य', खण्ड 1, पृष्ठ 60।

अपनी आत्मा के बोझ को हल्का किया। भारतीय-ईरानी देवता यथा, द्यौः, वरुण, उषाः, मित्र आदि उनकी काव्यमय चेतना की उपज हैं। अधिक क्रियाशील वृत्ति वाले अन्य लोगों ने दृश्य जगत् को अपने-अपने प्रयोजन के अनुकूल बनाने का प्रयत्न किया। जगत् का ज्ञान उन्हें जीवन का मार्ग प्रदर्शित करने में अधिक उपयोगी सिद्ध हुआ। विजय और युद्ध के काल में इन्द्र जैसे, उपयोगितावाद में उपयुक्त, देवताओं की कल्पना की गई। मौलिक दार्शनिक प्रेरणा एवं इस जगत् के निजी स्वरूप को जानने और समझने की आकांक्षा केवल इसी विप्लव एवं संघर्षकाल के अन्त में प्रगट हुई। यही काल था जब मनुष्यों ने शान्ति से बैठकर उन देवी-देवताओं के बारे में, जिन्हें वे अज्ञान के कारण पूजते रहे थे, शंका करना और जीवन के रहस्यों पर विचार करना प्रारम्भ किया। यही वह काल था जब ऐसी आशंकाएं उठीं जिनका समाधान मानव-मस्तिष्क ठीक-ठीक नहीं कर सका। वैदिक कवि घोषणा करता है, "मैं नहीं जानता कि मैं क्या हूं, मेरा रहस्यमय, आबद्ध मन इधर-उधर भटकता है।" यद्यपि यथार्थ दर्शनज्ञान के अंकुर आगे चलकर फूटते हैं, फिर भी जीवन का जो स्वरूप वैदिक सूक्तों के काव्य एवं कर्मकाण्ड में प्रतिबिम्बित होता है वह शिक्षाप्रद है। जिस प्रकार काल्पनिक इतिहास पुरातत्त्व-विज्ञान, रसविद्या-रसायनशास्त्र, और फलित एवं गणित ज्योतिष आदि विज्ञानों से पहले आता है, इसी प्रकार पुराणविद्या और कविता दर्शनशास्त्र एवं भौतिक-विज्ञान से पहले आती हैं। दर्शनशास्त्र-सम्बन्धी मानसिक प्रेरणा सबसे पहले पुराणविद्या और धर्म के रूप में अभिव्यक्त होती है। परमसत्ता के विषय में साधारण जनता के अन्दर फैले हुए विश्वासों के सम्बन्ध में जो भी प्रश्न उठते हैं, उनका उत्तर इन्हीं पुराणशास्त्रों व धर्मग्रन्थों में मिलता है। ये सब कल्पना की उपज हैं, जिसके आधार पर वास्तविक जगत् के कारणों की कल्पनात्मक व्याख्या स्वीकार कर ली जाती है। फिर शनैः-शनैः जैसे तर्क कल्पना को दबा देता है, एक प्रयत्न किया जाता है जिससे उस नित्य एवं स्थायी तत्त्व को पहचाना जा सके, जिससे जगत् के सब पदार्थ उत्पन्न हुए हैं। विश्वविज्ञान-सम्बन्धी कल्पनाएं पौराणिक धारणाओं का स्थान ले लेती हैं। जगत् के स्थायी अवयवों को देवताओं का रूप दे दिया जाता है और इस प्रकार विश्वविज्ञान और धर्म में परस्पर भ्रमात्मक सम्मिश्रण होता प्रतीत होता है। विचार की प्रारम्भिक अवस्थाओं में, जो हमें 'ऋग्वेद' में मिलती हैं, पुराणविद्या, विश्वविज्ञान, और धर्म एक-दूसरे के अन्दर मिश्रित रूप में मिलते हैं। यहां पर संक्षेप में ऋग्वेद के सूक्तों के अभिमत विषयों का चार भिन्न शीर्षकों अर्थात् परमार्थविद्या (ब्रह्मज्ञान), विश्वविज्ञान, नीतिशास्त्र और परलोकविज्ञान के अन्तर्गत वर्णन करना उचित होगा।

5. परमार्थ विद्या

अनेक शताब्दियों में विकसित हुई धार्मिक प्रगति कोई ऐसा सरल और विशद सम्प्रदाय नहीं हो सकता कि उसकी परिभाषा एवं वर्गीकरण आसान काम समझा जा सके। वैदिक सूक्तों का विस्मयकारी पक्ष उनका बहुदेववादी स्वरूप है। अनेक देवताओं का नाम व उनकी पूजा का विधान उनमें मिलता है। तो भी कुछ ऐसे सूक्त हमें अचम्भे में डाल देते हैं, जिनमें उच्चकोटि के दार्शनिक भाव पाए जाते हैं और जिनके असंस्कृत बहुदेवतावाद से एक क्रमबद्ध दर्शन में परिणत होने में अधिक से अधिक लम्बा समय लगा होगा। ऋग्वेद के सूक्तों द्वारा प्रतिपादित धर्म के जो तीन स्तर स्पष्ट रूप से दिखाई देते हैं वे इस प्रकार हैं—प्राकृतिक बहुदेवतावाद, एकेश्वरवाद और अद्वैतवाद।

इस विवेचना में एक महत्त्वपूर्ण विषय जो ध्यान में रखने योग्य है, वह यह है कि देव शब्द अपने स्वरूप में इतना अधिक भ्रान्तिजनक है और इसका प्रयोग कितने ही भिन्न-भिन्न पदार्थों का संकेत करने के लिये किया गया है।'[1] 'देव' वह है जो मनुष्य को देता है।[2] वह समस्त विश्व को देता है। विद्वान पुरुष भी देव है, क्योंकि वह अपने अन्य साथी मनुष्यों को विद्या का दान देता है।[3] इसी प्रकार सूर्य, चन्द्रमा और आकाश भी देव हैं, क्योंकि वे समस्त सृष्टि को प्रकाश देते हैं। पिता, माता और आचार्य भी 'देव' हैं।[4] अतिथि भी एक देव है। हमें यहां केवल 'देव' शब्द के उस भाव से मतलब है जो ईश्वर के आधुनिक भाव को व्यक्त करता है। इससे तात्पर्य है, दिव्यगुणयुक्त अथवा प्रकाशमान।

मानव-मस्तिष्करूपी कारखाने में देवमाला के निर्माण की पद्धति ऋग्वेद में जैसी स्पष्ट देखी जाती है वैसी अन्यत्र नहीं मिल सकती। हमें इसमें मानवीय मानस की एक प्रातःकालीन स्वाभाविक नवीनता एवं उज्ज्वलता मिलती है जो अभी तक पुराने रीति-रिवाजों और नियत परिपाटी से म्लान नहीं हुई थी। विचारधारा के इतिहास में प्रारम्भ नामक कोई विषय नहीं होता, इसलिए कहीं न कहीं से तो हमें चलना ही होता है। वैदिक देवताओं के, प्राकृतिक शक्तियों से, साम्य स्थापित करने के समय से ही हम प्रारम्भ कर सकते हैं और निर्देश कर सकते हैं कि किस प्रकार शनैः-शनैः उन प्राकृतिक शक्तियों को ही साधुवृत्त एवं अतिमानवसत्ता का रूप दे दिया गया। वैदिक सूक्तों के प्राचीनतम ऋषि प्राकृतिक दृश्यों को देखकर अपने सरल स्वभाव के कारण अनायास ही अत्यन्त प्रफुल्लित हो उठते थे। विशेषकर कवि-स्वभाव के कारण उन्होंने प्राकृतिक पदार्थों को ऐसे प्रगाढ़ मनोभावों और कल्पना-शक्ति द्वारा देखा कि उन्हें वे आत्मा की भावना से परिपूर्ण प्रतीत होने लगे। वे प्रकृतिप्रेम से अभिज्ञ थे और इसलिए सूर्योदय एवं सूर्यास्त के अद्भुत दृश्यों में खो गए, क्योंकि ये दोनों ही रहस्यमयी प्राकृतिक घटनाएं हैं, जो आत्मा को प्रकृति के साथ जोड़ देती हैं। उनके लिए प्रकृति एक जीवित सत्ता थी, जिसके साथ वे प्रेम-सम्बन्ध जोड़ सकते थे। प्रकृति के कुछ उज्ज्वल स्वरूप एक प्रकार से द्युलोक के ऐसे झरोखे थे जिनमें से दैवी शक्ति नीचे के ईश्वरविहीन जगत् को झांकती-सी प्रतीत होती थी। चांद और तारे, अगाध समुद्र और अनन्त आकाश, सूर्योदय और रात्रि का आगमन इन सबको दैवी घटना समझा जाने लगा। वैदिक धर्म का प्रारम्भिक रूप इसी प्रकार की प्रकृति की पूजा था।

शीघ्र ही चेष्टाविहीन विचार ने आर्य लोगों के जीवन में प्रवेश किया। एक स्वाभाविक प्रयत्न इस दिशा में होने लगा कि पदार्थों के आभ्यान्तर स्वरूप में प्रवेश किया जाए। मानव ने अपने ही समान देवों की सृष्टि करना प्रारम्भ किया। अविकसित मानव का धर्म संसार में सर्वत्र 'अवतारवाद' (अर्थात् ईश्वर के मानवीय रूप को मानना) के रूप में ही रहा है। हम भौतिक जगत् की अस्तव्यस्तता को मानने को तैयार नहीं हैं। हम भौतिक जगत् को किसी न किसी प्रकार से समझने की कोशिश करते हैं और जीवन के विषय में एक न एक सिद्धान्त भी स्थिर कर लेते हैं, जिसे हम निश्चित रूप से यह समझ लेते हैं कि इससे अधिक अच्छा

---

1. निरुक्त कहता है : देवो दानाद्वा दीपनाद्वा द्योतनाद्वा द्युस्थानो वा भवति (7, 15)।
2. हम इसकी तुलना अंग्रेज़ी शब्द 'लेडी' के साथ कर सकते हैं, जिसका मूल अर्थ था रोटी बनाने वाली। लार्ड शब्द का भी विकास लगभग वैसा ही था, अर्थात् रोटी का संरक्षक।
3. विद्वांसो हि देवाः।
4. मातृदेवो भव पितृदेवो भव, आचार्यदेवो भव।

दूसरा सिद्धान्त नहीं होगा। स्वभावतः ही हम अपने संकल्प शक्ति रूपी साधन को आगे बढ़ाकर घटनाओं का समाधान उनके आध्यात्मिक कारणों द्वारा करते हैं।[1] हम सब बातों की व्याख्या अपने ही स्वभाव की उपमा से करते हैं और इसलिए सब भौतिक घटनाओं की पृष्ठभूमि में भी इच्छाशक्ति का होना यथार्थ रूप में मान लेते हैं। इस कल्पनात्मक सूत्र को सर्वजीववाद के साथ नहीं मिलाना चाहिए, क्योंकि इस कल्पना में प्रकृति-मात्र के अन्दर चेतना के मत को स्वीकार नहीं किया गया है। यह एक प्रकार का बहुदेवतावाद है, जिसमें विलक्षण भौतिक घटनाओं को, जिनसे भारत भरा पड़ा है, दैवीय घटनाओं का रूप दे दिया जाता है। धार्मिक अन्तःप्रेरणा अपनी अभिव्यक्ति इसी प्रकार करती है। गहन धार्मिक भावना के क्षणों में जब मनुष्य किसी आसन्न विपत्ति से छुटकारा पा जाता है और प्रकृत्ति की महान शक्तियों के आगे अपने को नितान्त असमर्थ पाता है तब वह ईश्वर की उपस्थिति की यथार्थता समझ पाता है। वह तूफान में परमात्मा की आवाज़ को सुनता है और अगाध एवं प्रशान्त समुद्र में भी उसी के अस्तित्व का अनुभव करता है। आधुनिक आत्मसंयमी सम्प्रदाय के समय तक हमें इसी प्रकार की भावनाएं मिलती हैं। "सूर्य, चन्द्रमा और नक्षत्र, ऋत और मनुष्यों तक को देवता बना डाला गया।"[2] यह अच्छी बात है कि वैदिक आर्य एक अदृश्य लोक की यथार्थता में विश्वास रखते थे। उन्हें इस विषय में तनिक भी सन्देह नहीं था। देवता विद्यमान हैं। ऐसा प्रतीत होता है कि प्रकृतिवाद और अवतारवाद वैदिक धर्म का प्राथमिक श्रेणियां रही होंगी।

अब यह इतिहास का सर्वमान्य विषय है कि वैदिक आर्य और ईरानी लोग एक ही जाति के हैं और इनमें बहुत-सी समानताएं एवं बन्धुत्व का नाता दिखाई देता है। वे अपने एक ही आदिनिवासस्थान से भारत में और पारसियों के ईरान में आए। वे अपने उस आदिस्थान में तब तक एक ही अभिन्न जाति के रूप मे रहते रहे थे जब तक कि जीवन की आवश्यकताओं, जगह की कमी, एवं साहसिकता के भाव ने उन्हें अपनी मातृभूमि को छोड़कर नये क्षेत्रों की खोज में बाहर निकलकर भिन्न-भिन्न दिशाओं में घूमने को बाधित नहीं कर दिया।[3] यही कारण है कि हमें फारस एवं भारत के प्राचीन धर्मों एवं दार्शनिक विचारों

---

1. जैसा कि टेलर ने लिखा है : "संसार के कार्य अन्य आत्माओं के द्वारा संचालित होते प्रतीत होते हैं, ठीक उसी तरह जिस तरह कि मनुष्य-शरीर के विषय में माना जाता है कि यह अपने अन्दर स्थित मानवीय जीवात्मा के कारण जीवित रहता है और कर्म करता है।" ('प्रमिटिव कल्चर')। ह्यूम ने 'नेचुरल हिस्ट्री आफ रिलिजंस' में लिखा कि "मनुष्य में एक स्वाभाविक प्रवृत्ति है कि वह सब प्राणियों की कल्पना अपने समान ही कर लेता है।...मनुष्यों के विचारो को अपनी ओर बराबर आकृष्ट करने वाले अज्ञात कारण उसी एक रूप में प्रकट होते हुए सब एक ही वर्ग के मान लिए जाते हैं। हमें उनके अन्दर विचार, तर्क एवं राग आदि विषयों का समावेश कर देने में भी विलम्ब नहीं होता और कभी-कभी तो उन्हें मनुष्य की भांति देहधारी रूप की कल्पना का भी जामा पहना दिया जाता है।"
2. 'क्रिसिपस' देखो, गिलबर्ट मरे–'फोर स्टेजेज़ आफ ग्रीक रिलिजन', पृष्ठ 17।
3. भारतीय एवं ईरानी उस भारतीय यूरोपीय विस्तृत परिवार के ही अंग थे जिनके उपविभाग थेः ट्यूटनिक, सैल्टिक, स्लावोनिक, इटालिक, हैलेनिक एवं आरमीनियन जातियां। इन लोगों के धार्मिक विश्वासों और क्रिया-कलापों की तुलना करके विद्वानों ने यह निष्कर्ष निकाला है कि एक प्रकार के भारतीय-युरोपीय धर्म की कल्पना की जा सकती है। सर्वचेतनवाद और जादू, पितरों की पूजा और अमरत्व में विश्वास, उस भारतीय-यूरोपीय धर्म के मुख्य अवयव थे। रिप्ले जैसे आधुनिक नृवंशवेत्ता विद्वान जातियों का एक विभिन्न वर्गीकरण स्वीकार करते प्रतीत होते हैं। कुछ विद्वान आर्यजाति को ट्यूटनिक, अथवा नारडिक जाति के समान मानते हैं। किन्तु हमें यहां इनसे कुछ मतलब नहीं है।

में इतना साम्य और बन्धुत्व दिखाई देता है। डाक्टर मिल्स का कहना है कि "पारसियों का धर्मग्रन्थ, ज़िन्दावस्ता, वेदों के जितना सन्निकट है उतने निकट इनके अपने संस्कृत के महाकाव्य भी नहीं हैं।" दोनों धर्मग्रन्थों में भाषा-सम्बन्धी अन्तर्निहित अविच्छिन्नता पाई जाती है। जब आर्य-जाति के लोग पंजाब के मार्ग से भारत आए, तो उनका भारत के उन आदिवासियों से सामना हुआ जिन्हें उन्होंने दस्यु की संज्ञा दी और जो उनके निर्बाध प्रसार का विरोध करते थे।[1] ये दस्यु लोग कृष्ण वर्ण के थे, गोमांस खाते थे और भूत-प्रेत आदि की पूजा करते थे। आर्य लोग इनके सम्पर्क में आकर अपने-आपको इनसे पृथक् रखने के इच्छुक थे। जातिगत अभिमान के कारण व अपनी संस्कृति की सर्वोत्तमत्ता के कारण उत्पन्न हुए, अपने को दस्युओं से पृथक् रहने के भाव ने ही आगे चलकर जात-पांत के भेदभाव का रूप धारण कर लिया। अपने धर्म को पवित्र रखने और उसे भ्रष्टता से बचाने की चिन्ता ने ही आर्यों को अपने पवित्र धार्मिक साहित्य को एकत्र करने की ओर अग्रसर किया। 'संहिता' शब्द से, जिसका अर्थ है संकलन अथवा संग्रह, संकेत मिलता है कि ऋग्वेद के सूत्र उस समय संग्रह किए गए जबकि भारत की भूमि पर आर्यों का अनार्यों के साथ सम्पर्क हुआ। हम वैदिक देवताओं की रूपरेखा उन भारतीय-ईरानी देवताओं के साथ प्रस्तुत करेंगे, जो दोनों बंधु-जातियों में परस्पर अलग होने से पहले समान रूप से मान्य समझे जाते थे।

इस संसार की अपूर्णता की भावना, मनुष्य की दुर्बलता, और एक उच्च आत्मा की आवश्यकता—जो पथप्रदर्शक, सच्चा मित्र और एक ऐसा आधार बन सके जिसका आश्रय मनुष्य ले सके और जिससे वह विपत्ति में अपील कर सके—यह सब व्यथित हृदय के पक्ष में स्वाभाविक है। उस प्रारम्भिक काल में अनन्त के प्रति इस प्रकार की आकांक्षा को सिवा असीम और जाज्वल्यमान द्यु लोक के और कोई कल्पना इतनी अच्छी तरह सन्तुष्ट नहीं कर सकती थी। सूर्य, चन्द्रमा और तारागण स्थान-परिवर्तन कर सकते हैं, आंधी-तूफान आ सकते हैं और मेघ भी मंडराकर विलुप्त हो सकते हैं किन्तु अनन्त आकाश सदा स्थिर रहता है। द्यौः[2] केवल भारतीय-ईरानी देवता ही नहीं है, किन्तु भारतीय-यूरोपीय भी है। यूनान देश में यह ज़ीयस के नाम से विद्यमान है, इटली में जुपिटर (द्यौस्पिता, द्यु लोक का पिता) और ट्यूटनिक वन्य जातियों में टाइर और ट्याई के रूप में। देव शब्द का प्रारम्भिक अर्थ है उज्ज्वल, और आगे चलकर यह सभी प्रकाशमान तत्त्वों के लिए, यथा सूर्य, आकाश (द्युलोक), नक्षत्रगण, सूर्योदय और दिन आदि के लिए, प्रयोग में आने लगा। यह समस्त उज्ज्वल पदार्थों

भारतीय विचारधारा के इतिहास का प्रारम्भ वहां से होता है जब मध्य-एशिया के निवासी आर्यजाति के लोगों ने अपने को दो विभागों में विभक्त कर लिया और एक तो अफगानिस्तान के मार्ग से भारत में आ बसा और दूसरा ईरान कहलाने वाले भू-भाग में फैल गया।

1. इन आर्य कहलाने वाले लोगों के इतस्ततः भ्रमण का ब्योरा उस सामग्री के आधार पर जो आज हमें उपलब्ध है, कुछ निश्चित रूप से नहीं दिया जा सकता। वैदिक सूक्त सामाजिक जीवन की उस परवर्ती अवस्था को अभिव्यक्त करते हैं जबकि संस्कृत बोलचाल की भाषा थी और आर्यजाति अनेक शाखाओं में बंटी हुई थी। न ही हम यह स्वीकार करने को उद्यत हैं कि द्रविड़ लोग भारत के आदिमवासियों में थे। ऐसा प्रतीत होता है कि द्रविड़ लोग आर्य लोगों की अपेक्षा बहुत पहले भारत में आए थे। और उन्होंने आर्यों के आगमन से पूर्व अपनी सभ्यता को जमा लिया था। यह सत्य है कि द्रविड़ लोगों ने आर्यों के रीति-रिवाजों को अंगीकार कर लिया था, किन्तु उसके बाद उनका प्रभाव भी आर्य सभ्यता पर पड़ा। उन असंख्य वन्य जातियों के लोग, जो आज भी, दुर्गम पर्वतीय प्रदेशों में निवास करते हैं, सम्भवतः भारत के आदिम निवासी थे।
2. 'दिव', चमकना।

को प्रकट करने वाली परिभाषा के रूप में परिणत हो गया। पृथ्वी को भी शीघ्र ही देवी मान लिया गया। शुरू-शुरू में संभवतः आकाश एवं पृथ्वी विस्तृतता, चौड़ाई और उत्पादन-क्षमता आदि अपने भौतिक रूपों को ही अभिव्यक्त करते थे।[1] 'मधु देने वाली', 'दूध से पूर्ण' ऐसे गुण भूमि के कहे जाते थे। किन्तु सबसे पहले द्यु लोक और पृथ्वीलोक को ही मानवीय गुणों से युक्त रूप दिया गया, जैसे 'ह्रास न होने वाला', 'पिता', 'माता' आदि। उपकारिता, सर्वज्ञता, धर्मात्मापन आदि जैसे आचार-सम्बन्धी गुण भी उसमें जोड़ दिए गए।[2] यह हो सकता है कि इस विषय में धीरे-धीरे प्रगति हुई अर्थात् भौतिक अवस्था से चेतनत्व, और चेतनतत्व से दैवीय रूप तक पहुंचा गया। पृथ्वी और द्यु लोक–जिनकी सबसे पहले प्राचीन समय में संसार में सर्वत्र पूजा होती थी यद्यपि शुरू-शुरू में अपनी स्वतन्त्र सत्ता रखते थे– शीघ्र ही एक प्रकार के वैवाहिक बन्धन में बंध गए। पृथ्वी को फलदायिनी माँ के समान माना जाने लगा, जिसमें आकाश या द्यु लोक बीज वपन करके उसे गर्भित करता है। होमरिक छन्दों में भूमि को 'देवताओं की माता' और 'नक्षत्र-मण्डल-मण्डित द्यु लोक की पत्नी'[3] के रूप में सम्बोधित किया गया है। भूमि और द्यु लोक सबके माता-पिता-तुल्य हैं, जो सब प्राणियों को जीवन देते हैं और उन्हें जीवन-निर्वाह के साधन प्रदान करते हैं। ऋग्वेद में उन्हें प्रायः द्वित्व की संज्ञा से सम्बोधित किया गया है, अर्थात् सत्ताएं दो हैं, किन्तु वे एक ही सामान्य प्रत्यय को अभिव्यक्त करती हैं। ये सबके लिए एक समान माध्यम हैं–सूर्य, सूर्योदय, अग्नि, वायु और वर्षा ये सब उनकी सन्तति हैं। वे मनुष्यों एवं देवताओं दोनों के माता-पिता हैं।[4] ज्यों ही देवों की संख्या बढ़ने लगी, प्रश्न उत्पन्न हुआ कि द्यु लोक और पृथ्वी का निर्माण किसने किया? "देवों में वह अवश्य ही सबसे चतुर कारीगर होगा, जिसने उन चमत्कारी और प्रकाशमान द्युलोक और पृथ्वी को उत्पन्न किया जो सब पदार्थों में उल्लास पैदा करते हैं; और जो अपनी मेघा के बल से उक्त दोनों दिव्य पदार्थों को मापता है और उन्हें नित्य एवं स्थायी आधारों पर स्थिर रखता है।"[5] इस प्रकार की सृजनशक्ति अग्नि,[6] इन्द्र,[7] अथवा सोम[8] में बताई गई। इसी प्रतिष्ठित वर्ग में अन्य देव भी आ जाते हैं।[9]

वरुण आकाश का देवता है। यह शब्द 'वर्' धातु से निकला है, जिसका अर्थ है ढक लेना अथवा घेरना (पूर्ण कर लेना)। यूनान के आरणौस और ज़िन्दावस्ता के अहुरमज़्दा के साथ इसका तादात्म्य है। उसका भौतिक उत्पत्ति स्थान प्रत्यक्ष है। वह आच्छादन करने वाला अथवा लपेटने वाला है। वह आकाश के तारामंडित विस्तृत क्षेत्र को 'मानो एक लम्बे चौगे से समस्त जीव-जन्तुओं एवं उनके निवासस्थानों सहित आच्छादित करता है।[10] मित्र उसका बराबर का साथी है। वरुण और मित्र जब एक साथ प्रयुक्त किए जाते हैं तो दिन-रात एवं अन्धकार व प्रकाश का बोध कराते हैं। वरुण के व्यक्तित्व को शनैः-शनैः परिवर्तित करते-करते आदर्श रूप दे दिया गया। यहां तक कि वह वेदों का अत्यन्त सदाचारी देवता माना

1. 1 : 160, 2; 1 : 187, 5; 4 : 56, 3;6 : 70, 1-2।
2. 1 : 158, 1;1 : 160, 1; 4 : 56, 2; 6 : 70, 6
3. देखें, मैक्समूलर कृत 'इण्डिया; व्हट कैन इट टीच अस ?' पृष्ठ 156।
4. 1 : 185, 4; 1 : 159, 1-2; 1 : 106, 3; 3 : 3; 11; 4 : 56, 2; 6 : 17, 7; 7 : 53, 1-2; 9 : 85, 12; 10 : 1, 7; 10 : 35, 3; 10 : 64, 14; 10 : 65, 8; 10 : 11, 9।
5. ऋग्वेद, 1 : 160, 4; और भी देखें 4 : 56, 3।
6. 1 : 67, 3।
7. 10 : 89, 4।
8. 9 : 101, 15।
9. 3 : 31, 12।
10. 8 : 41।

जाने लगा। वह समस्त विश्व का निरीक्षण करता है, पापियों को दण्ड देता है और जो उससे क्षमा प्रार्थना करते हैं, उनके पापों को क्षमा कर देता है। सूर्य उसके चक्षु हैं, आकाश उसके वस्त्र हैं, और तूफान उसका निःश्वास है।[1] नदियां उसी की आज्ञा से बहती हैं,[2] सूर्य चमकता है, नक्षत्र और चन्द्रमा अपनी-अपनी परिधियों में उसी के भय से स्थित रहते हैं।[3] उसी के नियम से द्यु लोक और पृथ्वी अलग-अलग वर्तमान हैं। वही भौतिक एवं नैतिक व्यवस्था को संभाले हुए है। वह चंचल चित्त न होकर धृतव्रत, अर्थात् दृढ़ संकल्पवाला है। अन्यान्य देवता उसकी आज्ञा का पालन करते हैं। वह सर्वज्ञ है और इसलिए आकाश में पक्षियों की उड़ान का ज्ञान रखता है, समुद्र में जहाज़ों के मार्ग का और वायु के मार्ग का भी ज्ञान रखता है। बिना उसके जाने कोई चिड़िया तक नहीं गिर सकती। वही परम ईश्वर है, देवों का देव, अपराधियों के लिए कठोर और पश्चात्ताप करने वालों के लिए दयालु है। वह जगत् के सदाचार-संबंधी नित्यनियमों के, जिनका विधान उसी ने किया है, अनुकूल चलता है, तो भी अपने दयालु स्वभाव के कारण उन्हें भी क्षमा करने को उद्यत है जो उसके नियमों का उल्लंघन करते हैं। "जो पाप करता है, वह उसके प्रति भी कृपालु है।"[4] वरुण को सम्बोधित करते हुए जितने भी सूक्त हैं, सबमें हम पापों के लिए क्षमा की प्रार्थना ही पाते हैं, जो अपराधों की स्वीकृति और पश्चात्ताप से ओत-प्रोत हैं।[5] इससे ज्ञात होता है कि आर्य जाति

---

1. 7 : 87, 2।
2. 1 : 24, 8; 2 : 28, 4; 7 : 87, 5
3. 1 : 24, 10; 1 : 25, 6; 1 : 44; 14;2 : 14; 2 : 28, 8; 3 : 54, 18; 8 : 25, 2
4. 7 : 87, 7।
5. वरुण को लक्ष्य करके लिखा गया निम्नलिखित सूक्त, जिसका म्योर ने पद्य में अनुवाद किया है ('ओरिएंटल संस्कृत टेक्स्ट्स', खंड 5, पृष्ठ 64), यद्यपि अथर्ववेद में से है (4 : 16, 1-5), फिर भी वैदिक आर्यों के ईश्वर-सम्बन्धी उच्च विचारों को हमारे सामने रखता हैं :
"ऊपर स्थित महान शक्तिशाली प्रभु हमारे कर्मों को मानो बिलकुल पास में हो, इस प्रकार देखता है; देवता लोग सबके कर्मों को जानते हैं, भले ही मनुष्य अपने कर्मों को छिपाएं। जो खड़ा है, जो चलता है, अथवा स्थान-स्थान पर चोरी करके छिपता है, वह चाहे कैसे ही गुप्त स्थान में छिपे, देवता लोंग उसकी गति का पता लगा लेते हैं। जहां कहीं दो व्यक्ति मिलकर षड्यन्त्र करते हैं और वे समझते हैं कि वे अकेले हैं, तीसरा व्यक्ति राजा वरुण वहां विद्यमान है और उनकी सब योजनाएं प्रकट हो जाती हैं। यह पृथ्वी उस प्रभु की है, यह विस्तृत अनन्त आकाश भी उसी का है, दोनों समुद्र (अर्णव) उसी के अन्दर विश्राम करते हैं और तब भी वह उस छोटे जोहड़ में निवास करता है। जो कोई दूर आकाश में भागकर अपना मार्ग बनाना चाहता हो, वह वरुण राजा की पहुंच से बचकर नहीं निकल सकता। उसके गुप्तचर आकाश से उतरकर इस समस्त जगत् के चारों तरफ घूमते हैं, उनकी सहस्रों आंखें संसार के परले छोर तक को नाप सकती हैं। अन्तरिक्षलोक एवं पृथ्वीलोक में जो कुछ भी है, और जो कुछ अन्तरिक्ष से भी परे है, वरुण राजा को वह सब प्रत्यक्ष है। हरेक मरणधर्मा व्यक्ति की पलकों के निरन्तर झपकों को वह गिनता है; वह इस व्यापक देह को ऐसे संभालता है जैसे जुआरी पासा फेंकता है। हे प्रभु, दुष्टों को फंसाने के लिए जो जाल तुम फेंकते हो उसमें सब असत्यवादी फंस जाएं, किन्तु सत्यवादी उससे बचे रहें!"
फिर, "मैं कैसे वरुण के समीप पहुंच सकता हूं? क्या वह मेरी आहुति को बिना क्रोध किये हुए स्वीकार करेगा ? मैं कब उसे शान्त मन से सन्तुष्ट देखूंगा ?"
"मैं पूछता हूं, हे वरुण ! यह जानने की इच्छा से कि यह मेरा पाप है, मैं विद्वानों से पूछने जाता हूं और महात्माओं के पास जाकर पूछता हूं। सब मुझे एक ही बात कहते हैं, अर्थात्, यह वरुण है जो तुमसे नाराज है।"
'हे वरुण ! क्या यह पुराने पाप के कारण है जो तुम अपने उस मित्र को, जो सदा तुम्हारी प्रशंसा करता है, नाश करना चाहते हो ? मुझे बताओ, हे अविजेय प्रभु, और मैं पाप से मुक्त होकर→

के कविगण पाप के बोझ के भाव एवं उससे छुटकारा पाने की प्रार्थना से अभिज्ञ थे। वैष्णवों और भागवतों का आस्तिक्यवाद, जिसमें भक्ति पर बल दिया गया है, वैदिक वरुण की पूजा का ही रूप प्रतीत होता है जिसमें पाप सम्बन्धी ज्ञान एवं उसके लिए दैवीय क्षमा पर विश्वास प्रकट किया गया है। प्रोफेसर मैकडानल का कहना है, "वरुण का स्वरूप उच्चतम प्रकार के एकेश्वरवाद में जो दैवीय शासक का रूप है, उससे सादृश्य रखता है।"[1]

वह नियम, जिसका वरुण अभिरक्षक है, ऋत कहलाता है। ऋत का शब्दार्थ है, वस्तुओं की कार्यविधि। ऋत से तात्पर्य साधारणतः सब प्रकार के नियमों से है और न्याय के सर्वव्यापी भाव का भी यह द्योतक है। इस भाव का सुझाव प्रारम्भ में सूर्य, चन्द्र और नक्षत्रगण की नियमित गतियों एवं दिन और रात के नियमित परिवर्तनों से एवं ऋतुओं के नियमित क्रम के कारण हुआ होगा। ऋत से तात्पर्य विश्व की व्याख्या से भी है। इस विश्व में प्रत्येक पदार्थ में जो व्यवस्था पाई जाती है वह ऋत के कारण ही है। यह वही नियम है जिसे प्लेटो व्यापक नियमों के नाम से पुकारता हैं।[2] दृश्यमान जगत् उसी ऋत की छायामात्र है जोकि एक स्थिरसत्ता है और सब प्रकार की उथल-पुथल एवं परिवर्तन की विक्रियाओं में अपरिवर्तित रहती है। 'व्यापक नियम' विशिष्ट पदार्थ से पूर्व विद्यमान रहता है और इसीलिए वैदिक ऋषि का विचार है कि ऋत प्रत्येक घटना के प्रकाश में आने से पूर्व विद्यमान रहता है। संसार के परिवर्तनशील क्रम निरन्तर रहने वाले ऋत की ही भिन्न-भिन्न अभिव्यक्तियां हैं। और इसीलिए ऋत को सबका जनक कहा गया है। "मरुद्गण ऋत के ही दूरस्थस्थान से निकलते हैं।"[3] विष्णु ऋत की अविकसित अवस्था का नाम है।[4] द्यु लोक और पृथ्वी भी ऋत के कारण द्यु लोक और पृथ्वी कहलाते हैं।[5] अपरिवर्तनीय सत्ता के रहस्यपूर्ण भाव के चिह्न सबसे पूर्व यहीं दिखाई देते हैं। यथार्थ सत्ता अपरिवर्तनीय कानून है। जो दिखाई देता है व अस्थाई प्रदर्शन है, एक अपूर्ण नकल है। यथार्थ सत्ता वह है जिसमें विभाग अथवा परिवर्तन नहीं है जबकि अन्य सब परिवर्तनशील और नश्वर हैं। शीघ्र ही विश्व की यह व्यवस्था एक परम ईश्वर की स्थिर इच्छा के रूप में परिणत हो जाती है, जो सदाचार एवं साधुता का भी नियम है। देवता भी इसका अतिक्रमण नहीं कर सकते। ऋत (त्रिकालाबाधित सत्यरूपी नियम) के भाव में भौतिक से दैवीय विकास को हम देख सकते हैं। ऋत का मौलिक तात्पर्य था, 'संसार, सूर्य, चन्द्रमा, नक्षत्रगण, प्रातःकाल, सायंकाल एवं दिन और रात की गति का नियमित मार्ग।' शनैः-शनैः यह एक ऐसे सदाचार के मार्ग, जिनका अनुसरण मनुष्य को करना चाहिए, और साध्वाचार के नियम के अर्थों में व्यवहृत होने लगा जिनका पालन

→शीघ्र तुम्हारी प्रशंसा करने लग जाऊंगा।"

"हमें अपने पूर्वजों के पापों से मुक्त करो, और उन पापों से भी दूर रखो जो हमने इस शरीर द्वारा किए हैं ?"

"हे वरुण ! यह मेरा अपना जानबूझ कर किया हुआ कर्म नहीं है, यह अचानक हो गया; यह नशा दिलाने वाला आकर्षण था, वासना, एक जुए का पासा जो बिना विचारे फेंका गया।"

1. 'वैदिक माइथोलॉजी', पृष्ठ 3
2. हीगल तर्कशास्त्र की सामान्य प्रस्थापनाओं को यह स्वरूप देता है, "सृष्टि एवं ग्रहों की उत्पत्ति से पूर्व वर्तमान ईश्वर।" मैं इस उद्धरण के लिए प्रोफेसर जे० एस० मैंकजी का कृतज्ञ हूं। चीनी संत लाओ त्सू सृष्टि में व्याप्त एक विशेष व्यवस्था (अर्थात् ताओ) को स्वीकार करता है, जो उसके नीतिशास्त्र, दर्शन एवं धर्म की नींव है।
3. 4 : 21, 3।
4. 1 : 156, 3।
5. 10 : 121, 1।

देवताओं के लिए भी आवश्यक है। "सूर्योदय ऋत के मार्ग का अनुसरण करता है जो ठीक मार्ग है, माना वह पहले से ही उन नियमों को जानता था। वह देशों का अतिक्रमण कभी नहीं करता। सूर्य भी ऋत के मार्ग के अनुसरण करता है।"[1] समस्त विश्व-ब्राह्माण्ड ऋत पर आश्रित है और इसी के अन्दर रहकर गति करता है। ऋत के इस भाव से हमें वर्ड्सवर्थ का कर्तव्य के प्रति कहा हुआ निम्नलिखित[2] वाक्य स्मरण हो आता है :

तू ही तारागण को विपरीत मार्ग में जाने से बचाता है।
और अत्यन्त प्राचीन द्यु लोक भी तेरे द्वारा ही स्फूर्तिमान व बलशाली है।

भौतिक जगत् में जिसे कानून कहा जाता है सदाचार-जगत् में उसे ही धर्म कहते हैं। सदाचारी जीवन के सम्बन्ध में जो यूनानी विद्वानों का विचार है कि वह एक व्यवस्थापूर्ण और समतायुक्त विषय है, उसी भाव की झलक यहां मिलती है। वरुण, जो पहले भौतिक जगत् का रक्षक समझा जाता था, सदाचार की व्यवस्था का संरक्षक–'ऋतस्य गोपः'–और पाप के लिए दण्ड देने वाला बन गया। कितनी ही अवस्थाओं में देवताओं से प्रार्थना की जाती है कि हमें सन्मार्ग में ले जाएं। "हे इन्द्र! हमें ऋत के मार्ग का निर्देशन करो जो सब बुराइयों से ऊपर यथार्थ मार्ग है।"[3] जैसे ही ऋत के विचार को अपनाया गया, देवों के स्वरूप में भी परिवर्तन हो गया। अब संसार अस्तव्यस्तता एवं उद्देश्यहीन आकस्मिक अवयवों से पूर्ण न होकर एक समता के क्रम में और विशेष प्रयोजन के अनुसार कार्य करता हुआ प्रतीत होता है। जब कभी अविश्वास हमें ललचाकर अन्दर के विश्वास को टुकड़े-टुकड़े करने लगता है, तब इस प्रकार की भावना हमें सान्त्वना एवं शान्ति प्रदान करती है तथा सुरक्षा का भाव हमारे मन में आता है। चाहे कुछ भी क्यों न हो, हम अनुभव करते हैं कि धर्म-सम्बन्धी एक कानून सदाचार के क्षेत्र में वर्तमान है, जो प्रकृति में स्थित सुन्दर व्यवस्था के ही अनुकूल है। जैसे सूर्य का अगले दिन उदय होना निश्चित है, वैसे ही धर्म की विजय भी निश्चित है। ऋत के ऊपर भरोसा किया जा सकता है।

मित्रदेव भी वरुण का सहचारी है और साधारणतः उसी के साथ इसकी प्रार्थना की जाती है। वह कभी-कभी सूर्य को और कभी प्रकाश को अभिव्यक्त करता है। वह एक सर्वद्रष्टा और सत्यप्रिय देवता भी है। मित्र और वरुण दोनों संयुक्त रूप में ऋत के संरक्षक हैं और पाप को क्षमा करने वाले हैं। शनैः-शनैः मित्र का सम्बन्ध प्रातःकालीन प्रकाश के साथ और वरुण का रात्रि के आकाश के साथ हो गया। वरुण और मित्र को आदित्य की संज्ञा दी जाती है, अर्थात् यह अर्यमण और भग के समान अदिति के पुत्र हैं।

सूर्यदेव संसार को प्रकाश देने वाला है। उसे सम्बोधन करते हुए दस सूक्त मिलते है। सूर्य की पूजा मनुष्य के मानस के लिए स्वाभाविक है। यह यूनानी धर्म का एक आवश्यक अंग है। प्लेटो ने अपने 'रिपब्लिक' में सूर्यपूजा को आदर्श बताया है। उसके मत में सूर्य धर्म का प्रतीकस्वरूप है। फारस देश में हमें सूर्यपूजा का विधान मिलता है। सूर्य जो संसार में प्रकाश एवं जीवन का कर्ता है, अतिप्राकृतिक शक्ति से सम्पन्न है। वह 'समस्त स्थावर और जंगम जगत्' का जीवन है। वह सर्वद्रष्टा है और ऊपर से चुपके-चुपके सारे जगत् का पर्यवेक्षण करता है। वह मनुष्यों को अपने-अपने कर्मों में प्रवृत्त होने के लिए जगाता है,

---

1. 1 : 24, 8, हेराक्लिटस कहता है, "हेलियोस (सूर्य) अपनी परिधि का अतिक्रमण नहीं करता।"
2. 4 : 23, 9।
3. 10 : 133, 6।

अन्धकार को दूर करता है और प्रकाश देता है। "सूर्य दोनों लोकों में संचार के लिए मनुष्यों पर निगाह रखते हुए उदय होता है। वह सब स्थावर एवं जंगम जगत् का रक्षक और मनुष्यों के अच्छे व बुरे कर्मों का साक्षी है।"[1] सूर्य जगत् का रचयिता और शासनकर्ता भी है।

सम्पूर्ण 11 सूक्तों में विख्यात 'सवितृ' भी एक सूर्यदेवता है। स्वर्णाक्षि, स्वर्णहस्त और स्वर्णजिह्वा वाले के रूप में उसका वर्णन किया गया है। उसे कभी-कभी तो सूर्य से भिन्न बतलाया गया है, यद्यपि कभी-कभी सूर्य के साथ उसका तादात्म्य भी दिखाया गया है।[2] सविता केवल देदीप्यमान दिन के उज्ज्वल सूर्य को ही नहीं अपितु रात्रि के अदृश्य सूर्य को भी दर्शाता है। उसका एक उच्च सदाचारी पक्ष है, जिसकी प्रार्थना पश्चात्ताप करने वाले पापी लोग अपने पाप के मार्जन के लिए करते हैं। "जो भी अपराध हमने स्वर्ग के देवताओं के प्रति किया हो, विचार की निर्बलता के कारण अथवा शारीरिक दुर्बलता के कारण अथवा गर्व के कारण अथवा मनुष्य-स्वभाव के कारण, हे सविता, हमसे उस पाप को दूर करो।"[3] गायत्री मंत्र भी सूर्य को सविता के रूप मानकर सम्बोधन किया गया है। "आओ, हम सविता के उस अर्चनीय तेज का ध्यान करें जिससे कि वह हमारी बुद्धियां को ज्ञान द्वारा प्रकाशित करे।" यजुर्वेद का मंत्र, जिसे प्रायः उद्धृत किया जाता है, सविता को ही सम्बोधन करता है, "हे ईश्वर, सविता, सबके सृष्टा, बाधाओं को दूर करके, हमें जो कुछ कल्याणकारी है उसकी प्राप्ति कराओ!"

सूर्य ही विष्णु के रूप में सब लोकों को धारण करता है।[4] विष्णु त्रिपाद देवता है जो पृथ्वी, द्यु लोक और अन्यान्य ऊंचे लोकों को, जो मरणधर्मा मनुष्यों के इन्द्रियगोचर हैं, आच्छादित करता है। उसकी महत्ता को पहुंचना कठिन है। "हे विष्णु, हम इस पृथ्वी से तेरे दो ही लोकों को जान सकते हैं, किन्तु तेरा अपना जो सबसे ऊंचा स्थान है, उसे केवल तू ही जान सकता है।"[5] ऋग्वेद में विष्णु को गौण स्थान पर रखा गया है, यद्यपि उसके आगे महान भविष्य है। वैष्णवधर्म का मूल ऋग्वेद में पाया जाता है, जहां कि विष्णु को 'बृहत-शरीरः' करके कहा गया है, अर्थात् जिसका शरीर बड़ा है, अथवा संसार मात्र जिसका शरीर है, 'प्रत्येत्याहवम्', अर्थात् जो भक्तों के बुलाने पर आ उपस्थित होता है।[6] उसके लिए कहा जाता है कि विपद्ग्रस्त मनुष्य के लिए उसने पृथ्वी को तीन पगों में नाम लिया।[7]

पूषन् सौर जगत् का एक और देवता है। प्रत्यक्ष रूप में वह मनुष्य का मित्र है—चरागाह का देवता अर्थात् पशुओं का संरक्षक। वह यात्रियों और कृषकों का देवता है।

रस्किन कहता है, "एक यथार्थ विचारक मनुष्य के लिए सूर्योदय से बढ़कर कोई और गम्भीर धार्मिक अनुष्ठान नहीं है।" असीम प्रभातवेला जो प्रत्येक प्रातःकाल में दिग्दिगन्त में प्रकाश एवं जीवन को प्रक्षिप्त करती है, उषादेवी के रूप में प्रकट होती है, जिसे यूनानी साहित्य में इओस कहा गया है, जिससे प्रातःकाल की उज्ज्वल कन्या के रूप में अश्विनी देवता-युगल एवं सूर्य दोनों प्रेम करते हैं, किन्तु जो सूर्य के सामने तिरोहित हो जाती है जबकि वह अपनी स्वर्णिम किरणों से उसका आलिंगन करना चाहता है।

लगभग पचास पूरे मन्त्रों में, और बहुत-से अन्य मन्त्रों में भी अंशरूप से, अश्विनी

---

1. ऋग्वेद, 7 : 60। 2. ऋग्वेद, 7 : 63।
3. 4 : 54, 3। 4. 1 : 21, 154। 5. 1 : 22, 18; 7 : 59, 1-2।
6. 1 : 155, 6। 7. 'मानवे बाधिताय', 4 : 6।

बन्धुओं की प्रार्थना की गई है।[1] वे अविच्छेद युगल हैं जो उज्ज्वल दीप्ति के स्वामी, शक्तिशाली एवं द्रुतगामी और गरूड़ के समान वेगवान हैं। वे द्यु लोक के पुत्र हैं और उषा उनकी बहन है। यह कल्पना की जाती है कि संध्याकाल की घटना उनका मुख्य आधार है। यही कारण है कि हमें दो अश्विनी बन्धु बतलाए गए हैं, जो सूर्योदय और सूर्यास्त के प्रतिरूप हैं। आगे चलकर ये अश्विनी बन्धु देवताओं एवं मनुष्यों के वैद्य बन गए—अद्भुत कार्यकर्त्ता, एवं वैवाहिक प्रेम और जीवन के रक्षक तथा दलितवर्ग को सब प्रकार दुःखों से छुटकारा दिलाने वाले।

हम पहले ही अदिति का वर्णन कर चुके हैं, जिससे अनेक देवताओं की, जिन्हें आदित्य नाम से पुकारा जाता है, उत्पत्ति हुई है। अदिति का शब्दार्थ है, असीम एवं बंधन-रहित। ऐसा प्रतीत होता है कि यह नाम उस अदृश्य अनन्त का है, जो हमारे चारों ओर व्याप्त है और जो पृथ्वी से भी दूर अनन्त विस्तृत क्षेत्र है, अर्थात् मेघमाला एवं आकाश भी अदिति हैं। यह उस सबका, जो यहां और इससे भी परे है, अपरिमित आधार-स्वरूप है। "अदिति आकाश है, अदिति मध्यवर्ती देश भी है, अदिति पिता और माता एवं पुत्र है। अदिति सब देवता हैं और पञ्चजन भी अदिति हैं; जो उत्पन्न हुआ है और जो भविष्य में उत्पन्न होगा वह सब अदिति है।"[2] यह हमें एक व्यापक, सबकी इच्छा की पूर्ति करने वाली, सर्वोत्पादक, अनन्तशक्तिशाली प्रकृति के निजी रूप की पूर्वानुभूति होती है, जिसे सांख्य में भी प्रकृति कहा गया है। यह अनाक्सिमैंडर की अनंत सत्ता की समानान्तर है।

प्रकृति का एक महत्त्वपूर्ण चमत्कार, जिसे बढ़ाकर देवी का पद दिया गया है, 'अग्नि' है। अग्नि[3] का महत्त्व केवल इन्द्र के नीचे दूसरे दर्जे पर है, जिसे कम से कम 200 मन्त्रों में सम्बोधित किया गया है। अग्नि का विचार प्रखर दाहक सूर्य से उदित हुआ, जो अपनी गर्मी से न जलने योग्य पदार्थ को भी जला देता है। यह बिजली की भांति ही बादलों से आई। इसका उद्गमस्थान चकमक पत्थर भी है।[4] यह अरणी नामक लकड़ियों से भी निकलती है। ऐसा समझा जाता है कि मातरिश्वा प्रोमिथियस की भांति अग्नि को आकाश से पृथ्वी पर वापस लाया और भृगु लोगों[5] को इसकी रक्षा का भार सौंपा। अग्निदेवता के भौतिक स्वरूप का वर्णन इस प्रकार किया जाता है कि उसके पिंगल रंग की दाढ़ी है, तेज़ जबड़े हैं और जलते हुए दांत हैं। लकड़ी और घी उसका भोजन है। वह सूर्य के समान रात्रि के अन्धकार को दूर करता हुआ चमकता है। जब वह वनों पर आक्रमण करता है तो उसका मार्ग कृष्णवर्ण होता है और उसकी आवाज़ द्यु लोक की बिजली की कड़क के समान होती है। वह धूमकेतु है। "हे अग्नि, यह काष्ठ जिसे, मैं तुम्हें अर्पित करता हूं, स्वीकार करो। इसको चमक के साथ जलाओ और अपने पवित्र धुएं को ऊपर भेजो, अपनी छटा से आकाश के उच्चतम भाग का स्पर्श करो और सूर्य की किरणों में मिल जाओ।"[6] इस प्रकार अग्नि का निवास केवल पृथ्वी पर अंगीठी में अथवा वेदी में ही नहीं, किन्तु आकाश में और अन्तरिक्ष में भी है, उसी प्रकार जिस प्रकार सूर्य, और प्रभातवेला, एवं बादलों में बिजली, वर्तमान है। अग्निदेवता शीघ्र ही परम देव बन जाता है, जिसका विस्तार द्यु लोक एवं पृथ्वी दोनों जगहों

1. 'अश्विन्यौ' का शब्दार्थ है घुड़सवा।
2. ऋग्वेद, 1 : 89।
3. लैटिन भाषा में 'इग्निस्'।
4. 2 : 12, 3।
5. एक जाति-विशेष का नाम।
6. ऋग्वेद, 2 : 6।

में है। ज्यों-ज्यों अग्निदेवता का भाव अधिकाधिक अमूर्तरूप पकड़ता गया, यह उत्तरोत्तर उत्कृष्ट एवं अलौकिक रूप धारण करता गया। इसने देवताओं और मनुष्यों के बीच मध्यस्थ होने का एवं सबका सहायक होने का रूप धारण किया। "हे अग्नि, हमें यहां आहुति के लिए, वरुण को प्राप्त कराओ, इन्द्र को आकाशलोक से और मरुतों को वायुलोक से ले आओ।"[1] "मैं अग्नि को अपना पिता करके मानता हूं। मैं उसे अपना बन्धु करके मानता हूं, अपना भाई और मित्र भी मानता हूं।"[2]

सोम जोकि स्फूर्ति का देवता है, अमर जीवन का दाता है, ज़िन्दावस्ता के हाओमा के सदृश है और यूनान के 'डायोनिसस' के समान है, मदिरा और द्राक्षा का देवता है। दुखी मनुष्य अपने दुःखों को भूल जाने के विचार से मत्त होना चाहता है। जब यह पहले- पहल किसी मादक द्रव्य का आश्रय लेता है तो उसे अपूर्व आह्लाद का स्पन्दन अनुभव होता है। इसमें सन्देह नहीं कि वह उन्मत्त हो जाता है। किन्तु वह सोचता है कि यह दैवीय उन्माद है। जिन्हें हम आध्यात्मिक दृष्टि, आकस्मिक प्रकाश, गम्भीरतम अर्न्दृष्टि, बृहत्तर वदान्यता एवं विस्तृत विचार कहते हैं वे सब आत्मा की दैवीय प्रेरणायुक्त अवस्था के साथ-साथ ही आते हैं। इसमें कुछ आश्चर्य की बात नहीं है कि मदिरा, जो आत्मा को ऊंचा उठाती है, दैवीय स्थिति को प्राप्त हो जाती हो। व्हिटनी का कहना है, "सरलचित आर्य लोगों ने, जिनकी समस्त पूजा आश्चर्यमय शक्तियों की और प्राकृतिक घटनाओं की होती थी, शीघ्र ही यह अनुभव किया कि उक्त तरल पदार्थ में आत्मिक शक्तियों को ऊंचा उठाने का सामर्थ्य है और वह एक प्रकार का अस्थायी उन्माद उत्पन्न कर देता है, जिसके प्रभाव में मनुष्य ऐसे-ऐसे कार्य कर डालने की ओर प्रवृत्त हो जाता है और उनके लिए उसमें शक्ति भी आ जाती है, जो उसकी नैसर्गिक शक्ति से बाहर होते हैं; और इसीलिए उन्हें इसमें कुछ दिव्यता की भावना प्रतीत हुई। उनके विचार में यह एक ऐसे देवता-स्वरूप थी जो मद्यपों के अन्दर प्रविष्ट होकर उनमें ईश्वरतुल्य शक्तियों का समावेश कर देती है। और इस शक्ति को देने वाला वह सोम का पौधा उनके लिए वनस्पति का राजा बन गया तथा मदिरा तैयार करने की विधि पवित्र यज्ञ बन गई। उसके लिए जिन औज़ारों का प्रयोग किया गया वे भी पवित्र माने जाने लगे। यह सम्प्रदाय अत्यन्त प्राचीन है। इस बात के साक्ष्य उन उद्धरणों से मिलते हैं जो पारसियों की अवस्ता में पाए जाते हैं। किन्तु ऐसा प्रतीत होता है कि भारत की भूमि पर इसे एक प्रेरणा मिली।"[3] इस भूमि पर सोम का पूर्णरूप में मानवीकरण नहीं हुआ। वह पौधा और उसका रस कवि के मानस में इतने स्पष्ट रूप में बैठा हुआ है कि वह उन्हें आसानी से देवत्व प्राप्त नहीं करा सकता। सोम को सम्बोधित मन्त्र उस समय गाए जाने के लिए थे जबकि पौधे से रस निकाला जाता था। "हे सोम ! तुम, जिसे इन्द्र के पानपात्र में डाला गया है, पवित्रतापूर्वक एक अत्यन्त मधुर और उल्लासकारी धारा के रूप में प्रवाहित होओ।"[4] आठवें मंडल के 48,3 सूक्त में पूजा करने वाले उच्च स्वर से हर्ष प्रकट करते हुए कहते हैं, "हमने सोम का पान किया है, हम अमर हो गए, हमने प्रकाश में प्रवेश पा लिया, हमने देवताओं का ज्ञान प्राप्त कर लिया।" इस आध्यात्मिक हर्षोन्माद का शारीरिक उन्मत्तता के साथ

---

1. ऋग्वेद 10 : 70, 11।
2. ऋग्वेद, 10 : 7, 3।
3. 'जर्नल आफ दि अमेरिकन ओरियंटल सोसायटी', 3 : 292।
4. 9 : 1

मिश्रण केवल वैदिक काल की ही विशेषता नहीं है। विलियम जेम्स हमें बताता है कि मदिरोन्मत्त की चेतना कुछ-कुछ ब्रह्मसाक्षात्कारवादियों की चेतनावस्था के समान है। यह समझा जाता है कि हम दिव्य सत्ता को भौतिक उन्माद की अवस्था में आकर प्राप्त कर सकते हैं। धीरे-धीरे सोम ने रोगनाशक उपयोगिता की शक्ति भी प्राप्त कर ली, जिससे अंधों को देखने और लंगड़ों को चलने की शक्ति प्राप्त होती थी।[1] सोम को सम्बोधित करके निर्मित निम्न सुन्दर सूक्त में हमें प्रतीत होता है कि इसके प्रति वैदिक आर्यों का कितना अनुराग था :

> हे सोम, मुझे उस जगत् में स्थान दो जहां नित्य प्रकाश हो, उस अमर और अविनश्वर लोक में स्थान दो जहां सूर्य का स्थान है। जहां विवस्वत् का पुत्र राज्य करता है, जहां स्वर्ग का गुप्त स्थान है, जहां ये शक्तिशाली नदियां हैं, वहां मुझे अमरत्व प्राप्त कराओ। जहां जीवन बंधनरहित है, द्यु लोक के भी तीसरे लोक स्वर्ग में जहां जगत् प्रकाशमान है, उस लोक में मुझे अमर बनाकर स्थान दो। जहां इच्छाएं और आकांक्षाएं वर्तमान हैं, जहां चमकीले सोम का पात्र हो, जहां भोजन प्रचुर मात्रा में उपलब्ध हो, और प्रसन्नता ही प्रसन्नता हो, उस लोक में मुझे अमर करो। जहां सुख और आनन्द है, जहां हर्ष और सुख निवास करते हैं, जहां हमारी इच्छाओं की भी इच्छा पूर्ण हो जाती है, वहां मुझे अमरता प्राप्त कराओ।[2]

ऊपर उद्धृत किए गए सोमसूक्त में विवस्वत् के पुत्र का उल्लेख है, जो ऋग्वेद का यम है और यह ज़िन्दावस्ता के विवन्ह्वन्त का पुत्र यीमा के समान है। यम को सम्बोधित करते हुए तीन सूक्त हैं। वह मृत पुरुषों का सरदार है, मृतों का देवता नहीं किन्तु शासक के रूप में है। मर्त्य मानवों में वह सबसे पहला था जिसे परलोक के लिए अपना मार्ग बनाना पड़ा, और वही पहला था जो पितरों के मार्ग पर अग्रगामी हुआ।[3] उसके पश्चात् अब वह आतिथेय के रूप में नवागन्तुकों का स्वागत करता है। वह उस राज्य का राजा है, क्योंकि उसे इसका सबसे अधिक चिरकाल का अनुभव है। कभी-कभी उसका आह्वान अस्ताचलगामी सूर्य के आह्वान के समान किया जाता है।[4] ब्राह्मणग्रन्थों में यम न्यायाधीश एवं मनुष्यों को दण्ड देने वाला बन गया है। किन्तु ऋग्वेद में वह अभी केवल उनका राजा ही है। यम उस कथन की सत्यता का उदाहरण उपस्थित करता है जो ल्यूशियन ने हेराक्लिटस के मुख से कहलाया है : "मनुष्य कौन हैं? मर्त्य देव हैं। और, देव क्या हैं? अमरत्व को प्राप्त मनुष्य।"

पर्जन्य आर्यों का आकाश का देवता था। आर्य लोगों के भारत में प्रवेश करने के पश्चात् वह इन्द्र बन गया, क्योंकि इन्द्र आर्य-परिवार के अन्य सदस्यों को विदित नहीं था, ऐसा प्रतीत होता है। वेदों के अन्दर पर्जन्य आकाश का दूसरा नाम है। "पृथ्वी माता है और मैं पृथ्वी का पुत्र हूं, पर्जन्य पिता है, वह हमारी सहायता करे।"[5] अथर्ववेद में भूमि को पर्जन्य की स्त्री करके कहा गया है।[6] पर्जन्य मेघ और वर्षा का देवता है।[7] वह एक देवता के समान

---

1. 7 : 68, 2, और 10 : 25, 11।
2. 'सेक्रेड बुक्स आफ दि ईस्ट', वैदिकसूक्त, भाग 1। देखें, गिलबर्ट मरे : 'बाची आफ युरीपिडीज' का अनुवाद, पृष्ठ 20।
3. पितृयान, 1 : 2, 7।
4. 10 : 14।
5. अथर्ववेद, 12 : 1, 12।
6. 12 : 1, 42।
7. ऋग्वेद, 5 : 83।

समस्त जगत् का शासन करता है। वह समस्त स्थावर और जंगम जगत् का जीवन-प्राण है।[1] ऐसे भी लेखांश हैं जिनमें पर्जन्य शब्द मेघ अथवा वर्षा के लिए प्रयुक्त हुआ है।[2] मैक्समूलर की सम्मति में पर्जन्य लिथूएनियन के विद्युत देवता पेरकुनास[3] के समान है।

समस्त प्राकृतिक घटनाओं में, जो श्रद्धायुक्त विस्मय एवं आतंक को उत्पन्न करती हैं, वज्र-झंझावात से बढ़कर दूसरी कोई घटना नहीं है। इन्द्र कहता है, "जब मैं आंधी- तूफान भेजता हूं या बिजली चमकाता हूं तब तुम मुझे मानते हो।" इन्द्र को सम्बोधन करके कहे गए सूक्तों को देखकर कहा जा सकता है कि इन्द्र वेदों का सबसे अधिक लोकप्रिय देवता है। जब आर्य लोग भारत में आए तब उन्होंने अनुभव किया कि उनका धन-वैभव केवल वर्षा की संभावना के ऊपर ही निर्भर करता है, जैसे आज भी है। स्वभावतः वर्षा का देवता भारतीय आर्यों का राष्ट्रीय देवता बन गया। नीलाभ आकाश की अन्तरिक्ष सम्बन्धी घटनाओं का देवता इन्द्र है। वह भारतीय ज़ीयस है। उसका प्राकृतिक उद्गम-स्थान प्रकट है। उसकी उत्पत्ति जल एवं मेघ से है। वह वज्र धारण करता है एवं अन्धकार पर विजय प्राप्त पाता है। वह हमें प्रकाश एवं जीवन देता है, शक्ति और ताजगी देता है। आकाश उसके आगे मस्तक झुकाता है और पृथ्वी उसके आने पर कांप जाती है। शनैः-शनैः आकाश एवं वज्र-झंझावात के साथ जो इन्द्र का सम्बन्ध था उसे भुला दिया गया। वह दैवीय आत्मा का रूप धारण कर लेता है, सारे संसार का एवं प्राणिमात्र शासक बन जाता है, जो सबको देखता एवं सब कुछ सुनता है और मनुष्यों के अन्दर सर्वोत्तम विचारों व मनोभावों के लिए अन्तःप्रेरणा उत्पन्न करता है।[4] झंझावात का देवता तूफान के दैत्यों एवं अन्धकार को परास्त करके आर्यों के इस देश के आदिवासियों के साथ जो युद्ध हुए उनमें विजय प्राप्त कराने वाला देवता बन गया। वह काल अत्यन्त कर्मठता का काल था और लोग उस काल में विजय एवं पराजय के साहसिक कार्यों में जुटे हुए थे। इस देश के विधर्मी आदिवासियों से उसे कुछ वास्ता नहीं था। "उस वीर देवता ने उत्पन्न होने के साथ ही अन्य देवताओं का नायकत्व अपने हाथ में लिया, जिसके आगे दोनों लोक कांपते थे, हे मनुष्यो, वह इन्द्र है; जो द्रुतगति से पृथ्वी पर चलकर पहाड़ों को उठाए हुए है, अन्तरिक्ष को जिसने नाप लिया और द्युलोक को जिसने संभाल लिया है, हे मनुष्यो, वह इन्द्र है; जिसने सर्प को मारकर सात नदियों को स्वतन्त्र किया, गौओं की रक्षा की, जो युद्ध में शत्रुओं को कुचलने वाला है, हे मनुष्यो, वह इन्द्र है; वह भयानक देवता, जिसके विषय में सन्देह करते हुए तुम पूछते हो कि वह कहां है और कहते हो कि उसकी सत्ता नहीं है, वह जोकि शत्रुओं की सम्पत्ति को छीन लेता है, उसमें विश्वास रखो, हे मनुष्यो, वह इन्द्र है; जिसकी शक्ति से ही घोड़ों में और पशुओं में और सशस्त्र सेनाओं में शक्ति है और जिसे युद्ध में दोनों ओर के योद्धा पुकारते हैं, हे मनुष्यो, वह इन्द्र है; जिसकी सहायता के बिना मनुष्य कभी विजय नहीं प्राप्त कर सकते, जिसका बाण पापियों का नाश करता है, हे मनुष्यो, वही इन्द्र है।"[5] यह सर्वविजयी देवता उच्चतम दैवीय गुणों की प्राप्ति करता है, आकाश के ऊपर शासन करता है, पृथ्वी, नदियों, समुद्रों और पर्वतों पर भी शासन करता है।[6]

1. ऋग्वेद, 7 : 101, 6।
2. देखिए ऋग्वेद, 1 : 164, 5; 7 : 61।
3. 'इंडिया; व्हट कैन इट टीच अस ?' नामक पुस्तक में व्याख्यान 6।
4. 8 : 37, 3; 8 : 18, 5।
5. ऋग्वेद, 2 : 12
6. 10 : 89, 10।

और आगे चलकर वरुण को उसके वैदिक देवालय में सर्वोपरि पद से गिरा देता है। वरुण के समान भव्य, न्यायकारी और सौम्य, अपने प्रयोजन में एकरस रहने वाला देवता संघर्ष एवं विजय के काल में, जिसमें आर्य लोगों ने अभी प्रवेश किया था, उपयुक्त नहीं रह गया था। इस प्रकार हम वैदिक जगत् में कुछ सूक्तों में एक महान क्रांति की पुकार सुनते हैं।[1]

इन्द्र को उन अन्य देवताओं के साथ भी युद्ध करना पड़ा, जो भारत में बसी हुई विभिन्न वन्य-जातियों द्वारा पूजे जाते थे। उनमें नदियों के पूजक थे,[2] अश्वत्यवृक्ष के पूजक थे।[3] बहुत से दैत्य, जिनसे इन्द्र ने युद्ध किया था, वन्य-जातियों के देवता थे, जैसे वृत्र, एवं सर्प।[4] इन्द्र का एक अन्यतम शत्रु ऋग्वेद के काल में कृष्ण था, जो कृष्ण नामक वन्य-जातियों का देवतास्वरूप वीरनायक था। छन्द इस प्रकार है, "फुर्तीला कृष्ण अंशुमती (यमुना) के किनारे अपनी दस सहस्र सेनाओं के साथ रहता था। इन्द्र ने अपनी बुद्धि से ऊंचे स्वर से चीत्कार करने वाले इस सरदार का पता लगाया। उसने हमारे लाभ के लिए इस लूटमार करने वाले शत्रु का विनाश किया।"[5] सायणाचार्य ने इस प्रकार की व्याख्या प्रस्तुत की है और यह कथा कृष्ण-सम्प्रदाय के सम्बन्ध में अपना कुछ महत्त्व रखती है। परवर्ती समय के पुराणों में इन्द्र और कृष्ण के विरोध का प्रसंग पाया जाता है। यह हो सकता है कि कृष्ण, जो चरवाहों की जाति का देवता है और जिसे ऋग्वेद काल में इन्द्र ने परास्त किया था, भले ही भगवद्गीता के काल में उसने अपनी खोई हुई भूमि को फिर से विजय करके प्राप्त कर लिया हो और भागवतों के वासुदेव एवं वैष्णवों के विष्णु के रूप में फिर से अत्यधिक बल प्राप्त कर लिया हो। इस विविध प्रकार के उद्भव एवं इतिहास ने उसे 'भगवद्गीता' के रचयिता

---

1. वरुण कहता है, "मैं राजा हूं, मेरी प्रभुता है, सब देवता मेरे अधीन हैं, मैंने सबको व्यापक नियम दिए हैं। वरुण के अध्यादेशों का अनुसरण करो। मनुष्यों के उच्चतम उपासना-गृह में मेरा शासन है। मैं राजा वरुण हूं। हे इन्द्र, मैं वरुण हूं और दोनों विस्तृत, गम्भीर और आनन्ददायक संसार मेरे ही हैं। एक बुद्धिमान स्रष्टा के रूप में मैंने ही सब प्राणियों को बनाया है। अन्तरिक्षलोक और पृथ्वीलोक मेरे द्वारा ही सुरक्षित हैं। मैंने बहते पानी में ज्वार पैदा किया। मैंने ही अन्तरिक्ष को अपने पवित्र स्थान में स्थिर किया। मैं ही पवित्र आदित्य हूं, जो त्रिविध जगत् (अर्थात् अन्तरिक्षलोक, भूलोक और वायुमण्डल) का विस्तार करता हूं।"

   इन्द्र उत्तर देता है, "घुड़सवार जब युद्ध में सब तरफ से घिर जाते हैं, तो मेरा ही आह्वान करते हैं। मैं अत्यन्त शक्तिशाली हूं, मैं युद्ध को उभारता हूं एवं अपनी सर्वोपरि शक्ति के द्वारा आंधी-तूफान लाता हूं। वह सब मेरा ही किया हुआ है, और सब देवताओं की सम्मिलित शक्ति भी मुझे नहीं रोक सकती। मैं अपराजित हूं। जब मैं उदकार्पण एवं प्रार्थनाओं द्वारा अघा जाता हूं तो दोनों असीम जगत् कांप उठते हैं।"

   ऋषि कहता है, "यह सब काम तुम करते हो, सब प्राणी जानते हैं; और अब तुमने, हे शासक, वरुण के प्रति भी इसकी घोषणा की है। हे इन्द्र, मनुष्य वृत्रासुर के मारने वाले के रूप में तेरी स्तुति करते हैं। तुम्हीं बद्ध जलों को मुक्त करके प्रवाहित करते हो। (4 : 42)

   "अब मैं पिता असुर को विदा देता हूं। मैं उसके पास से ऐसे मनुष्य के पास जाता हूं जिसे यज्ञ की आहुतियां न दी गई हों और उसके पास भी जाता हूं जिसके प्रति मनुष्य यज्ञ करते हैं। इन्द्र को चुनने के लिए मैं अपने पिता को भी छोड़ देता हूं, यद्यपि अनेकों वर्ष मैं उसके साथ मित्रतापूर्ण सम्बन्ध में रहा हूं। अग्नि, वरुण और सोम को अवश्य अधीनता स्वीकार करनी चाहिए क्योंकि शक्ति अब दूसरे के हाथ में जाती है। मैंने इसे आते देखा है।" (10 : 124)

2. 10 : 9, 1-3।
3. ऋग्वेद, 1 : 135, 8।
4. ऋग्वेद, 6 : 33, 2; 6 : 29, 6।
5. 8 : 85, 13-15।

एवं परब्रह्म के अवतार और यमुना के किनारे बंसी बजाने वाले ग्वाल का रूप दिया।[1]

इन्द्र के साथ अनेक छोटे-छोटे देवता अन्तरिक्ष-सम्बन्धी अन्य प्रकार के चमत्कारों का प्रतिनिधत्व करते हैं, यथा वात (वायु), मरुद्‌गण, भयंकर तूफान के देवता और रूद्र भयंकर शब्द करने वाला। वायु के विषय में कवि कहता है, "वह कहां उत्पन्न हुआ और कहां से आ धमका, जो देवताओं का जीवन और जगत् का अंकुर है? वह देवता सर्वत्र गति करता है, जहां कहीं वह सुनता है, उसके शब्द सुनाई पड़ते हैं किन्तु वह दिखाई नहीं देता।"[2] वात एक भारतीय ईरानी देवता है। मरुद्‌गण उन बड़े-बड़े आंधी-तूफानों के देवता हैं जो भारत में बहुत अधिक आते हैं। "जब वायु धूल और बादलों से काली हो जाती है, जबकि क्षणमात्र में वृक्षों के सारे पत्ते झड़ जाते हैं, उनकी शाखाएं कांपने लगती हैं, तने टूट जाते हैं, जबकि पृथ्वी कांपती हुई प्रतीत होती है और पहाड़ हिल जाते हैं और नदियों में भी उथल- पुथल मच जाती है।"[3] मरुद्‌गण साधारणतः शक्तिपूर्ण और नाशक होते हैं, किन्तु कभी-कभी दयालु और परोपकारी भी सिद्ध होते हैं। वे एक सिरे से दूसरे सिरे तक संसार पर वेग से प्रहार करते हैं अथवा वायु को शुद्ध करते हैं और वर्षा लाते हैं।[4] वे इन्द्र के सहचर और द्यौः के पुत्र हैं। कभी-कभी इन्द्र को मरुद्‌गणों में सबसे बड़ा कहा गया है। अपने रौद्र स्वभाव के कारण वे रुद्र के पुत्र समझे जाते हैं—रुद्र युद्ध का देवता है।[5] ऋग्वेद में रुद्र की बहुत गौण स्थिति है, जिसकी स्तुति केवल तीन ही सूक्तों में पाई जाती है। वह अपनी भुजाओं में वज्र धारण करता है और आकाश से बिजली के बाण छोड़ता है। बाद में वही कल्याणकारी शिव बन जाता है और उसकी परम्परा का सारा विकास उसके इर्द-गिर्द आ जुटता है।[6]

इसी प्रकार कुछ देवियों का भी विकास हुआ। उषस् और अदिति देवियां हैं। सिन्धु नदी की एक सूक्त में देवी के रूप में ख्याति पाई जाती है।[7] और सरस्वती, जो पहले एक नदी का नाम था, शनैः-शनैः विद्या की देवी बन गई।[8] वाक् वाणी की देवी है। अरण्यानी जंगल की देवी है।[9] अर्वाचीन शाक्त-सम्प्रदायों ने ऋग्वेद-वर्णित देवियों का उपयोग किया। वैदिक आर्य ज्यों ही पूजा के योग्य उस दैवीय प्रकाश का, जो सारे कूड़े-करकट को भस्म करके राख बना डालता है, ध्यान करने लगे तो उन्होंने ईश्वर की शक्ति की ही उपासना प्रारम्भ की। "आओ, हे शक्ति ! तुम जो हमारी प्रार्थनाओं को स्वीकार कर इच्छित फल

---

1. आगे चलकर कृष्ण-सम्प्रदाय सर्प आदि निम्न श्रेणियों की पूजा करने वाला एवं इन्द्र के पूजकों से श्रेष्ठ गिना जाने लगा। भगिनी निवेदिता लिखती हैं, "कृष्ण कालिय सर्प का दमन करता है और अपने पांव का चिह्न उसके सिर पर अंकित कर देता है। यहां भी संघर्ष है जो हमें नागेश्वर शिव के व्यक्तित्व में मिलता है, अर्थात् नये भक्तिपरक विश्वास एवं पुरानी परम्परागत सर्प पूजा के मध्य संघर्ष। कृष्ण ग्वालों को प्रेरणा देता है कि वे इन्द्र की पूजा छोड़ दें। यहां वह प्रत्यक्ष रूप में उन पुराने वैदिक देवताओं से ऊपर उठने को कहता है जो, आज भी हिमालय के कुछ अंचलों की भांति, ब्रह्म के मध्यस्थापन का कुछ ज्ञान नहीं रखते।"

('फुटफाल्स आफ इंडियन हिस्ट्री', पृष्ठ 212)

2. 10 : 168, 34।
3. मैक्समूलर कृत 'इंडियाः ह्नट कैन इट टीच अस ?' पृष्ठ 180।
4. ऋग्वेद, 1 : 37, 11; 1 : 64, 6; 1 : 86, 10; 2 : 34, 12।
5. 1 : 64, 2।
6. ऋग्वेद, 7 : 46, 3; 1 : 114, 10; 1 : 114, 1।
7. 10 : 75, 2, 4, 6।
8. 6 : 61।
9. 10 : 146।

प्रदान करती हो, तुम ही अनश्वर हो और ब्रह्म के तुल्य हो।"[1]

जब विचारधारा ने प्राकृतिक जगत् से आध्यात्मिक जगत् की ओर एवं भौतिक से आत्मिक जगत् की ओर बढ़ना आरम्भ किया तो अमूर्त देवी-देवताओं की कल्पना करना सरल हो गया। इस प्रकार के अधिकांश देवी-देवता ऋग्वेद के अन्तिम भाग में मिलते हैं, जिससे संकेत मिलता है कि उनकी उत्पत्ति अपेक्षाकृत बाद में हुई। हम मन्यु[2] श्रद्धा[3] आदि को पाते हैं। कतिपय गुणों को लेकर जो परमात्मा के यथार्थ भाव के साथ जुड़े हुए हैं उन्हें देवता का रूप दे दिया गया है। त्वष्टा, जिसे कभी-कभी सविता[4] के साथ मिला दिया गया है, सृष्टि का स्रष्टा है। उसने इन्द्र का वज्र बनाया, ब्रह्मणस्पति के परशु को तेज किया, ऐसे पात्रों का निर्माण किया जिनमें देवगण सोमपान करते हैं, और अन्य सब जीवित पदार्थों को भी आकृति प्रदान की। ब्रह्मणस्पति बहुत ही आधुनिक देवता है, जो उस काल का है जबकि यज्ञों का प्राधान्य हो गया था। प्रारम्भ में जो प्रार्थना का उपास्य देव था, शीघ्र ही यज्ञ का देवता बन गया। हम उसमें विशुद्ध वैदिक धर्म के भाव और अर्वाचीन समय के ब्राह्मण-धर्म में होने वाला संक्रमण देखते हैं।[5]

6. अद्वैतवादी प्रवृत्तियां

जैसा कि हम आगे चलकर अथर्ववेद की विवेचना में देखेंगे, आर्य जगत् की सीमाओं से परे के रहस्यवादी विचार, जो एक बिलकुल भिन्न विचारधारा के अंग थे, वैदिक देवमाला में भी प्रवेश कर गए। देवी-देवताओं की इस भीड़ ने बुद्धि को अत्यन्त परेशान कर दिया। इसलिए बहुत पहले से एक ऐसी प्रवृत्ति ने जन्म लिया, जिसके अनुसार या तो एक देवता को दूसरे देवता के साथ मिला दिया जाए या सभी देवताओं को एकत्र कर दिया जाए। वर्गीकरण के प्रयत्न से देवता घटकर तीन क्षेत्रों—पृथ्वी, वायु एवं आकाश में रह गए। कभी-कभी देवताओं की संख्या 333 अथवा 3 की संख्या के अन्य किसी जोड़ के रूप में बताई जाती है।[6] जब वे एक समान प्रयोजन को सिद्ध करते हैं तो जोड़े के रूप में उनकी स्तुति की जाती है और कभी-कभी उन सबको एक साथ 'विश्वे देवाः' या देवमाला के रूप देकर एक महत्तर भाव में एकत्र कर दिया जाता है। क्रमबद्ध करने की इस प्रवृत्ति ने अन्त में स्वभावतः अद्वैतवाद को जन्म दिया, जो अधिक सरल और अनेक देवी-देवताओं की परस्पर-विरोधी भीड़भाड़ की अराजकता की अपेक्षा अधिक तर्कसंगत है।

ईश्वर के किसी भी यथार्थ विचार के साथ अद्वैतवाद का भाव आना अनिवार्य रूप से आवश्यक है। परम सत्ता केवल एक ही हो सकती है। परम एवं अनन्त दो सत्ताएं नहीं स्वीकार की जा सकतीं। हर जगह यह प्रश्न उठता था कि क्या ईश्वर भी किसी अन्य सत्ता द्वारा बनाया गया है। किन्तु वह सत्ता जिसे कोई दूसरा बनाए, ईश्वर नहीं हो सकती। ज्यों-

---

1. आयातु वरदा देवी अक्षरं ब्रह्मसम्मितम् : तैत्तिरीय आरण्यक, 10 : 34, 52।
2. 'रॉथ' 10 : 83, 4। 3. आस्था 10 : 151।
4. 3 : 55, 19।
5. रोथ कहता है, "ऐसे सब देवताओं को, जिनके नाम के साथ 'पति' (अथवा स्वामी) का प्रयोग होता है, अत्यन्त आधुनिक समझना चाहिए। इन सबकी कल्पना बाद के विचार का परिणाम है। किन्तु इस प्रकार की एक सामान्य धारणा बना लेना अनुचित है, जैसे वास्तोष्पति (यह प्राचीन देवता है) मुझे इसका परिचय प्रोफेसर कीथ से मिला।
6. देखें, ऋग्वेद, 3 : 9, 9।

ज्यों संसार की आन्तरिक कार्य प्रणाली के अन्दर निरीक्षण करने का भाव एवं उसके अधिपति ईश्वर के स्वरूप का निर्णय आगे बढ़ता है, अनेक देवता संकुचित होकर एक ईश्वर में समा जाते हैं। ऋत के भाव के अन्दर जो एकत्व के भाव का अनुभव हुआ, उससे भी अद्वैतवाद का समर्थन होता है। यदि प्रकृति की नानाविधि और भिन्न- भिन्न घटनाओं के कारण अनेक देवताओं की कल्पना की जाती है तो प्रकृति के अन्दर जो एकत्व लक्षित हो रहा है उसके अनुसार ईश्वर के एकत्व को भी स्वीकार किया जाए—वही एकमात्र ईश्वर, जो सब पदार्थों में व्याप्त है। प्राकृतिक नियम में विश्वास करना ही एक ईश्वर में श्रद्धा को उपजाता है। ज्यों-ज्यों हम इस विश्वास में आगे बढ़ेंगे, मिथ्या विश्वास स्वयं निष्क्रिय हो जाएंगे। प्रकृति में जो एक प्रकार की नियमित व्यवस्था पाई जाती है, उसको देखते हुए चमत्कार-सम्बन्धी अनुमानों व कल्पनाओं के लिए कोई स्थान नहीं रह जाता, जिनके कारण ही अन्धविश्वास और भ्रांति विषयक विचारों से बहुदेवतावाद की क़ल्पना उपजती है। वरुण की उपासना से हम अद्वैतवाद से बिलकुल निकट पहुंच जाते हैं। सदाचार-सम्बन्धी एवं आध्यात्मिक सब गुण—यथा न्याय, उपकार, साधुता और यहां तक कि करुणा भी उसी वरुण में सन्निहित बताए गए हैं। उच्चतर और अत्यधिक आदर्शवाद पर अधिकाधिक बल दिया गया है, और दूसरी ओर कठोर एवं भौतिक पक्ष को दबाया गया है और उपेक्षा की दृष्टि से देखा गया है। वरुण वह देवता है जिसमें मानव एवं प्रकृति, इहलोक एवं परलोक सब ओत-प्रोत हैं जो केवल बाह्य चरित्र की ही परवाह नहीं करता किन्तु जीवन की आन्तरिक पवित्रता की ओर भी पूरा-पूरा ध्यान रखता है। धार्मिक चेतना की एक परब्रह्म के प्रति उपलक्षित मांग ने अपने को वेदों के एकेश्वरवाद, अथवा एकसत्तावाद के रूप में अभिव्यक्त किया। मैक्समूलर के अनुसार, इसी ने इस परिभाषा को बनाया कि प्रत्येक देवता को क्रमशः पूज्य मानकर अन्त में सबसे बड़े यहां तक कि एकमात्र ईश्वर तक पहुंचा जा सकता है। किन्तु समस्त स्थिति तर्क के साथ संगति नहीं खाती, क्योंकि हृदय तो उन्नति का सही मार्ग प्रदर्शित करता है लेकिन विश्वास उसके विरोध में जाता है। हम बहुदेवतावाद को स्वीकार नहीं कर सकते क्योंकि धार्मिक चेतना इसके विरोध में है। एकेश्वरवाद से चलकर हम अन्धकार में टटोलते हुए अद्वैतवाद तक पहुंच जाते हैं। मानव का दुर्बल मानस अभी भी अपने उद्देश्य की खोज में है। वैदिक आर्य लोगों ने परम सत्ता के रहस्य को बहुत सूक्ष्म दृष्टि से अनुभव किया और प्रचलित विचारों को उसकी व्याख्या के लिए अपर्याप्त पाया। सभी देवता, जिनकी परम सत्ता के रूप में पूजा की जाती थी, एक ही श्रेणी में थे, यद्यपि कुछ समय के लिए उनमें से किसी एक को सर्वोच्च स्थान दे दिया जाता था। एक देवता को मानने का तात्पर्य यह नहीं कि अन्य देवताओं की सत्ता का निषेध किया जाता है। कभी-कभी छोटे से छोटा देवता भी ऊंचे से ऊंचा पद पा जाता है। यह निर्भर करता था कवि की भक्ति के ऊपर और इस पर कि उसके सामने उद्देश्य के रूप मे विशिष्ट पदार्थ क्या है। ''वरुण ही द्युलोक है, वरुण पृथ्वीलोक है, वरुण वायुमण्डल है, और वरुण ही समस्त विश्व है जो चारों ओर दृष्टगोचर होता है।'' कभी अग्नि को ही सर्वदेवता का स्वरूप माना गया है। कभी इन्द्र को सब देवों में महानतम माना गया है। कुछ समय के लिए प्रत्येक देवता अन्य सब देवताओं की समवेत प्रतिकृति के रूप में प्रकट होता है। किन्तु मानव का ईश्वर के प्रति आत्मसमर्पण का भाव, जो धार्मिक जीवन का सत्य है, तभी सम्भव हो सकता है जब एक ही ईश्वर की सत्ता को स्वीकार किया जाए। इस प्रकार एकेश्वरवाद धर्म सम्बन्धी तर्क का स्वाभाविक निष्कर्ष है। ब्लूमफील्ड के अनुसार,

"बहुदेवतावाद के क्रियात्मक जीवन में असमर्थ होने और परस्पर भेदों में अनौचित्य होने के कारण, अद्वैतवाद को सिर उठाने का अवसर मिल गया, जिसमें प्रत्येक देवता प्रभुता को प्राप्त करता था किन्तु उसे रख नहीं पाता था।"[1] लेकिन ऐसी बात नहीं है।

जब प्रत्येक देवता को सृष्टि के कर्ता के रूप में माना जाने लगा और प्रत्येक को विश्वकर्मा अर्थात् संसार के निर्माणकर्ता, और प्रजापति अर्थात् प्राणियों के स्वामी के गुणों से विभूषित किया जाने लगा तब उनकी वैयक्तिक विशेषताओं को छुड़ाकर एक ऐसे देव की कल्पना करना, जिसमें सर्वसामान्य क्रियाएं उपस्थित हों, आसान हो गया—विशेषतः जबकि अनेक देवता केवल भ्रमात्मक और अस्पष्टभावात्मक थे और केवल कल्पना के रूप में रहकर अपनी वास्तविक सत्ता भी नहीं रखते थे।

ईश्वर के विचार के प्रति क्रमशः आदर्शवाद के द्वारा पहुंचना, जैसा कि वरुण सम्प्रदाय में अभिव्यक्त हुआ, धार्मिक तर्क जिसने अनेक देवताओं की एक-दूसरे के अन्दर समाविष्ट हो जाने की प्रवृत्ति को जन्म दिया, एकेश्वरवाद जिसने अपना झुकाव अद्वैतवाद की ओर कर ही लिया था, ऋत के विचार अर्थात् प्रकृति के एकत्व के विचार और मानवीय मानस की क्रमबद्धता के प्रति स्वाभाविक प्रवृत्ति—इन सबने एकत्र होकर बहुदेववाद के अवतारवाद के विचार को नीचे गिराकर एक धार्मिक अद्वैतवाद की स्थापना की। इस काल के वैदिक ऋषियों का झुकाव विश्व के एक ऐसे आदिकरण को खोज निकालने की ओर था जो एकमात्र स्रष्टा हो, जो स्वयंभू हो अर्थात् जिसका बनाने वाला दूसरा कोई न हो, और जो अविनाशी हो। इस प्रकार के एक एकेश्वरवाद की स्थापना के लिए एक ही तार्किक विधि थी कि समस्त देवताओं को एक उच्चतम सत्ता अथवा सबको नियन्त्रण में रखने वाली एकमात्र सत्ता के अधीन कर दिया जाए, जो निम्न श्रेणी के देवताओं की गतिविधि का भी नियमन कर सके। इस प्रक्रिया ने एकमात्र ईश्वर की सत्ता के प्रति जो प्रबल अभिलाषा थी उसकी भी पूर्ति कर दी और साथ-साथ भूतकाल के तारतम्य को भी विद्यमान रहने दिया। भारतीय विचारक चाहे कितने ही निर्भीक एवं नेकनीयत क्यों न रहे हों, उन्होंने कभी कठोरता एवं अशिष्टता का व्यवहार विपक्षियों के प्रति नहीं किया। साधारणतः वे बदनाम होने से बचते रहे और इसीलिए प्रायः उन्होंने हर स्थान पर समझौता ही उचित समझा। किन्तु निर्दय तर्कशास्त्र को, जो इतना ईर्षालु शासक है, बदला मिला जिसका परिणाम यह हुआ कि आज का हिन्दूधर्म अपनी समावेश की भावना के कारण ही अनेक विषमाङ्ग दर्शनधाराओं, धर्म-सम्प्रदायों ओर पौराणिक आख्यानों एवं चमत्कारों के एक समूह के रूप में हमारे सामने है। अनेक देवता एक ही व्यापक सत्ता के भिन्न-भिन्न मूर्तरूप मान लिए गए हैं। उन सबको अपने-अपने विभिन्न क्षेत्रों में, यद्यपि परमब्रह्म के साम्राज्य की अधीनता के अन्तर्गत, शासक के रूप में अंगीकार कर लिया गया है। उन्हें भिन्न-भिन्न अधिकार तो दिए गए किन्तु उनका प्रभुत्व एक राजप्रतिनिधि की हैसियत से है न कि एक सम्राट की हैसियत से! अव्यवस्थित प्रकृतिपूजा के अस्थिर देवताओं ने विश्व की शक्तियों का स्थान ग्रहण कर लिया, जिनकी क्रियाओं को एक सामञ्जस्यपूर्ण पद्धति में नियमित किया गया है। यहां तक कि इन्द्र और वरुण भी अपने-अपने विभागों के देवता बन गए। ऋग्वेद के अन्तिम भाग में सबसे ऊंचा स्थान विश्वकर्मा को दिया गया है।[2] वह सर्वद्रष्टा देवता है, जिसकी सब दिशाओं में आंखें हैं, मुख हैं, भुजाएं

1. 'द रिलिजन आफ द वेद', पृष्ठ 199।
2. देखें, 10 : 81, 82।

हैं, पैर हैं, जो द्यु लोक और पृथ्वीलोक को अपनी विशाल भुजाओं एवं उड़नशील पंखों के प्रभाव से उत्पन्न करता है, जो सब लोकों का ज्ञान रखता है किन्तु जो मर्त्य मानवों के ज्ञान से परे का विषय है। बृहस्पति का भी दावा सर्वोपरि पद की प्राप्ति के लिए है।[1] अनेक स्थलों पर यही प्रजापति अर्थात् प्राणिमात्र का स्वामी है।[2] हिरण्यगर्भ अर्थात् स्वर्णमय देवता परम सत्ता के नाम के अर्थों में प्रयुक्त होता है, जिसे समस्त विश्व के एकमात्र प्रभु के रूप में बताया गया है।[3]

7. एकेश्वरवाद बनाम अद्वैतवाद

यह बात, कि वैदिक सूक्तों के निर्माण के दिनों में केवल अव्यवस्थित कल्पनाओं एवं भ्रांतियों का ही अस्तित्व नही था बल्कि गम्भीर विचार एवं जिज्ञासा का भाव भी साथ-साथ वर्तमान था, इस प्रकार प्रमाणित होती है कि हमें स्थान-स्थान पर प्रश्नात्मक प्रवृत्ति मिलती है। अनेक देवताओं की कल्पना करने की आवश्यकता इसलिए अनुभव हुई, क्योंकि मानवीय मस्तिष्क के अन्दर एक स्वाभाविक प्रवृत्ति किसी विषय को स्वयं खोजकर समझने की ओर होती है, वह हरेक बात को वैसे ही मान लेने के लिए उद्यत नहीं होना चाहता। "रात के समय सूर्य कहां रहता है?" "दिन के समय तारे कहां गायब हो जाते हैं?" "सूर्य नीचे क्यों नहीं गिर पड़ता?" "दिन और रात दोनों में कौन पहले और कौन पीछे है?" "वायु कहां से आती है एवं कहां जाती है?"[4]—ये इस प्रकार के प्रश्न और श्रद्धायुक्त विस्मय तथा अचम्भे की बातें हैं जो समूचे दर्शनशास्त्र एवं भौतिक- विज्ञान को जन्म देती हैं। हमने देख भी लिया है कि किस प्रकार मनुष्य के अन्दर अन्धकार को टटोल-टटोलकर ज्ञान प्राप्त करने की सहज प्रेरणा होती है, और उसकी विभिन्न आकृतियों और धारणाओं को भी हम देख चुके हैं। अनेक देवाताओं की स्वीकृति पर बल दिया गया। किन्तु मानवीय हृदय की अभिलाषा बहुदेववाद की देवामाला से सन्तुष्ट न हो सकी। आशंका उठी कि कौनसा देव यथार्थ है। 'कस्मै देवाय हविषा विधेम', किस विशिष्ट देव के लिए हम अपने मानसिक यज्ञ में आहुति दें।[5] देवताओं का सीधा-सादा उद्‌गम-स्थान बिलकुल स्पष्ट था। भारत की भूमि पर नये-नये देवताओं की उत्पत्ति होने लगी और उनमें से कुछेक यहां के आदिम निवासियों से उधार भी लिए गए। 'हमें भक्तिभाव से पूर्ण करो।'[6] इस प्रकार की प्रार्थना दृढ़ विश्वास के काल में सम्भव नहीं हो सकती थी। संशयवाद की गन्ध आने लगी थी। इन्द्र की स्थिति और उसके शिरोमणित्व में शंकाएं उठने लगी थीं।[7] निषेधात्मक नास्तिकता का भाव समस्त विचार को मिथ्या का ताना-बाना बनाकर अग्राह्य घोषित कर रहा था। अज्ञात देवताओं को सम्बोधित करके मन्त्र निर्माण किए गए। हम 'देवताओं के सन्ध्याकाल' में आ पहुंचते हैं, जहां वे शनैः-शनैः प्रयाण करते जा रहे हैं। उपनिषदों में पहुंचकर उक्त सन्ध्याकाल रात्रि के रूप में परिणत हो गया और वे देवता तिरोहित हो गए, केवल भूतकाल के स्वप्न देखने वालों के लिए

---

1. देखें, 10 : 72।
2. देखें, 10 : 85, 43; 10 : 189, 4; 10 :184, 4; शतपथ ब्राह्मण, 6 :6, 8, 1-14; 10 : 1, 3, 1।
3. 10 : 121।
4. ऋग्वेद, 1 : 24, 185।
5. 10 : 121
6. 10 : 151।
7. 10 : 86, 1; 7 : 100-3; 2 : 12, 5।

ही उनका अस्तित्व रह गया। अद्वैतवाद के काल की 'एकमात्र सत्ता' भी आलोचकों से न बच सकी। मानव का मानस ईश्वर के अवतारवाद की कल्पना से सन्तोष नहीं प्राप्त कर सका। यदि हम कहें कि एक ही महान ईश्वर है, जिसके नीचे अन्य सब हैं तो भी आगे प्रश्न उठता है कि "प्रथम उत्पन्न देव को किसने देखा? उसको किसने देखा, जिसने स्वयं अस्थिहीन होते हुए भी अस्थिधारियों को उत्पन्न किया? जीवन, रक्त और विश्व की आत्मा कहां है? जानने वाले विद्वान के पास कौन पूछने के लिए गया?"[1] यह दर्शनशास्त्र की मूलभूत समस्या है। जीवन क्या है अथवा विश्व का तत्त्व क्या है?—केवल रूढ़िवाद से काम नहीं चलेगा। हमें आध्यात्मिक यथार्थ सत्ता को अवश्य अनुभव करना है और उसका ज्ञान प्राप्त करना है। इसलिए प्रश्न यह है कि "पूर्वजन्मा को किसने देखा?"[2] जिज्ञासु अन्वेषक अपने निजी आराम के साधनों और सुख की भी उतनी परवाह नहीं करता जितना कि वह परम सत्य के ध्यान के लिए व्यग्र रहता है। चाहे ईश्वर को एक असभ्य मनुष्य की धारणा के अनुसार क्रुद्ध एवं छेड़े गए व्यक्ति के रूप में माना जाए, अथवा उसे एक सभ्य मनुष्य के विचार के अनुसार दयानिधान के रूप में माना जाए, जो इस भूलोक के सब प्राणियों का न्यायकर्त्ता, संसार का रचयिता एवं उनको वश में रखने वाला है, यह एक दुर्बल विचार है जो समीक्षा के आगे नहीं ठहर सकता। ईश्वर के मानवीयकरण का भाव अवश्य लुप्त हो जाना चाहिए। उक्त प्रकार के विचार हमें ईश्वर का प्रतिनिधि तो भले ही दे सकें किन्तु यथार्थ रूप में जीवित ईश्वर नहीं प्राप्त करा सकते। हमें एक ऐसे ईश्वर के अन्दर विश्वास लाना है जो जीवन का केन्द्र है, किन्तु उसकी छायामात्र नहीं है जो मनुष्यों के मनों के अन्दर प्रतिबिम्बित होती है। ईश्वर हमारे चारों तरफ व्याप्त एक प्रकार का अक्षुण्ण भण्डार है। 'प्राणो विराट्' अर्थात् जीवन विशाल और अपरिमित है। इसके अन्दर वस्तुओं का ही नहीं, विचारों का भी समावेश हो जाता है। वह अपने को विभिन्न रूपों में अभिव्यक्त करता है। यह एक है, एक समान है, नित्य है, आवश्यक है, असीम एवं अनन्त है और सर्वशक्तिमान है। इसी से सब कुछ निकलता है और फिर इसी में समा जाता है। एक देहधारी ईश्वर का भले ही मनोभावात्मक महत्त्व हो, किन्तु सत्य एक अन्य प्रकार के मानदण्ड की स्थापना करता है और एक विशेष प्रकार के पूजनीय विषय के महत्त्व को बताता है। भले ही वह कितना ही रूक्ष और दूरवर्ती, भयानक और अप्रिय हो, उसके सत्य होने में कोई न्यूनता नहीं आती। एकेश्वरवाद, जिसे आज भी मनुष्य-समुदाय का एक बड़ा भाग दृढ़ता के साथ पकड़े हुए है, आधुनिक वैदिक विचारकों को सन्तोष प्रदान करने में असमर्थ रहा है।

उक्त विचारकों ने उस केन्द्रीय तत्त्व को नपुंसकलिंग की संज्ञा अर्थात् सत् की संज्ञा दी, जिससे लक्षित होता है कि वह लिंगातीत है। उन्हें इस बात का निश्चय था कि एक ऐसी यथार्थ सत्ता अवश्य है जिसकी अग्नि, इन्द्र, वरुण आदि केवल भिन्न-भिन्न संज्ञाएं अथवा आकृतियां हैं। यह कि ऐसी एक सत्ता अवश्य थी और एकाकी ही थी अनेक नहीं, जो देहधारी मूर्तरूप नहीं है, 'उस सबका जो स्थावर है और भी जो जंगम, अथवा जो चलता या उड़ता है', शासक है, क्योंकि उसका जन्म अन्य प्रकार का ही है।[3] "यथार्थ सत्ता एक ही है, विद्वान लोग उसे नाना प्रकार के नामों से पुकारते हैं, यथा अग्नि, यम और मातरिश्वा

1. ऋग्वेद, 1 : 4, 164।
2. "को ददर्श प्रथमा जायमानम् ?"
3. 3 : 54, 8।

आदि।"[1]

नक्षत्र-मण्डल से मण्डित नभ और यह विस्तृत भूमण्डल, महान समुद्र और सर्वदा अचल रहने वाली पर्वतमालाएं "एक ही मस्तिष्क के अद्भुत कार्य हैं, और उसी एक चेहरे के भिन्न-भिन्न पार्श्व हैं, एक ही सामान्य वृक्ष के ऊपर विकसित हुए फूल हैं, उसी महान ईश्वरीय ज्ञान के स्वरूप हैं, उसी नित्य सत्ता के नमूने एवं संकेतमात्र हैं, जो सबसे प्रथम और सबसे अन्तिम शेषरूप है, जो मध्य में भी सत् है, और जिसका अन्त नहीं।"[2]

यही एकमात्र सत्ता विश्व की आत्मा है, यह वह बुद्धिशक्ति है जो समस्त विश्व के अन्तर्हित और उसमें व्याप्त है, समस्त प्रकृति का आदि-उद्गम है और अनादि-अनन्त शक्ति का पुंज है। यह स्वयं न तो द्युलोक है न भूलोक, न सूर्य का प्रकाश है न तूफान, किन्तु एक अन्य ही प्रकार का तत्त्व है, सम्भवतः साक्षात् ऋत ही मूर्तरूप में एवं धार्मिक वृत्ति से पूर्ण अदिति है, एक ऐसी सत्ता जो निरन्तर जीवित रहने वाली है।[3] हम इसे देख नहीं सकते, हम इसका ठीक-ठीक वर्णन नहीं कर सकते। एक हृदयग्राही सरलता के साथ कवि अन्त में कहता है, "हम उसे कभी न देखेंगे जिसने इन सब पदार्थों को जन्म दिया।" "एक अज्ञानी मूर्ख की भांति अपने मन में बिलकुल अबोध मैंने देवताओं के गुप्तस्थानों को जानना चाहा किन्तु जब उन्हें न ढूंढ़ सका तो मैं बिना जाने किन्तु जानने की लालसा से उन सन्तों से पूछता हूं, जिन्होंने सम्भव है उसे खोज लिया हो।"[4] यह वह सर्वोपरि परम सत्ता है, जो सब पदार्थों में जीवितरूप में विद्यमान है और उन सबका संचालन करती है, वही यथार्थ सत्ता गुलाब के फूल को खिलाती है, मेघों के अन्दर सौंदर्य के रूप में प्रस्फुटित होती है, तूफानों में अपनी शक्ति का प्रदर्शन करती है और अन्तरिक्ष में तारागण को जड़ती है। यहां फिर हमें सत्यस्वरूप ईश्वर का अन्तर्ज्ञान मिलता है, जो सब देवों में एक ही देव महादेव है, जो सदा आश्चर्यमय है किन्तु सबसे अधिक अद्भुत एवं आश्चर्यमय इसलिए है कि विचारधारा के इतिहास के प्रथम प्रातःकाल के ब्राह्म मुहूर्त में इसके सत्यस्वरूप की झांकी ऋषियों को मिली थी। इस एक अद्वितीय सत्ता की उपस्थिति में आर्य एवं द्रविड़, यहूदी एवं काफिर, हिन्दु एवं मुस्लिम, देवतापूजक एवं ईसाई के बीच का भेद फीका पड़ जाता है। यहां पर हमें क्षण-मात्र को एक ऐसे आदर्शकाल की झलक मिलती है, जहां समस्त पार्थिव धर्म छायारूप होकर केवल एक पूर्ण समय की ओर संकेत करते हैं। एक ही अद्वितीय सत्ता है, जिसे भिन्न-भिन्न नामों से पुकारा जाता है। "पुरोहित और कवि लोग शब्दजाल के द्वारा उस प्रच्छन्न सत्ता को, जो केवल एक ही है, नानात्व का रूप दे देते हैं।"[5] मनुष्य इस व्यापक सत्ता के विषय में अपूर्ण विचार रखने के लिए विवश है। उसकी इच्छाओं की पूर्ति अपर्याप्त विचारों से, 'ऐसी मिथ्या धारणाओं से होती प्रतीत होती है जिनकी हम यहां पूजा करते हैं।' कोई दो मिथ्या धारणाएं एक समान नहीं हो सकतीं, क्योंकि किन्हीं दो मनुष्यों के विचार सदा एक-से नहीं होते। उन संकेतों को लेकर जिनसे हम उस यथार्थ सत्ता की अभिव्यक्ति का प्रयत्न करते हैं, परस्पर कलह करना नितान्त मूर्खतापूर्ण है। परब्रह्म एक और अद्वितीय है, जिसे भिन्न-भिन्न क्षेत्रों में और अन्वेषकों की भी अपनी भिन्न रुचियों के कारण भिन्न-भिन्न नामों से पुकारा जाता है। इस विचार को प्रचलित धर्म के साथ समन्वित करने को एक संकीर्ण विचार-मात्र न समझना

---

1. "एकं सद्विपा बहुधा वदन्ति। अग्निं यमं मातारिश्वानमाहुः" (1 : 164, 46)।
2. वड्सवर्थ, 'प्रिल्यूड' 6। 3. 10 : 129, 2।
4. ऋग्वेद, 10 : 121; 10 : 82, 7; 1 : 167, 5-6।
5. 10 : 114; और भी देखें, यजुर्वेद, 30 : 2, 4; देखें, यास्क का 'निरुक्त' 7 : 5।

चाहिए। यह गम्भीर दार्शनिक सत्य के रूप में दैवीय प्रेरणा का परिणाम है। इज़राइल को यहां दैवीय प्रेरणा मिली थी, "तेरा प्रभु, तेरा ईश्वर एक है।" प्लूटार्क कहता है, "सब राष्ट्रों के ऊपर एक ही सूर्य, एक ही अन्तरिक्ष और भिन्न-भिन्न नामधारी एक ही 'देव' की छाया है।"

"हे ईश्वर ! अत्यन्त यशस्वी, जिसे अनेक नामों से पुकारा जाता है, प्रकृति के महान सम्राट्, अनन्त वर्षों के एकरस, सर्वशक्तिमान, तुम जो अपनी न्यायपूर्ण आज्ञा से सबको नियन्त्रण में रखते हो, ऐसे हे ज़ीयस, हम तुम्हारा स्वागत करते हैं। क्योंकि सब देशों में तुम्हारे प्राणी तुम्हें ही पुकारते हैं।"[1]

ऋग्वेद के इस एकेश्वरवाद के सिद्धान्त के विषय में ड्यूसन लिखता है, "हिन्दू लोग एक एकेश्वरवाद के सिद्धान्त पर एक ऐसी पद्धति द्वारा पहुंचे हैं जो अन्य देशों की पद्धतियों से तत्त्वरूप में बिलकुल भिन्न है। मिस्र देश में एकेश्वरवाद का मार्ग एक अन्य ही प्रकार का अपनाया गया था, अर्थात् नाना प्रकार के स्थानीय देवताओं के यान्त्रिक तादात्म्य की पद्धति अपनाई गई। पैलस्टाइन में अन्य सब देवताओं को ज़प्त कर लिया गया और उनकी पूजा करने वालों पर अपने जातीय देवता जेहोवा के हित में नाना प्रकार के अत्याचार किए गए। भारत में लोगों ने एकेश्वरवाद से भी ऊपर अद्वैतवाद को अपनाया, अधिकतर दार्शनिक मार्ग से पहुंचकर अर्थात् विविधता की गहराई में पहुंचकर उसके अन्तर्निहित एकत्व को अनुभव किया।"[2] मैक्समूलर कहता है, "ऋग्वेदसंहिता के संग्रह ही समाप्ति का चाहे जो भी काल रहा हो, उस काल से पहले इस विचार के विश्वास की जड़ जम गई थी कि एक ही अद्वितीय सत्ता है, जो न पुरुष है और न स्त्री, एक ऐसी सत्ता जो दैहिक एवं मानुषिक प्रकृति की सब अवस्थाओं और बन्धनों से उत्मुक्त और बहुत ऊंची श्रेणी की है किन्तु तो भी वही सत्ता इन्द्र, अग्नि, मातरिश्वा, और यहां तक कि प्रजापति, अर्थात् प्राणिमात्र का स्वामी, आदि विविध नामों से पुकारी जाती है। वस्तुतः वैदिक कवि ईश्वर के ऐसे विचार तक पहुंच चुके थे जिस तक एक बार फिर सिकंदरिया के दार्शनिक भी पहुंचे, किन्तु जो विचार आज तक भी ऐसे अनेक विद्वानों की पहुंच से बाहर हैं जो अपने को ईसाई कहते हैं।"[3]

ऋग्वेद के कुछेक उन्नत विचार वाले सूक्तों में परब्रह्म को उदासीन भाव से पुंल्लिंग और नपुंसकलिंग में सम्बोधन किया गया है। एकेश्वरवाद और अद्वैतवाद के मध्य इस प्रकार की प्रत्यक्ष रूप में प्रकट अस्थिरता ने, जो प्राच्य एवं पाश्चात्य दोनों ही दर्शनों का एक विशिष्ट स्वरूप है, यहां पर सबसे पहले अपने को विचारधारा के इतिहास में अभिव्यक्त किया। उसी अशरीरी, व्यक्तित्वहीन, विशुद्ध, वासनारहित दार्शनिक यथार्थ सत्ता की भावुक व्यक्ति अपने उत्कंठित हृदय से एक करुणामय और परोपकारी देवता के रूप में पूजा एवं उपासना करता रहा। यह अनिवार्य है। धार्मिक चेतना साधारणतः एक संवाद का, दो विभिन्न इच्छाशक्तियों की एकत्र संगति अर्थात् सान्त एवं अनन्त के सम्बन्ध का, रूप धारण कर लेती है। ईश्वर को एक अनन्तपुरुष के रूप में जिसका आधिपत्य सान्त मानव के ऊपर हो, मानकर चलने की प्रवृत्ति पाई जाती है। किन्तु ईश्वर के विषय में इस प्रकार का भाव, जो अन्य कई प्रकार के भावों में से एक है, दर्शनशास्त्र का उच्चतम सत्य नहीं है। कुछ अत्यन्त तार्किक स्वभाव वाले व्यक्तियों को छोड़कर, जो अपने सिद्धान्तों को अन्त तक

1. 'द हाइम आफ क्लेंथीज़'।
2. 'आउटलाइन्स आफ इंडियन फिलासफी', पृष्ठ 13।
3. मैक्समूलर : "सिक्स सिस्टम्स आफ इंडियन फिलासफी,' पृ० 51, 51।

खींचकर ले जाना चाहते हैं, किसी भी धार्मिक सम्प्रदाय का अस्तित्व एक व्यक्तिरूप ईश्वर को स्वीकार किए बिना स्थिर नहीं रह सकता। यहां तक कि एक दार्शनिक से भी जब उच्चतम सत्ता की परिभाषा करने को कहा जाए तो वह भी उसकी परिभाषा के लिए ऐसे ही शब्दों का प्रयोग करता है जो ईश्वर को निचले स्तर पर ले आते हैं। मनुष्य अच्छी तरह से जानता है कि उसकी परिमित शक्तियां सर्वव्यापक आत्मा के सर्वोपरि विस्तार का ठीक-ठीक माप नहीं कर सकतीं। तो भी वह उस नित्य का वर्णन अपने लघु तरीके से करने के लिए विवश है। अपनी सीमित मर्यादाओं में बद्ध रहने के कारण वह आवश्यकतावश उस विस्तृत, भव्य एवं अचिन्त्य उद्‌गम की, और जो सब पदार्थों का शक्तिप्रदाता है उसकी अपूर्ण शक्तियों की कल्पना करता है। वह अपने सन्तोष के लिए अपने आराध्यदेव की प्रतिमाएं बनाता है। ईश्वर का अवताररूप सीमित है किन्तु तो भी ईश्वर के सगुणरूप की ही पूजा की जाती है। ईश्वर का मूर्तरूप आत्म और अनात्म में भेद को आनुषंगिक रूप से स्वीकार कर लेता है। इसलिए उस सत्ता के लिए उपयुक्त नहीं होना चाहिए जिससे यह समस्त दृश्यमान जगत् ओतप्रोत है। व्यक्तित्वरूप ईश्वर केवल एक उपलक्षण-मात्र है, यद्यपि है वह सत्यरूप ईश्वर की सत्ता का ही उपलक्षण। आकृतिविहीन को भी आकृति दे दी गई, व्यक्तित्वहीन को व्यक्तित्व का जामा पहना दिया गया, सर्वव्यापक को एक नियत स्थान दे दिया गया, नित्य सत्ता को भौतिक रूप दे दिया गया। जैसे ही हम परमसत्ता को पूजा के एक भौतिक पदार्थ के रूप में उच्चता से गिरा देते हैं, उसकी परमता में न्यूनता का भाव आ जाता है। सीमित इच्छा वाले के साथ क्रियात्मक सम्बन्ध स्थापित करने के लिए ईश्वर के लिए परम पद से न्यून होना आवश्यक है, परन्तु वह भी यदि परम पद से न्यून है तब वह किसी भी प्रभावशाली धर्म में पूजा के योग्य पदार्थ नहीं रह सकता। यदि ईश्वर पूर्ण है तो धार्मिक सम्प्रदाय असम्भव है, यदि ईश्वर अपूर्ण है तो धर्म प्रभावशून्य है। एक सीमित-परिमित शक्ति वाले ईश्वर को लेकर हमें शान्ति का आनन्द नहीं प्राप्त हो सकता, विजय का आश्वासन नहीं मिल सकता, और न ही विश्व ब्रह्माण्ड के चरम लक्ष्य तक पहुंचने का भरोसा मिल सकता है। सत्य धर्म परब्रह्म की खोज है इसलिए प्रचलित धर्म और प्रदर्शन दोनों की मांग को पूर्ण करने के लिए परम-आत्मा को बिना भेदभाव के पुंल्लिंग और नपुंसक दोनों लिंगों में संबोधन किया गया है, अर्थात् वह अमूर्त है और इसीलिए लिंग के विचार से ऊपर उठा हुआ है। उपनिषदों में ठीक ऐसा ही है। भगवद्‌गीता एवं वेदान्तसूत्रों में भी ऐसा ही है। इस प्रकार के भाव को ईश्वरभाववाद एवं अद्वैतवाद के तत्त्वों के मध्य एक प्रकार का जानबूझकर किया हुआ समझौता अथवा विचारधारा में किसी प्रकार का कपट मानना उचित नहीं है। अद्वैतभाव भी विकसित होकर ऊंची से ऊंची धार्मिक भावना में परिणत हो सकता है। केवल ईश्वर के प्रति प्रार्थना का स्थान उस सर्वोपरि परब्रह्म का ध्यान ले लेता है जो संसार का शासक है, जो प्रेमरूप है और जो जगत् में निभ्रान्त किन्तु मुक्तहस्त होकर प्रेरणा उत्पन्न करता है। मानवीय मानस के पूर्णरूप ब्रह्म के साथ अंशभाव से साम्य होने का भाव उच्चतम धार्मिक भावना को उत्पन्न करता है। ब्रह्म के प्रति इस प्रकार के आदर्श प्रेम से, और उसके सौंदर्य एवं सौजन्य की पुष्कलता के ध्यान से हृदय विश्व ब्रह्मांड के सर्वभौम भावावेशों से आपूरित हो जाता है। यह सत्य है कि इस प्रकार का धर्म ऐसे मनुष्य को जो उस तक न तो पहुंचा हो और न ही जिसने इसकी शक्ति का अभी अनुभव किया हो, अधिकतर रूखा एवं ऊष्माविहीन तथा केवल बौद्धिक प्रतीत होगा, किन्तु तो भी अन्य कोई धर्म दार्शनिक दृष्टि

से अधिक युक्तियुक्त नहीं ठहरता।

समस्त धार्मिक सम्प्रदायों ने, जो पृथ्वी पर आविर्भूत हुए, मानवीय हृदय की मूलभूत आवश्यकता को स्वीकार किया है। मनुष्य अपने ऊपर एक ऐसी शक्ति की सत्ता को स्वीकार करने के लिए जिसके ऊपर वह निर्भर कर सकता है, प्रबल अभिलाषा रखता है, जो उससे कहीं अधिक महान हो और जिसकी वह पूजा कर सके। वैदिक धर्म में भिन्न-भिन्न अवस्थाओं एवं परिस्थितियों के अनुसार कल्पना किए गए देवता मनुष्यों की आवश्यकताओं एवं अभावों के विचार के परिणामस्वरूप, और मनुष्यों के हृदयान्वेषण के परिणामस्वरूप हैं। कभी-कभी मनुष्य को ऐसे देवताओं की आवश्यकता अनुभव हुई जो उसकी प्रार्थना को सुनें और यज्ञ में दी गई उसकी आहुतियों को ग्रहण करें, और इसीलिए ऐसे देवताओं की कल्पना की गई जो इस आवश्यकता को पूर्ण कर सकें। हमें भौतिक देवता मिलते हैं, मानवीय आकृति के देवता मिलते हैं, किन्तु उनमें से एक भी उच्चतम भावना के अनुकूल नहीं जंचता—चाहे कितना ही कोई यह कहकर कि सब उसी परब्रह्म की अभिव्यक्ति-मात्र हैं, मनुष्य के मन को समझाने का प्रयत्न करे। देवताओं की भीड़ में बिखरी हुई किरणें एकत्र हो जाती हैं उस एक नामरहित ब्रह्म के विशाल तेज में, केवल जो मानव-हृदय की बेचैन अभिलाषा को और संशयवादी के संशय को सन्तोष प्रदान कर सकता है, वैदिक प्रगति ने तब तक कहीं बीच में विराम नहीं लिया, जब तक कि वह इस चरम यथार्थ सत्ता तक नहीं पहुंच गई, वैदिक सूक्तों में वर्णित धार्मिक विचार की प्रगति को इस प्रकार से विशिष्ट देवताओं में विभक्त किया जा सकता है, यथा (1) द्यौः, जो प्रकृति-पूजा की पहली श्रेणी का उपलक्षण है; (2) वरुण, जो आधुनिक काल का उच्चतम सदाचारी देवता है; (3) इन्द्र, जो विजय और पराजयकाल का स्वार्थमय देवता है; (4) प्रजापति, जो एकेश्वरवादियों का अभिमत देवता है, और (5) ब्रह्म, जो इन चारों निम्नश्रेणियों का पूर्णरूप है। यह विकास क्रमिक होने के साथ-साथ तर्कसंगत भी है। केवल वैदिक सूक्तों में ही हम उन सबको साथ-साथ एक ही स्थान पर समाविष्ट पाते हैं, जिसमें तार्किक प्रबन्ध अथवा क्रमिक पूर्वापरत का बिलकुल विचार नहीं किया गया। कभी-कभी एक ही सूक्त में उन सबको एक साथ प्रस्तुत किया गया है। इससे केवल यही लक्षित होता है कि जिस समय ऋग्वेद का ग्रन्थ लिखा गया, विचार के वे सब पड़ाव पहले से पार कर चुके थे और जन-साधारण उनमें से कुछ अथवा सभी देवताओं को, बिना उनके पारस्परिक विरोध का विचार मन में लाए, पकड़े बैठे थे।

8. सृष्टि-विज्ञान

वैदिक विचारक जगत् के उद्गम एवं स्वरूप सम्बन्धी दार्शनिक समस्याओं की ओर से उदासीन नहीं थे। प्रत्येक परिवर्तनशील पदार्थ के आदिम आधार की खोज में उन्होंने प्राचीन यूनानी विद्वानों के समान जल, वायु आदि को ही मौलिक तत्त्व के रूप में माना, जिनके परस्पर एकत्र होने से इस नानाविध जगत् की उत्पति हुई। कहा गया है कि जल की अवस्था से उन्नत होकर इस जगत् का विकास समय, संवत्सर अथवा वर्ष, इच्छा या काम, एवं बुद्धिरूप पुरुष तथा तप की ऊष्मा की शक्तियों द्वारा हुआ।[1] कहीं-कहीं स्वयं जल की उत्पत्ति रात्रि रूपी अन्धकार अथवा अविश्रृंखलता की अवस्था एवं तमस् अथवा वायु से हुई बताई गई है।[2] ऋग्वेद के मण्डल 10 सूक्त 72 में संसार के प्रारम्भिक आधार का असत् अथवा

1. 10 : 190। 2. 10 : 168।

अविद्यमान रूप में वर्णन किया गया है, जिसके साथ अदिति का, जो असीम है, तादात्म्य बताया गया है, अर्थात् वह भी असत् रूप में था। असीम से विश्वशक्ति उदित होती है यद्यपि कभी-कभी विश्वशक्ति का स्वयं असीम उत्पत्ति स्थान करके वर्णन किया गया है।[1] इस प्रकार की कल्पनाएं शीघ्र अभौतिक सत्ता के साथ सम्बद्ध हो गईं और इस प्रकार की भौतिक-विज्ञान ने धर्म के साथ गठबन्धन करके अध्यात्मविद्या को जन्म दिया।

बहुदेववाद के काल में भिन्न-भिन्न देवताओं, यथा वरुण, इन्द्र, अग्नि, विश्वकर्मा आदि, को विश्व का रचयिता समझा जाता था।[2] सृष्टि के निर्माण की विधि के विषय में नाना प्रकार की कल्पनाएं की गई हैं। एक मत है कि कुछ देवताओं ने सृष्टि को इसी प्रकार से बनाया जैसे कि एक बढ़ई किसी मकान को बनाता है। प्रश्न उत्पन्न होता है कि वह वृक्ष या काष्ठ, जिससे कार्य-सम्पादन हो सका, कहां से मिला।[3] आगे चलकर इसका उत्तर यह दिया गया है कि ब्रह्म ही वह वृक्ष और काष्ठ है जिससे द्युलोक एवं पृथ्वी का निर्माण किया गया।[4] स्थान-स्थान पर कभी-कभी अंगों का विकास भी उपलक्षित किया गया है।[5] कहीं-कहीं पर देवताओं ने यज्ञ की शक्ति के द्वारा सृष्टि का निर्माण किया, ऐसा भी कहा गया है। इस मत का समावेश वैदिक विचारधारा में पीछे चलकर हुआ। जब हम एकेश्वरवाद के स्तर पर पहुंचते हैं तो प्रश्न उठता है कि क्या ईश्वर ने सृष्टि को अपने निजी स्वभाव से किसी पूर्व-स्थित सामग्री के बिना बनाया, अथवा अपनी शक्ति से पूर्व-स्थित अनादि प्रकृति को साधन के रूप में बरतकर उससे सृष्टि का निर्माण किया? इनमें से पहला पक्ष हमें उच्चतर अद्वैतपरक विचार की ओर ले जाता है और दूसरा एकेश्वरवादपरक निम्नतर स्तर पर रहता है। वैदिक सूक्तों में दोनों ही प्रकार के मत पाए जाते हैं। दसवें मण्डल के 121वें सूक्त में एक सर्वशक्तिमान ईश्वर के द्वारा पूर्वस्थित प्रकृतिरूपी उपादान कारण से सृष्टि की रचना का वर्णन है। प्रारम्भ में विस्तृत जल में से हिरण्यगर्भ उदित हुआ जो विश्व में व्याप्त हो गया। उसने एक आकृतिविहीन और अस्तव्यस्तत अवस्था में से इस सुन्दर विश्व का निर्माण किया, क्योंकि प्रारम्भ में वही अस्तव्यस्त अवस्था थी।[6] किन्तु प्रश्न उठता है--उस अस्त-व्यस्त अवस्था में से हिरण्यगर्भ कैसे और कहां से पैदा हो गया ? वह कौन-सी अज्ञात शक्ति अथवा विकास का नियम था जिसका परिणाम हिरण्यगर्भ की उत्पत्ति के रूप में हुआ ? प्रारम्भिक जलावस्था का रचयिता कौन है ? मनु, हरिवंश एवं पुराणों के अनुसार ईश्वर ही उस अस्तव्यस्त अवस्था का भी स्रष्टा था। उसने अपनी इच्छाशक्ति से उनकी रचना की और उसमें बीज डाला, जो स्वर्णिम अंकुर के रूप में प्रस्फुटित हुआ; उसमें वह ब्रह्मा अथवा संसार के स्रष्टाईश्वर के रूप में उत्पन्न हुआ। "मैं ही हरिण्यगर्भ हूं, स्वयं परमात्मा जो हिरण्यगर्भ के रूप में अपने को अभिव्यक्त करता हूं।"[7] इस प्रकार ऐसा प्रतीत होता है कि अनादिकाल से सहचारी भाव से दो पदार्थ एक ही चरम आधारभूत सत्ता के विकसित रूप हैं। यह एक परवर्ती सूक्त में वर्णित सिद्धान्त है जिसे नासदीयसूक्त कहते हैं और जिसका अनुवाद

1. 10 : 72, 3।
2. 7 : 86; 3 : 32, 80; 10 : 81, 2; 10 : 72, 2; 10 : 121, 1।
3. 10 : 31, 7; तुलना कीजिए, 10 : 81 4,।
4. देखिए, तैत्तिरीय ब्राह्मण।
5. 10 : 123, 1।
6. तुलना कीजिए, मनु 1 : 5, 8; मैत्रेयोपनिषद्, 5, 2।
7. मनु, 5 : 9।

मैक्समूलर ने निम्न प्रकार से किया है :

उस समय न तो सत् था और न असत् ही। आकाश भी विद्यमान नहीं था और न ही उससे ऊपर का अन्तरिक्ष था। किसने इसे आवृत कर रखा था ? वह कहां था और किसके आश्रय में रहता था ? क्या वह आदिमकालीन गहन और गम्भीर जल था (जिसमें यह सब स्थित था) ? मृत्यु भी नहीं थी, इसलिए अमरता की भावना भी नहीं थी। रात और दिन में भेद करने वाला प्रकाश भी नहीं था। वह एक ही उस समय बिना श्वास-प्रश्वास की क्रिया के जीवित रहने वाला ब्रह्म विद्यमान था। उसके अतिरिक्त और कुछ नहीं था। उस समय अन्धकार था, प्रारम्भ में यह सब एक अर्णव समुद्र के रूप में था; प्रकाश-रहित; एक ऐसा अंकुर जो त्विष (भूसी) से ढका हुआ था; उस एक की उत्पत्ति उष्मा (तप) की शक्ति से हुई। प्रारम्भ में प्रेम ने उसे आविर्भूत किया जो मानस से उत्पन्न हुआ बीज था, कवियों ने अपने हृदय में खोज करने के पश्चात् बुद्धि द्वारा असत् के साथ सत् के बन्धन का पता लगाया। उनकी किरण जो सर्वत्र फैली हुई थी, वह ऊपर थी अथवा नीचे थी ? बीज को धारण करने वाले थे, शक्तियां भी थीं, आत्मशक्ति नीचे और इच्छाशक्ति ऊपर थी। तब फिर ज्ञाता कौन है, किसने इसकी यहां घोषणा की, किससे यह सृष्टि उत्पन्न हुई ? देव लोग इस सृष्टि की उत्पत्ति के पीछे आए। तब फिर कौन जानता है कि सृष्टि कहां से हुई ? जिससे इस सृष्टि का प्रादुर्भाव हुआ, उसने इसे बनाया या नहीं बनाया, ऊंचे से ऊंचे अन्तरिक्षलोक में ऊंचे से ऊंचा देखने वाला, वही यथार्थ रूप से जानता है अथवा क्या वह भी नहीं जानता ?[1]

उक्त सूक्त में सृष्टि की उत्पत्ति के विषय का एक अत्यन्त उन्नत सिद्धान्त पाया जाता है। प्रारम्भ में न तो सत् था और न ही असत्। सत् भी उस समय अपने अभिव्यक्त रूप में नहीं था। केवल इसीलिए हम उसे असत् नहीं कह सकते, क्योंकि वह एक निश्चित सत्ता है जिससे सब सत् पदार्थ आविर्भूत हुए। पहली पंक्ति में हमारे सिद्धान्तों की अपूर्णता प्रदर्शित की गई है। परम सत्ता को, जो समस्त विश्व की पृष्ठभूमि में है, हम सत् अथवा असत् किसी भी रूप में ठीक-ठीक नहीं जान सकते। वह ऐसी सत्ता है जो अपने ही सामर्थ्य से बिना श्वास-प्रश्वास की क्रिया के जीवित है।[2] उसके अतिरिक्त और कोई वस्तु उसके परे नहीं थी। इन सबका आदिकारण समस्त विश्व से प्राचीन है, जो सूर्य, चन्द्रमा, आकाश और नक्षत्रों से युक्त है। यह काल की, देश की, आयु, मृत्यु और अमरता आदि सबकी पहुंच के बाहर और उनसे परे है। हम इसकी ठीक-ठीक व्याख्या नहीं कर सकते, सिवाय इसके कि यह अस्तित्व रखती है। उस सत्स्वरूप के आदिम और अनिर्वचनीय रूप की यही प्रारम्भिक और मूलभूत भूमिका है। उस परम चेतना के अन्दर सबसे पहले स्वीकृतिसूचक अहं का भाव आता है। यह तर्कशास्त्र के तादात्म्य के सिद्धान्त, अर्थात् 'क' 'क' है, से मेल खाता है, जिसकी प्रामाणिकता पूर्वकल्पना कर लेती है कि आत्मा की यथार्थ सत्ता है। ठीक उसके साथ ही हमें अनात्म की भी कल्पना करना आवश्यक है, जिससे साथ-साथ इस अहं का भेद समझा

1. 10 : 129; और भी देखें, 'सिक्स सिस्टम्स आफ इंडियन फिलासफी' पृ० 65, 65। देखें शतपथ ब्राह्मण, 10 : 5, 3, 1।
2. तुलना कीजिए, अरस्तू के 'अविचल चालक' से।

जा सके। आत्मा की प्रतिद्वन्द्विता में अनात्म भी स्वयं आता है, उसी प्रकार जिस प्रकार 'क' 'ख' नहीं है। अहं तब केवल एक निरर्थक अमूर्तरूप उक्ति रह जायगा जबकि अहं से भिन्न कोई ऐसी दूसरी वस्तु भी न हो जिसकी चेतना अहं को होनी चाहिए। यदि ऐसा पदार्थ आत्मा से इतर नहीं है तो अहं की सत्ता का भी कोई अर्थ नहीं। अहं से अहंभिन्न उपलक्षित होता है, जोकि अहं की सत्ता के लिए आवश्यक शर्त है। अहं के विरोध में अनहं की विरोधी कल्पना ही प्रारम्भिक अर्थान्तरन्यास है और परम सत्ता से इस प्रकार के सांकेतिक विकास को ही तपस् कहा गया है। तपस् का अर्थ है--बाहर निकल पड़ना, तात्कालिक बाह्य निष्कासन, एक अन्य सत्ता को बाहर प्रकट करना, शक्तियुक्त प्रेरणा, परम सत्ता का स्वाभाविक अन्तस्थ धार्मिक जोश। इस तपस् के द्वारा ही हमारे सामने सत् और असत् दो विविध वस्तुएं आती हैं, अर्थात् अहं और अहंभिन्न, सक्रिय पुरुष, और निष्क्रिय प्रकृति, रचनात्मक तत्त्व और अव्यवस्था में स्थित भौतिक प्रकृति। शेष सार विकास इन्हीं दोनों परस्पर-विरोधी तत्त्वों के एक-दूसरे के प्रति आघात-प्रत्याघात रूपी क्रिया का परिणाम है। उक्त सूक्त के अनुसार इच्छा में ही सृष्टि के निर्माण का रहस्य छिपा है। इच्छा, अथवा काम, आत्मचेतना का लक्षण है, जो मानस का बीज है--'मनसो रेतः'। समस्त विकास की यही आधारभित्ति है, उन्नति के लिए प्रेरणा है। अनात्म की उपस्थिति के कारण आत्म-चेतनावान अहं के अन्दर इच्छाएं विकास प्राप्त करती हैं। इच्छा विचार से बढ़कर है।[1] यह बौद्धिक प्रेरणा, अभाव के ज्ञान एवं सक्रिय प्रयत्न की द्योतक है। यही वह बन्धन है जिससे सत् और असत् का सम्पर्क सम्भव होता है। वह अजन्मा नित्यसत्ता आत्मचेतन रूपी ब्रह्म के रूप में अभिव्यक्त होकर हमारे सामने आती है, जिसके साथ प्रकृति, अन्धकार, असत्, शून्य और विश्रृंखलावस्था है, जो इसके विरोधी हैं। इच्छाशक्ति इस स्वयंचेतन पुरुष को अनिवार्य स्वरूप है। अन्तिम वाक्य 'को वेद ?' (कौन जानता है ?) सृष्टि के रहस्य का प्रकट करता है, जिसे परवर्ती काल के विचारकों ने माया कहा है।

ऐसे सूक्त हैं जिनका अन्त दो तत्त्वों, पुरुष एवं प्रकृति, के साथ होता है। दशम मण्डल के 82, 5-6 सूक्तों में जो सूक्त विश्वकर्मा को सम्बोधन करके लिखा गया है, उसमें मिलता है कि समुद्र के जलों ने सबसे प्रथम आद्यकालीन बीज को धारण किया। यह आदिम बीज संसार के उत्पादक अण्डे के रूप में अव्यवस्था के आदिकालीन जलों के ऊपर तैरता था और यही जंगम विश्व का आदितत्त्व है। इसी में से विश्वकर्मा, जो विश्व में सबसे पूर्व उत्पन्न हुआ, प्रादुर्भूत हुआ। यहां वर्णित जल वही है जिसे यूनानी विद्वानों ने सृष्टि के पूर्व की विश्रृंखलता कहा है और जिसे बाइबिल के प्रथम अध्याय 'जेनेसिस' में 'आकार-विहीन एवं शून्य' कहा गया है, जिसके ऊपर असीम की इच्छा का आधिपत्य था।[2] इच्छा, काम, स्वयंचेतना, मानस, वाक् अथवा शब्द, ये सब उस अनन्त बुद्धि के गुण हैं, जो अवतारस्वरूप ईश्वर के रूप में समुद्र पर विचारमग्न है, और जिसे नारायण कहा गया है और जो अनन्तशय्या पर विश्राम करता है। यह जेनेसिस का ईश्वर है, जो कहता है, "सृष्टि हो जाए

---

1. यह ध्यान देने योग्य विषय है कि ग्रीक पुराणग्रन्थों ने काम के देवता ईरोस को, जो काम का समानान्तर है, विश्व की सृष्टि के साथ जोड़ा है। प्लेटो अपने 'सिम्पोज़ियम' में कहता है, "ईरोस के कोई माता-पिता नहीं थे, न ही कोई अशिक्षित व्यक्ति अथवा कोई कवि उसके माता-पिता का वर्णन करता है।..." अरस्तू के अनुसार ईश्वर इच्छावश गति करता है।
2. इसकी तुलना 'जेनेसिस' में दिए गए वृत्तान्त से कीजिए : "समुद्र के ऊपर अन्धकार था और ईश्वर की आत्मा समुद्र के ऊपर गतिमान थी।" (जेनेसिस 1 : 2); और भी देखें, ऋग्वेद, 10 : 121; 10 : 72।

और सृष्टि हो गई।" "उसने विचार किया कि मैं संसार की रचना करूंगा तब उसने इन विविध प्रकार के संसारों, जल, प्रकाश आदि को रचा।" किन्तु नासदीय सूक्त द्वैतपरक आध्यात्मिक ज्ञान का उल्लंघन करके उच्च श्रेणी के द्वैतवाद को अपनाता है। यह प्रकृति और आत्मा दोनों को एक परम सत्ता के ही दो रूप बतलाता है। परम सत्ता अपने-आप में न तो अहं है और न अहं का अभाव है, न तो अहं की प्रकृति की स्वयंचेतना है और न ही अहं के अभाव के नमूने की अचेतना है। यह दोनों से ऊंची श्रेणी की सत्ता है। यह श्रेष्ठतर चेतना है। विरोध का विकास स्वयं इसी के अन्दर हुआ है। उक्त हिसाब से आधुनिक परिभाषा में सृष्टि की उत्पत्ति की श्रेणियां इस प्रकार हैं : (1) उच्चतम परमार्थ सत्ता ; (2) केवल स्वयंचेतना, अर्थात् मैं मैं हूं ; (3) स्वयंचेतना की सीमा दूसरे के रूप में। इसका तात्पर्य यह नहीं है कि कोई एक विशेष लक्ष्यबिन्दु ऐसा है जब कि परमसत्ता गति प्रारम्भ करती है। ये श्रेणियां केवल तार्किक दृष्टि से, किन्तु ऐतिहासिक कालक्रम से नहीं, एक के पीछे एक आने वाली हैं। 'अहं' अहं के अभाव की कल्पना का कारण बनता है, इसलिए उससे पूर्व नहीं हो सकता। इसी प्रकार अहं का अभाव भी अहं के पहले नहीं आ सकता और न परम सत्ता ही बिना तपस् के सदा रह सकती है। कालरहित पूर्ण सदा श्रृंखलाबद्ध सत्ताओं में प्रकट होता रहता है और यह क्रम तब तक चलता रहता है जब तक कि आत्मा अपने को पुनः प्रकट नहीं करती—नितान्त रूप में नानाविध अनुभवों में जो कभी आने वाली नहीं है। इस प्रकार संसार सदा बेचैन रहता है। यह सूक्त हमें सृष्टि के निर्माण की विधि को तो बतलाता है; किन्तु कहां से यह बनी, इसका समाधान नहीं करता। यह सृष्टि रूपी घटना की व्याख्या-मात्र करता है।[1]

हम स्पष्ट देख सकते हैं कि ऋग्वेद के सूक्त में जगत् के मिथ्या होने के विचार का कोई आधार नहीं है। संसार एक प्रयोजनशून्य मृगमरीचिका नहीं है, बल्कि ईश्वर का ठीक विकासरूप है। जहां कहीं माया शब्द आया है वह केवल उसके सामर्थ्य एवं शक्ति का द्योतक है। "इन्द्र अपनी माया से शीघ्र-शीघ्र नानारूप धारण करता है।"[2] तो भी कभी-कभी माया और इससे निकले हुए मायिन्, मायावन्त आदि शब्दों का व्यवहार राक्षसों की इच्छा को प्रकट करता है।[3] और माया शब्द का प्रयोग भ्रमजल एवं प्रदर्शन के अर्थ में भी होता है।[4] ऋग्वेद की मुख्य प्रवृत्ति एक सीधा-सादा सरल यथार्थवाद है। बाद के भारतीय विचारकों ने पांच मूल तत्त्वों या महाभूतों का प्रभेद किया है—आकाश, वायु, अग्नि, जल और पृथ्वी। परन्तु ऋग्वेद केवल एक, जल की ही परिकल्पना करता है। यही आदिमहाभूत है, जिससे धीरे-धीरे दूसरे तत्त्वों का विकास हुआ है।

यह सोचना अयुक्ति युक्त होगा कि ऊपर जिस सूक्त की हमने विवेचना की है उसके अनुसार, प्रारम्भ में 'असत्' था जिससे सत्ता का प्रादुर्भाव हुआ। प्रारम्भिक अवस्था नितान्त असत् की नहीं है क्योंकि इस सूक्त में एक ऐसी सत्ता की यथार्थता को जो बिना श्वासोच्छ्वास-प्रणाली के भी जीवित है, स्वीकार किया गया है। यह उनका एक तरीका है

1. तुलना कीजिए, इसकी 'डेम्यूर्ज' से, जिसका प्रयोग प्लेटो ने अपने 'टाइमियस' में किया है। रचनात्मक कल्पना के भाव को, जिसे ई० डगलस फॉसट ने अपनी दो पुस्तकों 'द वर्ल्ड ऐज़ इमेजिनेशन' और 'डिवाइन इमेजिनिंग' में दिखाया है, तुलनात्मक दृष्टि से देखना चाहिए।
2. 6 : 47, 18।
3. 5 : 2, 9;6 : 61, 3; 1 : 32, 4; 7 : 49, 4; 7 : 98, 5।
4. 10 : 54, 2।

जिससे वे परमयथार्थ सत्ता का वर्णन करते हैं, और जो समस्त विश्व की सत्ता का तार्किक आधार है। सत् और असत् अन्योन्याश्रित पारिभाषिक शब्द हैं और उस महान एक के लिए प्रयुक्त नहीं किए जा सकते जो सब प्रकार के विरोधों से परे है। असत् का अर्थ केवल यही है कि जो इस समय हमारे दृष्टिपथ में विद्यमान है उसकी उस समय प्रकटरूप में सत्ता नहीं थी। मण्डल 10 की 72वीं ऋचा में कहा गया है कि "सत्तावान असत् स्वरूप से प्रकट हुआ।" यहां भी इसका अर्थ यह नहीं है कि सत् असत् के अन्दर से आता है। इसका तात्पर्य केवल यही है कि प्रकट सत् अस्पष्ट असत् के प्रादुर्भूत होता है। इसलिए हम इस विचार से सहमत नहीं हो सकते कि "यह ऋचा भौतिक दर्शन का प्रारम्भिक रूप है जो आगे चलकर सांख्यदर्शन के रूप में विकसित हो गई है।"[1]

सृष्टि की रचना कभी-कभी एक आदिपदार्थ से हुई भी कही जाती है; पुरुषसूक्त[2] में हम देखते हैं कि देवतागण सृष्टि के साधक-मात्र हैं जबकि वह सामग्री जिससे संसार उत्पन्न हुआ, परमपुरुष का शरीर है। सृष्टिरचनारूप कर्म को एक प्रकार का यज्ञ बताया गया है जिसमें पुरुष बलि का पशु है। "यह सब भूत और भविष्यत् जगत् पुरुष ही है।"[3] ईश्वर के मानवीयकरण को ज्यों ही एक बार आश्रय दिया तो उसको फिर किसी सीमा के अन्दर बांधकर नहीं रखा जा सकता, और एक भारतीय की कल्पनाशक्ति उसके ईश्वर की महानता को बड़ी-बड़ी आकृतियों में परिणत कर देती है। कविहृदय विस्तृत छन्दात्मक मन्त्रों की रचना करके संसार और ईश्वर दोनों के एकत्व को अपील करता है। यह सूक्त एक परम सत्ता से विश्व की रचना के सिद्धान्त के साथ, जिसका ऊपर वर्णन किया गया है, असंगति नहीं रखता। समस्त जगत् इसके अनुसार भी परम सत्ता के अपने को विषयी एवं विषय के रूप में, अर्थात् पुरुष और प्रकृति के रूप में, विलोपन करने के ही कारण बना है। इस विचार को केवल एक अपरिमार्जित अलंकार के रूप में रखा गया है। सर्वोपरि महान सत्ता क्रियाशील पुरुष का रूप धारण कर लेती है, क्योंकि कहा गया है कि "पुरुष से विराट उत्पन्न हुआ विराट से फिर पुरुष।" इस प्रकार से पुरुष जनक भी है और जन्य भी। वह परम सत्ता के रूप में भी है और स्वयंचेतन अहं भी है।

9. धर्म

हमने देखा है कि किस प्रकार भौतिक घटनाओं ने शुरू शुरू में मनुष्य के ध्यान को आकर्षित किया, और उनका मानवीयकरण किया गया। प्राकृतिक घटनाओं को देवताओं का रूप देने का हानिकारक प्रभाव धार्मिक विचारों और धार्मिक प्रक्रियाओं के ऊपर भी हुआ। संसार ऐसे देवतारूपी पुरुषों से भर गया जिनमें मनुष्यों की भांति न्याय करने का भाव था और जो घृणा अथवा प्रेम के मानवीय गुणों से प्रभावित भी हो सकते थे। बहुत-से देवताओं का पर्याप्त मात्रा में मानवीयकरण भी नहीं हुआ और इसलिए वे आसानी से उक्त स्थिति से गिरकर प्राकृतिक रूप में वापस चले गए। उदाहरण के लिए, इन्द्र जिसका जन्म समुद्र और

---

1. देखें, मैक्डॉनल : 'वेदिक रीडर' पृ. 207। ऐसे भी वैदिक विद्वान् हैं जिन्होंने सत् और असत् को प्राथमिक तत्त्वरूप में मान लिया है। (10 : 129, 1; 10 : 72, 2), जहां तक आनुभविक जगत् का सम्बन्ध है। और इन्होंने ही अर्वाचीन सत्कार्यवाद–कार्य का कारण के अन्दर उपस्थित होना–और असत्कार्यवाद–कार्य का कारण के अन्दर अनुपस्थित रहना–को जन्म दिया।

2. 10 : 90।

3. 10 : 90, 2।

मेघ से है, कभी-कभी द्युलोक से वज्र-ध्वनि के साथ, बिजली की कड़क के साथ, नीचे उतर आता है। वैदिक देवता, जैसा कि ब्लूमफील्ड ने कहा है, "पकड़े गए व्यक्तित्व' का प्रतिनिधित्व करते हैं। किन्तु मानवाकृतिधारी देवता भी असंस्कृतरूप में ही देहधारी हैं। उनके हाथों और पांवों की कल्पना भी मनुष्यों की सी की गई है। उन्हें शारीरिक आकृति प्रदान की गई है। जिस प्रकार का द्वन्द्व मानवीय हृदय में मनोभावों में होता है, वैसा ही द्वन्द्व उनके अन्दर भी मिलता है। गौरवर्ण त्वचा की चमक-दमक भी मानव-जाति के समान है और एक लम्बी दाढ़ी से चेहरे की भव्यता भी मिलती है। वे परस्पर युद्ध भी करते हैं, प्रीतिभोज भी करते हैं, मद्य भी पीते हैं एवं नृत्य भी करते हैं, खाते हैं और प्रसन्न होते हैं। उनमें से कुछ को संस्कारों में 'पुरोहित' का पद भी प्रदान किया जाता है, जैसे अग्नि और बृहस्पति को। कुछ अन्य इन्द्र एवं मरुद्गण के समान योद्धा भी हैं। उनका भोजन भी वही है जो मनुष्यों को प्रिय है, अर्थात् दूध और मक्खन, घी और अनाज। उनका प्रिय पेय सोमरस है। मानवीय स्वभाव की दुर्बलताएं भी उनमें पाई जाती हैं और उन्हें चाटुकारिता से सुगमता से प्रसन्न भी किया जा सकता है। कभी-कभी वे इतनी स्वार्थपरक मूर्खता का भी प्रदर्शन करते हैं, और हमें क्या देना चाहिए इस विषय में बहस करने लगते हैं। "इस काम को मैं करूंगा; अमुक कर्म को नहीं करूंगा; मैं अमुक को गाय दूंगा अथवा क्या उसे अश्व दूं ? मुझे ख्याल नहीं कि अमुक से मुझे सोम मिला था या नहीं।"[1] उनकी दृष्टि में सच्ची प्रार्थना की अपेक्षा एक प्रचुर आहुति अत्यधिक महत्त्व की है। आदान-प्रदान का सीधा-सादा कानून देवताओं एवं मनुष्यों को एक समान परस्पर सम्बद्ध रखता है यद्यपि परवर्तीकाल के ब्राह्मणग्रन्थों में उनके आदान-प्रदान-सम्बन्धी सम्बन्धों को पूर्णता देने का कार्य अभी दूर था।

"प्रकृतिधर्म का मानवीयकरण आवश्यक रूप से उन्हें अनिष्टकारी भी बना देना है। आंधी-तूफान की पूजा करने में कोई बड़ी नैतिक हानि नहीं है, यद्यपि बिजली अच्छे-बुरे सब पर बिना भेदभाव के प्रहार करती है। इस विषय में बहाना करने की आवश्यकता नहीं है कि बिजली एक बुद्धिपूर्ण और धार्मिक चुनाव भी कर सकती है, किन्तु ज्यों ही एक बार आप ऐसे एक अर्धमानुष देवता की पूजा करने लगते हैं जो बिजली गिराता है, आप एक प्रकार के उभयसंभव तर्क को जन्म देते हैं। या तो आपको यह स्वीकार करना पड़ेगा कि आप एक ऐसी सत्ता की पूजा एवं उसकी चापलूसी कर रहे हैं जिसे कुछ भी नैतिक ज्ञान नहीं है क्योंकि वह भयंकर है; अन्यथा आपको ऐसे कारण गढ़ने पड़ेंगे जिनसे उसके ऐसे व्यक्तियों के प्रति क्रोध की व्याख्या हो सके जिन पर वह प्रहार करती है। और ऐसे कारण निश्चय ही अनुचित होंगे। ईश्वर को यदि मानवीय रूप में माना जाएगा तो वह अवश्य अस्थिरमन व क्रूर होगा।"[2] इस प्रकार के मत को स्वीकार करने वाली भौतिक शक्तियों की वैदिक पूजा ईमानदारी से परे है और केवल उपभोगितावादी है। हम ऐसे देवताओं से डरते हैं जो हमें नुकसान पहुंचा सकते हैं, और उन्हें आदर की दृष्टि से देखते हैं जो हमें हमारे दैनिक जीवन में सहायता देते हैं। हम इन्द्र से प्रार्थना करते हैं कि वह वर्षा करे, और साथ-साथ यह भी याचना करते हैं कि वह तूफान को दूर रखे। सूर्य से प्रार्थना की जाती है कि हल्की उष्णता दे और यह कि झुलसाने वाली गर्मी को दूर रखे जिससे सूखा या दुर्भिक्ष न पड़ने पाए। देवता भौतिक समृद्धि के भी उद्गम बनते हैं, और सांसारिक पदार्थों के लिए प्रार्थनाएं प्रायः ही

1. ओल्डनबर्ग, 'एंशिएंट इंडिया', पृ० 71।
2. गिल्बर्ट मरे : 'फोर स्टेजेज़ आफ ग्रीक रिलिजन', पृ० 88।

सामान्य रूप से पाई जाती हैं। और चूंकि कर्मों और गुणों का विभाग भिन्न है, हम खास-खास देवताओं से खास-खास पदार्थों की प्राप्ति के लिए प्रार्थना करते हैं।[1] देवताओं की स्तुति एक ही प्रकार की और सरल है।[2] देवताओं को साधुवृत्त मानने की अपेक्षा अधिकतर शक्तिशाली के रूप में सदाचारी होने की अपेक्षा सामर्थ्यवान के रूप में माना गया है। इस प्रकार का धर्म मनुष्यों की नैतिकता-सम्बन्धी उच्च आकांक्षाओं के लिए सन्तोषप्रद नहीं हो सकता। यह वैदिक आर्य के प्रबल नैतिक भाव को दर्शाता है कि उपयोगितावादी पूजा की प्रचलित प्रवृत्ति के विद्यमान रहते हुए भी वह सामान्यरूप से देवताओं को साधुवृत्त मानता है, जिनका झुकाव सज्जनों की सहायता करने एवं दुर्जनों को दण्ड देने की ओर है। मनुष्य की उच्चतम धार्मिक महत्त्वाकांक्षा अपने को परमब्रह्म के साथ संयुक्त करने की है, यह स्पष्ट प्रतीत होता है।[3] अनेक देवताओं का अस्तित्व अपने भक्तों को परमब्रह्म तक पहुंचाने में एक प्रकार से सहायक ही था।[4]

यज्ञों का प्रचार होना अनिवार्य था। क्योंकि ईश्वर के प्रति प्रेम की गहराई इसी में निहित है कि उपासक अपने सर्वस्व और सम्पत्ति को ब्रह्म को अर्पित कर दे। हम प्रार्थना एवं समर्पण करते हैं। जिस समय यज्ञात्मक समर्पण केवल औपचारिक रूप में थे, तब भी भावना को ही अधिक महत्त्व दिया जाता था और यज्ञ के वास्तविक स्वरूप पर ही बल दिया जाता था। "इन्द्र के प्रति भावपूर्ण वाणी बोलो, जो घी या मधु से अधिक मधुर है।"[5] प्रत्येक संस्कार में श्रद्धा का भाव आवश्यक है।[6] वरुण ऐसा देवता है जोकि मानवीय हृदय के गूह्यतम भागों में प्रवेश करके अन्तर्निहित प्रेरक भाव का पता लगाता है। धीरे-धीरे देवताओं को मानवीय, और आवश्यकता से अधिक मानवीय, रूप दे देने के कारण उन्होंने सोचा कि ईश्वर के हृदय में स्थान पाने के लिए पूर्ण भोजन अर्पण करना सबसे उत्तम मांर्ग है।[7]

मनुष्य बलि के प्रश्न पर बहुत वाद-विवाद हो चुका है। शुनश्शेप[8] का आख्यान यह नहीं लक्षित करता है कि मनुष्य बलि की आज्ञा अथवा उसका प्रोत्साहन वेदों में पाया जाता है। हम अश्वमेध[9] के विषय में भी सुनते हैं। किन्तु इन सबके विरोध में उस समय में भी घोर प्रतिवाद सुना जाता था। सामवेद कहता है, "हे देवताओं ! हम यज्ञ सम्बन्धी किसी खम्भे का प्रयोग नहीं करते, हम किसी की हिंसा नहीं करते, हम केवल पवित्र मन्त्रों का बारम्बार उच्चारण करके पूजा करते हैं।"[10] इस विद्रोह की आवाज़ को उपनिषदों ने अपनाया

1. 10 : 47, 1; 4 : 32, 4;2 : 1;2 : 6;7 : 59;7 : 24, 6;7 : 67, 16।
2. 10 : 42, 4।
3. ऋग्वेद, 10 : 88, 15; 1 : 125, 5; 10 : 107, 2।
4. 1 : 24, 1।
5. 2 : 24, 20;6 : 15, 47।
6. 1 : 55, 5; 1 : 133, 5;1 : 104, 67।
7. "होमर में अनुष्ठान की विधि सरल और एक समान है। इसमें प्रार्थना के साथ-साथ अनाज के कण बिखेर दिए जाते हैं और उसके बाद जले हुए प्राणी की आहुति दी जाती है। मांस के एक भाग को पुजारी चखते हैं और तब उसे आग में डालकर देवताओं को अर्पित किया जाता है। शेष भाग प्रीतिभोज की भांति खूब मदिरा के साथ खाया जाता है।" (हरीसन : 'स्टेजेज आफ ग्रेसियन लाइफ' पृ० 87-88।) अग्नि भारत में मुख्य रूप से यज्ञों का देवता है। प्राचीन ग्रीस देश में भी यह इसी प्रकार से मानी गई है। अग्नि पृथ्वीलोक से आहुतियों को अन्तरिक्षलोक के देवताओं तक पहुंचाती है। इन सब विषयों में विशेषरूप से भारतीय कुछ नहीं है।
8. ऋग्वेद, 1 : 6, 24।
9. ऋग्वेद, मंडल 2, 3, 6,7।
10. मंडल 1; मण्डल 2 : 9, 2।

और बौद्ध एवं जैन सम्प्रदायों ने इसे आगे बढ़ाया।

यज्ञ वैदिक धर्म की दूसरी श्रेणी है। प्रथम श्रेणी में केवल सरल प्रार्थना का ही विधान था। पाराशरस्मृति के अनुसार हमारे यहां 'कृतयुग में समाधि का, त्रेतायुग में यज्ञों का, द्वापर में पूजा का और कलियुग में स्तुति एवं प्रार्थना का' विधान है। यह मत विष्णुपुराण के मत के साथ पूर्णरूप से मिलता है जहां कहा गया है कि यज्ञसम्बन्धी नियमों का निर्माण त्रेतायुग में हुआ।[1] हम यहां युगों के विभाग के विषय में भले ही सहमत न हो सकें, किन्तु धार्मिक प्रक्रियाओं की प्रगति समाधि से यज्ञ की ओर, यज्ञ से पूजा की ओर, और पूजा से स्तुति एवं प्रार्थना की ओर यथार्थ घटनाओं के ऊपर अवश्य आधारित है।

वैदिक धर्म मूर्तिपूजक धर्म नहीं प्रतीत होता। उस समय देवताओं के मन्दिर नहीं थे। मनुष्य बिना किसी दूसरे की मध्यस्थता के देवताओं से सीधा सम्बन्ध रखते थे। देवताओं को अपने उपासकों का मित्र समझा जाता था। 'द्यौस्पिता', 'भूमि मांता', 'अग्नि भ्राता'—ये वाक्य निरर्थक नहीं हैं। मनुष्यों और देवताओं के मध्य उस समय अत्यन्त घनिष्ठ मित्रता का नाता था। धर्म का जीवन के समस्त भागों में आधिपत्य था। ईश्वर के ऊपर लोग पूर्ण रूपेण निर्भर करते थे। जीवन की साधारण-सी आवश्यकताओं के लिए भी लोग प्रार्थना करते थे। "आज हमें अपना दैनिक भोजन दो", यह वैदिक आर्य के भाव के अनुकूल प्रार्थना थी। जीवन के सामान्य भोगों के लिए भी ईश्वर के ऊपर निर्भर करने वाले भक्त की सच्ची भक्ति का यह एक नमूना है। जैसा कि हम पहले कह आए हैं, उच्च श्रेणी के आस्तिकवाद के सब सारभूत तत्त्व हमें वरुण की पूजा में मिल जाते हैं। यदि भक्त का अर्थ एक देहधारी ईश्वर में विश्वास, उसके प्रति प्रेम, उसी की सेवा में सर्वस्व अर्पण करना और उसी की विशेष भक्ति द्वारा मोक्षप्राप्ति आदि समझे जाएं तो निश्चय ही हमें ये सब तत्त्व वरुण की पूजा में मिलते हैं।

मण्डल 10 का 15वां एवं उसी मण्डल का 54वां सूक्त (दो सूक्त) हमें पितरों को सम्बोधन करते हुए मिलेंगे। पितर वे सौभाग्यशाली मृतात्मा हैं जो स्वर्ग में निवास करते हैं। वैदिकसूक्तों में देवताओं के साथ-साथ उनकी भी स्तुति की जाती है।[2] यह कल्पना की जाती है कि वे अदृश्य आत्माओं के रूप में प्रार्थनाओं एवं यज्ञों में दी गई आहुतियों को ग्रहण करने के लिए आते हैं। इस सामाजिक परम्परा को पितृपूजा के रूप में श्रद्धा-भाव से देखा जाता है। वेदों के विद्यार्थी ऐसे भी हैं जिनका विश्वास है कि ऋग्वेद के सूक्तों में स्वर्गीय पूर्वजों की पवित्र आत्माओं को उद्दिष्ट करके उत्तरक्रियाकर्म-सम्बन्धी आहुतियां एवं उपहार देने का कोई विधान नहीं है।[3]

वैदिकधर्म के विरुद्ध जो एक आक्षेप साधारणतः किया जाता है वह यह है कि वेदों में पाप के प्रति अभिज्ञा का प्रभाव है। यह एक भ्रमभूलक मत है। वेदों के अन्दर ईश्वर से विमुख होने को ही पाप (अधर्म) माना गया है।[4] पाप के विषय में जो वैदिक धारणा है वह हीब्रू सिद्धान्त के सदृश है। ईश्वरेच्छा ही नैतिकता का मानदण्ड है। मानवीय अपराध ही न्यूनता है। हम पाप तभी करते हैं जब हम ईश्वर की आज्ञाओं का उल्लंघन करते हैं। देवता ऋत, अर्थात् संसार की सदावार-सम्बन्धी व्यवस्था, को धारण करने वाले हैं। वे सज्जनों की

---

1. 6 : 2; देखें पुरूरवा की कथा।
2. 10 : 15।
3. बिहारी लाल, 'द वेदाज़', पृ० 101।
4. 7 : 86, 6; और भी देखिए, 7 : 88, 5, 6।

रक्षा करते हैं एवं दुर्जनों को दण्ड देते हैं। बाह्य कर्तव्यों के पालन न करने मात्र का नाम ही पाप नहीं है। पाप दो प्रकार के होते हैं—एक नैतिक पाप और दूसरा कर्मकाण्ड विषयक पाप।[1] यह पाप की चेतना ही है जिसके कारण शमनकारी यज्ञों का विधान किया जाता है। विशेष रूप से वरुण की कल्पना में हमें पाप और क्षमा की भावना मिलती है, जो हमें आधुनिक ईसाई धर्म के सिद्धान्तों का स्मरण कराती है।

जबकि साधारणतया ऋग्वेद के देवताओं को नैतिकता के संरक्षक समझा जाता है, उसमें से कुछेक अब भी अपनी अहंकारपूर्ण भावनाओं को बनाए हुए हैं, जोकि वस्तुतः बृहदाकाररूप मानव ही हैं, और ऐसे कवियों का भी अभाव नहीं है जो इस सबके अन्दर की पोल साक्षात् देख सकते हैं। एक सूक्त-विशेष[2] में निर्देश किया गया है कि किस प्रकार सभी देवता एवं मनुष्य स्वार्थ के वश में हैं। वैदिक पूजा का ह्रास कई देवताओं की इस निम्नस्तर की भावना के कारण ही हुआ। अन्यथा हम उस सुन्दर सूक्त[3] का आशय समझ नहीं सकते जो बिना किसी देवी-देवता की प्रसन्नता का विचार किए परोपकार की भावना रूपी कर्तव्य पर विशेष बल देता है। देवता शुद्ध नैतिकता के नियमों की रक्षा करने में अत्यन्त असमर्थ हो गए प्रतीत होते हैं। धार्मिक क्रिया-कलापों से स्वतन्त्र नीतिशास्त्र की भावना के—जिसे बौद्धमत ने प्रचलित किया—सम्बन्ध में हमें यहां संकेत मिलता है।

10. नीतिशास्त्र

ऋग्वेदप्रतिपादित सदाचार की ओर ध्यान देने पर ज्ञात होता है कि वहां 'ऋत' के विचार का बहुत बड़ा महत्त्व है। यह कर्मसिद्धान्त का, जोकि भारतीय विचारधारा का एक विशिष्ट स्वरूप है, पूर्वरूप है। यह वह कानून है जो संसार में सर्वत्र व्याप्त है और जिसे सब देवताओं एवं मनुष्यों को अवश्य पालन करना चाहिए। यदि संसार में कोई कानून (त्रिकालाबाधित नियम, ऋत) है तो उसे अवश्य क्रियात्मक रूप में आना ही चाहिए। और यदि किसी कारण से इसके कार्यों का प्रकाश इस भूलोक में नहीं हो सका, तो उनका फल अवश्य ही अन्यत्र कहीं मिलेगा। जहां नियम कार्य करता है वहां अव्यवस्था अथवा अन्याय केवल अस्थायी एवं आंशिक रूप से ही रह सकते हैं। दुर्जन की विजय स्थायी एवं नितान्त नहीं होती। सज्जन पुरुष का अहित निराशा का कारण न होना चाहिए।

ऋत हमारे आगे सदाचार के एक मानदण्ड को प्रस्तुत करता है। यह वस्तुओं का व्यापक सारतत्त्व है। यह सत्य है, अर्थात् वस्तुओं की यथार्थता है। अव्यवस्था अथवा अनृत मिथ्या है, जो सत्य का विरोधी एवं सत्य के विपरीत है,[4] जो ऋत अर्थात् सत्य एवं व्यवस्थित मार्ग, का अनुसरण करते हैं वे सत्पुरुष हैं। व्यवस्थित आचरण को सत्यव्रत कहा जाता है। ऋत के मार्ग का अनुसरण करने वालों के जीवन-व्यवहारों को 'व्रतानि' कहा जाता है।[5] स्थिरता एवं संगति धार्मिक जीवन का मुख्य लक्षण है। वैदिक धर्मानुयायी अपने व्यवहार में

---

1. 1 : 23, 22; 1 : 85।
2. 9 : 115।
3. 10 : 117।
4. देखें, ऋग्वेद, 7 : 56, 12; 9 : 115, 4; 2 : 6, 10; 4 : 5, 5; 8 : 6, 2; 12; 7 : 47, 3।
5. 9 : 121, 1; 10 : 37, 5।

परिवर्तन नहीं करता। वरुण, जो ऋत के मार्ग का अनुसरण करने वाला है, आदर्शरूप है, धृतव्रत है—अर्थात् उसके व्यवहार में परिवर्तन नहीं होता। जब कर्मकाण्ड का महत्त्व बढ़ने लगा, ऋत यज्ञ अथवा यज्ञात्मक अनुष्ठान का पर्यायवाची हो गया।

आदर्श जीवन का सामान्य वर्णन करने के पश्चात् सूक्तों के अन्दर नैतिक जीवन के विशिष्ट सारतत्त्व ब्यौरेवार दिए गए हैं। देवताओं के प्रति प्रार्थना करनी चाहिए, धार्मिक अनुष्ठान करने चाहिए।[1] वेद मनुष्यों एवं देवताओं के मध्य एक निकटतम एवं घनिष्ठ सम्बन्ध को स्वीकार करते हैं। मनुष्य को चाहिए कि वह अपने जीवन के व्यवहार में सर्वदा ईश्वर को साक्षी मानकर चले। देवताओं के प्रति जो हमारे कर्तव्य हैं उनके अतिरिक्त मनुष्य-जाति के प्रति भी कुछ कर्तव्य हैं।[2] सबके प्रति दया का भाव कर्तव्यरूप से विधान किया गया है। अतिथिसत्कार की गणना महान पुण्यकर्मों में की गई है। ''जो दाता है उसका धन कभी क्षीण नहीं होता।...ऐसे मनुष्य को कोई सान्त्वना नहीं दे सकता जो भोजन के पदार्थ को पास में रखते हुए भी एक निर्बल व्यक्ति के प्रति, जिसे पौष्टिक भोजन की अत्यन्त आवश्यकता है, अपने हृदय को निष्ठुर एवं कठोर बना लेता है, और सहायता के लिए आए हुए दुखी व्यक्ति के आगे भी जिसका हृदय नहीं पसीजता, किन्तु इसके विपरीत उसके सामने ही अपने भोगों में मग्न रहता है।''[3] इन्द्रजाल, जादूविद्या, नारीहरण एवं व्यभिचार को पापकर्म बताकर दूषित ठहराया गया है।[4] जुए को वर्जित माना गया है। धार्मिक गुण ईश्वरीय नियम की अनुकूलता है और इसमें मनुष्य के प्रति प्रेम भी आ जाता है। दुष्कर्म उस ईश्वरीय नियम का उल्लंघन है। ''यदि हमने ऐसे किसी मनुष्य के प्रति जो हमसे प्रेम करता है, पाप किया है, मित्र अथवा साथी का अनिष्ट किया है, किसी पड़ोसी को जो सदा हमारे साथ रहता है अथवा पराये को भी कभी नुकसान पहुंचाया है, तो हे प्रभु ! इस नियमोल्लंघन-रूपी पाप से हमें मुक्त करो।''[5] कुछेक देवता ऐसे हैं जिन्हें धार्मिक मार्ग से दान-उपहार की किसी भी मात्रा के द्वारा फुसलाकर विचलित नहीं किया जा सकता। ''उनके अन्दर दायें-बायें का भेद लक्षित नहीं कर सकते, आगे और पीछे का भी भेद नहीं कर सकते। वे कभी न पलक झपकाते हैं, न सोते हैं। उनका प्रवेश सब वस्तुओं में अबाधित है; वे भलाई एवं बुराई का गहराई के साथ निरीक्षण करते हैं; सुदूरस्थ पदार्थ भी उनके अत्यन्त समीप है; वे मृत्यु को गर्हित समझते हैं एवं यमराज का दण्ड देते हैं; समस्त जंगम जगत् को धारण करते हैं एवं स्थिर रखते हैं।''

यहां वैराग्यपरक प्रवृत्ति के भी संकेत पाए जाते हैं। कहा गया है कि इन्द्र ने तपस्या के बल से ही अन्तरिक्षलोक पर विजय प्राप्त की।[6] किन्तु प्राधान्य तपस्वी-जीवन का नहीं है। वैदिक सूक्तों के अन्दर हम प्रकृति के सौन्दर्य, उसकी महानता एवं उसकी भव्यता और करुणामय स्वभाव के प्रति उत्कट अनुराग पाते हैं। यज्ञों के अन्दर प्रेरणा का लक्ष्य संसार की उत्तम वस्तुओं के प्रति प्रेम है। हमें अभी भी दुःख और उदासी से रहित संसार में गंभीर आनन्द दिखाई पड़ता है। यद्यपि तपस्या के क्रिया-कलाप भी प्रचलित थे। उपवास और परहेज़ को नानाविधि अतिप्राकृतिक शक्तियों को प्राप्त करने का साधन माना जाता था।

---

1. ऋग्वेद, 1 : 104, 6;1 : 108, 6;2 : 2 : 26, 3; 10 : 151।
2. ऋग्वेद, 10 : 117।
3. 8 : 6, 5;1 : 2, 6।
4. 7 : 104, 8, और भी आगे; 4 : 5, 5।
5. ऋग्वेद, 5 : 85, 7।
6. 10 : 127।

कहा जाता है कि समाधि की अवस्थाओं में देवता मनुष्यों के अन्दर प्रवेश करते हैं।[1] तपस्वी महात्माओं की समाधि-अवस्थाओं का सबसे पुराना वर्णन ऋग्वेद के दसवें मण्डल के 136वें सूक्त में मिलता है।[2]

हिन्दूसमाज के चार वर्गों में विभाजन का सबसे पहला वर्णन हमें पुरुषसूक्त में मिलता है। इस संस्था की स्वाभाविक विधि और किस तरह इसका उदय हुआ इसे समझने के लिए हमें अवश्य स्मरण रखना होगा कि विजेता आर्य परस्पर रक्त-सम्बन्ध एवं जातिगत पूर्वजों के नाते भारत की विजित आदिम वन्य जातियों से भिन्न थे। प्रारम्भिक आर्य लोग सब एक ही वर्ग के थे, प्रत्येक व्यक्ति पुरोहित और योद्धा, वाणिज्य-व्यवसायी और किसान था। पुरोहितों की कोई पृथक् विशेषाधिकारसम्पन्न संस्था नहीं थी। किन्तु जीवन की जटिलता के कारण आर्य लोगों में वर्गभेद को जन्म मिला। यद्यपि शुरू-शुरू में हरेक मनुष्य देवताओं के प्रति किसी अन्य पुरुष के माध्यम से यज्ञ का अनुष्ठान कर सकता था, पुरोहितवर्ग और कुलीन तन्त्र ने अपने को निम्न श्रेणी के लोगों से पृथक् कर लिया। आरम्भ में वैश्य शब्द समस्त मानव-समुदाय के लिए प्रयुक्त होता था। जैसा कि हम देखेंगे, जब यज्ञों ने अपने लिए एक महत्त्वपूर्ण स्थान बना लिया—जबकि जीवन की बढ़ती हुई जटिलता के कारण जीवन का विभाजन भी आवश्यक हो गया—तो कतिपय विशिष्ट परिवार जो शिक्षा, बुद्धिमत्ता, काव्य-सम्बन्धी एवं काल्पनिक नैसर्गिक प्रतिभा के लिए प्रसिद्ध थे, पूजा में 'पुरोहित' के नाम से प्रतिनिधित्व करने लगे—पुरोहित का अर्थ है वह जिसे सबसे आगे रखा जाए। और जब वैदिकधर्म और अधिक विकसित होकर एक क्रमबद्ध क्रिया-कलाप के रूप में आ गया, इन परिवारों ने अपनी एक पृथक् जाति बना ली। आर्य लोगों की परम्परा को सुरक्षित रखने के महत्त्वपूर्ण कार्य के कारण इस वर्ग को अपनी आजीविका के लिए संघर्ष करने की आवश्यकता नहीं थी। क्योंकि ऐसे लोग जिन्हें निरन्तर जीवन के क्षुब्ध, उत्तेजित एवं व्याकुल वातावरण में अपनी आजीविका अर्जन करने के लिए व्यस्त रहना पड़े, विचार एवं चिन्तन के लिए आवश्यक स्वच्छन्दता एवं अवकाश प्राप्त नहीं कर सकते। इस प्रकार एक ऐसा वर्ग-विशेष जो आत्म-सम्बन्धी विषयों में पूर्णरूप से निमग्न रह सके, अस्तित्व में आ गया। ब्राह्मण-वर्ग पुरोहितों की इस प्रकार की एक संस्था नहीं है जिनके लिए निश्चित सिद्धान्तों का समर्थन करना आवश्यक समझा जाए किन्तु एक ऐसा बुद्धिजीवी कुलीन तन्त्र है जिनके सुपुर्द जन-साधारण के उच्चतम जीवन के निर्माण का कार्य था। वे राजा-लोग जो विद्वान् ब्राह्मणों के आश्रयदाता थे, अथवा ऐसे राजा लोग जिन्होंने उस समय शासन का भार अपने ऊपर ले रखा था, क्षत्रिय कहलाए। 'क्षत्रिय' शब्द की उत्पत्ति 'क्षत्र' शब्द से है, जिसका अर्थ है, शासन अथवा आधिपत्य। यह अर्थ वेदों, ज़िन्दावस्ता (पारसियों के धर्मग्रन्थ) और फारस के शिलालेखों में एक समान है। बाकी सब लोग एक श्रेणी के माने जाते थे और 'वैश्य' के नाम से पुकारे जाते थे। यह विभाग शुरू-शुरू में तो पेशे का द्योतक था किन्तु बाद में पैतृक परम्परा का रूप पकड़ गया। वैदिक सूक्तों के काल में पेशों का सम्बन्ध किसी जाति-विशेष के साथ नहीं था। मनुष्यों की नानाविध रुचियों का वर्णन करते हुए एक मन्त्र में कहा गया है, "मैं एक कवि हूं, मेरा पिता चिकित्सक है और मेरी मां अनाज पीसने वाली है।"[3] ऐसी भी अंश मिलते हैं जो उदय होती हुई ब्राह्मणशक्ति की ओर संकेत करते हैं। "वह अपने घर में शान्तिपूर्वक

1. 10 : 85, 2।
2. और भी देखिए, 7 : 59, 6; 10 : 114, 2; 10 : 167, 1;10 : 109, 4।
3. 9 : 112, 3।

और आराम से रहता है, उसके लिए पवित्र और पुष्कल परिणाम में भोजन स्वयं प्राप्त हो जाता है, जनसाधारण उसके लिए स्वेच्छा से आदर व सत्कार का भाव प्रदर्शित करते हैं—वह राजा है जिसके आगे ब्राह्मण को सत्कार पाने का अधिकार है।''[1] वे सब जो शिक्षा एवं ज्ञान-सम्बन्धी धन्धों में प्रवृत्त थे, जो युद्ध करने वाले थे अथवा वाणिज्य व्यवसाय का पेशा करते थे, एक ही जाति के थे। यह जाति एक बड़ी खाई के रूप में उन दो जातियों से भिन्न एवं विभक्त थी जो विजित जातियां थीं, अर्थात् (क) द्रविड़, जो चौथी श्रेणी के थे, (ख) और आदिम वन्य जातियां। आर्य और दस्यु के विभाग जातिपरक थे, जो रक्त और वंश के आधार पर थे। कभी-कभी कहा जाता है कि जिन आदिम वन्य जातियों को आर्य लोगों ने मत-परिवर्तन कराके अपने में मिलाया वे शूद्र हो गए और जिन्हें उन्होंने बहिष्कृत समझा वे पंचम कहलाए।[2] दूसरे लोगों का कहना यह है कि आर्यों के दक्षिणी भारत में आने से पूर्व ही उनके अपने ही अन्दर शूद्र विद्यमान थे। इन दो परस्पर-विरोधी मतों में कौन-सा ठीक है, यह निश्चयपूर्वक कहना कठिन है।

वर्णव्यवस्था न तो केवल आर्यों की और न ही केवल द्रविड़ों की थी, किन्तु इसका प्रचार उस काल की आवश्यकताओं की पूर्ति के लिए किया गया था जबकि भिन्न-भिन्न जातियों को एक साथ मिलकर सौहार्दपूर्वक यहां रहना था। उस काल में यह व्यवस्था देश के लिए एक प्रकार से मुक्ति के समान वरदान सिद्ध हुई, भले ही वर्तमान काल में इसकी प्रवृत्ति जो भी हो। किसी भी जाति की संस्कृति को सुरक्षित बचाकर रखने का, जिसे बहुसंख्यक आदिनिवासियों के मिथ्याविश्वासों में समा जाने का भय हो, एक ही उपाय था कि तात्कालिक संस्कृतिगत एवं जातिगत भेदों को लौह सीमाओं में बांधकर रखा जाए। दुर्भाग्यवश सामाजिक संगठन को अवनति एवं ह्रास से बचाने के लिए जो यह नीति अंगीकार की गई थी, आगे जाकर संस्कृति की उन्नति के मार्ग में बाधक हो गई।[3] जिस समय उन्नति की लहर की मांग की थी कि उक्त बंधन शिथिल हो जाएं तब भी वे शिथिल न हुए। उन बन्धनों ने सामाजिक व्यवस्था को सुरक्षित तो रखा किन्तु वे राष्ट्र के सर्वांग उन्नति में सहायक सिद्ध न हो सके। किन्तु इसके कारण हम वर्णव्यवस्था के उस उद्देश्य को जो इसे प्रचलित करने के मूल में था, दूषित नहीं ठहरा सकते। केवल वर्णव्यवस्था के कारण ही यह सम्भव हो सका कि भिन्न-भिन्न जातियां बिना युद्ध के परस्पर एक साथ मिलकर रह सकीं। भारत ने उस समस्या को, अर्थात् अन्तर्जातीय सम्बन्ध की समस्या को बहुत शांतिपूर्ण ढंग से सुलझा लिया था, जिसे अन्य जातियां मारकाट के बिना न सुलझा सकीं। जब यूरोपियन जातियों ने दूसरों पर विजय पाई, तो उन्होंने विजित जातियों के मानवीय गौरव को मिटाने एवं उनके आत्मसम्मान को सर्वथा नष्ट करने में कोई कसर नहीं रखी। वर्ण-व्यवस्था के द्वारा

1. 4 : 50, 8।
2. देखें, फर्क्युहर : 'आउटलाइन आफ द रिलिजस लिटरेचर आफ इंडिया', पृ० 6।
3. रीज़ डेविड्स नामक विद्वान वर्गों की वर्णगत कठोरता का वर्णन करते हुए लिखता है, "यह बहुत सम्भव है कि यह महत्त्वपूर्ण कदम इसलिए उठाया गया हो और उसका कारण मुख्य रूप से यह रहा हो कि पहले से अनार्यजातियों को आर्यजातियों के अन्दर विवाह न करने के ऊपर एवं किसी आर्येतर को आर्यजाति के अन्दर प्रवेश कराने पर एक कठोर प्रतिबन्ध लगा हुआ हो। आर्यों की यह परम्परागत कमज़ोरी थी कि वे दूसरी जातियों को हीनता की दृष्टि से देखते थे, जिसकी प्रतिक्रिया उनकी असहिष्णुता के कारण यह हुई कि शताब्दियों तक उन्हें इसका कड़वा फल भोगना पड़ा।" ('हिबर्ट लेक्चर्स', पृ० 23।)

वैदिक आर्य विजेता एवं विजित दोनों जातियों की ईमानदारी की साख एवं स्वातन्त्र्य को सुरक्षित रखने में समर्थ हो सके, जिसके कारण पारस्परिक विश्वास एवं सामंजस्य को प्रोत्साहन मिल सका।

11. परलोकशास्त्र

वैदिक आर्यों ने अपने बल के अभिमान और विजय के हर्ष को लेकर भारत में प्रवेश किया था। उन्हें अपने जीवन की पूर्णता से प्रेम था। इसलिए आत्मा के भविष्य के विषय में विचार करने की उन्हें कोई विशेष रुचि न थी। जीवन उनकी दृष्टि में उज्ज्वल एवं सुखमय था और सब प्रकार के क्रोधी एवं चिड़चिड़े स्वभाव से उत्पन्न होने वाले कष्टों से उन्मुक्त था। वे मृत्यु में अनुरक्त नहीं थे। वे अपने लिए और अपनी समृद्धि के लिए शतायु होने की कामना करते थे।[1] मृत्यु के उपरान्त के जीवन के विषय में उनके कोई विशेष सिद्धान्त न थे यद्यपि स्वर्ग और नरक के विषय में कुछ अस्पष्ट विचार विचारशील व्यक्तियों द्वारा अपरिहार्य न रह सके थे। पुनर्जन्म का सिद्धान्त अभी भी दूर था। वैदिक आर्यों को इस बात का निश्चय था कि मृत्यु ही वस्तुओं का अन्त नहीं है। जैसे रात्रि के पीछे दिन आता है, मृत्यु के बाद भी जीवन होना चाहिए। एक बार उत्पन्न होने वाले प्राणी सदा के लिए निःशेष नहीं हो सकते। उन्हें कहीं न कहीं विद्यमान रहना चाहिए, सम्भवतः अस्ताचलगामी सूर्य के राज्य में, जहां कहा जाता है कि यम का शासन है। मनुष्य की कल्पना ने मृत्यु के भय से कांपकर भी अभी तक यम को बदला लेने वाले एक भयानक देवता के रूप में स्वीकार नहीं किया था। यम और यमी मरने वालों में सबसे प्रथम परलोक में प्रविष्ट हुए, जिनका शासन उस लोक पर है। कल्पना की जाती है कि मनुष्य जब मरता है तब वह यम के राज्य में पहुंच जाता है। यम ने हमारे लिए एक स्थान बनाया है, एक ऐसा घर जो हमसे छीना जाने वाला नहीं है। जबकि शरीर को फेंक दिया जाता है, आत्मा को उज्ज्वल दीप्तिमान आत्मिक आकृति मिलती है और वह देवताओं के स्थान पर चली जाती है, जहां यम और पितर लोग अमर होकर निवास करते हैं। ऐसी कल्पना की जाती है कि मृत पुरुष, इस स्वर्गलोक में हैं। जल एवं एक पुल (सम्भवतः वैतरणी नदी से तात्पर्य है) पार करके पहुंच जाते हैं।[2] पितरों एवं देवों के मार्ग के विषय में एक वर्णन ऋग्वेद के 10वें मण्डल की 88, 15वीं ऋचा में पाया जाता है। जैसा संकेत किया गया है, यह सम्भव है कि अन्त्येष्टिसंस्कार के समय अथवा सामान्यतः सभी यज्ञों के समय उत्पन्न होने वाले धुएं के आधार पर यह कल्पना की गई हो, जो भिन्न-भिन्न मार्गों से ऊपर आकाश की ओर उठता है। यह मार्ग-भेद अभी भी अविकसित रूप में ही है।

मृतात्माएं स्वर्गलोक में यम के साथ आमोद-प्रमोद में मग्न रहती हैं। वे वहां हमारे ही समान जीवन-यापन करती हैं। स्वर्ग के सुखभोग पृथ्वीलोक के सुखों से उन्नत और उच्च कोटि के हैं। "ये प्रकाशमान पदार्थ उनके अंश हैं जो उपहार देते हैं। उनके लिए स्वर्ग में सूर्य भी हैं; ये अमरत्व प्राप्त करते हैं; वे अपने जीवन को दीर्घ बनाते हैं।"[3] कभी-कभी भविष्य-जीवन-सम्बन्धी वैदिक चित्रांकन में विषयभोग के रूप पर विशेष बल दिया गया है। किन्तु

1. ऋग्वेद, 10 : 18।
2. 10 : 6, 10;9 : 41, 2।
3. 1 : 25, 6।

जैसा कि ड्यूसन का कहना है, "जीसस ने भी स्वर्ग के राज्य का वर्णन करते हुए उसे एक प्रकार की उत्सव जैसी सभा का रूप दिया है, जहां कि सब एक साथ टेबल के चारों ओर बैठकर भोजन करते हैं[1] व मदिरा का पान करते हैं।[2] और यहां तक कि दांते या मिल्टन भी इसका अन्य किसी रूप में अंकन नहीं कर सके। और उन्होंने भी इसके लिए पृथ्वी पर के अमोद-प्रमोद के चित्र को ही उधार लिया।"[3] कल्पना की गई हे कि देवगण सोमरस की शक्ति द्वारा अमरता को प्राप्त हो जाते थे। देवताओं के समान बनना हमारे प्रयत्न का भी लक्ष्य है। क्योंकि देवगण एक आध्यात्मिक स्वर्ग में निवास करते हैं, जहां वे दुःख से परिमुक्त आनन्द का उपभोग करते हैं। न उन्हें भूख लगती है न प्यास सताती है और न उन्हें विवाह की ही आवश्यकता अनुभव होती है। परलोक के आदर्श-वर्णन में पृथ्वीलोक के जीवन और इस जीवन के उपरान्त के जीवन में भेद का भाव उदय होता है। देवता सौभाग्यशाली हैं; वे अमर हैं। हम सब तो केवल एक दिन के बच्चे हैं। देवताओं को ऊपर स्वर्ग में सुख है, जहां यम का शासन है। हमारे भाग्य में पृथ्वीलोक में दुःख बदा है। हमें अमरत्वप्राप्ति के लिए क्या करना चाहिए ? हमें देवताओं को लक्ष्य करके यज्ञ करने चाहिए, क्योंकि अमरता देवों से डरने वालों के लिए स्वर्ग से दिया गया निःशुल्क उपहार है। देवताओं की पूजा करने वाला व्यक्ति अमर हो जाता है। "हे अग्निदेव ! वह मर्त्य मनुष्य जो तुम्हारी पूजा करता है, आकाश में चन्द्रमा बन जाता है।"[4] कठिनाई का पहले भी अनुभव हुआ है। क्या वह चन्द्र बन जाता है या चन्द्र के समान बन जाता है ? सायण ने इसकी व्याख्या इस प्रकार की है, "वह चन्द्रमा के समान सबको आह्लाद देने वाला बन जाता है।"[5] दूसरे इसके प्रतिकूल कहते हैं कि नहीं, वह चन्द्रमा ही बन जाता है।[6] इस विषय के संकते मिलते हैं कि वैदिक आर्य अपनी मृत्यु के पश्चात् अपने पूर्वजों से मिलने की सम्भावना में विश्वास करता था।[7]

प्रश्न उठता है कि यदि हम देवताओं की पूजा न करें तो हमारा क्या हो जाएगा। क्या स्वर्ग के समान नरक भी कुछ है ?—अर्थात्, नैतिक अपराधियों के लिए एक पृथक् स्थान, उन नास्तिकों के लिए जो देवताओं में विश्वास नहीं करते। यदि स्वर्ग केवल पुण्यात्माओं एवं साधुपुरुषों के लिए है तो दुश्चरित्र व्यक्ति मृत्यु के उपरान्त एकदम विलुप्त हो नहीं सकते, और न ही वे स्वर्ग में जा सकते हैं। इसलिए एक नरक की भी आवश्यकता है। हम वरुण के विषय में सुनते हैं कि वह पापियों को गहरे गढ़े में नीचे ढकेल देता है, जहां से वे कभी वापस नहीं लौटते। इन्द्र से प्रार्थना की गई है कि वह अपने उपासकों को नुकसान पहुंचाने वाले को नीचे अन्धकार् के सुपुर्द कर दे।[8] दुश्चरित्रों का अन्त इसी प्रकार होना चाहिए कि वे उस अन्धकार के गड्ढे में गिरकर नष्ट हो जाएं। हमें इस समय तक नरक की उस हास्यास्पद, भद्दी और भयंकर कल्पना के दर्शन नहीं होते जोकि परवर्ती पुराणों में पाई जाती है। पुण्यात्माओं के लिए स्वर्ग और पापियों के लिए नरक, यह साधारण नियम है। पुण्य के लिए पुरस्कार और पाप के लिए दण्ड मिलता है। यद्यपि ड्यूसन का ऐसा मत है, जिससे मैं सहमत नहीं हूं, कि मृत्यु के पश्चात् अज्ञानी लोग एक ऐसे सुखवर्जित और अंधकारपूर्ण देश

---

1. सेंट मैथ्यू, 7 : 11।
2. सेंट मैथ्यू, 26, 9।
3. 'द फिलासफी आफ द उपनिषद्स', पृ० 320।
4. 2 : 2; 10 : 1, 3।
5. 'आह्लादक सवेषाम्'।
6. चन्द्र एव भवति (चन्द्रमा ही बन जाता है)।
7. 1 : 24, 1;7 : 56, 24।
8. 10 : 132, 4;4 : 5, 5;9 : 73, 8; 10 : 152, 4।

में चले जाते हैं जो वैसा ही एक लोक है जैसे में हम निवास करते हैं। हमें ऐसे संसार का कोई संकेत अथवा सुख का भी ऐसा श्रेणी-विभाजन अभी तक नहीं मिला है। ऋग्वेद में एक परिच्छेदक आता है[1], जिसमें कहा है, ''जब वह अपने कर्तव्यकर्मों को समाप्त कर लेता है और वृद्ध हो जाता है तो इस संसार से विदा हो जाता है; और यहां से विदा होते हुए फिर एक बार जन्म लेता है। यह तीसरा जन्म है।'' यह वैदिक धर्म के सिद्धान्त के अनुकूल है, जिसके अनुसार मनुष्य के तीन जन्म बताए गए हैं--पहला बच्चे के रूप में, दूसरा धार्मिक शिक्षा से, और तीसरा मृत्यु के पश्चात् का जन्म। हमें आत्मा के गतिमान जीवनतत्त्व के ही सम्बन्ध में विश्वास मिलता है।[2] मण्डल 10 के 58वें मंत्र में प्रकटरूप में अचेतन मनुष्य की आत्मा को वृक्षों, आकाश और सूर्य में से लौट आने का निमन्त्रण है। यह प्रकट है कि कतिपय असाधारण अवस्थाओं में मनुष्य की आत्मा को शरीर से पृथक् किया जा सकता था। किन्तु इस सबसे यह संकेत नहीं मिलता कि वैदिक आर्य पुनर्जन्म के विचार से परिचित थे।

12. उपसंहार

वैदिक सूक्त परवर्ती काल की भारतीय विचारधारा की आधारभित्ति का निर्माण करते हैं। जहां एक ओर ब्राह्मणग्रन्थ यज्ञ आदि के अनुष्ठान पर बल देते हैं, जिनकी छाया-मात्र सूक्तों में पाई जाती है, उपनिषदें उनके अन्तर्गत दार्शनिक विचारों को आगे बढ़ाती हैं। भगवद्गीता का आस्तिकवाद केवल वरुणदेवता की पूजा का ही भावचित्र है। कर्म का महत्त्वपूर्ण सिद्धान्त ऋत के ही समान अभी भी अपने शैशवकाल में है। सांख्य का द्वैतपरक आध्यात्मिक दर्शन अर्णव (समुद्रजल) के ऊपर बहते हुए हिरण्यगर्भ के विचार का तर्क-संगत विकसित रूपमात्र है। यज्ञानुष्ठान, मन्त्रोच्चार अथवा सोमरस के प्रभाव से प्राप्त हुई समाधि-अवस्थाओं के वर्णन से जब हमारे आगे अन्तरिक्षलोक का दिव्यज्योतिसम्पन्न प्रभामण्डल आता है, तो हमें दैवीय आशीर्वाद से उपलब्ध होने वाली यौगिक सिद्धियों का स्मरण हो आता है, जिनके द्वारा दिव्य वाणियों को सुना एवं दिव्य दृश्यों को देखा जा सकता है।

उद्धृत ग्रन्थ

मैक्समूलर और ओल्डनबर्ग : 'द वेदिक हाइम्स'। 'सैक्रेड बुक्स आफ द ईस्ट', खण्ड 32 और 46।
म्योर : 'ओरिजिनल संस्कृत टेक्स्ट्स', खण्ड 5।
रैगोज़िन : 'वेदिक इंडिया।'
मैक्समूलर : सिक्स सिस्टम्स ऑफ इंडियन फिलासफी', अध्याय 2।
कैगी : 'द ऋग्वेद' (अंग्रेज़ी अनुवाद)।
घाटे : 'लेक्चर्स आन द ऋग्वेद'।
मैकडानल : 'वेदिक माइथोलॉजी' : 'वेदिक रीडर'।
बरुआ : 'प्री-बुद्धिस्टिक इंडियन फिलासफी', पृ० 1-38।
ब्लूमफील्ड : 'द रिलिजन आफ द वेद।'

1. 4 : 27, 1।
2. 1 : 164, 30।

तीसरा अध्याय

उपनिषदों की ओर संक्रमण

अथर्ववेद—परमार्थविद्या—यजुर्वेद और ब्राह्मणग्रंथ—धर्म-विद्या—सृष्टि-सम्बन्धी सिद्धान्त—नीतिशास्त्र—परलोकशास्त्र।

1. अथर्ववेद

"अथर्ववेद के सूक्त विकट रूप से उलझे हुए; पूर्वयुग के देवता हैरान करने वाले; और पुनः परस्पर एक-दूसरे में समाविष्ट होकर देवमाला को पूर्ण रूप देते हुए; नये-नये अद्‌भुत देवताओं का समावेश; शारीरिक यन्त्रणा देने वाले एक नरक की कल्पना का समावेश; अनेक देवताओं के स्थान पर एक देवता की स्वीकृति, जो सब देवताओं और प्रकृति का भी प्रतिनिधि है; किसी का बुरा करने के लिए जादू-टोना (अभिचार) और भला करने के लिए भी मन्त्र एवं जादू; ऐसे लोगों के लिए "जो मुझसे घृणा करते हैं या जिनसे मैं घृणा करता हूं, शापपरक मन्त्रों का प्रयोग; बच्चों की प्राप्ति के लिए, दीर्घायु की प्राप्ति के लिए, बुराई को दूर रखने के लिए तथा विष के प्रभाव एवं अन्य रोग-दोषों को हटाने के लिए जादू-भरे मन्त्र, कर्मकाण्ड के प्रति जो अत्यधिक श्रद्धा का भाव था, उसे शक्तिहीन कर देना; सांपों के मन्त्र, भिन्न-भिन्न रोगों के लिए, निद्रा के लिए, समय के लिए और नक्षत्रों के लिए मन्त्र; पुरोहितों को दुःख देने वालों को कोसना आदि—ऋग्वेद के बाद अथर्ववेद को पढ़ने से सामान्य रूप में मन पर इस प्रकार का एक प्रभाव पड़ता है।"[1] अथर्ववेद में हमें जादू-टोना, इन्द्रजाल आदि के विषय में अद्‌भुत उक्तियां, जड़-पदार्थों के मन्त्र, एवं डाकिनी व पिशाच आदि के मन्त्र मिलते हैं। डाकुओं के प्रयोग के ऐसे जादू मिलते हैं जिनसे मकान के निवासी निद्रा के वशीभूत हो सकते हैं[2], ऐसे वशीकरण मन्त्र जो स्त्रियों की गर्भपातकारी प्रेत-शक्तियों का निवारण कर सकते हैं[3] और ऐसे जादू के मन्त्र जो रोग को दूर भगा सकते हैं।[4] यद्यपि भूतसिद्धि व इन्द्रजाल आदि ऋग्वेद के काल में प्रचलित थे किन्तु वैदिक ऋषियों ने न तो उन्हें पसन्द किया और न ही प्रोत्साहित किया। इस विषय के यदा-कदा जो उद्धरण दिखाई देते हैं उनसे प्रतीत होता है कि वे प्रक्षिप्त हैं, जबकि अथर्ववेद के ये मुख्य विषयवस्तु हैं।

अथर्ववेद जिस मायिक या इन्द्रजालीय धर्म का प्रतिपादन करता है वह निःसंदेह ऋग्वेद के धर्म से पुराना है, यद्यपि अथर्ववेद में संगृहीत मन्त्र परवर्ती हैं। वैदिक आर्य जैसे-जैसे भारत में आगे बढ़ते गए, असभ्य जाति के उन लोगों से उनका मुकाबला हुआ जो जंगली और बर्बर

---

1. हॉपकिस : 'द रिलिजन्स आफ इण्डिया', पृ० 151।
2. ऋग्वेद, 7 : 55। 3. ऋग्वेद, 10 : 122। 4. ऋग्वेद, 10 : 163।

थे और सर्प आदि जन्तुओं, काष्ठ और पाषाण आदि को पूजते थे। कोई भी मनुष्य-समाज असभ्य एवं अर्धसभ्य आदिम जातियों से घिरा रहकर प्रगतिशील सभ्यता की व्यवस्था में तब तक अधिक दिनों तक नहीं रह सकता, जब तक कि वह उनको सर्वथा पराजित करके या अपनी संस्कृति के तत्त्वों का उन्हें ज्ञान देकर नई स्थिति का सामना नहीं करता। इसलिए हमारे आगे यही विकल्प रहते हैं—या तो हम अपने बर्बर पड़ोसियों का नाश कर दें, या उन्हें अपने अन्दर पचा लें और उनके जीवनस्तर को ऊंचा उठाएं, अथवा अपने-आपको उनके अधीन हो जाने दें। पहले मार्ग का अवलम्बन करना असम्भव था, क्योंकि आर्य लोग संख्या में कम थे। तीसरे मार्ग का अवलम्बन करना उनके लिए अपनी संस्कृति और जाति के गौरव के विरुद्ध था, अतएव एकमात्र दूसरा विकल्प ही उनके लिए खुला था और उसी को आर्य लोगों ने अपनाया। जबकि ऋग्वेद गौरवर्ण आर्यों और कृष्णवर्ण दस्युओं के मध्य संघर्षकाल का वर्णन करता है, जो हिन्दू पौराणिक आख्यानों में देवता और राक्षसों के परस्पर संघर्ष के रूप में वर्णित है, वहां अथर्ववेद उस काल का वर्णन करता है जबकि इन दोनों जातियों के विरोध मिट गए थे और दोनों साथ-साथ इस देश में समानता के व्यवहार से रहने लगी थीं और उनमें परस्पर समझौता हो गया था। निःसंदेह इस समन्वय के भाव ने जहां एक ओर आदिम जातियों को तो सभ्यता की दृष्टि में ऊंचा उठा दिया, वहां वैदिकधर्म को नीचे गिरा दिया, क्योंकि वैदिकधर्म के अन्दर जादू-टोना, इन्द्रजाल आदि अनार्यविधियों का प्रवेश हो गया। प्रेतात्माओं की पूजा, नक्षत्रों, वृक्षों, पर्वतों की पूजा एवं अन्यान्य जंगली जातियों के मिथ्या विश्वास वैदिक धर्म में घुस आए। असभ्य लोगों को शिक्षित करने के आर्य लोगों के प्रयत्न का परिणाम यह हुआ कि उनका अपना आदर्श, जिसको वे फैलाना चाहते थे, भ्रष्ट हो गया। अथर्ववेद के चुने हुए मन्त्रों के अनुवाद की अपनी प्रस्तावना में ब्लूमफील्ड ने लिखा है, "जादू-टोना भी हिन्दूधर्म का एक अंग है। यह इस धर्म में बाहर से आकर प्रविष्ट हुआ और पवित्रतम वैदिक प्रक्रियाओं में अविच्छिन्नरूप से सम्मिलित हो गया। जनसाधारण में प्रचलित धर्म और मिथ्या विश्वासों ने विभिन्न मार्गों से आकर उच्चतर वैदिक धर्म को आच्छादित कर लिया, जिसका प्रचार ब्राह्मण पुरोहितों ने किया था, और इस बात की कल्पना की जा सकती है कि न तो उन्होंने अपने-आपको उस समय की आम जनता में, जिससे वे घिरे हुए थे, फैले हुए मिथ्या विश्वासों से अछूता रहने में समर्थ पाया और न उन्होंने अपने हित में इसे उचित ही समझा।"[1] संसार में निर्बल जातियां इसी प्रकार बलवान जातियों के प्रति बदला लेती देखी जाती है। ऊपर दी गई व्याख्या से यह स्पष्ट हो जाता है कि हिन्दूधर्म का स्वरूप विविध प्रकार का क्यों हुआ—इसलिए कि इसने असभ्य जातियों की कल्पनाओं एवं मिथ्या विश्वासों को भी, साहसी विचारकों की अन्तर्दृष्टि से उत्पन्न उच्चतर ज्ञान के साथ-साथ, अपने धर्म में स्थान दे दिया। प्रारम्भ से ही आर्यों का धर्म फैलने वाला, अपने-आपको विकसित करने वाला और सहिष्णु था। अपनी उन्नति के मार्ग में जिन-जिन नई शक्तियों के साथ इसका सामना हुआ उनके साथ यह समन्वय करता चला गया। इस कार्य में आर्य लोगों की सच्ची नम्रता का भाव और दूसरे पक्ष के विचारों को सहृदयतापूर्वक अपनाने का भाव स्पष्ट लक्षित होता है। भारतीय ने नीचे दर्जे के धर्म को दृष्टि से ओझल करना उचित नहीं समझा और न ही उससे लड़कर उसे निर्मूल करना ठीक समझा। उसके

1. 'सैक्रेड बुक्स आफ द ईस्ट' खंड 43।

अन्दर हठधर्मिता का अभिमान नहीं था, जिससे कि वह हठपूर्वक यह कह सके कि मेरा धर्म ही एकमात्र श्रेष्ठ है। यदि कोई विशेष देवता अपनी विधि से मनुष्य की आत्मा को तृप्त कर सकता है तो वह भी सत्य का एक आकार है। कोई भी सत्य का एकमात्र स्वत्वाधिकारी होने का दम नहीं भर सकता। सत्य पर शनैः-शनैः श्रेणी पार करते हुए, अंश-अंश करके अस्थायी रूप में ही विजय प्राप्त की जा सकती है। किन्तु उन्होंने इस बात को भुला दिया कि असहिष्णुता कभी-कभी उत्तम गुण भी सिद्ध होती है। ग्रैशन का नियम धार्मिक विषयों में भी लागू होता है। जब आर्य और अनार्य धर्म, जिनमें से एक सुसंस्कृत और दूसरा असंस्कृत था, एक उच्च और दूसरा नीच प्रकृति का था, परस्पर सम्पर्क में आए तो स्वभावतः बुरे धर्म की प्रवृत्ति अच्छे को मार भगाने की ओर थी।

2. परमार्थ विद्या

अथर्ववेद का धर्म आदिम और असभ्य मनुष्य का धर्म है, जिसकी दृष्टि में संसार आकृतिविहीन भूतों और प्रेतात्माओं से पूर्ण है।

जब वह प्राकृतिक शक्तियों के आगे अपने को असमर्थ पाता है और अपने अस्तित्व को भी इतना पराश्रित पाता है कि वह निरन्तर मृत्यु के अधीन है, तब वह मृत्यु, रोग, वर्षा के अभाव और भूकम्प आदि को अपनी मिथ्या कल्पनाओं का क्रीड़ाक्षेत्र बना लेता है। उसके विचार में संसार पिशाचों व प्रेतों तथा ऐसे ही देवी-देवताओं से भरा है और उक्त प्रकार की सब विपत्तियां प्रेतात्माओं के प्रकोप का परिणाम है। जब कोई बीमार पड़ता है तो वैद्य को न बुलाकर जादू-टोना करने वाले ओझा को बुलाया जाता है और वह रोगी के शरीर से प्रेतात्मा को खुश करके भगाने का मन्त्र पढ़ता है।[1] भयानक शक्तियों की क्षुधा को केवल मनुष्यों अथवा पशुओं की बलि देकर ही उनके रक्त से शान्त किया जा सकता था। मृत्यु के भय ने मिथ्या विश्वासों की डोर को ढीला किया। मैडम रैगोजिन लिखती हैं, "हमें यहां ऋग्वेद के ऋषियों द्वारा विश्वास और कृतज्ञता के साथ सम्बोधित किए जाने वाले उज्ज्वल, प्रसन्न और उपकारी देवताओं के स्थान पर और उनके विरोधस्वरूप काले रंग के डरावनी सूरत के दैत्यों वाला एक ऐसा मायावी संसार पाते हैं जो मन में निम्नकोटि का भय उत्पन्न करता है और जिसकी आर्य लोगों ने कभी कल्पना तक नहीं की थी।"[2] अथर्ववेद-प्रतिपादित धर्म इस प्रकार आर्य और अनार्य विचारों का एक प्रकार का सम्मिश्रण है। ऋग्वेद एवं अथर्ववेद के बीच के भेद का वर्णन विटनी ने इस प्रकार किया है, "ऋग्वेद में लोग देवताओं के समीप श्रद्धा से भरे हुए भय के साथ पहुंचने का साहस करते थे, किन्तु साथ-साथ उनके प्रति प्रेम और विश्वास का भाव भी रखते थे। पूजा का फल उन्हें प्राप्त होता था, अर्थात् पूजा आराधक की आत्मा को ऊंचा उठाती थी। दैत्य, जिन्हें साधारणतः राक्षस कहा गया है, भय के कारण थे और देवता उन्हें परे रखते थे एवं उनका विनाश करते थे। इसके विपरीत अथर्ववेद में ऐसे देवताओं के प्रति एक प्रकार का ऐसा भय पाया जाता है जिसमें चाटुकारिता आवश्यक है, ऐसे देवता जिनके कोप को शान्त करके चापलूसी द्वारा उनका कृपापात्र बनने

1. यदि इस प्रकार का विचार बराबर था तो इसलिए था कि इसमें सत्य का कुछ अंश अवश्य था। आधुनिक मनोविज्ञान सम्मोहन की शक्ति को इस रूप में मानने लगा है कि यह शरीर की व्याधियों की एक चिकित्सा है, विशेषरूप से स्नायविक विकारों में।
2. 'वेदिक इंडिया', पृष्ठ 117-118।

की आवश्यकता थी। यह पिशाचों व राक्षसों के समूह को भिन्न-भिन्न श्रेणियों में विभक्त करके उनके सामने नतमस्तक होकर प्रार्थना करता है कि वे कोई नुकसान न करें। मन्त्र और प्रार्थना, जो पुरातन वेद में भक्ति का साधन थी, यहां मिथ्या विश्वास का एक प्रकार से अस्त्र हैं। यहां मनुष्य अनिच्छा प्रकट करने वाले देवता से चापलूसी द्वारा अपने अभिलषित पदार्थ को बलपूर्वक छीनता है जबकि ऋग्वेद के काल में उपासक मन्त्रों द्वारा देवता को प्रसन्न करके अपने इष्ट पदार्थ का उसके प्रसादरूप में ग्रहण करता था। अथर्ववेद की सबसे अधिक और स्पष्ट दिखाई देने वाली विशेषता यह है कि उसमें बहुत अधिक मात्रा में जादू-टोना आदि इन्द्रजाल भरा है। इन मन्त्रों का उच्चारण कभी साधक (फल-प्राप्ति का अभिलाषी) करता है और कभी सिद्धपुरुष या जादू करने वाला ओझा करता है। मन्त्रों का प्रयोग नाना प्रकार के उद्देश्यों की प्राप्ति के लिए किया जाता है।...ऐसे भी सूक्त हैं जिनमें किसी एक प्रक्रिया अथवा संस्कार का बहुत ऊंचा उठा दिया गया है और उसका महत्त्व ऋग्वेद के पावमान सूक्तों में दिए गए सोम के समान बतलाया गया है। दूसरे सूक्तों को, जो कल्पना एवं मिथ्या-विश्वासपरक हैं, सूक्तों में गौण रूप दिया गया है। किन्तु तो भी ऐसे सूक्तों की संख्या बहुत अधिक नहीं है, जैसी कि इस बात को ध्यान में रखते हुए कि आदिम वेद के परवर्ती काल में हिन्दूधर्म का कितना अधिक विकास हुआ, स्वभावतः आशा की जा सकती थी। मुख्यतः ऐसा प्रतीत होता है कि अथर्ववेद केवल पुरोहितों का धर्म न होकर जनसाधारण में प्रचलित धर्म के रूप में है; वैदिक काल से आधुनिक काल में संक्रमण के समय वह एक प्रकार के मध्यम मार्ग के रूप में था और उच्च आदर्श वाले ब्राह्मणों की अपेक्षा अशिक्षित साधारण जनता का धर्म था, जिसमें मूर्तिपूजक और मिथ्यावादी ही अधिक थे।"[1] विशुद्ध वैदिकधर्म का स्थान जादू-टोना वाले, बच्चों के समान जादूगरों में मिथ्या विश्वास रखने वाले और जादूविद्या के ऊपर अधिक भरोसा करने वाले धार्मिक सम्प्रदाय ने ले लिया। ऐसे चिकित्सक को जो प्रेतात्माओं को भगाना और उन्हें वश में करना जानता है, अत्यधिक प्रतिष्ठा प्राप्त थी। हम ऐसे तपस्वियों के विषय में सुनते हैं जो तप के द्वारा प्राकृतिक शक्तियों को वश में कर सकते थे। वे तपस्या द्वारा प्राकृतिक तत्त्वों की शक्ति को नियंत्रित कर सकते थे। यह बात उस समय भली प्रकार विदित थी कि शारीरिक नियन्त्रण एवं इन्द्रिय-दमन द्वारा समाधि-अवस्था, जो योगशास्त्रवर्णित एक सिद्धि है, प्राप्त की जा सकती है। मनुष्य प्राकृतिक जादू के गुप्त बल द्वारा दैवीय शक्ति में भागीदार बन सकता है। जादूविद्या के विशेषज्ञों को वैदिक ऋषि भी स्वीकार करते थे और उनका पेशा सम्मान की दृष्टि से देखा जाता था, जिसके परिणामस्वरूप जादूविद्या एवं रहस्यवाद शीघ्र ही समानार्थक समझे जाने लगे। हम ऐसे लोगों को पाते हैं जो पंचाग्नि में बैठे हैं, एक टांग पर खड़े हैं, सिर के ऊपर एक बांह उठाए हुए हैं और यह सब वे प्राकृतिक शक्तियों को वश में करने के इरादे से और देवताओं को अपनी इच्छा के अधीन करने के लिए करते हैं।

जहां एक ओर अथर्ववेद हमें भारत के मिथ्या विश्वासों में फैले हुए दैत्य विज्ञान का विचार देता है, यह कई विषयों में ऋग्वेद से भी आगे बढ़ा हुआ प्रतीत होता है, और कई तत्त्व उसमें एवं उपनिषदों और ब्राह्मणों में एक समान हैं। हमें उसमें काल, काम एवं स्कम्भ (आश्रय) की पूजा का विधान मिलता है। उन सबमें अधिक महत्त्वपूर्ण स्कम्भ है। वह एक परम तत्त्व है, जिसे अव्यवस्थित रूप में प्रजापति, पुरुष और ब्रह्म का नाम दिया जाता है।

---

1. 'प्रोसीडिंग्स आफ अमेरिकन ओरिएंटल सोसाइटी', 3 : पृष्ठ 307-308।

इसके अन्तर्गत समस्त देश और काल, देवता और वेद तथा नैतिक शक्तियां आती हैं।[1] रुद्र पशुओं का अधिपति है और वैदिक धर्म एवं परवर्ती शिवपूजा के बीच की कड़ी के रूप में है। ऋग्वेद में शिव का अर्थ केवल कल्याणकारी है, किन्तु किसी देवता का नाम नहीं है; ऋग्वेद का रुद्र दुष्ट पशुओं का विनाशकारी देवता है।[2] अथर्ववेद में वह सब पशुओं का अधिपति पशुपति है। प्राण का स्वागत प्रकृति के जीवनप्रद तत्त्व के रूप में किया गया है।[3] महत्त्वपूर्ण शक्तियों के सिद्धान्त का, जिसका परवर्ती भारतीय आध्यात्मिक विद्या में स्थान-स्थान पर वर्णन आता है, सबसे पूर्व यहीं वर्णन मिलता है और सम्भवतः यह ऋग्वेद के वायुतत्त्व का विकास हो सकता है। यों तो ऋग्वेद-प्रतिपादित देवता पुरुष एवं स्त्री दोनों लिंग के पाए जाते हैं, लेकिन पुंल्लिंगवाची देवता अधिक मुख्य हैं। अथर्ववेद में स्त्रीलिंगवाची देवताओं पर अधिक बल दिया गया है। इसमें आश्चर्य की बात नहीं है, क्योंकि तांत्रिक दर्शन के दार्शनिक ग्रन्थों में यौनविषय आधार बन गया है। 'गाय' की पवित्रता को स्वीकार किया गया है, और ब्रह्मलोक का वर्णन भी अथर्ववेद में मिलता है।[4] नरक का वर्णन नरक नाम से ही किया गया है। अपने सम्पूर्ण भय-त्रास और शारीरिक यन्त्रणाओं[5] के साथ नरक पर्याप्त मात्रा में सुपरिचित है।

अथर्ववेद के जादूविद्याविषयक भाग पर भी आर्यों का प्रभाव पड़ा है। यदि जादूविद्या को स्वीकार करना ही है तो अगला उत्तम कार्य उसे परिष्कृत कर लेना है। बुरे जादू की निन्दा की गई है और उत्तम जादू को प्रोत्साहन दिया गया है। बहुत-से इन्द्रजाल पारिवारिक एवं ग्रामीण जीवन में समानता लाने में सहायक सिद्ध हुए हैं। बर्बर और रक्तरंजित यज्ञ निषिद्ध ठहराए गए हैं, जो आज भी भारत के उन भागों में जहां आर्यसभ्यता नहीं पहुंच सकी, प्रचलित हैं। अथर्ववेद की पुरानी संज्ञा, "अथर्वाङ्गिरसः', यह प्रकट करती है कि इसके अन्दर दो भिन्न-भिन्न स्तर थे। एक अथर्वन् का और दूसरा अंङ्गिरस का। पहले भाग में कल्याणकारी विधियों का वर्णन है, जिनका उपयोग रोगों की चिकित्सा के लिए होता था।[6] उसके विरोधी विधानों का वर्णन अंगिरस में है। पहला चिकित्सा-परक है और दूसरे में जादू-टोना आदि का विधान है, और इस प्रकार इस वेद में दोनों की ही खिचड़ी है।

अथर्ववेद को, जो बहुत प्रकार के समझौते या समन्वय का परिणाम है, ऐसा प्रतीत होता है कि वेद की कोटि में मान्यता प्राप्त करने के लिए कई प्रकार के संकटों में से गुज़रना पड़ा है।[7] इसका मुख्य विषय मंत्र-तंत्र होने के कारण इसे अनादर की दृष्टि से देखा जाता था। इसने भारत में निराशावादी दृष्टिकोण के विकास में बहुत बड़ा काम किया। मनुष्य शैतान और प्रलोभक में विश्वास भी करें और फिर भी जीवन में सुख प्राप्त कर सकें, यह नहीं हो सकता। इस प्रकार दैत्यों को निकट देखकर मनुष्य जीवन से भयभीत हो जाता है। अथर्ववेद के प्रति न्याय करने के विचार से यह स्वीकार करना पड़ेगा कि इसने भारत में वैज्ञानिक विकास के लिए मार्ग तैयार किया।

---

1. देखें, 10 : 7,7, 13,17।
2. ऋग्वेद, 4 : 3, 6; 1 : 114,10।
3. अथर्ववेद, 10 : 7।
4. 19 : 71, 1।
5. 12 : 4, 36।
6. भेषजनि, अथर्ववेद, 11 : 6, 14।
7. अनेक धर्मशास्त्रों में केवल तीन वेदों का वर्णन मिलता है; ऋग्वेद 10 : 90, 9; 5 : 7, 1; तैत्तिरीयोपनिषद् 2 : 2-3। बौद्धों के प्रामाणिक ग्रंथों में अथर्ववेद का नाम नहीं है। पीछे जाकर अथर्ववेद को भी वेद की मान्यता प्राप्त हो गई।

3. यजुर्वेद और ब्राह्मणग्रन्थ

चिन्तन के इतिहास में रचनात्मक और आलोचनात्मक युग क्रमशः एक-दूसरे के पश्चात् आते हैं। इसी प्रकार धर्मों के इतिहास में सम्पन्नता और उज्ज्वलता के युग के पीछे शुष्कता एवं कृत्रिमता का काल आता है। जैसे ही हम ऋग्वेद से यजुर्वेद, और सामवेद एवं ब्राह्मणों की ओर आते हैं, हमें वातावरण में परिवर्तन दिखाई देने लगता है। जहां एक ओर पहले में नवीनता व सादगी थी, वहां बाद के ग्रन्थों में रूखापन एवं कृत्रिमता प्रतीत होती है। धर्म की भावना तो पीछे रह गई, और उसके बाह्य रूप अधिक महत्त्व पकड़ गए। प्रार्थना-पुस्तकों की आवश्यकता अनुभव होने लगी। प्रार्थना-मन्दिरों की स्थापना होने लगीं। ऋग्वेद से मंत्र निकाल-निकालकर यज्ञपरक आवश्यकताओं के अनुकूल बनाने में उनका उपयोग होने लगा। पुरोहित ही शासक (प्रभु) बन गया। यज्ञ-वेदी तैयार करने के लिए भी यजुर्वेद में से विशेष मन्त्र चुने गए और यज्ञ के समय गान के लिए सामवेद से मंत्र लिए गए। इन वेदों के विषय में हम ब्राह्मणग्रन्थों के साथ-साथ विवेचना करेंगे, क्योंकि ये सब यज्ञशाला व प्रार्थनामन्दिरों का वर्णन करते हैं। यजुर्वेद- प्रतिपादित धर्म एक यांत्रिक पुरोहितवाद के रूप में है। पुरोहितों की एक जमात ब्राह्य क्रिया-कलापों की एक विस्तृत एवं जटिल पद्धति का संचालन करती है, और इन क्रिया- कलापों को प्रतीकात्मक महत्त्व प्रदान किया गया और उसके सूक्ष्म से सूक्ष्म अंश को भी साथ-साथ वैसा ही महत्त्व दिया गया। जहां क्रिया-कलाप और यज्ञ आदि का वातावरण धर्म की वास्तविक भावना को दबाने के लिए सिर उठा रहे हों वहां धार्मिक भावना जीवित नहीं रह सकती। अतः इस काल में आदर्श के प्रति आस्था और पाप के प्रति सचेत रहने का भाव देखने को नहीं मिलता। हर एक प्रार्थना एक विशेष क्रियापरक है और उसका लक्ष्य भी किसी भौतिक लाभ की प्राप्ति है। यजुर्वेद के मन्त्रों में जीवनोपयोगी वस्तुओं के लिए तुच्छ-तुच्छ प्रार्थनाओं की विषादमय पुनरावृत्ति ही है। हम ऋग्वेद के सूक्तों एवं अन्य वेद और ब्राह्मणों के काल में कोई स्पष्ट विभेदक रेखा नहीं खींच सकते, क्योंकि परवर्ती वेदों एवं ब्राह्मणों के समय में जो प्रवृत्तियों सुव्यक्त रूप में दृष्टिगोचर होती हैं वे ऋग्वेद के सूक्त-निर्माण काल में भी वर्तमान थीं। हम कुछ अधिक निश्चय के साथ कह सकते हैं कि ऋग्वेद के सूक्तों का अधिकतर समूह ब्राह्मणग्रन्थों की रचना के समय से पूर्व संगृहीत हो चुका था।

4. धर्मविद्या

ब्राह्मणग्रंथ, जो वेदों के दूसरे भाग हैं, क्रिया-कलापों का विधान करने वाली वे पाठ्य-पुस्तकें हैं जिनका मुख्य कार्य यज्ञ-सम्बन्धी जटिल संस्कारविधियों में पुरोहितों का पथप्रदर्शन करना है। उनमें से प्रधान ऐतरेय और शतपथ हैं। ब्यौरे के विषय में व्याख्या सम्बन्धी मतभेद के कारण ब्राह्मणों के विभिन्न सम्प्रदाय बन गए। इस युग की विशेषता यह है कि धार्मिक विकास में कुछेक ऐसे महत्त्वपूर्ण परिवर्तन हुए जिन्होंने स्थायी रूप से इसके भावी इतिहास पर असर डाला। यज्ञों के अनुष्ठान के ऊपर बल देना, जात-पांत और आश्रम-व्यवस्था को मानना, वेद की नित्यता में विश्वास, पुरोहित को सर्वोच्च पद देना—ये सब बातें इसी युग की देन है।

हम इस युग में पहले की वैदिक देव-माला में जो नये-नये देवता जोड़े गए उनसे प्रारम्भ

कर सकते हैं। यजुर्वेद में विष्णु ने महत्त्व का स्थान प्राप्त किया। शतपथ ब्राह्मण ने उसे यज्ञ का मूर्तरूप प्रदान किया है।[1] इसमें नारायण का नाम भी आता है, यद्यपि केवल तैत्तिरीय आरण्यक में ही नारायण और विष्णु का एक साथ सम्बन्ध जोड़ा गया है। शिव भी प्रकट होता है, और कौषीतकि ब्राह्मण में भिन्न-भिन्न नाम से उसका वर्णन आया है।[2] रुद्र यहां दयालु रूप में आता है और उसे गिरीश[3] नाम से पुकारा गया है। ऋग्वेद का प्रजापति मुख्य देवता और विश्व का निर्माता बन जाता है। विश्वकर्मा के साथ उसकी समानता है।[4] अद्वैतवाद को मस्तिष्क में बैठा दिया गया है। अग्नि बहुत महत्त्वपूर्ण है। 'ब्रह्मणस्पति', जो प्रार्थना का ईश्वर है, सूक्तों का नेता और संस्कारों का संयोजक बनता है। ऋग्वेद में 'ब्राह्मण' से तात्पर्य एक सूक्त अथवा ऐसी प्रार्थना से है जो परमेश्वर को संबोधित करके की गई हो। वह उस आत्मनिष्ठ शक्ति से जो एक ऋषि को प्रार्थना तैयार करने में सहायक का काम करती थी, बदलकर उस वस्तु के लिए प्रयुक्त होने लग गया जिसकी प्राप्ति के लिए प्रार्थना की जाती थी। वैदिक प्रार्थना का निमित्त कारण न होकर अब इसका तात्पर्य यज्ञ की शक्ति हो गया। और चूंकि ब्राह्मणों में समस्त ब्रह्माण्ड की यज्ञ से उत्पत्ति बताई गई है इसलिए ब्रह्म से ब्रह्माण्ड के सृजनात्मक तत्त्व का तात्पर्य लिया जाने लगा।[5]

ब्राह्मणग्रन्थों का धर्म विशुद्धरूप से औपचारिक था। कवियों का जोश और वैदिक सूक्तों की हार्दिकता (निष्कपटता) अब उपलब्ध नहीं होती। प्रार्थना से अभिप्राय अब केवल मन्त्रों का मन में जाप अथवा पवित्र सूक्तों का उच्चारण मात्र ही रह गया। परमात्मा को कर्म में प्रवृत्त करने के लिए, ऊंचे स्वर से प्रार्थना करना आवश्यक समझा गया। शब्द कृत्रिम ध्वनिमात्र रह गए, जिनमें गूढ़ शक्ति थी। पुरोहित के सिवा कोई व्यक्ति इस सबके रहस्य को नहीं समझ सकता था और पुरोहित अपने को इस पृथ्वी पर ईश्वर के रूप में प्रकट होने का दावा करता था। एकमात्र महत्त्वाकांक्षा यह थी कि हम भी देवताओं की भांति अमर हो जाएं जिन्होंने यज्ञों द्वारा वह पद प्राप्त किया था।[6] सब कुछ यज्ञों के प्रभाव के अधीन है। यज्ञों के बिना सूर्य उदय नहीं होगा। यदि हम सौ अश्वमेधयज्ञ कर लेंगे तो हम स्वर्ग के इन्द्र का भी स्थान ले सकते हैं। यज्ञ के देवता प्रसन्न होते है और मनुष्य लाभ प्राप्त करते हैं। उनके द्वारा देवता मनुष्य के मित्र बन जाते हैं। साधारण तौर से यज्ञ किए जाते थे सांसारिक लाभ-प्राप्ति के लिए, स्वर्गीय सुख की प्राप्ति के लिए नहीं। वेदों के सीधे-सादे भक्तिपरक धर्म का स्थान एक ऐसे कठोर और आत्मा को निष्क्रिय बना देने वाले वणिक्-सम्प्रदाय ने ले लिया जिसका आधार अनुबन्ध के रूप में एक उद्देश्यसिद्धि था।[7] वैदिक मन्त्रों में यज्ञ नाममात्र को प्रार्थना के रूप थे, जिन्हें सत्यधर्म समझा जाता था किन्तु अब उन्होंने मुख्य स्थान ग्रहण कर

1. 5 : 2, 3, 6; 5 : 4, 5, 1; 12 : 4, 1, 4; 14 : 1, 1, 6, और 15।
2. 6 : 1-9।
3. देखिए तैत्तिरीय संहिता, 4 : 5, 1; वाजसनेयी संहिता, 9।
4. शतपथ ब्राह्मण, 8 : 2, 1, 10; 8 : 2, 3, 13।
5. ऐसे अनेकों वाक्य हैं जिनमें ब्राह्मण शब्द इन अर्थों में प्रयुक्त हुआ है। "वास्तव में प्रारम्भ में यह विश्व ब्रह्म ही था, इसने देवताओं का निर्माण किया।" (शतपथ ब्राह्मण 11 : 2, 3, 1; और भी देखिए 10 : 6, 3, और छान्दोग्य उपनिषद् 3 : 14, 1)।
6. शतपथ ब्राह्मण, 3 : 1, 4 9 3, ऐतरेय ब्राह्मण, 2 : 1, 1।
7. "वह देवताओं को यज्ञ द्वारा इस मन्त्र से अर्पण करता है—तू मुझे दे और मैं तुझे दूंगा। तू मुझे अर्पित कर, मैं तुझे अर्पित करूंगा।" (वाजसनेयी संहिता 3 : 50, और भी देखिए, शतपथ ब्राह्मण, 2 : 5, 3, 19)।

लिया था। यज्ञ के कर्मकाण्ड में किया गया प्रत्येक कर्म और उच्चारण किया गया प्रत्येक शब्द महत्त्व रखता था। ब्राह्मणों का धर्म प्रतीकात्मक जटिलताओं से लद गया और अन्त में आकर आत्म-शून्य निरर्थक क्रिया-कलापों और पाण्डित्याभिमानी लौकिकता में खो गया।

यज्ञ की भावना के बढ़ते हुए आधिपत्य ने पुरोहितों की मर्यादा को समाज में ऊंचा उठा देने में सहायता की। वैदिक सूक्तों का द्रष्टा एवं दैवीय प्रेरणा से प्रेरित होकर सत्य का गान करने वाला ऋषि दैवीय धर्म पुस्तक का धारण करने वाला और जादू मंत्रों को दोहराने वाला मात्र बन गया। भिन्न-भिन्न पेशों के कारण आर्य लोगों में साधारणरूप से जो तीन विभाग बने थे उन्होंने वंशपरम्परागत पैतृक पेशों का रूप धारण कर लिया। यज्ञ-सम्बन्धी कर्मकाण्ड का जो उच्च श्रेणी का कलापूर्ण रूप बन गया था उसके अनुरूप पुरोहित पद के लिए विशेष प्रशिक्षण की आवश्यकता थी। पितृशासित परिवार का मुख्यिा यज्ञात्मक कर्मकाण्डों की जटिल किन्तु सूक्ष्म पद्धति का और अधिक संचालन नहीं कर सकता था। इसलिए पौरोहित्य एक पेशा बन गया और यह वंश-परम्परागत पैतृक व्यवसाय हो गया। पुरोहित लोग, जिनके पास वेदविद्या का ज्ञान था, मनुष्यों और देवताओं के बीच अधिकार प्राप्त मध्यस्थ एवं दैवीय कृपा की दृष्टि करने वाले बन गए। यजमान, अर्थात् जिसके निमित्त यज्ञ किया जाता है, अलग रहता है। वह स्वयं एक निष्क्रिय साधक के रूप में है, जिसका कार्य केवल मनुष्यों, धन एवं अन्य यज्ञ-सामग्री को जुटा देना मात्र है; शेष सब काम उसकी ओर से पुरोहित करता है। स्वार्थ, शक्ति, प्रतिष्ठा और सुख की प्राप्ति की प्रबल अभिलाषा ने बलपूर्वक घुसकर यज्ञों के मौलिक आदर्श की कान्ति को मन्द कर दिया। जनसाधारण को यज्ञों के महत्त्व के विषय में ठगने के लिए प्रयत्न किए गए। पुरोहित के पद एवं यज्ञों पर एकाधिकार हो गया। असंख्य प्रकार के प्रतीकों के विकास द्वारा इस एकाधिकार की भित्ति को और भी सुदृढ़ बना लिया गया। जिस भाषा का प्रयोग किया गया वह ऐसी थी जैसे कि वह हमें अपने विचारों को छिपाने के लिए दी गई हो। वस्तुओं के गूढ़ अर्थों को केवल पुरोहित ही जान सकते थे। इस प्रकार यदि पुरोहितों ने अपने को देवताओं के समान पूज्य बनने का दावा किया तो इसमें कुछ आश्चर्य की बात नहीं। ''यथार्थ में देवता दो श्रेणी के हैं। देवता तो अपने-आप में देवता हैं ही, और उनके बाद पुरोहितजन भी मनुष्य रूपी देवता हैं जिन्होंने वैदिक ज्ञान (विद्या) का अध्ययन किया है, और जो उसका अध्यापन करते हैं।''[1]

हमें जहां-तहां ऐसे पुरोहित मिलते हैं जो गम्भीरतापूर्वक यह घोषणा करते पाए जाते हैं कि वे अपने यजमानों की मृत्यु भी बुला सकते हैं, यद्यपि वे इस बात का नैतिक ज्ञान रखते हैं कि इस प्रकार का कार्य निषिद्ध है।[2] एक अन्य परिस्थिति भी, जिसने पुरोहित वर्ग की स्थिति को और भी महत्त्वपूर्ण बना दिया, यह थी कि उन वेदों की रक्षा करने का भार भी जिन्हें आर्य लोग अपने साथ लाए थे उनके ऊपर था, और जैसा कि हम अन्त में देखेंगे कि जनता के हृदय मे वेदों की पवित्रता का भाव बढ़ रहा था। वेदों की रक्षा भार को ब्राह्मणवर्ग के सुपुर्द किया गया था यदि वेदों को जीवित रखना है तो ब्राह्मण को अपने पेशे के प्रति ईमानदार होना आवश्यक है। तदनुसार उसने अपने ऊपर कुछ कठोर 'प्रतिबन्ध' लगाए। ''ऐसे ब्राह्मण को, जिसने पवित्र वेद का अध्ययन नहीं किया, आग पर रखी हुई सूखी घास की भांति क्षणमात्र में नष्ट कर देना चाहिए।''[3] ब्राह्मण को उचित है कि वह सांसारिक मान-प्रतिष्ठा को विष के समान समझकर छोड़ दे। ब्रह्मचारी अथवा विद्यार्थी अवस्था में उसे अपनी

---

1. शतपथ ब्राह्मण, 2 : 2, 2, 6; 2 : 4, 3, 14।
2. तैत्तिरीय संहिता, 1 : 6, 10, 4; और ऐतरेय ब्राह्मण, 2 : 21, 2।
3. मनु

वासनाओं को वश में रखना चाहिए, अपने गुरु के पास रहकर भोजन के लिए भिक्षावृत्ति करनी चाहिए, गृहस्थी होने पर उसे धन-संग्रह का विचार छोड़ देना चाहिए, सत्य बोलना एवं धार्मिक जीवन बिताना चाहिए, और अपने मन एवं शरीर से पवित्र रहना चाहिए। ब्राह्मणों ने अनुभव किया कि जो कार्य उनके सुपुर्द किया गया है उसे उन्हें ईमानदारी के साथ निभाना चाहिए। यह कहने की आवश्कता नहीं कि जिस प्रकार इस देश के ब्राह्मणों ने इतिहास की प्रत्येक भयानक दुर्घटनाओं के बीच वैदिक परम्परा को सुरक्षित रखा वह अद्भुत है। आज भी हमें भारतीय नगरों में वैदिक ज्ञान के ये भण्डार चलते-फिरते दृष्टिगोचर होते हैं। परवर्ती काल के जो कठोर बन्धन देखने में आते हैं वे ऐतिहासिक घटनाओं के कारण हैं। ब्राह्मणग्रन्थों के काल में द्विजन्मा (द्विज) आर्यों में परस्पर कुछ अधिक भेद-भाव नहीं था। उन सबको वैदिक ज्ञान प्राप्त करने का अधिकार प्राप्त था।[1] "यज्ञ स्वर्ग की ओर तैरते हुए एक जहाज़ के समान है। यदि एक भी पुरोहित उसमें पापी होगा तो वह एक पापी पुरोहित ही अपने कारण उस जहाज़ को डुबो देगा।"[2] इस प्रकार नैतिकता को एकदम ही असम्बद्ध मानकर छोड़ नहीं दिया गया था। ब्राह्मण पुरोहित न तो दुश्चरित्र थे और न ही जड़मति। उन्हें अपने कर्तव्यपालन का ध्यान था और स्वयं सच्चरित्र भी थे, जिसका उपदेश वे अन्यों को भी देने का प्रयत्न करते थे। वे नेकनीयत, सरलचित्त व्यक्ति थे जो नियमों का पालन करते थे, और अपनी योग्यता के अनुसार सब संस्कारों को भी करते थे और मान्य परम्पराओं एवं सिद्धान्तों की रक्षा भी करते थे। वे अपने पेशे का पूरा ज्ञान रखते थे और अपने कर्तव्यों को रुचि एवं श्रद्धा के साथ निभाते थे। उन्होंने नियमों की परिष्कृत संकेतावली का निर्माण किया, जिससे प्रकट होता है कि उन्हें विद्या के प्रति और मनुष्य-जाति के प्रति भी अनुराग था। यदि उन्होंने कहीं भूल की तो उसका कारण यह था कि वे परम्परा की श्रृंखला से विवश थे। वे सदाशय और शुद्धात्मा पुरुष थे, भले ही उनके अन्दर कुछ मतिविभ्रम रहा हो। उन्हें सत्य की अपनी पुरातन परिभाषा में ज़रा-सा भी सन्देह नहीं था। किन्तु समय की धारणाओं ने उनके विचार को बेकार कर दिया। तो भी यह कोई नहीं कह सकता कि अपनी संस्कृति एवं सभ्यता के प्रति उनका अभिमान अनुचित था, जबकि उनके पास-पड़ोस का सारा संसार बर्बरता में डूबा हुआ था, और उसके अन्य हज़ारों कर्कश और अत्याचारी अवयवों ने उन्हें उक्त भावना को प्रकट करने के लिए प्रोत्साहित किया था।

स्वभाव से ही पेशे के रूप में पुरोहिताई हमेशा अनैतिकता की ओर ले जाने वाली होती है। किन्तु यह सोचने का कोई कारण नहीं है कि भारत का ब्राह्मण अन्य देश के पुरोहितों से अपेक्षाकृत अधिक दिखावटी या दम्भी था। सच्चे ब्राह्मणों ने उस युग में भी गम्भीर, शान्त एवं दैवीय प्रेरणा से प्रेरित होकर सम्भावित अवनति के प्रति विरोधी वक्तव्य दिए थे। उन्होंने स्वार्थी पुरोहितों की आत्मश्लाघा और दम्भ के विरुद्ध विद्रोह किया और फैले हुए भ्रष्टाचार के प्रति संकोचवश लज्जा भी प्रकट की। पुरोहिताई की विवेचना करते समय हमें इस बात का स्मरण करना आवश्यक है कि गृहस्थ के कर्तव्यों का उन्होंने ख्याल रखा; और दूसरे आश्रमों में, अर्थात् वानप्रस्थाश्रम और सन्यास में, उन क्रियाकिलापों का कोई बन्धन नहीं

---

1. मनु कहते हैं, "एक ऐसा द्विज–ब्राह्मण, क्षत्रिय या वैश्य बिना वेदाध्ययन के शीघ्र ही इसी जन्म में पतित होकर शूद्रकोटि में आ जाता है।" महाभारत में हम पढ़ते हैं, "वानप्रस्थ-आश्रम का विधान अर्थात् वनों में रहकर फलों, कन्दों और वायु पर ही निर्वाह करने वाले सन्तों का विधान–तीनों द्विजवर्णों के लिए है, जबकि गृहस्थाश्रम का विधान सब वर्णों के लिए है।"
2. शतपथ ब्राह्मण, 4 : 2, 5, 10।

रखा। ब्राह्मणों के शासन को यदि अत्याचारी और उत्पीड़नशील समझा गया होता तो वह टिक नहीं सकता था। विचारशील पुरुषों का उस शासन में विश्वास था, क्योंकि इसका आग्रह केवल इतना था कि प्रत्येक को अपने सामाजिक कर्तव्य का पालन करना चाहिए।

उत्तरकालीन दर्शनयुग में हमें वेदप्रमाण अथवा शब्दप्रमाण के विषय में बहुत कुछ सुनने को मिलता है। दर्शनों के अन्दर सनातन एवं अर्वाचीन का भेद किया जाता है, अधिकतर इस दृष्टि से कि वे वेद के प्रामाण्य को स्वीकार करते हैं या उसका निषेध करते हैं। वेद को ईश्वरीय ज्ञान समझा जाता है। यद्यपि परवर्ती समय के हिन्दू सुधारकों ने वेदों के प्रामाण्य के समर्थन में प्रतिभासम्पन्न व्याख्याएं प्रस्तुत की हैं, तो भी जहां तक वैदिक ऋषियों का सम्बन्ध है, वे वेदों को उच्चतम सत्य के रूप में देखते हैं, जिनका प्रकाश ईश्वर की ओर से विशुद्ध आत्माओं के अन्दर किया गया। "सौभाग्यशाली हैं वे जो हृदय में पवित्र हैं, क्योंकि ऐसे ही पुरुष ईश्वर का प्रत्यक्ष ज्ञान प्राप्त कर सकते हैं। "वैदिक सूक्तों के ऋषि अपने को उनका रचयिता न मानकर द्रष्टा कहते हैं।[1] यह मानसिक चक्षु अथवा आभ्यन्तर दृष्टि द्वारा देखना है। ऋषियों की दृष्टि वासनाओं के वाष्प से मलिन नहीं होती, इसलिए वे उस सत्य को देख सकते हैं जो साधारणतः इन चर्मचक्षुओं द्वारा नहीं देखा जा सकता।[2] ऋषियों का कार्य उस सत्य को दूसरों तक पहुंचाना है जिसका उन्होंने दर्शन किया। वे सत्य के निर्माता नहीं हैं। वेदों को श्रुति नाम दिया गया है, अर्थात् अनन्त के छन्दों की वह ध्वनि जो आत्मा द्वारा सुनी गई है। दृष्टि और श्रुति, जो दोनों वैदिक शब्द हैं, दर्शाते है। कि वैदिक ज्ञान तर्क द्वारा प्रकट किया जाने वाला विषय नहीं, बल्कि आत्मा की अन्तदृष्टि का विषय है। कवि की आत्मा ने सुना अथवा दैवीय भावनायुक्त अवस्था में उसके मन में इसका प्रकाश हुआ जबकि मन तर्कपूर्ण एवं अस्थिर चेतना की संकीर्ण सतह से ऊपर उठता है। वैदिक ऋषियों के मतानुसार, वैदिक सूक्तों के विषय दैवीय प्रेरणा के परिणामस्वरूप हैं और केवल इन्हीं अर्थों में वे वैदिक सन्देश अर्थात् ईश्वरीय ज्ञान हैं। ऋषियों का आशय वेदों को चमत्कारिक एवं अलौकिक बतलाने से नहीं है। कुछेक मन्त्रों को वे अपने बनाए हुए भी बतलाते हैं। वे उन मन्त्रों के कवि के रूप में और उन्हीं अर्थों में कर्ता हैं जिन अर्थों में, बढ़ई, जुलाहा अथवा नाविक होते हैं[3] और उनकी प्राकृतिक व्याख्या करते हैं। वैदिक सूक्तों को मानवीय हृदय के भावों ने ही रूप दिया है।[4] कभी-कभी वे यह भी कहते हैं कि उन्होंने सूक्तों को ढूंढ़ निकाला है, अर्थात् उनका निर्माण नहीं किया।[5] उनका कहना यह भी है कि सोमपान करने के पश्चात् हृदय में जो स्फूर्ति हुई उसके ये परिणाम हैं।[6] बहुत ही विनम्र भाव से वे वैदिक सूक्तों को ईश्वरप्रदत्त स्वीकार करते हैं।[7] दैवीय प्रेरणा का भाव अभी भी निर्दोष

1. 'वेद' शब्द आर्यजाति की धातु 'विद्' से निकला है, जिसका अर्थ है 'देखना'। इसकी तुलना इनसे कीजिए : अंग्रेज़ी 'विज़न' (लैटिन 'विदेओ' से), 'आइडियाज' (ग्रीक 'इदोज़' से), 'विट'
2. बीथोवन कहता है, "यह सब कलापूर्ण रचना ईश्वर से ही आती है और इसका सम्बन्ध मनुष्य ही से है, क्योंकि वह दैवीय क्रिया को अपने अन्दर देखता है।"
3. देखें, म्योर, 'संस्कृत टेक्स्ट्स', खण्ड 3।
4. ऋग्वेद, 1 : 117, 2; 2 : 35, 2।
5. 10 : 67, 1।
6. 6 : 47, 3।
7. 1 : 37, 4; 3 : 18, 3। म्योरकृत 'संस्कृत टेक्स्ट्स' नामक पुस्तक के दूसरे अध्याय में (खण्ड 3, पृष्ठ 217-86) हमें ऐसे वाक्यों का संग्रह मिलता है जो स्पष्ट रूप से दिखलाते हैं कि "यद्यपि ऋषियों में कुछेक यह कल्पना करते हुए प्रतीत होते हैं कि उनमें दैवीय प्रेरणा से ही धार्मिक भाव उत्पन्न होते हैं, साथ ही उन्होंने सूक्तों को अपनी रचना अथवा अपने पूर्वजों की रचना माना, दोनों में अर्वाचीन एवं प्राचीन का भेद-मात्र किया और यह भी कहा कि ये वाक्य केवल यथार्थ-सत्ता की प्रेरणा से ही लिखे जा सकते थे।"

ईश्वरीय ज्ञान के रूप में परिवर्तित नहीं हुआ है।

जब भी हम ब्राह्मणों की ओर आते हैं तो हम ऐसे काल में पहुंच जाते हैं जबकि वेदों की दैवीय प्रामाणिकता को स्वतःसिद्ध सत्य के रूप में स्वीकार कर लिया गया है।[1] वेदों के दैवीय सन्देश होने का दावा और इसीलिए उनकी नित्यरूप में सत्यता इसी काल में मानी जाने लगी। वेद के उद्गम को बुद्धि द्वारा समझना आसान है। लेखनकला उस काल में अज्ञात थी। उस समय न तो छापने वाले थे और न पुस्तक-प्रकाशक ही थे। वेदों के विषय गुरु-परम्परा से एक से दूसरे तक पहुंचाए गए। वेदों के प्रति जनता के मन में आदर का भाव उत्पन्न हो, इसके लिए उनके साथ पवित्रता का भाव जोड़ दिया गया। ऋग्वेद में वाक्, वाणी, को एक देवी के रूप में कहा गया। और फिर कहा कि वाक् से वेद निर्गत हुए। इस प्रकार से वाक् वेदों की जननी है।[2] अथर्ववेद में कहा है कि मन्त्र में जादू की शक्ति है। "वेद स्वयम्भू ईश्वर से श्वास के समान प्रकट हुए हैं।"[3] वेदों को ईश्वरीय ज्ञान माना जाने लगा जो ऋषियों को दिया गया क्योंकि उन्हें दैवीय प्रेरणा हुई। शब्द, अर्थात् अभिव्यक्ति को नित्य माना गया है। वेदों के विषय में इस मत का प्रत्यक्ष प्रभाव यह हुआ कि दर्शनशास्त्र शिक्षा का एक विषय हो गया। जब उच्चारण किया गया वास्तविक और जीवित शब्द एक नियमबद्ध मन्त्र में जड़ दिया गया तो उसका भाव गायब हो गया। भारतीय विचारधारा के इतिहास में जो इतने प्राचीन समय से वेद की प्रामाणिकता स्वीकार कर ली गई, उसका प्रभाव पीछे आने वाले समस्त विकास पर पड़ा। परवर्ती दर्शनशास्त्र में ऐसी एक प्रवृत्ति उत्पन्न हुई जिससे क्रमविहीन एवं सदा ही प्राचीन समय के सन्दर्भों के साथ संगत न बैठने वाले पाठ की व्याख्या निर्णीत मतों के आधार पर ही होने लगी। जब एक विशेष परम्परा एक बार पवित्र एवं निभ्रन्ति समझी जाने लगी तो यह निश्चित था कि उसे प्रत्यक्ष अथवा परोक्ष रूप से सत्य प्रकट करने का साधन भी स्वीकार किया जाए। यही कारण था कि परस्पर विभिन्न, विरोधी एवं असंगत मतों और सिद्धान्तों के समर्थन में उसी एक वेद से मन्त्र प्रस्तुत किए जाने लगे। यदि रूढ़ि के प्रति भक्ति एवं मतों की विविधता को एक साथ रहना है तो यह उसी अवस्था में सम्भव हो सकता है जबकि मन्त्रों की व्याख्या के विषय में पूरी स्वतन्त्रता दी गई हो। और इसी विषय में भारतीय दार्शनिक ने अपनी मेधाविता का प्रदर्शन किया है। यह अवश्य ही आश्चर्य का विषय है कि परम्परा के रहते हुए भी भारतीय विचारधारा अपने-आपको एक दीर्घकाल तक साम्प्रदायिक दर्शन से अछूता रख सकी। भारतीय विचारक पहले एक युक्ति-युक्त सिद्धान्त की स्थापना करते हैं और तब उसके समर्थन में प्राचीन ग्रन्थों के उपयुक्त स्थलों को चुनते हैं। ये या तो बलपूर्वक उन ग्रन्थों की संगति अपने सिद्धान्त के समर्थन में लगाते हैं या अन्यथा व्याख्या करते पाए जाते हैं। इस वैदिक प्रथा का एक अच्छा फल हुआ है। इससे यहां का दार्शनिक ज्ञान यथार्थ एवं जीवित रह सका है। खोखले वाद-विवाद में एवं आध्यात्मिक विषयों की ऐसी बहस में जिसका जीवन के साथ कोई सीधा सम्बन्ध नहीं है, अपना समय नष्ट न करके भारतीय विचारकों ने एक ऐसा दृढ़ आधार बना लिया जिसके सहारे वे आगे बढ़ सकते थे, और वह उच्चश्रेणी के ऋषियों का धार्मिक अन्तर्दृष्टि द्वारा प्राप्त

1. देखें, 'ऐतरेय ब्राह्मण', 7 : 9।
2. 'वेदानां माता'। 'तैत्तिरीय ब्राह्मण', 2 : 8, 8, 5। तुलना करें, सेंट जॉन के गास्पल का प्रारम्भ : "प्रारम्भ में शब्द ही था।"
3. 'शतपथ ब्राह्मण', 11 : 5, 81 और आगे। और साथ में 'पुरुषसूक्त' भी।

किया हुआ ज्ञान था जो वेदों के रूप में अभिव्यक्त हुआ था। इसने उन्हें जीवन के मुख्य सत्यों पर आधिपत्य प्रदान किया, और कोई भी दर्शन इन सत्यों की उपेक्षा नहीं कर सका।

5. सृष्टि-सम्बन्धी सिद्धान्त

सृष्टि की रचना के विषय में जितने सिद्धान्त हैं वे सब प्रायः ऋग्वेद का अनुसरण करते हैं, किन्तु कुछ विचित्र कल्पनाएं भी इस विषय में पाई जाती हैं। ऋग्वेद के पश्चात्वर्ती तैत्तिरीय ब्राह्मण में आता है : "शुरू-शुरू में कुछ नहीं था, न द्युलोक था, न पृथ्वी ही थी।" कामना ही संसार के अस्तित्व का बीजरूप है। प्रजापति सन्तति की कामना करता है और सृष्टिरचना करता है। "वस्तुतः सृष्टि के प्रारम्भ में केवल प्रजापति ही विद्यमान था। उसने अपने अन्दर विचार किया कि मैं कैसे अपना विस्तार करूं। उसने कठोर परिश्रम किया और तप किया। उसने जीवित प्राणियों को उत्पन्न किया।"[1]

6. नीतिशास्त्र

ब्राह्मण ग्रन्थों के धर्म के प्रति न्याय करने के विचार से यह मानना पड़ेगा कि हमें उनमें स्थान-स्थान पर नैतिक भावना और उन्नत मनोभाव मिलते हैं। मनुष्य के कर्तव्य का भाव सबसे पहले ब्राह्मणग्रन्थों में ही उदित होता है। कहा गया है कि मनुष्य के ऊपर कुछ ऋण अथवा कर्तव्य देवताओं, मनुष्यों एवं पशुजगत् के प्रति हैं। उन कर्तव्यों को यों विभक्त किया गया है : (1) देवऋण (2) ऋषिऋण, (3) पितृऋण, (4) मनुष्यों के प्रति ऋण और (5) निकृष्ट योनियों के प्रति ऋण। जो मनुष्य उक्त सब प्रकार के ऋणों से उद्धार पा जाता है, अर्थात् सबके प्रति अपने कर्तव्यों का ठीक-ठीक पालन करता है, वह सत्पुरुष है। अपने दैनिक भोजन के अंशों को बिना देवों, पितरों, अन्य मनुष्यों एवं पशु-पक्षियों को अर्पित किए एवं बिना दैनिक प्रार्थना किये कोई भी मनुष्य अन्न का स्पर्श नहीं कर सकता। अपने चारों ओर के जगत् के साथ समानता का व्यवहार करते हुए जीवनयापन करने का यही सही तरीका है। जीवन एक प्रकार से कर्तव्यों और उत्तरदायित्वों का चक्र है। यह भाव निश्चितरूप से ऊंचा और उदार है, भले ही आदर्श का वास्तविक पूरक कुछ भी हो। हम अपनी सब क्रियाओं में निःस्वार्थभाव रख सकते हैं। शतपथ ब्राह्मण में सब वस्तुओं के त्याग, अर्थात् 'सर्वमेध' को मुक्ति की प्राप्ति का साधन बताया गया है।[2] देवभक्ति निःसन्देह पहला कर्तव्य है। यान्त्रिक रूप में विशेष क्रिया-कलाप का पूरा कर लेना देवभक्ति नहीं है। देवभक्ति के लिए स्तुति और शुभकर्म आवश्यक हैं। देवभक्ति से तात्पर्य है जहां तक भी सम्भव हो सके दिव्य गुणों को प्राप्त करने के लिए प्रयत्न करना। सत्य बोलना देवभक्ति का एक अनिवार्य अंग है। यह धार्मिक एवं नैतिक कर्तव्य है। अग्नि व्रतों का स्वामी और वाक् भाषण का स्वामी है। यदि व्यवहार में सत्याचरण न होगा तो दोनों ही अप्रसन्न हो जाएंगे।[3] यज्ञों की सांकेतिक व्याख्याओं के विषय में हम पहले लिख आए हैं। ऐसे भी वाक्य मिलते हैं जिनमें कर्मों की अनिवार्य निष्फलता बतलाई गई है। "परलोक को यज्ञ में दी गई आहुतियों के द्वारा नहीं

1. शतपथ ब्राह्मण, 2 : 5, 1, 1-3।
2. 13 : 7, 1, 1।
3. "देव लोग एक ही नियम का पालन करते हैं—सत्य।" शतपथ ब्राह्मण, 1 : 1, 1, 4; और भी देखें, 1 : 1, 1, 5; 3 : 3, 2, 2, और 3 : 4, 2, 8, और 2 : 2, 5, 19।

पहुंच सकते, न ही तपस्या से पहुंच सकते हैं, यदि इसका ज्ञान न हो। वह अवस्था उसी को प्राप्त होती है जिसे इसका ज्ञान हैं।"[1] व्यभिचार को पाप के रूप में निषिद्ध ठहराया गया है। देवताओं के प्रति, विशेषतः वरुण देवता के प्रति, यह पापकर्म है। प्रत्येक पापकर्म में पापकर्म को स्वीकार कर लेने से अपराध में कमी हो जाती है।[2] तपस्या को भी एक उत्तम आदर्श माना गया है, क्योंकि देवों ने भी तपस्या के द्वारा ही देवत्व को प्राप्त किया, ऐसा समझा जाता है।[3]

आश्रमधर्म का भी इसी काल में प्रवेश हुआ, प्रत्युत यह कहना अधिक उचित होगा कि आश्रमधर्म का निर्माण ही इस काल में हुआ।[4] वैदिक आर्यों के जीवन के चार अवस्थान हैं। उनके नाम इस प्रकार हैं : (1) ब्रह्मचारी, अर्थात् विद्यार्थी जिससे यह आशा की जाती है कि वह एक या एक से अधिक वेदों का अध्ययन करेगा; (2) गृहस्थ, जिसे धर्मशास्त्रों में विहित सामाजिक और यज्ञ-सम्बन्धी कर्तव्यों का पालन करना होता है; (3) वानप्रस्थ, जो उपासक अपना समय उपवास एवं तपस्या में व्यतीत करता है; और (4) सन्यासी, अथवा तपस्वी, जिसका कोई एक निश्चित स्थान नहीं होता, जिसके पास कोई निजी सम्पत्ति नहीं होती और जिसकी तीव्र आकांशा ईश्वर के साथ संयोग प्राप्त करना ही है। वेद के चारों भाग—अर्थात् संहिताभाग, ब्राह्मणग्रन्थ, आरण्यक और उपनिषदें—वैदिक आर्य लोगों के जीवन के चार पड़ावों के अनुकूल हैं।[5] लौकिक एवं कर्मकाण्ड-सम्बन्धी पूजा के अन्दर छिपा हुआ सत्यधर्म और नैतिक सदाचार का भाव था, जिससे मनुष्य के हृदय को सन्तोषलाभ होता था। इस सदाचारात्मक आधार के कारण ही ब्राह्मणों का धर्म अन्य सब दुर्बलताओं के रहते हुए भी इतने लम्बे समय तक टिका रह सका। ब्राह्य पवित्रता के साथ-साथ आभ्यन्तर पवित्रता पर भी पूरा बल दिया गया था। सच्चाई, देवभक्ति माता-पिता का आदर, पशुजगत् के प्रति दयालुता का भाव, मनुष्यजाति के प्रति प्रेम, तथा चोरी, हिंसा और व्यभिचार से दूर रहना आदि धार्मिक जीवन के अंग हैं—यह शिक्षा भारतीयों के मस्तिष्क में अच्छी तरह से बैठा दी गई थी।

जातिभेद रूपी संस्था सिद्धान्तविहीन पुरोहितों का आविष्कार न होकर समय की अवस्थाओं द्वारा मनुष्य-समाज का स्वयंविकसित रूप थी। ब्राह्मग्रन्थों के समय में यह जड़ पकड़ गई। पुरुषसूक्त यद्यपि ऋग्वेद का एक भाग है, किन्तु है ब्राह्मण ग्रन्थों के ही समय का। यह प्रकट है कि उस समय आर्यों एवं दस्युओं में परस्पर अन्तर्जातीय विवाह होते थे।[6] परस्पर रक्त के अत्यधिक मिश्रण को बचाने के लिए आर्य लोगों से अपने गौरव की रक्षा के लिए अपील की जाती थी। इस प्रकार जो संस्था प्रारम्भ में केवल सामाजिक रूप में थी उसे धार्मिक रूप दे दिया गया। इसे दैवीय स्वीकृति दे दी गई, और जातिविषयक नियम अटल

---

1. 'शतपथ ब्राह्मण', 10 : 5, 4, 15।
2. 'शतपथ ब्राह्मण', 2 : 5, 2, 20।
3. 'तैत्तिरीय ब्राह्मण', 3 : 12, 3।
4. 'आश्रम' शब्द जिस धातु (श्रम् धातु) से निकला है उसका अर्थ है मेहनत करना। इसका तात्पर्य है कि भारतीयों ने यह अनुभव किया था कि बिना कष्ट के उन्नति नहीं होती।
5. जीवन की इन श्रेणियों का विवरण भिन्न-भिन्न ग्रन्थकारों के अनुसार भिन्न-भिन्न है। देखिए बृहदारण्यक उपनिषद्, 3 : 5, 1; 'आपस्तम्बसूत्र, 2 : 9, 21, 1; गतिसूत्र, 3 : 2; बोधायान, 2 : 6, 11, 12; मनु, 5 : 137; 6 : 87; वसिष्ठ, 7 : 2।
6. अथर्ववेद, 5 - 17, 8।

बन गए। प्रारम्भिक वर्णधर्म में जो लचीलापन था उसके स्थान में जात-पांत के नियम अत्यन्त कठोर हो गए। प्राचीन वैदिककाल में पुरोहित लोगों का एक अलग पेशा तो था, किन्तु उनकी अलग जाति नहीं थी। कोई भी आर्य पुरोहित बन सकता था, और पुरोहित वर्ग आवश्यक रूप से क्षत्रिय अथवा वाणिज्य व्यवसायी वैश्यवर्ग से ऊंचा नहीं समझा जाता था। कभी-कभी उन्हें घृणा की दृष्टि से भी देखा गया है।[1] किन्तु अब अभिमान के कारण जो अलग रहने का भाव आ गया, वह जाति का आधार बन गया। इस प्रवृत्ति के कारण स्वतन्त्र विचार दब गया और चिन्तन सम्बन्धी उन्नति पिछड़ गई। सदाचार का मानदण्ड डूब गया। जो व्यक्ति जाति-बिरादरी के नियमों का उल्लंघन करता था उसे विद्रोही समझा जाता था और उसे जाति से बहिष्कृत कर दिया जाता था। शूद्रों के लिए उच्चतम धर्म का द्वार बन्द था। पारस्परिक घृणा बढ़ती गई। "ये क्षत्रियों के शब्द हैं," यह ब्राह्मणों द्वारा अपने से भिन्न वर्ण वालों के लिए उच्चारण किए जाने वाले शब्दों का एक नमूना है।[2]

7. परलोक शास्त्र

ब्राह्मणग्रथों के अंदर हमें भविष्य जीवन के विषय में कोई एक निश्चित मत नहीं मिलता। पितृलोक और देवलोक के विभिन्न मार्गों का वर्णन दिया गया है।[3] पृथ्वी से ऊपर फिर से जन्म धारण करने को वरदान के रूप में लिया जाता था, न कि अभिशाप के रूप में, जिससे बचने की ज़रूरत समझी जाए। दैवीय रहस्य को जानने के लिए यह एक प्रकार का प्रतिज्ञात पुरस्कार है।[4] किन्तु सबसे ऊपर मत है कि मनुष्य जन्म द्वारा अमरता प्राप्त करके देवताओं के निवास स्थान स्वर्गलोक की प्राप्ति हो सकती है। "वह जो इस प्रकार यज्ञ करता है शाश्वत ऐश्वर्य एवं ख्याति को प्राप्त करता है और अपने लिए दोनों देवताओं अर्थात् आदित्य और अग्नि, के साथ संयोग पाकर विजयी होता है और उनके साथ उसी लोक में स्थान पाता है।"[5] विशेष-विशेष यज्ञ हमें विशिष्ट देवों के लोक में पहुंचने योग्य बनाते हैं।[6] नक्षत्रों में भी मृत आत्माओं का निवास माना गया है। लक्ष्य फिर भी वैयक्तिक सत्ता को स्थिर रखना है, यद्यपि इस लोक से उत्तम लोक में। "ब्राह्मणग्रंथों में अमरत्व अथवा कम से कम दीर्घ जीवन उन व्यक्तियों के लिए नियत किया गया है जो यज्ञ को ठीक-ठीक समझकर उसे क्रिया में लाते हैं; दूसरी ओर वे जिनमें यज्ञ की भावना का अभाव है, समय से पूर्व मृत्यु को प्राप्त होकर परलोकगामी होते हैं, जहां उनके कर्मों का न्याय होता है।[7] और अच्छे या बुरे कर्मों के अनुसार उन्हें भला या बुरा फल प्राप्त होता है। जिसने जितने ही अधिक यज्ञ किए होते हैं, उतना ही अधिक अलौकिक रूप से वायव्य (हलका) शरीर वह प्राप्त करता है: अथवा, ब्राह्मणग्रन्थ की परिभाषा में, यों कहना उचित होगा कि उतने ही कम भोजन की उसे आवश्यकता होती है।[8] दूसरे ग्रन्थों में, इसके विपरीत[9] बतलाया गया है कि, उस मनुष्य को यह आशा दिलाई गई है कि पवित्रात्मा दूसरे लोक में पूरे शरीर समेत, सर्वतनु, जन्म लेता

---

1. देखिए, ऋग्वेद, 7 : 103, 1, 7 और 8; 10 : 88, 119।
2. शतपथ ब्राह्मण, 8 : 1, 4, 10।
3. वही, 6 : 6, 2, 4।
4. वही, 1 : 5, 3, 14।
5. वही, 11 : 6, 2, 5।
6. वही, 2 : 6, 4, 8।
7. 11 : 2, 7, 33।
8. 10 : 1, 5, 4।
9. 4 : 6, 1, 1; 11। 1, 8, 6; 12 : 8, 3, 31।

है।"[1] वैदिक मत और ब्राह्मणों के मत में यहां तक भेद है कि जहां ऋग्वेद के अनुसार पापी खाक में मिला दिया जाता है और धर्मात्मा पुरुष अमरत्व प्राप्त करता है, वहां ब्राह्मण ग्रंथों के अनुसार दोनों ही को अपने-अपने कर्मों का फल भोगने के लिए फिर से शरीर धारण करना पड़ता है। जैसा कि बेबर ने लिखा है : "जहां पुराने समय में अमरत्व को महाभागों के लोक में—जहां कि दूध और मधु बहते हैं—पुण्य अथवा ज्ञान की प्राप्ति का पुरस्कार माना जाता है जब पापी अथवा अज्ञानी एक अल्पकाल के जीवन के पश्चात् अपनी सत्ता को सर्वथा खो देता है, वहां ब्राह्मणों का सिद्धान्त है कि मृत्यु के बाद सब मनुष्य फिर से अन्य जगत् में जन्म धारण करते हैं जहां उन्हें अपने कर्मों के अनुसार फल दिए जाते हैं—धर्मात्माओं को पुरस्कार मिलता है और दुरात्माओं को दण्ड मिलता है।"[2] सुझाव यह है कि इसके पश्चात् एक ही जन्म और है और उसका स्वरूप हमारे इस लोक में किए गए कर्मों के अनुसार ही निर्णय किया जाता है। "मनुष्य एक ऐसे जगत् में जन्म लेता है जो उसका अपना बनाया हुआ है।"[3] "मनुष्य इस जगत् में जिस अन्न को खाता है वही अन्न अगले जगत् में मनुष्य को खाता है।"[4] अच्छे और बुरे कर्मों का अनुरूप फल पुरस्कार एवं दण्ड के रूप में भविष्य जीवन में मिलता है। फिर "इस प्रकार से उन्होंने हमारे साथ पहले जन्म में व्यवहार किया है और हम भी इस जन्म में उनके साथ वैसा ही व्यवहार करेंगे।"[5] शनैः शनैः बराबर के न्याय का भाव विकसित हुआ। ऋग्वेद में वर्णित पितरों का लोक अनेक मार्गों में से एक था किन्तु फिर वैदिक देवताओं और उनके लोक में एवं पितरों के मार्ग और उनके लोक में, जहां प्रतिशोधकारी न्याय का भाव था, भेद उत्पन्न हुआ। अभी हमारे आगे दूसरे लोक में पुनर्जन्म का विचार एवं इस पृथ्वी पर किए गए कर्मों का पश्चात्ताप, अथवा पापनिष्कृति का विचार नहीं आया है—किन्तु यह प्रश्न टाला नहीं जा सकता कि दुरात्मा लोग नित्य दण्ड भोगते हैं और पुण्यात्मा स्थायी आनन्द का उपभोग करते हैं। "नम्रस्वभाव और विचारमग्न भारतीय मनुष्यों को यह उचित प्रतीत नहीं हो सका कि पुरस्कार और दण्ड भी नित्य एवं स्थायी हो सकते हैं। वे यह तो सोच सकें कि पश्चात्ताप करके अपने को शुद्ध कर लेने पर उन पापों से जो इस छोटे-से जीवन में किए हैं, छुटकारा पा जाना सम्भव हो सकता है। और उसी प्रकार से वे कल्पना नहीं कर सके कि उसी स्वल्पकाल के जीवन में किए गए शुभ कर्मों का पुरस्कार भी सदा के लिए बना रहेगा।" यह बताया गया है कि जब हम अपने पुरस्कारों एवं दण्डों का फल पा चुकते हैं, तब हमारा वह जन्म शेष हो जाता है और हम पृथ्वी पर फिर से जन्म लेते हैं। प्रकृति का प्रवाह, जिसके कारण जीवन के बाद मरण और मरण के बाद फिर जन्म होता है, हमें इस परिणाम पर पहुंचने के लिए विवश करता है कि यह जीवन और मरण का चक्र अनादि एवं अनन्त है।[6] सच्चा आदर्श जीवन और मरण के बन्धन से मुक्त होना ही है, जिसका तात्पर्य संसार से छुटकारा पाना है। "देवताओं को उद्देश्य करके जो यज्ञ करता है उसे उतना महत्त्वपूर्ण लोक प्राप्त नहीं होता जितना उस व्यक्ति को प्राप्त होता है जो आत्मा को उद्देश्य करके यज्ञ करता है।"[7] "वह जो वेदों का अध्ययन करता है मृत्यु के भय से मुक्त

1. 'जर्नल आफ रायल एशियाटिक सोसायटी' में दिया गया बेबर का उद्धरण, 1 : 1865, 306 और आगे।
2. 'जर्नल आफ एशियाटिक सोसाइटी' में बेबर का उद्धरण, 1 : 1865, 306 और आगे।
3. शतपथ ब्राह्मण, 6 : 2, 2, 27। "कृतं लोकं पुरुषोऽमियायते"।
4. शतपथ ब्राह्मण, 12 : 9, 11।
5. शतपथ ब्राह्मण, 2 : 6।
6. देखें, ऐतरेय ब्राह्मण, 3 : 44।
7. 11 : 2, 6।

हो जाता है और ब्रह्म के समान रूप को प्राप्त करता है।"[1] जन्म जिसका कारण हो ऐसी मृत्यु वह वस्तु है जिससे बचना चाहिए। उसके बाद हमें ऐसा भाव भी मिलता है कि वे मनुष्य जो बिना ज्ञान के कर्मकांड करते हैं, बार-बार जन्म लेते हैं, और बार-बार मृत्यु के ग्रास बनते हैं।[2] एक और स्थान पर[3] उपनिषदों का भाव प्रस्तुत किया गया है, जिसके अनुसार इच्छा और उसकी पूर्ति से ऊपर भी एक ऊंची अवस्था है जिसे सच्चे अर्थों में 'अमरता' कहा जाता है। "इस प्रकार की आत्मा इन सबका अन्तिम लक्ष्य है। यह सब जलों में वर्तमान रहती है ; इसे सब अभिलषित पदार्थ प्राप्त हो जाते हैं ; यह इच्छा से मुक्त है और इसे सब अभीष्ट पदार्थ प्राप्त हैं, क्योंकि इसे किसी वस्तु का अभाव नहीं है इसीलिए किसी वस्तु की प्राप्ति की इच्छा का प्रश्न ही नहीं उठता।" "ज्ञान के द्वारा मनुष्य उस ऊंची अवस्था को प्राप्त करते हैं जिसमें इच्छाएं नष्ट हो जाती हैं। वहां न तो यज्ञ की आहुतियां पहुंचती हैं और न ऐसे तपस्वी भक्त ही पहुंच सकते हैं जो ज्ञान से शून्य हैं। क्योंकि वह मनुष्य जिसके पास यह ज्ञान नहीं है उस लोक को प्राप्त नहीं कर सकता, आहुतियों द्वारा अथवा कठोर तपस्या से भी नहीं। यह उन्हें ही प्राप्त होता है जिसके पास इस प्रकार का ज्ञान है।"[4] पुनर्जन्म के सिद्धान्त को विकसित करने के लिए जितने भी सुझाव सम्भव हो सकते हैं, वे सब ब्राह्मण ग्रन्थों में निहित हैं। वे सब केवल सुझाव के रूप में हैं जबकि मुख्य प्रवृत्ति अमरत्व की प्राप्ति की ओर ही है। यह अब उपनिषदों का काम है कि वे ब्राह्मग्रन्थों के उन सुझावों को पुनर्जन्म के सिद्धान्त का प्रतिपादन करने के लिए क्रमबद्ध करें। जबकि कर्म और पुनर्जन्म के विचार निःसन्देह आर्य लोगों के मस्तिष्क की ही उपज हैं, इस बात से निषेध करने की आवश्यकता नहीं कि सम्भव हैं उक्त सुझाव आदिम जातियों से भी आए हों जिनका विश्वास था कि मृत्यु के बाद उनकी आत्माएं पशुओं के शरीरों में निवास करती हैं।

उच्चतर श्रेणी के नीतिशास्त्र एवं धर्म के सुझावों के विद्यमान रहते हुए भी यह कहना ही पड़ेगा कि वह काल अधिकतर पारसियों के धर्म की भांति अग्निपूजा का काल था, जिसमें लोग यज्ञों की पूर्ति के लिए अधिक उत्सुक रहते थे, और आत्मा की पूर्णता की ओर इतना ध्यान नहीं था। आवश्यकता थी आध्यात्मिक अनुभव को फिर से स्थिर करने की, जिसके मूलभूत सच्चे अर्थ को संकेतावलिपूर्ण औपचारिक पवित्रता ने धुंधला कर रखा था। इस कार्य का उत्तरदायित्व उपनिषदों ने अपने ऊपर लिया।

उद्‌धृत ग्रंथ

ब्लूमफील्ड : अथर्ववेद, 'सेक्रेड बुक्स आफ द ईस्ट', खण्ड 43।
एगेलिंग : शतपथ ब्राह्मण, वही, खण्ड 12, प्रस्तावना।
हॉपकिंस : 'द रिलिजन्स आफ इण्डिया,' अध्याय 9।

---

1. 10 : 5, 6, 9।
2. शतपथ ब्राह्मण; 10 : 4, 3, 10 और भी देखें 10 : 1, 4, 14; 10 : 2, 6, 19; 10 : 5, 1, 4; 11 : 4, 3, 20।
3. 10 : 5, 4, 15।
4. शंकर ने वेदान्तसूत्रों के अपने भाष्य में इस वाक्य को उद्‌धृत किया है, यह दिखाने के लिए कि यह स्थिति उनके अपने सिद्धान्त के कितने निकट है।

चौथा अध्याय

उपनिषदों का दर्शन

उपनिषद्—उपनिषदों का शिक्षा—उपनिषदों की संख्या और रचनाकाल—उपनिषदों के रचयिता—ऋग्वेद की ऋचाएं और उपनिषदें—उपनिषदों के विषय—यथार्थता का स्वरूप—ब्रह्म—ब्रह्म और आत्मा—प्रज्ञा और अन्तर्दृष्टि—सृष्टि-रचना—यथार्थ सत्ता की व्यवस्थाएं—जीवात्मा—धार्मिक चेतना—मोक्ष या मुक्ति—पाप और दुःख—कर्म—पारलौकिक जीवन—उपनिषदों का मनोविज्ञान—उपनिषदों के सांख्य और योग के तत्त्व—दार्शनिक अग्रनिरूपण।

1. उपनिषद्

उपनिषदें वेदों के अन्तिम भाग हैं, और इसलिए इन्हें 'वेद-अन्त' की संज्ञा दी गई है, जिससे यह ध्वनित होता है कि वैदिक शिक्षाओं का सार इनके अन्दर है।[1] उपनिषदें नींव के रूप में हैं, जिनके ऊपर बहुत से भारतीय अर्वाचीन दर्शनशास्त्रों व धार्मिक सम्प्रदायों के भवन खड़े हैं। "हिन्दू विचारधारा का एक भी ऐसा महत्त्वपूर्ण अंग नहीं है, जिसमें नास्तिक-नामधारी बौद्धमत भी आता है, जिसका मूल उपनिषदों में न मिलता हो।[2] परवर्ती दर्शन, भले ही वे उपनिषदों को अपने उत्पत्तिस्थान के रूप में स्वीकार न करते हों, अपने-अपने मन्तव्यों का साम्य उपनिषद्-प्रतिपादित सिद्धान्तों के साथ दर्शाने के लिए निरन्तर आतुर रहे हैं। भारत में पुनरुज्जीवित प्रत्येक आदर्शवाद ने अपने उद्गम के लिए उपनिषदों की शिक्षाओं की ओर ही संकेत किया है। उपनिषदों के काव्य एवं उन्नत आदर्शवाद आज भी मानव के मस्तिष्क को प्रेरणा देने एवं उनके हृदयों पर शासन करने में उतने ही समर्थ हैं जितने कि प्राचीन समय में थे। उनके अन्दर भारतीय कल्पना के प्राचीनतम् प्रमाण उल्लखित हैं। वेदों के सूक्तों (मन्त्र एवं संहिता भाग) तथा कर्मकाण्ड-सम्बन्धी वेदांगों में आर्यों की दार्शनिक विचारधारा की

---

1. उपनिषद् शब्द 'उप-नि-सद्' से निकला है, अर्थात् समीप बैठना। इसका अर्थ हुआ शिक्षा-प्राप्ति के लिए शिक्षक के पास बैठना। कालक्रम से इसका अर्थ हुआ कि वह ज्ञान, अर्थात् गुप्त रहस्य का सिद्धान्त, जो हमें शिक्षक से प्राप्त हुआ हो। कभी-कभी इसका प्रयोग इस आशय में भी होता है कि वह शिक्षा जिससे हमारा भ्रम दूर होकर सत्य की प्राप्ति हो। शंकर अपनी तैत्तिरीयोपनिषद् की प्रस्तावना में कहते हैं कि "ब्रह्मज्ञान का नाम ही उपनिषद् है, क्योंकि उन व्यक्तियों के जो अपना समय इसकी प्राप्ति के लिए लगाते हैं, माता के गर्भ में आगमन, जन्म और मृत्यु आदि के बन्धन शिथिल हो जाते हैं, अथवा इसलिए कि इसके द्वारा उनका सर्वथा नाश हो जाता है, या इसलिए कि यह शिष्य को ब्रह्म के अत्यन्त समीप ले जाता है, अथवा इसलिए कि इनमें परमब्रह्म का निवास है।" देखें, 'पण्डित', मार्च 1872, पृष्ठ 254।
2. ब्लूमफील्ड : 'द रिलिजन आफ द वेद', पृष्ठ 51।

अपेक्षा धार्मिक विचारों एवं प्रक्रियाओं का ही अधिकतर प्रतिपादन पाया जाता है। उपनिषदों में हमें वेदसंहिता-भाग की पौराणिक गाथाओं एवं ब्राह्मणग्रन्थों के बाल की खाल निकालने वाले निरर्थक तर्कों, यहां तक कि आरण्यकों में प्रतिपादित आस्तिकवाद के भी अधिक उन्नत विचार उपलब्ध होते हैं, यद्यपि उक्त सब क्रमों में से भी गुज़रना ही पड़ता है। उपनिषत्कारों ने अतीतकाल में परिवर्तन पैदा किया, और वैदिक धर्म में जिन परिवर्तनों का उन्होंने समावेश किया वे एक ऐसे साहसिक हृदय का परिचय देते हैं जिसमें सदा केवल विचार-स्वातन्त्र्य के लिए व्यग्रता विद्यमान रहती है। उपनिषदों का लक्ष्य इतना अधिक दार्शनिक सत्य तक पहुंचना नहीं है जितना कि जिज्ञासु मानवी आत्मा को शान्ति एवं स्वतन्त्रता प्राप्त कराना है। आध्यात्मिक प्रश्नों के परीक्षणात्मक समाधान वाद-विवाद एवं प्रश्नोत्तर के रूप में दिए गए हैं, यद्यपि उपनिषदें तत्त्वरूप में जीवन के सत्यों पर विचार करते हुए दार्शनिक प्रवृत्ति के मस्तिष्कों के सहसा एवं स्वयंप्रस्फुटित काव्यमय उद्‌गार हैं। उनके अन्दर मानवीय मस्तिष्क की यथार्थ सत्ता के सत्यस्वरूप को ग्रहण करने के लिए एक प्रकार की आतुरता और तत्सम्बन्धी उद्योग की अभिव्यक्ति पाई जाती है। उपनिषदों का स्वरूप क्रमबद्ध दर्शनशास्त्रों जैसा नहीं है। ये सब किसी एक ही ग्रन्थकार की रचनाएं नहीं है, और न उन सबका निर्माणकाल ही एक है, इसीलिए उनके अन्दर पूर्वा-पर-विरोध, एवं कुछेक अवैज्ञानिक बातें भी बहुत स्थानों पर पाई जाती हैं। किन्तु यदि यही सब कुछ होता तो उपनिषदों के अध्ययन की कोई उपयोगिता न होती। उपनिषदों ने ऐसे मौलिक विचारों को जन्म दिया है जो अपने-आपमें सर्वथा निर्दोष और सन्तोषजनक हैं और कुछेक भूलें अनायास उनके अन्दर रह गईं और जिन पर बल देकर अतिशयोक्ति के रूप में जिन्हें विरोधाभास समझा जाने लगा, उनका निराकरण भी उक्त निर्दोष एवं सन्तोषजनक विचारों द्वारा स्वयं ही हो जाता है। ग्रन्थकारों के भिन्न-भिन्न रहते हुए भी और इन काव्यमिश्रित दार्शनिक रचनाओं में कालभेद होने पर भी सबका उद्देश्य एक है, क्योंकि सबके अन्दर हमें एक आध्यात्मिक सत्य की विशद झलक समान रूप से मिलती है, और ज्यों-ज्यों हम उत्तरोत्तरकाल में उतरते जाते हैं यह तत्व और भी अधिक स्पष्ट होता जाता है। उपनिषदें हमारे सन्मुख अपने समय के विचारशील धार्मिक मस्तिष्क की अपूर्व निधि को प्रकाश में लाती हैं। आत्मनिरीक्षण-सम्बन्धी दार्शनिक साहित्य के क्षेत्र में उपनिषदों की सफलता अपूर्व है।। उपनिषदों के पूर्व की एक भी रचना अपने-आप में इतनी व्यापक, सशक्त, सांकेतिक व सन्तोषप्रद नहीं थी जो कि उनकी तुलना में ठहर सके। उपनिषदों के दार्शनिक व धार्मिक साहित्य ने कितने ही महान विचारकों व पहुंची हुई महान आत्माओं को सच्चे अर्थों में पूर्ण सन्तोष प्रदान किया है। हम उपनिषदों के सम्बन्ध में गफ के इस मूल्यांकन से सहमत नहीं है : "इन सब में आध्यात्मिक अंश अत्यन्त अल्प है," अथवा यों कहना चाहिए कि "यह खोखला बौद्धिक विचार, जो धार्मिकता से शून्य है, भारतीय मस्तिष्क की योग्यता को प्रकट करने वाला एक सर्वोत्कृष्ट उदाहरण है।" प्रोफेसर जे० एस० मैकेंज़ी इससे कहीं अधिक गहराई में जाकर कहते हैं कि "उपनिषदों में जो प्रयत्न हमारे सम्मुख रखा गया है वह विश्व के निर्माण-सम्बन्धी सिद्धान्त कर सबसे पहला प्रयत्न है और निश्चय ही बहुत रोचक और महत्त्वपूर्ण है।"[1]

---

1. 'इंसाइक्लोपीडिया आफ रिलिजन एण्ड एथिक्स', खण्ड 8, पृष्ठ 597; और भी देखिए, ह्यूम, 'द थरटीन प्रिंसिपल उपनिषद्स', पृष्ठ 2।

2. उपनिषदों की शिक्षा

उपनिषदों की शिक्षा का विषय क्या है, इसका निर्णय करना सरल नहीं है। उपनिषदों के आधुनिक विद्यार्थी अपने किसी न किसी पूर्वनिर्धारित सिद्धान्त के आधार पर इनका अध्ययन करते हैं। मनुष्यों को अपने स्वतन्त्र निर्णय के ऊपर भरोसा करने की इतनी कम आदत है कि इसके लिए वे किसी प्रमाण एवं परम्परा की शरण लेते हैं। यद्यपि आचार-व्यवहार एवं जीवन यात्रा के लिए वे पर्याप्त मात्रा में निर्भर करने योग्य पथप्रदर्शक हैं फिर भी सत्य के लिए अन्तर्दृष्टि और निर्णय की भी आवश्यकता है। आज एक बहुत बड़ी तादाद में विचारकों की सम्मति का झुकाव शंकर के मत की ओर है, जिन्होंने उपनिषदों, भगवद्गीता एवं वेदान्तसूत्रों पर किए गए अपने भाष्यों में अत्यन्त परिश्रम के साथ आध्यात्मविद्या के उच्च एवं अत्यन्त सूक्ष्म अद्वैतविषय की व्याख्या की है। इससे भिन्न और ठीक उतना ही प्रबल दूसरा एक मत यह है कि शंकर ने जो कुछ कहा वह इस विषय पर अन्तिम शब्द नहीं है और यह कि उपनिषदों की शिक्षा का तर्कसंगत सार प्रेम एवं भक्तिरूप दार्शनिक विचार है। भिन्न-भिन्न भाष्यकार अपने विशेष विश्वासों को लेकर चलते हुए बलपूर्वक उपनिषदों में उनका प्रवेश करते हैं और उनकी भाषा को इस प्रकार तोड़ते-मरोड़ते हैं कि भाष्यकारों के अपने विशेष सिद्धान्तों के साथ उनकी संगति बैठ जाए। जब विवाद उपस्थित होते हैं तब सब सम्प्रदाय उपनिषदों की ही ओर लौटते हैं। उपनिषदों की अस्पष्टता किन्तु सम्पन्नता, रहस्यमय धुंधलापन किन्तु साथ ही सांकेतिक गुणों के कारण व्याख्याकार उनका उपयोग अपने-अपने धर्म एवं दार्शनिक विचारों के समर्थन के लिए कर सके हैं। उपनिषदों का अपना कोई निश्चित दार्शनिक सिद्धान्त अथवा आस्तिकवाद की कोई विशेष रूढ़िभूत योजना नहीं प्रतीत होती। जीवन में सत्य क्या है, इसकी ओर तो उपनिषदों में संकेत है किन्तु अभी तक भौतिक विज्ञान अथवा दार्शनिक विचारों का संकेत नहीं मिला। सत्य-सम्बन्धी संकेत उपनिषदों में इतने अधिक हैं, ईश्वर-सम्बन्धी कल्पनाएं भी इतनी विविध हैं कि कोई भी व्यक्ति उनके अन्दर से अपना अभिलषित सिद्धान्त ढूंढ़ निकाल सकता है, और जो ढूंढ़ता है उसे प्राप्त कर सकता है और प्रत्येक रूढ़िवादी सम्प्रदाय के लोग अपने-अपने सिद्धान्तों को उपनिषद् के वाक्यों में से ढूंढ़ निकालने पर अपने को बधाई दे सकते हैं। विचारधारा के इतिहास के प्रायः ऐसा हुआ है कि किसी भी नवीन दार्शनिक मत को प्राचीन समय की मान्यता प्राप्त परम्परा द्वारा उसकी व्याख्या करके दूषित एवं आग्राह्य ठहरा दिया गया और इस प्रकार आगे आने वाले समीक्षकों एवं व्याख्याकारों के लिए भी उसका समुचित रूप से ज्ञान प्राप्त करने के मार्ग में बाधा पड़ गई। स्वयं उपनिषदों की अपनी व्याख्या भी इस दुर्भाग्य का शिकार होने से न बच सकी। पश्चिमी देशों के व्याख्याकारों ने भी एक न एक भाष्यकार का अनुसरण किया। गफ शंकर की व्याख्या का अनुसरण करता है। अपनी पुस्तक 'फिलासफी ऑफ उपनिषद्स' की प्रस्तावना में वह लिखता है, "उपनिषदों के दार्शनिक तत्त्व का सबसे बड़ा भाष्यकार शंकर, अर्थात् 'शंकराचार्य' है। शंकर का अपना उपदेश भी स्वाभाविक और उपनिषदों के दार्शनिक तत्त्व की युक्तियुक्त व्याख्या है।"[1] मैक्समूलर ने भी इसी मत का समर्थन किया है। "हमें अवश्य स्मरण रखना चाहिए कि वेदान्त का सनातन मत वह नहीं है जिसे हम विकास कह सकते हैं बल्कि 'माया' है। ब्रह्म का विकास अथवा

1. पंचास्तिकायसमयसार, 8।

'परिणाम' प्राचीन विचार से भिन्न है, माया अथवा 'विवर्त' ही सनातन वेदान्त है।... लाक्षणिक रूप में इसे यों कहेंगे कि सनातन वेदान्त के अनुसार यह जगत् ब्रह्म से उन अर्थों में उद्भूत नहीं हुआ जिन अर्थों में बीज से वृक्ष उत्पन्न होता है, किन्तु जिस प्रकार सूर्य की किरणों से 'मृगमरीचिका' की प्रतीति होती है उसी प्रकार ब्रह्म से जगत् की उत्पत्ति भी भ्रांतिवश प्रतीत होती है।"[1] ड्यूसन ने यही मत स्वीकार किया है। उपनिषद् के रचयिताओं का अपना आशय क्या था, हम यह निश्चय करने का प्रयत्न करेंगे; परवर्ती व्याख्याकारों ने जो आशय लगाया उससे हमें कोई प्रयोजन नहीं। परवर्ती टीकाकार हमें केवल इस विषय में एक प्रकार का निकटतम आशयमात्र दे सकते हैं कि परवर्ती काल में उपनिषदों की व्याख्या किस प्रकार की गई। किन्तु प्राचीन अन्वेषकों की अन्तर्दृष्टि दार्शनिक विश्लेषण के सम्बन्ध में क्या रही, इसका पता वे अवश्य ही नहीं दे सकते, किन्तु समस्या यह है : क्या उपनिषदों के विचार एक ही लड़ी में पिरोये हुए हैं ? क्या सृष्टि की साधारण व्यवस्था के विषय में कोई निश्चित सर्वमान्य नियम सबमें एक समान पाए जाते हैं ? हम साहस के साथ इस प्रश्न का उत्तर हां में नहीं दे सकते। इन उपनिषद्-ग्रन्थों में आवश्यकता से अधिक संख्या में गूढ़ विचार भरे हुए हैं; अत्यधिक संख्या में सम्भावित अर्थ भरे पड़े हैं; ये कल्पनाओं और वितर्कों की समृद्ध खान हैं; इसलिए यह आसानी से समझा जा सकता है कि किस प्रकार भिन्न उपनिषदें एक ही उद्गम स्थान से प्रेरणा प्राप्त कर सकी होंगी। उपनिषदों के अन्दर दार्शनिक संश्लेषण नाम की कोई वस्तु, जैसी कि अरस्तू, कांट अथवा शंकर की पद्धतियों में है, नहीं पाई जाती। तार्किक सादृश्य की अपेक्षा उनमें आभ्यन्तर ज्ञान- सम्बन्धी सादृश्य अधिक है। और कुछ मूलभूत विचार उनमें ऐसे हैं, जो कहना चाहिए, कि दार्शनिक पद्धति की रूपरेखा का निर्माण करते हैं। इन विचारों की सामग्री में से पूर्णसंगत और अविचल सिद्धान्त विकसित किया जा सकता है किन्तु यह विश्वास एवं निश्चय के साथ नहीं कहा जा सकता कि बहुत से स्थानों पर सन्दर्भ के अस्पष्ट होने के कारण उन अंशों के आधार पर जिनमें न तो कोई विधान है और न कोई क्रम ही, जो सिद्धान्त बनाया जाएगा वह यथार्थ ही होगा। फिर भी दार्शनिक व्याख्या के उच्चतम उद्देश्यों को ध्यान में रखते हुए हम यहां पर भौतिक जगत् एवं उसमें मनुष्य के अपने स्थान के विषय में उपनिषदों के दृष्टिकोण पर विचार करेंगे।

3. उपनिषदों की संख्या और रचनाकाल

साधारणतः उपनिषदों की संख्या 108 कूती जाती है, जिनमें से लगभग 10 उपनिषदें प्रधान हैं और इन्हीं पर शंकर ने भाष्य किया है। ये ही सबसे प्राचीन और अत्यन्त प्रामाणिक हैं। उनके निर्माण की कोई ठीक तिथि हम निश्चित नहीं कर सकते। इनमें से जो एकदम प्रारम्भ की हैं वे तो निश्चितरूप से बौद्धकाल से पहले की हैं और उनमें से कुछ बुद्ध के पीछे की हैं। यह सम्भव है कि उनका निर्माण वैदिक सूक्तों की समाप्ति और बौद्धधर्म के आविर्भाव, अर्थात् ईसा से पूर्व की छठी शताब्दी के मध्यवर्ती काल में हुआ हो। प्रारम्भिक उपनिषदों का निर्माणकाल 1000 ई. पू. से लेकर 300 ई. पू. तक माना गया है। कुछ परवर्ती उपनिषदें, जिन पर शंकर ने भाष्य किया है, बौद्धकाल के पीछे की हैं और उनका निर्माणकाल लगभग 400 या 300 ई. पू. का है। सबसे पुरानी उपनिषदें वे हैं जो गद्य में हैं। ये

1. 'सैक्रेड बुक्स आफ द ईस्ट', खंड 15, पृष्ठ 27।

सम्प्रदायवाद से रहित हैं। ऐतरेय, कौषीतकि, तैत्तिरीय, छान्दोग्य, बृहदारण्यक के अलावा केन उपनिषद् के कुछ भाग पुराने हैं, जबकि केनोपनिषद् के 1 से 13 तक के मन्त्र और बृहदारण्यक के 4 : 8 से 21 तक के मन्त्र उपनिषदों के छन्दोबद्ध होने के संक्रमणकाल के हैं और ऐसा प्रतीत होता है कि पीछे से जोड़े गए हैं। कठोपनिषद् और भी पीछे की है। इसके अन्दर हमें सांख्य और योगदर्शन के तत्त्व मिलते हैं।[1] कठोपनिषद में स्थान-स्थान पर दूसरी उपनिषदों एवं भगवद्गीता के उद्धरण पाए जाते हैं।[2] सम्प्रदायवादी उपनिषदों के पूर्व की उपनिषदों के माण्डूक्य सबसे अर्वाचीन है। अथर्ववेद-सम्बन्धी उपनिषदें भी पीछे बनीं। मैत्रायणी उपनिषद् में सांख्य और योग दर्शन दोनों के तत्त्व मिलते हैं। श्वेताश्वतर का निर्माण ऐसे काल में हुआ जबकि बहुत प्रकार के दार्शनिक सिद्धान्त प्रस्फुटिक हो रहे थे। अनेक स्थलों पर सनातन दार्शनिक ग्रन्थों के पारिभाषिक शब्दों से इसके परिचित होने का साक्ष्य मिलता है और उनके मुख्य सिद्धान्तों का भी वर्णन है। ऐसा प्रतीत होता है कि इस उपनिषद् का आशय वेदान्त, सांख्य और योग इन तीनों दर्शनो का आस्तिकवादपरक समन्वय करना है। प्रारम्भिक गद्यात्मक उपनिषदों में अधिकतर विशुद्ध कल्पना पाई जाती है जबकि परवर्ती उपनिषदों में अधिकतर धार्मिक पूजा ओर भक्ति का समावेश है।[3] उपनिषदों के दार्शनिक तत्त्वों को उपस्थित करने में हम अपना आधार मुख्यरूप से बौद्धकाल से पूर्व की उपनिषदों को ही रखेंगे और अपने प्रतिपाद्य विचारों का समर्थन बौद्धकाल के पीछे की उपनिषदों के विचारों से करेंगे। हमारे प्रयोजन की सिद्धि के लिए मुख्य उपनिषदें ये हैं : छान्दोग्य, बृहदारण्यक, तैत्तिरीय, ऐतरेय, कौषीतकि और केन उपनिषद्; ईश और माण्डूक्य इनके बाद आती है।

4. उपनिषदों के रचयिता

दुर्भाग्यवश हमें उन महान विचारकों के जीवन के विषय में बहुत कम ज्ञात है जिनके

1. देखिए, 2 : 18-19; 2 : 6, 10 और 11।
2. देखिए, 1 : 2, 5; और मुण्डक, 2 : 8; 1 : 2-7, और गीता, 2 : 29; 2 : 18-19 और 2 : 19-20 और 2 : 23, और मुण्डक, 3 : 2-3, गीता, 1 : 53। कितने ही विद्वानों का झुकाव इस मत की ओर है कि कठोपनिषद् मुण्डक एवं गीता से पुरानी है।
3. ड्यूसन के अनुसार उपनिषदों का क्रम निम्न प्रकार से है :

(1) प्राचीन गद्यात्मक उपनिषदें : बृहदारण्यक, छान्दोग्य, तैत्तिरीय, ऐतरेय, कौषीतकि, केन (जो कुछ अंश में गद्यात्मक है)।

(2) छन्दोबद्ध उपनिषदें : ईश, कठ, मुण्डक एवं श्वेताश्वतर।

(3) परवर्ती गद्य : प्रश्न एवं मैत्रायणी।

उक्त सब उपनिषदों की गणना, मैत्रायणी को छोड़कर, प्राचीन प्रतिष्ठित उपनिषदों में होती है। मैत्रायणी के बारे में प्रोफेसर मैकडानल लिखते हैं : "अन्य उपनिषदों से दिए गए अनेक उद्धरण, कितने ही परवर्ती शब्दों का प्रयोग, विकसित सांख्य सिद्धान्त का समावेश जिसकी पहले से कल्पना कर ली गई है, अवैदिक एवं नास्तिक सम्प्रदायों का विशद वर्णन—यह सब एकत्र होकर इस उपनिषद् को बहुत पीछे की मानने में कोई-सन्देह नहीं रहने देते। वस्तुतः यह एक प्रकार से प्राचीन उपनिषदों के सिद्धान्तों को सांख्यदर्शन एवं बौद्धमत के विचारों के साथ सम्मिश्रण करके प्रस्तुत किया गया ग्रन्थ है।" ('संस्कृत लिटरेचन', पृष्ठ 230)।

नृसिंहोत्तरतापनीय उन 12 उपनिषदों में से एक है जिनकी व्याख्या विद्यारण्य नै अपनी 'सर्वोपनिषदर्थानुभूतिप्रकाश' नामक पुस्तक में की है।

विचार उपनिषदों में निहित हैं। वे आत्मख्याति के प्रति अत्यधिक उदासीन थे और केवल सत्य के प्रचार के लिए ही उत्सुक थे, यहां तक कि उन्होंने अपने मतों की स्थापना वैदिककाल के पूज्य देवी-देवताओं और नायकों के नाम पर ही की। इन उपनिषदों में संवाद के लिए प्रजापति, इन्द्र, नारद, और सनत्कुमार आदि को ही मुख्यरूप से चुना गया है। जब कभी उपनिषदों के महान विचारकों का इतिहास उनके विशिष्ट योगदान का वर्णन करते हुए लिखा जाएगा तो काल्पनिक नामों को छोड़कर ये नाम ही हमारे सामने उपस्थित होंगे--महिदास, ऐतरेय, रैक्व, शाण्डिल्य, सत्यकाम जाबाल, जैवलि, उद्दालक, श्वेतकेतु, भारद्वाज, गार्ग्यायण, प्रतर्दन, बालाकि, अजातशत्रु, वरुण, याज्ञवल्क्य, गार्गी और मैत्रेयी।[1]

5. ऋग्वेद की ऋचाएं और उपनिषदें

अपने प्रतिपाद्य विषय के विशिष्ट स्वरूप के कारण उपनिषदों की गणना वैदिक सूक्तों एवं ब्राह्मणों में सर्वथा स्वतन्त्र एक विशेष वर्ग के साहित्य में की जाती है। जैसा कि हम पहले देख आए हैं, सूक्तों में वर्णित देवताओं के अन्दर सामान्य विश्वास को ब्राह्मणों की यान्त्रिक याज्ञिकता ने हटा दिया था। उपनिषदों का अनुभव है कि मठ को जन्म देने वाला धार्मिक विश्वास पर्याप्त नहीं है। उपनिषदों ने वेदों के धर्म में बिना उसकी आकृति को छेड़े, सदाचार का पुट देने का प्रयत्न किया। उपनिषदों ने वैदिक सूक्तों में सांकेतिक अद्वैतपरक विचारों पर और अधिक बल देकर, एवं विचार के केन्द्र को बाह्य जगत् से हटाकर आन्तरिक जगत् की ओर मोड़ दिया तथा वैदिक कर्मकाण्ड के बाह्य स्वरूप का विरोध करके, एवं वेद की पवित्रता के प्रति उदासीनता धारण करके वेद से भी ऊपर उठकर विचारधारा को अधिक उन्नत किया।

समस्त वैदिक उपासना के क्रमविहीन अन्तःक्षोभ के अन्दर एकत्व एवं अनुभूति का एक निश्चित सिद्धान्त स्पष्टरूप में अभिव्यक्त होता था। कुछ सूक्तों में वस्तुतः एकमात्र केन्द्रीभूत शक्ति के भाव का विधान था। उपनिषदों ने इस प्रवृत्ति की व्याख्या की। वह एक ही आत्मा को स्वीकार करते हैं जो सर्वशक्तिमान है, अनन्त है, नित्य है, अनिवर्चनीय है, स्वयम्भू है, विश्व का स्रष्टा है, रक्षक है, और संहारकर्त्ता भी है। वह ज्योतिर्मय, स्वामी एवं विश्व का जीवन है, अद्वितीय है, एकमात्र वही पूजा, भजन एवं नमस्कार का पात्र है। वेदों के अर्धेश्वररूपी देवताओं का विनाश करके सत्यस्वरूप ब्रह्म सामने आया है। "हे याज्ञवल्क्य ! देव कितने हैं ?" उसने उत्तर दिया, "एक।"[2] "अच्छा अब अगले प्रश्न का उत्तर हमें दो : अग्नि, वायु, आदित्य, काल (जो प्राण है), अन्न (भोजन), ब्रह्मा, रुद्र, विष्णु—कोई किसी एक देव का ध्यान करता है तो दूसरा किसी अन्य का—इनमें से बताइए, हमारे लिए सबसे उत्तम कौन है ?" और उसने जिज्ञासुओं से कहा : "ये सब मुख्यतः सबसे ऊंचे, अमर, और अशरीरी (निराकार) ब्रह्म के ही अभिव्यक्त रूप हैं।...निःसन्देह यह सब ब्रह्म ही है। मनुष्य उन अभिव्यक्त रूपों का ध्यान भी कर सकता है और चाहे तो उन सब को त्याग भी सकता

---

1. जिन पाठकों को रुचि हो वे इन विचारकों और इनके मतों के विषय में मेरे मित्र एवं सहयोगी डाक्टर बरुआ कृत 'प्री-बुद्धिस्टिक' 'इंडियन फिलासफी' नामक उत्तम ग्रन्थ से विशद् जानकारी प्राप्त कर सकते हैं।
2. बृहदारण्यकोपनिषद्, ३ : 9, 1।

है।"[1] दृश्यमान अनन्त और अदृश्य अनन्त दोनों ही उस पूर्ण आध्यात्मिक ब्रह्म में समाविष्ट हैं।

भारतीय चेतना के अन्दर बहुदेवता-सम्बन्धी विचार अत्यन्त गहरी जड़ पकड़ चुके थे, जिन्हें आसानी से उखाड़ा नहीं जा सकता था। अब वे सब देवता एक देव की अधीनता में आ गए। ब्रह्मा के बिना अग्नि घास के एक तिनके को भी नहीं जला सकती, वायु भूसे के तिनके तक को नहीं उड़ा सकती। "उसी के भय से आग जलाती है, उसी के भय से सूर्य चमकता है, और उसी के भय से वायु, मेघ, और यमराज अपने-अपने कर्तव्य का पालन करते हैं।"[2] कभी-कभी बहुत से देवताओं को एक ही पूर्ण के अंगरूप में बतलाया गया है। पांच गृहस्थ पुरुष उद्दालक को अग्रणी बना कर अश्वपति नामक राजा के पास पहुंचे, जिसने उनमें से हर एक से पूछा। तुम आत्मा के रूप में किसका ध्यान करते हो। पहले ने उत्तर दिया द्युलोक का, दूसरे ने कहा सूर्य का, तीसरे ने कहा वायु का, चौथे ने कहा शून्य आकाश का, और पांचवें ने कहा जल का। राजा उत्तर देता है कि उन सबमें से हरएक ने सत्य के केवल एक पार्श्व की पूजा की है। उस मुख्य सत्ता का द्युलोक शीर्षस्थानीय है, सूर्य चक्षुस्थानीय है, वायु प्राणस्वरूप है, शून्याकाश धड़ के समान है, जल मूत्राशय है और भूमि पादस्थानीय है—यह विश्वात्मा का चित्र है। अल्पमत के मान्य दार्शनिक विश्वासों और अधिकतर संख्या के काल्पनिक अन्धविश्वासों के बीच समझौता हो जाना ही एकमात्र परस्पर समन्वय का सम्भव उपाय है। हम प्राचीन व्यवस्थाओं को सर्वथा उड़ा नहीं सकते, क्योंकि ऐसी चेष्टा का तात्पर्य होगा कि हम मनुष्य जाति के मूलभूत स्वभाव एवं प्रत्यक्ष भेद-भाव की, जोकि विश्वासी व्यक्तियों की नैतिक एवं बौद्धिक अवस्थाओं में रहता है, उपेक्षा करते हैं, क्योंकि वे सब एक साथ ही उच्च ज्ञान को प्राप्त करने में असमर्थ होते हैं। एक अन्य पक्ष ने भी उपनिषदों के भाव का निर्णय किया। उनका लक्ष्य भौतिक विज्ञान अथवा दर्शनशास्त्र न होकर समुचित जीवन था। उनकी अभिलाषा आत्मा को देह के बन्धन से मुक्त कराने की थी, जिससे कि वह परब्रह्म के साथ संयुक्त हो जाने का आनन्द उपभोग कर सके। बौद्धिक शिक्षा जीवन की पवित्रता के एक उपयोगी सहायक के रूप में थी। इसके अतिरिक्त भूतकाल के लिए उपनिषत्कारों के मन में श्रद्धा का भाव भी था। वैदिक ऋषियों की मंगलमयी स्मृति के कारण भी उनके सिद्धान्तों पर आक्रमण करना एक अपवित्र कार्य होता। इस प्रकार उपनिषदों ने एक उदित हुए आदर्श दार्शनिक विज्ञान के साथ रूढ़िगत पुराने आस्तिकवाद की अनुकूलता स्थापित करने का प्रयत्न किया।

मनुष्य के धार्मिक आभ्यन्तर ज्ञान के उद्गमस्थान दो प्रकार के होते हैं : वस्तुनिष्ठ और आत्मनिष्ठ, अर्थात् बाह्य जगत् के अद्भुत चमत्कार और मानवीय आत्मा के अन्दर का प्रणिधान। वेदों के काल में प्रकृति की विस्तृत व्यवस्था ने मनुष्य के ध्यान को अपनी ओर आकृष्ट किया। विश्व की भिन्न-भिन्न शक्तियां ही उनके आराध्यदेव हैं। उपनिषदों में हम आन्तरिक जगत् की गहराइयों में खोज करने के लिए उतरते हैं। "स्वयम्भू परमात्मा ने इन्द्रियों को बाह्य दृष्टि के लिए प्रवृत्तिवान बनाया है : इसीलिए इन भौतिक इन्द्रियों द्वारा मनुष्य बाहर की ओर ही देखता है अन्दर की ओर अपनी आत्मा में नहीं देख सकता। कोई बिरला ही धीर पुरुष आंखों को बन्द करके अमृत की इच्छा करता हुआ अपने अन्दर आत्मा

1. मैत्रायणी उपनिषद्, 4 : 5-6; मुण्डकोपनिषद् भी देखिए, 1 : 1, 1; तैत्तिरीय, 1 : 5; बृहदारण्यक, 1 : 4, 6; और देखिए, 1 : 4, 7; 1 : 4, 10।
2. तैत्तिरीयोपनिषद्।

का साक्षात्कार करता है।"[1] भौतिक जगत् से अन्दर निवास करने वाली अमर आत्मा की ओर ध्यान संक्रमित होता है। उस उज्ज्वल प्रकाश को प्राप्त करने के लिए हमें आकाश की ओर ताकने की आवश्यकता नहीं, तेजोमय अग्नि तो अपनी आत्मा के ही अन्दर है। मनुष्य की आत्मा सम्पूर्ण विस्तृत विश्व के अभिन्न रहस्य को खोलने की कुंजी है। हृदयाकाश एक स्वच्छ जलाशय के समान है, जिसके अन्दर सत्य स्वयं प्रतिबिम्बित होता है, और इस परिवर्तित दृष्टिकोण ने परवर्ती परिणामों को जन्म दिया। नामधारी देवताओं की नहीं, अपितु सत्यस्वरूप जीवित ईश्वर अर्थात् ब्रह्मरूपी आत्मा की पूजा करना ही उचित है। परमात्मा के निवास का स्थान मनुष्य का हृदय है। "ब्राह्मणः कोशोऽसि",[2] तुम ब्रह्म का कोश, आवेष्टन हो। "जो कोई दूसरे किसी देवता की पूजा करता है यह समझकर कि वह दूसरा है और 'मैं हूं' दूसरा, वह नहीं जानता (अज्ञानी है)।"[3] अन्तर्वासी अमर आत्मा और महान विश्वशक्ति एक ही हैं, अभिन्न हैं। ब्रह्म आत्मा है और आत्मा ब्रह्म है। वह एकमात्र सर्वोपरि उत्कृष्ट शक्ति, जिसके अन्दर से सब पदार्थों की सृष्टि हुई है, आन्तरिक आत्मा के साथ तादात्म्यात्मक है और प्रत्येक मनुष्य के हृदय में सन्निविष्ट है।[4] उपनिषदें निष्कृति के सिद्धान्त को उस भाव में नहीं स्वीकार करतीं जिसमें वेद उसे लेते हैं। उपनिषदों में हम वैदिक देवताओं से सांसारिक वैभव, धन-सम्पत्ति एवं सुख की याचना की भांति प्रार्थना नहीं करते, बल्कि वहाँ केवल दुःख से निवृत्ति के लिए ही प्रार्थना पाई जाती है।

दुःख के ऊपर जो इतना बल दिया गया है उसका तात्पर्य कभी-कभी यह लिया जाता है कि वह भारतीय ऋषियों के अत्यधिक निराशावाद की ओर संकेत करता है। किन्तु यह बात नहीं है। वेदविहित धर्म निश्चय ही अत्यन्त सुखोत्पादक था, किन्तु वह धर्म का एक हीनतर स्वरूप था जहां कि ऊपर के आवरण के नीचे विचार ने कभी प्रवेश नहीं किया। उस धर्म में मनुष्य की सुखमय संसार में अवस्थित होने की प्रसन्नता-मात्र पाई जाती थी। देवताओं से मनुष्य भय भी खाते थे और उनके अन्दर विश्वास भी रखते थे। इस पृथ्वी पर जीवन सादा, और मधुर भोलापन लिए हुए था। मनुष्य की आध्यात्मिक आकांक्षा सांसारिक सुख को तुच्छ बताकर मनुष्य को अपने अस्तित्व के वास्तविक प्रयोजन के ऊपर गम्भीर चिन्तन करने के लिए प्रेरणा करती है। प्रत्येक नैतिक परिवर्तन एवं आध्यात्मिक नवजन्म के लिए वर्तमान वास्तविक स्थिति के प्रति असन्तोष का होना पहली शर्त है। उपनिषदों का निराशावाद समस्त दर्शनशास्त्र की पहली अवस्था है। निराशा अथवा असन्तोष व्यक्ति को

1. कठोपनिषद्, 4 : 1।
2. तैत्तिरीय उपनिषद्। 3. बृहदारण्यकोपनिषद्, 1 : 4, 10।
4. देखिए, छान्दोग्य, 3 : 14। तुलना कीजिए आगस्टाइन : "परमेश्वर के लिए मैंने पृथ्वी से प्रश्न किया और उसने कहा, "मैं वह नहीं हूं' ; मैंने समुद्र से और उसकी गहराई में रहने वाले जल-जन्तुओं से प्रश्न किया और उन्होंने उत्तर दिया, 'हम परमेश्वर नहीं हैं, हमसे ऊपर खोज करो।' मैंने शीतल मन्द सुगन्धियुक्त बहने वाली वायु एवं नभामंडल के निवासी समस्त प्राणियों से प्रश्न किया। उत्तर मिला, 'अनाक्सिमीज भूल करता है, मैं परमेश्वर नहीं हूं' ; मैंने आकाश, सूर्य, चन्द्रमा एवं तारों से प्रश्न किया। 'हम भी वह परमेश्वर नहीं हैं जिसे तुम ढूंढ़ते हो', उन्होंने उत्तर दिया। फिर मैंने उन सब पदार्थों से प्रश्न किया जो मेरी इन्द्रियों के आसपास हैं, 'तुमने मुझे परमेश्वर के विषय में कहा है कि तुम व नहीं हो; मुझे उसके विषय में कुछ बतलाओ, और उन सबने उच्च स्वर में कहा, 'उसने हमें बनाया है।" इस प्रकार से यह खोज आगे बढ़ती रही, अन्त में अपने अन्दर की आत्मा से प्रश्न पूछा गया, तो उत्तर मिला, "तुम्हारा परमेश्वर तुम्हारे पास है, वह तुम्हारे जीवन का भी जीवन है।" ('कन्फेशन्स', 10 : अध्याय 6)।

संसार से मुक्त होने में प्रवृत्त करता है। किन्तु यदि बचने का कोई मार्ग न हो और न ही मुक्ति की प्राप्ति के लिए कोई प्रयत्न हो तो उस हालत में असन्तोष हानिकारक है। उपनिषदों का निराशावाद इस हद तक विकसित नहीं हुआ है कि वह अन्य समस्त पुरुषार्थ को दबाकर निष्क्रियता उत्पन्न कर दे। जीवन के प्रति श्रद्धा एवं भक्तिभाव इस अंश में पर्याप्त था कि सत्य के यथार्थ अन्वेषण के लिए प्रेरणा मिलती रहे। बार्थ के शब्दों में, ::दुःख एवं क्लांति के भाव की अपेक्षा उपनिषदों में कल्पनात्मक साहस की मात्रा कहीं अधिक पाई जाती है।"[1] "उपनिषदों के क्षेत्र के अन्दर निःसन्देह ऐसे दुखमय जीवन का वर्णन कुछ स्थलों पर पाया जाता है जो जीवन-मरण के निरन्तर चलते हुए चक्र में जकड़ा हुआ है। और उसके रचयिता निराशावाद से इस अंश में बचे हुए हैं कि वे दुःख से मुक्ति पाने की घोषणा करके प्रसन्न हैं।"[2] संसार अथवा पुनर्जन्म के सिद्धान्त का आविष्कार करने के कारण उपनिषदें निराशावादी हैं, यह कोई हेतु नहीं है। इस पृथ्वी पर मनुष्य जन्म धारण करता है आत्मा की पूर्णता के लिए। उच्चतम सुख और आध्यात्मिक सत्य की सर्वांगीण प्राप्ति के लिए हमें पुरुषार्थ करते समय संसार के नियन्त्रण में से गुज़रना ज़रूरी है। आत्मविजय से उत्पन्न होने वाले हर्षातिरेक से ही जीवन में अभिरुचि उत्पन्न होती है। संसार केवल आध्यात्मिक अवसरों की एक परम्परा-मात्र है। जीवन आध्यात्मिक पूर्णता की प्राप्ति के लिए यात्रा करते हुए मार्ग में एक पड़ाव की भांति है–अनन्त की ओर प्रस्थान करने की दिशा में एक कदम है। यह वह समय है जिसके अन्दर आत्मा को नित्यता की प्राप्ति करने के लिए तैयारी करना है। जीवन केवल खोखला स्वप्न नहीं और न ही संसार आत्मा की निश्चेष्टावस्था है। परवर्ती समय के भारतीय विचार के इतिहास में पुनर्जन्म-सम्बन्धी व्याख्याओं में हमें इस उत्तम आदर्श का अभाव दिखाई देता है; इस काल में जीवन को आत्मा की भूल का परिणाम और संसार को एक निरन्तर घसीटने वाली बंधनश्रृंखला कहा गया है।

ब्राह्मणों में जिस जीवन की अवस्था का प्रदर्शन किया गया है उसमें वैदिक सूक्तों का प्रतिपादित धर्म यज्ञपरक था। मनुष्यों के सम्बन्ध देवताओं के साथ यान्त्रिक थे–केवल आदान-प्रदान और हानि-लाभ के रूप में। आध्यात्मिक ज्ञान का पुनरुज्जीवन, जो इस काल की आवश्यकता था, प्रक्रियाओं में डूबा हुआ था। उपनिषदों के अन्दर हमें धार्मिक जीवन के नवीन स्रोतों की ओर वापसी मिलती है। उनमें घोषणा के साथ कहा गया है कि यज्ञों के द्वारा आत्मा को मोक्ष की प्राप्ति नहीं हो सकती। मोक्ष की प्राप्ति केवल सच्चे अर्थों में धार्मिक जीवन बिताने एवं विश्व की आत्मा का आभ्यन्तर दृष्टि द्वारा साक्षात्कार करने से ही हो सकती है। पूर्णता आभ्यन्तर और आध्यात्मिक है, बाह्य एवं यान्त्रिक नहीं। हम किसी मनुष्य को उसके वस्त्रों को धोकर निर्मल नहीं बना सकते। अपनी निजी आत्मा के साथ महान पूर्ण ब्रह्म के तादात्म्य की चेतना का उत्पन्न होना ही यथार्थ में आध्यात्मिक जीवन का सारतत्त्व है। क्रियाकलाप की निरर्थकता, और मुक्ति प्राप्त कराने के साधनरूप में यज्ञों की निःसारता को उपनिषदों ने स्पष्ट कर दिया। ईश्वर का सत्कार आध्यात्मिक पूजा द्वारा होना चाहिए न कि बाह्य क्रियाकलापों द्वारा। परमात्मा की स्तुति करके हम अपनी रक्षा नहीं कर सकते और न ही यज्ञों द्वारा उस पर कोई प्रभाव ही डाल सकते हैं। उपनिषदों के रचयिताओं के अन्दर ऐतिहासिकता का बोध इतना पूर्ण था कि वे जानते थे कि यदि वे वस्तुओं के अन्दर क्रांति

1. 'रिलिजन्स आफ इंडिया' पृष्ठ 84।
2. कावे कृत 'रिडेम्पशन, हिन्दू एण्ड क्रिश्चियन', पृष्ठ 64।

लाने का प्रयत्न करेंगे तो उनके विरोध का कोई फल न निकलेगा। इसलिए उन्होंने केवल भाव में परिवर्तन करने की मांग की। उन्होंने नये ढंग से दृष्टान्तरूप से यज्ञों की लाक्षणिक व्याख्या की। कुछ वाक्यों[1] में हमें अश्वमेध यज्ञ का ध्यान करने का आदेश दिया गया है। यह ध्यानपरक प्रयत्न हमारे लिए यज्ञ के अर्थों पर विचार करने में सहायक होता है और इस ध्यान का भी वही महत्त्व बताया गया है जो यज्ञ करने का है। दारु (काष्ठ) के फलकों के ब्यौरेवार वर्णन से एवं समिधाओं के स्वरूप आदि से वे यह प्रदर्शित करते हैं कि वे यज्ञपरक धर्म के प्रति उदासीन नहीं है। विधियों को स्वीकार करते हुए भी वे उनमें सुधार करने का प्रयत्न करते हैं। वे कहते हैं कि जितने भी यज्ञ हैं वे सब मनुष्य की आत्मा के ज्ञान के लक्ष्य को लेकर किए जाते हैं। जीवन स्वयं एक यज्ञ है। "मनुष्य यज्ञस्वरूप है, उसके जीवन के पहले चौबीस वर्ष उसका प्रातःकालीन उदकदान हैं...भूखे-प्यासे रहने एवं सुखों से वर्जित रहने में ही उसका उत्सर्ग और संस्कार है।...उसके खाने-पीने और आनन्द मनाने में उसका पवित्र उत्सव होता है और हंसी में, भोज में और खुशियां मनाने में वह स्तुति के मन्त्र गाता है। आत्मनियन्त्रण, उदारता, ऋजुता, विनय, अहिंसा[2] और वाणी में सत्य, ये उसके दान हैं, और यज्ञ के अन्त में पवित्रता देने वाला जो अवभृथ (यज्ञान्तस्नान) है, वह मृत्यु है।"[3] हमें बताया गया है कि किस प्रकार दैवीय प्रकृति अपने को यज्ञ के लिए अर्पित करती है। इसके यज्ञ से ही हम जीते हैं। यज्ञ का तात्पर्य भोग नहीं, त्याग है। अपनी प्रत्येक क्रिया, प्रत्येक मनोभाव और प्रत्येक विचार ईश्वर को अर्पित करो। तुम्हारा जीवन यज्ञमय हो। कभी-कभी हमें बतलाया जाता है कि उच्चतर मार्ग में जाने के लिए यज्ञ सोपान (सीढ़ी) का काम देते हैं। मर्त्यलोक की आवश्यकताओं की पूर्ति किए बिना कोई व्यक्ति ऊपर के मार्ग में नहीं पहुंच सकता। अज्ञानियों के लिए यज्ञ आवश्यक हैं, यद्यपि केवल उनसे ही काम नहीं चल सकता। उनके द्वारा हमें पितरों के लोक में प्रवेश मिलता है, और एक अल्पकाल तक चन्द्रलोक में ठहरने के पश्चात् इस मर्त्यलोक में हमें फिर से जन्म प्राप्त होता है। क्रियाकलाप के विरोध में आध्यात्मिक पूजा ने स्थान ग्रहण किया।[4] ऐसे अवसर आते हैं जबकि संस्कारों भरा पुरोहितों का धर्म उन्हें कृत्रिम प्रतीत होता है और तब वे अपने समस्त व्याजोक्तिपूर्ण उद्गारों को प्रकट करते हैं। वे इस प्रकार निन्दासूचक शब्दों में वर्णन करते हैं कि पुरोहितों की शोभायात्रा उन कुत्तों की शोभायात्रा के समान है जिनमें से हर एक अपने आगे वाले की पूंछ पकड़े हुए है और कहता है, "ओम्, आओ खाएं। ओम्, आओ सुरापान करें...आदि-आदि।"[5] इस प्रकार से ब्राह्मणों के कठोर क्रियाकलापों पर, जिन्होंने मनुष्य की दुर्बल आत्मा को बहुत कम सान्त्वना प्रदान की, उपनिषदों की शिक्षा द्वारा नियन्त्रण किया गया है।

---

1. बृहदारण्यक उपनिषद् 1 : 1, 2।
2. निर्दोषिता।
3. छान्दोग्य उपनिषद्, अध्याय 3। तुलना कीजिए, 'इसाइयाह', 58 : 6-7, क्या यह वही अनशन नहीं है जिसे मैंने चुना है ? दुश्चरित्रता के बन्धनों को ढीला करने के लिए, भारी बोझों को मिटाने के लिए और दलितों को स्वतन्त्र करने के लिए, और यह कि तू हर जुए को उतार फेंके ? क्या यह अपनी रोटी भूखे को देने के लिए नहीं है, और तू उन गरीबों को जिन्हें कोई पूछता नहीं, अपने घर लाता है, जब तू नंगे को देखता है तो उसे वस्त्र पहना देता है, और तू अपने को निजी मानव-देह से छिपाता नहीं ?" देखो प्लेटो–'यूथाइफ्रोन, 14, ई; लाज़' 906, डी० जावेट का संस्करण।
4. और भी देखिए, छान्दोग्योपनिषद् 1 : 1, 10।
5. वही, 1 : 12, 4, 5।

उपनिषदों का दृष्टिकोण वेदों की पवित्रता के प्रति अनुकूल नहीं है। आधुनिक काल के हेतुवादी विचारकों की भांति वेद के प्रामाण्य के प्रति उनका दो प्रकार का दृष्टिकोण है। वे वेदों का उद्गम एक आध्यात्मिक सत्ता से स्वीकार करती हैं जब वे कहती हैं, "ठीक उस प्रकार जिस प्रकार कि जब गीली लकड़ियों में आग दी जाती है तब धुएं के बादल चारों ओर फैल जाते हैं, इस महान सत्ता से प्रकट हुए सत्य में ऋग्वेद, यजुर्वेद, सामवेद, और अथर्व तथा अंगिरस के सूक्त, उपाख्यान, इतिहास (ऐतिह्य), विज्ञान, रहस्यमयी समस्याएं, कविताएं, कहावतें और नाना भाष्य—ये सब उसी के श्वास से उद्भूत हैं।"[1] माना गया है कि वैदिक ज्ञान सच्चे आन्तरिक दैवीय ज्ञान से बहुत हीन कोटि का है[2] और यह हमें मुक्ति नहीं प्राप्त करा सकता। नारद ने कहा, "भगवन्, मैं ऋग्वेद को जानता हूं, यजुर्वेद और सामवेद को जानता हूँ; इन सबके साथ मुझे मन्त्रों और पवित्र ग्रन्थों का ही ज्ञान है, मैं आत्मा को नहीं जानता।"[3] मुण्डकोपनिषद् में कहा है, "दोनों प्रकार के ज्ञान का, ऊंची और नीची कोटि के ज्ञान का, सम्पादन करना आवश्यक है। निम्न कोटि का ज्ञान वह है जो हमें ऋग्वेद, सामवेद, अथर्ववेद, कर्मकाण्ड एवं व्याकरण आदि से प्राप्त होता है...किन्तु उच्च कोटि का ज्ञान वह है जिसके द्वारा अविनश्वर ब्रह्म को जाना जाता है।"[4]

6. उपनिषदों के विषय

उपनिषदों का केन्द्रीय विषय दर्शनशास्त्र की मूलभूत समस्या है। उपनिषदों का लक्ष्य सत्य की खोज करना है। वस्तुओं और उनके गौण कारणों से असन्तोष ऐसे प्रश्नों को जन्म देते हैं जो हमें श्वेताश्वर उपनिषद् के प्रारम्भ में मिलते हैं, "हम कहां से उत्पन्न हुए, हम किसमें निवास करते हैं और हम कहां जाएंगे ? हे ब्रह्मज्ञानियों ! हम यहां दुःख-सुख में किसके शासन में रहते हैं ? क्या काल, या प्रकृति या अभावजन्य अनिवार्यता, या संयोग, या तत्त्वों को कारण माना जाए, अथवा उसको जिसे पुरुष कहते हैं और जो परब्रह्म है ?" केनोपनिषद् में शिष्य पूछता है, "किसकी इच्छा से प्रेरित होकर मन अपने अभिलषित प्रयोजन की ओर आगे बढ़ता है ? किसकी आज्ञा से प्रथम प्राण बाहर आता है और किसकी इच्छा से हम यह वाणी बोलते हैं ? कौन सा देव आंख या कान को प्रेरणा देता है ?"[5] विचारकों ने इन्द्रियानुभव को ऐसी सामग्री नहीं माना जिसकी व्याख्या न हो सके, जैसा कि सामान्य बुद्धि वाले व्यक्ति समझते हैं। उन्होंने सन्देह प्रकट किया : क्या इन्द्रियों द्वारा गृहीत ज्ञान को अन्तिम और निश्चित माना जा सकता है ? क्या मन की वे शक्तियां जिनके द्वारा इन्द्रियानुभव होता है अपने-आपमें स्वतन्त्र सत्ता रखती हैं, या वे उनसे भी कहीं अधिक शक्तिशाली एक ऐसी सत्तारूपी कारण के कार्य हैं जो उनके पीछे विद्यमान है ? कैसे हम भौतिक पदार्थों को कार्यक्रम में उत्पन्न और उसी रूप में जिसमें वे हैं, उन्हें उनके कारणों के समान ही यथार्थ मान लें ? इन सबके पीछे कोई परमसत्ता अवश्य होनी चाहिए, जो स्वयम्भू

---

1. बृहदराण्यक उपनिषद्, 2 : 4, 10।
2. देखें छान्दोग्य, 5 :3, 10; बृहदारण्यक, 3, 5, 1; 4 : 4, 21; 6 : 2, 12 कौषीतकि, अध्याय 1; तैत्तिरीय, 2 : 4; कठ, 2 : 23।
3. छान्दोग्य उपनिषद्, 7 : 2।
4. मुण्डक, 1 : 1, 4-5; मैत्रायण, 6 : 21।
5. केनोपनिषद्, 1 : 1।

हो (जो अपनी सत्ता के लिए अन्य किसी पर आश्रित न हो), जिसके अन्दर ही मन को भी आश्रय मिलता हो। ज्ञान, मन, इन्द्रियां और उनके विषय सब परिमित और प्रतिबन्धयुक्त हैं। नैतिकता के क्षेत्र में हम देखते हैं कि हमें सीमित पदार्थ से सच्चा आनन्द नहीं मिल सकता। सांसारिक सुख-भोग क्षणभंगुर हैं, जो बुढ़ापे एवं मृत्यु से विनष्ट हो जाते हैं। केवल नित्य ही हमें स्थायी आनन्द प्रदान करा सकता है। धर्म के क्षेत्र में हम नित्यजीवन की प्राप्ति के लिए आग्रह करते हैं। इन सब कारणों से यहां यह बलात् विश्वास करना पड़ता है कि एक ऐसी सत्ता अवश्य है जिसे काल नहीं व्यापता; वह एक आध्यात्मिक सत्ता है, ऐसी सत्ता है जो दार्शनिकों की खोज का विषय है, हमारी इच्छाओं को पूर्ण करने वाली एवं धर्म का प्राप्तव्य लक्ष्य है। उपनिषदों के रचयिता ऋषिगण हमें इस प्रधान यथार्थसत्ता की प्राप्ति के लिए मार्ग-प्रदर्शन करते हैं जो नित्यसत्, परमसत्य और विशुद्ध आनन्द है। प्रत्येक मानव-हृदय की प्रार्थना है :

"मुझे असत् से सत् की ओर ले चलो, अन्धकार से प्रकाश की ओर ले चलो, और मृत्यु से अमरत्व की ओर ले चलो।"[1]

अब हम उपनिषदों के दार्शनिक तत्त्व की व्याख्या दो भागों, अध्यात्मविद्या और नीतिशास्त्र में विभक्त करके करेंगे। आध्यात्मविद्या के अन्दर हम परमसत्ता, जगत् का स्वरूप और सृष्टि की समस्या का प्रतिपादन करेंगे और नीतिशास्त्र में उनका व्यक्ति-सम्बन्धी विश्लेषण, व्यक्ति का अन्तिम लक्ष्य, उसका आदर्श, कर्म का मुक्ति के साथ सम्बन्ध एवं मुक्ति की उच्चतम धारणा तथा पुनर्जन्म के सिद्धान्त का प्रतिपादन करेंगे।

7. यथार्थता का स्वरूप

परमसत्य का स्वरूप क्या है, इस प्रश्न को हल करने के लिए उपनिषत्कारों ने वैदिक ऋषियों की अनात्मदृष्टि के साथ अध्यात्मदृष्टि को जोड़ने का यत्न किया। वैदिक सूक्त जिस उच्चतम विचार तक पहुंचे थे, उनके अनुसार एकमात्र सत्ता यथार्थ थी (एकं सत्), जो नानाविध सत्ताओं में अपने को व्यक्त करती है। उपनिषदों में वहां इसी निष्कर्ष का समर्थन किया गया है जहां इस समस्या के समाधान के लिए उन्होंने आत्मा के स्वरूप का दार्शनिक दृष्टिकोण से विश्लेषण किया है। आत्मा शब्द की व्युत्पत्ति के विषय में ठीक-ठीक हम नहीं जानते। ऋग्वेद के 10 : 16, 3 में इसका अर्थ प्राण अथवा जीवनाधार (आध्यात्मिक सत्त्व) बताया गया है। शनैः-शनैः आगे चलकर इसका अर्थ आत्मा अथवा अहं हो गया। वास्तविक अहं, अर्थात् आत्मा की सैद्धान्तिक कल्पना की कहीं भी स्पष्टरूप में पूरे ब्यौरे के साथ व्याख्या नहीं की गई और न ही इससे सम्बन्धित बिखरे-बिखरे कथनों को किसी एक स्थान पर संगतरूप में रखा गया है। गुरु प्रजापति और उसके शिष्य इन्द्र के मध्य संवाद में, जो छान्दोग्य उपनिषद् में आता है,[2] हमें अहं या आत्मा की परिभाषा के विषय में प्रगतिशील विकास मिलता है, जिसे चार श्रेणियों में विभक्त किया गया है : (1) शारीरिक आत्मा, (2) आनुभविक आत्मा, (3) सर्वातिशायी, प्रच्छन्न, आत्मा, और (4) परम आत्मा। प्रश्न का रूप, जिसकी विवेचना की गई है, मनोवैज्ञानिक न होकर अधिकतर आध्यात्मिक है। मनुष्य

1. असतो मा सद्गमय, तमसो मा ज्योतिर्गमय, मृत्योर्मा अमृतं गमय।" बृहदारण्यक उपनिषद्, 1 : 3, 27।

2. 8 : 3–12।

की आत्मा, एवं उसकी केन्द्रीय सत्ता का स्वरूप क्या है ? प्रजापति संवाद को प्रारम्भ करते हुए कुछ सामान्य लक्षणों का वर्णन करता है जोकि यथार्थ आत्मा के अन्दर पाए जाने चाहिए, "आत्मा वह है जो पाप से मुक्त है, वृद्धावस्था से रहित है, मृत्यु एवं शोक से रहित है, भूख और प्यास से रहित है, जो किसी वस्तु की इच्छा नहीं करती यद्यपि उसे इच्छा करनी चाहिए, किसी वस्तु की कल्पना नहीं करती यद्यपि उसे कल्पना करनी चाहिए; यह वह सत्ता है जिसको समझने का प्रयत्न करना चाहिए।"[1] यह एक कर्ता है जो सब परिवर्तनों के अन्दर सामान्य रूप से विद्यमान रहता है, जागरित अवस्थाओं में, स्वप्न में, निद्रितावस्था में, मृत्यु में, पुनर्जन्म में और अन्तिम मुक्ति में भी एक समान विद्यमान रहने वाला एक आवश्यक अवयव है।[2] यह एक शुद्ध एवं सरल सत्य है जिसे कोई नष्ट नहीं कर सकता। मृत्यु इसे छू नहीं सकती, न कोई विकार इसे छिन्न-भिन्न कर सकता है। स्थिरता, तारतम्य एकता एवं नित्यक्रियाशीलता इसके विशेष लक्षण हैं। यह अपने में पूर्ण एक लोक है। ऐसी कोई बाह्य वस्तु नहीं जो इसकी प्रतिद्वन्द्वी बन सके। आधुनिक काल का समीक्षक इसमें आपत्ति करेगा कि यह सारी प्रक्रिया 'चक्रक दोष' से पूर्ण है। आत्मनिर्भरता एवं आत्मपूर्णता के लक्षणों को स्वतःसिद्ध मान लेने पर समाधान भी स्वयं सिद्ध हो जाता है। किन्तु जैसा कि आगे चलकर हम देखेंगे, इस प्रक्रिया को अपनाने में एक विशेष तात्पर्य है। प्रजापति इस विषय को स्पष्ट कर देता है कि मनुष्य की आत्मा यथार्थ में स्वयं कर्त्ता है एवं स्वतःसिद्ध है और इसलिए वह साध्य पदार्थ नहीं हो सकती। यह पुरुष है जो द्रष्टा है, देखे जाने वाला पदार्थ नहीं है।[3] यह गुणों का संघात नहीं है, जिसे 'विषय' कह सकें किन्तु वह स्वयं विषय है जो उन सब गुणों के परे किन्तु उनकी पृष्ठभूमि में निरीक्षण करने वाला अहं है। यह यथार्थरूप में विषयी ज्ञाता है और इसलिए कभी ज्ञेय कोटि में नहीं आ सकता। आत्मा के बहुत से घटक, जिनका सामान्यरूप से उपयोग होता है, विषय की कोटि में आ सकते हैं। यह दलील एक धारणा बना लेती है कि जो कुछ भी विषय की कोटि में आ सकता है उसे अनात्म होना चाहिए। ऐसे प्रत्येक विषय को हमें अलग कर देना चाहिए जो हमारी यथार्थ आत्मा के लिए विजातीय एवं उससे भिन्न है। पहला उत्तर यह दिया गया कि यह देह जो उत्पन्न होती है, बढ़ती है, क्षीणता को प्राप्त होती है और नष्ट होती है, यही यथार्थ में आत्मा है। प्रजापति के अनुसार, आत्मा वह है जो तब दिखाई पड़ती है जब हम अन्य पुरुष की आंखों में देखते हैं, अथवा पानी-भरे पात्र में या दर्पण में देखने पर जो दिखाई पड़ता है वही आत्मा है। यह सुझाव दिया गया है कि चित्र में तो केश और नाखून तक आ जाते हैं। इसलिए इस बात का निर्देश करने के लिए कि यह आत्मा नहीं है, प्रजापति ने इन्द्र से कहा कि तुम अपने को सजाओ, बढ़िया किस्म के वस्त्र धारण करो और फिर अपना प्रतिबिम्ब जल में अथवा दर्पण में निहारो। और इन्द्र ने अपने ही समान व्यक्ति को बढ़िया वस्त्रों से सजे हुए और साफ-सुथरे रूप में देखा। इस पर इन्द्र को संशय उत्पन्न हुआ। "यह छाया में अथवा जल में वर्तमान सजी-धजी आत्मा है जब शरीर सजा-धजा है; वह उत्तम वस्त्र पहने है जब शरीर भी उत्तम वस्त्र पहने है; वह भली प्रकार से साफ-सुथरी है जब शरीर भी साफ-सुथरा है; जब शरीर अन्धा होगा तो यह छायापुरुष भी अन्धा दिखाई देगा, यदि शरीर लंगड़ा है तो यह भी लंगड़ा दिखाई देगा, यदि शरीर अंगविहीन है तो छायापुरुष भी अंगविहीन दिखेगा और यदि वस्तुतः शरीर नष्ट हो

---

1. 8 : 7, 1।
2. देखिए, बृहदारण्यक उपनिषद्, 4 : 4, 3।
3. 8 : 7, 3।

जाएगा तो यह भी नष्ट हो जाएगा। इसलिए मैं इसमें संगति नहीं देखता।"[1] इन्द्र अपने गुरु प्रजापति के पास पहुंचता है और एक दीर्घ व्यवधान के बाद उसे बताया जाता है कि "वह जो स्वप्नों में सुखपूर्वक विचरण करती है वही आत्मा है।" शरीर यथार्थ में आत्मा नहीं है, क्योंकि शरीर सब प्रकार के दुःखों एवं अपूर्णताओं का लक्ष्य बनता है जोकि भौतिक घटनाएं हैं। शरीर चैतन्य का साधन-मात्र है और चैतन्य शरीर से उत्पन्न पदार्थ नहीं है। और अब इन्द्र से कहा जाता है कि स्वप्न देखने वाली विषयी आत्मा है। किन्तु अब उसके आगे एक और कठिनाई आती है। "यद्यपि यह तो ठीक है कि उस आत्मा में शारीरिक दोष के कारण दोष नहीं आता, न शरीर पर चोट लगने से चोट लगती है, न शरीर के लंगड़ेपन से वह लंगड़ी होती है, तो भी हो सकता है कि दोष उसका पीछा करके उसे स्वप्नों में चोट पहुंचा सकें। उस पर दुःख का असर तो होता है क्योंकि दुःख के कारण वह आंसू बहाती है, इसलिए इसमें भी मैं संगति नहीं देखता।"[2] और मानसिक अनुभवों के स्थान पर प्रजापति ने स्वप्न की अवस्थाओं को ही इसलिए उदाहरण के लिए चुना, क्योंकि स्वप्न शरीर के ऊपर अधिक निर्भर नहीं करते, और अपने विशिष्ट स्वरूप के कारण महत्त्वपूर्ण हैं। यह कल्पना की जाती है कि आत्मा बिना रोक-टोक स्वप्नों में विचरण करती है और मन भी स्वप्नावस्था में शरीर के घटनाक्रम से स्वतन्त्ररूप में इतस्ततः गति करता है। यह मत बराबर बढ़ते रहने वाले और परिवर्तनशील मानसिक अनुभवों एवं आत्मा को एक समान स्तर पर ला देता है। यह अनुभव करने वाली आत्मा है, और इन्द्र ने ठीक ही पहचाना कि यह अनुभव करने वाली जीवात्मा आनुभविक घटनाओं के अधीन है। यह विषयी नहीं हो सकती, क्योंकि यह प्रतिक्षण परिवर्तित होती रहती है। यद्यपि यह शरीर से स्वतन्त्र है, किन्तु स्वप्न की अवस्थाओं की स्वतन्त्र सत्ता नहीं है, और यथार्थ अहं अथवा आत्मा को अवश्यमेव सर्वथा स्वतन्त्र विद्यमान होना चाहिए। काल और जन्म की मर्यादाओं के ऊपर निर्भर अहं नित्य नहीं कहा जा सकता। स्थानीय एवं भौतिक परिस्थितियों में बंधी हुई आत्मा एक कालजन्य प्राणी है। यह भौतिक जगत् रूपी संसार में भ्रमण करने वाली है। यह अपने लिए अपूर्ण सामग्री से एक अपूर्ण जगत् का निर्माण करती है। यह न तो अविनश्वर है और न ही इसे असीम स्वतन्त्रता प्राप्त है। हमें एक ऐसे विषयी की आवश्यकता है जो सब प्रकार के अनुभवों का आधार और उनका धारण करने वाला हो, एक अतिव्यापक सत्ता, जिसकी स्वप्नावस्था एवं जाग्रतावस्था के अनुभव केवल अपूर्ण अभिव्यक्ति मात्र हों। केवल अवस्थाओं का प्रवाह स्वयं अपने को अपने-आप धारण करने की क्षमता नहीं रख सकता और भौतिक अनुभव करने वाली आत्मा का स्वाधिकार से नित्य नहीं हो सकती। इन्द्र फिर एक बार प्रजापति के पास पहुंचता है और अपनी स्थिति को उसके आगे रखता है। एक लम्बे समय के पश्चात् उसे इस प्रकार शिक्षा दी जाती है, "जब मनुष्य नींद में आराम करता है और पूर्ण विश्राम कर लेता है तथा कोई स्वप्न नहीं देखता, वही आत्मा है।"[3] प्रजापति ने इन्द्र की कठिनाई को समझ लिया। आत्मा को अपने उन्नत पद से उतारकर अवस्थाओं की श्रृंखला का दर्जा मात्र नहीं बताया जा सकता था क्योंकि उससे एक स्थिर अहं की वास्तविकता की आवश्यकता ही जाती रहती और आत्मा को अपने आकस्मिक अनुभवों के अधीन बना देना पड़ता। इन्द्र को इस विषय की शिक्षा देना है कि अनुभवगम्य बाह्य पदार्थों को एक स्थिर विषयी की आवश्कता है जिससे वे अनुभव प्राप्त कर सकें। प्रजापति का आशय यह बात स्पष्ट करने का था कि जिस प्रकार

1. 8 : 9, 1। 2. 8 : 10, 2, 3। 3. 8 : 11, 1।

एलिस के अद्‌भुत देश की कहानियों को छोड़कर अन्यत्र सब जगह मुंह बनाकर चिढ़ाना तो बिना बिल्ली की सत्ता के सम्भव नहीं हो सकता किन्तु बिल्ली के लिए आवश्यक नहीं है कि वह ज़रूर ही मुंह बनाकर चिढ़ाने वाली हो, इसी प्रकार विषय की सत्ता के लिए विषयी का होना आवश्यक है किन्तु यह आवश्यक नहीं कि बिना विषय के विषयी भी गायब हो जाए। बिना आत्मा के कोई भी ज्ञान, कोई भी कला एवं कोई भी नैतिकता सम्भव नहीं है। आत्मा के साथ सम्बन्ध से रहित विषय असत् रूप में हैं। विषयी सत्ता से तो सब विषयों की सत्ता है, किन्तु विषयी स्वयं उन ज्ञेय विषयों की कोटि में नहीं है। इन्द्र को इस विषय का अनुभव करने योग्य अवस्था में लाने के लिए कि वह समझ सके कि आत्मा ही सब अनुभवों का ज्ञाता है, प्रजापति ने अपकर्षण पद्धति का उपयोग किया, जिसमें कुछ अपनी प्रतिकूलताएं भी हैं। साधारणतः हमारा जीवन विषयों में उलझा रहता है। हम संसार में बहुत फंसे हुए हैं। हमारी आत्मा मनोभावों, इच्छाओं और कल्पनाओं में इतनी खोई रहती है कि वह अपने को नहीं पहचान पाती कि वह यथार्थ में क्या है। केवल पदार्थनिष्ठ जीवन व्यतीत करने के कारण, प्राकृतिक वस्तुओं में ही अत्यधिक लीन रहने के कारण एवं संसार के व्यवसायों में कर्मण्यता के साथ निरन्तर संग्लन रहने के कारण हम समस्त वस्तुओं के प्रथम तत्त्व, मनुष्य की आत्मा के विषय में विचार करने के लिए एक क्षण भी नहीं देना चाहते। हम समझ लेते हैं कि ज्ञान अपने-आप हो गया। इस पर चिन्तन करने का और इसकी जटिलताओं एवं गुत्थियों को सुलझाने का मतलब है मस्तिष्क पर दबाव डालना। यूरोपियन विचारधारा के इतिहास में ज्ञान की सम्भाव्यता का प्रश्न बहुत पीछे आकर उत्पन्न हुआ, किन्तु जब भी यह प्रश्न उठा तो इस बात का अनुभव किया गया कि जब तक आत्मा अपनी मानसिक क्रियाओं के साथ, कांट के अनुसार, अनुभवों के ज्ञात लक्षण के ऐक्य की स्थापना नहीं करती तब तक ज्ञान का होना असम्भव है। इसे ही प्लाटिनस ने 'साहचर्य' का नाम दिया। नितान्त प्राथमिक साक्षात्कार के लिए भी आत्मा की यथार्थ सत्ता आवश्यक है। प्रकट में जो इन्द्रियानुभव निष्क्रिय प्रतीत होते हैं, उनमें भी हम आत्मा की चेष्टा का अनुभव करते हैं। हर एक परिवर्तन एवं हर एक अनुभव एक केन्द्रीय आत्मा की कल्पना करता है। स्वयं परिवर्तनों को भी एक सम्पूर्ण सत्ता के अन्तर्गत परिवर्तन माना जाता है, जिन्हें हम सत्य समझकर जानने का प्रयत्न करते हैं। प्रजापति इस स्थिति को स्पष्ट करके आगे रखना चाहता है कि आत्मा निरन्तर विद्यमान रहती है, उस समय भी जबकि जागरित या स्वप्न अवस्था के अनुभव कुछ समय के लिए स्थगित एवं निष्क्रिय क्यों न रहें। सुषुप्ति की अवस्था में हमारे सामने कोई अनुभूत पदार्थ नहीं होते, किन्तु इसी कारण हम यह नहीं कह सकते कि आत्मा भी विद्यमान नहीं है। प्रजापति इस बात को मानकर चलता है कि इन्द्र निद्रितावस्था में आत्मा की सत्ता स्वीकार करेगा, क्योंकि स्वप्नावस्था में भौतिक जगत् के साथ सामयिक विच्छेद एवं क्रमभंग हो जाने पर भी चेतना निरन्तर बनी रहती है; अन्य किसी प्रकार से इसकी व्याख्या नहीं हो सकती, यदि चेतनास्वरूप आत्मा की निरन्तर सत्ता को स्वीकार न किया जाए। देवदत्त एक प्रगाढ़ निद्रा से उठने पर भी देवदत्त ही रहता है, क्योंकि जिस समय वह सोने गया था उस समय उसके इन्द्रियानुभवों में जो क्रम था, वह सोकर उठने के बाद के अनुभवों के क्रम में संगत हो जाता है। उसके पूर्वानुभव वर्तमान विचारों के साथ परस्पर एक ही कड़ी में जुड़ जाते हैं, अन्य किसी के विचारों के साथ नहीं जुड़ते। अनुभवों का यह नैरन्तर्य हमें यह स्वीकार करने को विवश कर देता है कि चेतना के समस्त घटकों की पृष्ठभूमि में निरन्तर विद्यमान रहने वाली एक स्थिर आत्मा है। बिना किसी विषय पर विचार करने के भी निद्रितावस्था में जो रहती है, वह आत्मा

है। दर्पण केवल इसीलिए कि उसमें कुछ नहीं दिखाई देता, नष्ट नहीं हो जाता। प्रजापति यहां विषय के ऊपर विषयी के परम आधिपत्य को सिद्ध करना चाहता है, जो याज्ञवल्क्य के अनुसार तथ्य है, अर्थात् उस अवस्था में भी जबकि सब विषय या प्रमेय पदार्थ विलुप्त हो जाते हैं, विषयी या प्रमाता आत्मा निजी प्रकार से वर्तमान रहता है। "जिस समय प्रकाश के पुंज सूर्य एवं चन्द्रमा अस्त हो जाते हैं और अग्नि बुझा दी जाती है, तब आत्मा स्वयं अपने-आपमें प्रकाशमान रहती है।"[1] किन्तु इन्द्र प्रजापति के आगे अपने को अधिकतर मनोविज्ञान का पण्डित समझता है। वह यह समझता है कि समस्त दैहिक अनुभवों से विरहित एवं अमूर्त स्वप्न आदि के अनुभव-कलाप से भी विहीन यह विषयविहीन आत्मा एक प्रकार की निष्फल मिथ्या कल्पनामात्र है। यदि आत्मा वह नहीं है जिसे यह जानती है, जिसको अनुभव करती है एवं जिसके ऊपर क्रिया करती है, यदि यह उससे सर्वथा वियुक्त है, और इस प्रकार अपने घटकों से शून्य है तब क्या बच जाता है ? "कुछ नहीं," ऐसा इन्द्र ने कहा, "प्रत्येक पदार्थ से पृथक् हो जाना शून्य के समान है।"[2] गौतम बुद्ध एक वृक्ष के दृष्टान्त को लेते हैं और पूछते हैं कि यदि हम उसके सब पत्तों को झाड़कर परे फेंक दें, शाखाओं को काट डालें, छाल को भी निकाल फेंकें या एक प्याज की प्रत्येक परत को उधेड़ डालें तो क्या बचता है। कुछ नहीं ? ब्रैडले निर्देश करता है कि "ऐसा अहं आत्मा जो अपने राशीभूत आत्मिक अनुभव के पूरकों से पूर्व एवं परे भी विद्यमान रहने का दावा करता है, एक नितान्त कोरी कल्पनामात्र एवं मिथ्या है, और केवल एक विशालकाय दानव ही होगा जिसे किसी भी प्रयोजन के लिए हम स्वीकार नहीं कर सकते।"[3] इस मत के आधार पर स्वप्नरहित प्रगाढ़ निद्रा में आत्मा बिल्कुल विद्यमान नहीं रहती। लॉक घोषणा करता है कि ऊंघने की प्रत्येक अवस्था आत्मा के विचार को निर्मूल सिद्ध कर देती है। "नींद में एवं समाधि अवस्था में मन तो विद्यमान रहता नहीं, इसलिए काल अथवा विचारों की परम्परा का भी कोई प्रश्न नहीं उठता। बिना विचार के भी मन की विद्यमानता को मानना एक प्रकार का प्रत्याख्यान है, यह कुछ नहीं और निरर्थक कल्पना है।"[4] लॉक और बर्कले से भी शताब्दियों पूर्व इन्द्र एक अनुभववादी हो गया है, ऐसा प्रतीत होता है। लोत्से प्रश्न करता है कि "यदि नितांत स्वप्नरहित प्रगाढ़ निद्रावस्था में आत्मा विचार करती है, अनुभव भी करती है, किन्तु किसी पदार्थ की इच्छा नहीं करती तो क्या आत्मा वास्तव में उस समय है और यदि विद्यमान है तो कैसे है ?" "कितनी बार उत्तर दिया गया है कि यदि यह सम्भव हो सकता है तो आत्मा की सत्ता कुछ न होती। क्यों न हम साहसपूर्वक स्वीकार करें कि जितनी बार ऐसा होता है आत्मा नहीं होती।"[5] इन्द्र इस प्रकार की घोषणा करने का साहस रखता है।[6] "वस्तुतः यह नष्ट हो जाता है।" यह एक महत्त्वपूर्ण शिक्षा है जिसे भारतीय विचारधारा में बार-बार भुला दिया गया है। बाह्य जीवन के निषेध का अर्थ है आभ्यन्तर देवता का नाश। ऐसे व्यक्तियों को जो समझते हैं कि हम विशुद्ध आत्मनिष्ठता के विचार द्वारा परम प्रातव्य लक्ष्य के उन्नत शिखर तक पहुंचते हैं, इन्द्र और प्रजापति के संवाद की ओर ध्यान देना चाहिए। इन्द्र के मत में देह द्वारा उत्पन्न मर्यादाओं से स्वतन्त्र, काल एवं देश की सीमा से भी स्वतंत्र और विषय की सत्ता से भी रहित होने की अवस्था एक प्रकार की सरल शून्यता-मात्र है। यह विषयविहीन अहं-डेकार्ट का यह

1. बृहदारण्यक उपनिषद्; 4 : 3, 6।
2. ब्रैडले : एथिकल स्टडीज़, पृष्ठ 52।
3. 'अपिरेयेंग्स एण्ड रियलिटी', पृष्ठ 89।
4. :बर्कले का वर्क्स' ; खंड 1 ; पृष्ठ 34।
5. 'मेटाफिज़िक्स, अंग्रेज़ी अनुवाद', खंड 2, पृष्ठ 317।
6. "विनाशमेवापीतो भवित।" छान्दोग्य उपनिषद्, 8 : 11, 1-2।

अमूर्त चेतयिता (Cogito), कांट के शब्दों में यह औपचारिक एकत्व, यह विषयरहित विषयी एक असम्भवरूप है जिसकी कल्पना पृष्ठभूमि में की जाती है और जिसका कोई सम्बन्ध आनुभविक चेतना के साथ नहीं है। दार्शनिक चिन्तन एवं मनोवैज्ञानिक विश्लेषण दोनों ही हमें उक्त परिणाम की ओर ले जाते हैं। किन्तु प्रजापति आत्मा के उस अस्तित्व पर बल देने का प्रयत्न कर रहा था जिस पर इन्द्रियानुभव-संबंधी परिवर्तनों का कोई असर नहीं पड़ता। वह इस आशय को स्पष्ट करने के लिए आतुर था कि यद्यपि आत्मा चेतनावस्थाओं में एकदम पृथक् नहीं है, वह चेतनावस्था स्वरूप भी नहीं है। डाक्टर मैक्टैगर्ट इस विषय को इस प्रकार प्रतिपादित करता है, "आत्मा के अन्दर क्या-क्या निहित है ?—वह प्रत्येक विषय जिसका उसे ज्ञान होता है। और आत्मा से बाह्य क्या है ?— उसी प्रकार, वह समस्त वस्तु-विषय जिसका ज्ञान उसे है। जो विषय उसके अंतर्गत नहीं है, उसके विषय में वह क्या कह सकता है ? कुछ नहीं। और जिसके विषय में वह कुछ कह सकता है वह इसके लिए बाह्य नहीं है। यही एकमात्र निष्कर्ष है। और इस विरोधाभास को दूर करने का कोई भी प्रयत्न आत्मा को विलुप्त कर देता है, क्योंकि दोनों पक्ष अनिवार्य रूप से परस्पर सम्बद्ध हैं। यदि हम इसे अन्य सब वस्तुओं से पृथक् करके एक विशिष्ट व्यक्तित्व देने का प्रयत्न करें तो वह सब विषयवस्तु जिसका इसे ज्ञान हो सकता है, नष्ट हो जाता है, और इसका वह व्यक्तित्व ही नष्ट हो जाता है जिसे सुरक्षित रखने के विचार से हमने प्रारम्भ किया था। किन्तु यदि दूसरी ओर हम इसके घटकों की रक्षा का प्रयत्न करें, बाह्य वस्तुओं का एकदम विचार न करके केवल इसके आन्तरिक रूप पर ही ज़ोर दें तो चैतन्य विलुप्त हो जाता है, और चूंकि आत्मा के अतिरिक्त घटक कोई नहीं हैं, सिवा प्रमेय पदार्थों के जिनका ज्ञान प्राप्त करना ही उसका कार्य है, वे घटक भी नष्ट हो जाते हैं।"[1] आत्मा के सर्वातिशायी स्वरूप की कल्पना में कहां दोष आता है, इसका दिग्दर्शन इन्द्र हमें कराता है। आत्मा को पूर्ण के जीवनरूप में प्रदर्शित करना चाहिए न कि मात्र अमूर्त रूप में। इसलिए आगे का क्रम यह है, जबकि इन्द्र प्रजापति के आगे अपनी कठिनाई की व्याख्या इन शब्दों में करता है, "इस तथ्य में कि स्वप्नरहित प्रगाढ़ निद्रा में विषयी स्वयं की सत्ता का भी ज्ञान नहीं रखता और न किसी अन्य विद्यमान पदार्थ का ज्ञान रखता है, वह एक प्रकार से सर्वथा शून्यरूप हो गया। इसलिए मैं इसमें भी संगति नहीं देखता।"[2] प्रजापति निर्देश करता है कि यह अभिज्ञा निरन्तर विद्यमान रहती है और परिवर्तनों के अन्दर भी समान रूप से रहती है। समस्त विश्व परमार्थ के विचार को आत्मसाक्षात्कार करने की एकमात्र प्रक्रिया है। "हे भगवन्! यह शरीर मरणधर्मा है और सब कुछ नश्वर है। यह आत्मा का निवास स्थान मात्र है, जो आत्मा अमर है और शरीर से भिन्न है। आंखों की पुतलियों में जो पुरुष दिखलाई देता है यह वही है किन्तु आंख स्वयं में देखने का साधन-मात्र है। वह जो विचार करता है कि मैं इसे सूंघू वह विचार करने वाला आत्मा है, पर नाक तो गन्ध आदि का अनुभव करने का साधन मात्र है।"[3] आत्मा को एक अमूर्त औपचारिक तत्त्व के रूप में न दिखलाकर एक क्रियाशील व्यापक चेतना के रूप में

1. 'हेगलियन कास्मोलॉजी,' विभाग 27। 2. 8 : 11, 1।

3. 8 : 12। प्लेटो से तुलना कीजिए, जो अपने 'टीमियस' नामक ग्रन्थ में दो आत्माओं के अन्दर भेद करता है–एक अमर्त्य और दूसरी मर्त्य। मर्त्य आत्मा में मनोवेग और राग निहित हैं। यह अनुभवात्मक अहं है जो विनश्वर जगत् का, जो परिवर्तनों एवं मृत्यु से पूर्ण है, समान-धर्मा है। अमर आत्मा एक बौद्धिक तत्त्व है, जो मनुष्यों एवं संसार में एक समान व्याप्त है, एक दैवीय स्फुलिंग है जो मनुष्य के व्यक्तित्व में आबद्ध है (टामियस और फीडो)। हमें अरस्तू के 'इंटलैक्टस एजेंस' में भी यही विभेद मिलता है, जो विनश्वर मन एवं स्मृति का विरोधी सिद्धान्त है।

दर्शाया गया है, हैगल के शब्दों में, जिसकी अपनी स्वतन्त्र सत्ता है और अपने लिए भी वह सत्त है। यह एक सरल, अपने में पूर्ण और नानाविध-भेदयुक्त भी है। यह दोनों ही है, अर्थात् विषयी भी और विषय भी। विषय, जिनका ज्ञान हम अनुभव करते हैं, इसके ऊपर आधारित हैं। यथार्थ अनन्त आत्मा वह आत्मा नहीं है जो मात्र सीमित नहीं है। यह सीमित वस्तुओं की गणना के अन्दर नहीं आती, किन्तु तो भी उन सबका आधार है। यह व्यापक आत्मा है, जो सर्वान्तर्यामी भी है और सर्वातिशायी भी है। समस्त विश्व ब्राह्माण्ड इसी के अन्दर निवास करता है और इसी के अन्दर उच्छ्वास लेता है। "चन्द्रमा और सूर्य इसके चक्षु हैं, अन्तरिक्ष की चारों दिशाएं इसके कान हैं, वायु इसका उच्छ्वास है।"[1] यह एक देदीप्यमान प्रकाश है, जो व्यक्ति के अन्तस्तल में प्रज्वलित होता है; एक व्यापक आकाश, जिससे सब प्राणी जन्म ग्रहण करते हैं;[2] सृष्टिरचना का प्राणमूलक[3] तत्व, ऐसा विषयी, जिसमें समस्त संसार स्पन्दन करते हुए गतिमान है।[4] इसके बाहर कुछ नहीं है। यही निश्चितरूप से समस्त पदार्थों की चेतना को धारण किए हुए है। समस्त विश्व में कोई ऐसी वस्तु नहीं है जो हमारे अन्दर स्थित इस असीम सत्ता में समाई हुई न हो। यह आत्मा जिसमें समग्र जगत् परिवेष्टित है, एकमात्र यथार्थ सत्ता है, जिसके अन्दर प्रकृति की सब घटनाएं और अनुभवों के भी कुल इतिहास वर्तमान हैं। हमारी अणु आत्माएं भी इसके अंतर्गत हैं और यह उनके भी ऊपर है। यही विषयी है, जो पदार्थानुभवों के समुच्चय से भी अधिक है और जो इसी की अपूर्ण अभिव्यक्तिमात्र है। हमारी समस्त चेतनावस्थाएं इसी केन्द्रीय प्रकाश के इतस्ततः चक्कर काटती हैं। इसका विलोप होने से उनका भी विलोप हो जाएगा। विषयी के अभाव में अनुभवपुञ्ज भी नहीं रहेगा, देश एवं काल-सम्बन्धी संवेदनाओं की व्यवस्था भी न रहेगी। इसी की सत्ता के कारण स्मरण, अन्तर्ध्यान, ज्ञान और नैतिकता आदि सब सम्भव हो सकते हैं। उपनिषदों का मत है कि यह विषयी एकमात्र व्यापक आधार है जो सब व्यक्तियों में है। यह सब वस्तुओं में गूढ़रूप से है और सृष्टिमात्र में व्यापक है। "इसके समान दूसरा कोई इसके अतिरिक्त नहीं है और न कोई अन्य विविक्त पद है।"[5] "श्वास लेते समय इसे ही श्वास का, बोलने के समय इसको वाणी का, देखने के कार्य में आंख का, सुनने में कान का और विचार करते समय इसे मानस का नाम दिया जाता है—ये सब संज्ञाएं इसी के भिन्न-भिन्न कार्यों के लिए दी जाती हैं।"[6] इस प्रकार जिस आत्मा की व्याख्या की गई है वही यह स्थिर एवं नित्य विषयी है जो जागरित एवं स्वप्न अवस्था में, मरण एवं निद्रा की अवस्था में, बन्धन तथा मुक्ति की अवस्था में बराबर एकरस रहता है। यह बराबर हर काल में विद्यमान है और समस्त विश्व का सर्वेक्षण करता है। यह व्यापक विषयी भी है और उसी समय व्यापक विषय भी है। यह देखता है और नहीं भी देखता है। जैसा कि उपनिषद् ने कहा, "जब फिर वह देखता नहीं, तो भी वह देख रहा है यद्यपि वह नहीं देखता; क्योंकि उसके अविनश्वर होने के कारण, उस द्रष्टा के लिए देखने में कोई व्यवधान नहीं होता; किन्तु उसके अतिरिक्त उस जैसा दूसरा कोई नहीं, उससे भिन्न भी नहीं, जो उसे देखे।"[7] यह आत्मा ही पूर्ण विश्व है। "मैं ही निःसंदेह यह सब विश्व ब्राह्माण्ड हूं।"[8]

---

1. मुण्डोपनिषद् 1 : 1; छान्दोग्य उपनिषद्, 3 : 13, 7।
2. छान्दोग्य, 1 : 91। 3. छान्दोग्य, 1 : 11, 5। 4. कठ, 6 : 1।
5. बृहदारण्यक, 4 : 3, 23; छान्दोग्य, 8 : 1, 3।
6. बृहदारण्यक, 1 : 4, 7; कौषातकि, अध्याय 3। 7. बृहदारण्यक; 4 : 3, 23।
8. "अहमेव इदं सर्वोऽस्मि।"

यह विश्वरूपी व्यापक आत्मा अपने विशिष्ट स्वरूप के कारण दृष्टि का विषय नहीं है। शंकर ने इसे इस प्रकार वर्णन किया है, "साक्षीरूप आत्मा चेतना को प्रकाशित करता है, किन्तु स्वयं कभी चेतना का विषय नहीं बनता।" यह अनुभव की सामग्री नहीं है, प्रमेय नहीं है, यद्यपि सब प्रमेय पदार्थ इसी के लिए हैं। यह स्वयं विचार नहीं है किन्तु समस्त विचार इसके लिए हैं। यह स्वयं एक दृश्य वस्तु नहीं है, किन्तु समस्त दृष्टिरूपी घटना का आधारतत्त्व है। कांट के शब्दों में, ज्ञाता स्वयं इन्द्रियों द्वारा ज्ञेय भौतिक पदार्थों का हेतु होने के कारण प्रमाण का विषय नहीं बन सकता। कांट कहता है, "किसी प्रमेय पदार्थ को जानने के लिए मुझे जिस ज्ञाता की पहले स्थापना करनी पड़ती है स्वयं उसे मैं प्रमेय पदार्थ के रूप में नहीं मान सकता।" समस्त अनुभवों का सम्पादन करने वाला विषयी स्वयं कभी अनुभूति का विषय नहीं बन सकता। क्योंकि यदि यह भी अनुभूति का विषय हो तो प्रश्न उठता है कि इसका ज्ञान प्राप्त करने वाला अन्य कौन होगा। ज्ञान सदा दो पक्षों के आधार पर क्रिया करता है। इसलिए यह आत्मा अव्याख्येय है, जिसकी परिभाषा नहीं हो सकती। अन्य कतिपय परमतत्त्वों की भांति इसे स्वयंसिद्ध स्वीकार करना होता है। यह अन्य सबकी व्याख्या है यद्यपि स्वयं यह अव्याख्येय ही रहता है। कोंते की यह पुरानी समस्या की विषयी लौटकर स्वयं अपने को ग्रहण नहीं कर सकता, नितान्त कल्पना ही नहीं है। "यह आत्मा जो यह भी नहीं, वह भी नहीं और न और ही कुछ है, अमूर्त एवं अनुभवातीत है क्योंकि यह पकड़ में नहीं आ सकती।"[1] उपनिषदें देह अथवा मानसिक अवस्थाओं की श्रृंखलाओं अथवा बाह्य प्रत्यक्ष घटनाओं के अविच्छिन्न क्रमरूप अथवा चेतना के निरन्तर प्रवाह के साथ आत्मा के तादात्म्य का वर्णन करने से निषेध करती हैं। आत्मा ऐसा एक सम्बन्ध नहीं हो सकता जिसे सम्बन्धों की आधार भूमि की आवश्यकता हो, न ही वह घटकों का परस्पर सम्बन्ध रूप है, क्योंकि उसके लिए परस्पर सम्बन्ध कराने वाला एक स्वतन्त्र कर्ता चाहिए। हमें एक ऐसी व्यापक चेतना की यथार्थता को स्वीकार करने के लिए विवश होना पड़ता है जिसका चेतना के घटकों के साथ बराबर साहचर्य है और जो घटकों के अभाव में भी अपनी स्वतन्त्र सत्ता को अक्षुण्ण बनाए रहती है। यह मौलिक तादात्मय ही, जो आत्म एवं अनात्म को मूलरूप से मान लेता है, आत्मा है। इसकी यथार्थसत्ता के विषय में किसी को सन्देह नहीं हो सकता।[2]

माण्डूक्य उपनिषद् में चेतना का एक विश्लेषण दिया गया है, जो हमें इसी निष्कर्ष तक पहुंचाता है। इस विषय पर जो कुछ उक्त उपनिषद् में कहा गया है उसे हम यहां अविकल रूप से अनुवाद के रूप में देते हैं।[3] आत्मा की तीन अवस्थाएं हैं और ये तीनों ही एक चौथी अवस्था में सम्मिलित हैं। ये हैं—जागृति, स्वप्न, सुषुप्ति और वह जिसे तुरीय अवस्था कहते हैं। पहली अवस्था वह है जो जागते समय होती है, जिसमें आत्मा को बाह्य पदार्थों से पूर्ण सामान्य संसार का ज्ञान रहता है। इस अवस्था में यह स्थूल पदार्थों का सुखोपभोग करती है। यहां पर यह सबसे अधिक शरीर के ऊपर निर्भर रहती है। दुसरी अवस्था स्वप्न की है, जिसमें आत्मा सूक्ष्म वस्तुओं का आनन्द लेती है।[4] अपने लिए जागरित अवस्था की सामग्री से नई-नई आकृतियों का निर्माण करती है और कहा जाता है कि आत्मा स्वेच्छापूर्वक शरीर के बन्धनों से मुक्त होकर इतस्ततः भ्रमण करती है। तीसरी अवस्था गाढ़ निद्रा की है, जिसमें हमें न तो स्वप्न आते हैं और न ही कुछ इच्छा होती है। इसका नाम सुषुप्ति है। कहा जाता

1. बृहदारण्यक, 3 : 7, 3; 4 : 4, 22।
2. "न हि कश्चित् संदिग्धे अहं वा नाहं वेति", भामती टीका (ब्रह्मसूत्रों पर)
3. 1 : 2, 7।
4. देखिए, बृहदारण्यक उपनिषद्, 4 : 3, 9, 14।

है कि इस अवस्था में आत्मा कुछ समय के लिए ब्रह्म के साथ एकाकार होकर आनन्द का उपभोग करती है। प्रगाढ़ निद्रा में हम सब इच्छाओं से ऊपर उठ जाते हैं और अनुभव होने वाले कष्टों से भी मुक्त रहते हैं। कहना चाहिए कि जितने भी विरोध हैं वे इस निर्विषयज्ञानरूप आत्मा की अवस्था में दूर हो जाते है।[1] शंकर का कहना है कि मानस की क्रियाओं द्वारा उत्पन्न द्वैत का भाव पहली दानों अवस्थाओं में तो वर्तमान रहता है, किन्तु इस अवस्था में अनुपस्थित रहता है। अनेक वाक्यों में हमें बताया जाता है कि स्वप्न रहित प्रगाढ़ निद्रा में हमें परम आनन्द का स्वाद मिलता है, क्योंकि उस अवस्था में मनुष्य का सम्बन्ध ध्यान बंटाने वाले बाह्य जगत् से कटा हुआ रहता है। आत्मा का मौलिक स्वरूप दैवीय है, यद्यपि दैहिक मांस ने उसमें बाधा दे रखी है। निद्रावस्था में यह देह के बन्धनों से मुक्त होती है अतएव अपने स्वाभाविक स्वरूप को पुनः प्राप्त कर लेती है। हमें अरस्तू के एक लेखांश में इस आशय का वाक्य मिलता है, "जब कभी आत्मा अकेली रहती है, जैसे कि निद्रितावस्था में, तो यह अपनी यथार्थ प्राकृतिक अवस्था में लौट आती है।"[2] आत्मा का स्वाभाविक दैवीय रूप फिर से अपने को अभिव्यक्त करता है जब वह दैहिक अत्याचार से मुक्त रहती है। "निद्रितावस्था में वह अपने प्रिय सत्य का दान करती है।" नित्य रहने वाली स्वप्नविहीन निद्रितावस्था की उपमा का प्रयोग यह समझाने के लिए किया गया है कि किस प्रकार उस अवस्था में बाहर की समस्त क्रियाएं दबी रहती हैं। किंतु इस बात की भी सम्भावना है कि इसे भ्रमवश मूर्च्छा की अवस्था के समान समझ लिया जाए। इसलिए माण्डूक्य उपनिषद् आगे चलकर बतलाती है कि उच्चतम अवस्था यह स्वप्नरहित निद्रावस्था नहीं, किन्तु आत्मा की इससे भिन्न एक चौथी अवस्था है अर्थात् तुरीय अवस्था। वह विशुद्ध आन्तरिक चैतन्य की अवस्था है जिसमें बाह्य एवं आभ्यन्तर किसी भी प्रकार के पदार्थों का ज्ञान नहीं होता। प्रगाढ़ निद्रा में मानवीय आत्मा एक ऐसे देश में ब्रह्म के संग निवास करती है जो भौतिक इन्द्रियों के परिवर्तनात्मक जगत् से दूर ऊपर है। तुरीय अवस्था प्रगाढ़ निद्रा के निषेधात्मक रूप को निर्विकल्प एवं भावनात्मक रूप प्रदान करती है। "यह चौथी अवस्था वह नहीं है जो विषयी का ज्ञान रखती हो, न ऐसी है जो विषय का ज्ञान रखती हो, न ऐसी है जो दोनों से अभिज्ञ हो, और न ही विशुद्ध चेतना का स्वरूप है, न पूर्ण चेतना का विशिष्ट पुंज है ओर न वही है, जिसे निविड़ अन्धकार कह सकें। यह अदृष्ट है, सर्वातिशायी है, अज्ञेय है, अनुमानातीत है, अचिन्त्य है, अव्याख्येय है, आत्मचेतना का मूलतत्त्व है, संसार का पूर्णत्व है, सदा शान्तिमय, सर्वथा आनन्दमय, एकमात्र इकाई, यह निःसन्देह आत्मा है।"[3] ओंकार इसका उपलक्षण है जो 'अ-उ-म्' से मिलकर बना है, जो तीन अवस्थाओं—जागृति, स्वप्न और सुषुप्ति को उपलक्षित करते हैं। यह ऐकान्तिक आत्मा नहीं है, किन्तु सबके लिए सामान्य आधार है जिस पर उन सबकी सत्ता आश्रित है।[4] प्रगाढ़ निद्रा में कहा जा सकता है कि हम एक स्थायी एकत्व में पहुंच गये, जिसमें कुल भेद लुप्त हो जाते हैं और समस्त विश्व भी लुप्त हो जाता है। किन्तु इसे उन्नततम अवस्था नहीं समझा जा सकता, अतः उससे भी ऊंची निर्विकल्प एवं भावानात्मक एक अवस्था प्रस्तुत की गई है। भौतिक-व्यक्ति के पास यदि अनात्म पहुंचता है तो उसका व्यक्तित्व भी लुप्त हो जाता है। इसलिए यह आशंका है कि

---

1. देखिए, बृहदारण्यक, 2 : 1; कौषीतकि, अध्याय 4; छान्दोग्य 6 :8, 1; प्रश्न, 4 : 4; 4 : 3, 7।
2. 'फ्रेग्मेंट', 2।
3. 1 : 7।
4. "त्रिपु धामसु यत्तुल्यं सामान्यम्" (गौडपादीय कारिका, 1 : 22)।

प्रमेय विषयों के विलोप से आत्मा भी एक क्षीण अमूर्तरूप में परिवर्तित हो जाएगी, किन्तु परम व्यापक आत्मा के अन्दर समस्त प्रमेय पदार्थों की सत्ता का भी समावेश हो जाता है। वहीं तक हम सांसारिक पदार्थों का ज्ञान उपलब्ध करते हैं एवं उनके प्रति लगाव रखते हैं जहां तक कि वे हमारी आत्मा में प्रवेश पाते हैं—आत्मा, जो अपने अन्दर विश्व के सभी पदार्थों का ज्ञान-सम्पादन करके सुरक्षित रखती है और जिसके बाहर कुछ नहीं है। यह स्वयं अपरिवर्तित एवं निरन्तर रहने वाली सत्ता है, जो समस्त परिवर्तनों के अन्दर भी निरन्तर एकरस बनी रहती है। चित्तवृत्तियां आती हैं, गुज़र जाती हैं और परिवर्तित होती हैं, किन्तु आत्मा सदा एकरस रहती है। इसका कोई आदि नहीं है, अन्त नहीं है, यद्यपि उन पदार्थों का जिनका इसे ज्ञान होता है, आदि भी है और अन्त भी है। "चेतना का विराम कभी नहीं अनुभव किया गया, न उसका कभी प्रत्यक्ष साक्षात् ही हुआ और यदि कभी हुआ भी तब साक्षी, अर्थात् जिसने अनुभव किया, स्वयं पृष्ठभूमि में विद्यमान रहा, जिसे उसी चेतना का निरन्तर स्थायी रूप समझना चाहिए।"[1] यह समस्त सत्ता की आधारभूमि है, जो उस सबका एकमात्र साक्षी है जिसका हम ज्ञान प्राप्त करते हैं एवं सम्भावित आधार भी है, यद्यपि प्रमेय पदार्थों की प्रमाता के ऊपर की निर्भरता, जिसे बार-बार आग्रहपूर्वक दुहराया जाता है, बिलकुल स्पष्ट नहीं है। आत्मा की तीनों अवस्थाएं—अर्थात् जागृति, स्वप्न, सुषुप्ति—उस अवस्था के साथ मिश्रित होकर जो इन सबका ज्ञान प्राप्त करती है, क्रमशः विश्व, तैजस, प्राज्ञ एवं तुरीय अवस्थाएं कही जाती हैं।[2]

इन तीनों अवस्थाओं—अर्थात् जागृति, स्वप्न एवं सुषुप्ति—के विश्लेषण से यह निष्कर्ष निकलता है कि ये तीनों ही अयथार्थरूप हैं, यद्यपि अभावात्मक नहीं है। "जो प्रारम्भ में असत् है, और अन्त में भी असत् है, मध्य में भी निश्चित रूप से असत् होना चाहिए।"[3] इस सिद्धान्त की दृष्टि से जागरितावस्था का अनुभव भी यथार्थ नहीं है। यदि कहा जाए कि स्वप्नावस्था अयथार्थ है, क्योंकि वह हमारे शेष अनुभवों के साथ मेल नहीं खाती, तो क्या ऐसे ही जागरितावस्था के विषय में भी नहीं जा सकता कि उक्त अनुभव भी स्वप्नावस्था के अनुभवों के साथ मेल नहीं खाते ? स्वप्न अपने क्षेत्र के अन्दर तो एक-दूसरे से मेल खाते हैं, ठीक जैसे कि जागरितावस्था के अनुभव। संसार भी आत्मा की विशेष मनोवृत्तियों के सम्बन्ध से यथार्थ भासते हैं। जागरितावस्था के मानदण्ड का प्रयोग स्वप्नावस्था के ऊपर करना और इस प्रकार उसे दूषित ठहराना युक्तियुक्त नहीं है। स्वप्नावस्था एवं जागरितावस्था दोनों ही के अनुभव अयथार्थ हैं यद्यपि भिन्न-भिन्न श्रेणी के विचार से। प्रगाढ़ निद्रा की अवस्था इस प्रकार की अवस्था है जिसमें हमें बाह्य अथवा आभ्यन्तर किसी विषय का भी ज्ञान प्रत्यक्ष नहीं होता। यह एक प्रकार का भेदशून्य पुंज है जो अन्धकार के आवरण के नीचे छिपा है, जिसकी तुलना हेगल की रात्रि की कल्पना से की जा सकती है, जिसके अन्दर सब गाएं एक समान काली हैं। हमें यहां उच्चतम कोटि की अभावात्मक अवस्था मिलती है जहां दुःख नहीं है। किन्तु आत्मा इस दुःख के अभाव का नाम नहीं है। आत्मा भावात्मक आनन्दस्वरूप है। यह न जागरित अवस्था है, न स्वप्नावस्था है, न सुषुप्ति है, बल्कि चौथी

---

1. देखें देवी भागवत, 3 : 32, 15-16।
2. बौद्धदर्शन का चार क्षेत्रों—काम, रूप, अरूप और लोकोत्तर—का विभाग उक्त चारों अवस्थाओं से अनुकूलता रखता है।
3. गौडपादीय कारिका, 1 : 6।

तुरीयावस्था है जो शेष तीनों की साक्षी एवं उनसे भी सर्वातिशायी है। यह निषेधात्मक व्याख्या, जो यहां दी गई है, संकेत करती है कि हम सीमित प्राणी इसके अस्त्यात्मक स्वरूप को नहीं जान सकते। चौथी तुरीयावस्था की प्राप्ति तीनों का निषेध करके उतनी सम्भव नहीं है जितनी कि उन तीनों से ऊपर उठकर सम्भव है। हम परिमित शक्ति पाने वाले प्राणियों के लिए उस आदर्श यथार्थसत्ता की व्याख्या करना असम्भव है, यद्यपि उपनिषदें बलपूर्वक प्रतिपादन करती हैं कि वह शून्य नहीं है। तो भी उच्चतम सत्ता के विषय में मिथ्या विचारों का निराकरण करने के लिए और इस सत्य की स्थापना के लिए कि यह अमूर्त की कल्पना मात्र नहीं है, वे अपर्याप्त धारणाएं हमारे सामने प्रस्तुत करती हैं। यदि सच पूछा जाए तो हम इसके विषय में कुछ नहीं कह सकते। फिर भी विवेचना के प्रयोजन से हम बौद्धिक धारणाओं का प्रयोग करने के लिए विवश होते हैं, यद्यपि उनकी प्रामाणिकता सीमित है।

आत्मा की समस्या, उपनिषदों में विवेचित बहुत महत्त्वपूर्ण समस्याओं में से एक है। यही समस्या आगे चलकर भगवद्गीता में एवं वेदान्त सूत्रों में अध्यात्मविद्या के नाम से पाई जाती है। आत्मा के स्वरूप का विश्लेषण उपनिषदों की विरासत है, जोकि परिवर्ती भारतीय विचारधारा को उत्तराधिकार में प्राप्त हुई है। इससे अनेक मिथ्या कल्पनाओं की उत्पत्ति हुई। आत्मा के स्वरूप के विषय में बुद्ध और शंकर, कपिल और पतञ्जलि आदि विविध विद्वानों के परस्पर-विरोधी सिद्धान्तों का मूल उपनिषदों में मिल सकता है। उपनिषदों का आशय यह कभी भी नहीं था कि गम्भीरतर आत्मा को एकमात्र शून्य का रूप दे दिया जाए। यह अपने-आपमें पूर्णतम यथार्थसत्ता है, पूर्णतम चेतना है, और मात्र एक निषेधात्मक निश्चेष्ट नहीं है जिस पर किसी बेचैनी का प्रभाव न पड़ सके अथवा जो किसी दोष से आवृत्त न हो सके। तर्कसम्मत विचारधारा में एक निषेधात्मक गति रहती है जहां यह सीमित के निषेध से उठती है, किन्तु आगे बढ़ने के लिए यह केवल एक पड़ाव की ही भांति है। निषेधात्मक प्रक्रिया द्वारा आत्मा को यह जान लेना आवश्यक होता है कि इसकी सीमितता अथवा आत्मपूर्णता ही प्राधन तत्त्व नहीं है। अस्त्यात्मक विधि के मार्ग से यह अपने आत्म को सबके जीवन एवं सत्ता में जान सकती है। सब पदार्थ इसी सत्यस्वरूप आत्मा के अन्दर अवस्थित हैं। कुछ बौद्ध विचारक आत्मा का निरूपण केवल अभावात्मक या शून्य के रूप में करते हैं और इस धारणा के आधार पर वे आध्यात्मिक ज्ञानी की दृष्टि से इसे भावरूप या अमूर्तरूप बताते हैं। हम इस आत्मा को चेतनता के क्षेत्र के किसी भी कोने में नहीं ढूंढ़ सकते और इसलिए वहां न मिलने पर हम तुरन्त इस परिणाम पर पहुंच जाते हैं कि यह कुछ नहीं, अर्थात् शून्य है। सांख्यकार ने इसे एक सरल एवं विशुद्ध रूप में माना है यद्यपि यह निष्क्रिय, प्राणशक्तिरूप एक तत्त्व है, जो प्रकटरूप में सरल होने पर भी अपना एक विशिष्ट स्वरूप रखता है और इसीलिए हम सांख्य के मत में आत्माओं का बाहुल्य पाते हैं। कई वेदान्तियों का मत है कि यथार्थ आत्मा अथवा ब्रह्म विशुद्ध है, निश्चेष्ट हे, शान्तिमय है और विकारहित है, और वे कहते हैं कि आत्मा केवल एक ही है। उसके निष्क्रिय पक्ष पर बल देने के कारण उसके शून्यरूप हो जाने का भय उनके मत में अवश्य है। इसी प्रकार कुछ ऐसे बौद्ध सम्प्रदाय भी हैं जो आत्मा को केवल बुद्धि का रूप देकर उसे क्षुद्ररूप बना देते हैं, और उनके मत से यह बुद्धिरूप आत्मा किसी न किसी प्रकार बिना घटक की सहायता के भी विचार कर सकती है।

8. ब्रह्म

अब हम विषयपक्ष की ओर से यथार्थ परमसत्ता की व्याख्या प्रारम्भ करते हैं, जिसे 'ब्रह्म' नाम से पुकारा गया है।[1] हमने देखा कि ऋग्वेद के समय में अद्वैत का भाव आ गया था। उपनिषदों ने उस नित्य आत्मा की एक अधिक तर्कसंगत व्याख्या करने का कार्य अपने ज़िम्मे लिया जो सदा क्रियाशील भी है और सदा विश्राम भी करती है। एक और स्थान पर हमने निम्नकोटि के अपूर्ण विचारों से उठकर उन्नति के पथ पर अग्रसर होते हुए अधिक पर्याप्त विचारों तक के क्रम को देखा है, जैसा कि तैत्तिरीय उपनिषद् में है।[2] तीसरी बल्ली में वरुण का पुत्र भृगु अपने पिता के पास पहुंचकर प्रश्न करता है कि मुझे उस यथार्थसत्ता के स्वरूप की शिक्षा दीजिए जिसके अन्दर से समस्त भूत या स्थावर एवं जंगम जगत् का विकास होता है और फिर जिसके अन्दर ही समस्त भूत समा जाते हैं। पुत्र के आगे ब्रह्म के सामान्य लक्षणों को रखते हुए पिता ने उसे आदेश दिया कि अब वह उस मूल तत्त्व का पता लगाए जिसमें ये सब लक्षण घट सकते हों। "वह जिससे इन सब भूतों की उत्पत्ति हुई, और उत्पन्न होने के पश्चात् जिसमें ये सब जीवन धारण करते हैं और वह जिसके अन्दर ये सब मृत्यु के समय समा जाते हैं, वही ब्रह्म है।"[3] संसार के पदार्थ सदा अपनी आकृतियां बदलते रहते हैं और इसलिए परमार्थरूप में उन्हें सत्य नहीं समझा जा सकता। इस परिवर्तमान पदार्थों से पूर्ण नामरूपात्मक विश्व की पृष्ठभूमि में ऐसी भी कोई सत्ता है जो स्थिर हो और जिसमें कभी परिवर्तन न होता हो? उपनिषद् की परिभाषा में इस जगत् को नामरूपात्मक कहा गया है, जिसका ज्ञान नाम और रूप या आकृति द्वारा होता है। पुत्र (भृगु) प्रकृति को ही परमसत्ता

---

1. इस प्रश्न का उत्तर कि किस प्रकार 'ब्रह्म' शब्द उपनिषदप्रतिपाद्य परमसत्ता का द्योतक हुआ, भिन्न-भिन्न विद्वानों ने भिन्न-भिन्न प्रकार से दिया है। हौग का मत है कि ब्रह्म का अर्थ है प्रार्थना, जो 'बृह्' धातु से निकला है, जिसका अर्थ है बढ़ना या उत्पन्न होना। यह वह सत्ता है जो बढ़ती है या उत्पन्न होती है। पवित्र प्रार्थनाएं उत्पत्ति का कारण हैं और इसी से आगे चलकर इसका उपयोग प्रकृति की शक्ति के अर्थों में होने लगा एवं आगे यह परमार्थसत्ता अथवा सर्वोत्कृष्ट सत्ता के अर्थों में आ गया। रॉथ के अनुसार, ब्रह्म शब्द का प्रयोग सबसे पूर्व देवताओं के प्रति प्रेरित इच्छाशक्ति के अर्थों में हुआ। उसके बाद इसका प्रयोग पवित्र नियम के अर्थों में हुआ और आगे चलकर इसका अर्थ परमसत्ता हो गया। ओल्डनबर्ग का विचार है कि वैदिक काल में जबकि संसार में अनेक देवता भरे थे और ऐसी रहस्यपूर्ण शक्तियां भी विद्यमान थीं जो सुख और दुःख को उत्पन्न करने की क्षमता रखती थीं, सबसे अधिक शक्तिशाली मनुष्य चिकित्सक था, जिसके हाथ में जादू था और वह जो चाहता था उसे कार्यरूप में प्रकट कर देता था। उस समय ब्रह्म का प्रयोग भी जादू, वशीकरण अथवा मायावी के अर्थों में इसका प्रयोग होने लगा। ब्राह्मण ग्रन्थों के काल में यज्ञों में प्रयुक्त होने वाले पवित्र मन्त्रों के अर्थ में इसका प्रयोग होता था। सम्भवतः उनमें से कुछ एक मन्त्रों का प्रयोग जादू का प्रभाव डालने के लिए भी होता हो। धीरे-धीरे यही शब्द उस प्रधान शक्ति के अर्थों में प्रयुक्त होने लगा जो संसार को उत्पन्न करती है। ड्यूसन का मत है कि 'ब्रह्म' प्रार्थना है, जो आत्मा को ऊंचा उठाती है जिससे हमें सत्य का दर्शन होता है और इस प्रकार यह शब्द सत्य का द्योतक बन गया। मैक्समूलर के अनुसार, इसकी उत्पत्ति 'शब्द' से है जैसाकि बृहस्पति अथवा वाचस्पति शब्द से स्पष्ट है, जिसका अर्थ है वाणी का स्वामी। "वह जो बोलता है, ब्रह्म है" (सिक्स सिस्टम्स आफ इंडियन फिलासफी,' मैक्समूलर कृत, पृष्ठ 52, 70)। हमें इस शब्द की व्युत्पत्ति के विषय में अधिक झंझट करने की आवश्यकता नहीं। हमारे लिए तो स्पष्ट है—ब्रह्म का तात्पर्य है वह यथार्थसत्ता जो बढ़ती है, उच्छ्वास लेती है या उत्तरोत्तर वृद्धि को प्राप्त होती है।
2. देखिए, 'रेन आफ रिलिजन', अध्याय 13।
3. 3 : 1।

मान लेता है, क्योंकि बाह्य जगत् का वह सबसे अधिक सुव्यक्त स्वरूप है। लोकायत-सम्प्रदाय वालों अर्थात् भौतिकवादियों का भी यही मत है किन्तु पुत्र को शीघ्र ही मालूम होता है कि प्रकृति को यथार्थसत्ता को मानने से जीवन की घटनाओं की उचित व्याख्या नहीं हो सकती वनस्पति का विकास एक भिन्न प्रकार की व्याख्या से ही संभव है। यह प्राण अथवा जीवन की ओर संकेत करता है कि यही परम-तत्त्व है।[1] प्रकृति में जीवन का रहस्य सन्निहित नहीं है यद्यपि बिना प्रकृति के जीवन-धारण नहीं हो सकता। जीवन के अन्दर ऐसी कोई शक्ति है जो इसे जड़तत्त्वों को आत्मसात् करके उनके रूप को परिवर्तन करने योग्य बनाती है। यही शक्ति वह मौलिक तत्त्व है जो मानव के अन्दर वानस्पतिक पदार्थ को रक्त, अस्थि और मांसपेशी के रूप में परिवर्तित करने में सहायता करती है। यही तत्त्व है जो विश्व को आच्छादित किए हुए है और जो मानव को अन्य समस्त जगत् के साथ सम्बद्ध किए है।[2] पुत्र को निश्चय है कि जीवन प्रकृति से पृथक् प्रकार की व्यवस्था में आता है यद्यपि प्राण देह का सारभूत तत्त्व है।[3] किन्तु प्राण को समस्या का समाधान मानने पर भी वह असन्तुष्ट ही रहता है, क्योंकि प्राणी-जगत् में जो चेतनात्मक घटना हमारे सम्मुख आती है उसकी व्याख्या जीवनतत्त्व से नहीं हो सकती। मानव अथवा प्रत्यक्ष ज्ञानात्मक चेतना एक ऐसा पदार्थ है जो जीवन एवं प्रकृति से बिलकुल विलक्षणस्वरूप है और जो समस्त प्राणधारक प्रक्रिया का मूर्धन्य प्रतीत होता है। इसलिए पुत्र मानने लगता है कि मानस ही ब्रह्म है। किन्तु यह भी पर्याप्त नहीं है, क्योंकि ऐसी बौद्धिक घटनाएं हैं जिनकी व्याख्या केवल प्रत्यक्ष ज्ञान से नहीं हो सकती। विज्ञान अथवा बुद्धि ब्रह्म है।[4] बौद्धदर्शन के कतिपय सम्प्रदाय इसी मत को स्वीकार करते हैं। अब पुत्र अनुभव करता है कि बौद्धिक आत्मचेतना अपूर्ण है, क्योंकि वह असंगति एवं अपूर्णता के अधीन है। उपनिषदों का लक्ष्य यह प्रदर्शित करने में है कि बुद्धि के स्तर पर द्वैत एवं बाह्यता के तत्त्व विद्यमान रहते हैं, भले ही हम कितना ही उनसे ऊपर उठने की कोशिश क्यों न करें। ज्ञान और नैतिक जीवन में परस्पर विषयी-विषय-सम्बन्ध है। केवल बुद्धि से ऊंचा अवश्य कोई तत्त्व होना चाहिए, जहां कि सत्ता को ज्ञान की परिभाषा में नियन्त्रित न किया गया हो। सत्ता के एकत्व की मांग है कि हम बौद्धिक स्तर से ऊपर उठें। विचार का सम्बन्ध, जैसा कि साधारणतः समझा जाता है, उन पदार्थों से है जो दूरस्थित हैं और विचार की प्रक्रिया से पृथगूरूप हैं। इसकी पहुंच बाहर की ओर उस विषय तक है, जो इससे पृथक् है एवं विरुद्ध स्वभाव का है। यथार्थसत्ता विचार से भिन्न है और उस तक उच्चतम अव्यवहित सान्निध्य की तुरीयावस्था में पहुंचा जा सकता है और वह अवस्था ऐसी है जो विचार एवं तदन्तर्हित भेदों से कहीं ऊपर है और जहां व्यक्ति प्रधान यथार्थसत्ता के साथ एकात्मरूप हो जाता है। आनन्द उच्चतम परिणाम है जिसमें ज्ञाता, ज्ञेय एवं ज्ञान एकाकार हो जाते हैं। यहां आकर दार्शनिक खोज समाप्त हो जाती है; इससे यह लक्षित होता है कि आनन्द से ऊंची और कोई सत्ता नहीं, वही परम सत्ता है। यह आनन्द एक प्रकार का क्रियाशील सुखात्मक अनुभव अथवा क्षमता का अबाध उपयोग है। यह शून्य में विलोप होना नहीं, किन्तु प्राणी का पूर्णता को प्राप्त करना है।[5] "भेद करके देखने वाले ज्ञानी अपने

---

1. प्राण का अर्थ है श्वास। देखिए, ऋग्वेद, 1 : 66, 1; 3 : 5, 21; 10 : 59 6।
2. देखिए, प्रश्नोपनिषद्, प्रश्न 2।
3. बृहदारण्यक उपनिषद्, 1 : 3, 90; देखिए, छान्दोग्य उपनिषद्, 6 : 2, 4।
4. देखिए, ऐतरेयोपनिषद्, 3 : 3; तैत्तिरीय उपनिषद्, 3 : 5।
5. देखिए, मुण्डक उपनिषद्।

अधिक उत्कृष्ट ज्ञान के बल पर आत्मा का साक्षात् करते हैं जो केवल आनन्द एवं अमरता के रूप में प्रकाशमान है।"[1] सच पूछा जाए तो हम वस्तुतः आनन्द रूप उच्चतम यथार्थसत्ता का वर्णन करने में अपने को असमर्थ पाते हैं। यह प्रश्न भी कि यह अमूर्त है या मूर्तरूप है, तर्कसंगत नहीं है। बौद्धिक आवश्यकताएं हमें प्रेरित करती हैं कि हम कुछ न कुछ वर्णन अवश्य करें। उसे केवल भावात्मक रूप में मानने की अपेक्षा मूर्तरूप में समझना अधिक यथार्थ है। प्रत्येक उच्चतर तत्त्व निम्नतर तत्त्व की अपेक्षा अधिक ठोस और समवेतरूप होता है। और इसलिए आनन्द, जो 'ब्रह्म' है, अन्य सब तत्त्वों की अपेक्षा सबसे अधिक समवेततत्व है। इसी से सब वस्तुएं विकसित होती हैं। समस्त वस्तु समूह का धारण भी इसी से होता है और इसी के अन्दर सब कुछ विलीन हो जाता है। भिन्न-भिन्न भाग, खनिज-जगत्, वनस्पति-जीवन, जीवजन्तु-जगत् एवं मनुष्य-समाज उस परमोत्कृष्ट सत्ता के साथ किसी अमूर्तरूप या यान्त्रिक विधि से सम्बद्ध नहीं है। वे सब उसके अन्दर एकीभूत हैं और उसी के द्वारा अपनी सत्ता रखते हैं जो उन सबके अन्दर व्याप्त है। सब भाग इस विश्व ब्रह्माण्ड की इसी व्यापक आत्मा के अंश हैं और अपने-अपने विशेष कार्यों के सम्पादन के लिए विशिष्ट-विशिष्ट रूप लिये हुए हैं। ये सब भाग स्वतन्त्र सत्ता वाले अवयव न होकर उस एक के ही ऊपर अपनी सत्ता के लिए निर्भर करते हैं। "भगवन् ! वह अनन्त किसके ऊपर आश्रित है ? क्या अपनी महानता के ऊपर अथवा महानता के ऊपर भी नहीं ?" हरएक वस्तु इसके ऊपर आश्रित है, यह किसी अन्य वस्तु का आश्रित नहीं है। अनेक स्थलों पर (उपनिषदों में) अवयवों का सम्पूर्ण के साथ अंगांगीभाव से सम्बन्ध का भी वर्णन किया गया है। "जैसे सब आरे एक धुरे के साथ जुड़े होते हैं और पहिये के बाह्य घेरे के भी अन्दर हैं, इसी प्रकार सब प्राणी, सब देवता, समस्त लोक और सब अवयव भी उसी आत्मा में निहित हैं।"[2] "यह वह पुरातन वृक्ष है जिसकी जड़ें ऊपर की ओर हैं और जिसकी शाखाएं नीचे की ओर जाती हैं। वह प्रकाश का पुंज उज्ज्वल ब्रह्म है, जो अमर है : सब लोक उसी के अन्दर निहित हैं और उसके बाहर कुछ नहीं है।"[3]

हमने आनन्दरूप में परमसत्ता की व्याख्या की है और इस प्रकार इस कथन का खण्डन हो जाता है कि परमसत्ता अव्याख्येय है। सर्वांग-सम्पूर्ण सत्ता को जानने के सब रचनात्मक प्रबन्ध अन्त में सामान्यरूप से एक समवेतपूर्ण के ही परिणाम तक पहुंचते हैं। किन्तु यदि हम व्याख्यात सत्ता का समन्वय अव्याख्यात के साथ करने का प्रयत्न करें, जिसका समर्थन उपनिषदें भी करती हैं, तब हमें कहना पड़ेगा कि वर्तमान संदर्भ में आनन्द अन्तिम सत्ता नहीं है बल्कि यह आनंद तो केवल मनुष्य के चिन्तन की उच्चतम उपलब्धि है। यह परम अथवा नित्य सत्ता नहीं है जो सदा अपनी निजी विशिष्टता में रहती है। तार्किक मस्तिष्क के दृष्टिकोण से पूर्णसत्ता ही यथार्थ है और संसार की विविधता इसी के अन्तर्गत समाती है। संहतरूप आनन्द प्रामाणिक सत्ता है अथवा यथार्थता है, जिसकी अभिव्यक्ति विचारशक्ति के अन्दर होती है और इसी को रामानुज ने उच्चतम ब्रह्म के रूप में स्वीकार किया है। विशुद्ध ब्रह्म, जो सब गुणों से मुक्त है, निरुपाधिक सत्ता है, अथवा निर्गुण ब्रह्म है, जिसे शंकर ने स्वीकार किया है। प्रथम प्रकार का ब्रह्म, अर्थात् रामानुजाचार्य का ब्रह्म, एक सुव्यवस्थित पूर्णसत्ता है और दूसरा अर्थात् शंकर का प्रतिपादित ब्रह्म, एक अव्याख्येय यथार्थसत्ता है। फिर

1. मुण्डक, 2 : 8।
2. बृहदारण्यक, 2 : 5, 15।
3. कठोपनिषद्, 2 : 6, 1; और भी देखिए, तैत्तिरीय उपनिषद्, 1 : 10; भगवद्गीता, 15 : 1।

भी शंकर के मत से भी दूसरे प्रकार का ब्रह्म अपने को प्रथम प्रकार के रूप में दर्शाता है। और अन्तर्दृष्टि द्वारा ज्ञान से परिपूर्ण है।[1]

इस प्रकार के मतभेद के परिणामस्वरूप ही आनन्द की व्याख्या के विषय में बहुत अधिक वादविवाद उपनिषदों में पाया जाता है। शंकर तो स्पष्ट रूप से कहते हैं कि आनन्दमय अपनी माया के संयोग से प्रकट करता है कि यह एक घटनात्मक कार्य है। यदि यह आत्मा से भिन्न न होता तो इसके विषय में तर्क हो ही न सकता। यदि यह विशुद्ध ब्रह्म है तो इसे आकृति देना एवं इसके साथ सिर, अंग आदि का जोड़ना, जैसा कि तैत्तिरीय उपनिषद् करती है, असंगत होगा। यदि आनन्द ही ब्रह्म है तब ब्रह्म का अलग वर्णन करना, एक पूंछ की तरह, निरर्थक है।[2] इसलिए शंकर इस निष्कर्ष पर पहुंचते हैं कि "आनन्दमय आत्मा का एक कार्य है, किन्तु निर्विकल्प आत्मा कार्य नहीं है।" दूसरी ओर रामानुज का तर्क है कि यह आनन्द की ब्रह्म है। माया का संयोग केवल प्राचुर्य अथवा पूर्णता का संकेत करता है। यद्यपि प्रकृति एवं जीवन आदि के विषय में यह स्पष्टरूप से कहा जाता है कि अन्दर कोई और है, जैसे 'अन्योऽन्तर आत्मा', आनन्द के विषय में इस प्रकार का अन्तर्निविष्ट किसी अन्य सत्ता का कथन नहीं किया जाता। अंग आदि का साथ में वर्णन करना कल्पना के अतिरिक्त और कुछ नहीं है। पुच्छयुक्त ब्रह्म का मतलब यह न समझा जाना चाहिए कि यह आनन्द एवं ब्रह्म के अन्दर किसी प्रकार के अन्तर की ओर संकेत करता है। दोनों का सम्बन्ध परस्पर अंगांगीभावरूप भी हो सकता है,[3] जो आरोपक उपयोग में कभी-कभी सार्थक होता है। आनन्दमय के वर्णन के साथ-साथ ही उपनिषदों में 'सोऽकामयत्' कहा है, अर्थात् उस (पुंल्लिग) ने इच्छा की, और यह पुंल्लिग वाचक का प्रयोग केवल आनन्दमय के लिए ही हो सकता है न कि 'पुच्छं ब्रह्म' के लिए, जो नपुंसकलिंग है। सुख के अन्यान्य सब रूपों, जैसे प्रिय, मोद आदि, का समावेश आनन्द के अन्दर हो जाता है और इस प्रकार एक शिष्य अपने अन्तिम विश्रामस्थान को पहुंच जाता है, जब वह आनन्द को प्राप्त कर लेता है। उसी उपनिषद् में हमें कितने ही स्थल ऐसे मिलते हैं जहां पर कि आनन्द शब्द पर्यायरूप से अन्तिम सत्ता के लिए प्रयुक्त हुआ है।

यह प्रत्यक्ष है कि सारा वाद-विवाद इस सन्देह के कारण उठा है कि हम तर्क से प्राप्त हुई उच्चतम सत्ता को आनन्द मानें अथवा नितान्त परमसत्ता को आनन्द मानें। उपनिषदों

---

1. उपनिषदों का यह निश्चित सिद्धान्त है कि परम सत्ता अव्याख्येय अथवा अनिर्वचनीय है यद्यपि वे इसके विषय में बौद्धिक विवेचन उपस्थित करती हैं, जो नितान्त सत्य नहीं है। यदि कोई बौद्धिक विवेचन कभी सत्य समझा जा सकता है तो यह वह है जिसकी रामानुज ने स्थापना की है। उपनिषदों के वास्तविक भाव को लेकर शंकर का कहना है कि तर्क द्वारा जहां हम ऊंचे से ऊंचा जा सकते हैं, अर्थात् रामानुज द्वारा प्रतिपादित, उससे भी ऊंचे दर्जे की सत्ता कोई है। शंकर के दर्शन की विवेचना करते समय हम इस विषय का प्रतिपादन करेंगे कि वे किस प्रकार उच्चतम सत्ता के विषय में प्रतिपादन की गई समस्त धारणाओं की अपूर्णता की स्थापना करते हैं। उनका तर्क है कि हम परमसत्ता के विषय में यह नहीं कह सकते कि वह सान्त है अथवा अनन्त है, अथवा दोनों ही है या दोनों में से एक भी नहीं। यही बात सब प्रकार के अन्य सम्बन्धों—जैसे पूर्ण का अंश के साथ, पदार्थ का उसके गुण के साथ, कारण का कार्य के साथ—के विषय में भी है। विचार की सीमाओं का एक विवेकपूर्ण निरूपण, जैसाकि हमें शंकर के ग्रन्थों में मिलता है, क्यों सम्भव हो सका इसका कारण ढूंढ़ने से प्रतीत होगा कि उपनिषदों के और शंकर के बीच बौद्ध-दर्शन की जो परम्परा आ गई उसके कारण यह स्थिति सम्भव हो सकी।
2. ब्रह्म पुच्छं प्रतिष्ठा।
3. समुदायसमुदायीभाव।

ने किसी भी स्थान पर विभेदक सीमा का स्पष्ट चिह्न नहीं दिया है जहां कि रामानुज के समवेतपूर्णस्वरूप ब्रह्म एवं शंकर के सरल एवं निरुपाधिक ब्रह्म के, जो अन्तर्दृष्टि से प्राप्तव्य है, मध्य में स्पष्ट भेद किया जा सके। यदि हम दोनों को बिलकुल पृथक् कर दें तो यह हमारे लिए फिर असम्भव हो जाएगा कि हम ठोस अस्तित्वमेय जगत् के सही भेदपरक मूल्यांकन को स्वीकार कर सकें। उपनिषदों का संकेत है कि ईश्वर और ब्रह्म यथार्थतः एक ही हैं। अत्यन्त सूक्ष्म दार्शनिक दृष्टि से यदि हम विवेचन करें और शब्दों का संकुचित अर्थों में पूरी सावधानी के साथ प्रयोग करें तो हम देखेंगे कि जब हम 'मैं मैं हूं' ऐसा कहते हैं तो उस समय परमसत्ता से थोड़ा-सा ही ह्रास होता है, जो केवल कल्पना में ही आ सकता है।[1] इस आभासमात्र शून्य को लेकर ही शंकर विशुद्ध सत्ता को, जो सबको आधारभूत विचार और सत्य है, देशकाल और कारण से आबद्ध जगत् की उत्पत्ति का कारण बना डालता है। उपनिषदें परोक्षरूप से स्वीकार करती हैं कि ज्यों ही हम विशुद्ध ब्रह्म का विचार करते हैं, हम शून्य को भेदक तत्त्व और आधार स्वीकार कर लेते हैं। चेतनस्वरूप ईश्वर, जो आगे चलकर सुव्यवस्थित पूर्णसत्ता के रूप में विकसित होता है, अधिक से अधिक अंश में सत् है और न्यून से न्यून अंश में असत्। विषयत्व का भाव सबसे न्यून है और बाह्यता के साथ उसका सम्पर्क है। वही एक जगत् की सत्ताओं के रूप में अभिव्यक्त होता है और यही कारण है कि हम सांसारिक पदार्थों में निहित अस्तित्व के अंश को, उस परमसत्ता से उनको पृथक करने वाली दूरी को मापकर, निश्चित करने में समर्थ होते हैं। प्रत्येक निम्न श्रेणी उच्चतम सत्ता का ह्रास-मात्र है, यद्यपि बराबर विद्यमान पदार्थों में ऊंचे से ऊंचे से लेकर नीचे से नीचे तक हम ब्रह्म की भी अभिव्यक्ति पाते हैं एवं देश, काल और कारण भाव के लक्षणों को भी साथ-साथ पाते हैं। निम्न स्तर के पदार्थ विशुद्ध ब्रह्म से उच्चतर स्तर के पदार्थों की अपेक्षा अधिक दूरवर्ती हैं, यहां तक कि उपनिषदों का आनन्दमय, रामानुज का सभवेत ब्रह्म और शंकर का ईश्वर ये सब उस विशुद्ध परमसत्ता के निकटतम हैं। इससे और अधिक सामीप्य विचार में नहीं आ सकता। सर्वोपरि ब्रह्म अथवा आनन्द, विज्ञान के स्तर पर अथवा आत्मचैतन्य के स्तर पर, व्यक्तिरूप ईश्वर बन जाता है, जो स्वेच्छा से मर्यादासम्पन्न है। ईश्वर अथवा आत्मा एकत्व की आधारभित्ति है, और प्रकृति अथवा अनात्म द्वैत अथवा बहुत्व रूपी तत्त्व बन जाता है।'[2]

9. ब्रह्म और आत्मा

विषयी और विषय, ब्रह्म और आत्मा, विश्वसनीय एवं आत्मिक दोनों ही तत्त्व एकात्मक मान गए हैं, ब्रह्म ही आत्मा है।[3] "वह ब्रह्म जो पुरुष के अन्दर है और वह जो सूर्य में है, दोनों एक हैं।"[4] ईश्वर के सर्वातिशायित्व का भाव, जो ऋग्वेद में है यहां पर आकर सर्वान्तर्यामी के भाव में परिणत हो गया है। अनन्त सान्त से परे नहीं, बल्कि सान्त के अन्तर्गत है। उपनिषदों की शिक्षा विषयीपरक रहने से यह परिवर्तन हुआ। विषयी एवं विषय के मध्य तादात्म्य का अनुभव भारत देश में उस समय हुआ जबकि अभी प्लेटो का जन्म भी

1. बृहदारण्यक 1 : 4, 10।
2. देखिए तैत्तिरीय उपनिषद्, 1 : 5; वेदान्तसूत्रों पर किया गया शांकरभाष्य एवं रामानुजभाष्य, 1 : 1, 6।
3. तैत्तिरीय उपनिषद्, 1 : 5।
4. 2 : 8, और भी देखिए, 3 : 10; छान्दोग्य, 3 : 13, 7; 3 : 14, 2, 4; बृहदारण्यक, 5 : 5, 2; मुंडक, 2 : 1, 10।

नहीं हुआ था। ड्यूसन इसके सम्बन्ध में इस प्रकार कहता है, "यदि हम इस विचार को नाना आलंकारिक आकृतियों से, उन्नततर वर्ग के पदार्थों से, जो बहुत अधिक वेदान्तसूत्रों में पाए जाते हैं, पृथक् करके अपना ध्यान इसके ऊपर केवल इसकी दार्शनिक विशुद्धता को ही लक्ष्य करके स्थित करें, अर्थात् ईश्वर एवं आत्मा के, ब्रह्म और आत्मा के तादात्म्य पर ध्यान दें, तो पता लगेगा कि इसकी यथार्थता उपनिषदों से भी दूर, उनके काल और जिस देश में उनका निर्माण हुआ उससे भी दूर है; प्रत्युत कहना होगा कि समस्त मनुष्य-जाति के लिए इसका अमूल्य महत्त्व है। भविष्य को देखने में तो हम असमर्थ हैं, हम नहीं जानते कि अभी क्या-क्या और गवेषणाएं एवं दैवीय ज्ञान मानवीय आत्मा के विषय में जिज्ञासुओं की बेचैनी के कारण सामने आएंगे किन्तु हम एक बात निश्चय एवं विश्वास के साथ कह सकते हैं कि भविष्य का दर्शन भले ही कोई नया एवं असाधारण मार्ग ढूंढ निकाले, यह दार्शनिक तत्त्व स्थिररूप से अखण्डित रहेगा और इससे किसी प्रकार का अतिक्रम संभव न हो सकेगा। यदि कभी इस महान समस्या का कोई और व्यापक समाधान निकल भी आया—जोकि ज्यों-ज्यों आगे ज्ञान की वृद्धि होगी और कितने ही पदार्थ दार्शनिकों के सामने आएंगे—तो उसकी कुंजी वहीं मिलेगी जहां प्रकृति के रहस्य खुल सकते हैं, अर्थात् अपनी आत्मा के अन्तस्तल के अन्दर ही, बाहर नहीं। इसी अन्तस्तल के अन्दर सबसे पहले उपनिषदों के विचारकों ने जिन्हें अनन्त समय तक प्रतिष्ठा की दृष्टि से देखा जाएगा, इस तत्त्व को ढूंढ़ निकाला था जबकि उन्होंने पहचाना कि हमारी आत्मा, हमारे अन्तस्तल में विद्यमान सत्ता ब्रह्म के रूप में है और वही व्यापक भौतिक प्रकृति एवं उसकी समस्त घटनाओं के अन्दर सत्तात्मक रूप से व्याप्त है।"[1] विषयी एवं विषय का यह तादात्म्य केवल एक अस्पष्ट कल्पना ही नहीं है, किन्तु समस्त विषय संगत विचार, अनुभव और इच्छाएं आवश्यक रूप से इसकी ओर संकेत करते हैं। यदि मानवीय आत्मा स्वयं अचिन्त्य, अपराजेय एवं प्रेमपात्र बनने के अयोग्य होती तो यह प्रकृति पर विचार न कर सकती, उस पर विजय न पा सकती और न उससे प्रेम ही कर सकती। प्रकृति एक विषयी (प्रमाता) के लिए विषय (प्रमेय पदार्थ) है बिलकुल बुद्धिगम्य, स्वयं युक्तिसंगत, जो वश में आने एवं प्रेम करने योग्य है। इसका अस्तित्व मनुष्य के लिए है। नक्षत्रगण उसके चरणों में जलते हुए प्रदीपरूप हैं, और रात्रि का अन्धकार उसे लोरियां देकर सुलाने के लिए है। प्रकृति हमें जीवन के आध्यात्मिक तत्त्व की ओर चलने को पुकारती है और इस सम्बन्ध में आत्मा की सब आवश्यकताओं की पूर्ति करती है। प्रकृति का निर्माण, शक्ति-सम्पादन एवं संचालन विश्वात्मा के द्वारा होता है। जब से चिन्तन प्रारम्भ हुआ, विषयी एवं विषय की यह एकता केन्द्रीय सत्ता का अस्तित्व तथा जो सबमें व्याप्त और सबको अपने अन्तर समाविष्ट किए हुए है, भक्त लोगों का सिद्धान्त रहा है। धार्मिक रहस्यवाद और गम्भीरतम पवित्रता वाले भक्त लोग सब इस महान वाक्य, अर्थात् वही तू है—'तत्त्वमसि' की यथार्थता के साक्षी हैं। हम इसे भले ही न समझ सकें किन्तु हमारी यह अज्ञानता हमें इसका प्रतिवाद करने का अधिकार नहीं देती।

ब्रह्म के विषय में बनाई गई भिन्न-भिन्न धारणाएं आत्मा-सम्बन्धी विचारों से अनुकूलता रखती हैं और इसी प्रकार ठीक इसके विपरीत भी हैं। जागृति, स्वप्न, सुषुप्ति और आत्मा की समाधि अवस्था का विचार परवर्ती वेदान्तग्रन्थों में स्पष्ट करके अलग-अलग रूप में दिखाया गया है और वह ब्रह्म-सम्बन्धी विविध कल्पनाओं के अनुकूल बैठता है। उच्चतम ब्रह्म, जो

1. 'फिलासफी ऑफ दं उपनिषद्स' पृष्ठ 39-40।

आनन्द है, ठीक आत्मा का स्वरूप है जिसकी अभिव्यक्ति चौथी अवस्था, अर्थात् तुरीय अवस्था, में होती है। उस अवस्था में विषयी और विषय एक ही हैं। द्रष्टा अर्थात् देखने वाला और दृश्यमान पदार्थ एक सम्पूर्ण ब्रह्म में समवेत होकर एकाकार हो जाते हैं। जब हम आत्मा का स्वयंचेतन स्वरूप व्यक्ति के साथ तादात्म्यवर्णन करते हैं, तो ब्रह्म को हम एक स्वयंचेतन स्वरूप ईश्वर के रूप में देखते हैं, जिसके अन्दर एक विजातीय शक्ति है। चूंकि स्वयंचेतन व्यक्ति केवल एक भावात्मक वस्तु रह जाएगा जो घटक, अर्थात् विषय है, जिसके कारण ही उसकी अपनी पृथक् सत्ता है, इसी प्रकार ईश्वर को भी एक विजातीय अवयव की आवश्यकता है। ईश्वर का विचार धार्मिक चेतना के लिए सबसे ऊंचा विषय है। जब आत्मा को मनुष्य की मानसिक एवं प्राणभूत शक्तिरूप माना गया, तो ब्रह्म का स्वरूप हिरण्यगर्भ का रह गया, अर्थात् विश्वात्मा का, जिसकी स्थिति ईश्वर और मानव के मध्य की समझी जानी चाहिए। इस हिरण्यगर्भ का सम्बन्ध विश्व के साथ ठीक उसी रूप में है जिस रूप में कि मानवीय आत्मा का मानवीय देह के साथ है, अर्थात् विश्वरूप शरीर में विद्यमान शरीरी हिरण्यगर्भ है। हमें यहां पर ऋग्वेद का प्रभाव दिखाई देता है। संसार में चेतनता एवं इच्छा की कल्पना की जाती है। मानस बराबर शरीर के साथ-साथ रहता है। मानस की विस्तृतर व्यवस्थाओं का साहचर्य शरीर की विस्तृततर व्यवस्थाओं के साथ है। इस संसार का भी जिसके अन्दर हम रहते हैं, इसी प्रकार का एक सहचारी मानस है, और इस विश्वव्यापी शरीर का मानस यही हिरण्यगर्भ है। विश्वात्मा के इस भाव को उपनिषदों में भिन्न-भिन्न नामों एवं आकृतियों में वर्णन किया गया है। इसे 'कार्यब्रह्मा' कहा गया है जो 'कारणब्रह्मा' ईश्वर से भिन्न प्रकृति का है। यह कार्यब्रह्मा उत्पन्न सब पदार्थों का समुच्चय है, सान्त पदार्थ जिसके अंश-मात्र हैं। सब कार्यों को चेतनामय समुच्चय ब्रह्मा अथवा हिरण्यगर्भ है। यह ब्रह्म से सर्वथा भिन्न नहीं है। ब्रह्म विशुद्ध है, व्यक्तिरूप है, नितान्त आत्मस्वरूप है और एक एवं अद्वितीय है, अथवा उस जैसी दूसरी कोई सत्ता नहीं है। एक समय में उसे कर्ता अर्थात् ईश्वर के रूप में देखा जाता है और अन्य समय में कार्यरूप में, अर्थात् हिरण्यगर्भ के रूप में। यहां तक कि यह हिरण्यगर्भ ब्रह्मा भी ब्रह्म के ही अन्दर से आता है।[1] "वही ब्रह्मा का उद्गमस्थान है।" समस्त विषयात्मक ब्रह्माण्ड इसी प्रमाता विषयी द्वारा धारण किया जाता है। जबकि व्यक्तिरूप विषयी विलुप्त हो जाते हैं वह उस समय भी, अर्थात् प्रलयकाल में भी, नई सृष्टि के विषय में संकल्प करने वाला विद्यमान रहता है। जब हम आत्मा का अपने शरीर के साथ तादात्म्य करते हैं, ब्रह्म विश्वमय अर्थात् विराट्रूप होता है। विराट् ही सब कुछ है, अर्थात् समस्त विश्व की एकत्र सारवस्तु दैवीय शरीर के रूप में है। यह वस्तुओं का समुच्चय अर्थात् समस्त सत्पदार्थों का एकत्रीकृत पुञ्ज है। "यह वह है—समस्त उत्पन्न पदार्थों का आभ्यन्तर आत्मा, अग्नि जिसका सिर है, सूर्य और चन्द्रमा जिसकी आखें हैं, चारों दिशाएं जिसके कान हैं, वेद जिसकी वाणी है और उन वेदों का प्रादुर्भाव भी उसी से हुआ है, वायु जिसका श्वसित है, समस्त विश्व-ब्रह्माण्ड जिसका हृदय है और जिसके चरणों से पृथ्वी का प्रादुर्भाव हुआ।"[2] विराट् का शरीर भौतिक पदार्थों की संहति से बना है। वह अभिव्यक्तरूप ईश्वर है जिसकी इन्द्रियां सब दिशाएं हैं, जिसका शरीर पांच तत्त्व हैं और जिसकी चेतना 'मैं ही सब कुछ हूं' इस भावना से दीप्तिमान होती है। विराट् के विकास से पूर्व सूत्रात्मा का भी विकास अवश्य

1. मुण्डक, 3 : 13, 1।
2. मुण्डक, 4 : 4, 11।

हुआ होगा जोकि विश्वप्रज्ञा अथवा हिरण्यगर्भ है और जिसका वाहन सूक्ष्म शरीरों की संहति है। हिरण्यगर्भ के पीछे विराट् अपने रूप में प्रकट होता है। विराट् के रूप में हिरण्यगर्भ प्रत्यक्ष होता है। जब तक कार्य का विकास होता है, यह सूत्रात्मा सूक्ष्म शरीर से सम्पृक्त चेतनास्वरूप होता है। उसकी उपस्थिति केवल प्रारम्भिक कारण में विज्ञान एवं क्रिया की संभाव्यता के रूप में है। व्यापक आत्मा की संसार के मूर्तरूप भौतिक पदार्थों में अभिव्यक्ति की संज्ञा विराट् है और विश्य ब्रह्माण्ड की सूक्ष्म प्रकृति (सामग्री) की उसी प्रकार की अभिव्यक्ति की संज्ञा ब्रह्मा है। सूत्रात्मा हिरण्यगर्भ है। सर्वोपरि आत्मा, जो कारण-कार्यभाव से परे है वह ब्रह्म है, किन्तु जब यह अनात्म से पृथक् रूप में आत्मप्रज्ञ हो जाता है, हम इसे ही ईश्वर संज्ञा से पुकारते हैं।[1] निम्नतालिका हमें इस योजना का संकेत देती है :

विषयी (आत्मा)	विषय (ब्रह्म)
1. शरीरी आत्मा (विश्व)	1. ब्रह्माण्ड, व्यवस्थित विश्व (विराट अथवा वैश्वानर)
2. तैजस आत्मा	2. विश्व की आत्मा (हिरण्यगर्भ)
3. प्रजारूप आत्मा	3. आत्मप्रज्ञ (ईश्वर)
4. तुरीयावस्था-स्थित आत्मा	4. आनन्द (ब्रह्म)

यदि एक तार्किक व्यवस्था का आश्रय लिया जा सके तब हम कह सकते हैं कि उपनिषदों का ब्रह्म आध्यात्मिक भाव (अमूर्त) नहीं है, अनिर्दिष्ट सत्ता भी नहीं है, न ही मौन की शून्यता है। यह अत्यन्त पूर्ण और सबसे अधिक यथार्थसत्ता है। यह एक जीवित ऊर्जस्वी एवं सक्रिय आत्मा है जो यथार्थसत्ता की अनन्त और नानाविध आकृतियों का उद्‌गम धारणकर्ता है। विभिन्नताएं मायास्वरूप में विलुप्त हो जाने के स्थान में उच्चतम सत्ता में परिवर्तित हो जाती हैं। 'ओम्' संज्ञात्मक अक्षर जिसका प्रायः ब्रह्म के स्वरूप की व्याख्या करने के लिए प्रयोग किया जाता है, अपना मूर्तरूप अभिव्यक्त करता है।[2] यह सर्वोपरि आत्मा उपलक्षण है, "सबसे ऊंचे (प्रकृष्ट) का प्रतीक है।"[3] ओम् ठोस मूर्तता एवं पूर्णता का प्रतीक है। परवर्ती साहित्य में यह सर्वोपरि आत्मा के तीन मुख्य लक्षणों को व्यक्त करता है जिन्हें ब्रंह्मा, विष्णु और महेश नाम से मूर्तरूप दिया गया है। 'अ' विश्व का स्रष्टा ब्रह्मा है, 'उ' रक्षक विष्णु का उपलक्षण है, और 'म्' शिव अर्थात् संहारकर्ता है।[4] ईश उपनिषद् हमें ब्रह्म की उपासना दोनों प्रकार की अर्थात् अभिव्यक्त और अव्यक्त अवस्थाओं में करने का आदेश देती है।[5] उपनिषदें जिस एकेश्वरवाद का प्रतिपादन करती हैं वह केवल भावात्मक रूप नहीं है। उसमें पृथक्त्व है किन्तु तादात्म्य भी है। ब्रह्म अनन्त है, इन अर्थों में नहीं कि सान्त पदार्थ उससे बाहर हैं, किन्तु इन अर्थों में है कि समस्त सान्त पदार्थों की आधारभित्ति है। यह नित्य है, इन अर्थों में नहीं कि यह एक ऐसी वस्तु है जो पीछे और सब काल से परे है— मानो दो भिन्न अवस्थाएं हों, एक कालवाची और दूसरी नित्य जिसमें से एक दूसरी से उन्नत

---

1. सुषुप्ति अवस्था में विषयी आत्मा और विषय जगत् दोनों ही उपस्थित तो रहते हैं, किन्तु दमन किए हुए अप्रकाशित रूप में रहते हैं, यद्यपि सर्वथा विलुप्त नहीं होते।
2. 'ओम्' नित्यसत्ता का उपलक्षण-मात्र है, उसी प्रकार जैसे कि एक मूर्ति विष्णु का उपलक्षण है—"प्रतिमेव विष्णोः" (तैत्तिरीय उपनिषद् पर शंकर भाष्य 1 : 6)
3. मनु, 2 : 83; और भी देखिए, तैत्तिरीय उपनिषद्, 1 : 7; कठ उपनिषद्, 1 : 2, 15-16।
4. देखिए, छान्दोग्य उपनिषद्, 1 : 3, 6-7; बृहदारण्यक उप०, 2 : 3, 1 और 8 : 3, 4-5।
5. "उभयं सह" अर्थात् दोनों को साथ-साथ

है; परन्तु इन अर्थों में नित्य है कि वह उन समस्त पदार्थों में जिन्हें काल व्याप्त सकता है, वही कालातीत (अकालपुरुष) है। परमसत्ता न तो अनन्त है और न ही सान्त है, आत्मा अथवा उसका साक्षात्कार एक जीवन अथवा इसकी नानाविध अभिव्यक्तियां हैं, किन्तु यह यथार्थसत्ता है जिसके अन्तर्गत आत्मा है और जो आत्मा से भी ऊपर सर्वातिशायी है, आत्मा भी है, इसका साक्षात्कार भी है, जीवन और उसकी अभिव्यक्ति भी है। यह ऐसा आध्यात्मिक वसंत है जो प्रस्फुटित होता है, फलता-फूलता है, और अपने-आपको अनगिनत सीमित केन्द्रों में विभक्त करता है। ब्रह्म शब्द का अर्थ है विकास, और यह जीवन, गति, एवं उन्नति का द्योतक है किन्तु मृत्यु, निश्चेष्टता अथवा स्थिरता का द्योतक बिलकुल नहीं। परमार्थसत्ता को सत्, चित् और आनन्दरूप अर्थात् स्थिति, चेतना, एवं परमसुख के रूप में वर्णन किया जाता है। "ज्ञान, सामर्थ्य और क्रिया उसके स्वरूप में हैं।" यह स्वयंभू है।[1] तैत्तिरीय उपनिषद् कहती है कि ब्रह्म सत्, चित्स्वरूप और अनन्त है। यह एक भावनात्मक यथार्थसत्ता है, "वह पूर्ण है, यह भी पूर्ण है (पूर्णमदः पूर्णमि दम्)।"[2] अब यह प्रत्यक्ष है कि परमसत्ता विचार नहीं है, अथवा गत्यात्मक शक्ति नहीं है, अथवा एकदम अनासक्त बाह्य वस्तु भी नहीं है, किन्तु सारभूत तत्त्व एवं स्थिति का, आदर्श एवं यथार्थ का, ज्ञान, प्रेम और सौन्दर्य का एक जीवित समष्टिरूप ऐक्य है। किन्तु जैसा कि हमने पहले कहा है, इसका वर्णन हम 'नेति नेति' के रूप में ही कर सकते हैं, यद्यपि स्वयं में यह एक अभावात्मक अनिर्दिष्ट तत्त्व नहीं है।

10. प्रज्ञा और अन्तर्दृष्टि

बुद्धि का लक्ष्य उस ऐक्यरूप वस्तु की खोज करना है जिसमें विषयी एवं विषय दोनों एकसाथ समाविष्ट हों। तर्क एवं व्यावहारिक जीवन दोनों का ही क्रियात्मक सिद्धान्त है कि इस प्रकार की एक ऐक्यरूप वस्तु है। उसके घटकों का पता लगाना दार्शनिक प्रयास का उद्देश्य है। किन्तु बुद्धि के अपने अन्दर उस पूर्ण को ग्रहण करने की योग्यता के अभाव के कारण यह प्रयास असफल रहकर हमें निराशा की ओर अग्रसर करता है। बुद्धि नाना प्रकार के प्रतीकों एवं रूढ़ सिद्धान्तों, सम्प्रदायों और रूढ़िगत परम्पराओं के कारण परमसत्ता को ग्रहण करने के लिए अपने-आपमें अपर्याप्त है, "जिस तक न पहुंचकर वाणी और मन दोनों वापस लौट आते हैं (यतो वाचो निवर्तन्ते अप्राप्य मनसा सह)"[3] "दृष्टि वहां नहीं पहुंच सकती, न वाणी और न मन ही पहुंच पाते हैं। हम नहीं जानते। हम यह भी नहीं समझते कि कैसे कोई इसके विषय में शिक्षा दे सकता है।"[4] परमसत्ता को इस प्रकार के प्रमेय पदार्थ के रूप में भी नहीं उपस्थित किया जा सकता कि बुद्धि उसे ग्रहण कर सके। "वह उसे कैसे जाने जिसकी शक्ति से वह सबको जानता है ? हे प्रिय ! वह अपने-आपको, जो ज्ञाता है, कैसे जान सके।"[5] विषयी का विषय के रूप में ज्ञान करना असम्भव है। यह "देखा नहीं जाता किन्तु देखने वाला है, सुना नहीं जाता किन्तु सुनने वाला है, प्रत्यक्ष ज्ञान का विषय नहीं

---

1. "स्वयम्भू ईशा", 7।
2. बृहदारण्यक, 5 : 1, 1 : 1।
3. तैत्तिरीय, 2 : 4।
4. केन, 2 : 3; मुण्डक, 2 : 1; देखिए कठ, 1 : 3, 10।
5. बृहदारण्यक, 2 : 4, 13; और भी देखिए 3 : 4, 2।

है किन्तु प्रत्यक्ष ज्ञान करने वाला है, अज्ञात है किन्तु जानने वाला है।"[1] आत्मा का अभाव केवल इसीलिए कि वह प्रमेय नहीं बन सकता नहीं कहा जा सकता। यद्यपि मानव की बौद्धिक योग्यता इसे प्रत्यक्षरूप से नहीं जान सकती तो भी उन सबकी सत्ता ही न होती यदि आत्मा की सत्ता न होती।[2] "वह जिसका चिन्तन मानव के मन द्वारा नहीं हो सकता किन्तु जिसकी प्रेरणा से ही मन के अन्दर चिन्तन करने की शक्ति आती है, केवल उसी को ब्रह्म करके जानो।"[3] बुद्धि चूंकि देश, काल, कारण और शक्ति आदि के विभागों की सीमा के अन्दर रहकर कार्य करती है, इसलिए ये हमें गतिरोध एवं असत्याभास में लाकर फंसा देते हैं। या तो हम आदिकारण की कल्पना करके चलें, और उस अवस्था में कारणकार्यभाव व्यापक सिद्धान्त नहीं रह सकता, अन्यथा हमें वापस लौटकर कहीं ठहरने को जगह नहीं मिलेगी। इस जटिल समस्या का समाधान केवल बुद्धि द्वारा नहीं हो सकता। जहां परम को जानने के प्रश्न उठेंगे, बुद्धि अपने को वहां साधनहीन और कोरा पाएगी, यह उसे स्वीकार करना ही होगा। "देवता इन्द्र के अन्दर हैं; इन्द्र पिता ईश्वर के अन्दर है, और पिता ईश्वर ब्रह्मा में है, किन्तु ब्रह्मा किसके अन्दर है ?" अब याज्ञवल्क्य उत्तर देते हैं, "अब आगे अधिक प्रश्न मत कीजिए।"[4] हमारे बौद्धिक विभाग केवल इन्द्रियगम्य भौतिक जगत् की व्याख्या देश, काल और कारणों से आबद्ध आकृतियों के रूप में कर सकते हैं किन्तु यथार्थसत्ता इन सबसे परे है। देश को यह अपने अन्दर धारण करती है किन्तु स्वयं देश की सीमा में बद्ध नहीं, काल को अपने अन्दर धारण करते हुए भी स्वयं काल की सीमा में बद्ध नहीं, यह काल से ऊपर है; प्रकृति की कारण- कार्य के नियम से बद्ध व्यवस्था को अपने अन्दर धारण करती अवश्य है किन्तु यह स्वयं कार्य-कारण-नियम के अधीन नहीं है। स्वयं सत्स्वरूप ब्रह्म काल, देश एवं कारण से सर्वथा स्वतन्त्र है। उपनिषदों में इसकी काल से स्वतन्त्रता का प्रतिपादन कुछ असंस्कृत ढंग से किया गया है। ब्रह्म को सर्वान्तर्यामी, सर्वव्यापक, अनन्त रूप से महान और अनन्त रूप में लघु कहा गया है। "हे गार्गी, वह जो अन्तरिक्ष से ऊपर है, और वह जो पृथ्वी के भी नीचे है, वह जिसे मनुष्य भूत, वर्तमान और भविष्य कहते हैं, उस सबकी रचना अन्दर और बाहर देश के अन्तर्गत है। किन्तु फिर इस देश की रचना भीतर और बाहर किसके अन्दर हुई? हे गार्गी ! सत्य के अन्दर, इस अविनाशी के अन्दर, सब देश के अंदर और बाहर गुथा हुआ है।"[5] ब्रह्म का वर्णन किया गया है कि वह काल की मर्यादा से स्वतन्त्र है, अर्थात् वह नित्य है जिसका न आदि है न अन्त अथवा एक तात्कालिक अवधि है जिसे एक नियमित काल- व्यवधान की आवश्यकता नहीं है। वह भूत और भविष्यत् के विचार से मुक्त है।[6] और सबका प्रभु है।[7] जिसके चरणों में काल लोटता रहता है।[8] कारण-सम्बन्धी सम्बन्धों से सर्वथा स्वतन्त्रता पर बल देते समय ब्रह्म का एक अचल सत्ता के रूप में निरूपण किया गया है, जो प्रादुर्भाव होने के समस्त नियमों से पूर्ण स्वतन्त्र है, क्यों कारणकार्यभाव का व्यापक नियम वहीं लागू होता है। ब्रह्म की कारणकार्यभावात्मक सम्बन्धों से स्वतन्त्रता होने की इस प्रकार की स्थापना से ब्रह्म की नितान्त स्वयंसत्ता के भाव एवं उसकी अपरिवर्तनीय

---

1. बृहदारण्यक 3 : 7, 23; देखिए 3 : 8, 11।
2. देखिए, बृहदारण्यक, 3 : 8, 11; 2 : 4, 14; 4 : 5, 15।
3. केनोपनिषद्।
4. बृहदारण्यक, 3 : 6, 1।
5. बृहदारण्यक, 3 : 8, 7; और भी देखें 4 : 2, 4; छान्दोग्य, 3 : 14, 3, और 8 : 24, 7।
6. कठ उपनिषद्, 2 : 14।
7. बृहदारण्यक, 4 : 4, 15।
8. 4 : 4, 16, 17।

सहिष्णुता का समर्थन होता है और इससे अनेक प्रकार की मिथ्या धारणाएं उत्पन्न होती हैं। संसार में जितने भी परिवर्तन होते हैं, कारणकार्यभाव के नियम की ही वजह से होते हैं। किन्तु ब्रह्म इस नियम के अधीन नहीं है। ब्रह्म के अन्दर कोई परिवर्तन नहीं होता, यद्यपि कुल परिवर्तन उसके आश्रित हैं। दूसरा कोई उससे बाहर नहीं है और न ही उससे भिन्न प्रकृति है। ब्रह्म के अन्दर सब प्रकार के द्वैतभाव को मिटा देना है। समस्त देशगत सामीप्य, कालजनित पूर्वा-पर-क्रम एवं सम्बन्धों की परस्पर-निर्भरता इसके आश्रित है। इस गम्भीर दार्शनिक संश्लेषण की प्राप्ति हमें नहीं हो सकती, जब तक कि हम बुद्धि के क्षेत्र में ही अटके रहते हैं। उपनिषदों का कभी-कभी दावा है कि विचार के द्वारा हमें उस परमसत्ता का अपूर्ण एवं आंशिक चित्र ही मिलता है, अन्य समयों में वे यहां तक दावा करती हैं कि विचार के द्वारा व्यस्थित ढंग से हम यथार्थसत्ता तक पहुंच ही नहीं सकते। क्योंकि विचार (बुद्धि) सम्बन्धों के ऊपर आश्रित है और इसलिए वह सम्बन्धविहीन परमसत्ता को ग्रहण नहीं कर सकता। किन्तु इस पृथ्वी पर ऐसा भी एक पदार्थ नहीं है जो देश एवं काल में अवस्थित होकर उस परमसत्ता को अभिव्यक्त न करता हो। कोई भी ज्ञान नितान्त असत्य नहीं है, यद्यपि नितान्त सत्य भी कोई ज्ञान नहीं है। एक सुव्यस्थित संपूर्ण सत्ता का भाव सत्य के अत्यधिक निकट है यद्यपि यह भी पूर्णरूप में सत्य नहीं है क्योंकि इसका स्वरूप सापेक्ष जो है। यह परमसत्ता का सबसे उच्च स्वरूप है जहां तक मानवीय मस्तिष्क की पहुंच हो सकती है। केवल समझ लेने के भाव से भी बुद्धि, जिसे कि काल, देश एवं कारण रूपी परिमित विभागों की सहायता से कार्य करना पड़ता है, अपर्याप्त है। तर्क भी असफल रहता है, यद्यपि यह हमें समझने की कोटि से आगे अवश्य ले जाता है। यह हमें यथार्थसत्ता को प्राप्त नहीं करा सकता, जो विचारमात्र नहीं किन्तु आत्मस्वरूप है। परमसत्ता न सत्य है और न मिथ्या है। हमारे अपने निष्कर्ष उस परमसत्ता के विषय में सत्य अथवा मिथ्या हो सकते हैं क्योंकि वे विचार और परमसत्ता के मध्य विद्यमान द्वैत का संकेत करते हैं। यदि हम उस परमसत्ता तक पहुंचना चाहते हैं जहां मनुष्य का अस्तित्व और दैवीय सत्ता मिलकर एकाकार हो जाते हैं तो उसके लिए हमें विचार से दूर जाना होगा, विरोधी मतों के परस्पर संघर्ष से भी दूर, और ऐसे सत्याभासों से भी दूर जो हमारे सामने उपस्थित होते हैं जब हम अमूर्त केवल भावात्मक विचार के सीमित विभागों द्वारा अपना कार्य सम्पादन करते हैं। केवल उसी अवस्था में जबकि विचार पूर्णता को प्राप्त होता है, हम अन्तर्दृष्टि द्वारा परमसत्ता की झलक को ग्रहण कर सकते हैं। संसारभर के सब ब्रह्मसाक्षात्कारवादियों ने इस सत्य के ऊपर बल दिया है। पास्कल ने ईश्वर की अज्ञेयता का विस्तार से निरूपण किया है। और बोस्युएट हमें आशा दिलाते हुए कहता है कि पथविच्युतियों में भी हमें निराश न होना चाहिए, प्रत्युत विश्वास के साथ उन सबको एक प्रकार की स्वर्ण-श्रृंखलाओं के समान समझना चाहिए जो मरणधर्मा मनुष्य की दृष्टि से परे ईश्वर के राजसिंहासन पर जाकर मिल जाती हैं।

उपनिषदों के अनुसार एक उच्चतर शक्ति है जो हमें इस केन्द्रीय आध्यात्मिक सत्ता को ग्रहण करने योग्य बनाती है। आत्मिक विषयों का विवेचन आध्यात्मिक दृष्टि से ही होना चाहिए। योग की प्रक्रिया एक क्रियात्मक अनुशासन है जो इसकी प्राप्ति के मार्ग की ओर निर्देश करती है। मनुष्य के अन्दर दैवीय अन्तर्दृष्टि की योग्यता है, जिसे यौगिक अन्तर्दृष्टि कहते हैं जिसके द्वारा वह बुद्धिगत भेदों से ऊपर उठकर तर्क की पहेली को बुझा लेता है। विशिष्ट आत्माएं विचार के उच्च शिखर तक पहुंचकर आभ्यन्तर निरीक्षण द्वारा परमार्थसत्ता को पा लेती हैं। इस आध्यात्मिक सिद्धि के द्वारा "जो श्रवणगोचर नहीं था वह श्रवणगोचर हो जाता है, जो अप्रत्यक्ष था वह प्रत्यक्ष हो जाता है, और जो अज्ञात था ज्ञातकोटि में आ

जाता है।"[1] जिस क्षण हम तर्क से ऊपर उठकर धार्मिक जीवन व्यतीत करना प्रारम्भ करते हैं, बुद्धि की सब समस्याएं स्वयं अपने समाधान आप से कर लेती हैं।[2] इसीलिए उपनिषदें हमें आदेश देती हैं कि हमें बुद्धि एवं आत्मचेतना सम्बन्धी अपने गर्व को एक ओर रखकर एक शिशु के समान नवीन एवं निरुपाधिक दृष्टिकाण से सत्य को प्राप्त करना चाहिए। "ब्राह्मण को विद्या को छोड़कर एक बच्चे की भांति शुद्धचित्त बन जाना चाहिए।"[3] बिना पहले एक छोटे बच्चे का रूप धारण किए कोई मनुष्य ईश्वर के राज्य में प्रवेश नहीं पा सकेगा। निश्छल और शुद्धचेता बड़े से बड़े सत्य को प्राप्त कर लेते हैं जिन्हें व्यवहारकुशल बुद्धि सिद्ध नहीं कर सकती। "बहुत शब्दों (वाग्जाल) के पीछे नहीं पड़ना चाहिए क्योंकि उससे व्यर्थ में वाणी को श्रम करना पड़ता है।"[4] "अध्ययन से आत्मा की प्राप्ति नहीं होती, मेधा से भी नहीं और पुस्तकों के बहुत अधिक ज्ञान से भी नहीं।"[5] इसे योगी लोग आभ्यन्तर ज्योति के प्रकाश के क्षणों में प्राप्त करते हैं। यह अव्यवहित ज्ञान अथवा निकटतम तात्कालिक अन्तर्दृष्टि है। योगी लोगों के अनुभव में आत्मा अपने को सर्वोपरि सत्ता के सान्निध्य में उपस्थित पाती है। अभिज्ञता, चिन्तन और परमसत्ता के सुख में मग्न हो जाती है। उसके समीप पहुंचकर यह अपने अस्तित्व को भी भूल जाती है। इससे ऊंचा और कुछ नहीं है और सब वस्तुएं इसी के अन्दर सन्निविष्ट हैं। इसे तब किसी पाप का डर नहीं होता, किसी असत्य का भय नहीं होता, अपितु यह पूर्णरूप से ईश्वर का आशीर्वाद प्राप्त करती है। इस प्रकार की आध्यात्मिक झलक हमें सब प्रकार की वासना एवं दुःख से मुक्त करके शान्ति प्रदान करती है। आत्मा अपने इस उच्चपदारोपण में उसके साथ जिसका वह प्रत्यक्ष कर रही है, अपनी एकात्मा का अनुभव करती है। प्लाटिनस कहता है, "ईश्वर के दर्शन में जो द्रष्टा है वह तर्क नहीं है किन्तु तर्क से बड़ा एवं तर्क के पूर्व की अवस्था है, जिसकी धारणा तर्क को भी पहले से करनी पड़ती है, और वह इस दर्शन का विषय है। वह जो उस समय अपने-आपको देखता है जब वह देखता है, अपने को एक सरल प्राणी के रूप में देखेगा और इसी रूप में अपने साथ भी संयुक्त होगा और अपने में अनुभव करेगा कि मैं भी तद्रूप हो गया हूं। यदि वस्तुतः अब आगे को द्रष्टा और दृश्य के मध्य विवेचन करना सम्भव हो सके और दृढ़तापूर्वक यह निश्चित रूप से न कहा जा सके कि दोनों एक ही हैं तो हमें यह भी न कहना चाहिए कि वह देखेगा, बल्कि वह जिसे देखेगा वही हो जाएगा। वह ईश्वर से सम्पृक्त है और उसके साथ एकाकार है, जिस प्रकार दो समकेन्द्रित वृत्त होते हैं। जब वे एक-दूसरे के अन्दर समाविष्ट होते हैं तो एक हैं और अलग किए जाने पर ही वे दो भिन्न-भिन्न प्रतीत होते हैं।"[6] मानवीय मानस की सब महत्त्वाकांक्षाएं, इसकी बौद्धिक मांगें, इसकी मनोभाव सम्बन्धी आकांक्षाएं एवं संकल्परूप आदर्श ये सब वहां चरितार्थ हो जाते हैं। मनुष्य के पुरुषार्थ का यह सर्वोपरि लक्ष्य है, अर्थात् वैयक्तिक जीवन की समाप्ति। "यह उसकी परमगति है, यह उसकी परमसम्पत्ति

---

1. छान्दोग्य, 6 : 13; और भी देखिए बृहदारण्यक, 2 : 4, 5।
2. मुण्डक, 3 : 1, 8।
3. बृहदारण्यक, 3 : 5, 1 : ड्यूसन एवं गफ ने इस अनुवाद को ग्रहण किया है, यद्यपि मैक्समूलर इसका अनुवाद इस प्रकार करता है। "अध्ययन की समाप्ति के अनन्तर एक ब्राह्मण को अपनी शक्ति का आश्रय लेना चाहिए।" इसका आधार 'बाल्येन' के स्थान एर 'बल्येन' इस हीन श्रेणा के अध्ययन पर है। "तस्माद् ब्राह्मणः पाण्डित्यं निविद्य बाल्येन तिष्ठासेत्।"
4. बृहदारण्यक, 4 : 4, 21।
5. कठोपनिषद्, 2 : 23।
6. इंगे : 'प्लाटिनस', खण्ड 2 : पृष्ठ 140।

है, यह उसका परमलोक है, और यह उसका परम आनन्द है।"[1] एक स्तर पर यह प्रत्यक्ष अनुभव के ही समान है, किन्तु अन्य प्रत्यक्ष ज्ञान से इसका इतना भेद है कि यह विषयगत प्रत्यक्ष ज्ञान नहीं है जिसकी यथार्थता को अन्य लोग परख सकें। अनुमानजन्य ज्ञान की भांति इसे अन्यों को नहीं दिया जा सकता। इसकी औपचारिक रूप से व्याख्या करना असम्भव है। यौगिक अन्तर्दृष्टि मूकरूप अव्यक्त है (जिसे वाणी द्वारा प्रकाशित नहीं किया जा सकता)। जिस प्रकार एक जन्मान्ध को हम इन्द्रधनुष की सुन्दरता नहीं समझा सकते, न ही सूर्यास्त का सौन्दर्य समझा सकते हैं, ठीक उसी प्रकार एक ऐसे लौकिक व्यक्ति को जिसे योगसमाधि का अनुभव नहीं है, योगी के साक्षात्कार की व्याख्या करके नहीं समझाया जा सकता। यौगिक अनुभव का अन्तिम सन्देश यह है कि "ईश्वर ने यह मेरे मस्तिष्क में डाला और मैं इसे तुम्हारे मस्तिष्क में नहीं डाल सकता।" केवल इसी कारण कि इस अनुभव को दूसरे को नहीं दिया जा सकता, इसका प्रामाण्य ज्ञान के अन्यान्य प्रकारों से न्यून नहीं हो जाता। हम इस अनुभव का वर्णन केवल रूपक अलंकारों द्वारा ही कर सकते हैं, क्योंकि वह हमें चौंधिया देने वाला एवं मूक बना देने वाला है। इस अनिर्वचनीय का पूरा-पूरा विवरण नहीं दिया जा सकता। राजा वाष्कलि ने जब बाह्व से कहा कि ब्रह्म के स्वरूप की व्याख्या करे तो वह मौन रहा। जब राजा ने अपने निवेदन को फिर दोहराया तो उस महात्मा ने उत्तर दिया, "मैं तुम्हें इसे बतलाता हूं किन्तु तुम इसे समझते नहीं; 'शान्तोऽयमात्मा': यह आत्मा शान्ति का स्वरूप है, निश्चल।"[2] बुद्धि द्वारा प्रस्तुत किसी भी परिभाषा के लिए हम उत्तर में केवल यही कहेंगे कि यह ठीक नहीं है, यह उपयुक्त नहीं है।[3] नकारात्मक परिभाषाएं प्रकट करती हैं कि किस प्रकार सकारात्मक गुण, जो हमें ज्ञात हैं, उच्चतम सत्ता के विषय में अपर्याप्त ठहरते हैं। "उसको मापना कठिन है जिसका गौरव वस्तुतः महान है।"[4] ब्रह्म के साथ परस्पर विरोधी गुणों का प्रयोग यह प्रकट करता है कि जब तक हम बुद्धि से संबंधित तर्कशास्त्र का प्रयोग करते हैं, हम नकारात्मक भावों का प्रयोग करने के लिए विवश होते हैं यद्यपि ब्रह्म का साक्षात् जब अर्न्दृष्टि द्वारा होता है तो कितने ही सकारात्मक लक्षण अभिव्यक्त होते हैं। "यह सूक्ष्म से भी सूक्ष्मतर है, महत से भी महत्तर है।"[5] "यह गति करता है, यह गति नहीं भी करता, यह दूर भी है और समीप भी है; यह इस सबके अन्तर्निविष्ट है, और इस सबके बाहर भी है।"[6] असंगत प्रतीत होने वाली ये परिभाषाएं विचार की किसी अस्तव्यस्तता की लक्षण नहीं हैं।

प्रत्येक प्रकार के आनुंभाविक ज्ञान में परमसत्ता का संकेत मिलता है, क्योंकि संसार का प्रत्येक भौतिक पदार्थ उस परमसत्ता के ऊपर आश्रित है, यद्यपि कोई भी पदार्थ पूर्णरूप से उसकी अभिव्यक्ति नहीं करता। इस प्रकार वे लोग जो समझते हैं कि वे परमसत्ता को नहीं जानते, उसे जानते हैं यद्यपि अपूर्णरूप से, और वे लोग जो समझते हैं कि वे परमसत्ता को जानते हैं उसे बिलकुल ही नहीं जानते। यह एक प्रकार का आधा ज्ञान और आधा अज्ञान है। केन उपनिषद् में कहा है, "वह उन लोगों के लिए अज्ञात है जो जानते हैं और उनके लिए ज्ञात है जो नहीं जानते।"[7] उपनिषदों का अभिप्राय यह नहीं है कि बुद्धि एक अनुपयोगी

---

1. "एषास्य परमा गतिः, एषास्य परमा सम्पत्, एषोऽस्य परमो लोकः, एषोऽस्य परम आनन्दः।" (बृहदारण्यक, 4 : 3, 32)।
2. शांकर भाष्य, 3 : 2, 17।
3. देखें बृहदारण्यक, 3 : 9, 26; 4 : 2, 4; 4 : 4, 22; 4 : 5, 15; 2 : 3, 6; कठ, 3 : 15; प्रश्न, 4 : 10; छान्दोग्य, 7 : 24, 1; मुण्डक, 1 : 1, 7; 2 : 1, 2; 3 : 1, 7-8।
4. यजुर्वेद।
5. श्वेताश्वतर, 3 : 20; केन 1 : 3।
6. ईशोपनिषद्, अध्याय 5।
7. 2 : 3।

पथप्रदर्शक है। बुद्धि द्वारा प्राप्त यथार्थसत्ता का विवरण असत्य नहीं है। बुद्धि वहीं असफल होती है जहां यह उक्त सत्ता को उसके पूर्णरूप में ग्रहण करने का प्रयत्न करती है। अन्य प्रत्येक स्थान पर इसे सफलता प्राप्त होती है। बुद्धि जिस वस्तु की गवेषणा करती है वह मिथ्या नहीं है, यद्यपि वह परमस्वरूप से यथार्थ सत् नही है। कारण और कार्य में, पदार्थ और उसके गुण में, पाप और पुण्य में, सत्य एवं भ्रांति में, विषयी और विषय में जो सत्याभास प्रतीत होते हैं वे मनुष्य की परस्पर-सम्बद्ध परिभाषाओं को पृथक्-पृथक् करके देखने की प्रवृत्ति के कारण हैं। फिश्ते की आत्म एवं अनात्म सम्बन्धी जटिल समस्या, कांट के सत्याभास, ह्यूम का घटनाओं का नियमों के साथ विरोध, ब्रैडले के असंगतिपरक विसंवाद—इन सबका समाधान हो जा सकता है यदि हम इस बात को स्वीकार कर लें कि परस्पर-विरोधी अवयव परस्पर एक-दूसरे के पूरक अंश हैं, जिन सबका आधार एक ही सामान्य तत्त्व है। बुद्धि के निषेध की आवश्यकता नहीं, किन्तु उसकी अनुपूर्ति की आवश्यकता है। अंतर्दृष्टि के ऊपर जिस दर्शन-पद्धति का आधार हो, ज़रूरी नहीं कि वह तर्क एवं बुद्धि के विपरीत ही हो। जहां बुद्धि का प्रवेश सम्भव नहीं है ऐसे अन्धकारमय स्थानों में अन्तर्दृष्टि प्रकाश डाल सकती है। यौगिक अन्तर्दृष्टि से प्राप्त निष्कर्षों को तार्किक विश्लेषण के अधीन करने की आवश्यकता है। और केवल यही प्रक्रिया ऐसी है कि परस्पर संशोधन एवं पूर्ति के द्वारा प्रत्येक व्यक्ति सात्त्विक एवं सन्तुलित जीवन बिता सकता है। यदि अन्तर्दृष्टि की सहायता न ली जाए, तो बुद्धि द्वारा प्राप्त किए गए निष्कर्ष नीरस, निस्सार, अधूरे एवं आंशिक ही रहेंगे, दूसरी ओर नैसर्गिक अन्तर्दृष्टि के निष्कर्ष विचारशून्य, मूक, अन्धकारवृत एवं अरूप प्रतीत होंगे, जब तक कि उन्हें बुद्धि का समर्थन प्राप्त न हो। बुद्धि के आदर्श की प्राप्ति अन्तर्दृष्टि के अनुभव द्वारा होती है, क्योंकि सर्वोपरि परब्रह्म के अन्दर समस्त विरोधी विषयों का समन्वय हो जाता है। केवल वैज्ञानिक ज्ञान और अन्तर्दृष्टि के अनुभव के साहचर्य से ही हमारे यथार्थ अन्तर्ज्ञान की वृद्धि हो सकती है। अकेला तर्क हमें इस क्षेत्र में सहायता नहीं कर सकता।[1] यदि हम बुद्धि द्वारा दी गई अन्तिम व्यवस्था से ही संतोष करें तो उस अवस्था में बहुत एवं व्यक्तियों के स्वातन्त्र्य को ही दर्शनशास्त्र का अन्तिम निर्णय समझना होगा। प्रतिद्वन्द्विता एवं संघर्ष विश्व का अन्तिम लक्ष्य होगा। अमूर्त भावात्मक बुद्धि हमें मिथ्या दर्शन एवं अनुचित नैतिक मान्यताओं की ओर ले जाएगी। इस प्रकार के ज्ञान से बाह्य आवृत रहेगा।[2] एकदम चिन्तन में न जाने की स्थिति सम्भवतः इस प्रकार के बुद्धिवाद से अधिक उत्तम है। "वे सब जो उस वस्तु की उपासना करते हैं जो अविद्या है, प्रगाढ़ अन्धकार में प्रविष्ट होते हैं; और वे जो विद्या की उपासना करते हैं वे उससे भी प्रगाढ़तर अन्धकार में प्रवृष्ट होते हैं।"[3] बुद्धि द्वारा प्राप्त विविधता का ज्ञान, जिसके साथ आत्मदर्शन नहीं है, मिथ्या विश्वास अथवा अज्ञान से भी अधिक बुरा है। जीवन एवं तर्क की असंगतियों एवं अन्तर्विरोधों को इमर्सन द्वारा वर्णित ब्रह्मा के अन्दर समवेत करना ही होगा।

> जो मुझे एकदम नहीं गिनते उनकी गणना भ्रान्तिपूर्ण है;
> जब मेरा ध्यान करते हैं तो उनकी उड़ान सम्भव हो सकती है
> क्योंकि मैं ही पंख हूं जिनके सहारे वे उड़ सकते हैं;
> संशयकर्ता भी मैं हूं और संशय भी मैं ही हूं।

---

1. कठोपनिषद्, 2 : 9।
2. "मेधया पिहितः" (अर्थात्, जो बुद्धि के आवरण से प्रत्यक्ष नहीं होता), तैत्तिरीय उपनिषद्।
3. बृहदारण्यक उपनिषद्, 4 : 4-10; देखें ईशोपनिषद, अध्याय 9।

वह एक ही एकमात्र नित्य आत्मा है जो इस संसार की नानाविध सम्पत्ति को उसके सब मनोवेगों, असंगत विरोधाभासों, भक्तिपूर्ण भावों, सत्यों एवं असंगतियों के रहते हुए भी अभिव्यक्त करता है, अपने अन्दर ग्रहण करता है, एकीभूत करता है, और उसका सुखोपभोग भी करता है। दुर्बलात्मा व्यक्ति इस सर्वात्मरूप यथार्थसत्ता से अनभिज्ञ होने के कारण बौद्धिक, सौन्दर्य-सम्बन्धी एवं नैतिक संघर्ष से क्लान्त एवं निराश हो जाते हैं। किन्तु उन्हें इस सत्य से उत्साहपूर्वक प्रेरणा लेनी चाहिए कि सामंजस्य का सुखानुभव परस्पर-विरोधी अवयवों के संघर्ष के अन्दर से ही उत्पन्न होता है। प्रतीयमान अंतर्विरोध आत्मिक जीवन से सम्बद्ध हैं। वही एकमात्र सत्ता जीवन और विचारधारा के समस्त विरोधों में अपने अस्तित्व को अभिव्यक्त करती है, जो ह्यूम की समस्याएं, कांट की समस्याएं एवं प्रत्यक्षवाद के अन्तदर्द्वन्द्व और सिद्धान्त-परिकल्पना की रूढ़ियां हैं।

तर्क की अपेक्षा अन्तर्दृष्टि पर, एवं विज्ञान की अपेक्षा आनन्द पर अधिक बल देने के कारण उपनिषदें अद्वैतवाद की समर्थक प्रतीत होती हैं, जिसका वर्णन हम अपनी प्रस्तावना में कर आए हैं। जब तक हम तर्कसंगत विचारों को लेकर यथार्थसत्ता के ऊपरी पृष्ठ पर ही स्पर्श करते रहेंगे, हम आत्मा की गहराई में नहीं पैठ सकेंगे। आनन्द के अन्दर मनुष्य को यथार्थसत्ता का सबसे अधिक और अगाधतम स्वरूप उपलब्ध होता है। मानवीय अनुभव द्वारा जिस गहराई का अभी तक अनुसन्धान नहीं हो सका, अर्थात् आनन्दमय, उसी के अन्दर यथार्थसत्ता की सामग्री निविष्ट है। तर्कपद्धतियां जीवन रूपी प्रचुर मूल्यवान खान की गहराई में नीचे उतरने की उपेक्षा करती हैं। जो कुछ विज्ञान का विषय हो गया वह अयथार्थ है यद्यपि इसका झुकाव व्यापक एवं पदार्थनिष्ठ होने की ओर है। और यथार्थ में आत्मनिष्ठ वही है जो किसी प्रकार की धारणा एवं विभाग के रूप में नहीं परिणत हो सका है। विज्ञान द्वारा हम जिस सुव्यवस्थित पूर्ण तक पहुंचते हैं, उससे ब्रह्म के साथ अभिन्नता पर मोहर लगकर पक्की हो जाती है। अन्तर्दृष्टि भी उसी अभिन्नता (सायुज्य) को दर्शाती है। इस अभिन्नता के ज्ञान की प्राप्ति के लिए प्रयत्न करने में हम पहले ऊपर-ऊपर से इसे नानाविध भेदों में विभक्त करते हैं और फिर उनको मिलाकर एक विशेष पद्धति द्वारा अभिन्नता तक पहुंचते हैं। किन्तु जिस यथार्थता को हमने एक बार भिन्न-भिन्न भागों में विभक्त कर दिया उसे फिर से केवल तर्क द्वारा एकत्व को नहीं प्राप्त कराया जा सकता। जैसा कि हम अनेक बार कह चुके हैं, तर्क का एक बार का ही प्रयोग 'ऐक्यरूप' सत्ता को पद्धति-विशेष में परिणत कर देने के लिए पर्याप्त है।

11. सृष्टि-रचना

ऊपर दिए गए हमारे ब्रह्म के स्वरूप-सम्बन्धी विवरण से यह स्पष्ट है कि उपनिषदें भौतिकवादी एवं जैव-(प्राणशक्ति-) वादियों के विकास के सिद्धान्त से सन्तुष्ट नहीं हैं। भौतिक प्रकृति तब तक जीवन एवं चेतना के रूप में विकसित नहीं हो सकती जब तक कि तद्विषयक सामर्थ्य उसके अपने स्वरूप के अन्दर निहित न हो। बाह्य वातावरण के कितने भी प्रत्याघात क्यों न लगें, वे भूतों के संघातमात्र प्रकृति के अन्दर से जीवन को उत्पन्न नहीं कर सकते। आनन्द विकास का अन्तिम परिणाम नहीं हो सकता जब तक कि प्रारम्भ में आनन्द की विद्यमानता स्वीकार न की जाए। परिणामी किसी न किसी अवस्था में, चाहे वह अप्रकाशित अवस्था में ही क्यों न हो, बराबर उपस्थित रहता है। संसार का प्रत्येक पदार्थ अपने उपादान एवं अन्तिमरूप के लक्षणों को धारण किए रहता है। "एक पुत्र के अन्दर जो

कुछ उपलक्षित होता है वह उसके पिता के कारण है; और जो कुछ पिता के अन्दर है वह पुत्र के अन्दर भी प्रकट होता है।"[1] संसार की प्रत्येक वस्तु, केवल व्यक्तिगतरूप में मनुष्य ही नहीं, तत्त्व रूप से स्वयं यथार्थसत्ता का स्वरूप है। विकास से तात्पर्य वस्तुओं की अन्तर्गत क्षमताओं की अभिव्यक्ति है जो बांधक शक्तियों के हट जाने से प्रकट हो जाती है। वैज्ञानिक दृष्टिकोण से हम सांसारिक पदार्थों में विकास की भिन्न-भिन्न श्रेणियों को लक्षित करते हैं। दार्शनिक का लक्ष्य उनके अन्दर एकत्व को ढूंढ़ना है। संसार की गुणनावस्था का आधार वही एक आत्मा है। "निःसन्देह यदि यह आनन्द आकाश में न होता तो कौन जीवन धारण कर सकता था, या श्वास ले सकता था ?"[2] सूर्य ठीक समय पर उदय होता है, नक्षत्रगण अपनी कक्षा में घूमते हैं, और सब पदार्थ अपनी-अपनी व्यवस्था में स्थित हैं और अपने कर्तव्यों में मूर्छित नहीं होते, उसी नित्य आत्मा की सत्ता के कारण जो कभी ऊंघता नहीं, न कभी सोता है, जो सर्वदा साक्षीरूप से विद्यमान है। "सब पदार्थ उसी की ज्योति से ज्योतिष्मान हैं, उसी की ज्योति से यह सब विश्व प्रकाशित है।"[3] आनन्द ही संसार का आदि एवं अन्त है, कार्य भी है कारण भी है, विश्व का मूल है और लक्ष्यस्थान भी है।[4] निमित्त कारण और अन्तिम कारण दोनों एक हैं। प्रकृति, जिससे विकास की प्रक्रिया का प्रारम्भ होता है, एक स्वतन्त्र सत्ता नहीं है। इसने अपने अन्दर उच्चतर आनन्द को छिपा रखा है। क्रमिक उन्नति में सम्भाव्य कारण से वास्तविक कारण की ओर संक्रमण होता है। प्रकृति के अन्दर जीवन की अपेक्षा स्थितिशक्ति अधिक है, अस्तित्व के क्रमबद्ध नमूनों के अन्दर सबसे पीछे आने वाले अधिकतर विकसित और आकृतिरूप हैं, जबकि पहले वाले अधिकतर कार्यक्षम किन्तु आकृतिविहीन होते हैं। अरस्तू के शब्दों में पूर्वतर प्रकृति है और पीछे की आकृति है। प्रकृति निष्क्रिय तत्त्व है जिसको शक्ति से निर्विष्ट करने की अथवा ज्ञान के साथ संपृक्त होने की आवश्यकता होती है। तर्कशास्त्र के वर्णन के अनुसार ईश्वर प्रकृति का निरीक्षक है, जो इसमें गति देता है। यह ईश्वर प्रज्ञान है, अर्थात् अनादिकाल से क्रियाशील आत्मचेतन बुद्धिरूप है।[5] परिवर्तन के समस्त साम्राज्य की जिम्मेदारी उसी के ऊपर है। उपनिषदें पूर्व से विद्यमान प्रकृति को बनाकर उसमें से सृष्टि की रचना करने वाले एक सर्वशक्तिमान कारीगर को स्वीकार करने में संकोच अनुभव करती हैं। यदि प्रकृति ईश्वर से बाह्य है, भले ही हम उस प्रकृति को केवल स्थितिशक्ति के रूप में ही स्वीकार करें, तो हम द्वैतवाद से नहीं बच सकते, क्योंकि ईश्वर प्रकृति के विरोधी स्वभाव वाला रहेगा। इस प्रकार का द्वैतभाव अरस्तू के दर्शनशास्त्र का एक विशिष्ट लक्षण है, जिसमें उन्होंने एक सर्वप्रथम गति देने वाले को एवं सर्वप्रथम प्रकृति को स्वीकार किया है। उपनिषदों के अनुसार आकृति एवं प्रकृति दोनों सतत क्रियाशील चेतना और निष्क्रिय अचेतना एक ही अद्वितीय यथार्थ सत्ता के स्वरूप हैं। प्रकृति स्वयं एक देवता है।[6] इसकी प्रथम आकृतियां अर्थात् अग्नि, जल और भूमि भी दैवीय समझी जाती हैं, क्योंकि उन सबमें एक आत्मा के द्वारा ही चैतन्य आता है। सांख्य-प्रतिपादित द्वैतवाद उपनिषदों को रुचिकर नहीं है। सर्वातिशायी यथार्थसत्ता आधार अथवा व्याख्या है

1. ऐतरेय आरण्यक, 2 : 1, 8, 1।
2. तैत्तिरीय उपनिषद्, बल्ली 2।
3. मुण्डक, 2 : 2, 10।
4. मूल और तूल, ऐतरेय आरण्यक, 2 : 1, 8, 1।
5. ऐतरेय आरण्यक, 1 : 3, 3, 6।
6. छान्दोग्य उपनिषद्, 6 : 8, 4-6।

उस संघर्ष की जो आत्मा एवं प्रकृति के मध्य चलता है।[1] यह समझा जाता है कि सारे संसार में एक ही सामान्य प्रयोजन काम करता है, और परिवर्तन की आधारभूमि भी एक समान है। उपनिषदें अनेक अद्‌भुत और मिथ्या कल्पनाओं के द्वारा सृष्टिरचना का वर्णन करते हुए संसार के एकत्वरूपक सत्य सिद्धान्त का प्रतिपादन करती हैं। ब्रह्म ही इस सृष्टि की एकमात्र व सम्पूर्ण व्याख्या है अर्थात् वही इस सृष्टि का उपादान एवं कारण भी है। संसार के विभिन्न सत्त्व उस एक ही विकासरूप रज्जु में गांठों के समान हैं, जिसका प्रकृति से प्रारम्भ होकर आनन्द में अन्त होता है।

"उसने अपने को अपने-आप से बनाया।"[2] "वह सृष्टि की रचना करता है और फिर उसमें प्रविष्ट होता है।"[3] एक देहधारी ईश्वर प्रजापति ने अकेले रहते-रहते ऊबकर प्रत्येक पदार्थ को, जो विद्यमान है, अपने अन्दर से प्रादुर्भूत किया अथवा यों कहना चाहिए कि उसने अपने को दो भागों में विभक्त किया, पुरुष और स्त्री के रूप में।[4] कहीं-कहीं शरीरधारी अथवा उत्पन्न सत्ता को इस रूप में दर्शाया गया है कि वह स्वयं एक भौतिक आधार से उद्‌भूत हुई। दूसरे अवसरों पर पदार्थों के मौलिक तत्त्व को दर्शाया गया है कि वही अपने को सृष्टि के रूप में अभिव्यक्त करती है।[5] आत्मा पदार्थों के अन्दर ठीक उसी प्रकार व्याप्त हो जाती है जैसे कि नमक पानी में घोला जाकर सारे पानी को व्याप्त कर लेता है : आत्मा से पदार्थ ठीक उसी प्रकार प्रादुर्भूत होते हैं कि जैसे कि प्रज्जवलित अग्नि से चिंगारियां निकलती हैं, अथवा जैसे मकड़ी के अन्दर से उसके द्वारा बुने गए जाले के तागे निकलंते हैं, अथवा जैसे बांसुरी से ध्वनि निकलती है।[6] जहां किसी वस्तु का प्रादुर्भाव होने पर भी उससे उसके उद्‌भवस्थान पर कोई प्रभाव नहीं पड़ता ऐसे सिद्धान्त को भी प्रस्तुत किया गया है। सूर्य के प्रकाश निकलता है फिर भी उससे सूर्य में कोई परिवर्तन नहीं आता। यह उस परवर्ती मत की युक्तियुक्त व्याख्या प्रतीत होती है जिसके अनुसार एक व्यक्ति केवल ब्रह्म का आभास अथवा अभिव्यक्ति ही है। मकड़ी द्वारा जाला बुने जाने, माता द्वारा बच्चे को जन्म देने और वाद्य-यंत्रों द्वारा स्वरों के निकलने के सब दृष्टान्त यह बतलाने के लिए हैं कि किस प्रकार कारण और कार्य का परस्पर सम्बन्ध अत्यन्त घनिष्ठ है। ब्रह्म और जगत् में परस्पर तादात्म्य का ही सम्बन्ध है जो इस सब प्रतीक एवं मूर्त सम्पदा में प्राप्त होता है। बाह्य जगत् कुछ भिन्न नहीं है जो कि आत्मा के साथ-साथ भिन्न रूप में विद्यमान है। सत्ता का परम आधार अर्थात् ब्रह्म, और इन्द्रियगम्य स्थिति अर्थात् जगत्—परस्पर भिन्न नहीं है। द्वैतरूपक जगंत् का भाव, बिना किसी अवशिष्टांश के उस एकमात्र सत्ता ब्रह्म के अन्दर ही सन्निविष्ट मान लेने से, स्वतः विलुप्त हो जा सकता है। उपनिषदों का सिद्धान्त इस विषय में निश्चित है कि ब्रह्म ही एकमात्र समस्त जंगम जगत् के जीवन का प्रादुर्भाव-स्थान है और वही एकमात्र सूत्र है जो समस्त बाहुल्य को एकमात्र एकत्व में आबद्ध किए हुए है। बाहुल्य एवं एकत्व की

1. प्रश्नोपनिषद्, 1 : 3।
2. तैत्तिरीय उपनिषद्, और भी देखें, बृहदारण्यक, 2 : 1, 20; मुण्डक, 1 : 1, 7; 2 : 1, 1।
3. बृहदारण्यक, 4 : 7।
4. बृहदारण्यक, 1 : 2, 14। हमें चीन देश के 'यांग' और 'यिन' के सिद्धान्त में भी इसीके सदृश सिद्धान्त मिलता है : आदिम सृष्टि के पूर्व विश्रृंखला का भंग इन्हीं दो परस्पर-विरोधी तत्त्वों अर्थात् प्रसरण एवं संकुचन द्वारा हुआ। यांग सब प्राणियों में पुंस्त्व-शक्ति और यिन स्त्रीत्व शक्ति है। इसकी तुलना 'एम्पिडोक्लीज़' के मत के साथ भी कीजिए।
5. छान्दोग्य, 3 : 39।
6. छान्दोग्य, 7 : 21, 2; 6 : 2, 1; बृहदारण्यक, 4 : 5; मुण्डकोपनिषद्, 2।

समस्या की व्याख्या करते समय उपनिषदें उपमाओं और प्रतीकों का ही आश्रय लेती है, किन्तु कोई निश्चित उत्तर नहीं देतीं। ब्रह्म के ज्ञान के अभाव में इन्द्रियगम्य जगत् का ब्रह्म के साथ किस प्रकार सम्बन्ध है इस बारे में कोई रूढ़ सिद्धान्त स्थिर नहीं कर सकते। दोनों परस्पर असम्बद्ध नहीं हो सकते क्योंकि जो कुछ भी विद्यमान है वह सब एक ही सत्ता है, तो भी हम यह नहीं जानते कि कितने सूक्ष्मरूप में वह एक है। प्रथम पहलू के विषय में कहा जाता है कि ब्रह्म ही जगत् का निमित्त एवं उपादानकारण है, जबकि दूसरे पहलू के विषय में कहा गया है कि हम इसके बारे में कुछ भी नहीं जानते। यह माया है, अथवा रहस्यमय है, अथवा अनिर्वचनीय, जैसाकि शंकर ने इसे कहा है। हम यह भी नहीं पूछ सकते कि किस प्रकार सम्बन्धविहीन ब्रह्म इस जगत् के साथ सम्बन्ध है। कल्पना की जाती है कि सम्बन्धों में जकड़ा हुआ जगत् किसी प्रकार भी ब्रह्म के स्वरूप को परिवर्तित नहीं कर सकता। दृश्यमान जगत् का विनाश किसी प्रकार का भी ह्रास ब्रह्म के अंदर नहीं ला सकता। ब्रह्म संबंधों पर आश्रित इस दृश्यमान जगत् से पृथक् भी रह सकता है और रहता भी है (जैसेकि प्रलयकाल में)। ब्रह्म की सत्ता के लिए जगत् कोई अनिवार्य घटक नहीं है। यदि ब्रह्म व जगत् दोनों को अपने अस्तित्व के लिए एक-दूसरे पर निर्भर माना जाएगा तो उससे ब्रह्म में हीनता का आधान हो जाएगा और वह भी जगत् के समान काल एवं प्रयोजन के अधीन होने के कारण जगत् के स्तर पर आ जाएगा। परमब्रह्म के जगत् के साथ सम्बन्ध की व्याख्या करने में असामर्थ्य प्रकट करने का अर्थ यह न लगाया जाना चाहिए कि परिमित शक्ति वाले मानव ने जो यह धारणा बनाई है कि इस भौतिक जगत् ने ब्रह्म के ऊपर एक प्रकार का परदा हम लोगों के लिए डाल रखा है जिससे हमें ब्रह्म का दर्शन नहीं होता—उस धारणा का इससे प्रत्याख्यान हो जाता है, क्योंकि यह घोषणा की जा चुकी है कि देश, काल और कारण से जकड़ा हुआ दृश्यमान जगत् ब्रह्म के अन्दर अपना अस्तित्व स्थिर रखता है। सम्बन्धों से जकड़े हुए इस जगत् में परमब्रह्म इतनी दूर तक उपस्थित है कि बाह्य जगत् और इसके मध्य के व्यवधान की दूरी को माप सकते हैं एवं उन पदार्थों की श्रेणियों का मूल्यांकन भी कर सकते हैं। ब्रह्म जगत् के अन्दर है यद्यपि जगत्स्वरूप नहीं है। उपनिषदें इस प्रश्न का उत्तर सीधी तरह से नहीं देतों। नानाविध विवरणों का समन्वय करने का जो एकमात्र उपाय है वह यही है कि ब्रह्म की परम स्वात्मपूर्णता को स्वीकार करें। ब्रह्म की परिपूर्णता उपलक्षित करती है कि समस्त लोक-अवस्थाएं, एवं पक्ष और भूतकाल, वर्तमानकाल एवं भविष्यत्काल की सब अभिव्यक्तियां इस ब्रह्म के अन्दर इस प्रकार से यथार्थरूप में देखी जा सकती हैं कि बिना ब्रह्म ने उनकी सत्ता कुछ नहीं है, यद्यपि वह स्वयं अन्य सब विद्यमान पदार्थों से स्वतन्त्र अपना अस्तित्व रखता है। यदि सही-सही जो दार्शनिक स्थिति है, अर्थात् ब्रह्म व जगत् के मध्य ठीक-ठीक क्या संबंध है, इसे हम नहीं जानते, और उसके अनुसार न चलकर हम उसके स्वरूप का वर्णन करने लगें तो यह कहना अधिक सत्य होगा कि जगत् सर्वोपरि परंमब्रह्म का स्वयंमर्यादित रूप है, अपेक्षा इसके कि हम जगत् को उसकी रचना करके मानें। क्योंकि परमब्रह्म द्वारा सृष्टि की रचना मानने का उपलक्षित अर्थ होगा कि परमब्रह्म जगत् की रचना के इतिहास में एक समय और एक स्थिति पर अकेला था। परमब्रह्म को जगद्रूपी कार्य का कालक्रम से पूर्ववर्ती कारण मानना ठीक नहीं है। जगत् का परमब्रह्म की अभिव्यक्ति के रूप में वर्णन करना अधिक उत्तम है। वस्तुतः कई स्थलों पर उपनिषदों ने स्पष्ट रूप में कहा है कि यह जगत् परमब्रह्म का एक प्रकार से विकास है. प्रकृति स्वयंस्फूर्ति की एक प्रणाली अथवा अपने-आप विकसित होने वाला स्वतन्त्र शासन है, क्योंकि यह ब्रह्म की शक्ति का संचार है।

इस विकास के अन्दर पहला पड़ाव इन दो अवयवों—अर्थात् स्वयंचेतन ब्रह्म और भौतिक प्रकृति की निष्क्रिय कार्यक्षमता—के उदय होने से निष्पन्न होता है। ब्रह्म की आत्मनिर्भरता परमसत्य है और हम यह नहीं कह सकते कि संसार इसके साथ किस रूप में सम्बन्धित है। यदि हम किसी न किसी समाधान अथवा व्याख्या के लिए आग्रह ही करें तो सबसे अधिक सन्तोषजनक व्याख्या जो हो सकती है वह यह है कि हम परमसत्ता को एक प्रकार की भेदसम्पन्न एकता के रूप में अथवा एक पूर्ण सक्रिय आत्मा के रूप में स्वीकार कर लें। इस प्रकार हम आत्म एवं अनात्म तक पहुंचते हैं, जो एक-दूसरे के ऊपर क्रिया-प्रतिक्रिया करते हुए समस्त विश्व का विकास करते हैं।[1] निजाभिव्यक्ति ही परमब्रह्मरूप सत्ता सारतत्त्व है। क्रियाशीलता जीवन का नियम है। शक्ति सत्ता के अन्दर निहित है। शक्तिरूप माया उस सत्ता के अन्दर संभावित कारण के रूप में अनन्तकाल से वर्तमान है।

उपनिषदों में कहीं भी ऐसा सुझाव नहीं पाया जाता कि यह समस्त परिवर्तनों से युक्त संसार एक निराधार भ्रमजाल है, केवल घटनात्मक प्रदर्शनमात्र है, अथवा एक छायाओं का पुंज है। उपनिषदों के कलाविद् और कविहृदय रचियता बराबर इस प्राकृतिक जगत् के अन्दर जीवनयापन करते रहे और उन्होंने इस जगत् से दूर भागने का कभी विचार तक नहीं किया। उपनिषदों की शिक्षा में कहीं भी यह नहीं है कि जीवन एक भयानक दुःस्वप्न है और जगत् एक निर्जन एवं शून्य है। इसके विपरीत उनकी दृष्टि में सामंजस्यपूर्ण जगत् में जीवन की धड़कन और स्फुरण के अतिरिक्त ताल और लय के साथ सुमधुर-जीवन के चिह्न वर्तमान हैं। यह जगत् ईश्वर का अपना ही अभिव्यक्त रूप है। यह सब दृश्यमान भिन्न-भिन्न आकृतियां उसने अपनी प्रसन्नता से निर्माण की हैं।[2] किन्तु एक प्रचलित मत ऐसा भी है जिसके अनुसार

1. स्वर्गीय बाबू भगवानदास ने अपने 'प्रणववाद' नामक अनूदित ग्रन्थ में, जो गार्ग्यायण-रचित बताया जाता है, उपनिषदों के एक महान वाक्य 'अहं एतन्न', में यह नहीं, की उच्च श्रेणी की दार्शनिक व्याख्या की है। 'अह' अथवा आत्मा स्वयंप्रज्ञ ईश्वर है। 'एतत्' प्रकृति, अर्थात् अनात्म, को कहा गया है। इन दोनों के मध्य के सम्बन्ध को 'न' अर्थात् निषेधरूप से कहा है। 'आत्मा अनात्म नहीं है।' 'ओम्' शब्द में 'अ' आत्मा का द्योतक है, 'उ' अनात्म का और 'म्' दोनों के निषेध का द्योतक है, किन्तु ये तीनों एक साथ मिलकर 'ओम्' में मिल गए हैं, जो 'प्रणव' है। जगत् को अहं के निषेधात्मक विचार के रूप में कहा गया है। इसे आत्मा अपने असली स्वरूप में पहुंचने के लिए स्वीकार करती है (जैसा दर्शनशास्त्र में कहा है, 'भोगापवर्गार्थ दृश्यम्')। 'एतत्' अवास्तविक छायामात्र है जबकि अहं यथार्थसत्य है। यह व्याख्या सुकल्पित है। किन्तु हमें यह स्मरण रखना चाहिए कि जिस वस्तु का निषेध किया गया है वह एतत् (अनात्म), जो अहं (आत्मा) की छायामात्र है, नहीं है, बल्कि केवल एतत् (अनात्म) है जो अहं से सर्वथा भिन्न है। उन अनेक पदार्थों का जो आत्मा से अलग और भिन्न हैं, निषेध है। ब्रह्मरूप यथार्थसत्ता के कारण ही, यदि इस परिभाषा का प्रयोग युक्तियुक्त समझा जा सके, कुल भेद हैं। भारतीय विचारधारा में यह प्रतीक 'ओम्' कई प्रकार के विषयों को व्यक्त करता है। हर प्रकार के त्रय का प्रतीक ओम् है; यथा, सत्, असत् और आविर्भूत होना; जन्म, जीवन और मृत्यु; प्रकृति, जीवात्मा और परमात्मा; सत्त्व, रजस् और तमस्; भूत, वर्तमान एवं भविष्यत्; ब्रह्मा, विष्णु और शिव। ब्रह्मा, विष्णु और शिव का विचार एक ही सर्वोपरि सत्ता के विविध पहलुओं पर बल देता है जिसके अन्दर तीनों स्थितियां निहित हैं। परमेश्वर अपनी स्वतन्त्र इच्छाशक्ति के बल से सृष्टि की रचना करता है अथवा दार्शनिक भाषा में एक नित्य विश्व को स्थिर करता है। इस विश्व के स्थिर करने वाले ईश्वर को ही ब्रह्म कहते हैं। वह इसे देखता है, इसके विषय में चिन्तन करता है, इसको धारण करता है और अपने से भिन्न प्रकृति वाला होने से उससे सुख-लाभ करता है। यह परमात्मा विष्णु है। वह फिर इसे अपने साथ एकत्व में वापस ले लेता है क्योंकि वह स्वयं में अविलुप्त है, उस अवस्था में वह शिव है। वे लोग जिनकी कल्पना में तीनों भिन्न-भिन्न हैं, तीन देहधारी प्रतिनिधियों की कल्पना करते हैं, जिनके तीन भिन्न प्रकार के कार्य हैं।

2. "आनन्दरूपम् अमृतं यद्विभाति।"

उपनिषदों के सिद्धान्त को अमूर्त एवं भावात्मक अद्वैतवाद के साथ समानता वर्णन की जाती है जो इस जगत् के सम्पन्न जीवन को मात्र एक खाली स्वप्न समझता है। किन्तु यदि हम अपने दैनिक जीवन के अनुभव को लेकर चलें और उनका विवेचन करें तो हमें दो ही अवयव अन्त में जाकर मिलते हैं अर्थात् आत्मचेतन ईश्वर एवं अनिर्धारित प्रकृति। बौद्धिक दृष्टि से तो हमें इन दोनों के एक होने का निश्चय है। हमारी कठिनाई केवल इन दोनों के सामंजस्य दिखलाने में है; विषयी और विषय एक ओर, और उपनिषदों में स्पष्ट रूप से जिसका व्याख्यान किया गया है वह ब्रह्म दूसरी ओर। यथार्थसत्ता एक ही है तो भी हमें दो सत्ताएं प्रकटरूप में मिलती हैं। इसी द्वैत के कारण जगत् में कुल भिन्नता है। हमारे सामने एक खाली दीवार है। यदि दर्शनशास्त्र साहसी और नेकनियत है तो इसे कहना पड़ेगा कि इन दोनों के बीच का सम्बन्ध अनिर्वचनीय है। एक ही सत्ता न मालूम कैसे दो में विभक्त हो जाती है। उपस्थित परिस्थितियों में यही मत तर्कसम्मत प्रतीत होता है। "सीमाबद्ध केन्द्रों के अन्दर परमसत्ता की अन्तर्हित रूप में विद्यमानता और सीमित केन्द्रों की परमसत्ता के अन्दर विद्यमानता—इसे मैंने सदा ही अव्याख्येय समझा है...इसको समझना हमारी बुद्धि से परे है।"[1] उक्त दोनों के मध्य सम्बन्ध को उपनिषदों ने अनिर्वचनीय माना है और परवर्ती वेदान्त इसको माया के नाम से पुकारता है।

सन्तोषप्रद व्याख्या न कर सकने में कठिनाई इसलिए है कि मानवीय मानस अपूर्ण है और उसके प्रयोग में आने वाले साधन—अर्थात् भेदक वर्ग—देश, काल और कारण अपर्याप्त भी हैं और परस्पर-विरोधी भी हैं। इस जगत् के वे पक्ष जो उन्हें मालूम हैं, आंशिक हैं और यथार्थस्वरूप में सत्य नहीं हैं। उन्हें एक प्रकार से अलौकिक सत्ता की छाया कहा जा सकता है, किन्तु उस वास्तविक सत्ता के किसी प्रयोजन के वे नहीं हैं। हमारे अपने सीमित अनुभवों में जो भी पदार्थ आते हैं वे कहीं न कहीं जाकर भग्न हो जाते हैं और असंगत प्रतीत होते हैं। जब सब सीमित अनुभव मर्यादित और अपूर्ण हैं, उनकी अपूर्णता में भिन्न-भिन्न श्रेणियां है, तो उन सबको एक ही स्तर पर रख देना उचित न होगा, न सबको एक समान यथार्थ अथवा असत्य ही मानना उचित होगा। माया का सिद्धान्त सीमित पदार्थों के सामान्य स्वरूप को एक अमूर्त भावात्मक रूप में अभिव्यक्त करता है जिससे परमसत्ता से यह कुछ ही न्यून बैठता है।

जहां एक ओर मानवीय अपूर्णता के कारण उत्पन्न हुई बौद्धिक नम्रता से उपनिषदों के विचारकों को विवश होकर सर्वोपरि यथार्थसत्ता के विषय में 'नेति नेति'-परक ही कथन करना पढ़ा, वहां दूसरी ओर उपनिषदों के आदर्शों का मिथ्या अनुकरण करने वाले अत्यन्त अभिमान एवं साहसिकता के साथ घोषणा करते हैं कि ब्रह्म एक अत्यन्त समांग (एकजातीय) और व्यक्तित्वरहित प्रज्ञा (ज्ञानस्वरूप) है—यह एक ऐसी रूढ़िगत घोषणा है जो उपनिषदों के भाव के सर्वथा विपरीत है। ब्रह्म के स्वरूप की इस प्रकार की एक सुनिश्चित व्याख्या कर देना कभी तर्कसंगत नहीं हो सकता, क्योंकि यहां तक कि शंकर ने भी यही कहा है कि यथार्थसत्ता अद्वैत (अद्वितीय) है और उसका सुनिश्चित स्वरूप नहीं है।

थिबौत के अनुसार ऐसे वाक्य हैं "जिनका निश्चित झुकाव ब्रह्म को सर्वगुणातीत एवं

---

1. ब्रैडले : 'माइंड' संख्या 74, पृष्ठ 154। तुलना कीजिए, ग्रीन : "इस पुराने प्रश्न का कि ईश्वर ने जगत् को क्यों बनाया, कभी उत्तर न मिला और न मिलेगा। जगत् की क्या आवश्यकता है यह हम नहीं जानते; हम इतना ही जानते हैं कि जगत् है।" ('प्रोलेगोमिना टु एथिक्स', विभाग, 100)।

व्यक्तित्व रहित और भिन्नता रहित प्रज्ञा के पुंज के रूप में उपस्थित करने की ओर है।"[1] "और चूंकि बहुगुणात्मक जगत् की प्रतीति का निषेध नहीं किया जा सकता, एक पूर्णसंगत परिकल्पना के लिए और कोई मार्ग खुला नहीं था सिवाय इसके कि वह इसकी यथार्थता का ही निषेध करे और इसे भ्रममात्र कहकर इसकी व्याख्या करे, जिसका कारण एक असत् तत्त्व है, और जो ब्रह्म के साथ निःसन्देह सम्पृक्त रहता है, किन्तु जो ब्रह्म की एकता को भंग नहीं कर सकता केवल इसलिए कि वह स्वयं स्वभाव से असद्रूप है।"[2] थिबौत के अनुसार माया विविधता की अभिव्यक्ति यथार्थसत्ता के साथ एकत्वरूप में समवेत करती है, किन्तु दुर्भाग्यवश एक अमूर्तरूप (भावात्मक) प्रज्ञा का भाव एक निरर्थक विचार है जोकि रूढ़िवाद-विरोधी उपनिषदों को मान्य नहीं हो सकता। उपनिषदें परम यथार्थसत्ता के अमूर्तरूप भावात्मक विचार का समर्थन नहीं करतीं। उपनिषदों का दार्शनिक सिद्धान्त एकेश्वरवाद की अपेक्षा अद्वैतपरक (अर्थात् अद्वैत के अभाव वाला) अधिक है। विषयी एवं विषय के मध्य का भेद यद्यपि जगत् में वास्तविक प्रतीत होता है किन्तु परमार्थरूप में इनमें भेद नहीं है। हम इस विश्व को विषयी और विषय के रूप में आधा-आधा नहीं बांट सकते, क्योंकि दोनों की पृष्ठभूमि में ब्रह्म की सत्ता विद्यमान है। द्वैत का निषेध करते हुए भी यह दृढ़तापूर्वक इसे स्वीकार नहीं करता कि सब पदार्थ विलीन होकर एकत्व के रूप में परिणत हो सकते हैं, आलंकारिक रूप में भले ही यह स्वीकार कर ले।[3]

---

1. वेदान्तसूत्रों की भूमिका, पृष्ठ 123।
2. वही, 125।
3. हम देखते हैं कि उन परिच्छेदों में जो ब्रह्म और जगत् की एकता की व्याख्या करने के लिए मिट्टी (तांबा आदि) के दृष्टान्त का प्रयोग करते हैं, इन शब्दों का प्रयोग हुआ है, "वाचारम्भणं विकारा नामधेयं मत्तिकेत्येव सत्यम्।" इन वाक्यों का अर्थ यह प्रतीत होता है कि सब पदार्थ एक ही सत्ता के "परिवर्तित रूप हैं, यद्यपि नामभेद से भिन्न-भिन्न हैं। शंकर की व्याख्या के अनुसार इसका अर्थ हुआ कि परिवर्तन (विकार) उत्पन्न होता है और रहता भी केवल वाणी में ही हैं, यथार्थतः कार्य नाम की कोई चीज़ नहीं है। यह केवल नाममात्र है और इसीलिए अयथार्थ है।" यह 'व्यावहारिकम्' अथवा इन्द्रियगम्य है, किन्तु इसका तात्पर्य यह नहीं कि यह मिथ्या है। साथ में इस विषय पर भी ध्यान देना चाहिए कि यह कथन उद्दालक का है जो भौतिकवाद को मानता है और जो केवल आकृतिमात्र के परिवर्तन को स्वीकार करता है। उसके मत में प्राकृतिक जगत् एक निरन्तरवर्ती पूर्ण है जिसमें गुणभेद से भिन्न कण एक-दूसरे में मिश्रित हैं। उपनिषद्वाक्य में कहा गया है कि नाम-परिवर्तन मात्र से ही विकास की प्रतीति होती है। उपनिषदों में नाम और रूप (आकृति) का उपयोग व्यक्तित्व को दर्शाने के लिए किया गया है। देखिए, बृहदारण्यक, 1 : 4, 7। एक का अनेक रूप में विकास प्राथमिक तत्त्व में नाम एवं रूप के प्रादुर्भाव के कारण ही है। किन्तु यह कही नहीं कहा गया कि नाम द्वारा निर्दिष्ट परिवर्तन असत्य हैं। अवश्य ही ब्रह्म के अतिरिक्त उनकी पृथक यथार्थसत्ता नहीं है। नामरूप वह नहीं है जो अंग्रेजी के शब्द 'नेम' (नाम) 'फॉर्म' (आकृति) से प्रकट होता हैं। वह अरस्तू की 'आकृति' और 'प्रकृति' के अनुकूल है और दोनों एकसाथ मिलकर संसार के व्यक्तियों के द्योतक हैं। बौद्धमत में रूप से तात्पर्य मूर्त शरीर से है और नाम से तात्पर्य सूक्ष्म मानस से है। उपनिषदों में नाम और आकृति के विकास का तात्पर्य एकमात्र ब्रह्म को व्यक्तित्व प्रदान करना है। व्यक्तित्व सृष्टि-रचना का सिद्धान्त तत्त्व है और यह विश्व-रचना की प्रक्रिया का मुख्य स्वरूप है। वस्तुएं और मानव अंतिम रूप में परमात्मा के अस्तित्व के केवल प्रकार मात्र हैं। वे अपने-आपमें यथार्थ नहीं हैं। इस प्रकार केवल ब्रह्म ही यथार्थ है। उनका पृथकत्व केवल कृत्रिम है। उपनिषदों में मोक्ष का स्वरूप नामरूपात्मक पृथकत्व के भाव का नष्ट हो जाना ही है। मुंडकोपनिषद् में कहा है : "वह जिसने उच्चतम ज्ञान प्राप्त कर लिया है, विश्वात्मा के साथ संयुक्त हो जाता है और नामरूप से रहित होकर नदियों के समान, जैसे वे विश्राम लेने के लिए समुद्र में समा जाती हैं, वह भी विश्वात्मा में विलीन हो जाता है" आगे चलकर कहा गया है कि कारण कार्य→

अन्य कतिपय उपनिषदों के अनुकूल व्याख्याकार भी दृढ़तापूर्वक कहते हैं कि उपनिषदें माया के सिद्धान्त को संसार की भ्रान्तिपूर्णता के अर्थ में स्वीकार करती हैं। आइए, हम यह देखें कि उनका इस प्रकार का कथन कहां तक मूल्य रखता है। ड्यूसन, जिसने यूरोप में वेदान्त के सिद्धान्त का प्रचार करने में बहुत अधिक प्रयत्न किया है, निर्देश करता है कि सृष्टि-रचना के विषय में चार भिन्न प्रकार के सिद्धान्त उपनिषदों में आते हैं। वे हैं : (1) प्रकृति अनादिकाल से ईश्वर के अस्तित्व से स्वतंत्ररूप में विद्यमान है, ईश्वर केवल उसको आकार देता है किन्तु उसकी रचना नहीं करता; (2) ईश्वर असत् से विश्व की रचना करता है, और विश्व ईश्वर से स्वतन्त्र है यद्यपि यह विश्व उसकी रचना है; (3) ईश्वर अपने को ही परिवर्तित करके सृष्टि की रचना करता है और, (4) ईश्वर ही एकमात्र यथार्थसत्ता है और सृष्टि कुछ नहीं है। उसके अनुसार, अन्तिम मत ही उपनिषदों का मौलिक मत है। देश और काल से बद्ध संसार एक आभास-मात्र है एक भ्रांति है, ईश्वर की छाया-मात्र है। ईश्वर को जानने के लिए हमें इस भासमान जगत् का निषेध करना होगा। ड्यूसन का ही अपना यह विश्वास कि प्रत्येक सत्यकर्म का सारतत्त्व संसार की वास्तविकता से निषेध करना है, उक्त मत की ओर झुकाव का कारण है। उक्त परिणाम का स्वतन्त्ररूप से पहुंचकर वह अपने सिद्धान्त का समर्थन प्राचीन भारत के दर्शनशास्त्रों—उपनिषद् और—सांख्य—में से प्राचीन ग्रीस के परिमेनिड्स और प्लेटो में से, एवं अर्वाचीन जर्मनी के कांट और शोपनहावर में से खोज निकालने के लिए उत्सुक है। अपने सिद्धान्त की पुष्टि के प्रति आतुरता की लहर में आकर वह सत्यों की ओर भी बिलकुल ध्यान नहीं देता। वह स्वीकार करता है कि उपनिषदों का सर्वोपरि मुख्य सिद्धांत सर्वेश्वरवाद-विषयक है जबकि मौलिक सिद्धान्त है माया, भ्रांति की कल्पना। सत्य के दबाव में आकर ही उसे यह स्वीकार करने के लिए विवश होना पड़ा है कि सर्वेश्वरवाद 'सर्वोपरि' सिद्धान्त है। और यह कि भ्रांति का विचार आधारभूत है, उसके वास्तविकता के अध्ययन का परिणाम है। इन दोनों के बीच, अर्थात् सर्वेश्वरवाद के तथ्य एवं अध्ययन के परिणामस्वरूप भ्रांतिमत्ता के मध्य, समन्वय होना ही चाहिए। ड्यूसन यह कहकर अपना प्रयोजन इस प्रकार से साध लेता है कि यह साधारण स्थिति के मानव के लिए उसके घोर विरोध एवं इन्द्रियानुभव की मांग को शान्त करने के लिए एक प्रकार की रियायत है। "क्योंकि मूलभूत विचार—जिसे कम से कम सिद्धान्त के रूप में ही हरएक स्थिति में, यहां तक कि निम्नतर स्थिति में भी, दृढ़ता के साथ स्वीकार किया गया है और जो प्रकृति की स्वतन्त्र सत्ता को स्थिर रखता है—केवल आत्मा की ही एकमात्र यथार्थसत्ता में विश्वास है, इसलिए केवल इस धारणा के साथ और इसके बावजूद जगत् की यथार्थता की आनुभाविक चेतना के लिए वह न्यूनाधिक छूट प्रदान की गई है, जिसका कभी भी पूर्णतः त्याग नहीं किया जा सकता।"[1] भ्रांति-विषयक कल्पना के समर्थन में सबसे पहला तर्क यह है कि उपनिषदें मात्र ब्रह्म की ही यथार्थसत्ता पर बल देती हैं। इसका तात्पर्य यह है कि संसार असत्य है। आत्मा ही एक मात्र यथार्थसत्ता है, इससे हम सहमत हैं। यदि हम उसे जान लें तो सब कुछ जाना जाता है। यह धारणा कि द्वैत अथवा बहुत्व है ही नहीं, अर्थात् उस सत्ता में बाह्य परिवर्तन कोई नहीं होता, स्वीकार करने योग्य है। किन्तु कोई भी परिवर्तन उसके अन्दर या बाहर है ही नहीं और होता ही नहीं और द्वैत एवं बाहुल्य भी नहीं है इस प्रकार की एक

→की अपेक्षा अधिक यथार्थ है। परमात्मा की समस्त जंगम एवं जड़ जगत् का कारण है। जैसे सोने के आभूषणों का आधार सोना है, इसी प्रकार ब्रह्म सारे जगत् का आधार अथवा सामान्य सत्ता है।

1. 'द फिलासफी आफ द उपनिषद्स', पृष्ठ 161-162।

अपवादरहित स्थापना समझ में नहीं आ सकती। ड्यूसन कहता है कि "प्रकृति जो बहुत्व एवं परिवर्तन के रूप में हमारे सामने प्रकट होती है, केवल भ्रांति है।"[1] उतने ही बल के साथ फ्रेज़र तर्क करता है कि "उपनिषदों की आत्मा की एकमात्र यथार्थता का प्रतिपादन करने वाली शिक्षाओं का स्वाभाविक एवं तर्कसम्मत परिणाम भी यही निकलता है कि समस्त दृश्यमान जगत्, जो सद्रूप में हमारे समक्ष भासित हो रहा है, केवल भ्रान्तिमात्र है।"[2] इन तर्कों में अनन्त (असीम) को मिथ्या अर्थों में लिया गया है। जो सीमाबद्ध नहीं है उसे 'अनन्त' के समान समझ लिया गया है और जो नित्य है उसे अभौतिक के समान मान लिया गया है। जब नित्यसत्ता को कालातीत अमूर्तभाव के रूप में माना गया तो सांसारिक जीवन, जो कालबद्ध है, स्वतः ही अवास्तविक हो जाता है। देश और काल से आबद्ध संसार के साथ परमार्थ और नित्य जगत् का विरोध स्वतः ही अन्तिम रूप से एवं शाश्वत हो जाता है। परन्तु, उपनिषदें कहीं भी यह नहीं कहतीं कि अनन्त से सान्त बाहर है। जहां कहीं भी वे बलपूर्वक कहती हैं कि ब्रह्म ही एकमात्र यथार्थसत्ता है, वे बहुत सावधानी के साथ यह भी कथन करती हैं कि संसार का आधारमूल भी ब्रह्म में है और इसी दृष्टि से वह (संसार) भी उसी ब्रह्म का अंशरूप है। "सीमित पदार्थ अनन्त ब्रह्म के अन्दर हैं, यह आत्मा ही समस्त विश्व है।"[3] यह प्राण है। यह वाणी है। यह मानस है। विश्व में सब कुछ यही है। ब्रह्म नीचे से नीचे दर्जे की धूल में भी है और एक क्षुद्र रजकणिका में भी है।[4] यथार्थसत्ता की स्वीकृति के अन्दर उन सबकी भी स्वीकृति आ जाती है जो उसके ऊपर आधारित हैं। ब्रह्म को एकमात्र यथार्थ सत् मान लेने से उन सब पदार्थों की सापेक्ष सत्ता की भी स्वीकृति जो उसके अन्तर्गत हैं या उसके ऊपर आश्रित हैं, स्वतः ही निष्कर्ष रूप में आ जाती है।

ड्यूसन बलपूर्वक कहता है कि "उन अंशों से जो घोषणा करते हैं कि आत्मा के ज्ञान से ही सबका ज्ञान हो जाता है, बहुत्व के विचार का स्वतः खण्डन हो जाता है।" हम इस विवादग्रस्त विषय से सहमत नहीं हो सकते। यदि आत्मा विश्व की आत्मा है और अपने अंदर समस्त विचारशील प्राणियों एवं प्रमेय पदार्थों को भी समवेत किए हुए है, तब स्वभावतः यह परिणाम निकलता है कि यदि उसका ज्ञान हो जाए तो अन्य सब कुछ स्वतः ही जाना जा सकता है। जो सत्यज्ञान हमें मोक्ष का मार्ग दिखाता है, अन्तर्वासिनी सत्ता का साक्षात् करने में भी सहायक होता है। ऐसा कोई सुझाव नहीं है कि आत्मा और यह संसार एक-दूसरे से पृथक् हैं। उस अवस्था में, इन्द्र ने शंका उपस्थित करते हुए जो कुछ प्रजापति से कहा था, वह ठीक ही हो जाएगा और आत्मा जो प्रत्येक नियमित और प्रत्यक्ष होने वाले पदार्थ को अपने से बाह्य रखती है, स्वयं केवल एक कोरी अमूर्तरूप भावात्मक सत्तामात्र रह जाएगी। यदि हम भेदों को दृष्टि से ओझल कर देते हैं तो हम परमार्थसत्ता को एकमात्र असत् के रूप में पहुंचा देते हैं। इस प्रकार सापेक्ष जगत् की सापेक्षता का निषेध करके हम परमार्थसत्ता की समस्या को कुछ भी नहीं संवारते। नित्यरूप ब्रह्म इन्द्रियगम्य भौतिक जगत् को एकदम असत् और शून्यात्मक कहकर सर्वथा छोड़ नहीं सकता। मानव के धार्मिक एवं नैतिक, दार्शनिक एवं सौन्दर्यशास्त्र के क्षेत्र में उपलब्ध ऊंचे से ऊंचे अनुभव का यह उचित आग्रह है कि इन्द्रियगम्य

---

1. पंचास्तिकायसमयसार, 237।
2. 'इण्डियन थाट' पृष्ठ 68।
3. छान्दोग्य, 2 : 4, 26।
4. मुण्डकोपनिषद्, 2 : 2, 11; कठोपनिषद्, 2 : 5, 2; तैत्तिरीय, 3 : 1; छान्दोग्य, 3 : 14, 1; 2 : 14, 2-4; 6 : 9, 1; बृहदारण्यक 2 : 4, 6; 4 : 5, 7; 2 : 5, 2; 5 : 3, 1; 1 : 4, 16; 2 : 5, 15; 3 : 7, 15; 4 : 4, 23।

भौतिक जगत् की वास्तविकता को नित्यसत्ता के अन्दर, सान्त की वास्तविकता को अनन्त के अन्तर्गत विद्यमान, एवं ईश्वर से उत्पन्न मानव की यथार्थता को स्वीकार करें। आकस्मिक घटना एवं व्यक्ति के निषेध करने का तात्पर्य होगा कि हम आवश्यक एवं व्यापक को मिथ्या समझते हैं। उन अनेक वाक्यों के विषय में जो संसार को ब्रह्म में आधारित घोषित करते हैं, ड्यूसन यों कहकर समाधान कर देता है कि यह भौतिक चेतना के साथ एक प्रकार की रियायत है। यदि उपनिषदों के मत में संसार भ्रान्तिमात्र होता तो उपनिषदें कभी भी गम्भीरतापूर्वक संसार के सापेक्षता-विषयक सिद्धान्तों का प्रतिपादन न करतीं। ड्यूसन ने एक अव्यवहार्य व्याख्या को अपनाया है और एक ऐसी स्थापना का, जो मौलिक रूप से दोषपूर्ण है, समर्थन करने के लिए मानमाने तर्कों वाली युक्तियों का उपयोग किया है। ड्यूसन ने स्वयं भी माया के सिद्धान्त का प्रतिपादन करने का श्रेय महान जर्मन दार्शनिक कांट को देने का प्रयत्न करने के प्रसंग में स्वीकार किया है कि उपनिषदों के विचारकों ने उक्त सिद्धान्त की परिकल्पना नहीं की थी, या कि संभवतः वे इसमे सुस्पष्ट नहीं थे। क्योंकि वह लिखता है कि "अभी तक और सदा ही एकमात्र ब्रह्म और उसकी बहुगुणित अभिव्यक्तियों के अन्दर बहुत बड़ा भेद है, और न तो प्राचीन विचारक और न कांट से पूर्व का कोई विचारक इस भाव तक पहुंच सका कि देश और काल में जितना अभिव्यक्त प्रपंच है वह मात्र आत्मजात अथवा विषयीगत घटना एवं प्रतिभास है।"[1] ड्यूसन का यह सुझाव तो वस्तुतः ठीक ही है कि उपनिषदों ने संसार की विषयीनिष्ठता के मत को कभी भी स्वीकार नहीं किया। सृष्टिरचना-सम्बन्धी भिन्न-भिन्न कल्पनाएं केवल यह प्रदर्शित करने के लिए प्रस्तुत की गई हैं कि ब्रह्म और जगत् के मध्य अनिवार्य निर्भरता है। हम स्वीकार करते हैं कि ऐसे भी वाक्य हैं जो प्रतिपादन करते हैं कि यह नामरूपात्मक चित्र-विचित्र जगत् एक ही परमसत्ता के अन्दर से विकसित हुआ है। इनसे यही ध्वनित होता है कि सब वस्तुओं का मौलिक सारतत्त्व एक ही यथार्थसत्ता है और यदि हम नामरूपात्मक जगत् में ही खो जाएंगे तो इस बात का भय है कि हमें उस अन्तस्तल में निहित सारतत्त्व की प्राप्ति न हो सकेगी जो इन सब भेदों का मूल कारण है। हम कह सकते हैं कि यह नामरूपात्मक जगत् ही उस अमरणधर्मा सारतत्त्व का हमसे छिपाकर रखता है।[2] उस अद्भुत सत्ता को जो सब नश्वर वस्तुओं के चारों ओर व्याप्त

---

1. पंचास्तिकायसमयसार, 103। ड्यूसन कांट के सिद्धान्त की व्याख्या उपनिषदों के अनुसार और उपनिषदों की व्याख्या कांट के मत के अनुसार करता प्रतीत होता है। परिणाम यह हुआ कि दोनों को ही उसने मिथ्यारूप में समझा। कांट को चिन्ता है कि उसके प्रत्यवाद को बर्कले के विषयीविज्ञानवाद के समान न समझ लिया जाए ठीक उसी तरह जैसे शंकर को चिन्ता है कि उनके प्रत्यवाद को और बौद्धमत के विषयीविज्ञानवाद को एक समान न समझ लिया जाए। सम्भवतः शोपनहावर के समान ड्यूसन भी सोचता है कि कांट के द्वारा प्रत्यवाद का निराकरण एक मूर्खता-भरा पीछे का विचार था और भयंकर भूल थी। कांट के पाठक ड्यूसन के मत से सहमत हो सकेंगे यह सन्देहास्पद है। "कांट का यह प्रसिद्धतम तर्क भी जिसमें आचार-सम्बन्धी उस नियम के प्रत्यक्षीकरण को अमरता का आधार बताया गया है, जो हमारे अन्दर निविष्ट है—एक ऐसा परिणाम जिसे केवल सन्निकटन की अनन्त प्रक्रिया द्वारा ही प्राप्त किया जा सकता है—हमें साधारण अर्थों में अमरता के विषय में तो नहीं किन्तु पुनर्जन्म के विषय में बतलाता है।" (पृष्ठ 314)।
2. बृहदारण्यक, 1 : 6, 3। "अमृतं सत्येन आच्छन्नम्।" सत् शब्द के द्वयर्थक होने के कारण ही उपनिषदों के यथार्थसत्ता विषयक मत के विषय में बहुत कुछ भ्रम हुआ है। सत् का अर्थ है वह सब पदार्थ जो विद्यमान है। परिवर्तनशील एवं उन्नतिशील संसार इस अर्थ में सत् है। सत् से तात्पर्य उस यथार्थसत्ता से भी है जो समस्त परिवर्तनों में अपरिवर्तित, अमर अथवा अमृतरूप में एक समान विद्यमान रहती है। तैत्तिरीय पहले को 'सत्' और दूसरे को 'त्यत्' कहता है। चूंकि त्यत् विद्यमान→

है, हमें परदे के पीछे से झांकना होता है। देश और काल से आबद्ध पदार्थ वस्तुओं के सारतत्त्व को आवृत रखते हैं। यह जीवन का क्षणिक रूप इसका अविनाशी सत्य नहीं है। वास्तविक सत्ता इन सब वस्तुओं से ऊपर है। यह अपने-आपको इस दृश्यमान जगत् के द्वारा अभिव्यक्त करती है। किन्तु यह अभिव्यक्ति साथ-साथ गोपन भी है। अभिव्यक्ति जितनी ही अधिक स्पष्टतया लक्षित होती है, यथार्थसत्ता उतनी ही अधिक गुप्त होती जाती है। परमात्मा अपना गोपन करता है और अपने-आपको प्रकट भी करता है, केवल अपने चेहरे पर आवरण कर लेता है। वस्तुओं का अन्तर्निहित आशय इन्द्रियों के साक्ष्य के विपरीत है। यह विश्व जहां एक ओर उसकी महिमा को अभिव्यक्त करता है, वहां दूसरी ओर उसके परम एवं विशुद्ध स्वरूप का गोपन भी करता है। सत्य, वह अद्‌भुत सारतत्त्व, एक परमसत्ता है जो घटनाओं से विरहित और मर्यादाओं से निर्लिप्त, इस रचनात्मक सृष्टि के बहुगुणत्व एवं बाहुल्य के कारण आवृत रहती है। इस विश्व के पदार्थ, जिनमें सान्त जीवात्मा भी सम्मिलित है, अपने को कल्पित रूप में पृथक् एवं स्वतन्त्र अस्तित्ववान अनुभव करते हैं और आत्मा सत्ता को अक्षुण्ण बनाए रखने में निरत रहते प्रतीत होते हैं। वे भूल जाते हैं कि वे सब एक तत्समान शक्ति से उत्पन्न हुए हैं और उसी से उनका धारण भी होता है। यह विश्वास माया अथवा भ्रांति के कारण है। "वृक्ष की प्रत्येक क्षुद्र पत्ती में भी यह समझ लेने की चेतना विद्यमान हो सकती है कि वह एक सर्वथा भिन्न सत्ता है जो सूर्य के प्रकाश एवं वायु में अपने को बनाए हुए है और जब शीतकाल आता है तो वह मुरझाकर गिर पड़ती है और वही इसका अन्त है। वह सम्भवतः यह नहीं समझ सकती कि उसे निरन्तर वृक्ष के तने से निकलने वाले द्रव से सहारा मिलता है और अपनी ओर से वह भी वृक्ष को आहार पहुंचा रही है और यह कि उसकी आत्मा समस्त वृक्ष की भी आत्मा है। यदि वही पत्ती वस्तुतः अपने को समझ सकने की योग्यता रखती तो वह अनुभव करती कि उसकी आत्मा अधिक गहराई में और घनिष्ठता के साथ पूरे वृक्ष के जीवन के संग एकात्मभाव से सम्बद्ध है।"[1] ऊपर की चेतना की लहरों के नीचे अन्तस्तल में जीवन की अगाध सामान्य गहराई में वह स्रोत है जहां से सब प्रकार की अन्यान्य सत्ताओं का विकास हुआ है। यदि हम पदार्थों को पृथक् एवं स्वतन्त्र सत्ताधारी मान लें तो हम एक ऐसा परदा खड़ा कर लेते हैं जो हमारी दृष्टि से सत्य को दूर हटा देता है। सीमित पदार्थों की स्वतन्त्र सत्ता के रूप में मिथ्या कल्पना उस दिव्य प्रकाश को हमारी दृष्टि से तिरोहित कर देती है। जब हम गौण कारणों की तह में पैठकर समस्त पदार्थों के सारतत्त्व को ग्रहण करने का प्रयत्न करते हैं तो सब आवरण फट जाते हैं और हमें स्पष्ट हो जाता है कि उन सबकी पृष्ठभूमि में जो तत्त्व है वह वही है जो समानरूप से हम सबके अन्दर विद्यमान है। छान्दोग्य उपनिषद् में पिता व पुत्र के परस्पर संवाद में (6 : 10, और आगे) गौण कारणों की पृष्ठभूमि में जाकर यह जानने की आवश्यकता का प्रतिपादन किया गया है कि सब पदार्थों में ऐक्य है।

> "वहां मेरे लिए न्यग्रोध वृक्ष का एक फल लाकर दो।" "यह लीजिए, भगवन्, यह है।" "इसे फोड़ो।" "लीजिए भगवन्, यह फूट गया।" "तुम्हें इसमें क्या दिखाई

→सत् के विपरीत गुण है, इसे कभी-कभी असत् अथवा अनत नाम से कहा गया है (तैत्तिरीय, 2 : 6)। साधारण तौर से नित्यसत्ता अथवा ब्रह्म को सत् और परिवर्तनशील संसार को असत् कहा जाता है। (छान्दोग्य, 6:2, 1; 3 : 19, 1)।

1. एडवर्ड कारपेण्टर : 'पैगन ऐण्ड क्रिश्चियन क्रीड्स', पृष्ठ 301।

देता है?" "ये बीज हैं जो अत्यन्त सूक्ष्म हैं।" "इनमें किसी एक को फोड़ो।" "लीजिए भगवन्, यह फूट गया।" "तुम्हें इसमें क्या दिखाई देता है?" "कुछ नहीं भगवन् !"

पिता ने कहा, "हे मेरे पुत्र, वह सूक्ष्म तत्त्व जो तुम्हें उसमें प्रत्यक्ष नहीं होता वस्तुतः उसी तत्त्व से इस महान न्यग्रोध वृक्ष की सत्ता है। हे मेरे पुत्र ! विश्वास करो इस सत्य पर कि यह एक सूक्ष्म तत्त्व ही है और इसी के अंदर सब कुछ वर्तमान है और अपनी आत्मा को धारण करता है। यही सत्य है। यही आत्मा है। और तू, हे श्वेतकेतु, तू यही है।"

आगे चलकर पिता पुत्र के सम्मुख कुछ और प्राकृतिक पदार्थों को क्रमशः उपस्थित करता है और बलपूर्वक कहता है कि वह जीवन की दार्शनिक एकता को ग्रहण करे एवं मानव-जीवन के विश्व-जीवन के साथ तारतम्य को भी समझते का प्रयत्न करे। हम आसानी के साथ उस परमार्थसत्ता की कल्पना नहीं कर सकते जो नानाविध भौतिक पदार्थों के कारण तिरोहित रहती है। हम संसार में इतने अधिक लिप्त रहते हैं, सांसारिक अनुभवों में इतने अधिक डूबे रहते हैं और अपने ही प्रति इतने अधिक लीन रहते हैं कि उस सत्ता की यथार्थता को ग्रहण नहीं कर सकते। हम ऊपर के धरातल पर ही रह जाते हैं, आकृतियों से चिपटे रहते हैं और आभास-मात्र दृश्यमान पदार्थों की पूजा करते हैं।

ड्यूसन यह कथन करते समय उपनिषदों के दार्शनिक मौलिक सत्य को दृष्टि से बिल्कुल ओझल कर देता है कि उपनिषद् के दार्शनिक विचार के अनुसार "समस्त विश्व, सब बच्चे, धन-सम्पत्ति एवं ज्ञान अन्त में अवश्यमेव शून्य में परिणत होकर विलुप्त हो जाएंगे, क्योंकि वे हैं ही शून्यरूप।"[1] इस कल्पना के आधार पर यह भी आवश्यक हो जाता है कि उस सब उपनिषद् वाक्यों का भी कोई न कोई उचित समाधान किया जाए जो विश्व के आधारस्वरूप ब्रह्म और व्यक्तिरूप आत्मा के भौतिक तत्त्व को एकात्मक कहते हैं। ड्यूसन आगे चलकर इसका भी व्यवस्थापन यों करता है, "ब्रह्मवाद में ब्रह्म को एक भौतिक तत्त्व की आकृति देकर (उपनिषदों ने) अपनी अनुकूलता (समवायरूपक) के भाव को यहां भी प्रदर्शित किया है।"[2] उपनिषदें हमारे अन्दर अत्यन्त अणुरूप में अवस्थित आत्मा का हमसे बाहर अव्यस्थित अनन्तरूप में महान आत्मा के साथ तादात्म्य-वर्णन करती हुई एक विशेष प्रकार का सुख अनुभव करती हैं।"[3] जब हम कष्ट में होते हैं, हमें ईश्वर को बीच में डालने की आवश्यकता नहीं है, केवल दुर्बल मानव-स्वाभाव के साथ अनुकूलन करने की आवश्यकता है।

"आध्यात्मिक ज्ञान आत्मा के अतिरिक्त और किसी भी यथार्थसत्ता का प्रतिवाद करता है और वह आत्मा चेतनस्वरूप है। इसके विरुद्ध भौतिक मत हमें यह बताता है कि बहुगुणविशिष्ट एक संसार बाह्यरूप के अवस्थित है। इन दो परस्पर-विरोधी स्थापनाओं के परस्पर-सम्मिश्रण से इस सिद्धान्त की उत्पत्ति हुई कि विश्व यथार्थ है और फिर भी आत्मा एकमात्र यथार्थसत्ता रहती है, क्योंकि आत्मा ही विश्व है।"[4] यह समझना आसान नहीं है कि दोनों स्थापनाएं परस्पर-विरोधी कैसे हैं और परिणाम में किस प्रकार से इनके मध्य कोई समवाय नहीं हो सकता। जब यह कहा जाता है कि ब्रह्म के बाहर कोई अन्य यथार्थसत्ता नहीं है, उसका तात्पर्य यह होता है आत्मा ही विश्व की आत्मा अथवा चेतनारूप है, अन्य सबकुछ जिसके अन्दर समवेत है। इसी प्रकार जब यह कथन किया जाता है कि एक बहुगुण-विशिष्ट

---

1. पंचास्तिकायसमयसार, 168।
2. वही, 171।
3. वही, 237।
4. वही, 405।

विश्व हमसे बाहर अवस्थित है तो 'हम' से तात्पर्य वहां भौतिक (सांसारिक) व्यक्तियों से है जो मन एवं शरीर सें मर्यादित हैं, जो अपना स्थानीय आवास स्थान एवं भौतिक आकार-प्रकार रखते हैं। निश्चय ही ऐसे प्राणियों के लिए संसार वास्तविक है। जिस आत्मा की हमें खोज है वह ज्ञान का विषय नहीं है, अपितु समस्त ज्ञान का आधार है। यह भौतिक एवं आध्यात्मिक दोनों प्रकार के जगत् के लिए एक समान पूर्वधारणा है। विचारशील प्राणी अथवा जीव, जो मनोवैज्ञानिक अहं हैं, प्राकृतिक जगत् के अंश हैं। उस जगत् में वे ब्राह्यरूप से अन्य प्राणियों के ऊपर क्रिया करते हैं और प्रतिकाररूप में उनके ऊपर क्रिया की जाती है। किंतु तर्कशास्त्र की दृष्टि से सम्बद्ध पदार्थों से युक्त जगत् की सत्ता के लिए आत्मा की सत्ता एक आवश्यक शर्त है। समस्त सत्ता आत्मा की सत्ता के लिए ही है। जगत् हम मनोवैज्ञानिक आत्माओं के लिए परे और दूर है। यह विश्व की आत्मा में विद्यमान है। परिणाम यह निकला कि विश्व हमारे लिए यथार्थ में सत् है क्योंकि हम अभी पूर्णता तक पहुंची हुई आत्माएं नहीं हैं। आत्मा ही एकमात्र यथार्थसत्ता है और यह अपने अन्दर विश्व को भी समाविष्ट किए हुए है। इसके अतिरिक्त और कोई भी स्थापना तर्कसंगत न होगी। भौतिक (अनुभवात्मक) आत्माओं के रूप में हम जगत् के समीप विपरीत गुण वाले हैं और पदार्थों द्वारा मर्यादित हैं। जिस प्रकार हमारा जीवन, जो पहले-पहल प्रकृति के एकदम विरुद्ध प्रतीत होता है, आगे चलकर शनैः-शनैः पदार्थों के यान्त्रिक पक्ष को परिवर्तित करके अपने अन्दर समाविष्ट कर लेता है, उसी प्रकार विषयी को भी पदार्थ को रूपान्तरित करना होता है। उस समय जो कुछ प्रारम्भ में बाह्य एवं प्रमेय पदार्थ था, विषयी की क्रियाशीलता के लिए पूर्वस्थित आवश्यक उपाधि बन जाता है। यह प्रक्रिया धीरे-धीरे चलती रहती है और अन्त में जाकर पूर्णरूप से प्रमेय पदार्थ को दबा देती है और पूर्ण एकता धारण कर लेती है। उस समय विषयी के मार्ग में कोई बाधा नहीं रह जाती, किन्तु तब भी लक्ष्य की प्राप्ति नहीं होती। विरोध को नष्ट हो जाना आत्मा के विकास का लक्षण-मात्र है। इस परिणाम पर कि जगत् केवल आभास मात्र है, हम तब पहुंच सकेंगे जब व्यक्तिरूप आत्मा को—विकास की श्रृंखला की इस विशेष कड़ी को जो देश और काल से आबद्ध है, परम यथार्थसत्ता के रूप में स्वीकार किया जाएगा। यदि हम, जिस रूप में हम हैं इसी रूप में आत्मा होते, यदि हम एकमात्र यथार्थसत्ता होते तब हमसे विपरीत जगत् एक जादू का खेल-मात्र ही होता। किन्तु वह आत्मा जिसे यथार्थसत्ता के रूप में वर्णन किया जाता है, पूर्ण आत्मा है, जिस स्थिति में अभी हमें पहुंचना है। उस पूर्णस्वरूप आत्मा के लिए जो उस सबको जो हमारे अन्दर एवं हमसे बाहर अवस्थित है, अपने अन्दर समाविष्ट रखती है, कुछ भी विपरीत एवं विरोधी नहीं है। इस प्रकार मर्यादित आत्मा के—जो मानव के अन्दर है और जो सब प्रकार की असंगति और परस्पर-विरोध से आबद्ध है—और परम ब्रह्म के अन्दर परिभ्रांति कर देने से ही ड्यूसन को इन दोनों के अन्दर एक कल्पना तक प्रतिद्वन्द्विता की प्रतीति होती है और इसे दूर करने के लिए वह एक कृत्रिम उपाय का आश्रय लेता है।

ऐसे भी कुछ पिरच्छेद उपनिषदों में हैं जो प्रतिपादन करते हैं कि हमें ब्रह्म में नानात्व नहीं देखना चाहिए।[1] इन परिच्छेदों में जगत् के ऐक्य की ओर संकेत किया गया है। एक अनन्त के ऊपर बल दिया गया है, अनेक सान्त सत्ताओं के ऊपर नहीं। अपनी जागरित अवस्था में हम विषयी एवं विषय के मध्यगत विरोध की वास्तविक कल्पना कर लेते हैं।

1. देखिए, बृहदारण्यक, 4 : 4, 19।

किन्तु धीर-गम्भीर चिन्तन हमें बतलाता है कि यह विरोध चरम नहीं है। विषयी एवं विषय का द्वैत परमसत्य नहीं है। जब यह कहा जाता है कि द्वैत ही सब कुछ नहीं है, अथवा द्वैत अन्तिमरूप नहीं है, तो इसका तात्पर्य यह न समझना चाहिए कि द्वैतवाद है ही नहीं, अथवा परस्परभेद अथवा विविधता एकदम है ही नहीं। बौद्धदर्शन के एक सम्प्रदाय-विशेष के इस मिथ्या मत का शंकर ने घोर विरोध किया है। जब तक हम इस जगत् के परमब्रह्म से भिन्न स्वरूप की कल्पना में रहेंगे, हम मार्ग भ्रष्ट हैं। मात्र घटक की ब्रह्म से पृथक् सत्ता का उपनिषदों ने विरोध किया है। नमक व जल की, अग्नि व उसके स्फुलिंगों की, मकड़ी के जाले व तन्तुओं की तथा बांसुरी व उसके स्वरों की उपमाओं के आधार पर, जिनका उपयोग उपनिषदों ने संसार के साथ ब्रह्म के सम्बन्ध में व्याख्या करने में किया है, तर्क करते हुए ओल्डबर्ग कहता है कि हम इन सब तुलनाओं के पीछे—जिनके द्वारा मानवों ने आत्मा की जीवन-शक्ति को विश्व के अन्दर अपनी समझ में प्रतिष्ठित करने का प्रयत्न किया और जिसे उन्होंने निश्चित समझ लिया, यद्यपि यह केवल आंशिक ही है—सब वस्तुओं में आत्मा से भिन्न एक तत्त्व को लक्षित कर सकते हैं। एक भारतीय विचारक का कहना है कि आत्मा विश्व में उसी प्रकार सर्वत्र व्याप्त है जैसे कि लवणयुक्त जल में लवण व्याप्त होता है किन्तु इसके गुणवर्णन में हम आसानी के साथ आगे यह भी कह सकते हैं कि यद्यपि नमकीन जल का एक भी बिन्दु नमक से रहित नहीं है, फिर भी जल की संरचना लवण से सर्वथा भिन्न रहती है। और इस प्रकार हम अनुमान कर सकते हैं कि आत्मा भारतीय विचारक के लिए अवश्य एकमात्र प्रकाशमान वास्तविकता है—एकमात्र सार्थक सत्ता, जो पदार्थों के अन्दर है किन्तु पदार्थों में एक अवशेष रह जाती है, वह यह नहीं है। इस प्रकार के मतों के विरोध में ही द्वैतवाद के निषेध की आवश्यकता प्रतीत होती है। उपनिषदें इस विषय को स्पष्ट करती हैं कि वे रचनात्मक विश्व को आत्मा से पृथक् मानने को उद्यत नहीं हैं। उनका बराबर यही आग्रह है कि आत्मा अनुभवों की पर्याप्त क्षमता रखती है। अमूर्त प्रत्ययवाद के विपरीत उपनिषदों के सिद्धान्त का वैशिष्ट्य यह है कि वे दृढ़ विश्वास के साथ सत्य घटना के प्रति भक्तिमान हैं। इसका सर्वोच्च तत्त्व अथवा ईश्वर एक नित्यस्थायी आत्मा है,[1] जो सर्वातिशायी है और अपने अन्दर प्रमेय जगत्[2] को एवं प्रमाता मानव को भी समाविष्ट रखता है।[3] सबसे उन्नत अवस्था में मात्र एक ब्रह्म ही सत् रहता है। "उसके अतिरिक्त हमें कुछ भी दृष्टिगोचर नहीं होता, श्रुतिगोचर नहीं होता और न ही ज्ञानगोचर होता है।"[4] आत्मा की सर्वोत्कृष्ट ज्योति में[5] हम विषयी और विषय के एकत्व को अनुभव करते हैं, संसार की सापेक्षता एवं विरोधों के अस्थायी स्वरूप को अनुभव करते हैं। "वहां फिर न दिन रहता है, न रात रहती है, न कोई अस्तित्व रहता है, और न कोई अनस्तित्व रहता है केवल ईश्वर रहता है।"[6] सेंट पाल कहता है, "जब वह जो पूर्ण है आ जाता है, तब वह जो अंशमात्र है विलुप्त हो जाता है।" इसी प्रकार रीज़ब्रोक का कहना है कि "चतुर्थावस्था एक प्रकार की रिक्तावस्था है, जो हमें परमेश्वर के चरम प्रेम एवं दिव्य ज्योति में एकात्म्य स्थापित करती है।...जिसमें कि मनुष्य अपने-आपको भूल जाता है और फिर केवल प्रेम के अतिरिक्त और किसी भी वस्तु को—न अपने को न परमेश्वर को और न किसी भी प्राणी को—नहीं पहचानता है।" यह आभ्यन्तर

1. अधिदैवम्।
2. अधिभूतम्
3. अध्यात्मम्। देखिए, तैत्तिरीय, 1 : 7।
4. छान्दोग्य, 7 : 23।
5. आत्मबुद्धिप्रकाश।
6. श्वेताश्वतर, 4 : 18।

अनुभव का अखण्ड एकत्व ही है, जिसकी ओर उन सब परिच्छेदों में संकेत किया गया है जिनका निर्देश हमें यह है कि सर्वोच्च सत्ता में हम किसी प्रकार का भेद न मानें।

हम स्वीकार करते हैं कि उपनिषदों के अनुसार बहुत्व, काल का अनुक्रम, देश में सहसत्ता, कार्य-कारण-सम्बन्ध, विषयी (प्रमाता) एवं विषय (प्रमेय) के परस्पर-विरोध—ये सब सर्वोच्च सत्ता नहीं है। किन्तु इसका आशय यह नहीं कि इनकी सत्ता ही नहीं। उपनिषदें माया के सिद्धान्त का केवल इन अर्थों में समर्थन करती हैं कि पृष्ठभूमि में एक सत्ता ऐसी है जिसमें शरीरधारी ईश्वर से लेकर तार के खम्भे तक सब पदार्थ समाविष्ट हैं। शंकर कहते हैं, "आत्मा समस्त जीवधारी प्राणियों के हृदय में वर्तमान है अर्थात् ऊपर ब्रह्म से लेकर नीचे एक नरकुल तक में।" व्यक्तित्व की भिन्न-भिन्न श्रेणियां एक ही परमसत्ता के आंशिक प्रकाश है। माया प्रत्ययात्मक स्तर पर ही यथार्थसत्ता के अन्तर्दय में अवस्थित अपने भेद को दर्शाती है और उसे, अपने को विकसित होने के लिए आगे बढ़ाती है। विशेष पदार्थ हैं भी, और नहीं भी। उनकी मध्यवर्ती सत्ता है। परमसत्ता की पूर्णता के मानदण्ड से मापने पर, जो अमर्यादित सत्ता की पूर्णता है, बहुत्व से भरा जगत् जिसमें दुःख और परस्पर विभेद है, न्यूनतम वास्तविक सत् है। सर्वोपरि एकमात्र सत्ता से तुलना करने पर इसमें सत्ता का अभाव है। यदि हम मनुष्यों एवं संसार के पदार्थों को एक तत्त्व का छायारूप भी मान लें तो भी जब एक वह तत्त्व यथार्थ सत् है, छाया भी अपेक्षाकृत सत्ता रखेगी। यद्यपि सांसारिक पदार्थ यथार्थसत्ता के अपूर्णरूप हैं, किंतु वे उसके मायावी स्वरूप नहीं हैं। परस्पर-विरोध और अन्तर्द्वन्द्व जो प्रत्यक्ष दिखाई देते हैं वे उस परमसत्ता के सापेक्ष प्रकार हैं जोकि पृष्ठभूमि में विद्यमान हैं। द्वैत और अनेकत्व यथार्थसत्ता नहीं है।[1]

अविवेकी चेतना शीघ्रता से यह धारणा बना लेती है कि सान्त जगत् परमरूप से सत् है। किन्तु वास्तविकता यह नहीं है। जगत् की आकृतियां और शक्तियां अन्तिम एवं चरमरूप में ऐसी नहीं हैं। उन्हें स्वयं अपनी व्याख्या की आवश्यकता है। वे स्वतः-प्रादुर्भाव अथवा स्वाश्रित भी नहीं हैं। उनकी पृष्ठभूमि में और उनसे दूर भी कुछ है। हमें विश्व को ईश्वर के अन्दर विलीन करना होगा, सान्त को अनन्त के अन्दर एवं अनालोचनात्मक प्रत्यक्ष सत्ता को आध्यात्मिक ब्रह्म में विलीन करना होगा। उपनिषदों में कहीं भी इस प्रकार का संकेत नहीं है कि ये पदार्थ जो हमारे चारों ओर अनन्त देश के विस्तार में और अपने भौतिक शरीरों के कारण हैं जिनका हमारे साथ सम्बन्ध है, केवल आभास-मात्र हैं।

उपनिषदों के सिद्धान्त की समीक्षा बहुत कुछ मिथ्या विचार के आधार पर हुई कि वह जगत् के भ्रान्तिस्वरूप का समर्थक है। यह दृढ़तापूर्वक तर्क किया जाता है कि उन्नति अवास्तविक है, क्योंकि उन्नति एक प्रकार का परिवर्तन है और परिवर्तन अवास्तविक है क्योंकि काल, जिसके अन्तर्गत परिवर्तन होता है, अवास्तविक है। किन्तु सारा दोषारोपण एक मिथ्या धारणा के आधार पर है। यह सत्य है कि परमसत्ता काल के अन्तर्गत नहीं है किन्तु काल परमसत्ता के अन्तर्गत ही है। परमसत्ता के अन्तर्गत ही हमें वास्तविक विकास मिलता है जो रचनात्मक विकास है। भौतिक प्रक्रिया एक वास्तविक प्रक्रिया है क्योंकि यथार्थसत्ता अपने को भौतिक परिवर्तनों के अन्दर एवं उनके द्वारा ही अभिव्यक्त करती है। यदि हम यथार्थसत्ता की खोज किसी नित्य एवं कालातीत शून्य में करेंगे तो वहां हम इसे नहीं पाएंगे।

1. यहां कारण है कि कुछ उपनिषदों में 'इव' शब्द का प्रयोग किया गया है। देखिए, बृहदारण्यक, 2 : 4, 14; 4 : 3, 7; 4 : 4, 19।

उपनिषदें जिस विषय पर बल देती हैं वह केवल यह है कि काल की प्रक्रिया का आधार एवं सार्थकता एक ऐसी परमार्थसत्ता है जो कालातीत है। वास्तविक उन्नति के लिए परम यथार्थसत्ता की धारणा आवश्यक है। बिना इस सर्वज्ञानी परमसत्ता के हमें यह निश्चय नहीं हो सकता कि विश्व का निःसरण एक प्रकार का विकास है और परिवर्तन उन्नति है, एवं संसार का अन्तिम लक्ष्य श्रेयस् (पुण्य) की विजय है। परमसत्ता हमें इस विषय का निश्चित रूप से विश्वास दिलाती है कि विश्व की प्रक्रिया अस्तव्यस्त रूपक नहीं किन्तु सुव्यवस्थित है और यह कि विकास अव्यवस्थित रूप में नहीं है, न ही किन्हीं आकस्मिक परिवर्तनों का परिणाम है। यथार्थसत्ता असम्बद्ध अवस्थाओं की शृंखला भी नहीं है। यदि ऐसा होता और यदि परमार्थ सत्ता कोई न होती, तो हम ऐसी निरन्त प्रक्रिया के चंगुल में जा फंसते जिसकी पृष्ठभूमि में कोई भी योजना अथवा प्रयोजन कार्य करता न प्रतीत होता। परमसत्ता का एकत्व जगत् के विकास में बराबर और आदि से अन्त तक अपना कार्य करता है। हम असहाय रूप में एक एसे पदार्थ को ग्रहण करने के लिए निश्चय ही संघर्ष नहीं कर रहे हैं जिसका अभी अस्तित्व नहीं है अथवा भविष्य में भी कभी न होगा। एक अर्थ में यथार्थसत्ता की अभिव्यक्ति इस विकास के दौरान में हर क्षण में होती है विद्यमान और आने वाले दोनों ही एकात्मक और एकरूप हैं। इस दृष्टिकोण से उपनिषदों की शिक्षा में अनिवार्य सामंजस्य मिलता है। वे जगत् की भ्रान्तिरूपता के सिद्धान्त की बिलकुल भी समर्थक नहीं है। होपकिंस कहता है कि "क्या प्राचीन उपनिषदों में कहीं भी ऐसा कुछ है जिससे प्रदर्शित होता हो कि उनके रचयिता भौतिक जगत् को भ्रान्तिरूप समझते थे ?. बिलकुल भी नहीं।"[1]

12. यथार्थसत्ता की अवस्थाएं

जहां तक परमसत्ता का सम्बंध है, श्रेणियों का कोई प्रश्न सर्वथा ही नहीं उठता। श्रेणीबद्धता का विचार केवल सीमित बुद्धि के लिए ही कुछ अर्थ रखता है जो वस्तुओं के अन्दर भेद करती है। इसका परमार्थरूप में कुछ महत्त्व नहीं है। जबकि जगत् की अनेकता को एकत्वरूप में परिणत कर दिया गया तो श्रेणियों का विचार स्वतः ही दब गया। उपनिषदों की आध्यात्मिक सत्ता में सत्ताओं की कोई क्रमिक व्यवस्था नहीं है। तो भी अनुभवात्मक जगत् में इसका अपना महत्त्व है। जगत् की कुल उन्नति इसको अपने अन्दर स्थान देती है। सत्ता की हर एक उन्नति की मांग एवं हर एक परिवर्तन इसकी पूर्वकल्पना करता है। सापेक्ष भौतिक जगत् में यथार्थसत्ता के स्वरूप का सामीप्य प्रत्येक पदार्थ के अन्दर यथार्थसत्ता के अंश भी न्यूनाधिकता की परख करता है। परमसत्ता के विषय में हम इतना कुछ पर्याप्त ज्ञान रखते हैं कि इस जगत् में उस ज्ञान का उपयोग कर सकें। उपनिषदों के इस मत की शंकर ने रक्षा की है। इस समस्या के समाधान में कि ब्रह्म ज्ञात है अथवा अज्ञात, और यदि ज्ञात है तो हमें इसके स्वरूप के विषय में जिज्ञासा नहीं करनी चाहिए और अज्ञात है तो भी जिज्ञासा का कोई मूल्य नहीं, शंकर कहते हैं कि आत्मा के रूप में यथार्थसत्ता निःसन्देह ज्ञात है। यह इस प्रकार के कथनों के द्वारा हमें अपना ज्ञान करा देती है, यथा, 'मैं प्रश्न करता

---

1. 'जर्नल आफ द अमेरिकन ओरियण्टल सोसायटी', 22 ; पृष्ठ 385। सर आर० जी० भण्डारकर का मत है कि "यह सम्मति, जो कुछ प्रसिद्ध विद्वानों ने भी प्रकट की है, कि उपनिषदों का शिक्षा का प्रमुख विषयवस्तु जगत् को भ्रान्तिरूप से निरूपण करना है और एक आत्मा का ही अस्तित्व है, एक मिथ्या धारणा है और मैं यहां तक कह सकता हूं कि इस प्रकार की सम्पत्ति एक असमीक्षात्मक निर्णय है।" (वैष्णविज़्म', पृष्ठ 2, पाद-टिप्पणी)।

हूं', अथवा 'मैं सन्देह करता हूं'; यह कि यथार्थसत्ता कोई वस्तु है, स्वतःप्रकट सत्य है। हमें केवल उसके स्वरूप को ही समझना है। यह यथार्थसत्ता जिसका हम अनुभव करते हैं, परख का काम देती है जिसके द्वारा हम अन्य सत्ताओं में सत्य की मात्राओं को जान सकते हैं। जगत् के भ्रान्तिमय होने का सिद्धान्त यथार्थसत्ता की श्रेणियों के विचार के साथ मेल नहीं खा सकता। उपनिषदें हमारे सम्मुख सत्ताओं की एक विभिन्न श्रेणीयुक्त धर्मसत्ता प्रस्तुत करती हैं, जिसमें सर्वोपरि सत्ता सर्वग्राही परमसत्ता है जो मुख्य उद्भव एवं जगत्-सम्बन्धी प्रक्रिया का अन्तिम विलयनस्थान भी है। उच्च एवं नीच विभिन्न प्रकार के अस्तित्वमय प्राणी सब उसी एक परमसत्ता की अभिव्यक्ति हैं, क्योंकि इस पृथ्वी पर कोई वस्तु अकेली स्थिर नहीं रहती, चाहे वह कितनी ही अपेक्षाकृत अपने-आपमें पूर्ण अथवा आत्मनिर्भर प्रतीत होती हो। प्रत्येक सीमित पदार्थ अपने अन्दर भेद रखता है, जिन भेदों के कारण ही वह परमसत्ता से दूर है। जबकि परमसत्ता सब सीमित पदार्थों के अन्दर भी है और उनको आच्छादित भी किए हुए है, पदार्थ एक-दूसरे से भिन्न हैं—अपनी-अपनी आच्छादनीयता के श्रेणी-भेद से एवं उस पूर्णताभेद के कारण जो अपनी अभिव्यक्ति बाहर की ओर करती है।

समस्त अंश एक समान नहीं, किन्तु एक से प्रतिभाषित हैं—
एक उज्ज्वल ज्योति से।...

जड़ प्रकृति की अपेक्षा सुव्यवस्थित चेतनामय जीवन में यथार्थसत्ता की अभिव्यक्ति अधिक प्रचुर मात्रा में होती है और चेतन प्राणियों में भी मानव-समाज में सबसे अधिक मात्रा में अभिव्यक्ति होती है। यथार्थसत्ता की अभिव्यक्ति की पर्याप्त-अपर्याप्त मात्रा ही सब पदार्थों के ऊंचे या नीचे दर्जे की निर्णायक है। जीवन प्रकृति की अपेक्षा ऊंची श्रेणी में है। आत्मचेतना का विचार केवल चेतना से अधिक ठोस एवं पूर्ण है। "वह व्यक्ति जो अंतर्निहित आत्मा के क्रमिक विकास से अभिज्ञ है, अधिक विकास को प्राप्त होता है। इस जगत् में पौधे, औषधियां और वृक्ष हैं एवं अन्यान्य पशुजगत् भी हैं और वह उनके अन्दर आत्मा को क्रमिक रूप मे विकसित होते हुए जानता है; क्योंकि पौधों में और वृक्षों में केवल शक्ति धारक रस ही दिखाई देता है, जबकि जीवधारी प्राणियों में चेतना दिखाई देती है। और चेतन प्राणियों में भी आत्मा क्रमिकरूप से विकसित होती है, क्योंकि किन्हीं में, जैसे वनस्पति जगत् में, केवल शक्तिधारक रस ही दिखाई देता है और साथ-साथ चेतना भी, परन्तु अन्य कतिपय में चेतना भी नहीं लक्षित होती और फिर मानव में भी आत्मा क्रमिक रूप में विकसित होती है, क्योंकि मानव ही सबसे अधिक ज्ञान-सम्पन्न है। जिसे वह जानता है उसका वाणी द्वारा कथन करता है, और जिसे उसने जाना है उसे देखता है। वह जानता है कि कल क्या होने वाला है, वह दृश्य और अदृश्य दोनों प्रकार के संसार के विषय का ज्ञान रखता है। मरणधर्मा शरीर के साधन से वह अमरत्व को प्राप्त करने की अभिलाषा करता है—उसमें यह क्षमता विद्यमान है। जबकि अन्य प्राणियों के विषयों में यह है कि वे भूख और प्यास को ही एक प्रकार से समझते हैं किन्तु उन्होंने क्या जाना उसे वाणी के द्वारा प्रकट नहीं कर सकते और जो कुछ उन्होंने जाना उसे देख नहीं सकते। वे नहीं जानते कि कल क्या होने वाला है—और न ही वे दृश्य एवं अदृश्य जगत् के विषय में कुछ जानते हैं। वे इतनी दूर तक ही जाते हैं, उसके आगे नहीं।"[1] हम देखते हैं कि यद्यपि वही यथार्थसत्ता लक्षित होती है, 'एक तारे में,

1. ऐतरेय-आरण्यक 2 : 3, 1-5।

पत्थर में, देह में, आत्मा में और मिट्टी के ढेले में भी', तो भी जीवित प्राणियों में यह जड़ प्रकृति की अपेक्षा अधिक पूर्णता के साथ लक्षित होती है, जिसके कारण अपने-आपमें सन्तुष्ट पशु की अपेक्षा मनुष्य का बौद्धिक क्षेत्र की अपेक्षा धार्मिक क्षेत्र में विकास अधिकतर होता है।[1] इस आत्मानुभूति एवं आत्मपूर्णता की प्रक्रिया में सबसे निम्न श्रेणी में पृथ्वी है। उपनिषदों के विचारक वैदिक विचारकों द्वारा प्रतिपादित एकमात्र जलतत्त्व से आगे बढ़ते हैं। कभी-कभी अग्नि, जल एवं पृथ्वी ये तीन तत्त्व स्वीकार किए गए हैं।[2] पांच तत्त्व अर्थात् आकाश, वायु, अग्नि, जल और पृथ्वी पृथक् माने गए हैं। "उसी आत्मा (ब्रह्म) से आकाश, आकाश से वायु, वायु से अग्नि, अग्नि से जल और जल से पृथ्वी—ये पांच तत्त्व क्रमशः उद्भूत हुए। पृथ्वी से औषधियां, औषधियों से अन्न, अन्न से बीज (वीर्य) और बीज से मनुष्य की उत्पत्ति हुई। इस प्रकार मनुष्य के अन्दर अन्न का सारभूत तत्त्व है।"[3] जीवन के मौलिक आधार का प्रतिपादन करते हुए ग्रन्थकार प्रकृति के विकास का क्रम प्रतिपादन करता है। सबसे उच्च पदार्थ में सबसे नीचे पदार्थ के गुण विद्यमान हैं। आकाश सबसे पहले आता है, जिसका एकमात्र गुण 'शब्द' है। यही वह वस्तु है जिसके कारण हम सुनते हैं। आकाश से हम वायु की ओर चलते हैं जिसमें आकाश का गुण है और उसके साथ-साथ स्पर्शगुण भी है। इसी के कारण हम सुनते हैं एवं छूकर अनुभव करते हैं। वायु से अग्नि की ओर आते हैं। यह वह वस्तु है जिसे हम सुनते, अनुभव करते एवं देखते हैं। अग्नि से हम जल की ओर आते हैं। हम इसका स्वाद भी ले सकते हैं। जल से पृथ्वी की ओर आते हैं, जिससे हम सुनते, अनुभव करते, देखते, स्वाद लेते और सूंघते हैं। यद्यपि यह विज्ञान जिसकी प्राचीन समय में कल्पना की गई थी, आज के समय में कृत्रिम, कल्पित एवं विचित्र प्रतीत हो सकता है, तो भी इस वर्णन में एक सिद्धान्त काम करता था। हम यह सबसे पूर्व उपनिषदों में ही देखते हैं कि पांच तत्त्वों के सिद्धान्त का वर्णन है। पदार्थों एवं पंचतत्त्वों की तन्मात्रा के मध्य में भेद का सुझाव सबसे प्रथम यहीं मिलता है। छान्दोग्य उपनिषद् में अनेक स्थानों पर संकेत है कि संसार के पदार्थ गुणभेद के कारण परस्पर एक-दूसरे से भिन्न हैं और अनन्त हिस्सों में विभक्त हो सकते हैं। उद्दालक इस कल्पना को विचारार्थ प्रस्तुत करता है कि प्रकृति के अनेक हिस्से हो सकते हैं और विभिन्न गुणों के कारण पहचाने भी जा सकते हैं। वस्तुओं का परस्पर रूप परिवर्तित होना ऐसी कोई चीज़ नहीं है। जब हम दही का मन्थन करके उसमें से मक्खन निकालते हैं तो दही मक्खन के रूप में परिवर्तित हो जाता हो ऐसी बात नहीं है, किन्तु मक्खन

---

1. ऐतरेय उपनिषद् इन जीवों के जो योनिमार्ग से उत्पन्न होते हैं, चार प्रकार के भेदों की ओर संकेत करती है—यथा, जरायुज, जैसे मनुष्य और ऊंचे दर्जे के जन्तु; दूसरे वे जिनका उद्भव अण्डे के अन्दर से होता है, अंडज, जैसे कौए एवं बत्तखें; तीसरे वे जो नमी से प्रादुर्भाव होते हैं और स्वेदज कहलाते हैं, जैसे, कीड़े-मकोड़े आदि; और चौथे वे जो भूमि के अन्दर से उद्भूत होते हैं और जिन्हें उभ्दिज कहते हैं, जैसे पौधे (3 : 3)। यह श्रेणी-विभाग विभिन्न प्रकार के प्राणियों का है और जिस रूप में वे इस भूमि पर प्रकट होते हैं उसके आधार पर किया गया है। देखें, मनु भी 1 : 43-46। अरस्तू इसी का वनस्पति, जन्तु एवं मानवीय आत्माओं के तीन विभागों में वर्णन करता है। लीब्नीज़ जीवित प्राणियों को पौधों, जन्तुओं एवं मनुष्यों में विभक्त करता है।
2. इन तीनों के सम्मिलन से अन्य सभी तत्त्वों का निर्माण होता है (देखिए, छान्दोग्य उप०, 4 : 2, 3-4)। संभवतः इसी मत से सांख्य के उन 'तन्मात्र', या सूक्ष्म तत्त्वों के सिद्धान्त का उद्गम हुआ, जिनसे आगे चलकर स्थूल तत्त्वों का विकास हुआ। और भी देखिए, प्रश्न उप०, 4 : 8।
3. तैत्तिरीय उपनिषद्, 2 : 1।
4. देखिए, प्रश्न, 4 : 8; ऐतरेय, 2 : 3; कठ, 2 : 15; प्रश्न, 4 : 4।

के कण पहले से दही में विद्यमान थे जो मन्थन की क्रिया से ऊपर आ जाते हैं।[1] अनक्सागोरस नामक दार्शनिक का कथन कि भिन्न-भिन्न प्रकार के प्राकृतिक तत्त्व एक-दूसरे के अन्दर प्रवेश करते हैं, इसी के समान है : "तब यदि एक भौतिक तथ्य, जैसे कि एक पौष्टिक भोजन का परिपाक, यह प्रदर्शित करता हुआ प्रतीत होता है कि अनाज मांस और अस्थि के रूप में परिवर्तित हो गया है, तो हमें इस घटना की व्यवस्था अवश्य इस रूप में करनी होगी कि अनाज के अपने अन्दर वह वस्तु इतनी अधिक सूक्ष्म राशि में उपस्थित है जो हमें प्रत्यक्ष तो नहीं हो सकती किन्तु वही परिवर्तित होती है। यथार्थरूप में अनाज मांस, रक्त, मज्जा एंव हड्डी के कणों को अपने अन्दर निहित रखता है।"[2] कणाद का अणुवाद भी इस मत में प्रस्तुत किया जाता है, अर्थात् कण ही परस्पर मिलते हैं और अलग होते हैं। प्रकृति को एक अव्यवस्थित पुंज के रूप में वर्णन किया गया है जैसेकि नाना वृक्षों के रस को परस्पर फेंटकर उन्हें शहद में मिला दिया जाए।[3] इस मत में सांख्यमत को लक्षित करना असम्भव नहीं है। प्रकृति के विकास की व्याख्या करते हुए बताया जाता है कि या तो जीवात्मा का प्रवेश प्रकृति के अन्दर होता है अथवा आत्मा के द्वारा नानाविध श्रेणियों में उसके अन्दर चेतना का प्रवेश कराया जाता है। कभी-कभी यह भी कहा जाता है कि गति का तत्त्व स्वंय प्रकृति के अन्दर विद्यमान है। यद्यपि प्राण अथवा जीवन का प्रादुर्भाव प्रकृति से ही है किन्तु प्रकृति के द्वारा इसकी व्याख्या नहीं हो सकती। इसी प्रकार से चेतनता, यद्यपि इसका प्रादुर्भाव जीवन से ही है, प्राण अथवा जीववाद की कल्पना द्वारा बुद्धि मे नहीं आ सकती। जब हम मनुष्य तक पहुंचते हैं तो हमें आत्मचेतना का विचार होता है। मनुष्य पाषाणों, नक्षत्रों, पशुओं एवं पक्षियों से उच्च श्रेणी का है, क्योंकि वह तर्क और इच्छा, प्रेम एवं विवेक में साथ दे सकता है तो भी उच्चतम वह भी नहीं है, क्योंकि उसे भी प्रतिकूलता का दुःख अनुभव होता है।

इससे पूर्व कि हम इस विभाग से आगे बढ़ें, आइए हम इस पर विचार करें कि क्या उपनिषद् के सिद्धान्त का सर्वेश्वरवाद के रूप में निरूपण करना ठीक है। सर्वेश्वरवाद के मत के ईश्वर और पदार्थों के समस्त पुंज में सारूप्य है एवं इस मत में ईश्वर सर्वातिशयी नहीं है। यदि संसार के प्रसरण में परमसत्ता सम्पूर्ण रूप से समाविष्ट होकर उससे अतिरिक्त रूप में कुछ नहीं रहती, अर्थात् उक्त दोनों एकरूप हो जाते हैं तो इसी का नाम सर्वेश्वरवाद है। किन्तु उपनिषदों में ऐसे परिच्छेद आते हैं जो स्पष्ट रूप से कहते हैं कि संसार के प्रसरण में परमसत्ता का स्वरूप पूर्णरूप से उसके अन्दर समाविष्ट होकर निःशेष नहीं हो जाता। संसार की विद्यमानता से परमसत्ता का पूर्णत्व सर्वथा नष्ट (अथवा विलुप्त) नहीं होता। एक सुन्दर रूपक में यह कहा गया है : "वह पूर्ण है, और यह भी पूर्ण है; उस पूर्ण में से यह पूर्ण उद्धृत होता है। इस पूर्ण को उस पूर्ण में से निकाल लेने के पीछे जो बच जाता है वह तब भी पूर्ण है।" परमेश्वर भी अपने को संसाररूप में परिवर्तित करने पर अपने स्वरूप में से कुछ भी नहीं खोता। प्राचीन से प्राचीन समय में अर्थात् ऋग्वेद में भी यही कहा गया है कि सब प्राणी-मात्र पुरुष का केवल चतुर्थांश हैं। जबकि अवशिष्ट तीन चौथाई अविनश्वर रूप में प्रकाशमान लोकों में स्थित रहता है।[4] बृहदारण्यक के अनुसार (5 : 14), ब्रह्म के एक पग में तीन लोक

1. छान्दोग्य, 6 : 6, 1।
2. ऐडम्सन : 'दि डिवेलपमेंट ऑफ ग्रीक फिलासफी', पृष्ठ 50।
3. छान्दोग्य, 6 : 9, 1-2।
4. 10 : 90, 3; देखिए, छान्दोग्य उपनिषद् भी, 3 : 12, 6।

हैं, दूसरे में तीन प्रकार का वेदज्ञान है, तीसरा पग तीन जीवित शक्तिपूर्ण उच्छ्वास (प्राण, अपान, उदान) हैं एवं चौथा पृथ्वी के ऊपर उठकर सूर्य के समान द्युतिमान है।[1] उपनिषदें स्पष्ट रूप से कहती हैं कि विश्व परमेश्वर के अन्दर है। किन्तु यह मत उन्होंने कहीं नहीं प्रतिपादित किया कि विश्व परमेश्वर है। परमेश्वर विश्व से महान है, क्योंकि विश्व उसका कार्य है। वह इतना तो है ही किन्तु इससे भी परे है, ठीक जैसे मनुष्य का व्यक्तित्व शरीर से परे है, क्योंकि शरीर इसके जीवन का साधन मात्र है। उपनिषदें परमात्मा को जगत् में कैद करने से निषेध करती हैं। इससे यह निष्कर्ष नहीं निकालना चाहिए कि परमेश्वर बाहर स्थित होकर विश्व की रचना करता है और जगत् से भिन्न रहता है। परमेश्वर जगत् के द्वारा अपने को अभिव्यक्त करता है और यह जगत् उसकी सत्ता की अभिव्यक्ति मात्र है। परमब्रह्म अपनी अनन्त पूर्णता में सीमित पदार्थों से पूर्ण विश्व में, जहां भौतिक एवं आत्मिक सत्ताओं के रूप में उसने स्वयं इन सबका निर्माण किया है, अपने इन सब अभिव्यक्त रूपों से भी ऊपर विद्यमान रहता है। परमेश्वर विश्व के ऊपर भी है और विश्व में समाविष्ट भी है। उपनिषदें उक्त परिभाषा के अवांछनीय अर्थों में सर्वेश्वरवादी नहीं हैं। पदार्थ बिना किसी एकता, प्रयोजन अथवा गुणभेद के एकत्र पुंजरूप में एकत्र नहीं हो गए, जिन्हें परमेश्वर के नाम से पुकारा जाता है। परमात्मा के देहधारी देवता स्वरूप के विचार के विरुद्ध उपनिषदें विद्रोह करती हैं। वे कहीं भी नहीं कहतीं कि परमेश्वर जगत् के बाहर है एवं कभी-कभी अलौकिक दैवीय प्रेरणा अथवा चमत्कारपूर्ण हस्तक्षेप द्वारा अपनी उपस्थिति का महत्त्व अनुभव कराता रहता है। यह सर्वेश्वरवाद है, यदि सर्वेश्वरवाद से तात्पर्य यह है कि परमेश्वर हम सबके जीवनों की मौलिक यथार्थसत्ता है और यह कि बिना उसके हम नहीं जीवित रह सकते। इस जगत् में प्रत्येक पदार्थ सीमित भी है; और अनन्त भी; पूर्ण भी है; अपूर्ण भी। प्रत्येक वस्तु अपने से परे एक श्रेयस् की खोज में है; अपनी सीमितता को दूर करना चाहती है और पूर्णता प्राप्त करना चाहती है। सान्त अपने को सर्वातिशयी बनाने के लिए प्रयत्न करता है। यह स्पष्टरूप से इस विषय की स्थापना करता है कि अनन्त आत्मा सान्त के अन्दर काम कर रहा है। यथार्थसत्ता असत् का आधार है। यदि परमब्रह्म की अन्तर्यामिता के सिद्धान्त से उपनिषदों के सर्वेश्वरवाद की पर्याप्त मात्रा में दोषशुद्धि हो जाती हो, तो उपनिषदों के दार्शनिक सिद्धान्त को सर्वेश्वरवाद के रूप में स्वीकार किया जा सकता है। किन्तु इन अर्थों में सर्वेश्वरवाद प्रत्येक सत्यधर्म का अनिवार्य स्वरूप है।

13. जीवात्मा

उपनिषदों का मत है कि सान्त पदार्थों की श्रेणी में जीवात्मा के अन्दर यथार्थसत्ता का अंश सबसे उच्चकोटि का है। यह परमब्रह्म के स्वरूप के सबसे अधिक निकट है, यद्यपि यह स्वयं परमब्रह्म नहीं है। ऐसे भी परिच्छेद उपनिषदों में हैं जिनमें सान्त जीवात्मा का विश्व के प्रतिबिम्ब के रूप में प्रतिपादन किया गया है। समस्त संसार सान्त जीवात्मा के अनन्तता प्राप्ति के लिए किए गए प्रयत्न की प्रक्रिया-स्वरूप है और यही प्रसरणशील शक्ति जीवात्मा में पाई जाती है। तैत्तिरीय उपनिषद् के अनुसार, विश्व के अनेक अवयव (घटक) जीवात्मा के स्वरूप में दृष्टिगोचर होते है। छान्दोग्य उपनिषद् में (6, 2, 3 और 4) कहा गया है कि अग्नि, जल और पृथ्वी मिलकर अनन्त सत्ता के तत्त्व को साथ लेकर जीवात्मा की सृष्टि

---

1. 4 : 3, 32।

करते हैं।[1]

यथार्थसत्ता की विविध अवस्थाओं के परस्पर मिलने का लक्ष्यबिन्दु मानव है। शरीरस्थ प्राण सांसारिक वायु के अनुरूप है, मानस आकाश के अनुरूप, अर्थात् मानव का मन संसार के आकाश (ईथर) के अनुरूप है और ठोस मूर्तरूप शरीर भौतिक अवयवों के अनुरूप है। मानव-आत्मा का सम्बन्ध ऊपर से नीचे तक सत्ता की प्रत्येक श्रेणी के साथ है। इसके अन्दर एक दैवीय अंश है जिसे हम आनन्दायक चेतना के नाम से पुकारते हैं, अर्थात् आनन्द की अवस्था जिसके द्वारा विशेष क्षणों में यह परमसत्ता के साथ साक्षात् घनिष्ठ सम्बन्ध में संयुक्त हो जाता है। सान्त आत्मा अथवा शरीरधारी आत्मा वह आत्मा है जिसके साथ इन्द्रियों एवं मन का सम्बन्ध है।[2]

विभिन्न अवयव अस्थिर समानता में हैं। 'दो पक्षी, एक जैसे और परस्पर मित्र उस एक ही वृक्ष से चिपटे हुए हैं। उनमें से एक तो वृक्ष के स्वादु फलों का स्वाद लेता है, किन्तु दूसरा फलों को खाए बिना उसकी ओर ताकता रहता है। उसी संसार रूपी वृक्ष में मानव ईश्वर के साथ निवास करता है। आपत्तियों में घिरकर वह मूर्छित होता है और अपनी ही अशक्तता के ऊपर दुःख प्रकट करता है। किन्तु जब वह दूसरे को देखता है—जगत् के स्वामी को, तो उसके सान्निध्य में प्रसन्न होता है। आहा, उसकी कितनी दिव्य ज्योति है ! उस समय उसकी विपत्तियों का अन्त हो जाता है।"[3] प्राकृतिक और दैवीय दोनों ने अभी तक एक स्थायी सामंजस्य नहीं प्राप्त किया। वैयक्तिक जीवात्मा की सत्ता सतत परिणति को प्राप्त कर रही है, एक ऐसी वस्तु को प्राप्त करने के लिए सतत प्रयत्नशील है जो यह नहीं है। मानव के अन्तर्निहित अनन्त सत्ता जीवात्मा को प्रेरणा करती है कि वह बहुत्व के अन्दर एकत्व स्थापित करे, जो समस्या उसके सामने है। सान्त और अनन्त के मध्य जो यह प्रसरण निरन्तर संसार की प्रक्रिया में विद्यमान है, मानव-चेतना के सम्मुख आ जाता है। उसके जीवन के बौद्धिक, मनोभाव-सम्बन्धी एवं नैतिक-प्रत्येक पक्ष में इस संघर्ष का अनुभव किया जा सकता है। परमेश्वर के राज्य में वह प्रवेश पा सकती है जहां कि नित्य यथार्थताएं परम प्रेम और परम स्वातन्त्र्य के रूप में केवल अपने व्यक्तित्व को विलोप करके और अपनी समस्त सान्तता को अनन्तता में परिणत करके एवं मानवीयता को देवत्व में परिणत करके निवास करती हैं। किन्तु जब तक वह सान्त है और मानवीय रूप धारण किए है, उसे फल की प्राप्ति नहीं हो सकती, न वह अन्तिम लक्ष्य तक पहुंच सकती है। वह सत्ता जिसमें यह चेष्टा देखी जा

---

1. "ईश्वर ने समस्त अन्तरिक्ष, पृथ्वी और प्रकाशपुंजों को,
पशु-पक्षी, मीन और कीट-पतंगों को
एकत्र कर प्रतिष्ठित किया मानव में—
विभिन्न जीवन-श्रृंखलाओं का पुनर्गठन कर
समस्त सृष्टि के योग, इस सूक्ष्म-ब्रह्मांड मानव को रचा।"—ब्राउनिंग।
और भी देखें, ऐतरेय, 3 : 3; श्वेताश्वतर, 2 : 12, 6; प्रश्न, 6 : 11। जीवात्मा विश्व का संक्षिप्त रूप है और संसार जीवात्मा का विशाल रूप है। प्लेटो ने अपने 'टीमियस' ग्रन्थ में विश्व-ब्रह्माण्ड एव क्षुद्र जगत् के मध्य विश्व एवं मानव के सादृश्य का वर्णन किया है। परमब्रह्म ने स्वयं संसार की आत्मा को मिश्रित करके परिवर्तनशील और परिवर्तनरहित के मध्य में विश्व के मध्य में बैठा दिया (34, बी)। उसके अनुसार विश्व मानव का ही बृहदाकार रूप है। देखिए, तैत्तिरीय, 1 : 3 और उस पर आनन्दगिरि का टीका।
2. छान्दोग्य उपनिषद्, 8 : 12, 3।
3. मुण्डक, 3 : 1, 2; देखिए; ऋग्वेद, 1 : 164, 20।

सकती है अपने से दूर का निर्देश करती है, और इसलिए मनुष्य-जीवन से भी ऊपर जाना ही होता है। सान्त जीवात्मा अपने-आपमें पूर्णसत्ता नहीं है। यदि वह ऐसी हो तो परमेश्वर केवल एक अन्य स्वतन्त्र व्यक्ति-मात्र रह जाएगा जो सान्त जीवात्मा द्वारा परिमित होगा। आत्मा की यथार्थता अनन्त में है। और अयथार्थता, जिससे पीछा छुड़ाना हैं, सान्त है। यदि अन्तर्यामी आत्मा पृथक् कर दें तो सान्त जीवात्मा उस यथार्थता को भी जो कुछ उसमें है, खो देती है। अनन्त की अन्दर उपस्थिति के कारण से ही मानव को उन्नत पदवी प्राप्त होती है। जीवात्मा अपना अस्तित्व एवं अपनी स्थिति दोनों ही विश्वात्मा से प्राप्त करती है। आत्मा पूर्ण है (Sub specie aeternitatis)।[1] एक मनोवैज्ञानिक पक्ष ऐसा है जिस पर आत्माएं एक- दूसरे को परे हटाती हैं एवं एक-दूसरे से अतिरिक्त रहती हैं। इस प्रतीयमान घटना से हमें यह अनुमान न लगा लेना चाहिए कि वस्तुतः आत्मा एक-दूसरे से सर्वथा पृथक् हैं। पृथकत्व केवल एक प्रकार से प्रतीयमान भेद है। इसे सादृश्य के रूप में ही समझना चाहिए, अन्यथा केवल हमारे मनों का अमूर्तीकरण रह जाएगा। आत्माओं में पृथग्भाव की कल्पना मान लेने पर सत्य के आदर्शों, सदाचार एवं प्रेम के लिए फिर कोई स्थान नहीं रह जाता। इस प्रकार इस बात की परिकल्पना होती है कि मनुष्य जिस स्थिति में है, पूर्ण नहीं है; और वास्तविक आत्मा से भी ऊंची कोई सत्ता है जिसको प्राप्त करना मन की शान्ति के लिए आवश्यक है। "और जीवात्मा की स्वतन्त्र यथार्थता, जब हम इसकी परीक्षा करते हैं, यथार्थ में केवल एक भ्रान्ति ही प्रतीत होती है। समुदाय के अतिरिक्त मनुष्य पृथगूरूप में क्या है? यह सबके अन्दर सामान्य रूप से वर्तमान मन ही है जो मनुष्य रूपी जीव को यथार्थता प्रदान करता है, और स्वतन्त्र रूप में वह और जो कुछ भी हो, मानवीय नहीं है...यदि सामाजिक चेतना के विषय में नाना प्रकार की आकृतियों में यह सत्य है, यह उस सामान्य मन के विषय में भी कम सत्य नहीं है जो सामाजिक से भी अधिक है। सान्त मानस, जो धर्म के क्षेत्र में और धर्म के लिए एक धार्मिक इकाई का निर्माण करते हैं, वस्तुतः अन्त में कोई दृष्टिगोचर मूर्त रूप नहीं रखते, किन्तु तो भी सिवाय एक अदृश्य समुदाय के सदस्य होने के नाते वे यथार्थ एकदम नहीं है। संक्षेप में कह सकते हैं कि एक जो अन्दर अवस्थित आत्मा है यदि उसे हटा दें तो धर्म के लिए और कोई आत्मा नहीं रह जाती।[2]

यद्यपि व्यक्तिगत जीवात्मा निम्नतम प्रकृति के साथ संघर्ष करती हुई संसार में सबसे ऊंची है, फिर भी यह इतनी ऊंची नहीं जिसे ग्रहण किया ही जाना चाहिए। मनुष्य की विसंवादी आत्मा को अपनी स्वतन्त्रता एवं सामंजस्य का आह्लाद और परमसत्ता की प्राप्ति का सुख प्राप्त करना चाहिए। केवल उसी समय जबकि उसके अन्दर स्थित ईश्वर अपने को पहचान लेता है, और केवल तभी जबकि आदर्श अपनी फल प्राप्ति तक पहुंच जाता है, मनुष्य का अंतिम लक्ष्य पूरा हो सकता है। संघर्ष, परस्पर-विरोध और जीवन के विरोधाभास ये सब अपूर्ण विकास के लक्षण हैं; इसके विपरीत सामंजस्य, हर्ष और शांति विकास की प्रक्रिया की पूर्णता को द्योतित करते हैं, जीवात्मा एक प्रकार का युद्ध क्षेत्र है, जिसमें युद्ध होता है। युद्ध को समाप्त होना ही चाहिए और विरोधों से ऊपर उठ कर आदर्श को ग्रहण करना चाहिए। ईश्वर के प्रति झुकाव जो पूर्णता प्राप्त मनुष्य में प्रारंभ होता है, उस समय पूर्णरूप से सफल होगा। विश्व के और सब पक्षों में मनुष्य ऊंचा है और जैसे ही वह अनन्त के साथ ऐक्य प्राप्त

---

1. देखिए शंकर, 'इण्ट्रोडक्शन टु वेदान्तसूत्र'।
2. ब्रैडले : 'ट्रुथ ऐण्ड रियलिटी', पृष्ठ 435।

कर लेता है, उसका लक्ष्य पूरा हो जाता है। प्रकृति के अन्दर जीवन गुप्तरूप से निहित है और जब जीवन विकसित हो जाता है तो प्रकृति का लक्ष्य पूरा हो जाता है। जीवन के अन्दर चेतना गुप्त रहती है और जब जीवन चेतना को स्वतन्त्र कर देता है, इसका उद्देश्य पूरा हो जाता है। जब बुद्धि अभिव्यक्त होती है तब चेतना का उद्देश्य पूर्ण हो जाता है। किन्तु बुद्धि का सत्य तभी प्राप्त होता है जब वह ऊंचे दर्जे के आत्माज्ञान में विलीन हो जाती है जो स्वयं में न तो विचार है, न इच्छा और न अनुभव ही है, किन्तु तो भी विचार का लक्ष्य है, इच्छा का उद्देश्य है और अनुभव की पूर्णता है। जब सांत जीवात्मा शिरोमणि सत्ता ब्रह्म को प्राप्त कर लेती है अर्थात् उस परब्रह्म को जिससे यह प्रादुर्भाव हुई थी तो धार्मिक जीवन का भी लक्ष्य प्राप्त हो जाता है। "जब एक ज्ञानवान मनुष्य के लिए जीवात्मा सब पदार्थों का स्वरूप हो जाती है, और जब उसने एक बार उस ऐक्य का साक्षात्कार कर लिया तो उसके लिए फिर क्या दुःख एवं क्या कष्ट रह जाता है !"

14. उपनिषदों का नीतिशास्त्र

उपनिषदों के नीतिशास्त्र का मूल्यांकन करने के लिए हमें उनके द्वारा प्रतिपादित आदर्श की तार्किक उलझनों पर पहले विचार करना होगा और फिर उपनिषद्-वाक्यों में दिए गए सुझावों को विकसित करना होगा। हमारे पूर्व के विवादों से यह स्पष्ट हो गया कि उपनिषदों का आदर्श परमेश्वर के साथ ऐक्यभाव प्राप्त करना है। संसार की रचना इसके अपने लिए नहीं हुई है। यह परमेश्वर से प्रादुर्भूत होता है और इसीलिए इसे परमेश्वर के अन्दर ही विश्राम करने के लिए प्रयत्न करना है। संसार की प्रक्रिया के अन्दर बराबर इस सान्त का प्रयत्न अनन्तता की प्राप्ति की ओर है। शेष संसार की भांति अपने अन्दर अव्यवस्थित अनन्त के दबाव का अनुभव करके मानव अपने हाथ उन्नततम के पास पहुंचने के लिए फैलाता है। "सब पक्षी अपने अभीष्ट आवास स्थान की ओर जाते हैं। इसी प्रकार यह सब जगत् सर्वोपरि परब्रह्म के प्रति जाता है।"[1] "क्या मैं तुम्हारे अन्दर प्रविष्ट हो सकता हूं, हे प्रभु जैसे तुम हो ? हे प्रभु, तुम मेरे अन्दर प्रविष्ट हो जाओ, मैं पवित्र और शुद्ध हो जाऊं, हे, प्रभु।"[2] "तुम मेरे विश्रामस्थान हो।"[3] परमेश्वर के साथ ऐक्य को प्राप्त कर लेना मनुष्य का आदर्श है। मानवीय चेतना एवं अन्य सबके अन्दर जो भेद है वह यह है कि जहां और सब सान्त की खोज करते हैं, केवल मनुष्य को ही अंतिम उद्देश्य का विचार है। विकास के अनेक युगों के पश्चात् मनुष्य को विश्व की महान योजना का ज्ञान प्राप्त हो सका है। केवल यही अनन्त के आह्वानों को अनुभव कर सकता है। और पूरे ज्ञान के साथ दैवीय पदवी को प्राप्त करने के लिए आगे बढ़ता है, जो उसकी प्रतीक्षा में है। परमसत्ता सान्त आत्मा के लिए एक निश्चित लक्ष्य है।

यह सबसे उन्नत एवं पूर्ण है, सबसे अधिक वांछनीय आदर्श है, इस बात का कई प्रकार से प्रतिपादन किया गया है। यह एक ऐसी अवस्था है "जो भूख-प्यास से बहुत ऊपर, दुःख और मति-विभ्रम से भी ऊपर और वृद्धावस्था एवं मृत्यु से भी ऊपर है।" "जैसे सूर्य, जो विश्व का चक्षु है, अत्यंत दूर स्थित है और आंखों को होने वाले रोगों से सर्वथा अछूता रहता है, ठीक इसी प्रकार से यह एक, आत्मा, जिसका निवास सब प्राणियों में है, पृथक्

1. प्रश्न, 4 : 7।
2. तैत्तिरीय, 1 : 4।
3. तैत्तिरीय, 1 : 4; देखें, बृहदारण्यक, 4 : 3, 32।

निर्लिप्त रहती है और इसे संसार के दुःख नहीं व्यापते।" बहुत्व-सम्पन्न संसार में रहना, अपना सब कुछ क्षुद्ररूप आत्मा के ऊपर निछावर कर देना और इस प्रकार रोग एवं दुःख की अधीनता में रहना वस्तुतः दुर्भाग्य का विषय है। उन कारणों का निराकरण करना जो हमें सान्त सत्ता की ओर ले जाते हैं, मनुष्य का उचित उद्देश्य है। बहुतत्ववाद से वापस लौटकर एकत्व में आ जाना एक आदर्श लक्ष्य है और अत्यधिक महत्त्व का है। यह मनुष्य की जीवात्मा को पूर्णरूपेण सन्तोष देता है। तैत्तिरीय उपनिषद् के अनुसार, यह 'प्राणारामं मन आनन्द शान्तिसमृद्धम् अमृतम्'--जीवन एवं मन को आह्लाद देने वाला, शान्ति एवं नित्यता की पूर्णता है। निम्न स्तर के लक्ष्य, जिनके पीछे हम लालायित रहते हैं, इसी जीवित शरीर को सन्तोषदायक सिद्ध हो सकते हैं अथवा मानसिक इच्छाओं की पूर्ति कर सकते हैं, किन्तु वे सब इसके अन्दर निविष्ट हैं, और यह उनसे भी ऊपर है। हमारे आगे भिन्न-भिन्न प्रकार के सुख हैं, जो हमारे जीवन के भिन्न-भिन्न स्तरों के अनुकूल हैं; जैसे जीवनदायक सुख, इन्द्रियभोगजन्य सुख, मानसिक एवं बौद्धिक सुख। किन्तु सबसे उन्नत एवं उत्कृष्ट सुख आनन्द है।

हमें उपनिषदों में जो कुछ भी नीतिशास्त्र उपलब्ध होता है वह सब इसी उद्देश्य का सहकारी है। कर्त्तव्य कर्म उच्चतम पूर्णता के उद्देश्य की प्राप्ति का साधन मात्र है। इस सर्वोन्नत अवस्था से कम में कहीं सन्तोष नहीं मिल सकता। सदाचार का महत्त्व भी तभी है जबकि वह उक्त लक्ष्य की प्राप्ति की ओर हमें अग्रसर करे। मनुष्य के हृदय के अन्दर जिसका अंकुर उपस्थित है उस पूर्णता के प्रति धार्मिक स्फुरण की यह अभिव्यक्ति है। यह नित्य यथार्थसत्ता के प्रति श्रद्धा एवं भक्ति का भाव ही है जो हमारी चेतनामय आत्मा को विवश करता है। इस कथन का कि कर्त्तव्य कर्म "परमात्मा की वाणी की कठोर पुत्री है" यही अर्थ है। हमारे जीवन का पूर्ण आदर्श केवल नित्यसत्ता में ही उपलब्ध होता है। सदाचार का नियम पूर्ण बनने के लिए एक निमन्त्रण के समान है, "जैसे तुम्हारा स्वर्गस्थ परमपिता पूर्ण है।"

इससे पूर्व कि हम नैतिक जीवन के विवेचन को हाथ में लें, हम उन आपत्तियों पर भी विचार कर लें जो साधारणतः उपनिषदों की दार्शनिक पद्धति में नीतिशास्त्र की सम्भावना के विरुद्ध की जाती हैं। यह प्रश्न उपस्थित होता है कि यदि सब एक है तो नैतिक सम्बन्ध कैसे बन सकते हैं। यदि परमसत्ता पूर्ण है तब फिर उसे प्राप्त करने के लिए किसी प्रकार के प्रयत्न की आवश्यकता ही कहाँ रह जाती है, क्योंकि वह तो पहले ही उपलब्ध है। परन्तु अद्वैतवाद का अर्थ यह नहीं है कि पुण्य एवं पाप के मध्य जो भेद है उसे सर्वथा उड़ा दिया जाए। अन्यथा के एवं बहुगुणता के भाव को, जो नैतिक जीवन के लिए बहुत आवश्यक है, उपनिषदों ने मान्यता दी है। उनका कहना है कि हमें अपने पड़ोसी के प्रति प्रेम करने एवं संसार के एकत्व को प्राप्त करने के लिए कहने का कोई अर्थ ही नहीं है, यदि परस्पर भेद-भाव मनुष्यों के जीवन में मौलिकरूप से विद्यमान है। यदि मनुष्य वस्तुतः एक-दूसरे से लीब्नीज़ के मूलजीवों (स्वयंभू व्यक्तियों) की तरह बाह्य एवं पृथक्-पृथक् हैं और यदि पूर्वस्थित साम्य में कोई सुधार नहीं हो सकता तब तो नैतिक आदर्श की प्राप्ति असम्भव है। यदि हमें अपने पड़ोसी से प्रेम करने का आदेश दिया जाता है तो इसीलिए क्योंकि यथार्थ में सब एक हैं। मेरा पड़ोसी और मैं अपनी अन्तरात्मा में वस्तुतः एक ही हैं—यदि ऊपरी एवं क्षणभंगुर भेदों में हम ऊपर उठ सकें। यथार्थ आत्मा, जो परमार्थरूप से और नित्यरूप में विशुद्ध है, देश और काल की परिवर्तनशील उपाधियों से परे है। हमें अपने पृथक्त्व से ऊपर उठने को जो कहा जाता है यह निरर्थक वचन नहीं है। मोक्ष का यौगिक अर्थ है छुटकारा

पाना। इन्द्रियों के विषयों के बन्धनों एवं व्यक्तित्व से तथा उस सबसे जो संकीर्ण और सान्त है, अपने को मुक्त कर लेने का नाम मोक्ष है। यह स्वात्मा के विस्तार एवं स्वतन्त्रता का परिणाम है। सम्पूर्ण सौजन्य का जीवन बिताने का ही तात्पर्य है कि हम अपने और अन्य सबके जीवनों में एकत्व को ग्रहण कर चुके हैं। यह आदर्श, जिसके लिए मानव का नैतिक स्वरूप लालायित रहता है, केवल उसी अवस्था में प्राप्त किया जा सकता है जबकि यह सान्त आत्मा अपने संकीर्ण व्यक्तित्व से ऊपर उठकर सम्पूर्ण ब्रह्माण्ड के साथ अपने तादात्म्य को पहचान लेती है। मोक्ष का मार्ग आत्मा की उन्नति का मार्ग है। अपने व्यक्तित्व से ऊपर उठकर जिस यथार्थसत्ता पर उपनिषदों के अन्दर हमें रहना है वही सबसे उच्च है और उसी यथार्थसत्ता पर उपनिषदों में विशेष बल दिया गया है।

यह कहा जाता है कि नैतिक पुरुषार्थ के लिए कहीं जगह नहीं है, क्योंकि मनुष्य स्वभाव से दैवीय है। केवल इसलिए कि ईश्वर का निवास मनुष्य के अन्दर है, यह परिणाम नहीं निकालना चाहिए कि इसके साथ ही समस्त पुरुषार्थ की समाप्ति हो जाती है। ईश्वर मनुष्य के अन्दर अवश्य है, किन्तु इतना अधिक व्यक्तरूप में नहीं है कि मनुष्य उधर से बिलकुल गाफिल रहकर और बिना किसी पुरुषार्थ के ही उसकी सत्ता को सुरक्षित रख सके। ईश्वर मनुष्य के अन्दर सम्भावना के रूप में विद्यमान है। मनुष्य का यह कर्तव्य है कि वह उसे पुरुषार्थ एवं बल से ग्रहण करे, अर्थात् उसको सत्ता का अनुभव करे। यदि वह ऐसा नहीं करता तो अपने कर्तव्य से च्युत होता है। मनुष्य के अन्दर ईश्वर की उपस्थिति सत्य घटना भी है और सम्पादन-योग्य कार्य भी है; एक समस्या भी है और एक निधि भी। मनुष्य अपने अज्ञान के कारण बाह्य आवरणों के साथ, जो भौतिक एवं मानसिक आवरण मात्र हैं, अपना तादात्म्य स्थापित कर लेता है। परमसत्ता के प्रति उसकी अभिलाषा का संघर्ष उसकी सांतता एवं परिमित शक्तियों के साथ होता है। "यद्यपि व्यक्तिरूप जीवात्मा में दिव्य ज्योति का प्रकाश होता है, वह स्वयं पूर्णरूप में दैवीय नहीं है। उसकी दैवीयता यथार्थ नहीं है किन्तु सम्पूर्णता को प्राप्त करने की उत्कट अभिलाषा लिए हुए परमात्मा का एक अंशमात्र है। वर्तमानरूप में वह धूल भी है और देवता भी है, वह ईश्वर और पशु से मिलकर बना है। नैतिक जीवन का यह काम है कि वह अदैवीय तत्त्व को निकाल बाहर कर दे, उसका सर्वथा नाश करके नहीं अपितु दैवीय भाव से उसे दबाकर।"[1] प्रकृति की सान्त दाय एवं आत्मा के अनन्त आदर्श के बीच में मनुष्य एक प्रकार का विसंवाद है और उसे प्रकृति के विश्रृंखल तत्त्वों को क्रमशः दिव्य आत्मा के प्रति झुकाकर अपने लक्ष्य तक पहुंचने के लिए पुरुषार्थ करना होता है। यह उसका उद्देश्य है कि वह अपनी सत्ता के परिमित आवरण को छिन्न-भिन्न करके अपने को प्रेमपूर्वक दिव्य एवं पूर्ण आत्मा के साथ संयुक्त कर ले। नैतिकता की समस्या का महत्त्व उस मनुष्य के लिए अत्यधिक है जिसका जीवन सान्त एवं अनन्त के मध्य में एक संघर्ष का एवं राक्षसी तथा दैवीय तत्त्वों के मध्य संग्राम का है। मनुष्य संघर्ष के लिए उत्पन्न हुआ है और बिना विरोध के अपने-आपको नहीं पहचान सकता।

राथीतर का तथ्य, पौरुशिष्टि की तपस्या एवं मौद्गल्य की विद्वत्ता[2] आदि उच्चतम सत्ता को प्राप्त करने के नाना प्रकार के मार्गों से—जिनका उल्लेख उपनिषदों में मिलता है—यह स्पष्ट है कि उस युग के विचारकों ने नीतिशास्त्र की समस्याओं पर पर्याप्त चिन्तन किया

1. 'इण्टरनेशनल जर्नल ऑफ एथिक्स', (1914), पृष्ठ 169।
2. तैत्तिरीय उपनिषद्, 1 : 9।

था। विभिन्न विचारकों के मतों का विस्तार से वर्णन न करके हम केवल कुछ ऐसी सामान्य स्थापनाओं का ही यहां वर्णन करेंगे जिन्हें उन सबने समानरूप से अंगीकार किया है।

नीतिशास्त्र का आदर्श है अपने-आपको पहचानना। नैतिक आचार आत्माभिज्ञानपूर्वक आचरण है, यदि आत्मा से तात्पर्य हमारा उस भौतिक (आनुभविक) अहं से न हो जिसमें सब प्रकार की दुर्बलता एवं असंस्कृति, स्वार्थपरायणता और लघुता सम्मिलित है, बल्कि मनुष्य के उस गम्भीरतम स्वरूप से हो जो सब प्रकार के स्वार्थमय व्यक्तित्व के बन्धनों से स्वतन्त्र है। पाशविक अहं की वासनाएं एवं राग, अहंभाव की इच्छाएं एवं महत्त्वाकांक्षाएं जीवनधारिणी शक्तियों की आत्मा के निम्न स्तर तक बद्ध रखती हैं और इसलिए उनको वश में रखना आवश्यक है। आत्मा की उन्नति के लिए एवं उच्चतम सत्ता को ग्रहण करने के लिए जो बाधाएं अथवा विरोधी प्रभाव हैं उन्हें दबाना होगा। नैतिक जीवन विचारशील एवं तर्कसंगत जीवन है; वह केवल इन्द्रियभोग एवं सहज प्रवृत्ति का जीवन नहीं है। "आत्मा को रथ में बैठने वाला स्वामी करके जानो, शरीर को रथ करके जानो, बुद्धि को रथ-संचालक सारथी करके जानो, तथा मन रास (लगाम) की जगह है, इन्द्रियां घोड़ों की जगह हैं और सांसारिक पदार्थ मार्ग हैं। बुद्धिमान लोग इन्द्रियों एवं मन से संयुक्त आत्मा को ही भोक्ता कहकर पुकारते हैं। किन्तु जो व्यक्ति दुर्बल है और अज्ञानी है उसकी इन्द्रियां वश में न रहकर शैतान घोड़ों की तरह रथी के वश से बाहर होकर इधर-उधर निरुद्देश्य रूप से दौड़ती हैं। इसके विपरीत जिसे ज्ञान है और जो मानसिक बल से युक्त है उसकी इन्द्रियां भली प्रकार वश में रहती हैं जैसे कि अच्छे घोड़े एक रथी के वश में रहते हैं। ऐसा व्यक्ति जो अज्ञानी है और विवेकशून्य एवं अपवित्र है, अमरत्व को कभी प्राप्त नहीं कर सकता, न अभौतिक अवस्था को ही पहुंच सकता है, बल्कि बार-बार जन्म (आवागमन) के चक्र में फंसता है। किन्तु वह जो ज्ञानी है और विवेक-शक्ति रखता है और पवित्र है, उस अवस्था तक पहुंच जाता है जहां से फिर उसे इस जन्म के चक्र में लौटने की आवश्यकता नहीं होती।"[1] कामना की सहज प्रवृत्ति को वश में रखना होगा। जब कामना जीवन के शासनसूत्र को हाथ में ले ले तो आत्मा के लिए ध्वंस अवश्यम्भावी है, क्योंकि मनुष्य-जीवन का यह धर्म नहीं है। यदि हम बुद्धि द्वारा निर्दिष्ट आदर्श को ग्रहण नहीं करते और एक उच्चतर नैतिक धर्म को भी स्वीकार नहीं करते तो हमारा जीवन पशु के समान होगा जिसका कोई लक्ष्य नहीं, कोई उद्देश्य नहीं; और ऐसे जीवन में हम बिना सोचे-समझे दिन-रात काम में रत रहते हैं, प्रेम करते हैं, किसी से घृणा करते हैं, किसी को अत्यन्त प्यार से गले लगाते हैं और बिना किसी प्रयोजन व कारण के किसी की जान तक ले लेते हैं। बुद्धि के द्वारा हमें स्मरण होता है कि भौतिक प्रकृति मात्र से भी ऊंची कोई सत्ता है, और बुद्धि ही हमें प्रेरणा करती है कि हम अपनी भौतिक सत्ता को मानुषिक सत्ता में परिणत करें, जिस सत्ता का कुछ अर्थ है, कुछ प्रयोजन है। इस प्रकार के संकेतों के रहते हुए भी यदि हम इसके विरुद्ध सुखोपभोग को अपने सब कार्यों को उद्देश्य बना लें तो हमारा यह जीवन नैतिक बुराई का जीवन होगा और मनुष्य-योनि के अनुकूल इसे हम न कह सकेंगे। "केवल बुद्धिसम्पन्न होने से ही मनुष्य पशुता से ऊपर तनिक नहीं उठता, यदि हम अपनी बुद्धि का प्रयोग उसी प्रकार करें जिस प्रकार कि पशु अपनी सहज प्रवृत्तियों का करते हैं।"[2] केवल दुराचारी जन ही संसार के भौतिक पदार्थों को देवता करके मानते हैं व उन उनकी पूजा करते हैं। "अब विरोचन अपने विचार से सन्तुष्ट असुरों के पास और उन्हें

1. कठ उपनिषद्

2. कांट : 'क्रिटीक आफ प्योर रोज़न'।

इस सिद्धान्त का उपदेश देने लगा कि केवल शरीरधारी आत्मा की पूजा करनी चाहिए, और इसी की एकमात्र सेवा करनी चाहिए, और वह जो शरीर की पूजा करता है एवं इसकी सेवा में रत रहता है, इहलोक एवं परलोक दोनों लोकों को प्राप्त करता है। इसलिए वह ऐसे मनुष्य को जो अब है तो मनुष्य किन्तु जो इस लोक में दान नहीं करता, जो श्रद्धावान नहीं है और एकदम यज्ञ नहीं करता, असुर नाम से पुकारते हैं; क्योंकि इस प्रकार के सिद्धान्त असुरों के ही होते हैं।"[1] हमारा जीवन जब उसे मार्ग में प्रेरित होगा तक निष्फल आशाओं एवं भयों के ही अधीन रहेगा। "विवेकी जीवन में एकता एवं संगति स्पष्ट लक्षित होगी। मानवीय (अर्थात् आसुरी जीवन के विपरीत) जीवन के विभिन्न भाग क्रमबद्ध और एक ही सर्वोपरि आदर्श की अभिव्यक्ति करेंगे। किन्तु यदि बुद्धि के स्थान में हमारे प्रेरक हमारी इन्द्रियां होंगी तो हमारा जीवन एक ऐसे दर्पण के समान होगा जिसमें क्षणिक वासनाएं एवं अस्थिर प्रवृत्तियां ही प्रतिबिम्बित हो सकेंगी। उस व्यक्ति को जो इस प्रकार का जीवन व्यतीत करता है, 'डॉगबरी' के समान केवल गधा ही कहा जाएगा। उसके जीवन को, जो जीवन की केवल असम्बद्ध एवं बिखरी हुई घटनाओं की श्रृंखलामात्र होगा, कोई प्रयोजन नहीं होगा; वह किसी काम का नहीं होगा और न ही उसका कोई उद्देश्य होगा। एक विवेकी जीवन में कर्म का प्रत्येक क्रम, इसके पूर्व कि उसे अंगीकार किया जाए, सबसे पहले बुद्धि के न्यायालय में उपस्थित किया जाएगा और उच्चतम लक्ष्य की प्राप्ति की उसकी क्षमता को परखा जाएगा और उसी अवस्था में उस पर आचरण किया जाएगा जबकि वह जीवात्मा व्यक्तित्व के उपयुक्त सिद्ध होगा।"[2]

इस संसार में निःस्वार्थ निष्ठा वाला जीवन ही विवेकपूर्ण जीवन है। बुद्धि हमें यह बतलाती है कि विश्वात्मा के अतिरिक्त, जिसका कि वह अंशमात्र है, जीवात्मा के अपने पृथक् स्वार्थ कुछ नहीं हैं। यदि मात्र वह इन्द्रियभोग-सम्बन्धी अपनी पृथक् सत्ता के विचारों की त्याग दे तो वह भाग्य के बन्धन से मुक्ति पा जाएगी। वह मनुष्य जो अपने जीवन में निजी हितों को सामाजिक हितों के अधीन कर देता है, सज्जन या धर्मात्मा है एवं जो इसके विपरीत आचरण करता है, दुर्जन या दुरात्मा है। जीवात्मा स्वार्थपरक कर्मों को करती हुई अपने को बन्धन में बांध लेती है जो केवल उसी अवस्था में कट सकते हैं जबकि वह पुनः अपने व्यापक विश्वात्मा के जीवन में अधिकार का दावा करती है। इस प्रकार के समचिन्तन का मार्ग सबके लिए खुला है और आत्मा के विस्तार की ओर हमें ले जाता है। यदि हम पाप से दूर रहना चाहते हैं तो हमें स्वार्थ से बचाना चाहिए, हमें अपने अनुरूप जीवात्मा के सर्वोपरिता-विषयक मिथ्याभिमानों एवं मूर्खतापूर्ण असत्यों को दूर करना चाहिए। हममें से प्रत्येक अपने को एक अनन्य इकाई एवं अपने भौतिक शरीर तथा मानसिक घटनाचक्र की परिधि से बाहर की किसी सत्ता से सर्वथा पृथक् अहम् मानता है। वे सब भाव जो नैतिक दृष्टि से दृष्टिपूर्ण हैं इसी अहंभाव से उत्पन्न होते हैं। हमें अपने जीवन एवं आचरण में इस बात को स्वीकार करना चाहिए कि सब वस्तुएं ईश्वर में हैं और ईश्वर के लिए हैं। एक ऐसा व्यक्ति जिसने इस तथ्य को समझ लिया है, अपने जीवन के परित्याग की भी कामना करेगा, सब प्रकार के स्वार्थपरक पदार्थों से घृणा करेगा और अपनी सब सम्पत्ति को भी बेच देगा और यदि संसार उससे घृणा करे तब भी उसे कुछ लगाव न होगा, वह केवल इस प्रकार के आचरण से ईश्वर के विश्वव्यापी जीवन के साथ तादात्म्य प्राप्त कर सकता है। एक प्रकार

---

1. छान्दोग्य, 8 : 8, 4-5।
2. 'इण्टरनेशनल जर्नल आफ एथिक्स', (1914), पृष्ठ 171-72।

के उपनिषदों की नैतिक शिक्षा वैयक्तिक या जीवात्मा-सम्बन्धी है, क्योंकि इसका उद्देश्य आत्मा के स्वरूप को पहचानता है। किन्तु यहां वैयक्तिक शब्द का अर्थ पृथक्त्व नहीं है। अपने-आपको पहचानना, अपने को सर्वोत्तम के साथ तादात्म्यरूप में पा जाना है और वह सबके लिए एक समान है। नैतिक जीवन ईश्वरोन्मुख या ईश्वरकेन्द्रित जीवन होता है। ऐसा जीवन मानवता के प्रति उत्कट प्रेम और श्रद्धा से ओतप्रोत होता है, और सान्त को साधन बनाकर अनन्त की साधना करता है। वह छोटे-छोटे उद्देश्यों के लिए स्वार्थपरक साहस का कार्य मात्र नहीं होता।[1]

सान्त पदार्थ हमें वह सन्तोष प्राप्त नहीं करा सकते जिसकी हमारी आत्मा को भूख है। जिस प्रकार बुद्धि के क्षेत्र में हमें आनुभाविक जगत् के पदार्थों में यथार्थसत्ता की उपलब्धि नहीं होती, उसी प्रकार से हमें सान्त परितोषों द्वारा नैतिक क्षेत्र में परम साधुता की प्राप्ति नहीं हो सकती। "अनन्त आनन्दयमय है जबकि सान्त पदार्थों में आनंद उपलब्ध नहीं हो सकता।"[2] वन के लिए प्रस्थान करते हुए याज्ञवल्क्य ने अपनी सारी सम्पत्ति को अपनी दोनों पत्नियों, मैत्रेयी और कात्यायनी के बीच बांट देने का प्रस्ताव उपस्थित किया। मैत्रेयी नहीं समझ सकी कि वह क्या करे; अपनी गृहस्थी के पदार्थों के अन्दर दुखी होकर बैठी हुई वह बाहर की ओर केवल वन की दिशा में ही देखने लगी। उस दिन उसने एक क्षुद्र व्यक्ति को जो बिना किसी उद्देश्य के बिना विश्राम किए जल्दी-जल्दी काम कर रहा था, बहुत कुछ बुरा-भला कहा। सान्त पदार्थ जो कुछ हम उनके द्वारा प्राप्त करना चाहते हैं उससे ठीक विपरीत परिणाम देते हैं। हमारी अन्तरात्मा सच्चा सन्तोष चाहती है और किसी अवस्था में भी उससे न्यून नहीं जोकि अनन्त शक्ति ही हमें प्राप्त करा सकती है। हम सान्त पदार्थों की खोज करते हैं, वे हमें प्राप्त हो जाते हैं किन्तु उनसे सन्तोष एवं तृप्ति नहीं होती। हम समस्त संसार को भी क्यों न विजय कर लें तो भी हमें असन्तोष बना ही रहता है—हम फिर भी आह भरते हैं कि विजय करने के लिए और भी अधिक संसार क्यों न हुए। "वह जहां तक पहुंचता है, उससे भी आगे जाना चाहता है। यदि आकाश में भी पहुंच जाए तो भी उससे परे जाने की कामना करता है।"[3] हममें से अधिकतर व्यक्ति उस मार्ग पर हैं जिससे धन-सम्पदा मिलती है किन्तु अनेक मनुष्य उसमें नष्ट हो जाते हैं।[4] पदार्थों के दास बनकर और बाह्य वस्तुओं में अपने को लिप्त करके हम यथार्थ आत्मा को भूल जाते हैं। "लक्ष्मी से कोई मनुष्य सुखी नहीं हो सकता।" "अचेत युवक की दृष्टि में परलोक का विचार कभी उदय नहीं होता, क्योंकि वह लक्ष्मी की माया से मूढ़ता में डूबा हुआ है। वह सोचता है कि 'यही लोक है। इससे अन्य और कोई लोक नहीं।' " इस प्रकार से बार-बार वह मृत्यु के चंगुल में फंसता है।[5] "बुद्धिमान मनुष्य अमर (ब्रह्म) के स्वरूप को पहचानकर इस लोक के अस्थायी पदार्थों में कुछ स्थिरता नहीं पाते।"[6] "ईश्वर से वियुक्त होकर मनुष्य दारूण व्यथा का अनुभव करता है और ईश्वर के साथ योग होने के अतिरिक्त अन्य कोई वस्तु उसके हृदय की भूख को नहीं मिटा सकती।"[7] जीवात्मा की अपरिमित महत्त्वाकांक्षाएं, आदर्शरूप से ऐसी सुन्दर

1. ईश उपनिषद्, 1।
2. छान्दोग्य, 7 : 1, 24।
3. ऐतरेय आरण्यक, 2 : 3, 3, 1।
4. कठ उपनिषद्, 2 : 2-3।
5. वही, 1 : 2, 6।
6. वही, 2 : 4, 2।
7. "मुझे सांत्वना देने वाले तुम सब अत्यन्त दयनीय हो। आह, काश मैं जानता कि वह मुझे कहां मिल सकता है !"—(जीव)।

(अभिराम) सत्ता के लिए जो निष्कलंक रूप से पवित्र और विशुद्ध है, देश, काल एवं इन्द्रियों की बेड़ियों में जकड़े हुए परिमित पदार्थों द्वारा तृप्त नहीं हो सकतीं। ऐसे भी अनेक मनुष्य हैं जो परम योग्य सत्ता के साथ प्रेम सम्बन्ध स्थापित करने के आदर्श की प्राप्ति की इच्छा रखते हैं। किन्तु जब तक वह सत्ता मात्र एक अन्य मानवीय सत्ता ही है, जिसके साथ देश और काल का बन्धन लगा हुआ है, उनका आदर्श पूर्ण नहीं हो सकता। किसी अन्य मानुषिक सत्ता—स्त्री या पुरुष के अन्दर प्रेम एवं सौन्दर्य के पूर्णरूप को खोजना केवल अपने को धोखा देना है। पूर्णता को ग्रहण करना तो केवल नित्य में ही संभव है और इसके लिए संसार एवं सांसारिक सम्पत्ति से असंग होना आवश्यक है। प्रारम्भ से ही ऐसे व्यक्ति रहे हैं जिन्होंने संसार से विरक्त होने में ही दुःख से त्राण पाने का प्रयत्न किया है। बहुत-से व्यक्ति ऐसे भी हुए हैं जो स्त्री-पुत्र, सब पदार्थों एवं अपनी चल सम्पत्ति का त्याग करके और भिक्षुक रूप धारण करके अकिंचनता एवं जीवन की पवित्रता द्वारा ही मोक्षप्राप्ति की अभिलाषा में घर से निकल पड़े। तपस्वियों के इन समुदायों ने, जिन्होंने उन सब बन्धनों को तोड़ दिया जो उन्हें गृहस्थ-जीवन में आबद्ध रखते थे, बौद्धों के वैराग्य के मार्ग का आश्रय लिया। पवित्र त्याग का जीवन ही मोक्ष का प्रधान मार्ग समझा गया है।

परिणाम यह निकलता है कि उपनिषदें नैतिक जीवन के आन्तरिक स्वरूप पर बल देती हैं और आचरण के प्रेरक भाव को अधिक महत्त्व देती हैं। आभ्यन्तर पवित्रता बाह्य क्रियाकलापों एवं लक्षणों की अपेक्षा अधिक महत्त्व रखती है। उपनिषदें केवल इतना ही आदेश नहीं करतीं कि 'चोरी मत करो', 'किसी की हत्या मत करो', बल्कि वे यह घोषणा भी करती हैं कि 'लोभ मत करो', अथवा 'किसी से घृणा मत करो एवं क्रोध, दुर्भावना तथा लालच के वशीभूत मत होओ।' मन को पहले अवश्य शुद्ध-पवित्र करना होगा, क्योंकि यदि जड़ को वैसे ही बना रहने दिया जाए तो केवल वृक्ष की पत्तियों को काट देने मात्र से कोई लाभ नहीं। आचरण का निर्णय उसके विषयीगत मूल्य किंवा त्याग की मात्रा के आधार पर किया जाता है।

उपनिषदों के अनुसार, समस्त संसार मनुष्य की आत्मा के ही समान ब्रह्म से उत्पन्न हुआ है। यदि उक्त सिद्धान्त पर बल देने का तात्पर्य यह समझा जाए कि समस्त प्रेम संकुचित होकर अन्त में अहंभाव में ही समा गया है, तो उपनिषदें स्वीकार कर लेती हैं कि नैतिक तत्त्व और प्रेम उच्चतम सत्ता की प्राप्ति के ही स्वरूप हैं किंतु अहंभाव के अधीन हैं। याज्ञवल्क्य का मत है कि आत्मप्रेम अन्य सब प्रकार के प्रेम की नींव में निहित है। लक्ष्मी, सम्पत्ति, जाति एवं देश का प्रेम आत्मप्रेम के विशिष्ट रूप हैं। सान्त पदार्थ का प्रेम केवल यांत्रिक महत्त्व रखता है, जब कि नित्य का प्रेम आंतरिक मूल्य रखता है। "पुत्र इसलिए प्यारा है, क्योंकि उसमें नित्यसत्ता का निवास है।" सान्त पदार्थ हमें आत्मा की पहचान कराने में सहायक होते हैं। नित्य के प्रति जो प्रेम है केवल वही सर्वोपरि प्रेम है और यह स्वयं अपना पुरस्कार है, क्योंकि परमेश्वर प्रेमस्वरूप है।[1] परमेश्वर का प्रेम आनन्द है; उससे प्रेम न करना दुःख का कारण है। परमात्मा के प्रति प्रेम करना ज्ञान एवं अमरत्व प्राप्त करना है। उनके प्रति प्रेम न रखने के मनुष्य का जीवन संशय और भ्रांति, दुःख एवं मृत्यु का शिकार होता है।[2] सब सत्य-धर्मों में हम इसी सर्वोपरि भाव को पाते हैं। "वह जो मेरे प्रति पापकर्म करता

1. कामायतन, बृहदारण्यक, 3 : 9, 11।
2. बृहदारण्यक, 4 : 4, 5।

है, अपनी आत्मा का अनिष्ट कराता है। वे सब जो मुझसे दूर रहते हैं, मृत्यु से प्रेम करते हैं।"[1] पापी मनुष्य आत्मघाती हैं—उन्हें उपनिषदों ने 'आत्महनो जनाः' कहा है।

उपनिषदें हमें निर्देश करती हैं कि हम स्वार्थमय प्रयत्नों को त्याग दें किन्तु सब हितों को नहीं। अहंभाव से पृथक् रहकर ईश्वर को संयुक्त होना ही उपनिषदों की मांग है। एक आदर्श महात्मा कामना तो रखता है किन्तु स्वार्थपरक कामनाएं नहीं। "जिस व्यक्ति की इच्छाएं नहीं है, जो इच्छाओं से विमुक्त है, जिसकी इच्छाएं पूर्ण हो चुकी हैं, जिसकी इच्छा का लक्ष्य केवल आत्मा है, वे चाहे तो ब्रह्म को भी पा सकता है।"[2] काम, जिसका परित्याग करने को हमें कहा जाता है, वस्तुतः इच्छा है नहीं वरन् केवल पाशविक इच्छा है। कामवासना पशुरूपी मनुष्य की प्रबल इन्द्रिय-प्रेरणा का नाम है। काम के परित्याग का शास्त्रों में उपदेश है किन्तु यह केवल निष्क्रियता नहीं है। हमें आदेश दिया गया है कि हम अपने को कामवासना एवं लालसा से विमुक्त करें, बाह्य वस्तुओं की चकाचौंध से अलग रहें, सहजप्रवृत्तिजन्य उत्कट अभिलाषाओं की पूर्ति से दूर रहें।[3] वास्तविक इच्छा का निषेध नहीं किया गया है। यह सब सदार्थ के ऊपर निर्भर करती है। यदि मनुष्य की इच्छा विषयासक्ति के प्रति है, तो वह व्यभिचारी हो जाता है; यदि सुन्दर पदार्थों की अभिलाषा है तो कलाकार बन जाता है; और यदि ईश्वर-प्राप्ति की इच्छा है तो वह सन्त बन जाता है। मोक्ष एवं ज्ञान की प्राप्ति की इच्छाओं का अत्यधिक महत्त्व है। इच्छाओं में भी भेद है अर्थात् सत्य एवं मिथ्या इच्छाएं।[4] हमें निर्देश किया गया है कि केवल सत्य इच्छाओं में ही भाग लें। नचिकेता जैसी धर्मनिष्ठा एवं पितृभक्ति, सती सावित्री-सा प्रगाढ़ प्रेम एवं पतिभक्ति, यह दूषण नहीं है। सृष्टि के स्वामी का काम इच्छा के अर्थों में है; "उसने कामना की (स अकयामत), आओ, मैं अनेक बन जाऊं।" यदि परम प्रभु भी इच्छा करता है तो हम क्यों न करें ? उपनिषदों में हमें कहीं भी अनुराग एवं प्रेम की नितान्त निन्दा नहीं मिलती। हमें अभिमान, रोष, कामवासना आदि के निर्मूलन का तो आदेश किया गया है, किन्तु प्रेम के कोमल मनोभावों, करुण एवं सहानुभूति इत्यादि को त्याग देने का आदेश नहीं है। यह ठीक है कि जहां-तहां उपनिषदें तपस्या का धार्मिक सिद्धि के रूप में प्रतिपादन करती हैं, किन्तु तपस्या का केवल अर्थ है आत्मशक्ति का विकास, अर्थात् आत्मा को दैहिक दासता से मुक्त करना, गम्भीर चिंतन अथवा मानस को सशक्त बनाना : 'जिसका तपस् विचारस्वरूप है।'[5] जीवन एक प्रकार का महान पर्व है, जिसमें हमें निमन्त्रित किया गया है, जिसमें कि हम तपस्या का आत्मत्याग, दान या उदारता, आर्जव या सत्य-व्यवहार, अहिंसा या किसी को कष्ट न पहुंचाना और सत्य-वचन का प्रदर्शन कर सकें।[6] तपस्या अथवा त्याग द्वारा निरपेक्षता का भाव द्योतित होता है। "अमरत्व की प्राप्ति न तो कर्म से, न संतान से, और न धन-सम्पदा से, वरन् त्याग द्वारा ही होती।"[7] छान्दोग्य उपनिषद् (5 : 10) में कहा है, "श्रद्धा तपः" श्रद्धा ही तपस्या है बाह्य

1. प्रॉव०, 8 : 36; देखें, ईश उपनिषद्
2. बृहदारण्यक, 4 : 4, 6।
3. सच्चे महात्मा का वर्णन किया गया है कि वह शांत, श्रांत, दांत, उपरत एवं समाहित हो। इस सबसे तात्पर्य है वासना पर विजय।
4. छान्दोग्य, 7 : 1, 3।
5. मुण्डक, 1 : 1, 9।
6. छान्दोग्य, 3 : 16; तैत्तिरीय, 19।
7. नारायणीय, 4 : 31।

पदार्थों के बन्धन से मुक्त होने के लिए हमें वन के एकान्त में जाने की ज़रूरत नहीं, न एकांतवास को बढ़ाने की आवश्यकता है और न तपस्या की, जिससे कि सांसारिक पदार्थों का संबंध एकसाथ छूट जाए। "त्याग भाव से तुम भोग करो", (तेन त्यक्तेन भुञ्जीथाः) ईश उपनिषद् में कहा है : हम संसार का सुखानन्द तभी प्राप्त कर सकते हैं जबकि हम सांसारिक सम्पदा के विनाशजनक दुख के बोझ से दबे हुए न हों; हम संसार में राजाओं के समान रह सकते हैं यदि हम लोलुपता की भावना को बिलकुल ही आश्रय न दें। हमारा सांसारिक सुखानुभव हमारी निर्धनता के साथ सीधा सम्बन्ध रखता है। त्याग की पुकार पृथक्त्व के भावों को सर्वथा मिटा देने के अर्थ में है, और निरक्षेप प्रेम सारे धर्म का यथार्थ सार है।[1]

वैदिक काल के पश्चात् भारतीय विचारधारा में एक परिवर्तन हुआ।[2] अथर्ववेद के वैराग्यवाद के कारण रहस्यवादी प्रवृत्ति ने बल पकड़ा। ऋग्वेद की ऋचाओं के निर्माण काल में एक प्रकार के स्वार्थपरक भोग के लिए स्वच्छन्ता थी। मानवीय आत्मा की सहज धार्मिक भावना ने ज़ोर मारा और उपनिषत्काल में इन्द्रियों के अत्याचार के विरोध में प्रबल आवाज़ सुनाई दी। आत्मा को और अधिक निःसहाय एवं दुखी होकर उस विषय-वासना का अनुसरण नहीं करना होगा जो सिर उठाती है एवं उपद्रव करती है। किन्तु इस त्याग के भाव की, उपनिषदों के काल में, परवर्ती काल के मूर्खतापूर्ण वैराग्य के रूप में अवनति नहीं हुई, जिसमें शरीर को दागना आदि ऐसी ही अन्यान्य क्रियाएं प्रचलित हो गईं। बुद्ध की भांति ही भारद्वाज भी सांसारिक जीवन एवं वैराग्य दोनों का विरोध करता है।[3] हम यहां तक कहेंगे कि यह अपरिमित और हठधर्मिता की पराकाष्ठा को पहुंचा हुआ वैराग्यवाद यथार्थ त्याग को लक्षित नहीं करता, वरन् एक प्रकार से स्वार्थपरता का ही रूपान्तर है। व्यक्तिगत और एकान्त मोक्ष की प्राप्ति के लिए इस विचार को लेकर किए गए प्रयत्न कि हमारी आत्मा अन्य सब एकत्रित सांसारिक आत्माओं से अधिक मूल्यवान् है किसी यथार्थ एवं विनम्र आत्मा का प्रकटीकरण नहीं है। उपनिषदों का निर्देश है कि हम कर्म करें किंतु निर्लिप्त होकर करें। धार्मिक मनुष्य वह नहीं है जो संसार का त्याग करता है और एक निर्जन स्थान या मठ में विश्राम प्राप्त करता है, बल्कि वह है जो संसार में रहते हुए सांसारिक पदार्थों से प्रेम करता है, केवल अपने ही लिए नहीं वरन् उस अनन्त के लिए भी जो उनमें निहित है एवं उस व्यापक विश्वात्मा के लिए जो उनके अन्दर गुप्त है। उसके लिए ईश्वर निरुपाधिक महत्त्व रखता है और सब पदार्थ सापेक्ष महत्त्व रखते हैं एवं वे सब ईश्वर अथवा पूर्णसत्ता तक पहुंचने के लिए वाहनरूप हैं। प्रत्येक साधारण पालन किया हुआ कर्तव्य, प्रत्येक वैयक्तिक स्वार्थ त्याग आत्मा को ग्रहण करने में सहायक होता है। हम पिता (त्रिदेव) बन सकते हैं, क्योंकि वह एक उपाय है जिससे हम अपने संकीर्ण व्यक्तित्व से ऊपर उठकर अपने-आपको अधिक विस्तृत प्रयोजनों के उपयुक्त बना सकते हैं। मानवीय प्रेम दैवीय प्रेम की केवल छायामात्र है। हम अपनी पत्नी से प्रेम कर सकते हैं उस आनन्द के लिए जो प्रत्येक पदार्थ के हृदय में वर्तमान है। "यथार्थ में पति पति होने मात्र से प्रिय नहीं होता किंतु आत्मा के लिए प्रिय होता है," यह उपनिषद् का वचन है। यही कथन निरन्तर पुनरुक्ति के साथ किया जाता है, स्त्री पुत्र, राज्य, ब्राह्मण

1. "रे मूर्ख जिसे तू बोता है उसके फलने में जल्दी नहीं हो सकती, सिवा इसके कि वह नष्ट हो जाए।"—(बाइबिल, कोरिथियंस, 15 : 36)।
2. देखें, रीज़ डेविड्स : 'बुद्धिज्म, हिब्बर्ट लेक्चर्स', पृष्ठ 21-22।
3. देखें, मुण्डक उपनिषद्।

और क्षत्रिय जातियों, सांसारिक धर्मों, देवताओं, जंगम जगत् एवं विश्व आदि को विषयरूप में आगे रखकर। वे सब इस संसार में अपने लिए नहीं वरन् उस नित्यसत्ता के लिए हैं।[1] संसार के पदार्थों को पाप के प्रति लुभाने के लिए नहीं अपितु आनंद-प्राप्ति के साधन रूप में सिरजा गया है। जहां हमारा दृष्टिकोण एक बार यथार्थ हो गया, हमें धन सम्पत्ति आदि सब कुछ मिल सकता है।[2] ''ततो में श्रियम् आवह'', उसके पश्चात् मुझे लक्ष्मी प्राप्त कराओ। शंकर निर्देश करते हैं कि लक्ष्मी असंस्कृत व्यक्ति के लिए बुराई की जड़ है, किंतु बुद्धिमान के लिए नहीं। संसार की वस्तुएं जो प्रकटरूप में अदेवीय या भौतिक प्रतीत होती हैं, धार्मिक आत्मा की सतत प्रतिद्वन्द्वी हैं। उसे उन वस्तुओं के पृथक्त्व से संघर्ष करना पड़ेगा और उन्हें दैवीय शक्तियों की अभिव्यक्ति का रूप देना होगा। वह सब कार्य इस निर्लिप्त भाव से करता है। ''निर्लिप्त अथवा असंग होने से तात्पर्य है ऐसे प्रत्येक बंधन को शिथिल करना, जिससे यह आत्मा पृथ्वी के साथ बंधी हुई है और किसी भी भूमंडलीय पदार्थ के ऊपर निर्भर न करना एवं किसी भी भौतिक इन्द्रियगम्य पदार्थ की ओर झुका हुआ न होगा। दूसरे लोग हमारे विषय में क्या कहते या सोचते हैं या हमसे क्या कराना चाहते हैं, उसकी तनिक भी परवाह न करना। अपने काम में हम ऐसे जुट जाएं जैसे कि एक योद्धा तैयार होकर युद्ध-भूमि में जाता है परिणाम क्या होगा, इसकी तनिक भी चिंता न करना। श्रेय, सम्मान, प्रसिद्धि, अनुकूल परिस्थिति, सुख-सुविधा, स्नेह-मोह आदि की उस समय ज़रा भी परवाह न करना जबकि किसी धार्मिक कर्तव्य के लिए उनका बलिदान आवश्यक हो।''[3] उपनिषदें आध्यात्मिक संघर्ष के लिए शारीरिक तैयारी की हमें प्रेरणा करती हैं। स्वच्छता, उपवास, इन्द्रिय निग्रह, एकांतवास इत्यादि का विधान शरीर-शुद्धि के लिए किया गया है। ''मेरा शरीर समर्थ हो, मेरी जिह्वा अत्यन्त मधुर हो, मैं कानों से अधिक सुन सकूं।''[4] तात्पर्य यह है कि हम शरीर को बाधक (अवष्टम्भ) एवं आत्मा के ऊपर भार मानकर तुच्छ न समझें; इसी प्रकार यह शरीर का पवित्रीकरण, इन्द्रियों का स्वातन्त्र्य, मन का विकास अपने शरीर को कष्ट देने के समान भी नहीं है।[5] आगे चलकर छान्दोग्य उपनिषद्[6] में हमें यह भी निर्देश किया गया है कि ब्रह्मलोक की प्राप्ति उन्हें ही होती है जो ब्रह्मचर्य का पालन करते हैं। ब्रह्मचर्य वह नियन्त्रण है जिसमें प्रत्येक विद्यार्थी को गुरु से विद्याध्ययन करते समय गुज़रना पड़ता है। यह संसार के त्याग के साथ तपस्या या वैराग्य नहीं है, क्योंकि उसी उपनिषद् ने 8 : 5 में ब्रह्मचर्य को यज्ञों के अनुष्ठान के समान स्थान दिया है। ऐसा प्रतीत होता है मानो यह एक प्रकार का संकेत था जिससे ब्रह्मचर्य की मिथ्या व्याख्या, अर्थात् संसार-निवृत्ति की, न की जा सके। शरीर आत्मा का सेवक है, कारागाररूप नहीं। उपनिषदों में इस प्रकार का कोई संकेत कहीं नहीं है जिसमें यह आदेश हो कि हमें जीवन, मन, चेतना, बुद्धि आदि का त्याग कर देना चाहिए। दूसरी ओर अन्तःस्थ दैवीय शक्ति का सिद्धान्त हमें इससे ठीक विपरीत दिशा में ले जाता है।

गफ का कहना है कि ''उपनिषदों की आख्या के अनुसार, भारतीय ऋषि-मुनि दैवीय जीवन में भाग लेने का प्रयत्न केवल पवित्र भावना, उच्च विचार एवं कठोर परिश्रम द्वारा नहीं, और न ही सत्य-ज्ञान की प्राप्ति के लिए तथा सत्य-कार्य द्वारा अपितु एकांतवास, अनासक्ति

---

1. बृहदारण्यक, 2 : 4, 5। 2. तैत्तिरीय, 1 : 4।
3. न्यूमैन : 'युनिवर्सिटी स्केचेज़,' पृष्ठ 127। 4. तैत्तिरीय, 1 : 4।
5. गफ ने तपस का आत्मपीड़न के अर्थ में अनुवाद करके गलती की है। तैत्तिरीय उपनिषद् (1 : 4) में जो निर्देश दिया गया है, वह इस अर्थ में है कि शरीर को ब्रह्म-निवास के योग्य बनाया जाए। 6, 8 : 4, 3।

निष्क्रियता एवं समाधि द्वारा भी करते हैं।"[1] यूकन के अनुसार, उपनिषदों का लक्ष्य "अधिकतर संसार में घुसकर उस पर विजय पाना इतना नहीं है, जितना कि उससे अनासक्ति एवं मुक्ति पाना है; कठोर से कठोर बाधा के विरुद्ध भी स्थिर रखने के लिए जीवन को दीर्घ बनाना नहीं है, बरन् प्रत्येक प्रकार की कठोरता को कम करना एवं नरम करना है तथा एक प्रकार की विलीनता, धीरे-धीरे तिरोधान हो जाना एवं गम्भीर चिंतन है।"[2] यहां पर वर्णित यह मत कि उन अवस्थाओं से जिनसे मनुष्य-जीवन का निर्माण होता है, मुक्ति पाना ही उपनिषदों का प्रतिपाद्य विषय है, पूर्ण रूप से मिथ्या विचार है। उपनिषदें हमें जीवन को त्याग देने का उपदेश नहीं देतीं, न इच्छाओं को ही वर्जित करने का निर्देश करती हैं। नैतिक जीवन का सार इच्छा का प्रत्याख्यान करना नहीं है। मिथ्या वैराग्य–जो जीवन को एक स्वप्न व भ्रांति-मात्र समझता है और जो विचार कुछ भारतीय विचारकों एवं यूरोपीय विचारकों के मन में भी बार-बार आता है और उन्हें परेशान करता है–उपनिषदों के व्यापक भाव के सर्वथा विपरीत है। सांसारिक जीवन में एक स्वस्थ प्रसन्नता की लहर वातावरण में हमें उपलब्ध होती है। संसार से विरक्त हो जाने का तात्पर्य मनुष्य-जाति के प्रति निराशा एवं ईश्वर का पराभव है। "केवल कर्म करते हुए ही एक सौ वर्ष की आयु तक मनुष्य को जीवित रहने की इच्छा करनी चाहिए।"[3] संसार को त्याग देने का आदेश कहीं नहीं है, किन्तु उसकी पृथक् सत्ता मानने के स्वप्न को त्याग देने का आदेश अवश्य है। हमें उपनिषदों में परदे के पीछे झांककर प्राकृतिक जगत् एवं मनुष्य-समुदाय के अन्दर स्थित ईश्वर को ग्रहण करने का आदेश दिया गया है। जो संसार के साथ निकटतम लगाव है उसे त्यागना है, उसके बाह्य स्वरूप से पृथक् होकर ईश्वर की प्राप्ति के लिए प्रवृत्त होना है जिससे कि यह संसार अपने अंदर के व हमारे अंदर के दैवीय अंश को अभिव्यक्त होने का अवसर दे सके। उपनिषदों की संसार के प्रति धारणा यह है कि यह मनुष्य की आध्यात्मिक क्रियाशीलता के मार्ग में विरोध उत्पन्न करने वाला है। त्याग की दार्शनिक शिक्षा, जो वैराग्यपरक नीति-शास्त्र का विधान है, और संसार से ऊबकर एक क्लांत मनःस्थिति बना लेना विश्व के स्रष्टा का अपमान है, हमारी अपनी आत्मा के प्रति भी अपराध है एवं उस संसार के प्रति भी दूषण है जिसका आधार हमारे ऊपर है। उपनिषदें परमेश्वर में आस्था रखती हैं और इसीलिए संसार में भी आस्था रखती हैं।

उपनिषदें केवल सत्यधर्म के भाव पर बल देकर ही नहीं संतुष्ट हो जातीं, वे हमें हमारे कर्तव्यों का एक विधान-विशेष भी देती हैं जिनके बिना नैतिक आदर्श एक अनिश्चित मार्ग प्रदर्शक ही रह जाता है। आचरण की वह प्रत्येक अवस्था धार्मिक है–जहां वासना पर नियन्त्रण रखा जाता है और बुद्धि ही सर्वोपरि शासन करती है, जहां स्वार्थमय व्यक्तित्व की संकीर्णता से युक्ति प्राप्त करके आत्मोन्नति की ओर अग्रसर होना होता है, जहां हम निरंतर अनथक रूप से कर्म में तत्पर रहते हैं क्योंकि हम सब दैवीय योजना में परस्पर सहयोगी हैं। और उससे विपरीत कोई भी अवस्था अधार्मिक है। आत्मसंयम, उदारता और करुणा सद्गुण हैं।[4] इस सिद्धान्त का कि बायां हाथ न जाने कि दायां हाथ क्या करता है निम्नलिखित शब्दों में वर्णन किया गया है: "श्रद्धा से दान दो न कि अश्रद्धा से, बहुतायत से दो, लज्जा से दो, भय से दो, सहानुभूति के साथ दो।"[5] छान्दोग्य उपनिषद् (3 : 17) में ईश्वर का ध्यान,

---

1. 'फिलासफी आफ द उपनिषद्', पृष्ठ 266-267।
2. 'मेन करेंट्स', पृ० 13।
3. ईश उपनिषद्, 2।
4. बृहदारण्यक उपनिषद् 5, 2।
5. तैत्तिरीय उपनिषद् 1 : 11।

दानशीलता, सत्य-व्यवहार, अहिंसा और सत्य-भाषण सदाचार के ये प्रकार बताए गए हैं।[1] पशुजगत को पीड़ा देने में संकोच करना, शिकार हुए शशक के लिए दुःख प्रकट करना, हमारे आधुनिक भावों के अनुसार, मूर्खतापूर्ण भावुकता हो सकती है जो केवल तुनकमिज़ाज स्त्री-जाति के ही योग्य है। किन्तु उपनिषदों में पशुसृष्टि के प्रति प्रेम को एक महान धर्म समझा गया है। इस भूमि पर उन सबके प्रति जिनमें जीवन है, दयालुता एवं करुणा रखना भारतीय नीतिशास्त्र का एक सामान्य रूप है। आखेट के लिए एक मृग को मारना एवं कौतूहल के लिए किसी चूहे को सताना पाप गिना गया है। वासनाओं पर विजय पाने के लिए कभी-कभी विशेष नियन्त्रण का विधान है। भारतीय विचारक मानते हैं कि मन शरीर के ऊपर निर्भर करता है, और इसलिए मन की पवित्रता के लिए वे भोजन की शुद्धि का होना आवश्यक बताते हैं।[2] वासनाओं को नियंत्रण स्वेच्छा से किया जाना चाहिए किन्तु जहां वह संभव न हो वहां बलपूर्वक नियंत्रण के साधनों का प्रयोग किया जाता है। तपस्या अथवा वासनाओं का वशीकरण बलपूर्वक बाह्य साधनों द्वारा किए जाने एवं 'न्यास' अथवा धार्मिक भावनाओं के द्वारा वासनाओं के त्याग में भेद किया जाता है। तपस्या का विधान वानप्रस्थ के लिए है जो निरन्तर श्रेणी में है और न्यास संन्यासी के लिए है। मन को एकाग्र करने की एवं चिन्तन की यौगिक प्रक्रियाओं की भी साधना करनी चाहिए। "बुद्धिमान मनुष्य को अपनी वाणी का विलोप मन के अन्दर और मन का विलोप बुद्धि के अन्दर करना चाहिए।"[3] समाधि एवं ध्यान-स्थिति का विधान मन की शुद्धि के लिए किया गया है। जीवात्मा को आदेश दिया गया है कि वह अपने सब विचारों को अन्दर की ओर प्रवृत्त करके केवल ईश्वर का ही ध्यान करे, उसकी कृपा की भिक्षा के लिए नहीं, वरन् उसके साथ तादात्म्य-प्राप्ति के लिए। किन्तु चिंतनात्मक जीवन का यह उन्नत स्वरूप यथार्थ सत्ता से बाहर नहीं है। यह केवल साधनमात्र है, जिसके द्वारा हम वस्तुओं की यथार्थता को देख सकते हैं। सतर्क एवं सूक्ष्म मन के द्वारा ही वह देखा जा सकता है।[4] ब्रह्मचर्य, गृहस्थ, वानप्रस्थ एवं सन्यास ये चारों आश्रम बनाए गए हैं, जिनमें से गुज़रकर मनुष्य धीरे-धीरे अपने को सांसारिक मल से शुद्ध करता है और तब अपने आध्यात्मिक निवासस्थान में प्रवेश पाने का अधिकारी हो जाता है।

प्रत्येक आर्य के लिए जब समाज के प्रति उसके समस्त कर्तव्य पूरे हो जाएं तो संसार से विरक्त होकर विश्राम करने का विधान है और यह मनुष्य-जीवन के अन्त भाग में होता है। तपस्वी परिव्राजक, जिसका जीवन प्रेमस्वरूप है और आचरण धार्मिक है, अपनी दृष्टि स्वर्ग की ओर मोड़ता है और संसार के प्रलोभनों से अपने को स्वतन्त्र रखता है। भारत के निश्छल किन्तु भक्तिभावपूर्ण मुनियों को अविनाशी सौंदर्य और अनहद नाद का साक्षात्कार स्वप्नरूप में हो जाता था। वे उस परम आदर्श के इतने सान्निध्य में रहते थे कि उसके अस्तित्व से आकृष्ट हो सकते थे। हमारे लिए यह केवल स्वप्नमात्र हो सकता है किंतु वे इसी स्वप्न में जीवन व्यतीत करते थे, और यह इसलिए उस सत्ता से अधिक यथार्थ है, अर्थात् भौतिक सत्ता से अधिक यथार्थ है, जिसकी वे उपेक्षा किया करते थे। तपस्वियों के लिए शरीर एवं आत्मा को साधने के वास्ते एक कठोर व्रत का विधान है क्योंकि केवल तपस्वी ही इस प्रकार का आदर्श जीवन व्यतीत कर सकते हैं। तपस्वी का जीवन कठोरतम पवित्रता एवं निर्धनता द्वारा शासित होना चाहिए। उसे पीत वस्त्र धारण करने चाहिए, अपने सिर को

---

1. और भी देखें, 1 : 9, 12
2. "आहारशुद्धौ सत्त्वशुद्धिः"
3. कठ उपनिषद् 1 : 3, 10।
4. कठ उपनिषद्, 3 : 12।

मुंडाकर भोजन के लिए नगर के अन्दर भिक्षावृत्ति करनी चाहिए। ये साधन हैं जिनसे आत्मा के अन्दर नम्रता आती है। आत्मा सावधानी के साथ नियमित प्रार्थनाओं एवं उपवासों के द्वारा चिरस्थायी आनन्द को प्राप्त कर सकती है। एक तपस्वी को महान् बनानेवाली वस्तुएं उसकी पवित्रता एवं नम्रता है। चतुर जादूगर के से हस्तकौशल या वातोन्मत्त स्वप्न देखने की सामर्थ्य से तपस्वी महान नहीं होता, वरन् विषयभोग, क्रोध, वासना और इच्छा से रहित एवं पवित्र रहने से वह महान् पदवी को प्राप्त करता है। यह जीवत हृतात्मापन आत्महत्या से भी कहीं अधिक कठिन है। मृत्यु आसान है। जीवन है जो भाररूप एवं कष्टप्रद है। वह व्यक्ति सच्चा तपस्वी नहीं है जो अपने सामाजिक बंधनों से बचने के लिए गृह एवं मनुष्य समाज का त्याग करता है। न वही सच्चा तपस्वी है जो इसलिए संन्यासी बन जाता है चूंकि उसे जीवन में असफलता मिली। इसी अन्तिम प्रकार के संन्यासी समस्त संन्यासी-संस्था के अपमान का कारण बनते हैं। सच्चा सन्यासी वह है जो आत्मसंयम एवं धार्मिक भावना के द्वारा मनुष्य-जाति के लिए कष्ट सहन करता है। जीवन का श्रम हमारे ऊपर डाला गया है कि हम अहंभाव से रहित होकर पवित्र बनें। और सामाजिक संस्थाएं आत्मोन्नति में सहायक बनने के लिए निर्माण की गई योजनाएं हैं। इस प्रकार से गृहस्थाश्रम के पश्चात् परिव्राजक साधु की अवस्था का विधान है। उपनिषदें घोषणा करती हैं कि आत्मज्ञानी व्यक्ति अपने सब प्रकार के स्वार्थमय हितों को छोड़कर परिव्राजक सन्यासी बनते हैं। "उसको, अर्थात् आत्मा को, जानकर ब्राह्मण लोग भावी संतति की कामना त्याग देते हैं वैयक्तिक सम्पत्ति की इच्छा का भी त्याग कर देते हैं एवं सांसारिक ऐश्वर्य की इच्छा छोड़कर परिव्राजक होकर विचरते हैं।"[1] प्राचीन भारत में यद्यपि सन्यासी निर्धन और अकिंचन था, दैनिक दान के ऊपर जीवन का निर्वाह करता था, किसी प्रकार की शक्ति अथवा अधिकार भी नहीं रखता था, तो भी उसे इतने सम्मान की दृष्टि से देखा जाता था कि संसार के चक्रवती राजा भी उसके आगे झुकते थे। पवित्र जीवन का इतना आदर-सम्मान था !

आश्रमधर्म, जो हिंदूधर्म का प्रधान लक्षण था, समस्त जीवन में आत्मा की शक्ति भर देने का प्रयत्न करता है। उसका बल इस विषय पर था कि विवाहित जीवन के लिए भी पहले से कठोर पवित्रता या ब्रह्मचर्य द्वारा पूरी तैयारी की आवश्यकता होती है। उपनिषद् के विचारकों के मत में विवाह एक धार्मिक संस्कार है एवं दैवीय सेवा की एक पद्धति है।[2] गृहस्थी का निवासस्थानगृह एक पवित्र वेदी है और कोई भी धार्मिक अनुष्ठान पूर्ण नहीं होता, जिसमें धर्मपत्नी भाग न ले। जब एक व्यक्ति पूरी तरह से मानवीय प्रेम की उष्णता, दीप्ति एवं पारिवारिक प्रेम को विवाह के द्वारा अनुभव कर लेता है तब उसके पश्चात् उसे शनैःशनैः गृह एवं परिवार के प्रति मोह से विमुक्त हो जाना चाहिए जिससे कि वह विश्व-मात्र का निवासी होने की महत्त्वपूर्ण भावना को अनुभव कर सके। यदि बौद्धधर्म चिरकाल तक एवं स्थायी रूप से भारतीयों के हृदयों पर अधिकार बनाए रखने में असमर्थ सिद्ध हुआ तो

1. ओल्डनबर्ग के अनुसार यह भारतीय वैराग्यवाद का प्राचीनतम प्रमाण है : "आत्मा का ज्ञान प्राप्त कर लेने पर समस्त सांसारिक वस्तुओं का त्याग करके सन्यासी बन जाने वाले इन ब्राह्मणों से ही ऐतिहासिक विकास एक सीधी रेखा में आगे बढ़ते हुए बुद्ध तक पहुंचता है, जिन्होंने निर्वाण की प्राप्ति के लिए अपने बंधु-बांधवों का, सुख-ऐश्वर्य और धन-सम्पदा का त्याग किया तथा पीत वस्त्र धारण कर सन्यास ग्रहण किया। भारत में नित्य परब्रह्म के सिद्धान्त का प्रादुर्भाव और वैराग्यपूर्ण जीवन की उत्पत्ति साथ-साथ हुई; ये एक ही महत्त्वपूर्ण घटना की दो उत्पत्तियां हैं।" (ओल्डनबर्ग : 'बुद्ध', 32)।
2. देखें, तैत्तिरीय उपनिषद्, 1।

उसका कारण यह था कि उसने विवाहित जीवन के विपरीत अविवाहित (अपरिग्रह अथवा ब्रह्मचर्य) जीवन को इतना अधिक प्रकृष्ट बना दिया और बिना किसी पूर्व तैयारी के हर किसी को संन्यास के उच्चतम आश्रम में प्रविष्ट होने का अधिकार दे दिया। संन्यासी वर्ग एक ऐसे धार्मिक बन्धुओं की संस्था है जिनके पास निजी सम्पत्ति कुछ नहीं; जो जन्म, जाति एवं राष्ट्रीयता के भेद से परे हैं और जिनका धर्म प्रसन्नता की भावना से प्रेम व सेवा के भाव का सर्वत्र प्रचार करना है। वे इस मर्त्यलोक में ईश्वर के प्रतिनिधि अथवा राजदूत हैं जो पवित्रता के सौंदर्य, नम्रता के सामर्थ्य, निर्धनता के आनन्द एवं सेवा स्वातन्त्र्य के साक्षी हैं।

जातिपरक नियम समाज के प्रति कर्तव्यों का विधान करते हैं। मनुष्य को अपने कर्तव्य-कर्म का पालन करना चाहिए, भले ही उसका परिणाम कुछ भी हो। योग्यताओं के अनुसार कर्तव्य-कर्मों का विधान किया गया है। ब्राह्मणत्व जन्म से नहीं अपितु आचरण से माना गया है, निम्नलिखित आख्यान इसकी यथार्थता को स्पष्ट करता है :

> "जाबाला का पुत्र सत्यकाम अपनी माता के पास जाकर बोला, 'हे माता, मैं ब्रह्मचारी बनना चाहता हूं। मैं किस वंश का हूं ?'
>
> माता ने उसे उत्तर दिया, 'हे मेरे पुत्र! मैं नहीं जानती कि तू किस वंश का है। अपनी युवावस्था में जब मुझे दासी के रूप में बहुत अधिक बाहर जाना-आना होता था तो तू मेरे गर्भ में आया था। इसलिए मैं नहीं जानती कि तू किस वंश का है। मेरा नाम जाबाला है। तू सत्यकाम है। तू कह सकता है कि मैं सत्यकाम जाबाला हूं।'
>
> हरिद्रुमत् के पुत्र गौतम के पास जाकर उसने कहा, 'भगवान् मैं आपका ब्रह्मचारी बनना चाहता हूं। क्या मैं आपके यहां आ सकता हूं ?'
>
> उसने सत्यकाम से कहा, 'हे मेरे बन्धु, तू किस वंश का है ?'
>
> उसने कहा, 'भगवन्' मैं नहीं जानता कि मैं किस वंश का हूं। मैंने अपनी माता से पूछा था और उसने यह उत्तर दिया : अपनी युवावस्था में जब दासी का काम करते समय मुझे बहुत बाहर जाना-आना होता था तब तू मेरे गर्भ में आया। मैं नहीं जानती कि तू किस वंश का है। मेरा नाम जाबाला है और तू सत्यकाम है।—इसलिए हे भगवान् मैं सत्यकाम जाबाला हूं।'
>
> गौतम ने सत्यकाम से कहा कि, 'एक सच्चे ब्राह्मण के अतिरिक्त अन्य कोई इतना स्पष्टवादी नहीं हो सकता। जा और समिधा ले आ। मैं तुझे दीक्षा दूंगा। तू सत्य के मार्ग से च्युत नहीं हुआ है।[1]

उपनिषदों के समस्त दार्शनिक ज्ञान का झुकाव विभागों के संघर्ष को नरम करने एवं जातिगत द्वेष और विरोधों के उन्मूलन की ओर है। परमेश्वर सब जातियों में एक समान अन्तर्यामीरूप आत्मा है। इस प्रकार सब एक समान ही सत्य को ग्रहण कर सकते हैं और इसीलिए सबको सत्य की शिक्षा ग्रहण करने का अधिकार सामानरूप से है। क्षत्रियों का प्रतिनिधि सनत्कुमार नारद को, जो ब्राह्मण था, वस्तुओं के परम रहस्य के बारे में शिक्षा देता है। उच्च श्रेणी के दर्शन-ज्ञान एवं धर्म किसी प्रकार से भी केवल ब्राह्मणवर्ग तक ही सीमित नहीं था। हम ऐसे राजाओं के विषय में पढ़ते हैं जो अपने समय के प्रसिद्ध शिक्षकों को

---

1. छान्दोग्य, 4 : 4, 1, 4।

आत्मा-सम्बन्धी गम्भीर समस्याओं का उपदेश देते थे। जनक और अजातशत्रु क्षत्रिय राजा थे, जिन्होंने धार्मिक सभाओं का आयोजन किया, जिनमें दार्शनिक प्रश्नों पर वाद-विवाद हुए। यह युग तीक्ष्ण बौद्धिक जीवन का था। साधारण जन भी दार्शनिक समस्याओं में रुचि प्रदर्शित करते थे। ज्ञानी पुरुष शास्त्रार्थ के लिए उत्सुक होकर देश के एक कोने से दूसरे कोने तक चक्कर लगाते पाए जाते हैं। उपनिषदों के ब्राह्मण ग्रन्थकारों की सत्य के प्रति इतनी यथार्थ निष्ठा थी कि वे इस विषय को सहर्ष स्वीकार करते हैं कि इन अनुसंधानों में क्षत्रियों ने एक महत्त्वपूर्ण भाग लिया है।[1] स्त्रियों को—यद्यपि उन्हें पर्याप्त आश्रय प्राप्त था—जहां तक कि जीवन के संघर्ष का सम्बन्ध है, पुरुषों के समान ही मोक्ष-प्राप्ति के लिए धार्मिक चेष्टा करने का अधिकार प्राप्त था। मैत्रीय और गार्गी आत्मा-सम्बन्धी गम्भीर प्रश्नों पर शास्त्रार्थ करती हैं और दार्शनिक विवाद-सभाओं में भी भाग लेती हैं।[2]

यह सत्य है कि उपनिषदें ज्ञान को मोक्ष का साधन मानने पर बल देती है। ''तरति शोकम् आत्मवित्,'' आत्मा को जानने वाला सब दुःखों से पार उतर जाता है। ''ब्रह्मविद् ब्रह्मवै भवति'', ब्रह्म का जानने वाला निश्चित ही ब्रह्मत्व को प्राप्त कर लेता है। चूंकि उपनिषदें ज्ञान पर बल देती हैं और समस्त सदाचार को उसका पूर्ववर्ती स्वीकार करती हैं, ऐसे भी समालोचक हैं जिनका कहना है कि उपनिषदें ज्ञान के प्रति अपने उत्साह में इच्छा को अपने स्थान से गिराकर गौण स्थान देती हैं। ड्यूसन यह कहने के बाद कि ज्ञानियों के लिए सदाचार का कोई अर्थ नहीं है, कहता है कि अज्ञानियों के लिए भी इसकी आवश्यकता नहीं। ''नैतिक आचरण प्रत्यक्षरूप में तो नहीं, पर अप्रत्यक्षरूप में भले ही ऐसे ज्ञान की प्राप्ति में सहायक हो जो मोक्ष को प्राप्त कराता है। क्योंकि यह ज्ञान ऐसा कुछ बन जाना नहीं है, जिसकी सत्ता पहले न रही हो और जो उचित साधनों से उत्पन्न किया गया हो, किन्तु उसका अनुभवमात्र है जो अनन्तकाल से विद्यमान था।''[3] किन्तु उपनिषदें ज्ञान को शब्द के संकीर्ण अर्थ में मोक्ष-प्राप्ति के एकमात्र साधन के रूप में स्वीकार नहीं करतीं। ''वह आत्मा केवल वेद के ज्ञानमात्र से प्राप्त नहीं हो सकती, न बहुत पढ़ने से ही प्राप्त होती है।''[4] सत्य-जीवन पर बल दिया गया है। ज्ञान के साथ धर्म का रहना आवश्यक है। यदि ब्रह्मज्ञान के जिज्ञासु में नैतिक एवं धार्मिक योग्यता नहीं है तो उसे प्रवेश नहीं मिल सकता, चाहे उसके अन्दर कितना ही उत्साह एवं प्रबल जिज्ञासा का भाव क्यों न हो।[5] हमें यह अच्छी तरह समझ लेना चाहिए कि ज्ञान केवल बौद्धिक योग्यता का ही नाम नहीं है। यह आत्मा से सम्बन्ध रखता है। ब्रह्मज्ञान के विद्यार्थी का मन अत्यधिक चंचल नहीं होना चाहिए, न ही वह संसार में इतना लिप्त हो कि सर्वोच्च सत्ता में ध्यान ही न लगा सके। उसका हृदय ईश्वर-भक्ति द्वारा पवित्र एवं उत्साहपूर्ण होना चाहिए। उपनिषदों में हम ऐसे कतिपय व्यक्तियों के विषय में सुनते हैं जिन्हें पहले एक दीर्घ नैतिक एवं धार्मिक नियन्त्रण में गुज़रना पड़ा, इससे पूर्व कि ब्रह्मज्ञान के विशेषज्ञ ऋषियों ने उन्हें अपना शिष्य बनाना स्वीकार किया। प्रश्न उपनिषद् में पिप्पलाद ऋषि ने छह जिज्ञासुओं को एक वर्ष तक और नियन्त्रण में रहने के लिए वापस कर दिया था। छान्दोग्य उपनिषद् में सत्यकाम जाबाल को जंगल में गुरु के पशुओं को चराने के

1. देखें, कौषीतकि उपनिषद्, 1 : 4, 2; बृहदारण्यक, 3 : 7; छान्दोग्य, 5 : 3, 7।
2. बृहदारण्यक, 2 : 4।
3. 'फिलासफी आफ द उपनिषद्स', पृ० 362।
4. मुण्डक, 3 : 2, 3, और भी देखिए, 3 : 1, 8।
5. देखें, कठ उपनिषद्, 1 : 2, 24-25।

वास्ते भेज दिया जाता है जिससे कि वह एकान्त-चिन्तन की प्रवृत्ति को बढ़ाए और प्रकृति के सम्पर्क में आए। उपनिषदें जिस ज्ञान के ऊपर बल देती हैं वह श्रद्धा अथवा विश्वास है जो आत्मा की शक्ति का जीवित नियम है। जैसे वृक्ष के ऊपर फल आता है, ज्ञान को भी कार्य में अभिव्यक्त होना चाहिए। जब हमारे पास ज्ञान है तो समझना चाहिए कि हमारे अन्दर सचाई है। उसे हम अपनाएं और उसके द्वारा अपने अन्दर उचित परिवर्तन करें। 'एक ऐसे व्यक्ति के लिए जो दुराचरण से विरत नहीं हुआ, जो शान्त नहीं है, जो समाहित नहीं है और जिसके हृदय में शान्ति नहीं है,' यह सम्भव नहीं है; अर्थात् मात्र ज्ञान से ही ब्रह्म की प्राप्ति नहीं हो सकती। इसलिए रामानुज ने ज्ञान की व्याख्या में ध्यान, समाधि, अथवा उपासना एवं पूजा को स्थान दिया है। ज्ञान की इस प्रकार की परिभाषा, जिसमें नैतिक जीवन को स्थान न दिया गया हो, किसी प्रकार भी उचित नहीं मानी जा सकती। यह सत्य है कि उपनिषदों का कहना है कि मात्र कर्मों से काम नहीं चलेगा जब तक कि उनमें आत्मा के साथ एकत्व की अभिव्यक्ति न हो। "नहीं, वह व्यक्ति जो यह नहीं जानता कि आत्मा को यहां कुछ महान पवित्र कार्य करना है, अन्त में उसका कर्म उसके लिए नष्ट हो जाएगा; और यदि मनुष्य अपनी आत्मा को ही सत्य समझकर पूजा करता है तो उसका कर्म नष्ट नहीं होगा। क्योंकि जो कुछ भी वह इच्छा करता है उसकी प्राप्ति उसे इसी आत्मा से होती है।"[1] इस वाक्य का यही आशय है कि ज्ञानपूर्वक कर्म करने चाहिए। सर्वोपरि सत्ता के प्रति श्रद्धा से विहीन कर्म स्फूर्तिरहित एवं निस्तेज रहते हैं।[2] मनुष्य का वास्तविक लक्ष्य केवल मान्त्रिक सदाचरण से ही प्राप्त नहीं किया जा सकता। यज्ञों के अनुष्ठान करते हुए सब कामों में, सब कर्मकाण्डों में आत्मा ऊंची उठती है किन्तु यह आवश्यक नहीं कि अनन्त के साथ उसका तादात्म्य ही हो जाए। सब कर्म यथार्थ आत्मा के हित की उन्नति के विचार को रखते हुए करने चाहिए। बिना ईश्वर के हमारे जीवन का न कोई लक्ष्य है, न सत्ता है और न कोई सहारा है। इस प्रकार के अनुष्ठानों एवं यज्ञों को उपनिषदों ने दूषित ठहराया है जो केवल इसी विचार से किए जाते हैं कि उनसे अधिकाधिक मात्रा में इहलोक अथवा परलोक में हमें भलाई मिले। हमें अपने कर्तव्य का पालन केवल इस प्रकार की प्रेरणा को लेकर कि परलोक में हमें लाभ होगा अथवा ईश्वर के पास हमारी जमा-पूंजी रहेगी, न करना चाहिए। उपनिषदें एक आवश्यक सत्य पर विशेष बल देती है। किन्तु वे इस मत का कि कर्म और ज्ञान दोनों एक-दूसरे से पृथक् हैं एवं केवल ज्ञान ही मोक्षदायक है, एकदम समर्थन नहीं करती हैं। उपनिषदें ऐसे आध्यात्मिक जीवन पर बल देती हैं जिसमें ज्ञान एवं कर्म दोनों का यथोचित समन्वय हो।

ठीक जिस प्रकार बुद्धि के आदर्श की प्राप्ति तब तक नहीं हो सकती जब तक हम केवल बुद्धि के ही स्तर तक रहते हैं—किन्तु उस स्तर से ऊंचा उठने पर ही अर्थात् अन्तर्दृष्टि द्वारा उसकी प्राप्ति होती है—इसी प्रकार नैतिकता के आदर्श तक भी तब तक नहीं पहुंच सकते जब तक हम केवल नैतिक स्तर तक ही रह जाएं—वहां तभी पहुंचा जा सकता है जब हम धर्म का आश्रय लें। नैतिक स्तर के ऊपर हमारे स्वरूप के दोनों पक्ष सान्त एवं अनन्त परस्पर प्रतिद्वन्द्वी रहते हैं। सान्त में अहंभाव अथवा अहंकार की गन्ध आती है, और यह व्यक्तिपरक आत्मा की व्यापक परब्रह्म से पृथक्त्व का भाव उत्पन्न करता है। उसके अन्तर्निहित अनन्त विश्व में स्थित अपनी सत्ता को ग्रहण करने के लिए बलपूर्वक प्रेरणा

1. बृहदारण्यक, 1 : 4, 15।
2. देखें, बृहदारण्यक, 3 : 8, 10।

करता है। आत्मा के विश्लेषण या वियोजन की प्रवृत्ति के कारण आत्मपूर्णता का विरोध होता है। हम नैतिक जीवन व्यतीत करके, निम्नतर प्रकृति को वश में रखने का प्रयत्न करते हैं किन्तु जब तक निम्नतर सर्वांग में धार्मिक न हो जाए, आदर्श की प्राप्ति नहीं हो सकती। तभी और केवल उसी अवस्था में जबकि हम अपने व्यक्तित्व की बाह्यता को नष्ट कर देते हैं, और उसके साथ ही पृथक्त्व के भाव को भी नष्ट कर देते हैं, हम धर्म के आनन्द को प्राप्त करते हैं और आत्मा की पूर्ण स्वतन्त्रता को ग्रहण करते हैं।

इस धार्मिक सिद्धि की सम्भाव्यता ही सदाचार की पूर्वकल्पना है। बिना इसके हमें अभी निश्चय नहीं हो सकता कि हमारी नैतिक महत्त्वाकांक्षाएं पूर्ण हो सकेंगी या नहीं। सामने विपत्तियों, भयों, मृत्यु एवं रोगों के रहते हुए भी यह दृढ़ विश्वास कि प्रतीयमान असंगति और विरोधों के रहते हुए भी सब वस्तुएं अन्तिम भलाई के लिए ही कर्म करती हैं, हमें प्रोत्साहन देता रहता है। नैतिकता का आधारतत्त्व धर्म है। ईश्वर हमें यह सुरक्षा का भाव प्रदान करता है कि संसार बिलकुल ठीक है और मनुष्य की विजय अवश्यम्भावी है। "जब एक मनुष्य उस अगोचर, अमूर्त, अनिर्वचनीय, अगाध के अन्दर अपना विश्रामस्थान खोजता है तो उसे शान्ति प्राप्त होती है। इसके विपरीत यदि मनुष्य उसके अन्दर एक व्यवधान एवं पृथक्त्व मानता है तब उसकी बेचैनी बनी रहती है और यह बेचैनी ऐसे मनुष्य की है जो अपने को विवेकी समझता है।"[1] इस प्रकार का धार्मिक आश्वासन रहने पर परिस्थितियों का दबाव अथवा मनुष्य का अत्याचार हमें अशान्त नहीं कर सकता। हमारा कोई भी प्रतिद्वन्द्वी हमारे अन्दर क्रोध या कटुता पैदा नहीं कर सकता। नैतिकता को धर्म से अन्तःप्रेरणा प्राप्त होती है। धर्म के प्रभाव में नैतिकता का तात्पर्य है अनन्त समय तक प्रयत्न करते रहना, एक सतत विकास, किसी पदार्थ के प्रति एक अन्त-रहित महत्त्वाकांक्षा, जिसे हम कभी प्राप्त नहीं कर सकते। धर्म के अन्दर ये सब सिद्धि, सुख एवं फल की प्राप्ति के रूप में परिणत हो जाते हैं। तब सान्त के सामर्थ्य की निर्बलता दूर हो जाती है और सान्त को एक विशेष महत्त्व एवं जीवनोद्देश्य का अधिकार प्राप्त हो जाता है। जब एक बार यह चेतना प्राप्त हो जाती है, दैहिक सत्ता रहे या समाप्त हो जाए इसके प्रति मनुष्य उदासीन हो जाता है।[2] मनुष्य परमेश्वर के प्रति प्रेम के उत्साह एवं मानव-समाज की सेवा में अपने को खपा देता है। वह इस बात की भी परवाह नहीं करता कि वह मार्ग जिस पर उसे चलना है, निर्बाध है या बाधाओं से भरा है। जब मनुष्य सत्य को ग्रहण कर लेता है, बुराई स्वयं उससे दूर भाग जाती है और स्वयं नष्ट हो जाती है, ठीक जैसे एक मिट्टी का ढेला किसी कठोर पत्थर से टकराकर चकनाचूर हो जाता है।[3]

जैसे अन्तर्दृष्टि का क्षेत्र बौद्धिक अवस्थाओं से बहुत दूर और ऊपर है, इसी प्रकार से धार्मिक स्तर (क्षेत्र) भी भलाई और बुराई से बहुत ऊपर है। जिसने परमसत्ता को प्राप्त कर

---

1. बृहदारण्यक, 4 : 2, 4।
2. दुश्चरित्र व्यक्ति को मैंने बड़ा शक्तिसम्पन्न पाया है और एक हरे-भरे तेजपत्र वृक्ष के समान बराबर विस्तार में फैलते देखा है। तो भी वह मर गया और देखो, उसका कहीं अस्तित्व ही नहीं रहा। मैंने ऐसे व्यक्ति का पता लगाना चाहा किन्तु उसका तो नामोनिशान भी मिट गया। पूर्व मनुष्य की ओर लक्ष्य करो और धार्मिक पुरुष को देखो, क्योंकि उस व्यक्ति का लक्ष्य शान्ति है। 'साम', 37 : 35-37।
3. छान्दोग्य, 1 : 2, 7।

लिया वह सब प्रकार के नियमों से ऊपर है।[1] यह विचार कि क्यों मैंने भला काम नहीं किया अथवा मैंने क्यों पाप किया, ऐसे व्यक्ति के मन को कष्ट नहीं देता।[2] वह किसी से नहीं डरता, और न ही अपने भूतकाल के अच्छे या बुरे कर्मों का कोई सोच करता है। "वह अमरत्वप्राप्त अच्छाई या बुराई दोनों से परे है; उसने कितना किया और कितना अधूरा छोड़ दिया इससे उसे दुःख नहीं होता; उसके क्षेत्र पर किसी कर्म का प्रभाव नहीं पड़ता।" इस सिद्धान्त में एक पापी जीवन के कर्मों के मिट जाने की सम्भाव्यता की भी गुंजाइश है, यदि हृदय-परिवर्तन हो जाए। इसी सिद्धान्त के ऊपर ईसाइयों के इस मत का आधार है कि कितना भी पाप क्यों न हो, वह मोक्ष में बाधक नहीं हो सकता, यदि दृढ़ निश्चयपूर्वक उसका प्रायश्चित कर लिया गया है। जब एक बार आत्मा यथार्थसत्ता को प्राप्त कर लेती है, 'जिसके अन्दर निवास करना स्थायी आनन्द है', मनुष्य की देह दिव्य ज्योति से आपूर्ण हो जाती है और उसके अन्दर बह सब जो हीन एवं नीच है, मुरझाकर नष्ट हो जाता है। नैतिकता के प्रश्न का कुछ महत्त्व नहीं रह जाता क्योंकि अब जीवात्मा तो कुछ करती ही नहीं, उसकी इच्छा ईश्वर की इच्छा और उसका जीवन ईश्वर का जीवन है। वह पूर्ण से संयुक्त हो चुकी है और इसलिए स्वयं भी पूर्ण हो गई। समस्त कर्म अब ईश्वर में ही होता है। अब ईश्वर एवं जीवात्मा के अन्दर और कोई भेद ही नहीं रहता। डाक्टर बोसनकट ने अपनी छोटी-सी उत्तम पुस्तक 'धर्म क्या है' में इस एकत्व की मूल भावना की उच्चतम अवस्था का प्रतिपादन किया है। "प्रेम की पवित्रता और सर्वोपरि शुद्ध सत्त्व की इच्छा के साथ संयुक्त होकर तुम न केवल यही कि सुरक्षित हो गए, प्रत्युत तुम स्वतन्त्र और शक्ति सम्पन्न भी हो जाते हो...एकत्व में इस प्रकार का विभाग करके कि इतना मुझसे आया उतना ईश्वर से आया, तुम्हारा अभिप्राय सिद्ध न होगा। तुम्हें अपने को उसके अन्दर गहराई से पहुंचा देना होगा। अथवा वह तुम्हारे अन्दर गहराई में प्रविष्ट हो जाए—इनमें से जो भी भाषा तुम्हें अधिक उपयुक्त जंचे।"[3]

दुर्भाग्यवश धार्मिक जीवन के इस केन्द्रीय तथ्य का अर्थ भारतीय विचारधारा के अच्छे-अच्छे विद्यार्थी भी पर्याप्त मात्रा में नहीं समझ पाए। उपनिषदों के सबसे अर्वाचीन समीक्षक डॉ. ह्यूम कहते हैं, "उपनिषदों के सिद्धान्त एवं ग्रीस देश के तत्त्वविद् दार्शनिकों के सिद्धान्त में अधिक मतभेद इस विषय में है कि एक ज्ञानी पुरुष अपने ज्ञान के कारण धार्मिक चरित्र का भी हो सकता है या नहीं, अथवा ज्ञान की शिक्षा का परिणाम अनिवार्य रूप से धार्मिक जीवन होना चाहिए या नहीं, यहां कुछ आध्यात्मिक ज्ञान की प्राप्ति से सब पुराने पाप नष्ट हो जाते हैं और उक्त ज्ञान को प्राप्त कर लेने वाला झिझक को छोड़कर उसी प्रकार पापमय जीवन में आगे भी चल सकता है, बिना किसी दण्ड को भोगे, यद्यपि इस प्रकार के कर्म अन्य

1. कौषीतकि, 2 : 8; बृहदारण्यक, 4 : 4, 22।

2. तैत्तिरीय उप०, 2 : 9।

3. पृष्ठ 20-21, "जिस प्रकार जल की एक बूंद शराब के बर्तन में पड़कर उसका रंग एवं स्वाद ग्रहण कर लेती है और जैसे पिघला हुआ लोहा अग्नि के समान बनकर अपनी आकृति खो बैठता है, एवं सूर्य की धूप से संयुक्त वायु जैसे उसी सूर्यकिरण सरीखी बन जाती है, उसे उस समय वह प्रकाशित नहीं अपितु स्वयं प्रकाशस्वरूप प्रतीत होती है, इसी प्रकार सन्तपुरुषों में मानवीय प्रेम एक वर्णनातीत रूप में द्रवित होकर अपने को परब्रह्म की इच्छा के अन्दर मिश्रित कर लेता है। यदि उस अवस्था में मनुष्य के अन्दर मनुष्यत्व का कुछ भी अंश शेष रह जाएगा तो ईश्वर के सर्वात्मभाव का कुछ अर्थ ही नहीं होता। एक विशिष्ट सत्ता उस समय विद्यमान रहेगी, यद्यपि अन्य आकृति, अन्य वैभव एवं एक अन्य शक्ति के रूप में।" (सेंट बनार्ड, 'माइंड' से उद्धृत, 1913, पृष्ठ 329)।

सबके लिए, जिन्हें आध्यात्मिक ज्ञान नहीं है, जघन्य पाप समझे जा सकते हैं।''[1] हम पहले कह आए हैं कि उपनिषदों का ज्ञान न तो आध्यात्मिक ज्ञान-सम्बन्धी पाण्डित्य है और न ही तार्किक या आध्यात्मिक खण्डन-मण्डन-सम्बन्धी निपुणता ही, वरन् वह उच्चतम सत्ता का विश्व के मध्य में सर्वोपरि शक्ति के रूप में प्रत्यक्षीकरण है। यह धार्मिक प्रत्यक्षीकरण तभी सम्भव होता है जबकि मनुष्य प्रकृति का सम्पूर्णरूप में कल्पनात्मक एवं क्रियात्मक दोनों ही पक्षों में परिवर्तन हो जाए। जिस डॉ. ह्यूम ने 'कुछ आध्यात्मिक ज्ञान की प्राप्ति' कहा है वह केवल उन्हीं के लिए सम्भव है जिनका हृदय पवित्र हो। उन्हें पूरी स्वतन्त्रता है। ''उस उच्चतम अवस्था में एक चोर चोर नहीं है एवं एक हत्यारा भी हत्यारा नहीं है। पुण्य व पाप उसका पीछा नहीं करते क्योंकि वह उस समय हृदय के सब दुःखों पर विजय प्राप्त कर लेता है।''[2] स्वतन्त्र मनुष्य जो चाहें, कर सकते हैं और उन्हें कोई दण्ड नहीं मिल सकता। किन्तु वह स्वातन्त्र्य 'स्वैरता का उन्माद नहीं है।'[3] ब्रह्मसाक्षात्कारवादी अपना विधान अपने-आप ही है। वह अपना भी स्वामी है एवं उस संसार का भी स्वामी है जिसमें वह रहता है। विधान व बन्धन उन मनुष्यों के लिए आवश्यक हैं जो स्वभावतः अपनी अन्तरात्मा के आदेशों के अनुसार आचरण नहीं करते। किन्तु उन व्यक्तियों के लिए जो अपने स्वार्थमय अहंभावों से ऊपर उठ गए हैं नैतिकता स्वयं उनके अस्तित्व का प्रतिबन्ध बन जाती है और विधान की पूर्ति प्रेम में हो जाती है। उनके अन्दर दुष्कर्म करने की सम्भावना भी नहीं रहती। बाहर का दबाव आन्तरिक स्वीकृति में परिणत हो जाता है। जब तक धार्मिक जीवन की प्राप्ति नहीं होती, नैतिकता का विधान एक प्रकार का बाह्य आदेश प्रतीत होता है जिसका पालन प्रयत्नपूर्वक और दुःख उठाकर भी करना ही होता है, किन्तु जब प्रकाश उपलब्ध हो गया, यह आत्मा का आभ्यन्तर जीवन बन जाता है और सहज रूप से एवं अन्तःस्फूर्ति के साथ काम करता है। एक सन्त पुरुष का कार्य अपने को आत्मा की स्फूर्ति के नितान्त अधीन कर देना है किन्तु बाह्य विधान के नियमों के प्रति अनिच्छा से आज्ञापालन नहीं है। हमारे सम्मुख एक निःस्वार्थ आत्मा का आदेश आता है जिसमें कर्म के पुरस्कार अथवा उल्लंघन के दण्ड का निरूपण नहीं होता। परम्परागत एवं प्रचलित आदेश बाह्य कर्तव्य एवं नैतिक विधि-विधानों का उसके लिए कुछ अर्थ नहीं है। आत्मा उस सर्वोपरि परमानन्द को पाकर प्रसन्न होती है, सब पदार्थों के एकत्व को प्रत्यक्ष देखती है और संसारमात्र से उसी प्रकार प्रेम करती है जैसे हम अपनी-अपनी पृथक् आत्माओं से प्रेम करते हैं। एक पूर्ण सद्भावना भी इस प्रकार सदाचार-सम्बन्धी नियमों के अधीन रहेगी किन्तु इसी कारण से नियमों के बन्धन में रहकर कार्य करने के लिए बाध्य नहीं होगी, क्योंकि विषयीनिष्ठ संघटन के कारण नैतिकता के भाव से ही उसका निश्चय हो सकेगा। इसलिए दैवीय अथवा पवित्र इच्छा के लिए कोई भी आदेशात्मक एवं अवश्यकर्तव्य नहीं हो सकते। यहां 'अवश्यकरणीयता' के लिए कोई स्थान नहीं है, क्योंकि इच्छाशक्ति और विधान यहां एकाकार हैं।[4] नैतिक नियम इसकी अभिव्यक्ति हैं और इसलिए उसे नहीं बांध सकते। इस प्रकार का सर्वोपरि आत्मा गुणों का निर्माणकर्ता और 'स्वराट्'[5] है, अर्थात् स्वयं नियमस्वरूप है। संसार की योजना में तीन वर्ग के प्राणी हैं :

---

1. 'द थरटीन प्रिंसिपल उपनिषद्' की भूमिका, पृष्ठ 60।
2. बृहदारण्यक, 4।
3. रवीन्द्रनाथ ठाकुर, 'साधना', पृष्ठ 18।
4. कांट, : 'मैटाफिजिक्स आफ मोरल्स', पृष्ठ 31 (ऐबट संस्करण)।
5. स्वमेव राजा।

(1) वे जो कि अपनी सत्ता के लिए प्रयत्न करते हैं और क्षुधाओं की पूर्ति के लिए कार्य करते हैं : दुश्चरित व्यक्ति जो यदि कभी सदाचरण भी करते हैं तो स्वार्थ को ही लेकर करते हैं जैसे या तो स्वर्ग की कामना से अथवा नरक के भय से; (2) ऐसे व्यक्ति जो विधान से अभिज्ञ हैं और अत्यन्त प्रयत्न से कष्ट उठाकर भी उसके अन्तर्गत रहने का प्रयत्न करते हैं क्योंकि उनकी आत्मा असामंजस्य या पृथक्त्व के अधीन है; और (3) संसार की रक्षा करने वाले, जिन्होंने जीवन के संघर्ष पर विजय पाकर शान्ति प्राप्त की है : ऐसे व्यक्ति जीवन के प्रयोजन से अभिज्ञ हैं और स्वतः ही बिना किसी प्रयत्न के उसके अनुकूल आचरण करते हैं। उपनिषदें हमें आदेश देती हैं कि जहां कहीं संशय हो अथवा कठिनाई का अनुभव हो वहां ब्रह्मज्ञानी लोग, जो कर्तव्यनिष्ठ हैं, जैसा आचरण करते हों वैसा ही आचरण करें।[1] ये महापुरुष अपना दैनिक कार्य करते हैं एवं स्वभाव से ही अपने सद्गुणों का विस्तार करते रहते हैं जैसे कि नक्षत्रगण प्रकाश प्रदान करते हैं और जैसे पुष्प अपने सौरभ को सर्वत्र वायुमण्डल में वितरित करता है; यहां तक कि वे स्वयं भी इससे अनभिज्ञ होते हैं। इस प्रकार की अवस्था प्रत्येक व्यक्ति प्राप्त कर सकता है। परब्रह्म के साथ ऐक्य स्थापित करने की सम्भावना केवल उसकी वास्तविकता से ही हो सकती है। मनुष्य के सर्वशक्तिमान आत्मा के साथ तादात्म्य-सम्बन्ध स्थापित हो सकने का प्रमाण स्वयं तादात्म्य प्राप्त हो जाना ही है। ईसाई मत के विचारकों के अनुसार, ईश्वर की मनुष्य के रूप में इस प्रकार की एक सम्पूर्ण अभिव्यक्ति ईसामसीह के व्यक्तित्व में पाई जाती है। उपनिषदों की घोषणा है कि सब मनुष्यों में दैवीय सम्पूर्णता तक उठने की सम्भावना रहती है और यदि वे प्रयत्न करें तो उसे प्राप्त कर सकते हैं।

चूंकि नैतिकता का अर्थ केवल अपूर्ण संसार के लिए ही है, जिसमें वर्तमान रहकर मनुष्य अपने उच्चतम स्वरूप को ग्रहण करने के लिए संघर्ष करता है, यह कभी-कभी कहा जाता है कि उपनिषदों की आध्यात्मिक पद्धति में नैतिकता के लिए कोई उचित स्थान नहीं है। ड्यूसन का कहना है कि "जब आत्मा का ज्ञान प्राप्त हो गया तब प्रत्येक कर्म का, और इसलिए प्रत्येक नैतिक कर्म का भी, कुछ अर्थ नहीं रह जाता, अर्थात् उसमें पुण्य एवं पाप का प्रश्न ही नहीं उठता।"[2] अभी तक हम बराबर इस प्रकार की आपत्तियों का संकेत कर रहे हैं। नैतिक क्रियाशीलता अपने-आपमें उद्देश्य अथवा लक्ष्य नहीं है। इसे पूर्णजीवन में परिवर्तित करना है। केवल पूर्णजीवन ही सर्वोपरि महत्त्व रखता है। जैसा कि तालमद ने सुन्दर शब्दों में कहा है, मुक्त व्यक्ति सर्वशक्तिमान परब्रह्म के साथ सृष्टि के निर्माण के हाथ बंटाते हैं। यहां नैतिकता एक विधान-विशेष का आज्ञापालन है जिसका स्थान लक्ष्य के प्रति स्वतन्त्र सेवा ले लेती है जो पूर्णब्रह्म के प्रति स्वयंस्फुरित भक्तिरूप है। इस अवस्था में जीवात्मा परब्रह्म में विलीन हो जाती है। केवल यही सर्वातिशयी मूल्य रखती है, किन्तु उस अवस्था की प्राप्ति के लिए जो नैतिक संघर्ष किया जाता है वह व्यर्थ नहीं जाता।

15. आर्थिक चेतना

धर्म यथार्थ में जीवन एवं अनुभव का विषय है। उपनिषदें धार्मिक चेतना की उत्पत्ति के लिए तीन श्रेणियों का विधान करती हैं : श्रवण अर्थात् विद्वानों से शास्त्रीय उपदेशों को

1. तैत्तिरीय, 1 : 11।

2. फिलासफी ऑफ द उपनिषद्स', पृष्ठ 362।

सुनना, मनन अथवा चिन्तन अर्थात् उक्त उपदेशों पर विचार करना और निदिध्यासन अर्थात् मग्न होकर अथवा एकाग्रता के साथ ध्यान करना।[1] पहली श्रेणी में धार्मिक जीवन में परम्परा के स्थान का संकेत रहता है। जीवित ईश्वर में विश्वास की दीक्षा के लिए किसी न किसी प्रकार की परम्परागत दैवीय प्रेरणा आवश्यक है। "धन्य हैं वे जिन्होंने बिना प्रत्यक्ष किए भी उसकी सत्ता में विश्वास कर लिया।" अधिकांश मनुष्य परम्परा एवं धार्मिक प्रतीकों अर्थात् मूर्तिपूजा आदि तक ही रह जाते हैं। उपनिषदों के अनुसार, रूढ़िवाद को धर्म न समझ लेना चाहिए। परिश्रमपूर्वक अपनी बुद्धि की योग्यता से हमें धार्मिक परम्परा के तात्त्विक अर्थ एवं उसके अन्तर्निहित सत्य को ग्रहण करने का प्रयत्न करना चाहिए। दूसरी श्रेणी में युक्तिपूर्ण विचार की आवश्यकता का प्रतिपादन किया गया है। प्रथम श्रेणी में जो कुछ परंपरागत होने के कारण स्वीकार कर लिया गया अब वह तार्किक निर्णय का रूप धारण करता है। सत्य को समझने मात्र से ही यथार्थसत्ता की प्राप्ति नहीं हो जाती। उच्चतम श्रेणी की धार्मिक चेतना के लिए यथार्थसत्ता अनुमान का विषय न रहकर साक्षात्कार का विषय हो जाती है। यथार्थसत्ता के इस प्रकार के अनुभव, अनन्त के विषय में इस प्रकार की चेतना, के लिए एक ऐसी विचारपद्धति के विकास की आवश्यकता है जो केवल तर्क से सर्वथा भिन्न हो। निदिध्यासन अथवा मग्नता के साथ ध्यान हमें एक तार्किक विचार को धार्मिक विचार के रूप में परिवर्तित करने में सहायक होता है, जिसे हम दर्शन कहते हैं और जो पहले से स्वीकृत सत्य का क्रियात्मक प्रत्यक्षीकरण है। यह स्वतन्त्ररूप से एकान्त में रहकर प्राप्त होता है, और व्हिटमैन के समान, गणित-ज्योतिष के तार्किक अध्ययन के अनन्तर 'एकदम मौन रहकर नक्षत्रों को निहारते रहना' है। यह एक प्रकार से मानसिक दृष्टि के सामने उस पदार्थ को उपस्थित करना है जिसे हम जानना चाहते हैं। ध्यानमग्नता का अचेतनावस्था अथवा मूर्च्छावस्था के साधनरूप में न मान लेना चाहिए क्योंकि इन अवस्थाओं को बहुत कड़े शब्दों में दूषित ठहराया गया है। ये केवल मन को पदार्थ में स्थिर करने में सहायता करती हैं। विचार के समस्त उतार-चढ़ाव को एवं इच्छा के विभेदों को वश में करके हम मन को पदार्थ के अन्दर स्थिर रहने, उसके अन्दर प्रवेश करने और उसके साथ एकाकार हो जाने की अनुमति प्रदान करते हैं। परमेश्वर की उपासना, सदाचरण और सत्य का पालन करना—यह सब आत्मा के अन्दर सत्य-जीवन के निर्माण में सहायक होते हैं। जिस समय कल्पनापरक मन परमेश्वर की सत्ता का चिन्तन करता है तब उसका मनोवेग स्वरूप परमात्मपरक भक्ति में लीन हो जाता है। उस समय पदार्थ हमसे बाह्य नहीं रहता, जैसाकि साधारण अनुभव में रहता है। उस समय प्रबल भावनामय आत्मदर्शन होता है, जिसका स्फुरण समस्त सत्ता के अन्दर प्रतीत होता है, मानो परमात्मा के साथ एकीकरण हो रहा हो। पूजा करने वाला उसके निकट हो जाता है जिसकी वह पूजा करता है। पदार्थ उस अवस्था में केवल घटक मात्र न रहकर ध्यान करने वाले की चेतना का रूप धारण कर लेता है। एक अर्थ में मन का परिवर्तन स्वयं सत्ता का परिवर्तन हो जाता है। उपनिषदें हमें गौण देवताओं की अन्तःप्रेरणा के विषय में बतलाती हैं एवं उसके साथ-साथ ब्रह्म की परमानन्ददायक समाधिस्थ अन्तःप्रेरणा का भी वर्णन करती हैं। जब तक अन्तःप्रेरणा के विषय प्रमेय पदार्थों में परिमितता एवं व्यक्तित्व का

---

1. बृहदारण्यक उपनिषद्, 2 : 4, 5; 4 : 5, 6। उदयन ने अपनी 'कुसुमांजलि' (1 : 3) में एक वृत्त उद्धृत किया है जिसमें आगम अर्थात् धर्मशास्त्र, अनुमान, और ध्यान का वर्णन है।

लेशमात्र भी रहेगा, परम लक्ष्य की प्राप्ति नहीं हो सकती। ब्रह्म की प्राप्ति के लिए हमें ब्रह्म-विषयक अन्तःप्रेरणा होना आवश्यक है।

यह स्पष्ट है कि उपनिषदों में प्रतिपादित धर्म मनुष्य के एकदम परिवर्तन के ऊपर बल देता है। धर्म मात्र एक औपचारिक पन्थ, अथवा नैतिक नियन्त्रण, किंवा रूढ़िगत कट्टर सम्प्रदाय नहीं है। यह कहना असत्य होगा कि उपनिषदें मनुष्य-स्वभाव के तर्करहित पक्ष की सर्वथा अवहेलना करती हैं। उन्होंने भावुकतापूर्ण एवं कल्पनात्मक धर्म के लिए भी उचित स्थान रखा है। उपनिषदें उन विरोधों से भी सर्वथा अनभिज्ञ नहीं है जो साधारण धार्मिक चेतना में प्रकट हो सकते हैं। यदि परमेश्वर सद्वृत्ति का पूर्णरूप है तब नैतिकता स्वयं ही सिद्ध है, क्योंकि प्रत्येक वस्तु को, जिसकी सत्ता है, पूर्ण इच्छा की अभिव्यक्ति होना चाहिए। यदि परमेश्वर संसार का रचयिता है तब वह ऐसी ही वस्तु की सृष्टि करेगा जो उसके अपने स्वभाव को परिमित कर देगी। या तो उत्पन्न जगत् उसके स्रष्टा परमात्मा से भिन्न है जिस अवस्था में वह अपनी ही सृष्टि से सीमित हो गया, अथवा दोनों एकसमान हैं, यह एक ऐसी सम्भाव्य कल्पना है जो प्रत्येक धर्म एवं नीतिशास्त्र को अमान्य रहेगी। धर्म में हम मनुष्य ही इच्छा के विरुद्ध परमेश्वर की इच्छा को रखते हैं। यदि दोनों एक हैं तब नीति का कोई प्रश्न नहीं उठता, क्योंकि उस अवस्था में मानवीय इच्छा की कोई स्वतन्त्र सत्ता नहीं है। यदि दोनों पृथक हैं तब परमेश्वर भी परिमित एवं सान्त ठहरता है और एक सान्त परमेश्वर हमारे अन्दर विश्वास उत्पन्न नहीं करा सकता। इसके अतिरिक्त यदि परमेश्वर में हम स्वतन्त्र इच्छा का गुण स्वीकार करते हैं तो वह कर्मों को भी उलट सकता है और उस अवस्था में मन की मौज मुख्य व्यवस्थापक बन जाती है। किन्तु दूसरी ओर वह नियमों के अधीन है और हमारे कर्मों के अनुसार ही हमारे साथ व्यवहार करता है तब उसकी स्वतन्त्रता परिमित ठहरती है। ये सब पारस्परिक विरोध हमें इस परिणाम पर पहुंचाते हैं कि ईश्वर के सम्बन्ध में ऊंची से ऊंची कल्पना जो हम कर सकते हैं वह सर्वोत्कृष्ट यथार्थसत्ता नहीं है। धर्म पीछे पड़ा रह सकता है और एक सीमाबद्ध ईश्वर से सन्तुष्ट रह सकता है—यह कल्पना भले ही कितनी असंगत क्यों न हो। इस विचार को इस आधार पर युक्तियुक्त कहा जा सकता है कि धर्म का मुख्य कार्य उच्चतम सत्य की खोज करना नहीं है और दार्शनिक दृष्टि से भी हमें स्वीकार करना पड़ेगा कि परमात्मा-सम्बन्धी सब कल्पनाएं, चाहे वे कितनी ही उच्च श्रेणी की क्यों न हों, केवल सापेक्ष हैं।[1] साधारणतः यह उपनिषद् के सिद्धान्त का उपलक्षित अभिप्राय ही समझा जाता है, किन्तु उपनिषदों के अन्तर्दर्शन को विचार की वैज्ञानिक पद्धति के रूप में ज्योंही परिवर्तित किया जा सकेगा, यह विचार साक्षात् सिद्धान्त के रूप में आ जाएगा। उपनिषदें धर्म की उत्कृष्ट एवं हीनतर आकृतियों को भी मानती हैं।

हमें यह भी स्मरण रखना चाहिए कि उपनिषदों का उत्कृष्ट श्रेणी का धर्म, जो ध्यान और नैतिक जीवन पर एवं परमेश्वर की पूजा को भावरूप से और यथार्थरूप से करने पर बल देता है, परम्परागत रूढ़ियों एवं चमत्कारों के बोझ से बोझल नहीं है जो कि आज तक भी अन्यत्र धर्मों के चारों ओर छाया रहता है। उपनिषद् धर्म के इस केन्द्रीभूत सिद्धान्त को कि सर्वोपरि यथार्थसत्ता केवल एक ही है जो अपने को विश्व में अभिव्यक्त करती है, रूढ़ि की संज्ञा नहीं दी जा सकती। यह परम सत्य है जिस तक मनुष्य-बुद्धि पहुंच सकती है। विज्ञान एवं दर्शनशास्त्र की उन्नति का उसके साथ मतभेद नहीं है। वरन् ये दोनों इसे पुष्ट करते हैं।

---

1. देखें, केनोपनिषद्, 1 : 5, 8।

उपनिषदों का धर्म महान आत्मा के प्रति श्रद्धाभक्ति एवं प्रेम का अनुभव है। इस प्रकार का ध्यान धार्मिक भक्ति है। यह इस विषय को भी स्वीकार करता है कि विषयी एवं विषय के बीच जो भेद है वह धार्मिक उत्साह में लुप्त हो जाता है। संसार का ऐक्य एवं पूर्णता उपनिषद्धर्म का सर्वोपरि तत्त्व है। यह साधारण धार्मिक चेतना के लिए सन्तोषप्रद नहीं हो सकता। मनुष्य सीमित शक्तिसम्पन्न आत्मा होने के कारण परमसत्ता को ग्रहण करने के अयोग्य है। वह अपने अतिरिक्त एक पदार्थ की कल्पना कर लेता है। परमसत्ता एक देहधारी ईश्वर बन जाता है। यह देहधारी ईश्वर यद्यपि चरम तथ्य नहीं है, फिर भी साधारण धार्मिक चेतना को इसकी आवश्कता रहती है। ईश्वर मित्र एवं सहायक है, पिता है, सृष्टि का स्रष्टा और विश्व का शासक है। उसे सर्वोत्तम पुरुष या पुरुषोत्तम कहा जाता है किन्तु वह संसार का शासन बाहर से नहीं करता है। उस अवस्था में ईश्वर एवं संसार के मध्य में किसी प्रकार का यांत्रिक सम्बन्ध नहीं होगा। वह अन्दर रहकर प्रेरणा करता है अर्थात् अन्तर्यामी है। यद्यपि है तो वह पुरुष किन्तु वह सबसे ऊपर है, सबमें है, और सबके द्वारा है। सब पदार्थ उसके हैं, उसके अन्दर हैं और उसके प्रति हैं, अर्थात् उसी को उद्दिष्ट करके हैं। किन्तु जैसा कि जैकोबी ने कहा है, ऐसा परमेश्वर जिसे जाना जाए, किसी काम का परमेश्वर नहीं है। इस प्रकार की कल्पना करना कि परमात्मा वह है जैसा हम उसे समझते हैं, निरा पाखण्ड है। यद्यपि धर्मसम्मत ईश्वर परमसत्तात्मक ब्रह्म की परिमित अभिव्यक्ति है, यह केवल कल्पनात्मक विषय नहीं है। सान्त मन द्वारा कल्पित परमसत्ता के विश्व के रूप में विकास में सबसे पूर्व विद्यमान प्राणी ईश्वर है, जिसे स्वयंचेतन विश्वात्मा भी कहा जाता है। वह देहधारी परमसत्ता है। उपनिषदें उसका तादात्म्य वस्तुओं की आदर्शात्मक प्रवृत्ति के साथ जोड़ने की चिन्ता नहीं करतीं, जिसे आदर्श के विपरीत विरोध एवं संघर्ष का मुकाबला करना पड़े क्योंकि उस अवस्था में वह अपने पद से गिरकर सान्त के स्तर पर आ जाएगा। उपनिषदों के अनुसार परमसत्ता एवं ईश्वर दोनों एक हैं। हम इसे सर्वोपरि ब्रह्म के नाम से इसलिए पुकारते हैं कि सान्त से ऊपर का भाव व्यक्त हो सके, इसकी अज्ञेयता एवं विश्वजनीनता का द्योतन हो सके। इसी को हम ईश्वर इसलिए कहते हैं कि उसके दैहिक रूप पर बल दिया जा सके क्योंकि धार्मिक भक्ति के लिए उसकी आवश्यकता है। परमब्रह्म एवं देहधारी ईश्वर के मध्य इस प्रकार का सम्बन्ध समझना चाहिए, जैसा कि यथार्थ प्रभु का सम्बन्ध मूर्ति के साथ है।[1] और तब भी दोनों हैं एक ही। परमसत्ता दोनों रूप रखती है–देहधारी भी और अमूर्त भी।[2] सर्वोपरि सत्ता में ध्यान लगाना विश्व के स्वामी के प्रति भावनाप्रधान भक्ति है। जीवात्मा ईश्वर को एक सर्वातिशयी रूप में समझता है और प्रबलरूप से उसके अनुग्रह की आवश्यकता अनुभव करता है। देवप्रसाद अथवा ईश्वर की दया मनुष्य की बन्धन से मुक्ति की अवस्था है। "यह आत्मा न तो बहुत अध्ययन से, न बुद्धि के द्वारा, और न बहुत शास्त्रज्ञान से प्राप्त हो सकता है। जिस मनुष्य को यह आत्मा स्वयं चुनता है अर्थात् जिस पर प्रभु स्वयं कृपा करते हैं, वही इसे प्राप्त कर सकता है, और उसके ही सम्मुख यह विश्वात्मा अपने यथार्थ स्वरूप को प्रकट कर देता है।"[3] कभी-कभी धार्मिक आवेश इतना अधिक बढ़ जाता है कि भक्त चिल्ला उठता है कि "यही वह है जो उस मनुष्य को पुण्य कर्म करने के लिए प्रेरित

1. तैत्तिरीय उपनिषद् पर शांकर भाष्य, 1 : 6; "शालग्राम इव विष्णोः।"
2. मूर्तामूर्तम्। तैत्तिरीय उपनिषद् पर शांकर भाष्य, 1 : 6।
3. मुण्डक उपनिषद्, 3 : 2, 3; कठ, 2 : 23।

करता है जिसे वह ऊपर उठाना चाहता है, और यही है वह जो उस मनुष्य को पापकर्म करने के लिए प्रेरणा देता है जिसे वह नीचे गिराना चाहता है।"[1] जीवात्मा और परमात्मा की एकता बहुत अधिक संयम एवं कठोर परिश्रम द्वारा सिद्ध होती है। जब धर्म का आदर्श प्राप्त हो जाता है, व्यक्तित्व का भाव उठ जाता है। हम ज्यों-ज्यों धार्मिक अनुभव में ऊपर उठते हैं, हम उपास्य एवं उपासक के मध्य तादात्म्य अनुभव करने लगते हैं, यहां तक कि अन्त में दोनों संयुक्त होकर एक हो जाते हैं। उस अवस्था में परम्परागत अर्थों में उपासना का भाव ही नहीं रहता। परमब्रह्म के अनन्तरूप का तब अनुभव होता है जो समस्त विश्व में व्याप्त होकर मनुष्य की आत्मा को भी प्लावित कर रहा है। उस समय हमारी मर्यादाएं लुप्त हो जाती हैं और मनुष्य की अपूर्णता के कारण उत्पन्न हुए दोष स्वयं विलीन हो जाते हैं। धर्म का लक्ष्य धर्म का ऊंचा उठना है। आदर्श धर्म वह है जो उस द्वैतभाव पर जिसको लेकर वह चलता है, विजय प्राप्त करता है। धार्मिक पूजा भय के भाव से प्रारम्भ होती है, भक्ति एवं प्रेम तथा नित्य के साथ संगम के मार्ग से गुज़रती है और समाधि-अवस्था में जाकर शेष हो जाती है, जहां ईश्वर एवं जीवात्मा एक-दूसरे के अन्दर समा जाते हैं। धार्मिक पूजा का विधान तभी तक के लिए है जब तक पूर्णावस्था की प्राप्ति नहीं होती।

उपासना अथवा धार्मिक पूजा के अपूर्ण प्रकार पूर्णता को प्राप्त करने के साधनरूप में अंगीकार किए जाते हैं। उपनिषदों को परस्पर-विरोधी मतों के साथ अत्यधिक न्याय करने में कहीं-कहीं असंगत कल्पनाओं को भी अपनाना पड़ा है जो उस समय की जनता में प्रचलित थीं। कुछ लोगों का जादू में विश्वास था; अन्य कइयों ने प्राकृतिक शक्तियों को मन की एकाग्रता एवं तपस्या की अन्यान्य प्रक्रियाओं द्वारा दबाने का प्रयत्न किया; अन्य कुछ व्यक्ति ऐसे थे जो निरर्थक औपचारिक विधियों में ही लिप्त रह गए; कुछ वैदिक देवताओं को पूजते थे; और कुछ ऐसे भी थे जिन्होंने अपनी धार्मिक अन्तर्दृष्टि द्वारा इस परिवर्तनशील जगत् से बच निकलने का मार्ग ढूंढ़ लिया। उपनिषदों के विचारक मनुष्य की विवेकशक्ति की दुर्बलता को भली प्रकार जानते थे कि इसके कारण सब पदार्थों में, सर्वकाल में और सब देश में विद्यमान परब्रह्म को मनुष्य स्थान-विशेष, काल-विशेष एवं पदार्थ-विशेष में मर्यादित एवं निविष्ट मान लेता है, इसलिए उन्होंने स्वीकार किया कि यदि पूजा की निम्नतर विधियों का एकदम निषेध कर दिया जाएगा तो भय है कि कहीं ईश्वर इस जीवन से एकदम ही बहिष्कृत न हो जाए। एकदम पूजा न करने से किसी भी प्रकार की पूजा का प्रचलित रहना अच्छा है। और इसीलिए यह कहा गया है कि हम जिस किसी प्रकार की पूजा को अपनाते हैं, वैसे ही बन जाते हैं। "मनुष्य को आश्रय के रूप में ब्रह्म की उपासना करने दो तो उसे आश्रय मिलेगा। उसे ब्रह्म के महान स्वरूप की पूजा करने दो तो वह भी महान बन जाएगा। उसे ब्रह्म को मानस के रूप में पूजने दो तो उसमें भी मानसिक शक्ति का विकास होगा। उसे ब्रह्म के रूप में ब्रह्म की उपासना करने दो तो ब्रह्म को प्राप्त कर लेगा।"[2] परब्रह्म भिन्न-भिन्न मनुष्यों में अपना प्रकाश भिन्न-भिन्न रूपों में करता है। किन्तु इसको अवतारवाद के सिद्धान्त के साथ नहीं मिलाना चाहिए, क्योंकि उपनिषदों में अवतारवाद का कहीं पता नहीं मिलता। धार्मिक भाव से परब्रह्म के ध्यान को उपनिषदों ने धर्म का सबसे उत्कृष्ट रूप

1. कौषीतकि, 3 : 8।
2. तैत्तिरीय, 3 : 10; देखें छान्दोग्य भी, 1 : 3, 12; बृहदारण्यक, 1 : 2, 13।

स्वीकार किया है, उससे दूसरी श्रेणी का है अन्तःस्थ प्रभु के प्रति भावनापूर्ण भक्ति; और सबसे निम्न श्रेणी का धर्म वैदिक देवी-देवताओं की पूजा है।

यह प्रायः कहा जाता है कि उपनिषदें किसी प्रकार की धार्मिक पूजा को स्वीकार नहीं करतीं। डाक्टर अर्कुहर्ट लिखता है, "चाहे कितनी ही स्पष्टता के साथ सच्ची पूजा का भाव लक्षित किया गया हो, कभी-कभी उस एक ही छन्द में उपास्य एवं उपासक के मध्य भेदभाव का नितान्त निषेध पाया जाता है, अर्थात् उपास्य एवं उपासक को एक ही बताया गया है, क्योंकि पूर्ण विकसित आस्तिकवाद की यही मांग है।"[1] उपनिषदें जीव एवं ब्रह्म की एकता पर बल देती हैं। इन दोनों में जो अपेक्षाकृत भेद हमें दिखाई देता है, ऊंचे उठकर एकत्व में वह लुप्त हो जाता है। "यदि कोई मनुष्य अन्य देव की पूजा करता है इस विचार को लेकर कि वह और ईश्वर भिन्न-भिन्न हैं, वह अज्ञानी है।"[2] एकत्व उपनिषदों के सिद्धान्त का सर्वोपरि तत्त्व है। परब्रह्म को अन्तर्यामी मानना उपनिषदों का केन्द्रीय सत्य है। यदि धार्मिक पूजा के साथ उसकी संगति नहीं बैठती तो इसका अर्थ केवल यह होगा कि सत्य धर्म के लिए आस्तिकता को कोई स्थान नहीं, क्योंकि एक यथार्थ आस्तिकवाद के लिए ब्रह्म को अन्तर्यामी मानना अत्यन्त आवश्यक है। प्रत्येक सत्य-धर्म इस विषय की घोषणा करता है कि सान्त पदार्थ स्वयं अपने आधार पर नहीं हैं और न अपने-आप विकसित हुए हैं, किन्तु परब्रह्म सबसे ऊपर है, सबके अन्दर है, सबके मध्य में है; वह सत्ता की आधारभूमि है, जीवन का स्त्रोत एवं इच्छा का लक्ष्यबिन्दु है। "यदि मैं ऊपर चढ़कर स्वर्ग में पहुंचूं तो वहां भी तू है, यदि नरक को मैं अपना आश्रय बनाऊं तो देखता हूं कि तू वहां भी है। यदि मुझे प्रातःकालीन स्वच्छ वायु के पंख मिल जाएं और समुद्र के गहनतम भाग में निवास करूं तो वहां भी तेरा ही हाथ मुझे पहुंचाएगा।"[3] "ईसा कहते हैं कि क्या मैं यहां उपस्थित ईश्वरमात्र हूं, और दूरस्थित ईश्वर नहीं हूं ? क्या कोई अपने को ऐसे गुप्त स्थानों में भी छिपा सकता है जहां मैं उसे नहीं देख सकता ? ईसा कहते हैं, क्या अन्तरिक्ष और पृथ्वी लोक मुझसे पूरित नहीं हैं ?" "ईश्वर के अन्दर ही हम निवास करते हैं, समस्त चेष्टाएं करते हैं एवं अपनी सत्ता को स्थिर रखते हैं।"[4] और "जो प्रेम में निवास करता है वह परमेश्वर में निवास करता है, और परमेश्वर उसके अन्दर निवास करता है।"[5] प्रत्येक सच्चा धर्म ईश्वर को अन्तर्यामी मानता है, और उत्कृष्टरूप से ईश्वरवादी है।

16. मोक्ष या मुक्ति

क्या धार्मिक आत्मज्ञान की सर्वोच्च अवस्था परब्रह्म के साथ सन्धि हो जाना है, या केवल शून्यता के रूप में लुप्त हो जाना है ? उपनिषदों का मत है कि सर्वोच्च अवस्था में व्यक्तित्व का विश्लेषण हो जाता है, यह स्वार्थमय एकाकीपन का त्याग है, किन्तु यह केवल शून्यता अथवा मृत्यु नहीं है। "जिस प्रकार बहने वाली नदियां समुद्र में जाकर विलुप्त हो जाती हैं और अपने पृथक् नाम एवं रूप को खो बैठती हैं, इसी प्रकार एक ज्ञानी पुरुष नाम और रूप से मुक्त होकर दैवीय शक्ति के समीप पहुंच जाता है, जो सबसे दूर है।"[6] उपनिषदें

1. 'द उपनिषद्स ऐण्ड लाइफ', पृष्ठ 60।
2. बृहदारण्यक, 1 : 4, 10।
3. 'साम', 139।
4. सेंट पाल।
5. सेंट जान।
6. मुण्डक, 3 : 2, 8, प्रश्न उपनिषद् भी देखें, 6 : 5।

संकीर्ण जीवात्मा को परमसत्ता स्वीकार नहीं करतीं। वे मनुष्य जो वैयक्तिक अमरत्व के लिए प्रार्थना करते हैं, जीवात्मा की परमार्थता को मानते हैं एवं इस जगत् से परे भी उसकी स्थिरता पर बल देते हैं। परिमित शक्ति वाले जीवन में यथार्थ तत्त्व, जीवात्मा के स्वरूप में सबसे श्रेष्ठ है; वह अनन्त है और वह भौतिक की सीमाओं के परे भी विद्यमान रहता है। महत्त्वपूर्ण अंश का नाश नहीं होता। इस संसार में जिन धार्मिक महत्त्वों की खोज में हम रहते हैं और जिन्हें अपूर्णरूप में प्राप्त कर पाते हैं, सर्वोच्च अवस्था में हम उन्हें परमार्थरूप में पाते हैं। मनुष्य के रूप में हम अपने आदर्शों तक अपूर्णरूप में पहुंच पाते हैं जो क्षणिक प्रकाश के रूप में एवं अन्तर्दृष्टि के क्षणों में कभी-कभी प्राप्त होते हैं। सर्वोच्च अवस्था में हम उन तक पूर्णता के साथ, सर्वांगरूप से एवं परमरूप से पहुंचते हैं। तैत्तिरीय उपनिषद् हमें बताती है कि इस जगत् में जो आनन्द हमें प्राप्त होता है वह दैवीय आनन्द की छायामात्र है, उसका एक तुच्छ-सा उपलक्षण है।[1] जीवन रूपी समुद्र में सब प्रकार के कष्टों के पश्चात् हम एक ऐसे रेतीले किनारे पर नहीं पहुंचते जहां भोजन के लिए हमें कुछ प्राप्त न हो और हम भूख से प्राण दे दें। मुक्त अवस्था को आत्मा की पूर्णतम अभिव्यक्ति मानना चाहिए। यदि स्वयं परब्रह्म को एक अमूर्तरूप भावात्मक सत्ता माना जाए तो ईश्वर की ओर उठने का अर्थ होगा कि हम एक शून्यतात्मक अथाह गर्त में अपने को गिरा रहे हैं। और उस अवस्था में मनुष्य का लक्ष्य शून्यता होगा। उपनिषदें इस परिणाम को स्वीकार करने के लिए तैयार नहीं है। उच्चतम अवस्था प्रसन्नता एवं परमाह्लाद की अवस्था है। यह आनन्द की अवस्था है, जहां प्राणी का प्राणीरूप विनष्ट हो जाता है, किन्तु वह अपने स्रष्टा के साथ एकात्म हो जाता है, अथवा यों कहना अधिक यथार्थ होगा कि वह उस स्रष्टा के साथ अपनी एकता का अनुभव कर लेता है। हम इस पूर्णता का ठीक-ठीक वर्णन नहीं कर सकते। हम प्रतीकों का ही प्रयोग करते हैं। नित्य जीवन का स्वरूप एक आनन्द की अवस्था है अथवा मुक्ति है, जीवात्मा का सुखपूर्ण विस्तार है। जहां स्वर्गलोक एवं इहलोक एकत्र होकर आगे बढ़ते हैं।

इसके स्वरूप को सिवाय प्रतिकृति या रूपक अलंकार के अंन्य किसी प्रकार से नहीं बताया जा सकता। इस जीवन में ऐसी अवस्थायें भी हैं जिन्हें नित्य अथवा कालातीत सत्ता के उदाहरणस्वरूप कहा जा सकता है। बैरन वान ह्यूगल हमें समाधि की अवस्थाओं के विषय में बतलाता है, जो "अनुभवी आत्मा को, एकाग्रता के अनुपात में, कालविहीन अर्थात् बिना तारतम्य के एवं समसामयिक प्रतीत होती हैं और इसीलिए नित्य हैं...आत्मा की नित्यता यहां अन्य दृष्टियों से प्रत्यक्ष में परमेश्वर से समानता होने के कारण निष्कर्ष के रूप में नहीं जबकि आत्मा इस अवस्था में होती है, बल्कि इसके विपरीत नित्यता स्वयं अनुभव का केन्द्र है एवं आत्मा के लिए दैवीय स्वरूप प्राप्त किए रहने के लिए विशेष आकर्षण का हेतु है। आत्मा के अमरत्व का अनुभव मृत्यु से पूर्व नहीं हो सकता, जबकि इसके नित्यत्व का जिस अर्थ में संकेत किया गया है उसका इस जीवन सम्बन्धी अवस्थाओं में साक्षात् अनुभव किया जा सकता है। इस प्रकार अमरता में विश्वास की तो यहां कल्पना की जाती है, किन्तु नित्यत्व का भाव मुख्य है।"[2] किसी मधुर संगीत का आनन्द लेने में, किसी कलात्मक वस्तु के तर्क को पूर्णरूपेण ग्रहण करने में हमारे आगे एक अलौकिक अवस्था उपस्थित हो जाती है, जिसमें

1. देखें, 2 : 8; कौषीतकि, 1 : 3, 5; बृहदारण्यक, 4 : 3, 33।
2. 'इटर्नल लाइफ', पृष्ठ 27।

परमेश्वर का दर्शन एवं नित्यत्व का अनुभव हो जाता है।[1] भौतिक या लौकिक घटनाएं तब नित्य हो जाती हैं जब उन्हें परब्रैह्म के सम्बन्ध में समझकर यथार्थरूप में देखा जाए।

चूंकि हमारे मानवीय दृष्टिकोण से परमसत्ता की पूर्णता का वर्णन करना सम्भव नहीं है, उपनिषदों ने भी परम मुक्ति या मोक्ष की अवस्था का यथार्थ एवं सूक्ष्म रूप में वर्णन नहीं किया है। दो बराबर विरोधी वर्णन हमें उपनिषदों में मिलते हैं यह परमात्मा के सादृश्य की अवस्था है एवं कि यह परमेश्वर के साथ ऐक्य की अवस्था है।

उपनिष्दों में ऐसे स्थल आए हैं जहां जीवात्मा के परब्रह्म के साथ एकाकार हो जाने का वर्णन है; यथा 'प्रवण धनुष है, आत्मा बाण है और ब्रह्म लक्ष्य है। अप्रमत्त होकर बाण चलाना चाहिए। जो वेधन करने वाला है, बाण के ही समान हो जाता है एवं लक्ष्यरूपी ब्रह्म के साथ एकाकार हो जाता है।"[2] आत्मा ब्रह्म के साथ एकाकार हो जाती है।[3] यहां पर जीवात्मा और ब्रह्म में एकदम तादात्म्य-वर्णन किया गया है। आगे चलकर "ये सब सर्वोच्च अविनश्वर ब्रह्म में पहुंचकर एकाकार हो जाते हैं।"[4] "वह सर्वोपरि अक्षर आत्मा में विलीन हो जाता है।"[5] "वह सर्वज्ञ और सर्वात्मा हो जाता है।"[6] "वह समस्त में प्रवेश करता है।"[7] मुक्तात्मा सब पदार्थों में प्रविष्ट होता है और भावरूप में तदात्मक हो जाता है। "उसको प्राप्त करने पर ऋषिगण का, जो अपने ज्ञान से संतुष्ट हैं, प्रयोजन सिद्ध हो जाता है; वे सब प्रकार की इच्छाओं से विरहित, और पूर्ण शांति के साथ, सर्वव्यापी आत्मा को सब ओर से प्राप्त करके

---

1. सन्त आगस्टाइन ने अपने 'कन्फेशंस' में लिखा है : 'मान लीजिए कि हमारी सारी शारीरिक हलचल सदा के लिए समाप्त हो जाए और जल, थल व नभ के समस्त इन्द्रियग्राह्यरूप शांत हो जाए; मान लीजिए कि अन्तरिक्ष स्थिर हो जाए और यहां तक कि आत्मा भी निःशब्द हो जाए और अपनी निज की संज्ञा भूल जाए; मान लीजिए कि सारे स्वप्न और कल्पना की समस्त अभिव्यक्तियां, शब्द और संकेत आदि, तथा इस क्षण भंगुर संसार से सम्बन्धित सब कुछ शांत हो जाए; मान लीजिए कि ये सब चुप हो जाएं—और यदि ये उससे कुछ कहें भी जो सब कुछ सुनता है, तो केवल यह कहें 'हमने अपने-आपको नहीं बनाया है, बल्कि उसने हमें बनाया है जो चिरन्तन है।—मान लीजिए कि ये केवल इतना ही कहें और बिलकुल शांत रहें, और उसी को सुनें जिसने इन्हें बनाया है, उसे ही बोलने दें, अपने माध्यम से नहीं बल्कि उसे स्वयं बोलने दें, जिससे कि हम उसके शब्द सुन सकें—किसी की चमड़े की जीभ से या किसी देवात्मा के माध्यम से नहीं, न ही गर्जन के माध्यम से या ऐसी किसी चीज़ के जरिए, जो उसे छिपा देती है जिसे वह प्रकट करना चाहती है; मान लीजिए कि तब वह परमात्मा, जिससे हम इस प्रकार के प्रत्यक्षीकरणों के कारण प्रेम करने लगे हैं, बिना किसी माध्यम के हमारे सामने प्रकट होता है—ठीक उसी तरह जिस तरह कि अन्तर्दृष्टि के एक क्षणिकआलोक में हमें उसे सर्वज्ञ और शाश्वत की अनुभूति प्राप्त होती है, जिसका स्थान सर्वोपरि है; अन्त में मान लीजिए कि परमात्मा का यह दर्शन चिरकालिक हो जाए और इससे निम्न अन्य सभी वस्तुएं दृष्टि से ओझल हो जाएं, ताकि केवल वही अपने दर्शक को मुग्ध कर सके और उसे एक रहस्यमय आनन्द में सम्मोहित कर सके, और हमारे जीवन को वह अन्तर्दृष्टि और आत्मप्रेरणा के उस क्षण के एक चिरस्थायी विस्तार में बदल दे जिसे हमने प्राप्त किया था—तो क्या यह वही स्थिति नहीं होगी जो इन शब्दों के अर्थ से इंगित हैं : 'तू अपने प्रभु के आनन्द को प्राप्त कर'?'
2. मुण्डक, 2 : 2, 2; कठ उप० भी देखें, 2 : 15।
3. शरवत् तन्मयो भवेत्।
4. मुण्डक, 3 : 2, 7; सर्व एकीभवन्ति।
5. प्रश्न उप०, 4 : 9।
6. 4 : 10; स सर्वज्ञः सर्वो भवति।
7. 1 : 7, सर्वमू एवाविशन्ति।

बराबर अपने मन को एकाग्र करके प्रत्येक पदार्थ में प्रविष्ट होते हैं।"[1] उन व्यक्तियों को जो समस्त विश्व को एकमात्र सर्वग्राही सत्ता के अन्दर सन्निविष्ट अनुभव कर लेते हैं, कोई दुःख या क्लेश नहीं हो सकता। "बिना किसी संशय के और वेदान्त के ज्ञान का महत्त्व खूब अच्छी तरह से समझकर सत्य के अन्वेषक, जिनके मन त्याग से पवित्र हैं, उस ब्रह्म के लोकों को प्राप्त करते हैं और जब उनकी देह छूटती है तब उनकी आत्मा अमर एवं सर्वोपरि परब्रह्म के साथ एकाकार हो जाती है और वे सब प्रकार से मुक्त हो जाते हैं।"[2] मुक्त आत्मा ब्रह्म के साथ अपनी एकता को इस प्रगाढ़ रूप में अनुभव करती है कि वह अपने को संसार का स्रष्टा कहने लगती है। "मैं भोजन हूँ, मैं ही खाने वाला हूँ। मैं विषयी हूँ, मैं ही विषय हूँ, एवं मैं दोनों ही हूँ। मैं ही आदिजन्मा हूँ एवं संसार का संहारक भी मैं हूँ। मैं सूर्य के सदृश प्रकाश हूँ। मैं संसार एवं अमर देवताओं का केन्द्र बिन्दु हूँ।[3] उक्त स्थल यह उपलक्षित करते प्रतीत होते हैं कि द्वैत का भाव है ही नहीं और इसलिए सर्वोच्च अवस्था में कर्म का प्रश्न ही नहीं उठता। यह चेतनता से रहित होने के पश्चात् भी जीवन लगता है, जहां शरीर विकीर्ण हो जाता है एवं मन भी विलुप्त हो जाता है और सब कुछ एक निःसीम अन्धकार में खो जाता है। अगर हम चाहें तो इसे स्वप्नों से रहित निद्रा अथवा चेतना विहीन शान्ति का नाम दे सकते हैं। जब याज्ञवल्क्य ऋषि ने मैत्रेयी को इन शब्दों में समझाया, "जिस प्रकार नमक का एक ढेला जल में छोड़ने पर उसमें एकदम घुल-मिल जाता है और पुनः हम उसे स्वरूप में नहीं पा सकते, किन्तु जहां पर से भी जल लें वह नमकीन ही मिलेगा, यही अवस्था यथार्थ में इस महान आत्मा की है जो निरन्त है, अपरिमित है, ज्ञान की सम्पूर्ण इकाई है, इन्हीं प्राणियों के द्वारा यह अभिव्यक्त हुई और इन्हीं के साथ अन्तर्धान हो जाएगी। मृत्यु के बाद चेतना की कोई सत्ता नहीं रहती।" मैत्रेयी कहती है, "तुम्हारा यह वचन कि मृत्यु के पश्चात् कोई चेतना नहीं रहती, मुझे भ्रम में डालता है।" याज्ञवल्क्य उत्तर देता है, "मैंने ऐसी तो कोई बात नहीं कही, जिससे तुम्हें भ्रम हो, यह बिलकुल बोधगम्य है। जहां सत्ताओं में द्वैतभाव रहता है, एक-दूसरे को देख सकता है, एक-दूसरे की गन्ध ले सकता है, एक दूसरे से भाषण कर सकता है, एक दूसरे की बात सुन सकता है, एक दूसरे के विषय में सोच सकता है, एक दूसरे को जान सकता है। किन्तु जब प्रत्येक पदार्थ आत्मरूप हो गया तो वह किसके द्वारा और किसको देखेगा, किसके द्वारा और किसकी गन्ध लेगा, किसके द्वारा और किससे भाषण करेगा, किसके द्वारा और किसे सुनेगा, सोचेगा या जानेगा ? किस साधन से उसे जानेगा, जिसके द्वारा वह समस्त विश्व को जान सकता है ?" इससे यह बात स्पष्ट है कि किसी विशेषरूप में, जिसे हमारी बुद्धि ग्रहण नहीं कर सकती, जीवात्मा ऐसी मुक्ति प्राप्त करती है जिसमें सब प्रकार की चेष्टा, प्रत्यक्ष ज्ञान, विचार अथवा चेतना का अभाव रहता है, क्योंकि यह सब द्वैतपरक दृष्टि में ही सम्भव है। ये सब चेष्टाएं विषयी एवं विषय के परस्पर विरोध के ही ऊपर निर्भर करती हैं और सापेक्षात्मक जगत् में ही इनकी सम्भावना रहती है। परमलोक में जाकर सब प्रकार का द्वैतभाव विलुप्त हो जाता है ऐसा कहा गया है, और उसके साथ ही साथ प्रत्यक्ष ज्ञान एवं कर्म भी विलुप्त हो जाते हैं। यह उस अवस्था में स्वयं नित्यस्थायी एवं अपरिवर्तनीय आत्म हो जाता है जिसकी पूर्णता में सब प्रकार की गति मन्द हो जाती है, सब रंग फीके पड़ जाते हैं, और सब शब्द समाप्त हो जाते हैं। यह मोक्ष का निषेधात्मक पक्ष है, यही सब कुछ है जिसे सीमित बुद्धि ग्रहण कर सकती है। इसका

---

1. मुण्डक, 3 : 2, 5। 2. 3 : 2, 6। 3. तैत्तिरीय, 3।

विधायक पक्ष भी है। केवल इसीलिए कि हम परिमित शक्ति वाले होने के कारण परमार्थ अवस्था की पूर्णता का वर्णन नहीं कर सकते, यह निषेधात्मक शून्यता नहीं है। निषेधात्मक दृष्टि से जीवात्मा सब प्रकार के विभेद को छोड़कर इस रूप में प्रतीत होती है जो न यह है न वह है किन्तु एक अनिर्दिष्ट मध्यवर्ती प्रकार की वस्तु है। ऐसे बेपरवाह प्राणी जो इन सब मामलों में सोते हुए से प्रतीत हाते हैं, वस्तुतः बहुत सक्रिय हो सकते हैं। जब विध्यात्मक पक्ष पर बल दिया जाएगा, मुक्तात्मा को एक पूर्णता प्राप्त जीवात्मा के रूप में हम समझ सकेंगे, जिसका दर्जा सर्वोपरि परमसत्ता के ही समान हैं।[1] ऐसे वाक्यों में जहां कहा गया है कि मुक्तात्मा अपनी सब इच्छाओं की पूर्ति करते हुए लोकों में भ्रमण करती है, उससे यह ध्वनित होता है कि मुक्तात्मा की अभी भी सक्रिय सत्ता है। "इन लोकों में विचरती हुई, इच्छानुसार भोजन करती हुई, नाना आकारों को अपनी इच्छानुसार धारण करती हुई वह गीत गाती हुई विराजती है।"[2] और फिर भी उसे इस प्रकार की भावना होती है कि वह ईश्वर के साथ एकाकार है। छान्दोग्य के अनुसार, अमरत्व से तात्पर्य है अपने को देवताओं के देश की ओर ऊपर उठाना।[3] मुण्डक उपनिषद् में से इसे ईश्वर का साहचर्य कहा गया है।[4] ईश्वर के साथ नितान्त समानता का सुझाव भी दिया गया है।[5] दैहिक कर्म के लिए गुंजाइश बतलाने के लिए कहा गया है कि जीवात्मा परमेश्वर के समान हो जाती है। सर्वोच्च सत्ता की यथार्थ अवस्था के विषय में कितने भी मतभेद भले ही क्यों न हों, एक बात बिलकुल स्पष्ट है कि यह निष्क्रिय न होकर सक्रिय अवस्था है जो स्वातन्त्र्य एवं पूर्णता से युक्त है। यदि ठीक-ठीक कहें तो कहना होगा कि हम उस अवस्था का वर्णन नहीं कर सकते किन्तु यदि उसकी परिभाषा अवश्य ही चाहिए तो कह सकते हैं कि उसे दैवीय जीवन की अवस्था समझा जा सकता है। आत्मा की सत्ता एकदम गायब नहीं हो जाती जैसेकि सूर्य की किरण सूर्य में समा जाती है, अथवा समुद्र की लहर समुद्र में समा जाती है और संगीत के स्वर एक स्वरलहरी में समा जाते हैं। जीवात्मा का संगीत सांसारिक गति में विलुप्त नहीं होता। यह सर्वदा के लिए एकसमान है और फिर भी एकसमान नहीं है। यह कहा जाता है कि मुक्तात्मा सबके साथ एकाकार हो जाती है और ईश्वर के साथ एक होकर जीवन व्यतीत करती है। मुक्तात्मा के इस प्रकार के विध्यात्मक वर्णन से एक वैयक्तिक पृथक्त्व के भाव का संकेत मिलता है, यद्यपि इस प्रकार के वैयक्तिक पृथक्त्व का आधार आत्मभावना का कोई रूप नहीं है। जीवात्मा का इस प्रकार का मोक्ष-जीवन परमसत्ता के साथ एकत्व का आनन्द अनुभव करने के लिए आवश्यक है। यद्यपि आत्माभिव्यक्ति के लिए इस प्रकार के व्यक्तित्व के केन्द्र का धारण है, फिर भी हमें बताया जाता है कि जीवात्मा में अपने गौरव एवं अमरता के महत्त्व की चेतना भी विद्यमान रहती है। यह अनुभव करती है कि विश्व रूपी नाटक में ईश्वर कार्य कर रहा है जिसमें दैवीय चेतन अपना भाग अभिनीत करती है। मुक्तात्मा भी उसी नाटक में अभिनय करती है और पूर्णरूप से सत्य का धारण किए रहती है। ऐसा कोई पदार्थ नहीं जो उसके प्रयोजन के लिए न झुक सके। "वह वायुओं को अपने देवदूत बनाती है, और जाज्वल्यमान अग्निशिखाएं उसके मन्त्रिगण हैं।" मुक्तात्मा की नानाविध परिभाषाओं के दार्शनिक समन्वय के लिए अभी हमें और कुछ दिनों तक प्रतीक्षा करनी पड़ेगी। अहंभाव को भी इसी जीवन में पृथक्

1. परमं सम्यम् उपैति। मुण्डक, 3 : 1, 3।
2. तैत्तिरीय, 3 : 10, 8।
3. 2 : 22।
4. 3 : 2, 6।
5. 3 : 1, 3।

करना सम्भव है और वह व्यक्ति जो इसी जीवन में पूर्णता को प्राप्त कर लेता है, जीवन्मुक्त कहलाता है। उसका अमरत्व-सम्बन्धीसुख उसकी गति सम्बन्धी स्वतन्त्रता में ही प्रकट होता है।

उपनिषदों के सिद्धान्तों के रहस्यमय होने के कारण उन्हीं एकसमान संदर्भों में से ही विभिन्न मतभेद प्रकट हो गए। कुछ बौद्धधर्मानुयायी उपनिषद् के मुक्तावस्था-सम्बन्धी विचार को सर्वथा अभाव के रूप में प्रतिपादित करते हैं, एवं कुछ वेदान्ती इसे सर्वोपरि परमार्थसत्ता में तल्लीन हो जाना कहते हैं। कुछ अन्य लोगों को मत है कि यह एक नित्यसत्ता है जो विचार, प्रेम एवं सर्वोपरि परब्रह्म में आत्मसात् हो जाती है। किन्तु यह एकदम मिट जाना अथवा शून्य हो जाना नहीं है। भक्तिभाव से पूर्ण कवि का यह घोषित करना कि "मैं शर्करा खाकर उसका स्वाद लेना चाहता हूं किन्तु शर्करा नहीं बनना चाहता," इसी मत को प्रकट करता है। वैष्णव एवं शैव मत के धार्मिक दर्शन-शास्त्री भी इसी पक्ष को स्वीकार करते हैं। किन्तु प्रायः सभी भारतीय विचारक इस विषय पर एकमत हैं कि मोक्ष जन्म और मृत्यु के बन्धन से छूट जाने का नाम है। ईश्वर के साथ सम्मिलन नित्य हो जाने का ही दूसरा नाम है। दृश्यमान जगत् की परिभाषा में यदि हम नित्यता की परिभाषा करें तो यह जन्मरहित एवं मृत्युरहित अव्यवस्था ही है।

17. पाप और दुःख

पाप की समस्या वेदान्त दर्शन की समस्त पद्धतियों के मार्ग में एक बाधक के रूप में है। सान्त के उन्नति करने की आध्यात्मिक समस्या के विषय में हम पहले लिख चुके हैं। यहां पर अब हमारे सामने नैतिक पापाचरण का प्रश्न है। वैदिक ऋचाओं में वैदिक शिक्षाओं के अनुकूल आचरण करना पुण्य है और उसके विपरीत आचरण पाप है। उपनिषदों में नित्य जीवन का ज्ञान पुण्य है और अज्ञान पाप है। इस मिथ्या दृष्टि को व्यक्त करने वाला आचरण एवं उसके कारण-आत्मा का पृथकत्व ही पाप है। उपनिषदों के मत में संसार के समस्त पदार्थों की प्राप्ति केवल ईश्वरप्राप्ति के साधन के रूप में ही स्वीकार करने योग्य है। यदि हम उन्हें ठोस और पृथगूरूप से मानें और अपने को भी एक पृथक् इकाई ही मानें तब हम नैतिक दृष्टि से पाप के भागी हैं। अहंभाव से पूर्ण की सर्वोपरि सत्ता से निषेध करना अथवा अपनी सर्वांगपूर्णता की घोषणा करना भ्रांति है। और आचरण में अहं द्वारा पूर्ण की सर्वश्रेष्ठता का निराकरण पाप है। ओछी अन्तर्दृष्टि से, जो स्वार्थमय अहं को जन्म देती है और अपनी संकीर्णता के कारण सब प्रकार के त्याग से संकोच करती है, पाप उत्पन्न होता है। उपनिषदें पाप को न तो माया अथवा भ्रांति ही कहती हैं और न उनकी दृष्टि में यह कोई स्थायी भाव है। हर अवस्था में मनुष्य का कर्तव्य है कि वह नम्रतापूर्वक इसके आगे झुके। पाप इस अर्थ में अयथार्थ है कि इसे अवश्य पुण्य में परिवर्तित होना है। यह इसी सीमा तक यथार्थ है कि इसके स्वभाव को बदलने के लिए प्रयत्न करने की आवश्यकता है।

अपनी आत्मा को ईश्वर से ऊंचा समझना पाप है, जबकि आत्मचेतना के स्थान में परमात्मचेतना की स्थापना पवित्रता है। मनुष्य हमेशा के लिए पाप में लिप्त नहीं रह सकता। यह अस्थायी सन्तुलन की अवस्था में है एवं वस्तुओं के स्वभाव का विरोधी है। उपनिषदों के मन में नैतिकता वस्तुओं के यथार्थ स्वरूप को अभिव्यक्त करती है। अन्त में केवल पुण्य

का ही अधिपत्य रहता है। "सत्य की ही जय होती है अनृत की नहीं।"[1] पाप एक निषेधात्मक वस्तु है, अपने अन्दर परस्पर-विरोधी एवं मृत्यु का सिद्धान्त; पुण्य, यथार्थ एवं विध्यर्थक वस्तु और जीवन का तत्त्व है। पाप कभी सबको सन्तोषप्रद सिद्ध नहीं हो सकता, यह वर्तमान समय की करुणाजनक अशान्ति से स्पष्ट हो जाता है, यद्यपि संसार ने इतनी भौतिक समृद्धि, सुख-सुविधा एवं यन्त्रों पर विजय पा रखी है।

उपनिषदों में कितने ही स्थलों पर ब्रह्म की प्राप्ति के मार्ग में आने वाली कठिनाइयों पर बल दिया गया है। "वह व्यक्ति दिव्य है जो उस आत्मा के विषय में शिक्षा दे सके जिसके विषय में बहुत-से व्यक्ति सुन भी नहीं पाते, जिसके विषय में बहुत-से यदि सुन भी लें समझ नहीं पाते, और दिव्य है वह जो उसे समझ सकने में समर्थ हो सके।"[2] मोक्ष-प्राप्ति का मार्ग 'एक उस्तरे की धार की भांति तीक्ष्ण है जिस पर चलना कठिन एवं पार करना अत्यन्त ही कठिन है।'[3] आत्मा के स्वरूप का ज्ञान निर्बाध विकास का अथवा बिना विघ्न-बाधाओं के उसमें आगे बढ़ सकें ऐसा नहीं है। पूर्णता की ओर अग्रसर होने में कष्ट एवं दुःख का अनुभव होना आवश्यक है। कठोर चकमक के पत्थरों में परस्पर बलपूर्वक रगड़ होना आवश्यक है क्योंकि बिना उसके आग की चिनगारी उत्पन्न नहीं हो सकती। अमूर्त प्रकाश एवं वायु का आनन्द लेने के लिए पक्षी के बच्चे को अण्डे के कठोर बाह्यावरण के भेदन का कष्ट एवं वियोग सहना आवश्यक है। नैतिक आचरण को पदार्थों के स्वभाव के प्रतिकूल भी जाना होता है। पुण्य एवं सुख हमेशा साथ-साथ नहीं रहते। "श्रेय और ही पदार्थ है एवं प्रेम उससे भी भिन्न पदार्थ है। इन दोनों का उद्देश्य भिन्न है और ये मनुष्य को बन्धन में जकड़ते हैं। श्रेय के मार्ग का आश्रय लेने वाले का कल्याण होता है, और जो प्रेय के मार्ग का आश्रय लेता है वह उद्देश्य से भ्रष्ट होता है।"[4] प्राकृतिक अभिलाषा की पूर्ति में सुख प्रतीत होता है जबकि श्रेयमार्ग की मांग है कि प्राकृतिक प्रेरणा-शक्ति को वश में किया जाए। मनुष्य नैतिक योजना द्वारा यथार्थ आत्मा की खोज करता हुआ प्रतीत होता है, जिसे उसने किसी प्रकार खो रखा है। किन्तु जब तक यथार्थ आत्मा की सिद्धि न हो, नीति का विधान एक बाह्य प्रेरणा का रूप स्वीकार कर लेता है। पुण्य सुखकारी प्रतीत नहीं होता। नैतिकता संकेत करती है कि हीनतर प्रवृत्ति के साथ संघर्ष करना होगा, जिसका अनुसरण सुखकर प्रतीत होता है। एवं जब मनुष्य अपने को प्राकृतिक बन्धनों से मुक्त करने के लिए संघर्ष करता है तो जीवन में घोर द्वन्द्व होता है। दुःख उन्नति की एक अवस्था है, संघर्ष अस्तित्व का नियम है एवं त्याग विकास का सिद्धान्त है। जितना अधिक संघर्ष एवं त्याग होगा, प्रसन्नता एवं स्वतन्त्रता भी उतनी ही अधिक होंगी। प्रत्येक उन्नति का यह विनाशक पक्ष है। धार्मिक जीवन में लाभ का तात्पर्य भौतिक जीवन में ह्रास है। किन्तु यह ह्रास वास्तविक नहीं है। यदि यह ह्रास वास्तविक और परमरूप में होता तब वह नितान्त ह्रास होता और उसे हम सहन न कर सकते। मनुष्य के पुत्र (ईसा) को यदि अपना खोया हुआ अधिकार पुनः प्राप्त करना है तो उसे बन्दी के उद्धार के मूल्य के रूप में दुःख झेलना ही होगा। यह हमारे सम्मुख जीवात्मा एवं इस भौतिक जगत् के अपूर्ण स्वरूप को प्रकट करता है। स्तोत्रकार डेविड कहता है कि "मुझे दुःख मिला, यह मेरे लिए हितकर है", क्योंकि दुःख परमेश्वर का दूत बनकर हमारे सम्मुख जगत् की अपूर्णता का प्रदर्शन करता है, और यह दर्शाता है कि इस लोक का जीवन केवल प्रासंगिक

1. मुण्डक, 3 : 1, 6।
2. कठ, 1 : 2, 7; भगवद्गीता, 2 : 29।
3. कठ उपनिषद्, 1 : 3, 14।
4. वही, 1 : 2, 1, 2।

है और आत्मा के प्रशिक्षण में दुःख के निग्रह का भी अपना उपयोग है। क्योंकि बाधा के कारण आत्मा को पूरी शक्ति लगाने का अवसर मिलता है, जिससे उसे उन्नति के लिए विवश होना पड़ता है। अन्तरिक्ष जितना ही अधिक कृष्णवर्ण होगा, नक्षत्रगण उतनी ही अधिक ज्योति से चमकेंगे। दुःख का एकदम विनाश नंहीं हो सकता, जब तक कि मानवीय अवस्थाओं में रहकर जीवनयापन करना है। जब तक कि अपना सम्पूर्ण सत्य परब्रह्म को अर्पित नहीं कर दिया जाता, तब तक क्रमिक उन्नति की प्रक्रिया दुःख के मार्ग से निःशेष नहीं हो सकती। उपनिषद् में कहा है कि "मनुष्य यथार्थ में एक यज्ञ का रूप है।"[1] जब तक हम परब्रह्म का साक्षात्कार नहीं कर लेते तब तक जीवन निरन्तर मरण की क्रिया है। जीवन एक ऐसा स्थान है जहां मानवीय आत्मा नित्य की प्राप्ति के लिए छटपटाती है एवं यन्त्रणा सहती है। परदे के बाद परदा उठता है। दैवीय जीवन तक पहुंचने से पूर्व जीवन की भ्रांतियों को समूल नष्ट करके दूर फेंकने की आवश्यकता है और वांछित आकांक्षाएं भी समाप्त होनी चाहिए।

18. कर्म

कर्म का सिद्धान्त नैतिक जगत् में वही स्थान रखता है जो भौतिक जगत् में एकरूपता के सिद्धान्त का है। यह नैतिक शक्ति के संरक्षण का सिद्धान्त है। ऋग्वेद में वर्णित 'ऋत' के रूप में शांति एवं सुव्यवस्था का आभास देखा जा सकता है। कर्म सिद्धान्त के अनुसार नैतिक जगत् में अनिश्चित एवं मनमाना कुछ नहीं है।[2] हम वही काटते हैं जो बोते हैं। पुण्य के बीज से पुण्य की खेती फलेगी, पाप का फल भी पाप होगा। छोटे से छोटा कर्म भी चरित्र पर असर रखता है। मनुष्य जानता है कि कर्म में प्रवृत्त कराने वाली जो कुछ प्रवृत्तियां उसके अन्दर अब विद्यमान हैं उसके अपने जान-बूझकर किए गए चुनाव का परिणाम हैं। ज्ञानपूर्वक किए गए कर्म आगे चलकर अनजाने स्वभाव बन जाते हैं। और आज जो हमारी स्वाभाविक प्रवृत्तियां हैं वे भी पूर्व में ज्ञानपूर्वक किए गए अपने ही कर्मों का परिणाम हैं। नैतिक विकास को हम ठीक उसी प्रकार रोकने में असमर्थ हैं जैसे समुद्र के ज्वार को एक नक्षत्रों के मार्ग को रोकना कठिन है। कर्म के उल्लंघन का प्रयत्न ठीक उसी प्रकार निष्फल होगा, जिस प्रकार मनुष्य अपनी छाया को लांघ नहीं सकता–अर्थात् जैसे मनुष्य की छाया बराबर साथ रहती है, कर्म भी बराबर साथ रहता है। यह मनोवैज्ञानिक सिद्धान्त है कि हमारे जीवन के अन्दर सब कर्मों का लेखा रहता है, जिसे काल धुंधला नहीं कर सकता और न मृत्यु ही मिटा सकती है। पुराने वैदिक विचार के इस प्रकार के दूषणों को दूर करने के लिए कि देवताओं को उद्देश्य करके यज्ञ करने से पापों से मुक्ति मिल सकती है, कर्म-सिद्धान्त के ऊपर विशेष बल दिया गया है। यह घोर दण्डाज्ञा की घोषणा करता है कि जो मनुष्य पाप करेगा वह मृत्यु को अवश्य प्राप्त होगा। यज्ञों द्वारा नहीं अपितु सुकर्मों द्वारा ही मनुष्य पुन्यात्मा बनता है। "पुण्यकर्मों

1. छान्दोग्य, 3 : 16, 1।
2. कारलाइल इस सिद्धान्त को इस रूप में रखता है, "हे मूर्ख, तू सोचता है कि चूंकि तेरी दुर्भाषा को नोट करने के लिए कोई बासवेल यहाँ नहीं है, यह स्वयं नष्ट हो जाएगी और इसका कुछ पता नहीं मिलेगा। कोई वस्तु नष्ट नहीं होती, न नष्ट हो ही सकती है, निरर्थक शब्द भी काल में डाला गया बीज है, जो अन्त समय तक फल देता रहेगा।" "अपने को धोखा मत दो; परमात्मा से बनावट नहीं की जाती, क्योंकि जो कुछ मनुष्य बोता है वही उसे काटना भी होगा।"

से मनुष्य पुण्यात्मा एवं पापकर्मों से पापी होता है।"[1] आगे कहा है कि "मनुष्य इच्छाशक्ति का प्राणी है—इस संसार में जैसी उसकी भावना होती है, मृत्यु के पश्चात् उसी प्रकार का वह बन जाएगा।"[2] इसलिए हमारे वास्ते विधान है कि सदिच्छा करो और पुण्यकर्म करो। "अपने मन से जिन-जिन लोकों की वह आकांक्षा करता है और जिन-जिन पदार्थों की वह इच्छा प्रकट करता है उस पवित्र मन वाले को वे लोक और वे ही पदार्थ उपलब्ध हो जाते हैं। इसलिए जो भूति (अभिव्यक्ति शक्ति) की इच्छा रखता है उसे उपसत्ता की उपासना करनी चाहिए जो आत्मा को जानती हो।"[3] कर्म के प्रतिफल के ही लिए इस जन्म एवं मृत्यु वाले संसार की सृष्टि होती है, जो अनादि है एवं अनन्त है। कर्म का सिद्धान्त अपनी लपेट में मनुष्यों, देवताओं, पशुजगत् एवं वनस्पति सबको ले लेता है।

चूंकि वैयक्तिक जिम्मेदारी के भाव पर बल दिया जाता है, ऐसे भी समीक्षक हैं जो सोचते हैं कि कर्म-सिद्धान्त की सामाजिक सेवा से संगति नहीं बन सकती। यह कहा जाता है कि एक-दूसरे के बोझ पर बल नहीं दिया गया है। वस्तुतः उपनिषदों का मत है कि हमें समाजसेवा द्वारा कर्मों से मुक्ति मिल सकती है। जब तक हम स्वार्थ को लेकर काम करते हैं, हम कर्मबन्धन के नियम के अधीन रहते हैं। जब हम निष्काम कर्म करते हैं, तो मोक्ष को प्राप्त होते हैं। "जब तक तुम इस प्रकार निष्काम कर्म करते हुए जीवन व्यतीत करते हो, ऐसा कोई कारण नहीं हो सकता कि कर्म तुम्हें बन्धन में डाल सकें।"[4] कर्म के कारण नहीं किन्तु स्वार्थमय कर्म के कारण ही हम जन्म और मृत्यु के बन्धन में पड़ते हैं। एक ऐसे युग में जबकि मनुष्य अपनी ज़िम्मेदारी से बचने के लिए सारा भार विधाता पर अथवा ग्रह-नक्षत्रों पर अथवा किसी अन्य सत्ता के ही ऊपर छोड़कर सन्तोष कर लेना चाहता हो, कर्म-सिद्धान्त ने बलपूर्वक कहा कि "मनुष्य अपने आप ही अपने को बन्धन में डालता है, जैसे एक पक्षी स्वयं ही अपने लिए घोंसला बनाता है।"[5] जो कुछ हमें डरावना प्रतीत होता है वह अन्धकारपूर्ण भाग्य नहीं है, वरन् हमारे अपने ही पूर्वकृत कर्म है। हम मृत्युचक्र के शिकार नहीं हैं। दुःख हमें पापकर्मों के पारिश्रमिक के रूप में मिलता है। यह निर्विवाद है कि इस प्रकार का विचार सदाचार के लिए बहुत प्रेरणा देता है। इसका तात्पर्य केवल इतना ही है कि मनुष्य के कर्मों को सीमित करने वाली कुछ शर्ते हैं। हमने अपने को नहीं बनाया है। जब हमारे आगे कोई असम्भव कार्य आता है तो हम अनुभव करते हैं कि हम जो चाहते हों वह कर सकें ऐसी बात नहीं है। कर्म-सिद्धान्त को यदि ठीक-ठीक समझा जाए तो वह नैतिक पुरुषार्थ को निरुत्साहित नहीं करता, न वह मन को और न इच्छा को ही जकड़ता है। कर्म-सिद्धान्त केवल इतना ही कहता है कि प्रत्येक कर्म पूर्वस्थित अवस्थाओं का अनिवार्य परिणाम है। कारण की कार्यरूप में परिवर्तित होने की प्रवृत्ति होती है। यदि जीवात्मा, जो प्रकृति से ऊंचे स्तर पर है, अपनी स्वतन्त्रता का प्रयोग न करे तो भूतकाल का आचरण और वर्तमान परिस्थिति मनुष्य के वर्तमान कर्म का कारण रहेंगे। मनुष्य मात्र प्रकृति की ही उपज नहीं है। वह कर्म से अधिक शक्तिशाली है। यदि कानून ही सब कुछ है तो किंसी प्रकार की भी स्वतन्त्रता सम्भव नहीं है। मनुष्य-जीवन केवल यांत्रिक सम्बन्धों का ही नाम नहीं है। भिन्न-

1. बृहदारण्यक, 3 : 2, 13।
2. छान्दोग्य, 3 : 14, 1; देखें, बृहदारण्यक, 4 : 4, 5।
3. छान्दोग्य, 3 : 1, 10।
4. ईश उपनिषद, 2।
5. मैत्रायणी उपनिषद, 3 : 2।

भिन्न प्रकार के स्तर है। यांत्रिक, प्राणधारक, संवेदनायुक्त, बौद्धिक एवं धार्मिक ये सब धाराएं एक-दूसरे को काटती हैं वह एक-दूसरे से कटती हैं एवं एक-दूसरे में प्रवेश करती हैं। कर्म-सिद्धान्त का, जो मनुष्य की निम्नतर प्रकृति पर अधिकार रखता है, असर मनुष्य के अन्दर के धार्मिक अंश पर नहीं होता। मनुष्य के अन्तःकरण में जो अनन्त का अंश है वह सान्त की मर्यादाओं से ऊपर उठने में उसकी मदद करता है। जीवात्मा का तत्त्वसार मोक्ष है। उस स्वतन्त्रता का उपयोग करके मनुष्य अपनी भौतिक प्रवृत्तियों की रोकथाम कर सकता है एवं उन्हें वश में रख सकता है। इसीलिए उसका जीवन यांत्रिक विधि से निर्धारित की जाने वाली अवस्थाओं से कहीं अधिक श्रेष्ठ है। उसके मुक्ति प्राप्त करने के सब प्रयत्न केवल स्वभाव के बल पर ही नहीं अथवा परिस्थितियों के आघात के कारण ही नहीं, बल्कि अन्तरात्मा की प्रेरणा से होने चाहिए। धार्मिक प्रकृति उसके उपक्रम एवं पुरुषार्थ का आधार होनी चाहिए। यांत्रिक भाग नियन्त्रण में रहता है। यदि मनुष्य केवल प्राकृतिक अवस्थाओं का ही समुदाय मात्र होता तो वह पूर्णतया कर्मसिद्धान्त के अधीन रहता। किन्तु उसके अन्दर आत्मा का निवास है जो अधिष्ठाता (स्वामी) है। कोई ब्राह्य पदार्थ उसे विवश नहीं कर सकता। हमें निश्चय है कि संसार की भौतिक शक्तियों को धार्मिक शासन के आगे अवश्य झुकना चाहिए। और इसीलिए कर्मसिद्धान्त को भी आत्मा की स्वतन्त्रता के आगे झुकना चाहिए। मनुष्य को उच्चतम स्वतन्त्रता तभी प्राप्त हो सकती है जबकि वह परब्रह्म के साथ एकाकार हो जाता है। "जो मनुष्य बिना आत्मा का ज्ञान प्राप्त किए और सत्य-इच्छाओं को बिना जाने इस संसार से विदा होता है, प्रत्येक लोक में उसका जीवन बंधन का जीवन होता है जबकि उस मनुष्य के भाग में जो आत्मा का ज्ञान प्राप्त करके और सब सत्य-इच्छाओं को जानकर इस संसार से विदा होता है, सब लोकों में स्वतन्त्रता का जीवन है।"[1] परमात्मा के साथ एकाकार होना सर्वोच्च स्वतन्त्रता की प्राप्ति है। हम जितना ही अधिक ईश्वर की सन्निधि में जीवन व्यतीत करेंगे उतना ही अधिक आत्मा के अधिकार का उपयोग करेंगे और उतने ही हम मुक्त होंगे। सम्पूर्ण ब्रह्म को पकड़कर रखने में, जिसके साथ हमारा नाता है, हम जितनी ही अधिक शिथिलता दिखाएंगे उतने ही अधिक हम स्वार्थी हैं और उतने ही अधिक हम कर्म-बन्धन में बंधे हुए हैं। मनुष्य प्रकृति एवं आत्मा के बीच डोलता है और इसीलिए स्वतन्त्रता और विवशता दोनों के अधीन है।

कर्म के दो पक्ष हैं, एक विश्व-सम्बन्धी, दूसरा मनोवैज्ञानिक। प्रत्येक कर्म अवश्य ही संसार में अपना स्वाभाविक परिणाम छोड़ता है। उसके साथ ही साथ वह मनुष्य के मन पर भी एक असर छोड़ जाता है जो प्रवृत्ति के रूप में परिणत हो जाता है। यह प्रवृत्त अथवा संस्कार अथवा वासना ही है जिसके कारण हम फिर उस काम को दोहराने में प्रवृत्त होते हैं जिसे हम एक बार कर चुके हैं। इस प्रकार से सब कर्म संसार में अपना फल भी देते हैं और मन के ऊपर असर भी रखते हैं। जहां तक पहले प्रकार के कर्मों का सम्बन्ध है उनसे हम बच नहीं सकते, चाहे कितना ही प्रयत्न क्यों न करें। किन्तु मानसिक प्रवृत्तियों के ऊपर हम काबू पा सकते हैं। हमारे भविष्य-आचरण में सब प्रकार की संभावना है। आत्मनियन्त्रण द्वारा हम सद्वृत्तियों को बलवती एवं कुप्रवृत्तियों को निर्बल बना सकते हैं।

मनुष्यों के कर्मों के विषय में भविष्यवाणी एवं पूर्णगणना की जा सकती है। यदि वे विवेकपूर्ण हैं तो उनमें कुछ गुण रहेंगे, उनके अन्दर हमें समानता दृष्टिगोचर होगी एवं

1. छान्दोग्य, 8 : 1, 6।

निःस्वार्थ प्रयोजन दिखाई देगा, आदि-आदि। किन्तु इससे हम यह धारणा नहीं बना सकते कि कर्मों का निर्णय किसी यान्त्रिक भाव में हुआ है। प्रत्येक जीवात्मा स्वभावतः स्वतन्त्र है। उसके कर्म रील के धागे की तरह नहीं खुलते। मनुष्य को स्वतन्त्रता प्राप्त होती है जोकि धार्मिक जीवन का केन्द्रबिन्दु है। परमात्मा ने उसे बाहर से स्वतन्त्रता प्रदान नहीं की है। उसे स्वतन्त्रता स्वभावतः प्राप्त है। क्योंकि उसका मूल परब्रह्म के अन्दर है। जितना ही अधिक वह अपने दैवीय स्वरूप को पहचान सकता है उतना ही अधिक वह मुक्त है।

कभी-कभी यह युक्ति दी जाती है कि कर्मसिद्धान्त आस्तिकवाद के साथ मेल नहीं खाता है।[1] कर्म एक विवेकशून्य एवं अचेतन तत्त्व है जो समस्त संसार पर अधिकार जमाए हुए है। यह ईश्वर के भी अधीन नहीं है। हमें ऐसे न्यायाधीश की आवश्यकता नहीं जो एक यान्त्रिक कानून का व्यवस्थापक हो। परमब्रह्म की सत्ता के साथ कर्मसिद्धान्त की कोई असंगति नहीं है। कर्म का नैतिक सिद्धान्त परमब्रह्म के रूप की अभिव्यक्ति है। मानवीकरण की दृष्टि से हम कह सकते हैं कि एक देवीयशक्ति सारी प्रक्रिया का नियन्त्रण एवं संचालन करती है। वेदों में इस नियम को ऋत कहा गया है। वरुण ऋत का स्वामी है। कर्म देवताओं के अपरिवर्तनशील कार्य को बताता है।[2] यह यथार्थसत्ता के स्वरूप की अभिव्यक्ति है। नैतिक विकास में किसी प्रकार की स्वेच्छापूर्ण बाधा को यह असम्भव बना देता है। आधुनिक समय के वैज्ञानिक नियम व प्रवृत्ति के सिद्धान्त भी इसी परिणाम पर पहुंचते हैं, मनमाने हस्तक्षेप के अनुकूल वे भी नहीं बैठते। यदि ईश्वर की सत्ता को प्रमाणित करने के लिए चमत्कार आवश्यक हैं तो विज्ञान ने ऐसे ईश्वर को सदा के लिए विदा कर दिया। दैवीय हस्तक्षेप का भी नियमों के ही अधीन रहकर नियन्त्रण होता है। ईश्वर अपनी व्यक्तिगत चेष्टाओं एवं संकल्पों द्वारा कर्म नहीं करता, जैसा कि मैलिब्रांश का मत है : केवल कर्म का सिद्धान्त ही हमें धार्मिक विश्व का ठीक-ठीक विचार दे सकता है। यह एक पूर्णब्रह्म के विवेकपूर्ण स्वरूप का हमारे सामने प्रतिपादन करता है। यह एक ढांचा है जिसके द्वारा जीवात्मा कर्म करती है। धार्मिक जगत् की स्वतन्त्रता कठोर यान्त्रिक विवशता के साथ प्राकृतिक जगत् में अभिव्यक्त होती है।[3] स्वतन्त्रता एवं कर्म एक ही यथार्थसत्ता के दो पक्ष हैं। यदि ईश्वर विश्व के अन्दर अवस्थित है तब उसका भाव भी इस जगत् रूपी यन्त्र के अन्दर विद्यमान है। दैवीय शक्ति नियम में अपने को अभिव्यक्त करती है पर नियम ईश्वर नहीं है। ग्रीक विद्वानों का भाग्य, एथेंस में ज़ीनो द्वारा संस्थापित दार्शनिक सम्प्रदाय का तर्क, चीनी दार्शनिकों का ताओ आदि त्रिकालाबाधित नियम के ही भिन्न-भिन्न नाम हैं।

---

1. देखिए, मैक्नीकोल : इंडियन 'थेइज़्म', पृ० 225।
2. "देवानां ध्रुवाणि व्रतानि।"
3. हमारे लिए कर्म के सिद्धान्त को उपनिषदों में प्रतिपादित ब्रह्म की इच्छा के सिद्धान्त के विरुद्ध उपस्थित करने की आवश्यकता नहीं है। ये दोनों पस्पर पृथक् नहीं है। वैदिक सिद्धान्त की भांति यदि बहुत-से देवता होंगे तो स्वयं देवता भी कर्म के अधीन होंगे। "स्वयं देवता भी उस व्यक्ति को जो उनका प्रिय है, मृत्यु की भयावह नियति से बचा नहीं सकते। स्वयं ज़ीअस (ग्रीक इंद्र) विलाप करते हुए कहता है कि यह 'भाग्य' की ही बात है कि उसके पुत्र सार्पेदोन को, जो उसे सर्वाधिक प्रिय है, पैट्रोक्लस के हाथों मरना पड़ेगा। 'भाग्य के निर्णय को बदलने का साहस उसमें नहीं है।' स्वयं किसी देवता के लिए भी भाग्य के आदेश की टालना संभव नहीं है। यूरिपिडीज़ में एथेना अनाक्सिमांडर के शब्दों का प्रयोग करते हुए कहती है, 'भाग्य का आदेश देवताओं का और तेरा स्वामी है!' " कॉर्नफोर्ड : 'फ्राम रिलिजन टु फिलॉसफी', पृष्ठ 12,13।

कर्म-सिद्धान्त से बढ़कर कोई दूसरा सिद्धान्त जीवन एवं आचरण में इतना अधिक महत्त्व नहीं रखता। इस जीवन में हमें जो कुछ होता है, हमें बिना किसी क्षोभ के स्वीकार करना चाहिए कि यह हमारे पिछले कर्मों का ही फल है। किन्तु भविष्य फिर भी हमारे अपने वश में है और इसलिए इस आशा एवं विश्वास के साथ कर्म कर सकते हैं। कर्म भविष्य के प्रति आशा का संचार करता है एवं भूतकाल को भूल जाने को कहता है। इससे मनुष्य-जाति को यह अनुभव होता है कि संसार के पदार्थों, सफलताओं एवं विफलाताओं से आत्मा के गौरव पर कोई अवांछनीय प्रभाव नहीं पड़ सकता। केवल पुण्य ही श्रेय है न कि पद और धन-दौलत, जाति अथवा राष्ट्रीयता। साधुता के अतिरिक्त अन्य कुछ श्रेय या कल्याणकारी नहीं है।

19. पारलौकिक जीवन

उपनिषदों में हम परलोक के समबन्ध में वैदिक एवं ब्राह्मण काल के विचारों से आगे का विकास पाते हैं, यद्यपि पारलौकिक जीवन के सम्बन्ध में अभी तक कोई सुसंगत सिद्धान्त स्थिर नहीं हो सका है। उपनिषदों में पुनर्जन्म का विचार सुस्पष्ट है। इसका प्राचीनम रूप शतपथ ब्राह्मण में हमारे सम्मुख आता है, जहां मृत्यु के पश्चात् फिर से जन्म लेने एवं बार-बार मृत्यु का भाव प्रत्यपकार के साथ सम्मिश्रित रूप में पाया जाता है। यह कहा गया है कि जिन व्याक्तियों को यथार्थ ज्ञान है, और जो अपने कर्तव्यों का ठीक-ठीक पालन करते हैं, मृत्यु के पश्चात् अमरत्व की प्राप्ति के लिए जन्म लेते हैं, जबकि दूसरी ओर ऐसे व्यक्ति जिन्हें यह ज्ञान नहीं है और जो अपने कर्तव्यों के पालन में लापरवाही करते हैं, बार-बार जन्म लेते हैं एवं मृत्यु का शिकार बनते हैं।[1] ब्राह्मण परलोक में भी जन्म एवं मृत्यु धारण करता है। उपनिषदों में इसी विश्वास को पुनर्जन्म के सिद्धान्त का रूप दिया गया है। हम नहीं कह सकते कि इन दोनों मतों का समन्वय हो सकता है या नहीं। कभी-कभी हमें वे दोनों एकसाथ मिलते हैं। अच्छे व बुरे कर्मों का दो प्रकार का प्रतिफल मिलता है—एक बार परलोक में, और दूसरी बार इस मर्त्यलोक में पुनर्जन्म के रूप में। यह कहा गया है कि जीवात्मा मृत शरीर के भस्मीभूत हो जाने पर जब ज्योतिर्मय आकार में स्वर्ग की ओर यात्रा करती है तो वहां से तत्काल ही तीन मार्गों से नये जन्म में वापस लौट आती है।[2] इस विषय की पर्याप्त साक्षियां हमारे पास हैं कि उपर्निषत्काल में पुनर्जन्म-विषयक विश्वास केवल परिपक्वता तक पहुंचने के क्रम में था, क्योंकि उपनिषदों के कुछ स्थलों पर इसका एकदम पता नहीं मिलता।[3] पुनर्जन्म-सम्बन्धी विश्वास का वर्णन करने वाले सबसे पूर्व के वाक्य छान्दोग्य (5 : 3,10) एवं बृहदारण्यक (6 : 2) में मिलते हैं।

अमरत्व का उच्चतम रूप ब्रह्म के साथ एकाकार हो जाना ही है, यह मत उपनिषदों में स्पष्टरूप से प्रतिपादित किया गया है। जिस समय देवताओं को ही सर्वोपरि सत्ताओं के रूप में माना जाता था, स्वतन्त्रता का उनके साथ समवाय-सम्बन्ध था। अब ब्रह्म ही पदार्थों का प्रधान तत्व है एवं संसार का परम आधार है। इस प्रकार ब्रह्म के साथ योग का ही नाम नित्य जीवन है। जब तक हमारे अन्दर उच्चतर स्वतन्त्रता की कुछ भी न्यूनता रहेगी, हमें काल के क्षेत्र का बन्धन रहेगा और हम जीवन के एक क्षेत्र से दूसरे क्षेत्रों में शीघ्रता के साथ

---

1. तुलना कीजिए, पुनर्मृत्यु का भाव। कौषीतकि ब्राह्मण, 25 : 1।
2. बृहदारण्यक, 6 : 2, 14।
2. वही, 1 : 5, 16।

गुजरते रहेंगे। जो आत्मा मुक्त नहीं हुई है वह जन्म एवं मृत्यु के अधीन रहती है, और इसी लोक में बार-बार जन्म लेकर अपनी नियति का निर्माण करती है। जहां यथार्थ अमरत्व मुक्तात्माओं के लिए है, कालक्रम से जीवन धारण करना बद्ध आत्माओं के लिए है। हमें ऐसी प्रार्थना सुनने को मिलती है कि "मैं उस वर्णशून्य लोक में कदापि न जाऊं जो बिना दांतों के ही खाए डालता है।"[1] कर्मों के अनुसार ही जन्म के प्रकार का निर्णय होता है। जब जीवात्मा अपने शुभ कर्मों से अपने को ऊंचा उठाती है तो उसे हम स्वर्ग कहते हैं और जब नीच कर्मों से अपने को नीचे गिराती है तो उसे हम नरक कहते हैं। इस संसार में जो जीवात्मा का अस्तित्व है वह यथार्थ अस्तित्व नहीं है। जब तक सान्त पदार्थ हमसे चिपटे रहेंगे, हमें संसार की दासता में रहना होगा। सान्त पदार्थों के साथ जब तक हम चिपटे रहेंगे, कभी भी परमसत्ता को प्राप्त नहीं कर सकेंगे, भले ही हम उसके कितने ही समीप क्यों न आ जाएं। प्रगति या तो निरन्तर विकास का नाम है या फिर सतत आसन्नता है। जब सान्तता के घटक का सर्वथा त्याग कर दिया जाएगा तभी ईश्वर के साथ एकाकार होना सम्भव हो सकेगा और फिर संसार में लौटना न होगा।[2] संसार की आवश्यकता जीवात्मा के प्रशिक्षण के लिए है।

प्राकृतिक जगत् हमें अनुभव कराता है कि इस लोक के सब पदार्थ किस प्रकार से अस्थिर एवं अवास्तविक हैं। इस संसार के अन्दर हम प्रत्येक पदार्थ का निरन्तर जन्म एवं निरन्तर विनाश पाते हैं। "मरणधर्मा मनुष्य अन्न (अनाज) की तरह ही क्षीण होता है और अनाज की भांति ही फिर पैदा होता है।"[3] विनाश केवल नये जीवन का अग्रदूत है। मृत्यु दूसरे जीवन का द्वार है। यद्यपि कर्म-सिद्धान्त अभी तक योग्यता एवं अनुभव के मध्य में सूक्ष्मतर रूप में कोई समानता तो नहीं दिखला सका तो भी यह निश्चयपूर्वक कहा जा सकता है कि जन्म का स्वरूप मनुष्य के आचरण के ऊपर निर्भर करता है। ऐसे व्यक्ति जिनका आचरण उत्तम रहा है, तुरन्त उत्तम जन्म-लाभ कर सकें, यथा ब्राह्मण, क्षत्रिय अथवा वैश्य। किन्तु ऐसे व्यक्तियों को भी जिनका आचरण पापमय होगा, नीच योनि में जैसे सूअर, कुत्ते अथवा चाण्डाल का जन्म मिलेगा।[4]

एक जन्म और दूसरे के बीच में निरन्तर एकरूपता बनी रहती है, भले ही हमें उसकी चेतना न हो। यह कोई बड़ी कमज़ोरी नहीं है, क्योंकि कई बार तो मनुष्य-जीवन के बड़े-बड़े भाग तक विस्मृत हो जाते हैं इस सिद्धान्त का सम्बन्ध चेतना की निरन्तरता की अपेक्षा उपयोगिता के संरक्षण से अधिक है। चूंकि विश्वात्मा ब्रह्म बन्धन के अधीन नहीं है, इसलिए जन्म में जो स्थिर रहता है वह मनुष्य का कर्म ही है। "हे याज्ञवल्क्य ! क्या आत्मा शरीर की मृत्यु के उपरान्त विद्यमान रहती है ? यदि मनुष्य की मृत्यु के उपरान्त उसकी जीवात्मा अग्नि में, श्वास वायु में, आंखें सूर्य में, मन चन्द्रमा में, कान देश की विभिन्न दिशाओं में, शरीर पृथ्वी में, अहं अन्तरिक्ष में, शरीर के बाल पौधों में, सिर के बाल वृक्षों में प्रवेश करते हैं, और रक्त एवं वीर्य जल में, तो फिर मनुष्य का क्या होता है ?" यह प्रश्न आर्तभाग ने याज्ञवल्क्य से किया। वे इस परिणाम पर पहुंचते हैं, "यथार्थ में अच्छे कर्मों के करने से वह पुण्यात्मा और बुरे कर्मों से पापात्मा होता है।"[5] जीवन की यथार्थता आचरण है, शरीर व मन नहीं। मृत्यु के विश्लेषण के पश्चात् भी यह विद्यमान रहती है। उपनिषदों का मत है कि कर्म

---

1. छान्दोग्य, 8 : 14, 1।
2. वही, 4 : 16, 6।
3. कठ, 1 : 8।
4. छान्दोग्य, 5 : 10, 7।
5. बृहदारण्यक, 3 : 2, 13।

में परिवर्तन हो सकता है परन्तु विश्वामा स्थिर रहता है। किन्तु यदि कुछ बौद्ध विचारकों के साथ सहमत होकर हम ब्रह्म को निरर्थक बताकर छोड़ दें तब हमें मानना पड़ेगा कि केवल कर्म ही स्थिर रहता है।

याज्ञवल्क्य के उपदेशों में पशुओं की कोई चर्चा नहीं है, जो बृहदारण्यक उपनिषद् के चतुर्थ खंड के साथ समाप्त होते हैं, यद्यपि उसी उपनिषद् के अन्तिम परिच्छेदों[1] एवं छान्दोग्य, कौषीतकि आदि उपनिषदों में आत्मा के पशुयोनि में जाने का भी उल्लेख मिलता है। ऐसा प्रतीत होता है कि यह भाव आदिम जातियों के विश्वासों से लिया गया। संसार के प्रायः सभी भागों में अशिक्षित असभ्य लोगों का यह विचार रहा है कि मानवीय आत्माएं पशुओं के शरीर में जा सकती हैं। आर्यजाति के आक्रान्ताओं ने भारत के आदिवासियों के संसर्ग में आकर यह विचार ग्रहण किया कि पशुओं एवं पौधों में भी आत्मा है और मानवीय आत्मा भी कभी-कभी उनके अन्दर अपना निवासस्थान बनाती है। सब योनियों में जीवन की पवित्रता, तथा पुष्प, कीट, पशु और मनुष्य में उस आदिकारण की समानता आदि उपनिषदों के मूलभूत विचार थे, जिन्होंने उपनिषदों को इस स्थिति को स्वीकार करने के लिए विवश किया। इसका क्रियात्मक महत्त्व भी बहुत है। जंगलों में स्थित आश्रमों के अन्दर पशुओं के प्रति जो दया का भाव प्रदर्शित किया जाता था उसका कारण भी यही सिद्धान्त था। अभिमानी मनुष्य को अपनी कपटभद्रता एवं पृथग्भाव का त्याग करके सेंट फ्रांसिस की नम्रता के साथ स्वीकार करना पड़ा कि काला भौंरा भी उसका भाई है। जब हम आधुनिक विकासवाद पर एवं उसके द्वारा मनुष्य और पशुओं में परस्पर बन्धुत्व पर दिए जाने वाले बल पर विचार करते हैं तो हमें आश्चर्य नहीं होता।

कोई भी दर्शन अपने भूतकाल का एकदम त्याग नहीं कर सकता। उपनिषदों को परलोक-जीवन-सम्बन्धी सिद्धान्त के साथ-साथ पुराने वैदिक सिद्धान्त को भी मानना पड़ा, जिसके अनुसार परलोक में पुरस्कार एवं दण्ड का विधान था। मनुष्य की अनुदार आत्मा ने पुनर्जन्म के नये विचार को प्राचीन परलोकशास्त्र के साथ संयुक्त करने का प्रयत्न किया, जिसमें प्रेतात्माओं के आह्लादपूर्ण लोक का वर्णन था, यहां यम का शासन है एवं दुःखमय और अन्धकारपूर्ण लोक भी है। इसके कारण उपनिषद् के सिद्धान्त में जटिलता उत्पन्न हो गई, क्योंकि उसमें मृत्यु के पश्चात् तीन भिन्न-भिन्न मार्गों या यानों का वर्णन था। "क्योंकि हमने एक ऋषि से भी सुना, "मैंने मनुष्यों के लिए दो मार्ग सुने हैं; एक पितृलोक का मार्ग है और दूसरा देवलोक का मार्ग है। उक्त दोनों मार्गों पर ही समस्त जंगम जगत् जो पितास्थानीय अन्तरिक्ष एवं मातास्थानीय पृथ्वी के मध्य अवस्थित है, गति करता है"[2] उपनिषदें उन दो मार्गों का उल्लेख करती हैं जिनके द्वारा मृत पुरुष की आत्मा इस लोक में किए गए कर्मों के फलों का उपभोग करती है। एक को 'देवयान' अथवा 'अर्चिमार्ग' कहते हैं अर्थात् प्रकाशमय मार्ग, और दूसरा पितृयान अथवा धूममार्ग अर्थात् अन्धकारमय मार्ग। पहला अग्नि इत्यादि विभिन्न क्षेत्रों में होकर ब्रह्मलोक अथवा सत्यलोक की ओर ले जाता है। उक्त क्षेत्र से फिर आत्मा लौटकर इस संसार में नहीं आती। जब तक ब्रह्मा को एक विषयाश्रित सत्ता के रूप में माना जाता रहा, जो अपने राजभवन में ऊंचे सिंहासन पर बैठा था और जिसके पास पुण्यात्मा व्यक्ति ही जाते थे तभी तक देवयान का अभिप्राय रहा। किन्तु जब जीवात्मा एवं ब्रह्म का तादात्म्य हो जाता है तब ब्रह्मा का वह आसन डगमगा जाता है और देवयान उच्चतम

1. वही, 6 : 3, 16।

2. वही, 6 : 2, 2।

सत्ता के साथ एकाकार होने का मार्ग बन जाता है। पितृयान का मार्ग भिन्न-भिन्न धूम्र एवं रात्रि आदि के अन्धकारमय क्षेत्रों में से गुज़र कर चन्द्रलोक की ओर ले जाता है। वे आत्माएं जो देवयान के मार्ग से जाती हैं, फिर लौटकर इस जगत् में जन्म नहीं लेती। परन्तु वे जो पितृयान के मार्ग से जाती हैं, अपने सुकर्मों का फल भोगकर फिर इस लोक में जन्म लेती हैं। ब्यौरे में नाना प्रकार के मतभेद हैं। कौषीतकि उपनिषद् के मत से मृत्यु के पश्चात् सब आत्माएं चन्द्रलोक को जाती हैं, यद्यपि चन्द्रलोक से कुछ पितृयान मार्ग द्वारा ब्रह्म को प्राप्त होती हैं जबकि अन्य आत्माएं–मनुष्य से लेकर कीट तक की–जीवन की अनेक योनियों में अपने कर्म के गुणों एवं ज्ञान की श्रेणी के अनुसार जाती हैं।[1] देवयान एवं पितृयान क्रमशः प्रकाश एवं अन्धकार के राज्य के अनुसार हैं, जिनके कारण हम संसार में जन्म लेते हैं। एक तीसरे मार्ग का भी उल्लेख मिलता है, जो दुःखमय है एवं अन्धकार से आवृत है।[2] वह व्यक्ति जो ऐसी सूखी गायों का जिन्होंने जल एवं घास खाने के बाद दूध दिया है किन्तु अब सूख गई हैं, दान करते हैं। वे अपने-आप उन दुःखमय लोकों में जाते हैं।[3] यह वह तीसरा मार्ग है जिस पर कीड़े-मकोड़े एवं सरीसृप जाकर इस संसार में जन्मते और मरते हैं।[4] मुक्तात्मा को, जिसने ब्रह्म के साथ अपने तादात्म्य का साक्षात् कर लिया है, अपने मोक्ष के लिए कहीं नहीं जाना होता है।[5] वह जहां भी रहती है, ब्रह्म के आनन्द को अनुभव करती है। "उसके प्राण कहीं नहीं जाते। ब्रह्म होने के कारण वह ब्रह्म के स्वरूप में लीन हो जाती है।"[6] जिन्होंने मोक्ष प्राप्त कर लिया है वे किसी भी मार्ग से नहीं जाते किन्तु वे जिन्हें उसकी प्राप्ति के लिए चढ़कर जाना है, देवयान के मार्ग से जाते हैं। चूंकि क्रमिक चढ़ाई का वर्णन किया गया है, इसलिए इसे क्रममुक्ति कहकर पुकारा जाता है।

पुनर्जन्म की योजना की व्याख्या विविध प्रकार से की जाती है। "तब उसका ज्ञान और कर्म एवं पूर्व-अनुभव उसे हाथ पकड़कर ले जाते हैं। जैसे एक कीड़ा रेंगते-रेंगते घास के ऊपर आ जाता है और एक बार सारे शरीर को सिकोड़ लेता है तब दूसरी घास के सिरे पर आगे बढ़ता है, इसी प्रकार मनुष्य भी, जिसने अपना शरीर छोड़ दिया है, सिकुड़कर नये जन्म में अग्रसर होता है।"[7] आगे चलकर "जैसे एक सुनार सोने का एक टुकड़ा लेकर और उसे घड़कर दूसरी आकृति बनाता है जो अधिक नई एवं आनन्दप्रद होती है, उसी प्रकार शरीर छोड़कर एवं उसी ज्ञान के साथ आत्मा एक ऐसी अधिक नई आनन्दप्रद आकृति बनाती है जो इस संसार के अनुकूल हो।" "जैसे एक मूर्तिकार एक मूर्ति से सामग्री लेकर उससे अपनी छैनी द्वारा दूसरी आकृति बनाता है जो अपेक्षाकृत अधिक नई एंव अधिक सुन्दर होती है वैसे ही यह आत्मा भी अपना शरीर छोड़कर और अज्ञान को दूर करके अपने लिए एक अन्य अपेक्षाकृत नये एवं अधिक सुन्दर आकार का निर्माण करती है : वह चाहे पितरों का हो, गन्धर्वों का हो या देवताओं का; प्रजापति का हो या ब्रह्म का अथवा अन्य प्राणियों का।[8] कहीं-कहीं यह कहा गया है कि मृत्यु के उपरान्त अपने अन्दर जीवनधारक नैतिक प्रवृत्तियों

---

1. 1 : 2, 3।
2. बृहदारण्यक, 4 : 11।
3. कठ, 1 : 3।
4. बृहदारण्यक, 6 : 2, 16; हमें इसी के समान परंपराएं 'नॉस्टिक' लेखों में एवं सेंट पाल के लेखों में मिलती हैं। देखें हैरीसन लिखित 'प्रोलेगेमिना टु ग्रीक रिलिजन' ; एवं गार्डनर की 'द रिलिजस एक्सपीरियंसिस आफ सेंट पाल'।
5. कठ, 6 : 14।
6. बृहदारण्यक, 4 : 4, 6।
7. वही, 4 : 4, 3।
8. बृहदारण्यक, 4 : 4, 4; देखें, छान्दोग्य भी, 5 : 10, 2; कौषीतकि, 1, 2; बृहदारण्यक, 1 : 5, 16।

को एकत्र करके आत्मा विदा होती है, और उन सबको दूसरे शरीर में साथ ले जाती हैं, चाहे वह शरीर उत्पन्न हो या नहीं जैसा कि छोड़े हुए शरीर के द्वारा किए कर्मों के अनुसार उसे नये जन्म में प्राप्त हुआ।[1] इस मत को उसके पश्चात् के सिद्धान्तों में लिंग-शरीर का नाम देकर अधिक विकसित किया गया और थियोसोफिस्टों के द्वारा इस मत का ज्ञान पश्चिमी पाठकों तक पहुंचाया गया। वे इसे सूक्ष्म शरीर कहते हैं। यह सूक्ष्म शरीर मन एवं आचरण का वाहक बनता है, और भौतिक शरीर से विनाश के साथ इसका विनाश नहीं होता। यही सूक्ष्म शरीर नये भौतिक शरीर का आधार बनता है और उसी के ऊपर नये जन्म में नया शरीर बराबर भौतिक-रूप में निर्मित होता है तथा स्थिर रहता है। यह भी कहा गया है कि एक ही यथार्थसत्ता से सब प्राणी अपने-अपने वैयक्तिक जीवनों में आते हैं, और उसी में फिर विलीन हो जाते हैं।[2]

उपनिषदें भौतिकवादियों के इस मत का समर्थन नहीं करतीं कि मृत्यु से जीवात्मा नष्ट हो जाती है। उन्हें जीवन की निरन्तरता में दृढ़ विश्वास है और उनका मत है कि शारीरिक मृत्यु के पश्चात् भी एक वस्तु विद्यमान रहती है। पुरुष-स्त्री का लैंगिक सम्बन्ध ऐसी अवस्थाएं उत्पन्न कर देता है जिनमें नया जीवन प्रकट होता है। किन्तु यह अपने-अपने नये जीवन की पर्याप्त व्याख्या नहीं है। चेतना की उत्पत्ति की व्याख्या केवल एक कोशाणु के विकास के द्वारा नहीं की जा सकती। अध्यात्मिक ज्ञान-सम्बन्धी यह कल्पना कि प्रत्येक बार जब बच्चे का जन्म होता है तो ईश्वर एक नये जीवात्मा का निर्माण करता है, उपनिषदों की कल्पना से अधिक सन्तोषप्रद प्रतीत होती जिसके अनुसार जीव अपने को वीर्यरूपी बीज में अभिव्यक्ति करता है और जो योनि उसे आवश्यक रूप में प्राप्त होनी होती है, उसमें जाता है।

पुनर्जन्म की कल्पना उसी प्रकार की एक बिलकुल तर्कसम्मत कल्पना है जैसी अन्यान्य कितनी ही कल्पनाएं हमें दार्शनिक क्षेत्र में मिलती हैं और जो निश्चय ही नितान्तशून्यता अथवा नित्य-प्रतिकार की कल्पनाओं की अपेक्षा कहीं अधिक सन्तोषप्रद हैं। इस जगत् में प्रतीयमान जितनी भी नैतिक अव्यवस्था अथवा दुःखों की विश्रृंखलता है, पुनर्जन्म एवं कर्म का सिद्धान्त ही उसकी व्याख्या कर सकता है। दुःख का अनुचित विभाजन विश्व की विवेकपूर्णता के विरुद्ध जाता प्रतीत होता है। जैसे भौतिक इन्द्रियगम्य जगत् की असमानताएं तार्किक विश्वास के लिए एक प्रकार की चुनौती हैं, उसी प्रकार नैतिक अव्यवस्था इस जगत् में काम करने वाले सिद्धान्त के औचित्य के लिए एक चुनौती है। यदि हमारा जन्म विवेकपूर्ण है तो फिर किसी प्रकार की भी बौद्धिक एवं नैतिक अस्त-व्यस्तता नहीं होनी चाहिए थी। यदि नैतिक अस्तव्यस्तता एक नियति है तो परिणाम नैतिक जड़ता या शक्तिहीनता के रूप में होगा। नैतिक जगत् में दृष्टिगोचर हो रही आश्चर्यजनक अस्तव्यस्तता को एक धर्मस्वरूप एवं महान जगत् के शासक ईश्वर के अस्तित्व के साथ हमें समन्वय करना ही होगा। यह विचार करके कि संसार का संगठन एक अव्यवस्थित रूप में हुआ है, हम सन्तोष नहीं कर सकते। जो कल्पना नैतिक जगत् की अव्यवस्था एवं दुःखों के कारण की खोज करते-करते मनुष्यों के धर्म-स्वातन्त्र्य तक पहुंचती है, उन असमानताओं की व्याख्या नहीं कर सकती जिन्हें लेकर मनुष्यों को इस संसार में डाल दिया गया है। प्रारम्भिक रचना में विद्यमान पारस्परिक ये भेद दैवीय व्यवस्था-सम्पन्न विश्व के साथ विरोध में पड़ते हैं। यह पुनर्जन्म की कल्पना ही है जो

1. देखें, बृहदारण्यक, 4 : 3, 38; 4 : 4, 5: प्रश्न, 3 : 10; कौषीतकि, 4 : 3।
2. छान्दोग्य, 6 : 9, 2; 6 : 10, 1, 2।

हमारे आगे इस प्रारम्भिक भेदों या असामानताओं की एक व्याख्या उपस्थित करती है। यह हमें अनुभव कराती है कि संसार में सुख और दुःख प्रगतिशील शिक्षा एवं चरित्र के कारण ही हैं। दण्ड केवल प्रतिशोध के विचार से ही नहीं अपितु सुधार के विचार से भी दिया जाता है। हमें अपने पापों के लिए दण्ड मिलता है और साथ-साथ उसी प्रायश्चितरूप दण्ड से हम पवित्र भी हो जाते हैं। हमें जो दुःख मिलता है वह हमारी भलाई के लिए है।

पुनर्जन्म के सिद्धान्त के प्रादुर्भाव-सम्बन्धी प्रश्न का उत्तर हमने पूर्वानुमान के आधार पर दिया है। हमने देख लिया है कि किस प्रकार से इसका स्वभावतः उस विचार-समुदाय के अन्दर से प्रादुर्भाव हुआ जिसने उपनिषदों को घेर रखा था। वेद हमें दो मार्गों, अर्थात् देवों एवं पितरों के मार्गों, का पता देते हैं। भारत के आदिनिवासी मानवीय आत्माओं के वृक्षों एवं पशुओं के अन्दर प्रवेश का विचार हमें देते हैं। ब्राह्मणग्रन्थों में प्रतिफल की आवश्यकता पर बल दिया गया है। उपनिषदों का काम इस सब प्रस्तुत सामग्री को संसार के सिद्धान्त के रूप में परिणत कर देना मात्र था। इसलिए हमें इसके आदिम उद्भव की स्वतन्त्र खोज के लिए इधर-उधर भटकना न होगा। यदि प्राचीन ग्रीस में इसी प्रकार के सिद्धान्त हमें मिलते हैं तो उनके उद्भव एवं विकास स्वतन्त्र रहे होंगे, यद्यपि आधुनिक विद्वान इस मत के विरुद्ध हैं। इस प्रश्न पर हम भारतीय एवं ग्रीक विचार पर दो विचारकों के प्रमाण उद्धृत करते हैं। मैक्डॉनल कहते हैं कि "भारतीय दर्शन एवं विज्ञान के ऊपर पिथागोरस की निर्भरता बहुत अधिक मात्रा में संभव है। पिथागोरस के सम्बन्ध में कहना होगा कि उसके लेखों में आया हुआ आवागमन का सिद्धान्त बिना किसी पूर्वसम्बन्ध एवं पृष्ठभूमि के है और ग्रीक विद्वान उसे विदेशों से लिया गया समझते थे। मिस्र से उसे यह नहीं मिल सकता था, क्योंकि प्राचीन मिस्र में इसका कहीं पता नहीं मिलता।"[1] गौम्पर्ज़ लिखते हैं, "पिथागोरस के सिद्धान्तों एवं भारतीय सिद्धान्तों में निकटतम अनुकूलता है, केवल सामान्य रूप में ही नहीं किन्तु विवरण में भी अनुकूलता है, जैसे कि शाकाहार के सिद्धान्त के सम्बन्ध में; और यह कहा जा सकता है कि जिस व्यवस्था के अनुसार जन्म-जन्मान्तर के पूरे चक्र की व्याख्या सूत्ररूप में की गई है, वह सब भी ठीक उसी रूप में दोनों जगह एक समान मिलती है। इस समता को हम केवल आकस्मिक कह सकें यह प्रायः असम्भव है। यह धारणा बनाना अनुचित न होगा कि उक्त जिज्ञासु ग्रीक विद्वान ने, जो बुद्ध का समकालीन था एवं ज़रतुश्त का भी समकालीन हो सकता है, न्यूनाधिक मात्रा में पूर्व की धार्मिक कल्पनाओं की शिक्षा को यथार्थरूप में ग्रहण कर लिया हो, क्योंकि वह युग बौद्धिक विक्षोभ का युग था और यह आदान-प्रदान फारस के माध्यम से हुआ।"[2] एक बात तो बिलकुल स्पष्ट है कि भारतीयों ने इस सिद्धान्त को कहीं बाहर से उधार नहीं लिया।

20. उपनिषदों का मनोविज्ञान

यद्यपि उपनिषदों में किसी मनोवैज्ञानिक विश्लेषण का पता नहीं मिलता फिर भी हम उनमें से ऐसे विचारों को एकत्र कर सकते हैं जिन्हें उन्होंने अन्यत्र ग्रहण से किया है। प्रश्न

1. 'हिस्ट्री ऑफ संस्कृत लिटरेचर', पृष्ठ 422।
2. 'ग्रीक थिंकर्स', खण्ड 1, पृष्ठ 127। एक भिन्न मत के लिए देखिए, कीथ लिखित 'पिथागोरस ऐन्ड ट्रांसमाइग्रेशन', जर्नल आफ द रायल एथियाटिक सोसायटी, 1909।

उपनिषद् में[1] दस इन्द्रियों का, जिनमें पांच कर्मेन्द्रियां और पांच ज्ञानेन्द्रियां हैं, उल्लेख है जो क्रमशः कर्म और ज्ञान के उपकरण हैं। ये इन्द्रियां मन की अधीनता में रहकर कार्य करती हैं, मन एक केन्द्रिय इन्द्रिय है जिसके मुख्य कार्य हैं प्रत्यक्ष ज्ञान प्राप्त करना और कर्म करना। मन के बिना इन्द्रियां निष्प्रयोजन हैं।[2] यही कारण है कि मन को प्रधान इन्द्रिय कहा गया है। मन अथवा प्रज्ञा रूप साधन के अभाव में वाणी किसी पदार्थ का ज्ञान नहीं करा सकती। वह कहती है कि "मेरा मन उपस्थित नहीं था।" "मैंने उस जगत् को नहीं देखा।" प्रज्ञा के अभाव में आंख किसी आकृति का ज्ञान नहीं करा सकती।[3] "मेरा मन अनुपस्थित था, इसलिए मैंने नहीं देखा; मेरा मन कहीं और था, इसलिए मैंने नहीं सुना; इस प्रकार यह प्रकट है कि मनुष्य अपने मन के साधन से देखता है और मन के साधन से सुनता है।"[4] मन को स्वरूप से भौतिक माना गया था।[5] इसलिए इन्द्रियानुभव के लिए उपनिषदों ने प्रतिपादन किया है कि केवल इन्द्रिय ही पर्याप्त नहीं है और न केवल उसका कर्म ही पर्याप्त है, अपितु एक आत्मा को होना आवश्यक है जो उस इन्द्रिय के साधन से देखती है; वही वस्तुतः द्रष्टा की आंख है। इन्द्रियों के अपने विषयभूत पदार्थों के साथ सन्निकर्ष होने से प्रत्यक्ष ज्ञान होता है।[6] मनुष्य एक समय में मन को एक ही ओर लगा सकता है।[7] बुद्धि मन से ऊंची है। ऐतरेय में बुद्धि के कार्य इस प्रकार मिलते हैं, "संवेदना या अनुभव, प्रत्यक्षज्ञान, चिन्तन, संबोधना या सामान्य प्रत्यय, अर्थग्रहण, अन्तर्दृष्टि, प्रतिस्थापन, सम्मति-निर्धारण, कल्पना-शक्ति, सहानुभूति या शारीरिक संवेदना, स्मृति, संकल्प, प्रयास, जीवित रहने की इच्छा, अभिलाषा, एवं आत्मसंयम,–ये सब बुद्धि अथवा समझने की क्रिया के भिन्न-भिन्न नाम है।"[8] उक्त विश्लेषण समीक्षा के आगे ठहर नहीं सकता, किन्तु है महत्त्वपूर्ण, क्योंकि यह दर्शाता है कि यहां तक कि इतने प्राचीन समय में अर्थात् उपनिषदों के काल में भी मनोविज्ञान-संबंधी संवाद होते थे। सबसे उच्च स्थान पर जीवात्मा है, जो आंखों की आंख, एवं कानों की भी कान है। यह बुद्धि, मन, इन्द्रियों एवं प्राण आदि सबको नियंत्रण में रखती है।[9] इसे सर्वव्यापक एवं परमसत्ता के रूप में माना गया है।[10] ऐसे भी वाक्य उपनिषदों में मिलते हैं जिनमें जीवात्मा को भौतिक गुणों से युक्त बताया गया है और उसका विश्वास स्थान हृदयाकाश में निर्दिष्ट किया गया है।[11] आकार की दृष्टि से जौ अथवा चावल के कण के समान उसका आकार बताया गया है।[12] अर्धहस्त के परिमाण[13] अथवा अंगूठे के आकार का भी कहा गया है।[14] जब हम स्मरण करते हैं कि अरस्तू ने अपने 'द अनिमा' में जीवात्मा का स्थान हृदय में निर्देश किया और गैलन ने मस्तिष्क में, डेकार्ट ने जीवात्मा के स्थान की

---

1. 4 : 2।
2. बृहदारण्यक, 1 : 5, 3।
3. कौषीतकि।
4. बृहदारण्यक, 3 : 1, 4।
5. प्रोफेसर अलेक्ज़ैंडर मन को एक विशेष सत्ता के रूप में मानते हैं और उसकी रचना को भी भौतिक बताते हैं, जैसे कि भौतिक-विज्ञान का विद्युदणु होता है।
6. एम्पिडोक्लीज़ और डेमोक्राइटस के विचार इस विषय में जो हैं, उनकी तुलना कीजिए।
7. कौषीतकि, 3 : 2।
8. 3 : 2।
9. बृहदारण्यक, 4 : 4, 5; 1 : 4, 17; 5 : 6; 2 : 1, 17; 3 : 7, 22; 4 : 3, 7; 4 : 5, 13।
10. कठ, 1 : 2, 21; मुण्डक, 1 : 1, 6।
11. बृहदारण्यक, 4 : 3, 17; 5 : 6; छान्दोग्य, 8 : 3, 3; 5 : 1, 6; कठ, 2 : 20; 3 : 1; 4 : 6; 6 : 18; और श्वेताश्वतर, 3 : 11, 20; हृदय अथवा हृत्पद्म मेरुदण्ड का सूक्ष्मकेन्द्र है।
12. बृहदारण्यक, 5 : 6, 1; छान्दोग्य, 3 : 14, 3।
13. छान्दोग्य, 5 : 18, 1।
14. कठ, 4 : 17; 2 : 21; श्वेताश्वतर 3 : 13।

कल्पना शीर्षग्रन्थि अथवा तृतीयनेत्र-ग्रन्थि में की, और लोत्से ने मस्तिष्क में की, तो यह कोई आश्चर्य का विषय नहीं है कि उपनिषदों के मनोवैज्ञानिकों ने उसका स्थान हृदयदेश में निर्दिष्ट किया।

मन चेतना की अपेक्षा क्षेत्र में अधिक विस्तृत है। चेतना मानसिक जीवन का केवल एक पक्ष है, हमारे आत्मिक जगत् की एक अवस्था है, न कि स्वयं जगत् की अवस्था—यह बिलकुल तथ्य है जिसे अब पश्चिम के विद्वान धीरे-धीरे मानने लगे हैं। 'लीब्नीज' के समय से चेतना को मानसिक प्रत्यक्ष की एक घटना-मात्र कहा जाता रहा है, न कि उसका एक आवश्यक एवं अनिवार्य गुण स्वीकार किया गया है। उसका यह मत है कि "हमारा आन्तरिक जगत् अधिक वैभवशाली, अधिक प्रचुर एवं अधिक रहस्यमय है", उपनिषदों के रचयिताओं को बहुत पहले से ही और भली-भांति ज्ञात था।

माण्डूक्य उपनिषद् में जीवात्मा की विविध अवस्थाओं, यथा जागरित, स्वप्न, सुषुप्ति और आन्तरिक तुरीय अवस्थाओं का उल्लेख है। जागरित अवस्था में मन और इन्द्रियां सब सक्रिय रहती हैं। स्वप्नावस्थाओं में कहा गया है कि इन्द्रियां निष्क्रिय रहती हैं और मन के अन्दर लुप्त रहती हैं—किन्तु आधुनिक मनोविज्ञान इस स्थिति को स्वीकार नही करता। उपनिषदों के अनुसार, जब तक हमारी इन्द्रियां सक्रिय हैं, हम केवल ऊंघते हैं, किन्तु स्वप्न नहीं देख सकते। हम उस समय अर्धजागरित अवस्था में रहते हैं। वास्तविक स्वप्नावस्थाओं में केवल मन ही स्वतन्त्र व बन्धनरहित रूप में सक्रिय रहता है। जागरित एवं स्वप्न अवस्थाओं में भेद केवल इतना है कि जागरित अवस्था में मन बाहर के प्रत्यक्ष ज्ञान के ऊपर निर्भर करता है जबकि स्वप्नावस्था में यह अपने अनुभवों का निर्माण करता है और उनका आनन्द लेता है। निःसंदेह यह जागरित अवस्था के समय की सामग्री का उपयोग करता है। सुषुप्ति अथवा प्रगाढ़ निद्रा भी मनुष्य के जीवन की एक साधारण घटना है। उस अवस्था में मन एवं इंद्रियां दोनों ही निष्क्रिय रहते हैं। आनुभविक चेतना उस समय स्थगित रहती है और इसीलिए विषयी एवं विषय का भेद भी उस समय स्थगित रहता है। यह कहा गया है कि इस अवस्था में विषयविहीन चेतना रहती है जबकि जीवात्मा अस्थिर रूप में परमसत्ता के साथ सम्पृतत रहती है। हो सकता है कि यह सत्य हो, किन्तु इतना तो स्पष्ट ही है कि यह पूर्ण अभाव की अवस्था नहीं है। यह स्वीकार करना कठिन है कि जीवात्मा सुषुप्ति अवस्था में निरन्तर विद्यमान रहती है एवं आनन्द का अनुभव करती है, यद्यपि वह उस समय सब प्रकार के अनुभव से वंचित है। वस्तुतः उपनिषदें स्वयं मनोवैज्ञानिक एवं अचेतन क्रियाओं की व्याख्या उस प्राण रूपी जीवन के तत्त्व से करती हैं जो श्वास-प्रश्वास की प्रक्रिया एवं रक्त-संचालन आदि का नियंत्रण करता है। सम्भवतः यान्त्रिक स्मृतिशक्ति भी निरन्तर रहने वाली चेतना की व्याख्या कर सके। अभिज्ञा का अभाव रहते हुए भी यह प्रश्न उठ सकता है कि क्या जीवात्मा निद्रितावस्था में यथार्थ आनन्द का अनुभव कर सकती है। तुरीयावस्था एकत्व की चेतना का नाम है, यद्यपि उसके भौतिक अनुभव उसके अन्दर नहीं आते। समस्त विश्व के एकत्व का अलौकिक अनुभव ही धार्मिक जीवन कर चरमोत्कर्ष है।

इससे पूर्व कि हम उपनिषदों की अ-वेदान्तिक प्रवृत्तियों के विषय पर आएं, उपनिषदों के सामान्य आध्यात्मिक दृष्टिकोण को संक्षेप में समझ लेना आवश्यक है। एकदम प्रारम्भ में ही हमने कहा था कि उपनिषदों की स्थिति में बहुत कुछ संदिग्धता है जिसके कारण उनकी भिन्न-भिन्न व्याख्याएं हो सकती हैं। यह निश्चित रूप से कहना कठिन है कि शंकर का

अद्वैत, अर्थात् जीव एवं ब्रह्म का अभेद, अथवा रामानुज की परिवर्तित स्थिति इन दोनों में से कौन-सा मूल धार्मिक सिद्धान्त का अंतिम निष्कर्ष है। उन प्रवृत्तियों पर जो किसी भी दिशा में पूर्ण की जा सकती हैं, विचार करना होगा। उपनिषदों को उन दोनों के परस्पर मतभेदों का कुछ भी ज्ञान नहीं है। अद्वैत प्रतिपादित ब्रह्म, जिसकी प्राप्ति अर्न्तदृष्टि से होती है, और ठोस रूप में परिभाषित यथार्थसत्ता—दोनों में वस्तुतः कोई अंतर नहीं, क्योंकि ये दोनों केवल उसी एक सत्ता की अभिव्यक्ति के दो भिन्न-भिन्न मार्ग हैं। ये दोनों क्रमशः अन्तर्दृष्टि द्वारा एवं बौद्धिक प्रक्रिया द्वारा उस एकमात्र यथार्थ-सत्ता को समझने के प्रकार हैं। प्रथम मत के अनुसार यह जगत्, परब्रह्म का आभासमात्र है, दूसरे मत के अनुसार यह ईश्वर की अभिव्यक्ति है। दोनों में से किसी भी मत के अनुसार यह विश्व बिलकुल असत् या भ्रांतिरूप नहीं है, क्योंकि ऐसा मानने से हमारे लिए सांसारिक अनुभवों का कुछ भी महत्व नहीं रह जाएगा। बौद्धमत एवं उसके विभिन्न सम्प्रदायों के प्रभाव से परमार्थसत्ता के अद्वैतपरक रूप और संसार के घटनात्मक स्वरूप पर गौडपाद एवं शंकर की दर्शन पद्धतियों में बल दिया जाने लगा। वस्तुतः इस प्रकार का अद्वैत दर्शन वैदिक परिभाषा में माध्यमिक अध्यात्म विद्या की परिवर्तित व्याख्या है। महाकाव्यों एवं भगवद्गीता द्वारा धार्मिक पुनर्गठन एवं न्याय में आस्तिकवाद पर दिए गए बल के कारण विशिष्टाद्वैत अथवा रामानुज के परिवर्तित अद्वैतवाद का विकास हुआ। वस्तुतः अद्वैतवादी परिशुद्ध 'सौगत' अर्थात् शुद्ध हुए बौद्ध कहलाते हैं और विशिष्टाद्वैतवादी परिशुद्ध 'नैयायिक' अर्थात् शुद्ध हुए न्यायशास्त्र के अनुयायी कहलाते हैं।

21. उपनिषदों में सांख्य और योग के तत्त्व

उपनिषदों में अद्वैत वेदांत की प्रतिपक्षी दर्शनपद्धतियों के, अर्थात् सांख्य और योग के, बीज भी विद्यमान हैं। सांख्यदर्शन पुरुष और प्रकृति के मध्य एक द्वैतभाव की स्थापना करता है जिसमें प्रकृति समस्त सत्ताओं का उपादान या आदिकारण है एवं 'पुरुष' साक्षीरूप से प्रकृति के विकास का दर्शक है। यह पुरुषों के अनेकत्व में भी विश्वास करता है जो प्रमाता (विषयी) हैं।[1] उपनिषदें पुरुषों के अनेकत्व का समर्थन नहीं करतीं, यद्यपि समीक्षा की

1. एक अव्यक्त अथवा प्रकृति का विचार, जो सब विभेदों का कारण है, उपनिषदों में स्पष्ट रूप से प्रस्तुत किया गया है। ''इन्द्रियों से परे उनके विषयों के मूलतत्व हैं। इन मूलतत्त्वों से परे मन है; मन से परे आत्मा है जिसे महत् कहते हैं। महत् से परे अव्यक्त है जो प्रकट नहीं है; अव्यक्त से परे पुरुष है; पुरुष से परे और कुछ नहीं है।'' (कठ, 3 : 10, 11; और भी देखें, 6 : 7, 8।) अव्यक्त से परे, जहां से सब सृष्टि उत्पन्न हुई है, केवल ईश्वर है। तपस् से ब्रह्म आकार में बढ़ जाता है और इससे अन्न उत्पन्न होता है; भोजन से जीवन, मन, तत्त्व जगत्, कर्म और इसके साथ इसके फल। (मुण्डक, 1 : 1)। इस सन्दर्भ में आए हुए भोजन अथवा अन्न की व्याख्या शंकर ने अव्यक्त, अर्थात् अप्रकट अर्थ में की है। प्रश्न उपनिषद्. 4 में हमें एक ऐसा वर्णन मिलता है। जिसमें बताया गया है कि किस प्रकार सब पदार्थ पांच तत्त्वों की व्याख्या के अनुसार तदनुरूप मात्राओं अर्थात् सक्ष्म तत्त्वों समेत अविनाशी के अन्दर विलीन हो जाते हैं। देखें प्रश्नोपनिषद्, 4 : 8। उपनिषदों में बताया गया है कि प्रकृति पुरुष या ब्रह्म में से निकलती है। 'पुरुष' शब्द का अर्थ है—सर्वोपरि आत्मा। ऐसा प्रतीत होता है कि सांख्य का यह सिद्धान्त है कि पुरुष साक्षीमात्र है और वह स्वयं कुछ नहीं करता, दो पक्षियों के विषय में जो एक सन्दर्भ आता है उससे प्रेरित है, जिनमें से एक तो स्वादु फल का उपभोग करता है और दूसरा उसका स्वाद बिना लिए केवल साक्षीरूप से देखता रहता है।'' मुण्डक, 3 : 1, 1।

स्वाभाविक प्रक्रिया और उक्त सिद्धान्त के एक पक्ष का विकास हमें इस परिणाम तक पहुंचाते हैं। हमने देख लिया कि किस प्रकार के उपनिषदों का अद्वैतवाद धार्मिक प्रयोजनों के लिए एकेश्वरवाद में परिणत हो जाता है। एकेश्वरवाद उपलक्षित करता है जीवात्मा की पृथक् सत्ता को जो सर्वोपरि ब्रह्म से विरुद्ध पक्ष में है। परिणामस्वरूप जीवात्मा संख्या में अनेक ठहरती हैं। किन्तु सांख्य के अनुयायी इस बात को अनुभव करने लगते हैं कि सर्वोपरि ब्रह्म एवं जीवात्माओं की स्वतंत्र सत्ता को बराबर के लिए मान्य ठहराना कठिन है। एक-दूसरे का उच्छेदक है। उन दोनों में से किसी न किसी को, चाहे सर्वोपरि ब्रह्म को और चाहे जीवात्माओं को, निरर्थक ठहराना ही पड़ेगा। जब उत्पादन की क्रिया प्रकृति को सौंप दी गई तो ईश्वर अनावश्यक हो गया। ईश्वरविहीन केवल भौतिक प्रकृति के हिस्से उत्पत्ति की क्रिया को सुपुर्द करने का विरोध उपनिषदों ने किया है। उनका झुकाव प्रधानतया एक परम आत्मा का समर्थन करने की ओर है जिसकी पृष्ठभूमि पर विषयी (प्रमाता) एवं विषय (प्रमेय पदार्थ) उदित होते हैं।[1]

योगदर्शन के प्रारम्भिक भाग उपनिषदों में पाए जाते हैं। उपनिषदों के लेखकों का यह दृढ़ विश्वास है कि हम अपनी अपूर्ण बुद्धि के द्वारा यथार्थसत्ता का ठीक-ठीक ज्ञान नहीं प्राप्त कर सकते। उन्होंने मनुष्य के मन की एक दर्पण से उपमा दी है, जिसमें यथार्थ सत्ता स्वयं प्रतिबिम्बित होती है। हम यथार्थसत्ता को किस सीमा तक जानते हैं यह बात हमारी मानसिक अवस्था के ऊपर निर्भर करती है कि वह उक्त सत्ता के पूर्ण वैभव के अनुरूप अपने को बना सकती है या नहीं। अंधे को रंगों की अभिव्यक्ति नहीं होती और न ही बहरे को संगीत का आभास होता है, इसी प्रकार दुर्बलात्मा पुरुष को दार्शनिक सच्चाई का आभास नहीं हो सकता। जानने की प्रक्रिया को निर्माण न कहकर उपलब्धि कहना अधिक उपयुक्त है एवं इसकी उत्पत्ति नहीं होती, अभिव्यक्ति होती है। परिणामस्वरूप यदि किसी प्रकार का दोष अथवा अपूर्णता यंत्र•(मन) में रहेगी तो अभिव्यक्ति भी अपूर्ण एवं विकृत होगी। स्वार्थपरक कामनाएं एवं मनोवेग मन रूपी यन्त्र एवं यथार्थसत्ता, इन दोनों के बीच अभिव्यक्ति के लिए आ जाते हैं। जब प्रमेय पदार्थ का व्यक्तित्व यन्त्र (मन रूपी साधन) के स्वरूप में कुछ अनुचित परिवर्तन कर देता है तो प्रतिबिम्ब भी धुंधला हो जाता है। द्रष्टा की अज्ञानता प्रमेय पदार्थ को उसकी अपनी कल्पनाओं से ढक लेती है। उसके अपने बद्धमूल पक्षपात पदार्थों के यथार्थरूप के ऊपर छा जाते हैं। साधन के दोषों के यथार्थ स्वरूप में भ्रांति एक प्रकार की अनाधिकार चेष्टा है। सत्य की खोज के लिए एक निष्पक्ष एवं व्यक्तित्वहीन मनोभाव (रुख) रखने की आवश्यकता है और वह सब जो व्याक्तिगत है, इस सत्यान्वेषण की प्रक्रिया में एक बड़ी बाधा उपस्थित करता है। हमें मन की भ्रष्ट रचना एवं विफलता से अपने को बचाना चाहिए। मन की आग्रहशील या हठी शक्तियों को झुकाना चाहिए जिससे कि वे सत्य के संक्रमण के निर्बाध मार्ग बन सकें। योग की विधि उचित निर्देश देती है कि किस प्रकार मन को परिष्कृत करके एक उत्तम दर्पण में समान बनाया जा सकता है और वैयक्तिक तत्त्वों से रहित करके स्वच्छ रखा जा सकता है। यह केवल इसी नियन्त्रण के द्वारा सम्भव है कि हम उस श्रमसाध्य एवं स्फूर्तिमान व्यक्तित्वहीनता की ऊंचाई तक पहुंच सकते हैं जहां से संसार के मेधावी एवं गुणी आत्मा (ऋषि-महर्षि) सुदूर परोक्ष की झांकी लेते हैं : यह प्रणाली उपनिषदों के आत्मा-सम्बन्धी सिद्धान्त के अनुरूप है। हमारी साधारण चेतना नित्य जगत् की

1. देखें, ऐतरेय, 1 : 1, 2; बृहदारण्यक, 1 : 4, 3; छान्दोग्य, 6 : 2, 6; तैत्तिरीय, 2 : 1।

ओर से पीठ फेर लेती है और इस नश्वर एवं कृत्रिम जगत् में ही खो जाती है जिसकी रचना इन्द्रियजन्य अनुभवों के आधार पर मन करता है। जब हम इस लौकिक आत्मा से ऊपर उठते हैं, हमें अभावात्मक नहीं अपितु एक घनीभूत भावनामय आत्मा की प्राप्ति होती है। जब तक आत्मा अपनी अनुभवसिद्ध घटनाओं के अदृष्ट क्रम में बंधी रहती है उसकी शक्तियां पूर्णरूप से कार्य नहीं कर सकतीं। जब आत्मा आनुभविक सत्ता की मर्यादाओं से ऊपर उठती है, विश्वव्यापी जीवन घनीभूत हो जाता है और हम अपनी आत्मा को वैभवशाली एवं अपने व्यक्तित्व को वर्धमान अनुभव करने लगते हैं और तब वह सारे अनुभव को अपने अन्दर आकृष्ट कर लेती है। निम्न श्रेणियों में—जबकि आत्मा का तादात्म्य केन्द्र-विशेष के साथ रहता है, जिसका निर्माण देश और काल की घटनाओं के द्वारा होता है—अनुभवजन्य जगत् उसकी अपनी कृति नहीं होता। अनुभव के एक संकुचित क्षेत्र में चिपके रहने से हमें ऊपर उठना ही चाहिए। इसके पूर्व कि हम अपने अन्दर उस आनुभविक जगत् का पूर्ण रूप से संग्रह कर सकें जिसके केन्द्र व परिधि ईश्वर एवं मनुष्य हैं। उस समय हम उस उन्नत अवस्था को पहुंचते हैं जहां पहुंचकर उपनिषद् के अपने शब्दों में "जो कुछ अन्दर है और जो बाहर है उसमें किसी प्रकार का भेद नहीं रह जाता।" योगदर्शन की प्रणाली में बात पर बल दिया गया है कि मिथ्या ब्राह्य दृष्टि को दूर करना आवश्यक है, इससे पूर्व कि आन्तरिक आदर्श को जीवन एवं अभिव्यक्ति के लिए अवसर प्राप्त हो सके। हमें छायामात्र जगत् में रहने का त्याग करना होगा, इससे पूर्व कि हम नित्य जीवन को ग्रहण कर सकें।

योग की प्रणाली के अनुसार मानसिक एवं धार्मिक नियन्त्रण के अन्दर से गुज़रना आवश्यक है। उपनिषदें भी इसी बात पर बल देती हैं कि लक्ष्य पर पहुंचने से पूर्व कठोर तपस्या एवं धार्मिक जीवन बिताना आवश्यक है। प्रश्न उपनिषद् में पिप्लाद ईश्वर के विषय की जिज्ञासा के लिए आए हुए छः जिज्ञासुओं को एक वर्ष और नियन्त्रण में बिताने के लिए यह आदेश देकर वापस लौटा देता है कि "तुम जाओ और एक वर्ष और ब्रह्मचर्यपूर्वक जीवन व्यतीत करो, तपस्या करो एवं श्रद्धा को धारण करो।" ब्रह्मचर्य के जीवन में परिवार से कोई सम्बन्ध न रहने के कारण विद्यार्थी का मन विचलित नहीं होता और इसीलिए वह अपने कार्य में पूरा-पूरा ध्यान दे सकता है। आत्मनिग्रह एवं तपश्चर्या उसे मानसिक शान्ति प्रदान करते हैं और मन निश्चल होकर ज्ञान का सम्पादन करने में समर्थ होता है। प्रत्येक कार्य के लिए श्रद्धा अत्यन्त आवश्यक है। योगदर्शन का एवं सभी प्रकार की आध्यात्मिक रहस्यमय शिक्षाओं का सारतत्त्व है कि मनुष्य को स्वयं को साधारण स्तर से ऊंचे उठाकार उच्चकोटि के स्तर पर पहुंचाने से ही दैवीय चेतना सत्ता के साथ साक्षात्कार हो सकता है, अन्यथा नहीं।

हमें मोक्ष प्राप्त करने के लिए अपने मन को वश में करना आवश्यक है। क्योंकि यह मन ही हमें बाह्य पदार्थों के साथ जकड़ता है और हमें उनका दास बनाकर रखता है। बाह्य पदार्थों एवं परिस्थितियों के शिकार रहते हुए हमें सन्तोष प्राप्त नहीं हो सकता। "जिस प्रकार एक शिलाखण्ड पर गिरा हुआ वर्षा का जल नीचे की ओर उतरकर चारों ओर बिखर जाता है, इसी प्रकार वह मनुष्य जो गुणों में नानात्व को देखता है, उसके पीछे चारों ओर भागता है। "जैसे स्वच्छ जल स्वच्छ जल में डाला जाने पर भी वहीं, अर्थात् उसी स्वच्छ रूप में रहता है, इसी प्रकार हे गौतम, एक विचारक की आत्मा है, जो ज्ञानी है।"[1] उस मनुष्य का मन जिसने अपनी आत्मा को नहीं पहचाना, इधर-उधर भटकता है जिस प्रकार की ढलवां चट्टानों पर

---

1. कठ उपनिषद्, 2 : 15।

पड़ा हुआ जल सब दिशाओं में फैल जाता है। किन्तु जब उसका मन पवित्र हो जाता है, वह ज़ीवन रूपी महान समुद्र में समाकर उसके साथ एकाकार हो जाता है जिसका निवास स्थान समस्त मरणधर्मा आकृतियों की पृष्ठभूमि में है। यदि बाह्य विषयों में दौड़ने के लिए मन को खुली छुट्टी दे दी जाय तो वह बालुकामय भूमि में तितर-बितर हो जाएगा। जिज्ञासु एवं सत्य के अन्वेषक को उचित है कि वह मन को अन्दर की ओर खींचकर रखे और बराबर वश में किए रहे जिससे कि वह आन्तरिक कोष को प्राप्त कर सके। वाणी को हमें मन के अधीन करना चाहिए; मन को विचार के अधीन और विचार को विश्वव्यापी चेतन के अधीन करना चाहिए। केवल उसी अवस्था में हमें नित्य की गम्भीर शान्ति का अनुभव हो सकता है।[1] केवल उसी अवस्था में जबकि 'पांचों ज्ञानेन्द्रियां मन समेत निश्चल रहती हैं और बुद्धि भी निश्चेष्ट रहती है,' हम सर्वोच्च सत्ता तक पहुंच सकते हैं।[2] "उपनिषद् रूपी धनुष को पकड़कर—जो महान अस्त्र है—और उसमें ऐसा बाण चढ़ाकर जिसे निरन्तर समाधि द्वारा तीक्ष्ण बना लिया गया है, उसे हे सौम्य, भावपूर्ण मुद्रा से उसी एकमात्र अक्षर ब्रह्म को लक्ष्य करके छोड़ना चाहिए।"[3] कोषीतकि उपनिषद् में कहा गया है कि प्रतर्दन आत्म संयम अथवा संयमन की एक नई पद्धति का संस्थापक था जिसे आत्मयज्ञ के नाम से पुकारा जाता है।[4] वह इस बात पर बल देता है कि मनुष्य को अपनी वासनाओं एवं मनोवृत्तियों पर पूरा-पूरा नियन्त्रण रखना चाहिए। उपनिषदों में कहीं-कहीं संकेत किया गया है कि प्राण को वश में करके समाधि-अवस्था लाई जा सकती है,[5] यद्यपि अधिकतर वह मन की एकाग्रता का ही प्रतिपादन करती है।[6] अलौकिक परिभाषाओं यथा 'ओम्' 'तद्वनम्'[7] 'तज्जलान्'[8] और ऐसी सांकेतिक परिभाषाएं हैं जिनके ऊपर हमें अपना ध्यान केन्द्रित करने का निर्देश किया गया है। मन की स्थिरता का मार्ग कुछ समय के लिए मन को अन्य सब पदार्थों को भूलकर केवल एक ही पदार्थ में गड़ा देना है। केवल अभ्यास के द्वारा ही इस कला में निपुणता प्राप्त की जा सकती है।

परवर्ती (नवीन) न्यायतर्क का एक ही संकेत मुण्डक उपनिषद् में पाया जाता है।[9] "बलहीन पुरुष इस आत्मा को नहीं प्राप्त कर सकता, इसी प्रकार आवेश अथवा तप से अथवा लिङ्ग से आत्मा की प्राप्ति नहीं हो सकती।" जैसा कि आगे चलकर देखेंगे कि 'लिङ्ग' न्यायशास्त्र का एक परिभाषिक शब्द है, जिसका प्रयोग श्रृंखला अथवा लक्षण के अर्थों में अनुमान-प्रमाण के 'मध्यपद' हेतु अथवा साधन के रूप में किया गया है।[10] कतिपय परिच्छेदों में यह भी प्रतिपादन किया गया है कि ज्ञान का अनुभववादी सिद्धान्त है कि यथार्थ सत्ता का स्वरूप अनुमान-प्रमाण की आगमन विधि द्वारा ग्रहण किया जा सकता है। 'मिट्टी के एक ढेले से मिट्टी से बने सब पदार्थ जाने जाते हैं।...सोने की एक सिल्ली से सोने से बने पदार्थों का ज्ञान हो जाता है।"[11] प्रतर्दन आग्रहपूर्वक कहता है कि ज्ञान केवल विषयी एवं विषय के

1. कठ उपनिषद्, 2 : 13; तुलना कीजिए, "विचार उसी समय सबसे उत्तम होता है जबकि मन अपने अन्दर संगृहीत होता है, और अन्य कोई पदार्थ उसे कष्ट नहीं देता, यथा न शब्द, न कोई दृश्य, न दुःख, न कोई सुख, और जब उसे शरीर से कुछ प्रयोजन नहीं होता, न किसी इन्द्रिय एवं मनोभाव से ही सम्बंध होता है किन्तु जिस समय उसकी महत्त्वाकांक्षा परब्रह्म की प्राप्ति के प्रति ही लक्षित होती है।" (प्लेटो के 'फीडो' से)।
2. कठ उपनिषद्, 2 : 182।
3. मुण्डक उपनिषद्, 2 : 2, 2।
4. आन्तरम् अग्निहोत्रम्, 2 : 5।
5. बृहदारण्यक, 1 : 5, 23।
6. प्रश्न उपनिषद्, 5 : 1।
7. केन उपनिषद्, 4 : 6।
8. छान्दोग्य, 3 : 14, 1।
9. 3 : 2, 4; ड्यूसन एवं ह्यूम इस पाठ को दूसरे ही अर्थ में लेते हैं।
10. लिंग...श्रृंखला (कड़ी)। देखें, छान्दोग्य भी, 6 : 8, 4।
11. छान्दोग्य उपनिषद्, 6 : 1, 4-6।

पारस्परिक सम्बन्ध के द्वारा ही सम्भव है।

22. दार्शनिक अग्रनिरूपण

उपनिषदें दार्शनिक अन्वेषण के मुख्य-मुख्य विवाद-विषयों का निर्णय करती हैं एवं आगामी दार्शनिक संवाद की पद्धतियों का भी स्पष्टरूप से निर्देश करती हैं। हमने देख लिया कि उपनिषदों में अन्यान्य सिद्धान्तों के संकेतों के अतिरिक्त विशुद्ध दार्शनिक आदर्शवाद (वेदान्त-कल्पनावाद अथवा मायावाद) के तत्त्व पाए जाते हैं जो संसार की सापेक्ष सत्ता पर बल देते हैं एवं आत्मा के एकत्व और पूर्णता पर और उसके साथ-साथ एक नैतिक व धार्मिक जीवन पर भी बल देते हैं। यद्यपि उपनिषदों में जो समन्वय प्रदर्शित किया गया है– जिसके साथ आत्मचेतना के एकत्व का मौलिक विचार भी जुड़ा हुआ है और यही तत्व सब वस्तुओं को एक लड़ी में बांधता है–वह उपनिषदों के विचार को शक्तिमान बनाता है, किन्तु उपनिषदों के विचार की निर्बलता इस विषय में है कि उक्त समन्वय की सिद्धि स्पष्ट तर्क द्वारा न की जाकर केवल अन्तर्दृष्टि द्वारा की गई है। यह उन विभिन्न घटकों में परस्पर समन्वय के लिए कोई तार्किक समाधान उपस्थित नहीं करता, यद्यपि सारे यथार्थ दर्शन के केन्द्रीय भाव पर उपनिषदों के विचार का सुदृढ़ अधिकार है।

वैदिक धर्म के विश्वासों के ऊपर उपनिषदों के विचारकों ने विशेष ध्यान दिया। यद्यपि उपनिषदों ने उक्त विश्वासों की आलोचना करने में किसी प्रकार संकोच नहीं किया, तो भी भूतकाल की उस विरासत ने कहीं-कहीं बाधा आवश्य दी। उपनिषदों ने भविष्य की प्रगति के लिए योद्धा किन्तु साथ-साथ प्राचीनता के महत्त्व के प्रति भी श्रद्धालु भक्त रहने का प्रयत्न किया। परिणाम से ज्ञात होता है कि यह कार्य निश्चय ही उनके लिए कठिनतर सिद्ध हुआ। उपनिषदों के धर्म ने जहां एक ओर विशुद्ध एवं धार्मिक सिद्धान्त का प्रचार किया, जिसमें पूजा की किन्हीं विशेष विधियों का विधान नहीं था और इसीलिए न ही किसी पुरोहितशाही शासन का प्रश्न उठता था, तो भी उन्होंने उक्त विधियों के प्रति सहिष्णुता दिखाई, प्रत्युत कह सकते हैं कि उन्हें अंगीकार भी कर लिया। "नाना प्रकार के कर्म, जो ऋषियों ने मन्त्रों में ढूंढ़ निकाले, यथार्थ हैं और त्रेतायुग में उनका अधिकतर व्यवहार होता था; उन्हें सदा सदिच्छा से प्रेरित होकर करो। कर्मफल की प्राप्ति का यही साधन है।"[1] वैदिक देवताओं का सूर्य के अन्दर अपना स्थान था। कोई भी व्यक्ति जनता को उन देवताओं के परित्याग के लिए नहीं कहता था जिनकी पूजा करने की वह अभ्यस्त थी। प्रतिभासम्पन्न समाधान, सुझाव एवं प्रतीकवादपुर ने मिथ्याविश्वासों की नये आदर्शवाद के साथ संगति लगाता व्याख्या करने में सहायक सिद्ध हुए। यद्यपि उस समय की मांग थी कि धार्मिक आदर्श के प्रति भक्ति प्रदर्शित की जाए, तो भी उपनिषदों में पर्याप्त मात्रा में अवसरवादिता पाई जाती है। उन्होंने आन्दोलन के रूप में बाह्य प्रमाणों एवं अत्यधिक रूढ़िवाद के बन्धनों से मनुष्यों को मुक्ति दिलाने से कार्य प्रारम्भ किया किन्तु पुरानी श्रृंखलाओं को ही मज़बूत करने में समाप्ति की। जीवन के नये प्रकार से मूल्यांकन की स्थापना के स्थान में उन्होंने परम्परागत विधियों का ही प्रचार किया। धार्मिक लोकतन्त्र का प्रचार उसकी स्थापना से बहुत भिन्न वस्तु है।

---

1. मुण्डक उपनिषद्, 1 : 2, 1।

उपनिषदों ने उच्चकोटि के ईश्वरज्ञान को पूर्वपुरुषों के विश्वासों के साथ मिलाने के लिए बहुत प्रशंसनीय प्रयत्न किया। किन्तु नये धार्मिक आदर्श और भूतकाल की मिथ्या कल्पनाओं के मध्य में कोई जीवित विकल्प भी हो सकता है इसे समय ने अनुभव नहीं किया। उपनिषदों के उच्चकोटि के आदर्शवाद ने जनसाधारण में प्रचलित आन्दोलन का रूप धारण नहीं किया। समाज के ऊपर इसका पूर्णरूप से प्रभाव कभी नहीं रहा। यज्ञपरक धर्म का अब भी बोलबाला था, उपनिषदों ने उसे प्रतिष्ठा प्राप्त करा दी। पुराने विश्वास को एक प्रकार से एक नये क्षेत्र से नवीन शक्ति के साथ प्रेरणा मिल गई। यदि उपनिषदों का आदर्शवाद जनसाधारण में प्रवेश पा सकता तो जाति का चरित्र बिलकुल ही नये ढांचे में ढल जाता और सामाजिक संस्थाओं में निश्चय ही नई जागृति आ जाती। किन्तु इसमें से कुछ भी नहीं हुआ। मिथ्या विश्वासों से भरपूर निम्नश्रेणी का धर्म ही जनसाधारण में फैला रहा। पौरोहित्य सशक्त हो गया। धार्मिक संस्थाओं की अनुदारता या कट्टरपन एवं जनता के प्रति घृणा भी साथ-साथ वर्तमान रही, यद्यपि पूर्ण जीवन के कतिपय उपासकों ने भी उच्चतम भाव को अवश्य अपना लिया। यह धार्मिक विरोधों एवं अव्यवस्था का युग था। उपनिषदों की शिक्षाएं अत्यन्त लचकीली बन गईं। उन्होंने अपने अन्दर विशुद्ध आदर्शवाद से लेकर असंस्कृत मूर्तिपूजा तक के परस्पर नितांत विरोधी सिद्धान्तों को भी चिपकाए रखा। परिणाम यह हुआ कि उच्चकोटि के धर्म को निम्न श्रेणी के धर्म ने एकदम ढक दिया।

हर स्थान पर हमें परस्पर-विरोधी कल्पनाएं मिलती थीं। धर्म के क्षेत्र में एक और वैदिक बहुदेववाद था तो दूसरी ओर उपनिषदों के एकेश्वरवाद और आध्यात्मिक जीवन से मिश्रित यज्ञों का क्रियाकलाप भी विद्यमान था। सामाजिक क्षेत्र में जन्मपरक जातिभेद था, जिसकी कठोरता को विश्वव्यापकता के उदारभाव ने कम कर दिया था। परलोकविज्ञान के क्षेत्र में पुनर्जन्म का विचार था, जिसके साथ नरक के विचार भी सम्मिलित थे। किन्तु सत्य को असत्य ने दबा रखा था और ब्राह्मणधर्म की अव्यवस्था अपनी समस्त परस्परविरोधी कल्पनाओं के साथ उपनिषदों के पश्चात् एवं बौद्धकाल से पूर्व के समय में चरमसीमा तक पहुंच गई। यह काल एक प्रकार की धार्मिक शुष्कता का काल था, जबकि सत्य कठोर रूप धारण करके परम्परा में परिणत हो गया और नैतिकता भी दैनिक कार्यक्रम में परिणत हो गई। जीवन कर्मकाण्ड एवं क्रियाकलाप की परिपाटी मात्र बन गया। मनुष्य का मन विहित व्यवस्थाओं एवं कर्तव्यों के पालनरूपी लौहचक्र के अन्दर ही घूमने लगा। समस्त वातावरण में क्रियाकलापों में दम घुट रहा था। बिना कुछ मंत्र उच्चारण किए या उपचार किए मनुष्य बिस्तर से उठकर प्रातःकाल का कोई कृत्य यथा मुंह धोना, हजामत करना एवं प्रातराश करना आदि भी नहीं कर सकता था। यह एक ऐसा युग था जिसमें एक क्षुद्र एवं उजाड़ सम्प्रदाय छोटे-छोटे एवं निःसार मिथ्या विश्वासों से पूरा भरा हुआ था। एक नीरस एवं हृदयहीन दर्शन-पद्धति—जिसे एक शुष्क और कट्टरतापूर्ण धर्म का समर्थन भी प्राप्त था और जो आडम्बर एवं अतिशयोक्ति से भरपूर थी—विचारशील थोड़े से व्यक्तियों को थोड़े समय तक एवं जनसाधारण को अधिक समय तक सन्तोष न दे सकी। अब विश्लेषण का युग आरंभ हुआ जबकि उपनिषदों के विद्रोह को क्रियात्मक रूप देने के लिए क्रमबद्ध रूप में प्रयत्न प्रारंभ हुए। उपनिषदों के एकेश्वरवाद एवं वैदिक अनेकेश्वरवाद का असंगत गठबंधन, उपनिषदों का धार्मिक जीवन एवं वेदों का यज्ञपरक दैनिक जीवन, उपनिषदों का मोक्ष और संसार और वैदिक नरक व स्वर्ग, उपनिषदों की विश्वव्यापकता और प्रचलित जन्मपरक जात-पांत अब

और अधिक साथ-साथ नहीं चल सकते थे। समय की सबसे बड़ी मांग थी कि पुनः संघटन होना चाहिए। समय प्रतीक्षा कर रहा था कि एक गम्भीरतर और आध्यात्मिक धर्म का प्रचार साधारण जनसमाज में होना ही चाहिए। इससे पूर्व की यथार्थ समन्वय हो सके, अवयवों को—जो कृतिमरूप में परस्पर जुड़े हुए थे—उस संयुक्त रूप से छिन्न-भिन्न करना अत्यन्त आवश्यक था जिसमें वे अमूर्तरूप में परस्पर-विरोधी होने पर भी एक-दूसरे के निकट ला दिए गए थे। बौद्धों, जैनियों एवं चार्वाकों अथवा भौतिकवादियों ने प्रचलित धर्म की कृत्रिम अवस्था की ओर निर्देश किया। इनमें से प्रथम दो ने अर्थात् बौद्धों एवं जैनियों ने एक पुनर्गठन का प्रयत्न किया और आत्मा की नैतिक मांगों के ऊपर बल दिया। किन्तु उनके ये प्रयत्न क्रान्तिकारी आधार पर आश्रित थे। जब उन्होंने उपनिषत्प्रतिपादित नैतिक विश्वव्यापकता के सिद्धान्त का प्रचार किया तो उन्होंने कल्पना की कि उन्होंने ब्राह्मणधर्म की जात-पांत एवं यज्ञपरक क्रियाकलाप तथा प्रचलित धर्म की प्रामाणिकता को सर्वथा तोड़ फेंका। भगवद्गीता एवं अर्वाचीन उपनिषदों ने भूतकाल से मिलकर तर्कविरुद्ध तत्त्वों को अधिक अनुदार भाव के साथ समन्वित किया। यह हो सकता है कि उपनिषदों के पश्चात्काल में जो धर्म प्रचलित था उसके विरोध में नितान्त और अनुदार प्रयत्न देश के भिन्न-भिन्न भागों में किए गए; बौद्धमत एवं जैनमत ने पूर्व की दिशा में एवं भगवद्गीता ने पश्चिम दिशा में, जो प्राचीन वैदिक धर्म का गढ़ था, प्रचार किया। अब हम बौद्धिक हलचल, विद्रोह एवं पुनर्गठन के इसी युग की ओर चलते हैं।

उद्धृत ग्रन्थ

मैक्समूलर : 'द उपनिषद्स', (सैक्रेड बुक्स आफ द ईस्ट, खण्ड 1 और 15)।
ड्यूसन : 'द फिलासफी आफ द उपनिषद्स'।
गफ : 'द फिलासफी आफं द उपनिषद्'।
बरुआ : 'प्री-बुद्धिस्टिक इण्डियन फिलासफी'।
महादेव शास्त्री : 'द तैत्तिरीय उपनिषद्'।
रानाडे : 'द साइकालोजी आफ द उपनिषद्स' (इण्डियन फिलासाफिकल रिव्यू), 1918-1919।
ह्यूम : 'द थरटीन प्रिंसिपल उपनिषद्स'।

महाकाव्य काल

पांचवां अध्याय

भौतिकवाद

महाकाव्य काल—इस काल के प्रचलित विचार—भौतिकवाद—भौतिक सिद्धान्त—सामान्य समीक्षा।

1. महाकाव्य काल

यद्यपि दोनों महाकाव्यों अर्थात् रामायण एवं महाभारत में वर्णित घटनाएं अधिकतर उस वैदिककाल की हैं जबकि प्राचीन आर्य बड़ी संख्या में गंगा की उपत्यका में आकर बसे थे—कुछ लोग दिल्ली के आसपास, पांचाल लोग कन्नौज के समीप, कौशल लोग अवध के समीप, और काशी लोग बनारस में—किन्तु ऐसी कोई साक्षी हमें उपलब्ध नहीं है जो यह सिद्ध कर सके कि इन महाकाव्यों की रचना ईसा से पूर्व की छठी शताब्दी से पूर्व हुई हो। स्वयं वेदमंत्रों के भी क्रमबद्ध अवस्था में आने का काल वही है जिस समय आर्य लोग गंगा की उपत्यका में फैल रहे थे। सम्भवतः यही समय था जबकि महाकाव्य महाभारत में वर्णित कौरवों एवं पांडवों के बीच महासंग्राम हुआ। भारतीय परम्परा और महाभारत के अन्तर्गत साक्ष्य के आधार पर वेदों के संग्राहक महर्षि व्यास भी उक्त काल में वर्तमान थे। रामायण में उन युद्धों का वर्णन है जो आर्य लोगों एवं यहां के मूलनिवासियों के मध्य हुए जिन्होंने आर्यसंस्कृति को अपना लिया। महाभारत उस समय का ग्रन्थ है जबकि वैदिक ऋचाएं अपनी मौलिक शक्ति व अर्थ को खो चुकी थीं और कर्मकाण्ड-प्रधान धर्म सर्वसाधारण को अधिक आकृष्ट करता था और जन्मपरक जाति को प्रधानता दी जाने लगी थी। इसलिए हम महाकाव्यों की रचना का समय ईसा से पूर्व छठी शताब्दी के लगभग कहीं रख सकते हैं। यद्यपि उनके अन्दर अवस्थाओं के अनुसार ईसा के 200 वर्ष पश्चात् तक परिवर्तन होते रहे और उस समय ये महाकाव्य अपने अंतिम अर्थात् वर्तमान रूप में आ गए।

ऐसे अनेकों संकेत हैं जिनके आधार पर यह सिद्ध हो सकता है कि यह युग बौद्धिक रुचि के प्रति प्रबलरूप में जागरूक था जिसमें प्रचुर मात्रा में दार्शनिक स्फूर्ति और अन्यान्य क्षेत्रों में विकास उपलब्ध होते हैं। उस युग की नैतिक प्रेरणा का जिसमें अनेक प्रकार की स्फूर्ति मिश्रित थी, ठीक-ठीक वर्णन करना कठिन है। उस समय की जनता अध्यात्मिक एवं

आधिभौतिक समस्याओं के साथ संघर्ष करती हुई पाई जाती है। यह एक युग था जो अद्‌भुत अनियमितताओं एवं पारस्परिक विरोधों से भरपूर था। बौद्धिक विकास के प्रति उत्साह एवं नैतिक गम्भीरता के साथ-साथ दूसरे पक्ष में आत्मसंयम का अभाव एवं वासना के नियन्त्रण का अभाव भी पाया जाता है। और चार्वाकों एवं बौद्धों का युग था। तन्त्र-मन्त्र एवं विज्ञान, संशयवाद (स्याद्वाद) एवं अन्धविश्वास, स्वच्छन्द जीवन एवं तपस्या (आत्मसंयम) साथ-साथ एक-दूसरे से मिले-जुले पाए जाते हैं ! जबकि जीवन की वेगवान शक्तियां अपना प्रभुत्व जमाती हों तो यह स्वाभाविक ही है कि कितने ही व्यक्ति उद्दाम कल्पनाओं की अधीनता स्वीकार कर लें। इस सबके होते हुए भी विचारों की जटिलता एवं स्वाभाविक प्रवृत्तियों ने परस्पर मिलकर जीवन को व्यापक बनाने में सहायता की। स्वतन्त्र विचार पर बल देने के कारण बौद्धिक हलचल ने परंपरागत प्राचीन शास्त्रों के प्रामाण्य रूपी बन्धन को शिथिल करके सत्य की खोज में उन्नति होने का मार्ग खोल दिया। शास्त्र की प्रामाणिकता में सन्देह प्रकट करना अब भयानक न रह गया।

अन्तर्दृष्टि का स्थान अब समीक्षा एवं सत्यान्वेषण और धार्मिक विश्वासों का स्थान दर्शनशास्त्र लेने लगे। जीवन की अद्‌भुत अनिश्चितता एवं संदिग्धता, संसार को व्यवस्थित सिद्ध करने के लिए किंए गए परस्पर-विरोधी प्रयत्न, मनमाने पन्थों और मतों की भटका देने वाली अव्यवस्था एवं विचार की समाप्ति जिनका निर्माण दुःखों में ग्रस्त एवं भय से त्रस्त किसी भी नये तथा अपरीक्षित मार्ग को प्राप्त करके प्रसन्न हो जाने वाली मनुष्य-जाति ने किया, तथा अविश्वास की मरुभूमि, शक्ति, यौवन और उद्यम के मध्य में क्लांति व उदासीनता—इन सबके कारण महाकाव्यकाल भारतीय विचारधारा का एक महत्त्वपूर्ण काल है। अस्वस्थमनस्कता एवं शक्तिहीनता तथा स्नायु-दौर्बल्य से पीड़ित व्यक्ति संसार में सर्वत्र अपने इस रोग की चिकित्सा या तो विश्राम और शांति से प्राप्त करते हैं, अथवा कला, ज्ञान और सदाचार द्वारा उससे परित्राण और निर्वाण खोजते हैं, या फिर नशा करके, अचेतावस्था, वैक्लव्य एवं उन्माद द्वारा उसकी शांति का उपाय करते हैं। इस प्रकार दर्शनशास्त्र-सम्बन्धी परीक्षणों के इस युग में अनेक नई-नई पद्धतियां सामने लाई गईं। एक मत-विशेष की प्रतिद्वन्द्विता में दूसरा मत लाया गया, एक आदर्श की प्रतिद्वन्द्विता में दूसरा आदर्श सामने आया। विचारधारा के स्वभावों में केवल अकेले एक ही विचार के प्रभाव से नहीं अपितु अनेक विचारों की संगठित शक्ति के द्वारा परिवर्तन किया गया। ऋग्वेद के अन्दर स्वतन्त्र कल्पना के अंश और संशयवाद के संकेत पहले से उपस्थित थे।[1] पूजा के बाह्य स्वरूप के प्रति अत्यधिक भक्ति होने पर भी ब्राह्मणग्रन्थों तक में दार्शनिक विवाद के लिए एक निःशंक आकांक्षा हमें मिलती है। जब मनुष्यों की तर्क-सम्बन्धी उत्कट जिज्ञासा को यों ही दबा देने के लिए प्रयत्न किए जाते हैं तो मनुष्य का मन उसके प्रति विद्रोह करता है और एक अवश्यम्भावी प्रतिक्रिया हमारे सामने आती है, जिसके परिणामस्वरूप सब प्रकार के औपचारिक प्रामाण्य के प्रति अधीरता एवं भावुक जीवन का उद्रेक, जिसे कर्मकाण्ड-सम्बन्धी धर्म ने दीर्घकाल तक दबाकर रखा था, उमड़ पड़ते हैं। उपनिषदों ने जिज्ञासा के भाव को विकसित किया, भले ही वे पुराने वैदिक मत का कितना भी दम भरती रही हों। जब एक बार हम विचार को अपना अधिकार प्रकट करने का अवसर दे देंगे, तो फिर हम उसे मर्यादाओं के अन्दर नियन्त्रित करके नहीं रख सकते। जिज्ञासा की नई विधियों का प्रचलन करके एवं

1. ऋग्वेद, 7 : 89, 3-4।

मस्तिष्क को एक नई विधि से नये ढांचे में ढालकर उपनिषदों के विचारकों के अन्य सबसे कहीं अधिक उस युग की विचारधारा को प्रेरणा प्रदान की। अपने दार्शनिक वादविवादों के द्वारा उपनिषदों ने एक परिवर्तन का उद्‌घाटन किया जिसका पूरा-पूरा तात्पर्य एवं प्रयाण की दिशा स्वयं उन पर भी प्रकट नहीं थी। यह विशेष ध्यान देने योग्य विषय है कि जहां उपनिषदों की विचारधारा ने गंगा के प्रदेश के पश्चिमी भाग में विकास पाया, वहां पूर्व के भाग ने उसे प्राप्त तो किया अवश्य, किन्तु उसे इतना अधिक अपने जीवन में ढाला नहीं। पश्चिम की कल्पनाओं को पूर्व-भाग ने बिना संशय प्रकट किए अथवा बिना पूर्णरूप से उस पर विवाद उठाए अंगीकार नहीं किया।

राजनैतिक संकटकालों ने भी मनुष्यों के मन को अस्थिर कर दिया। छोटी रियासतों में, जो उस काल में बन रही थीं, छोटी-छोटी बातों पर अनबन चलती थी। विदेशी आक्रमणकारियों ने देश की शांति को भंग कर रखा था। उस युग के अधःपतन, राजाओं की कामवासना और जनसाधारण की अर्थलोलुपता की बड़ी-बड़ी शिकायतें सुनी जाती थीं। एक बौद्धसुत्त (सूक्त) कहता है, "मैं इस संसार में धनवानों को देखता हूं। उन वस्तुओं में से जिनका संग्रह उन्होंने अपनी मूर्खतावश किया है, वे कुछ भी दूसरों को नहीं देते; वे बड़ी उत्सुकता के साथ धनसंचय करते जाते हैं और अधिकाधिक उसके भोग करने में लिप्त होते जाते हैं। एक राजा भले ही पृथ्वी-भर को क्यों न विजय कर ले और समुद्र-पर्यंत समस्त भूभाग का भी शासक क्यों न हो जाए, तो भी उसका लालच बढ़ता ही जाता है और वह चाहता है कि समुद्र के उस पार को भी प्राप्त कर ले। राजा एवं अन्यान्य प्रजाजन भी अपनी अतृप्त इच्छाओं को साथ लिए हुए मृत्यु का ग्रास बनते हैं...न तो सगे-सम्बन्धी, न मित्र, न ही अन्यान्य परिचित व्यक्ति मरते हुए मनुष्य को बचा सकते हैं; उत्तराधिकारी लोग उसकी जायदाद को लेते हैं किन्तु उसे तो अपने कर्मों का ही पुरस्कार मिलता है; मरने वाले के साथ उसका संचित कोश नहीं जाता, न पत्नियां साथ जाती हैं, न बच्चे साथ जाते हैं, न जायदाद और न ही राज्य साथ जाता है।"[1] असफलता के भाव ने, सरकार एवं समाज की असफलता ने, संसार के प्रति निराशा ने, मानवजाति के आत्मसंशय ने मनुष्य को विवश किया कि वह आत्मा एवं मनोभावों को पहचानना सीखे। उधर ऐसे भी व्यक्ति थे जो अपूर्ण एवं क्षणिक जीवन को एकदम भूलाकर पवित्रता का जीवन व्यतीत करने के लिए उद्यत थे और ऐसे एक अत्यन्त दूर अवस्थित स्वप्नजगत् में पहुंचना चाहते थे जो पाप एवं भ्रष्टाचार से रहित है और भूत, वर्तमान और भविष्यत् में सदा एकसमान रहता है। लगभग सभी लोग क्लान्ति, विरक्ति एवं निराशा के साथ जीवन से विमुख हो गए थे। परलोक के आकर्षणों के आगे वर्तमान के प्रलोभन हार खा गए थे। लोग मोक्षप्राप्ति के लिए छोटे-से-छोटे मार्ग की ओर लोलुप दृष्टि से ताक रहे थे। सांसारिक क्षेत्र में पराजय का अनुभव ही उस युग में लोगों को दैवीय प्रेरणा देने लगा था। एक सद्‌गुणी परमेश्वर का भाव स्वभावतः जगत् के नैतिक शासन के साथ-साथ रहता है। जब इस लोक में जीवन के स्वरूप के सम्बन्ध में ही संशय उत्पन्न होता है तो परमेश्वर की सत्ता में विश्वास भी ढीला पड़ जाता है। जब हरएक व्यक्ति सोचता है कि जीवन दुःखमय है, या कम से कम यह कि जीवन एक आशंकापूर्ण वरदान है, तो पुराने विश्वास को लेकर आगे चल सकना आसान नहीं रह जाता। शताब्दियों का विश्वास इस प्रकार एक स्वप्न की भांति छिन्न-भिन्न हो रहा था। प्रामाणिकता का बन्धन शिथिल हो गया

1. ओल्डनबर्ग : 'बुद्ध', पृष्ठ 65।

था और परम्परा के बन्धन भी उसके साथ ढीले पड़ गए थे। विचारधारा के इस विक्षुब्ध वातावरण में जबकि पुराना विश्वास खण्डित हो रहा था और मनुष्य के स्वातन्त्र्य की घोषणा की जा रही थी, अनेकों आध्यात्मिक मतों एवं निरर्थक कल्पनाओं की सृष्टि हुई। एक ऐसे युग में जबकि नैतिक दुर्बलता का भाव जड़ पकड़ रहा था, स्वभावतः मनुष्य किसी भी धार्मिक मत का आश्रय लेने के लिए उत्सुक था। उस युग में हमें केवल इन्द्रियगम्य संसार के ऊपर आग्रह करते हुए भौतिकवादी मिलते हैं, और मिलते हैं अपने बहुमूल्य मनोवैज्ञानिक एवं उच्च श्रेणी के नीतिशास्त्र सम्बन्धी शिक्षाओं के साथ प्रकट हुए बौद्ध लोग। दूसरी ओर कुछ ऐसे व्यक्ति भी मिलते हैं जो डूबते हुए निराश मनुष्य की भांति आश्रयरूप वेदों से ही चिपटे रहे; सुधारकों ने परलोक की सम्भाव्य कल्पना से निषेध करते हुए अपना पूरा बल पवित्र जीवन व्यतीत करने एवं उत्तम कर्म करने पर ही देने का संकल्प किया। त्यागियों-तपस्वियों एवं तीर्थंकरों (तरणी बनाने वालों) ने नये पन्थों के संस्थापक होने का दावा किया। गौतम बुद्ध एवं वर्धमान महावीर स्वामी सबसे प्रमुख सुधारक थे। बौद्धग्रन्थों में अन्यान्य कतिपय विधर्मी शिक्षकों का भी वर्णन आता है, यथा—संशयवादी संजय जिसने आत्मा के समस्त ज्ञान का निराकरण करके केवल शांति की प्राप्ति के प्रति जिज्ञासा तक ही अपने को मर्यादित रखा; अजित केशकम्बलिन एक भौतिकवादी था जिसने आन्तरिक ज्ञान का सर्वथा खण्डन करते हुए प्रतिपादन किया कि मनुष्य केवल चार तत्त्वों से मिलकर बना है जो मृत्यु के साथ ही छिन्न-भिन्न हो जाते हैं; उदासीनतावाद पुराण काश्यप ने नैतिक विभिन्नताओं को अमान्य ठहराते हुए आत्मा के अकारण एवं आकस्मिक उद्भव[1] के मत को अंगीकार किया। भाग्यवादी मस्करिन् गोसाल ने प्रतिपादन किया कि जीवन अथवा मृत्यु पर मनुष्य का कोई वश नहीं है एवं सब वस्तुएं जीवित जीव हैं, जो निरन्तर परिवर्तन की प्रक्रिया के अधीन हैं और इसका कारण उनकी अपनी अन्तर्निहित शक्ति है और यह प्रक्रिया तब तक चलती रहती है जब तक कि वे पूर्णता प्राप्त नहीं कर लेते।[2] और कुकुद कात्यायन ने प्रतिपादन किया कि सत्ता, पृथ्वी, जल, अग्नि, वायु, देश और आत्मा इन सब तत्त्वों में अपने-अपने गुणों के कारण भिन्नता है और सुख एवं दुःख परिवर्तन के घटक हैं जिससे व्यक्ति उत्पन्न होते हैं एवं नष्ट होते हैं।[3] गणनातीत ऐसे शिक्षक देश के भिन्न-भिन्न भागों में उत्पन्न हुए जिन्होंने मोक्ष के रहस्य के उद्घाटन करने वाले सुसमाचार की घोषणा की।

ऐसी अनेक पुनर्निर्माणकारी विचारधाराओं का प्रारम्भ महाकाव्य काल के साथ जोड़ा जा सकता है जिन्होंने आगे चलकर संस्कृति को समृद्ध बनाया। यद्यपि वे इस काल में भी वर्तमान रहीं किन्तु उन्हें पूरी शक्ति प्राप्त नहीं हुई जब तक कि हम उक्त महाकाव्य काल के अन्त तक नहीं पहुंच गए। जीवन के दैवीय नियमन में रोग और उसका उपचार साथ-साथ ही प्रकट होते हैं, और जहां कहीं भी भ्रान्ति की विषाक्त धाराएं बहती हैं वहीं पर जीवन के ऐसे वृक्ष उत्पन्न हो जाते हैं जिनके पत्तों से राष्ट्रों के रोगों की चिकित्सा हो जाती है। वैदिक ऋषियों एवं उपनिषदों की शिक्षाएं सूत्रों में लाकर संक्षिप्त रूप में एकत्र कर दी गईं। नीरस तार्किक विचारों व उच्चतम भक्तिपरक विचारों का प्रचार प्रारम्भ हुआ। सबसे पहले चार्वाक,

1. अहेतुवाद। सामंञफलसुत्त। दीघ निकाय, 1।
2. मज्झिम निकाय 1 : देखें, सत्रकृतांग भी।
3. तुलना कीजिए, इसके साथ एम्पिडोक्लीज के दर्शन की, जिसमें चार तत्त्वों और परिवर्तन के दो घटकों का वर्णन किया गया है—अर्थात् राग को जोड़ता है और द्वेष जो पृथक् करता है।

बौद्ध एवं जैन प्रकट हुए। उसके तुरन्त पश्चात् प्रतिक्रिया के रूप में उपनिषदों के आस्तिक पक्ष पर बल देने के प्रयत्न किए गए। बौद्धमत एवं जैनमत नैतिक पक्ष पर बल देने के कारण मनुष्य की गहनतम धार्मिक मांगों एवं मनोभावों को पौष्टिक भोजन देने में असमर्थ रहे। जब उपनिषदों के क्षीणकाय अमूर्त भावों अथवा वेदों की उज्जवल देवमाला द्वारा भी जनसाधारण को सन्तोष प्राप्त न हो सका तो जैनियों एवं बौद्धों के नैतिक सिद्धान्त-सम्बन्धी अस्पष्ट आदर्शवाद सन्तोष दे ही कैसे सकते थे। तब पुनः संगठन का काल आया और एक ऐसे धर्म की उत्पत्ति हुई जो अपेक्षाकृत कम औपचारिक था, कम नीरस था और उपनिषदों के सम्प्रदाय से, उस समय की व्याख्या के अनुसार, अधिक सन्तोषप्रद था। उस धर्म ने जनता के आगे एक जीवित देहधारी ईश्वर को उपस्थित किया, जबकि अब तक एक अनिश्चित, अस्पष्ट एवं नीरस परमेश्वर की भावना उनके सामने थी। भगवद् गीता जिसमें कृष्ण को विष्णु का अवतार करके दर्शाया गया है, उपनिषदों का नित्य ब्रह्म, पंचरात्र पद्धति, तथा श्वेताश्वतर एवं अन्यान्य अर्वाचीन उपनिषदों का शैववाद, और बौद्धधर्म का महायान सम्प्रदाय, जिसमें बुद्ध का एक नित्य परमेश्वर के स्वरूप में वर्णन किया गया है—ये सब इसी धार्मिक प्रतिक्रिया के रूप हैं। इस युग में कतिपय कल्पनाषरायण व्यक्तियों ने दार्शनिक पद्धति पर बल देकर नये प्रकाश को आगे भी बढ़ाया। क्रमबद्ध दर्शन के अंकुर भी उगते हुए दिखाई देने लगे। सांख्य और योगदर्शन अपने प्राचीन रूप में एवं न्याय और वैशेषिक स्वतन्त्र रूप से विकसित हुए, यद्यपि इन्होंने अपनी जड़ को सुदृढ़ करने के लिए वेदों की मान्यता की ओर निर्देश किया। दोनों मीमांसाग्रन्थों का उद्भव अधिक प्रत्यक्ष रूप में वैदिक ऋचाओं के भाष्यों के आधार पर हुआ। यह बिल्कुल निश्चित है कि उन सब दर्शन पद्धतियों का प्रकाश एवं प्रचार महाकाव्य काल की समाप्ति के लगभग ही हुआ। उस समय के परस्पर-विरोध इन परस्पर-विरोधी दर्शन-पद्धतियों में भी प्रकट हुए, जिनमें से प्रत्येक ने उस युग के भाव के एक विशेष पक्ष का निर्देश किया। इस युग के तीन भिन्न-भिन्न विचारों के स्तरों में भेद करना हमारे लिए आवश्यक हो जाता है जोकि कालक्रम से एवं तार्किक दृष्टि से भी एक-दूसरे के पश्चाद्वर्ती हैं : (1) विद्रोही पद्धतियां यथा चार्वाक मत, जैनमत और बौद्धमत (600 ई. पू.); (2) आस्तिकवाद-सम्बन्धी पुनर्निर्माण जो भगवद्गीता एवं अर्वाचीन काल की उपनिषदों में पाया जाता है (500 ई. पू.); और (3) छह दर्शनशास्त्रों का कल्पनापरक विकास (300 ई. पू.), जिसने ईसा के लगभग 200 वर्ष बाद तक एक निश्चित रूप धारण किया।

2. इस काल के प्रचलित विचार

इससे पूर्व कि हम तीनों दार्शनिक पद्धतियों—अर्थात् भौतिकवाद, जैनमत एवं बौद्धमत—को लें, हम संक्षेप में उन विचारों पर भी दृष्टिपात कर लें जो उस काल में जनसाधारण में फैले हुए थे। पुनर्जन्म एवं जीवन के दुःखमय होने का विचार, जिसके साथ अनित्यता का भाव भी जुड़ा हुआ था, उस समय प्रचलित था। जीवन दुःखमय है और संसार के पदार्थ हमें प्रलोभनों में फंसाकर केवल दुःख का कारण बनते हैं, यह विचारधारा उपनिषदों की देन थी, जो दाय के रूप में प्राप्त हुई थी। नचिकेता द्वारा यम से पूछे गए प्रश्नों की ओर ध्यान दीजिए : "क्या हम युवतियों, अश्वों, धन-सम्पदा एवं राज्य तक को प्राप्त करके भी वस्तुतः

सुखी हो सकते हैं, जब हम तुम्हें (अर्थात अवश्यम्भावी मृत्यु को) सामने देखते हैं ?"[1] फिर-फिर जन्म लेने का जो चक्र है वह केवल दुःख को बढ़ाना है। बिना कहीं अन्त के एक जन्म से दूसरे जन्म और एक जीवन से दूसरे जीवन की यह धारणा एक नीरस कल्पना प्रतीत होने लगी, जिसके कारण जीवन ही निरर्थक और आह्लाद-शून्य हो जाता है। "यह आत्मा एक ऐसी नियति के अन्तिम निर्णय के विचार को तो सहन कर सकती है जिसमें यन्त्रणा का सदा के लिए अन्त हो सके, किन्तु एक संसार से दूसरे संसार, एक जन्म से दूसरे जन्म और सदा होते रहने वाले विनाश की भयानक शांति के साथ निरन्तर संघर्ष का विचार ऐसा है जोकि वीर से वीर पुरुष के हृदय को भी इस परिणाम रहित और कभी अन्त न होने वाली सांसारिक व्यवस्था को देखकर ठण्डा कर दे सकता है।"[2] इस युग में उत्पन्न होने वाले प्रत्येक सम्प्रदाय ने अनित्यता के भाव को अंगीकार किया है। इसे भिन्न-भिन्न नामों से पुकारा गया है, जैसे जगद्व्यापार, संसार, व्यवहार, प्रपञ्च आदि। कर्म का सिद्धान्त इसका आवश्यक एवं सहज परिणाम है। यह प्रश्न भी अनिवार्य है कि क्या इस चक्र से उन्मुक्त होने को कोई मार्ग है, तथा क्या मृत्यु से छुटकारा पाने का भी कोई साधन है। मुनियों के आश्रमों में अथर्ववेद में वर्णित कठोर तपस्याएं को जाती थीं, जिससे कि अलौकिक शक्ति प्राप्त की जा सके। तपस्या में जीवन को पवित्र करने की शक्ति विद्यमान है, इस बात में विश्वास दृढ़ था। कठोर तपस्या ने उपनिषदों में वर्णित ध्यान एवं चिन्तन की प्रणाली का स्थान ग्रहण कर लिया। परमेश्वर का अलौकिक ज्ञान प्राप्त करने के लिए आत्मा को मौन-धारण का व्रत लेना आवश्यक है। तपस्वियों के समुदाय देश-भर में बिखरे हुए थे जो अपने आप कष्ट सहन करने का अभ्यास करते थे। जन्मगत जाति को अधिकाधिक मान्यता दी जा रही थी।

3. भौतिकवाद

भौतिकवाद उतना ही पुराना है जितना कि दर्शनशास्त्र, और बुद्ध के पूर्व भी इस मत का पता मिलता है। ऋग्वेद की ऋचाओं में भी इसके अंकुर पाये जाते हैं। "अनेक प्रमाण यह दर्शाते हैं कि बौद्धमत से पूर्व के भारत में भी विशुद्ध भौतिकवाद की घोषणा करने वाले लोग प्रकट हुए थे। और इसमें सन्देह नहीं कि उन सिद्धान्तों के अनुयायी गुप्तरूप में, जैसे आज भी हैं, बराबर रहे हैं।"[3] बौद्धधर्म के प्राचीन ग्रन्थों में इस सिद्धान्त के उद्धरण मिलते हैं। "मनुष्य चार तत्त्वों से मिलकर बना है। जब मनुष्य मरता है तो पार्थिव तत्त्व लौटकर पृथ्वी के अन्दर फिर से आ मिलता है। जलीय तत्त्व जल में वापस मिल जाता है, अग्नितत्त्व वापस आकर अग्नि में मिल जाता है और वायवीय तत्त्व फिर वायु में मिल जाता है। इन्द्रियां देश के अन्दर समा जाती हैं। बुद्धिमान और मूर्ख एक समान, जब शरीर छिन्न-भिन्न हो जाता है, नष्ट हो जाते हैं और आगे के लिए उनकी सत्ता नहीं रहती।"[4] भौतिकवादी बौद्धमत के आविर्भाव से पहले अवश्य रहे होंगे, क्योंकि प्राचीनतम बौद्धग्रन्थों में उनका वर्णन है।[5]

---

1. कठ उपनिषद्।
2. ओल्डनबर्ग : 'बुद्ध', पृष्ठ 45।
3. गार्ब : 'द फिलासफी आफ ऐन्शियेण्ट इण्डिया', पृष्ठ 25।
4. रीज़ डेविड्स : 'डायलॉग्स आफ बुद्ध', 2, पृष्ठ 46।
5. रीज़ डेविड्स : 'अमेरिकन लेक्चर्स', पृष्ठ 24।

महाकाव्यों में भी भौतिकवाद के उल्लेख हैं।[1] मनु ने नास्तिकों (जो परमात्मा के अस्तित्व का खण्डन करें) का उल्लेख किया है और पाखण्डियों (विधर्मियों) का भी।[2] भौतिकवादियों के सिद्धान्त के विषय में शास्त्रीय प्रमाण बृहस्पति के सूत्र कहे जाते हैं, जो विलुप्त हो गए हैं। हमारे मुख्य आधार अन्यान्य सम्प्रदायाओं के विवादात्मक ग्रन्थ हैं। 'सर्वदर्शनसंग्रह' के पहले अध्याय में उक्त सम्प्रदाय की शिक्षा का संक्षिप्त सार दिया गया है।

4. भौतिक सिद्धान्त

धार्मिक एकाधिकार को नष्ट कर देने के जोश में और धार्मिक विश्वास के सम्बन्ध में पूर्ण स्वतंत्रता घोषित करने के लिए भौतिकवादी एकदम विरोधी दिशा में अन्तिम छोर पर पहुंच गए। हम उनके विचारों से सीख सकते हैं कि एक अनियन्त्रित विचार सब प्रकार की बाधाओं को तोड़कर हमें कहां पहुँचा दे सकता है। इस सिद्धान्त का सार 'प्रबोधचन्द्रोदय' नामक एक अन्योक्ति रूपकालंकार युक्त नाटक के एक पात्र में संक्षेप में दिया है : "लोकायत सदा एक ही शास्त्र है; इसमें केवल प्रत्याक्षानुभव की ही प्रामाणिकता को स्वीकार किया गया है। तत्त्व चार हैं–पृथ्वी, जल, अग्नि और वायु; धन-सम्पदा एवं सुख मानुषी सत्ता के पदार्थ हैं। प्रकृति सोच सकती है। इसके अतिरिक्त और कोई लोक नहीं। मृत्यु ही सबका अन्त है"[3] इस शास्त्र को लोकायत कहते हैं,[4] क्योंकि इसका मत है कि यही एक लोक है। भौतिकवादियों को लौकायतिक कहा जाता है। उन्हें उक्त मत के संस्थापक के नाम पर चार्वाक भी कहा जाता है।

साक्षाद् इन्द्रिय-सम्बन्ध से जो जाना जाता है वही सत्य है : केवल वही विद्यमान है। जिसका हम प्रत्यक्ष ज्ञान नहीं कर सकते उसका अस्तित्व नहीं है। कारण स्पष्ट है कि उसका प्रत्यक्ष जो नहीं होता। अनुमान-प्रमाण कुछ नहीं है। जब हुए धुएं को देखते हैं तो हमें साहचर्य अथवा पुराने प्रत्यक्ष अनुभवों की स्मृति द्वारा अग्नि का स्मरण हो जाता है। यही कारण है कि अनुमान कभी-कभी सत्य और कभी मिथ्या भी निकलता है। बाद के भौतिकवादियों ने अनुमान के सम्बन्ध में अपने निजी मत के लिए कुछ कारण बताए हैं। हम अनुमान नहीं कर सकते जब तक कि हमें सामान्य सम्बन्धों का ज्ञान न हो। प्रत्यक्षानुभव हमें सामान्य सम्बन्ध नहीं दे सकता और न अनुमान के ही कारण हमें सामान्य सम्बन्धों की प्राप्ति हो सकती है, क्योंकि इस प्रकार के अनुमान को एक अन्य अनुमान की अपेक्षा होगी और उसको एक अन्य की आदि-आदि। दूसरों की साक्षी का कोई मूल्य नहीं। सादृश्य या दृष्टान्त अनुमान की व्याख्या नहीं कर सकता और इसलिए अनुमान अयथार्थ है। यह केवल विषयीगत सम्बन्ध है, जो केवल आकस्मिक रूप में ही उचित ठहर सकता है, यदि उसे औचित्य समझा जाए।

चूंकि इन्द्रियार्थ सन्निकर्ष ही केवल ज्ञान का प्रकार है, लिहाज़ा प्रकृति ही यथार्थ सत्ता

---

1. देखें, शान्तिपर्व, श्लोक 1414 और 1430-1442, और शल्यपर्व, 3619; और विष्णुपुराण भी देखें, 3 : 18, 14-26।
2. 'इंस्टिट्यूट्स आफ मनु', 2 : 11; 3 : 150, 161· 4 : 30, 61, 163; 5 : 89; 8 : 22, 309; 9 : 65, 66; 12 : 33, 95, 96।
3. अंक 2।
4. 'लोकायत'–इन्द्रियजगत की ओर प्रवृत्त हुआ–यह संस्कृत शब्द है जो भौतिकवाद के लिए प्रयुक्त होता है।

के रूप में ठहरती है। केवल इसी का ज्ञान इन्द्रियों द्वारा हो सकता है। जो कुछ भौतिक है वही यथार्थ है। परम तत्त्व चार अवयव हैं : पृथ्वी, जल, अग्नि, एवं वायु। ये नित्य है और यही संसार के समस्त विकास की, अर्थात् एक कोशीय जीव से लेकर दार्शनिक तक की, व्याख्या कर सकते हैं। बुद्धि इन्हीं चार तत्त्वों का परिवर्तित रूप है और जब उन तत्त्वों का जिनसे यह उद्भूत हुई है, विलयन होता है तो यह बुद्धि भी विनष्ट हो जाती है। "वह बुद्धि जो अचेतन अवयवों की परिवर्तित आकृतियों के अन्दर निहित पाई जाती है, ठीक उसी प्रकार से उत्पन्न होती है जिस प्रकार पान की पत्ती, सुपारी, कत्था और चूना के परस्पर सम्मिश्रण से लाल रंग पैदा होता है।"[1] जिस प्रकार कुछ उपकरणों के परस्पर सम्मिश्रण से उनके अन्दर नशा उत्पन्न कर देने वाली शक्ति उत्पन्न हो जाती है, उसी प्रकार से चार तत्त्वों के परस्पर संयोग से चेतना उत्पन्न हो जाती है। चार तत्त्वों के उपस्थित रहने पर चेतन जीवन स्वतः उनके अन्दर से प्रकट हो जाता है, ठीक जैसेकि अलादीन के चिराग को रगड़ने से राक्षस प्रकट हो जाता था। विचार प्रकृति की ही एक प्रक्रिया है। कैबेनीज़ के प्रसिद्ध कथन के शब्दों का यदि हम प्रयोग करें तो कहेंगे कि मस्तिष्क क्षरणक्रिया द्वारा विचार को उसी प्रकार से उत्पन्न करता है जिस प्रकार जिगर से पित्त क्षरित होता है। शरीर से भिन्न किसी पृथक् आत्मा के अस्तित्व को मानने की आवश्यकता नहीं है। शरीर का बुद्धिगुण से युक्त होना ही पर्याप्त है। "आत्मा ही स्वयं शरीर है जोकि ऐसे गुणों से पहचाना जा सकता है जिनका संकेत इस प्रकार के कथनों में रहता है, जैसे 'मैं बलवान हूँ', 'मैं युवा हूँ', 'मैं वृद्ध हूँ', 'मैं एक अधेड़ हूँ', आदि-आदि।"[2] आत्मा एवं शरीर के पृथक्-पृथक् अस्तित्व की कोई साक्षी हमें उपलब्ध नहीं है, क्योंकि शरीर से भिन्न आत्मा हमें दिखाई नहीं देती। "शरीर से पृथक् अवस्था में विद्यमान आत्मा को किसने देखा है ? क्या जीवन प्रकृति की परम सापेक्षिक व्यवस्था का परिणाम नहीं है?"[3] चेतना अनिवार्यरूप से शरीर के सम्पर्क से ही पाई जाती है। इसलिए यह शरीर ही सब कुछ है। मनुष्य वह है जो कुछ वह भोजन करता है। सदानन्द ने भौतिकवादियों के चार भिन्न-भिन्न सम्प्रदायों का वर्णन किया है। विवाद का मुख्य विषय जीवात्मा-सम्बन्धी विचार है। एक सम्प्रदाय के अनुसार, जीवात्मा एवं मूर्त शरीर में तादात्म्य है। दूसरा सम्प्रदाय इन्द्रियों को ही आत्मा मानता है और तीसरा प्राण के साथ उसके तादात्म्य का वर्णन करता है और चौथा विचार के इन्द्रिय अर्थात् मस्तिष्क के साथ तादात्म्य को बताता है।[4] किसी भी मत से क्यों न हो, जीवात्मा एक प्राकृतिक व्यापार है। अपनी इस स्थिति के समर्थन में भौतिकवादी धर्मग्रन्थ का प्रमाण देते हैं और हमें उपनिषद् की ओर निर्देश करते हैं, जो कहती है, "इन तत्त्वों से प्रादुर्भूत होने के कारण यह नष्ट हो जाती है। मृत्यु के बाद जब ये तत्त्व नष्ट हो जाते हैं बुद्धि भी नहीं रहती।"[5] इससे यह परिणाम निकलता है कि यह सोचना मूर्खता है कि भविष्यजन्म में जीवात्मा अपने कर्मों का पुरस्कार पाने वाली है। यह एक भ्रान्तिपूर्ण निर्णय है, जिससे कि अन्य लोक की कल्पना की भी धारणा बनानी होती है। इस लोक के अतिरिक्त और कोई लोक नहीं—न स्वर्ग है और न नरक ही। ये सब पाखण्डियों के मस्तिष्क की उपज हैं। धर्म एक मूर्खतापूर्ण मतिभ्रम एवं एक प्रकार का मानसिक रोग है। संसार की व्याख्या के लिए ईश्वर की कोई आवश्यकता नहीं। धार्मिक अन्धविश्वासों एवं

1. सर्वसिद्धान्तसारसंग्रह, 2 : 7।
2. वही, 2 : 6।
3. प्रबोधचन्द्रोदय, 2।
4. वेदान्तसार।
5. बृहदारण्यक उपनिषद्, 2 : 4, 12।

पक्षपातों के कारण मनुष्यों को दूसरे लोक एवं ईश्वर की कल्पना करने की आदत-सी हो गई है और जब धार्मिक भ्रान्ति नष्ट हो जाती है तो वे एक प्रकार का अभाव, शून्यता एवं अकेलापापन अनुभव करने लगते हैं। प्रकृति को मानवीय उत्कर्ष से कोई मतलब नहीं। यह पाप-पुण्य की ओर से सर्वथा उदासीन है। सूर्य अच्छे व बुरे, पुण्यात्मा और पापात्मा दोनों को एक ही समान प्रकाश देता है। यदि प्रकृति में कोई गुण है तो वह इन्द्रियातीत अनैतिकता का है। मनुष्यों में अधिकतर अपनी दुर्बलता के कारण विश्वास करते हैं कि ऐसे देवता हैं जो निर्दोष व्यक्तियों के रक्षक हैं और पाप का बदला लेते हैं, जिन्हें फुसलाया जा सकता है और चापलूसी से प्रसन्न भी किया जा सकता है। यह सब चिन्तन के अभाव के कारण है। हम इस संसार की प्रगति में कहीं भी उच्चश्रेणी के प्राणियों का हस्तक्षेप नहीं पाते। जब हम देवी-देवताओं और दैत्यों के प्रकोप का सम्बन्ध किन्हीं प्राकृतिक घटनाओं से जोड़ते हैं तो हम उक्त घटनाओं की व्याख्या एक मिथ्यारूप में करते हैं। उन व्यक्तियों के लिए जो प्रकृति के पर्यवेक्षण के लिए आत्माओं के अस्तित्व का, जो एक उत्तम परमेश्वर की सत्ता का प्रमाण हो सकता था, निषेध करते हैं, यह असम्भव था कि वे इतिहास की व्याख्या करते हुए यह स्वीकार करते कि यह किसी बुद्धिमान सत्ता की दैवीय प्रेरणा है। ऐसे निजी अनुभवों की व्याख्या करना भी असम्भव होगा। ऐतिहासिक घटनाओं के सम्बन्ध में परमेश्वर को न्याय के लिए साक्षी ठहराना और यह समझना कि सांसारिक पदार्थों की व्यवस्था परमात्मा द्वारा मनुष्य की मोक्ष-प्राप्ति के लिए बनाई गई योजनामात्र है, यह सब सिवाय मक्कारी के और कुछ नहीं। प्रकृति अपना काम अपने-आप करती है उसमें देवताओं के हस्तक्षेप का कोई काम नहीं। संसार की विविधता स्वयं उत्पन्न हुई है। अग्नि उष्ण है और जल शीतल है, क्योंकि यह उन वस्तुओं का स्वभाव है। ''मोर को कौन अद्‌भुत रूप से चित्रित करता है अथवा कौन कोयल की आवाज में इतनी मिठास भरता है ? इन मामलों में सिवाय प्रकृति के और कौन सा कारण हो सकता है ?''[1] एक साहसपूर्ण कट्टरता के कारण दर्शनशास्त्र ने संसार के अपने आन्तरिक मूल्य को[2] एक साथ ही एक ओर उठाकर धर दिया और ईश्वर एवं परलोक की कल्पना को लाकर आगे रख दिया जोकि मिथ्या कल्पना, स्त्रैणता, दुर्बलता और भीरुता तथा बेईमानी का चिह्न है।

इस कल्पना के आधार पर सुख और दुःख जीवन के मुख्य सत्य हैं। उपाधिरहित, स्वच्छन्द आनन्द-प्रमोदवाद ही भौतिकवादियों का नैतिक आदर्श है। खाओ, पियो और मौज उड़ाओ, क्योंकि मौत तो सबकी आनी है, जो हमारे जीवनों को निःशेष कर देगी। ''जब तक जीवन तुम्हारे पास है, सुखपूर्वक जियो, मृत्यु की तीव्र शक्ति से कोई बच नहीं सकता, जब एक बार हमारे इस शरीर के ढांचे को लोग जला देते हैं तो फिर यह कैसे वापस आएगा।''[3]

सुकृत कर्म प्रपंच अथवा भ्रांति मात्र है और सुखभोग ही यथार्थ सत् है। यह जीवन इसी जीवन के साथ समाप्त हो जाता है। उत्तम अथवा शुभ चरित्र, उत्कृष्ट, पवित्र एवं दयालु प्रत्येक पदार्थ के प्रति अश्रद्धा थी। उक्त भौतिकवाद का आशय केवल इन्द्रियभोग एवं स्वार्थपरायणता, किंवा उत्कट इच्छा की पूर्ति करना मात्र है। विषय-वासना एवं नैसर्गिक

1. सर्वसिद्धान्तसारसंग्रह, 2 : 5।
2. श्री बनर्जी का विचार है कि न्याय और वैशेशिक प्रारम्भ में नास्तिकवादी से यद्यपि उनके आधुनिक अनुयायियों ने उन्हें आस्तिक सम्प्रदाय का घोषित किया है। कुमारिल के अनुसार, पूर्व मीमांसा-सम्प्रदाय के अनुयायियों में नास्तिक वृत्ति के भाव सामान्य रूप से पाए जाते थे।
3. सर्वदर्शनसंग्रह, पृष्ठ 2।

प्रवृत्ति को वश में करने की कोई आवश्यकता नहीं, क्योंकि उन सबको प्रकृति ने मनुष्य को दायभाग के रूप में दिया है। जहां एक ओर उपनिषदों ने मनुष्य-जाति के लिए निवृत्ति-मार्ग एवं कठोर जीवन बिताने का विधान किया और इसके अतिरिक्त विश्व के प्रति परोपकार और प्रेम के भाव का विकास करने का आदेश दिया, वहां भौतिकवादी उद्दाम शक्ति, अहम्मयन्ता एवं सब प्रकार के प्रामाण्य के प्रति घोर अश्रद्धा का प्रचार करते हैं। यह उचित नहीं है कि एक व्यक्ति शासन करे और बाकी सब उसकी आज्ञा का पालन करें क्योंकि सब मनुष्य एक ही प्रकार की सामग्री से बने हैं। नैतिक नियम सब मनुष्यों की अपनी स्वीकृत परम्पराएं हैं। जब हम उपवास एवं तपस्या की निषेधात्मक पद्धतियों का अनुसरण करते हैं उस समय जीवन के अनिवार्य लक्ष्य को भूल जाते हैं, जो केवल सुखोपभोग है। "ऐसे व्यक्ति जो जिज्ञासा प्रकट करते हैं कि पशुओं की हत्या करना, इन्द्रियों के भोग में लिप्त रहना, और दूसरे की वस्तु को हराना न्यायसंगत है अथवा नहीं, उनका यह कार्य जीवन के मुख्य उद्देश्य के अनुकूल नहीं है।"[1] बौद्धों के इस मत के विषय में कि प्रत्येक सुख के साथ दुःख लगा हुआ है, भौतिकवादी उत्तर देता है, "वे कल्पना कर लेते हैं कि चूंकि प्रत्येक सुख के साथ दुःख लगा हुआ है, इसलिए तुम्हें सुखों का भी त्याग कर देना चाहिए, किन्तु ऐसा कौन बुद्धिमान मनुष्य है जो छिलके के सहित धान को इस का विचार किए बिना कि इसके अन्दर कितना बढ़िया अन्न का कण निहित है, केवल उसी भूसी के कारण उसे फेंक देगा।"[2] "और न तुम यही कह सकते हो कि इन्द्रियसुख मनुष्य-जीवन का ध्येय नहीं है, केवल इसलिए कि उसके साथ कुछ न कुछ दुःख मिला रहता है। बुद्धिमत्ता का कार्य यही है कि जहां तक हो सके, हम सुख का उसके शुद्धरूप में उपभोग कर लें और उस दुःख को जो सदा उसके साथ जुड़ा रहता है, एक ओर हटा दें। इसलिए हमारा काम यह नहीं है कि दुःख के डर से हम उन सुखों से भी मुख मोड़ लें जिन्हें हमारा स्वभाव सहज प्रवृत्ति के कारण उपादेय मानता है।"[3]

वेदों के प्रामाण्य का निषेध बड़े कटु शब्दों में किया गया था। वैदिक मन्त्र तीन दोषों अर्थात् असत्य, असंगति और पुनरुक्ति के दोषों से भरे पड़े हैं।

> "स्वर्ग कहीं नहीं है, अंतिम मोक्ष भी नहीं है और न ही अन्य लोक में कोई आत्मा है, और न ही चारों वर्णों के एवं आश्रमों आदि के कर्म कोई यथार्थ प्रभाव उत्पन्न करते हैं।
>
> अग्निहोत्र, तीनों वेद, तपस्वी के त्रिदण्ड, और देह में भस्म रमा लेना इन सबको प्रकृति ने उन व्यक्तियों की आजीविका का साधनरूप बनाया है, जो ज्ञान से शून्य हैं और पुंस्त्व से भी विहीन हैं।
>
> यदि ज्योतिष्टोम भाग में मारा हुआ पशु स्वयं सीधा स्वर्ग को पहुंच जाता है तो क्यों नहीं यजमान तुरन्त अपने पिता को यज्ञ की बलि के लिए अर्पण कर देता ?
>
> यदि श्राद्ध उन प्राणियों की तृप्ति कर सकता है जो मर गए हैं, तो इस लोक में भी जब पथिक यात्रा पर निकलते हैं तो उन्हें साथ में मार्ग के लिए भोजन-सामग्री देने की आवश्यकता न होनी चाहिए।
>
> यदि इस लोक में श्राद्ध में दिए गए पदार्थों से स्वर्गस्थ प्राणियों की

---

1. प्रबोधचन्द्रोदय, 2। 2. वही। 3. सर्वदर्शनसंग्रह, पृष्ठ 4।

सन्तुष्टि होती हो तब क्यों न उनके लिए जो मकान की छत पर खड़े हैं, भोजन को नीचे ही डाल दिया जाए?

जब तक जीवन है मनुष्य को सुखपूर्वक जीना चाहिए, खूब घी खाना चाहिए; भले ही उसके लिए ऋण भी क्यों न लेना पड़े।

जब एक बार शरीर भस्म हो जाएगा, यह फिर वापस कैसे आ सकेगा ?

यदि वह जो इस देह को छोड़कर जाता है, दूसरे लोक में पहुंच जाता है, तो क्या कारण है कि वह अपने सगे-सम्बन्धियों के प्रेम में बेचैन होकर फिर इस लोक में वापस नहीं आता ?

इसलिए यह सब ब्राह्मणों ने अपनी आजीविका के लिए गढ़ लिया है।

ये संस्कार मृतक के लिए इसी जगत् में हैं, उनका फल अन्यत्र नहीं मिलता।

तीनों वेदों के रचयिता विदूषक, धूर्त और निशाचर थे।

पण्डितों के सब प्रसिद्ध मंत्र एवं जाप, जरफरी, तरफरी आदि, और समस्त अश्लील कर्मकाण्ड, जिसका विधान अश्वमेधयज्ञ में रानी के लिए किया गया है।

—इन सबको विदूषकों ने आविष्कार किया था, और इसी प्रकार पुरोहितों के लिए नानाविध उपहारों का विधान किया गया।

इसी प्रकार मांस खाने का विधान भी निशाचरों का किया हुआ है।''

(सर्वदर्शनसंग्रह, 1)

स्पष्ट है कि उक्त विवरण में चार्वाक की स्थिति के व्यंग्यचित्र का एक अंशमात्र है किन्तु एक ऐसी दर्शनपद्धति जिसे शताब्दियों तक गम्भीररूप में मान्यता प्राप्त रही हो, इतनी अधिक असंस्कृत रूप की तो नहीं हो सकती जैसाकि उसे ऊपर चित्रित किया गया है।''[1]

5. सामान्य समीक्षा

पुराने रूढ़िप्रधान एवं जादू में विश्वास करने वाले धर्म को निकाल बाहर करने के लिए भौतिकवाद को बहुत कठिनाई का सामना करना पड़ा। विद्यमान संस्थाओं को, जिन्हें समय की मान्यता प्राप्त थी और जो जनसाधारण के स्वभाव में अन्तर्निविष्ट हो गई थीं, उन्नत करने के लिए किए गए कितने ही उदार प्रयत्न सर्वथा निष्प्रभाव सिद्ध होते, यदि शताब्दियों की उदासीनता एवं अन्धविश्वास को चार्वाक-सम्प्रदाय सरीखे एक विस्फोटक बल के द्वारा एकसाथ न हिला दिया गया होता। भौतिकवाद ने प्रामाणिकता के सिद्धान्त का निराकरण करके व्यक्ति की धार्मिक स्वतन्त्रता के महत्त्व की घोषणा की। व्यक्ति के लिए ऐसे किसी भी विषय को स्वीकार करना आवश्यक नहीं जिसका समर्थन तर्क की क्रिया द्वारा प्राप्त न हो सके। यह एक प्रकार से मनुष्य का अपने अन्तस्तर के भाव के प्रति पुनरावर्तन-मात्र था और उस सबका निराकरण था जो केवल बाह्य एवं विदेशी है। चार्वाकदर्शन उस युग को भूतकाल के बोझ से, जो उसे बलपूर्वक दबाए हुए था, छुटकारा दिलाने के लिए हठधर्मी वाला प्रयत्न था। रूढ़िवाद को हटाना आवश्यक था, जिसमें भौतिकवाद ने बहुत बड़ी सहायता की,

1. देखें रीज़ डेविड्स : 'डायलॉग्स आफ बुद्ध', 1, पृष्ठ 166-172।

ताकि दार्शनिक कल्पनाओ के रचनात्मक प्रयत्नों के लिए स्थान बन सके।

परवर्ती काल की भारतीय विचारधारा में भौतिकवाद के साथ स्वभावतः बहुत कठोर एवं घृणास्पद व्यवहार किया गया। शास्त्रीय तर्क को प्रायः ही दोहराया जाता है, जिसके अनुसार एक प्रमेय पदार्थ में से प्रमांता विषयी को निकालना असम्भव है क्योंकि बिना प्रमाता की पूर्वसत्ता के प्रमेय पदार्थ नहीं हो सकता। चेतना प्राकृतिक शक्तियों का परिणाम नहीं हो सकती। शरीर के अतिरिक्त आत्मा कोई वस्तु नहीं है, इस मत की समीक्षा इन हेतुओं के आधार पर की जाती है–(1) शरीर के अतिरिक्त चेतना को ग्रहण करने की हमारी अक्षमता से यह उपलक्षित नहीं होता कि चेतना शरीर का गुण है, क्योंकि शरीर चेतना को ग्रहण करने में केवल सहायक मात्र हो सकता है। प्रकाश का प्रत्यक्ष ज्ञान बिना प्रकाश के नहीं हो सकता, किन्तु इससे यह परिणाम नहीं निकाला जा सकता कि प्रकाश का प्रत्यक्ष ज्ञान की प्रकाश है अथवा उसका गुण है। (2) यदि चेतना शरीर का गुण होती तो शरीर का ज्ञान एकदम नहीं हो सकता था, क्योंकि चेतना उस पदार्थ का गुण नहीं हो सकती जिस पदार्थ के विषय में कोई अन्य व्यक्ति अभिज्ञानवान हो, यद्यपि उसका गुण हो सकती है जो ज्ञानवान है। दूसरे शब्दों में यह कहा जाएगा कि प्रमाता को अपने स्थान से च्युत करके प्रमेय पदार्थ या उसके गुण का दर्जा नहीं दिया जा सकता। (3) यदि चेतना शरीर का गुण होती तो उसके प्रत्यक्ष ज्ञान की क्षमता शरीर के स्वामी के अतिरिक्त दूसरों में भी रहती, क्योंकि हमें मालूम है कि भौतिक वस्तुओं के गुणों का प्रत्यक्ष ज्ञान दूसरों को हो सकता है। किन्तु एक व्यक्ति की चेतना उसका निजी गुण है और इसलिए उसका ज्ञान दूसरों को वैसा नहीं हो सकता, जैसा अपने को होता है। (4) शरीर स्वयं भी साधनस्वरूप है। इसका उपलक्षण यह है कि इसे वश में रखने के लिए किसी अन्य की आवश्यकता है। चेतना उस नियंत्रणकर्ता में है। इस प्रकार भौतिकवादी की स्थिति स्वयं अपने को खण्डित करती है। यह मनुष्य केवल प्रकृति का पुतला है तो यह समझ में नहीं आ सकता कि वह किसी प्रकार के भी नैतिक आदर्शों का निर्माण कैसे कर सकता है ! केवल प्रत्यक्ष ज्ञान ही ज्ञान का साधन है, इस मत की समीक्षा विचारकों के अनेक सम्प्रदायों ने की है। हम यहां केवल एक उदाहरण 'सांख्यतत्त्वकौमुदी' से देते हैं : "जब भौतिकवादी स्थापना करता है कि अनुमान ज्ञान का साधन नहीं है तो यह ज्ञान किस प्रकार से होता है कि अमुक व्यक्ति अज्ञानी या संशयग्रस्त अथवा भ्रम में पड़ा हुआ है ? क्योंकि अज्ञान, संशय और भ्रांति का ज्ञान दूसरे मनुष्यों के अन्दर इन्द्रिय-प्रत्यक्ष द्वारा तो हो नहीं सकता। इस प्रकार भौतिकवादी को भी अन्य मनुष्यों के अन्दर अज्ञान आदि के ज्ञान का उनके व्यवहार और वाणी द्वारा अनुमान ही करना होता है। और इस प्रकार से इच्छा न रहते हुए भी भौतिकवादी के लिए अनुमान को ज्ञान का साधन स्वीकार करना आवश्यक हो जाता है।" शून्यवाद और संशयवाद ज्ञान के प्रत्यक्षवादपरक सिद्धान्त को निरन्तर स्वीकार किए रहने के परिणाम हैं। इस मत के आधार पर वे सब बड़े-बड़े विचार जो संसार को हिला देते हैं, असत्य ठहर जाएंगे क्योंकि उन्हें किसी भी भौतिक साधन से मापा नहीं जा सकता। इन सब दोषों के रहते हुए भी जो ऊपर से ही स्पष्ट देखे जा सकते हैं, इस सम्प्रदाय का प्रचलित विश्वासों पर पर्याप्त प्रभाव रहा और इसने भूतकाल के आकर्षण को भंग कर दिया इसने दर्शनशास्त्र के प्रमुख सिद्धान्तों के लिए एक ऐसे निर्णय का प्रयोग किया जो आस्तिकवाद की कल्पनाओं एवं प्रामाणिकता के आदेशों से ऊपर उठा हुआ और उनसे स्वतन्त्र था। जब मनुष्य पूर्वकल्पित धारणाओं और धार्मिक अन्धविश्वासों से स्वतन्त्र होकर

चिन्तन करने लगते हैं, तब वे सरलता से भौतिकवाद में विश्वास करने के लिए झुक जाते हैं यद्यपि गम्भीरतम चिन्तन के पश्चात् वे उससे दूर हट जाते हैं। बिना किसी अन्य की सहायता के तर्क हमें कहाँ तक दार्शनिक कठिनाइयों को हल करने में सहायता कर सकता है, इसका सबसे पहला उत्तर हमें भौतिकवाद में मिलता है।

उद्धृत ग्रन्थ

'सर्वदर्शनसंग्रह', कावेल एवं गफ द्वारा अनुदित, अध्याय 1।

'सर्वसिद्धान्तसारसंग्रह', शंकर के नाम से प्रसिद्ध, एम० रंगाचार्य द्वारा अनूदित, अध्याय 2।

प्रबोधचन्द्रोदय, अंक 2।

कोलब्रुक : 'मिसलेनियस एसेज़', 1, पृष्ठ 402 और आगे।

म्योर : 'जर्नल आफ द रायल एशियाटिक सोसायटी', 1862, खण्ड 19, पृष्ठ 299 और आगे।

छठा अध्याय

जैनियों का अनेकान्तवादी यथार्थवाद

जैनमत–वर्धमान–जैन साहित्य–अन्य पद्धतियों के साथ सम्बन्ध–ज्ञान का सिद्धान्त–जैन तर्कशास्त्र का महत्त्व–मनोविज्ञान–तत्त्वविद्या–नीतिशास्त्र–ईश्वरवाद के सम्बन्ध में जैनदर्शन का मत–निर्वाण–उपसंहार।

1. जैनमत

जिस प्रकार बौद्ध लोग बुद्ध (जागरित) के अनुयायी हैं, जैनी लोग 'जिन' के अनुयायी कहे जाते हैं। 'जिन' का तात्पर्य है विजेता। यह उपाधि वर्धमान को दी गई है, जो जैनियों के अन्तिम तीर्थंकर थे। यह ऐसे स्त्री-पुरुषों के लिए भी प्रयुक्त हो सकती है जिन्होंने अपने निम्नकोटि के स्वभाव पर विजय पा ली हो और इस प्रकार सर्वोच्च सत्ता का साक्षात्कार लिया हो। ''जैनमत' शब्द संकेत करता है कि जैनदर्शन का स्वरूप मुख्यतः नैतिक है।

2. वर्धमान

वर्धमान, जो आयु में बुद्ध से बड़े और उनके समकालीन थे, मगध देश, वर्तमान बिहार प्रान्त, के एक क्षत्रिय सरदार के द्वितीय पुत्र थे। जनश्रुति के अनुसार, उनका जन्म 599 ई. पू. में हुआ और वे 527 ई. पू. में मृत्यु को प्राप्त हुए। ''वर्धमान अपने पिता के ही समान काश्यप थे। ऐसा प्रतीत होता है कि जब तक उनके माता-पिता मृत्यु को प्राप्त नहीं हो गए तब तक वे अपने पिता के ही साथ रहे, और उनके बड़े भाई नन्दिवर्धन उक्त राज्य के उत्तराधिकारी हुए जो उनका था। फिर अट्ठाईस वर्ष की आयु में अपने शासकों की अनुमति लेकर उन्होंने धार्मिक जीवन में प्रवेश किया, जो पाश्चात्य देशों की भांति भारत में भी छोटे लड़कों के लिए अपनी महत्त्वाकांक्षाओं की पूर्ति के लिए एक उत्तम कार्यक्षेत्र प्रस्तुत करता था। बारह वर्ष तक उन्होंने तपस्या का जीवन व्यतीत किया। यहां तक कि देश की राधा नामक जंगली जातियों में भी काम किया। पहले वर्ष के पश्चात् ही वे बिलकुल नग्न रहकर घूमने लगे। आत्मनिग्रह की तैयारी के इन बारह वर्षों के बाद ही वर्धमान की 'कैवल्य अवस्था' प्रारम्भ होती है। इसके पश्चात् उन्हें सर्वज्ञरूप में माना जाने लगा, और वे जैनियों के तीर्थंकर, अर्थात् मोक्षमार्ग के संस्थापक माने जाने लगे। उन्हें 'जिन' अर्थात् धार्मिक विजेता और महावीर अर्थात् महान वीर आदि की उपाधियां प्रदान की गईं, जो शाक्यमुनि को भी प्रदान की गई थीं। अपने जीवन के अन्तिम तीस वर्ष उन्होंने अपनी धार्मिक पद्धति के

प्रचार में और तपस्वियों की एक संस्था के संगठन में व्यतीत किए। इस संस्था को, जैसाकि हम ऊपर देख आए हैं, अधिकतर उन राजकुमारों का संरक्षण प्राप्त हुआ, जिनके साथ उनका रिश्ता मां की ओर से था।"[1] वर्धमान अपने-आपको उन पूर्वज एवं क्रमागत तेईस तीर्थंकरों द्वारा प्रतिपादित सिद्धान्तों के केवल प्रवर्तक अथवा व्याख्याकार के रूप में उपस्थित करते हैं, जिनका इतिहास न्यूनाधिक रूप में पौराणिक कल्पना के रूप में ही मिलता है। वे किसी नये मत के संस्थापक नहीं थे अपितु पूर्व से विद्यमान पार्श्वनाथ के मत के सुधारक-मात्र थे। कहा जाता है, पार्श्वनाथ ईसा से 776 वर्ष पूर्व मृत्यु को प्राप्त हुए थे। जैन-परम्परा के अनुसार, जैनदर्शन का उद्भव ऋषभदेव से हुआ, जिन्होंने कई शताब्दी पूर्व जन्म धारण किया था। इस प्रकार की पर्याप्त साक्षी उपलब्ध है जिसके आधार पर कहा जा सकता है कि ईसा से एक शताब्दी पूर्व भी ऐसे लोग थे जो ऋषभदेव की पूजा करते थे, जो सबसे पहले तीर्थंकर थे। इसमें कोई सन्देह नहीं कि वर्धमान एवं पार्श्वनाथ से पूर्व भी जैनमत प्रचलित था। यजुर्वेद में तीन तीर्थंकरों के नामों का उल्लेख है—ऋषभदेव, अजितनाथ एवं अरिष्टनेमि। भागवत पुराण इस बात का समर्थन करता है कि ऋषभ जैनमत के संस्थापक थे। इस सबमें जो कुछ भी ऐतिहासिक तथ्य का अंश हो, किन्तु जैनी लोगों का विश्वास है कि उनके मत का प्रचार बहुत पूर्व अनेक युगों से महान तीर्थंकरों की परम्परा में किसी न किसी तीर्थंकर द्वारा किया जाता रहा है।

वर्धमान के अनुयायी अधिकतर कुलीन क्षत्रियों में से ही आए थे और उन्होंने उनके अन्दर से ही एक समुदाय का नियमित संघटन किया, जिसमें पुरुष एवं महिलाएं दोनों की वर्ग के साधारण नागरिक तथा आश्रमवासी सदस्य सम्मिलित थे। यह मानने के लिए हमारे पास पर्याप्त कारण है कि वर्धमान के प्रभाव से श्वेताम्बर एवं दिगम्बर दोनों ही सम्प्रदायों के अनुयायी इस संस्था में सम्मिलित हो गए थे—अर्थात् वे जो उनके साथ इस विषय में सहमत थे कि सब प्रकार की सम्पत्ति के पूर्ण परित्याग के अन्दर सब प्रकार के वस्त्रों का परित्याग भी आ जाता है; और वे भी जो पार्श्वनाथ द्वारा प्रचलित संस्था के अनुयायी थे, जो इस प्रकार के परित्याग की पराकाष्ठा को स्वीकार नहीं करते थे और वस्त्रों को आवश्यक समझते थे। सम्भवतः इसी तथ्य का उल्लेख 'उत्तराध्ययन'[2] में दिए गए दो धार्मिक सम्प्रदायों केशी एवं गौतम के सम्मिलन के वृत्तान्त में आता है। यह प्रश्न कि वस्त्रों को परित्याग किया जाए अथवा वस्त्र धारण किए जाएं, आगे चलकर जैनियों में एक बड़े विभाजन का कारण बना—अर्थात् एक वे हुए जो श्वेतवस्त्र धारण करते हैं और दूसरे वे जो दिगम्बर अर्थात् दिशाओं को ही अपना वस्त्र समझकर नग्न रहते हैं। यह विभाजन ईसा के पश्चात् 79 अथवा 82 वर्ष में हुआ।

उक्त दोनों सम्प्रदायों में दार्शनिक सिद्धान्त-सम्बन्धी मतभेद इतना नहीं है जितना कि नैतिक सिद्धान्त-सम्बन्धी मतभेद है। दिगम्बरपंथी मानते हैं कि केवली अथवा पूर्णज्ञानी संत वे हैं जो बिना भोजन के जीवन-निर्वाह करते हैं; और वह साधु जो कुछ भी सम्पत्ति अपने पास रखता है, जिसमें वस्त्र धारण करना भी आ जाता है, निर्वाण या मोक्ष को प्राप्त नहीं कर सकता, तथा कोई स्त्री मोक्ष की अधिकारिणी नहीं है। ये लोग वर्धमान तीर्थंकर को भी

1. जैकोबी : 'सेक्रेड बुक्स आफ द ईस्ट', खण्ड 22, भूमिका, पृष्ठ 15। और भी देखें, पृष्ठ 217 और आगे।
2. 'लेक्चर', 23।

नग्नरूप में और बिना किसी श्रृंगार के ही प्रस्तुत करते हैं, जिनकी दृष्टि नीचे की ओर है। उनका विचार है कि वर्धमान आजन्म ब्रह्मचारी थे। ये श्वेताम्बर सम्प्रदाय के प्रामाणिक ग्रन्थों को अस्वीकार करते हैं, और उनके अपने प्रामाणिक ग्रन्थ कोई नहीं है।

3. जैन साहित्य

लोगों के मन में तो पूर्ववत् धार्मिक विश्वास सुरक्षित था, किन्तु धर्मशास्त्र का ज्ञान धीरे-धीरे क्षीण हो रहा था, जबकि ईसा से पूर्व चौथी शताब्दी में धार्मिक नियम बनाने की आवश्यकता तीव्ररूप से अनुभव होने लगी। इसी प्रयोजन को लेकर पाटलिपुत्र में ईसा से पूर्व चौथी शताब्दी के लगभग एक परिषद् का आयोजन हुआ, हालांकि धार्मिक नियमों को अन्तिम रूप दिया गया वल्लभी वाली परिषद् में, जिसमें प्रधान पद का आसन देवर्द्धि ने ग्रहण किया था। यह परिषद् उसके 800 वर्ष के पश्चात् लगभग 454 ईस्वी में हुई थी। 84 ग्रन्थों को धार्मिक साहित्य में प्रामाणिक माना गया। उनमें से 41 तो सूत्रग्रन्थ हैं, कितने ही प्रकीर्णक, अर्थात् वर्गीकरणविहीन ग्रन्थ हैं, 12 निर्युक्तिग्रन्थ अथवा टीकाएं हैं, एक महाभाष्य अर्थात् वृहद् टीका है। 41 सूत्रों में 11 अंग, 12 उपांग, 5 छेद, 5 मूल एवं 8 विविध ग्रन्थ, जैसे भद्रबाहु का 'कल्पसूत्र', सम्मिलित हैं।[1] ये सब अर्धमागधी भाषा में लिखे गए, किन्तु आगे चलकर संस्कृत जैनधर्म की प्रिय भाषा हो गई। दिगम्बर सम्प्रदाय के अनुसार, सन् 57 ईस्वी में उस पवित्र जनश्रुति को लिपिबद्ध किया गया जबकि उक्त ज्ञान के निष्णात विद्वानों का उपलब्ध होना कठिन हो गया और वर्धमान एवं अन्यान्य केवलिनों ने क्या कहा इसके संकलन का साधन केवल जनश्रुति और उनकी अपनी स्मृति ही रह गई। इस प्रकार उन धर्मग्रन्थों का निर्माण, जिनमें 7 तत्त्व, 9 पदार्थ, 6 द्रव्य एवं 5 अस्तिकायों[2] का वर्णन है, इन श्रुतियों एवं स्मृतियों के आधार पर ही हुआ।[3]

---

1. जैकोबी द्वारा अनूदित : 'सेक्रेड आफ द ईस्ट, खण्ड 22।
2. देखिए, जैनी : 'आउटलाइंस आफ जेनिज़्म', परिशिष्ट 5।
3. श्वेताम्बरों के अत्यधिक आप्त ग्रन्थों में निम्नलिखित ग्रन्थ दार्शनिक महत्त्व के हैं : (1) उमास्वाति का 'तत्त्वार्थधिगमसूत्र', (ईसा के पश्चात् तीसरी शताब्दी में लिखित)। इसमें दस अध्याय हैं और कई लेखकों ने इस पर टीकाएं की हैं। यह बहुत लोकप्रिय ग्रन्थ है; (2) सिद्धसेन दिवाकर का 'न्यायावतार' (ईसा के पश्चात् 5वीं शताब्दी में लिखित); (3) हरिभद्र का 'षड्दर्शनसमुच्चय' (9वीं शताब्दी में निर्मित); (4) मेरुतुंग (14वीं शताब्दी); का 'षड्दर्शनविचार' 'नवतत्व' भी इसी काल का ग्रन्थ है, यद्यपि इसके रचयिता का नाम ज्ञात नहीं है। दिगम्बरों के मुख्य धार्मिक ग्रन्थों में निम्नलिखितों का नाम लिया जा सकता है : (1) कुन्दकुन्दाचार्य का 'पंचास्तिकायसार' (50 वर्ष ईसापूर्व?)। कहा जाता है कि कुन्दकुन्दाचार्य वास्तव में एलाचार्य है और 'तिरुक्कुरल' का रचयिता है जबकि तिरुवल्लुवर केवल उक्त ग्रन्थ का प्रकाशक था; (2) विद्यानन्द का 'जैनश्लोकवार्तिक' (8वीं शताब्दी); (3) गुणभद्र का 'आत्मानुशासन' (9वीं शताब्दी); (4) अमितचन्द्र का 'तत्त्वार्थसार'; (5) 'पुरुषार्थसिद्ध्युपाय' (9वीं शताब्दी); (6) नेमिचन्द्र का 'द्रव्यसंग्रह' (10वीं शताब्दी); जिसमें द्रव्यों का वर्णन है; (7) 'गोम्मटसार' जिसमें 5 बन्धों पर संवाद है, यथा, ('बद्ध्यमान', जो बन्धन में आता है; 'बन्ध स्वामी', वह जो बांधता है; 'बन्धहेतु', अर्थात् बन्धन का कारण और 'बन्धभेद' अर्थात् बन्धन तोड़ने वाले के उपाय; (8) 'लब्धिसार', जो लब्धि अर्थात् प्राप्ति के विषय का प्रतिपादन करता है; (9) 'क्षपणसार', जिसमें उन उपायों एवं साधनों के विषय में संवाद है जिसके द्वारा कषायों या वासनाओं को दूर किया जा सकता है; (10) 'त्रिलोकसार', जिसमें तीन लोकों अथवा विश्व के तीन विभागों का वर्णन है, और (11) सकलकीर्ति का 'तत्त्वार्थसारदीपिका' (सन् 1464)। मल्लीषेण का 'स्याद्वादमंजरी' (13वीं शताब्दी) और देवसूरि का 'प्रमाणनयतत्त्वालोकालंकार'→

4. अन्य पद्धतियों के साथ सम्बन्ध

बौद्धमत एवं जैनमत दोनों ही किसी एक प्रज्ञावान आदिकारण की सत्ता को मानने से निषेध करते हैं, दैवीयरूप संतों की उपासना करते हैं, ऐसे पुरोहितों की संस्था को मानते हैं जो ब्रह्मचर्य का पालन करते हों, और किसी भी कारण तथा किसी भी प्रयोजन के लिए जीवहिंसा को पाप समझते हैं। उक्त दोनों मतों के संस्थापक वे थे जिन्होंने अपने को पूर्ण बनाया, यद्यपि वे सदा ऐसे नहीं रहे। दोनों ही मत वेदों के प्रामाण्य के यदि विरोधी नहीं तो कम से कम उसके प्रति उदासीन अवश्य हैं। बुद्ध एवं वर्धमान के जीवन एवं शिक्षाओं में पाई जाने वाली अद्‌भुत समानताओं के कारण कभी-कभी यह कहा जाता है कि बौद्ध एवं जैनमत दोनों एक ही हैं और यह कि जैनमत बौद्धमत की एक शाखामात्र है। बार्थ लिखता है, "वर्धमान का—जिन्हें अधिकतर उपयोग में आने वाले महावीर अथवा वर्तमान युग के 'जिन' नाम से पुकारना अधिक उचित होगा—दिव्य चरित्र हमारे आगे गौतम बुद्ध के साथ सम्बन्ध के इतने अधिक और इतने विशिष्ट अंश प्रस्तुत करता है कि हम विवश होकर अपनी सहज प्रेरणा से इस परिणाम पर पहुंचते हैं कि वही एक व्यक्ति दोनों चरित्रों का नायक है। दोनों ही का जन्म राजकुल में हुआ; वही सामान्य नाम उन दोनों के बंधुओं एवं शिष्यों के पाये जाते हैं। उन दोनों का जन्म और मृत्यु एक ही देश में और एक ही युग में हुए। अधिकृत ऐतिहासिक सूचनाओं के अनुसार 'जिन' का निर्वाण ईसा से पूर्व 526वें वर्ष में और बुद्ध का 543वें वर्ष में हुआ; और यदि उपर्युक्त सामग्री के अन्तर्गत अनिश्चितता की मात्रा का विचार करके कहें तो कह सकते हैं कि दोनों का काल बिल्कुल एक ही है। इसी प्रकार के अन्य आकस्मिक संघटन भी दोनों की अन्य सब परम्पराओं में पाए जाते हैं। बौद्धों के समान जैनियों का भी दावा है कि उन्हें मौर्यवंशीय राजाओं का आश्रय प्राप्त था। बिहार प्रान्त का वही जिला जो एक के लिए पवित्रभूमि है, प्रायः दूसरे के लिए भी पवित्र है, और दोनों के तीर्थस्थान भी बिहार प्रदेश, गुजरात, राजस्थान में आबू पर्वत, एवं अन्य स्थानों में भी सर्वत्र साथ-साथ मिले हुए हैं। यदि हम इन सिद्धान्तों की अनुकूलता, संघटन, धार्मिक रीति-रिवाजों एवं परम्पराओं आदि की सूक्ष्मरूप से परस्पर तुलना करें तो अनिवार्यरूप से ऐसा प्रतीत होता है कि दोनों में से कोई एक मत दूसरे का सम्प्रदायरूप है; और किसी अंश में दूसरे की नकलमात्र है। इसके अतिरिक्त जब हम कई ऐसे उपाख्यानों पर विचार करते हैं जो बौद्ध एवं ब्राह्मण धर्म की परम्पराओं में एक समान पाए जाते हैं और जिस प्रकार के सम्बन्धों का महावीर के उपाख्यानों में अभाव है, और जब हम विचार करते हैं कि बौद्धमत को अपने पक्ष में अशोक की राज्य-विज्ञप्तियां प्राप्त थीं, और यह कि उसी समय से अर्थात् हमारे युग से तीसरी शताब्दी पूर्व बौद्धधर्म के पास एक ऐसा समृद्ध साहित्य उपस्थित था जिसकी कुछेक उपाधियां हमारे समय तक भी आई हैं, जबकि दूसरी ओर जैनधर्म के विषय में असंदिग्ध साक्षियां भी ईसा की मृत्यु के पश्चात् पांचवीं शताब्दी से पूर्व हमें नहीं ले जातीं; और विशेषकर जब हम आगे इस विषय पर चिन्तन करते हैं कि बौद्धों की मुख्य पवित्र भाषा पाली भी इतनी ही प्राचीन है जितने प्राचीन सम्राट अशोक के ये आज्ञापत्र हैं, और दूसरी ओर जैनियों की पवित्र भाषा अर्द्धमागधी एक प्राकृत बोली है जो स्पष्ट ही अधिक अर्वाचीन है; और इन सबके साथ जब हम उन नतीजों को जोड़ते हैं—जो हमारे ज्ञान की वर्तमान अवस्था

→(11वीं शताब्दी)। ये अन्य ग्रन्थ भी पर्याप्त महत्त्व के हैं। इनमें से कई ग्रन्थों का अंग्रेजों में अनुवाद 'सेक्रेड बुक्स आफ द जैनूज' नामक पुस्तकमाला में हो गया है।

में अनिश्चित अवश्य हैं—जो जैनमत की आन्तरिक विशेषताओं में पाए जाते हैं, जैसेकि इसकी अधिक परिपक्व क्रमबद्धता, बन्धनरहित विस्तार को बढ़ाने की प्रवृत्ति और अपनी प्राचीनता को सिद्ध करने के लिए किया गया अत्यन्त अधिक घोर परिश्रम;—तो हम बिना किसी संकोच के यह स्वीकार कर सकते हैं कि उक्त दोनों मतों में से बौद्धधर्म का दावा मौलिकता के विषय में सबसे अधिक युक्तियुक्त है।"[1] यद्यपि कोलब्रुक का इसके विरोध में यह कहना है कि जैनमत दोनों में अधिक प्राचीन है क्योंकि वह अध्यात्मवाद में विश्वास करते हुए मानता है कि हरएक पदार्थ में जीव है।[2] दोनों मत भारतीय परम्परा के विरुद्ध जाते हैं, जिसके अनुसार बौद्ध एवं जैन मत दोनों ही परस्पर एक-दूसरे के सर्वथा भिन्न हैं। हिन्दू शास्त्रकारों को इस विषय में कभी भी भ्रांति नहीं हुई और उनके साक्ष्य का समर्थन ग्यूरीनोट, जैकोबी एवं बुल्हर आदि अन्य कतिपय विद्वानों ने भी किया है। अब यह निश्चितरूप से स्थापित किया जा चुका है कि वर्धमान स्वयं एक ऐतिहासिक व्यक्ति थे, जो गौतम बुद्ध से सर्वथा भिन्न थे और जैनदर्शन भी बौद्धदर्शन से एक सर्वथा स्वतंत्र पद्धति है। ग्यूरीनोट ने वर्धमान एवं गौतम बुद्ध की पांच महत्त्वपूर्ण भेदसूचक घटनाओं की ओर—अर्थात् उनके जन्म, उनकी मााताओं की मृत्यु के सम्बन्ध में, उनके गृहत्याग के विषय में, और ज्ञानप्राप्ति एवं मृत्यु के सम्बन्ध में—निर्देश दिया है। वर्धमान का जन्म वैशाली में 599 वर्ष ईसापूर्व के लगभग हुआ, जबकि गौतमबुद्ध का जन्म कपिलवस्तु में लगभग 567 वर्ष ईसापूर्व हुआ। वर्धमान के माता-पिता अपनी वृद्धावस्थापर्यन्त जीवित रहे जबकि दूसरी ओर गौतम बुद्ध की माता पुत्रजन्म के कुछ समय के बाद ही स्वर्ग सिधार गईं। वर्धमान ने अपने सगे-सम्बन्धियों की अनुमति लेकर तपस्या का जीवन स्वीकार किया, जबकि इसके विपरीत गौतम बुद्ध अपने पिता की इच्छा के विरुद्ध साधु बने थे। वर्धमान को तपस्या में बारह वर्ष लगे, जबकि गौतमबुद्ध ने छह वर्ष में ही ज्ञान प्राप्त कर लिया। वर्धमान की मृत्यु पावापुरी, बिहार में 527 वर्ष ईसापूर्व हुई। जबकि गौतमबुद्ध की मृत्यु काशीनगर, उत्तर प्रदेश में लगभग 488 वर्ष ईसा पूर्व हुई। जैकोबी ने बौद्धधर्म की अपेक्षा जैनधर्म की प्राचीनता एवं बौद्धधर्म से सर्वथा पृथक्त्व को कितने ही स्पष्ट एवं भिन्न-भिन्न प्रमाणों के आधार पर सिद्ध किया है, जिनका हम यहां संक्षेप में पाठकों की रुचि के लिए उनके विद्वतापूर्ण संवादों का उल्लेख करते हुए निर्देश करेंगे।[3] बौद्धग्रन्थों के 'निगण्ठ' लोग (जिन्हें किसी प्रकार का बंधन नहीं है) वर्धमान के अनुयायी हैं और यदि इन्हें उससे अधिक प्राचीन न भी मानें तो निगण्ठ कम से कम ईसा से पूर्व चौथी शताब्दी में वर्तमान रहना चाहिए। पाली बौद्ध साहित्य का 'नातपुत्त' वर्धमान है। बौद्धों के धार्मिक ग्रन्थों में दिए गए निगण्ठों के सिद्धान्त के उल्लेख से निगण्ठों एवं जैनियों की एकात्मता का समर्थन होता है। "निगण्ठ नातपुत्त...सब वस्तुओं को जानता एवं देखता है, पूर्णज्ञान एवं श्रद्धा का दावा रखता है, तपस्याओं द्वारा पुराने कर्मों का समूल नाश एवं निवृत्तिमार्ग के आश्रय द्वारा नये कर्मों के निरोध की शिक्षा देता है। जब कर्म का अन्त हो जाता है तो दुःख का भी अन्त हो जाता है।[4] अशोक के शिलालेखों में जैन-सम्प्रदाय का

---

1. बार्थ : 'द रिलिजन्स आफ इण्डिया', पृष्ठ 148-50।
2. कोलब्रुक : 'मिसलेनियस एसेज़', 2, पृष्ठ 276।
3. देखिए भूमिका, खण्ड 22 और 45, 'सेक्रेड बुक्स आफ द ईस्ट'।
4. 'सेक्रेड बुक्स आफ द ईस्ट', खण्ड 22, पृष्ठ 15 और आगे। दीघनिकाय के 'ब्रह्मजालसुत्त' पर बुद्धघोष की टीका में शीतजल में जीवन-सम्बन्धी विकार का उल्लेख है, एवं जैनों द्वारा आजीवक→

उल्लेख मिलता है।[1] स्वयं बौद्धग्रन्थों में जैनियों को बौद्धमत के प्रतिद्वन्द्वीरूप में उल्लेख किया गया है। उक्त आन्तरिक साक्ष्य दोनों मतों के पार्थक्य का समर्थन करता है। आत्मा एवं ज्ञान सम्बन्धी जैन दर्शन का सिद्धान्त जैन धर्म का एक इतना अधिक विशिष्ट सिद्धान्त है और बौद्ध दर्शन के एतद्विषयक सिद्धान्तों से इतना भिन्न है कि उसे उधार लिया हुआ किसी भी हालत में कह ही नहीं सकते। उक्त दोनों दर्शनों में प्रतीयमान कर्म एवं पुनर्जन्म-विषयक समानताओं के आधार पर कुछ सिद्ध नहीं किया जा सकता क्योंकि उक्त दोनों सिद्धान्त समस्त भारतीय दर्शनों में समानरूप से पाए जाते हैं। उक्त सब हेतुओं से हम जैनधर्म को बौद्धधर्म से प्राचीन समझते हैं। एम. पौसिन सम्मति है कि जैनधर्म "एक शक्तिशाली परिव्राजकों की संस्था थी जिसका प्रादुर्भाव अथवा पुनर्गठन शाक्यमुनि के कुछ वर्ष पूर्व हुआ।"[2]

कोलब्रुक के अनुसार, जैनमत एवं सांख्यदर्शन में बहुत-से-अंग परस्पर मिलते-जुलते हैं। ये दोनों ही प्रकृति को अनादि एवं अनन्त मानते हैं, एवं संसार की निरन्तरता में विश्वास करते हैं। एक का द्वैतवाद दूसरे के द्वैतवाद से भिन्न नहीं है। भेद केवल इतना ही है कि जहाँ सांख्य भौतिक जगत् एवं प्राणियों का विकास पुरुष एवं प्रकृति के तत्त्वों से सम्पन्न हुआ मानते हैं, जैनमतावलम्बी इनके विकास का कारण आद्य प्रकृति को मानते हैं।[3] समानता केवल प्रतीयमान है। आत्मा की क्रियाशीलता के विषय में जैनियों के विचार और न्याय-वैशेषिक के सिद्धान्त में अधिक समानता है अपेक्षा सांख्य-सिद्धान्त के, जिसके अनुसार आत्मा केवल साक्षीमात्र है किन्तु स्वयं कर्ता नहीं है। न ही उनमें कुछ अधिक अनुकूलता यहां तक कि कारण-कार्यभाव जैसे महत्त्वपूर्ण सिद्धान्त में भी उक्त दोनों का मतैक्य नहीं है।

जैनमत का अध्ययन करने वाले विद्यार्थी प्रायः यह दर्शाने का प्रयत्न करते हैं कि उक्त मत एक प्रकार से उस समालोचनापटु, चतुर किन्तु न्यायप्रिय क्षत्रिय अर्थात् वर्धमान, महावीर का उस चतुर एवं सिद्धान्तशून्य ब्राह्मण के विरुद्ध विद्रोह था जो अन्य सबको चतुर्थाश्रम में संन्यस्त होने के अधिकार से वंचित रखता था और यज्ञ करने के अधिकार भी एकमात्र ब्राह्मण-जाति का ही दावा रखता था। इस प्रकार की कल्पना उचित नहीं है। ब्राह्मणों ने संन्यास आश्रम के लिए इस प्रकार का कोई दावा कभी नहीं किया, क्योंकि द्विजमात्र को (ब्राह्मण, क्षत्रिय, वैश्य को) सब आश्रमों में से गुज़रने का सामान्यरूप से अधिकार था। इस विद्रोह का कारण यदि ब्राह्मणों का पृथग्भाव होता तो इसका नेतृत्व क्षत्रिय नहीं अपितु अन्य जाति के लोग करते क्योंकि इस मामले में क्षत्रिय को भी ब्राह्मण के ही समान अच्छा या बुरा समझा जाता था। हमारे पास यह मानने का कोई कारण नहीं है कि जनसाधारण के दुःखों के कारण ही जैनमत का उदय हुआ। महाकाव्यकाल के प्रारम्भ में जो विचार के क्षेत्र में एक सामान्य हलचल पैदा हुई यह उसी हलचल की अभिव्यक्ति के रूप में उत्पन्न हुआ अतएव जैनमत के प्रादुर्भाव का कारण हमें ब्राह्मण-विरोधी पक्षपात के रूप में गढ़ने की कोई आवश्यकता नहीं है। जब जीवन के सम्बन्ध में भिन्न-भिन्न मत एवं सिद्धान्त, जो भिन्न-

---

→के इस सिद्धान्त के कि आत्मा में रंग या वर्ण हैं, खण्डन का भी उल्लेख है। 'सामंञ्जफलसुत्त' सम्भवतः पार्श्वनाथ के चार व्रतों का वर्णन करता है। मज्झिमनिकाय (56) एवं महावग्ग (6:31) में हमें बुद्ध द्वारा वर्धमान के कुछ शिष्यों के मतपरिवर्तन का वृत्तान्त मिलता है।

1. देखिए, विंसेट स्मिथ : 'अशोक', पृष्ठ 192-193।
2. 'द वे टु निर्वाण', पृष्ठ 67।
3. 'तत्त्वार्थधिगमसत्र', (टीका), 3 : 6।

भिन्न वर्गों के लोग रखते हों, एक दूसरे के सम्पर्क में आते हैं, उस समय विचारों का परस्पर आदान-प्रदान होना अनिवार्य हो जाता है जो अनुभव विश्वास के असाधारण विकास को जन्म देता है, और जैनमत इसी प्रकार की मानसिक बेचैनी का आविर्भाव है।

उपनिषदों के असन्तुलित रूप में प्रतिपादित पुनर्जन्म के सिद्धान्त ने यह विचार जनसाधारण को दिया कि इस जगत् की सब वस्तुओं में आत्माएं हैं। स्वभावतः जैनधर्मावलम्बी का विश्वास था कि प्रत्येक भौतिक पदार्थ–यथा अग्नि, वायु और पौधे में भी जीवात्मा है। इस प्रकार के मत के आगे पहले के लोगों की यज्ञ के प्रति साधारण रुचि नहीं ठहर सकती थी। इस प्रकार विद्रोह के लिए समय अनुकूल था। जब इस विश्वास को कि सब वस्तुएं–पशु एवं कीट-पतंग, पौधे और पत्ते–जीवात्मा से युक्त हैं, पुनर्जन्म के सिद्धान्त के साथ जोड़ दिया गया, तब तो जीव-हिंसा किसी भी रूप में स्वतः भयावह प्रतीत होने लगी। वर्धमान ने इस विषय पर बल दिया कि हमें किसी भी जीव को चाहे खेल में, चाहे मनोरंजन के लिए अथवा यज्ञ में कभी हानि नहीं पहुंचानी चाहिए। इस विरोध की स्थिति को और अधिक सुदृढ़ करने के लिए जैनियों ने ईश्वर की सत्ता का निराकरण किया क्योंकि ईश्वर के तुष्टीकरण के लिए ही यज्ञ किए जाते थे। जीवन में दुःख हैं उनके लिए ईश्वर को ज़िम्मेवार नहीं ठहराया जा सकता। जीवन के दुःखों से निवृत्ति पाने का उपाय ढूंढ़ने के लिए जैनमत ने आन्तर एवं बाह्य तपस्या या कठोर जीवन का विधान किया : जब हम पूर्णता प्राप्त कर लेते हैं, हम शून्यरूप निर्वाण में न पहुंचकर एक ऐसी सत्ता में पहुंचते हैं जो गुणों एवं सम्बन्धों से रहित है, और उस अवस्था में पुनर्जन्म की कोई सम्भावना नहीं रहती।

जैनदर्शन को अवैदिक कहा जाता है, क्योंकि यह वेदों की प्रामाणिकता को स्वीकार नहीं करता। इसलिए यह अपनी दर्शन-पद्धति को भी 'जिन' की द्वैवीय प्रेरणा का रूप नहीं दे सकता। इसका दावा केवल इतना ही है कि यह दर्शन चूंकि यथार्थता के अनुकूल है इसलिए इसे स्वीकार करना चाहिए। कहा जाता है कि इसकी विश्व-रचना सम्बन्धी योजना तर्क एवं अनुभव के ऊपर आश्रित है। अपने अध्यात्मशास्त्र में जैनी लोग वैदिक यथार्थता को स्वीकार करते हैं यद्यपि वे उसको उपनिषदों की पद्धति से क्रमबद्ध नहीं रखते। प्रकृति का विश्लेषण करके उसे आंणविक रचना बतलाया गया है। पुरुषों का निष्क्रय साक्षीरूप छुड़वाकर उन्हें सक्रिय प्रतिपादन किया गया है। जैनदर्शन की मुख्य-मुख्य विशेषताएं हैं–इसका प्राणिमात्र का यथार्थरूप में वर्गीकरण; इसका ज्ञान-सम्बन्धी सिद्धान्त, जिसके साथ संयुक्त हैं इसके प्रख्यात सिद्धान्त 'स्याद्वाद' एवं 'सप्तभंगी' अर्थात् निरूपण की सात प्रकार की विधियां; और इसका संयमप्रधान नीतिशास्त्र अथवा आचारशास्त्र। इस दर्शन में अन्यान्य भारतीय विचार-पद्धतियों की भांति क्रियात्मक नीतिशास्त्र का दार्शनिक कल्पना के साथ गठबंधन किया गया है। यथार्थवादी अध्यात्मविद्या एवं साधनाशील शीलाचार या नीतिविद्या तो वर्धमान को अपने पूर्वपुरुषों से भी प्राप्त हो सकती थी किन्तु उसका ज्ञान-सम्बन्धी सिद्धान्त उसका अपना है और दर्शनशास्त्र के इतिहास के विद्यार्थी के लिए अपना एक विशेषत्व रखता है।

5. ज्ञान का सिद्धान्त

जैन दार्शनिक ज्ञान के पांच प्रकारों को स्वीकार करते हैं : मति, श्रुति, अवधि,

मनःपर्याय एवं केवल।[1] (1) मतिज्ञान साधारण ज्ञान है, जो इन्द्रिय के प्रत्यक्ष सम्बन्ध द्वारा प्राप्त होता है। इसी के अन्तर्गत आते हैं स्मृति संज्ञा अथवा प्रत्यभिज्ञा अथवा पहचान; और तर्क अथवा प्रत्यक्ष के आधार पर किया गया आगमन अनुमान, अभिनिबोध या अनुमान, अथवा निगमन विधि का अनुमान।[2] मतिज्ञान के कभी-कभी तीन भेद किए जाते हैं अर्थात् उपलब्धि अथवा प्रत्यक्ष ज्ञान, भावना अथवा स्मृति, और उपयोग अथवा अर्थग्रहण।[3] इन्द्रियों, एवं मन (जिसे इन्द्रियों से भिन्न होने के कारण अनिन्द्रय भी कहते हैं) के संयोग के द्वारा जो ज्ञान प्राप्त किया जाता है उसे मतिज्ञान कहते हैं। मतिज्ञान की उत्पत्ति से पूर्व हमें सदा दर्शन होता है। (2) श्रुतिज्ञान अथवा शब्द या आप्त प्रमाण वह ज्ञान है जो लक्षणों, प्रतीकों अथवा शब्दों द्वारा हमें प्राप्त होता हे। जबकि मतिज्ञान हमें परिचय द्वारा मिलता है, यह ज्ञान केवल वर्णन द्वारा प्राप्त होता है। श्रुतिज्ञान भी चार प्रकार का है—लब्धि अथवा संसर्ग या साहचर्य, भावना अथवा ध्यान देना, उपयोग अथवा अर्थग्रहण, और नय अथवा वस्तुओं के तात्पर्य के नाना पक्ष।[4] नय को यहां इसलिए दर्शाया गया है चूंकि धार्मिक ग्रन्थों की भिन्न-भिन्न व्याख्याएं विवाद के लिए उपस्थित की जाती हैं। (3) देश और काल की दूरी रहते हुए भी वस्तुओं का जो सीधा या प्रत्यक्ष ज्ञान है उसे अवधि कहते हैं। यह ज्ञान असाधारण दृष्टि द्वारा अतीन्द्रिय विषयों का ज्ञान है। (4) मनःपर्याय, अन्य व्यक्तियों के वर्धमान एवं भूत विचारों का साक्षात् ज्ञान; जैसे टेलीपैथी द्वारा दूसरों के मन में प्रवेश किया जाता है। (5) केवल अथवा पूर्णज्ञान, सब पदार्थों एवं उनके परिवर्तनों का पूर्णज्ञान प्राप्त कर लेना।[5] यह देश, काल एवं विषय की सीमा से रहित सर्वज्ञता है। पूर्णचेतना के लिए सम्पूर्ण यथार्थता प्रत्यक्षरूप में प्रकट है। यह ज्ञान जो इन्द्रियों के ऊपर निर्भर नहीं है और जो केवल अनुभवगम्य ही है एवं वाणी द्वारा जिसका वर्णन नहीं किया जा सकता, केवल ऐसे पवित्रात्माओं के लिए ही सम्भव है जो बन्धनों से मुक्त हो चुके हैं।

पहले तीन प्रकार के ज्ञानों में भ्रान्ति की सम्भावना है, किन्तु पिछले दोनों में कोई दोष नहीं हो सकता।[6] ज्ञान की यथार्थता के लिए उसमें कार्यक्षमता का होना, एवं हमें इस योग्य बनाने की क्षमता का होना कि हम भलाई को ग्रहण करके बुराई का त्याग कर सकें, आवश्यक है। यथार्थ ज्ञान हमें प्रमेय पदार्थों का तदनुरूप साक्षात् कराता है और इसीलिए वह क्रियात्मक रूप से उपयोगी है। विपरीत ज्ञान हमारे सामने वस्तुओं को ऐसे सम्बन्धों में प्रस्तुत करता है जिसमें वे अवस्थित नहीं हैं। जब हम एक रस्सी को सांप समझ बैठते हैं तब हमारी भूल इसमें है कि हम सांप को वहाँ देखते हैं जहाँ वह नहीं है। विपरीत ज्ञान सदा विरोध के अधीन होता हे जबकि यथार्थ ज्ञान को विरोध का कभी भय नहीं होता। भ्रांत ज्ञान की विशेषता इसमें है कि उसमें संशय रहता है, जो मति एवं श्रुति दोनों पर असर रखता है; विपर्यय अथवा भूल रहती है, अथवा सत्य का विरोधी, जो अवधि में पाया जा सकता है, एवं अनध्यवसाय अथवा अयथार्थ ज्ञान, जिसका कारण असावधानी एवं उदासीनता हो सकती

1. उमास्वाति के तत्त्वार्थसूत्र, 1 : 9, और सर्वदर्शनसंग्रह, 5।
2. 'पंचास्तिकायसमयसार', 41; जैनमत के तर्कक्रम को जानने के लिए न्याय के ऊपर जो अध्याय है उसे द्वितीय खण्ड में देखिए।
3. वही, 42।
4. वही, 43।
5. उमास्वाति के तत्त्वार्थसूत्र, 1 : 29।
6. वही, 1 : 31, पृष्ठ 42।

है। आठ प्रकार के ज्ञान हैं, जिनमें पांच सही एवं तीन गलत हैं। एक समय में केवल एक ही ज्ञान सक्रिय रहता है।[1]

उस ज्ञान को प्रत्यक्ष ज्ञान कहते हैं जो साक्षात् रूप में होता है और वह ज्ञान परोक्ष ज्ञान कहलाता है जो प्रत्यक्ष के अतिरिक्त किसी अन्य ज्ञान के माध्यम द्वारा प्राप्त हो। पांच प्रकार के ज्ञानों में मति और श्रुति परोक्ष हैं और शेष प्रत्यक्ष हैं।[2] मति अथवा साधारण ऐन्द्रिय बोध, जो हमें इन्द्रियों एवं मन के द्वारा प्राप्त होता है, परीक्षा है क्योंकि यह इन्द्रियों पर निर्भर करता है।[3] कुछ व्यक्ति ऐन्द्रिय ज्ञान को प्रत्यक्ष अर्थात् साक्षात् मानते हैं। दर्शन चार प्रकार का है—दृष्टिगत संवेदनाओं द्वारा होने वाला, दृष्टिभिन्न संवेदनाओं द्वारा होने वाला, एवं वह जो अवधि की क्षमता के द्वारा अथवा असामान्य दृष्टि या अतीन्द्रिय पदार्थों के दर्शन की शक्ति द्वारा होता है और अन्तिम प्रकार का वह जो केवल अथवा अनन्तबोध है, जो सीमाओं से रहित है और सम्पूर्ण यथार्थसत्ता को ग्रहण करता है।[4]

चैतन्य जीव का सारतत्त्व है और चैतन्य की अभिव्यक्ति दो प्रकार की है अर्थात् दर्शन और ज्ञान।[5] दर्शन में सूक्ष्म विवरण नहीं रहता, किन्तु ज्ञान में वह उपस्थित रहता है। दर्शन एक साधारण बोध है किन्तु ज्ञान धारणात्मक बोध है। "वस्तुओं के सामान्य गुणों का वह बोध जिसमें विशेष गुणों का प्रभाव रहता है और सूक्ष्म विवरण का ग्रहण नहीं होता, दर्शन कहलाता है।"[6] इसकी कई अवस्थाएं हैं, यथा (1) व्यञ्जनावग्रह, जिसमें चेतनावर्धन पदार्थ का प्रभाव इन्द्रियों के परिधिस्थ उपान्तों के ऊपर होता है और उसके द्वारा विषयी विषय के साथ विशेष सम्पर्क में आता है; (2) अर्थावग्रह, जिसमें चेतना को उत्तेजना मिलती है और एक संवेदना का अनुभव होता है और जिसमें व्यक्ति को विषय या प्रमेय पदार्थ का ज्ञानमात्र होता है; (3) ईहा, जिसमें मन प्रमेय विषय का विवरण जानने की इच्छा करता है एवं इसके अन्य वस्तुओं के साथ सादृश्य और विभेद को जानने की अभिलाषा करता है; (4) अवाय, जिसमें वर्तमान और भूतकाल की पुनः पुष्टि होती है और प्रमेय विषय की पहचान कि अमुक

---

1. उमास्वाति के तत्त्वार्थसूत्र, 1 : 30। 2. वही, 1; 11 और 12।
3. वही, 1 : 14।
4. पंचास्तिकायसमयसार, 48; सिद्धसेन दिवाकर एवं न्यायावतार, 4, को भी देखिए। कहीं-कहीं प्रत्यक्ष ज्ञान दो प्रकार का कहा है—संव्यावहारिक और परमार्थिक। परमार्थिक में अवधि, मनःप्रत्यय और केवल, और संव्यावहारिक में दोनों, अर्थात् वह जो इन्द्रियों के द्वारा (इन्द्रिय-निबन्धन) होता है, एवं वह जो इन्द्रियों द्वारा नहीं होता (अनिन्द्रिय-निबन्धन)। संव्यावहारिक प्रत्यक्ष वह है जो हमें प्रतिदिन के जीवन में होता है और इसीके ऊपर प्रत्यक्षबोध और स्मृति निर्भर करते हैं। 'प्रमाणमीमांसावृत्ति' ने इसकी परिभाषा करते हुए इसे बोध की इच्छा की पूर्ति करने वाला कर्म बताया है। समीचीपः प्रवृत्ति-निवृत्तिरूषो व्यवहारः संव्यवहारः' केवलिन के ज्ञान में प्रत्यक्ष सकल अथवा सम्पूर्ण होता है और अन्य अवस्थाओं में विकल अर्थात् त्रुटियुक्त होता है। परोक्ष भी पांच प्रकारों में विभक्त किया गया है : (1) स्मृत अथवा स्मृतिजन्य, अथवा उसकी स्मृति जिसे हमने पहले देखा व अनुभव किया है, जैसे ऐसे मनुष्य के विषय में स्मरण करना जिसे हमने पहले देखा था; (2) प्रत्यभिज्ञा अर्थात् वह ज्ञान जो वस्तुओं से परस्पर सादृश्य से उत्पन्न होता हैः जैसे हम एक नये पदार्थ को जिसके विषय में पहले पढ़ा था, पहचान लेते हैं; (3) तर्क अथवा व्यक्तियों के आधार पर दलील करना; (4) अनुमान अर्थात् एक मध्यपद के द्वारा ज्ञान प्राप्त करना और (5) आगम अथवा किसी प्राचीन पुरुष के वचन का प्रमाण। 'प्रमाण-नयतत्त्वालंकार' में प्रत्यक्ष एवं परोक्ष ज्ञान में परस्पर भेद केवल स्पष्टता के अंश से ही है। देखिए 2 और 3। इसका कारण यह है कि जैनियों के मत में बाह्य इन्द्रियों की चेष्टा केवल अप्रत्यक्षरूप में ही प्रत्यक्ष ज्ञान की उत्पत्ति में सहायक होती है।
5. सर्वदर्शनसंग्रह, 4। 6. तही, 43

है अमुक स्वरूप नहीं है आदि; और (5) धारणा, जिसमें हमें यह प्रतीति होती है कि संवेदनाएं पदार्थों के गुणों का प्रकाश करती हैं। इसका परिणाम[1] एक प्रकार का अनुभव होता है जिसके कारण ही हम आगे चलकर पदार्थ का स्मरण करने में समर्थ होते हैं। यह विश्लेषण प्रत्यक्ष ज्ञान के माध्यमजन्य स्वरूप को अभिव्यक्त करता है और हमें यह भी बतलाता है कि पदार्थ मनोतीत यथार्थता रखता है। जैन लोग बलपूर्वक कहते हैं कि चैतन्य से परे एवं उसके अतिरिक्त भी प्रमेय पदार्थ की यथार्थसत्ता है जिसका हमें इन्द्रियों द्वारा बोध होता है एवं बुद्धि द्वारा ग्रहण होता है। पदार्थों के गुण एवं सम्बन्ध अनुभव में प्रत्यक्षरूप में प्राप्त होते हैं और केवल विचार एवं कल्पना की ही उपज नहीं है। जानने की प्रक्रिया से प्रमेय पदार्थ में कोई परिवर्तन नहीं होता। ज्ञान और उसके विषय में जो परस्पर सम्बन्ध है वह भौतिक पदार्थों के सम्बन्ध में केवल बाह्य है, यद्यपि आत्मचेतना के विषय में यह सर्वथा भिन्न प्रकार का है। जीव की चेतना सदा सक्रिय रहती है और यह क्रियाशीलता अपने स्वरूप का एवं पदार्थ के स्वरूप का भी प्रकाश करती है। ज्ञेय अथवा ज्ञान के योग्य पदार्थों में आत्मा एवं अनात्म अर्थात् चेतन और जड़ दोनों ही सम्मिलित हैं। जिस प्रकार प्रकाश अपने को भी प्रकट करता है और अन्यान्य पदार्थों को भी प्रकट करता है इसी प्रकार ज्ञान अपनी एवं अन्य सब पदार्थों की अभिव्यक्ति करता है। न्याय-वैशेषिक का सिद्धान्त कि ज्ञान केवल बाह्य सम्बन्धों का ही प्रकाश करता है किन्तु अपना प्रकाश नहीं करता, जैनियों को अभीष्ट नहीं है। किसी भी पदार्थ को जानने के साथ-साथ ही जीवात्मा अपने को भी तत्काल जानता है। यदि यह अपनी सत्ता से अनभिज्ञ रहता तो अन्य कोई उसे यह ज्ञान न दे सकता। प्रत्येक इन्द्रियबोध एवं ज्ञान के कार्य में इस प्रकार का कथन उपलक्षित रहता है कि "मैं इसे अमुक-अमुक प्रकार से जानता हूं।" ज्ञान का उपयोग हमेशा जीवात्मा द्वारा होता है। चेतना अचेतन या जड़-पदार्थों का प्रकाश कैसे कर सकती है, यह बिलकुल निरर्थक है, क्योंकि ज्ञान का स्वभाव ही पदार्थों को अभिव्यक्त करने का है।

आत्मचेतना के विषय में ज्ञान या प्रमा और प्रमेय या ज्ञेय पदार्थ के मध्य में सम्बन्ध अत्यन्त सन्निकृष्ट है। ज्ञानी एवं ज्ञान, अर्थात् ज्ञान के कर्त्ता एवं ज्ञान, परस्पर अविभाज्य हैं यद्यपि उनमें भेद किया जा सकता है। आत्मचैतन्य के अन्दर ज्ञान का विषयी या प्रमाता, ज्ञान का विषय और स्वयं ज्ञान एक ही ठोस इकाई के भिन्न-भिन्न पहलू मात्र हैं। ज्ञान से विहीन कोई जीव नहीं है क्योंकि इसका तात्पर्य होगा जीव के चैतन्य स्वरूप को ही छीन लेना और उन्हें अचेतन या जड़ द्रव्यों की कोटि में पहुंचा देना, और बिना जीवात्माओं के ज्ञान हो ही नहीं सकता क्योंकि इससे ज्ञान एकदम आधार-विहीन हो जाएगा।

अपनी पूर्ण अवस्था में जीवात्मा विशुद्ध ज्ञान एवं दर्शन या अन्तर्दृष्टि है,[2] जिनका एक ही समय में उदय होता है, अथवा ये दोनों साथ रहते हैं। ऐहलौकिक जीवों में ज्ञान से पूर्व दर्शन होता है।[3] सम्पूर्ण ज्ञान संशय, विमोह या विपरीतता एवं विधर्म या अनिश्चितता से रहित होता है।[4] ऐसे कर्म जो दर्शन के विविधि प्रकारों को धुंधला बना देते हैं, दर्शनावरणीय कर्म कहलाते हैं, और ऐसे कर्म जो विविध प्रकार के ज्ञान को अस्पष्ट बना देते हैं, ज्ञानावरणीय कर्म कहलाते हैं।[5] जीवात्मा में समस्त ज्ञान है, यद्यपि उसका प्रकाश तभी होता है जबकि विघ्नकारी माध्यम दूर हो जाता है। लालसाएं एवं भावावेश व अनुराग ही बाधक

1. संस्कार।
2. सर्वदर्शनसंग्रह, 6 3. वही, 44। 4. वही, 42।
5. इनके वर्गीकरण के लिए देखिए, जैनी : 'आउटलाइंस आफ जैनिज़्म', पृष्ठ 30-31।

है जिनके कारण जीवात्मा में भौतिक अंश प्रविष्ट होता है और ये जीवात्मा को अपने स्वाभाविक कर्म को पूर्ण शक्ति के साथ सम्पन्न करने से रोकते हैं और हमारे ज्ञान को तात्कालिक उपयोगी पदार्थों तक ही सीमित रखते हैं, और इस प्रकार यथार्थसत्ता के वे पहलू जिनमें हमारी रुचि नहीं होती, हमारे अपने ही व्रणात्मक ध्यान से छिपे रहते हैं। जब जीवात्मा ज्ञान को ढंकने वाले प्रकृति के प्रभावों से निर्मुक्त हो जाती है और स्वतन्त्रतापूर्वक अपना कार्य करने लगती है तब यह सर्वज्ञता का पात्र बनती है और भूत, भविष्यत् एवं वर्तमान के सब पदार्थों का ज्ञान प्राप्त कर सकती है। अपने भौतिक अनुभवमय जीवनों में जीवात्मा की विशुद्धता जड़ प्रकृति के सम्पर्क से मलिन हो जाती है। इसे दूर करके और इसकी शक्तियों को नष्ट करके हम अपने ज्ञान की वृद्धि कर सकते हैं। जब विरोधी शक्तियों को पूर्णतया उखाड़ फेंका जाता है तब जीवात्मा अपनी स्वाभाविक स्वरलहरी के अनुकूल स्पन्दन करती है और अपने अपरिमित ज्ञान के कर्म का सदुपयोग करती है। जीवात्मा का विशिष्ट गुण ज्ञान है और उसमें जो भेद प्रदर्शित होते हैं वे प्रकृति के साथ उसके सम्पर्क के कारण है।

ज्ञान दो प्रकार का है : **प्रमाण** अर्थात् पदार्थ को उसी रूप में जानना जिस रूप में वह है, और **नय** अर्थात् पदार्थ का किसी सम्बन्ध-विशेष के साथ ज्ञान। नय का सिद्धान्त अथवा पृथक्-पृथक् दृष्टिकोणयुक्त पदार्थों का ज्ञान जैनदर्शन के तर्कशास्त्र का एक अपना निजी एवं विशिष्ट लक्षण है। नय एक दृष्टिकोण है जिसके आधार पर हम किसी पदार्थ के विषय में कोई कथन करते हैं। हम अपने दृष्टिकोणों की परिभाषा एवं भेद पृथक्करण (अमूर्तीकरण) की प्रक्रिया द्वारा करते हैं। उक्त दृष्टिकोणों के साथ जिन कल्पनाओं अथवा आंशिक सम्मतियों का सम्बन्ध है वह उन अभीष्ट उद्देश्यों की उपज हैं जिन्हें लेकर हम चलते हैं। इन पृथक्करणों एवं लक्ष्य-विशेषों पर ध्यान देने के कारण ही ज्ञान में सापेक्षता आती है। किसी विशेष दृष्टिकोण को अपनाने का तात्पर्य यह नहीं है कि हम अन्य दृष्टिकोणों का निराकरण करते हैं। किसी विशेष उद्देश्य को लेकर यह मत कि सूर्य पृथ्वी की परिक्रमा करता है, उतना ही अधिक कार्यसाधक हो सकता है जितना कि यह दूसरा मत कि पृथ्वी सूर्य के चारों ओर घूमती है। उपनिषदों में भी हमें इस विषय की झांकी मिलती है कि किस प्रकार यथार्थसत्ता हमारे ज्ञान की भिन्न-भिन्न स्थिति में अपने को विविध रूप में अभिव्यक्त करती है। बौद्धमत का बहुत-सा भ्रम उसके परम सत्य के अन्दर प्रवाह के सापेक्ष सिद्धान्त की अतिश्योक्ति के कारण हुआ है। जो एक विशेष दृष्टिकोण से सत्य प्रतीत होता है वह एक अन्य दृष्टिकोण से सत्य नहीं भी हो सकता। विशेष-विशेष पहलू सम्पूर्ण सत्ता के सर्वथा अनुकूल कभी नहीं होते। सापेक्ष समाधान ऐसे अमूर्तीकरण हैं जिनके अन्तर्गत यथार्थसत्ता का ध्यान हो सकता है किन्तु वे उसकी पूर्णरूपेण व्याख्या नहीं कर सकते। जैनमत इसका आधारभूत एवं मौलिक सिद्धान्त के रूप में प्रतिपादन करता है कि सत्य हमारे दृष्टिकोणों के कारण सापेक्ष होता है। यथार्थसत्ता का सामान्य स्वरूप हमारे आगे नानाविध आंशिक मतों के द्वारा आता है।

नयों को कई प्रकार से विभक्त किया गया है और हम उनमें से मुख्य विभागों को ही यहां लेंगे। एक योजना के अनुसार सात नय हैं, जिनमें से चार पदार्थों अथवा उनके अर्थों के साथ सम्बद्ध हैं और तीन शब्दों से सम्बन्ध रखते हैं, और ये सभी यदि अपने-आपमें पृथक् एवं पूर्णरूप में लिए जाएं तो हमें हेत्वाभास (मिथ्या आभास) ही प्रतीत होंगे। अर्थ (पदार्थ एवं अर्थ) नय निम्नलिखित हैं :

(1) **नैगमनय** : इसकी व्याख्या दो प्रकार से हो सकती है। यह कहा जाता है कि यह

एक प्रयत्न-विशेष के प्रयोजन अथवा लक्ष्य से सम्बन्ध रखता है जोकि बराबर और निरन्तर उसके अन्दर उपस्थित रहता है। जब हम ऐसे व्यक्ति को देखते हैं जो अग्नि, बरतन आदि ले जा रहा है, और हम उससे प्रश्न करते हैं कि "तुम क्या कर रहे हो ?" तो वह कहता है, "मैं भोजन पका रहा हूं"; तो यह नैगमनय का एक दृष्टान्त है। यह हमें उस सामान्य प्रयोजन का बोध कराता है जो इन सब कर्मों की श्रृंखला का नियन्त्रण कर रहा है और जीवन के हेतु विज्ञानपरक रूप पर बल देता है।[1] इसी मत को पूज्यपाद ने अंगीकार किया है। सिद्धसेन इससे भिन्न मत को स्वीकार करता है। जब हम एक वस्तु का ज्ञान करते हैं अर्थात् उसके अन्तर्गत जातिगत एवं विशिष्ट दोनों प्रकार के गुणों को जानते हैं और उनके अन्दर पृथक्-पृथक् भेद नहीं करते तो वह नैगमनय की अवस्था है। (2) **संग्रहनय** सामान्य विशिष्टताओं पर बल देता है। यह वर्गगत दृष्टिकोण है। यद्यपि यह सत्य है कि वर्ग व्यक्तियों से अतिरिक्त कोई वास्तविक पदार्थ नहीं है, किन्तु सामान्य विशेषताओं की जांच कभी-कभी बहुत उपयोगी होती है। संग्रहनय दो प्रकार का है—परसंग्रह, अर्थात् अन्तिम वर्ग विचार जो इस लक्ष्य का ध्यान रखता है कि सब पदार्थ यथार्थसत्ता के अवयव हैं। अपरसंग्रह हीनतर वर्ग विचार है। अमूर्त परम स्थिति संग्रहनय का आभास है। जैनमत सामान्य अथवा व्यापक एवं विशेष गुणों को मानता है यद्यपि वह इन्हें सापेक्ष मानता है। सांख्य एवं अद्वैतवेदान्त विशेषों को नहीं मानते, जबकि बौद्धमत सामान्य को नहीं मानता। न्यायवैशेषिक दोनों को स्वीकार करते हैं और ठोस पदार्थ को सामान्य एवं विशेष दोनों के मिश्रण से निर्मित मानते हैं। किन्तु जैनमत इस भेद को सापेक्ष मानता है जबकि न्यायवैशेषिक इसे निरपेक्ष मानते हैं। (3) **व्यवहारनय** प्रचलित एवं परम्परागत दृष्टिकोण है जिसका आधार इन्द्रियगम्य ज्ञान है। हमें वस्तुओं का ज्ञान उनके समस्त रूप में होता है और हम उनकी निजी विशेषताओं पर बल देते हैं। वस्तुओं को विशिष्ट आकार-प्रकार ध्यान आकृष्ट करता है। भौतिकवाद की कल्पना, और इसके साथ हम बहुत्ववाद को भी जोड़ सकते हैं, इस नय के आभास हैं। (4) **ऋजुसूत्रनय** व्यवहारनय की अपेक्षा अधिक संकुचित है। यह पदार्थ की एक समय-विशेष की अवस्था का विचार करता है। यह सब प्रकार के नैरन्तर्य और साम्य को भूला देता है। इसकी दृष्टि में यथार्थ क्षणिक है। वस्तु वैसी है जैसीकि वह वर्तमान क्षण में है। जैनमतावलम्बी इसे बौद्धदर्शन का पूर्वरूप समझते हैं। यह नय जहां एक ओर सत्ता के भावप्रधान और अमूर्त दार्शनिक सिद्धान्त की निःसारता की पोल खोलने में उपयोगी सिद्ध हो सकता है वहां दूसरी ओर यह सत्य के निरपेक्ष रूप के वर्णन के लिए सर्वथा अनुपयोगी है। शेष तीन शब्दनय हैं। (5) **शब्दनय** का आधार यह तथ्य कि नाम का उपयोग हमारे मन में जिस पदार्थ का वह द्योतक है या उससे जिस पदार्थ का संकेत होता है उसे और उसके गुण, सम्बन्ध अथवा क्रिया को उपस्थित करने के लिए होता है। प्रत्येक नाम अपना अर्थ रखता है और भिन्न-भिन्न शब्द भी उसी एक पदार्थ का द्योतन कर सकते हैं। पदों और उनके अर्थों के बीच जो सम्बन्ध है वह सापेक्ष है और हम यदि इस बात को भुला दें तो हेत्वाभास या भ्रान्तियां उत्पन्न होती हैं। (6) **समाभिरूढ़नय** पदों में उनके धात्वर्थ के आधार पर भेद करता है। यह शब्दनय का विनियोग या प्रयोग है। (7) **एवंभूतनय** छठे प्रकार का विशिष्ट रूप है। किसी पदार्थ की अभिव्यक्ति में नानाविध पहलुओं और श्रेणी-विभाजन में से केवल एक ही पद के धात्वर्थ से सूचित होता है और यही पहलू है जो किसी पद का वर्तमान में व्यवहृत होने वाला उचित अर्थ

1. देखिए, तत्त्वार्थसूत्र पर टीका, 1 : 33।

है। उसी पदार्थ को एक भिन्न परिस्थिति में भिन्न संज्ञा से युक्त करना चाहिए। इन सातों नयों में प्रत्येक की सीमा उससे अधिक विस्तृत है जिसमें इनका प्रयोग होता है। नैगम की सीमा सबसे अधिक विस्तृत है और एवंभूत सबसे न्यून है। प्रत्येक नय अथवा दृष्टिकोण नाना प्रकारों में से, जिनसे पदार्थ का ज्ञान किया जा सकता है, केवल एक ही प्रकार को प्रस्तुत करता है। यदि किसी एक दृष्टिकोण को हम भ्रम के कारण सम्पूर्ण समय लें तो यह नयाभास होगा। जैनियों की सम्मति में न्यायवैशेषिक, सांख्य, अद्वैतवेदान्त एवं बौद्धदर्शन पद्धतियां क्रमशः प्रथम चार नयों को स्वीकार करते हैं और भ्रम से उन्हें सम्पूर्ण सत्य समझते हैं।

नयों के और भी भेद किए गए हैं (1) द्रव्यार्थिक–पदार्थ के दृष्टिकोण से, और (2) पर्यायार्थिक–परिवर्तन अथवा अवस्था के दृष्टिकोण से। फिर इनमें से प्रत्येक के उपविभाग हैं। द्रव्यार्थिकनय वस्तुओं के स्थिर स्वरूप का विचार करता है जबकि पर्यायार्थिक उनके विनश्वर पहलुओं से सम्बन्ध रखता है।

चूंकि ये सब दृष्टिकोण सापेक्ष है, हमारे पास नयनिश्चय भी है, अर्थात् सत्य एवं पूर्ण दृष्टिकोण। निश्चयनय दो प्रकार का है शुद्धनिश्चय और अशुद्धनिश्चय। शुद्धनिश्चय प्रतिबन्धरहित यथार्थसत्ता का प्रतिप्रदान करता है जबकि अशुद्धनिश्चय प्रतिबन्धयुक्त सत्ता के विषय पर विचार करता है।

उन व्यक्तियों को जो दार्शनिक विचार की श्रेणियो की समीक्षा के रूप में परिचित हैं, यह बतलाने की आवश्यकता नहीं है कि वह नय अथवा दृष्टिकोण का सिद्धान्त एक तर्कसम्मत सिद्धान्त है। जैनी लोगों को छः अन्धों की पुरानी कहानी को उद्धृत करने का शौक है जिनमें से प्रत्येक ने एक हाथी के शरीर के भिन्न-भिन्न भाग पर हाथ रखा और उसी आंशिक अनुभव के आधार पर सम्पूर्ण हाथी का विवरण देने का प्रयत्न किया। जिस व्यक्ति ने हाथी के कान को पकड़ा उसने यही विचार किया कि वह एक पंखे के समान है। इसी प्रकार जिसने टांग पकड़ी उसने कल्पना की कि वह एक बड़ा गोलाकार खम्भा है, आदि-आदि। केवल उसी व्यक्ति ने जिसने समूचे हाथी को देखा था, प्रत्यक्ष अनुभव किया कि उनमें से प्रत्येक ने सत्य के केवल एक ही अंश को जाना था। प्रायः समस्त दार्शनिक विवाद दृष्टिकोण के भ्रम से ही उठते हैं। प्रायः प्रश्न किया जाता है कि कार्य अपने उपादान कारण के समान अथवा उससे भिन्न होता है। सत्कार्यवाद का मत है, जिसे वेदान्त एवं सांख्यदर्शनों ने भी स्वीकार किया है, कि कार्य कारण के अन्दर पूर्व से ही विद्यमान रहता है और कारण की उस विशेष प्रक्रिया के द्वारा जिसमें से उसे गुज़रना पड़ता है, वह केवलमात्र अभिव्यक्त हो जाता है। वैशेषिकों के असत्कार्यवाद का मत है कि कार्य एक नई वस्तु है और पहले से विद्यमान नहीं था। जैनमत इन दोनों विवादों का अन्त यह कहकर करता है कि दोनों के विभिन्न दृष्टिकोण हैं। यदि हम सोने के हार रूपी कार्य को केवल पदार्थ समझ लें तो यह वही सोना है जिसमें से इसका निर्माण हुआ है, किन्तु यदि हम उसे हार समझें तो यह एक नया पदार्थ है और वह पदार्थरूपी सोने में अवश्य ही पहले से विद्यमान नहीं था। प्रत्येक दृष्टिकोण जो हमें ज्ञान प्राप्त कराता है, सदा ही आंशिक होता है और उस तक हम पृथक्करण की प्रक्रियाओं द्वारा पहुंचते हैं।

इन दृष्टिकोणों का सबसे महत्त्वपूर्ण उपयोग निश्चय ही स्याद्वाद एवं सप्तभङ्गी में होता है। यह उपयोग निर्णय करने के सात भिन्न-भिन्न प्रकारों में होता है, जो अलग-अलग और एकसाथ संयुक्त होकर स्वीकार करते हैं या निषेध करते हैं, बिना किसी स्वतः विरोध के और

इस प्रकार एक वस्तुविशेष के नाना गुणों में भेद करते हैं। जैन-कल्पना के आधार पर निरूपण की कठिनाई दूर हो जाती है क्योंकि इस मत के अनुसार पदार्थ के रूप में उद्देश्य और विधेय समान हैं और रूपभेद के दृष्टिकोण से भिन्न भी हैं।

यह विचार स्याद्वाद कहलाता है क्योंकि यह समस्त ज्ञान को केवल सम्भावित रूप में ही मानता है। प्रत्येक स्थापना 'सम्भव है', 'हो सकता है' अथवा 'स्याद्' या 'शायद' इत्यादि रूपों में ही हमारे सामने आती है। हम किसी भी पदार्थ के विषय में निरुपाधिक या निश्चित रूप से स्वीकृतिपरक अथवा निषेधात्मक कथन नहीं कर सकते। वस्तुओं के अन्दर अनन्त जटिलता होने के कारण निश्चित कुछ नहीं है। यथार्थसत्ता के अत्यधिक जटिल स्वरूप एवं अनिश्चितता के ऊपर यह बल देता है। यह निरूपण की सम्भावना का निषेध नहीं करता, यद्यपि यह निरपेक्ष अथवा विशिष्ट निरूपण को स्वीकार नहीं करता। यथार्थसत्ता का गतिशील स्वरूप केवल सापेक्ष और सोपाधिक निरूपण के साथ ही मेल खा सकता है। प्रत्येक स्थापना केवल कुछ विशेष अवस्थाओं में अर्थात् परिकल्पित रूप में ही सत्य है।

इसका मत है कि किसी वस्तु अथवा उसके गुणों के विषय में कथन करने के, दृष्टिकोण के रूप से, सात भिन्न-भिन्न प्रकार हैं। एक दृष्टिकोण है जिसके अनुसार, पदार्थ अथवा उसका गुण है (1) है, (2) नहीं है, (3) है और नहीं भी है, (4) अनिर्वचनीय है, (5) है और अनिर्वचनीय भी नहीं है, (6) नहीं है और अनिर्वचनीय है, (7) है, नहीं भी है और अनिर्वचनीय है।

1. स्याद् अस्ति—अपने उपादान, स्थान, समय और स्वरूप के दृष्टिकोण से वस्तु विद्यमान है अर्थात् अपना अस्तित्व रखती है। मिट्टी से बना हुआ घड़ा, मेरे कमरे में इस वर्तमान क्षण में और अमुक-अमुक आकार व माप का विद्यमान है।

2. स्याद् नास्ति—उपादान, स्थान, समय और अन्य पदार्थ के स्वरूप के दृष्टिकोण से वस्तु विद्यमान नहीं है, अर्थात् यह कुछ नहीं है। धातु से बना हुआ घड़ा, एक भिन्न स्थान में, अथवा समय में, अथवा भिन्न आकार व माप का विद्यमान नहीं है।

3. स्याद् अस्ति नास्ति—उसी दृष्टिकोण-चतुष्टय से अपने व अन्य पदार्थ से संबद्ध यह कहा जा सकता है कि वस्तुविशेष है और नहीं है। एक विशेष अर्थ में घड़ा है और एक दूसरे विशेष अर्थ में घड़ा नहीं है। हम यहां कहते हैं कि वस्तुविशेष क्या है और क्या नहीं है।

4. स्याद् अवक्तव्यम्—जबकि ऊपर के तीनों में हम कथन करते हैं कि एक वस्तु अपने-आपमें है और अन्य क्रम में नहीं है, यह सब कथन एकसाथ करना सम्भव नहीं है। इस अर्थ में एक वस्तु विवरण के योग्य नहीं है। यद्यपि घड़े में इसके अपने रूप की उपस्थिति एवं दूसरे स्वरूप की अनुपस्थिति दोनों एक साथ हैं तो हम उसे व्यक्त नहीं कर सकते।

5. स्याद् अस्ति च अवक्तव्यम्—अपने निजी चतुष्टय के दृष्टिकोण से और साथ ही साथ अपने एवं अभावात्मक चतुष्टय के संयोग से एक वस्तु है और विवरण योग्य नहीं है। हम यहां एक वस्तु की सत्ता और इसकी अनिर्वचनीयता दोनों को लक्षित करते हैं।

6. स्याद नास्ति अवक्तव्यम्—अभावात्मक वस्तु के चतुष्टय के दृष्टिकोण से और साथ-साथ अपने निजी एवं अभावात्मक वस्तु के चतुष्टय के दृष्टिकोण से एक वस्तु नहीं है और अनिर्वचनीय भी है। हम यहां पर एक वस्तु क्या नहीं है इसे और इसकी अनिर्वचनीयता को लक्षित करते हैं।

7. स्याद अस्ति च नास्ति च अवक्तव्यम्—अपने निजी चतुष्टय के एवं अभावात्मक

वस्तु के दृष्टिकोण से और साथ-साथ अपने निजी एवं अभावात्मक वस्तु के संयुक्त चतुष्टय के दृष्टिकोण से भी एक वस्तु है, नहीं भी है और अनिर्वचनीय भी है। हम एक वस्तु की अनिर्वचनीयता का प्रतिपादन करते हैं और उसके साथ में यह क्या है और क्या नहीं है उसका भी प्रतिपादन करते हैं।[1]

किसी वस्तु अथवा उसके गुणों के विषय में कथन करने के जो सात सम्भावित प्रकार हैं, उनमें पहले दो प्रकार मुख्य हैं, अर्थात् साधारण स्वीकारात्मक यह कि अमुक वस्तु अपने स्वरूप में है, स्वद्रव्य (अपने भौतिक उपादान) में, स्वक्षेत्र (अपने स्थान) में, और स्वकाल (अपने समय) में वर्तमान है। और दूसरा साधारण निषेधात्मक यह कि अमुक वस्तु अपने पररूप (अर्थात् अन्य आकार) में, परद्रव्य (अन्य भौतिक उपादान) में, परक्षेत्र (अन्य स्थान) में, एवं परकाल (अन्य समय) में वर्तमान नहीं है। दूसरा निषेधात्मक तथ्य है। इस सिद्धान्त का आग्रह है कि स्वीकृति एवं निषेध दोनों परस्पर सम्बद्ध और सहचारी है। समस्त निर्णयों के दो रूप होते हैं। सब पदार्थ हैं भी और नहीं भी हैं, अर्थात् सद्असदात्मक हैं।[2] एक वस्तु जो है वही है और जैसी नहीं है वैसी नहीं ही है। इस मत के अनुसार प्रत्येक निषेध का एक सकारात्मक आधार होता है। आकाश-कुसुम के समान कल्पनात्मक विचार भी एक सकारात्मक आधार रखते हैं अर्थात् जैसे—आकाश और कुसुम तो दोनों पृथक्-पृथक् वास्तविक सत्ताएं हैं यद्यपि उनका परस्पर-सम्बन्ध अवास्तविक है। यह मौलिक सत्य पर बल देता है, अर्थात् विचार के लिए परस्पर भेद करना आवश्यक है। ऐसा पदार्थ जिसे अन्य पदार्थों से भिन्न करके समझा जा सके, विचार में नहीं आ सकता। ऐसा निरपेक्ष पदार्थ जो अन्दर और बाहर सब प्रकार के विभेदों से शून्य है, यथार्थ में विचार का विषय नहीं हो सकता, क्योंकि सब पदार्थ जो विचार के विषय हैं एक अर्थ में हैं और दूसरे अर्थों में नहीं भी हैं।

शंकर और रामानुज[3] दोनों ही 'सप्तभङ्गी न्याय' की इस आधार पर आलोचना करते हैं कि एक ही पदार्थ में दो प्रकार के परस्पर-विरोधी गुण एक ही समय में उपस्थित नहीं रह सकते। रामानुज लिखता है "भाव एवं अभाव ये दोनों परंस्पर-विरोधी गुण किसी एक पदार्थ में नहीं रह सकते जैसेकि प्रकाश और अन्धकार एक जगह नहीं रह सकते।" जैनी लोग यह भी स्वीकार करते हैं कि एक ही समय में और एक ही अर्थों में किसी पदार्थ में परस्पर-विरोधी गुण नहीं रह सकते। जो कुछ वे कहते हैं वह यह है कि प्रत्येक पदार्थ जटिल स्वरूप का है अर्थात् भेदों के रहते भी एकात्म्यरूप में विद्यमान है। वास्तविक सत्ता अपने अन्दर भेदों को समाविष्ट रखती है। ऐसे गुण जो भावात्मक या अमूर्त रूप में परस्पर-विरोधी हैं, जीवन में और अनुभव के साथ-साथ रहते हैं। वृक्ष हिलता है अर्थात् उसकी शाखाएं हिलती हैं किन्तु स्वयं वृक्ष नहीं हिलता क्योंकि यह अपने स्थान पर स्थिर है और मजबूती से भूमि में गड़ा हुआ है। हमारे लिए यह आवश्यक है कि हम एक पदार्थ को स्पष्टरूप में और अन्य पदार्थों से भिन्नरूप में जानें, उसकी अपनी निजी सत्ता के रूप में एवं अन्य पदार्थों के सम्बन्ध में भी उसकी सत्ता को पहचानकर रखें। दूसरे पक्ष के विषय में, जैसाकि वेदान्ती कहते हैं, सप्तभङ्गी न्याय की क्रियात्मक उपयोगिता कुछ नहीं है, यह उनकी एक निजी सम्मति है इसलिए इस विषय पर कुछ कहने में समय नष्ट करना व्यर्थ है। और यह भी नहीं कहा जा सकता कि

1. तत्त्वार्थसूत्र, पृष्ठ 14; पंचास्तिकायसमयसार, 16।
2. "स्वरूपेण सत्त्वात्, पररूपेण च असत्त्वात्।"
3. वेदान्तसूत्रों पर शांकरभाष्य, 2 : 2, 33; वेदान्तसूत्रों पर रामानुज भाष्य 2 : 2, 31।

सप्तभङ्गी न्याय जैनदर्शन के अन्य सिद्धान्तों के प्रतिकूल है। यह अनेकान्तवाद का स्वाभाविक परिणाम है जिसका तात्पर्य है कि यथार्थसत्ता के अनेक रूप हैं। चूंकि यथार्थसत्ता की अनेक आकृतियां हैं और वह सदा परिवर्तनशील है इसलिए किसी भी पदार्थ को सर्वदा सब जगह, सब काल में और हर प्रकार से वर्तमान रहने वाला नहीं माना जा सकता, और हमारे लिए यह असम्भव है कि हम एक ऐसे कठोर और अविचलित मत को स्वीकार ही करें।

6. जैन तर्कशास्त्र का महत्त्व

इससे पूर्व कि हम अगले विभाग पर आगे बढ़े, इस स्थल पर जैन तर्कशास्त्र द्वारा प्रस्तुत कतिपय आलोचनात्मक विचारों को भी उपस्थित कर देना अधिक उपयोगी होगा। प्रसंगवश हमने जैनियों के ज्ञानविषयक सिद्धान्त के प्रबल पक्ष का विवरण दिया है और उस पर वेदान्तियों द्वारा किए गए आक्षेपों के विरुद्ध उसका पक्षपोषण भी किया है। तो भी हमारी सम्मति में जैन तर्कशास्त्र हमें अद्वैतपरक आदर्शवाद की ओर ले जाता है और जिस हद तक जैनी इससे बचने का प्रयास करते हैं उस हद तक वे अपने निजी तर्क के सच्चे अनुयायी नहीं हैं। इस विषय-सम्बन्धी अपनी आलोचना पर हम आध्यात्मिक दृष्टि से अपने संवाद में आगे चलकर बल देंगे। आइए, यहां हम जैन तर्कशास्त्र के गूढ़ार्थ को भली-प्रकार से समझ लें।

सापेक्षता का सिद्धान्त तार्किक दृष्टिकोण से, बिना एक निरपेक्ष की कल्पना के, नहीं ठहर सकता। यह सत्य है कि परस्पर-भेद का नियम, जिस पर जैन तर्कशास्त्र अवलम्बित है, यह भी स्वीकार करता है कि विचार के लिए भेद करना आवश्यक है, किन्तु एक ऐसा पदार्थ जो अन्यों से सर्वथा भिन्न है, विचार के लिए ऐसा ही अवास्तविक है। जैसाकि वह पदार्थ जो अन्य पदार्थों के साथ एकरूप है। विचार केवल भेदमात्र ही नहीं है किन्तु यह सम्बन्धरूप भी है। प्रत्येक पदार्थ की सत्ता अन्य पदार्थों के साथ सम्बन्धरूप में और उनसे भिन्न रूप में ही सम्भव है। परस्पर-भेद का नियम परस्पर-साम्यभाव के नियम का निषेधात्मक पक्ष है। सब प्रकार के भेद में एकत्व की भी पूर्वकल्पना रहती है। चूंकि जैनियों के अनुसार, तर्क ही यथार्थसत्ता को जानने की कुंजी है, यथार्थसत्ता की अन्तिम अभिव्यक्ति एक ठोस अद्वैतवाद में ही होनी चाहिए, उसी के द्वारा सत्तामात्र की व्याख्या सम्भव है। यह एक सत्ता ऐसी नहीं है जो अनेक का बहिष्कार करती हो अथवा अनेकत्व को स्वीकार करके विद्यमान व्यवस्था अथवा एकत्व का निषेध करती हो। जैन तर्कशास्त्र सब प्रकार के पृथक्करण के प्रति विद्रोह करता है और किसी भी यह अथवा वह, एक या अनेक आदि के मिथ्या विभेद को स्वीकार करने के लिए उद्यत नहीं होता। जैनी लोग स्वीकार करते हैं कि सब पदार्थ अपने व्यापक पक्ष (जाति अथवा कारण) में एक हैं और विशिष्ट (व्यक्ति अथवा कार्य) पक्ष में अनेक हैं। उनके अनुसार, ये दोनों ही आंशिक दृष्टिकोण हैं। सत्ताओं की अनेकता माने हुए अर्थों में एक सापेक्ष सत्य है। हमें पूर्ण दृष्टिकोण तक ऊपर उठना चाहिए और उस सम्पूर्ण की ओर दृष्टि रखनी चाहिए जो सब प्रकार के गुणों से वैभवसम्पन्न है। यदि जैनदर्शन अनेकत्ववाद तक ही रहे जो अधिकतर केवल सापेक्ष एवं आंशिक सत्य है, और यह जिज्ञासा न करे कि उच्चतर सत्य भी कोई है—जो एक ऐसी एकमात्र सत्ता की ओर निर्देश करता है जिसने इस विश्व के पदार्थों में व्यक्तिगत रूप धारण कर रखा है जो एक-दूसरे से मुख्यतः अनिवार्य रूप में है और अन्तर्यामी रूप में सम्बद्ध हैं—तो वह अपने तर्क को स्वयं दूर करके एक सापेक्ष

सत्य को निरपेक्ष सत्य की उन्नत कोटि में पहुंचा देता है।

केवल इसी प्रकार का अद्वैतपरक सिद्धान्त जैनदर्शन के सापेक्षतावाद के साथ मेल खा सकता है, क्योंकि सम्बन्ध जितने भी हैं वे उन बाह्य पदार्थों से, जिनसे वे सम्बन्ध रखते हैं, स्वतन्त्र नहीं है। अर्थ का प्रवेश सत्ता के अन्दर होता है और उद्देश्य और विधेय अथवा प्रमाता और प्रमेय में एक निकट सम्बन्ध रहता है। मन और बाह्य जगत् के अन्दर का द्वैतभाव, मनोवैज्ञानिक स्तर पर जो कुछ भी सत्य इसमें हो, दूर हो जाता है जबकि हम ज्ञान के सिद्धान्त के सम्बन्ध में तर्क का जो दृष्टिकोण है उस तक पहुंचाते हैं। यदि दो अर्थात् ज्ञाता और ज्ञेय जीवात्मा एवं स्वतन्त्र यथार्थसत्ता पृथक्-पृथक् हैं तब ज्ञान सर्वथा सम्भव ही नहीं हो सकता। या तो ज्ञान स्वच्छन्द एवं निराधार है अथवा द्वैतभाव मिथ्या है। ज्ञाता और ज्ञेय पृथक् सत्ताएं नहीं हैं जो किसी बाह्य बन्धन से बंधी हुई हों। ये द्वैत में एक और एक में दो हैं। यदि हम किसी एक पद को दबा दें तो सम्पूर्ण एक में विलीन हो जाता है। ज्ञाता एवं ज्ञेय का भेद तो स्वतन्त्र सत्ताओं के बीच का भेद नहीं है किन्तु इस प्रकार का एक भेद है जिसे स्वयं ज्ञान ने अपने क्षेत्र के अन्दर निर्माण किया है। यदि जैनदर्शन का तर्कशास्त्र इस तत्त्व की आवश्यकता को स्वीकार नहीं करता जिसमें ज्ञाता और ज्ञेय का भेद अन्तर्निहित है तो इसका कारण यह है कि यह सम्पूर्ण सत्य के केवल आंशिक रूप को ही ग्रहण करता है।

यदि हमें इसके सापेक्षता के सिद्धान्त की उपर्युक्त व्याख्या को स्वीकार करना है तो जीवात्मा, जो विभिन्न दृष्टिकोणों को अंगीकार करती है, केवल इन्द्रियगम्य आनुभविक आत्मा नहीं हो सकती वरन् उससे गम्भीर कोई सत्ता होनी चाहिए। ज्ञान केवल वैयक्तिक ही नहीं होता। यदि सत्ता-विषयक विश्लेषण केवल आत्मनिष्ठ ही नहीं है तो हमें स्वीकार करना होगा कि अनेक व्यक्तियों के अन्दर एक ही आत्मा की क्रियाशीलता काम करती है जिसे हम ज्ञान के विषय के रूप में जानते हैं। इसके पूर्व कि ज्ञान के सम्बन्ध में कोई प्रश्न उठे, इस एक आत्मा को पूर्वरूप में निरपेक्ष और अन्तिम सत्य के रूप में मानना चाहिए जिसके ही अन्दर ज्ञाता एवं ज्ञेय के सब भेद आ जाते हैं। और यह आत्मा क्षणिक अनुभव अथवा चेतना का अस्थायी रूप नहीं है।

इस तथ्य का कि हम अपनी सापेक्षता से अभिज्ञ हैं, अर्थ ही है कि हमें पूर्णतम विचार तक पहुंचना है। उस उच्चतम निरपेक्ष दृष्टिकोण से ही निम्न कोटि की सापेक्षताओं की व्याख्या हो सकती है। समस्त यथार्थ व्याख्या ऊपर से नीचे की ओर होती है।

इसी निरपेक्ष तत्त्व की दृष्टि से हम सापेक्ष विचारों के महत्त्व को जानने के लिए किसी मानदण्ड का उपयोग कर सकेंगे और उनका मूल्यांकन कर सकेंगे। परम सत्य के साथ तुलना करने पर अन्य समस्त सत्य सापेक्ष ठहरता है। समस्त ज्ञान उपलब्ध सामग्री के ऊपर उठता है और अपने से परे का निर्देश करता है। पूर्णतर और उससे भी अधिक पूर्ण सत्य की ओर बढ़ने से प्रमेय पदार्थ अपने प्रत्यक्ष में प्रतीयमान उपस्थित स्वरूप को खो बैठता है। जब हम निरपेक्ष ज्ञान तक पहुंच जाते हैं तो ज्ञाता और ज्ञेय के मध्य का भेद स्वतः दूर हो जाता है। केवल ऐसी परम कोटि की आदर्श स्थिति में ही हम नीचे के पृथक्करण की भ्रांति को दूर कर सकते हैं। तब हम देखेंगे कि नानाविध सापेक्ष पदार्थ एक सतत प्रक्रिया में आत्मा के मोक्ष के लिए अपने अन्तिम लक्ष्य की प्राप्ति के मार्ग में एक प्रकार के पड़ाव मात्र हैं। ज्ञान के हरएक प्रकार को सापेक्ष के रूप में पहचानना, जिसमें एक पदार्थ से अन्य पदार्थ में पहुंचना आवश्यक है, हमें विवश करता है कि हम एक ऐसी विस्तृततम यथार्थसत्ता को अंगीकार करें

जो परम एवं स्वयं में निरपेक्ष है और जिसके अन्तर्गत सब सापेक्ष पदार्थ आ जाते हैं।

किन्तु इस परम एवं निरपेक्ष सत्ता को भली प्रकार समझ लेने का भी कोई उपाय है ? निश्चय ही अपने आंशिक मतों को एकत्र करके रख देने मात्र से हमारे सम्मुख निश्चित यथार्थसत्ता का भाव नहीं आ सकता। विभिन्न दृष्टिकोणों को केवल एकत्र कर देने से ही हम सत्य के निजी स्वरूप को नहीं पा सकते। यदि हम जैन तर्कशास्त्र के भाव का अनुसरण करें तो कहना पड़ेगा कि विचार के सापेक्ष पदार्थों में जकड़े रहने के कारण हमें निरपेक्ष परमार्थसत्ता का ज्ञान नहीं हो सकता। यदि विचार यथार्थसत्ता को ग्रहण नहीं कर सकता तो क्या और ऐसी कोई शक्ति हो सकती है जो उसको ग्रहण कर सकती है ? यह प्रश्न स्पष्टरूप से नहीं उठाया गया है किन्तु उसका उत्तर निश्चितरूप से 'हां' में दिया गया है। केवल ज्ञान अथवा मुक्तात्माओं के ज्ञान के ऊपर ध्यान देकर विचार करने से हमें प्रतीत होगा कि जैन सिद्धान्त उपलक्षण या संकेत द्वारा अन्तर्दृष्टि की विधि एवं निरपेक्ष परमसत्ता के सिद्धान्त को स्वीकार कर लेता है।

जैनमत के अनुसार, ऊंचे दर्जे का ज्ञान, जिसमें अनुभव में अभिव्यक्त हुए सब प्रकार के रूप समन्वित हैं, वह है जो केवलिन् अथवा मुक्त आत्माओं को होता है। यह सम्पूर्ण और निर्दोष ज्ञान है जो विशुद्ध एवं निर्दोष अवस्था में जीवात्मा का विशिष्ट रूप है। यह निर्दोष ज्ञान जो आत्मा का सारतत्त्व है, अपने-आपको भिन्न-भिन्न प्राणियों की विभिन्न श्रेणियों में अभिव्यक्त करता है जिसका कारण प्रकृति का बाह्य बल है और जिसके सम्पर्क अथवा सहचर्य से ही कार्यरूप में आत्मा का निर्मल ज्ञान दबा रहता है। यह जड़ या चेतनाशून्य प्रकृति जब आत्मतत्त्व के साथ संयोग में आती है, इसकी शक्ति को प्रभावहीन कर देती है—आत्मा एवं प्रकृति के साथ बन्धन के प्रकार के विविध संबंधों के आधार पर। चेतना के सब भिन्न-भिन्न प्रकार प्रकृति की विरोधी शक्तियों की कार्यप्रणाली पर निर्भर करते हैं। इनमें से एक वे हैं जिनके अन्दर ये शक्तियां अपना पूरा ज़ोर जमाए हुए हैं और इन अवस्थाओं में आत्मा की ज्ञान-सम्पादन-शक्ति केवल स्पर्श-क्रिया द्वारा ही अपनी अभिव्यक्ति कर सकती है, जैसे धातु आदि। दूसरी ओर वे आकृतियां हैं जिनमें से सारी प्राकृतिक शक्तियां हटा दी गई हैं और जो सर्वज्ञता की पूर्ण प्रभा को पहुंच सकी हैं। उक्त दोनों सीमाओं के मध्यवर्ती नमूनों का निर्णय ज्ञान के मार्ग में बाधकरूप शक्तियों के सर्वांश में अथवा आंशिक रूप में विनाश के द्वारा हो सकता है। ज्ञान का, जो आत्मा का सारतत्त्व है, तिरोभाव एवं अभिव्यक्ति प्रकृति के दबाव की मात्रा के अनुसार होती है। हरेक पदार्थ विश्वात्मा में अन्तर्निहित है और केवल उन कारणों के दूर होने की अपेक्षा करता है जो ज्ञान की अभिव्यक्ति में बाधक सिद्ध होते हैं। जब बाधक दूर हो जाते हैं तब आत्मा पूर्णधारणात्मक ज्ञान-स्वरूप हो जाती है, जो देश और काल की सीमाओं से परे है। उस समय आत्मा की उस पूर्ण आभा में, जिसका सारतत्त्व चेतना है, न तो कोई मानसिक आवेग विघ्नकारक हो सकता है और न ही किसी प्रकार के स्वार्थ उसे धुंधला बना सकते हैं, और न हम यही कह सकते हैं कि इस पूर्व अवस्थाओं में कोई भेदक लक्षण रहते हैं। ज्ञान का विषय सम्पूर्ण यथार्थसत्ता है और ज्ञाता विषयी विशुद्ध प्रज्ञान बन गया, जिसमें भेदकारक किसी मर्यादा की सम्भावना नहीं है। इन्द्रियगम्य आनुभाविक जगत् के अवास्तविक भेद भी अब उसमें विद्यमान नहीं रहते। संक्षेप में, भेद एक ऐसे तत्त्व के कारण हैं जो सदा नहीं रहता; और जो सदा स्थायी है वह आत्मा है जिसका स्वरूप चेतना है। जैनी लोग अनेकांतवाद के सिद्धान्त का समर्थन तर्क द्वारा नहीं कर सकते।

7. मनोविज्ञान

इससे पूर्व कि हम जैनदर्शन के आध्यात्मिक विचारों को लें, हम उनके मनोवैज्ञानिक मतों का दिग्दर्शन कर लें। वे मन और शरीर के द्वैत को स्वीकार करते हैं। वे पांच द्रव्य-इन्द्रियों अथवा भौतिक इन्द्रियों को भी पृथक् करके मानते हैं, और उनके प्रतिरूप पांच भावेन्द्रियों या ज्ञानेन्द्रियों की सत्ता को भी स्वीकार करते हैं।[1] रूप का सुखानुभव करने वाली आंख और उसके प्रमेय विषय के मध्य जो सामान्य घटक या अवयव है वह रंग है। रंग को पहचानने में, जोकि एक प्राकृतिक या भौतिक गुण है, आंख की अनुकूलता है। चूंकि इन्द्रियां जीव की केवल बाह्यरूप शक्तियां अथवा साधन हैं, वे घटक जो समस्त पदार्थों के सुखानुभवों को सम्भव बनाते हैं, स्वयं आत्मा के अपने संघटन में ही अवस्थित रहते हैं। इन्द्रियां सुखानुभव की योग्यता हैं और अनुभव-विषयक गुण, जो बाह्यरूप में वर्तमान रहते हैं, सुखानुभव के विषय या भौतिक पदार्थ हैं। स्पर्श के आठ प्रकारों में मनोवैज्ञानिक विश्लेषण के विभाग स्पष्ट देखे जा सकते हैं—उष्ण एवं शीत, खुरदरा और चिकना, नरम और कठोर, हल्का और भारी। इसी प्रकार स्वाद के पांच भेद हैं : चरपरा या तीखा, या खट्टा, कड़वा, मीठा और कषाय या कसैला; गन्ध के दो भेद हैं : सुगन्ध और दुर्गन्ध; रंग के पांच भेद हैं : काला, नीला, पीला, सफेद और गुलाबी या पाटलवर्ण। इसी प्रकार शब्द के सात भेद हैं : षड्ज, ऋषभ, गान्धार, मध्यम, पञ्चम, दैवत, निषाद आदि। प्रत्यक्ष ज्ञान इन्द्रिय के साथ पदार्थ का सन्निकर्ष होने से उत्पन्न होता है। यह यान्त्रिक सन्निकर्ष मनोवैज्ञानिक प्रत्यक्ष की सम्पूर्ण परिभाषा नहीं है। यह तो केवल उस आवरण को हटाने में सहायक हो सकता है जो जीवात्मा के ज्ञान को ढके रहता है। प्रमाता जीवात्मा ज्ञाता है, भोक्ता भी है, और कर्ता भी है—अर्थात् वह जानने वाला, सुखानुभव करने वाला और कर्म करने वाला है। चेतना के तीन प्रकार बतलाए गए हैं : ज्ञान, अनुभव अथवा कर्मों के फलों का उपभोग[2] और इच्छा।[3] मानसिक प्रक्रिया और अनुभव का अत्यन्त निकट सम्बन्ध है। साधारणतः हमें पहले शारीरिक संवेदना होती है उसके बाद मानसिक क्रिया और अन्त में ज्ञान होता है।[4] जीव और पुद्गल के बीच का सम्बन्ध विषयी प्रमाता का विषय प्रमेय के साथ सम्बन्ध है। वह शक्ति जो उनका परस्पर संयोग कराती है, ज्ञान नहीं है क्योंकि हम एक वस्तु को जानते हैं और तो भी उसके ऊपर कार्य न करें ऐसा सम्भव हो सकता है। सिद्धात्मा की सर्वज्ञता का तात्पर्य है चेतना के अन्दर विश्व का प्रतिबिम्ब, यद्यपि आत्मा का बन्धन में होना आवश्यक नहीं है। परस्पर क्रिया-प्रतिक्रिया जीव की इच्छाओं के ऊपर निर्भर करती है। यह इच्छा की अधीनता और उनके कारण बन्धन जीव के लिए अनिवार्य नहीं है क्योंकि इच्छा से रहित होना सम्भव है।

प्रत्येक जीव शरीर और आत्मा की संग्रथित रचना है जिसमें आत्मा क्रियाशील साझीदार है एवं शरीर निष्क्रिय भागीदार है। जैनमत विषयीविज्ञानवाद एवं भौतिकवाद दोनों के दोषों

---

1. तत्त्वार्थसूत्र, 2 : 19। इसी प्रकार मन के भी दो पहलू हैं : एक भौतिक और दूसरा मनोवैज्ञानिक। जब आत्मा को समस्त शरीर के अन्दर व्याप्त माना जाता है तो इसका तात्पर्य यह हुआ कि आत्मा और देह दोनों एक ही सत्ता के भौतिक एवं मनोवैज्ञानिक दो प्रतिरूप हैं। भौतिक विषयों या पदार्थों के मनोवैज्ञानिक प्रत्यक्ष की व्याख्या के लिए उपस्थित की गई उक्त योजना एक प्रकार से निस्सार है। हम आत्मा एवं देह के पारस्परिक सम्बन्ध की समस्या को बार-बार केवल यह दोहराकर हल नहीं कर सकते कि दोनों के गुण प्रत्येक इन्द्रिय में वर्तमान रहते हैं।
2. कर्मफलचेत्तना।
3. पंचास्तिकायसमयसार, 38।
4. वही, 39।

का निराकरण मन और प्रकृति के साहचर्य को स्वीकार करके कर देती है। किन्तु जैनमत इस विषय का विचार नहीं करता कि आत्म एवं अनात्म में भेद मन के अनिवार्य स्वभाव की ही उपज है। यह दो पदार्थों के सिद्धान्त को स्पष्टरूप से स्वीकार करते हुए ज्ञान को उनसे सर्वथा भिन्न दोनों के मध्य एक प्रक्रिया के रूप में मानता है। जैनमत विकास के ऐसे भी किसी विचार से अभिज्ञ नहीं हैं, जिसके अनुसार शरीर अपने विकास की उच्चतर अवस्थाओं में नये गुण धारण कर लेता हो। यह मन और शरीर के द्वैतभाव को मानकर ही सन्तुष्ट रहता है और मनोवैज्ञानिक दृष्टिकोण तक आकर ठहर जाता है। यह पारस्परिक प्रतिक्रियाओं को स्वीकार नहीं कर सकता, किन्तु इसे समस्त कठिनाइयों के रहते हुए भी समानान्तरता के भाव को स्वीकार करने के लिए विवश होना पड़ता है। "कार्मिक प्रकृति स्वयं अपने अनिवार्य स्वभाव के कारण अपने परिवर्तन उत्पन्न करती है। जीव भी उसी प्रकार से अपने विचार की अशुद्ध अवस्थाओं द्वारा, जो कर्म से नियन्त्रित हैं, अपने विचारों में परिवर्तन उत्पन्न करता है।"[1] दोनों दो स्वतन्त्र श्रृंखलाएं बनाते हैं जो अपने-आपमें पर्याप्त एवं पूर्ण हैं। इस प्रश्न के उत्तर में कि जीव को कर्मों के फल से क्यों दुःख भोगना चाहिए यदि वे दोनों ही परस्पर एक-दूसरे के ऊपर निर्भर नहीं हैं, यह समाधान किया जाता है कि उनके मध्य एक प्रकार का पहले से स्थित साम्य है।[2] संसार के अन्दर हमें भौतिक शरीर मिलते हैं जो विशाल भी हैं और छोटे भी, जिनमें से कुछ कार्मिक प्रकृति के हैं जिनकी प्रवृत्ति जीवों द्वारा आकृष्ट होने की ओर है। अपने साहचर्य के कारण जीव एवं कार्मिक प्रकृति के परमाणु एकत्र होते हैं। कार्मिक प्रकृति का जीव के अन्दर पैठना इस निकट की सहस्थिति के कारण है। यह नहीं कहा जा सकता कि मन किसी क्रियात्मक प्रभाव का उपयोग करता है। 'पञ्चास्तिकायसमयसार' का टीकाकार इस सम्बन्ध की व्याख्या एक डिबिया के दृष्टान्त से करता है, जो काजल के सम्पर्क से काली हो जाती है। दोनों आत्मनिर्णयकारी माध्यम किसी न किसी प्रकार समानरूप से परस्पर संयुक्त हो जाते हैं। चूंकि दो श्रृंखलाओं के मध्य प्रत्यक्ष कार्य-कारण सम्बन्ध का निषेध किया जाता है इसलिए रहस्यपूर्ण समानता से बढ़कर और कोई समाधान सम्भव नहीं है।

उक्त मत को मानने से ज्ञान एक रहस्य बन जाता है। यह निरपेक्ष सत्य नहीं रहता, जिसकी पृष्ठभूमि में हम नहीं जा सकते। हम जानबूझकर एक संकुचित दृष्टिकोण को अंगीकार कर लेते हैं और ज्ञाता एवं ज्ञेय के मध्य एक विरोध की कल्पना करते हुए मन को इस रूप में मान लेते हैं जिसे बराबर एक अन्य वस्तु से सामना करना पड़ता है और जिसे हम परिस्थिति अथवा वातावरण के नाम से पुकारते हैं। हम उन पदार्थों का प्रत्यक्ष ज्ञान नहीं करते जो बाह्य हैं, किन्तु उनकी प्रतिकृतियां एवं चित्र ही हमारे आगे आते हैं जो बाह्य जगत् का प्रतिनिधित्व मात्र करते हैं। विचार एवं यथार्थसत्ता के मध्य कभी भी अनुकूलता नहीं हो सकती जब तक कि उनके अन्दर कोई सामान्य घटक या अवयव न हो। किन्तु उस अवस्था में यह सिद्धान्त कि मन अपने मन्दिर के अन्दर से एक विपरीतगुण विश्व को निहारता है, सर्वथा गिर जाता है।

कहा जाता है कि आत्मा के आयाम हैं, और उसमें विस्तार और संकोच की भी गुंजाइश है। भौतिक शरीर से छोटे आकार में आत्मा नहीं हो सकती क्योंकि उस अवस्था में यह शारीरिक प्रवृत्तियों को अपना करके अनुभव नहीं कर सकती। यह जब माता के गर्भ में

1. वही, 68।
2. पंचास्तिकायसमयसार, 70-77।

होती है तो बहुत लघु आकार की होती है किन्तु धीरे-धीरे शरीर के साथ विस्तृत होती जाती है और अन्त में जाकर यह अपने पूर्ण आकार में पहुंच जाती है। इस पृथ्वी पर के प्रत्येक जीवन के अन्त में यह भविष्यजन्म के बीज से सम्बद्ध होती है आत्मा का शरीर के अन्दर विस्तार इसी प्रकार के अन्य प्रसरण की अवस्था के अनुरूप नहीं है क्योंकि आत्मा की बनावट बहुत सादी है और उसके हिस्से नहीं है। "जिस प्रकार एक कमल जो लालमणि के रंग का है, जब एक दूध के पात्र में रखा जाएगा तो अपनी वही रक्त वर्ण की आभा दूध को प्रदान कर देगा, इसी प्रकार यह अपने निजी शरीर में स्थित होकर अपनी आभा अथवा अपने बुद्धिचैतन्य को समस्त देह को दे देती है।"[1] आत्माएं जो संख्या में असंख्य हैं और मध्यम आकार की हैं, लोकाकाश में अथवा इस पार्थिव जगत् में भी देश के असंख्य स्थलों को घेरती हैं।[2] शंकर के अनुसार[3], आत्मा के शरीर के आकार के समान आकार वाली मानने का सिद्धान्त नहीं ठहर सकता, क्योंकि शरीर के द्वारा सीमित होने के कारण यह भी मानना पड़ेगा कि शरीर के समान आत्मा भी अनित्य है यदि वह अनित्य है तो उसका अन्त मे मोक्ष नहीं ठहर सकता, क्योंकि शरीर के द्वारा सीमित होने के कारण यह भी मानना पड़ेगा कि शरीर के समान आत्मा भी अनित्य है और यदि वह अनित्य है तो उसका अन्त में मोक्ष नहीं हो सकता। इसके अतिरिक्त जब एक आत्मा इस जन्म में एक शरीर को छोड़कर आगामी जन्म में बृहद् आकार के शरीर में जाएगी तो उसके मार्ग में कठिनाइयां आएंगी। हम स्थूलरूप में कल्पना कर सकते हैं कि आत्मा अवयवों के साथ अन्य अवयवों के संयोग से बड़ी एवं अवयवों को घटाकर छोटी भी हो सकती है। नये अवयव निरन्तर आते रहेंगे और पुराने अवयव निकलते रहेंगे। इस प्रकार हमें यह कभी निश्चय नहीं हो सकता कि वही एक आत्मा बराबर रहती है। यदि कहा जाए कि कतिपय आवश्यक अवयव बराबर अपरिवर्तित रूप में रहते हैं तो आवश्यक एवं आनुषंगिक अवयवों में भेद करना कठिन होगा। जैनी लोग इन आपत्तियों का समाधान दृष्टान्तों के उद्धरण द्वारा करते हैं। जिस प्रकार एक दीपक चाहे छोटे से छोटे बरतन में रखा जाए चाहे एक बड़े कमरे में, सारे स्थान को प्रकाशित करता है, इसी प्रकार जीव भी भिन्न-भिन्न शरीरों के आकारों के अनुकूलरूप से सिकुड़ता और फैलता है।

8. तत्त्वविद्या

आध्यात्मविद्या के विषय में जैनमत उन सब सिद्धान्तों के विरोध में है जो नैतिक उत्तरदायित्व पर बल नहीं देते। मनुष्य की मुक्ति में नैतिक हित ही निर्णायक दृष्टिकोण है। ईश्वर के द्वारा सृष्टि की रचना के सिद्धान्तों अथवा प्रकृति के अन्दर से अथवा असत् से सृष्टि के विकास-सम्बन्धी सिद्धान्तों की समीक्षा इस आधार पर की गई है कि उक्त सिद्धान्त दुःख के उद्भव एवं उससे छुटकारे की व्याख्या नहीं कर सकते।[4] यह समझना कि एक बुद्धिसम्पन्न प्रमाता पांच तत्त्वों के मेल से उत्पन्न होता है, नैतिक दृष्टि से उतना ही निरर्थक

---

1. पंचास्तिकायसमयसार, 33। माहर अपने 'साइकोलॉजी' नामक ग्रन्थ में कहता है कि "आत्मा सारे शरीर में उपस्थित है, यद्यपि निर्गुण अस्था में। इसके अतिरिक्त यह अन्य सब स्थानों पर भी उपस्थित है अपने पूर्ण साररूप में, यद्यपि यह सर्वत्र अपने सब गुणों का उपयोग करने में समर्थ भले ही न हो।"
2. मध्यमपरिमाण, अर्थात् न तो सर्वव्यापक ही है और न अनुरूप ही है।
3. शांकरभाष्य वेदान्तसूत्रों पर, द्वितीय, खंड : 2, 33-36।
4. सूत्रकृतांग, प्रथम, 1 : 1, 3, 5-9।

है जैसीकि यह कल्पना कि सृष्टि का नानात्व केवल एक बुद्धिसम्पन्न या मेधावी तत्त्व की बहुगुण अभिव्यक्ति है।[1] आत्मा को निष्क्रिय मानने से नैतिक विभेद अपना महत्त्व खो बैठते हैं।[2] यह कथन कि आत्मा का अनादि और अनन्त होना तो अक्षुण्ण रहता है और संसार की सब घटनाएं सत्ता के घटकों के सम्मिश्रण एवं पृथक्करण के परिणाम हैं, आत्मा के अपने उपक्रम का ही नाश कर देगा और इस प्रकार के किसी भी कर्म के लिए आत्मा का नैतिक उत्तरदायित्व सर्वथा निरर्थक हो जाएगा।[3] भाग्यवादियों की इस कल्पना में किस सारी घटनाएं प्रकृति द्वारा पहले से ही निर्धारित हैं, मनुष्य के निजी पुरुषार्थ को कोई स्थान ही नहीं रहता।[4] नैतिक मूल्यांकन के लिए यह स्वीकार करना आवश्यक है कि प्रत्येक मनुष्य इस संसार मे अपने को बना एवं बिगाड़ सकता है और यह कि आत्मा का एक पृथक् अस्तित्व है, जिसे वह अपने मोक्ष की अवस्था में भी अक्षुण्ण बनाए रखती है।[5] इस अध्यात्मविद्या-सम्बन्धी सिद्धान्त पर विचार करने के लिए पहले द्रव्य एवं उसके पर्यार्य के स्वभाव पर विचार कर लेना आवश्यक है।

जैनी इस सिद्धान्त को स्वीकार नहीं करते कि जीव नित्य है एवं उसका जन्म, परिवर्तन एवं अन्त नहीं है। प्रत्येक पदार्थ उत्पन्न होता है, वर्तमान रहता है और फिर नष्ट होता है। द्रव्य की परिभाषा हमारे दृष्टिकोण पर निर्भर करती है। द्रव्य वह है जो सदा रहता है, जिस प्रकार इस विश्व का न आदि है न अन्त है। यह गुणों एवं परिवर्तनों का आधार है। प्रत्येक वस्तु जिसका प्रादुर्भाव, स्थिति एवं विनाश होता है, द्रव्य है। यही वह है जो कुछ न कुछ व्यापार करता है। साधारतणः वर्तमान वस्तुएं अपने द्रव्यरूप में नित्य या स्थिर समझी जाती हैं और परिवर्तनशील पहलुओं के कारण आनुषंगिक भी हैं। भौतिक पदार्थ प्रकृति के रूप में निरन्तर विद्यमान रहते हैं किन्तु व्यक्तित्वरूप से उनमें परिवर्तन होता है : जीव के स्वरूप में परिवर्तन नहीं होता। जैनी लोग अतीन्द्रिय सत्ता के विषय में कुछ नहीं सोचते और उसी सत्ता के विषय में सोचते हैं जो अनुभव में आती है। संसार के पदार्थों में परिवर्तन होता है, वे नये गुण ग्रहण करते हैं और पुरानों का त्याग करते हैं। कतिपय सामान्य गुणों की विद्यमानता से हम कहते हैं कि नया और पुराना दोनों एक ही द्रव्य की आकृतियां हैं। उनके लिए भेद में एकत्व के अतिरिक्त अन्य कुछ यथार्थ नहीं है। वे भेदाभेद के सिद्धान्त को स्वीकार करते हैं, जिसका अर्थ है तादात्म्य में भेद। द्रव्य वह है जो अपने गुणों और परिवर्तनों में और उनके रहते हुए भी अपनी स्थिरता को नहीं खोता। द्रव्य और गुण दोनों को पृथक् नहीं किया जा सकता। पदार्थ की परिभाषा है : वह जिसमें अनेक गुण हों।[6] यह एक गतिशील यथार्थता है, एक ऐसी सत्ता जो परिवर्तित होती है।[7] "द्रव्य वह है जो सब वस्तुओं के अन्दर रहने वाला सारतत्त्व है, जो अपने को विविध आकृतियों में प्रकट करता है और जिसकी तीन विशेषताएं हैं अर्थात् उत्पत्ति, नाश एवं स्थिति, और जिसका वर्णन विरोधी पदार्थों के द्वारा हो सकता है।"[8]

गुण द्रव्यों में उसी प्रकार अन्तर्गत रहते हैं जैसेकि परमाणुओं के अन्दर भौतिकता है,

---

1. सूत्रकृतांग, प्र., 1 : 1, 7-10, 11-12; द्वि., 1 : 16, 17।
2. वही, प्र., 1 : 1, 13।
3. वही, प्र., 1 : 1, 15; द्वि., 1 : 22-24।
4. वही, प्र., 1 : 2, 1-5; प्र०, 1 : 4, 8-9; द्वि., 1 : 32।
5. वही, प्र. 1 : 3, 11।
6. पंचास्तिकायसमयसार, 8; और भी देखें, 9 और 11।
7. वही, 6।
8. "अनन्तधर्मात्कं वस्तु", हरिभद्र का 'षड्दर्शनसमुच्य', 57।

और बिना आधार के स्वतन्त्ररूप से वे नहीं रह सकते। मुख्य-मुख्य गुण हैं : (1) स्थिति, (2) उपभोग की योग्यता, (3) अनाश्रित होना, (4) ज्ञान का विषय होना, (5) विशिष्टता या साम्य अथवा सारतत्त्व, और (6) किसी न किसी आकृति को धारण करने का गुण। ये सब गुण द्रव्यों में सामान्य हैं, किन्तु इनके अतिरिक्त प्रत्येक द्रव्य की अपनी विशेषता भी रहती है। हमें इन गुणों में से किसीको भी पृथक् करके उसे आधारभूत गुण का स्वर नहीं देना चाहिए। तो भी गुण द्रव्य के बिना अथवा द्रव्य गुण कि बिना नहीं रह सकते।[1] जैनी लोग न्याय के इस सिद्धान्त का कि द्रव्य और गुण में नितांत भेद है, खण्डन करते हैं। किसी भी वस्तु की सत्ता अपने गुणों को लेकर है और गुण वस्तु का अंतरंग भाग है। भेद अन्योन्याश्रयत्व-सम्बन्धी है, विद्यमानता-सम्बन्धी नहीं। "यदि द्रव्य अपने गुणों से नितांत पृथक् और भिन्न है तब यह अनंत प्रकार के अन्य द्रव्यों में भी परिवर्तित हो सकता है, इसी प्रकार यदि गुण अपने द्रव्यों से अलग होकर विद्यमान रह सकते हैं तो फिर किसी द्रव्य की एकदम आवश्यकता ही नहीं रह जाती।"[2] निर्गुण ब्रह्म की कल्पना और क्षणिकवाद का भी उपलक्षित रूप में खण्डन किया है।[3] द्रव्य और गुण बाह्यरूप से सम्बद्ध हो सकते हैं, जैसे 'देवदत्त की गाय', और आन्तरिकरूप में सम्बद्ध हो सकते हैं, जैसे 'लम्बे कद की गाय'। "जैसे धन और ज्ञान अपने स्वामियों को धनी और ज्ञानी बनाते हैं यद्यपि ये परस्पर-सम्बन्ध के दो भिन्न प्रकारों अर्थात् एकता और भिन्नता को अभिव्यक्त करते हैं, इसी प्रकार द्रव्य और गुणों के मध्य का सम्बन्ध तादात्म्य और विभेद के दो भिन्न-भिन्न पहलुओं को संकेत करते हैं।"[4] "द्रव्य और गुण के बीच का सम्बन्ध एक प्रकार की समकालीन समानता, एकता, असम्भव पार्थक्य और अनिवार्य सरलता का है; द्रव्य और गुणों की एकता परस्पर संयोग की नहीं है।"[5]

द्रव्य को गुणों समेत किसी न किसी आकृति व अवस्था में विद्यमान होना चाहिए। अस्तित्व का यह प्रकार पर्याय है और परिवर्तन के अधीन है। सोना एक द्रव्य है जिसके लचीलेपन और पीतवर्ण रूपी गुणों में परिवर्तन नहीं होता। पर्याय अथवा आकृतियों के परिवर्तित होने पर भी गुण वर्तमान रहते हैं। पर्याय अर्थात् परिवर्तन दो किस्म के होते हैं : (1) द्रव्य के अनिवार्य गुणों में परिवर्तन। जल के रंग में परिवर्तन हो सकता है यद्यपि रंग एक निरन्तर रहने वाला गुण है।[6] (2) आनुषंगिक गुणों में परिवर्तन जैसे गदलापन। जल को हमेशा ही गदला नहीं रहना है।[7]

समस्त सत्तात्मक विश्व दो प्रकार के वर्गों में अर्थात् जीव एवं अजीव या जड़ में विभिक्त है और ये वर्ग बराबर रहने वाले हैं, जिनकी रचना नहीं की गई है और सहअस्तित्व वाले हैं किन्तु एक-दूसरे से स्वतन्त्र हैं। जीव भोक्ता है और अजीव अथवा जड़ भोग्य है। जिसमें चेतना है वह जीव है, और जिसमें चेतना तो नहीं है किन्तु जिसे स्पर्श कर सकते हैं, जिसका स्वाद ले सकते हैं, जिसे देख सकते हैं और सूंघ सकते हैं वह अजीव या जड़ है। अजीव तीनों प्रकार की चेतना से वर्जित है। ये ज्ञेय (विषय पदार्थ) है।[8] "जो नानाविध

---

1. पंचास्तिकायसमयसार, 13।
2. वही, 50।
3. विशेष के बिना सामान्य और सामान्य के बिना विशेष नहीं रह सकता। मणिभद्र हरिभद्र के 'षड्दर्शनसमुच्चय' पर अपनी वृत्ति में पृष्ठ 46 पर एक श्लोक उद्धृत करता है, "द्रव्यं पर्यायवियुतम्, पर्याया द्रव्यवर्जिताः क्व कदा केन किंरूपा दृष्टमानेन केन चेति।"
4. पंचास्तिकायसमयसार, 53।
5. वही, 56।
6. सहभावी पर्याय। यह पदार्थ एवं उसके गुणों के साथ-साथ वर्तमान रहता है।
7. क्रमभावी पर्याय। वह अन्य परिवर्तन के पश्चात् आता है।
8. पंचास्तिकायसमयसार, 132।

पदार्थों को जानता है एवं उनका प्रत्यक्ष अनुभव करता है, सुख की इच्छा करता है और दुःख से भय करता है, उपकार के भाव से अथवा किसी को नुकसान पहुंचाने के विचार से कर्म करता है और उसके फलों का उपभोग करता है, वह जीव है।"[1] जीव और अजीव से तात्पर्य अहम् और अहंभिन्न नहीं है। यह संसार के पदार्थों का एक विषयाश्रित या वस्तुपरक वर्गीकरण है जिसके कारण जीव और अजीव में अन्तर है। जानदार प्राणी आत्मा और शरीर के संयोग से बने हैं और उनकी आत्मा प्रकृति से विरुद्धगुण होने के कारण नित्य है। अजीवों की भी मुख्यतः दो विभिन्न श्रेणियां हैं : एक तो वे जो अरूप या बिना आकृति के हैं जैसे धर्म, अधर्म, देश, काल; और दूसरे वे जो आकृति सम्पन्न हैं, अर्थात् पुद्गल अथवा भौतिक पदार्थ।

प्रथम अजीव द्रव्य आकाश अथवा देश (अन्तरिक्ष) है। इसके दो विभाग हैं–(1) लोकाकाश, वह भाग जिसमें भौतिक पदार्थ हैं और (2) उसके परे का देश जिसे अलोकाकाश कहते हैं और जो बिलकुल शून्य है।[2] प्रदेश के बिन्दु की परिभाषा निम्नलिखित प्रकार से की गई है : उस कुछ को प्रदेश के रूप में जानो जो पुद्गल के एक अविभाज्य परमाणु से घिरा हुआ है और सब अन्य कणों को जगह दे सकता है।[3] इस प्रकार के प्रदेश में एक अवयव धर्म का, एक अधर्म का, एक कण समय का और प्रकृति के कितने ही परमाणु एक सूक्ष्म अवस्था में रह सकते हैं। देश (आकाश) अपने-आपमें न गति की अवस्था में है और न ही स्थिरता की अवस्था में।[4] पदार्थों के एकसाथ देश में लटकते रहने से अस्तव्यस्तता आ जाएगी। विश्व के निर्माण के लिए उन्हें गति एवं स्थिरता के किन्हीं नियमों में बद्ध होना आवश्यक है। धर्म गति का स्वभाव है। "धर्म, स्वाद, रंग, गन्ध, शब्द एवं सम्बन्ध आदि गुणों से रहित है। यह सारे विश्व में व्याप्त है, और सतत वर्तमान रहता है क्योंकि इसे पृथक् नहीं कर सकते; यह विस्तारसम्पन्न है, क्योंकि देश के साथ ही इसका भी विस्तार होता है। यद्यपि यह वास्तव में एकप्रदेशी है तो भी व्यवहार में अनेक प्रदेशों वाला है।"[5] यह अमूर्त अर्थात् अशरीरी है, अबाधित और अमिश्रित है। "चूंकि अशरीरी रूप में इसकी अनन्त अभिव्यक्तियां हैं, यह अगुरुलघु है और चूंकि इसकी स्थिरता प्रकट एवं अप्रकट रूप में विवादास्पदरूप है, इसलिए यह एक वास्तविक सत्ता है। स्वयं गति से बिना प्रभावित हुए भी यह गति के योग्य वस्तुओं को एवं प्रकृति और जीवन की गति को नियन्त्रित करता है,"[6] "जैसे कि जल अपने आप में निश्चेष्ट एवं उदासीन रहते हुए भी मछली की गति का नियन्त्रण करता है।"[7] धर्म के अन्दर प्रकृति के विशेष गुण नहीं हैं तो भी यह स्वयं विद्यमान सत्ता है, जिसमें इन्द्रियग्राह्य गुणों का अभाव है। यह गति का माध्यम है यद्यपि इसका कारण नहीं है। अधर्म स्थिरता का स्वभाव है। यह भी इन्द्रियगुणों से विहीन है, अशरीरी या अमूर्त है, और लोकाकाश के समान विस्तार वाला है।[8] उक्त दोनों तत्त्व गतिशून्य, अभौतिक, परमाणुविहीन और रचना में अखण्डित हैं। धर्म एवं अधर्म गति एवं स्थिरता के उदासीन हेतु हैं। निमित्त कारण इससे भिन्न है, अन्यथा पदार्थ या तो सदा गतिमान ही रहें या स्थिर ही रहें। वे केवल गति और स्थिरता के सहचारी प्रतिबन्ध मात्र ही नहीं हैं अपितु विश्व की रचना में समस्त गतिमान एवं

1. वही, 129।
2. पंचास्तिकायसमयसार; और भी देखें सर्वदर्शनसंग्रह, 19-20।
3. सर्वदर्शनसंग्रह, 27।
4. पंचास्तिकायसमयसार, 99 और 100।
5. वही, 90।
6. वही, 91।
7. वही, 85, 95; और भी देखें सर्वदर्शनसंग्रह, 17, और वर्धमानपुराण, 16; 29।
8. पंचास्तिकायसमयसार, 94।

स्थिर पदार्थों की पृष्ठभूमि में कार्य करते हुए सिद्धान्त हैं। वे पृथक्-पृथक् टुकड़ों के अस्तव्यस्त समुदाय को एक सुव्यवस्थित सम्पूर्ण बनाने में एकत्र जोड़ने वाले माध्यम का काम करते हैं। यह ध्यान में रखना चाहिए कि जैनदर्शन में धर्म और अधर्म से तात्पर्य अच्छे और बुरे कर्मों से नहीं है, जिनको प्रकट करने के लिए दूसरे शब्द पुण्य और पाप हैं। ये वे शक्तियां हैं जो गति और स्थिरता का नियन्त्रण करती हैं। देश धर्म और अधर्म को लेकर सब पदार्थों, आत्माओं और प्रकृति की भी स्थिति के लिए उचित परिस्थिति का निर्माण करता है। देश तो रहने के लिए स्थान देता है और धर्म और अधर्म वस्तुओं के लिए गति या स्थिरता सम्भव करते हैं। आधुनिक दर्शनशास्त्र के अनुसार ये तीनों व्यापार अर्थात् विद्यमान रहना, गति करना एवं स्थिरता आकाश के ही गुण बतलाए गए हैं। वे तीनों ही गुण परस्पर एक-दूसरे में समाविष्ट हैं। स्थान-विशेष के दृष्टिकोण से ये एक ही प्रमाण एवं आकार के हैं, अर्थात् ऐसी एकता रखते हैं जिसमें पृथक्करण सम्भव नहीं है। व्यापारों की भिन्नता से ही उन्हें पहचाना जा सकता है।

काल को भी कभी अर्धद्रव्य समझा जाता है। यह विश्व की वह सर्वव्यापक आकृति है जिसके द्वारा संसार की समस्त गतियां सूत्रबद्ध हैं। यह एक व्यवधानपूर्ण परिवर्तनों की श्रृंखलाओं का केवल जोड़मात्र नहीं है किन्तु स्थिरता की एक प्रक्रिया है—भूत एवं वर्तमान काल को चिरस्थायी बनाना है।

काल का अस्तित्व तो है किन्तु उसमें कायत्व अथवा विशालता या विस्तार नहीं है। एक पक्षीय होने के कारण इसमें विस्तार नहीं है।[1] नित्य काल में (जिसकी न आकृति है, न आदि और न अन्त है) तथा सापेक्ष काल में (जिसका आदि और अन्त है तथा घण्टे, मिनट आदि के भी परिवर्तन हैं) भेद किया जाता है। नित्यरूप काल को हम काल के नाम से एवं सापेक्ष प्रकार के काल को समय के नाम से पुकारते हैं। काल समय का महत्त्वपूर्ण कारण है। वर्तन, अथवा परिवर्तनों की निरन्तरता परिणाम द्वारा अनुमान की जाती है।[2] "सापेक्ष समय का निर्णय परिवर्तनों अथवा वस्तुओं के अन्दर गति के द्वारा होता है। यह परिवर्तन अपने-आपमें निरपेक्ष काल के कार्य हैं।"[3] काल को चक्र अथवा पहिया या घूमने वाला कहा जाता है। चूंकि काल की गति से सब पदार्थों की आकृति का विलयन सम्भव होता है इसीलिए काल को संहारकर्ता भी कहा गया है।[4]

अगला विभाग पुद्गल अथवा प्रकृति का है, जिस पर विचार करना है। "इन्द्रियों, इन्द्रियों के गोलकों, नाना प्रकार के जीवों के शरीरों, भौतिक मन एवं कर्मों आदि के द्वारा जिनका प्रत्यक्ष होता है वे सब मूर्त अथवा आकृतिमान पदार्थ हैं। ये सब पुद्गल हैं।"[5] "शब्द, संयोग, सूक्ष्मता, कठोरता, आकृति, विभाग, अन्धकार और मूर्ति जिसमें चमक और उष्णता है—ये सब उस पदार्थ के परिवर्तन हैं जिसे पुद्गल कहते हैं।"[6] प्रकृति एक नित्य पदार्थ है जिसके गुणों एवं इयत्ता या परिणाम का निश्चय नहीं है। बिना किन्हीं कारणों के जोड़ने या घटाने पर भी यह बढ़ या घट सकती है। यह कोई भी आकृति धारण कर सकती है और नाना प्रकार के गुणों का विकास कर सकती है। यह शक्ति की वाहक है जो तत्त्वरूप से

---

1. देखिए, सर्वदर्शनसंग्रह, 25। यदि हम कहें कि पुद्गल का एक अणु भी प्रदेश घेरता है और इसलिए उसे 'काय' नहीं कहा जा सकता तो उसका उत्तर यह है कि "एक अणु यद्यपि एक प्रदेश में है लेकिन कई स्कन्दों में आने से अनेक प्रदेश वाला हो जाता है। इस कारण साधारण दृष्टिकोण से सर्वज्ञ इसे काय कहते हैं। (सर्वदर्शनसंग्रह 26)।"
2. पंचास्तिकायसमयसार, 23-26।
3. वही, 107, 108।
4. तुलना कीजिए : "कालोऽस्मि", भ. गीता, 11 : 32।
5. पंचास्तिकायसमयसार, 89।
6. सर्वदर्शनसंग्रह, 16।

गतिमूलक अथवा गति के स्वभाव की है। यह गति पुद्‌गल नामक पदार्थ की है और दो प्रकार की है—सामान्य गति, अर्थात् परिस्पन्द और विकास अर्थात् परिणाम। पुद्‌गल विश्व का भौतिक आधार है। स्वयं प्रकृति को सूक्ष्मता और दृश्यमानता की विविध मात्राओं के छह भिन्न-भिन्न प्रकारों में अवस्थित कहा गया है। स्पर्श, स्वाद, गन्ध, वर्ण और शब्द आदि गुण पुद्‌गल से सम्बद्ध हैं। जैनियों का तर्क है कि आत्मा एवं आकाश (देश) को छोड़कर अन्य सब कुछ प्रकृति की उपज है। जो पदार्थ हमारे प्रत्यक्ष में आते हैं वे ठोस प्रकृति से बने हैं। हमारी इन्द्रियों की पहुंच के परे भी सूक्ष्म प्रकृति है और यह कर्म की भिन्न-भिन्न श्रेणियों में परिवर्तित हो जाती है।

जैन भौतिकशास्त्र के मुख्य सिद्धान्त के अनुसार, विश्व का ढांचा परमाणुओं से निर्मित है। भौतिक पदार्थ, जो इन्द्रियों से जाने जाते हैं, अणुओं अथवा परमाणुओं से निर्मित हैं। उनकी धारणा है कि पुद्‌गलों का एक नितान्त एकजातीय समूह है जो भिन्नताओं और गुणों द्वारा निश्चित नाना प्रकार के अुणओं में विभक्त हो जाता है, अणु का आदि, मध्य अथवा अन्त कुछ नहीं होता। यह अति सूक्ष्म, नित्य एवं निरपेक्ष परमसत्ता है। इसका न तो निर्माण होता है और न नाश होता है। यह स्वयं अमूर्त है या आकृतिविहीन है यद्यपि अन्य सब मूर्त पदार्थों का आधार है। कभी-कभी यह कहा जाता है कि यह आकृतिमान है इसलिए क्योंकि केवली अथवा सर्वज्ञ पुरुष इसका प्रत्यक्षा ज्ञान कर सकता है। अणुओं के अन्दर गुरुत्व बतलाया गया है। अधिक गुरुत्वसम्पन्न अणु नीचे की दिशा में और हल्के अणु ऊपर की दिशा में गति करते हैं। प्रत्येक अणु प्रदेश के एक अंश को धरता है।[1] सूक्ष्म अवस्था में असंख्य अणु एक ठोस अणु के प्रदेश को घेरते हैं। हरएक अणु का एक विशेष प्रकार का स्वाद, रंग, गन्ध और सम्बन्ध होता है।[2] उक्त गुण नित्य एवं स्थायी नहीं है। भौतिक पदार्थों की उत्पत्ति अणुओं के परस्पर संयोग से होती है क्योंकि अणुओं में परस्पर आकर्षण की शक्ति रहती है। दो अणुओं से मिलकर एक संयुक्त पदार्थ बनता है जिनमें से एक लसदार या चिपचिपा और दूसरा सूखा, अथवा दोनों ही भिन्न-भिन्न श्रेणी के लसदार व सूखे होते हैं। अणुओं का परस्पर संयोग उसी अवस्था में होता है जबकि वे परस्पर विभिन्न प्रकृति के होते हैं। अणुओं के परस्पर आकर्षण एवं अपकर्षण को जैनी लोग स्वीकार करते हैं। अणुओं के अन्दर गति देश, धर्म और अधर्म के कारण होती है। उक्त संयुक्त पदार्थ अथवा स्कन्ध दूसरों के साथ सम्बद्ध होते हैं और वे अन्यों के साथ। इसी प्रकार सृष्टि का क्रम चलता है। इस प्रकार से पुद्‌गल दोनों प्रकार के अणुओं अथवा स्कन्धों में एवं उनके समूहों में विद्यमान रहता है। स्कन्ध युग्मसमूहों से लेकर अनन्त संयुक्त पदार्थ तक विविध प्रकार के होते हैं। प्रत्येक दृश्यमान पदार्थ एक स्कन्ध है और भौतिक जगत् सम्पूर्ण रूप में एक महास्कन्ध अथवा महान समूह है। भौतिक जगत् में जो भी परिवर्तन होते हैं, अणुओं के विश्लेषण एवं संश्लेषण के ही कारण होते हैं।[3] हम पहले कह चुके हैं कि अणु सदा एक प्रकृति के नहीं रहते किन्तु उनके रूप में परिवर्तन अथवा परिणाम होला रहता है जो नये गुणों के धारण करने से होता है। इससे यह भी निष्कर्ष निकलता है कि अणु भिन्न-भिन्न प्रकार के नहीं हैं, जो भिन्न-भिन्न तत्त्वों—पृथ्वी, जल, अग्नि और वायु के अनुकूल ह्रों। तत्त्वों के विशेष गुणों के विकसित होने के कारण अणु भिन्न-भिन्न हो जाते हैं और तत्त्वों का निर्माषा करते हैं।

---

1. पंचास्तिकायसमयसार, 84।
2. वही, 57।
3. पंचास्तिकायसमयसार, 80-83।

न्याय-वैशेषिक का सिद्धान्त है कि अणु अनेक प्रकार के हैं, जितने प्रकार के तत्त्व है, किन्तु जैनियों का विचार है कि एक जातीय अणु विभिन्न संयोग के द्वारा भिन्न-भिन्न तत्त्वों को बनाते हैं। प्रारम्भिक अणुओं में गुणों के कारण कोई भेद हो इस विचार को जैनी लोग स्वीकार नहीं करते।[1] इस विषय में जैनी ल्यूसिप्पस एवं डेमोक्रिटस के साथ सहमत हैं। अणुओं के श्रेणी-विभाजन से निर्मित वर्गों की नानाविध आकृतियां होती हैं कहा गया है कि अणु के अन्दर ऐसी गति का विकास भी सम्भव है जो अत्यन्त वेगवान हो, यहां तक कि एक क्षण के अन्दर समस्त विश्व की एक छोर से दूसरे छोर तक परिक्रमा कर आए।

जैनमत के अनुसार, कर्म भौतिक स्वभाव का या पौद्गलिक है। इसी आधार पर जैनी कल्पना करते हैं कि विचार एवं भाव हमारे स्वभाव पर असर डालते हैं एवं हमारी आत्माओं की प्रवृत्तियों को बनाते हैं अथवा उनमें परिवर्तन करते हैं। कर्म एक आधारभूत शक्ति है एवं प्रकृति सूक्ष्म आकृति है। कर्म को अभिव्यक्त करने योग्य प्रकृति सम्पूर्ण विश्व के देश को आवृत करती है। इसके अन्दर अच्छे एवं बुरे कर्मों के कार्यों को विकसित करने का विशेष गुण है। आत्मा बाह्य जगत् के सम्पर्क में आकर यौगिक अर्थों में सूक्ष्म प्रकृति के कणों द्वारा आच्छादित हो जाती है। यही कर्म बन जाते हैं और एक शरीर-विशेष की रचना करते हैं जिसे कर्म-शरीर कहते हैं और जो अन्तिम मोक्ष से पूर्व आत्मा का साथ नहीं छोड़ता। यह कर्मिक प्रकृति आत्मा की ज्योति में बाधक सिद्ध होती है। भावकर्म जीवों के सन्निकट है जबकि द्रव्यकर्म का सम्बन्ध शरीर के साथ है। ये दोनों एक-दूसरे से सम्बद्ध हैं, यद्यपि ये चेतन एवं अचेतन की भांति एक-दूसरे से विभिन्न गुण एवं पृथक् हैं। कर्म इस प्रकार से अपना कार्य करता है कि प्रत्येक परिवर्तन जो घटित होता है, एक प्रकार का चिह्न छोड़ जाता है जो स्थिर होकर भविष्य कर्म का आधार बन जाता है। यदि वास्तविक रूप में विद्यमान है और जीवों के स्वभाव में कार्य करता है। कर्म की अवस्थाएं पांच प्रकार की बताई गई हैं। इनमें से प्रत्येक अपने अनुकूल भाव अथवा मानसिक अवस्था का निर्णय करती है। ''उत्थान, दमन, अभाव, मिश्रित निरोध अथवा अव्यवस्थित विचार के कारण जीव के पांच भाव अथवा विचार-सम्बन्धी अवस्थाएं हैं।''[2] अन्तिम वाला कर्म द्वारा अनियन्त्रित है जबकि अन्य चार भौतिक पक्ष में परिवर्तनों द्वारा नियन्त्रित हैं। साधारण अवस्थाओं में कर्म सफल होकर अपने उचित परिणामों को उत्पन्न करता है। आत्मा को औदयिक अवस्था में स्थित बताया गया है। उचित साधन के द्वारा कुछ समय तक के लिए कर्म को अपना असर करने से रोका जा सकता है। यद्यपि इसे निष्क्रिय किया जा सकता है तो भी राख से ढंकी हुई आग के समान उसका अस्तित्व नष्ट नहीं होता। उस समय आत्मा का औपशमिक अवस्था में वर्णन किया जाता है। किन्तु जब कर्म को केवल अपना असर उत्पन्न करने से न रोककर उसका मूल नाश कर दिया जाए तब आत्मा क्षयिक दशा में होती है, और यही दशा उसे मोक्ष की ओर ले जाती है। आत्मा की चौथी दशा भी है अर्थात् क्षयोपशमिक, जिसमें पूर्व की सब दशाओं का भी भाग रहता है। इस दशा में कुछ कर्म समूल नष्ट हो जाते हैं, कुछ उदासीन हो जाते हैं एवं कुछ क्रियाशील रहते हैं। यह दशा ऐसे पुरुषों की होती है जिन्हें हम सज्जन कहते हैं जबकि क्षयिक एवं औपशमिक दशाएं केवल पुण्यात्माओं की ही होती है।[3]

1. वही, 85।
2. पंचास्तिकायसमयसार, 62, उदय, उपशम, क्षय, क्षयोपशम, परिणाम।
3. जब कर्म आत्मा के अन्दर प्रविष्ट होता है तब यह आठ प्रकार की प्रकृतियों में परिवर्तित हो जाता है जिनसे 'कार्मण शरीर' बन जाता है। इन आठ प्रकार के कर्मों में सम्मिलित हैं—ज्ञानावरणीय,→

इस प्रकार अजीव-जगत् में पांच वास्तविक वस्तुएं हैं जिनमें से चार अभौतिक अथवा अमूर्त हैं अर्थात् देश, काल, धर्म एवं अधर्म, और पांचवीं वस्तु पुद्गल भौतिक अर्थात् मूर्त है अथवा आकृतिमान है। इन पांच पदार्थों के वर्ग से संसार अथवा लोक बना हुआ है और इनसे परे अपरिमेय अनन्त है जिसे अलोक कहते हैं।[1]

प्रकृति अथवा भौतिक पदार्थों से भिन्न जीवात्माएं हैं जिन्हें जीव अर्थात् जीवन कहते हैं। जैनग्रन्थों में 'जीव' शब्द का प्रयोग कई अर्थों में होता है और यह जीवन, प्राणशक्ति, आत्मा एवं चेतना आदि का द्योतक है। जीव जीवित अनुभव का नाम है जोकि बाह्य जगत् के भौतिक पदार्थों से सर्वथा भिन्न है। जीव संख्या में अनन्त हैं और भिन्न-भिन्न प्रकार के हैं। यथा, (1) नित्यसिद्ध अर्थात् सदापूर्णरूप; (2) मुक्त अथवा जिन्होंने मोक्ष प्राप्त कर लिया है, और (3) बद्ध, जो कर्म के बन्धन में जकड़े हुए हैं। दूसरी श्रेणी के जीव शरीर धारण नहीं करेंगे। उन्होंने विशुद्धता प्राप्त कर ली है और वे पारलौकिक दशा में निवास करते हैं जिनका सांसारिक कार्यों के साथ कोई सम्बन्ध नहीं है। ऐहलौकिक जीव भ्रांति के शिकार बनते हैं और वे प्रकृति के जुए में जुड़े हुए निरन्तर जन्म धारण करते रहते हैं। मुक्त आत्माएं एकदम पवित्र हैं और उनके अन्दर प्रकृति का अंश लेशमात्र भी नहीं है। उनके लिए आत्मा एवं प्रकृति के मध्य साझीदारी का नाता समाप्त हो चुका है। वे निरुपाधि जीव हैं जो पवित्रता एवं असीम चेतना का जीवन व्यतीत करते हैं तथा जिन्हें अनन्त ज्ञान अनन्त दर्शन, अनन्त वीर्य एवं अनन्त सुख प्राप्त हैं। सोपाधि जीवों का, जो जीवन के चक्र में घूम रहे हैं, क्रूर पराश्रयी प्रकृति पीछा करती है। अज्ञान के कारण जीव अपने को प्रकृति के समान समझ लेता है। यह स्पष्ट है कि जीवन मुक्तात्मा के रूप में शुद्ध प्रमाता (ज्ञाता) की ओर निर्देश करता है, जो सरल एवं भ्रष्टता से दूर है। यह उपनिषदों में प्रतिपादितआत्मा के अनुकूल है जो तर्कसम्मत, स्वयम्भू, अपरिवर्तनशील, ज्ञाता, सब प्रकार के ज्ञानों से पूर्व अवस्थित, अनुभव एवं इच्छा का स्वरूप है। अशुचि संसारी जीव एक ऐसा वर्ग है जिसका निर्णय जीवन द्वारा होता है। इस प्रकार का सन्दिग्ध (द्वयर्थक) प्रयोग ही जैनदर्शन के अध्यात्मशास्त्र में अनेक प्रकार की भ्रांतियों को उत्पन्न करता है। अन्तिम मोक्ष अवस्था को छोड़कर आत्मा

→अर्थात् वह जो आन्तरिक ज्ञान को ढक लेता है और जिसके कारण नाना श्रेणी का ज्ञान अथवा अज्ञान उत्पन्न होता है; दर्शनावर्णीय, अर्थात् वह जिससे यथार्थ अन्तर्दृष्टि पर आवरण हो जाता है; वेदनीय, अर्थात् वह जो आत्मा के आनन्दस्वरूप को ढककर सुख एवं दुःख को उत्पन्न करता है; और मोहनीय, अर्थात् वह जो आत्मा की विश्वास-श्रद्धा, आचरण, वासनाओं एवं मनोवेगों के प्रति सत्प्रवृत्ति को ढककर संशय, भ्रांति तथा अन्यान्य मानसिक विक्षेपों को उत्पन्न करता है। शेष चार एक व्यक्ति-विशेष के पद के विषय में प्रतिपादन करते हैं। आयुष्क, अर्थात् वह जो मनुष्य के एक जन्म की अवधि का निर्णय करता है; नाम, अर्थात् वह जो नानाविध परिस्थितियों अथवा ऐसे तत्त्वों को जो मिलकर मानुषिक जीवन का निर्माण करते हैं, उत्पन्न करता है, अर्थात् सामान्य एवं विशेष गुणयुक्त शरीर को उत्पन्न करता है; गोत्र, अर्थात् जो जाति, जन्मपरक वर्ण एवं एक व्यक्ति के सामाजिक पद का निर्णय करता है, और अन्तराय, अर्थात् जो आत्मा की आंतरिक शक्ति के मार्ग में बाधा देता है एवं इच्छा करते हुए भी सत्कार्य करने से रोकता है।

कर्मसिद्धांत के साथ-साथ लेश्याओं का सिद्धांत है। लेश्या छः हैं। आत्मा के द्वारा गृहीत कर्मसमूह में एक अत्यन्त उत्कृष्ट प्रकार का वर्ण रहता है जिसे हमारी आंख नहीं देख सकती। इनका नैतिक आधार रहता है। आत्मा की दशा-विशेष उसके अपने निजी स्वरूप तथा उससे संयुक्त कर्म के कारण होती है। प्रत्येक प्रकार के कर्म की अपनी पूर्वनिधारित मर्यादाएं रहती हैं जिनके अन्दर ही उसे फल देकर नष्ट हो जाना है।

1. पंचास्तिकायसमयसार, 3।

बराबर प्रकृति के साथ सम्बद्ध रखती है और यह सम्बन्ध धर्म के कारण होता है। समस्त परिवर्तनों के अन्दर जीवात्मा एकसमान वर्तमान रहती है, क्योंकि यह शरीर की उपज नहीं है। जैनी स्वीकार करते हैं कि न तो किसी नये पदार्थ का सृजन होता है और न ही पुराने पदार्थ का विनाश होता है, अपितु केवल तत्त्वों का एक नये रूप में सम्मिश्रण होता है। जीव असंख्य हैं किन्तु समानरूप से नित्य हैं। उनका विशिष्ट सारतत्त्व चेतना है जो नष्ट तो कभी नहीं होती, यद्यपि बाह्य कारणों से धुंधली भले ही हो सकती है। जीवों को साकार माना गया है किन्तु उनका आकार भिन्न-भिन्न अवस्थाओं में भिन्न-भिन्न होता है। समय-समय पर जैसे-जैसे शरीरों के साथ उनका सम्बन्ध रहता है उन्हीं के आकारों के अनुसार उनके अन्दर भी संकोचन एवं प्रसारण होता है। जैनियों की दृष्टि में, जीवों के वर्गभेद का प्रश्न बहुत महत्त्व रखता है क्योंकि वे अहिंसा पर बल देते हैं, जिसका तात्पर्य है कि जीवन का अपहरण नहीं होना चाहिए। इन्द्रियों की संख्या रखने के आधार पर जीवों को विभागों में बांटा गया है : पांच इन्द्रिय रखने वाले जीव सबसे ऊंचे होते हैं, अर्थात् जिनके पास स्पर्श, स्वाद, गन्ध, दर्शन और श्रवण के लिए पांच भिन्न-भिन्न इन्द्रियां हैं। और सबसे भिन्न श्रेणी के जीव वे हैं जिनके पास एक ही इन्द्रिय है अर्थात् वे केवल स्पर्श का अनुभव कर सकते हैं। इन दोनों श्रेणियों के मध्य वे जीव हैं जिनके पास क्रमशः दो, तीन और चार इन्द्रियां हैं। उच्च श्रेणी के प्राणी अर्थात् मनुष्य और देवता एक छठी इन्द्रिय भी रखते हैं, जिसे मन कहते हैं, और इन्हें विवेकसम्पन्न कहा जाता है।[1] आत्मा इन्द्रियों एवं शरीर से सर्वथा भिन्न एक चेतनस्वरूप सत्ता है।[2] जीवात्मा अपने गुणज्ञान से भिन्न नहीं है और चूंकि ज्ञान के साधन भिन्न-भिन्न प्रकार के हैं इसलिए बुद्धिमान व्यक्तियों ने इस विद्यमान जगत् को भी नानाविध माना है।[3] जीवात्मा को उसके अपने ज्ञान से पृथक् नहीं कर सकते। अविमुक्त जीवात्माओं में ज्ञान एवं सुख भी संकुचित अवस्थाओं में रहते हैं। केवल मनुष्य एवं जन्तुओं में ही नहीं किन्तु सौरमंडल के पदार्थों से लेकर एक ओसकण तक में जीवात्मा है। भिन्न-भिन्न तत्त्वों में तात्त्विक जीवात्माओं का निवास है; यथा, पार्थिव जीवात्मा, आग्नेय जीवात्मा। ये तात्त्विक जीवात्माओं का निवास है; यथा, पार्थिव जीवात्मा, आग्नेय जीवात्मा। ये तात्त्विक जीवात्माएं उत्पन्न होती हैं एवं मरती हैं और फिर उन्हीं अथवा उनसे भिन्न तात्त्विक शरीरों में जन्म लेती हैं। ये ठोस एवं सूक्ष्म होती हैं। सूक्ष्म जीवात्माएं दृष्टिगोचर नहीं होतीं। वनस्पति में एक इन्द्रिय वाले ही जीव रहते हैं। प्रत्येक पौधा एक जीवात्मा का भी शरीर हो सकता है या अनेक शरीरधारी जीवों का भी निवासस्थान हो सकता है। यद्यपि अन्य भारतीय दार्शनिक भी वनस्पति में जीव मानते हैं किन्तु जैन विचारकों ने इस कल्पना को एक अद्भुत रूप में विकसित किया गया है। ऐसे पौधे जिनमें एक ही जीव है, सदा ठोस रूप वाले होते हैं और ये संसार के ऐसे ही भागों में पाए जाते हैं जो वास-योग्य हैं। परन्तु ऐसे पौधे जिनमें से प्रत्येक में अनेक वानस्पतिक जीवों की बस्ती है, सूक्ष्म हो सकते हैं और इसीलिए अदृश्य हैं एवं संसार के समस्त भूभागों में बंटे हुए हो सकते हैं। इन सूक्ष्म पौधों को 'निगोद' कहते हैं। वे असंख्य जीवात्माओं से मिलकर बने हैं जो एक अत्यन्त छोटे पुञ्ज के रूप में होती हैं, और इनमें श्वास-प्रश्वास की क्रिया एवं आहारप्राप्ति की क्रिया सम्मिलित रूप में होती है। असंख्य निगोदों से मिलकर एक गोलाकार वृत्त बनता है और संसार उनसे भरा हुआ है। ये निगोद उन जीवात्माओं द्वारा रिक्तस्थानों को जिन्हें निर्वाण प्राप्त हो जाता है, नई जीवात्माओं को

1. देखें पंचास्तिकायसमयसार, 118-126।
2. वही, 128।
3. वही, 49; और भी देखिए 58।

देते हैं। कहा जाता है कि एक अकेले निगोद के अत्यन्त छोटे-से भाग ने अनादिकाल से आज तक उन जीवात्माओं के स्थान में जो मोक्ष को प्राप्त हो गईं, नई जीवात्माओं की पूर्ति की है। इसलिए हम यह कभी आशा नहीं कर सकते कि संसार किसी समय भी जीवित प्राणियों से रिक्त हो जाएगा।[1] जैनकल्पना का एक विशिष्ट स्वरूप है कि जैनी अपने सिद्धान्त के अनुसार, अंगरहित पदार्थों में यथा धातुओं एवं पत्थरों तक में आत्मा के अस्तित्व को मानते हैं।

आत्मा की स्थिति अपने शरीर की स्थिति के ऊपर निर्भर करती है। अंगरहित शरीर के अन्दर आत्मा की चेतना निष्क्रिय रूप में रहती है जबकि ऐन्द्रिय शरीर में चेतना की स्फूर्ति स्पष्ट प्रतीत होती है। मनुष्य रूपी प्राणियों के अन्दर चेतना क्रियाशील रहती है। लोकोक्ति से तुलना कीजिए : "सबका स्वभाव एक समान नहीं होता : मनुष्य का स्वभाव अपना है, पशुओं का अपना, मछलियों का एक दूसरा है और पक्षियों का एक अन्य ही प्रकार का।"

जीवात्मा का लक्षण है ज्ञान, और यद्यपि इसकी कोई आकृति नहीं है तो भी यह कर्ता है, एवं कर्मों के फलों का उपभोक्ता है और शरीर के समान आकार वाला है।[2] इसके अन्दर वास्तविक परिवर्तन होते रहते हैं अन्यथा यह कारणरूप कर्ता न होता।[3] जीवात्मा भावों अथवा विचारों की उपादान कारण (कर्ता) है जबकि कर्मिक प्रकृति निमित्त कारण है।[4] कुम्हार के मस्तिष्क में विचार है और घड़ा उसके चैतन्य में है और इस प्रकार असली घड़ा मिट्टीरूप सामग्री से निर्मित होता है। फिर भी अपनी अनन्त आकृतियों अथवा रूपों में रहते हुए भी जीवात्मा अपने स्वरूप अथवा व्यक्तित्व को स्थिर रखती है। जन्म एवं मृत्यु जीवात्मा के केवल पयार्य भर हैं अर्थात् जीवात्मा के रूपान्तरमात्र हैं। मुक्त आत्मा वह है जिसकी जीवात्मा संसार में है।[5] जीवात्मा के लिए विकास की विवादास्पद प्रक्रिया के जाल में बराबर उलझे रहने की आवश्यकता नहीं है। दूसरे शब्दों में यों कहा जा सकता है कि यह शरीर से स्वतन्त्र भी अपनी सत्ता रख सकती है। चेतना एक ऐसी यथार्थसत्ता है जो प्रकृति से स्वतन्त्र है और किन्हीं अर्थों में भी उसकी उपज नहीं है। यह नित्य एवं स्थायी है जिसका न आदि है न अन्त है। केवल संयुक्त पदार्थ ही जुदा-जुदा होकर नष्ट होते हैं।

हमने यहां संक्षेप में पांच अजीव द्रव्यों एवं छटे जीव का वर्णन किया है। इन छः में से सिवाय काल के अन्य सब अस्तिकाय[6] अथवा शून्यस्थानीय सत्ताएं हैं, और शून्यस्थानीय सम्बन्धों की सम्भावना रखती हैं। काल यथार्थसत्ता है किन्तु अशून्यस्थानीय है। इस प्रकार यह एक द्रव्य है अर्थात् ऐसा पदार्थ जिसकी स्वतन्त्र सत्ता है किन्तु अस्तिकाय नहीं है और एक विस्तृत परिमाण का है। अनेक द्रव्य एक ही स्थानों में और एक-दूसरे के अन्दर प्रविष्ट होकर अपने अनिवार्य स्वरूप को बिना खोए हुए गति कर सकते हैं। जैनियों के छह द्रव्य वैशेषिक सिद्धान्त के नौ तत्त्वों, अर्थात् पृथ्वी, वायु, प्रकाश, जल, आकाश, काल, दिशा, मन एवं आत्मा आदि से भिन्न हैं। जैनी लोग उक्त नौ में से प्रथम चार तत्त्वों को प्रकृति के ही अन्तर्गत मान लेते हैं। ये प्रकृति के सामान्य गुण हैं और भिन्न-भिन्न इन्द्रियों के अनुकूल हैं। आकार-परिवर्तनीयता एवं विभिन्न कणों का एकीकरण कर लेने की क्षमता के कारण प्रकृति

1. देखें लोकप्रकाश, 6 : 31 और आगे।
2. सर्वदर्शनसंग्रह, 2।
3. पंचास्तिकायसमयसार, 65।
4. वही, 64।
5. वही, 20।
6. अस्ति-वर्तमान है; काय—देश को घेरे हुए।

को इकाई माना गया है। वैशेषिक आकाश को शब्द का कारण मानते हैं जबकि जैन लोग शब्द की उत्पत्ति प्रकृति के अवयवों के अन्तर्गत हुए कम्पनों से मानते हैं।[1]

समस्त विश्व का विभाजन जीव एवं अजीव इन्हीं दो वर्गों में हो सकता है। छः द्रव्यों में से जीव एव पुद्गल मुख्य हैं। शेष सब या तो उनके व्यापारों के मूल स्रोत हैं अथवा उनकी प्रतिक्रियाओं के परिणास्वरूप हैं। जीव की प्रकृति के अन्दर उलझन के अतिरिक्त संसार और कुछ नहीं है। जीव और पुद्गल सक्रिय द्रव्य हैं अथवा निमित्त कारण हैं जो एक स्थान से दूसरे स्थान तक गति करते हैं। धर्म एवं अधर्म गतियों को नियन्त्रित करते हैं किन्तु परिवर्तन के न तो प्रत्यक्ष कारण हैं और न ही उसकी परोक्ष अवस्थाएं ही हैं। और इसीलिए इन्हें सक्रिय-निष्क्रिय द्रव्य कहा जाता है। जीव एवं अजीव के मध्य संयोजक कड़ी कर्म है। जीव एवं अजीव के साथ कर्मों की उत्पत्ति, उनका फल देना एवं नष्ट होना जैनमत के तत्त्व अथवा सिद्धान्त हैं।[2] जीव एवं अजीव प्रधान तत्त्व हैं जो प्रायः संयुक्त रहते हैं। जीव का अजीव से नितान्त स्वतंत्र हो जाने का नाम ही मोक्ष है। सब प्रकार के पुरुषार्थ का यही लक्ष्य है। और यह आदर्श केवल कर्म को रोकने अथवा त्याग देने से प्राप्त हो सकता है। संवर वह है जो रोक देता है। इसके द्वारा हम उन द्वारों को रोक देते हैं जिनके मार्गों से कर्म आत्मा के अन्दर प्रवेश पाता है। निर्जरा वह है जो पूर्वकृत पापों को जड़मूल से नष्ट कर देती है। इन दोनों की आवश्यकता आस्रव, अर्थात् अन्दर की ओर प्रवाह, एवं बन्ध के कारण होती है। विजातीय द्रव्य का आत्मा में प्रवेश करने का नाम आस्रव है। बन्ध वह है जो आत्मा को शरीर के साथ जकड़कर रखता है। यह बन्ध मिथ्या विश्वास अथवा मिथ्या दर्शन, अविरति या त्याग का अभाव, प्रमाद अथवा आलस्य, कषाय या मनोवेगों एवं मन, शरीर और वाणी के योग के कारण होता है।[3] मिथ्यात्व से तात्पर्य है एक वस्तु को जैसी वह नहीं है वैसी समझ लेना।[4] जहां अन्तःस्राव एवं बन्ध दुष्कर्मों का परिणाम होते हैं वहां सदाचार से उनमें रुकावट और उनका त्याग हो सकता है। बराबर हमें भाव (मानसिक) एवं द्रव्य (भौतिक) में भेद दिखाई देता है। विचार कर्म का निर्णय करते हैं।[5]

कर्मिक प्रकृति की उपस्थिति के कारण ही आत्मा शरीर धारण करती है। यही कर्मिक प्रकृति है जो जीवात्मा के स्वाभाविक गुणों अर्थात् ज्ञान एवं अन्तर्दृष्टि को बिगाड़ती है। जब तक अन्तिम स्वातंत्र्य अर्थात् मोक्ष प्राप्त नहीं होता, जीवात्मा प्रकृति से पृथक् नहीं होती। इस प्रकार से जीवात्मा में दूषण आता है। प्रकृति का सूक्ष्म अंश, जो कर्म में परिवर्तित होने को उद्यत होता है, जीवात्मा में प्रवेश करता है। जैसे प्रत्येक विशिष्ट कर्म किसी-न-किसी अच्छे, बुरे अथवा निरपेक्ष व्यापार से उत्पन्न होता है, ऐसे ही यह भी अपने आवर्तन में किन्हीं दुःखद एवं सुखद परिणामों को उत्पन्न करता है। जब कोई विशेष कर्म अपना प्रभाव उत्पन्न करता है तब जीवात्मा उससे छूट जाती है, और यदि यह कर्मों के त्याग की प्रक्रिया बिना बाधा के हो जाती है तो प्रकृति का समस्त दोष या कलंक नष्ट हो जाता है। किन्तु दुर्भाग्यवश ये त्याग

---

1. पंचास्तिकायसमयसार, 7।
2. सात तत्त्व हैं : जीव, अजीव, आस्रव, बन्ध, संवर, निर्जरा और मोक्ष (तत्त्वार्थसूत्र 4)। कभी-कभी पाप और पुण्य भी उनके साथ जोड़ दिए जाते हैं और इस प्रकार हमारे सामने 9 पदार्थ हो जाते हैं। (पंचास्तिकायसमयसार, 116; सर्वदर्शनसंग्रह, 28।
3. उमास्वामी के तत्त्वार्थसूत्र 7 : 1।
4. असती सद्बुद्धि। अद्वैतवाद के आवरण व विक्षेप जैनियों के इस सिद्धान्त के साथ समता रखते हैं।
5. देखिए सर्वदर्शनसंग्रह, 29 और आगे।

एवं बंधन साथ-साथ चलते रहते हैं और जीवात्मा संसार चक्र के अन्दर भ्रमण करती रहती है। मृत्यु के समय जीवात्मा अपने कर्म-शरीर के साथ कुछ ही क्षण में अपने नये जन्मस्थान पर पहुंच जाती है और वहां नया शरीर धारण कर लेती है एवं नये शरीर के आकार के अनुसार अपनी आवश्यकतानुसार विस्तार अथवा संकोच कर लेती है। ऐहलौकिक जीवों के अपने जन्मों के अनुसार चार विभाग हैं, अर्थात् (1) वे जो नरक में जन्म लेते हैं, (2) वे जो प्राणी जगत् में जन्म लेते हैं, (3) वे जो मनुष्य समाज में जन्म लेते हैं और (4) वे जो देवलोक में जन्म लेते हैं।[1]

9. नीतिशास्त्र

यदि मोक्ष प्राप्त करना है तो निम्नश्रेणी की प्रकृति का उच्चतर आत्मा के द्वारा दमन किया जाना आवश्यक है। जब जीवात्मा उस बोझ से मुक्त होती है जो इसे नीचे की ओर दबाए हुए है तो वह विश्व के ऊपर शिखर तक उठ जाती है जहां मुक्तात्माओं का निवास है। अन्तरात्मा में नितान्त परिवर्तन होने से ही मुक्ति का मार्ग प्रशस्त होता है। मनुष्य के स्वभाव में सुधार करने एवं नये कर्म के निर्माण को रोकने के लिए नैतिकता (सदाचार) के पूरे उपकरण की आवश्यकता है। निर्वाण का मार्ग त्रिरत्नों अर्थात् भगवान 'जिन' में आस्था रखने, उनके सिद्धान्त का ज्ञान प्राप्त करने और निर्दोष आचरण में से होकर जाता है। "तत्त्वों में या यथार्थ सत्ता में विश्वास रखना ही यथार्थ विश्वास है। संशय एवं भ्रान्ति से रहित यथार्थ स्वरूप का जो ज्ञान है वही यथार्थ ज्ञान है। बाह्य जगत् के पदार्थों के प्रति राग एवं द्वेष के भाव से रहित जो तटस्थता का भाव है वही यथार्थ आचरण है।"[2] ये तीनों एक साथ मिलकर एक मार्ग बनाते हैं और तीनों पर एक साथ ही आचरण करना चाहिए। ज्ञानी एवं श्रद्धासम्पन्न व्यक्ति का पांच प्रकार का आचरण ही सदाचार या धर्म है; अर्थात् (1) अहिंसा, जिसका तात्पर्य केवल हिंसा के त्यागमात्र का भाव ही नहीं अपितु समस्त सृष्टि के प्रति सच्ची दयालुता का भाव रखना है, (2) उदारता एवं सत्यभाषण, (3) सदाचरण, जैसे आस्तेय या चोरी न करने का भाव, (4) वाणी, विचार एवं कर्म की पवित्रता और (5) समस्त सांसारिक स्वार्थों का त्याग। ये सब धर्मात्मा पुरुषों के लक्षण हैं। अन्तिम नियम की व्याख्या को कभी-कभी पराकाष्ठा तक पहुंचा दिया जाता है और यह विधान किया जाता है कि धर्मात्मा पुरुषों को बिलकुल नग्न रहना चाहिए। वस्तुतः इसका तात्पर्य केवल इतना ही है कि जिस सीमा तक हम भेदभावों के प्रति सचेत रहते हैं और लज्जा का भाव भी हमारे अन्दर रहता है तब तक हम मुक्ति से दूर रहते हैं। जैनियों का नीतिशास्त्र विश्वास एवं कर्म दोनों पर ही बल देता है। साधारण संसारी पुरुषों एवं तपस्वियों के लिए भिन्न-भिन्न नियमों का विधान है।[3] ऐसे सब कर्म जो मनुष्य को मानसिक शान्ति देते हैं, पुण्यकर्म हैं। पुण्य-अर्जन के नौ प्रकार हैं, जैसे, भूखे को भोजन देना, प्यासे को जल पिलाना, गरीब को वस्त्र देना, साधुओं को आश्रय देना आदि-आदि। हिंसा अर्थात् किसी को दुःख पहुंचाना बहुत बड़ा पाप है। अन्य पापों में असत्याचरण, बेईमानी, अपवित्रता, लोभ आदि की गणना है। क्रोध, अभिमान, छल, लालच या तृष्णा हमें संसार से जकड़ते हैं, और इनके विपरीत धैर्य, नम्रता,

---

1. पंचास्तिकायसमयसार, 16।
2. पंचास्तिकायसमयसार, 115; और भी देखिए तत्त्वार्थसूत्र 1 : 1।
3. तत्त्वार्थसूत्र, 7 : 20 और आगे।

निश्छलता, एवं सन्तोष धार्मिक प्रेरणाओं को बढ़ावा देते हैं। अन्य पाप जैसे घृणा, कलह, मिथ्या निन्दा, किसी के विरुद्ध प्रचार करना, दूसरों को अपशब्द कहना, आत्मसंयम का अभाव, मक्कारी, और मिथ्या विश्वास इत्यादि भी वर्जित बताए गए हैं। पाप ईश्वर के प्रति अपराध नहीं बल्कि केवल मनुष्य-समाज के प्रति अपराध है।

> उत्तम उपासक वह है जो मनुष्य, पशु-पक्षी,
> सबसे एक समान प्रेम करता है।
> सर्वोत्तम उपासक वह है जो छोटे-बड़े
> समस्त पदार्थों से एक समान प्रेम करता है।
>
> —कॉलरिज

जैनियों का नीतिशास्त्र या आचारविधान बौद्धों के नीतिशास्त्र की अपेक्षा कहीं अधिक कठोर है। जैन नीतिशास्त्र के अनुसार, धैर्य या धृत सबसे ऊंचा धर्म है एवं सुख पाप का कारण है।[1] मनुष्य को दुःख एवं सुख दोनों के प्रति उदासीन रहने का प्रयत्न करना चाहिए। यथार्थ मुक्ति सब प्रकार के बाह्य पदार्थों से मुक्त रहने में ही है। "ऐसा जीव जो बाह्य पदार्थों के प्रति इच्छा के द्वारा सुख एवं दुःख अनुभव करता है, अपने-आपके ऊपर नियन्त्रण खो बैठता है और भटक जाता है तथा बाह्य पदार्थों के पीछे दौड़ता रहता है। उसका निर्णय दूसरे के अधीन रहता है।"[2] "वह जीव जो अन्यों के प्रति सम्बन्धों एवं विजातीय विचारों से, अपने प्रत्यक्ष ज्ञान और अनुभव के आभ्यान्तर स्वभाव के द्वारा मुक्त होकर अपने नित्य स्वरूप को पहचान सकता है, कहा गया है कि उसी के आचार को आत्मनिर्णय कह सकते हैं।"[3] "हे मनुष्य ! तू स्वयं अपना मित्र है; तू क्यों अपने से भिन्न किसी अन्य मित्र की अभिलाषा रखता है ?"[4] हमें नितान्त भाग्यवाद पर भरोसा नहीं करना चाहिए क्योंकि यद्यपि कर्म सब कुछ का निर्णायक है, फिर भी हमारा वर्तमान जीवन, जो हमारे अपने सामर्थ्य के अधीन है, भूतकाल के कर्मफलों में परिवर्तन कर सकता है। विशेष पुरुषार्थ के द्वारा पूर्व कर्मों के प्रभाव से हम बच भी सकते हैं। और इसमें ईश्वर का कोई हस्तक्षेप भी नहीं है। संयमी वीर पुरुष मनमौज़ी ईश्वर की अस्थिर कृपा के कारण सौभाग्यशाली नहीं हैं वरन् उस विश्व की व्यवस्था के कारण हैं जिसके वे अंग हैं। समाधि का विधान इसलिए किया गया है कि इसके द्वारा हमें अपने व्रतों को पूर्ण करने के लिए बल प्राप्त होता है।[5] अनुशासन के कठोर स्वरूप का अनुमान एक गृहस्थ के जीवन के लिए विहित ग्यारह आश्रमों और जीवात्मा के चौदह विकास-बिन्दुओं से किया जा सकता है। तपस्या के इस भयावह आदर्श का पालन भारत में अनेक महान भक्तों ने किया जिन्होंने अपने शरीर तक को त्याग दिया।

जैनमत का विशिष्ट स्वरूप है अहिंसा, अर्थात् उस सबके प्रति पूज्यवृद्धि एवं उन सबके भोग का त्याग जिसमें जीव है। उक्त नियम का अत्यन्त कट्टरता के साथ पालन करने के कारण जैनियों में कुछेक ऐसी विधियां प्रचलित हो गई जिनका अन्य मतावलम्बी विद्वान उपहास करने लगे। कहीं किसी जीव की हत्या न हो जाय इस विचार से कुछेक जैनी चलने से पूर्व मार्ग में झाडू देते हैं, मुख पर परदा डालकर चलते हैं जिससे कि कोई जीवित जन्तु

---

1. आचारांगसूत्र, 'सैक्रेड बुक्स आफ द ईस्ट', 22, पृष्ठ 48; और भी देखिए पृष्ठ 76-77।
2. पंचास्तिकायसमयसार, 163।
3. वही, 165।
4. 'सैक्रेड बुक्स आफ द ईस्ट', 22, पृष्ठ 33।
5. तत्त्वार्थसूत्र, 7 : 4-10।

श्वास के साथ नाक में चला जाए, पानी को छानकर पीते हैं और शहद का भी त्याग करते हैं। यह सत्य है कि शाब्दिक अर्थों में अहिंसा का पालन नहीं हो सकता। महाभारत में कहा है : "यह संसार ऐसे जन्तुओं से भरा है जो आंखों से नहीं देखे जा सकते, बल्कि तर्क द्वारा ही अनुमान से जाने जाते हैं। जब हम अपनी पलकों को चलाते हैं तो उनके अंग टूटकर गिर पड़ते हैं"[1] भागवत पुराण कहता है : "जीवन अन्य जीवन का प्राण है।"[2] यदि इन साधारण तथ्यों को भुला दिया जाए तो जीवन लगभग असम्भव ही हो जाए। एक कट्टर जैनी के व्यवहार में एक प्रकार का विकृत भय कि कहीं किसी भी रूप में अकस्मात् जीवहिंसा न हो जाए, सदा व्याप्त रहता है।

बौद्धमत जहां एक ओर आत्महत्या का निषेध करता है, जैनमत का कहना कि इससे "जीवन में वृद्धि होती है।" यदि तपस्या कठिन प्रतीत हो, यदि हम अपने मनोवेगों को न रोक सकें और न तपस्या को सहन कर सकें तो ऐसी अवस्था में आत्महत्या का विधान है। कभी-कभी यह तर्कसंगत माना गया है कि बारह वर्ष तक तपस्या की तैयारी के बाद भी मनुष्य अपनी आत्महत्या कर सकता है क्योंकि उस अवस्था में निर्वाण निश्चित है। उस युग की अन्य दार्शनिक पद्धतियों के अनुसार, जैनदर्शन ने भी स्त्रियों को प्रलोभन के पदार्थों में परिगणित किया है।[3] भारतीय विचारधारा की अन्य पद्धतियों के ही समान जैनमत भी विश्वास करता है कि अन्य मतावलम्बी भी केवल जैनमत के नियमों का पालन करने से लक्ष्य को प्राप्त कर सकते हैं। रत्नशेखर अपने 'सम्बोधनसत्तरी' नामक ग्रन्थ की प्रारम्भिक पंक्तियों में कहता है : "भले ही कोई श्वेताम्बर हो या दिगम्बर, बौद्ध हो या अन्य किसी भी मत का अनुयायी, जो कोई भी जीवात्मा के असली स्वरूप का ज्ञान प्राप्त कर लेता है अर्थात् प्राणिमात्र को अपनी आत्मा के समान समझता है, वह मोक्ष को प्राप्त करता है।

जैन जातिप्रथा के विरुद्ध नहीं हैं, जो उनके अनुसार मनुष्य के आचरण से सम्बन्ध रखती है। "मनुष्य अपने कर्मों से ब्राह्मण, क्षत्रिय, वैश्य अथवा शूद्र बन सकता है।...जो सब प्रकार के कर्मों से मुक्त है उसी को हम ब्राह्मण कहते हैं।[4] "जैन और बौद्ध दोनों ही 'ब्राह्मण' शब्द को एक सम्माननीय पद समझते हैं जिसका प्रयोग ऐसे व्यक्तियों के लिए भी हो सकता है जो जन्म से ब्राह्मण नहीं हैं।"[5] जन्मगत जाति का मिथ्याभिमान और उसके कारण अन्य जातियों से पृथक् रहने के विचार को जैनी लोग दूषित ठहराते हैं। 'सूत्रकृताङ्ग' जन्मपरक अभिमान की निन्दा करता है और उन आठ प्रकार के अभिमानों में इसकी गणना करता है जिनके कारण मनुष्य पाप करता है।[6]

जैन संघ या समाज के चार विभाग है जिनमें भिक्षु और भिक्षुणियां, तथा अन्य साधारण धर्मबन्धु एवं धर्मभगनियां सम्मिलित हैं। बौद्धसंघ में सांसारिक सदस्य धार्मिक पुरोहितों से भिन्न थे और दोनों एक ही समुदाय के सदस्य नहीं होते थे। बौद्धों की अपेक्षा संख्या में बहुत न्यून होने पर भी और धर्म-प्रचार के प्रति कोई विशेष उत्साह न होने पर भी जैनमत भारत में जीवित है जबकि बौद्धमत गायब हो गया। श्रीमती स्टीवेन्सन इस ऐतिहासिक तथ्य की व्याख्या इस प्रकार करती हैं : "जैनमत का स्वरूप कुछ ऐसा था कि

1. शान्तिपर्व, 15, 26।
2. 1 : 13, 46। "जीवो जीवस्य जीवनम्।"
3. 'सैक्रेड बुक्स आफ द ईस्ट', 22 : 48।
4. वही, 45 : 140।
5. वही, 22, 30।
6. फिर भी जैनी अपने धर्माधिकारियों का चुनाव अन्यों की अपेक्षा विशिष्ट परिवारों में से ही करते हैं। वे अपने समाज में जाति या वर्ण को व्यवहार में मानते हैं।

जिसके कारण यह आवश्यकता पड़ने पर अपने आवश्यक अंगों के ज़रिये आपत्ति से अपनी रक्षा कर सकने की क्षमता रखता था। बौद्धमत के समान इसने कभी अपने को उस समय के प्रचलित मतों से एकदम पृथक नहीं किया। इसने सदा ब्राह्मणों को अपने पारिवारिक पुरोहितों के स्थान में नियुक्त किया जो इनके जन्म के समय भी सब संस्कारों के अध्यक्ष होते थे, और प्रायः वे ही मृत्यु एवं विवाह आदि के समय और मन्दिरों में पूजन आदि के लिए भी धर्माध्यक्ष होते थे। इसके अतिरिक्त अपने प्रमुख चरितनायकों में जैनियों ने हिन्दू देवताओं, यथा राम एवं कृष्ण आदि के लिए भी कुछ स्थान सुरक्षित रख लिए थे। महावीर की संगठन-सम्बन्धी प्रतिभा के कारण भी जैनमत एक उचित स्थान में खड़ा रहा क्योंकि जैनमत ने सर्वसाधारण को भी संघ के आन्तरिक भाग के रूप में स्वीकृत किया, जबकि बुद्धमत में उनका कोई भाग न था और न उसकी व्यवस्था में उनके लिए कोई स्थान था। इसलिए जब सारे देश में अत्याचार के तूफान आये तब जैनमत ने सरलता के साथ हिन्दू धर्म के अन्दर शरण प्राप्त कर ली और हिन्दू धर्म ने अपने विशाल हृदय से सहर्ष उसका स्वागत किया, तथा विजेताओं को जैनमत एवं उस विशाल हिन्दूधर्म में कोई भिन्नता प्रतीत न हो सकी।"[1]

कर्म के भौतिक दृष्टिकोण के कारण ही जैनी बौद्धों के विपरीत बाह्य कर्म को उसके आन्तरिक उद्देश्य की अपेक्षा अधिक महत्त्व देते हैं। बौद्ध एवं जैनमत दोनों ही जीवन एवं व्यक्तित्व के त्याग के विषय में एक मत हैं। दोनों की ही दृष्टि में जीवन एक प्रकार का संकट है जिससे हर प्रकार से छुटकारा पाना आवश्यक है। इन दोनों मतों के अनुसार, हमें अपने-आपको उन सब बन्धनों से मुक्त करना है जो हमें प्रकृति के साथ जकड़कर दुःखों का कारण बनते हैं। ये दोनों ही निर्धनता एवं पवित्र जीवन, शान्ति एवं धैर्य के साथ दुःख सहन को गौरवमय समझते हैं। हॉपूकिंस परिहासपूर्वक जैनपद्धति का इन शब्दों में व्यंग्यचित्र प्रस्तुत करता है; "जैन सम्प्रदाय वह है जिसमें इन मुख्य-मुख्य बातों पर बल दिया गया है, 'मनुष्य को परमेश्वर की सत्ता का निषेध करना चाहिए, मनुष्य की पूजा करनी चाहिए एवं नुकसान पहुंचाने वाले कीड़ों का भी पालन-पोषण करना चाहिए।"[2] जैनमत एवं बौद्धमत के नैतिक पक्षों में जो अद्‌भुत समानताएं पाई जाती हैं उनका कारण यह है कि दोनों ने ही इस विषय में अपने विचार ब्राह्मणों द्वारा रचित ग्रन्थों से उधार लिए हैं। "ब्राह्मण तपस्वी एक आदर्श के रूप में उनके आगे था जिससे दोनों ने तपस्वी के जीवन की बहुत-सी महत्त्वपूर्ण क्रियाएं एवं संस्थाएं उधार के रूप में ग्रहण कीं।"[3]

10. ईश्वरवाद के सम्बन्ध में जैनदर्शन का मत

असंख्य जीवों एवं पदार्थों की परस्पर प्रतिक्रिया के सिद्धान्त को स्वीकार कर जैनदर्शन इस विश्व के विकास को सम्भव बना देता है। इसकी सम्मति में जगत् के सृजन अथवा संहार के लिए भी ईश्वर की सत्ता को स्वीकार करने की कोई आवश्यकता नहीं। इसके मत से "विद्यमान पदार्थों का नाश नहीं हो सकता और न ही असत् से सृष्टि का निर्माण सम्भव है। जन्म अथवा विनाश वस्तुओं के अपने गुणों एवं प्रकारों के कारण होता है।"[4] पदार्थ ही अपनी पारस्परिक क्रिया एवं प्रतिक्रिया से नये गुणसमूह को उत्पन्न करते हैं। असत् से

1. 'द हार्ट आफ जैनिज़्म', पृष्ठ 18-19।
2. 'द रिलिजन्स आफ इण्डिया', पृष्ठ 297।
3. 'सैक्रेड बुक्स आफ द ईस्ट', 22, पृष्ठ 24।
4. पंचास्तिकायसमयसार, 15।

अथवा घटनाओं की श्रृंखला द्वारा संसार की सृष्टि हो सकती है—जैन इस सिद्धान्त का खण्डन करते हैं। प्रकृति के नियमों का क्रमबद्ध कार्यक्रम भाग्य अथवा आकस्मिक घटना की उपज नहीं हो सकता। ईश्वरवादी के समान विश्व के एक स्रष्टा की धारणा बनाने की कोई आवश्यकता नहीं। हमें यह समझ में नहीं आ सकता कि किस प्रकार एक अनिर्माता ईश्वर अचानक और तुरन्तर एक स्रष्टा बन सकता है। इस प्रकार की धारणा के आधार पर, किस प्रकार की सामग्री से संसार की रचना की गयी—इस प्रश्न का उत्तर देना कठिन होगा। संसार को बनाने से पूर्व वह किसी-न-किसी रूप में विद्यमान था या नहीं ? यदि कहा जाये कि यह सब ईश्वर की अनालोच्य इच्छा का ऊपर निर्भर करता रहता है तो हमें समस्त विज्ञान एवं दर्शन को ताक में रख देना पड़ेगा। यदि पदार्थों को ईश्वर की इच्छा के ही अनुकूल कार्य करना है तो पदार्थों के विशिष्ट गुणसम्पन्न होने का क्या कारण है ? विभिन्न पदार्थों का विशिष्ट धर्म सम्पन्न होना भी आवश्यक नहीं, यदि वे परस्पर-परिवर्तित नहीं हो सकते। यदि ईश्वर की इच्छा से ही सब कुछ होता है तो जल जलाने का और अग्नि ठण्डक पहुंचाने का काम भी कर सकते थे। यथार्थ में भिन्न-भिन्न पदार्थों के अपने विशिष्ट व्यापार हैं जो उनके अपने-अपने स्वभाव के अनुकूल हैं और यदि उनके वे व्यापार विनष्ट हो जाएं तो उन पदार्थों का भी विनाश हो जाएगा। यदि तर्क किया जाए कि प्रत्येक पदार्थ का एक निर्माता होना ही चाहिए तो उस निर्माता के लिए भी एक अन्य निर्माता की आवश्यकता होगी और इस प्रकार हम निरन्तर पीछे चलते चलेंगे और इस परम्परा का कहीं भी अन्त न होगा। इस चक्र में से बच निकलने का एक ही मार्ग है कि हम एक स्वयम्भू स्रष्टा की कल्पना कर लें जो अन्य सब पदार्थों का स्रष्टा है। जैन विचारक प्रश्न पूछता है कि किसी एक प्राणि विशेष के लिए यह सम्भव हो सकता है कि उसे स्वयम्भू एवं नित्य मान लिया जाए तो क्यों नहीं अनेक पदार्थों एवं प्राणियों को ही स्वयम्भू एवं आधार रूप में स्वीकार कर लिया जाए। इस प्रकार जैनी अनेक पदार्थों की कल्पना की स्थापना करता है। वह कहता है कि वे सब पदार्थ अपने को व्यक्त कर सकें इसी प्रयोजन से सृष्टि के रूप में आ जाते हैं। जीवात्माओं से विशिष्ट समस्त विश्व मानसिक एवं भौतिक अवयवों समेत बराबर अनादिकाल से विद्यमान रहता आया है जोकि बिना किसी नित्यस्थायी देवता के हस्तक्षेप और प्रकृति की शक्तियों द्वारा ही अनेक आवर्तनों में से गुज़र रहा है। संसार में स्थित विभिन्नताएं काल, स्वभाव, नियति, कर्म एवं उद्यम इन पांच सहकारी दशाओं के कारण हैं। बीज के अन्दर शक्ति अन्तर्निहित होने पर भी इससे पूर्व कि वह वृक्ष के रूप में उदित हो, उसे काल अथवा मौसम की, प्राकृतिक वातावरण और भूमि मे बोए जाने के कर्म के रूप में उचित सहायता की आवश्यकता होती है। इससे किस प्रकार का वृक्ष उत्पन्न होगा इसका निर्णय उसके स्वरूप द्वारा होता है।

यद्यपि संसार से भिन्न कोई ईश्वर नामक व्यक्ति नहीं है तो भी संसार के कुछेक तत्त्व जब उचित रूप से विकसित होते हैं तब वे देवता का रूप धारण कर लेते हैं। ये अर्हत् कहलाते हैं, अर्थात् सर्वोपरि प्रभु, सर्वज्ञ आत्मा जिन्होंने समस्त दोषों पर विजय पा ली है। यद्यपि सृजनात्मक दैवीय शक्ति कोई नहीं है तो भी प्रत्येक जीवात्मा जब अपनी उच्चतम पूर्णता को प्राप्त होती है तब परमात्मा अथवा सर्वोपरि आत्मा बन जाती है।[1] उन शक्तियों की जो मनुष्य की आत्मा में छिपी पड़ी रहती है, सबसे ऊंची, सबसे अधिक श्रेष्ठ और सबसे

1. देवदूतों के सम्बन्ध में प्रोफेसर ऐलेक्जैण्डर के सिद्धान्त से तुलना कीजिए। 'स्पेस, टाइम ऐण्ड डीइटी', खण्ड 2, पृष्ठ 346, 365।

अधिक पूर्ण अभिव्यक्ति ही ईश्वर है। सभी पूर्ण मनुष्य दैवीय शक्तिसम्पन्न हैं और उनमें छोटे-बड़े ओहदे का कोई भेद नहीं, अर्थात् सब एक समान हैं।

यथार्थ में जैनदर्शन में भक्ति का कोई स्थान नहीं है। इसके अनुसार, सब प्रकार के लगाव को समाप्त हो जाना चाहिए। वैयक्तिक प्रेम को तपस्या की ज्वाला में भस्मसात् कर देना चाहिए। किन्तु मनुष्य दुर्बल है और इसलिए महान तीर्थंकरों के प्रति भक्ति के लिए विवश हो जाता है, भले ही कितना ही कठोर तर्क उसे रोकने का प्रयत्न क्यों न करे। सांसारिक जीवों की मांग एक सम्प्रदाय व मत के लिए रहती ही है जो उनकी नैतिक एवं धार्मिक अवस्थाओं के अनुकूल हो। जब जैनधर्म का प्रचार अपनी जन्मभूमि से दूर-दूर होने लगा तो साधारण मनुष्य की आवश्यकता उसकी धार्मिक महत्त्वाकांक्षाओं को पूर्ण करने के लिए प्रबल हो गई, अन्यथा अन्य देवताओं की उपासना करने वाले लोग जैनमत में दीक्षित नहीं किए जा सकते थे। जब कृष्ण की उपासना करने वाले जैनमत में प्रविष्ट हुए तो बाईसवें तीर्थंकर अरिष्टनेमि और कृष्ण में एक सम्बन्ध स्थापित हो गया। बहुत-से हिन्दू देवता भी आ घुसे, यहां तक कि आज जैनियों में भी वैष्णव और अवैष्णव दो भिन्न विभाग पाए जाते हैं।

पुण्यों का संचय हो जाने पर मनुष्य स्वर्ग में देवता के जीवन का एक न एक रूप धारण कर सकता है। जब वह पुण्य अपना फल पूर्णरूप में दे चुकता है तब वह जीवन समाप्त हो जाता है। देवता केवल शरीरधारी आत्माएं हैं जो मनुष्यों एवं पशुओं के समान हैं। उनमें भिन्नता केवल श्रेणी की ही, जातिगत नहीं है। पूर्वजन्म के सुकृत कर्मों के पुरस्कारस्वरूप ही दैवीय शरीर एवं संघटना में शक्ति एवं पूर्णता की अधिकता पाई जाती है। मुक्तात्मा देवताओं से ऊपर हैं। वे फिर से जन्म नहीं लेते। उनका इस संसार के साथ और अधिक सम्बन्ध नहीं रहता और न वे इसे प्रभावित ही कर सकते हैं वे न तो लक्ष्य तक पहुंचाने वाली सीधी चढ़ाई की ओर ही देखते हैं और न ऐसे व्यक्तियों को ही सहारा दे सकते हैं जो उच्चमार्ग में संघर्ष कर रहे हैं। विख्यात जैनों को लक्ष्य करके, जो पूर्णता को पहुंच चुके हैं और इस परिवर्तनशील एवं दुःखमय जगत् से दूर पहुंच गए हैं, जो प्रार्थनाएं की जाती हैं उनका उत्तर वे नहीं दे सकते, और न ही प्रार्थनाएं उन तक पहुंच पाती हैं, क्योंकि संसार में क्या हो रहा है इसके प्रति वे नितान्त उदासीन हैं और सब प्रकार के मानसिक आवेगों से मुक्त हैं। किन्तु ऐसे देवता भी हैं जो सच्चे अनुशासन की निगरानी रखते हैं और उस पर नियंत्रण रखते हैं।[1] वे प्रार्थनाओं को सुनते हैं और कल्याण भी करते हैं। जहां तक जैनों का सम्बन्ध है, उनकी उपासना की सबसे उत्तम विधि यह है कि उनके आदेशों का पालन किया जाए। अपनी आत्मा के यथार्थ स्वरूप को पहचानने से मोक्ष का मार्ग प्रशस्त होता है, तीर्थंकरों की भक्ति से नहीं।[2] समाधि द्वारा अथवा 'जिन' की आराधना से आत्मा अवश्य पवित्र होती है। चूंकि अत्यन्त सरल जैनधर्म में रियायत अथवा क्षमा को कोई स्थान प्राप्त नहीं था इसलिए जनसाधारण के मन को यह आकृष्ट न कर सकी, और इसीलिए अस्थायी समझौते ही किए गए।

11. निर्वाण

निर्वाण अथवा मुक्ति आत्मा की शून्यावस्था नहीं है वरन् उस परम-आनन्द में इसका प्रवेश है, जिसका अन्त नहीं है। यह शरीर से वियोग तो है किन्तु सत्ता से रहित होना नहीं

1. शासनाधिष्ठाय देवताः।

2. पंचास्तिकायसमयसार, 176 और आगे।

है। हम पहले कह चुके हैं कि मुक्तात्मा सब मनोवेगों से रहित होने के कारण आचरणशून्य हो जाती है, उसका अपने अन्य साथियों के जीवन में कोई स्वार्थ नहीं रहता और न ही उनकी सहायता करने की रुचि रहती है। "मुक्तात्मा न आकार में लम्बी और न छोटी, न काली और न नीली, न कड़वी और न तीखी, न ठण्डी और न गरम होती है। शरीररहित, पुनर्जन्म से भी रहित, वह देखती है, जानती है किन्तु उसका सादृश्य कुछ नहीं है, जिसके द्वारा हम मुक्तात्मा के स्वरूप को जान सके; उसका सारतत्त्व भी आकृति-विहीन है; अनियन्त्रित की कोई दशा हो सकती है।"[1] सिद्ध अवस्था संसार की श्रृंखला का न तो कारण है और न कार्य ही। यह नितान्त अनियन्त्रित है।[2] मुक्तात्मा के ऊपर कारण-कार्यभाव का कोई वश नहीं है। "ऐसा जानो कि एक साधारण दृष्टिकोण से पूर्ण श्रद्धा, ज्ञान एवं आचरण मुक्ति के कारण हैं, किन्तु वस्तुतः मनुष्य की अपनी आत्मा इन तीनों से मुक्त है। (मुक्ति का कारण है)।"[3] मुक्तात्मा के विषय में हम निश्चित रूप से कुछ नहीं कह सकते और यथार्थ में न ही हम यह जानते हैं कि मुक्तात्मा अनेक हैं। पूर्णता की दशा को हम इस भाववाचक रूप से वर्णन करते हुए कह सकते हैं कि यह कर्म एवं कामना से मुक्त नितान्त एवं परम निश्चेष्टता की दशा है, एक ऐसा विश्राम है जिसमें न कोई परिवर्तन है और न जिसका अन्त ही है—एक अनुरागहीन और वर्णनातीत शान्ति की दशा। भूतकाल के कृत कर्म की शक्ति नष्ट हो चुकी होती है और आत्मा यद्यपि अभी विद्यमान है, फिर से शरीरधारण का कोई अवसर उसके लिए नहीं है। यद्यपि अत्यन्त दृढ़तापूर्वक तो नहीं तो भी मुक्तात्मा के सम्बन्ध में निश्चात्मक वर्णन इस प्रकार से किया गया है कि इसमें असीम चेतना, विशुद्ध चिन्तन, परम स्वातंत्र्य एवं स्थिर आनन्द आदि गुण विद्यमान रहते हैं।[4] यह प्रत्यक्ष ज्ञान प्राप्त करने की सामर्थ्य रखती है, क्योंकि दर्शन और ज्ञान आत्मा के व्यापार हैं, इन्द्रियों के नहीं। मुक्तात्मा के जीवन का आरम्भ है, अन्त नहीं है; जबकि एक बद्ध आत्मा के जीवन का आरम्भ नहीं किन्तु अन्त है। ये मुक्तात्माएं अपने एक समान पद के कारण परस्पर एक-दूसरे से संयुक्त होने का आनन्द अनुभव करती हैं। उनके आत्म रूपी द्रव्य में एक विशेष शक्ति रहती है, जिसके द्वारा ऐसी आत्माओं का सहअस्तित्व सम्भव हो सकता है। मुक्तात्मा के साम्य का निर्णय प्रवाहरूप मधुर सम्बन्ध के द्वारा—जो पिछले भौतिक जीवन की आकृति को स्थिर रखता है—एवं भूतकाल के ज्ञान द्वारा होता है। मोक्ष का यह आदर्श अत्यन्त पूर्णरूप में चौबीस तीर्थंकरों के जीवनों में अभिव्यक्त होता है।

लोक अलोक के मध्य में स्थित है जिस प्रकार मनुष्य का धड़ बीच में स्थित होता है, ऊपर में सिद्धशील है जहां मूर्धा होना चाहिए। यह सिद्धशील सर्वज्ञ आत्माओं का स्थान है और इसे विश्व का धार्मिक चक्षु भी कहा जा सकता है। इस प्रकार मोक्ष को नित्य एवं ऊपर की ओर गति के रूप में प्रतिपादित किया जा सकता है।[5] मोक्ष प्राप्त होने पर आत्मा[6] अपने पूर्व कर्म के बल से एवं तत्त्वों के साथ सम्बन्धों के—जो इसे नीचे की ओर बांधकर रखते थे—क्षीण हो जाने के कारण[7] तथा बन्धन के टूट जाने से[8] और ऊपर की दिशा में जाने की इसकी

1. 'सैक्रेड बुक्स आफ द ईस्ट', 22 : 52।
2. पंचास्तिकायसमयसार, 36।
3. सर्वदर्शनसंग्रह, 39;40 भी देखिए।
4. पंचास्तिकायसमयसार, 28।
5. नित्योर्ध्वगमनं मुक्तिः।
6. पूर्वप्रयोगात्।
7. असंगत्वात्।
8. वन्धच्छेदात्।

अपनी नैसर्गिक प्रवृत्ति के कारण ऊर्ध्वगामी होती है।[1]

12. उपसंहार

जैनमत हमारे सामने इस विश्व के पदार्थों का आनुभविक वर्गीकरण प्रस्तुत करता है और इसीलिए जीवात्माओं की भी अनेकता को तर्क से प्रतिपादित करता है। जैसाकि हम देख चुके हैं, तर्क के विषय में यह ज्ञान की सापेक्षता को अपना आधार मानता है, क्योंकि यह प्रकट तथ्य है कि संसार में पदार्थों के पारस्परिक सम्बन्ध स्थायी नहीं हैं और न स्वतन्त्र ही हैं, बल्कि व्याख्या के परिणाम हैं। इसके अतिरिक्त यह कल्पना कि यथार्थता एवं उसके अर्थ को पृथक् नहीं किया जा सकता, अध्यात्मविद्या में अनेकत्ववाद की नहीं अपितु एकेश्वरवाद की स्थापना करती है। वस्तुतः जैनमत में जिस अनेकसत्तात्मक विश्व की कल्पना की गई है वह केवल सापेक्ष दृष्टिकोण से ही है, किन्तु परम सत्त्य नहीं है।

जैनमत में विश्व को अनेक जीवों से पूर्ण माना गया है, जैसे कि लीब्नीज़ ने भी यही माना कि संसार प्राणी-वर्ग के मूलजीवों से भरपूर है। "प्रकृति के छोटे से छोटे कण में भी अनेक जीवित प्राणी विद्यमान हैं जिन्हें जीवात्मा कहा जाता है। भौतिक प्रकृति के प्रत्येक भाग की हम पौधों से पूर्ण एक बगीचे की भांति कल्पना कर सकते हैं अथवा उसे मछलियों से भरे हुए जलाशय के समान मान सकते हैं; किन्तु प्रत्येक पौधे की प्रत्येक शाखा, किसी भी जन्तुवर्ग का प्रत्येक सदस्य, प्रत्येक बूंद भी अपने तरल भागों में इसी प्रकार का एक बगीचा अथवा जलाशय है। और यद्यपि भूमि एवं वायु जो बगीचे के पौधों के अन्तर्गत हैं अथवा जलाशय का वह जल जो मछलियों के बीच है, स्वयं भले ही क्रमशः न पौधा हो और न मछली हो, उनके अन्दर भी पौधे एवं मछलियां उपस्थित हैं—आमतौर से इतने अधिक सूक्ष्मरूप में कि हमें वे इन्द्रियगोचर नहीं हो सकते। इस प्रकार इस विश्व में कुछ भी ऊसर नहीं है, कुछ भी उत्पादन में अक्षम अथवा एकदम मृत नहीं है। अव्यवस्था भी नहीं है, और है भी तो केवल प्रतीत होती है, वास्तविक नहीं है; ठीक वैसे ही जैसे कि एक जलाशय में दूर से हमें गति में अस्तव्यस्तता दिखाई पड़ सकती है और दिखाई पड़ सकते हैं जलाशय में मछलियों के झुण्ड जिसमें मछलियों में भेद नहीं किया जा सकता।" हम देखेंगे कि जैनमत की आध्यात्मशास्त्र-सम्बन्धी योजना लीबनीज के जीवाणुवाद एवं बर्गसां के रचनात्मक विकासवाद से मिलती-जुलती है।[2]

सब जीवित पदार्थ जीव हैं, जीव वह है जो यान्त्रिक न हो। यह बर्गसां के जीवनतत्त्व के अनुकूल है। यह अनुभवकर्ता भी है और लीब्नीज़ के स्वयंभू व्यक्ति के साथ अनुकूलता

---

1. तथागतिपरिणामात्। देखिए, उमास्वाति के तत्त्वार्थसूत्र, 10 : 8। सिद्धात्मा पुरुष पांच प्रकार के होते हैं : (1) तीर्थंकर, अथवा मुक्तात्मा, जिन्होंने देहधारी अवस्था में जैनमत का उपदेश किया (2) अर्हत्, अर्थात् वे पूर्णात्मा पुरुष जो कर्म-शरीर को त्यागकर निर्वाण-प्राप्ति की प्रतीक्षा कर रहे हैं ; (3) आचार्य, अथवा तपस्वियों के समुदायों के प्रधान; (4) उपाध्याय, अथवा अध्यापनकार्य करने वाले सन्त लोग, और (5) साधुवर्ग, जिसमें अन्य सब आ जाते हैं। (सर्वदर्शनसंग्रह, 50-54)।
2. प्रारम्भ में जैनमत भले ही भौतिक विज्ञान की दृष्टि से एक असंस्कृत रूप में रहा हो, किन्तु आगे चलकर जैन विचारकों ने निश्चित दार्शनिक भित्ति पर इसको विकसित किया, जिसकी स्पष्ट व्याख्या की जा सकती है और समर्थन किया जा सकता है।

रखता है। यह एक ऐसी वस्तु है जिसके लिए यान्त्रिक व्याख्या अपर्याप्त है। चूंकि जैनमत उस युग की उपज है जबकि अभी दर्शनशास्त्र अपनी परिपक्व अवस्था को नहीं पहुंचा था, इसलिए हम देखते हैं कि इसे जीव एवं आत्मा, अजीव एवं प्रकृति के मध्य यथार्थ भेद क्या है—इसका विशद ज्ञान नहीं था। जीव एक विद्यमान वस्तु का विशेष प्रकार है। प्रकृति के बन्धन से मुक्त जीव को आत्मा कहा गया है। आत्मा प्राकृतिक मल से रहित विशुद्ध चेतना का नाम है। यह सब प्रकार के देश एवं बाह्यता से पृथक् है। यह शुद्ध और अपने आध्यात्मिक पद पर ऊंची उठी हुई, आकृतिविहीन चेतनामात्र है। पुद्‌गल चेतनारहित विशुद्ध भौतिक प्रकृति नहीं है। इसके ऊपर पहले से ही आत्मा की छाप है। आत्मा की जीवित सत्ता है, और प्रकृति असत् का निषेधात्मक तत्त्व है। प्रकृति बर्गसां के देश या 'स्पेस' के साथ और लीब्नीज़ की प्रारम्भिक प्रकृति के साथ साम्य रखती है। पुद्‌गल की केवल भौतिकता प्रत्यक्ष में आत्मा की विरोधी है। यह केवल भेदमात्र है और इसीलिए जैन तर्कशास्त्र की परिभाषा में अयथार्थ है। जीव दोनों का संयोग है। यह भौतिक-आध्यात्मिक है।[1] यह प्रकृति के बोझ से युक्त और इसीलिए बन्धन में जकड़ी हुई आत्मा है। संसार के सब जीव इस निषेधात्मक भौतिक तत्त्व से सम्बद्ध हैं। जैनमत का विश्वास है कि ये तीनों—अर्थात् विशुद्ध आत्मा, विशुद्ध प्रकृति एवं जीव जो दोनों का संयोग है—सत् पदार्थ हैं, यद्यपि पहले दो हमें दृष्टिगोचर नहीं होते। पुद्‌गलस्कन्ध में भी, जिसे हम देखते हैं, चेतना का एक अंश है और उसी अंश में जीव है जिस अंश में अन्य पदार्थ हैं—जहां तक इसके सारतत्त्व का सम्बन्ध है। जैनियों के जीव एवं अजीव आत्मा या चैतन्य एवं प्रकृति या अचैतन्य के आनुभविक पृथक्करण नहीं हैं, अपितु दोनों के मध्य क्रिया-प्रतिक्रिया की उपज हैं। पुद्‌गल पर आत्मा की छाप है और जीव के अन्दर भी पहले से प्रकृति प्रविष्ट है। हम जीव और अजीव को सत् और असत् के साथ शब्द के अशुद्ध प्रयोग के कारण एक समान मान लेते हैं। यथार्थ में आत्मा एवं अनात्म प्रारम्भिक तत्त्व हैं, जो परस्पर-विरोधी तत्त्व हैं, जो एक-दूसरे के अनुकूल नहीं हो सकते। जीव में आत्म का अंश प्रधान है और अजीव या जड़ में अनात्म का अंश। ये सम्पूर्ण विश्व में दो विभिन्न व्यवस्थाओं का प्रतिनिधित्व करते हैं।

भौतिक अनुभव के अनुसार, जीवों से संसार बना हुआ है; और प्रत्येक जीव अपने में एक ठोस इकाई है, एक संयुक्त पदार्थ है। यह अनेकों में एक है अथवा एक में अनेक है। दोनों के बीच का सम्बन्ध अनादि है। इस संसार से ये दोनों कभी पृथक् नहीं होते। सब जीवों का उद्देश्य, जिसकी प्राप्ति के लिए उन्हें अवश्य प्रयत्न करना चाहिए, समस्त भौतिक प्रकृति का परित्याग है। जितनी भी क्रिया संसार में है, सबके केन्द्र जीव हैं।

हमें बताया जाता है कि इस विश्व में आत्मा एवं प्रकृति, प्रमाता और प्रमेय सर्वदा साथ-साथ पाए जाते हैं। सारे अनुभव के अन्दर हमें दोनों में परस्पर द्वन्द्व मिलता है, जिसमें एक दूसरे के ऊपर आधिपत्य जमाने का प्रयत्न करता है। यह जानना आवश्यक है कि जीव के अन्दर जो आध्यात्मिक अंश है उसके कारण उसकी प्रवृत्ति ऊपर की ओर होती है, जबकि भौतिक अंश की प्रवृत्ति नीचे की ओर रहती है। मनुष्य के शरीर में निवास करने वाला जीव प्रकृति के द्वारा इतना अधिक बोझल हो जाता है कि उसे पार्थिव जीवन में से गुज़रना पड़ता है।

जीवों की कई श्रेणियां हैं जिनकी व्यवस्था आत्म-अंश के अनात्म-अंश के ऊपर न्यून

1. देखिए, 'आउटलाइंस आफ जैनिज़्म', पृष्ठ 77।

एवं अधिक आधिपत्य के अनुसार होती है। दिव्य जीवन की उच्चतम अवस्थाओं में जो देवताओं का स्तर है और जिसे पवित्रात्माओं अथवा सिद्धात्माओं से भिन्न करके समझना चाहिए जिनके अन्दर प्रकृति का अंश नहीं रह गया है, हमें आत्मा के अनात्म के ऊपर आधिपत्य का सबसे अधिक एवं अनात्म का न्यून से न्यून अंश मिलता है। निम्नतम अवस्थाओं में हमें पदार्थों की विशुद्ध बाह्यता से अन्वित ऐसी वस्तुएं मिलती हैं जहां अनात्म-अंश अपने ऊंचे स्तर पर है। जब हम उनसे उठकर पौधों एवं जन्तुओं में पहुंचते हैं तो हमें आत्मा का अंश अधि और अनात्म-अंश कम मिलता है। उनके अन्दर एकता है एवं सरलता है जिससे उनका व्यक्तित्व बनता है। अपने वर्तमान जीवन में वे अपने भूतकाल को भी संजोए हैं। जब हम देवताओं के स्तर को प्राप्त करते हैं उस समय अनात्म न्यूनतम अंश में होता है। जीवन का सुख विश्व के ईश्वर-सम्बन्धी मधुर सम्बन्ध तब उठ जाता है। धातुओं एवं देवताओं के मध्य में स्थित वस्तुओं में आत्म एवं अनात्म के अन्दर परस्पर संघर्ष होता है। विशुद्ध आत्मा एवं विशुद्ध प्रकृति में हमें पृथक् रूप में धार्मिक एवं अधार्मिक अंश मिलता है; भेद इतना ही है कि वह विशुद्ध रूप में अनुभव गम्य नहीं है।

क्या हम कह सकते हैं कि जीवों की अनेकता उक्त कल्पना के आधार पर अध्यात्मविद्या का परमसत्य है? हमें बताया गया है कि जीवों के अन्दर दो विभिन्न प्रवृत्तियां कार्य करती हैं। जो दृश्यमान जगत् हमारे आगे है उसमें आत्म एवं अनात्म, सत् और असत् का द्वैत विद्यमान है। सत् यथार्थ है अर्थात् आत्मा अपनी सर्वज्ञता के साथ है; असत् वह तत्त्व है जो आत्मा की सर्वज्ञता के ऊपर आवरण बनकर जीवन को मर्यादित कर देता है। अपने अन्तःस्थ स्वरूप में अर्थात् अपने सर्वज्ञता के उमड़ते हुए रूप में आत्मा समस्त विश्व को छा लेती है, किन्तु जीव का एक बिन्दु के रूप में ह्रास हो जाता है, जिसमें विश्व प्रतिबिम्बित होता है जैसेकि एक केन्द्र में। व्यक्तित्व का मूल असत् है। यह एक प्रकार का निषेधात्मक तत्त्व है जो जीव को स्वार्थों का एक पृथक् केन्द्र बनाता है, जो सर्वज्ञ आत्मा की एक परिमित अभिव्यक्ति है एवं मनोवैज्ञानिक व्यवस्था में एक सत्ता है। शरीर अपूर्णता की एक श्रेणी है और वह आत्मा को एक आधारबिन्दु या दृष्टिकोण देता है। विविध प्रकार के जीव जैसे धातुएं, पौधे, जन्तु, मनुष्य एवं देवता भिन्न-भिन्न हैं, क्योंकि उनके शरीर भिन्न-भिन्न हैं। परिणाम यह निकलता है कि यद्यपि उनके अन्दर निवास करने वाली आत्मा वही है लेकिन प्रकृतिरूप निषेधात्मक तत्त्व के कारण अनुभव वह नानाव्यक्तित्व होता है। "जीव का पृथक्त्व एवं व्यक्तित्व व्यवहार अथवा अनुभव के दृष्टिकोण से ही है। यथार्थ में समस्त जीवों का सारतत्त्व चेतना है।"[1] आत्माओं का अनेकत्व एक सापेक्ष विचार है जो यथार्थसत्ता उस समय प्रस्तुत करती है जब हम संवेदना, भावना एवं बद्धता पर बल देते हैं, मानो यथार्थसत्ता के वही यथार्थ क्षण हों। जैनियों के ज्ञानविषयक सिद्धान्त में हमें एक आनुभविक केन्द्र से ऊपर उठकर एक तार्किक विषयी या प्रमाता तक पहुंचने को विवश होना पड़ता है। विषयी एक इस प्रकार का स्थायी तथ्य है कि समस्त संसार इसी के लिए बना है।[2] जब अपूर्ण पृथक्करण

---

1. सर्वदर्शनसंग्रह, 3, 7 और 8।
2. बॉसनक्वेट से तुलना कीजिए : "यह निर्विवाद रूप से स्वीकार किया जाता है कि ज्ञान की क्रिया में आत्मा सर्वव्यापी है। यह संसार में आती है जो इसकी अपनी सत्ता से भिन्न प्रकार का है और वहां यह जिस किसी के सम्पर्क में आती है उसे अन्य आत्माओं के साथ सामान्य रूप से ग्रहण कर लेती है और इस प्रकार के ग्रहण में वह अपने-आपमें पूर्ण नहीं रहती और न निकरणक्षम इकाई ही रह जाती है।" ('गिफर्ड लेक्चर्स', दूसरी माला, अध्याय 2)।

के द्वारा चिन्तन के कारण वही विषयी न्यून होकर एक परिमित मन तक पहुंचता है, जो दैहिक यंत्र द्वारा नियंत्रित है और जो देश-काल में बद्ध है, तभी जीवों की स्वतंत्रता का भाव हमारे सम्मुख आता है। दूसरे शब्दों में, यदि हम शंकर की विख्यात परिभाषा का प्रयोग करें तो हमारे सम्मुख जीवों की अनेकता तभी तक है जब तक कि हम विषयी को स्वयं विषय या प्रमेय अर्थात् एक आलोच्य विषय मानते रहें, अन्यथा नहीं। यदि हम विचारधारा के संकेतों का अनुसरण करें और विषयी (आत्मा) को संवेदना एवं भावना के स्थान शरीर-सम्बन्ध से छुड़ा सकें एवं विषय-पदार्थ के साथ के सब प्रकार के सम्पर्क से स्वतंत्र कर सकें, तो हम देखेंगे कि यथार्थ में विषयी केवल एक ही है। जैनमत ने इस उन्नत अवस्था के तत्त्व को समझने का प्रयत्न बिल्कुल भी नहीं किया और न इस आदर्श की ओर ही दृष्टिपात किया, और यह भी सत्य है कि इस प्रकार का उच्च विचार हमारे इस स्तर पर है भी कठिन। मानवीय विचार के लिए आदर्श एवं वास्तविक के मध्य एक दीवार खड़ी हो गई है। अपनी परिमित शक्ति अथवा अल्पज्ञता के कारण हमें एकदेशी अथवा अंशपरिणामी को लेकर चलने के लिए विवश होना पड़ता है, जिससे हम अपने को मुक्त नहीं कर सकते।

जैनदर्शन ने परमसत्ता के एकत्व पर भी विचार किया है और उक्त विचार के विरुद्ध वह इस प्रकार से तर्क करता है : 'यदि सब प्राणियों में केवल एक ही सामान्य आत्मा होती तो वे एक-दूसरे को कैसे जान सकते थे, और उनका अनुभव भी भिन्न-भिन्न प्रकार का नहीं हो सकता था, और इस प्रकार ब्राह्मण, क्षत्रिय, वैश्य और शूद्र, कीट, पतंग और सरीसृप योनि के भिन्न-भिन्न प्राणी नहीं हो सकते थे। सब या तो मनुष्य होते अथवा देवता होते। इसके अतिरिक्त उन व्यक्तियों में जो दूषित जीवन व्यतीत करते हैं एवं उनमें जो इस संसार में साधु आचरण करते हैं, कोई भेद भी न रहता।"[1] मनोवैज्ञानिक एवं सांसारिक अनुभव के स्तर पर जीवात्माओं के अनेकत्व का निषेध करने की कोई आवश्यकता नहीं, जहां कि कर्मों के फल का उपभोग करने का ही प्रश्न उठता है। जहां पर मन यांत्रिक अवस्थाओं में बद्ध है वहां जीवों की अनेकता का एक अर्थ अवश्य है, किन्तु हमारा प्रश्न यह है कि क्या हम इस अल्पशक्ति वाले जीव को परम सत्य मान सकते हैं ? यदि यह परिमित शक्ति आत्मा की एक अनिवार्य अवस्था होती, ऐसी कि जिसे मनुष्य कभी भी दूर न कर सकता, तब तो जीवों की अनेकता यथार्थ है, किन्तु जैनियों का विश्वास है कि परिमितता आनुषंगिक है, स्थायी नहीं है; इस अर्थ में कि यह आत्मा का सारतत्त्व नहीं है और उस मुक्त अवस्था में यह उन सब मर्यादाओं से सर्वथा मुक्त हो जाती है। ऐसी अवस्था में यदि हम आत्मा की आनुषंगिक अनेकता को ही सत्य की अंतिम अभिव्यक्ति भी समझ लें तो यह विचार तर्कसम्मत न होगा। अध्यात्मविद्या सम्बन्धी विवाद का यह एक सर्वसम्मत एवं सामान्य नियम है कि जो प्रारम्भ में नहीं था और अंत में भी न रहेगा, उसकी वर्तमान प्रक्रिया में भी यथार्थसत्ता स्वीकार नहीं की जा सकती।[2] अनेकता वास्तविक एवं विद्यमान तो मानी जा सकती है किन्तु उसकी यथार्थता को नहीं माना जा सकता।

आत्मा की अनेकता के सिद्धान्त का समर्थन हमारे लिए तब तक सम्भव नहीं हो सकता जब तक कि इस विषय का प्रतिपादन न हो कि परमार्थदशा में भी भिन्नता का कोई आधार हो सकता है। मुक्तावस्था की संगति पृथक् व्यक्तित्व के साथ कभी नहीं बैठ सकती,

---

1. सूत्रकृतांग, 2 : 7, 48 और 51; और भी देखिए, 1 : 1, 1।
2. "आदावन्ते च यन्नास्ति वर्तमानेऽपि तत्तथा।"

क्योंकि आत्मा के पृथक् अस्तित्व के मार्ग में बाह्य पदार्थ एवं शारीरिक बंधन सदा ही बाधक रहेंगे तो मुक्ति किसकी होगी? आत्मा के पृथक्त्व में ही भ्रांति एवं पाप सम्भव है, और मुक्ति इसी पृथकत्व के विनाश का नाम है।

अध्यात्मशास्त्र की दृष्टि में, अद्वैत एवं द्वैत के प्रश्न का निर्णय इस संसार में दोनों प्रकार की प्रवृत्तियों के परस्पर सम्बन्ध के ऊपर निर्भर करता है। जैन मूलस्रोत के प्रश्न पर जाते ही नहीं। हमारे पास भी उनके परमार्थसत्ता सम्बन्धी विचार तक पहुंचने का कोई साधन नहीं है। और सर्वविश्वातिशयी शक्ति के—जो मनमौजी एकमात्र सत्तात्मक शासक हो—सिद्धान्त का जैनी लोग खण्डन करते हैं। यदि हम यह कहें कि जैनमत ईश्वर, प्रकृति एवं आत्मा तीनों को उसी के स्वरूप मानता है तो हमारे कथन में कुछ भी मिथ्या न होगा। ईश्वर कोई भिन्न सत्ता नहीं, आत्मा की अपनी अखण्डता के अतिरिक्त ईश्वर कोई अन्य सत्ता नहीं है। यदि इससे भिन्न किसी प्रकार की कल्पना ईश्वर के विषय में की जाएगी तो उससे ईश्वर शांत अथवा परिमित ठहरेगा। मनुष्य का मन अपने को अन्य सबसे पृथक् समझ लेता है, इसीलिए वह परिमित स्वरूप है; किन्तु यदि हम ऐसे मन की कल्पना करें जो सीमाओं में बद्ध न हो, पर अपने को स्वयं में पूर्णता के साथ प्रस्तुत कर सकें, तब सीमाएं भी, जो मानवी अनुभव का विशिष्ट रूप हैं, तिरोहित हो जाएंगी। नित्यचेतना का अनुभव मनुष्य के सामर्थ्य के अन्तर्गत है। अपनी शक्ति के द्वारा हम समस्त सीमित आकृतियों से परे पहुंच सकते हैं। ज्ञान में धारणा के मूलतत्त्व के साथ एकता रखकर, जो सब मनों के साथ स्थापित करती है, हम मनोवैज्ञानिक जीवात्मा से ऊपर उठते हैं, जो अन्य सबसे पृथक् है। देश एवं काल से नियंत्रित मन के ऊपर उठकर हम ऐसे मन में पहुंचते हैं जिसके द्वारा देश एवं काल के संबंध उत्पन्न होते हैं। अनंत सत्ता सांत के अन्दर निहित है। यही कारण है कि सीमित आत्मा सदा ही अपनी सीमितता को भंग करने के लिए संघर्ष करती रहती है और पूर्णतम स्वतन्त्रता अर्थात् मोक्ष को प्राप्त करने का प्रयत्न करती है, और जब मुक्ति प्राप्त हो गई तो सब प्रकार की विजय प्राप्त हो जाती है। इस प्रकार की आत्मा के अतिरिक्त जीवों की अन्य कोई व्यवस्था नहीं है।

आध्यात्मिक एवं भौतिक प्रवृत्तियों के बीच, जिनके संघर्ष का इस संसार में अनुभव होता है, परस्पर क्या सम्बन्ध है ? क्या वे भेद एक ही पूर्ण के अन्दर हैं ? वे एक दूसरे के प्रति अच्छी तरह से अनुकूल प्रतीत होते हैं, जिससे पूर्णता के प्रति प्रगति में सहायता प्राप्त होती है। यद्यपि वे एक-दूसरे के परस्पर विरोधी हैं, परन्तु वे उस एकता के विरोधी प्रतीत नहीं होते, क्योंकि वह एकता विरोधियों का एक संश्लेषण है। ऐसी घटनाओं पर बल देकर जैन सिद्धान्त को हठात् एक पूर्ण सर्वव्यापक की सत्ता की ओर आना ही होगा जो भिन्न भी हैं और संयुक्त भी है। इस प्रकार के मत में न तो विशुद्ध आध्यात्मिक ही और न ही विशुद्ध भौतिक कुछ रह जाता है। इन दोनों का पृथक्करण केवल तर्कशास्त्र के ही लिए है। यथार्थसत्ता केवल एक ही पूर्ण है—विशुद्ध आत्मा एवं विशुद्ध प्रकृति जिसके पृथक्करण मात्र हैं। वे एक ही सर्वव्यापक की आवश्यकताएं हैं जो एक-दूसरे के विरोधी किन्तु एक ही पूर्णसत्ता के पृथक् न किए जा सकने वाले अवयव हैं। वह सर्वव्यापक ब्रह्म ही विश्व के जीवन में अपने को अभिव्यक्त कर रहा है। परस्पर विरोधियों का संघर्ष भी यथार्थसत्ता की सब श्रेणियों में वर्तमान है यद्यपि परमार्थसत्ता के समष्टिरूप में उन सब संघर्षों का अन्त हो जाता है। यदि जैन तर्क के अनुसार, विचार को ही परम पदार्थ मान लिया जाए और यथार्थसत्ता

का भी मुख्य स्वरूप वही माना जाए जो तर्क से निर्णीत होता है, तब परिणाम एक समष्टिरूप एकेश्वरवाद या अद्वैतवाद ही निकलेगा। विशुद्ध आत्मा केवल एक भावात्मक परमार्थसत्ता है, जिसे किसी के विरुद्ध संघर्ष नहीं करना है, जो क्रियाशून्य है, आध्यात्मिक शक्ति है, एक गतिविहीन प्राणी है और केवल शून्यमात्र ही है। तो भी असंगत रूप में जैनमत आत्मा की ऐसी अवस्था का प्रतिपादन करता है जो प्रकृति से सर्वथा पृथक् है जिसकी गति बराबर ऊपर की ओर है एवं नीचे की ओर आने की उसमें गुंजाइश नहीं है। कुमारिल भट्ट का कहना है कि सिद्धात्माओं की यथार्थता को तार्किक हेतु के आधार पर प्रमाणित नहीं किया जा सकता। "हमें कोई भी सर्वज्ञ प्राणी इस संसार में दिखलाई नहीं देता और न ही उसकी यथार्थसत्ता अनुमान द्वारा स्थापित की जा सकती है।"[1] जैनी लोग अपनी कल्पना के आधार के लिए आत्मा के निजी स्वरूप के ऊपर निर्भर करते हैं, जिसकी अभिव्यक्ति बाधाओं के दूर होते ही स्वयं हो जाती हैं। कुमारिल भी स्वीकार करता है कि आत्मा के अन्दर एक स्वाभाविक योग्यता है, जिससे वह सब वस्तुओं को ग्रहण कर सकती है, और ऐसे साधन भी हैं जिनके द्वारा आत्मा की यह योग्यता विकसित की जा सकती है। यदि हम जैनदर्शन के इस पहलू पर बल दें और यह स्मरण रखें कि केवली व्यक्ति में अन्तर्दृष्टि द्वारा ज्ञान होता है जो विचार से ऊंची श्रेणी का है तो हम ऐसे एकेश्वरवाद (अद्वैत) में पहुंच जाते हैं जो परमार्थरूप और अपरिमित है, जिसके कारण हम संघर्ष में जुटे संसार को, जहां पर सब पदार्थ यथार्थता एवं शून्यता के मध्य में ही घूमते रहते हैं, अयथार्थ समझ सकेंगे। संसार को हम उसी अवस्था में यथार्थ समझ सकते हैं जबकि हम विशुद्ध आत्मा के उच्चतम पक्ष की ओर से एकदम आंख बन्द कर लें। यदि हम इस तथ्य को समझ लें तो अनात्म भी केवल आत्मा का दूसरा अंश है, उसका कुछ प्रतिबिम्ब है, यद्यपि वह ठीक आत्मपक्ष के समान नहीं है और ऐसी वस्तु है जिसे अन्त में जाकर हमें अवश्य मिथ्या के रूप में जानना है। ऐसी अवस्था में संसार को हम समझ सकेंगे कि यह अनात्म के बल से निर्माण हुई एक प्रतीतिमात्र है, सत् नहीं है। इस प्रकार हमें शंकर द्वारा प्रतिपादित प्रकार के वेदान्त की ओर आना ही होगा। एक बात तो बिल्कुल स्पष्ट है, आधे रास्ते में ही ठहर जाने के कारण जैनमत एक अनेकांतवादी यथार्थता का प्रतिपादन कर सका है।

उद्धृत ग्रन्थ

'सैक्रेड बुक्स आफ द ईस्ट', खंड 22 और 45।

'इन्साइक्लोपीडिया आफ रिलिजन एण्ड ऐथिक्स', खंड 7 में जैकोबी के 'जैनिज़्म ऐण्ड द जैन ऐटमिक थ्योरी' सम्बन्धी लेख।

उमास्वाति : तत्त्वार्थसूत्र ('सैक्रेड बुक्स आफ द जैनूस')।

नेमीचन्द्र : द्रव्संग्रह ('सैक्रेड बुक्स आफ द जैनूस')।

कुन्दकुन्दाचार्य : पंचास्तिकायसमयसार ('सैक्रेड बुक्स आफ द जैनूस')।

जैनी : 'आउटलाइंस आफ जैनिज़्म'।

मिसेज़ स्टीवेन्सन : 'द हार्ट आफ जैनिज़्म'।

बरोडिया : 'हिस्ट्री ऐण्ड लिटरेचर आफ जैनिज़्म'।

सर्वदर्शनसंग्रह, अध्याय 3।

1. सर्वदर्शनसंग्रह, पृष्ठ 41-42

सातवां अध्याय

प्रारम्भिक बौद्धमत का नैतिक आदर्शवाद

प्रारम्भिक बौद्धमत—बौद्ध विचारधारा का विकास—साहित्य—बुद्ध का जीवनवृत्त और व्यक्तित्व—तात्कालिक परिस्थितियां—बुद्ध और उपनिषदें—दुःख—दुःख के कारण—परिवर्तनशील जगत्—जीवात्मा—नागसेन का आत्मविषयक सिद्धान्त—मनोविज्ञान—प्रतीत्यसमुत्पाद, या आश्रित उत्पत्ति का सिद्धान्त—नीतिशास्त्र—कर्म एवं पुनर्जन्म—निर्वाण—ईश्वर के सम्बन्ध में बुद्ध के विचार—कर्म के संकेत—क्रियात्मक धर्म—ज्ञानविषयक सिद्धान्त—बौद्धधर्म और उपनिषदें—बौद्धधर्म और सांख्यदर्शन—बौद्धधर्म की सफलता।

1. प्रारम्भिक बौद्धमत

इसमें कोई सन्देह नहीं कि प्रारम्भिक बौद्धदर्शन दर्शनशास्त्र के इतिहास में अत्यन्त मौलिक होने के कारण अपना एक विशेष स्थान रखता है। अपने मूलभूत विचारों एवं साररूप में यह उन्नीसवीं शताब्दी के उन्नत वैज्ञानिक विचारों के साथ अद्‌भुत रूप में मिलता-जुलता है। जर्मनी का आधुनिक निराशावादपरक दर्शन, जिसका प्रतिपादन शोपनहावर एवं हार्टमान ने किया है, प्रारम्भिक बौद्धदर्शन की पुनरावृत्ति-मात्र है। उक्त सिद्धान्त के विषय में कभी-कभी कहा जाता है कि यह 'बौद्धमत से भी कुछ अधिक असंस्कृत एवं प्राकृत' है। जहां तक यथार्थसत्ता के गत्यात्मक विचार का सम्बन्ध है, बौद्धदर्शन ने बर्गसां के रचनात्मक विकास से बहुत पूर्व इस सम्बन्ध में एक सुन्दर रूप में भविष्यवाणी कर दी थी। प्राचीन बौद्धधर्म एक ऐसे दर्शन की रूपरेखा को प्रस्तुत करता है जो वर्तमानकाल की क्रियात्मक मांगों की पूर्ति के लिए सर्वथा अनुकूल है, और धार्मिक विश्वास और भौतिक विज्ञान के मध्य में जो विरोध प्रतीत होता है उसमें परस्पर समन्वय स्थापित करने में पूर्णतया सहायक है। उक्त विषय को हम विशदरूप में देख सकेंगे, बशर्ते कि हम प्राचीन बौद्धधर्म के सिद्धान्तों पर ध्यान देने तक ही अपने को नियमित रख सकें और उसके परवर्ती विकास की उन विभिन्न पौराणिक मिथ्या कल्पनाओं पर अधिक बल न दें जो आदिम उपदेशों और स्वयं उसके संस्थापक बुद्ध भगवान के आसपास एकत्र हो गई हैं।

2. बौद्ध विचारधारा का विकास

बौद्ध विचारधारा में भारत में भी एक हज़ार वर्ष से कुछ अधिक समय तक निरन्तर विकास दिखाई देता है। जैसाकि रीज़ डेविड्स का कहना है : "ज्यों-ज्यों शताब्दियां गुज़रती

गई, बौद्धधर्म की प्रायः प्रत्येक पुस्तक में स्वल्प मात्रा में परिवर्तन होता चला गया।'' बुद्ध की मृत्यु के पश्चात् दूसरी शताब्दी में बौद्धधर्म के सिद्धान्तों में कम से कम अठारह परिवर्तन तो स्पष्टरूप से मिलते हैं।[1] विचारों के राज्य में जीवन का अर्थ है परिवर्तन। सम्पूर्ण विकास को हम इसी एक युग के अन्दर नहीं डाल सकते। जहां एक ओर प्राचीन बौद्धधर्म एवं उसके हीनयान और महायान सम्प्रदाय इसी युग में आते हैं वहां बौद्ध विचारधारा के चार सम्प्रदाय हमें इसके भी परे ले जाते हैं। इस युग के विषय में लिखते हुए हमारा विचार है कि बौद्ध सम्प्रदायों का उल्लेख करना भी उचित ही होगा क्योंकि इस युग के अन्त तक वे पर्याप्त मात्रा में विकसित हो गए थे।

3. साहित्य

प्रारम्भिक बौद्धधर्म का वृत्तान्त जानने के लिए हमें पिटकों पर निर्भर करना होगा, जिनका अर्थ होता है नैतिक नियमों को पिटारियां। इन पिटकों में प्रतिपादित विचार स्वयं बुद्ध द्वारा उपदिष्ट भले ही न हों तो भी उनके लगभग निकटतम रूप में है जो आज हमें प्राप्य हैं। प्राचीन भारतीय बौद्ध इन्हीं को बुद्ध भगवान के उपदेश एवं आचरण के रूप में मानते हैं। जिस काल में पिटक संगृहीत करके लेखबद्ध किए गए तब जिन सिद्धान्तों को बुद्ध के उपदेशों के रूप में जनसाधारण में मान्यता प्राप्त थी उन सबका वृतान्त हमें पिटकों में मिलता है। बहुत सम्भव है, ईसा से 241 वर्ष पूर्व इन पिटकों का संग्रह हुआ और ये पूर्ण रूप में आए। और इसी समय तीसरी परिषद् का आयोजन हुआ। आज जो सामग्री हमें उपलब्ध है उसमें निःसन्देह ये सबसे अधिक प्राचीन एवं सबसे अधिक प्रामाणिक लेख हैं।

बौद्धधर्म की परवर्ती परम्पराओं के अनुसार, गौतम की मृत्यु के थोड़े समय पश्चात् ही, अथवा यों कहना अधिक उपयुक्त होगा कि 'अनित्यता रूपी वायु के द्वारा जब वह ज्ञानदीप बुझा दिया गया' तब, बुद्ध के अनुयायियों के अन्दर सिद्धान्त के विषय में कुछ विवाद उठ खड़े हुए। उन विषयों का निर्णय करने के लिए मगध के समीप राजगृह में एक परिषद् बुलाई गई। जब सब भिक्खु लोग एकत्र हो गए तो बुद्ध के शिष्यों में सबसे अधिक विद्वान काश्यप से कहा गया कि वह अभिधम्मपिटक में प्रतिपादित अध्यात्मविद्या-विषयक विचारों का पाठ करे। इसी प्रकार जो बुद्ध के उस समय में वर्तमान शिष्यों में सबसे पुराना शिष्य था उससे कहा गया कि वह विनयपटिक में मिलने वाले अनुशासन के नियमों एवं उपनियमों को पढ़कर सुनाए। और अन्त में बुद्ध के प्रिय शिष्य आनन्द से कहा गया कि वह सुत्तपिटक को पढ़कर सुनाए, जिसमें बुद्ध के द्वारा प्रचार के समय में वर्णित कहानियों एवं छोटे-छोटे दृष्टान्तों का संग्रह है। एक दीर्घकाल तक बुद्धि की शिक्षा का प्रचार नियमपूर्वक शिक्षकों एवं शिष्यों द्वारा ही क्रमागत रूप में होता रहा और उस शिक्षा को केवल ईस्वी सन् 80 के बाद ही लंका के राजा वत्तमामनि के शासनकाल में लेखबद्ध किया गया। ''पुराने समय में अत्यन्त विद्वान भिक्खु तीनों पिटकों एवं उनके ऊपर की गई टीकाओं को भी मौखिक प्रचार द्वारा ही आगामी सन्तति तक पहुंचाते थे, किन्तु चूंकि उन्होंने अनुभव किया कि जनता प्राचीन शिक्षा से पीछे हटती जा रही है इसलिए भिक्खु लोग एकत्र हुए और इस विचार से कि सत्य सिद्धान्त स्थिर

1. रीज़ डेविड्स–'द सेक्ट्स आफ द बुद्धिस्ट्स', जर्नल आफ द रायल्स एशियाटिक सोसाइटी, 1891।

रह सकें, उन्होंने उन सिद्धान्तों को पुस्तक के रूप में लिख डाला।"[1] पाली की धार्मिक व्यवस्था के तीन विभाग हैं—(1) सुत्त अथवा कहानियां, (2) विनय अथवा अनुशासन, (3) अभिधम्म अथवा सिद्धान्त। पहले सुत्तपिटक के पांच विभाग हैं, जिन्हें निकाय कहते हैं। इनमें से पहले चार में मुख्यरूप से बुद्ध के सुत्त अथवा व्याख्यान हैं। ये वार्ता अथवा संवाद के रूप में हैं। ये जिन सिद्धान्तों को समझाने की कोशिश करते हैं उनमें परस्पर कोई मतभेद नहीं है।[2] संवादों की इस पिटारी अथवा सुत्तपिटक के विषय में रीज़ डेविड्स का कहना है : "दार्शनिक अन्तर्दृष्टि की गहराई में एवं स्थान-स्थान पर स्वीकृत सुकरात की प्रश्नात्मक विधि में, व्यापक सदिच्छा एवं उच्च भावना में, और उस काल के अत्यधिक सुसंस्कृत विचारों की साक्षी उपस्थित करने में ये संवाद बराबर पाठक को प्लेटो के संवादों का स्मरण कराते हैं। यह निश्चित है कि ज्योंही इस पिटक को भली प्रकार समझकर इसका अनुवाद किया जाएगा, गौतम के संवादों का यह संग्रह हमारे दार्शनिक सम्प्रदायों एवं इतिहास में प्लेटो के संवादों के समान स्तर पर ही रखा जा सकेगा।"

विनयपिटक में धार्मिक अनुशासन के विषय में प्रतिपादन और भिक्षु-जीवन की साधना के लिए नियमों एवं उपनियमों का विधान है। इसके तीन मुख्य विभाग हैं, जिनमें से दो के फिर उपविभाग हैं। (1) सुत्तविभंग—इसके विभाग हैं, (क) पाराजिक और (ख) पाचित्तिय।

---

1. महावंश, अध्याय 33।
2. पांच विभाग निम्नलिखित हैं—

(क) दीघनिकाय लम्बे भाषणों का संग्रह है जिसमें चौंतीस सुप्त हैं जिनमें से प्रत्येक बुद्ध धर्म के सिद्धान्तों के किसी न किसी विवाद-विषय का प्रतिपादन करता है। इनमें से पहला है ब्रह्मजालसुत्त, दूसरा बामञ्ञफलसुत्त (तपस्वी जीवन के पुरस्कार के विषय में)। अम्बट्ठसुत्त जन्मपरक जाति के विषय में बुद्ध के क्या विचार थे इसका प्रतिपादन करता है। कूटदन्तसुत्त ब्राह्मण-धर्म एवं बौद्धधर्म के परस्पर सम्बन्ध के विषय का प्रतिपादन करता है। तेविज्जसुत्त ब्राह्मण संस्कृति एवं बौद्ध आदर्शों में परस्पर विरोध को प्रदर्शित करता है। महानिदानसुत्त में कारण-कार्य-सम्बन्ध का प्रतिपादन है। सिगालोवादसुत्त में बौद्धगृहस्थों के कर्त्तव्य बतलाए गए हैं। महापरिनिब्बानसुत्त में बुद्ध के अन्तिम दिनों का वृत्तान्त दिया गया है।

(ख) मज्झिमनिकाय में साधारण लम्बाई के भाषणों का संग्रह है। इसमें लगभग 152 उपदेश, एवं संवाद हैं जिनमें बौद्धधर्म के सब विवाद-विषय आ गये हैं।

(ग) संयुत्तनिकाय में संयुक्त भाषणों का संग्रह है। प्रसिद्ध धम्मचक्कपवत्तनसुत्त भी इसे अन्तर्गत है, अर्थात् धर्मचक्र को गति देने के सम्बन्ध में भाषण। इसे साधारणतः वाराणसी के उपदेश के नाम से पुकारा जाता है और विनयपिटक में भी यह पाया जाता है।

(घ) अंगुत्तरनिकाय में 2,300 सुत्तों से कुछ अधिक हैं और 11 विभागों में बंटे हैं। इनका क्रम ऐसा रखा गया है कि पहले में उन चीजों का वर्णन है जो एक प्रकार की हैं, दूसरे में उन चीजों का वर्णन है जो दो प्रकार की हैं, इत्यादि।

(ङ) खुद्दकनिकाय छोटे-छोटे टुकड़ों का संग्रह है। इसमें 15 विभाग हैं : (1) खुद्दकपाठ, (2) धम्मपद, (3) उदान, (4) इतिवृत्तक, (5) सुत्तनिपात, (6) विमानवत्थु, (7) पेतवत्थु, (8) थेरगाथा, (9) थेरीगाथा, (10) जातक, (11) निद्देस, (12) पटिसंभिदामग्ग, (13) अपदान, (14) बुद्धवंश, (15) करियापिटक। थेरगाथा और थेरीगाथा दोनों काव्य की दृष्टि से अत्यन्त श्रेष्ठ और मानवीय दृष्टि से सम्पन्न हैं। मोक्ष और आनन्द-सम्बन्धी उनके गीत संघ के उन सदस्यों द्वारा रचित बताए जाते हैं जिन्हें बुद्ध के जीवनकाल में ही अर्हत्ता, पूर्ण शान्ति एवं अनिर्वचनीय आनन्द की आस्था, प्राप्त हो गई थी। जातकों में जनश्रुति पर आधारित गौतम के पूर्वजन्मों का इतिहास दिया गया है। यह लोकसाहित्य के विद्यार्थियों के लिए अत्यन्त महत्त्वपूर्ण है। धम्मपद ('सैक्रेड बुक्स आफ द ईस्ट', खंड 10) में बुद्ध के सिद्धान्तों का सार दिया गया है। ऐसे व्यक्ति जिनमें तीनों पिटकों के अध्याय के लिए आवश्यक धैर्य या क्षमता का अभाव है, बौद्धधर्म के नीतिशास्त्र के सारस्वरूप इसी ग्रन्थ को पढ़ते हैं।

(2) खण्डक—जिसके विभाग हैं : (क) महावग्ग, (ख) चुल्लवग्ग। (3) परिवार। तीसरे अभिधम्मपिटक में[1] मनोवैज्ञानिक नीतिशास्त्र का प्रतिपादन किया है और प्रकरणवश अध्यात्मविद्या एवं दर्शनशास्त्र का भी प्रतिपादन है। इसके सात उपविभाग हैं—(1) धम्मसंगणी, जिसका निर्माण ईसा के पश्चात् चतुर्थ शताब्दी के पूर्वार्ध में अथवा मध्य में हुआ बताया जाता है, (2) विभंग, (3) कथावत्तु, (4) पुग्गलपञ्ञति, (5) धातु, (6) यमक, और (7) पट्ठान। यह पाली धर्मशास्त्र है जो थेरवाद के नाम से विख्यात सिद्धान्त का प्रतिपादत करता है, क्योंकि उनका संग्रह पहली परिषद् में थेराओं अथवा बुजुर्गों स्थविरों द्वारा हुआ था।[2]

कभी-कभी मिलिन्दपञ्ह अथवा 'राजा मिलिन्द के प्रश्न' को, जो बौद्धशिक्षक एवं कुशल नैयायिक नागसेन तथा यूनानी राजा मेनाण्डर[3] (मिलिन्द) के बीच हुए संवाद के रूप में है, पाली धर्मशास्त्र के अन्दर सम्मिलित किया जाता है; जैसेकि स्याम में। यूनानी राजा मेनाण्डर ने लगभग 125 से 95 ईसा पूर्व तक सिन्धुप्रदेश एवं गंगा की घाटी में शासन किया। इस ग्रन्थ का लंकाद्वीप में बहुत अधिक उपयोग होता है और वहां यह सर्वमान्य प्रामाणिक ग्रन्थ माना जाता है। यह ईसाई युग के प्रारम्भ के लगभग या उसके पश्चात् किसी समय लिखा गया। हम इसे बुद्ध की शिक्षाओं का सार-संग्रह नहीं मान सकते। उक्त विवाद बुद्ध की मृत्यु के लगभग चार सौ वर्ष पश्चात् हुआ प्रतीत होता है और हमारे सामने बौद्धमत के उस स्वरूप को प्रस्तुत करता है जोकि बुद्ध के काल के बहुत पीछे जाकर प्रचलित रूप में आया। 'राजा मिलिन्द के प्रश्न', रीज़ डेविड्स के अनुसार, "भारतीय गद्य-साहित्य की अत्युत्कृष्ट कृति है और साहित्यिक दृष्टि से अपनी श्रेणी की सर्वोत्तम पुस्तक है, जैसी आज तक किसी भी देश में नहीं लिखी गई होगी।" बुद्धघोष इसको पाली-पिटकों के बाद सबसे अधिक प्रामाणिक ग्रन्थ मानता है।[4] जहां एक ओर पालीपिटक बुद्ध की शिक्षाओं के, अधिकांश में, अनुरूप माने जा सकते हैं, वहां 'मिलिन्दप्रश्न' में, हमें ऐसा प्रतीत होता है कि, बौद्ध शिक्षाओं की नकारात्मक व्याख्या अधिक है। नागसेन बौद्धमत का निषेधात्मक हठवाद के रूप में प्रतिपादन करता है जो आत्मा, परमात्मा एवं मुक्तात्माओं के भविष्य-जीवन आदि सब सिद्धान्तों को अस्वीकार करता है। वह सम्पूर्णरूप से एक हेतुवादी है जिसने दृढ़ता के साथ वैज्ञानिक पद्धति को स्वीकार करके ऐसे सब हठधर्मी विश्वासों को जिनका ताना-बाना धर्मात्माओं ने हीकनतर पहलुओं को छिपाए रखने के उद्देश्य से सत्य की प्रतिमा के इर्द-गिर्द बना रखा था, एकदम विशीर्ण कर दिया। इस बात को अनुभव करके कि सत्य के जिज्ञासु को अवश्य स्वयं सत्यमय होना चाहिए, उसने अपना मत प्रकट किया कि वे हठधर्मी विश्वास जिनका विधान धर्म में है, मनुष्य-जाति को दुःखों से छुटकारा नहीं दिला सकते। हो सकता है कि प्रत्यक्ष में अपूर्ण सामग्री के आधार पर बुद्ध ने अपना निर्णय रोककर रखा हो। नागसेन ने बुद्ध की इस सावधानी में सन्देह प्रकट किया और कमर कसकर सबका निषेध कर दिया। उसके अनुसार, किसी मत के विषय में साक्ष्य का अभाव उस पर अविश्वास करने के लिए पर्याप्त कारण है। अपूर्व साक्ष्य के ऊपर विश्वास करना भयंकर भूल ही नहीं, पाप है। बुद्ध

---

1. अभिधम्म का अनुवाद अंग्रेजी में साधारणतया 'मेटाफिज़िक्स' (अध्यात्मविद्या) किया जाता है; परन्तु मूल पाली शब्द ही सिद्धान्त का उत्तम प्रतिपादन कर पाता है।
2. देखें ओल्डनबर्ग : 'दीपवंश', पृष्ठ 27।
3. 'सैक्रेड बुक्स आफ द ईस्ट', खंड 35 और 36।
4. 'सैक्रेड बुक्स आफ द ईस्ट', 35, पृष्ठ 16।

की प्रवृत्ति ऐसी अवस्था में निर्णय को रोक रखने की थी किन्तु नागसेन का संशोधन स्पष्ट खण्डन करने में है। बुद्ध के विचारों का कठोर तर्क के साथ प्रतिपादन करते हुए उसने अनजाने उक्त विचारों की अपर्याप्तता को प्रकाश में ला दिया।

बुद्धघोष का 'विसुद्धिमग्ग' एक पीछे का ग्रन्थ है (ईसा के 400 वर्ष पश्चात्), जिसका निर्माण एक ब्राह्मण ने किया था जिसने बौद्धधर्म स्वीकार कर लिया था। यह हीनयान के अर्हत् आदर्श का प्रतिपादन करता है और प्राचीन सिद्धान्त का विकास करता है। बुद्धघोष पहला बौद्ध टीकाकार है। उसका 'अत्थसालिनी' ग्रंथ 'धम्मसंगणी' पर बहुमूल्य टीका है। बुद्धघोष के काल से बहुत अधिक समय पश्चात् तक भी थेरवाद विकसित नहीं हो पाया। दार्शनिक नहीं, तो भी ऐतिहासिक महत्त्व के अन्य पाली ग्रन्थ ये हैं—दीपवंश (चौथी शताब्दी ईसा के पश्चात्) और महावंश (पांचवी शताब्दी ईसा के पश्चात्)। हम इस अध्याय में प्राचीन बुद्धधर्म के विषय में लिखते हुए पिटकों एवं कट्टर विचारवाली टीकाओं तक ही अपने को सीमित रखेंगे। 'राजा मिलिन्द के प्रश्नों' का भी उपयोग करेंगे किन्तु एक विशिष्ट सीमा के अन्दर। अर्वाचीन ग्रन्थों का भी जहां उपयोग किया जाएगा, हम इस बात का ध्यान रखेंगे कि ऐसा कोई विचार आगे न आए जो प्राचीन लेखों में न मिलता हो।

4. बुद्ध का जीवनवृत्त और व्यक्तित्व

उपनिषदों की ओर से जब हम प्राचीन बौद्धमत की ओर आते हैं तो हम ऐसे ग्रन्थों में से निकलकर जिनके निर्माता एक से अधिक विचारक थे, एक ऐसे निश्चित मत की ओर आते हैं जिसकी स्थापना केवल एक व्यक्ति-विशेष के द्वारा हुई थी। उपनिषदों में हमें एक प्रकार के वातावरण का आश्चर्यजनक अध्ययन मिलता है जबकि बौद्धधर्म में मनुष्य के जीवन में विचार की ठोस अभिव्यक्ति देखने को मिलती है। उस काल के संसार में विचारधारा की जीवन के साथ एकता ने एक प्रकार का अद्भुत कार्य किया। प्राचीन बौद्धमत की सफलता का कारण बुद्ध का जीवन और अपना निजी विशिष्ट व्यक्तित्व ही था।

यह कल्पना करते समय कोई भी मनुष्य अवश्य आश्चर्यचकित होगा जब उसे यह ज्ञात होगा कि ईसा से छः सौ वर्ष पूर्व भारत में एक अद्वितीय राजकुमार ने जन्म लिया जो धार्मिक त्याग, उच्च आदर्शवाद, जीवन की कुलीनता एवं मनुष्यमात्र के प्रति प्रेम में अपने पहले और बाद के लोगों में अद्वितीय था। परिव्राजक के रूप में प्रचारक गौतम अपने अनुयायियों में और उनके द्वारा समस्त संसार में बुद्ध[1] के नाम से विख्यात है, जिसका अर्थ है जानने वाला, जिसे ज्ञान का प्रकाश मिल गया है। ईसा से लगभग 567 वर्ष पूर्व उसने जन्म लिया। उसका अपना नाम सिद्धार्थ था, जिसका तात्पर्य उस व्यक्ति से है जिसने अपना उद्देश्य पूर्ण कर लिया हो। उसका घर का नाम गौतम, उसके पिता का नाम शुद्धोदन एवं माता का नाम माया था। वह शाक्यवंश के राज्य का उत्तराधिकारी था। कपिलवस्तु में, जो शाक्यों की राजधानी थी, उसका पालन-पोषण शुद्धोदन की दूसरी पत्नी महयापती द्वारा हुआ क्योंकि गौतम की माता उसके जन्म के सात दिन बाद ही मर गई थी। कहा जाता है कि उसने एक रिश्ते की बहिन यशोधरा के साथ विवाह किया, जिससे उसे एक पुत्र उत्पन्न हुआ और जिसका नाम राहुल रखा गया और जो बाद में उसका शिष्य बना। बहुत बचपन से ही

1. बुद्ध का अर्थ है प्रकाश देने वाला और भारत में यह एक सामान्य संज्ञा है, जो अनेक व्यक्तियों के लिए उपयुक्त होता है।

इस अनिर्वचनीय संसार के बोझ और इसके रहस्य ने प्रबलरूप में उसकी आत्मा पर दबाव डाला। इस जीवन के क्षणभंगुरता एवं अनिश्चितता ने उसकी आत्मा में प्रबलरूप में खलबली मचा दी और उसे इस विषय का अच्छी तरह ज्ञान हो गया कि लाखों मनुष्य अज्ञानरूपी अन्धकार के गहरे गड्ढ़े में गिरकर पापपूर्ण जीवन बिताते हुए नाश को प्राप्त होते हैं। वे चार घटनाएं जिन्हें गौतम ने कपिलवस्तु के मार्ग पर देखा था—अर्थात् एक वृद्ध मनुष्य जो वर्षों के बोझ से झुक गया था, एक बीमार व्यक्ति जो बुखार में तप रहा था, एक मृत व्यक्ति की लाश जिसके पीछे शोक मनाने वाले रोते हुए और अपने केशों को नोचते हुए जा रहे थे तथा एक भिक्षुक साधु—इस दिशा का निर्देश करती है कि संसार के दुःखमय रूप ने गौतम के भावुक मन में एक प्रकार की उग्र पीड़ा उत्पन्न कर दी थी।[1] दुःख के ये दृश्य उसके अन्दर उस बोझ के प्रति चेतना को जगाने के लिए पर्याप्त थे जो अज्ञानियों को अनन्तकाल से दबाता रहा है, यहां तक कि मनुष्य का उत्तम से उत्तम प्रयत्न भी उस पर काबू नहीं पा सका और जो मनुष्य-जाति के विनाश का कारण बना हुआ था दुःख के व्यक्तिगत दृष्टान्त बुद्ध के लिए एक विश्वमात्र की समस्या बन गए। उसकी अन्तरात्मा विचलित हो उठी। और उसे जीवन भयावह लगने लगा।

इन्द्रियगम्य पदार्थों के खोखलेपन ने उसके ऊपर यहां तक असर किया कि उसने नित्य में ध्यान लगाने एवं अपने साथ ही समस्त मनुष्य-समुदाय को जीवन की हीनता तथा विषयासक्ति की भ्रान्तियों से छुटकारा दिलाने का साधन ढूंढ़ निकालने के लिए सब प्रकार के आराम, शक्ति एवं राजभवन की धन-संपदा का त्याग कर दिया। उन दिनों सत्य के अन्वेषक मानसिक अशान्ति से बार-बार पीड़ित होने पर उद्विग्न होकर पर्यटक वैरागी बन जाते थे। प्रकाश की खोज करने वाले को भी अपनी खोज प्रारम्भ करने के लिए संसार के बढ़िया पदार्थों को त्याग देना आवश्यक था। इस प्राचीन प्रथा के अनुसार, बुद्ध ने घर का त्याग कर दिया और एक तपस्वी का जीवन स्वीकार कर लिया। उसने अपने ठाट-बाट को उतार फेंका, पीले वस्त्र धारण कर लिए, और प्रकाश एवं शान्ति की खोज में भिक्षावृत्ति आरम्भ करके ग्राम-ग्राम एवं नगर-नगर में चक्कर लगाना आरम्भ कर दिया। उसने इतना बड़ा त्याग केवल उन्तीस वर्ष की अवस्था में किया।[2] उसने दार्शनिक विचार के द्वारा आध्यात्मिक विश्वास की प्राप्ति के लिए प्रयत्न किया और कुछ समय केवल विचारों के ही अज्ञात समुद्रों में मानसिक यात्रा की, किन्तु उसे अधिक सफलता नहीं मिली। सूक्ष्म तर्कशास्त्र

1. मरणशीलता के बल ने इसी प्रकार से जार्ज सैंड को भी प्रेरणा दी थी कि उसने भी संसार के दुःख पर चिन्तन किया, "जब उदासी, अभाव, निराशा एवं दुःखकातर वाणी, जिससे संसार-भरपूर है, मेरे सामने आये, जब मेरा चिन्तन केवल अपने ही भविष्य तक नियमित न रहकर उस संसार-भंर की ओर झुका जिसका मैं केवल अंशमात्र हूं, तब मेरी अपनी निराशा का विस्तार सारी सृष्टि तक फैल गया और मरणशीलता का नियम मेरे आगे आया एक ऐसे भयावह रूप में कि मेरा तर्क एकदम हिल गया।"—डब्ल्यू एस. लिली के 'मैनी मैन्शन्स' में उद्धृत 'महापदानसुत्तन्त। रीज़ डेविड्स का 'डायलॉग्स आफ बुद्ध', खंड 2 भी देखिए।
2. प्रचलित किंवदन्ती इस घटना का बलपूर्वक वर्णन करती है। यह कहा जाता है कि वह मध्यरात्रि में उठा, अपनी पत्नी के कमरे के द्वार तक गया और उसे एक हाथ अपने बच्चे के सिर पर रखे हुए सोते देखा। उसकी इच्छा हुई कि अन्तिम बार अपने बच्चे को छाती से लगा ले किन्तु इस भय ने कि इस प्रकार बच्चे की युवती माँ जाग जाएगी, उसे ऐसा करने से रोक दिया। वह वापस लौट आया और प्रकाश की खोज में रात के अन्धकार में भाग निकला।

मानसिक अशान्ति का उचित उपचार नहीं है। दूसरे साधन शारीरिक तपस्याओं के थे। गौतम अपने पांच श्रद्धालु मित्रों के साथ उरुवेला के जंगलों में एकान्त प्रवेश में गया और वहां उसने उपवास एवं तपस्या के उन्माद में आकर आत्मा की शान्ति के लिए ऐसी ही अन्यान्य अत्यन्त कठोर प्रकृति के शारीरिक यन्त्रणाओं के अधीन अपने को कर दिया। उसे इससे कोई शान्ति नहीं मिली, क्योंकि सत्य अभी भी पहले की तरह बहुत दूर था। वह निराशोन्मत्त होने लगा और एक रात थककर मूर्छित हो गया और भूख के कारण लगभग मरने लगा। सत्य अभी भी समस्या था और जीवन एक प्रश्नचिह्न था।

पूरे छः वर्ष की कठोर तपस्या की साधना के पश्चात् बुद्ध को उक्त पद्धति की निष्फलता का निश्चय हो गया। धन-सम्पदा का खोखलापन, भिन्न-भिन्न सम्प्रदायों का ज्ञान, और तपस्वी जीवन की कठोरता इन सबको उसने तुला में रखकर तोला और तो भी ये सब उसे हल्के प्रतीत हुए। संयम का इन्द्रियनिग्रह द्वारा पवित्र हो गए शरीर के साथ, एवं विनय के कारण सुसंस्कृत हो गए मन से एवं एकान्तवास के द्वारा सर्वथा अनुकूल हो गए हृदय के साथ उसने वन्य प्रदेश में ज्ञान की खोज की। इसके अनन्तर वह संसार में परमात्मा की सृष्टि की ओर मुड़ा इस आशा से कि सम्भवतः सूर्योदय से एवं सूर्य की आभा और प्रकृति व जीवन के ऐश्वर्य से उसे कुछ सत्य की शिक्षा मिल सके। वह ध्यान एवं प्रार्थना में लग गया। किंवदन्तियों में उन वृतान्तों का वर्णन मिलता है कि किस प्रकार मार या कामदेव ने बुद्ध का ध्यान बंटाकर कभी प्रबल आक्रमणों द्वारा, कभी आकर्षक प्रलोभन के साधन से उसे अपने उद्देश्य से पथभ्रष्ट करने के नाना प्रयत्न किए। मार को सफलता नहीं मिली। बोधिवृक्ष के नीचे घास के बिछौने पर बैठे हुए गौतम पूर्व दिशा की ओर मुंह किए हुए था, दृढ़ और अचल, अपने मन को एक विशेष प्रयोजन में लगाए हुए—"मैं अपने इस आसन से तब नहीं हिलूंगा जब तक कि मैं सर्वोपरि एवं परम (निरपेक्ष) ज्ञात को प्राप्त न कर लूं।" उसने उसी वृक्ष के नीचे सात सप्ताह गुजारे। "जब मन किसी महत्त्वपूर्ण एवं उलझी हुई समस्या में ग्रस्त हो तो वह आगे तो बढ़ता है, शनैः शनैः पग उठाकर अपनी स्थिति को सुदृढ़ बना लेता है; किन्तु जो उपलब्धियां उसे उस समय तक प्राप्त हुईं, उनका बहुत अल्पमात्रा में ही भान हो सकता है जबकि अचानक हठात् प्रकट हुए दिव्य प्रकाश के प्रभाव से वह अपनी विजय को ग्रहण कर सकता है। इस प्रकार प्रतीत होता है कि गौतम के साथ भी ऐसा ही हुआ।"[1] अपनी गम्भीर ध्यानावस्थित मुद्राओं में से एक मुद्रा में जबकि वह उस वृक्ष के नीचे विश्राम कर रहा था, जिसे उसके भक्त अनुयायियों ने बोधिनन्द का नाम दिया अर्थात् बुद्धि का पीठ एक नवीन ज्ञान उसके मन में प्रस्फुटित हुआ। अपनी खोज की वस्तु उसके अधिकार में आ गई।

तब वर्षों की निरन्तर खोज और ध्यान के पश्चात् उन्होंने अपने को इस विशेष उद्देश्य से भरपूर अनुभव किया कि उन्हें सर्वदास्थायी आनन्दातिरेक की प्राप्ति के मार्ग का प्रचार विनाशोन्मुख जनों में करना चाहिए। उन्होंने चार आर्यसत्यों एवं आठ प्रकार के मार्ग के धर्माचरण का प्रचार व्याकुल संसार को किया। अध्यात्मशास्त्र के सूक्ष्म सिद्धान्तों में न जाकर उन्होंने नीतिशास्त्र के मार्ग का प्रचार किया, जिससे कि वे पापपूर्ण एवं निन्दित जीवन से जनसाधारण की रक्षा कर सकें। अपनी शान्त एवं विनीत मुखमुद्रा के कारण, अपने जीवन के सौन्दर्य एवं गरिमा के कारण, मनुष्यमात्र के प्रति अपने प्रेम की सचाई एवं उमंग के कारण और अपने विवेक एवं ज्ञानपूर्ण संवाद तथा अद्भुत वक्तृत्वशक्ति के कारण उन्होंने स्त्री-

---

1. वेल्स : 'द आउटलाइंस आफ हिस्ट्री', पृष्ठ 207।

पुरुषों के हृदयों पर एक समान विजय प्राप्त कर ली। अपने पांच तपस्वी मित्रों को उन्होंने अपने सबसे प्रथम शिष्यों के रूप में चुना। इन पांच शिष्यों को उन्होंने अपने 'धर्मचक्रप्रवर्तन' का प्रथम उपदेश दिया। उन्होंने उनके उपदेश को ग्रहण किया और वे बौद्धसंघ रूपी संस्था के सबसे पहले सदस्य बने। शिष्यों की संख्या शनैः शनैः बढ़ती चली गई। नये धर्म के प्रचारार्थ धर्मप्रचारकों को सब दिशाओं में भेजा गया। बौद्धधर्म में दीक्षित होने वाले सबसे प्राचीन और सबसे अधिक प्रख्यात राजगृह के दो तपस्वी सारिपुत्त और मौद्गलायन थे, जिन्होंने प्रारम्भिक पांच शिष्यों में से अस्साजी नामक अन्यतम शिष्य से सत्य को ग्रहण किया। बुद्ध ने स्वयं इनको अपने संघ में प्रविष्ट किया। अन्य प्रसिद्ध शिष्य, जिन्होंने बौद्धधर्म के इतिहास में एक महत्त्वपूर्ण स्थान की पूर्ति की, इस प्रकार थे—उपालि, जिसने बुद्ध की मृत्यु के उपरान्त संगठित हुई पहली परिषद् के समक्ष विनयपिटक का पाठ किया; काश्यप, जो परिषद् का अध्यक्ष था और अपने समय का प्रमुख बौद्ध था क्योंकि यह कहा जाता है कि उसके आगमन की प्रतीक्षा में ही बुद्ध के शरीर का दाहकर्मसंस्कार कुछ समय के लिए रोक दिया गया था; और आनन्द, बुद्ध का चचेरा भाई और सबसे प्रिय शिष्य, जो कोमल भावनाओं के साथ बुद्ध के ऊपर सदा निगरानी रखता था और सब प्रकार की सावधानी बरतता था और बुद्ध की मृत्यु के समय भी सबसे अधिक उनके समीप था। सहस्रों व्यक्तियों ने उनके अनुयायियों में अपनी गणना कराई। अनेक ब्राह्मण शिक्षकों ने भी बौद्धधर्म में दीक्षा ली। घर छोड़ने के बारह वर्ष पश्चात् जब बुद्ध अपने पिता के दरबार में गए तब भी उनका उद्देश्य यह था कि वे अपने माता, पिता, पत्नी व पुत्र सबको अपने धर्म में दीक्षित होने के लिए आमन्त्रित करें, जिन्होंने बौद्ध भिक्षुणियों की संस्था बनाई।

लगभग चालीस वर्ष तक धर्मप्रचारक का जीवन व्यतीत करने के पश्चात् जब उन्होंने यह अनुभव किया कि अब इस शरीर को त्यागकर परिनिर्वाण[1] प्राप्त करने का समय समीप आ रहा है तो उन्होंने अपने अन्तिम कुछ घण्टे आनन्द को एवं एकत्र भिक्षुओं को उचित निर्देश एवं आदेश देने में व्यतीत किए। सुभद्र नामक एक पर्यटक तपस्वी ने भी अन्तिम समय में उनके उपदेशों को सुना और वह स्वयं बुद्ध द्वारा दीक्षित हुआ उनका अन्तिम शिष्य था। बुद्ध ने अपने शिष्यों को आदेश दिया कि वे अपनी शंकाओं और कठिनाइयों को कह डालें जिससे कि वे उन्हें दूर कर सकें। सब मौन रहे। तब उस महाभाग ने अपने धर्मबंधुओं को सम्बोधन करके कहा : " और अब हे मेरे बंधुओं, मैं तुमसे विदा होता हूं; मनुष्य के अवयव क्षणभंगुर हैं; पुरुषार्थ के साथ अपने मोक्ष का मार्ग प्रशस्त करो।"[2] कहा जाता है कि उनका देहान्त अस्सी वर्ष की आयु में हुआ। महान बुद्ध सदा के लिए पूर्व की एक अद्भुत

---

1. निर्वाण की प्राप्ति एवं उसका उपभोग केवल जीवन के अन्दर ही सम्भव होता है, परिनिर्वाण की प्राप्ति केवल मृत्यु पर ही होती है, जिस समय शारीरिक जीवन का अन्त हो जाता है। देखिए 'परिनिब्बानसुत्त', सैक्रेड बुक्स आफ द ईस्ट, 11।
2. महापरिनिब्बानसुत्त, 6 : 1। प्लेटो के 'फीडो' के अनुसार दर्शनशास्त्र मृत्यु के ध्यान का दूसरा नाम है। मारकस औरेलियस से तुलना कीजिए : "सब कुछ अन्त में दुर्गन्ध देने वाला और फेंकने लायक हो जाता है।...सब वस्तुएं एक समान हैं—परिचित, अस्थायी और अनुचित।...मिट्टी हम सबको ढंक लेगी; तब मिट्टी अपने आवर्तन में परिवर्तित हो जाएगी, तब परिवर्तन का परिणाम, तब परिणाम का परिणाम, और इस प्रकार अनन्तकाल तक चलता रहेगा। परिवर्तन एवं विविधता की लहरें साथ-साथ उमड़ती हुई आती हैं और वही उन पर गम्भीरतापूर्वक विचार करता है जो सब मरणधर्मा वस्तुओं को घृणा की दृष्टि से देखेगा।" एडविन बेवन के 'हेलेनिज़्म' ऐण्ड क्रिश्चिएनिटी', पृष्ठ 185 में उद्धृत।

आत्मा के उदाहरणस्वरूप रहेंगे, जिसमें भावनामय शान्ति, विचारमग्न नम्रता एवं कोमल, शान्त और अन्तस्थल तक पहुंचने वाला प्रेम—इन सबकी एक साथ झलक मिलती थी। उन्हें भिन्न-भिन्न नामों से भी पुकारा जाता है, यथा : शाक्यमुनि, एवं तथागत अर्थात् जो सत्य तक पहुंच गया है।

जिन घटनाओं का यहां वर्णन किया गया है उन्हें प्रामाणिक माना जा सकता है। कितनी ही अन्य ऐसी घटनाएं भी हैं जिनका वर्णन 'ललितविस्तर'[1] एवं जातक कथाओं में आया है जो न्यूनाधिक रूप में किंवदन्तियां हैं।[2] हमें इस बात को न भूलना चाहिए कि उन बौद्धग्रन्थों का निर्माण जिनमें बुद्ध के जीवन का वृत्तान्त मिलता है, उन घटनाओं के घटने के दो सौ वर्ष के पश्चात् हुआ, इसलिए इसमें कुछ आश्चर्य न होना चाहिए कि उनमें बहुत-सा अंश किंवदन्तियों का है जिनके साथ प्रामाणिकता का भी कुछ अंश सम्मिलित हो सकता है।[3] उनके अनुयायियों की आढय भावनाओं ने भी उनके जीवन को असंख्य किंवदन्तियों से अलंकृत कर दिया। इन घटनाओं से महान शिक्षक के वास्तविक जीवन का वर्णन तो इतना नहीं होता जितना कि इस बात का पता लगता है कि किस प्रकार उन्होंने अपने अनुयायियों के हृदयों और कल्पनाशक्ति को प्रभावित किया।[4]

5. तात्कालिक परिस्थितियां

प्रत्येक विचार-पद्धति अपने अन्दर अपने समय की प्रवृत्तियों को धारण करती है एवं उन्हें प्रकट करती है और इसलिए उसे ठीक-ठीक तभी समझा जा सकता है जबकि हम उस दृष्टिकोण को पहले ग्रहण कर लें जिससे वह संसार की व्याख्या करती है, और साथ में उस स्वाभाविक प्रेरणा को भी समझने का प्रयत्न करें जिसके कारण उक्त विचारपद्धति सम्भव हो सकी। उस प्रचलित साहित्य के द्वारा जो पीछे से लिखित रूप में भी आ गया, हम समय की उन परिस्थितियों का अनुमान सहजरूप में कर सकते हें जिनके अन्दर बुद्ध भगवान ने जन्म लिया। उस समय भारत में कोई एकच्छत्र साम्राज्य नहीं था किन्तु विशेष-विशेष गणजातियों और गोत्रों के शासक राजा लोग थे, जो अपने पृथक् छोटे-छोटे राज्य बनाने के लिए

---

1. एडविन आरनॉल्ड की काव्य-पुस्तक 'लाइट आफ एशिया'।
2. निदानकथा, खण्ड 1, जातक एवं अश्वघोष का बुद्धचरित।
3. बुद्ध के जीवन का सबसे प्रारम्भिक वृत्तान्त 'महापदानसुत्तन्त', दीघनिकाय, संवाद संख्या 14, में है। कहा जाता है कि इसमें बुद्ध का आत्मचरित्र है।
4. यह तो माना जा सकता है कि बुद्ध के विषय में जो प्रचलित वृत्तान्त मिलता है उसका अधिकांश किंवदन्तियों के आधार पर हो, किन्तु हम यह स्वीकार करने के लिए उद्यत नहीं हैं, जैसाकि आधुनिक समय में प्रायः कहा जाता है कि यह सब किंवदन्तियों का ही स्वरूप है। हमारा तात्पर्य उस कल्पना से है जो एम. सेनार्ट द्वारा प्रचलित हुई और अन्य कुछ लोगों ने उसको बढ़ावा दिया, अर्थात् बुद्ध की कथा एक मिथ्या कल्पना है जिसका आगे चलकर एक धर्म से सम्बन्ध हो गया और यह धर्म स्वभाव से उन्नति कर गया। एम. सेनार्ट का कहना है कि हमें बुद्ध की कथा में सूर्य की एक मिथ्या कल्पना मिलती है जिसके साथ कितनी ही अनेक विषमांग प्रवृत्तियां आकर पीछे से जुड़ गईं। हम इस धारणा को स्वीकार करने के लिए उद्यत नहीं हैं। बुद्ध की कथा के साथ जितनी घटनाओं का सम्बन्ध है वे स्वाभाविक हैं और वास्तविक परम्पराओं से सम्बद्ध हैं। हमें पुस्तकों की पहले से उपस्थिति की गवाही मिलती हैं। बुद्ध का धर्म कभी समझ में नहीं आ सकता जब तक कि हम उसे एक वास्तविक मेधावी पुरुष का कार्य न मानें, जिसे आध्यात्मिक स्फूर्ति पर पूरा अधिकार था। एम. सेनार्ट स्वयं भी बुद्ध को एक शिक्षक के रूप में तो मानते हैं, किन्तु समझते हैं कि उनके जीवन में सूर्य की मिथ्या कल्पना जोड़ दी गई है। बुद्ध के जीवन की मुख्य-मुख्य घटनाएं कभी मिथ्या नहीं हो सकती।

प्रयत्नशील थे। नाना प्रकार की स्थानीय भाषाओं का प्रयोग होता था और संस्कृत सामान्य रूप से एक पवित्र भाषा थी। वेदों को पहले ही रहस्यमय पवित्र ग्रन्थों के रूप में मान्यता प्राप्त हो चुकी थी। ऐसे रीति-रिवाज और सामाजिक नियम जिन्हें पीछे से मनुस्मृति में धार्मिक नियमों का स्थान दिया गया, उस समय प्रचलित थे यद्यपि उनके अन्दर वह कठोरता अभी नहीं थी जो बाद गें उनमें प्रविष्ट हो गई। प्रसिद्ध छः दार्शनिक सम्प्रदायों का अभी पूर्ण विकास नहीं हुआ था, यद्यपि उस प्रकार की कल्पना का भाव जिसके कारण उक्त दर्शनपद्धतियों की रचना आगे जाकर सम्भव हो सकी, उस समय अपना काम कर रही थी। नैतिक जीवन में शिथिलता आ गई थी, क्योंकि अध्यात्मविद्या की सूक्ष्म समस्याओं एवं पारमार्थिक संवादों ने जनसाधारण की शक्ति को खपा रखा था।

उस समय समस्त वातावरण परस्पर-विरोधी मन्तव्यों एवं कल्पनाओं के एक राशीभूत एवं पुंज से परिपूर्ण था, जिसे किसी ने अंगीकार किया तो दूसरे ने उसे मानने से निषेध किया, और जो व्यक्तियों के साथ बदलता था एवं वैयक्तिक आचरण, भावनाओं एवं उनके निर्माताओं की आन्तरिक इच्छाओं को प्रतिबिम्बित करता था। उस समय ऐसे कोई मान्य सत्य एवं सिद्धान्त नहीं थे जिन्हें सब लोग एकमत होकर स्वीकार कर सकें, किन्तु मात्र द्रावक विचार एवं अन्तःप्रेरणाएं मिलती थीं। उस समय में जगत् एवं आत्मा की नित्यता, अनित्यता, अथवा दोनों में से एक भी नहीं, सत्य तथा आभास की पहचान, एक परलोक की वास्तविकता, मृत्यु के पश्चात् भी आत्मा का अस्तित्व एवं इच्छा के स्वातन्त्र्य आदि के विषय में संवाद अपनी पूर्ण विकसित अवस्था में आ गए थे। कुछेक विचारक मन और आत्मा को एक ही मानते थे, जबकि अन्य उसमें परस्पर-भेद मानते थे। कुछ परमेश्वर को सर्वोपरि मानते थे तो अन्य ऐसे भी थे जो मनुष्य को ही सर्वोपरि स्वीकार करते थे। कुछ का तर्क था कि हम इस विषय में कुछ नहीं जानते; दूसरे कुछ व्यक्ति अपने श्रोताओं को बड़ी-बड़ी आशाओं और विश्वास के साथ निश्चय दिलाकर सन्तुष्ट करने का प्रयत्न करते थे। कुछ परिष्कृत अध्यात्मविद्या-सम्बन्धी कल्पनाओं के निर्माण में व्यस्त थे; इसके विपरीत, दूसरी ओर वे भी थे जो उक्त कल्पनाओं के खण्डन में उतना ही परिश्रम कर रहे थे। उस काल में वैदिक परम्परा से एकदम निरपेक्ष अनेक कल्पनाओं ने जन्म लिया। उस काल में हमें निग्गण्ठ मिलते हैं जो अपने को सब बन्धनों से मुक्त कहते थे; श्रमण मिलते हैं अर्थात् ऐसे तपस्वी जो ब्राह्मणों से भिन्न थे, और जो संसार को त्याग देने में ही आत्मा के लिए शान्तिलाभ मानते थे; ऐसे भी थे जो आत्मनियन्त्रण के लिए दीर्घकाल तक अन्नग्रहण को त्याग देते थे; ऐसे भी थे जिन्होंने आध्यात्मिक साधना के लिए संसारनिवृत्ति के लिए प्रयत्न किया था, तथा नैयायिक, वितर्कवादी, भौतिकवादी एवं संशयवादी सभी तरह के लोग। इसके अतिरिक्त ऐसे भी थे जो अपने आत्माभिमान के कारण अपने से बढ़कर किसी को ज्ञानी नहीं समझते थे जैसे सच्चक, जो धृष्टता के साथ यहां तक कह गया कि "ऐसा कोई भी श्रमण, ब्राह्मण, शिक्षक, आचार्य अथवा किसी संप्रदाय-विशेष का मुखिया—भले ही वह अपने को पवित्रात्मा, सर्वोपरि बुद्ध ही क्यों न कहे—नहीं है जो यदि शास्त्रार्थ में मेरे सामने आने का साहस करे तो लड़खड़ा न जाए, कांपने न लगे और उसे भय के मारे पसीना न छूटने लगे। और यदि मैं एक जड़ के खम्भे पर भी अपनी वाणी का प्रहार करूं तो वह भी लड़खड़ा जाए और उसे भी कंपकंपी आने लगे, फिर मनुष्य का तो कहना ही क्या।"[1] यह कल्पनाओं की अस्तव्यस्तता का काल था जो

1. ओल्डनबर्ग : 'बुद्ध', पृष्ठ 70।

असंगत परमार्थविद्याओं एवं अनिश्चित वितण्डावादों और वाक्कलहों से भरपूर था।[1]

इस प्रकार अध्यात्मविद्या की ओर प्रवृत्ति रखने वाले लोगों को समृद्ध कल्पनाशक्ति देश, काल एवं नित्यता आदि के प्रश्नों का समाधान करते हुए अपना मन बहलाती रही, और उन्होंने दर्शनशास्त्र की अत्यन्त श्रेष्ठ कला को एक अत्यन्त सामान्य रूप दे दिया। किन्तु महान सत्य अस्पष्ट एवं रहस्यमय आध्यात्मिक ज्ञान के पीछे छिपे पड़े रहे। ये वे लोग हैं जो कल्पनापरक साहित्य के मार्ग में से स्फुटित होते हुए सत्य को नहीं ग्रहण कर सकते। एक-दूसरे के ऊपर आक्रमण करते हुए श्रद्धोन्माद ने, परस्पर विसंवादी या असंगत शास्त्रपद्धतियों ने, एवं मिथ्या विश्वास के ज्वारभाटे ने मिलकर बुद्ध के हृदय पर एक अजीब असर डाला और वे इस परिणाम पर पहुंचे कि अध्यात्मविद्या-सम्बन्धी ये सब विचार मनुष्य को शान्ति दे सकने में असमर्थ हैं। पारलौकिक कल्पनाओं के सूक्ष्म विभेदों से अथवा अविराम प्रश्नात्मक प्रवृत्ति से, या दार्शनिक सम्प्रदायों के जटिल वाद-विवादों के द्वारा तर्क को सूक्ष्म और परिमार्जित करने से आत्मा को मोक्ष की प्राप्ति नहीं हो सकती। निर्णयशून्य विचार भले ही मनुष्य के मस्तिष्क पर कोई कुप्रभाव उत्पन्न न करे, उसके नैतिक हित के लिए तो अवश्य ही हानिकर सिद्ध होता है। विचार के क्षेत्र की अव्यवस्था से नैतिक क्षेत्र में भी अव्यवस्था आती है। इसलिए बुद्ध ने परलोकशास्त्र-सम्बन्धी वादविवादों को, जिनसे कोई भी लाभ उन्हें प्रतीत नहीं हुआ, एकदम ही छोड़ देना उचित समझा। बौद्धधर्म में अध्यात्मविद्या या परलोकशास्त्र का जो भी विषय हमें मिलता है, वह मौलिक 'धम्म' नहीं है, अपितु उसमें पीछे से जोड़ा गया है, अर्थात् अभिधम्म[2] है। बौद्धधर्म अनिवार्यरूप से मनोविज्ञान, तर्कशास्त्र एवं नीतिशास्त्र का समुच्चय है। उसमें अध्यात्मशास्त्र सन्निविष्ट नहीं है।

भारत जैसे विस्तृत भूभाग में देवताओं की कल्पना करने में मनुष्य की अद्भुत क्षमता और बहुदेववाद के प्रति दुर्दमनीय मानसिक प्रेरणा को स्वच्छन्द कार्यक्षेत्र मिला। उस समय देवी-देवताओं और प्रेतात्माओं का ही शासन जनसाधारण के मन पर था, जिनमें नुकसान पहुंचाने और तंग करने की शक्ति थी, अथवा प्रसन्न होकर वरदान देने एवं गौरवान्वित कर देने की भी शक्ति थी। अधिकांश लोग वैदिकधर्म को बहुत ऊंची श्रद्धा से देखते थे, जिसमें तरह-तरह के सम्प्रदायों, क्रियाकलापों, कर्मकाण्डों और धार्मिक अनुष्ठानों की भरमार थी। ठीक यूरोप के उन मूर्तिपूजकों की भांति जो धनवान होने की अभिलाषा को लेकर अग्निदेवता को मस्तक नवाते थे और अपनी गृहसामग्री का दसवां हिस्सा अर्पण करते थे, बीमारी से छुटकारा पाने के लिए एस्कूलापिअस नामक देवता को मुर्गा चढ़ाते थे, वे लोग देवताओं को प्रसन्न करने में लगे रहते थे। यहां तक कि एकेश्वरवादियों का परमेश्वर भी अधिकतर मनुष्यों के ही समान एक देवता था, यद्यपि वह वीर प्रकृति का था; और यदि उसे स्वतन्त्र छोड़ दिया जाए तो वह बहुत दयालु रहता था। पर यदि कोई उसकी अवहेलना करे तो क्रूद्ध हो जाने वाला था, और क्रोध शान्त हो जाने पर क्षमाशील भी था। उस एकमात्र परमेश्वर का अपने उपासकों के साथ सम्बन्ध मालिक और दास का सा था। वह प्रतिशोध के स्वभाव वाला युद्धदेवता, हमारे साथ जैसा चाहता था व्यवहार करता था और युद्ध में हमें

---

1. गौतम बुद्ध के समय में प्रचलित 62 कल्पनाओं का, जिनका 'ब्रह्मजालसुत्त' में उल्लेख है, रीज़ डेविड्स ने अपने 'अमेरिकन लेक्चर्स ऑन बुद्धिज़्म' नामक ग्रंथ में विश्लेषण किया है।
2. 'अभि', परे; 'धम्म', भौतिक विज्ञान। मेधम्नो का आगे चलकर अभिधम्न में विश्लेषण किया गया है। अरस्तू से तुलना कीजिए। देखिए अत्थसालिनी : प्रारम्भिक संवाद।

शत्रुओं का सामना करने का आदेश देता था। वह संसार के अन्दर आवश्यकता से अधिक दखल देता था। धूमकेतु उसके कोप के प्रतीक थे, जोकि पापपूर्ण संसार को चेतावनी देने के निमित्त प्रेषित किए गए थे। यदि चेतावनी की अवहेलना की जाती तो वह जनसंख्या के दशांश का संहार करने के वास्ते महामारी भेज सकता था। चमत्कार उस समय के लिए साधारण घटना थी। यद्यपि उपनिषदों के द्वारा एक व्यापक नियम की कल्पना तो की जा चुकी थी किन्तु वह एक जागरित विश्वास के रूप में नहीं आई थी, और कठोर एकेश्वरवाद का परिणाम यह हुआ कि कुछ उत्तरदायित्व परमेश्वर के ऊपर डाल दिया जाता था। यदि हम बुरे हैं तो उत्तरदायी वही परमेश्वर है, यदि अच्छे हैं तो भी वही उत्तरदायी है। या तो केवल मन की मौज से अथवा पूर्वपुरुष के किसी पापकर्म द्वारा अपमान किए जाने के कारण उसने मनुष्य-जाति के अधिकांश भाग को निराशा एवं दुःख का जीवन बिताने की व्यवस्था की है।

प्रत्येक पापकर्म परमात्मा के नियम का उल्लंघन है और उसको प्रसन्न करने का एकमात्र उपाय पश्चात्ताप करना एवं धूल में लोटना है। पाप करना परमेश्वर के प्रति अपराध करना है, इसलिए परमेश्वर को सन्तुष्ट करना ही होगा। लोग पाप के स्वाभाविक परिणामों के प्रति उदासीन रहते थे, यद्यपि मौलिक रूप से कर्म के प्रति निष्ठा दिखाई जाती थी। जब मनुष्यों के कार्यकलाप के ऊपर एक क्रुद्ध परमेश्वर का वज्र लटकता रहता था। परिणाम यह हुआ कि धर्म को जीवन से अलग समझा जाता था और परमेश्वर एवं संसार एक-दूसरे के विपरीत थे।

हिंसात्मक और क्रूर यज्ञों ने, जिनके द्वारा परमेश्वर की पूजा की जाती थी, बुद्ध के अन्तःकरण पर आघात किया। परमात्मा के विषय में मिथ्या विश्वास के कारण मनुष्य के नैतिक जीवन को भारी क्षति पहुंची। बहुत-से अच्छे व्यक्ति भी इस मिथ्या विश्वास से कि यह दैवीय आज्ञा है, बहुत-सा शैतान का काम कर बैठते हैं। इस संसार में आचारशास्त्र एवं धर्म को एक-दूसरे के अन्दर मिश्रित कर देने के कारण कितनी बुराई हुई—इसका अनुमान लगाना कठिन नहीं है। धर्म के नाम पर ऐसे अनेक मत मनुष्यों के जीवन में घुस गए थे और इस प्रकार हावी हो चुके थे कि धार्मिक प्रेरणा की रही-सही चिंगारी को भी बुझा देना चाहते थे, इस स्थिति ने बुद्ध के मन पर भारी चोट पहुंचाई।

इस कल्पना के आधार पर संशयवादियों के लिए सदाचारी होना आवश्यक नहीं। जब सदाचार या नैतिकता का आधार दैवीय आज्ञा को माना जायगा, जिसकी प्रेरणा भी एक अद्‌भुत रूप से दी गई हो, तो प्रत्येक वैज्ञानिक खोज एवं विचार का विकास नीति के ऐसे आधार को विनष्ट कर देगा। दुर्बल विश्वास वाला व्यक्ति सदाचारनीति की आज्ञाओं की अवहेलना कर दे तो कोई आश्चर्य नहीं।

ल्यूक्रेशियस के समान बुद्ध ने भी अनुभव किया कि यदि प्राकृतिक नियम दैवीय शक्ति में विश्वास के ऊपर विजय प्राप्त कर सकें तो संसार अधिक सुखी रहेगा। एक ऐसे धर्म के प्रचार द्वारा जो यह घोषणा कर सके कि प्रत्येक मनुष्य पुरोहितों की मध्यस्थता के बिना अथवा देवी-देवताओं में विश्वास किए बिना भी अपने लिए मोक्ष प्राप्त कर सकता है, तो वह मानवीय स्वभाव के प्रति प्रतिष्ठा को बढ़ाकर नैतिकता की भावना को भी उन्नत करेगा। "इस प्रकार की कल्पना करना कि कोई दूसरा हमारे सुख एवं दुःख का कारण हो सकता है, एक मूर्खतापूर्ण विचार है।"[1] बुद्ध के प्रचार के उपरान्त प्राकृतिक नियम की स्थिरता एवं

1. बोधिचर्यावतार।

व्यापकता के अन्दर विश्वास ने एक प्रकार से भारतीय आत्मा की स्वाभाविक अन्तःप्रेरणा कर रूप ले लिया।

हम आगे चलकर देखेंगे कि, बुद्ध के अनुसार, इस दृश्यमान जगत् को अपनी व्याख्या के लिए किसी परमेश्वर की आवश्यकता नहीं है। कर्म का सिद्धान्त उसकी व्याख्या करने के लिए पर्याप्त है। एक उच्चसत्ता की स्थिति के संकेत तो हैं किन्तु यह तर्क द्वारा सिद्ध करने का विषय नहीं है। बुद्ध उपनिषद् की कल्पना का समर्थन करते हुए सेंट पाल के निर्णय का पूर्वकल्पना करते हैं, जब वे कहते हैं : "आश्चर्य है कि ईश्वर के विवेक, एवं ज्ञान की विपुल राशि इतनी अगाध हैं; एवं उसके निर्णयों की भी खोज नहीं की जा सकती; उसकी कार्य करने की पद्धति का भी पता नहीं मिल सकता।"[1]

जन-साधारण को तो उपनिषदों के ज्ञान का कुछ भी पता न था। इसलिए उनकी शिक्षाएं तुच्छ मिथ्या विश्वास की अस्त-व्यस्त अवस्था में मिलकर खो गईं।[2] ऐसे भी लोग थे जिनका कहना था कि तपस्या के द्वारा देवताओं को अपनी इच्छा के अनुकूल झुकाया जा सकता है। एक तपस्वी के साथ बुद्ध के संवाद में भोजन-संबंधी बाईस प्रकार के आत्म-नियन्त्रणों और वस्त्र-सम्बन्धी तेरह प्रकार के आत्म-नियन्त्रणों का विवरण मिलता है। मिथ्या विश्वास की बर्बरता ने त्याग के सौन्दर्य को मलिन कर दिया, अथवा यों कहना चाहिए कि ग्रस लिया। वस्तुतः वे लोग जिन्होंने आत्मा को ऊंचा उठाने का प्रयत्न किया, अपने को पशुओं की कोटि में नीचे गिराने लगे। साधारण जन ऐसे क्रिया-कलापों में एवं अनुष्ठानों में फंसे हुए थे जिनका विधान ऐसे व्यक्तियों ने बताया जो अपने अन्धभक्तों द्वारा दिए गए भोजन पर पलते थे और जिन्हें बुद्ध "प्रवंचक एवं नाममात्र के पवित्र शब्द उच्चारण करके वृत्ति कमाने वाले निकम्मे, आलसी, शकुन-अपशकुन बताने वाले, भूत-प्रेत झाड़ने वाले ओझा, हमेशा अधिकाधिक ठगने वाले आदि के नाम से पुकारते हैं।"[3] देश-भर में सर्वत्र ऐसे पुरोहित-समाज का धर्म के क्षेत्र में आधिपत्य था, जो दैवीय शक्ति का प्रतिनिधि होने का झूठा दावा भरता था। बुद्ध के मन

---

1. 'रोमन्स' 11 : 33।
2. ललितविस्तर नामक ग्रंथ में उस समय के भारत की अवस्था का जबकि बुद्ध ने अपने धर्म का प्रचार किया, इस प्रकार वर्णन है : 'जब शाक्य उरुवेला में था तो उसने तपश्चर्या की, उन सब विविध विधियों पर विचार किया जिनका आश्रय लोग उस समय प्रायः लेते थे और जो तपश्चर्याएं उनकी सम्मति में सब प्रकार की विषयासक्ति से मन को ऊपर उठाती थीं। 'उसके मन में विचार आया कि मैं यहां इस जम्बू द्वीप में उत्पन्न हुआ हूं, ऐसे लोगों के बीच जिनके आगे तिर्थिकाओं अथवा सत्य के प्रकाशकों से घिरे रहने के कारण बौद्धिक मुक्ति की कोई आशा नहीं रह गई है, और यह ऐसा समय है जबकि उनकी अन्तर्निहित शक्तियां विषयासकित रूपी मगर की पकड़ में पड़ जाने के कारण वक्र गति में आ गई हैं। वे व्यक्ति मूर्ख हैं जो अपने-आपको भिन्न-भिन्न प्रकार की तपस्याओं एवं प्रायश्चितों से पवित्र करने और उन्हें बार-बार अपने मस्तिष्क में जमाने का प्रयत्न करते हैं। उनमें से कितने ही ऐसे हैं जो अपने मंत्रों का अर्थ भी नहीं समझ सकते; कुछेक अपने हाथों को चाटते हैं; कुछेक अत्यन्त मलिन हैं, कुछेक तो एकदम मंत्रों का भी ज्ञान नहीं रखते, कुछ अन्य धर्मस्रोतों की खोज में इधर-उधर भटकते हैं; कुछ ऐसे भी हैं जो गाय, हिरण, घोड़े, सूअर, बन्दर अथवा हाथी आदि की पूजा करते हैं। एक जगह भूमि पर पालथी मारे बैठकर महानता के लिए प्रयत्न करने वाले लोग भी हैं। कई अपनी तपश्चर्या की साधना के लिए धुएं एवं अग्नि को भी निगलने का प्रयत्न करते हैं तथा सूर्य की ओर ताकते रहकर, पंचाग्निपूजा करके, एक पांव के सहारे खड़े होकर अथवा एक भुजा बराबर ऊपर करके, एवं घुटनों को हिलाते रहकर कष्ट सहन करते हैं।...कुछ लोग ब्रह्मा, इन्द्र, रुद्र, विष्णु, देवी एवं कुमार को नमस्कार करने में ही अपना गौरव समझते हैं।'..."
3. रीज़ डेविड्स—"बुद्धिस्ट इण्डिया', पृष्ठ 215, और भी देखिए 'डायलॉग्स आफ द बुद्ध'।

मे ऐसे सच्चे ब्राह्मण के लिए जो ब्रह्म के सन्देशहर के रूप में यह कह सकता है कि "मुझे सोना या चांदी कुछ नहीं चाहिए, न मैं इनसे किसी प्रकार का सम्पर्क रखता हूं," हार्दिक प्रशंसा का भाव था। किन्तु जब वही सन्देशहर पुरोहित बन गया और सोना-चांदी इकट्ठा करने लगा तब वह आध्यात्मिक उपहार के रूप में मिली हुई अपनी शक्ति एवं प्रतिष्ठा को खो बैठा और एक लंगड़े मनुष्य को यह कहकर सहारा देने में अक्षम हो गया कि "उठो और चलो !" उसने आत्मिक रोग के रोगियों को आध्यात्मिक जीवन में दीक्षा देकर उनकी चिकित्सा करना तो छोड़ दिया और अभिमानपूर्वक यह घोषणा करने लगा कि वह देवताओं का विश्वासपात्र है, और निर्धन अभावग्रस्तों को सम्बोधन करके यों कहने लगा कि "हे पुत्र, परमेश्वर के लिए यज्ञ करो और मुझे दक्षिणा दो और तुम्हारे सब पाप उसके वहाँ क्षमा हो जाएंगे।" धन-दौलत के द्वारा मोक्ष प्राप्त करने की पद्धति मानवीय हृदय के अन्तस्तल की आवश्यकताओं का समाधान नहीं कर सकती। जनसाधारण की दृष्टि में नियमित कर्मकाण्ड के पालन, भजन-कीर्तन, तत्पश्चर्या एवं प्रायश्चित्त, नाना प्रकार की शुद्धियों एवं जीवन के सब क्षेत्रों में लागू होने वाली निषेधाज्ञाओं में ही धर्म रह गया था। बुद्ध ने ऐसे सब मिथ्या विश्वासों को जिन्हें साधारण जन धार्मिक नियमों का अंग मानने के अभ्यस्त-से हो गए थे, बिलकुल खोखला पाया। यह देखकर कि मनुष्यों को निरर्थक विषयों के लिए मूर्ख बनाया जा रहा है, उन्होंने मिथ्या विश्वासों एवं तर्कहीनता के विरुद्ध अपनी वाणी को प्रबल किया और अपने शिष्यों को आदेश दिया कि वे तुच्छ बातों के शिकार बनने से परे रहकर संसार के धार्मिक नियमों का अध्ययन करें। उन्होंने देवताओं की दिव्यता का खण्डन किया और वेदों की प्रामाणिकता पर भी कुठाराघात किया।

बुद्ध ने गुण-दोष-विवेचन एवं प्रकाश के युग में—जबकि पुराने विश्वासों का तो मूलोच्छेदन हो गया हो और परमार्थविद्या-सम्बन्धी कल्पनाएं भी स्वप्न में देखी गई आकृतियों की भांति तिरोधान को प्राप्त हो रही हों, अनिवार्यरूप से घुस जाने वाले दोषों का भी गम्भीरतापूर्वक अध्ययन किया। मनुष्यों की आत्मा में बेचैनी थी और वे विध्वंसकारी मतभेदों से परेशान होकर पुराने विश्वास उखड़ जाने से किसी उत्तम सिद्धान्त की खोज में लगे थे। उस युग की इसी खोज का प्रतिबिम्ब हमें प्राचीन बौद्धधर्म में देखने को मिलता है। बुद्ध ने सत्य के प्रति हृदय में उठने वाली स्वाभाविक अभिलाषा की ओर संकेत किया और कहा कि वही शिव और सुन्दर है।

नाना सम्प्रदायों के एकाएक गिर जाने और विविध पद्धतियों के भी खण्डित हो जाने पर बुद्ध का यह कर्तव्य था कि वे नये सिरे से नीतिशास्त्र का निर्माण एक सुदृढ़ भित्ति के ऊपर करते। जैसे यूनान देश में प्लेटो एवं अरस्तू की महत्तर एवं अधिक पूर्ण अध्यात्मविद्या-सम्बन्धी दर्शन-पद्धतियों के पश्चात् स्टोइक एवं एपिक्यूरियन लोगों की नैतिक कल्पनाएं आ गईं, ठीक वैसे ही प्राचीन भारत में भी हुआ। जब दर्शनशास्त्र की नींवें हिल गईं तो विचारकों का ध्यान आचरण-सम्बन्धी सिद्धान्तों की ओर गया। यदि नीतिशास्त्र का निर्माण अध्यात्मशास्त्र अथवा परमार्थ विद्या जैसी बालू की अस्थिर नींव के आधार पर किया जायगा तो उसका ठहरना अनिश्चित है। बुद्ध उसका निर्माण तथ्यों की सुदृढ़ चट्टान के आधार पर करना चाहते थे। प्राचीन बौद्धधर्म परमेश्वर की पूजा से मनुष्यों का ध्यान हटाकर, मनुष्य-समाज की सेवा की ओर करने के अपने प्रयत्न में प्रत्यक्षवाद के साथ सादृश्य रखता है। बुद्ध की विशेष इच्छा विश्व के नये ढंग पर कोई व्याख्या करने की ओर इतनी नहीं थी जितनी कि कर्तव्य-कर्म की भावना के प्रति जनसाधारण की प्रवृत्ति उत्पन्न करने की थी। एक ऐसे धर्म प्रवर्तन

का श्रेय उन्हीं को है जो रूढ़ियों, पुरोहितों के आधिपत्य, एवं यज्ञ-याग-सम्बन्धी निरर्थक क्रिया-कलाप से सर्वथा मुक्त था और जो हृदय के आन्तरिक परिवर्तन और आत्मसंस्कृति पर अधिक बल देता था। उन्होंने स्पष्ट घोषणा की कि संदिग्ध रूढ़ियों के स्वीकार करने एवं एक क्रूद्ध ईश्वर के क्रोध को शान्त करने के उद्देश्य से किए गए पापकर्मों से मोक्ष नहीं मिल सकता। अपितु चरित्र को निर्दोष करके पुण्यकर्मों में प्रवृत्त होने से ही मोक्षलाभ हो सकता है। उनके अनुसार, नैतिक नियम किसी विशिष्ट मस्तिष्क का आकस्मिक आविष्कार नहीं है और न ही किसी संदिग्ध ईश्वरीय प्रेरणा द्वारा प्राप्त रूढ़ि है, अपितु वस्तुओं की यथार्थता की अभिव्यक्ति मात्र है। बुद्ध के अनुसार, सत्य के अज्ञान के कारण ही संसार में सब प्रकार के दुःखों की सृष्टि हुई है। कठोर तपस्या के नैतिक महत्त्व का प्रतिवाद करना, प्रचलित धर्म का खण्डन करना, वैदिक प्रथावाद को घृणा की दृष्टि देखना, संक्षेप में दर्शनशास्त्र को धर्म का रूप देना यह एक महान कल्पनात्मक साहसिक कार्य है जिसके साहस का हम सही-सही मूल्यांकन नहीं कर सकते। प्राचीन बौद्धधर्म की शिक्षाओं में हमें तीन सुस्पष्ट विशेषताएं मिलती हैं, अर्थात्—एक प्रकार की नैतिक तत्परता, परमार्थविद्या-सम्बन्धी प्रवृत्ति का अभाव एवं अध्यात्मशास्त्र-सम्बन्धी कल्पना के प्रति अरूचि अथवा उससे विमुखता।

बुद्ध को अलौकिक सत्ता की भावना एवं मिथ्या विश्वास के विचारों के ह्रास का भी ध्यान रखना पड़ा। ऐसे काल में जबकि आत्मजिज्ञासा एवं आत्मपरीक्षा के साथ-साथ मनुष्यों ने अधिक तीक्ष्ण दृष्टि के साथ उस सबको जिसे अभी तक बिना किसी विचार के स्वीकार कर लिया गया था, देखना प्रारम्भ कर दिया हो, यह असम्भव था कि विश्वास को बिना आलोचना के छोड़ दिया जाता। जब गम्भीर विचारकों ने आत्मा की सत्ता को कल्पनामात्र बतलाकर एवं अमरत्व को भ्रान्तिमात्र कहकर उनका निराकरण कर दिया हो, तब उनकी यथार्थता का प्रदर्शन करने से कोई लाभ न था। बुद्ध ने समीक्षक भावना को ग्रहण तो किया किन्तु उसकी मर्यादा भी बांध देना उचित समझा। उनकी विचारपद्धति संशयवाद, उपेक्षावाद एवं वाक्चापल्य की उस भावना के जो भौतिकवादियों की रही है, सर्वथा विपरीत थी; तो भी वे युग के प्रकाश को संग्रह करके उस पर ध्यान देते हैं और परम्परागत विश्वासों के अन्दर प्रविष्ट होकर उनकी सूक्ष्म आलोचना को हमारे सामने प्रस्तुत करते हैं। अन्ततोगत्वा विचारपद्धतियां एवं उनका क्रियात्मक प्रयोग एक प्रकार की व्यवहारिक कल्पनाएं ही तो हैं, जिनके द्वारा परवर्ती काल के मनुष्य अपनी महत्त्वकांक्षाओं को पूर्ण करने का प्रयत्न करते हैं और बढ़ते हुए ज्ञान एवं उन्नतिशील आन्तरिक प्रेरणा में सामंजस्य स्थापित करते हैं। वातावरण में परिवर्तन हो गया, और ज्ञान में भी वृद्धि हो गई। संशयवाद की भावना ने अपना कार्य आरम्भ कर दिया। परम्परागत धर्म के ऊपर से आस्था उठ गई। विवेकी विद्वान अधिक विस्तृत कल्पनाओं के निर्माण में निमग्न थे, जिनके आधार पर जीवनयापन सफल हो सके एवं जिनके द्वारा मनुष्य की स्वाभाविक महत्त्वकांक्षाओं को, जिन्हें उच्छिन्न नहीं किया जा सकता, अनुभवों से प्राप्त सामग्री के साथ सामंजस्य में लाया जा सके। बुद्ध ऐसे काल के प्रतिनिधि वक्ता बनकर आगे आए। प्रचलित मिथ्या विश्वासों के विरुद्ध जो प्रतिक्रिया अपना स्थान जनता में बना रही थी उसने बुद्ध के मन को बहुत प्रभावित किया। बुद्ध ने केवल घटनाओं के उस प्रवाह में गति ला दी जो पहले से ही आगे बढ़ता चला आ रहा था। उन्होंने अपने युग की भावना को लक्ष्य किया और विवेकी पुरुषों की सन्दिग्ध एवं क्रमविहीन भावनाओं को वाणी प्रदान की, जिससे वे प्रकटरूप में जनता के आगे आ सकें। वे एक साथ

ही सन्देशहर भविष्यद्रष्टा एवं समय की नैतिक प्रवृत्ति के व्याख्याकार थे। हेगल किसी प्रतिभाशाली व्यक्ति का उसके युग के साथ क्या सम्बन्ध होता है इसकी तुलना ऐसे व्यक्ति के साथ करता है जो किसी महराबदार छत में अन्तिम पत्थर उसमें दृढ़ता लाने के लिए लगाता है। एक इमारत को बनाकर खड़ा करने में अनेक हाथ मदद करते हैं किन्तु इसका श्रेय उसी व्यक्ति को प्राप्त होता है जो उसे पूर्णता तक पहुंचाकर निश्चितता एवं सुदृढ़ता प्रदान करता है। बुद्ध का हाथ इसी प्रकार के एक महान कलाकार का हाथ था जो अपने समय के भारत का महानतम विचारक था। बुद्ध का सम्बन्ध अपने पूर्ववर्ती विचारकों के साथ वैसा ही था जैसाकि सुकरात का अपने पूर्ववर्ती सोफिस्टों या प्राचीन यूनान के दर्शनशास्त्र के वेतनभोगी एवं वितण्डावादी अध्यापकों के साथ था। जहाँ एक ओर उसकी विचारपद्धति प्रचलित समीक्षा की लहर की अभिव्यक्ति मात्र थी, वहां दूसरी ओर उसका उद्देश्य उस लहर को प्रतिकूल दिशा में मोड़कर यथार्थसत्ता के आध्यात्मिक अर्थों में (धार्मिक अर्थों में नहीं) सत्य विचार को सुदृढ़ करना भी था। अमरत्व एवं ईश्वर के अस्तित्व पर भले ही विश्वास न किया जा सके, किन्तु तो भी कर्त्तव्य धर्म की मांग परम सत्य अवश्य है।

हम बुद्ध को हेतुवादी नहीं कह सकते क्योंकि हेतुवाद या मुक्तिवाद की परिभाषा में 'धार्मिक विश्वासों को नष्ट करने के लिए तर्क के प्रयोग के प्रति जो मानसिक प्रवृत्ति है वही आती है।'[1] बुद्ध ने अपने कार्य का प्रारम्भ केवल खण्डनात्मक इच्छा को लेकर नहीं प्रारम्भ किया, न ही वे निषेधात्मक परिणामों पर पहुंचे। एक निरपेक्ष सत्य का जिज्ञासु होने के कारण उन्होंने अपने मन के अन्दर किसी प्रकार के पक्षपात को पहले से स्थान नहीं दिया। तो भी वे इन अर्थों में हेतुवादी थे कि वे यथार्थसत्ता का अध्ययन एवं अनुभव, बिना किसी अलौकिक ईश्वर प्रेरणा को स्वीकार किए, करना चाहते थे। इस विषय में बुद्ध आधुनिक वैज्ञानिकों के साथ एकमत हैं, जिनकी सम्मति में प्राकृतिक घटनाओं की व्याख्या में किसी अलौकिक सत्ता के हस्तक्षेप का प्रवेश न होना चाहिए। बुद्ध की सम्मति में वस्तुएं एवं घटनाएं इस प्रकार दृढ़रूप में सम्बद्ध हैं कि वे विश्व की व्यवस्था में चमत्कारों के हस्तक्षेप को एवं मानसिक जीवन में किसी जादू के हस्तक्षेप को किसी प्रकार भी सहन नहीं कर सकते थे।

इस बात को अच्छी तरह से अनुभव करके कि ऐसे समय में जबकि सब प्रकार के विश्वासों के ऊपर से श्रद्धा उठ चुकी हो, श्रद्धा के ऊपर बल देने से कोई लाभ नहीं हो सकता था, उन्होंने तर्क और प्रत्यक्ष अनुभव पर अधिक भरोसा किया और अपने मत की ओर जनसाधारण को झुकाने के लिए केवल तर्कबल का ही प्रयोग किया। वे एक ऐसे धर्म की स्थापना करना चाहते थे जो 'विशुद्ध तर्क की मर्यादा के अन्दर आ सके', और इस प्रकार से उन्होंने मिथ्या विश्वास एवं संशयवाद दोनों का ही मूलोच्छेदन कर दिया। उन्होंने कहीं भी अपने को पैगम्बर की श्रेणी में परिगणित कराना उचित नहीं समझा। वे एक नैयायिक हैं, जो अपने प्रतिद्वन्द्वियों को तर्क के द्वारा मुक्ति के मार्ग में ले जाना चाहते हैं। वे अपने अनुयायियों के सामने उस अनुभव को प्रस्तुत करते हैं जिसमें से वे स्वयं गुज़रकर आए हैं, और उन्हें प्रेरणा देते हैं कि वे अपनी ओर से भी उनके विचारों एवं जिन परिणामों पर वे पहुंचे हैं उनकी यथार्थता की परीक्षा कर लें। "उनके सिद्धान्त का आधार किंवदन्ती नहीं है अपितु इसका आशय है कि 'आओ और देखो'।"[2] "बुद्ध मनुष्यों को मोक्ष दिलाने का कार्य नहीं

1. बेन : 'हिस्ट्री आफ इंगलिश रेशनलिज़्म इन द नाइनटींथ सेंच्युअरी,' खण्ड 1, पृष्ठ 4।
2. संयुत्तनिकाय, 3।

करते वरन् उस पद्धति का उपदेश देते हैं जिसपर चलकर वे अपने-आप मोक्ष प्राप्त कर सकते हैं, जिस प्रकार उन्होंने स्वयं को मोक्ष प्राप्त कराया। मनुष्य उनके सत्य-प्रचार से आकृष्ट होते हैं, इसलिए नहीं कि बुद्ध ने ऐसा कहा है, किन्तु उनकी वाणी से जागृति प्राप्त करके उनके मतों के प्रकाश में, जो कुछ वे उपदेश करते हैं उनका वैयक्तिक ज्ञान उदय होता है।"[1] उनकी पद्धति मनोवैज्ञानिक विश्लेषण की पद्धति है। उन्होंने अपने-आपको सब प्रकार की अनुचित कल्पनाओं से उन्मुक्त रखने एवं अनुभव की कच्ची सामग्री के द्वारा निर्माणकार्य करने का प्रयत्न किया। इसी प्रकार दुःख के आतुर मनुष्य-जाति के अन्दर अपने विचारों के यथार्थ एवं पक्षपातविहीन निष्कर्षों की अभिव्यक्ति द्वारा आध्यात्मिक उन्नति का मंत्र फूंका। "यदि मनुष्य वस्तुओं को उसी रूप में देखे जिस रूप में वे हैं तो वह आभासों के पीछे छोड़ना स्वयं बन्द कर देगा और जो महान श्रेयस्कर यथार्थसत्ता है उसी से चिपट जाएगा।" इस प्रकार अध्यात्मशास्त्र-सम्बन्धी कल्पनाओं को एक ओर रखकर वे अनुभव में आने वाले इस जगत् में कानून और व्यवस्था का शासन ढूंढ़ लेते हैं। उनके मत में बुद्धि की शक्ति अनुभव के क्षेत्र तक ही सीमित है और वह इसके लिए नियमों को स्वयं खोज लेती है।

6. बुद्ध और उपनिषदें

आन्तरिक संघर्ष के रहस्योद्‌घाटन के लिए एवं आत्मा के अनुभवों को जानने के लिए बुद्ध को भारतीय प्रकृष्ट प्रतिभा के ग्रंथ उपनिषदें उपलब्ध थीं। प्राचीन बौद्धमत अपने-आपमें नितान्त मौलिक सिद्धान्त नहीं है। भारतीय विचारधारा के विकास में यह कोई अद्‌भुत लीला या असाधारण वस्तु नहीं है। बुद्ध ने अपने समय अथवा अपने देश के धार्मिक विचारों से पूर्णरूपेण सम्बन्ध-विच्छेद नहीं किया। अपने समय के परम्परागत एवं विधिपरायण धर्म के प्रति प्रकट विद्रोह करना एक बात है एवं उसकी पृष्ठभूमि में वर्तमान जीवित प्रेरणा को सर्वथा त्याग देना दूसरी बात है। बुद्ध स्वयं स्वीकार करते हैं कि आत्मसंस्कृति के प्रयत्न द्वारा जिस धर्म की उन्होंने खोज की है वह एक प्राचीन मार्ग है, वह आर्यमार्ग है और नित्य धर्म है। बुद्ध ने किसी नये धर्म की स्थापना नहीं की अपितु पुराने ही आदर्श की खोज की है। यह एक पुरानी मान्य परम्परा थी जिसे समय की मांग के अनुकूल बनाया गया था। अपनी कल्पना के विकास के लिए बुद्ध को, केवल उपनिषदों से, वैदिक धर्म के बहुदेववाद एवं धर्म के साथ जो असंगत समझौते किए गए थे उन्हें निकाल देने की आवश्यकता थी; और ऐसे सर्वातिशयी परमतत्त्व को जिसकी अनुभूति विचार के द्वारा नहीं हो सकती और नीतिशास्त्र के लिए जो अनावश्यक था, दूर हटा देना था; किंवा उपनिषदों के नैतिक सार्वभौमवाद पर अधिक बल देना था। हम साहस के साथ कल्पना कर सकते हैं कि प्राचीन बौद्धमत उपनिषदों के विचार की नये दृष्टिकोण से पुनरावृत्तिमात्र है। रीज़ डेविड्स का कहना है : "गौतम का जन्म व पालन-पोषण, जीवनयापन एवं मृत्यु एक हिन्दू के रूप में हुई। गौतम के अध्यात्मशास्त्र एवं अन्यान्य सिद्धान्तों में ऐसा अधिक कुछ भी नहीं है जो किसी न किसी कट्टर सनातन धर्म के ग्रंथों में न मिल सके, और उसके अधिकांश नैतिक सिद्धान्त प्राचीन अथवा अर्वाचीन हिंदू पुस्तकों से समानता रखते हैं। गौतम में जिस प्रकार की मौलिकता थी, ठीक उसी प्रकार की पहले से विद्यमान थी, उसे उसने उसी प्रकार से स्वीकार किया, उसे

---

1. ओल्डनबर्ग : 'बुद्ध'।

बढ़ाया, अधिक श्रेष्ठ बनाया एवं उसे क्रमबद्ध किया जिसके विषय में पहले भी अन्य विचारकों के द्वारा अच्छी प्रकार कहा गया था, और ठीक वैसे ही जैसे कि उसने औचित्य एवं न्याय के सिद्धान्तों को तार्किक परिणामों तक पहुंचाने के लिए प्रयत्न किया। पहले भी कतिपय प्रमुख हिन्दू विचारकों ने उन्हें स्वीकार किया था। उसके एवं अन्य शिक्षकों के मध्य भेद मुख्यरूप से यह था कि बुद्ध में अगाध तत्परता एवं लोककल्याण का भाव सार्वजनिक सेवा के रूप में विद्यमान था।''[1] ''यह निश्चित है कि बौद्धधर्म ने दायभाग के रूप में ब्राह्मणधर्म से न केवल अनेक महत्त्वपूर्ण रूढ़ियों को ही लिया, किन्तु जो एक इतिहासज्ञ के लिए कुछ कम महत्त्व की वस्तु नहीं अपनी धार्मिक विचार की स्वाभाविक प्रवृत्ति एवं मनोभाव भी उक्त धर्म से ग्रहण किए जोकि वाणी द्वारा प्रकट करने की अपेक्षा चिन्तन द्वारा अधिक समझ में आ सकता है।''[2] कर्मकाण्ड के प्रति घृणा उनमें और उपनिषदों में एक समान है। शेष आर्य-भारत के साथ-साथ बुद्ध भी कर्म के सिद्धान्त को और मोक्षप्राप्ति की सम्भावना को स्वीकार करते हैं। यह कि दुःख इस भौतिक जीवन की एक अनिवार्य घटना है, भारतीय विचारधारा के सभी सम्प्रदाय—जिनमें उपनिषदें भी सम्मिलित हैं—स्वीकार करते हैं। बुद्ध स्वयं भी इस बात से अनभिज्ञ थे कि उनके सिद्धान्त और उपनिषदों के सिद्धान्त में कोई असंगति है। ये अनुभव करते थे कि उन्हें उपनिषदों एवं उनके अनुयायियों की सहानुभूति एवं समर्थन प्राप्त है। वे ब्राह्मणों एवं बौद्ध भिक्षुओं को एक ही श्रेणी में रखते थे और बौद्ध अर्हतों एवं साधुओं के सम्बन्ध में भी 'ब्राह्मण' शब्द का व्यवहार बड़े सम्मान व प्रतिष्ठा के साथ करते थे। बौद्धधर्म कम से कम अपनी प्रारम्भिक दशा में तो अवश्य ही हिन्दूधर्म की एक शाखामात्र था। ''बौद्धधर्म प्राचीन सनातनधर्म के ही दायरे में बड़ा और समृद्ध हुआ।''[3] प्राचीन बौद्धधर्म की इस समीक्षा में हम यह दर्शाने का प्रयत्न करेंगे कि किस प्रकार उपनिषदों की भावना ही बराबर बौद्धधर्म के जीवन-स्रोत के रूप में रही है।

7. दुःख

अपने धार्मिक जीवन के अनुभव से बुद्ध को चार आर्यसत्यों के विषय में निश्चय हो गया—अर्थात् यह कि दुःख विद्यमान है, इसका कारण (समुदय) भी विद्यमान है, कि इसे दूर किया जा सकता है (निरोध), और यह कि इसमें सफलता प्राप्त करने का भी मार्ग है।

पहला आर्यसत्य है कि दुःख की निरंकुशता। जीवन दुःखमय है। ''अब दुःख के विषय में आर्यसत्य यह है। जीवन दुःखदायी है, क्षीणता दुःखदायी है, रोग दुःखदायी है, मृत्यु दुःखदायी है, अप्रिय के साथ संयोग दुःखदायी है, प्रिय का वियोग दुःखदायी है और कोई उत्कट आकांक्षा जिसकी पूर्ति न हो सके वह भी दुःखदायी है। संक्षेप में पांचों ही समष्टि[4]-रूप में, जो आसक्ति से उत्पन्न होते हैं, दुःखदायी[5] है।'' बुद्ध के समय में तीव्र बुद्ध वाले एवं गम्भीर भावना वाले व्यक्ति पूछते थे कि इस उकता देने वाले जीवन चक्र का आशय क्या है। और बुद्ध इन लोगों को सम्बोधन करते हुए जो छुटकारे के मार्ग की अभिलाषा रखते थे, कहते थे कि निर्वाण का आश्रय लेना, जहां दुष्ट लोग कष्ट देना छोड़ देते हैं और थकावट

1. बुद्धिज़्म पृष्ठ 83-84।
2. ओल्डनबर्ग : 'बुद्ध' पृष्ठ 53।
3. रीज़ डेविड्स : बुद्धिज़्म 85।
4. शरीर, मनोवेग, प्रत्यक्ष ज्ञान, इच्छा और तर्क।
5. 'फाउण्डेशन आफ द किंगडम आफ राइटसनेस', पृष्ठ, 5।

भी समाप्त हो जाती है। दुःख पर बार-बार बल देना केवल बौद्धधर्म में नहीं है यद्यपि बुद्ध ने इसके ऊपर आवश्यकता से अधिक बल दिया है। विचारधारा के सम्पूर्ण इतिहास में दूसरे किसी ने मनुष्य-जीवन के दुःख का इतने अधिक कृष्णरूप में, और न ही इतनी गहन भावना के साथ वर्णन किया जितना कि बुद्ध ने किया है। विषाद, जिसकी पूर्वछाया उपनिषदों में पाई जाती है, बौद्धधर्म में मुख्य स्थान ग्रहण कर लेता है। सम्भवतः तपस्वियों के आदर्शों ने अर्थात् बिना किसी तर्क के निर्धनता को ऊंचा स्थान देने, आत्मत्याग की श्रेष्ठता एवं त्याग के आवेश ने बुद्धि के मन पर एक प्रकार से जादू का सा असर किया। इस संसार से छुटकारा पाने के लिए जनसाधारण की इच्छा को जागरित करने के लिए उन्होंने संसार के कृष्णपक्ष को कुछ अधिक बढ़ाकर जनता के समक्ष रक्खा। भले ही हम आराम और सुख के विस्तार के लिए एवं सब प्रकार के सामाजिक अन्याय को दबा देने के लिए अपनी शक्ति के अनुसार पूरा प्रयत्न क्यों न कर लें तो भी मनुष्य को सन्तोष नहीं होगा। बुद्ध अन्त में कहते हैं कि मनुष्यजन्म दुःख है, अपने व्यक्तित्व की रक्षा के लिए संघर्ष करना दुःखदायी है, एवं भाग्य के उतार-चढ़ाव भयावह हैं।[1] धम्मपद में ऐसा कहा गया है : "न तो आकाश में, न समुद्र के अन्तस्तल में और न पर्वत की कन्दराओं में—संसार में कहीं भी ऐसा स्थान नहीं मिलेगा जहां मृत्यु के आक्रमण से बचकर निवास किया जा सके।" बड़े से बड़ा आचरणशूर भी और कला की महानतम कृति भी एक न एक दिन अवश्य ही मृत्यु का ग्रास बनेगी। सब पदार्थ नष्ट होने वाले हैं। हमारे स्वप्न, हमारी आशाएं, हमारे भय और हमारी इच्छाएं सब भुला दी जाएंगी जैसेकि कभी रही ही न हों। महान कल्प गुज़रते जाएंगे, और कभी न समाप्त होने वाली पीढ़ियां भी शीघ्रता के साथ गुज़र जाएंगी। मृत्यु की सार्वभौतिक शक्ति का कोई सामना नहीं कर सकता। मृत्यु जीवन का नियम है। सब मानवीय वस्तुओं की क्षणभंगुरता ही विषाद का उद्गम है, जिसके अधीन अधिकांश व्यक्ति हैं। हमारा मन अपने लक्ष्य के सारतत्त्व को नहीं पकड़ सकता और न हमारे जीवनों में ऐसे पदार्थों की प्राप्ति हो सकती है जिनका आभास मन को स्वप्न में होता है। समस्त इच्छापूर्ति के साथ दुःख लगा हुआ है। मनुष्य के स्वभाव में जो दुःख है और जिसके साथ अनादिकाल से कामना सम्बद्ध है और जो पहले ही से इतना अभाव उत्पन्न कर देता है कि इससे पूर्व कि मनुष्य उसकी पूर्ति के लिए शक्ति प्राप्त कर सके, हमें अनिवार्य रूप से यह अनुभव कराता है कि जीवन एक अभिशाप है। विचार की घोर यन्त्रणा से व्यथित होकर, आकस्मिक घटना से धोखा खाकर,

---

1. बुद्ध ने कहा : "प्राणियों की संसार रूपी महायात्रा अनादिकाल से चल रही है। ऐसे किसी उद्गमस्थल का पता नहीं है जहां से चलकर प्राणी अज्ञान की भूल-भुलैया में फंसकर और अपने अस्तित्व की तृष्णा के बन्धनों में बंधकर इधर-उधर भटकते फिरते हैं। हे भिक्षुओं, बताओ कि चार महासागरों में जो बल है वह अधिक है या तुम्हारे उन आंसुओं का जल अधिक है जिन्हें तुमने अपनी इस दीर्घ यात्रा में इधर-उधर भटकते हुए बहाया है, और इसलिए बहाया है कि जो तुम्हें हिस्से में मिला है उससे तुम्हें घृणा है और जो तुम्हें प्रिय है वह तुम्हारे हिस्से में नहीं आया? माता की मृत्यु, भाई की मृत्यु, सम्बन्धों की हानि, सम्पदा की हानि, इन सबका तुम युगों से अनुभव करते आ रहे हो, और जब युगों से तुमने इनका अनुभव किया है तो और भी आंसू तुमने बहाए हैं, इस महायात्रा में इधर-उधर भटकते हुए, कष्ट सहन करते हुए और रोते हुए तुमने जो आंसू बहाए हैं, और इसलिए बहाए हैं कि जो तुम्हें हिस्से में मिला है उससे तुम्हें घृणा है और जो तुम्हें प्रिय है वह तुम्हारे हिस्से में नहीं आया, तुम्हारे ये आंसू चारों महासागरों के जल से अधिक हैं।" संयुत्तनिकाय, ओल्डनबर्ग : 'बुद्ध' पृष्ठ 216-217।

प्रकृति की शक्तियों से हारकर, कर्तव्य के स्थूल बोझ से, मृत्यु के भय से और आने वाले जीवनों की भयानक कल्पना से, जहां फिर जन्म का दुःखान्त नाटक दोहराया जाएगा, मनुष्य बिना आक्रन्दन किए नहीं रह सकता कि "अच्छा हो, मैं छुटकारा पा जाऊं, मुझे मरने दो"। इस संसार के सब दुःखों से छुटकारा पाने का इलाज इस संसार को छोड़ देना ही है।

विवेकी व्यक्ति के लिए क्षणभंगुरता का वर्णनातीत विषाद एवं धर्माचरण की दयनीय निष्फलता स्पष्ट लक्षित होने-वाले सत्य हैं। कांट अपने 'पापक्षयवाद या ईश्वरन्यायवाद में सब दार्शनिक पद्धतियों की असफलता' नामक एक लेख (1791) में लीब्नीज़ के आशावाद के खण्डन में प्रश्न पूछता है : "क्या कोई विवेकी पुरुष जिसने बहुत दीर्घकाल तक जीवन व्यतीत किया हो एवं मानवीय जीवन के महत्त्व पर भी ध्यान दिया हो, फिर से जीवन के नगण्य नाटक मे प्रविष्ट होना पसन्द करेगा ? मैं यह नहीं कहता कि उन्हीं अवस्थाओं में, किन्तु किन्हीं भी अन्य अवस्थाओं में क्या यह जीवन में स्वेच्छापूर्वक प्रविष्ट होना पसन्द करेगा ?" महान दार्शनिकों की उदासी एवं तीव्र सन्ताप उनके विचार के ही परिणाम हैं। जो अनुभव तो करते हैं किन्तु अधिक चिन्तन नहीं करते, उनसे कहीं अच्छी स्थिति में हैं।

हमें बाध्य होकर कहना पड़ता है कि बुद्धि वस्तुओं के अन्धकारमय पक्ष के ऊपर आवश्यकता से अधिक बल देते हैं। बौद्धधर्म के अनुसार, जीवन में साहस एवं विश्वास का अभाव प्रतीत होता है। दुःख के ऊपर जो इस मत में इतना अधिक बल दिया गया है वह यदि मिथ्या नहीं तो सत्य भी नहीं है। सुख की अपेक्षा जीवन में दुःख अधिक है यह धारणा तो ठीक है। नीत्शे ने जब यह कहा था तब उसके मन में बुद्ध का ही जीवन सम्मुख था। "वे एक रोगी को देखते हैं, अथवा एक जीर्ण वृद्ध पुरुष को देखते हैं, अथवा एक मृतक के शव को देखते हैं, और तुरन्त कह उठते हैं कि जीवन मिथ्या है।" यह न भूलना चाहिए कि जीवन के महत्त्व का भाव भी क्षणभंगुरता के ही कारण हमारे मन में उठता है। यदि युवावस्था का सौन्दर्य एवं वृद्धावस्था की गरिमा क्षणभंगुर हैं तो जन्म के समय प्रसव की पीड़ा और मृत्यु का परमदुःख भी तो क्षणभंगुर हैं। बौद्धमत में इस प्रकार की प्रवृत्ति पाई जाती है कि जो अंधियारा है उसे और काला कर दो और जो स्लेटी रंग है उसे काला कर दो। बौद्धमतावलम्बियों की दृष्टि, सिद्धान्तरूप से, केवल जीवन के तीक्ष्ण, कटु एवं दुःखमय अंशों तक ही विशेषरूप से सीमित रहती है।

किन्तु इस आधार पर कि प्रत्येक धार्मिक सम्प्रदाय जीवन के दुःख का अतिश्योक्ति के साथ वर्णन करता है, बौद्धधर्म बुद्ध के विचारक्रम को न्याय ठहरा सकता है, क्योंकि धर्म का लक्ष्य पाप एवं दुःख से छुटकारा दिलाना है। यदि संसार सुखमय हो जाए तो धर्म की कोई आवश्यकता ही न रह जाएगी। हम किस प्रकार इस संसार से बचकर निकल सकते हैं जिसमें मृत्यु अवश्यम्भावी है—यही प्रश्न है जो उपनिषदों ने किया था, और अब बुद्ध भी उसी प्रश्न को द्विगुणित बल के साथ पूछते हैं। कठउपनिषद् में (1 : 1.26) ब्राह्मण नचिकेता ने यम से प्रश्न किया : "तू अपने मकानों को अपने पास रख, और नाच और गाने को भी अपने लिए रख। जब हम तुझे सामने देखते हैं तो क्या हम इन पदार्थों को लेकर सुखी हो सकते हैं ?" बौद्धधर्मावलम्बी प्रश्न करता है : "चूंकि संसार तो सदा ही जल रहा है इसलिए हंसी-खुशी व सुख संसार में कैसे रह सकते हैं ? तू जो चारों ओर अन्धकार से घिरा हुआ है, क्यों नहीं प्रकाश की खोज करता ? यह शरीर जो रोगों से भरा है एवं नश्वर है, नष्ट हो जाता है; यह भ्रष्टाचार का पुंज भी टुकड़े-टुकड़े होकर विनष्ट हो जाएगा। जीवन निःसन्देह अन्त में मृत्यु

को प्राप्त होता है।''[1]

निराशावाद का तात्पर्य यदि यह लिया जाये कि संसार में ऐसा जीवन जीने के योग्य नहीं है जब तक कि वह पवित्र एवं अनासक्त न हो, तब तो बौद्धधर्म अवश्य निराशावादी है। यदि निराशावाद से तात्पर्य यह हो कि इस सांसारिक जीवन का नाश कर देना चाहिए क्योंकि उसके परे आनन्द है तब भी बौद्धधर्म निराशावादी है। किन्तु यह यथार्थ में वास्तविक निराशावाद नहीं है। उस पद्धति को हम निराशावाद कह सकते हैं यदि वह समस्त आशा को बुझाकर ठंडा कर दे और फिर घोषणा करे कि यह सांसारिक जीवन तो उकता देने वाला है ही, इसके परे भी कोई आनन्द नहीं है। बौद्धधर्म के कुछ स्वरूप ऐसी घोषणा करते हैं और उन्हें निराशावादी कहना न्यायसंगत होगा। किन्तु जहां तक बुद्ध की आरम्भिक शिक्षाओं का सम्बन्ध है, वे ऐसी नहीं हैं। यह सत्य है कि बौद्धधर्म जीवन को यन्त्रणाओं की अन्त न होने वाली परम्परा के रूप में जानता है किन्तु वह नैतिक अनुशासन की मोक्षदायिनी शक्ति में भी विश्वास रखता है, और उसका विश्वास है कि मानवीय स्वरूप को पूर्णता तक भी पहुंचाया जा सकता है। इसके अतिरिक्त यद्यपि बुद्ध के मन को सृष्टि के अन्दर विद्यमान दुःख का बोझ असह्य है, फिर भी उसे यह निष्प्रयोजन नहीं प्रतीत होता। सब प्रकार की इच्छाओं का त्याग परम पुरुषार्थ के द्वारा करने की इच्छा भी साथ-साथ विद्यमान है। प्रत्येक मनुष्य को अपना बोझ अपने-आप संभालना है और प्रत्येक हृदय अपनी कटुता को जानता है, और तो भी इसके द्वारा समस्त अच्छाई बढ़ती है और वही प्रगति आगे चलकर पूर्णता को प्राप्त हो जाती है। यह संसार सारे दुःख के रहते हुए भी सच्चरित्रता के विकास के अनुकूल प्रतीत होता है। बुद्धि जीवन की निरर्थकता का उपदेश नहीं देते और न ही उसके विनाश का उपदेश देते हैं, केवल इसलिए कि मृत्यु अनिवार्य है। उनका सिद्धान्त निराशा का सिद्धान्त नहीं है। वे हमें बुराई के विरुद्ध विद्रोह करने का आदेश देते हैं और एक निर्मल जीवन प्राप्त करने की प्रेरणा देते हैं, जो अर्हत् की व्यवस्था है।

8. दुःख के कारण

दुःख के कारण क्या हैं, इस दूसरे प्रश्न का उत्तर देने के लिए बौद्धमत को मनोवैज्ञानिक विश्लेषण एवं अध्यात्मविद्या-विषयक कल्पनाओं का आश्रय लेना पड़ा। ''दुःख के आदिकारण के विषय में यह आर्यसत्य है : यथार्थ में प्रबल तृष्णा ही है जिसके कारण बार-बार जन्म होता है और उसी के साथ इन्द्रियसुख आते हैं जिनकी पूर्ति जहां-तहां से की जाती है—अर्थात् इन्द्रियों की तृप्ति के लिए प्रबल लालसा अथवा सुखसमृद्धि की प्रबल लालसा ही दुःख का कारण है।''[2]

उपनिषदों ने पहले ही दुःख के कारण की ओर निर्देश कर दिया है। उनके अनुसार जो स्थायी (नित्य) है वह आनन्दमय है और क्षणभंगुर (अनित्य एवं अस्थायी) दुःखदायी है, ''यो वै भूमा तदमृतम्, अन्यदार्तम्।'' नित्य एवं अपरिवर्तनशील ही सत्य या यथार्थ, स्वतन्त्र और सुखमय है, किन्तु यह संसार जो जन्म, जरा एवं मृत्यु से युक्त है, दुःख के अधीन है। अनात्म

---

1. धम्मपद, 11 : 146, 148।
2. 'फाउण्डेशन आफ द किंग्डम आफ राइटसनेस', पृष्ठ 6।

में यथार्थ नहीं मिल सकता, क्योंकि अनात्म उत्पत्ति और रोग के अधीन है। नित्य को उत्पत्ति एवं रोग नहीं व्याप सकते। चूंकि सब वस्तुएं अस्थायी हैं इसीलिए दुःख है। उत्पन्न होने के साथ ही सब वस्तुएं लुप्त हो जाती हैं। कारण-कार्यभाव का नियम समस्त सत्ता को नियन्त्रित करता है, जो निरन्तर प्रकट होने, उत्पन्न होने और गुज़र जाने की अवस्था में है। "हे राजन् ! तीन वस्तुएं ऐसी हैं जो तुम्हें इस संसार में नहीं मिल सकतीं—अर्थात् वह वस्तु जो सचेतन अथवा अचेतन अवस्था में हो लेकिन जो क्षय एवं मृत्यु के अधीन न हो, तुम्हें नहीं मिलेगी; ऐसा गुण, ऐन्द्रिय अथवा अनैन्द्रिय, जो अस्थायी न हो, तुम्हें नहीं मिलेगा; और उच्चतम अर्थों में सत् नाम की ऐसी कोई वस्तु नहीं है जिसे हम सत्-स्वरूप कह सकें।"[1] "और वह जो अस्थायी है, हे भिक्षुओं; वह दुःखदायी है अथवा सुखदायी ?" "दुःखदायी है प्रभो।"[2] दुःख ऐसी वस्तु है जो क्षणभंगुरता से युक्त है। इच्छाएं ही दुःख को जन्म देती हैं, क्योंकि हम ऐसी वस्तु की इच्छा करते हैं जो अस्थायी है, परिवर्तनशील है एवं नाशवान है। इच्छित वस्तु की क्षणभंगुरता ही निराशा एवं शोक-सन्ताप का कारण है। समस्त सुख भी क्षणभंगुर हैं। बौद्धमत की मूलभूत स्थापना अर्थात् जीवन दुःख है, रूढ़ि-परम्परा के रूप में उपनिषदों से ग्रहण की गई है।

बुद्ध की स्थापना है कि इस संसार में कुछ भी नित्य या स्थायी नहीं है और यदि कोई वस्तु ऐसी है जिसे नित्य कहा जा सकता है तो वह आत्मा ही है; तब इस संसार में आत्मा की कोई सत्ता नहीं है। हरेक वस्तु अनात्म है। "सब कुछ अस्थायी है, शरीर, मनोवेग, प्रत्यक्ष ज्ञान, संस्कार एवं चेतना, ये सभी दुःख हैं। ये सब अनात्म हैं।" इनमें से एक भी सारमय नहीं है। ये सभी आभासमात्र हैं और सारतत्त्व अथवा यथार्थता से शून्य हैं। जिसे हम आत्मा समझे हुए हैं वह भी निःसार आभासमात्र का एक अनुक्रम है और इतना तुच्छ है कि उसके लिए संघर्ष करना व्यर्थ है। यदि मनुष्य उनके लिए झगड़ते हैं तो वह अज्ञान के कारण है। "किसकी सत्ता के आधार पर जरा-जीर्णता एवं मृत्यु आ उपस्थित होती हैं और किसके ऊपर ये निर्भर हैं ? जन्म होने पर ही जरावस्था एवं मृत्यु भी सम्भव हो सकती हैं और इसलिए जन्म के ऊपर ही ये निर्भर हैं।...अज्ञान के दूर हो जाने पर विचार भी शान्त हो जाते हैं और अज्ञान के विनाश हो जाने पर उनका भी विनाश हो जाता है, विचारों के नाश हो जाने पर बोध या ग्रहण का भी नाश हो जाता है।"[3] अज्ञान ही मुख्य कारण है जिससे मिथ्या इच्छा उत्पन्न होती है। ज्ञान की प्राप्ति पर दुःख का अन्त हो जाता है। अज्ञान एवं मिथ्या इच्छा एक ही घटना के कल्पनात्मक एवं क्रियात्मक दो पार्श्व हैं। मिथ्या इच्छा का सारहीन अमूर्तरूप ही अज्ञान है और अज्ञान को मूर्तरूप में ग्रहण करने से ही मिथ्या इच्छा उत्पन्न होती है। वास्तविक जीवन में दोनों एक हैं। सामान्यतः अन्य सब भारतीय विचारकों के ही समान बौद्ध लोगों के मत में भी ज्ञान और इच्छा परस्पर में इस प्रकार निकटरूप से सम्बन्द्ध हैं कि दोनों में कोई भेद नहीं किया जाता। एक ही शब्द 'चेतना' का उपयोग विचारने एवं इच्छा करने के अर्थों में किया जाता है। जैसाकि हम आगे चलकर देखेंगे, विचार या तर्क के अभ्यास को हृदय एवं इच्छा को पवित्र करने के प्राथमिक उपक्रम के रूप में लिया जाता है। सत्य के प्रति अज्ञान समस्त जीवन की प्राग्भूत अवस्था है। क्योंकि एक स्पष्ट, तीक्ष्ण एवं

---

1. मिलिन्द, 4 : 7, 12; और भी देखिए, भिक्खुनीसंयुत्त; धम्मपद, 5 : 47-48; और ओल्डनबर्ग : 'बुद्ध', पृष्ठ 218-219।
2. देखें मज्झिमनिकाय, 3 : 19; बुद्धघोष : अत्थसालिनी, पृष्ठ 74।
3. ललितविस्तर।

आलोचनात्मक दृष्टि हमें यह अनुभव कराने के लिए पर्याप्त है कि इस संसार में पत्नी अथवा सन्तान, ख्याति अथवा प्रतिष्ठा, प्रेम अथवा लक्ष्मी कोई भी वस्तु ऐसी नहीं जो प्राप्त करने के योग्य हो। "क्योंकि ये सब यदि इनमें लिप्त हुआ जाए तो, उद्देश्य तक नहीं पहुंचा सकते।"[1]

गतिवाद का प्रतिपादन करने वाले एक अद्‌भुत दर्शन का आविर्भाव आज से 2500 वर्ष पहले बुद्ध के द्वारा हुआ। यह वह दर्शन है जिसकी हमारे सामने आधुनिक विज्ञान की खोजों एवं आधुनिक साहसी विचारकों के द्वारा फिर से पुनरावृत्ति हो रही है। प्रकृति के विषय में विद्युतचुम्बक-सम्बन्धी सिद्धान्त ने भौतिक सत्ता के स्वरूप-सम्बन्धी सामान्य भाव के अन्दर क्रान्ति उत्पन्न कर दी है। प्रकृति अब स्थिर एवं गतिहीन पदार्थ ने समझी जाकर एक ज्योतिर्मय शक्ति के रूप में स्वीकार की जाती है। इसी के सदृश मनोवैज्ञानिक जगत् में भी परिवर्तन आ गया है और एम. बर्गसां द्वारा लिखित एक आधुनिक पुस्तक 'माइंड एनर्जी' (मनःशक्ति) का नाम मानसिक सत्ता के सिद्धान्त में परिवर्तन का निर्देश करता है। पदार्थों की क्षणिकता एवं निरन्तर विक्रिया और वस्तुओं में परिवर्तन से प्रभावित होकर बुद्ध ने परिवर्तन के दार्शनिक सिद्धान्त का प्रतिपादन किया। वे पदार्थों को, आत्माओं को, स्वयंभूः (मूल) जीवों को तथा अन्यान्य सब पदार्थों को शक्तियों, गतियों, परिणामों एवं प्रक्रियाओं के रूप में परिणत करते हैं और इस प्रकार यथार्थसत्ता के गत्यात्मक विचार को स्वीकार करते हैं। जीवन परिणति की अभिव्यक्तियों एवं तिरोभावों की परम्परा के अतिरिक्त कुछ नहीं है।[2] यह परिणति का एक प्रकार का प्रभाव है।[3] इन्द्रियगम्य एवं विज्ञानगम्य जगत् क्षण-क्षण में बदलता रहा है। यह एक प्रकार का जन्म व मृत्यु का निरन्तर चक्र है। सत् की अवधि चाहे जो भी हो—अर्थात् ऐसी क्षणिक जैसीकि बिजली की चमक होती है अथवा इतनी दीर्घ जितनी सहस्राब्दी होती है, किन्तु है यह सब निर्माण प्रक्रिया या परिणति ही। प्रत्येक वस्तु में परिवर्तन होता है। बौद्धधर्म के सब संप्रदाय इस विषय में सहमत हैं कि क्या मानवीय और क्या दैवीय—ऐसी कोई वस्तु नहीं जो स्थायी हो। परिणति के निरन्तर प्रवाह को, जिसे संसार कहते हैं, दर्शाने के लिए बुद्ध हमारे सामने अग्नि[4] के सम्बन्ध में एक संवाद प्रस्तुत करते हैं।[5]

"सदा से संसार के बाद संसार तरंग के रूप मे आगे बढ़ रहे हैं,
सृष्टि से लेकर प्रलयकाल तक,
जिस प्रकार एक नदी के ऊपर पानी के बुलबुले,
उठते, चमकते, फूटते और विलीन हो जाते हैं।"[6]

यद्यपि अग्नि की ज्वाला प्रकटरूप में अपरिवर्तित अर्थात् एक समान प्रतीत होती है लेकिन प्रत्येक क्षण में वह एक अन्य ज्वाला है, वही नहीं है। नदी की धारा अपने बहाव में एक समान प्रवाह को स्थिर रखती प्रतीत होती है, यद्यपि प्रतिक्षण नया जल चला आ रहा

---

1. मज्झिमनिकाय, 32।
2. पातुभावो-उप्पादो।
3. "सब वस्तुएं एक प्रवाह की दशा में हैं।" "यथार्थसत्ता बेचैनी की एक अवस्था है।" हेरा-क्लिटस—'फ्रैगमैंट्म', 46 और 84।
4. तुलना कीजिए, हेराक्लिटस : "यह संसार अनादिकाल से एक जीवित अग्निज्वाला के समान है।" बुद्ध एवं हेराक्लिटस दोनों ही अध्यात्मिकशास्त्र के परिणति के सिद्धान्त को दर्शाने के लिए अग्नि का उपयोग करते हैं, जो तत्त्वों में सबसे अधिक परिणामशील एवं चंचलप्रकृति है।
5. महावग्ग् 1 : 121।
6. शेली : 'हेलास'।

होता है। जो कुछ दिखाई देता है वह निरन्तर परिणति अथवा निर्माण की क्रियामात्र है—यही बौद्धधर्म का मुख्य तथ्य है। परम सत्ता इस जगत् में किसी की भी सम्पत्ति नहीं है। "यह असम्भव है कि जो उत्पन्न हुआ है वह मृत्यु को प्राप्त न हो।"[1] "जिसका आरम्भ है उसका विनाश भी अवश्यम्भावी है।"[2] जो उत्पन्न हुआ है उसकी मृत्यु आवश्यक है और इसमें कोई परिवर्तन नहीं हो सकता। इसमें भेद केवल अवधि की मात्रा में हो सकता है। कुछ ऐसे हैं जो बरसों तक चल सकते हैं और अन्य केवल थोड़े समय तक ही रह सकते हैं। परिवर्तन यथार्थसत्ता का मूल तत्त्व अथवा उपादान है। इस संसार में न तो कुछ स्थायित्व ही है और न ही तादात्म्य है। यह केवल शक्ति का संक्रमण मात्र है। सम्भव है कि चेतना एवं समस्त भौतिक पदार्थों की प्रतीयमान क्षणभंगुरता पर चिन्तन करने से यह विचार उदय हुआ। अबाधित परिवर्तन हमारे चेतनामय जीवन का स्वरूप है। चेतन जगत् हमारे अपने मन का प्रतिबिम्बमात्र है। प्रत्येक एकाकी घटना श्रृंखला में एक कड़ी है और विकास का एक अस्थायी रूप है, और विविध श्रृंखलाएं मिलकर एक सम्पूर्ण का निर्माण करती हैं जिसे 'धर्म-धातु' अथवा आत्मिक विश्व कहते हैं। बुद्ध यहां भी स्वर्णिम मध्यमार्ग का ही आश्रय लेते हैं। "हे कच्चान, यह संसार साधारणतया एक द्वैत या द्वय के ऊपर चलता हे जिसका स्वरूप है 'यह है' एवं 'यह नहीं है'। किन्तु हे कच्चान, जो कोई सत्य एवं विवेक के द्वारा देखता है कि संसार में पदार्थ किस प्रकार उत्पन्न होते हैं उसकी दृष्टि में 'यह नहीं' का भाव नहीं उपजता।...जो कोई, हे कच्चान, सत्य और विवेक के द्वारा देखता है कि संसार में वस्तुएं किस प्रकार से विलीन हो जाती हैं उसकी दृष्टि में 'यह है' का भाव इस जगत् में नहीं रहता।...हर वस्तु विद्यमान है' यह एक सिरे की उक्ति है। हे कच्चान, और 'हरेक वस्तु नहीं है' यह उसके विपरीत दूसरे सिरे की उक्ति है। सत्य इन दोनों के मध्य का मार्ग है।"[3] यह एक निर्माण-क्रिया है जिसका न आदि है, न अन्त है। ऐसा कोई स्थायी क्षण नहीं है जबकि निर्माण-क्रिया सत् की अवस्था को प्राप्त करती है। जब हम इसका नाम और रूप के गुणों द्वारा ध्यान करेंगे तब तक तो उतने समय में यह बदलकर कुछ और हो जाती है।[4]

इस परमार्थ-प्रवाह के अन्दर हम वस्तुओं के विषय में सिवा प्रक्रियाओं के किस प्रकार से विचारने का उपक्रम करते हैं ? और कोई साधन नहीं है। और क्रमागत घटनाओं की ओर से हम आंखें बन्द कर लेते हैं। यह एक अस्वाभाविक विचारपद्धति है जिससे कि परिवर्तन के प्रवाह में विभाग बन जाते हैं और उन्हें ही हम वस्तु कहते हैं। पदार्थों का तादात्म्य (साम्य अथवा सामंजस्य) का भाव असत् है। अवस्थाओं और सम्बन्धों द्वारा ही हम एक स्थिर प्रतीत होने वाले विश्व का निर्माण करते हैं। संसार को समझने के लिए हमें नाना प्रकार के सम्बन्धों का प्रयोग करना पड़ता है; यथा, पदार्थ और उसका गुण, सम्पूर्ण एवं उसका भाग, कारण और कार्य—यह सब परस्पर-सम्बन्ध है। सापेक्षता-सम्बन्धी आठ मुख्य विचार, जिन्हें हम अज्ञानवश निरपेक्ष अथवा विशुद्ध समझ लेते हैं, ये हैं—प्रारम्भ एवं अन्त, स्थिति एवं समाप्ति, एकत्व एवं बाहुल्य, आना और जाना। यहां तक कि सत्ता एवं अभाव भी परस्पर एक दूसरे के आश्रित हैं क्योंकि एक ही सम्भावना दूसरे के बिना हो ही नहीं सकती। ये सब सम्बन्ध आनुषंगिक या आकस्मिक हैं, किन्तु जरूरी नहीं हैं। जैसाकि कांट ने कहा, अपने-आपमें सत्य

---

1. अभिधर्मकोशव्याख्या।
2. महावग्ग, 1 : 23।
3. संयुत्तनिकाय। ओल्डनबर्ग : 'बुद्ध', पृष्ठ 249।
4. देखिए, संयुत्तनिकाय, 22 : 90, 16।

नहीं हैं।[1] वे केवल हमारे ही संसार में अपना कार्य करते हैं, अर्थात् इस संसार में जिसका अनुभव हमें होता है। जब तक हम इन सीमित एवं सापेक्ष विचारों को निरपेक्षरूप से सत्य समझते रहेंगे, हम अज्ञान के वश में रहेंगे, और यह अज्ञान ही जीवन के दुःख का कारण है। वस्तुओं की यथार्थता का ज्ञान होने पर हमें यह प्रतीत होगा कि निरन्तर हो रहे परिवर्तनों से उत्पन्न पृथक्-पृथक् पदार्थों को नित्य एवं वास्तविक या यथार्थ मानना कितना असंगत एवं विवेकशून्य है। जीवन स्वयं कोई वस्तु नहीं और न ही किसी वस्तु की दशाविशेष का नाम है, वरन् एक निरन्तर गति अथवा परिवर्तन का नाम है। यही बीजरूप में फ्रांसीसी दार्शनिक बर्गसां का विचार है।

पदार्थों का सारूप्य केवल निर्माण कार्य के सातत्य का ही दूसरा नाम है। बच्चा, लड़का, युवक, अधेड़ एवं वृद्ध—सब एक ही हैं। बीज और वृक्ष भी एक हैं। हज़ार वर्ष पुराना वटवृक्ष अपने बीजसमेत वही एक पौधा है जिसका उसी बीज में से विकास हुआ है। यह निरन्तरता या क्रमिकता ही है जिसके कारण एक अबाधित सारूप्य प्रतीत होता है। यद्यपि हमारे शरीरों के तत्त्व एवं हमारी आत्माओं की रचनाओं में निरन्तर क्षण-क्षण में परिवर्तन होता रहता है तो भी हम कह सकते हैं कि यह वही पुरानी वस्तु है या वही पहले वाला मनुष्य है। एक वस्तु केवल अवस्थाओं की एक श्रृंखला है जिसमें पहली कड़ी दूसरी का कारण होती है, क्योंकि ये सब कड़ियां एक ही रूप में प्रतीत होती हैं। प्रतीत होने वाला वस्तुओं का प्रत्येक क्षण का सारूप्य क्षणों का सात्तत्य ही है, जिसे हम सदा परिवर्तित होते हुए सारूप्य की निरन्तरता के नाम से कह सकते हैं। यह संसार अनेक घटनाओं से मिलकर बना है, जो सदा ही परिवर्तित होती रहती हैं; हरेक घटना श्वास के साथ नये सिरे से बनती है और दूसरे ही क्षण में विनष्ट होती है, और तुरन्त ही दूसरा घटना-समूह उनका स्थान ग्रहण कर लेता है। इस द्रुतगामी पुर्वानुपरक्रम के परिणामस्वरूप द्रष्टा धोखे में आकर विश्वास करने लगता है कि विश्व की सत्ता स्थिर है—जिस प्रकार एक उज्ज्वल छड़ी जब चारों तरफ घुमाई जाती है तो एक पूरा चक्कर-सा बना हुआ प्रतीत होता है। एक उपयोगी परम्परा के कारण हमें व्यक्ति को नाम व रूप प्रदान करना होता है। नाम व रूप का सारूप्य इस बात का प्रमाण नहीं है कि उनकी आन्तरिक वास्तविकता में भी सारूप्य है। इसके अतिरिक्त हमें स्वभावतः एक प्रकार के स्थिर दृष्टिकोण की कल्पना करने के लिए भी बाध्य होना पड़ता है, किन्तु यह पृथक्करण केवल विचारगत ही है। हम कहते हैं, "यह वर्षा हो रही है," जबकि 'यह' नाम की कोई वस्तु ही नहीं है। गति के अतिरिक्त और किसी पृथक वस्तु की सत्ता नहीं है, केवल कर्म ही है—परिणति के अतिरिक्त और कुछ नहीं।

किसी स्थिर आधार के बिना भी संसार की अविच्छिन्नता की व्याख्या के लिए बुद्ध कारणकार्यभाव के नियम की घोषणा करते हुए इसे ही उक्त अविच्छिन्नता का आधार बताते हैं। कारणकार्यभाव का व्यापक नियम एवं इसका स्वाभाविक परिणाम, अर्थात् अनादिकाल से निर्माण कार्य की अविच्छिन्नता, भारतीय विचारधारा को बौद्धमत की मुख्य देन है। परिवर्तन ही अस्तित्व है। यह एक-दूसरे के पीछे क्रम से आने वाली दशाओं की श्रृंखला है। उत्पाद (उत्पत्ति), स्थिति, जरा (विकास) एवं निरोध (नाश)—सब परिवर्तनों की ओर ही संकेत करते हैं। "यह सत्य जानो कि जो कुछ विद्यमान है सब कारणों एवं अवस्थाओं से ही प्रादुर्भूत

---

1. बुद्धघोष के अनुसार, काल का भाव "किसी न किसी घटना के द्वारा उत्पन्न हुआ है और प्रयोगमात्र से आया है।" अत्थसालिनी, अंग्रेज़ी अनुवाद, पृष्ठ 78।

हुआ है और हर हालत में अस्थिर है।" जिस किसी का भी कारण वर्तमान है वह अवश्य नष्ट होगा।" चाहे कोई भी क्यों न हो, जो उत्पन्न हुआ है, इस सांसारिक रूप में आया है एवं संगठित है, वह अपने अन्दर आवश्यक विलयन का भाव रखे हुए है।" "सब संयुक्त पदार्थों को अवश्य ही पुराना होना होगा।" हरेक पदार्थ अवयवी या अंगयुक्त है और इसी की सत्ता मात्र परिवर्तनों की निरन्तरता है, जिनमें से प्रत्येक का निर्णय अपनी पूर्व से स्थित अवस्थाओं के कारण होता है। वस्तु केवल एक शक्ति, एक कारण एवं एक अवस्था का ही नाम है। इसी को धर्म कहते हैं। "मैं तुम्हें धर्म का उपदेश दूंगा," बुद्ध कहते हैं, "वह यदि उपस्थित है तो इसका निर्माण होता है। उसी के उदय होने से इसका भी प्रादुर्भाव होता है। किन्तु यदि धर्म अनुपस्थित है तो इसका निर्माण कार्य भी न होगा; उसके अन्त हो जाने से इसका भी अन्त हो जाता है"[1] बुद्ध की दृष्टि में भी उपनिषदों के ही समान समस्त संसार कारणों द्वारा नियन्त्रित है। जैसे उपनिषदों का कहना है कि वस्तुओं की अपनी स्थिति, जिस रूप में दिखाई देती है, कुछ नहीं है, वरन् वे कारणों की श्रृंखला की उपज हैं जिनका न आदि है और न अन्त है; वैसे ही बुद्ध का कहना है कि वस्तुएं अवस्थाओं की उपज हैं। उपनिषदों का भी प्राचीन बौद्धमत के समान इस विषय में मत स्पष्ट है कि इस सदागति परिवर्तन एवं अनादि निर्माणकार्य में मनुष्य के लिए स्थिर विश्राम का कोई स्थान नहीं है।

वस्तुओं के भौतिक साम्राज्य में जिसे सत समझ सकते हैं वह केवल 'पटिच्चसमुप्पाद' (प्रतीत्यसमुत्पाद) है, जिसका अर्थ है कि एक वस्तु की उत्पत्ति दूसरी के ऊपर निर्भर करती है। कार्यकारण-सम्बन्ध सदा ही स्वतःपरिवर्तनशील अथवा परिणतिशील है। किसी वस्तु का तत्त्व अर्थात् धर्म उसके अन्तर्निहित सम्बन्ध का नियम है। सत् नामक ऐसा कोई पदार्थ नहीं है जो परिवर्तित होता हो। परिवर्तन ही स्वयं में एक व्यवस्था का नाम है। जैसे न्यायदर्शन में कहा गया है कि एक वस्तु दूसरी वस्तु का कारण होती है, हम ऐसा नहीं कह सकते। क्योंकि एक वस्तु जैसी है वैसी है, और वह अन्य वस्तु नहीं हो सकती। जिस प्रकार संसार की प्रक्रिया चेतनारूप उत्पत्ति से सम्बद्ध है, इसी प्रकार कार्यकारण-सम्बन्ध की शक्ति का भी सम्बन्ध आन्तरिक प्रेरणा के साथ है। ऐन्द्रिय विकास सब प्रकार के निर्माणकार्य का नमूना है। भूतकाल गतिमान प्रवाह में ही खिंचकर आता है। बाह्य कारण मानने के मार्ग में सबसे बड़ी कठिनाई इस कारण से आती है कि बाह्य जगत् में हमारा ज्ञान घटनाओं के सम्बन्धों तक ही सीमित रहता है। किन्तु हम अपनी आन्तरिक चेतना में जानते हैं कि हमारी इच्छा ही कर्मों की निर्णायक है। वही शक्ति बराबर कार्य करती है। जर्मन दार्शनिक शोपनहावर इसे इच्छा के नाम से पुकारता है एवं बुद्ध इसे ही कर्म कहता है। यही एक वास्तविक सत्ता है, स्वयं में एक वस्तु है जिसका परिणाम समस्त जगत् है। बाह्य संसार में कार्यकारण-सम्बन्ध एक समान पूर्ववर्ती बनता है। यदि एक कारण विद्यमान है तो दूसरा उत्पन्न हो जाएगा। आधुनिक दर्शनशास्त्र के सब प्रयत्नों के रहते भी कार्यकारण के नियम की परिभाषा इससे अधिक उपयुक्त शब्दों में नहीं की जा सकी। भौतिकविज्ञान के कार्ल पियर्सन जैसे विद्वान कहते हैं कि कार्यकारण-सम्बन्ध के स्थान में परस्पर-सम्बन्ध के प्रवर्ग को रखना ठीक होगा। कारण एवं कार्य निरन्तर हो रही प्रक्रिया की पूर्ववर्ती एवं पश्चाद्वर्ती स्थितियों को ही दर्शाते हैं। हम घटनाओं के क्रम की व्याख्या कारणकार्य-सम्बन्ध के नियम के द्वारा ही करते हैं,

1. मज्झिमनिकाय, 2 : 32।

किन्तु यह नहीं बतलाते कि वे घटनाएं होती क्यों हैं। अन्तिम कारण भले ही अध्यात्मशास्त्र के क्षेत्र का विषय हो किन्तु गौण अथवा आनुषगिक कारणों तक तो हमारे अपने सही निरीक्षण की सीमा है ही। बौद्धधर्म का उद्देश्य दार्शनिक व्याख्या न होकर वैज्ञानिक निरूपण है। इस प्रकार बुद्ध किसी भी पदार्थ की प्रस्तुत अवस्था को लेकर उसके कारण का उत्तर, उसकी उत्पत्ति की अवस्थाओं का वर्णन करके, आधुनिक विज्ञान की दृष्टि से भी देता है।

कार्यकारण-सम्बन्धी विकास को गतियों को यान्त्रिक परम्परा के रूप में ही न समझा जाना चाहिए क्योंकि उस अवस्था में संसार की प्रक्रिया विलोप एवं नवीन सृजन की श्रृंखला बन जाएगी, किन्तु यह एक अवस्था के द्वारा दूसरी अवस्था का निर्माण है, अथवा यों कहें कि अविरत रूप से हो रहे स्पन्दन की सूचना है। यह भूतकाल से वर्तमान का निर्णय करना है। बौद्धधर्म अनित्य कारणकार्यभाव में विश्वास करता है जिसमें कि एक अवस्था अपनी कारणशक्ति को किसी नये कण से संक्रान्त करती है। कारणकार्य-सम्बन्ध का उदाहरण है, जैसे बीज बढ़कर वृक्ष बन जाता है, जहां कि एक पदार्थ अर्थात् बीज का होना दूसरे पदार्थ अर्थात् वृक्ष के लिए आवश्यक है। समस्त जीवन शक्ति है। यद्यपि हम शक्ति की कार्यपद्धति को कभी नहीं देख सकते लेकिन यह विद्यमान है और अपनी चेतना में हम इसकी उपस्थिति को अनुभव करते हैं। संसार की प्रक्रिया का स्वरूप एवं स्वयंभूत विकास का है। यह अनवरत रूप से एक-दूसरे के पीछे आती हुई घटनाओं की माला-सी प्रतीत होती है जबकि यह एक अविच्छिन्न विकास है, जिसकी तुलना अविभाज्य मधुर संगीतलहरी से की जा सकती है। भूतकाल की वर्तमान के साथ संसक्त हो जाने की प्रवृत्ति रहती है, जिसका विच्छेद पहले एवं पीछे के नैरन्तर्य में हमारे प्राकृतिक व्यवहार में होता है। तब जीवन केवल एक के बाद दूसरे के रूप में आ जाता है, और जैसा नागसेन कहता है, कारणकार्यभाव केवल तारतम्य का रूप ले लेता है।

अस्थिरता के सिद्धान्त को, जिसे उपनिषदों एवं प्राचीन बौद्धमत दोनों ने समान रूप से स्वीकार किया था, परवर्ती बौद्धमत ने विकसित करके क्षणिकवाद के रूप में ला दिया। किन्तु यह कहना कि वस्तुएं अनित्य अथवा अस्थिर हैं एक बात है, और उन्हें क्षणिक नाम देना दूसरी बात है। इन दोनों में भेद है। बुद्ध का मत है कि केवल चेतना क्षणिक है, वस्तुएं क्षणिक नहीं हैं, क्योंकि वे कहते हैं : "यह प्रत्यक्ष है कि शरीर एक वर्ष तक अथवा सौ वर्षों तक एवं उससे भी अधिक समय तक रहता है। किन्तु वह वस्तु जिसे मन, बुद्धि या प्रज्ञा एवं चेतना कहा जाता है, दिन-रात एक प्रकार के चक्र के रूप में परिवर्तित होती रहती है।"[1] बुद्ध का आशय इससे यह दिखलाने का था कि शरीर, मन आदि यथार्थ आत्मा के रूप नहीं हैं। वे स्थायी भी नहीं हैं। वस्तुओं को साधारणतः जब अस्थायी कहा जाता है, तो उससे तात्पर्य क्षणिकता से नहीं होता। बुद्ध जब मन के विषय में कहते हैं, केवल उसी समय वे ज्वाला के दृष्टान्त का प्रयोग करते हैं। जिस प्रकार एक दीपशिखा ज्वालाओं का तांता है जिसमें से प्रत्येक क्षणमात्र के लिए ही ठहरती है, चित्त की प्रक्रिया भी ठीक उसी प्रकार की है। वे मानसिक प्रक्रियाओं के क्षणिक स्वरूप में एवं अमानसिक सत्ता के अस्थायी स्वरूप में स्पष्ट भेद का वर्णन करते हैं। जब इस क्षणिक स्वरूप को अन्य समस्त अस्तित्वमात्र तक विस्तृत कर दिया जाता है तो यही क्षणिकवाद कहलाता है। अर्वाचीन बौद्धों के मत में सभी कुछ

---

1. संयुत्त, 2 : 96। बुद्ध इतने निश्चित रूप में नहीं कहते जितना कि बर्गसां कहता है कि दोनों अर्थात् चेतना एवं प्रकृति के मध्य भेद केवल उनकी प्रसरणशील या तनाव की शक्ति, प्रवाह और सुस्वरात्मक सामंजस्य और गति के प्रमाण का है।

क्षणिक है। उसका तर्क है कि स्थायी सत्ता स्वतः विरोधी है। अस्तित्व का अर्थ है कार्यक्षमता अथवा 'अर्थक्रियाकारित्व'। अस्तित्व संसार के पदार्थों की व्यवस्था में किसी प्रकार का परिवर्तन करने की क्षमता का नाम है। बीज में अस्तित्व है, क्योंकि इससे अंकुर उत्पन्न होता है। लेकिन स्थायी पदार्थों में परिवर्तन लाने की यह शक्ति नहीं हो सकती। यदि वस्तुओं में भूत, वर्तमान और भविष्य काल में परिवर्तन न होता तो वे भिन्न-भिन्न समयों में भिन्न-भिन्न प्रकार के कार्य कैसे करतीं ? यदि कहा जाए कि संभाव्य शक्ति तो स्थायी है और यह वास्तविक रूप में आ जाती है जब अन्य कई शर्तें पूरी हो जाती हैं, तो उसका उत्तर यह है कि जिसके अन्दर किसी कार्य को करने की शक्ति होती है वह उसे कर देता है और यदि नहीं करता तो समझो कि उसमें शक्ति नहीं है। यदि अवस्थाओं के कारण परिवर्तन होता है तब उन अवस्थाओं का ही केवल अस्तित्व है और स्थायी वस्तुओं का अस्तित्व नहीं है। यदि अस्तित्व से तात्पर्य कार्यकारणभाव की कार्यक्षमता है तब जो सत् पदार्थ हैं वे क्षणिक हैं। "यथार्थ में एक जीवित प्राणी के जीवन की अवधि बहुत ही संक्षिप्त है, अर्थात् जब तक विचार रहता है वह तभी तक रहती है। जैसेकि एक रथ का पहिया घूमने के समय हाल के एक बिन्दुविशेष पर ही घूमता है और ठहरने के समय भी एक ही विशेष बिन्दु पर ठहरता है, ठीक उसी प्रकार एक जीवित प्राणी का जीवन केवल विचार के रहने के समय तक ही रहता है। ज्योंही वह विचार समाप्त हुआ, जीवित प्राणी भी समाप्त हुआ कहा जाता है।"[1] क्षणिकता के इस मत के अनुसार, जो बहुत प्रारम्भिक काल में ही बौद्धधर्म में समा गया, गति के स्वरूप को ग्रहण करना कठिन है। जब एक शरीर गति करता प्रतीत होता है तो होता यह है कि वह निरन्तर नये-नये रूप में आता रहता है। प्रत्येक क्षण में वह फिर से उत्पन्न होता है, जिस प्रकार कि अग्नि की ज्वाला जो सदा ही नई होती रहती है और कभी क्षणमात्र के लिए भी एकसमान नहीं रहती।

प्रकृति एक अप्रतिहत स्पन्दन है एवं एक प्रकार का अनन्त विकास है जो केवल कार्यकारण के नियम की सुदृढ़ श्रृंखला में चारों ओर से जकड़ा हुआ है। यह निरन्तर एवं पूर्ण है, एकाकी और अविभाज्य है। जो कोई घटना घटित होती है वह सत्-मात्र के संपूर्ण चक्र में कम्पन पैदा कर देती है, और इसी का नाम अविरत परिवर्तन है। आत्मा से शून्य इस विश्वरूपी यंत्र में बौद्धधर्म एक अनादि विश्वव्यापक नियम अथवा सुव्यवस्थित पद्धति का अनुभव करता है। यह एक "विशाल भंवरजाल या भूलभुलैयां है, किन्तु बिना योजना के नहीं है।"[2] विश्व-व्यवस्था का चक्र चलता रहता है। "बिना किसी कर्त्ता के और बिना ऐसे प्रारम्भ के जिसका हमें ज्ञान हो और जो निरन्तर रूप में कारण एवं कार्य की श्रृंखला के स्वभाव के कारण विद्यमान रहता है।"[3]

पाली भाषा में विश्व की व्यवस्था को नियम का नाम दिया गया है, अथवा इसे निरन्तर गति की पद्धति भी कह सकते हैं। बुद्धघोष के समय (पांचवीं शताब्दी ईसा के पश्चात्) से कुछ पूर्व और पिटकों के संग्रह के पश्चात् पांच प्रकार की विभिन्न व्यवस्थाएं बनाई गईं, जिनका नाम क्रमशः इस प्रकार है—कम्मनियम अथवा कर्म एवं उसके परिणाम की व्यवस्था;

1. विसुद्धिमग्ग, अध्याय 8।
2. पोप।
3. बुद्धघोष : विसुद्धिमग्ग, 17।

उतुनियम अर्थात् भौतिक एवं निर्जीव या जड़ की व्यवस्था; बीजनियम अथवा वनस्पति की व्यवस्था, ऐन्द्रिय व्यवस्था; चित्तनियम अर्थात् चेतनामय जीव की व्यवस्था; धम्मनियम अथवा आदर्श की व्यवस्था अर्थात् आदर्श नमूना उत्पन्न करने की व्यवस्था। यह कम्मनियम है जो यह घोषित करता है कि अच्छे एवं बुरे कर्मों का परिणाम क्रमशः उचित एवं अनुचित होता है। यह इस सार्वभौम सत्य को प्रदर्शित करता है कि विशेष-विशेष कर्म चाहे शारीरिक हों चाहे मानसिक, अन्त में करने वाले एवं उनके साथियों को दुःख देते हैं जबकि अन्य प्रकार के कर्म दोनों को सुख पहुंचाते हैं। कम्मनियम कार्य के क्रम एवं परिणाम पर बल देता है।

जीवनमय एवं गतियुक्त यह महान विश्व जो सर्वदा क्रियमाण अवस्था में–परिवर्तनशील अवस्था में है बढ़ता है और प्रयत्नशील है, फिर भी अपने केन्द्र में एक नियम को धारण करता है। प्राचीन बौद्धधर्म एवं बर्गसां के मत में यह मुख्य भेद है। बर्गसां के मत में जीवन का तात्पर्य है नियम का अभाव, जबकि बुद्ध के मत में सम्पूर्ण जीवन सामान्य नियम का एक दृष्टान्त है। जीव एवं नियम के सम्बन्ध में बौद्धधर्म का विचार, भौतिक विज्ञान के आविष्कारों पर उज्ज्वल प्रकाश डालता है और मनुष्य की गम्भीरतम मनोभावनाओं को सार्थक बनाता है। एक व्यवस्था की निश्चितता उस भयावह दुःख के भार को जीवन में से उठा लेती है जो मानव-आत्मा के ऊपर दुःख के कारण छाया हुआ है, और भविष्य को इस प्रकार आशामय बनाती है। क्योंकि कोई भी व्यक्ति यदि वह प्रयत्न करे तो संघर्ष एवं दुःख से, जो जीवन के साथ-साथ हैं, परे पहुंचने की सामर्थ्य रखता है।

बौद्धधर्म और उपनिषदों में जो मौलिक मतभेद प्रतीत होता है वह अध्यात्मशास्त्र द्वारा प्रतिपादित एक ऐसी निर्विकार और निर्विकल्प सत्ता के विषय में है जो मनुष्य की भी यथार्थ आत्मा है। यहां हमें यह निर्णय करना है कि क्या इस विश्व की रचना शून्य या असत् से हुई है और यह कि क्या अन्त में यह शून्य में ही परिणत हो जाएगा। यह सत्य है कि बुद्ध को जीवन के प्रवाह में एवं संसार के चक्र में यथार्थता का कोई केन्द्र अथवा स्थायित्व का कोई सिद्धान्त दिखलाई नहीं दिया, किन्तु इससे यह परिणाम न निकालना चाहिए कि संसार में शक्तियों की हलचल के अतिरिक्त और कुछ यथार्थ सत् है ही नहीं। महत्त्वपूर्ण प्रश्न उस एक आदिकरण के विषय में है जो प्रारम्भ में इस चक्र को गति में लाता है। किसने प्रेरणा दी ? यदि मन एक प्रवाह है और भौतिक संसार दूसरा प्रवाह है तो सम्पूर्णरूप कोई ऐसी सत्ता भी है या नहीं जिसमें ये दोनों ही समवेत हों ? यदि हमारा ध्यान इस अनुभवात्मक जगत् तक ही सीमित हो तो हम नहीं कह सकते कि संसार किस पर अवस्थित है–हाथी कछुए के ऊपर या कछुआ हाथी के ऊपर, एवं संसार का कारणकार्यसम्बन्ध ईश्वर की रचना है अथवा किसी सारतत्त्व का विकास, अथवा यह अपने अन्दर से प्राकृतिक रूप में हुई अभिव्यक्ति है ? बुद्ध केवल घटनाओं को ही स्वीकार करते हैं। वस्तुएं परिवर्तित होती हैं। संसार में सत् कुछ नहीं है किन्तु मात्र क्रियमाण ही है। इस स्थिति में सर्वोपरि यथार्थसत्ता परिवर्तन का नियम है, और वह कारणकार्य का नियम है। बुद्ध अन्तिम कारण एवं आकस्मिकता के विषय में मौन हैं। विश्व में आवश्यकता का शासन है। अव्यवस्था भी नहीं है एवं मनमौजीपन का हस्तक्षेप भी नहीं है। ओल्डनबर्ग ब्राह्मण एवं बौद्ध विचारों के परस्पर मतभेद की व्याख्या इन शब्दों में करता है : "ब्राह्मणों की कल्पना के अनुसार, समस्त निर्माणक्रिया में सत् का ज्ञान प्राप्त हो सकता है, जबकि बौद्धों की कल्पना सब प्रतीयमान सत् में क्रियमाण का ही ज्ञान प्राप्त करती है। संक्षेप में जहां ब्राह्मणधर्म में कारणकार्य के नियम के बिना सत्त्व है वहां

बौद्धधर्म में कारणकार्य-नियम है बिना सत्त्व के।''[1] यह व्याख्या उन दिनों ही पद्धतियों के प्रमुख स्वरूपों के विषय में अतिशयोक्तिपूर्ण है जो मौलिक सिद्धान्तों में परस्पर सहमत हैं, यद्यपि भेद भिन्न-भिन्न पार्श्वों पर बल देने के विषय में है। क्योंकि उपनिषदों में एवं बुद्ध के मत मे भी, दोनों में एक समान, "यह विश्व एक जीवित इकाई (पूर्ण) है जो बल-प्रयोग एवं आंशिक मृत्यु को छोड़कर प्रकटस्वरूप पदार्थों एवं सुस्पष्ट भेदों के रूप में अपने को विभक्त होने देने से निषेध करता है।''[2] यह एक अविभक्त गति है। उपनिषदें केवल सत् को क्रियमाण के बिना यथार्थरूप में ग्रहण नहीं करतीं। उन्होंने क्रियमाण को भ्रान्तिरूप नहीं माना है। ओल्डनबर्ग भी स्वीकार करता है कि उपनिषदों के विचारकों ने सत् के एक पक्ष को समस्त क्रियमाण में देखा। क्रियमाण जगत् को वे अवस्थाओं की एक असम्बद्ध श्रृंखला नहीं मानते। हो सकता है, यह आभासमात्र हो परन्तु तो भी यथार्थसत्ता का ही आभास। उपनिषदें हमारा ध्यान इस विषय की ओर आकृष्ट करती हुई कि प्रवाह के पीछे एक स्थिर तत्त्व है, एकमात्र परिवर्तन के विचार को एक तरफ हटा देती हैं। परिवर्तन विशेष परिणामों में एक प्रकार के हेर-फेर व अदल-बदल है अथवा एक स्थिर तत्त्व के अन्दर आनुषंगिक घटना है। जबकि पूर्ण इकाई स्वयं अपरिवर्तनशील है, परिवर्तन उसी पूर्ण इकाई के विभिन्न पहलुओं के सापेक्ष परिणाम हैं। और यह क्रमबद्ध विकास की अवस्थाएं नियमों में आबद्ध हैं। बुद्ध यह नहीं कहते कि परिवर्तनमात्र में एक कोई स्थिर सत्ता भी है जिसमें परिवर्तन होता है और न ही वे यह कहते हैं कि परिवर्तन ही नित्य स्थिर है जैसेकि उनके कुछ अनुयायियों ने उनके कथन की व्याख्या की है। वस्तुओं के सत् की ओर से वे उदासीन हैं, और जो विकास में हमारे क्रियात्मक प्रयोजनों से सम्बन्ध रखता है केवल उसी को यथार्थ मानते हैं। किन्तु यदि हम नागसेन के साथ सहमत होकर यह भी मान लें कि हमारे आगे तो केवल एक श्रृंखला व सिलसिला ही है तो हम बिना आगे यह प्रश्न किए नहीं रूक सकते कि यदि प्रत्येक वस्तु नियन्त्रित है तो क्या अनियन्त्रित भी कुछ है ? बिना इसके कारणकार्य सम्बन्ध का नियम स्वयं अपना विरोधी हो जाएगा। यदि प्रत्येक घटना दूसरी घटना के साथ उसके पर्याप्त कारण के रूप में सम्बद्ध है और वह फिर अन्य घटना के साथ सम्बद्ध है तो इस प्रकार से हमें किसी के लिए भी पर्याप्त स्वतन्त्र कारण न मिलेगा। हमें किसी न किसी प्रकार कारण श्रृंखला से परे जाकर किसी ऐसे सत् पदार्थ का आश्रय ढूंढना होगा जो अपना कारण आप हो अर्थात् स्वयम्भू हो और सब प्रकार के परितर्वनों के रहते हुए भी अपने में अपरिवर्तित रहे। जब हम ऐसा कथन करते हैं कि क्षणभंगुर को हम क्षणभंगुर के रूप में जानते हैं तो हम इसे नित्य का विरोधी बतलाते हैं और इस प्रकार के उस नित्य, अर्थात् अस्थायी के विरोधी, की यथार्थसत्ता का प्रश्न स्वभावतः उठता है। या तो हम उस निरपेक्ष सत्ता को बढ़ने वाला तत्त्व करके स्वीकार करें, अथवा हमें अवश्य स्वीकार करना होगा कि कोई एक नित्यतत्त्व है जो अपने को अभिव्यक्त करता है और समस्त परिवर्तन की प्रक्रिया के अन्दर अपने अस्तित्व एवं व्यक्तित्व को भी स्थिर रखता है। हर हालत में सत् अथवा एकरूपता का सिद्धान्त मानना ही पड़ता है।

अरस्तू के मत में समस्त परिवर्तन के लिए एकरूपता को स्वीकार करना आवश्यक है। समस्त परिवर्तन के अन्दर कुछ स्थायी अवश्य रहना चाहिए जिसके अन्दर परिवर्तन सम्भव

1. 'बुद्ध', पृष्ठ 251।
2. ब्रैडले।

हो सके। बिना स्थायी तत्त्व को स्वीकार किए परिवर्तन हो सके यह हमें सम्भव प्रतीत नहीं होता। यही सत्य सिद्धान्त हमें कांट ही 'सेकण्ड एनालॉजी आफ ऐक्सपीरियेंस' नामक पुस्तक में मिलता है। "बिना स्थिर सत्ता के, काल के सम्बन्ध सम्भव नहीं हैं।" 'क' के पीछे 'ख' के आने का तात्पर्य यह है कि इससे पूर्व कि 'ख' प्रारम्भ हो, 'क' समाप्त हो चुका। उनके बीच का सम्बन्ध, जिसे हम अनुक्रम के नाम से पुकारते हैं, न तो 'क' के लिए और न 'ख' के लिए ही रह सकता है, किन्तु किसी ऐसी वस्तु के लिए अवश्य रह सकता है जो दोनों के लिए एक समान उपस्थित हो। यदि एक-दूसरे के पीछे आने वाली घटनाओं के अतिरिक्त इस संसार में और कुछ न हो—अर्थात् 'ख' के प्रारम्भ होने से पूर्व 'क' का विलोप हो जाना, एवं इससे पूर्व कि 'ग' का प्रारम्भ हो, 'ख' का विलुप्त हो जाना आदि-आदि— तो इस प्रकार कोई सिलसिला नहीं बैठ सकता। किसी भी सिलसिले का सम्भव होना उपलक्षित करता है कि एक सापेक्ष स्थिर तत्त्व अवश्य है। कोई न कोई तत्त्व ऐसा अवश्य होना चाहिए जो स्वयं तो श्रृंखला के अन्तर्गत न हो किन्तु हो स्थिर, और जिसके अन्दर विलोप होने की श्रृंखला की प्रत्येक घटना घट सके और जो उस कड़ी को दूसरी कड़ी के साथ जोड़ सके। यदि हम यह मान लें कि प्रत्येक परिवर्तन एक सापेक्ष स्थायी तत्त्व की ओर संकेत करता है तो भी प्रत्येक वस्तु के सापेक्ष स्थायित्व की सम्भावना एक निरपेक्ष स्थायित्व को उपलक्षित करती है। हम सम्पूर्ण व्यवस्था को केवल सम्बन्धों के एक विस्तृत जाल के रूप में परिणत नहीं कर सकते, जो केवल सम्बन्धों का ही एक पुंजमात्र हो, और जिसके साथ सम्बन्ध हैं वह स्वयं में कुछ भी न हो। यह एक प्रकार से पक्षी के बिना उड़ान है। परस्पर-सम्बन्धों के कारण सूक्ष्मता समाप्त नहीं हो जाती। बुद्ध केवल अनुभवात्मक संसार तक ही अपने ध्यान को रखने के कारण सत् को एक असत्-प्रक्रिया के रूप में देखते हैं। इसी मत को आधुनिक दर्शनशास्त्र में फ्रांसीसी दार्शनिक बर्गसां ने प्रचलित किया, अर्थात् घटनाओं की यथार्थता संक्रमण अथवा क्रियमण में निहित है, किन्तु दुष्ट पदार्थों के अन्दर नहीं। अविद्या के कारण ही भ्रान्ति से हमें वस्तुएं स्थिर दिखाई देती हैं। ज्ञान हमें अन्तर्दृष्टि प्रदान करता है जिसके द्वारा हमें वस्तुओं की अस्थिरता समझ में आ सकती है किन्तु तो भी परिवर्तन अपना स्वतन्त्र अस्तित्व रखते हैं और कारण कार्य-सम्बन्धी अन्तर्निहित नियम के शासन में अपना कार्य करते हैं।

यदि हम क्षणिकता के विचार को स्वीकार करें तो हमें कारणकार्य-सम्बन्धी एवं नैरन्तर्य और उसके साथ स्थायित्व एवं एकरूपता को भी स्वीकार करना होगा, अन्यथा संसार उच्छृंखल शक्तियों का नग्ननृत्य मात्र रह जायगा और फिर उसको समझने के सब प्रयत्न छोड़ देने पड़ेंगे। शंकर ने ऐसे कारणकार्य-सम्बन्ध जिससे स्थायित्व का संकेत मिलता है, एवं क्षणिकता के सिद्धान्त के बीच परस्पर असंगति को इस प्रकार दर्शाया है : "बौद्धों के मत में प्रत्येक वस्तु की क्षणिक सत्ता है। इस प्रकार जब दूसरा क्षण प्रारम्भ होता है वह वस्तु जो पहले क्षण में वर्तमान थी, विलोप हो जाती है और एक सर्वथा नवीन वस्तु उत्पन्न होती है। इस प्रकार से आप इस धारणा को कि पहली वस्तु दूसरी आगे आने वाली वस्तु का कारण है अथवा यह कि दूसरी वस्तु का कार्य है, पुष्ट नहीं कर सकते। पहली वस्तु क्षणिकता की कल्पना के अनुसार समाप्त हो चुकती है जबकि पीछे आने वाला क्षण प्रारम्भ होता है; इसका तात्पर्य यह हुआ कि पहली वस्तु अपनी सत्ता को खो चुकी होती है जबकि आगामी क्षण की वस्तु उत्पन्न होती है और इसलिए पहली वस्तु ने दूसरी वस्तु को उत्पन्न किया ऐसा नहीं

कहा जा सकता, क्योंकि अभाव (असत्) भाव (सत्) का कारण नहीं हो सकता।"[1] इस निर्दोष आपत्ति से बाद के काल के कितने ही बौद्ध भी[2] सहमत हैं और उनका कहना भी यही है कि समस्त परिवर्तनों की तह में एक स्थायी तत्त्व है। श्री सोजन कहते हैं : "प्रत्येक वस्तु का अधिष्ठान नित्य एवं स्थायी है। जो कुछ क्षण-क्षण में परिवर्तित होता है वह वस्तु की अवस्था या रूप है इसलिए यह कहना भूल है कि, बौद्धधर्म के अनुसार, पहले क्षण की वस्तु नष्ट हो चुकती है जबकि दूसरा क्षण प्रारम्भ होता है।"[3]

बुद्ध ने उपनिषदों के विचारकों के समान इस सापेक्ष क्रियमाण जगत् तक ही अपने ध्यान को सीमित रखने के कारण, एक ऐसे सार्वभौम और विश्वव्यापी सर्वात्मरूप सत्ता की, जो प्रत्येक मानव-हृदय में धड़कन पैदा कर रही है और जो संसार का केन्द्र है, स्थापना नहीं की। केवल इसीलिए कि वह ज्ञान की पहुंच के बाहर है, हम निरपेक्ष परमसत्ता का निषेध नहीं कर सकते। यदि यह सब जो कुछ है नियन्त्रित है तो अवस्थाओं के शेष हो जाने पर सब शून्य हो जाएगा। ओल्डनबर्ग कहता है : "सोपाधिक पदार्थ का चिन्तन केवल अन्य सोपाधिक के द्वारा नियन्त्रित रूप में ही किया जा सकता है। यदि हम केवल तार्किक परिणाम का एकमात्र अनुसरण करें तो जीवन की इस कल्पना के आधार पर यह सोचना असम्भव होगा कि उपाधियों की श्रृंखला समाप्त हो जाने पर सिवाय शून्य आकाश के और भी कुछ रह सकेगा।"[4] उपनिषदों के साथ सहमत होकर बुद्ध मानते हैं कि संसार का स्वरूप जो हमारी बुद्धि में आत्मा है, अपनी सोपाधिक या सापेक्ष सत्ता ही रखता है। हमारी बुद्धि या प्रज्ञा हमें बाधित करती है कि हम एक निरुपाधिक सत् की स्थापना करें जिसके कारण समस्त अनुभव की श्रृंखला सम्भव होती है। और यह इष्ट वस्तु सत् उन श्रृंखलाओं में से कोई कड़ी न होनी चाहिए। आकस्मिकता एवं निर्भरता के नियभ से सर्वथा मुक्त होने के लिए इसे आनुभविक उपाधि नहीं होना चाहिए। तो भी हम इसे आनुभविक श्रृंखला से सर्वथा पृथक् नहीं कर सकते क्योंकि उस अवस्था में उक्त सत्रूप उपाधि अयथार्थ सिद्ध होगी। प्रत्येक वस्तु है और नहीं भी है ऐसी हमें प्रतीत होती है; यह एक ही समय में सत् एवं क्रियमाण दोनों है। प्रत्येक घटना हमें अपने से परे किसी पूर्ववर्ती विद्यमान आकृति में से गुज़रने के लिए बाधित करती है जिसके अन्दर से तत्समान इस घटना का प्रादुर्भाव हुआ है। यह कल्पना कि प्रत्येक विद्यमान वस्तु है और नहीं भी है, यथा है एवं अयथार्थ भी है, क्रियमाण-विषयक आदर्शवाद द्वारा प्रस्तुत है जिसके अनुसार क्रियमाण केवल सत् का विकास है। बुद्ध के उपदेशों की मुख्य प्रवृत्ति यही है। दो विरोधी गुणों की मध्यस्थता से ही सब पदार्थों की सत्ता है और जहां तक इस संसार का सम्बन्ध है, हम इसमें से सत् एवं क्रियमाण को पृथक्-पृथक् नहीं कर सकते। यदि हम दोनों में से किसी एक को भी पृथक् करने का प्रयत्न करें और उसके अकेले पृथक्स्वरूप का निर्णय करें तो फिर समस्त कल्पना का भवन गिर पड़ेगा और अपने पीछे अभावात्मक शून्य को छोड़ जाएगा। आनुभविक सत् एक मध्यस्थ वस्तु है जो विकास है और असत् से सत् की ओर गति है जिसे क्रियमाण कहते हैं। बुद्ध ऐसे तर्क की निष्फलता को खूब समझते हैं जो इन्द्रियगम्य पदार्थों एवं विचार को इस रूप में प्रतिपादन करता है कि वे नियत एवं स्थायी वस्तुएं हैं जो अपनी स्वतन्त्र सत्ता रखती हैं जबकि वस्तुतः एक नित्य यथार्थसत्ता की प्रक्रिया

1. वेदान्तसूत्र, अध्याय 2 : 11 और आगे।
2. उदाहरण के रूप में, सर्वास्तिवादी।
3. 'सिस्टम्स आफ बुद्धिस्टिक थॉट', पृष्ठ 134।
4. ओल्डनबर्ग : 'बुद्ध', पृष्ठ 277

के, अभिव्यक्ति की दिशा में, विविध रूप हैं। निरपेक्ष परम सत्य के प्रति बुद्ध का मौन धारण यह संकेत करता है कि उनके मत में नित्यतत्त्व घटनाओं की व्याख्या के लिए उपलब्ध नहीं है। अनुभव ही सब कुछ है जिसका हमें ज्ञान होता है और निरपेक्ष उस अनुभव से परे का विषय है। ऐसे विषय को जो सदा ही हमें चक्कर में डाल दे, ग्रहण करने के लिए प्रयत्न करना निष्फल है और उसके लिए अपना समय नष्ट करना उचित नहीं। मानव ज्ञान की सापेक्षता की सही-सही व्याख्या हमें यह स्वीकार करने को बाध्य करती है कि किसी स्थायी तत्त्व की विद्यमानता को सिद्ध करना असम्भव है। यद्यपि बौद्धधर्म और उपनिषदें दोनों ही पदार्थ की निरपेक्ष सत्ता को निरन्तर परिवर्तित होने वाली श्रृंखला के परिणाम के रूप में देखने से निषेध करते हैं, फिर भी दोनों में अधिक से अधिक भेद यह है कि जहाँ एक ओर उपनिषदें परिवर्तन अथवा क्रियमाण से परे एवं उससे पृथक् एक यथार्थसत्ता की घोषणा करती है वहाँ बौद्धधर्म इस प्रश्न पर अपना निर्णय देना स्थगित रखता है। किन्तु किसी प्रकार भी इस अस्वीकृतिपरक स्थिति को परम सत्ता का निषेध न समझ लेना चाहिए। यह सोचना असम्भव है कि बुद्ध संसार की इस दौड़ में किसी भी स्थायी सत्ता को स्वीकार न करते हों और न ऐसे ही किसी विश्रामस्थल को स्वीकार करते हों जहाँ पहुंचकर इस विश्व की हलचल से उद्विग्न मनुष्य का हृदय शान्ति प्राप्त कर सके। बुद्ध ने भले ही निरपेक्ष परमसत्ता के प्रश्न पर कुछ उत्तर देने से निषेध किया हो जो आनुभविक जगत् के विभिन्न वर्गों से पृथक् एवं परे है, ऐसा प्रतीत होता है कि उन्हें इस विषय में सन्देह बिलकुल नहीं था। "हे भिक्षुओ, एक ऐसी सत्ता है जो अजन्मा, अनादि, स्वयंभू, केवल एवं विशुद्ध स्वरूप है क्योंकि ऐसी सत्ता न होती तो जन्म, निर्माण और संयोग-वियोग आदि के अधीन इस जगत् से छुटकारा कैसे सम्भव होता !"[1] बुद्ध एक ऐसी तात्त्विकी यथार्थसत्ता में आस्था रखते थे जोकि दृश्यमान जगत् के चंचल एवं आभासस्वरूप पदार्थों की पृष्ठभूमि में सदा स्थिर रहती है।

9. परिवर्तनशील जगत्

क्या इस संसार का निर्माण यथार्थ एवं पदार्थनिष्ठ है ? बुद्ध की प्रधान प्रवृत्ति विश्व को एक निरन्तर प्रवाह के रूप में प्रस्तुत करने की ओर है जो 'निस्सत्त' अर्थात् स्वयं में असत् है, एवं 'निज्जीव' अर्थात् आत्मविहीन है। वह जो कुछ भी है 'धम्म' है अर्थात् अवस्थाओं का वर्गीकरण मात्र है। यह अयथार्थ तो है, किन्तु असत् नहीं है। तो भी प्राचीन बौद्धदर्शन में ऐसे वाक्य पाए जाते हैं जो संसार की एक विशुद्ध विषयी-विज्ञानपरक व्याख्या का समर्थन करते हैं। पदार्थों से भरपूर संसार जीवात्मा रूपी विषयी द्वारा नियन्त्रित है। यह हम सबके अन्दर है। "मैं तुम्हें बताता हूं कि यह शरीर ही, जोकि मर्त्य है, चारहाथ भर लम्बा है, किन्तु सचेत है एवं बुद्धिसम्पन्न है, और इस शरीर की वृद्धि व ह्रास एवं वह प्रक्रिया ही जो शरीर को अवसान की ओर अग्रसर करती है, वस्तुतः जगत् है।"[2] बुद्ध ऐसे एक भिक्षु को जो इस प्रश्न को लेकर बेचैन है, कि मोक्ष के पश्चात् क्या रहता है, बतलाते हैं : "इस प्रश्न को इस प्रकार से रखना चाहिए—'कहां अब आगे को पृथ्वी नहीं है, न जल है न अग्नि है न वायु है; कहां पर जाकर लम्बा और छोटा, विशाल एवं लघु, अच्छा एवं बुरा सब एक में विलीन

---

1. उदान, 8 : 3।
2. रीज़ डेविड्स : 'डायलॉग्स आफ द बुद्ध', पृष्ठ 279। यह भी सुझाया गया है कि जिन्हें ज्ञान का प्रकाश मिल गया है उनके लिए संसार का अस्तित्व नहीं है।

हो जाते हैं ? कहाँ जाकर प्रमाता एवं प्रमेय पूर्णरूप से निःशेष होकर विलोप हो जाते हैं ?' इसका उत्तर है–'चेतना के कर्म विहीन हो जाने से एवं निःशेष हो जाने से सब कुछ विलोप हो जाता है।' "[1] प्रमाता या विषयी के ऊपर ही संसार स्थित है; उसके साथ ही वह प्रादुर्भूत होता है और उसी के साथ विलुप्त हो जाता है। इस आनुभविक संसार की सब सामग्री ऐसी है जैसी सामग्री से हमारे स्वप्न बनते हैं। संसार की सब सत्य घटनाएं मनोभावों की श्रृंखला मात्र हैं। हम नहीं जानते कि वे वस्तुएं जिनका वर्णन हमारे विचारों द्वारा होता है, हैं या नहीं। संसार का चक्र कर्म की शक्ति का परिणाम है और अज्ञान के कारण है। ऐसे भी वाक्य हैं जिनमें इस व्याख्या का समर्थन पाया जाता है कि संसार का विवरण एक ही यथार्थसत्ता के व्यक्तिगत रूप में हुआ परिवर्तन है, जिस सत्ता में स्वयं न कोई ब्यौरा है और न ही व्यक्तित्व है। ये वे अकृतियां हैं जिन्हें सत्ता धारण करती है जब ये ज्ञान का विषय बनती हैं। जबकि प्रथम मत संसार को एक स्वप्न के रूप में परिणत कर देता है एवं प्रवाह के पीछे अभावात्मक शून्य की ही स्थापना करता है, पिछला मत ज्ञानगम्य संसार को एक अनुभवातीत सत्ता के आभास मात्र के रूप में ला पटकता है।[2] पिछला मत अधिकतर कांट के मत के अनुकूल है जबकि पहला अधिकतर बर्कले के मत के समान है। हम यह भी कहते हैं कि पिछली व्याख्या शोपनहावर की कल्पना से मिलती है, जिसके अनुसार आध्यात्मिक सिद्धान्त है 'जीवित रहने की इच्छा,' और समस्त भौतिक पदार्थ एवं मनुष्य उसी एक जीवित रहने की इच्छा के विषय हैं। कभी-कभी यह भी प्रतिपादन किया जाता है कि हमारी अपूर्णता, जिसे अज्ञान कहा जाता है, निरन्तर विश्व-रचना-सम्बन्धी प्रक्रिया को विभक्त करके व्यक्तियों एवं पृथक् पृथक् वस्तुओं में परिणत कर देती है। ऐसे कथनों की भी कमी नहीं है जिनके अनुसार संयुक्त पदार्थ ज्ञान के उदय होने पर तिरोहित हो जाते हैं, और पीछे आदिम तत्त्वों का तथ्य ही रह जाता है। लीब्नीज का मत है कि सरल पदार्थ स्थायी होते हैं, और संयुक्त पदार्थों का विलीन हो जाना अवश्यम्भावी है। प्राचीन बौद्धमत की कल्पना में भी यही बात पाई जाती है। वह आत्मा को भी एक संयुक्त पदार्थ मानता है और इसीलिए आत्मा को भी विलय के अधीन मानता है। सरल एवं अविनाशी तत्त्व मुख्यतः ये हैं–पृथ्वी, जल, प्रकाश और वायु जिनमें वैभाषिक लोग एक और तत्त्व, अर्थात् आकाश, को भी जोड़ देते हैं। कई वाक्यों में निरपेक्ष आकाश को भी यथार्थसत्ता माना गया है, जैसेकि भिक्षु आनन्द की इस जिज्ञासा के उत्तर में कि भूचालों का कारण क्या है, बुद्ध का कहना था कि "हे आनन्द, यह महान पृथ्वी जल पर आश्रित है, जलवायु के ऊपर आश्रित है और वायु आकाश में आश्रित है।"[3] "श्रद्धेय नागसेन, इस संसार में ऐसे प्राणी पाए जाते हैं जो कर्म के द्वारा इस जन्म में आए हैं और दूसरे ऐसे हैं जो किसी कारण के परिणामस्वरूप हैं, और ऐसे भी हैं जो अनुकूल अवसर पाकर उत्पन्न होते हैं। मुझे बताओ कि क्या कोई ऐसी वस्तु है जो इन तीनों में से एक भी श्रेणी के अन्दर न आ सकती हो ?" "हां, ऐसी दो वस्तुएं हैं–आकाश (देश) एवं निर्वाण।"[4] बुद्ध ने क्रियमाण जगत् की कोई स्पष्ट व्याख्या हमारे सामने नहीं रखी है। निःसन्देह नाना प्रकार

1. दाहल्के : 'बुद्धिस्ट एसेज़', पृष्ठ 310।
2. 'कथावस्थ' में (औङ्ग एवं मिसेज़ डेविड्स द्वारा 'पाइंट्स आफ कण्ट्रोवर्सी' का शीर्षक देकर अनुवादित) निरुपाधिक यथार्थसत्ताओं में आकाश, निर्वाण और चार आर्यसत्यों का उल्लेख किया गया है।
3. दीघनिकाय, 207।
4. मिलिन्द, 4।

के सुझाव जहां-तहां दिए गए हैं और परवर्ती बौद्ध सम्प्रदायों ने उनकी एकपक्षीय व्याख्याएं कर डाली हैं। नागसेन ने अधिकरणनिष्ठ (अन्तःसृष्टिविषयक) विचारपद्धति को ही अपना आलम्ब बनाया है। उसके मत में एक वस्तु अपने विशिष्ट गुणों के सम्मिश्रण के अतिरिक्त और कुछ नहीं है। शरीर के अंदर अस्थायी मनोभावों के अतिरिक्त और कुछ सार नहीं है। वस्तुएं केवल संवेदनाओं के सम्मिश्रणों के मानसिक प्रतीकमात्र हैं। चारों सम्प्रदायों में से एक का तो यहां तक कहना है कि प्रकृति और कुछ नहीं, केवल मन के प्रत्यक्ष ज्ञानविषय का एक कल्पित खेल है। दूसरे का कहना है कि मन ही सब कुछ है। एक तीसरा सम्प्रदाय शून्यवाद का ही प्रतिपादन करता है और आग्रहपूर्वक कहता है कि संसार न यथार्थ है, न कल्पित है और न ही दोनों प्रकार का है एवं ऐसा भी नहीं कि दोनों में से एक भी न हो। बुद्ध ने अनुभव किया कि बाह्य सत्ता की समस्या का समाधान करना उनका काम नहीं है। उनके लिए इतना कह देना ही पर्याप्त था कि क्रियमाण के प्रवाह के मध्य में मनुष्य अपने को निःसहाय पाता है जिस प्रवाह को न तो वह रोक सकता है और न जिसका नियन्त्रण ही कर सकता है, और यह कि जब तक उसके अन्दर जीवन की तृष्णा बनी रहेगी, वह संसार की अगाध अन्धकारमय गहराइयों के अन्दर इधर से उधर झटके खाता रहेगा, और यह कि इस अशान्त संसार में शान्ति प्राप्त करने की कोई सम्भावना नहीं। "उन व्यक्तियों के लिए जो जलती हुई आग के बीच फंसे हों, आगे के विषय को लेकर विवाद करने का अवसर नहीं होता अपितु उसमें से छुटकारा पाने का प्रश्न उनके सामने होता है।"[1]

10. जीवात्मा

शरीर और मन का द्वैतभाव क्रियमाण का ही एक अंग है, यह सम्पूर्ण इकाई के दो भेदक पक्ष हैं, क्योंकि सब वस्तुएं एक-दूसरे के साथ एक ही निरन्तर विकास के भिन्न-भिन्न पहलू होने के रूप में सम्बद्ध हैं। जीवन नित्य अवश्य है किन्तु वह सदा ही चेतना के साथ जुड़ा हुआ नहीं है। इस विश्व में किसी भी विवाद-विषय पर ऐसे ही सम्बन्ध की दृष्टि से विचार किया जा सकता है जो एक वस्तु का अन्य सब गतिमान वस्तुओं के साथ है, और जब इस प्रकार का सम्बन्ध विषय चेतना से भी युक्त हो तो उसे ही हम जीवात्मा कहते हैं। सत्य के प्रत्यक्ष ज्ञान के लिए विषयीनिष्ठ केन्द्रों का होना आवश्यक है।

विषयी या प्रमाता मनुष्य का आनुभविक जीवन है जो बढ़ता है और परिवर्तन के भी अधीन है। उपनिषदें बलपूर्वक घोषणा करती हैं कि मनुष्य की यथार्थ आत्मा शरीर अथवा मानसिक जीवन से पृथक् है तो भी मानसिक एवं भौतिक या प्राकृतिक गुणों के संयोग से ही जीवात्मा का निर्माण होता है। प्रत्येक मनुष्य अन्य हरेक वस्तु की भांति एक संश्लिष्ट अथवा संयुक्त पदार्थ है। बौद्ध इसे संस्कार कहते हैं, जो एक संगठन है। सब आत्माओं में, बिना किसी अपवाद के, उनको बनाने वाले भागों में परस्पर सम्बन्ध हमेशा परिवर्तित होता रहता है। वह एक-दूसरे के पीछे आने वाले दो क्षणों में कभी एक-सा नहीं रहता, किन्तु अनन्त अवस्थाओं में एक समान चलता रहता है।[2] शरीर और मन दोनों में निरन्तर परिवर्तन हो रहा है किन्तु मन के अन्दर शरीर को क्षणभंगुरता अधिक स्पष्ट और प्रवाह अधिक वेगवान रूप में देखे जा सकते हैं इसलिए यदि हम किसी के विषय में स्थिरता की बात करें

---

1. मज्झिमनिकाय, खण्ड 1, पृष्ठ 28।
2. देखें, महानिद्देस, पृष्ठ 117; विसुद्धिमग्ग, 8; वारेन : 'बुद्धिज़्म इन ट्रांसलेशन्स', पृष्ठ 150।

तो यह मन की अपेक्षा अधिकतर शरीर के विषय में ही होगी।[1]

सत् की जीवात्मता एक अस्थायी अवस्था है जो सदा बढ़ती रहती है। रीज़ डेविड्स का कहना है : "परस्पर संयोग के बिना जीवात्मा बन नहीं सकती, एवं संयोग बिना क्रियमाण के सम्भव नहीं हो सकता; क्रियमाण बिना एक भिन्न क्रियमाण के सम्भव नहीं है, और बिना विभाग हुए भिन्न क्रियमाण सम्भव नहीं हो सकता; यह एक तिरोभाव है जो आगे-पीछे कभी न कभी अवश्य पूर्ण होगा।"[2] यह एक शाश्वत एवं अविच्छिन्न प्रक्रिया है जिसमें स्थायी कुछ नहीं है। नाम और रूप कुछ भी स्थायी नहीं है।[3] वाराणसी में इषिपतन नामक स्थान के पांच तपस्वियों को, जिनका मुखिया कौण्डिन्य था, आत्मा के अभाव पर दूसरा उपदेश दिया गया था। "यह शरीर नित्य आत्मा नहीं है क्योंकि यह नष्ट होने वाला है, और न ही भावना, प्रत्यक्ष, मनोवृत्ति और बुद्धि सब मिलकर आत्मा का निर्माण कर सकते हैं, क्योंकि यदि ऐसा होता तो यह भी कभी सम्भव न होता कि चेतना भी उसी तरह नाश की ओर प्रवृत्त होती।" "हमारे रूप, भावना, प्रत्यक्ष, मनोवृत्ति और बुद्धि ये सब क्षणिक हैं और इसलिए अश्रेय हैं और स्थायी एवं श्रेयस्कर नहीं हैं। वह जो क्षणिक है, अश्रेय है और परिवर्तन के अधीन है, नित्य आत्मा नहीं हो सकता। इसलिए समस्त भौतिक रूपों के विषय में चाहे वे जैसे भी हों, भूत, वर्तमान और भविष्यत् विषयीनिष्ठ अथवा विषयनिष्ठ, दूर अथवा समीप, ऊंचे या नीचे, यही धारणा रखनी चाहिए कि "यह मेरा नहीं, यह मैं नहीं हूं, यह मेरी नित्य आत्मा नहीं है।"[4] वेदल्लसुत्त में धम्मदिन्न कहता है : "अज्ञानी एवं विधर्मी मनुष्य आत्मा को देहधारी मानता है अथवा ऐसा पदार्थ जिसका शरीर हो, यदि यह नहीं तो वह आत्मा को भावना का रूप समझता है, अथवा ऐसा कोई पदार्थ जिसमें भावना हो अथवा भावना ही आत्मा में हो।" इस तर्क की पुनरावृत्ति अन्य स्कन्धों के साथ भी की गई है। आत्मा अथवा पुद्गल, अथवा सत्त्व (जीवित प्राणी) अथवा जीव इनमें से एक भी स्थायी नहीं है। हमें मनुष्य के अन्दर ऐसी किसी अपरिवर्तनशील वस्तु एवं नित्यतत्त्व का ज्ञान प्राप्त नहीं है।[5] केवल कारणों एवं कार्यों की श्रृंखलाएं ही हमारे सामने हैं। मनुष्य पांच स्कन्धों से मिलकर बना हुआ एक संयुक्त पदार्थ प्रतीत होता है। उपनिषदों में वर्णित नामरूप के आधार पर ही स्कन्धों की कल्पना विकसित की गई है। यहां हमारा प्रतिपाद्य विषय यह है कि समुत्पादक तत्त्वों अर्थात् रूप (प्राकृतिक, भौतिक) और नाम (मानसिक) के अतिरिक्त हमारे पास और कुछ प्रतीत नहीं होता।

सुरंगमसुत्त में आनन्द का स्थान शरीर के अन्दर अथवा उसके बाहर एवं इन्द्रियों के पीछे आदि बताने के प्रयत्नों पर विवाद किया गया है।[6] हम स्थायी आत्मा की खोज व्यर्थ

---

1. संयुत्तनिकाय, 2 : 94 और 95। 'हीनयान अभिधर्ममहाविभाषाशास्त्र' नामक महाग्रन्थ के अनुसार चौबीस घण्टे के एक दिन में छः अरब, चालीस करोड़, निन्नानवे हज़ार, नौ सौ अस्सी क्षण होते हैं, तथा पांचों स्कन्ध प्रतिक्षण बारम्बार उत्पन्न और नष्ट होते हैं। (देखें, यमकामी सोजेन : 'सिस्टम्स आफ बुद्धिस्टिक थॉट', पृष्ठ 11)।
2. 'द रिलिजस सिस्टम्स आफ द वर्ल्ड', पृष्ठ 142।
3. महावग्ग, 1 : 6 : 38 और आगे।
4. महावग्ग, 1 : 21।
5. देखिए, संयुत्तनिकाय, 4 : 54।
6. पश्चिमी देशों के मनोविज्ञानशास्त्र के विद्वान इस प्रकार के प्रयत्नों में रत रहते हैं कि वे आत्मा का स्थान निर्देश शरीर के अन्दर, मेरुदण्ड के अन्दर, मस्तिष्क में, अथवा ऐसे ही किसी बिन्दुविशेष में कर सकें।

में ही मस्तिष्क के अन्दर, इन्द्रियों के अवशेषों में अथवा व्यक्तित्व को बनाने वाले अवयवों में करने लगते हैं। आत्मा नाम की एक असम्बद्ध शक्ति की स्थापना, बौद्धों के मत में, कर्म के नियम के विरुद्ध जाती प्रतीत होती है, क्योंकि साधारण लोग आत्मा को डिब्बे के अन्दर बन्द एक जीवित जन्तु के समान मानते हैं, जो सब प्रकार की चेष्टाओं का मुख्य रूप में कर्त्ता है। श्रीमती रीज़ डेविड्स के शब्दों में : "बौद्धधर्म का 'अत्ता' के विपक्ष में तर्क मुख्य रूप से और बराबर ही आत्मा के विचार के विरुद्ध प्रतिपादित किया गया है, जो न केवल निरन्तर अपरिवर्तनशील, आनन्दमय, पुनर्जन्म लेने वाला आनुभविक जगत् से ऊपर एक सत् है किन्तु ऐसा सत् भी है कि जिसके अन्दर परम आत्मा अर्थात् विश्वात्मा भी निहित है, जिसके शारीरिक एवं मानसिक अवयव भी हैं और जो आदेश देता है।"[1] किन्तु उपनिषदों में प्रतिपादित आत्मा पुनर्जन्म प्राप्त करने वाली आत्मा नहीं है। उपनिषदों का एक अन्य भ्रमात्मक विचार, जिसका बुद्ध ने खण्डन किया है, वह है जिसके अनुसार आत्मा को सब प्रकार के भेदों से रहित एक अमूर्त एकता के रूप में माना गया है। यदि यह ऐसा है तो निश्चय ही यह अभावात्मक है, जैसाकि बहुत समय पूर्व इन्द्र ने कहा था।

एक और कारण जिसने बुद्ध को आत्मा के विषय में मौन रहने की प्रेरणा दी, यह था कि उन्हें विश्वास था कि साधारण आत्मा को स्वीकार करने की जो मूल प्रवृत्ति है वही सब आत्मिक पाप की छिपी हुई जड़ है। जीवात्मा-सम्बन्धी अहंकार का जो प्रचलित भ्रान्त विचार है वे उसका खण्डन करते हैं और आत्मा की यथार्थता को अस्वीकार करते हैं। आत्मा के विषय में जितने असत्य विचार हैं उन सबका वे प्रतिवाद करते हैं। वे पदार्थ जिनके साथ हम अपने को एकरूप बनाते हैं, सत्य आत्मा नहीं हैं। "बंधुओं, चूंकि न तो आत्मा को और न ही आत्मा से सम्बन्ध रखने वाली किसी अन्य वस्तु को वस्तुतः और यथार्थ में स्वीकार किया जा सकता है, यह धर्मद्रोही स्थिति नहीं है, जिसके मत में 'यह संसार है और यह आत्मा है और मैं भविष्य में भी बना रहूंगा, स्थायी, अपरिवर्तनशील एवं नित्य और ऐसे स्वरूप का जिसमें कोई परिवर्तन नहीं है, मैं अनन्त काल तक बना रहूंगा।' हे बन्धुओं, क्या यह केवल मूर्खों का सिद्धान्त नहीं है ?"[2] जीवात्मा की निरन्तरता के ही असत्य विचार का बुद्ध ने निराकरण किया है। हम दो क्षणों में भी एक साथ एक समान नहीं रहते तब फिर किस जीवात्मा की निरन्तर सत्ता की हम अभिलाषा करते हैं ?"[3] बुद्ध उस सर्वचेतनवाद का खण्डन करते हैं जो प्रत्येक पदार्थ में जीवात्मा को घुसाना चाहता है। वे एक ऐसे अज्ञात अधिष्ठान का निषेध करते हैं जिसे कुछ लोग गुणों के आधार के रूप में प्रतिपादित करते हैं क्योंकि उसका स्वरूप हमसे छिपा हुआ है। बुद्ध ने इस निरर्थक, रहस्यमय, अज्ञात एवं अज्ञेय पदार्थ का निषेध किया है, और यह ठीक ही है। कभी-कभी निर्वाणप्राप्त आत्मा को भी मनुष्य के ही सादृश्य का भाव दे दिया जाता है। अपने प्रारम्भिक भ्रमणों में बुद्ध एक प्रसिद्ध सन्त आलार कालम के पास पहुंचकर उसके शिष्य बन जाते हैं और उसी से ध्यान के क्रमबद्ध विभागों की शिक्षा लेते हैं। आलार ने उन्हें इस मत की शिक्षा दी कि जीवात्मा जब अपने को नष्ट कर देती है तो मुक्त हो जाती है—निर्वाण प्राप्त कर लेती है। "अपने को अपने-आपसे नष्ट करने के बाद वह देखता है कि कुछ नहीं रहता और इसीलिए उसे शून्यवादी कहा गया

1. 'बुद्धिस्ट साइकोलॉजी', पृष्ठ 31।
2. मज्झिमनिकाय, 1 : 138। तुलना कीजिए, भगवद्गीता, 3 : 27।
3. देखें, इंगे : 'प्रोसीडिंग्स आफ द अरिस्टोटलियन सोसायटी', खण्ड 19, पृष्ठ 284

है; तब पिंजड़े से मुक्त हुए पक्षी के समान शरीर से निकलने के बाद आत्मा को मुक्त घोषित कर दिया जाता है; यह वह सर्वोपरि ब्रह्म है जो निरन्तर या नित्य है और विभेदक लक्षणों से रहित है जिसे ऐसे ज्ञानी जो यथार्थता का ज्ञान रखते हैं, मोक्ष कहते हैं।" बुद्ध ने इस सिद्धान्त पर इस आधार पर आपत्ति की कि मुक्तात्मा भी तो एक आत्मा है, चाहे जो भी अवस्था यह प्राप्त कर ले यह पुनर्जन्म के अधीन रहेगी जबकि "हमारे लक्ष्य की परम प्राप्ति हरएक वस्तु के त्याग से ही हो सकती है।"

बुद्ध हमें स्पष्ट रूप में यह तो बताते हैं कि क्या वस्तु आत्मा नहीं है, किन्तु आत्मा क्या है इसका भावात्मक वर्णन एकदम नहीं करते। किन्तु बुद्ध के विषय में यह सोचना भी कि बुद्ध आत्मा को बिलकुल ही नहीं मानते, एक असत्य धारणा है। "तब परिव्राजक भिक्षु वच्चगोत्त ने महान आत्मा (अर्थात् बुद्ध) से कहा, 'हे पूज्य गौतम, प्रकृति किस प्रकार स्थित है, क्या अहं अर्थात् आत्मा है ?' उसके इस प्रश्न पर महान बुद्ध मौन रह गए। 'तब फिर हे पूज्य गौतम, अनात्म नहीं है ?' और इस पर भी महान बुद्ध ने मौन साध लिया। तब परिव्राजक भिक्षु वच्चोत्त अपने स्थान से उठा और चला गया। किन्तु पूज्य आनन्द ने महान बुद्ध से कहा, "हे भगवन्, आपने परिव्राजक भिक्षु वच्चगोत्त के प्रश्नों का उत्तर क्यों नहीं दिया ?' 'जब परिव्राजक भिक्षु वच्चगोत्त ने मुझसे पूछा तो, हे आनन्द, यदि मैं यह उत्तर देता कि आत्मा (अहं) है, तो उससे उन श्रमणों एवं ब्राह्मणों के सिद्धान्त का समर्थन होता जो स्थिरता में विश्वास करते हैं। और यदि मैं उत्तर में कहता कि आत्मा नहीं है, तब उन श्रमणों एवं ब्राह्मणों के सिद्धान्त का समर्थन होता जो शून्यवाद में विश्वास करते हैं।' " इस संवाद के विषय में ओल्डनबर्ग कहता है : "यदि बुद्ध आत्मा का निषेध करने से बचते हैं तो इसलिए कि एक दुर्बलात्मा श्रोता के मन में आघात न पहुंचे। आत्मा के अस्तित्व एवं निषेध सम्बन्धी प्रश्न से बचने के द्वारा यह उत्तर मिल गया कि आत्मा नहीं है क्योंकि बौद्ध उपदेशों में पूर्वावयव (प्रतिज्ञा) की प्रवृत्ति साधारणतः इधर की ओर ही है।"[1] हम इस विचार से सहमत नहीं हैं कि बुद्ध ने जान-बूझकर सत्य को गुप्त रखा। यदि ओल्डनबर्ग का कहना सही माना जाए तो निर्वाण का अर्थ होगा शून्यता, जिसका खण्डन स्वयं बुद्ध ही करते हैं। निर्वाण ह्रास होकर शून्य हो जाना नहीं है, किन्तु यह प्रवाह का निषेध है और आत्मा का अपने यथार्थ स्वरूप में लौट आना है। इस सबका तर्कसंगत परिणाम यह हुआ कि कुछ है अवश्य, भले ही यह अनुभवगम्य आत्मा न हो। यही स्थिति बुद्ध के इस कथन के भी अनूकूल होगी कि आत्मा न तो वही है जो स्कन्ध है और न ही उनसे सर्वथा भिन्न है। यह केवल मन एवं शरीर का सम्मिश्रण नहीं है और न ही यह नित्य पदार्थ है जोकि परिवर्तन के विप्लवों से निर्मुक्त हो।[2] भार एवं भारवाही के विवाद से यह प्रतिपादित किया गया है कि स्कन्ध जो भारस्थानी हैं एवं पुद्गल जो भारवाही है, दोनों भिन्न-भिन्न वस्तुएं हैं। यदि वे एक ही होते तो उनके बीच में भेद करने की आवश्यकता न होती। "हे भिक्षुओं, मैं तुम्हें भार एवं भारवाही का निर्देश करता हूं : पांचों अवस्थाएं भार हैं और पुद्गल भारवाही है—ऐसा व्यक्ति जो यह

1. 'बुद्ध', पृष्ठ 273।
2. पुग्गलपंञ्ञत्ति में हमें आत्मा की स्वरूप-सम्बन्धी तीन मुख्य कल्पनाओं पर विवाद मिलता है : शाश्वतवाद, जिसके अनुसार आत्मा का अस्तित्व यथार्थ में इस लोक और परलोक में भी है; उच्छेदवाद अर्थात् आत्मा यथार्थ में केवल इसी जीवन में रहती है; और तीसरी कल्पना यह कि आत्मा न इस जीवन में और न अन्य जन्म में रहती है।

समझता है कि आत्मा नहीं है, भूल में है।"[1] जन्म ग्रहण करने का तात्पर्य ही भार ग्रहण करना है; एवं जीवन के परित्याग का तात्पर्य है आनन्द अथवा निर्वाण प्राप्त करना।

बुद्ध इस तथ्य पर बल देते हैं कि जब हम घटनाओं की पृष्ठभूमि में एक स्थायी आत्मा के विषय में कथन करते हैं तो हम अपने अनुभव से ऊपर उठते हैं। उपनिषदों के साथ इस विषय में सहमत होते हुए भी कि उत्पत्ति, रोग एवं दुःख से पूर्ण संसार आत्मा का यथार्थ आश्रयस्थान नहीं है, बुद्ध उस आत्मा के विषय में जिसका प्रतिपादन उपनिषदों में किया गया है, सर्वथा मौन हैं। वे इसकी सत्ता को न तो स्वीकार करते हैं और न ही इसका निषेध करते हैं। क्योंकि जब तक हम शुष्क तर्क का आश्रय लिए रहेंगे, हम जीवात्मा की यथार्थसत्ता को सिद्ध न कर सकेंगे। अज्ञेय आत्मा, जिसे हमारे अहं की पृष्ठभूमि में विद्यमान बताया जाता है, एक अतर्क्य रहस्य है। कुछ कहते हैं यह है, और दूसरों के लिए भी छुट्टी है कि वे इसका निषेध कर दें। बुद्ध का अनुरोध है कि हममें ऐसी सूक्ष्म दृष्टि होनी चाहिए कि हम दर्शनशास्त्र की मर्यादाओं का ठीक-ठीक विवेचन कर सकें। यथार्थ मनोविज्ञान तभी सम्भव हो सकता है जबकि हम पहले आत्मा के अस्तित्व के पक्ष एवं अभाव के सम्बन्ध में विद्यमान आध्यात्मिक पक्षपातों को दूर कर दें। उन्नीसवीं शताब्दी के मध्य के मनोवैज्ञानिकों ने मनोवैज्ञानिक समस्याओं के सम्बन्ध में बुद्ध के दृष्टिकोण से विवाद उठाने का प्रयत्न किया, ठीक उसी प्रकार से जैसेकि एक भौतिक विज्ञानवेत्ता एवं प्राणिविज्ञानशास्त्र का विद्वान बिना प्रकृति एवं जीवन की परिभाषा किए अपनी विषयवस्तु का प्रतिपादत करते हैं। बुद्ध अपना सन्तोष आत्मिक अनुभव के विवरण से ही कर लेते हैं और आत्मा के विषय में किसी प्रकार की कल्पना की स्थापना करने का साहस नहीं करते। विवेकशील मनोवैज्ञानिक आत्मा के स्वरूप एवं इसकी सान्तता अथवा अनन्तता आदि की व्याख्या करने का प्रयत्न करते हैं।[2] बुद्ध को ऐसा प्रतीत हुआ कि एक आत्मा की स्थापना करना व्याख्यात्मक दृष्टिकोण से परे

1. वारेन : 'बुद्धिज़्म इन ट्रांसलेशन्स', पृष्ठ 161, सर्वाभिसमयसूत्र, जिसका उद्धरण उद्द्योतकर के न्यायवार्तिक (3 : 1, 1) में दिया गया है।
2. हमारे समय के एक महान मनोवैज्ञानिक प्राध्यापक स्टाउट ने इन दोनों प्रकार की स्थितियों के अन्तर का इस प्रकार प्रतिपादन किया है : "सब लोगों ने स्पष्ट या उपलक्षित रूप से इस तथ्य को माना है कि किसी व्यक्तिविशेष के मानस के जीवन-इतिहास में प्रवेश करने वाले बहुविध और सतत परिवर्तनशील अनुभव किसी न किसी अर्थ में उस आत्मा या अहं के अधिकार में होते हैं जो उनके पूरे विपर्ययों के दौरान एक और समानरूप में स्थित रहता है। परन्तु जब हम उस आत्म की संगति और उसके स्वरूप की प्रकृति का तथा उस निश्चित अर्थ का जिसमें उसके अनुभव उसके साथ सम्बद्ध होते हैं, अन्वेषण आरम्भ करते हैं तो मतों के मूलभूत अन्तर से हमारा सामना होता है। एक तरफ तो यह प्रतिपादित किया जाता है कि जिस प्रकार एक त्रिकोण की, या किसी राग की अथवा किसी जीव की संघटना की संगति या उसका एकत्व उसके विभिन्न अंगों के परस्पर सम्बन्ध या समन्वय के विशेष ढंग में ही निहित होता है ताकि इन विशेष प्रकार के मिश्रित रूप का निर्माण हो सके, ठीक उसी प्रकार जिसे हम एक विशिष्ट मानस कहते हैं उसकी संगति भी केवल उस विशिष्ट ढंग में ही निहित होती है जिसमें उसके अनुभव एक-दूसरे से सम्बद्ध रहते हैं। इस प्रकार जब हम यह कहते हैं कि कोई इच्छा या लालसा किसी विशिष्ट व्यक्ति की इच्छा या लालसा होती है तो हमारा तात्पर्य केवल यह होता है कि यह अनुभवों की एक सुसम्बद्ध सम्पूर्णता में उसके घटकों में एक घटक के रूप में प्रविष्ट है, और इन अनुभवों में एक प्रकार की संगति और अविच्छिन्नता बनी रहती है, जो केवल अनुभवों को ही उपलब्ध है, भौतिक वस्तुओं को नहीं। इस सिद्धान्त के विपरीत, अन्य लोगों द्वारा ज़ोरदार ढंग से यह कहा जाता है कि तद्रूप विषय केवल अनुभव का एकीकृत मिश्रण मात्र नहीं है बल्कि एक स्पष्ट तत्त्व है जिससे उन्हें अपनी संगति प्राप्त होती है,→

पग उठाना होगा। जिसे हम जानते हैं वह अनुभवात्मक आत्मा है। बुद्ध समझते हैं कि इसके अतिरिक्त भी कुछ है। वे यह स्वीकार करने के लिए कभी इच्छुक नहीं हैं कि आत्मा केवल तत्त्वों का सम्मिश्रणमात्र है किन्तु इसके अतिरिक्त वे आत्मा के अन्य किसी स्वरूप की कल्पना करने से भी निषेध करते हैं।

उपनिषदें आत्मा के एक आवरण के बाद दूसरे आवरण को दूर करती हुई अन्त में सब वस्तुओं की आधारभूमि तक पहुंचती हैं। इस प्रक्रिया के अन्त में वे सार्वभौम व्यापक आत्मा की उपलब्धि करती हैं जोकि इन सब सान्त वस्तुओं में से एक भी नहीं है, यद्यपि उन सबकी आधारभूमि है। बुद्ध का भी वस्तुतः यही मत है, यद्यपि निश्चित रूप से वे इसको कहते नहीं हैं। वे उन अस्थायी तत्त्वों के अमरत्व का निषेध करते हैं जो सम्मिश्रित अनुभवगम्य आत्मा का निर्माण करते हैं। वे उपनिषदों में वर्णित उस दर्शनशास्त्र-असंगत अथवा अध्यात्मविद्या-सम्बन्धी मत का निषेध करते हैं जिसके अनुसार आत्मा को अंगुष्ठमात्र, अर्थात् अंगूठे के आकार का, बताया गया है और जिसके विषय में कहा गया है कि मृत्यु के समय वह मनुष्य के कपाल की सन्धि के मध्य से एक सूक्ष्म छिद्र के मार्ग से शरीर के बाहर हो जाती है। वे यह स्वीकार करने की भी अनुमति दे देते हैं कि प्रमाता (विषयी) अनिरूपणीय है, अर्थात् जिसे सिद्ध नहीं किया जा सकता। हमारे अन्तर्निरीक्षण से उसका ग्रहण नहीं हो सकता तो भी हमें उसे स्वीकार करना आवश्यक है, क्योंकि यह प्रमाता या विषयी ही है जो अन्य सबको देखता है। बिना उसके हम अनुभवगम्य आत्मा की भी व्याख्या नहीं कर सकते। विचारों की श्रृंखला, समूह, पुंज एवं संग्रह ये सब आलंकारिक भाषा के शब्द हैं और इनको एकत्र करने वाला पृथक् एक कर्त्ता होना चाहिए। बिना इस अन्तर्निहित तत्त्व के मनुष्य का जीवन अव्याख्येय रह जाएगा। इसीलिए बुद्ध बराबर आत्मा की यथार्थता का निषेध करते हैं। प्राचीन बौद्ध विचारकों ने आत्मा के प्रश्न पर बुद्ध की इस अनिश्चित भासित होने वाली प्रवृत्ति को लक्ष्य किया और कई ने यह मत प्रकट किया कि उपयोगिता का विचार करके बुद्ध ने आत्मा के अस्तित्व एवं अभाव दोनों का ही उपदेश दिया है।

नागार्जुन 'प्रज्ञापारमितासूत्र' पर की गई अपनी टीका में कहता है : ''तथागत कभी तो उपदेश देते थे कि आत्मा का अस्तित्व है और कभी ऐसा भी कहते थे कि नहीं है। जब उन्होंने यह उपदेश दिया कि आत्मा का अस्तित्व है और उसे क्रमानुसार वर्तमान एवं भविष्य जन्मों में अपने कर्मों के अनुसार दुःख एवं सुख का फलोपभोग करना है तो इसका उद्देश्य जनसाधारण को उच्छेदवाद की नास्तिकता के गड्ढ़े में गिरने से बचाना होता था। और जब वे यह उपदेश करते थे कि आत्मा नहीं है—इन अर्थों में कि उसे स्रष्टा व द्रष्टा अथवा एक ऐसा नितान्त स्वतन्त्रकर्ता, पांचों स्कन्धों के पुंज को जो परम्परागत नाम दिया गया है उसके अतिरिक्त, माना जाए—तो उस समय उनका उद्देश्य यह होता था कि जनसाधारण को उसकी प्रतिपक्षी 'शाश्वतवाद'-सम्बन्धी नास्तिकता के गड्ढ़े में गिरने से बचाया जा सके। तो फिर

→एक ऐसी वस्तु प्राप्त होती है जो उनके बीच बराबर वर्तमान रहती है और जो उन्हें परस्पर आबद्ध रखती है। इन लेखकों के अनुसार, यह कहना सत्य का विपर्यास है कि बहुविध अनुभव अपने पारस्परिक एकीकरण के कारण एक अकेले आत्म या स्व का निर्माण करते हैं। इसके विपरीत, एक अकेले आत्मा को एकसमान केंद्र मानकर उसके साथ अपने सम्बन्ध के माध्यम से ही वे परस्पर एकताबद्ध रहते हैं। इन दो परस्पर-विरोधी सिद्धांतों में से मैं पहले को ही स्वीकार करना आवश्यक समझता हूं, और दूसरे को अस्वीकार करता हूं। मुझे आत्मा की संगति उसके अनुभवों के पूर्ण संश्लेष की संगति से अविभेद्य प्रतीत होती है।'' ('सम फंडामेंटल प्वाइंट्स इन द थ्यूरी आफ नॉलेज', पृष्ठ 6)।

उक्त दोनों मतों में से कौन-सा सत्य है ? निःसन्देह आत्मा के निषेध का सिद्धान्त। यह सिद्धान्त जिसे समझना इतना कठिन है, कि बुद्ध के अनुसार, इसे ऐसे व्यक्तियों के श्रवणगोचर न होना चाहिए जिनकी बुद्धि मन्द है और जिनके अन्दर अभी पुण्य की जड़ उन्नत नहीं हुई है। और ऐसा क्यों ? इसलिए कि ऐसे व्यक्ति अनात्म के सिद्धान्त को सुनकर निश्चितरूप से उच्छेदवाद की नास्तिकता में फंस जाते। बुद्ध ने दोनों भिन्न-भिन्न सिद्धान्तों का उपदेश दो भिन्न-भिन्न उद्देश्यों को लक्ष्य करके दिया। उन्होंने अपने श्रोताओं को आत्मा के अस्तित्व का उपदेश दिया जबकि वे उन्हें परम्परागत सिद्धान्त का उपदेश देना चाहते थे, और अनात्म का उपदेश दिया जबकि वे अतीन्द्रिय सिद्धान्त उन्हें देना चाहते थे।"[1]

11. नागसेन का आत्मविषयक सिद्धान्त

जब हम बुद्ध के अपने उपदेशों से हटकर उक्त उपदेशों की नागसेन एवं बुद्धघोष द्वारा की गई व्याख्याओं पर आते हैं तो हमें बुद्ध की प्राचीन शिक्षाओं की नास्तिकवादपरता एवं बुद्ध के मौन पर निषेधात्मक रंग का आभास मिलता है। बौद्ध-विचारधारा रूपी शाखा को मूल वृक्ष के तने से उखाड़कर विवेक की एक नितान्त विशुद्ध भूमि में बोया गया। क्रियमाण-सम्बन्धी दर्शनपद्धति के तार्किक परिणाम बड़ी कठिनाई से निकाले गए हैं। प्रत्यक्षवाद-सम्बन्धी सिद्धान्तों को, जो हमें ह्यूम का स्मरण कराते हैं, बड़े कौशल एवं प्रतिभा के साथ विकसित किया गया है। बुद्ध ने मनोविज्ञान को मौलिक अनुशासन का स्थान दिया, जिसके द्वारा ही अध्यात्मशास्त्र-सम्बन्धी समस्याओं तक पहुंचा जाना चाहिए। उनके अनुसार, हमारा ध्यान अध्यात्मशास्त्र के कल्पनात्मक मत की ओर से हटकर मनोवैज्ञानिक निरीक्षण के मानवीय मत की ओर प्रेरित होना चाहिए। मनुष्य की चेतना प्रकटरूप में उदय होते एवं विलुप्त होते विचारों की क्रीड़ाभूमि है। अपनी दृष्टि को निरन्तर होते हुए परिवर्तनों एवं विचारों और चेतना की गति पर गड़ाए हुए किंवा मनोवैज्ञानिक निरीक्षण की यथार्थ पद्धति पर आग्रह करते हुए नागसेन नित्य आत्मा का तो इसे अवैध अमूर्तरूप (अभावात्मक) बताकर निषेध कर देता है और मानवीय आत्मा को भी एक ऐसे संयुक्त पदार्थ के रूप में, जोकि केवल अविच्छिन्न ऐतिहासिक नैरन्तर्य को प्रदर्शित करता है, स्वीकार करता है। इसलिए नागसेन में आत्मा के अभाव की निषेधात्मक स्थिति स्पष्ट रूप में प्रतिपादित है। वह यहां तक भी कह जाता है कि उसका अपना नाम नागसेन भी यही बतलाता है कि संसार में स्थायी कुछ नहीं है।[2] वस्तुएं कुछ नहीं हैं केवल नाममात्र हैं और सम्भवतः केवल भावमात्र ही हैं। रथ का नाम भी

---

1. इसी प्रकार धर्मपालाचार्य का 'विज्ञानमात्रशास्त्र' की टीका में कहना है : "आत्मा (अहं) एवं धर्मों (आनुभविक जगत्) की सत्ता पवित्र नियमों में केवल थोड़े समय के लिए कल्पना की गई है, किन्तु इस अर्थ में नहीं कि उनका स्थायी स्वभाव है।" नागार्जुन के प्रमुख शिष्यों में से अन्यतम आर्यदेव ने भी 'माध्यमिकशास्त्र' की अपनी टीका में कहा है कि "बौद्धजन अपनी सर्वज्ञता में सब जीवित प्राणियों के स्वभाव का निरीक्षण करते हैं और भिन्न-भिन्न प्रकार से धार्मिक नियमविधान का प्रचार करते हैं—कभी आत्मा के अस्तित्व को स्वीकार करते हुए और कभी निषेध भी करते हुए। बुद्धि की शक्तियों के पर्याप्तरूप में विकसित हुए बिना कोई निर्वाण को प्राप्त नहीं कर सकता, और न ही यह जान सकता है कि पाप क्यों नहीं करना चाहिए। ऐसे ही व्यक्तियों के लिए जो इस स्थिति तक नहीं पहुंचे हैं, बौद्ध आत्मा के अस्तित्व का उपदेश देते हैं।" (देखिए, यमकामी सोजेन : 'सिस्टम्स आफ बुद्धिस्टिक थॉट', पृष्ठ 19-20।
2. मिलिन्द, 2 : 1, 1।

वैसा ही है जैसाकि नागसेन है। गुणों के अतिरिक्त उनकी पृष्ठभूमि में उससे अधिक यथार्थ वस्तु और कुछ नहीं है। चेतना की तात्कालिक प्रत्यक्ष में आने वाली सामग्री इस विषय की साक्षी नहीं दे सकती कि ऐसा भी कोई एकत्व है जिसकी हम कल्पना कर सकते हैं।

"और मिलिन्द ने प्रश्न पूछना प्रारम्भ किया, 'हे भगवन्, हम आपको कैसे जान सकते हैं, और आपका क्या नाम है ?"

" 'हे राजन्, मुझे लोग नागसेन नाम से जानते हैं और इसी नाम से मेरे सब धर्मभाई मुझे सम्बोधन करते हैं तो भी यह साधारणतः एक विदित शब्द है, एक ऐसी संज्ञा है जो साधारण प्रयोग में आती है। क्योंकि ऐसी कोई स्थायी आत्मा नहीं है जिसका प्रकृति से कोई सम्बन्ध हो।'

"तब मिलिन्द योनकस आदि अन्य बौद्ध बन्धुओं के पास गवाही के लिए गया। 'यह नागसेन कहता है कि उसके नाम से किसी एक स्थायी आत्मा का संकेत नहीं होता। क्या उसकी यह बात स्वीकार करने योग्य हो सकती है ?" और फिर नागसेन की ओर मुड़कर उसने कहा, 'यदि प्रकृति के अतिरिक्त कोई स्थायी जीवात्मा इस शरीर के अन्दर नहीं है तो कृपा कर बताइए : वह कौन है जो आप सब संघ के सदस्यों को यह पोशाक, भोजन, रहने का स्थान एवं रोगियों को आवश्यक सामग्री देता है ? और इन वस्तुओं की प्राप्ति के पश्चात् उपभोग करने वाला वह कौन है ? धार्मिक ज़ीवन बिताने वाला भी कौन है ? और वह कौन है जो अपने को समाधि के लिए प्रेरित करता है ? और वह कौन है जो परमश्रेष्ठ पद अर्हत्त्व के निर्वाण को प्राप्त करता है ? और वह कौन है जो जीवित प्राणियों का संहार करता हे ? और वह कौन है जो सांसारिक वासनाओं का पापमय जीवन व्यतीत करता है, जो असत्यभाषण करता है, जो मद्य का सेवन करता हे ? और वह कौन है जो उन पांच पापों में से जिनका फल इसी जीवन में मिलता है किसी एक पाप को करता है ? यदि तुम्हारी बात मानी जाए तो पुण्य एवं पाप कुछ न रहेगा, न तो अच्छे व बुरे कर्मों का करने वाला और न कराने वाला ही रहेगा, अच्छे और बुरे कर्मों का परिणाम एवं फल भी न रहेगा। हे पूज्यवर नागसेन, यदि हम यह सोचें कि तुम्हें कोई मनुष्य मारे तो कोई हत्या न होगी, तो परिणाम यह निकलता है कि तुम्हारी संघ-व्यवस्था में न तो कोई वास्तविक अध्यक्ष है और न ही उपदेशक है, और यह कि तुम्हारी दीक्षा एवं विधान सब शून्य, अप्रमाणित एवं अमान्य है। तुम कहते हो कि तुम्हारे संघ के भाई तुम्हें नागसेन करके सम्बोधित करने के आदी हैं, तो वह नागसेन क्या है ? क्या तुम्हारा तात्पर्य यह है कि केश नागसेन है ?'

" 'हे महाराज, मैं यह नहीं कहता।'

" 'या सम्भवतः शरीर पर के बाल ?'

" 'निश्चयपूर्वक नहीं।'

" 'अथवा क्या नाखून, दांत, त्वचा, मांस, स्नायुजाल, अथवा मस्तिष्क, अथवा इनमें से कोई एक अथवा ये सब, क्या ये नागसेन हैं ?"

" 'और इनमें से प्रत्येक के लिए उसने कहा कि नहीं।

" 'तो क्या ये स्कन्ध परस्पर संयुक्त होकर नागसेन हैं ?'

" 'नहीं, राजन्।'

" 'तो क्या पांच स्कन्धों के अतिरिक्त ऐसी कोई वस्तु है जो नागसेन है ?'

" 'और तब भी उसने यही उत्तर दिया कि नहीं।'

" 'तब इस प्रकार से क्या मैं कह सकता हूं कि मुझे तो कोई नागसेन नहीं मिला। नागसेन केवल एक निरर्थक शब्द है। तब फिर यह नागसेन, जिसे हम अपने सामने देखते हैं, कौन है ?'

" 'और आदरणीय नागसेन ने राजा मिलिन्द से पूछा, 'श्रीमान्, यहां आप पैदल चलकर आए या रथ में सवार होकर ?'

" 'मैं पैदल नहीं आया, मैं रथ में सवार होकर आया हूं ?'

" 'तब जब आप रथ पर आए हैं तो मुझे बताइए कि यह रथ क्या वस्तु है। क्या इस डण्डे का नाम रथ है ?'

" 'मैने यह नहीं कहा ।'

" 'क्या यह धुरा रथ है ?'

" 'निश्चिय ही नहीं।'

" 'क्या ये पहिये, या यह ढांचा, अथवा रस्सियां, जुआ, या पहियों के आरे, अथवा अंकुश, क्या ये सब रथ हैं ?'

" 'और इन सबके लिए भी उसने कहा कि नहीं।

" 'तो क्या रथ के ये सब हिस्से रथ हैं ?'

" 'भगवन्, नहीं।'

" 'तो क्या इन सबके अतिरिक्त और कोई वस्तु है जो रथ है ?'

" 'और तब भी उसने उत्तर दिया कि नहीं।

" 'तब इस प्रकार क्या मैं यह कह सकता हूं कि मुझे तो कोई रथ दिखाई नहीं देता। रथ केवल एक निरर्थक शब्द है। तब फिर वह रथ कौन-सा है जिसमें बैठकर आप यहां आए हैं ?' और तब उसने योनकस एवं संघ के अन्य सदस्यों को गवाही के लिए बुलाया और कहा, 'राजा मिलिन्द जो यहां हैं कहते हैं कि ये रथ में सवार होकर यहां आए हैं। परन्तु जब इनसे कहा गया कि बताइए वह रथ क्या है तो जो कुछ इन्होंने दावे के साथ कहा, ये उसकी ठीक-ठीक स्थापना न कर सके। क्या निःसन्देह इनकी बात मानी जा सकती है ?'

" 'और, मिलिन्द ने कहा, 'हे भगवन्, मैंने कुछ भी असत्य नहीं कहा है। डंडा, धुरा, पहिये और समूचा ढांचा, रस्से और जुआ, आरे एवं अंकुश–ये सब मिलाकर साधारण बोलचाल की भाषा में 'रथ' के नाम से पुकारे जाते हैं।

" 'बहुत सुन्दर। आप श्रीमान् ने अब ठीक तरह से रथ के अभिप्राय को ग्रहण किया। ठीक इसी प्रकार उन सब वस्तुओं के विषय में है जिनके लिए आपने मुझसे अभी प्रश्न किया था, अर्थात् बत्तीस प्रकार की ऐन्द्रिय प्रवृत्ति जो मनुष्य-शरीर में है और पांच अवयवसत् के–इनके कारण ही साधारण बोलचाल की भाषा में मुझे 'नागसेन' कहते हैं। क्योंकि महाराज, हमारी बहिन वागीरा ने परम श्रेष्ठ बुद्ध की उपस्थिति में कहा था कि जैसे अपने भिन्न-भिन्न भागों के एकसाथ स्थित होने की दशा में रथ शब्द का प्रयोग होता है, इसी प्रकार जब स्कन्ध विद्यमान रहते हैं तब हम उसे सत् कहते हैं।''[1]

1. मिलिन्द, 2 : 1, 1।

आत्मा के प्रश्न पर बुद्ध के मौन साध जाने के कारण नागसेन ने निषेधात्मक अनुमान का परिणाम निकाला कि आत्मा नहीं है। 'आत्म' शब्द को तो एकदम ही छोड़ दिया गया है और केवल आत्माओं की अवस्थाओं के विषय में ही कहा गया है। आत्मा विचारों की धारा का नाम है। आत्मा की भिन्न-भिन्न अवस्थाओं में एक सामान्य रूप रहता है और हम इसी अमूर्त भाव को जो सब अवस्थाओं में सामान्य व्यापक तत्त्व है, आत्मा कह देते हैं। यदि यह तर्क किया जाए कि आत्मा की चेतना नामक कोई एक पदार्थ है अथवा आत्मा का आन्तरिक प्रत्यक्ष होता है तो बौद्धों का उत्तर यह है कि मनोविज्ञान की दृष्टि से यह असम्भव है। जैसे कि हम जब रथ आदि पदार्थों का प्रतिपादन करते हैं तब हम गुणों की पृष्ठभूमि में निहित एक वस्तु की कल्पना कर लेते हैं। इसी प्रकार हम अनुचित रूप से मानसिक अवस्थाओं की पृष्ठभूमि में निहित एक आत्मा की कल्पना कर लेते हैं। जब हम आत्मा के विचार का विश्लेषण करते हैं तो तत्त्व यह निकलता है कि कुछ गुण एक साथ उपस्थित रहते हैं चूंकि शरीर गुणों के एक क्रम का नाम है इसी प्रकार आत्मा भी उन सब अवस्थाओं के एकत्र पुंज का नाम है जिनके कारण हमारा मानसिक अस्तित्व है।[1] गुणों के बिना आत्मा की सत्ता नहीं, जैसे दोनों ओर के किनारों के बिना नदी का अस्तित्व नहीं है केवल पानी और रेत ही रहेगा, और पहियों, डण्डों, धुरे एवं पूरे ढांचे के बिना रथ भी न रहेगा।[2]

विचारों एवं पदार्थों के बीच के भेद को नागसेन स्वीकार करता है। वह स्वीकार करता है कि हरएक व्यक्ति में नाम और रूप, मन और शरीर है। जैसे शरीर स्थायी पदार्थ नहीं है ऐसे ही मन भी स्थायी पदार्थ नहीं है। विचार एवं अवस्थाएं तथा परिवर्तन आते-जाते रहते हैं, हमें कुछ समय के लिए आकृष्ट करते हैं, हमारा ध्यान लगाए रहते हैं और उसके पश्चात् विलुप्त हो जाते हैं। हम अनुमान करते हैं कि कोई स्थायी आत्मा है जो हमारी सब अवस्थाओं को बांधकर रखती है और उन सबको सुरक्षित रखती है किन्तु यह धारणा वास्तविक अनुभव के आधार पर युक्तियुक्त नहीं जंचती। ह्यूम की ही पद्धति से वह भी तर्क करता है कि हम अपने तर्क के अनुभव में कहीं भी आत्मा के विचार के अनुकूल कुछ नहीं पाते। हम किसी वस्तु को सरल संयोगरहित एवं निरन्तर नहीं पाते। कोई भी विचार जिसका तदनुरूप प्रभाव नहीं है, अवास्तविक है। वस्तुएं वही हैं जैसाकि उनका ज्ञान होता है। "अपनी ओर से जब मैं अत्यन्त घनिष्ठ रूप में उसके अन्दर प्रवेश करता हूं जिसे मैं 'मैं' कहता हूं, मैं किसी न किसी बोध (अनुभव) पर—गर्मी अथवा शीत के, प्रकाश अथवा छाया के, प्रेम अथवा घृणा के, दुःक्ष अथवा सुख के बोध पर जाकर अटक जाता हूं। मैं किसी समय भी अपने-आपको बिना किसी बोध के नहीं पकड़ सकता। और न ही किसी वस्तु का बोध के अतिरिक्त निरीक्षण कर सकता हूं। जब मेरे बोध किसी समय मुझसे दूर कर दिए जाते हैं, जैसेकि प्रगाढ़ निद्रा में, तब तक मैं अपने विषय में अनभिज्ञ रहता हूं और वस्तुतः कहा जा सकता है कि मैं नहीं हूं। और यदि मेरे बोध मृत्यु द्वारा दूर कर दिए जाएं और उस समय न मैं सोच सकूं,

1. बर्कले के अनुसार, "विचारों की विद्यमानता ही आत्मा को बनाती है", यद्यपि उसके परवर्ती मत का यह भाव नहीं था। ('वर्क्स', खण्ड 4, पृष्ठ 434।)
2. बोधिसत्त्व ने एक तीर्थयात्री से पूछा : "क्या तुम जंगल की सुगंध से सुगंधित गंगाजल पियोगे?" तीर्थयात्री ने इन शब्दों में उत्तर दिया, "गंगा क्या है? क्या रेत का नाम गंगा है? क्या जल का नाम गंगा है ? क्या नीचे के किनारे का नाम गंगा है ? क्या अगले किनारे का नाम गंगा है ?" बोधिसत्त्व ने उत्तर दिया, "यदि तुम पानी, रेत- इधर के और उधर के दोनों किनारों को निकाल दो तो फिर तुम्हें गंगा कहां मिलेगी ?" (जातक कथाएं, संख्या 244:)

न अनुभव कर सकूं, न देख सकूं, न प्रेम कर सकूं, न किसी से घृणा कर सकूं, तो इस शरीर के विलयन होने के पश्चात् मुझे पूर्णरूप से शून्य हो जाना चाहिए और न मैं उस समय इसी विषय का विचार कर सकता हूं कि मुझे पूर्ण अभाव के लिए और किसकी आवश्यकता हो सकती है। यदि कोई व्यक्ति गम्भीरतापूर्वक और पक्षपातविहीन होकर यह समझता है कि उसकी अपने-आपके विषय में बिलकुल भिन्न प्रकार की धारणा है तो मैं मानता हूं कि मैं ऐसे व्यक्ति के साथ अधिक तर्क नहीं कर सकता। अधिक से अधिक जो मैं उसे अनुज्ञा दे सकता हूं वह यह है कि वह भी मेरी ही भांति ठीक विचार रखता होगा और इस विशेष विषय में हमारा दोनों का परस्पर मतभेद है। सम्भव है, वह किसी साधारण तत्त्व का अनुभव करता हो और उसे ही उसने अपने-आपको मान लिया हो, यद्यपि मुझे निश्चय है कि मेरे अन्दर ऐसा कोई तत्त्व नहीं है। किन्तु इस प्रकार के अध्यात्मशास्त्रियों को छोड़कर मैं अन्य सब मनुष्यों के विषय में तो साहसपूर्ण कह सकता हूं कि वे भिन्न-भिन्न बोधों के संगृहीत पुंजों के अतिरिक्त और कुछ नहीं है, जो अचिन्त्य वेग के साथ एक-दूसरे के पश्चात् क्रमबद्ध रूप में आते रहते हैं और एक निरन्तर प्रवाह एवं गति में हैं। अपने अनुभवों में परिवर्तन किए बिना हमारे और उनके दृष्टिकोण में भेद अवश्य रहेगा। हमारा विचार हमारी दृष्टि की अपेक्षा और भी अधिक परिवर्तनशील है और हमारी अन्य सब इन्द्रियां एवं मानसिक शक्तियां जैसे संकल्प, इच्छा आदि इस परिवर्तन में भाग लेते हैं, और न ही आत्मा की कोई एक शक्ति ऐसी है जो सम्भवतः एक क्षण के लिए भी अपरिवर्तित रहती हो।"[1] और कुछ ही आगे चलकर ह्यूम लिखता है : "हम जिसे मन कहते हैं वह भिन्न-भिन्न प्रत्यक्ष अनुभवों के समूह एवं पुंज हैं जो कुछ सम्बन्धों के द्वारा परस्पर संयुक्त हैं और यद्यपि अयथार्थरूप में ही क्यों न हों, जिनके विषय में यह कल्पना की जाती है कि वे एक प्रकार की अकृत्रिमता एवं सारूप्य के गुणों से युक्त हैं।" ह्यूम के अनुसार, नागसेन भी अपनी बुद्धि के अनुसार सब प्रकार की परिभाषाओं को अर्थहीन समझता है और इसी से सूक्ष्म आत्मा के अस्तित्व से भी निषेध करने के लिए बाधित है, जिसकी सत्ता का आशय उसकी दृष्टि में असम्भव है। जिसका हमें अनुभव नहीं होता वह यथार्थ नहीं है। यह हम जानते हैं कि संसार में दुःख है किन्तु यह नहीं कि कोई विषयी भी है, जिसे दुःख होता है।[2] नागसेन ठीक कहता है कि वह आत्मा नामक पदार्थ को नहीं जानता, जिसके अन्तर्गत गुण रहते हैं। जैसाकि डेकार्ट मानता है, यह लॉक का अज्ञात समर्थन है। हमारे सामने इसका कोई विचार और नहीं है। हमें इसकी कोई व्याख्या करने की आवश्यकता नहीं है कि उन गुणों के साथ इसका क्या सम्बन्ध है जिन्हें धारण करते हुए इसकी कल्पना की जाती है। आधुनिक मनोविज्ञान ने मनोविज्ञान की परिभाषा की, जिसे पहले-पहल लांजे ने बिना आत्मा के प्रचलित भाषा के प्रयोग में आने वाला बनाया। और उसका मत है कि संवेदनाओं, मानसिक आवेगों एवं भावनाओं के एकत्रीभूत पुंज को ही आत्मा का नाम दे दिया गया है। विलियम जेम्स के विचार में आत्मा शब्द केवल एक आलंकारिक भाषा है और इस प्रकार की यथार्थ वस्तु कोई नहीं है। "आत्मा शब्द किसी की व्याख्या नहीं कर सकता और न कोई निश्चित भाव ही दे सकता है, इसके

---

1. ह्यूम : 'वर्क्स', खण्ड 1, पृष्ठ 3 और आगे।
2. एम. टेन का कहना है कि "अहं के अन्दर अपनी घटनाओं की श्रृंखलाओं के अतिरक्त और कुछ नहीं है।" वाल्तेयर के अनुसार, "आत्मा हमारे ज्ञान एवं अनुभव में आने वाले कार्यों के अज्ञात तत्त्व के लिए एक संदिग्ध एवं अनिश्चित परिणाम है जिसे साधारणतः जीवन का आदिकारण अथवा स्वयंकारण ही मान लिया गया है।"

पीछे आने वाले विचार ही केवल बोधगम्य पदार्थ हैं।" कुछ यथार्थवादी जोकि दार्शनिक समस्याओं का समाधान वैज्ञानिक ढंग से करते हैं और प्राचीन बौद्धकाल के हैं, आत्मा की कल्पना को नहीं स्वीकार करते।[1] एक ऐसे आभ्यन्तर तत्त्व का विचार जो बाह्य प्रतिक्रियाओं से भिन्न है किन्तु उनके साथ रहस्यपूर्ण भाव से सम्बद्ध हैं, केवल मिथ्या विश्वासमात्र है। समस्त अनुभवातिरिक्त व्याख्यात्मक सारतत्त्वों को पृथक् कर दिया गया है। ऐसी अवस्था में आत्मा केवल एक जातिगत विचार है जिससे तात्पर्य मानसिक अवस्थाओं का संकलन है। यह चेतनामय विचारतत्त्वों का कुल जोड़ है।[2] नागसेन पूर्णरूप से तार्किक है। यदि प्लेटो के सदृश यह न मानें कि प्रत्येक व्यक्तिगत पदार्थ (जैसे रथ) के पीछे एक प्रकार का व्यापक भाव छिपा रहता है, हमें यह सोचने की आवश्यकता नहीं कि पदार्थों के मिश्रण से निर्मित मनुष्य की पृष्ठभूमि में भी कोई आत्मा है।

यदि हमारी अनुभूति को विश्व का मापक समझा जाए तो अनुभव प्रत्येक क्षण की संवेदना बन जायगा। आत्मा भी क्षणिक प्रत्यक्ष अनुभव के अतिरिक्त और कुछ न रहेगी। आत्मा का जीवन या जिसे हम प्रचलित भाषा में मन कहते हैं, केवल तभी तक रहता है जब तक कि अविभाज्य और क्षणिक चेतना रहती है। विलियम जेम्स के अनुसार वर्तमान क्षण की स्फूर्ति ही यथार्थ विषयी या प्रमाता है। "चेतना को एक नदी की धारा के समान समझ सकते हैं...जिन वस्तुओं का एकसाथ ज्ञान होता है वे उस धारा की पृथक्-पृथक् एकाकी लहरों में ही जानी जाती हैं।" यथार्थ विषयी "स्थिर रहने वाली सत्ता नहीं है; प्रत्येक विषयी केवल क्षण-भर रहता है। इसका स्थान तुरन्त दूसरा ले लेता है जो फिर इसका काम करता है, अर्थात् जो एकत्व जारी रखने में माध्यम का काम करता है। विषयी कुछ समय के लिए अपने पूर्ववर्ती को जान लेता है और ग्रहण कर लेता है और इस क्रिया के द्वारा अपने पूर्ववर्ती के ग्रहण किए ज्ञान को खपा लेता है।"[3] आत्मा तार्किक दृष्टि से चेतना की क्षणिक अवस्था का रूप धारण कर लेती है। प्रत्येक चेतनापूर्ण व्यापार, जिसे मन कहते हैं, किसी नित्य मनरूपी उत्पादन या मूलतत्त्व का परिणमन (रूपान्तर) अथवा किसी आत्मा का आभास नहीं है, किन्तु एक बहुत उच्चकोटि का सम्मिश्रण है जो सदा परिवर्तित होकर नये-नये समुच्यों को जन्म देता है। इस मत के आधार पर अनुभव के सापेक्ष स्थायित्व एवं एकत्व की व्याख्या नहीं कर सकते। बट्रेण्ड रसल का कहना है कि दो अनुभवों के मध्य में ऐसा एक अनुभवसिद्ध सम्बन्ध है जो उसी व्यक्ति के अनुभवों को बनाता है और इसलिए हम व्यक्ति को भी केवल उन अनुभवों की श्रृंखला ही समझ ले सकते हैं जिनके बीच में यह सम्बन्ध है, और इस प्रकार उसके आध्यात्मिक अस्तित्व का सर्वथा निराकरण कर सकते हैं। निरन्तरता तो है किन्तु एकरूपता नहीं है। दो पूर्वापर क्षणों की चेतना कोई वास्तविक एकरूपता नहीं रखती।

---

1. पेरो : 'फिलासाफिकल टेण्डेंसीज़', पृष्ठ 271 और आगे।
2. विसुद्धिमग्ग में कहा गया है : "ठीक जिस प्रकार रथ शब्द केवल धुरा, पहिये एवं उसके अन्यान्य अवयवों के लिए व्यवहार में आता है और जिन्हें एक-दूसरे के साथ मिलकर विशेष सम्बन्ध में रखा गया है, किन्तु जब हम उन अवयवों का एक-एक करके निरीक्षण करते हैं तो हमें प्रतीत होता है कि यथार्थ अर्थों में कोई भी उनमें रथ नहीं है; जिस प्रकार मकान, मुट्ठी, बांसुरी, सेना, नगर, वृक्ष आदि विशेष-विशेष वस्तुओं के संग्रह को, जिन्हें विशेष ढंग से रखा गया है, सूचित करने के लिए कहने के ढंग हैं, ठीक उसी प्रकार जीवित प्राणी एवं 'अहं' केवल शारीरिक एवं अशरीरी अवयवों के सम्मिश्रण को सूचित करने के लिए प्रयुक्त होने वाले शब्द हैं।"
3. 'प्रिंसिपल्स आफ साइकोलॉजी'।

पूर्वक्षण में जो अनुभव हुआ वह तो एकदम समाप्त होकर बीत गया, और हमारे विचार करते ही करते हमारे अनुभव खिसकते जाते हैं। प्रत्येक अवस्था अपने-आपमें एक पृथक् व्यष्टि है जो क्षणमात्र के लिए प्रकट होती है और तुरन्त ही विलुप्त हो जाती है, एवं अपना स्थान दूसरी अवस्था के लिए खाली कर देती है और दूसरी अवस्था की भी यही हालत होती है। प्रभावों के राशीभूत होने के कारण प्रभावों में निरन्तरता उत्पन्न होती है जैसेकि असंख्य छोटे-छोटे बिन्दुओं के समूह से एक परिधि की निरन्तरता लक्षित होती है। रसल का मत है कि हममें से प्रत्येक एक मनुष्य नहीं अपितु मनुष्यों की अनन्त श्रृंखला है, जिनमें से प्रत्येक केवल क्षणमात्र के लिए रहता है। चेतना की क्रमिक अवस्थाओं में हम भिन्न-भिन्न प्राणी हैं, यहां तक कि उनके अन्दर की निरन्तरता को भी लक्ष्य करना कठिन है। एक अवस्था की उपस्थिति में दूसरी अटल रूप में नष्ट होकर बीत गई। यहां तक कि भूतकाल भी वर्तमानकाल को कैसे नियन्त्रित कर सकता है ?[1] मानसिक अवस्थाओं की निरन्तरता के ऊपर बल देना और उसके साथ क्षणभंगुरता का भी प्रतिपादन करना ये दोनों पक्ष परस्पर असंगत प्रतीत होते हैं। कर्मसिद्धान्त में निहित भूतकाल की वर्तमान में स्थिति की भी व्याख्या नहीं की जा सकती।

रहस्यपूर्ण आत्मा समाप्त होने का नाम नहीं लेती। क्योंकि बिना इसे स्वीकार किए प्रत्यक्ष ज्ञान एवं स्मरण दोनों ही असम्भव हो जाएंगे। इसके अतिरिक्त हम प्रत्यक्ष अनुभव की भी सही-सही परिभाषा नहीं कर सकते और न यही जान सकते हैं कि चेतना में निरन्तरता है। यदि मन केवल पूर्वापर अनुभवों का ही नाम है जो प्रत्यक्ष ज्ञान करने वाला पृथक् कोई न रहेगा। एक अनुभव स्वयं दूसरे अनुभव का ज्ञान नहीं कर सकता। आधुनिक विचारधारा को कांट की सबसे बड़ी देन यह सिद्धान्त है कि आनुभविक चेतना के भिन्न-भिन्न प्रकारों को एक केन्द्रीय आत्मचेतना से सम्बद्ध होना चाहिए। यही सिद्धान्त समस्त ज्ञान का आधार है चाहे वह हमारे अपने सम्बन्ध में हो अथवा अन्य व्यष्टियों का अथवा एक नियम में बद्ध संसारमात्र का ही ज्ञान क्यों न हो। ज्ञान स्वयं उपलक्षित करता है कि निरन्तर भावनाओं का एक ऐसे विषयों के द्वारा निर्णय किया जाना आवश्यक है जो स्वयं उस पूर्वानुपरक्रम का अंग न हो। आत्मा के द्वारा यदि संश्लेषण-कार्य सम्पादित न हो तो अनुभव

1. श्री औंग ने अनिरुद्ध के 'अभिधम्मत्थसंगह' नामक ग्रन्थ के अनुवाद के प्रारम्भ में भूमिका के रूप में जो निबन्ध जोड़ा है उसमें अनिरुद्ध के द्वारा की गई स्मृति के व्यापार की व्याख्या का सारांश इन शब्दों में दिया गया है : "प्रत्येक मानसिक अवस्था सम्बन्ध (पञ्चय) की कम से कम चार विभिन्न प्रणालियों में आगे आने वाली अवस्था के साथ सम्बद्ध रहती है, अर्थात्—"अनन्तर (सन्निकटता), समनन्तर (सामीप्य), ना'त्थि (अभाव) और अविगत (असमंजस)। इस चार गुना सह-सम्बन्ध का तात्पर्य यह समझा जाता है कि प्रत्येक अतीत अवस्था आगे आने वाली अवस्था का उपकार (सेवा) करती है। दूसरे शब्दों में, प्रत्येक अवस्था समाप्ति पर अपनी सम्पूर्ण शक्ति (पञ्चयसत्ति) को आगे आने वाली अवस्था के लिए छोड़ जाती है। इस प्रकार हरएक पीछे आने वाली अवस्था अपने से पूर्ववर्तिनी अवस्था की समस्त क्षमता को, अपितु उससे भी अधिक को, धारण किये हुए है। इस प्रकार की व्यवस्था में मनस्तत्त्व अथवा प्रत्यभिज्ञा पहचान एवं साक्षात्कार (सञ्ञ) का तत्त्व प्रत्येक मानसिक अवस्था में स्मृति के व्यापार में भाग लेता है, जिसमें अतीत की सामग्री भी सम्मिलित रहती है। यही अनुकूल परिस्थिति के रहते हुए प्रत्यभिज्ञा कहलाती है और इसका स्वरूप मौलिक पदार्थ की प्रतिकृति अथवा मूलभूत विचार कर पुनःप्रवर्तन है और एक विशेष अन्तर्दृष्टि अथवा चिंतन के द्वारा जाने गये विशेष लक्षण भी इनके साथ ही रहते हैं। और इस प्रकार विषयी (ज्ञाता जीवात्मा) उस प्रतिकृति को पूर्वाकृति के रूप में और उस विचार को मूल पदार्थ प्रतिरूप के रूप में, जिसका ज्ञान अन्तर्दृष्टि अथवा चिंतन के द्वारा हुआ है, मानने लगता है।" पृष्ठ 14।

केवल एक असम्बद्ध काव्य ही रहेगा; वह कभी ज्ञान का रूप ग्रहण नहीं कर सकता ऐसा अनुभव जिसके अन्दर एक के बाद दूसरी भावना आती रहे, पदार्थ का अनुभव कभी नहीं हो सकता। आदर्शवाद के इस केन्द्रीयभूत तथ्य का प्रतिपादन असंदिग्ध एवं स्पष्ट शब्दों में कांट से भी शताब्दियों पूर्व महान भारतीय दार्शनिक शंकर ने किया था। शंकर ने अपने वेदान्तसूत्रों के भाष्य (2 : 2, 18-32) में क्षणिकवाद के सिद्धान्त की समीक्षा की है। उसका तर्क है कि हमारी चेतना क्षणिक कभी नहीं हो सकती क्योंकि इसका एक नित्यस्थायी व्यक्ति (ब्रह्म) के साथ सम्बन्ध है। यदि एक व्यक्ति विद्यमान नहीं रहता तो अभिज्ञा (पहचान) एवं घटनाओं का स्मरण समझ में नहीं आ सकता। यदि यह कहा जाए कि इन आनुभविक घटनाओं के लिए स्थायी व्यक्ति की कल्पना करने की आवश्यकता नहीं क्योंकि जो कुछ एक क्षण में होता है उसकी दूसरे क्षण में याद हो सकती है जैसेकि हमने जो कुछ कल किया था आज भी उसका स्मरण होता है, इस पर शंकर का कहना है कि उस अवस्था में हमारे निर्णय हमेशा ही रहेंगे। "मुझे स्मरण है कि किसी ने कल कुछ किया था,"—केवल ऐसा ही कथन किया जा सकता है किन्तु घटनाओं को विशिष्ट रूप नहीं दिया जा सकता। इसी प्रकार "मैं स्मरण करता हूं कि मैंने एक विशेष कार्य कल किया था," यह कहा जा सकता है कि सारूप्य की चेतना भ्रान्तियुक्त है क्योंकि कल के एक क्षणिक अनुभव में और उसी प्रकार के आज के क्षणिक अनुभव में एक ऐसी समानता है जिसे हम भूल से आनुभविक चेतना के समानरूप समझ लेते हैं। किन्तु इस प्रकार का तर्क टिक नहीं सकता क्योंकि यदि दो वस्तुएं हमारे सामने न हों तो हम सादृश्य का निर्णय नहीं कर सकते। और यदि क्षणिकता का सिद्धान्त सत्य मान लिया जाए तो हम दो वस्तुओं की सत्ता नहीं मान सकते। इसलिए परिणाम यह निकला कि हमें अनुभव करने वाली चेतनशक्ति का स्थायित्व अवश्य ही स्वीकार करना चाहिए क्योंकि अन्य कोई ऐसा मार्ग नहीं है जिसके द्वारा पहले की अभिज्ञा और वर्तमान का अनुभव दोनों एकसाथ रह सकें और दोनों की परस्पर तुलना की जा सके, एवं सारूप्यविषयक निर्णय सम्भव हो सके। यदि वर्तमान में भूतकाल की अभिज्ञा करनी है तो अभिज्ञा करने वाले कर्त्ता का स्थायित्व भी आवश्यक है। यदि इस प्रकार की अभिज्ञा को भी सादृश्य के ऊपर आधारित कहा जाए तो भी सादृश्य की पहचान को स्वयं भी पदार्थ के सादृश्य की आवश्यकता होगी। इसके अतिरिक्त हम यह भी नहीं मान सकते कि सादृश्य-विषयक निर्णय ही अन्य सब विषय की व्याख्या कर देगा। जब मैं कहता हूं कि मैं जिस मनुष्य से कल मिला था उसे पहचानता हूं तो इसका अर्थ यह नहीं होता कि मेरी पहचान कल की पहचान के सदृश है अपितु इसका अर्थ यह है कि दोनों पहचान के विषय या लक्षित पदार्थ एक सदृश हैं। केवल सादृश्य ही अभिज्ञा के अनुभव की व्याख्या के लिए पर्याप्त नहीं है। इसके अतिरिक्त हमें अपने ऊपर ही सन्देह करने की कोई सम्भावना नहीं। यदि मैं इस विषय में भी सन्देह प्रकट करूं कि क्या जो मैं आज देखता हूं वह वही है जिसे मैंने कल देखा था तो भी इस विषय में तो तब भी सन्देह नहीं प्रकट करता कि मैं जो आज किसी पदार्थ को देख रहा हूं वही हूं या नहीं जिसने कल उसे देखा था। इस प्रकार से शंकर क्षणिकता के मत के विरोध में तर्क करता है जिसे द्रष्टा विषयी के विषय में भी लागू किया गया है, और दृढ़तापूर्वक कहता है कि बिना किसी प्रमाता या विषयी के किसी प्रकार का भी घटनाओं का संश्लेषण, ज्ञान अथवा अभिज्ञा सम्भव नहीं हो सकती।[1]

---

1. वेदांतसत्रों पर भाष्य, 2 : 2, 25।

नागसेन ने ज्ञान का प्रश्न कभी नहीं उठाया और इसीलिए उक्त प्रश्नों को वह टाल सका। अन्यथा वह अवश्य इस विषय को अनुभव कर सकता था कि प्रमाता और प्रमेय अर्थात् ज्ञाता एवं ज्ञेय दोनों परिभाषाएं, जिनके मध्य में ज्ञान का सम्बन्ध स्थित है, उस एक ही वस्तु के लिए उपयोग में नहीं आ सकतीं।

12. मनोविज्ञान

आत्मा की अध्यात्मशास्त्र-सम्बन्धी यथार्थता के विषय में कोई भी मत क्यों न हो, बौद्ध लोग सामूहिक रूप से मनुष्य के जीवन की व्याख्या, बिना किसी एक स्थायी आत्मा को माने, करने का प्रयत्न करते.हैं, क्योंकि यदि इस व्याख्या का कोई (आध्यात्मिक) अर्थ हो भी, तथापि वह इतना गूढ़ अथवा रहस्यमय होगा कि वह हमारे लिए किसी प्रयोजन का नहीं है। अब हमें बौद्धों द्वारा किए गए आत्मा के विश्लेषण का निरीक्षण करना है। ''जब कोई व्यक्ति 'मैं' कहता है तो वह जो करता है वह यह है कि या तो वह सब स्कन्धों के विषय में सामूहिक रूप से कहता है अथवा किसी एक स्कन्ध के विषय में कहता है एवं स्वयं अपने को भ्रम में डालता है या बहकाता है कि वह कहने वाला मैं ही हूं।''[1] ऐसा सत् जो सत्ता के रूप में आता है एक ऐसा सम्मिश्रण है जो स्कन्धों अथवा पुंजों से मिलकर बना है और यह स्कन्ध मनुष्य-जाति के सम्बन्ध में पांच हैं तथा दूसरों में और भी कम हैं। मन के अन्दर एक विशेष पद्धति का एकात्म्य है।[2] यह मानसिक शक्तियों का सम्मिश्रण है।

व्यक्तित्व के अवयवों का भेद दो मुख्य विभागों अर्थात् नाम और रूप में किया गया है। उपनिषदों में भी आनुभविक आत्मा की रचना ऐसी ही प्रतिपादित की गयी है। इन दो भेदों अर्थात् नाम व रूप के द्वारा ही ब्रह्मरूपी निर्विकल्प सत् पदार्थजगत् में छाया हुआ है। नाम मानसिक एवं रूप भौतिक घटकों के अनुकूल होता है।[3] शरीर और मन को परस्पर एक-दूसरे के ऊपर निर्भर माना गया है, ''जो कुछ ठोस है वह रूप की आकृति है; और जो सूक्ष्म है वह 'नाम' है। दोनों एक-दूसरे से सम्बद्ध हैं और इसीलिए दोनों मिलकर जगत् की सृष्टि करते हैं। जिस प्रकार मुर्गी के अण्डे में मुर्गी का छिलका अण्डे के द्रव्य से पृथक् नहीं रहता और वे दोनों साथ ही रहते हैं, क्योंकि दोनों एक-दूसरे के ऊपर निर्भर हैं, ठीक इसी प्रकार यदि नाम न होता तो रूप (आकृति) भी न होता। उस अभिव्यक्ति में जो कुछ नाम से तात्पर्य है उसके साथ जो रूप से तात्पर्य है घनिष्ठापूर्वक सम्बद्ध है। ये दोनों एक साथ ही उत्पन्न होते हैं। और यह अनन्त समय से उनका स्वभाव है।[4] अन्य भारतीय मनोवैज्ञानिकों की भांति बौद्ध भी मन अथवा मानस को भौतिक अथवा ऐन्द्रिय ही मानते हैं।

---

1. संयुत्तनिकाय, 3 : 130।
2. डॉक्टर मैक्डूगल ने लिखा है : ''हम मन की परिभाषा बहुत कुछ इस प्रकार कर सकते हैं कि मन, मानसिक अथवा कार्यसाधक शक्तियों की एक सुव्यवस्थित संहति का नाम है।'' (साइकोलॉजी)।
3. इसे रूप इसलिए कहा जाता है कि यह प्रकट करके दिखाता है -रूपयति (संयुत्तनिकाय, 3 : 86)। जो अपने-आपको इन्द्रियों के लिए प्रकाशित कर देता है उसे रूप कहते हैं। इसका प्रयोग प्रकृति और प्राकृतिक गुणों, प्रत्यक्ष पदार्थों और जिन्हें श्रीमती रीज़ डेविड्स 'सूक्ष्मीकृत प्रकृति के क्षेत्र' कहती हैं, उनके लिए भी होता है। देखिए, उसके सम्पादकीय नोट को जो बुद्धघोष की अत्थसालिनी (अंग्रेजी अनुवाद) में है। और भी देखिए वारेन : 'बुद्धिज़्म इन ट्रांसलेशन्स', पृष्ठ 184 और आगे, जहां इसे चार तत्त्वों, शरीर, इन्द्रियों और मनोवेगों में भी सम्मिलित किया गया है।
4. मिलिन्द, 2, 8।

बाह्य एवं आभ्यान्तर के बीच अथवा विषयी एवं विषय के बीच भेद के सम्बन्ध में यह उद्धरण उपयुक्त होगा : "वे कौन-सी अवस्थाएं हैं जो अज्झहत (अर्थात् वैयक्तिक विषयीनिष्ठ एवं आभ्यन्तर) हैं ?—जो इस अथवा अमुक प्राणी से, आत्मा से, व्यक्ति अथवा स्वयं अपने से सम्बद्ध हैं और वैयक्तिक कही जाती हैं...ऐसी कौन-सी वे अवस्थाएं हैं जो बहिद्ध (अवैयक्तिक, विषयनिष्ठ और बाह्य) हैं ?—वे अवस्थाएं जो इस अथवा अमुक प्राणी, एवं व्यक्तियों के लिए जो आत्मा, व्यक्ति अथवा स्वयं अपने से सम्बद्ध एवं व्यक्ति-विशेष के लिए कही जा सकती हैं।" ये सब धर्म हैं अथवा मानसिक प्रदर्शन हैं, एवं, लॉक के अनुसार, वे विचार हैं—प्रत्यक्ष तात्कालिक ज्ञान का विषय चाहे जो कुछ भी हो, विचार हो अथवा बोध हो। मनुष्य का व्यक्तित्व, जिसमें रूप और नाम, शरीर एवं मन सम्मिलित हैं, कहा जाता है कि मानसिक अवस्थाओं का समुच्चय है। धर्मसंगबी के पहले खण्ड में उन मानसिक अवस्थाओं अथवा धर्मों के विषय में, जो मन के स्वरूप अथवा नाम को अभिव्यक्त करते हैं, अर्थात् आन्तरिक इन्द्रिय की अवस्थाओं के विषय में विचार किया गया है। दूसरे खण्ड में रूप अथवा बाह्यजगत् की अभिव्यक्ति करने वाली अवस्थाएं, जो बाह्य इन्द्रिय की उपज हैं, दी गई हैं। धर्म एक व्यापक परिभाषा है जिसके द्वारा बाह्य एवं आभ्यन्तर इन्द्रियों के कुल पदार्थों का ग्रहण होता है। सांसारिक घटनाओं का दो श्रेणियों में विभाग किया गया है : (1) रूपिणो—वे जिनका रूप है अर्थात् चार तत्त्व और उनकी धातुएं; (2) अरूपिणो—जिनकी कोई आकृति (रूप), प्रकार अथवा चेतना के पहलू नहीं हैं; यथा, मनोवेगों के स्कन्ध, प्रत्यक्ष ज्ञान, संश्लेषण एवं बुद्धि। रूप से तात्पर्य है वह विस्तृत विश्व जो दृश्यमान है एवं मानसिक जगत् से सर्वथा भिन्न है, वह बाह्यजगत् जो अदृश्य मन—अरूपिणो से सर्वथा भिन्न है। शनैः-शनैः इससे अभिप्राय उन सब लोगों का लिया जाने लगा जिनके अन्दर हमारा पुनर्जन्म होना सम्भव है, क्योंकि वे भी दृष्टि का विषय बन सकते हैं। हमारे लिए यह लक्षित करना ही उचित होगा कि प्राचीन बौद्ध विचारकों ने अधिक गहराई में जाकर खोज करने की ओर तनिक भी ध्यान नहीं दिया, क्योंकि उनकी प्रधान रूचि का विषय नीतिशास्त्र था। वे बाह्य जगत् के स्वरूप की व्याख्या अपने ही जीवन के भौतिक आधार पर करते थे।

मानसिक नाम में चित्त, हृदय अथवा भावावेश, विज्ञान अथवा चेतना एवं मानस आते हैं। नामरूप अर्थात् पांच स्कन्धों के भी विभाग हैं : (1) रूप, प्राकृतिक गुण; (2) वेदना; (3) संज्ञा, प्रत्यक्षज्ञान; (4) संस्कार अथवा मानसिक वृत्तियां एवं इच्छा; (5) विज्ञान अथवा तर्क। इन परिभाषाओं का प्रयोग किसी विशेष निश्चित अर्थबोधन के साथ नहीं किया गया है। इनके द्वारा आत्मा के मिश्रित वर्गीकरण का निर्माण होता है। चेतना अथवा इच्छा के अनेक सम-निमित्त कारण हैं। संस्कार के अन्तर्गत विविध प्रकार की अनेक प्रवृत्तियां, बौद्धिक, प्रेम-सम्बन्धी एवं ऐच्छिक आती हैं और उसका विशेष कार्य है सबका समन्वय या संश्लेषण करना। विज्ञान से तात्पर्य उस प्रज्ञा (ज्ञान एवं बुद्धि) से है जो अमूर्त भावात्मक मूल तत्त्वों को भी ग्रहण करती है।[1] यह इन्द्रिय-सम्बन्ध के द्वारा नियन्त्रित नहीं है जबकि भावनाएं,

1. इसके 89 उपविभाग हैं, और इसके अन्तर्गत उस सबकी चेतना आती है जिसका संक्रमण चक्षु, कान, नासिका, जिह्वा एवं त्वचा इंद्रियों द्वारा एवं छठी इंद्रिय मन के द्वारा होता है, एवं अच्छे-बुरे अथवा न बुरे न अच्छे के बीच में भेद किया जाता है। इस समष्टि के साथ अपने उपविभागों को मिलाकर जो संख्या में कुल 193 होते हैं व्यक्ति के सभी तत्त्व प्राकृतिक, बौद्धिक एवं नैतिक आ जाते हैं। देखिए रीज़ डेविड्स कृत 'बुद्धिज़्म', पृष्ठ 90-93; अनिरुद्ध, 'कम्पेण्डियम आफ फिलासफी', 'पाली टेक्स्ड सीरीज़', पृष्ठ 16, 88।

प्रत्यक्षानुभव एवं चित्तवृत्तियां नियन्त्रित हैं।

उक्त योजना जो आन्तरिक विश्लेषण की शक्ति को एक पर्याप्त मात्रा में विकसित रूप में प्रदर्शित करती है, मौलिक तत्त्वों में आधुनिक काल के मनोविज्ञान के साथ पूर्णतया समता रखती है। उक्त योजना स्थूल रूप से शरीर एवं मन के परस्पर भेद को एवं व्यक्ति के भौतिक (शारीरिक) एवं आत्मिक पक्षों के भी भेद को पृथक्-पृथक् निर्देश करती है। मनोवैज्ञानिक और भौतिक की इस मनुष्य रूपी सम्मिलित रचना में वह भाग जो अपेक्षाकृत स्थायी है, शरीर है, अथवा जिसे रूपकाय कहेंगे; और अस्थायी भाग मन है। मानसिक पक्ष में प्रत्यक्ष ज्ञान, कल्पनात्मक भाव, मनोभाव अथवा अनुराग एवं इच्छा आदि हैं। प्रथम तीन को संज्ञा, वेदना एवं विज्ञान नाम से भी कहा जा सकता है। वेदना एक भावनामय प्रतिक्रिया है।[1] यह मानसिक अनुभव है, अभिज्ञता एवं सुख है और इसके तीन गुण हैं अर्थात् सुखकारी, दुःखद और तटस्थ या उदासीन, जो इन्द्रियगम्य पदार्थों के साथ संनिकर्ष में आने से उत्पन्न होते हैं और स्वयं तण्हा (तृष्णा) अर्थात् उत्कट अभिलाषा को उत्पन्न करते हैं। सामान्य सम्बन्धों और सब प्रकार के इन्द्रिययोत्पन्न अथवा मानसिक प्रत्यक्षों का ज्ञान संज्ञा है।[2] यहाँ हमें स्पष्ट प्रतीति होती है। अनुभवों की श्रृंखला जिसे 'चित्तसन्तान' कहते हैं, बिना किसी व्यवधान के निरन्तर क्रमिक अस्तित्वों में चलती रहती है। चेतना का विषय इन्द्रियगम्य पदार्थ अथवा विचार सम्बन्धी कुछ भी हो सकता है।

बुद्धघोष के अनुसार, चेतना पहले अपने पदार्थ के सम्पर्क में आती है, और उसके पश्चात् प्रत्यक्ष ज्ञान, भावना एवं इच्छा आदि उदय होते हैं। किन्तु एकात्मक चेतनावस्था को भावना एवं प्रत्यक्षानुभव आदि के अनुकूल नाना प्रकार की आनुक्रमिक श्रेणियों में बांट देना सम्भव नहीं है। "एक सम्पूर्ण चेतना के अन्दर यह नहीं कहा जा सकता कि अमुक पहले आता है एवं अमुक उसके पश्चात् आता है।"[3] यह जान लेना रुचिकर होगा कि बुद्धघोष के अनुसार, वेदना अथवा भावना अपने-आपमें अत्यन्त पूर्ण अभिज्ञा एवं पदार्थ का उपयोग है।[4]

अब हम यहां प्राचीन बौद्धों के इन्द्रिय-प्रत्यक्ष-सम्बन्धी सिद्धान्त का प्रतिपादन करते

---

1. मिलिन्द, 2 : 3, 10। बुद्धघोष की अत्थसालिनी भी देखें, अंग्रेज़ी अनुवाद, पृष्ठ 54।
2. मिलिन्द, 2 : 3, 11।
3. अत्थसालिनी, पृष्ठ 143-144।
4. वेदना में "(1) विशेष लक्षण के रूप में अनुभव करना, (2) कार्यरूप में सुखानुभव, (3) मानसिक सुखों की प्रवृत्ति अभिव्यक्तिरूप में और (4) निर्वृत्ति (शान्तता) तात्कालिक हेतु के रूप में रहते हैं। (1) जीवन की चारों श्रेणियों में वेदना नाम की कोई वस्तु ऐसी नहीं है जिसमें अनुभव का विशेष लक्षण न रहता हो। (2) यदि यह कहा जाए कि पदार्थविषय सुखानुभव का कार्य केवल सुखदायक वेदना में ही होता है तो हम उस सम्मति का निषेध करके कहेंगे कि चाहे सुखमय वेदना हो, अथवा दुःखदायी किंवा उदासीन हो, विषय के अनुभव का कार्य सबमें रहता है। पदार्थ के रस के अनुभव के विषय में शेष सम्बद्ध अवस्थाएं उसका अनुभव केवल आंशिक रूप में करती हैं; सम्पर्क का कार्य केवल स्पर्श का है, प्रत्यक्ष का कार्य केवल ध्यान देने का, इच्छाशक्ति का कार्य केवल समन्वय करने का तथा चेतना का कार्य केवल बोध करने का है। किन्तु वेदना ही अकेली अपने नियन्त्रण, कौशल (दक्षता) तथा उत्कर्ष के कारण पदार्थ के रस का अनुभव करती है।...इसीलिए यह कहा गया है कि अनुभव इसका कार्य है। (3) वेदना की केवल उपस्थिति का ही उल्लेख किया जाता है, उसकी अभिव्यक्ति को 'चैतसिक गुण का रस ग्रहण करने' की संज्ञा द्वारा। (4) और चूंकि प्रशान्त अवस्था में रहकर ही शरीर आनन्द अथवा सुख का अनुभव करता है, वेदना का तात्कालिक हेतु निर्वृत्ति (शान्तता) है। (अत्थसालिनी, पृष्ठ 145-146।)

हैं। एक नीले रंग की प्रतिमा का दृष्टिविषयक ज्ञान तब उत्पन्न होता है जबकि नीला रंग, जो उसमें विद्यमान है, एवं चक्षु इन्द्रिय परस्पर मिलते हैं। कभी-कभी हेतु, कारण एवं प्रत्यय अथवा उपाधि के अन्दर भेद किया जाता है, जबकि दृष्टिगत ज्ञान जो आंख एवं पदार्थ के कारण है—नीला रंग—यह कहा जाता है कि पूर्व ज्ञान के कारण होता है; इन्द्रियों के विषय पांच प्रकार के हैं : दृष्टि, शब्द, गन्ध, स्वाद एवं स्पर्श। बुद्धघोष ने इन्हें दो विभागों में विभक्त किया है, अर्थात् असम्पत्तरूप, अथवा वे विषय जिनके ग्रहण में शरीरेन्द्रियां पदार्थों के विषयगत उद्भव के निकट सम्पर्क में नहीं आतीं, जैसे—देखना और सुनना; तथा सम्पत्तरूप, वे विषय जो केवल स्पर्श के ही परिवर्तित रूप हैं, जैसे गन्ध एवं स्वाद आदि। डेमोक्रिटस ने कुल इन्द्रियगम्य ज्ञान को स्पर्श अथवा अस्पर्श का ही विकसित रूप माना है। पांच प्रकार के विषयों को 'पंचकर्मण' कहा गया है। जब इन्द्रिय एवं पदार्थ (विषय) परस्पर सम्पर्क में आते हैं तो संवेदना उत्पन्न होती है। वस्तुतः चेतना का प्रवाह केवल इन्द्रिय के पदार्थ के साथ हुए आकस्मिक सम्पर्क के कारण निष्पन्न मानसिक अवस्थाओं का परिणाम मात्र है। 'फस्सा' अथवा सम्पर्क उसी प्रकार होता है जैसेकि दो मेढ़े परस्पर अपने सींगों को टकराते हैं। आंख एक ओर है और पदार्थ (विषय) दूसरी ओर है और सम्पर्क दोनों का मेल है।[1] धम्मसंगणी का मत है कि बाह्य घटनाएं आभ्यन्तर अथवा वैयक्तिक रूप के इन्द्रिय से टकराने अथवा परिवर्तन से उत्पन्न होती हैं। अन्य भी कई ऐसे मत हैं जिनके अनुसार आंख एवं पदार्थ एक-दूसरे के लिए प्रतिबन्ध स्वरूप हैं—अर्थात् दोनों को एक-दूसरे की अपेक्षा रहती है। आंख के अभाव में दृश्यमान जगत् का भी अस्तित्व नहीं हैं और बिना जगत् के देखने वाली आंख का भी अस्तित्व नहीं है।[2]

---

1. मिलिन्द, 2 : 3, 9; देखिए, मज्झिम भी, 1 : 3।
2. श्रीमती रीज़ डेविड्स धम्मसंगणी में दिए गए इन्द्रिय-प्रत्यक्ष का संक्षिप्त विवरण निम्न प्रकार से देती हैं :

(अ) इन्द्रियां

प्रथमतः—एक सामान्य कथन प्रत्येक इन्द्रिय के विषय में क्रम से (क) प्रकृति (अर्थात् चार तत्त्वों) के विषय में; (ख) वैयक्तिक संघटन के विषय में और इसकी अदृश्यता एवं इसके संघात की शक्ति के विषय में।

द्वितीयतः—प्रत्येक अवस्था में ऐन्द्रिय प्रक्रिया का विश्लेषण निम्न प्रकार से :

(क) एक वैयक्तिक साधन अथवा ऐसा उपकरण जो संघात की प्रतिक्रिया के योग्य हो, स्वयं नहीं।

(ख) एक टकराने वाली आकृति अथवा ऐसी आकृति जो एक विशेष प्रकार के संघर्ष को उत्पन्न करने वाली हो।

(ग) 'क' और 'ख' में परस्पर संघात।

(घ) मानसिक अविच्छिन्नता के परिणामस्वरूप परिवर्तन, अर्थात् पहले सम्पर्क (एक विशेष प्रकार का); तब आनन्ददायक परिणाम या बौद्धिक परिणाम अथवा सम्भवतः दोनों ही। प्रत्येक अवस्था में परिवर्तन को दो बार कहा जाता है, एवं बल दिया जाता है परस्पर संघर्ष के ऊपर, पहले तो जिससे परिवर्तन होता है उस पर, फिर उसके बाद ध्यान कि विषयवस्तु का निर्माण करने वाले उस व्यक्ति की परिवर्तित चेतना पर, जिस पर प्रभाव पड़ा।

(आ) इन्द्रियों के विषय (पदार्थ)

प्रथमतः, एक सामान्य कथन प्रकृति के स्थान पर प्रत्येक के इन्द्रियगम्य पदार्थ के सम्बन्ध में, कुछ विशेष प्रकारों का वर्णन करते हुए और इसकी अदृश्यता को स्वीकार करते हुए—दृश्य पदार्थों तथा संघर्ष उत्पन्न करने वाली शक्ति को छोड़कर।

द्वितीयतः, 'अ' के अन्तर्गत उल्लिखित प्रत्येक मामले में ऐन्द्रिय प्रक्रिया का विश्लेषण, परन्तु जैसे इन्द्रियगम्य पदार्थ की दृष्टि से, इस भांति—

विचार-विषयक पदार्थ भी पांच श्रेणी के हैं : (1) 'चित्त' अथवा मन; (2) 'चेतसिक' अथवा मानसिक गुण (धर्म); (3) 'पसादरूप', शरीर के संवेदनशील गुण और 'सुकुमरूप' शरीर के सूक्ष्म गुण; (4) 'पञ्ञति, नाम, विचार, भाव एवं प्रत्यय; और (5) 'निर्वाण'। यह है धम्मारम्मण, जहां धम्म से तात्पर्य मानसिक साक्षात्कार से है। इन्द्रियानुभव किस प्रकार अर्थ एवं विचार सम्बन्धी ज्ञान के रूप में परिणत हो जाता है इसका कोई निश्चित क्रम नहीं बताया गया। यह कहा जाता है कि मन जिसे प्राकृतिक या भौतिक इन्द्रिय माना गया है, संवेदनाओं के अन्दर से बौद्धिक विचारों एवं भावों का निर्माण करता है। यह कैसे होता है, सो हम नहीं जानते। चित्त, जो वस्तु एवं विचार दोनों ही है, संवेदनाओं को लेकर चेतना के एक शक्तिशाली प्रवाह में परिणत कर देता है। अबिधम्मपिटक के सातवें खंड में पत्थाना अथवा सम्बन्धों के विषय का प्रतिपादन है। बौद्ध विचारक जानता है कि किस प्रकार प्रत्येक चेतना विषयी एवं विषय का सम्बन्धमात्र है। इन सब प्रक्रियाओं के अन्दर हम विज्ञान की क्रियाशीलता की कल्पना करते हैं जिसका विशिष्ट कार्य पहचान करना है[1] और यह नितान्त बौद्धिक प्रतिक्रिया है।

'प्रयास' (मानसिक प्रक्रिया) अथवा आधुनिक मनोविज्ञान की 'इच्छाशक्ति' का सहज में बौद्धविश्लेषण के अन्दर पता मिलना कठिन है। यद्यपि यह प्रत्यभिज्ञा अथवा अनुराग के समान एक बिलकुल मूलभूत एवं परम वस्तु है। बौद्ध सिद्धान्त में इच्छा चेतना का सबसे अधिक प्रधान पक्ष है एवं मानव-जीवन का आधारभूत तत्त्व है। यह सोचने के लिए हमारे पास कोई आधार नहीं है कि बौद्ध मनोविज्ञानशास्त्र में इच्छा पांचों स्कन्धों के एकत्रीकरण का परिणामस्वरूप है। हम कह सकते हैं कि विज्ञान, वेदना और संस्कार बहुत कुछ ज्ञान, भावना एवं इच्छा के सदृश हैं। चाइल्डर्स ने अपने कोश में आधुनिक प्रयास के अनुरूप धारणाओं को संस्कारों की ही श्रेणी में परिगणित किया है। उनके अन्तर्गत 'छन्दों' अर्थात् इच्छा एवं 'वीर्यम्' अर्थात् प्रयत्न भी सम्मिलित हैं। इसमें वीर्यम् से, श्रीमती रीज़ डेविड्स के अनुसार, अन्य सब शक्तियों को सहायता मिलती है। अरस्तू में हम देखते हैं कि इच्छा शक्ति द्वारा प्रेरित प्रयत्न बुभुक्षा, रजोवृत्ति, चुनाव एवं इच्छा में एक महत्त्वपूर्ण तत्त्व है। श्रीमती रीज़ डेविड्स की सम्मति में यद्यपि ऐसे स्पष्ट रूप में विकसित मनोविज्ञान के संकेत नहीं पाए जाते जिसमें बुभुक्षा, इच्छा एवं चुनाव में सुचारुरूप से भेद प्रदर्शित किया गया हो, तो भी हमें इच्छा की मनोवैज्ञानिक घटना एवं इसके नैतिक निर्णय के मध्य मुख्य विभाजक मर्यादाएं अवश्य मिलती हैं। उनके विचार से "पिटकों में ऐसे पारिभाषिक शब्दों के प्रयोगों में जो इच्छा के द्योतक हैं, उनके मनोवैज्ञानिक अभिप्राय एवं नैतिक व धार्मिक संकेतित अर्थों में परस्पर भेद

→(क) किसी आकृति या इन्द्रियगम्य पदार्थ का स्वरूप, जो वैयक्तिक संघटन के किसी विशेष उपकरण पर संघात पहुंचाने में सक्षम हो।

(ख) उस उपकरण का संघात।

(ग) इंद्रियगम्य पदार्थ की प्रतिक्रिया या पूरक संघात।

(घ) मानसिक अविछिन्नता के परिणामस्वरूप परिवर्तन, अर्थात् पहले सम्पर्क (एक विशेष प्रकार का), तब आनन्ददायक परिणाम, या बौद्धिक परिणाम अथवा सम्भवतः दोनों ही। प्रत्येक अवस्था में परिवर्तन को दो बार कहा गया है और परस्पर संघर्ष पर बल दिया गया है, पहले तो जिससे परिवर्तन होता है उस पर, फिर उसके बाद ध्यान की विषयवस्तु का निर्माण करने वाली उस परिवर्तित चेतना पर जो इस प्रकार प्रभावित हुई है।

1. मिलिन्द, 2 : 3, 12।

पर्याप्त मात्रा में मिलता है। उदाहरण के लिए, धम्मसंगणी में दो समानान्तर स्थलों पर वह पारिभाषिक शब्द जो सबसे उत्तमरूप में विशुद्ध एवं सरल प्रयास अथवा शक्ति की चेतना के भाव को प्रकट करता है अर्थात् 'वीर्यम्', तथा इसके और सब पर्यायवाची एवं सहायक (अभावपूरक) पारिभाषिक शब्द—जैसे प्रयत्न करना, चेष्टा करना, एवं उद्योग, उत्साह (धुन) प्रचण्डता, पौरुष एवं प्रतिशोधशक्ति, निरन्तर चेष्टा, दृढ़ इच्छा एवं संघर्ष तथा किसी बोझ को उत्कट इच्छा के साथ स्वीकार करना—मन की अवस्था एवं स्वभाव दोनों के विषय में यह जतलाने के लिए प्रयुक्त हुए हैं कि कौन-सा नैतिक दृष्टि से सुकृत है एवं कौन-सा नैतिक दृष्टि से दुष्कृत है। इसलिए मनोवैज्ञानिक गतिविधि के लिए ऐसे सब पारिभाषिक शब्दों के प्रयुक्त होने पर जब बौद्धधर्म ने कोई दोष नहीं देखा तो हमें भी क्यों देखना चाहिए। दूसरी ओर जब कभी पवित्र धर्मपुस्तकें इच्छा सम्बन्धी पारिभाषिक शब्दों के द्वारा नैतिक मूल्यांकन का बोध कराना चाहती हैं तब या तो स्पष्ट एवं विशिष्ट शब्दों का व्यवहार किया जाता है अथवा इच्छा शक्ति के द्योतक पारिभाषिक शब्द को स्पष्टरूप से विशेषित या सप्रतिबन्ध कर दिया जाता है जैसे विपरीत इच्छाओं के विषय में अथवा इच्छा की दूषित या विकृत अवस्था के विषय में वर्णन करने के समय आवश्यकता अथवा इच्छा या आकांक्षा उत्कट अभिलाषा या तृष्णा (तण्हा) बन जाती है, इच्छा या छन्दो के लिए हमें कामना (छान्दोरागो) शब्द का प्रयोग मिलता है, शारीरिक कामनाओं के लिए 'कामरागो', ऐंद्रिय सुख के लिए 'नन्दिरागो' अथवा कोई न कोई विशेषणसहित वाक्य, रूप की इच्छा के लिए 'रूपछन्दो' आदि-आदि।"[1] प्रत्येक पदार्थ को इच्छा का रूपान्तर बताया गया है। आधुनिक मनोविज्ञान समस्त मानसिक जीवन के भावनात्मक एवं प्रयोजनात्मक स्वरूप पर बल देता है। कभी तो प्रयास या मानसिक प्रक्रिया का सम्बन्ध केवल विचारात्मक होता है और कभी क्रियात्मक या व्यवहारिक होता है। प्रोफेसर अलेक्जैण्डर के शब्दों में, "मन की विचारात्मक क्रियाएं होती हैं कि वे बिना किसी परिवर्तन के मन के आगे पदार्थ के निरन्तर अस्तित्व को बनाए रखने में सहायक साधन रूप सिद्ध होती हैं। व्यावहारिक क्रियाएं वे हैं जो पदार्थों में परिवर्तन उत्पन्न करती हैं।" "संज्ञान (बोध अथवा अनुभूति) एवं मानसिक प्रक्रिया इन दोनों की प्रत्येक मनोविकृति (अथवा दुःसाध्य उन्माद) में पृथक्-पृथक् पहचाने जा सकने वाले अवयव नहीं हैं। किन्तु मानसिक प्रक्रिया की प्रत्येक किस्म दो विभिन्न आकृतियां धारण करती है, विचारात्मक अथवा क्रियात्मक, और यह मानसिक प्रक्रिया के भिन्न-भिन्न सम्बन्धों के अनुसार होती है।"[2] साधारणतः कल्पनात्मक विचार क्रिया में परिणत हो जाता है। संज्ञान अथवा अनुभव मुख्य रूप में क्रियात्मक होते हैं। बौद्ध मनोविज्ञान सही मार्ग पर है जबकि 'प्रतीत्यसमुत्पाद' के सिद्धान्त में यह प्रतिपादन करता है कि प्रत्यक्ष ज्ञान या अनुभव इच्छाओं को उत्तेजना देते हैं। ऐसा पदार्थ जिसके प्रति मानसिक क्रिया प्रेरित होती है तो उसका भान होता है, या उसका दर्शन के द्वारा साक्षात् ज्ञान होता है; उसकी मूर्ति मन में बन जाती है, उसकी स्मृति द्वारा अनुभव होगा अथवा वह विचार का विषय होगा। संज्ञान एवं इच्छा मानसिक प्रक्रिया के कल्पनात्मक एवं क्रियात्मक रूप बन जाते हैं। भौतिक मनोविज्ञान ज्ञानेन्द्रिय-सम्बन्धी चालक पेशी (चेष्टावह नाड़ी) के चक्र या परिभ्रमण को इकाई मानता है। इसमें से अन्तर्मुखी या भीतर ले जाने वाला भाग अनुभूति के अनुकूल है एवं निर्गामी (अपवाही नाड़ी) मानसिक

1. 'जर्नल आफ द रॉयल एशियाटिक सोसाइटी', 1898, पृष्ठ 49।
2. 'ब्रिटिश जर्नल आफ साइकोलॉजी', 1911, पृष्ठ 244।

प्रक्रिया के अनुकूल है। समस्त प्रक्रिया है एक ही, और ये दोनों इसमें अवयवों या घटकों के रूप में भिन्न-भिन्न किए जा सकते हैं। जहां समस्त मानसिक जीवन मानसिक क्रिया या प्रयास से सम्बन्ध रखता है, इच्छा लक्ष्य की ओर क्रियात्मक पीछा करती हुई दिखाई देगी, और इसे आदर्श से यथार्थता में परिवर्तित कर देगी। यहां पर भी क्रियात्मक पक्ष की प्रधानता है। विचारात्मक अनुभूति उदय होती है जबकि क्रियात्मक अभिव्यक्ति रुक जाती है अथवा उसके अन्तर्गत रहती है। केवल चिन्तन का सुखानुभव भी मानसिक प्रक्रिया का विकास है जिसमें क्रियात्मक प्रयोजन अपने-आपमें सुखानुभव है। इसके अतिरिक्त संवेदना मानसिक क्रिया से स्वतन्त्र भी तो नहीं है। यह सब क्रियाओं में सहचारी भाव से विद्यमान रहती है। प्रोफेसर स्काउट ने मानसिक अवस्थाओं के पुराने त्रिभागी वर्गीकरण को त्यागकर प्राचीन द्विभक्त मनोविश्लेषण को ही अंगीकार किया है, और भावात्मक एवं प्रयासात्मक अवयवों को एकत्र करके उसे अनुभूति के अवयवों का नाम न देकर अभिरुचि की संज्ञा दी है। यदि हम बोध (संज्ञान) के पृथक्त्व को दूर करके इसे मानसिक प्रक्रिया का एक पक्ष बना दें तब हमें विदित होगा कि बौद्धमत का मानसिक प्रतिक्रिया पर बल देना जो वही मानसिक जीवन का प्रधान तथ्य है।

यद्यपि सर्वोपरि आत्मा के अस्तित्व को नहीं माना गया है तो भी उसका स्थान एम. पूसीं[1] के अनुसार, विज्ञान ने ले लिया है। वह सत्ता जो एक जीवन के पश्चात् दूसरे जीवन में जाती है, 'विज्ञान' है।[2] 'विज्ञानसन्तान' अर्थात् उसकी अखण्ड गति अथवा अविच्छिन्नता का वर्णन किया गया है। यह एक स्थायी, अपरिवर्तनशील एवं दूसरे जन्म में संक्रमण करने वाली सत्ता नहीं है किन्तु एक वैयक्तिक और क्षणिक चेतना है, अवस्थाओं का एक नियमित श्रेणीबद्ध अभियान है। विज्ञान की श्रृंखला वेदना से भिन्न है एवं अपने-आपमें पूर्ण तथा भौतिक प्रक्रियाओं से स्वतन्त्र है।

बौद्धधर्म के मनोविज्ञान को सहकारितावादी रूप में वर्णन करना सबसे उत्तम होगा, क्योंकि धर्मों का प्रत्येक वर्ग या पूर्ववर्ती घटनाएं, जो चेतना में उनके प्रकट होने के विषय मे निर्णायक होती हैं, विशेष-विशेष नियमों के अनुसार ही खोजी जाती हैं और अपने-अपने समय के अनुकूल व्याख्याएं प्रस्तुत की जाती हैं। इस प्रश्न के उत्तर में कि विशेष प्रभावों से विशेष विचार क्यों उत्पन्न होते हैं, नागसेन उत्तर देता है, "इसीलिए क्योंकि उनकी प्रवृत्ति ऐसी है और क्योंकि वे एक द्वार हैं एवं क्योंकि उनका स्वभाव ऐसा है और क्योंकि वे एक सहकारी संघ हैं।" प्रवृत्ति अथवा ढाल की जिन शब्दों में व्याख्या की गई है उनसे हमें आधुनिक भौतिक मनोविज्ञान एवं इसके स्नायुमण्डल-सम्बन्धी स्वभाव के नियमों का स्मरण होता है। "जब वर्षा होती है तो पानी कहां जाता है ?" "यह उधर की ओर ही जाएगा जिधर भूमि का ढाल होगा।" "और यदि दूसरी बार वर्षा होगी तो पानी किस ओर जाएगा ?" "यह भी उधर ही जाएगा जिधर पहला पानी गया था।"[3] डाक्टर मैकडूगल ने लिखा है : "यह मानने के लिए हमारे पास पर्याप्त प्रमाण हैं कि मानसिक अन्तःप्रेरणा का मार्ग स्नायुजाल की श्रृंखला में से गुज़रता हुआ उस श्रृंखला को न्यूनाधिक रूप में स्थायी रूप में इस प्रकार परिवर्तित कर देता है कि आगे के लिए उसमें अन्तःप्रेरणा के मार्ग को बाधा

1. 'जर्नल एशियाटिक', 1902; यह मत सम्भवतः पिटकों की अपेक्षा अर्वाचीन है।
2. वारेन : 'बुद्धिज़्म इन ट्रांसलेशन्स', पृष्ठ 207।
3. 2 : 3, 7।

देने की शक्ति बहुत ही न्यून हो जाती है।" वह मार्ग जिसके द्वारा निकास होता है, स्नायुमण्डल के स्वभाव के नियमों के अनुसार बहुत ही निम्न श्रेणी के अवरोध शक्तिवाला हो जाता है।[1] बौद्धधर्म की उक्त व्याख्या निश्चय ही एक मनोवैज्ञानिक अन्तर्दृष्टि से निकली है एवं किसी मस्तिष्क की रचना और उसकी शारीरिकी के अध्ययन का परिणाम नहीं है क्योंकि सम्भवतः चिकित्साशास्त्र के इन विज्ञानों का उस समय कहीं पता नहीं था। प्रत्यभिज्ञा की दशाओं का भी वर्णन किया गया है।

मानसिक अवस्थाओं की समयावधि के विषय में कहा गया है कि चेतना की प्रत्येक अवस्था के तीन रूप हैं : उत्पत्ति (उप्पाद), विकास (थिति) एवं विनाश (भंग)। इन तीनों में से प्रत्येक समय के अत्यन्त सूक्ष्म विभाग के अधीन है जिसे एक क्षण कहते हैं। तीनों क्षणों का आधार, जिसमें चेतना की एक अवस्था उत्पन्न होती है, स्थित रहती है एवं विनष्ट होती है, चित्तक्षण कहलाती है। कई बौद्धों की सम्मत्ति ऐसी भी है कि ऐसा एक क्षण भी नहीं है जिसमें चेतना की अवस्था स्थिर रहती हो। यह केवल उत्पन्न होती है एवं क्षीण हो जाती है, और इसके लिए कोई स्थिर अवधि नहीं बना सकते, भले ही यह कितनी ही सूक्ष्म क्यों न हो। विसुद्धिमग्ग में कहा है : "विचार के एक विगत क्षण का प्राणी जीवित रहा है किन्तु वह अब नहीं है और न ही यह रहेगा। भविष्य के क्षण का प्राणी जीवित रहेगा, किन्तु वह भूतकाल में जीवित नहीं रहा, न वह वर्तमान में जीवित है। विचार के वर्तमान क्षण का प्राणी जीवित है किन्तु यह भूतकाल में नहीं था और न ही भविष्य में रहेगा।"[2]

प्रत्येक चेतन अवस्था को सत् की धारा में बाधक बतलाया गया है जो उपचेतन अथवा सुप्तचेतन जीवन का प्रवाह है। बौद्ध मनोविज्ञान ने सुप्तचेतन अवस्था को स्वीकार किया है। इसे 'विधिमुत्त' अर्थात् प्रक्रिया से मुक्त कहा गया है और यह 'विधिचित्त' अर्थात् जागरित चेतना से भिन्नरूप है। दोनों के बीच में उन्हें विभक्त करने वाली चेतना की ड्योढ़ी है जिसे मनोद्वार अथवा मन का द्वार कहते हैं। यह उस स्थान पर अवस्थित है जहां कि सरल सत् की धारा अथवा भवांग कट जाती है अथवा रुक जाती है। भावांग[3] सुप्तचेतन (उपचेतन) सत्ता का नाम है अथवा यों कहना अधिक ठीक होगा कि वह सत्ता जो जागरित अवस्था की चेतना से स्वतन्त्र है।[4]

एक सुसंगत प्रत्यक्ष ज्ञानवाद का सिद्धान्त इस विषय की व्याख्या नहीं कर सकता कि किस प्रकार समसदृश प्रभाव विस्तृत एवं परिष्कृत होकर सामान्य सिद्धान्तों अथवा कल्पनाओं में परिणत हो जाते हैं एवं नानात्व में, एकत्व का परिज्ञान क्यों और कैसे सम्भव होता है। बौद्धधर्म का मनोविज्ञान हमारे सम्मुख मानसिक अवस्थाओं के विश्लेषण को प्रस्तुत करता

---

1. 'फिज़िओलाजिकल साइकोलॉजी', पृष्ठ 125-26।
2. वारेन : 'बुद्धिज़्म इन ट्रांसलेशन्स', पृष्ठ 150।
3. 'भव, सत्; 'अंग', भाग। भवांग से तात्पर्य ऐन्द्रिय सत्ता एवं सुप्तचेतन मत्ता दोनों से है। सब कुछ जीवित है यद्यपि कुछ अवस्थाओं में हमें चेतना होती है और अन्यों में नहीं होती।
4. भवांग के उन्नीस प्रकार के भेद बताए गए हैं। उनमें से दस कामलोक में सम्भव हैं, पांच रूपलोक में, और चार अरूपलोक में। श्रीमती रीज़ डेविड्स के अनुसार, "चेतना केवल मानसिक स्पन्दनों की विच्छेदयुक्त श्रृंखला है, जिसका सम्बन्ध एक जीवित संगठन के साथ है जो जीवन की एक अल्पकालिक अवधि के अन्दर ज्ञान प्राप्त करने का पूरा प्रयत्न करती है।" ('बुद्धिस्ट साइकोलॉजी', पृष्ठ 16।) भवांग विषयी या प्रमाता के दृष्टिकोण से एक अवचेतन सत्ता है यद्यपि विषय या ज्ञेय पदार्थ के दृष्टिकोण से इसे कभी-कभी निर्वाण के अर्थों में लिया जाता है।

है किन्तु ध्यान एवं इच्छा आदि की प्रक्रिया में किसी विषयी को मानने की आवश्यकता का प्रश्न नहीं उठाता। भावनाओं एवं सम्बन्धों के विषय में तो यह कहता है किन्तु यह नहीं पूछता कि संयुक्त करने वाली एक चेतनाशक्ति के क्या वे पृथक् भी रह सकते हैं ? बौद्धों के मत में क्रियाशीलता का विषयी (प्रमाता) ऐन्द्रिय एवं मानसिक चित्तवृत्तियों एवं कर्मों का कुल जोड़ ही है। "नाम एवं रूप के द्वारा ही कार्य किए जाते हैं।" और यह निश्चित रूप में एक सदा बदलने वाला संयुक्त रूप है। हमें यहां तक कहा जाता है कि परस्पर सम्पर्क का अनुभव करने वाला कौन है यह मत पूछो[1] परन्तु केवल इसी विषय में जिज्ञासा करो कि उनका सम्पर्क करने का कारण क्या है। हमारा व्यक्तित्व का भाव एक भ्रान्ति है। तो भी हम कहते हैं मानो अहं ही पुनर्जन्म ग्रहण करता है अथवा निर्वाण तक पहुंचता है। बुद्धघोष ने इसकी इस प्रकार व्याख्या की है : "ठीक जैसे सत् के उन घटकों (अवयवों) के विषय में जिन्हें वृक्ष का नाम दिया जाता है; ज्योंही किसी समय फल निकलता है तब यह कहा जाता है कि 'वृक्ष में फल लगा है' अथवा यह कि 'वृक्ष फल गया है' इसी प्रकार उन वर्गों के विषय में भी है जिन्हें देवता या मनुष्य का नाम दिया जाता है, जब किसी समय जाकर सुख अथवा दुःख का फलभोग होने लगता है तब यह कहा जाता है कि अमुक देवता या अमुक मनुष्य सुखी या दुःखी है।"[2] यद्यपि वर्तमानकाल की आत्मा भूतकाल की आत्मा नहीं हो सकती, यह है भूतकाल का ही परिणाम अर्थात् यह उस श्रृंखला में से आई है।[3]

आत्मा-सम्बन्धी विचार अपने अन्दर पर्याप्त अर्थ संजोए हुए है जिससे कि पुनर्जन्म सार्थक होता है। कठिनाई यही है कि यदि स्थायी आत्मा नामक कोई वस्तु नहीं है तब दण्ड का कुछ अर्थ ही नहीं रहता। दण्ड के भोगने के समय व्यक्ति वही पूर्वसत्ता नहीं है जिसने कि पाप किया था। किन्तु पर्याप्त मात्रा में तादात्म्य अवश्य है जो दण्ड को न्याय्य ठहरा सके। आध्यात्मिक सत्ता दण्ड की न्याय्यता के लिए भले ही नहीं, तो भी व्यक्ति भी किन्हीं असंबद्ध घटनाओं का अस्तव्यस्त क्रम नहीं है, अपितु एक जीवित मानसिक ग्रन्थि है, जो भौतिक, आत्मिक एवं नैतिक कारणों एवं कार्यों की एक श्रृंखला है। राजा ने नागसेन से पूछा : "वह जो जन्म लेता है क्या उसी रूप में विद्यमान रहता है अथवा अन्य बन जाता है ?" "न तो वही रहता है और न अन्य ही हो जाता है।" "मुझे कोई दृष्टान्त देकर समझाओ।" "अच्छा, हे राजन्, तुम क्या सोचते हो। तुम एक समय एक शिशु के रूप में थे जो एक कोमल पदार्थ है और आकार में भी छोटा है अपनी पीठ के बल लेटे हुए, क्या तुम अब जो बढ़कर हो गए वही शिशु थे ?" "नहीं, वह बच्चा और था, मैं अन्य हूं।" "यदि तुम वह शिशु नहीं हो, तो इसका परिणाम यह निकला कि तुम्हारे माता-पिता व शिक्षक भी कोई नहीं रहे।"[4] फिर से जन्म ग्रहण करने वाला मनुष्य, वह मृत मनुष्य नहीं है और तो भी उससे भिन्न भी नहीं है। वह उदय होता है उसी के अन्दर से है। प्रत्येक दिन हम नवीन हैं

1. देखिए संयुत्तनिकाय, 2 : 13।
2. वारेन : 'बुद्धिज़्म इन ट्रांसलेशन्स', पृष्ठ 241।
3. "हे राजन्, जब कोई मनुष्य एक बत्ती जलाता है तो क्या वह बत्ती रात भर नहीं जलेगी ?" "हाँ, वह निश्चय ही रात भर जलेगी।" "तो हे महान राजन्, रात्रि के पहले प्रहर में ज्वाला है क्या दूसरे प्रहर में भी वही ज्वाला रहती है ?" "नहीं भगवन्, किन्तु प्रकाश रात भर उसी सामग्री से जुड़ा रहकर जलता है।" "हे महान राजन्, इसी प्रकार से वस्तुओं के घटकों की श्रृंखला भी जुड़ी हुई है। एक घटक सदा उत्पन्न होता है और दूसरा सर्वथा विरत होकर नष्ट हो जाता है। आदि एवं अन्त से रहित यह परिवर्तन चलता रहता है।" (मिलिन्द।)
4. मिलिन्द।

यद्यपि बिलकुल नवीन नहीं। अटल रहने वाली एक निरन्तरता है, एवं उसके संग निरन्तर रहने वाला परिवर्तन भी है। बुद्धघोष कहता है : "यदि निरन्तर रहने वाली श्रृंखला को एक परम समानता मान लिया जाए तब उदाहरण के लिए खट्टी मलाई दूध के अन्दर से कैसे उत्पन्न हो सकती है ? और यदि दोनों में नितान्त भेद है तो दूध साधारण अवस्थाओं में खट्टी मलाई कैसे उत्पन्न कर सकता है ? इसलिए न तो नितान्त तादात्म्य ही है और न ही नितान्त भेद है। पूर्ण वस्तु एक प्रकार की श्रृंखला है। सब प्रकार के क्रियात्मक प्रयोजनों की दृष्टि से नई सृष्टि पुरानी के बाद इतनी तात्कालिक होती है कि इसे उसी का निरन्तरक्रम मान लिया जा सकता है। कर्म में निरन्तरता है। पुनर्जन्म एक नया जन्म है। यहां तक कि उपनिषदों में भी एक अद्‌भुत, सदा बढ़ने वाली एवं अस्थायी आत्मा ही वह है जो इस संसार में इतस्ततः भ्रमण करती है एवं प्रतिकारात्मक न्याय का विषय है। पुनर्जन्म के लिए इस अटल अहं की आवश्यकता है। अस्थायित्व के भाव एवं कारणकार्य के नियम के अन्दर से ही एक क्रियाशील आत्मा का विचार उदित होता है। प्रत्येक अनुभव जैसे-जैसे उदित होता है और गुज़रता है, हमें दूसरे अनुभव को प्राप्त कराता है, अथवा दूसरे अनुभव में क्षण में, अथवा जीवन के रूप में परिणत हो जाता है और इसी में समस्त भूतकाल का समन्वय हो जाता है। एम. बर्गसां के स्मृति-सम्बन्धी सिद्धान्त का सुझाव देने वाले शब्दों में बौद्ध लोग तर्क करते हैं कि स्मृति नामक कोई भिन्न पदार्थ नहीं है क्योंकि सम्पूर्ण भूतकाल, एक उत्पादक प्रभाव अथवा शक्ति के रूप में जो बराबर पीछा करता आता है, वर्तमानकाल के अन्तर्गत है एवं उसमें समाविष्ट है। "जिस सबका हमने अनुभव किया है, जिसे प्राप्त किया है, एवं बचपन से जिसकी इच्छा की है वह सब यहाँ उपस्थित है, वर्तमान क्षण को तदनुकूल बनाता हुआ जो इसमें विलीन होता जाता है एवं चेतना के द्वार पर अन्दर स्थान पाना चाहता है किन्तु जो इसे बाहर ही छोड़ देता है।"[1] भूतकाल वर्तमानकाल में दांत गड़ाता है और इस पर अपना चिह्न छोड़ देता है।

13. प्रतीत्यसमुत्पाद, या आश्रित उत्पत्ति का सिद्धान्त

इस दुःखमय जीवन की उत्पत्ति एवं इसके अन्त की व्याख्या प्रतीत्यसमुत्पाद के सिद्धान्त द्वारा की गई है। "उस समय रात्रि के प्रथम जागरण में महाभाग ने मन को कारण-कार्यभाव की श्रृंखला की अनुलोम एवं प्रतिलोम व्यवस्था के ऊपर स्थिर किया : 'अविद्या से संस्कारों की उत्पत्ति होती है, संस्कारों से चेतना का जन्म होता है, चेतना से नाम एवं रूप की सृष्टि होती है, नाम और रूप से छः इन्द्रियां अर्थात् आंख, कान, नाक, जिह्वा, शरीर अथवा त्वचा और मन में छः विषयों का जन्म होता है, छः विषयों से सम्पर्क उत्पन्न होता है, सम्पर्क से संवेदना, संवेदना से तृष्णा या उत्कट अभिलाषा, तृष्णा से आसक्ति, आसक्ति से होना या क्रियमाणता और होने से जन्म, जन्म से जरा एवं मृत्यु, शोक, रोदन, दुःख, विषाद एवं निराशा आदि उत्पन्न होते हैं। इस प्रकार इस समस्त दुःख-समुच्चय का निदान है। आगे चलकर अविद्या के विनाश से, जिससे तात्पर्य वासना का नितान्त अभाव है, संस्कारों का विनाश होता है; संस्कारों के नाश से चेतना का नाश होता है; चेतना के नाश से नाम और रूप नष्ट होते हैं; नाम और रूप के विनाश से छः विषयों का विनाश होता है; छः विषयों के विनाश से सम्पर्क भी नष्ट हो जाता है; सम्पर्क के विनाश से संवेदना का नाश होता है;

1. 'क्रियेटिव इवोल्यूशन', पृष्ठ 5।

संवेदना के नाश से तृष्णा का नाश होता है; तृष्णा के विनाश से आसक्ति का नाश होता है; आसक्ति के नष्ट होने से होने या क्रियमाणता का नाश होता है, होने के नाश से जन्म का नाश होता है, एवं जन्म के नष्ट हो जाने पर जरा, मृत्यु, शोक, विलाप, दुःख, विषाद एवं निराशा सबका नाश हो जाता है। इस प्रकार सम्पूर्ण दुःख-समुच्चय की निवृत्ति होती है।' "[1] वारेन का विचार है : "यह समस्त नियम अपनी वर्तमान आकृति में पृथक्-पृथक् टुकड़ों को मिलाकर, जो बुद्ध के समय में प्रचलित थे, यहां रख दिया है।" इसका आधार ये सत्य हैं कि मनुष्य जन्म के चक्र के साथ आबद्ध है और उसके लिए यह सम्भव है कि यह अपने को कार्यकारणभाव के संक्रमणशील रूप को रोककर इन बन्धनों से स्वतन्त्र कर सकता है। उक्त कारणकार्यभाव के चक्र-सम्बन्धी सिद्धान्त के साथ ही मिलते-जुलते एकमत की ओर उपनिषदों में भी संकेत किया गया है।[2] इस कारणकार्यभाव रूपी चक्र में कभी-कभी भूतकाल के जीवन, वर्तमान एवं भविष्य के जीवन के घटकों के कारण भेद किया जाता है, क्योंकि तीनों कालों के कर्मों का प्रभाव एक-दूसरे के ऊपर होता है।[3]

जीवित रहने की आकांक्षा ही हमारे जीवन की आधारभित्ति है। इसका निषेध ही हमारी मुक्ति है। जन्म लेना ही मनुष्य के लिए सबसे बड़ा पाप है, जैसाकि शोपनहावर को 'काल्डरन' को उद्धृत करने का शौक है। यही एक सरल सत्य है, कारणकार्यभाव की श्रृंखला में जिसका परिष्कार किया गया है। इसी में इस दूसरे महान सत्य का कि दुःख का कारण इच्छा है, समावेश हो जाता है एवं यही जीवन की सब दशाओं का संक्षेप में वर्णन कर देता है। निदान बारह क्रमबद्ध कारण हैं, जिनमें से प्रत्येक एक-दूसरे के लिए प्रतिबन्ध अथवा उपाधि बनता है। प्रथम निदान अविद्या को छोड़कर और अंतिम निदान जरा-मरण को भी छोड़कर शेष सब निदान दसकर्म कहलाते हैं। प्राचीन बौद्धधर्म में इनकी गणना पदार्थों या तत्वों में न की जाकर, इन्हें सत् के रूप में समझा गया है। निदानों की संख्या अथवा व्यवस्था के विषय में कोई स्थिरता या निश्चित नियम नहीं है। प्रतीत्यसमुत्पाद एवं निदानों के सिद्धान्तों में हम देखते हैं कि ऐसी परिभाषाओं की श्रृंखला बन गई है जो समस्त चेतनामय

---

1. महावग्ग, 1 : 1, 1-3; 'सैक्रेड बुक्स आफ द ईस्ट', 13; एवं मिलिन्द भी देखें, 2 : 3, 1
2. आठ बन्धन प्राणधारक वायु, वाणी, जिह्वा, आंख, कान, मन, हाथ और त्वचा, एवं उसके सहायक, जो उपनिषदों में बताए गए हैं (बृहदारण्यक, 3 : 2)—इस सिद्धान्त का आधार समझे जा सकते हैं। श्वेताश्वर उपनिषद् में ब्रह्मचक्र का उल्लेख मिलता है (4 : 1)। प्राचीन बौद्धधर्म में इसी के लिए 'भवचक्र' शब्द का प्रयोग किया गया है—जिसका अर्थ है जीवन का चक्र।
3. निम्न तालिका इस भेद को दर्शाती है। देखें, मज्झिमनिकाय, 140; महापदानसुत्तन्त, 2।

(क) जो पूर्वजन्म के कारण हैं :	अविद्या, अथवा अज्ञान। संस्कार, अथवा पूर्वप्रवृत्तियां।
(ख) जो वर्तमान जीवन के कारण है :	विज्ञान, अथवा अपने विषय की चेतना। नामरूप, अथवा मन एवं शरीर। षडायतन, अथवा इन्द्रियां। स्पर्श, अथवा सम्पर्क। वेदना। तण्हा (तृष्णा), अथवा उत्कट लालसा। उपादान, अथवा आसक्ति।
(ग) जो भविष्यजीवन के कारण हैं :	भव, अथवा अस्तित्व। जाति, अथवा पुनर्जन्म। जरा-मरण।

जगत् में पारस्परिक सम्बन्ध एवं पारस्परिक निर्भरता को व्यक्त करती है।

इस श्रृंखला की पहली कड़ी अविद्या अर्थात् अज्ञान है। अहं (मैं) का मिथ्याभाव व्यक्ति का मुख्य आधार है। यह कर्म का अनुचर या वाहक भी है एवं उसका जनक भी है। व्यक्तित्व अविद्या और कर्म की उपज है, जैसे कि अग्निज्वाला आग की एक चिंगारी भी है और उसको बढ़ाने वाला ईंधन भी। अविद्या के कारण जीवन का स्वरूप, जो कि दुःखमय है, छिपा रहता है।[1] अविद्या अर्थात् अज्ञान पर जो बल दिया गया है वह केवल बौद्धधर्म में ही पाया जाता है ऐसी बात नहीं है। बिशप बटलर का कहना है : "पदार्थ जैसे हैं, हैं, और उनके परिणाम भी वही होंगे जो होने हैं; तब क्यों हम अपने को धोखे में रखें ?" पर होता यह है कि हम प्रतिदिन अपने को धोखा देते हैं। बुद्ध हमें आदेश देते हैं कि हम सत्य घटनाओं को वैसे देखें जिस रूप में वे हैं, और जो उनका आशय है उसे समझें। जो यथार्थ नहीं उसे यथार्थ समझना अज्ञान या अविद्या है और इसी से जीवन के प्रति मोह उत्पन्न होता है। यह हमें जीवन धारण करने एवं संसार का सुखोपभोग करने के लिए प्रेरित करता है। जीवन की लालसा को बुद्ध ने नीच, मूर्खतापूर्ण, नैतिक बन्धन एवं मानसिक उन्मादों में से अन्यतम माना है। यदि मनुष्य को ऐहलौकिक जीवन के दुःख से छुटकारा पाना है तो मिथ्या इच्छा को समूल नष्ट करना होगा एवं जीवित रहने की उमंग का दमन करना होगा। प्राचीन बौद्ध- धर्म के मत में अज्ञान ही अहंकार अथवा अहंभाव का कारण है। इसी के कारण एक व्यक्ति को यह अनुभव होने लगता है कि वह अन्य सब जगत् से पृथक् है जिसका संसार की व्यवस्था से कोई सम्बन्ध नहीं है। हम अपने छोटे-से जीवन में आसक्त रहते हैं इसे निरन्तर बनाए रखने के लिए प्राणपण से चेष्टा करते हैं और अनन्तकाल तक बराबर इसे घसीटे चलते हैं।[2] व्यक्ति का जीवन एक पाप है और इच्छा उसकी बाह्य अभिव्यक्ति है। मनुष्य दुःखी इसीलिए है क्योंकि वह जीवन धारण किए हुए है। समस्त दुःख की उत्पत्ति जीवन धारण करना है। अज्ञान की शक्ति इतनी महान है कि अत्यन्त दुःख के रहते हुए भी लोग जीवन में आसक्ति रखते हुए पाए जाते हैं।

श्रृंखला की दूसरी कड़ी संस्कार है। संस्कार शब्द जिस धातु से बनता है उसका अर्थ है व्यवस्थित करना अथवा क्रम में रखना। यह पदार्थ का भी द्योतक है एवं निमार्ण की प्रक्रिया का भी। यह इस विषय का द्योतन करता है कि किस प्रकार सब वस्तुएं जो निर्मित होती हैं, निर्माण-कार्य में अपना अस्तित्व रखती हैं एवं समस्त सत् क्रियमाण हैं। संस्कार के वाची शब्द हैं संश्लेषण अथवा अनुकूलीकरण। कर्म के अर्थ में भी संस्कार शब्द प्रयुक्त होता है;—कर्म शुभ अथवा अशुभ—शुभ कर्मों के लिए पुरस्कार मिलता है एवं अशुभ कर्मों के लिए दण्ड मिलता है, चाहे इस जन्म में चाहे अगले जन्म में। विस्तृत अर्थों में यह इच्छाशक्ति अथवा आत्मिक शक्ति को भी द्योतित करता है, जो नये जीवन के निर्णायक हैं। मज्झिमनिकाय में हम अग्रलिखित वाक्य पाते हैं : "मेरे शिष्यो, होता यह है कि एक भिक्षु जिसमें श्रद्धा है, धार्मिकता है, सिद्धान्त का ज्ञान है, त्याग (निवृत्ति) का भाव है, बुद्धि है, अपने-आपमें इस

---

1. इस संसार में अर्थात् इस भूतल पर कभी किसी को दुःख तब तक नहीं हुआ जब तक कि वह पहले अज्ञान के बन्धन में नहीं फंसा।" (कारलाइल : 'लैटर-डे पैम्फलेट्स'।)
2. "मनुष्य इस तथ्य को दृष्टि से ओझल कर देते हैं कि वे कोई पृथक् सत्ता नहीं रखते, जैसेकि समुद्र की लहर के झाग का बुलबुला लहर से पृथक् कोई अस्तित्व नहीं रखता, और जैसेकि जीवित प्राणी में एक कोशाणु शारीरिक गठन से पृथक् नहीं है, जिसका वह एक अंशमात्र है।" (रीज़ डेविड्स : 'द रिलिजस सिस्टेम्स आफ द वर्ल्ड', पृष्ठ 144।)

प्रकार विचार करता है। "क्या जब मेरा शरीर मृत्यु के कारण अपने तत्त्वों में विलीन हो जाएगा तो मैं किसी शक्तिशाली राजपरिवार में पुनर्जन्म प्राप्त कर सकूंगा ?' वह इस विचार को मन में स्थान देता है उस पर मनन करता है, और इसी विचार को बराबर अपने चित्त में संजोए रखता है। इस प्रकार के संस्कारों एवं आन्तरिक दशाओं के कारण, जिन्हें उसने अन्दर स्थान दिया एवं पुष्ट किया है, उसी प्रकार के भविष्यजन्म की उसे प्राप्ति होती है। शिष्यो, यह प्रवेशमार्ग है जिसके द्वारा उसे अपनी इच्छानुसार पुनर्जन्म प्राप्त होता है।" विचार की श्रृंखला की पुनरावृत्ति भिन्न-भिन्न वर्ग के मनुष्यों एवं देवताओं के सम्बन्ध में तदनुसार होती रहती है जब तक कि उसका प्रयोग निर्वाण की उच्चतम अवस्था के लिए नहीं होता। संस्कारों का प्रयोग अन्य सब संस्कारों की निवृत्ति अथवा ज्ञान एवं मोक्ष की प्राप्ति के लिए भी हो सकता है।

कारणकार्य-सम्बन्धी बन्धन में तीसरा विषय है चेतना, जिससे नाम और रूप उत्पन्न होते हैं। हे आनन्द, "यदि चेतना गर्भ में प्रवेश न करे तो क्या गर्भ में नाम और रूप उत्पन्न हो सकते हैं ?" "नहीं, भगवन्।" "और हे आनन्द, यदि चेतना को गर्भ में प्रवेश करने के पश्चात् भी अपना स्थान छोड़ना पड़े तो क्या नाम और रूप का अस्तित्व इस जन्म में रह सकता है ?" "नहीं भगवन् !" "इसी प्रकार, हे आनन्द, यदि चेतना लड़के या लड़की के अन्दर से उसकी शैशवावस्था में ही गायब हो जाए तो क्या फिर भी नाम और रूप में विकास, वृद्धि और प्रगति होगी ?" "नहीं भगवन्।"[1] मृत्यु में जबकि अन्य तत्त्व यथा शरीर, भावनाएं एवं प्रत्यक्षानुभव सब विलोप हो जाते हैं, विज्ञान अथवा चेतना फिर भी स्थिर रहती है और यही पुराने और नये जीवन को संयुक्त करने वाली कड़ी है। इसका पूर्णरूप में तभी तिरोभाव होता है जब हम निर्वाण को प्राप्त करते हैं। यह चेतना ही ऐसा घटक है जो पुराने प्राणी की मृत्यु हो जाने पर नये प्राणी के जीवन का मूलतत्त्व बनता है। यह मूलतत्त्व गर्भ में उस सामग्री को खोज लेता है जिससे नये प्राणी का जन्म होता है। यदि चेतना को उचित सामग्री प्राप्त नहीं होती तो यह विकसित नहीं हो सकती। "यदि हे आनन्द, चेतना को अपने आधारस्वरूप नाम एवं रूप की उत्पादक सामग्री प्राप्त नहीं होती तो क्या तब भी जन्म, जरा एवं मृत्यु, जो दुःख के उद्‌भवरूप एवं बिकास-रूप है, क्रमशः अपने को व्यक्त करेंगे ?" "नहीं भगवन्, वे नहीं करेंगे।"[2]

पदार्थों से पूर्ण संसार चेतनस्वरूप विषयी के अपरपक्ष में है। यदि विषयी न हो तो विषय भी न रहेगा। जैसाकि हम देख चुके हैं, छहों इन्द्रियों की कार्यशक्ति उस संसार के ऊपर निर्भर करती है जो उन प्रभावों से उद्‌भूत होता है जो इन्द्रियों के पदार्थों के सम्पर्क में आने से उत्पन्न होते हैं। प्रभावों का उदय ही जन्म, उसकी समाप्ति एवं मृत्यु है। चेतना एवं नामरूप यह दोनों ही परस्पर एक-दूसरे के ऊपर निर्भर हैं। उन्हीं से छः क्षेत्र—आंख, कान, नाक, जिह्वा, शरीर एवं मानस उत्पन्न होते हैं। उन्हीं से उन इन्द्रियों का विकास होता है जो बाह्य जगत् के साथ और उसके पदार्थों के मध्य सम्बन्ध के लिए आवश्यक हैं, यथा आकृतियां, शब्द, रंग, स्वाद, स्पर्श, योग्यता एवं विचार आदि। विचार भी मन के आगे पदार्थरूप में स्थित बताए जाते हैं, ठीक वैसे ही जैसेकि दृश्यमान शरीर आंखों के आगे स्थित रहते हैं। कभी-कभी यह कहा जाता है कि आंख देखने की उपज है और कान सुनने की।

1 महानिदानसुत्त।

2. महापदानसुत्त एवं संयुत्तनिकाय, 1।

संवेदना से तण्हा (तृष्णा) अर्थात् उत्कट अभिलाषा उत्पन्न होती है जिससे हमें एक जन्म से दूसरे जन्म में जाना पड़ता है। यही जीवन और दुःख का प्रबल कारण है, हमें जन्म धारण करने की प्रबल तृष्णा थी इसीलिए हमने यह जीवन धारण किया है। हम सुख की आकांक्षा करते हैं इसीलिए हमें दुःख भी मिलता है। "जिसे तृष्णा ने आक्रान्त करके अपनी अधीनता में कर रखा है—उस तृष्णा ने उस घृणित वस्तु ने जो संसार के अन्दर अपना विषय वमन करती है—उसका दुःख बढ़ता ही जाएगा, जैसेकि घास शीघ्रता से बढ़ती जाती है। किन्तु जो इस तृष्णा को अपने वश मे रखता है, दुःख उससे दूर भाग जाता है, जैसेकि कमल के पुष्पों में से पानी झर जाता है, उन्हें लिप्त किए बिना।"[1] "जिस प्रकार यदि जड़ की हानि नहीं हुई है अर्थात् जड़ बची हुई है, तो भी वृक्ष काटे जाने के पीछे फिर नये सिरे से विशाल रूप में बढ़ सकता है, इसी प्रकार यदि तृष्णा की उत्तेजना पूर्णरूप से नहीं मरी है तो दुःख सदा ही नये सिरे से फूट पड़ेगा।"[2] तण्हा अथवा तृष्णा अपने त्रिगुणरूप में दुःख का कारण है।[3]

तृष्णा से आसक्ति अथवा उपादान उत्पन्न होता है। तृष्णा की ज्वाला उपादान रूपी ईंधन से चिपटी रहती है। यह जहां कहीं भी जाएगी, अग्निज्वाला का ईंधन इससे चिपटा रहेगा। तृष्णा के क्षय का नाम ही मोक्ष है और वस्तुओं के प्रति आसक्ति बन्धन है। इस चिपटने की समाप्ति होने पर ही आत्मा पापमय जीवन से छुटकारा पा सकती है।

जीवन के साथ चिपटने के ही 'भव' का निर्माण होता है। इसे ही चन्द्रकीर्ति ने कर्म की संज्ञा दी है, जिससे पुनर्जन्म होता है।[4] भव से जन्म होता है, जन्म से वृद्धावस्था और मृत्यु, पीड़ा, विलाप, दुःख, चिन्ता एवं निराशा उत्पन्न होती है।

यह सारी योजना रूढ़िरूप प्रतीत होती है। इसका उद्देश्य इस विषय को दर्शाने का प्रतीत होता है कि अहंविषयक चेतना (अथवा विज्ञान) एक नित्यस्वरूप आत्मा के अन्दर नहीं रहती है किन्तु यह एक प्रकार की निरन्तर प्रतीति है जो कारणकार्यसम्बन्ध से उत्पन्न होती है। यह उस प्रश्न का विस्तृत रूप है जोकि दूसरे व तीसरे सत्यों में अर्थात् दुःख के उद्गमस्थान एवं उसके विनाश में निहित है। इससे पूर्व कि इस जन्म की पीड़ा को दूर किया जा सके, इस सम्पूर्ण जीवन की निःसारता का यथार्थ ज्ञान प्राप्त कर लेना आवश्यक है। व्यक्तित्व, जिससे हम चिपटे हुए हैं, केवल एक रूप या आकृति है, एक सारहीन प्रतीतिमात्र है जो अज्ञान के कारण है और वही इसका स्रष्टा भी है एवं मूल कारण भी है। व्यक्तित्व के भाव की उपस्थिति ही इस बात का संकेत करती है कि अज्ञान भी उपस्थित है व्यक्ति ही दुःख का निर्माण करता हो यह प्रश्न नहीं है; क्योंकि वह स्वयं दुःख का एक रूप है। अहंभाव का विचार, जो भ्रान्ति को जन्म देता है, स्वयं एक भ्रान्ति है। व्यक्तित्व रोग का लक्षण और स्वयं रोग दोनों ही है। उपनिषदों के अनुसार, व्याक्ति का जीवनवृत्त चलता रहता है जब तक कि बुद्धि में अज्ञान की मात्रा एवं आत्मा में कृशता है। 'थियोलॉजिया जर्मनिका' में कहा गया है "नरक में आत्मेच्छा ही प्रबल रहती है," और यह आत्मेच्छा ही अविद्या है जो अपना वास्तविक रूप धारण किए रहती है। यही कारण भी है और उत्पन्न वस्तु भी है, दूसरे को भ्रम में डालने वाली और स्वयं भी भ्रान्त है। अज्ञान एवं व्यक्तित्व दोनों परस्पर एक-दूसरे के ऊपर निर्भर हैं। व्यक्तित्व का अर्थ है सीमित करना, और सीमित करना ही

---

1. धम्मपद, 5 : 335 :
2. धम्मपद, 5 : 338।
3. देखिए महावग्ग, 1 : 1, 2।
4. पुनर्भवजनक कर्म। माध्यमिक वृत्ति।

अज्ञान है। अज्ञान का नाश केवल अज्ञान की सम्भावना के नाश से ही हो सकता है, अर्थात् व्यक्तित्व के नाश से। समस्त संसार अज्ञान का शिकार है और इसीलिए इसे दुःख होता है। राजा से लेकर भिखारी तक, एवं भूमि पर रेंगने वाले कीट से लेकर स्वर्ग के ज्योतिष्मान देव तक सबको दुःख है। "पांच वस्तुएं हैं जिनको न कोई श्रमण और न ही कोई ब्राह्मण, न देवता, न मार और न ब्राह्मण ही और न विश्व का अन्य कोई प्राणी सम्भव कर सकता है अर्थात्, जो रोगाधीन है उसे रोग न व्यापे, जो मृत्यु के अधीन है वह मृत्यु को प्राप्त न हो, जो क्षीणता के अधीन है वह क्षीणता को प्राप्त न हो और वह जो विनाश के योग्य है वह विनष्ट न हो।"[1] अविद्या से उत्पन्न व्यक्तित्व ही सम्पूर्ण जीवन की कठिन समस्या है एवं समस्त जीवन का मूलभूत पाप है।

इसी सारी योजना का आधार अविद्या है किन्तु हमें यह नहीं बताया गया कि यह अविद्या कैसे उत्पन्न होती है। इस चक्र का प्रारम्भ कहां से है, यह प्रतीत नहीं होता। हमें इसके कारण का पता नहीं मिलता। इसका कहीं अन्त अवश्य है अथवा यह एक ऐसी सत्ता है जिसको समझ सकना कठिन है जिसे हमें बिना अधिक सोचे-समझे स्वीकार कर लेना पड़ेगा। बुद्ध की दृष्टि में प्रत्येक जीवित प्राणी जो गति करता है और अपना वैयक्तिक अस्तित्व प्रदर्शित करता है, अविद्या की ही शक्ति से करता है। स्वयं जीवन इसकी गवाही देता है कि अविद्या उपस्थित है। जब हम घड़ी के लटकने को झूलते हुए देखते हैं तो हम अनुमान करते हैं कि अवश्य किसी ने उसका संचालन किया है। हम अनुमान करते हैं कि अविद्या ही समस्त जीवन की पूर्ववर्ती आवश्यक अवस्था है। इसके पूर्व कुछ नहीं है। क्योंकि संसार की प्रक्रिया का कहीं आरम्भ नहीं है। ऐसा प्रतीत होता है कि बुद्ध अज्ञान को नित्य समझते थे। कारणकार्यसम्बन्ध की श्रृंखला में इसे सबसे पहला स्थान दिया जाता है, क्योंकि इसके द्वारा ही इच्छा उत्पन्न होती है और उस इच्छा के द्वारा जीवन का अस्तित्व है। जब हम यह पूछते हैं कि वह क्या वस्तु है जिसके विषय में हमें अज्ञान है तो आदिम बौद्धधर्म का उत्तर है कि हम अहं के यथार्थ स्वरूप से अनभिज्ञ है एवं चार आर्यसत्यों से भी अनभिज्ञ हैं। वर्तमान जीवन का कारण इससे पूर्व का जन्म है जिसमें चार आर्यसत्यों का ज्ञान प्राप्त नहीं किया गया था। उपनिषदों में भी सब दुःखों का कारण अविद्या ही बताया गया है और इस अज्ञान का रूप, उनके अनुसार, जीवात्मा के विश्वात्मा के साथ मूलभूत तादात्म्य का अज्ञान है जिसके कारण अहंकार उत्पन्न होता है। दोनों में ही अर्थात् बौद्धधर्म एवं उपनिषदों में यह अहंकार का भाव अविद्या का परिणाम है, दोनों के ही मत में रक्षक ज्ञान का अभाव ही कारण है, जो सत्य को हमसे छिपाए रखता है।

बुद्ध का मत है कि अज्ञान परमसत्ता के रूप में कोई वस्तु नहीं है। वह अपने को नष्ट करने के लिए इस जीवन के नाटक में उतरती है। अज्ञान की उदय-सम्बन्धी समस्या से जानबूझकर बचा गया है ऐसा प्रतीत होता है। क्योंकि हम इसका कारण नहीं बता सकते। हम इसे यथार्थ नहीं कह सकते, क्योंकि इसका प्रत्याख्यान हो सकता है। और न ही यह अयथार्थ है, क्योंकि उस अवस्था में यह किसी वस्तु को उत्पन्न नहीं कर सकती। किन्तु बौद्धधर्म किसी प्रकार के सौजन्य अथवा नम्रता के कारण अविद्या को कारण नहीं मानता। उसकी दृष्टि में यही वस्तुतः समस्त जीवन का कारण है। सम्भवतः उपनिषदों की कल्पना अधिक सत्य है। इस नानारूप जगत् में यथार्थता को गुप्त रखने की शक्ति है, विशेषतः

1. अंगुत्तरनिकाय, 2 ; ओल्डनबर्ग, 'बुद्ध', पृष्ठ 217।

जबकि वह यथार्थसत्ता इस जगत् के द्वारा अभिव्यक्त हो रही है। यह शक्ति ही केन्द्रीय बल है, जो असत् है, और यथार्थसत्ता को बाह्यरूप में व्यक्त होने के लिए बाध्य करती है। यह व्याख्या तब तक सम्भव नहीं हो सकती जब तक कि हम एक केन्द्रीभूत यथार्थसत्ता की स्थापना न करें। जब तक हम इस प्रकार के एक प्रधान सत् को हम स्वीकार न कर लें, अविद्या का स्वरूप एवं उसका आदि-उद्भव—दोनों का ही समाधान नहीं हो सकेगा। किन्तु बौद्धधर्म के अन्तर्गत प्रत्येक विषय उपनिषद् की कल्पना के अनुकूल है। अविद्या नितान्त अनुपयोगी नहीं है। यह अपने से छुटकारा पाने की सम्भावना के लिए गुंजायश रखती है। यदि निर्माण तिरोधान से कुछ अधिक है, और सत्य भी चलती-फिरती छाया से अधिक है, तब व्यक्तित्व नितान्त असत् नहीं है किन्तु सत् एवं असत् का एक सम्मिश्रण है, एवं अविद्या भी मिथ्यात्व का नाम नहीं किन्तु ज्ञान का अभावमात्र है। जब यह दूर हो जाती है तो सत्य शेष रह जाता है। अर्वाचीन बौद्ध लेखकों का अश्वघोष के समान कहना है कि 'तथता' से हठात् अविद्या उत्पन्न हो जाती है एवं वैयक्तिक इच्छा का उदय भी सार्वभौमिक इच्छा से होता है। वसुबन्धु इस समस्या का समाधान यों करता है कि सब व्यक्ति एक ही सार्वभौम मन के अपूर्ण प्रतिबिम्ब हैं। इस प्रकार अविद्या उस परमसत्ता की वह शक्ति है जो विश्व के भीतर से व्यक्तिगत जीवन की श्रृंखला को उत्पन्न करती है। यह यथार्थसत्ता के ही अन्दर विद्यमान निषेधात्मक तत्त्व है। हमारी सीमित बुद्धि इसकी तह में इससे अधिक और प्रवेश नहीं कर सकती। बौद्धधर्म का आध्यात्मिक शास्त्र उसी अवस्था में सन्तोषप्रद एवं बुद्धिगम्य हो सकता है जबकि इसके अन्दर परम आदर्शवाद के द्वारा पूर्णता लाई जा सके।

14. नीतिशास्त्र

"प्रतीक्षा करने वालों के लिए रात लम्बी होती है;
क्लान्त पथिक के लिए मार्ग लम्बा होता है—
जो सत्य के प्रकाश को नहीं देखता उसके लिए बारम्बार
जन्म-मरण के श्रृंखला की पीड़ा बहुत लम्बी होती है।"

ऊपर बौद्धधर्म की एक लोकोक्ति दी गई है।[1] इस संसार में हमारा मनुष्य-जीवन एक अनजाने देश की यात्रा है जिसकी अवधि को एक यथार्थ ज्ञानी पुरुष कभी भी अधिक लम्बा करना नहीं चाहेगा। बुद्ध हमें आन्तरिक द्वन्द्व में से, जो मानव-जीवन का एक विशिष्ट लक्षण है, निकालने का मार्ग दर्शाते हैं। बुद्ध के उपदेशों का लक्ष्य दुःख से छुटकारा पाना है। नैतिक जीवन का उद्देश्य इस विस्तृत असाधु-जीवन से बच निकलना है। अपने-आपको विनष्ट करने में ही मोक्ष है। निर्वाण तो उच्चतम लक्ष्य है एवं आचरण की ऐसी सब विधियां जो हमें निश्चित रूप में निर्वाण की ओर ले जाती हैं अथवा पुनर्जन्म का नाश करती हैं, शुभ (पुण्य) हैं, और उनके विपरीत सब कर्म अशुभ (पाप) हैं। साधारण लौकिक मूल्यांकन के मानदण्डों में परिवर्तन करना आवश्यक है।

बौद्धधर्म में मनोविज्ञान को नीतिशास्त्र का आधार माना गया है।[2] प्रत्येक दर्शन पद्धति एवं नीतिशास्त्र के निर्दोष होने के लिए आवश्यक है कि उसका मनोवैज्ञानिक विश्लेषण

1. ओल्डनबर्ग : 'एशिएंट इंडिया', पृष्ठ 94।
2. मार्टिन्यू का यह कहना गलत है कि "मनोवैज्ञानिक नैतिकशास्त्र के नियम ईसाई धर्म की ही अपनी एकमात्र विशेषता है।" ('टाइप्स आफ एथिकल थ्योरी', खंड 1, पृष्ठ 14।)

निर्दोष हो। बौद्धधर्म के मनोविज्ञान का नीतिशास्त्र के हित के लिए ही पर्याप्त परिष्कार किया गया है। बौद्धधर्म द्वारा प्रतिपादित आत्मसंयम एवं इच्छाशक्ति के परिमार्जन आदि के लिए एक ऐसे सिद्धान्त की आवश्यकता है जिसमें बताया गया हो कि संवेदनाएं किस प्रकार उत्पन्न होती हैं एवं उनके प्रति ध्यान का विकास कैसे होता है। बौद्धधर्म मानव के नैतिक व्यक्तित्व का विश्लेषण करता है और उसमें से नैतिक कारणकार्यभाव के सिद्धान्त को खोज निकालता है जो उनकी वृद्धि के लिए अपना कार्य कर रहा है। आत्मवाद के निषेध में भी उसका एक नैतिक उद्देश्य है। बौद्ध सिद्धान्त के अनुसार, इच्छाशक्ति मनुष्य के पास एक ऐसी विशिष्ट देन है जिसके कारण ही उसे हम नैतिक प्राणी कहते हैं। कर्मसिद्धान्त अथवा नैतिक कारणकार्यभाव दर्शाता है कि इच्छाशक्ति ही समस्त जीवन का कारण है। कांट के अनुसार, बुद्ध भी कहते हैं कि एकमात्र वस्तु जो संसार में परम महत्त्व रखती है वह सदिच्छा है, अर्थात् ऐसी इच्छा जिसका निर्णय स्वतन्त्रतापूर्वक नैतिक नियम के द्वारा हुआ हो। केवल मनुष्य ही सदाचरण के प्रति इच्छा को प्रेरित करने के योग्य होता है। व्यक्तित्व नष्ट हो जाता है जब इच्छा के शान्त हो जाने से कर्म भी समाप्त हो जाता है। कर्म समाप्त तब होता है जबकि पदार्थों के द्वारा सुखानुभव प्राप्त करना समाप्त हो जाता है। इस सुखानुभव का अन्त तब होता है जबकि मनुष्य जीवन की क्षणिकता को पहचान लेता है। हमें आत्मा के मिश्रण को भंग करने का प्रयत्न करना चाहिए जिससे कि नई आत्माओं को आगे निर्माण न हो सके। पुनर्जन्म की श्रृंखला से त्राण पाना एवं अनन्त आनन्दमय जीवन की प्राप्ति बौद्धधर्म का लक्ष्य है और यही लक्ष्य अनेकों भारतीय एवं भारतीयेतर धर्मपद्धतियों का भी है। आरफियस का अनुयायी भ्रातृमण्डल बार-बार जन्म लेने के कष्टदायक चक्र से छुटकारा पाने के लिए लालायित रहता था, इसी प्रकार प्लेटो भी एक ऐसी आनन्दपूर्ण अवस्था में विश्वास रखता था जिसमें हम सदा के लिए सत्य एवं पुण्य तथा सौन्दर्य के मूलभूत आदर्श का चिन्तन कर सकें।

कर्म दो प्रकार का है—बौद्धिक एवं ऐच्छिक। इसके अन्दर दोनों गुण हैं, क्योंकि यह एक मानसिक प्रवृत्ति है जो कार्य को उत्पन्न करती है। मनोवैज्ञानिक दृष्टि से प्रत्येक कर्म के तीन पहलू हैं : (1) ऐच्छिक तैयारी, (2) कर्म का अपना रूप, और (3) वह जिसे कर्म का पृष्ठभाग कहा जाता है, अर्थात् खेद अथवा सन्ताप की भावना जो कर्म के बाद आती है। पहले प्रवृत्ति अथवा संकल्प का स्थान है। यह अपने-आपमें कर्म तो नहीं है किन्तु अर्थहीन भी नहीं है। इसके अतिरिक्त प्रत्येक चुनाव एवं प्रत्येक कर्म का एक वास्तविक महत्त्व या मूल्य होता है जो काल की दृष्टि से तो अस्थायी अवश्य है किन्तु अपनी विशेषता के कारण स्थायी है। कुछ कर्म ऐसे हैं जिनका फल तुरन्त मिलता है, दूसरे कुछ ऐसे हैं जिनका फल कालान्तर में मिलता है, सम्भवतः अगले जन्म में मिले। कर्मों के दो भेद हैं : (1) ऐसे जो निर्दोष हैं अर्थात् 'आस्रवों' से मुक्त हैं एवं (2) वे जो दूषित हैं अर्थात् आस्रवों से युक्त हैं। निर्दोष कर्म वे हैं जो वासना, इच्छा एवं अज्ञान से मुक्त हैं और उनके फलभोग का कोई प्रश्न नहीं उठता, एवं जो नये जन्म में प्रवृत्त करने की अपेक्षा उसकी सम्भावना को भी नष्ट कर देते हैं। ऐसे कर्म निर्वाण-प्राप्ति के मार्ग को तैयार करते हैं। चार आर्यसत्यों के ऊपर ध्यान करना, जिसके द्वारा कोई व्यक्ति अर्हत्त्व के मार्ग में प्रविष्ट होने का प्रयत्न करता है, एक निर्दोष कर्म है और यह पुण्य एवं पाप के परिणामों से ऊपर है। इस दृष्टिकोण से अन्य सब कर्म दोषपूर्ण हैं और इन दोषपूर्ण कर्मों में अच्छे या बुरे का भेद किया जाता है, जिनका

विशिष्ट लक्षण यह है कि उनके साथ एक न एक प्रकार का फलभोग, पुरस्कार अथवा दण्डभोग, इस जन्म में अथवा जन्मान्तर में लगा हुआ है। इस विषय में भिन्न-भिन्न प्रकार के दृष्टिकोण स्वीकार किए गए हैं। शुभ (पुण्य) कर्म वे हैं जो वासनाओं, इच्छाओं एवं अहं की भ्रान्त भावनाओं के ऊपर हमें विजय प्राप्त करने का मार्गप्रदर्शन करते हैं। अशुभ (पाप) कर्म वे हैं जो हमें दुःखदायी दण्डभोग की ओर ले जाते हैं। इसके अतिरिक्त शुभ कर्म वे हैं जो भविष्य-जीवन या लोकोत्तर-जीवन में सुखप्राप्ति के उद्देश्य को लेकर किए जाते हैं, इसी प्रकार अशुभ कर्म वे हैं जो इसी जन्म में सुख की अभिलाषा को ध्यान में रखकर किए जाते हैं। पूर्व प्रकार के कर्म इच्छा का नाश करके अन्य कर्मों के पुरस्कारों को भी समाप्त करते हैं। प्रतीत होता है कि उनका अन्तिम फल निर्वाण अथवा मोक्ष है। शुभ कर्म वे हैं जिनका उद्देश्य दूसरों का कल्याण करना है। अशुभ कर्म वे हैं जिनका लक्ष्य केवल स्वार्थसिद्ध है। ये भिन्न-भिन्न मानदण्ड एक-दूसरे के अनुकूल हैं। ऐसे कर्म जो हमें वासना पर विजय-प्राप्ति अथवा इस जन्म के पश्चात् वास्तविक अर्थों में एक धार्मिक जीवन की ओर ले जाते हैं, वे हैं जिनका लक्ष्य विश्व का कल्याण है। उन कर्मों के ये तीन विशिष्ट लक्षण हैं अर्थात् लोभ का अभाव, मत्सर या द्वेष का अभाव, एवं भ्रान्ति या मोह का अभाव। अशुभ कर्म, जिनका लक्ष्य स्वार्थसिद्धि और सांसारिक सुख है और जो जन्म बन्धन की ओर ले जाते हैं, मिथ्या दृष्टि, विषयवासना एवं विद्वेष से उपजते हैं।[1] नैतिक पाप का कारण अज्ञान अथवा वस्तुओं के मूल्य एवं प्रकृति के विषय में मिथ्या विचार रखना है।

बुद्ध ने जिस जीवनपद्धति का प्रतिपादन किया वह अत्यन्त विषयभोग और आत्मनियन्त्रण की पराकाष्ठा दोनों से रहित है, अर्थात् एक मध्यम मार्ग है। बुद्ध छः वर्ष की कठोर तपस्या के पश्चात् इस परिणाम पर पहुंचे कि "ऐसा व्यक्ति जिसने तपस्या से कृश होकर अपना बल खो दिया हो वह सत्य के मार्ग का अवलम्बन नहीं कर सकता।" "दो प्रकार की पराकाष्ठाएं हैं, और दोनों का ही अनुसरण जीवन-यात्रा में प्रवृत्त व्यक्ति को त्याग देना चाहिए : अर्थात् एक ओर बराबर वासनाओं एवं इन्द्रियों के सुखभोगों में लिप्त रहना; और दूसरी ओर अपने शरीर को यातना एवं कष्ट देने में रत रखना जोकि दुःखदायी है, अधम है एवं किसी प्रयोजन का नहीं है। तथागत ने इन दोनों के बीच एक मध्यमार्ग को खोज निकाला है। यह ऐसा मार्ग है जो आंखें खोल देता है और विवेकशक्ति प्रदान करता है, अथवा जो शांति, उच्चतम ज्ञान की प्राप्ति के लिए अन्तर्दृष्टि एवं अन्त में निर्वाण की ओर हमें ले जाता है। यथार्थ में यही आठसूत्री आर्यमार्ग है, अर्थात् सम्यक् दृष्टि, सम्यक् संकल्प, सम्यक् वाक्, सम्यक् कर्मान्त, सम्यक् आजीव, सम्यक् व्यायाम, सम्यक् स्मृति और सम्यक् समाधि।"[2] इस अष्टमार्ग में बौद्धधर्म-प्रतिपादित नैतिक जीवन का सार निहित है।

सम्यक् दृष्टि अथवा सत्य विश्वास का स्थान पहला है। जो कुछ हम करते हैं वह हमारे विचार का प्रतिबिम्बित रूप है। दूषित कर्म दूषित विचारों या विश्वासों का परिणाम हैं। अधिकतर हम यह नहीं सोचते कि आत्मा के घटक तत्त्व मृत्यु के समय मिट्टी में मिल जाएंगे, और इसलिए व्यक्तित्व में लिप्त रहते हैं। भ्रान्तिमय विचारों को दूर करने के लिए सम्यक् ज्ञान आवश्यक है। बौद्ध मनोविज्ञानशास्त्र में इच्छा एवं बुद्धि का साहचर्य है।

सम्यक् संकल्प सम्यक् दृष्टि की ही उपज है। "यह त्याग के लिए प्रबल इच्छा है;

---

1. देखें, वारेन : 'बुद्धिज़्म इन ट्रांसलेशन', पृष्ठ 216-218।
2. धर्मचक्रप्रवर्तन-सम्बन्धी प्रथम प्रवचन।

सबके साथ मिलकर प्रेमपूर्वक जीवन बिताने की आशा (संकल्प) है; एवं यथार्थ मनुष्य-जाति के निर्माण की महत्त्वकांक्षा है।''[1] पृथकृता के विचार को त्यागकर महत्त्वाकांक्षी व्यक्ति सम्पूर्ण जगत् के लिए कार्य करता है। संकल्प यथार्थ होना चाहिए। महायान के अनुसार, ऐसे दृढ़संकल्प व महत्त्वाकांक्षी व्यक्ति को इस प्रकार का कथन करने का सामर्थ्य होना चाहिए : 'मुझे प्राणिमात्र के भार को अपने ऊपर लेना है।''[2]

सम्यक् संकल्पों अथवा महत्त्वाकांक्षाओं को अवयव अपने कर्मों में परिणत करना चाहिए। उनकी अभिव्यक्ति सम्यक् वाणी, सम्यक् कर्म एवं सम्यक् जीवन में होनी ही चाहिए। ''सम्यक् वाक् का अर्थ है असत्य से दूर रहना, किसी की चुगली करने से अपने को बचाना, कठोर भाषा के प्रयोग से बचना, एवं निरर्थक वार्तालाप से दूर रहना।''

सम्यक् कर्म निःस्वार्थ कर्म का नाम है। प्रथावाद अथवा रीतिबन्धन, प्रार्थना, उपासना, कर्मकाण्ड, वशीकरण एवं जादू-टोना किंवा मनुष्य अथवा पशु की बलि दिए जाने वाले यज्ञ-योग आदि में बुद्ध का कोई विश्वास नहीं था। ''धर्म पर आरूढ़ पुरुष के प्रति श्रद्धांजलि अर्पित करना सौ वर्ष तक अग्निपूजा करते रहने से कहीं श्रेष्ठ है।'' एक बार जब एक ब्राह्मण ने बुद्ध से कहा कि बहुक नदी में स्नान करने वाले के पाप धुल जाते हैं तो बुद्ध ने उत्तर में कहा कि ''बहुक एवं अधिक एक मूर्ख के पाप धोकर उसे पवित्र नहीं बना सकती, भले ही वह उसमें बार-बार और सदा कि लिए स्नान करता रहे। कोई नदी पापी, मलिनहृदय एवं बार-बार पापकर्म करने वाले को पवित्रात्मा नहीं बना सकती। पवित्रात्मा व्यक्ति के लिए सदा ही फग्गू का पवित्र मास रहता है। पवित्रात्मा के लिए सदा ही उपवास है। शुभ कर्म करने वाले मनुष्य के लिए सदा ही व्रत रहता है। इस धर्म में स्नान करो, हे ब्राह्मण ! प्राणिमात्र के प्रति दयालु बनो। यदि तुम कभी असत्यभाषण नहीं करते, यदि तुम किसी प्राणी का वध नहीं करते, यदि तुम्हें दान दिया जाए तो उसे स्वीकार नहीं करते एवं अपरिग्रह में ही अपने को सुरक्षित समझते हो तो गया जाकर तुम्हें क्या लाभ होगा ? तुम्हारे लिए सभी जल गया के जल के समान पवित्र हैं।[3] अशोक कहता है : ''मिथ्या विश्वासों से पूर्ण कर्मकाण्ड नहीं, अपितु सेवकों एवं अनुजीवियों के प्रति करुणा का भाव रखना, सम्मान के योग्य व्यक्तियों के प्रति सम्मान प्रदर्शित करना, आत्मसंयम जिसके साथ प्राणिमात्र के प्रति व्यवहार में दया का भाव रहे, और इसी प्रकार के अन्य धार्मिक कर्म वास्तव में ऐसे हैं जिन्हें कर्मकाण्ड के स्थान पर सर्वत्र किया जाना चाहिए।'' ''पवित्र नियम तो अल्प महत्त्व के हैं किन्तु ध्यान या समाधि ही सर्वोत्तम है।''[4] बुद्ध ने उस समय के प्रचलित प्रथावाद के विरुद्ध प्रत्यक्षरूप में तो संग्राम नहीं छेड़ा, किन्तु उसमें नैतिक भावों का प्रवेश कराके उन प्रथाओं का मूलोच्छेदन करने का प्रयत्न किया। ''क्रोध, मद्यसेवन, छल, ईर्ष्या, ये सब अपवित्र कर्म हैं; मांसभक्षण नहीं।''[5] इसके अलावा, ''जो भ्रांतियों से मुक्त नहीं हुआ उसे मद्यपान का त्याग करना, नग्न रहना, सिर मुंडाना, मोटे कपड़े पहनना, पुरोहितों को दान देना, देवताओं को बलि चढ़ाना आदि आदि कर्म कभी पवित्र नहीं कर सकते।'' बुद्ध ऐसे कुत्सित एवं वीभत्स व्यक्तियों की पूजा के विरुद्ध थे जो विकृत तपस्या एवं साधना का रूप धारण किए रहते हैं। तपस्या की

---

1. सुत्तविभंग।
2. वज्रद्धजसुत्त।
3. लक्ष्मीनरसु : 'एसेंस आफ बुद्धिज़्म', पृष्ठ 230।
4. अशोकस्तम्भ पर लिखा हुआ आदेश, संख्या 7।
5. तुलना कीजिए : ''वह वस्तु जो मनुष्य के अन्दर प्रवेश करती है, उसे भ्रष्ट नहीं करती; किन्तु जो बाहर आती है वह भ्रष्ट करती है।''

अस्वाभाविक विधियों को दूषित ठहराने में उन्होंने बहुत तर्कसंगत उपायों का आश्रय लिया।

बौद्धधर्म आशय की पवित्रता और जीवन में विनयशीलता पर विशेष बल देता है। उन पारमिताओं (सद्गुणों) में जो हमें निर्वाण-प्राप्ति में सहायक हैं, शील का स्थान महत्त्वपूर्ण है। शील अथवा सदाचार एवं दान अथवा दाक्षिण्य के मध्य जो भेद है वह निष्क्रिय (निवृत्ति) एवं सक्रिय (प्रवृत्ति) के मध्य के भेद के समान है। शील से तात्पर्य है अहिंसा जैसे नियमों का पालन करना। दाम से उपलक्षित होता है स्वार्थत्याग एवं असहायों की सहायता करना। यह सब प्राणियों की भलाई एवं लाभ के लिए जीवन है। दान के विषय में एक आदर्श प्रवृत्ति का प्रतिपादन युआन च्वांग की कथा द्वारा इस प्रकार किया जाता है : जिस समय समुद्री डाकुओं द्वारा पकड़े जाकर उसकी बलि देवी दुर्गा को चढ़ाई जाने वाली थी तो उसने सोचा कि "क्यों न मैं लौटकर इसी लोक में फिर से जन्म लूँ और मैं इन लोगों को धर्म में दीक्षित करके शिक्षा दूं कि ये अपने दुष्कर्मों का त्याग करके दूसरों की भलाई करना सीखें, और इस प्रकार मैं संसार के कोने-कोने में धर्म का प्रचार करके समस्त जगत् को विश्रान्ति प्रदान करूं।"

सम्यूक कर्म से सम्यक् जीवन बनता है कि जिसमें झूठ, ठगना, धोखा देना एवं चालाकी (कानूनी चालाकी) को कोई स्थान नहीं। यहां तक आचरण पर बल दिया गया है, किन्तु आन्तरिक शुद्धि पर भी ध्यान देना आवश्यक है। समस्त पुरुषार्थ का लक्ष्य दुःख के कारणों को दूर करना ही है। इसके लिए आत्मनिष्ठ पवित्रता की आवश्यकता है। अन्तिम तीन मार्ग, अर्थात् सम्यक् व्यायाम (पुरुषार्थ), सम्यक् स्मृति (विचार) एवं सम्यक् समाधि (शान्तचित्तता), इसी के सम्बन्ध में प्रतिपादन करते हैं।

सम्यक् पुरुषार्थ वासनाओं को वश में करना है, जिससे कि कुप्रवृत्तियों का उदय न हो। दुष्कर्म को अन्दर आने से रोकना एवं मानसिक संयम व एकाग्रता के द्वारा सुकर्म को सुदृढ़ करना ही इसका अभिप्राय है। यदि हम किसी ऐसे कुविचार को बाहर निकालना चाहते हैं जो बार-बार मन में आता है तो उसके लिए ये पांच उपाय बताए हैं : (1) किसी अच्छे विचार का ध्यान करो, (2) बुरे विचार के क्रियात्मक रूप धारण करने के जो परिणाम हो सकते हैं उसके भय का दृढ़ता के साथ सामना करो, (3) बुरे विचार से एकदम ध्यान हटा लो, (4) इसके पूर्ववर्ती का विश्लेषण करो और उससे उत्पन्न जो प्रेरणा है उसका नाश कर दो, तथा (5) शारीरिक तनाव के बल प्रयोग द्वारा मन को वश में करो और इस प्रकार कुविचार को मन में बार-बार आने से रोको। अशुभ भावना के द्वारा अर्थात् बार-बार अशुभ विषय का चिन्तन करने से हमारे अन्दर उस सबके प्रति जो कलुषित या भ्रष्ट है, एक प्रकार की अरुचि उत्पन्न हो जाती है। "हे भगवन्, क्या आपने इधर से गुज़रती हुई एक महिला को देखा है?" और उस स्थविर ने उत्तर दिया, "जो व्यक्ति इधर से गुज़रा है वह पुरुष है अथवा महिला, मैं नहीं कह सकता। मैं केवल इतना जानता हूं कि एक हड्डियों का ढांचा इस मार्ग से चला जा रहा था।"[1] सम्यक् पुरुषार्थ के ज्ञान के बिना प्रकाश नहीं हो सकता, और केवल इसके

1. एम. पूसीं ने यथार्थ अन्तर्दृष्टि की शक्ति को बौद्धिक ज्ञान से भिन्न बतलाते हुए इस प्रकार प्रतिपादन किया है : "जो कोई दुःख के सत्य को समझता है कि उसके चार प्रकार के पहलू हैं वह असंस्कृत विचारों की असत्यता को पहचान लेगा और यह भी अनुभव कर सकेगा कि सुख एवं जीवन अस्थायी एवं अन्त में दुःखदायी है। किन्तु वह सुख की प्राप्ति के लिए जो अपनी आन्तरिक इच्छा है एवं जीवन के प्रति जो तृष्णा है उसे नष्ट करेगा। किन्तु जिसे प्राप्त करना है वह जीवन के दुःखों के विषय की, शरीर की अशुद्धता की, तथा सर्वशून्यता की इस सीमा तक गम्भीरतम एवं प्रभावोत्पादक भावना है कि एक तपस्वी एक महिला को उसके असली रूप में देख सके, अर्थात् हड्डियों के एक ढांचे के रूप में जिसमें स्नायुजल भी है, मांस भी है और जो विषयासक्ति की→

द्वारा ही हम क्रोध, ईर्ष्या, अभिमान एवं विषयासक्ति का नाश कर सकते हैं।

सम्यक् पुरुषार्थ को सम्यक् विचार से पृथक् नहीं किया जा सकता। मानसिक चचंलता से बचने के लिए उस मन को जो क्रीड़ा करता है एवं इतस्ततः भटकता है, वश में करना आवश्यक है।[1] बौद्धधर्म के दृष्टिकोण से, यूरोप के स्टोइक सम्प्रदाय वालों की भांति मनोवेग "नैतिक स्वास्थ्य की असफलता एवं विघ्न हैं और यदि उन्हें उद्दाम छोड़ दिया जाय तो ये आत्मा के लिए एक प्रकार के जीर्णरोग का रूप धारण कर लेते हैं।" ये सब प्रकार के स्वस्थ पुरुषार्थ का नाश कर देते हैं। यहां तक कि धार्मिक अभिमान भी नैतिक उन्नति में बाधा पहुंचाता है। "जो कोई पवित्रात्मा है और अपने को पवित्रात्मा समझने लगता है और इस प्रकार के विचार से उसे सुख का अनुभव होता है कि वह पवित्रात्मा है तो वह अपवित्रात्मा हो जाता है, और एक अपवित्र विचार लेकर मृत्यु को प्राप्त होता है। इसके विरुद्ध, जो अपवित्र है और यह अनुभव करता है कि वह अपवित्र है एवं पवित्र बनने के लिए पुरुषार्थ करता है वह एक पवित्र विचार लेकर मृत्यु को प्राप्त होता है।" "धर्म मन के ऊपर निर्भर करता है और ज्ञान धर्माचरण के ऊपर है।"[2]

जबकि पांच स्कन्धों से मनुष्यरूपी प्राणी के स्वरूप की सम्पूर्ण व्याख्या होती बतलाई गई है, विशेषकर वहीं तक जहां तक उसे अनुभवात्मक संसार की एक इकाई माना जा सके, इस मत में हमें थोड़ा-सा परिवर्तन मिलता है जबकि हम बौद्धधर्म के द्वारा आन्तरिक ज्ञान पर बल देने की ओर मुड़ते हैं, जिसको प्रज्ञा नाम से पुकारा जाता है। स्कन्धों के ऊपर आधारित ज्ञान की कल्पना को संवेदनावाद के नाम से कहा जाता है। प्रज्ञा का विचार इसमें परिवर्तन करने को हमें बाध्य करता है। मानव-मन की उच्चतम क्रियाशीलता का नाम ही प्रज्ञा है, और धार्मिक दृष्टि से इसका अत्यन्त महत्त्व है। निःसन्देह पाली धर्मशास्त्र में एवं विसुद्धिमग्ग में प्रज्ञा को भी स्कन्धों में ही की श्रेणी में लाने का प्रयत्न किया गया है। सुत्तपिटक में इसे विज्ञान के साथ जोड़ा गया है। अभिधम्म में इसे संस्कारों के अन्तर्गत रखा गया है। कथावत्तु ने इसके सम्बन्ध में एक विधर्मी मत का खण्डन किया है, जिसने प्रज्ञा का एक प्रकार, दिव्यर्चक्षु, कहकर इसे रूपस्कन्ध के अन्तर्गत रखा है। बुद्धघोष के समय में संज्ञा, विज्ञान एवं प्रज्ञा द्वारा मानव-अन्तर्दृष्टि के सरल एवं जटिल रूपों का बोध होता था। यह सबसे अधिक युक्तिपूर्ण व्याख्या है। स्कन्ध आनुभविक दृष्टिकोण को दर्शाते हैं और व्यक्ति के उस ज्ञान के ऊपर बल देते हैं जबकि वह अपने एक भिन्न अस्तित्व में विश्वास करता है। किन्तु जब वैयक्तिक स्वरूप पूर्ण विश्व के साथ एकत्व में परिणत हो जाता है, आनुभविक ज्ञान का स्थान प्रज्ञा ले लेती है। असंस्कृत व्यक्ति विज्ञान को बढ़ाते हैं जबकि धर्म-संस्कारापन्न व्यक्ति प्रज्ञा को विकसित करते हैं। इन्द्रियबोध से यथार्थ अन्तर्दृष्टि की दिशा में क्रमिक एवं शनैः शनैः उन्नति होती है। दोनों परस्पर-पृथक् एवं एक-दूसरे से स्वतन्त्र नहीं है, परन्तु प्रज्ञा पूर्वकथित विज्ञान का ही विस्तार है। प्रज्ञा विकसित होते-होते अन्त में बोधि, अर्थात् ज्ञान के प्रकाश, के रूप में परिणत हो जाती है।

इन्द्रियों के दमन से नहीं अपितु उनके प्रशिक्षण से, जिससे कि वे सत्य को अनुभव कर

→बनी हुई भ्रांतिरूप है। तभी मन प्रेम, विद्वेष एवं अन्य सब प्रकार की वासनाओं से भी मुक्त हो सकेगा।

—'ट्रांज़ेक्शन्स आफ द थर्ड इण्टरनेशनल कांग्रेस आफ रिलीजन्स', खंड 2, पृष्ठ 41।

1. तत्रतत्राभिनन्दिनो।

2. "चित्ताधीनो धर्मो धर्माधीनो बोधिः।"

सकें, मन सुसंस्कृत होता है। इन्द्रियभावनासुत्त में बुद्ध पाराशर्य के एक शिष्य से पूछते हैं कि उसका गुरु किस प्रकार के इन्द्रिय-संस्कार की शिक्षा देता है। उसने उत्तर में कहा कि इन्द्रियों को ऐसी सीमा तक प्रशिक्षित किया जाता है कि अन्त में वे अपने विषय भोगरूप कार्य को करने में असमर्थ हो जाती हैं। आंख किसी पदार्थ को नहीं देखती, न कान ही कोई शब्द सुनता है। बुद्ध प्रत्युत्तर में कहते हैं कि इसका तात्पर्य तो यह हुआ कि अन्धे व बहरे की इन्द्रियां सबसे अधिक संस्कृत हैं। एक यथार्थ इन्द्रिय-संस्कृति का तात्पर्य इन्द्रियों के इस प्रकार के प्रशिक्षण से है जिससे इन्द्रियचेतना के सभी रूपों में परस्पर भेद किया जा सके। एवं उनका सही-सही मूल्यांकन भी किया जा सके। धार्मिक अन्तर्दृष्टि बौद्धिक विज्ञान एवं इन्द्रियप्रत्यक्ष ज्ञान का विस्तृत एवं विकसित रूप है। इससे यह प्रतीत होता है कि बुद्ध एक परमार्थरूप यथार्थसत्ता के अस्तित्व को स्वीकार करते हैं, जिसका हम प्रज्ञा की अवस्था में अन्तर्ध्यान करते हैं। "हे सारिपुत्र, तू सौम्य, निर्मलचरित्र एवं कान्तिमान दिखाई देता है, तू कहां से आ रहा है ?" "हे आनन्द, मैं एकान्त में विचारमग्नता के परमाह्लाद में था...और अन्त में बाह्य जगत् के प्रत्यक्ष से ऊपर उठकर बोध के अनन्त क्षेत्र में पहुंच गया और यह भी अन्त में शून्यता में विलीन हो गया...तब अन्तर्दृष्टि प्राप्त हुई, और मैं एक दिव्य दृष्टि के द्वारा संसार के मार्ग को, मनुष्यों की प्रवृत्तियों को, और उनके भूत, वर्तमान एवं भविष्यत् को भी स्पष्टरूप में लक्ष्य करने में समर्थ हो सका। और यह सब मेरे अन्दर उदय हुआ, गुज़र भी गया किन्तु क्षणमात्र को भी मन में आत्माभिमान का भाव अथवा यह विचार कि यह सब मेरी कृति है, नहीं समा सका।" इस प्रकार की अन्तर्दृष्टि के आधार पर एक अतीन्द्रिय परमार्थसत्ता-विषयक दर्शनपद्धति का विकास करना केवल उपनिषदों के ही वश का विषय था। बुद्ध इसमें संकोच्च कर गए क्योंकि एक क्रमबद्ध दर्शन को अभी आगामी समय की प्रतीक्षा करनी थी। बुद्ध तो हमारे सम्मुख केवल दृष्टिकोणों की श्रृंखलाओं एवं सूक्ष्म मनोवैज्ञानिक अनुभवों को ही प्रस्तुत करते हैं।

जबकि पहले की स्थिति प्रज्ञा अथवा अन्तर्दृष्टि की है, इसके आगे की सीढ़ी ध्यान की है; जिसका परिणाम शान्त मुद्रा अथवा समाधि है। उच्चतम श्रेणी के चिन्तन का नाम ध्यान है, और बौद्धधर्म में प्रार्थना-उपासना का स्थान इस ध्यान ने ही लिया है। प्राचीन बौद्धधर्म के इस विशेष पहलू को हीनयान सम्प्रदाय में अधिक परिष्कृत रूप दिया गया है। ध्यान की चार सीढ़ियां हैं। पहली सीढ़ी प्रसन्नता एवं आह्लाद है जो एकान्त जीवन के द्वारा प्राप्त होते हैं, जिनके साथ-साथ अन्तर्दृष्टि, चिन्तन, गूढ़ विचार एवं जिज्ञासा भी आते हैं एवं इन्द्रियभोग के विचार से ये सर्वथा उन्मुक्त हैं। दूसरी सीढ़ी उल्लास की, प्रशान्त एवं गम्भीर मानसिक शान्ति की है, और यह चेतनामय चिन्तन से रहित है। तीसरी सीढ़ी वासनाओं एवं पक्षपातों का अभाव है, जहां आत्ममोह सर्वथा शान्त हो जाता है। और चौथी सीढ़ी आत्मसयंम एवं पूर्ण शान्तमुद्रा की है, जिसमें न कोई चिन्ता है और न आह्लाद, क्योंकि जो आह्लाद एवं चिन्ता को उत्पन्न करते हैं उन्हें एक ओर छोड़ दिया जाता है।[1] ध्यान एक प्रकार से मन को सब

1. चाइल्डर्स इसी विचार को इस प्रकार प्रस्तुत करता है : "एक पुरोहित अपने मन को एक अकेले विचार पर केन्द्रित करता है। धीरे-धीरे उसकी आत्मा एक अलौकिक आह्लाद एवं सौम्यता से परिपूर्ण हो जाती है, किन्तु उसका मन अब भी ध्यान के लिए चुने हुए विषय की जिज्ञासा प्रकट करता है; यह प्रथम ज्ञान है। इसके पश्चात् उसी विषय पर विचार को टिकाए हुए वह अपने मन को तर्क एवं जिज्ञासा से हटाता है, किन्तु आह्लाद एवं सौम्यभाव अब भी रहता है और यह द्वितीय ज्ञान है। इसके आगे अपने विचार को पूर्ववत् टिका रहने देकर वह अपने को आह्लाद से उन्मुक्त कर लेता है→

विद्यमान वस्तुओं के साथ समता में लाने का सतत प्रयास है। यह अहंकार के भाव को दूर करने के लिए एक दृढ़ निश्चयपूर्ण पुरुषार्थ है, जिससे सत्यमय जीवन में मनुष्य अपने को लीन कर सके। बौद्धसंघ के सदस्यों के दैनिक जीवन का मुख्य भाग ध्यान व अभ्यास करना है। हृदय एवं मन को प्रशिक्षित करने की विधियां उस समय के प्रचलित मतों से उधार के रूप में ले ली गई हैं। हमें अपने अन्दर मैत्री, करुणा, मुदिता एवं उपेक्षा की भावनाओं की साधना करने का आदेश दिया गया है। ये चार सर्वोत्तम मनोवृत्तियां अथवा 'ब्रह्मविहार' बतलाए गए हैं। प्रेम एवं सहानुभूति आदि भावनाओं को समस्त मनुष्य-जाति के प्रति नहीं अपितु चेतनप्राणि मात्र के प्रति विस्तृत करने के ये क्रमबद्ध प्रयास हैं। ध्यान के चालीस विषयों एवं परमानन्ददायक चार चित्तवृत्तियों को सिद्ध कर लेने से वासना क्षीण हो जा सकती है और हम इन्द्रियों के शासन से ऊपर उठ सकते हैं। उच्चतम सत्ता का ध्यान करने में जीवन बिताने में हमें पुनः सत्य की प्राप्ति हो सकती है। किन्तु इस प्रश्न को पूछने के लिए हम बाध्य हैं कि वह कौन-सा पदार्थ या विषय है जिसके ऊपर आध्यात्मिक चिन्तन अथवा ध्यान को केन्द्रित करना है।

बौद्धधर्म में भगवत्कृपा अथवा छूट का कोई स्थान नहीं है। वहां केवल आत्मविकास को ही स्थान है। मनुष्य अपने पुरुषार्थ एवं आत्मनियन्त्रण के द्वारा ही ऐसा बल अथवा सामर्थ्य एवं गुण प्राप्त कर सकता है जिसके द्वारा वह सब वस्तुओं से स्वतन्त्र होकर आत्मनिर्भर रह सकता है। यदि मनुष्य अपने ऊपर विजय प्राप्त कर ले तो उसके विरुद्ध कोई भी प्रतिपक्षी प्रबल नहीं हो सकता। जिसने अपने ऊपर विजय प्राप्त कर ली उसकी इस विजय को कोई देवता भी पराजय में परिणत नहीं कर सकता।[1] चूंकि बुद्ध की मनुष्यमात्र के प्रति प्रेम एवं मानसिक नियन्त्रण की मांग बिना किसी धार्मिक आदेश की भावना के है, ऐसे भी व्यक्ति हैं जिनका कहना है कि बुद्ध ओगस्त कोम्ते की ही भांति ऐहिकवाद के प्रवर्तक थे, हालांकि वे उससे 2000 वर्ष पूर्व उत्पन्न हुए थे।

बौद्धधर्म के ध्यान एवं योग सम्बन्धी दोनों ही सिद्धान्त इस बात पर बल देते हैं कि मानसिक प्रशिक्षण के लिए शारीरिक एवं स्वास्थ्य-सम्बन्धी अवस्थाओं का अनुकूल होना भी आवश्यक है। शरीर को वश में करना ज्ञान की प्राप्ति के लिए एक तैयारी है। तपस्या के स्थान पर मनोवैज्ञानिक साधनाएं निर्दिष्ट हैं जो धार्मिक अन्तर्दृष्टि की ओर हमें ले जाती हैं। धार्मिक अपकर्षण की ऐसी क्रियाएं जिनके द्वारा एक व्यक्ति अपनी शक्तियों को बाह्य जगत् से हटा लेता है और तब अहंभाव की भावना के शान्त होने का अनुभव करता है, सामान्यरूप से सब योग-सम्बन्धी कल्पनाओं में पाई जाती हैं। ध्यान की चार अवस्थाओं में हमें आनुभविक जगत् के बहुत्व के अन्दर से एक प्रगतिशील एवं विधिपूर्वक अपकर्षण प्राप्त होता है। ध्यान कोई निरुद्देश्य अलीक कल्पना नहीं है अपितु वह इन्द्रियों के मार्ग को रोककर एक प्रकार का निश्चित अभ्यास है, जिससे मन की शक्ति उन्नतावस्था को पहुंचती है। एम. पूर्सी का कहना है : "मन को जब एक बार मिट्टी के बरतन या ऐसे ही किसी अन्य पदार्थ पर

→और तृतीय ज्ञान को प्राप्त करता है और यह अवस्था शान्त सौम्यता की है। सबसे अन्त में वह चौथे ज्ञान पर पहुंचता है जिसमें कि मन उन्नत एवं पवित्र होकर सुख और दुःख दोनों प्रकार की भावनाओं से उदासीन हो जाता है।"

—डिक्शनरी, पृष्ठ 169।

1. धम्मपद, 105।

केन्द्रित करके एकाग्र कर लिया जाता है तो उसके पश्चात् क्रमशः उस पदार्थ के प्रत्ययों एवं श्रेणी-विभाग आदि को छोड़ दिया जाता है। आह्लादप्राप्त व्यक्ति एक चिन्तन की अवस्था से प्रारम्भ करता है, जिसके साथ तर्क एवं चिन्तन भी संलग्न रहते हैं; वह इच्छा, पाप, किंकर्तव्यविमूढ़ता, चंचलता एवं प्रसन्नता, तथा आनन्द-विषयक भावना को त्याग देता है। वह प्रकृति विषयक भावों, सम्पर्क, परस्परविभेद आदि के भी परे जाता है और शून्य आकाश में ध्यान लगाकर एवं पदार्थविहीन ज्ञान के द्वारा तथा अभावात्मता में ध्यान को केन्द्रित कर एक ऐसी अवस्था में पहुंच जाता है जहां न चेतना है, न चेतना का अभाव है, और अन्त में आकर वह अनुभव एवं विचार के सर्वथा तिरोभाव से अभिज्ञ हो जाता है। मनोवैज्ञानिक जीवन में यह एक ऐसी शान्त अवस्था है जो पूर्ण सम्मोहनिद्रा अथवा योगनिद्रा के समान है।"[1] हम यह बात अधिक सही-सही एवं निश्चिन्तापूर्वक नहीं कह सकते कि इससे अधिक मानसिक स्वातन्त्र्य एवं कल्पना की विशदता इन्द्रियानुभवों को रोकने से, अथवा बाह्य इन्द्रियों की शक्तियों को सम्मोहनशक्ति द्वारा क्षीण करके, प्राप्त किए जा सकते हैं या नहीं। आधुनिक विज्ञान इस विषय में अब भी अपनी शैशवावस्था में ही है। बौद्धधर्म का शेष समस्त भारतीय विचारकों के समान इस विषय में ऐसा ही विश्वास था और अब तक भी ऐसा विश्वास स्थिर है। भारत में साधारणतः यह स्वीकार किया जाता है कि मानसिक अवस्थाओं का नियन्त्रण होने पर जब इन्द्रियों के अनुभव विरत हो जाते हैं तो अनुभवात्मक आत्मा निम्न श्रेणी में पहुंच जाती है और विश्वात्मा की आभा प्रकट होती है। यौगिक क्रियाओं के आदर्श भिन्न-भिन्न आध्यात्मिक शास्त्रों में भिन्न-भिन्न हैं। उपनिषदों में इसे ब्रह्म के साथ योग अथवा ब्रह्म के साक्षात्कार के रूप में प्रतिपादित किया गया है। पतंजलि के योगदर्शन में यह सत्य का अन्तरवेक्षण है। बौद्धधर्म में इसका नाम बोधिसत्त्व की प्राप्ति अथवा जगत् की निःसारता का ज्ञान है।

बुद्ध हर समाधि-अवस्था को आवश्यक रूप से प्रशस्त नहीं समझते थे। इसका लक्ष्य सत्य होना चाहिए, अर्थात् इच्छाशक्ति का विनाश। बुद्ध ने इस बात का अनुभव किया कि कितने ही व्यक्ति ऐसे थे जो अलौकिक शक्तियों की प्राप्ति के लिए ही योग की क्रियाओं का अभ्यास करते थे। बुद्ध ने इस प्रकार के आचरण में संशोधन किया और ऐसे व्यक्तियों से कहा कि ऐसी शक्तियां भी केवल धर्माचरण और विवेक या दूरदर्शिता द्वारा प्राप्त की जा सकती हैं।[2] बुद्ध ने अपने शिष्यों को चमत्कारप्रदर्शन से मना कर रखा था। अलौकिक शक्तियों की प्राप्ति से मनुष्य किसी धार्मिक लाभ की प्राप्ति का पात्र नहीं बन जाता। बौद्धधर्म के योगविद्या-सम्बन्धी सिद्धान्तों का स्पष्टरूप तिब्बत के लामा लोगों के धर्म में देखा जा सकता है।

अष्टांगिक मार्ग को भी चार पड़ावों में विभक्त किया गया है, जिनमें से प्रत्येक उन दस बन्धनों को तोड़ने के लिए है जो मनुष्य को इस संसार के साथ जकड़े हुए हैं। इनमें से सबसे पहला बन्धन एक शरीरी आत्मा की भ्रांति (सत्कायदृष्टि) है, जो समस्त अहंभाव की जड़ है। यह समझ लेना कि नित्य आत्मा कुछ नहीं है, और यह विचार कि यह जो दिखाई देता है केवल स्कन्धों का पुंजमात्र है, हमें प्रलोभन देकर आत्मनिरति या सुखासक्ति एवं संशयवाद के मार्ग में ढकेलता है। इससे हमें अपने को बचाना है। दूसरी बाधा है 'संशय' अथवा

1. 'द वे टु निर्वाण', पृष्ठ 164।
2. देखिए आखंखेयसुत्त, 'सैक्रेड बुक्स आफ द ईस्ट', खंड 11।

विचिकित्सा; यह निकम्मेपन अथवा बुराई को ढंकने वाला आवरण है। हमें पवित्रता के विचार से किए जाने वाले कर्मकाण्ड के क्रियाकलापों में से भी अपना विश्वास उठा लेना चाहिए। अनुष्ठान-पद्धति एवं कर्मकाण्ड-सम्पादन हमें कामवासना, ईर्ष्या-द्वेष एवं अज्ञान से अपने को मुक्त करने में सहायक नहीं होते। ऐसा व्यक्ति जो अहंभाव की भ्रांति से मुक्त हो गया है, और जो बुद्ध एवं उसके सिद्धान्तों में संशय रखने से और आनुष्ठानिक क्रिया-कलापों में विश्वास रखने से भी मुक्त हो गया है, वह कल्याण-मार्ग के प्रथम पड़ाव में प्रवेश कर गया, ऐसा कहा जाता है। उसे स्रोतात्पन्न संज्ञा दी जाती है, जिसका तात्पर्य यह है कि वह धारा में प्रविष्ट हो गया। इस अवस्था के विषय में धम्मपद में कहा है : "पवित्र जीवन का यह प्रथम पगरूपी पुरस्कार भूमण्डल के सम्राटपद से भी उत्तम, स्वर्गप्राप्ति से भी श्रेष्ठ, एवं सब लोकों की प्रभुता से भी ऊपर है।"[1] अगली दो बाधाएं जिन पर विजय पाना है, वे हैं–काम, एवं प्रतिघ या द्रोहभाव। इन पर विजय प्राप्त करके वह कल्याणमार्ग के दूसरे पड़ाव पर पहुंच जाता है। वह सकृदागामी हो जाता है, अर्थात् जो मानव-जगत् में केवल एक बार ही जन्म लेगा। अपूर्णताएं कुछ न्यून हो जाती हैं यद्यपि सर्वथा नष्ट नहीं होतीं। ऐसे व्यक्ति जो शारीरिक दोषों अर्थात् कामवासना, क्रोध एवं ऊपरी तड़क-भड़क का ह्रास करने में समर्थ हो सकें, एक ही बार अन्तिम मोक्ष से पूर्व इस संसार में लौटकर आते हैं। जब इन दोनों बाधाओं का भी सर्वथा विनाश हो जाता है तब मनुष्य अनागामी हो जाता है। यद्यपि वह सब प्रकार की भ्रांति से मुक्त नहीं हुआ है, तो भी पीछे लौटने का कोई अवसर अब उसके जीवन में नहीं आएगा। ऐसी बाधाएं, जिन पर अभी भी विजय प्राप्त करनी है, वे हैं–इस लोक एवं परलोक के भौतिक एवं अभौतिक सुखों की प्राप्ति के प्रति राग या उत्कट इच्छा, मान (अभिमान) एवं औद्धत्य, तथा वस्तुओं के यथार्थरूप का अज्ञान। जब ये बन्धन खुल जाते हैं तो वह अपने लक्ष्य पर पहुंच जाता है एवं अर्हत्[2] (यथार्थ में योग) बन जाता है और निर्वाण के परमानन्द को प्राप्त कर लेता है। उसके दुःख के कारण समाप्त हो गए एवं अशुद्धताएं धुल गईं। वह अब पुनर्जन्म के बन्धन से मुक्त है। अर्हत् की अवस्था आनन्दपूर्ण पवित्रीकरण की अवस्था है। निर्वाण बौद्धधर्म का लक्ष्य है, और अर्हदवस्था वहां जाकर समाप्त हो जाती है। उपाधिशेषनिर्वाण अर्हत्त्वफल अथवा पवित्रीकरण का फलोपभोग है। अर्हत् फिर भी मनुष्य ही है। केवल मृत्यु के साथ ही उसका जीवन शेष होता है। तब जीवनरूपी दीपक का तेल बिखर गया और जीवन का बीज भी मुरझा गया। वह इस सृष्टि से विलोप हो जाता है और परिनिर्वाण को प्राप्त करता है–इसे ही सत् के अवयवों का विनाश कहा जाता है।[3]

बौद्धधर्म का नैतिक जीवन सामाजिक होने की अपेक्षा वैयक्तिक अधिक है। हमें अपने जीवन में बुद्ध के उदाहरण का अनुकरण करना है। परम्परागत एवं प्रामाणिकता पर बल नहीं दिया गया है। जब आनन्द ने बुद्ध से प्रश्न किया कि संघरूपी संस्था के लिए आपके क्या आदेश हैं तो बुद्ध ने उत्तर दिया : "तुम अपने लिए अपने-आप दीपक बनो। तुम स्वयं ही अपना शरणस्थान भी बनो, किसी बाह्य शरण का आश्रय मत लो; सत्य को ही दीपक के रूप में दृढ़ता के साथ पकड़े रहो; सत्य को ही दृढ़ता के साथ शरणरूप में पकड़कर रखो; अपने

1. धम्मपद, 178।
2. अर्हत् एक सामान्य शब्द है जिसका व्यवहार बुद्ध से पूर्व के काल में भी ऐसे हर एक व्यक्ति के लिए होता था जिसने अपने धर्म का आदर्श प्राप्त कर लिया हो।
3. देखिए 'द रिलिजस सिस्टम्स आफ द वर्ल्ड', पृष्ठ 148-149।

अतिरिक्त और किसीकी ओर शरण पाने के प्रयोजन से मत ताको।''

आचरण के सम्बन्ध में स्थूलरूप से कल्याणकारी एवं कुत्सित या शुभ अथवा अशुभ इस प्रकार को दो भेद किए गए हैं। कल्याणकारी आचरण निःस्वार्थभाव के कारण होता है और वह प्रेम एवं करुणा के रूप में प्रकट होता है, जबकि दूसरे की जड़ अहंकार है और इसके परिणामस्वरूप दुर्भावनापरक कर्म आदि होते हैं। दस प्रकार के पापों से बचे रहने से कर्म शुभ होते हैं; यथा,—तीन शारीरिक पाप अर्थात् हत्या, चोरी एवं व्यभिचार; चार वाणी-सम्बन्धी पाप अर्थात् मिथ्याभाषण, चुगली करना, गाली बकना एवं निरर्थक वार्तालाप; तथा तीन पाप जिनका मन से संबंध है अर्थात् लोलुपता, घृणा एवं भ्रांतिपूर्ण विचार। पापमय आचरण का दूसरा भी वर्गीकरण है। विषयभोग, पुनर्जन्म की अभिलाषा, अज्ञान, अध्यात्मविषय-सम्बन्धी अटकलबाज़ी—पापमय आचरण के ये चार प्रकार हैं। कभी-कभी सबको एक सरल नियम में साररूप में रख दिया जाता है जो प्रकटरूप में निषेधात्मक है, परन्तु है विध्यात्मक; जैसे, किसी जीवधारी की हत्या मत करो, चोरी मत करो, व्यभिचार मत करो, मिथ्या भाषण न करो, मादक द्रव्यों का सेवन न करो। ये नियम पांच भिन्न दशाओं में आत्मसंयम की आवश्यकता पर बल देते हैं। विध्यात्मक रूप मे इनका आशय इस प्रकार है—क्रोध को वश में करो, सांसारिक सम्पत्ति की इच्छा का दमन करो, शारीरिक विषय-भोग की कामना को वश में रखो, कायरता एवं दुष्ट भावना का दमन करो, (क्योंकि यही असत्यव्यवहार का मुख्य कारण है), और दूषित उत्तेजना की उत्कट अभिलाषा का दमन करो। इस आत्मसंयम का परिणाम यह होगा कि अपने को और दूसरों को भी सुख मिलेगा एवं विध्यात्मक सद्गुण का विकास होगा। क्रोध के संयम से सज्जनता की वृद्धि होती है, लोभ के संवरण से दाक्षिण्य का प्रसार होता है, विषयभोग की भावना का दमन कर लेने पर प्रेम में पवित्रता का समावेश होता है। किसी-किसी स्थान पर आदर्श सद्गुण संख्या में दस बताए गए हैं; यथा, दान या दाक्षिण्य, आचरण की पवित्रता, धैर्य एवं सहिष्णुता, कर्मठता, ध्यान, बुद्धि, सत्साधनों का उपयोग, दृढ़संकल्प, शक्ति एवं ज्ञान। किसी-किसी स्थान पर शिक्षा-सम्बन्धी नैतिक अनुशासन को तीन नियमों में अर्थात् नैतिकता, संस्कृति एवं अन्तर्दृष्टि आदि के रूप में प्रतिपादित किया गया है। 'मिलिन्द' में हम देखते हैं कि धार्मिक जीवन के ये अंग बताये गए हैं—सदाचरण, निरन्तर उद्योग, ध्यान, जागरूकता एवं विवेक या दूरदर्शिता।[1] उपनिषदों में प्रतिपादित कर्तव्यकर्मों के विधान एवं प्राचीन बौद्धधर्म के विधान में मूलतत्त्व-सम्बन्धी कोई भेद नहीं है।[2]

अब हम नैतिक जीवन के प्रेरक भाव एवं दैवीय प्रेरणा की ओर आते हैं। दुःख से बचना एवं सुख की खोज समस्त आचरण का स्रोत है। निर्माण उत्कृष्ट कोटि का सुख अथवा आनन्द है। आधुनिक आनन्दमार्गी कहते हैं कि जीवन के विस्तार में ही सुख प्राप्त होता है। बौद्धों का दावा है कि स्वार्थपरता एवं अज्ञान की दशाओं के विलयन के कारण ही बार-बार जन्म होता है। बुद्ध जो अवस्था मनुष्य के सम्मुख प्रस्तुत करते हैं वह एक अनन्त मोक्ष की अवस्था है, जिसकी प्राप्ति ज्ञान, सदाचरण एवं कड़ी साधना के संकीर्ण मार्ग के अन्त में पहुंचने पर होती है। बुद्ध की दृष्टि में धन-सम्पत्ति, विजय अथवा शक्ति बहुत तुच्छ उद्देश्य हैं। मन के विक्षोभ से ही मनुष्य की प्रवृत्ति तुच्छ हितों की ओर होती है। इस प्रकार का क्षोभ

1. 2 : 1, 7-15।
2. आत्मघात अनुचित है, क्योंकि जीवन को नष्ट करने से आत्मा की अहंकार-विषयक भ्रांति का निराकरण नहीं हो सकता।

इस संसार में एक साधारण बात है। "तीनों लोकों में मुझे एक भी ऐसा जीवित प्राणी नहीं मिला जो अपने व्यक्तित्व को अन्य सबके ऊपर न रखता हो।"[1] स्वार्थपरता अपूर्ण ज्ञान के कारण उत्पन्न होती है और इसी का परिणाम व्यक्तित्व के बन्धनों का विक्षोभ है। निःस्वार्थ भाव सत्य के यथार्थज्ञान का परिणाम है। आत्मा की विषयीनिष्ठता के दमन से एवं सार्वभौम चेतना के विकास से यथार्थ कल्याण की प्राप्ति हो सकती है। यह एक उच्चश्रेणी की स्वार्थपरता है जो हमें इस बात का निर्देश करती है कि हमें अपनी स्वार्थपरक उत्कट अभिलाषा का त्याग कर देना चाहिए। दूसरों के दुःखों के प्रति करुणा का भाव परोपकारिता के भाव की प्रेरणा से ही उत्पन्न होता है। दुःख में हम सब एकसमान साथी हैं और सब एक ही सामान्य दण्डव्यवस्था के अधीन हैं। देवलोक एवं मर्त्यलोक के समस्त प्राणी, यहां तक कि जो 'भव' की श्रेणी में हमसे भी नीचे हैं वे भी, नैतिक पूर्णता के नियम के अधीन हैं। समस्त जीवन—दैवीय, मानवीय एवं पशुओं का भी—अपने-अपने क्षेत्र में नैतिक कारण-कार्य-भाव के नियम की श्रृंखला से एकसाथ संबद्ध है। यही प्रकृति-सम्बन्धी लोकहितकारी संघटन है जो बौद्धधर्म की पृष्ठभूमि का निर्माण करता है, एवं अन्यत्र कहीं किसी ने इसे इतने विशदरूप मे नहीं पहचाना। मनुष्य के स्वभाव का निर्माण जिस सामग्री से हुआ है वह पूर्णरूप से अहंभाव से युक्त नहीं है। निःस्वार्थ आचरण अप्राकृतिक नहीं है। हमें यह न सोचना चाहिए कि अहंभावपरक कर्म ही एकमात्र बौद्धिक कर्म है। यह कथन करना कि प्रत्येक व्यक्ति दूसरे से बाह्य है, एक अर्धसत्य है। सब प्राणियों के अन्दर एक मौलिक एवं ऐन्द्रिय संघटन है। यह एकत्व में बांधने वाली चेतना का विकास या ज्ञान की पूर्णता, शान्ति एवं आह्लाद की प्राप्ति ही निर्वाण है। सार्वभौमिक चेतना के रूप में विस्तार ही स्वतन्त्रता है अर्थात् अपनी भावनाओं एवं सहानुभूति के क्षेत्र को विश्वमात्र के लिए अत्यन्त विस्तृत बनाना ही मोक्ष है। "प्रत्येक शिष्य अपने मन को संसार के चतुर्थांश तक प्रेम के विचारों को विस्तृत होने के लिए अर्पण कर देता है और इसी प्रकार दूसरा शिष्य भी, और इस प्रकार समस्त विस्तृत संसार के अन्दर प्रेम के विचारों का प्रसार हो सकता है।"[2] वस्तुतः बौद्धधर्म की नैतिकता में अलौकिक प्रामाणिकता के लिए कोई स्थान नहीं है तो भी साधारण मनुष्य के लिए मृत्यु के पश्चात् स्वर्ग-प्राप्ति की आशा के लिए स्थान पूर्ववत् सुरक्षित रखा गया है।

सदाचार या धार्मिक गुणों के प्रतिबन्धों को बाह्य वस्तुओं से कोई मतलब नहीं। राजा हो या रंक, धर्म का विधान सबके लिए एक समान है, क्योंकि सभी एक समान अपूर्ण हैं। जीवन यथार्थ एवं सात्त्विक होना चाहिए। बौद्धधर्म केवल कर्तव्यकर्म करने पर ही इतना बल नहीं देता जितना कि समस्त जीवन में परिवर्तन लाने की आवश्यकता पर बल देता है। सुलेमान के समान जो व्यक्ति अपनी ख्याति से पूरी तरह सज्जित है, शरीर से भी तेजस्वी है एवं बुद्धि में भी विशाल है, वह वस्तुतः महान नहीं है। नम्रता, दाक्षिण्य एवं प्रेम के बिना जीवन अपने अन्तस्तल में मृत्यु के समान है।

बौद्धधर्म के नीतिशास्त्र पर बार-बार बुद्धिवाद का दोषारोपण किया जाता है। इसमें सन्देह नहीं कि इसमें ज्ञान पर बल दिया गया है, क्योंकि अज्ञान को ही दुःख और क्लेश का मूल कारण बताया गया है। यह केवल सत्यनिष्ठा ही है जो मन के अन्दर सुधार ला सकती है। जिस मन में सत्य के विवेक का प्रकाश है वहां स्वार्थपरक इच्छा का उद्भव असम्भव है। इसलिए मुक्तात्मा को 'बुद्ध' संज्ञा दी गई है, जिसका अर्थ है ज्ञानवान।[3] सदाचार ही धर्मात्मा

---

1. संयुत्त, 1। 2. महासुदस्सनसुत्तन्त

3. "इस विषय में ब्राह्मणधर्म की कल्पना ने बौद्धधर्म की पूर्वकल्पना, विचार के क्षेत्र में नहीं अपितु→

पुरुष के लिए ज्ञान का कार्य करता है। किन्तु साथ-साथ बुद्ध यह भी मानते हैं कि इस ज्ञान के द्वारा ही शरीर का विलय नहीं हो सकता क्योंकि शरीर कर्म के कारण बना है, यद्यपि ज्ञान भविष्य में नये कर्मों को रोकने में समर्थ हो सकता है। हमें इस विषय की ओर भी ध्यान देना चाहिए कि ज्ञान से बुद्ध का अभिप्राय केवल बौद्धिक एवं शास्त्रों के अध्ययन मात्र से नहीं था। इस ज्ञान से अभिप्राय परमार्थविद्या सम्बन्धी रूढ़िगत सिद्धान्तों अथवा दीक्षाप्राप्त व्यक्तियों के लिए जो गुह्य विषय बताए जाते हैं उनसे परिचत हो जाने से भी नहीं था, बल्कि ऐसे ज्ञान से अभिप्राय है जिसके लिए नैतिकता एक आवश्यक प्रतिबन्ध या शर्त है। यह एक सत्य से पूर्ण जीवन है जिसे हम वासनाओं एवं मानसिक प्रेरणा के कलुषित प्रभाव से आत्मा को निर्मल करके ही प्राप्त कर सकते हैं। ज्ञान कोई ऐसा पदार्थ नहीं है जिसे हम अपने मस्तिष्क के किसी एक कोने मे अलग संभालकर रख सकें बल्कि यह वह पदार्थ है जोकि हमारे समस्त जीवन में प्रवेश होता है, हमारे मनोवेग इसके रंग में रंजित होते हैं, जो हमारी आत्मा को आश्रयस्थान बना लेता है एवं यह हमारे इतना सन्निकट है जैसेकि स्वयं जीवन हो। यह पूर्ण प्रभुत्व रखने वाली एक ऐसी शक्ति है जो बुद्धि के द्वारा सारे व्यक्तित्व को एक विशेष ढांचे में ढालती है, मनोवेगों को नियमित करती है एवं इच्छा पर भी नियन्त्रण रखती है। तेविज्जसुत्त[1] में इस विषय का सम्यक् प्रतिपादन किया गया है कि सिद्धान्त-सम्बन्धी विश्वास ही ज्ञान नहीं है। इस प्रश्न के उत्तर में कि 'मुझे दुःख से छुटकारा पाने के लिए क्या करना चाहिए ?' बुद्ध भी उपनिषदों की ही शैली में कहते हैं कि स्वार्थपरता पर विजय पाने में ही मुक्ति है, क्योंकि कल्पना की दृष्टि से स्वार्थपरता अहंकार की भ्रांति है और क्रियात्मक रूप में यह आत्मा की उत्कट अभिलाषा है। बुद्ध बार-बार यही दोहराते हैं कि सत्य की प्राप्ति निम्नलिखित आवश्यक शर्तों के ऊपर निर्भर करती है : (1) श्रद्धा[2] (2) दर्शन अथवा दृष्टि। केवल विश्वास अथवा श्रद्धा ही पर्याप्त नहीं है, क्योंकि अन्य व्यक्तियों के प्रामाणिक लेखों के आधार पर प्राप्त किए गए सत्य हमारे मन के लिए फिर भी बाह्य हैं और इसीलिए हमारे जीवन के वे अंग नहीं बन सकते। "देखो हे भिक्षुओ, क्या तुम कहना चाहते हो कि चूँकि हम अपने गुरु को आदर की दृष्टि से देखते हैं इसीलिए उस आदर के कारण ही हम उसके अमुक-अमुक वचन पर विश्वास करते हैं ? तुम्हें ऐसा न कहना चाहिए क्योंकि क्या जिसे तुमने स्वयं अपनी आंखों से देखा अथवा अपनी बुद्धि से तोला वह सत्य न होगा ?"[3] (3) भावना अथवा अनुशीलन। यह ध्यान का अथवा बार-बार सत्य के विषय में विचार करने का नाम है जब तक कि हम उसके साथ तादात्म्य उत्पन्न करके उसे अपने जीवन में पूर्णतया घटा न लें। अनुशासनविहीन व्यक्ति उच्चतम जीवन में प्रवेश नहीं कर सकता, और फिर भी सत्य का प्रत्यक्ष साक्षात्कार ही मानव-जीवन का मुकुट है, जिसके धारण करते ही फिर कोई

→भाषाविन्यास के क्षेत्र में भी, की थी...क्योंकि शतपथ ब्राह्मण में ऐसे व्यक्ति के लिए जिसने आत्मा को जान लिया है, 'मुक्त' शब्द का प्रयोग किया गया है एवं वहां ज्ञान के लिए जो शब्द प्रयोग किया गया है वह 'प्रतिबुद्ध' है, जिसका अर्थ भी जागरित होना, अर्थात् वही शब्द जिसका व्यवहार बौद्धधर्मी निरन्तर करते हैं, जहां कहीं वे इसका वर्णन करते हैं कि किस प्रकार बुद्ध ने पवित्र क्षण में अश्वत्थ वृक्ष के नीचे सत्य का ज्ञान प्राप्त किया था अथवा सत्य का सन्देश जगत् को देने के लिए वे जागरित हुए थे। यह वही शब्द है जिसमें से बुद्ध अर्थात् ज्ञाता, जागरित आदि की उत्पत्ति हुई है।" (ओल्डनबर्ग : 'बुद्ध', पृष्ठ 52।)

1. 3 : 1, 2। 2. मज्झिम, 1 : 71। 3. मज्झिम, 1।

मिथ्या विश्वास नहीं टिक सकता। अरस्तू अपने नीतिशास्त्र के अन्त में ध्यान पर ही आकर रुकता है, जिसे वह परम सद्गुण कहता है, यद्यपि उससे सम्बद्ध अन्य सद्गुणों का भी वह सर्वेक्षण करता है। बुद्ध 'प्रज्ञा' को उत्कृष्टतम निधि मानते हैं किन्तु इस विषय की भी सावधानी रखते हैं कि बिना प्रेम एवं परोपकार भाव के प्रज्ञा सम्भव नहीं है, अथवा यदि सम्भव भी हो तो फलवती तो हो ही नहीं सकती। क्रियात्मक रूप में सदाचरण धारण किए बिना केवल समाधि में बैठकर ध्यान करने मात्र से ही पूर्णता प्राप्त नहीं हो सकती।[1]

दूसरा आपेक्ष जो बौद्धधर्म के नीतिशास्त्र पर किया जाता है, वह यह है कि यह त्यागमय जीवन की शिक्षा देता है। यदि इच्छा के दमन का नाम ही त्यागी जीवन है तब तो बौद्धधर्म अवश्य त्यागमय है। इच्छा ही जीवनरूपी इस भवन का निर्माण करती है। बिना किसी उद्देश्य के एवं बिना विश्राम के चलते जाना इसके स्वभाव में है। यह भी शान्त नहीं होती। निम्न श्रेणी के जीवधारी में यह केवल असंस्कृत प्रेरणा है, उत्कट अभिलाषा अथवा तण्हा (तृष्णा) है, जबकि विवेकपूर्ण तण्हा ही इच्छा है। तण्हा का विलोप इच्छा के मूलोच्छेद हो जाने से ही सम्भव है। और इसे क्रियाशील इच्छाशक्ति अथवा 'छन्द' के द्वारा ही सिद्ध किया जा सकता है। बुद्ध केवल निष्कर्मण्यता का समर्थन नहीं करते, क्योंकि उनके मत में अनुचित इच्छाओं का दमन निष्क्रियता अथवा मौन के द्वारा सम्पन्न नहीं हो सकता अपितु प्रबल इच्छा और प्रयोजन को लेकर ही हो सकता है।

बुद्ध का आग्रह इस पर नहीं है कि इच्छाशक्ति का सर्वथा नाश कर दिया जाय अथवा संसार से ही विमुख हो जाया जाए, किन्तु उनका आग्रह यह है कि इच्छाशक्ति के साथ घोर युद्ध करके पाप को क्रियात्मक द्वन्द्व में पछाड़ दिया जाए। "यदि कोई समालोचक बौद्धनीतिशास्त्र में अधिकतर ऐहलौकिक प्रवृत्तियों को ढूंढ़ना चाहे तो उसे एक बौद्धपति (साधु) की बाहर से दिखने वाली प्रशान्त चाल-ढाल के नीचे एवं साहित्य और कला के क्षेत्र में स्पष्ट लक्षित होगा कि वात्सल्य व अनुराग से युक्त मनोभाव एवं इच्छा शक्ति सर्वथा निष्क्रय नहीं हो गए और न निकालकर दूर ही कर दिए गए हैं अपितु विस्तृतरूप में इनको प्रगाढ़ श्रद्धा एवं उन्नत आशा के अधीन कर दिया गया है। क्योंकि कोई भी सिद्धान्त ऐसा नहीं है, यहां तक कि प्लेटो का दर्शन भी इसका अपवाद नहीं है, जो इसी वर्तमान जीवन में पूर्णता को प्राप्त करने की बृहत्तर सम्भावनाओं को देख सका हो। और न ही कोई ऐसी धार्मिक पद्धति है, और ईसाई धर्म भी इसमें अपवादस्वरूप नहीं है कि जिसमें मानव-प्रेम के विकास में ही निम्नश्रेणी की भावनाओं से भी ऊपर उठने की सम्भावना को स्थान दिया गया हो।"[2] बुद्ध का आदेश कभी भी भावना एवं इच्छा को सर्वथा दबा देने की ओर नहीं था अपितु उनका आदेश था कि हमें समस्त सृष्टि के प्रति यथार्थ प्रेम को बढ़ाना चाहिए। इस उज्जवल भावना से समस्त सृष्टि को भर देना चाहिए जिसमें एक अपार सदिच्छा का प्रवाह जारी हो सके। "हमारे मन में आत्मविश्वास डगमगाने न पाए, हम कोई व्यर्थ एवं निकृष्ट वाणी मुंह से न निकालें; हम बराबर नम्र एवं दयालु रहें, अपने हृदय में प्रेम को स्थान देकर विद्वेष की गुप्त भावना से भी शून्य रखें; और हम सदा अपने निकट रहने वाले व्यक्ति के प्रति प्रेममय विचार की किरणें विस्तृत करते हुए और उसके द्वारा समस्त संसार में एक प्रेम की लहर को दौड़ाते हुए मनुष्यमात्र को महान और विद्वेषभाव एवं कटु व्यवहार से सर्वथा रहित कर दें।"[3] जातकग्रन्थों

1. धम्मपद, 183।
2. श्रीमती रीज डेविड्स : 'जर्नल आफ रायल एशियाटिक सोसाइटी'; 1898, पृष्ठ 55।
3. मज्झिमनिकाय, 21।

में जो कथाएं आती हैं उनमें बुद्ध के पूर्वजन्मों में दिखाए गए प्रेम एवं करुणा के भावों के अनेक दृष्टांत दिए गए हैं।[1] बुद्ध का सिद्धान्त विषयभोग एवं त्याग-तपस्या के बीच के मध्यमार्ग का सिद्धान्त है, और इसीलिए उन्होंने सब प्रकार की अति एवं पराकाष्ठाओं को छोड़ देने का आदेश दिया। वे हमें इच्छा को एकदम दबा देने का नहीं, अपितु उसकी दिशा को मोड़ देने मात्र का आदेश देते हैं। यही परिणाम हम बौद्धधर्म के संवेदनाविषयक विश्लेषण के सम्बन्ध में निकाल सकते हैं। चेतना की अवस्था अपने-आपमें कभी अच्छी नहीं होती किन्तु अपने अन्तिम परिणाम के द्वारा ही अच्छी या बुरी कही जाती है। यदि परिणाम कल्याणकारी है तो हमें सुख मिलता है, किन्तु यदि अनिष्टकारी है तो दुःख मिलता है, और यदि दोनों में से एक भी नहीं तो हमें समदृष्टिपरक अनुभव होता है। सब प्राणियों का लक्ष्य कल्याण की ओर होता है, यद्यपि वे अधिकतर सापेक्ष कल्याण से ही सन्तुष्ट रह जाते हैं। ऐसे व्यक्ति कुछ चुने हुए ही हैं जो परमकल्याण अथवा अनन्तसुख की प्राप्ति के लिए महत्त्वाकांक्षा रखते पाए जाते हैं। बुद्ध हमें निम्नस्तर पर जीवन-निर्वाह की इच्छा को दबाने का आदेश देते हैं एवं प्रेरणा करते हैं कि हम भली प्रकार जीते रहने की इच्छा को उन्नत करके परम शांति को प्राप्त करने का प्रयत्न करें। यदि उन्होंने शांत रहने की प्रशंसा की है तो भी इसलिए कि उससे मन को एकाग्र करने में सहायता मिलती है। इच्छाशक्ति को दबाना नहीं अपितु वश में रखना है। इच्छा को नियन्त्रण एवं अनुशासन में रखे बिना संसार में कोई भी महान कार्य सम्पन्न नहीं हो सकता। जब एक युवक राजकुमार ने बुद्ध से पूछा कि आपके सिद्धान्त में निष्णात होने के लिए कितने समय की आवश्यकता है तो बुद्ध ने निर्देश किया कि जितना कि घुड़सवारी सीखने में। यहां भी इस प्रश्न का उत्तर इसके ऊपर निर्भर करता है कि पांच प्रकार की अवस्थाएं उपस्थित हों अर्थात् आत्मविश्वास, स्वास्थ्य, गुण, शक्ति एवं बुद्धिमत्ता।[2]

हमें इच्छामात्र को नहीं अपितु केवल अनुचित इच्छाओं को ही सब प्रकार की कठिन साधना के द्वारा शान्त रखने का आदेश दिया गया है।[3] "मैं त्याग, तपस्या के प्रचार के साथ-साथ हृदयगत अन्य सब पापों को भी भस्मसात् कर देने का प्रचार करता हूं। केवल वही सच्चा तपस्वी है जो इस प्रकार का आचरण करता है।" इसके अतिरिक्त बुद्ध के त्यागमय अनुशासन में मन के अतिरिक्त क्षेत्र का भी ध्यान रखा गया है, केवल शरीर की बाह्य उपलब्धियों का ही नहीं। वस्तुतः बुद्ध शरीर के प्रति पूरा ध्यान देने का आदेश देते हैं, केवल उसमें लिप्त हो जाने का ही निषेध करते हैं। "क्या कभी तुम्हारे ऊपर युद्धभूमि में बाण का प्रहार हुआ है ?" "हां भगवन्, मुझे बाण लगा है।" "और क्या उसके ज़ख्म पर मरहम लगाकर एक महीन कपड़े की पट्टी से बांधा गया है ?" "हां भगवन्, ऐसा ही हुआ था।" "क्या तुमने उस ज़ख्म से प्रेम किया था ?" "नहीं।" "ठीक इसी प्रकार से तपस्वी लोग अपने शरीर में आसक्ति नहीं रखते, और उसके अन्दर आसक्ति न रखते हुए भी शरीर को

---

1. तारनाथ रचित 'हिस्टरी आफ इंडियन बुद्धिज़्म' में एक आर्यसंघ नाम के बौद्धभिक्षु की कहानी आती है जिसने एक कुत्ते को लोगों का रास्ता रोककर भौंकते हुए देखा, जिसके शरीर का नीचे का हिस्सा कीड़ों ने खाकर छलनी कर दिया था। दयार्द्र होकर आर्यसंघ ने अपने-आपमें सोचा कि "यदि मैं इस कुत्ते का इन कीड़ों से न छुड़ाऊंगा तो यह गरीब जानवर मर जाएगा और यदि मैं कीड़ों को उसके शरीर से उतारकर परे फेंक दूंगा तो वे बिना आहार के मर जाएंगे।" इसलिए उसने अपने शरीर से कुछ मांस काटा और उस पर कीड़ों को रख दिया।
2. मज्झिम, 65।
3. महापरिनिब्बानसुत्त, 7।

धारण करते हैं, इसलिए कि धार्मिक जीवन में शरीररूपी साधन को लेकर आगे बढ़ सकें।"[1]

बुद्ध ने भिक्षुओं के लिए भी समुचित वस्त्र धारण करने, नियमित भोजन करने तथा आवासस्थान एवं चिकित्सा की व्यवस्था की अनुमति प्रदान की है। वे जानते थे कि शारीरिक कष्ट मन की शक्ति के लिए हानिकारक है, जिसकी आवश्यकता दार्शनिक सत्यों को समझने के लिए है। बुद्ध ने तपस्या के साधनों में परिष्कार किया एवं सत्य तथा अमृत तपस्वी जीवन में भी भेद किया। उन्होंने कतिपय कुत्सित प्रकार की तपस्याओं की महत्ता को भी दूषित ठहराया। यदि चाकू को उसके फल की ओर से पकड़ा जाएगा तो वह हाथ काट लेगा। इसी प्रकार से मिथ्या प्रकार की तपस्या मनुष्य को नीचे गिराती है। उसकी दृष्टि में तपस्या का तात्पर्य जीवन के बन्धनों को काटना नहीं था किन्तु अहंकार या अहंभाव का मूलोच्छेदन था। तपस्वी वह नहीं है जो शरीर को दण्ड देता है किन्तु वह है जो अपनी आत्मा को शुद्ध करता है। ऐसे विषयों से जो हमारी इच्छाओं को पथभ्रष्ट करते हैं, अर्थात् 'सांसारिक चिन्ताएं, धन-सम्पत्ति की छलना, तथा बाह्य पदार्थों की उत्कट लालसा' आदि से, अपने को छुड़ा लेने का नाम ही तपस्या है। उपनिषदों में आता है कि नचिकेता ने उस ब्रह्म को जानने के लिए जो मृत्यु से परे है एवं जीवन में विद्यमान है, आग्रह रखते हुए संसार के क्षणिक सुखों को स्वीकार करने से निषेध कर दिया। प्रत्येक स्वस्थ जीवन के लिए त्याग पर बल देना आवश्यक है। अब गौतमी भिक्षुणी ने बुद्ध से कहा कि मुझे धर्म के सारतत्त्व का उपदेश कीजिए तो बुद्ध ने कहा कि "ऐसी कोई भी शिक्षा जिसके विषय में तू निश्चयपूर्वक कह सकती है कि यह शान्ति के मार्ग पर ले जाने की अपेक्षा वासना की ओर ले जाती है; नम्रता की ओर न ले जाकर अभिमान की ओर ले जाती है; न्यूनतम की अपेक्षा अधिकाधिक की चाह की ओर ले जाती है; एकान्त की अपेक्षा लोकसमाज में रमे रहने की ओर ले जाती है; निष्कपट पुरुषार्थ की अपेक्षा निष्कर्मण्यता की ओर ले जाती है; एक ऐसे मन की अपेक्षा जिसे सन्तुष्ट करना सरल हो, ऐसे मन की ओर ले जाती है जिसे सन्तुष्ट करना कठिन हो—तो हे गौतमी, ऐसी शिक्षा धर्मशिक्षा नहीं है।"[2] एकान्त में ध्यान करना ही आध्यात्मिक शान्ति एवं अनासक्ति प्राप्त करने का एकमात्र साधन है।

बौद्धधर्म के लिए अपने देश के भूतकाल को सर्वथा भुला देना सम्भव नहीं था। बहुत पूर्व के वैदिक समय से लेकर भारतवर्ष में त्याग एवं तपस्या की भावना वाले व्यक्ति विद्यमान रहे हैं जिन्होंने सांसारिक ज़िम्मेदारियों से अपने को सर्वथा पृथक् करके स्वतन्त्र विचरण करने के मार्ग को अपनाया था। उपनिषदों में हमने देखा कि किस प्रकार परब्रह्म के प्रेम में कितने ही व्यक्तियों ने "सन्तानोत्पत्ति की कामना को त्याग दिया, धन-सम्पत्ति के संचय के लिए चेष्टा करनी छोड़ दी, सांसारिक सुखोपभोग की खोज को भी तिलांजलि दे दी, और परिव्राजक बनकर घर से निकल पड़े।" ब्राह्मण-धर्मशास्त्र के नियम-विधान के अनुसार, इन संन्यासाश्रम ग्रहण करने वालों को अधिकार दिया गया था कि वे अपने को सांसारिक कर्त्तव्यों से पृथक् एवं धार्मिक अनुष्ठानों से मुक्त रख सकते हैं। भारत में यह पुरुष आदर्श तपस्वी था जिसके आगे क्या राजा और क्या एक किसान सब समानरूप से मस्तक झुकाते थे; जो राजमार्ग पर, गलियों में एक घर से दूसरे घर बिना कुछ कहे, चुपचाप मौनरूप में, हाथ में भिक्षा-पात्र लेकर चलता था। जैकोबी इन भिक्षुओं के विषय में कहते हैं : "इसमें कोई सन्देह नहीं कि ऐसे भिक्षुओं

1. मिलिन्द, पृष्ठ 73।
2. दाहलके : 'बुद्धिस्ट एसेज', पृष्ठ 215।

के लिए जो नियम बनाए गए थे उन्हें देखकर यह स्पष्ट प्रतीत होता है कि समाज में ईसा पूर्व लगभग आठवीं शताब्दी में इनके लिए एक विशिष्ट स्थान था।" बौद्धभिक्षु ऐसे ही परिव्राजक हैं जिन्होंने दान में मिले भिक्षान्न के ऊपर जीवन-निर्वाह करते हुए, एवं निर्धनता का व्रत लेकर बुद्ध के पवित्र सन्देश को सर्वत्र फैलाने के लिए अपना जीवन अर्पित कर दिया। निःसन्देह बुद्ध यह कभी आशा नहीं करते थे कि सब मनुष्य तपस्वी बन जाएं। बुद्ध ने मनुष्यों को दो श्रेणियों में विभक्त किया है : एक वे जो अब भी संसार एवं उसके जीवन में आसक्त हैं; इनको उन्होंने उपासक अथवा साधारण मनुष्य कहा है। और दूसरे वे जो आत्मनियन्त्रण द्वारा सांसारिक जीवन से मुक्त हो चुके हैं; इन्हें श्रमण अथवा तपस्वी कहा गया है।[1] सांसारिक सद्गुणों के लिए उनके मन में महान आदर था तो भी उनका विश्वास था कि सांसारिक कर्त्तव्यों का पालन प्रत्यक्षरूप में मोक्ष के लिए सहायक नहीं है। "गृहस्थ-जीवन अनेक प्रकार की बाधाओं से परिपूर्ण है—एक ऐसा मार्ग जिसे वासनाओं ने दूषित कर दिया है। वायु की भांति स्वच्छन्द उसका जीवन है जिसने सब सांसारिक वस्तुओं का त्याग कर दिया हो। ऐसे व्यक्ति के लिए जो घर पर रहता है, पूर्ण रूप में उच्चतर एवं पवित्र और उज्ज्वल जीवन-निर्वाह करना कितना कठिन है! इसलिए क्यों न मैं अपने केश व दाढ़ी मुंडाकर और भगवे वस्त्र धारण करके गृहस्थ-जीवन को छोड़कर गृहविहीन दिशा में हो जाऊं।"[2] किन्तु इस विषय में सर्वत्र एक समान विचार नहीं पाया जाता क्योंकि, मज्झिमनिकाय के अनुसार, मनुष्य बिना भिक्षु बने भी निर्वाण प्राप्त कर सकता है। यद्यपि बुद्ध ने कुछेक अस्वास्थ्यकर तपस्या की क्रियाओं को दूषित ठहराया है, यह आश्चर्य की बात है कि बौद्धसंघ के अनुयायियों के लिए जो नियन्त्रण का विधान किया गया है वह ब्राह्मणों द्वारा रचित ग्रन्थों में वर्णित तपस्या के विधान से भी कहीं अधिक कठोर है। यद्यपि वचन अथवा कल्पना के रूप में तो बुद्ध अवश्य यह स्वीकार करते हैं कि बिना कठोर तपस्या के भी मोक्ष प्राप्त किया जा सकता है तो भी क्रियात्मक दृष्टि से उनके अनुसार, लगभग सबके लिए कठोर तपस्या आवश्यक है।

पूर्णता के जीवन को प्राप्त करने के लिए बुद्ध के शिष्य जिस संस्था में सम्मिलित होते हैं ऐसे बौद्धों के भ्रातृमण्डल का नाम संघ है। यह एक धार्मिक संस्था है जिसमें कुछ विशेष व्रत लेने पर और बौद्धधर्म को स्वीकार करने पर ही सदस्यों को प्रविष्ट किया जाता है। बिना किसी अपवाद के यह सबके लिए खुला है। प्रारम्भ में तो बुद्ध ने स्त्रियों के प्रति प्रतिकूल विचार प्रकट किए किन्तु जब आनन्द ने प्रश्न किया कि स्त्री की उपस्थिति में पुरुष को कैसा आचरण करना चाहिए तो बुद्ध ने उत्तर में कहा : "उसकी ओर देखने से बचो...यदि देखना आवश्यक हो तो उसके साथ भाषण मत करो; और यदि बोलना भी आवश्यक जान पड़े तो बहुत चौकन्ने रहो।"[3] जब राजा शुद्धोधन की विधवा रानी ने वानप्रस्थाश्रम का जीवन बिताने का निश्चय किया, और एवं अन्य पांच सौ राजाओं की पत्नियों समेत दीक्षा लेने बुद्ध के पास आई तो बुद्ध ने तीन बार मना किया क्योंकि उनकी सम्मति में उनको प्रविष्ट करने से संघ में सम्मिलित हुए अन्य कितने ही व्यक्तियों के मन डावांडोल हो सकते थे। फिर जब वे अपने घायल पैरों एवं धूलधूसरित वस्त्रों के साथ आईं तो आनन्द ने पूछा : "क्या बौद्धों

1. तुलना कीजिए सेंट फ्रांसिस की भिन्न-भिन्न आश्रम-व्यवस्थाओं के साथ।
2. तेविज्जसुत्त, 1 : 47।
3. महापरिनिब्बानसत्त, 5 : 23।

का जन्म इस संसार में केवल पुरुषों के ही लाभ के लिए हुआ है ? निश्चय ही स्त्रियों को भी लाभ पहुंचाने के लिए हुआ है।" इसके पश्चात् उन्हें संघ में प्रविष्ट कर दिया गया। चूंकि सांसारिक दुःख सब पर एक समान असर रखते हैं, इसलिए उनसे छुटकारा पाने का मार्ग भी उन सबके लिए खुला होना चाहिए। जो उसे स्वीकार करना पसन्द करें। रोगियों, पक्के दुराचारियों, एवं उन लोगों को जिनका प्रवेश उनके वर्तमान अधिकारों में बाधक सिद्ध होगा, यथा योद्धओं, ऋणियों और दासों, तथा जिनके माता-पिता आज्ञा न दें, एवं बच्चों—केवल इन्हें ही प्रवेश से वंचित रखा गया था। संघ भिक्षुओं एवं परिव्राजकों का एक सुसंगठित भ्रातृमण्डल है। ब्राह्मणधर्मानुयायी तपस्वियों का इस प्रकार का कोई सुसंगठित मण्डल अथवा संघ नहीं था। दीक्षित करने के इस प्रकार के प्रयत्न के कारण, जो जानबूझकर बौद्धों ने अंगीकार किया था, इस प्रकार का सुव्यवस्थित कार्य सम्भव हो सका। बौद्धभिक्षु को बचाने या दण्ड देने का अधिकार नहीं दिया गया है। उसका काम चमत्कार-प्रदर्शन करना नहीं है और न ही वह परमेश्वर एवं मनुष्य के बीच में एक माध्यम का काम करता है, बल्कि वह केवल मनुष्य-समाज का नेता है। संघ के अन्दर साधारण गृहस्थ एवं साधु दोनों प्रकार के सदस्य सम्मिलित हैं। गृहस्थ सदस्यों को सिद्धान्त को मानना होता है, जबकि भिक्षु का काम प्रचार करने का है। बौद्धसंघ के नियमों में ब्राह्मणधर्म के विधानों का ही अनुकरण किया गया था, यद्यपि प्रचार के प्रयोजन के लिए उन्हें अपने अनुकूल बना लिया गया था। बुद्ध का अपने शिष्य के साथ अथवा एक बौद्ध भिक्षु का अपने अनुयायियों के साथ ऐसा ही सम्बन्ध था जैसाकि शिक्षक एवं विद्यार्थियों के मध्य होता है।

जन्मपरक जाति की मान्यता के विषय में बुद्ध का क्या रूख था इस विषय में बहुत अधिक मिथ्या कल्पनाएं मिलती हैं। वे इस संस्था का विरोध तो नहीं करते, किन्तु इस विषय में उपनिषदों के दृष्टिकोण को अपनाते हैं। एक ब्राह्मण, अथवा मनुष्य-समाज का नेता, जन्म के कारण ब्राह्मण इतने अधिक अंश में नहीं माना जा सकता जितना कि अपने आचरण के कारण। बुद्ध के समय में जाति-पांति की पद्धति बहुत अस्त-व्यस्त दशा में थी, जिसमें जन्म के आधार पर ही भेद किया जाता था, गुणों के कारण नहीं। "वह ब्राह्मण जिसने सब पापकर्मों को त्याग दिया है, जो अभिमान से रहित है, अशौच से रहित है, आत्मसंयमी है, और ज्ञान का धनी है, जिसने पवित्र जीवन के कर्त्तव्यों को पूरा किया है, केवल ऐसा ही ब्राह्मण वस्तुतः न्यायपूर्वक अपने को ब्राह्मण कहने का अधिकारी है। किन्तु जो क्रोध का शिकार हो जाता है एवं घृणा का भाव रखता है, जो दुरात्मा और दम्भी है, और जो अशुद्ध विचार रखता है एवं प्रवंचक है—ऐसे व्यक्ति का बहिष्कार करना चाहिए, इसी प्रकार जिसके अन्दर जीवधारियों के प्रति करुणा का भाव नहीं वह भी बहिष्कृत होने के योग्य है।" "न तो जन्म से कोई ब्राह्मण है और न जन्म से ही कोई शूद्र; अपने कर्मों से ही मनुष्य ब्राह्मण एवं शूद्र होता है।"[1] पूर्णता प्राप्त करने की शक्ति सब मनुष्यों में होती है। बुद्ध स्वयं उस ज्ञान की पूर्णता का एक दृष्टांत है जिस तक कोई भी पुरुष ध्यान एवं आत्मनियन्त्रण के द्वारा पहुंच सकता है। यह सोचना बेकार है कि कुछ मनुष्यों को भूमिदासवर्ग के रूप में और कुत्सित बने रहने के लिए बनाया गया है एवं अन्यों को धर्मात्मा और ज्ञानवान बने रहने का वरदान मिला हुआ है। इसलिए संघ-व्यवस्था में सब जातियों के व्यक्तियों को लेने का विधान था। कोई भी व्यक्ति बौद्धधर्म ग्रहण कर सकता था और संघ का सदस्य होकर ऊंचे-से-ऊंचा पद प्राप्त कर सकता था। इस प्रकार बुद्ध ने जन्मपरक जाति के भाव का मूलोच्छेदन किया, जिसके

---

1. देखिए वसलसुत्त, वासेट्ठसुत्त, और धम्मपद, अध्याय 26।

कारण आगे चलकर अनेक अमानुषिक घटनाएं होने लगी थीं। किन्तु ब्राह्मणधर्म के लिए भी यह विचार कहीं बाहर से नहीं आया था, क्योंकि वह भी संन्यासी के पद को जन्मपरक जाति से ऊपर मानता था। हम यह नहीं कह सकते कि बुद्ध ने जाति-भेद को एकदम उड़ा दिया, क्योंकि बौद्धधर्म आभिजात्य ही है। यह ऐसी जटिलताओं से भरा है जिन्हें केवल विद्वान पुरुष ही समझ सकते हैं, और बुद्ध के मन में बराबर श्रमण एवं ब्राह्मण ही रहते थे। उनके प्रथम दीक्षित शिष्यों में ब्राह्मण, पुरोहित एवं वाराणसी के धनी घरानों के युवक थे। हम यह भी नहीं कह सकते कि बुद्ध ने कोई सामाजिक क्रांति उत्पन्न की। क्योंकि यहां तक कि ब्राह्मण-परिवार में जन्म लेना भी, बुद्ध के मत में, पुण्य के पुरस्कार का ही परिणाम है।[1] वे एक धार्मिक सुधारक अवश्य थे क्योंकि उन्होंने निर्धन एवं निम्नश्रेणी के व्यक्तियों के लिए भी ईश्वर के राज्य में स्थान प्राप्त करा दिया। "आज तक भी जो यह विचार प्रचलित पाया जाता है कि बौद्धमत एवं जैनमत सुधारक आन्दोलन थे और विशेषकर उक्त दोनों मतों ने जन्मपरक जाति के अत्याचार के विरुद्ध विद्रोह किया, बिलकुल भ्रममूलक है। इन मतों का विरोध केवल इस विषय में था कि केवल ब्राह्मण ही एकमात्र तपस्वी हो सकता है, किन्तु जन्मपरक जाति अपने पूर्वरूप में उनके क्षेत्रों से बाहर विद्यमान थी और उसे इन दोनों मतों ने भी मान्यता प्रदान की थी। और इन दोनों सम्प्रदायों के अपने अन्दर भी यद्यपि कहने के वास्ते तो वे सबके लिए खुले थे लेकिन प्रारम्भ में प्रवेश क्रियात्मक रूप में ऊंचे वर्णों तक ही परिमित था। उक्त दोनों सम्प्रदायों का व्यवहार ब्राह्मणों की पुरोहित-संस्था के प्रति कैसा रहा इस विषय में जानने के लिए यह बात भी विशेष ध्यान देने के योग्य है कि धार्मिक विषयों में उनके गृहस्थ अनुयायी और विषयों में भले ही उनसे आदेश ग्रहण करते हों, किन्तु जन्म, विवाह एवं मृत्यु आदि के संस्कारों में उन्हें पुराने ब्राह्मण पुरोहितों का ही आश्रय लेना पड़ता था।"[2] बुद्ध कोई सामाजिक सुधारक नहीं थे। उन्होंने प्रगाढ़रूप में अनुभव किया कि दुःख का स्वार्थपरता के साथ गठबन्धन है और इसलिए उन्होंने एक नैतिक एवं मानसिक अनुशासन का उपदेश दिया जिससे कि इस आत्मप्रवंचना का जड़-मूल से उच्छेदन किया जा सके। "बुद्ध का पूरा उत्साह दूसरे लोक के प्रति था। इस लोक के आधिपत्य के लिए कोई उद्दीप्त, उत्साह उनके मन मे नहीं था, जिसकी आवश्यकता एक समाजसुधारक या राष्ट्र के नेता को ही सकती है। उस प्रकार के उत्साह को बुद्ध ने कभी जाना ही नहीं, और बिना उस प्रकार के उत्साह के कोई भी अपने-आपको दलितों का उद्धारकर्ता तथा अत्याचार करने वालों के विरुद्ध एक वीर रूप में प्रतिष्ठित नहीं कर सकता। राष्ट्र एवं समाज की इस प्रकार के क्षेत्र में कोई चिन्ता न थी। बुद्ध ने उधर ध्यान नहीं दिया। ऐसे धर्मात्मा पुरुष का जिसने भिक्षु का बाना धारण कर संसार को त्याग दिया है, संसार की चिन्ताओं में अथवा उसके कार्यकलाप में कोई भाग नहीं है। जन्मपरक जाति का उसके लिए कोई महत्त्व नहीं है, क्योंकि प्रत्येक सांसारिक विषय उसके लिए अब किसी प्रयोजन का नहीं रह गया। किन्तु उसके मन में यह कभी नहीं आता कि उसे जगत् के नाश के लिए अपने प्रभाव का प्रयोग करना चाहिए, अथवा उन व्यक्तियों के लिए जो सांसारिक नियमों में कुछ शिथिलता लाने का प्रयत्न करना चाहिए।"[3] विचार के क्षेत्र में उपनिषदों एवं बौद्धधर्म दोनों ने ही जन्मपरक

1. देखिए हार्डी : 'मैन्युएल आफ बुद्धिज़्म', पृष्ठ 446।
2. होरनल : कैल्कटा रिव्यू, 1898, पृष्ठ 320।
3. ओल्डनबर्ग : 'बुद्ध', पृष्ठ 153-154।

जाति की सख्तियों के विरुद्ध विरोध प्रकट किया। दोनों ने ही गरीब एवं साधारण व्यक्ति के लिए भी ऊंचे-से-ऊंचा आध्यात्मिक पद प्राप्त करने का मार्ग खोल दिया, किन्तु दोनों में से किसी ने भी वैदिक संस्थाओं एवं क्रियाओं का उच्छेदन नहीं किया, यद्यपि इस विषय में बौद्धधर्म ब्राह्मण धर्म की अपेक्षा अधिक सफल रहा। किन्तु समाज-सुधार की प्रबल भावना उस समय के उत्तम से उत्तम विचारक के भी मन में कभी नही आई। लोकतन्त्र समाज-सुधार की आधुनिक प्रेरणा है।

हम पहले कह चुके हैं कि बुद्ध ने घरेलू संस्कारों एवं रीति-रिवाजों में कोई बाधा नहीं डाली, जो वैदिक नियमों के अनुसार वैसे ही चलते रहे।[1] जहां तक सिद्धान्त के विषय में वेदों की प्रामाणिकता का सम्बन्ध है, बुद्ध ने उसे सर्वथा अस्वीकार किया। एक ही श्वास में उन्होंने समस्त सामान्य अथवा गुह्य सिद्धान्तों को, जो प्रचलित थे, ठुकरा दिया। "हे शिष्यो, ऐसी तीन वस्तुएं हैं जिनका स्पष्टवादिता से नहीं गुप्तता से सम्बन्ध है—स्त्रियां, पुरोहिताई एवं मिथ्या सिद्धान्त।"[2] "मैंने सत्य का प्रचार करने में कभी सामान्य एवं दीक्षित व्यक्तियों के लिए गुह्यागुह्य सिद्धान्तों में कोई भेद नहीं रखा है, क्योंकि सत्य के विषय में, हे आनन्द, तथागत ने एक ऐसे शिक्षक के समान जो कुछ न कुछ छिपाकर रखता है, कभी अपनी मुट्ठी बन्द नहीं रखी।"[3] बुद्ध स्वयं भी वेदों के निन्दक थे। उन्होंने वेदों के उस भाग का स्पष्ट रूप में विरोध किया जो यज्ञों में पशुहिंसा का विधान करता था। कम से कम गीतगोविन्द के प्रणेता जयदेव, एवं भक्तिशतक के—जिसे बुद्धशतक भी कहते हैं—रचयिता रामचन्द्र भारती का यही मत है।

15. कर्म एवं पुनर्जन्म

कर्म का विधान कहीं बाहर से आरोपित नहीं किया गया है बल्कि यह हमारी अपनी ही प्रकृति में कार्य करता है। मानसिक आदतों का निर्माण, बुराई की ओर बढ़ती हुई प्रवृत्ति, आवृत्ति का दृढ़ होता जाने वाला प्रभाव—जो आत्मा की सशक्त स्वतन्त्रता की जड़ खोखली करता है, हम चाहे इसे जानें या न जानें—ये सब कर्मविधान के अन्तर्गत समझे जाते हैं। हम अपने कर्मों के फल भोगने से बच नहीं सकते। भूतकाल वास्तविक अर्थों में वर्तमान एवं भविष्यत् को जन्म देता है। यह कर्मविधान का ही सिद्धान्त है जो मानवीय सम्बन्धों में न्याय करता है। "यह कर्मो में भेद के कारण है कि जिससे सब मनुष्य एक समान नहीं हैं। किन्तु कुछ मनुष्य दीर्घजीवी होते हैं तो कुछ अल्पजीवी, कुछ स्वस्थ होते हैं तो कुछ रोगी रहते हैं आदि-आदि।[4] इस व्याख्या के बिना मनुष्य अपने-आपको घोर अन्याय का शिकार होते हुए अनुभव करेंगे। दुःख भोगने वाले की भी यह इस रूप में सहायता करता है कि वह अनुभव करता है कि दुःख भोगने से वह एक पुराना ऋण उतार रहा है। और सुखी पुरुष को भी यह नम्र बनाता है क्योंकि वह फिर अच्छे कार्य करेगा, जिससे कि वह फिर सुखभोग के योग्य हो सके। जब एक पीड़ित शिष्य बुद्ध के पास अपने फटे हुए माथे को लेकर और ज़ख्मों से खून बहाते हुए आया तो बुद्ध ने उससे कहा : "इसे ऐसा ही रहने दो। हे अर्हत्...तुम अब अपने कर्मों के फल को भोग रहे हो, जिसके लिए अन्यथा तुम्हें पापमोचनस्थान में शताब्दियां लग

1. देखिए भण्डारकर—'ए पीप इनटू द अर्ली हिस्टरी आफ इण्डिया'।
2. अंगुत्तरनिकाय।
3. महापरिनिब्बानसुत्त।
4. मिलिन्द। देखिए मज्झिम, 3 : 203, और बुद्धघोष : अत्थसालिनी, पृष्ठ 88।

जातीं।" कर्मविधान वैयक्तिक उत्तरदायित्व पर एवं भविष्य जीवन की यथार्थता पर बल देता है। यह इस बात को मानता है कि पाप का फल पापी की सामाजिक स्थिति के ऊपर निर्भर करता है। यदि कोई दुर्बल मनवाला मनुष्य, जिसका नैतिक आचरण भी दुर्बल है, कोई बुरा काम करता है तो वह नरक में जाता है। यदि कोई सज्जन पुरूष कोई बुरा काम करता है तो वह इसी जीवन में थोड़ा-सा दुःख पाकर ही बच सकता है। "यह इस प्रकार है कि यदि कोई मनुष्य पानी के एक प्याले में नमक का एक ढेला डाल दे तो पानी नमकीन हो जाएगा और पीने के योग्य न रहेगा। किन्तु यदि उसी नमक के ढेले को गंगा में डाला जाए तो गंगा का पानी प्रत्यक्ष रूप में जरा भी दूषित न होगा।[1]

कर्म का सिद्धान्त बौद्धधर्म से बहुत पुराना है, यद्यपि इसकी युक्तियुक्तता परिणति के दर्शन में मिलती है। कारणों एवं कार्यों की एक लम्बी श्रृंखला में मनुष्य केवल अस्थायी कड़ियों के समान है जहां कोई भी कड़ी शेष कड़ियों से पृथक् नहीं है। किसी भी व्यक्ति का इतिहास उसके इस जन्म से ही प्रारम्भ नहीं होता है बल्कि युगों से बन रहा होता है।

जब कर्म को ही सर्वोपरि सिद्धान्त—यहां तक कि देवताओं एवं मनुष्यों से भी ऊपर मान लिया जाता है, तब मनुष्य की चेष्टा एवं प्रेरणा का कहीं स्थान-निर्देश करना कठिन हो जाता है। यदि उस सबका जो हो रहा है या होगा, निर्णायक कर्म ही है तो यह समझना कठिन हो जाता है कि मनुष्य जो करता है उस पर विचार क्यों किया जाए। उसे कर्मविधान के अनुकूल कार्य करना ही पड़ेगा इसके अतिरिक्त उसके पास और कोई चारा नहीं। मोक्ष घटनाक्रम के लिए मौन स्वीकृति देने का ही दूसरा नाम है। विचारधारा के इतिहास में इस प्रकार का भाव बार-बार उठता है। यूनानी विद्वानों की सम्मति में, नियति की अपरिवर्तनशीलता ऐसी है जो मनुष्य एवं देवताओं से भी ऊंची है और जिसमें पुरुषार्थ अथवा प्रार्थना द्वारा कोई परितर्वतन नहीं लाया जा सकता। वही भयावह भाग्य (देव) काल्विन के धार्मिक विश्वास में भी प्रकट होता है एवं इस्लामधर्म में यही किस्मत कहलाता है। किसी व्यक्ति को भी इस विषय का पता नहीं हो सकता, यहां तक कि बुद्ध से भी नहीं पता लग सकता कि उनके भाग्य में पहले से क्या है अथवा यह कि क्या उन्होंने पर्याप्त मात्रा में पुण्यकार्य किया है जिससे वे योग्य बन सके। हम स्वीकार करते हैं कि बुद्ध ने कर्मस्वातन्त्र्य के विषय में कोई स्पष्ट उत्तर नहीं दिया है, वरन् इसे कल्पना का विषय बनाकर यों ही छोड़ दिया है। फिर भी उनकी पद्धति में स्वतन्त्र कर्म की संभावना के लिए गुंजाइश है एवं समस्त कर्मविधान के ऊपर विजय प्राप्त करने की भी गुंजाइश है।[2] अन्यथा उन्होंने शक्ति-भर प्रयत्न करने एवं घृणा और मिथ्याज्ञान के विरुद्ध संघर्ष करने पर जो बार-बार बल दिया है उसकी संगति कर्मस्वातन्त्र्य के निषेध के साथ नहीं हो सकती। उनकी योजनाओं में पश्चात्ताप या प्रायश्चित, अर्थात् संवेग का स्थान है। निम्नलिखित सुझाव हमें इस योग्य बना सकते हैं कि हम कर्मस्वातन्त्र्य एवं कर्मविधान का परस्पर समन्वय कर सकें। निश्चित परिणाम के समर्थन में आधुनिक विचारधारा में भी मुख्य तर्क कारणकार्यभाव से ही आता है। बौद्धधर्म के अनुसार, कर्म एक यान्त्रिक सिद्धान्त नहीं है वरन् स्वरूप में ऐन्द्रिय है। आत्मा बढ़ती है और विस्तृत होती है। यहां आत्मा नहीं है अपितु एक विकसित होती हुई चेतना है, जो अवस्थाओं की श्रृंखला में विस्तृत हो जा सकती है। यद्यपि वर्तमानकाल का निर्णय भूतकाल से होता है,

1. अंगुत्तरनिकाय, 1 : 249।
2. देखिए मिलिन्द, 4 : 8, 39-41।

भविष्य फिर भी हमारे आगे चुनाव के क्षेत्र के रूप में खुला है जिसे हम स्वेच्छा की प्रेरणा के ऊपर निर्भर कर सकते हैं। और भूतकाल द्वारा वर्तमान का निर्णय भी केवल यान्त्रिक नहीं। कर्मविधान हमें बतलाता है कि भूतकाल और वर्तमान के मध्य में तारतम्य है और यह कि वर्तमानकाल भूतकाल के साथ अनुकूलता रखता है। इसका अर्थ यह नहीं कि वर्तमानकाल भूतकाल की ही सम्भव उपज है। "हे पुरोहितों ! यदि कोई कहता है कि मनुष्य को अपने कर्मों का फल अवश्य ही भोगना पड़ेगा तब ऐसी अवस्था में कोई धार्मिक जीवन नहीं रह सकता, और न ही कोई अवसर दुःख के सर्वथा विनाश के लिए उपस्थित हो सकता है। किन्तु हे पुरोहितों ! यदि कोई मनुष्य ऐसा कहता है कि मनुष्य को अपने कर्मों के अनुकूल ही पुरस्कार मिलता है तो उस अवस्था में धार्मिक जीवन की सम्भावना है और दुःख के सर्वथा विनाश का भी अवसर प्राप्त हो सकता है।[1] कर्मविधान की यान्त्रिक मिथ्या व्याख्या का नीतिशास्त्र एवं धर्म के साथ विरोध है, यथार्थ व्याख्या का नहीं।

इस समस्या में सारी कठिनाई बुद्ध के दृष्टिकोण के मनोविज्ञानयुक्त और तर्कसम्मत होने के कारण है। आत्मा का विश्लेषण करके उसे गुणों, प्रवृत्तियों एवं चित्तवृत्तियों का पुंज बनाना मनोविज्ञान के लिए बिलकुल युक्तियुक्त हो सकता है, जिसका उद्देश्य भी परिमित हो। मनोविज्ञान के आगे, जो मानसिक अनुभवों के उद्‌भव एवं वृद्धि के कारण का पता लगाकर उनके मध्य कारणकार्यसम्बन्ध की स्थापना करता है, एक नियति का विचार टिक सकता है। किन्तु वहीं नियति-सम्बन्धी विचार आत्मा की सम्मिलन रूपी रचना की ठीक-ठीक व्याख्या कभी नहीं कर सकता। यदि हम विषयीनिष्ठ अवयव पर बल न दें जिस सिद्धान्त के कारण की मानसिक तथ्य हो सकते हैं तो हमारी आत्मा के स्वरूप की व्याख्या मिथ्या होगी। जब हम आत्मा को उसके तत्त्वों से पृथक् कर देते हैं तो यह केवल तार्किक दृष्टि से एक अमूर्तभावात्मक पदार्थ रह जाता है जो हमारी क्रियाओं का निर्णायक नहीं हो सकता। हमारी सम्पूर्ण आत्मा किसी भी क्षण में हमारी क्रिया की प्रमाता (विषयी) है और इसमें अपने भूतकाल को अतिक्रमण करने की योग्यता है। तत्त्वविहीन आत्मा एक निर्गुण एवं ऊसर भूमि की भांति है, क्योंकि ये तत्त्व ही तो हैं जो आत्मा के सहारे के बिना नियति को पूर्णता प्रदान करते हैं, चूंकि संहत या राशीभूत आत्मस्वातन्त्र्य एक तथ्य है। यह कथन कि बिना कारण के कुछ नहीं होता, इस मत के साथ कि आत्मा की वर्तमान अवस्था का कारण बन सकती है, असंगत नहीं है। बौद्धधर्म का विरोध केवल अनियतिवाद के इस अवैज्ञानिक मत के साथ है जो यह कहता है कि मनुष्य के कार्य उसके उद्देश्यों से ही संचालित नहीं होते और जिसके अनुसार स्वतन्त्र इच्छाशक्ति एक ऐसी अपरिमित शक्ति है जो किसी न किसी प्रकार से मन के सुव्यवस्थित कार्य-सम्पादन में बाधा देती है। इस संसार में यान्त्रिक विधान से भी ऊपर कुछ है, यद्यपि व्यक्तिगत विचारों एवं इच्छाओं का एक सम्पूर्ण प्राकृतिक इतिहास भी है। इस प्राकृतिक प्रक्रिया की व्यवस्था एवं आत्मिक वृद्धि को कर्म स्वीकार करता है। पुरुषार्थ के उत्तरदायित्व को दूर करने अथवा पुरुषार्थ को अयथार्थ ठहराने का अभिप्रायः नहीं है, क्योंकि बिना पुरुषार्थ के कोई बड़ा काम सम्पन्न नहीं हो सकता।

यह बताया गया है कि उच्चतम अवस्था प्राप्त कर लेने पर फिर कर्म का कोई असर नहीं रहता। भूतकाल के सब कर्म अपने फलों समेत सदा के लिए विलुप्त हो जाते हैं। मोक्ष की अवस्था भले एवं बुरे दोनों से परे है। प्रायः यह कहा जाता है कि नैतिकता या सदाचार

1. अंगुत्तरनिकाय, 3 : 99।

का सर्वातिशायी महत्त्व कुछ नहीं रह जाता, क्योंकि परम आनन्द की प्राप्ति में नैतिक कर्म बाधक हो सकते हैं, कारण कि उनका पुरस्कार भी अनिवार्यरूप में मिलना निश्चित है, और इस प्रकार उन्हीं के कारण जीवन का चक्र बराबर बना रहेगा। इसलिए इस जीवन से छुटकारा पाने के लिए पुण्य एवं पाप दोनों ही प्रकार के कर्मों से दूर रहना होगा। समस्त नैतिक आचरण अन्तिम लक्ष्य के लिए तैयारी है। जब आदर्श प्राप्त हो गया तो संघर्ष भी समाप्त हो जाता है। फिर भविष्य-जीवन में किसी कार्य का फल मिलने को नहीं है। यह उपनिषद् का सिद्धान्त है कि मुक्तात्मा पुरुष जो भी कार्य करता है वह अनासक्ति के भाव से करता है। सब प्रकार के कर्म अपना फल नहीं देते, वरन् ऐसे ही कर्मों का फल मिलता है जो स्वार्थपरक इच्छा को लेकर किए जाते हैं। इसलिए मोक्ष की उच्चतम दशा नैतिक नियमों एवं कर्मविधान के कार्यक्षेत्र से भी परे है। फिर भी नैतिकता या सदाचार का एक प्रकार का ऐन्द्रिय सम्बन्ध अन्तिम लक्ष्य के साथ है।

घूर्णमान चक्र उन जीवनों की श्रृंखला का प्रतीक है जिनका निर्णय कर्मों के सिद्धान्त के आधार पर होता है। पुराने जीवन का विलय ही नये जीवन का निर्माण है। मृत्यु केवल ज्वालाओं में पल रहा जन्म का एक रूप है, इसके अतिरिक्त और कुछ नहीं। जीवन-भर परिवर्तन होते रहते हैं। जन्म एवं मृत्यु मौलिक परिवर्तन हैं, जिन्हें हमने नाम दे दिया है। जब उन कार्यों का पुंज जिनका फल इस जन्म में मिलने को है, समाप्त हो जाता है तो मृत्यु आती है। जीवन का चक्र हमारे सम्मुख नये अवसर उपस्थित करता है, जिनमें यदि हम चाहें तो अपने भाग्य को उन्नत कर सकते हैं। इस जीवन के चक्र में केवल मनुष्य ही नहीं अपितु समस्त जीवित प्राणी सम्मिलित हैं जो निरन्तर ऊंचे चढ़ते एवं नीचे गिरते रहते हैं।

ब्राह्मण या पौराणिक धर्म की कल्पना का अनुसरण करते हुए बुद्ध दुरात्मा व्यक्तियों के लिए नरक एवं अन्य अपूर्ण व्यक्तियों के पुनर्जन्म की व्यवस्था करते हैं। स्वर्ग की कल्पना को उन्होंने स्वीकार किया है। "मृत्यु के पश्चात्, शरीर के विलय हो जाने पर सुकृत आचरण वाले व्यक्ति का जन्म स्वर्ग में किसी सुखी अवस्था में होता है।"[1] किसी-किसी स्थान पर ऐसा भी होता है कि पुनर्जन्म होने से पूर्व स्वर्ग एवं नरक में कुछ-कुछ अस्थायी रूप में रहना होता है। आदिबौद्धधर्म ने जातकों के द्वारा पुनर्जन्म के भावों को प्रचारित किया जिनमें वर्णन किया गया कि किस प्रकार पूर्वजन्मों में बुद्ध ने आत्मत्याग के अनेक कर्मों द्वारा अपने-आपको पाप के साथ संघर्ष करते हुए, बोधिवृक्ष के नीचे, अन्तिम विजय के लिए सन्नद्ध किया था। यह कहा जाता है कि यदि हम अलौकिक शक्तियों का विकास कर सकें तो हम भी अपने प्रत्येक पूर्वजन्मों की अनन्त श्रृंखला का साक्षात्कार कर सकते हैं।

बौद्धधर्म में आत्मा के देहान्तरगमन का कोई स्थान नहीं है और न ही एक जीवन से दूसरे जीवन में जाने का कोई विधान है। जब मनुष्य मर जाता है तब उसका भौतिक शरीर, जो उसके भौतिक जीवन का आधार है, छिन्न-भिन्न होकर विलय को प्राप्त हो जाता है एवं उसका भौतिक जीवन समाप्त हो जाता है। नए जीवन में आने वाला व्यक्ति वह नहीं है जो मर गया था किन्तु दूसरा ही है, क्योंकि आत्मा तो है नहीं जो दूसरे शरीर में प्रवेश करे। यह केवल चरित्र ही है जो बराबर रहता है।[2] मृत्यु की घटना द्वारा जो दो जन्मों में पृथकता आती है उनके मध्य में कर्म की निरन्तरता किस विशेष विधि के द्वारा स्थिर रहती है, इस विषय

1. महापरिनिब्बान, 1 : 24।
2. देखिए अभिधर्मकोष, 3 : 24।

का कोई भी समाधान बौद्धधर्म में नहीं किया गया। बौद्धधर्म केवल इसे मान लेता है कि कर्म की निरन्तरता रहती है। हमें बताया जाता है कि पूर्वानुपर जीवन प्राकृति कारणकार्यभाव की श्रृंखला से जुड़ा रहता है। शेष बचा हुआ कर्मस्वरूप एक नये व्यक्तित्व का निर्माण करता है जो अपने-आप ऐसे जीवन की अवस्था की ओर आकर्षित हो जाता है कि जिसके वह योग्य है। यह भी कहा जाता है कि कर्म के सामर्थ्य के कारण मरते हुए मनुष्य की चेतना एक ऐसी श्रृंखला को उत्पन्न करती है अथवा प्रारंभ करती है जिसके साथ एक सूक्ष्म शरीर भी सम्पृक्त रहता है, जिसका अन्तिम भाग किसी न किसी गर्भाशय में जाकर अपना स्थान बना लेता है।[1] इस विषय का कि उसे किसके गर्भ में जाना है, अवयव साधारणतः वह अन्त समय का विचार रहता है जोकि मरते हुए व्यक्ति के नैतिक एवं बौद्धिक जीवन का सारतत्त्व होता है। यह वह शक्ति है जो मरने के समय नया जन्म ग्रहण करने की इच्छा है। केवल यह कर्म अथवा कर्मों से उत्पन्न होने वाली शक्ति ही आवश्यक नहीं अपितु उपादान का होना भी आवश्यक है, जिसका आशय जीवन में लिप्त रहना है। चूंकि जीवन एक प्रकार की सम्मिश्रित सत्ता है, इसलिए पृथक्-पृथक् अवयव यदि एक साथ सम्मिश्रित न हों तो जीवन न बन सकेगा। एक कार्यकारी शक्ति का रहना भी आवश्यक है जो भिन्न-भिन्न अवयवों को फिर से एकसाथ एकत्र कर सके। इसी आकर्षण-शक्ति के दबाव से, जिसे उपादान कहा जाता है, एक नया सम्मिश्रण तैयार होता है। बिना इसके कर्म भी कुछ नहीं कर सकता। कर्म एक सूचना देने वाला तत्त्व है, जो अपने लिए उचित सामग्री की प्रतीक्षा करता रहता है।

''क्योंकि जब किसी जीवन में कोई व्यक्ति मृत्यु के आधार पर पहुंचता है, चाहे प्राकृतिक घटनाक्रम से हो चाहे हिंसा द्वारा हो; और जब असह्य एवं मरणान्तक पीड़ाओं के एकत्र समुदाय के कारण शरीर के सब बड़े व छोटे सदस्य शिथिल पड़कर एवं जोड़ों एवं स्नायुजल में मुड़कर अलग होने लगते हैं; और यह शरीर धूप में पड़े ताड़पत्र के समान शनैः-शनैः सूखने लगता है; और आंख आदि अन्य सब इन्द्रियां भी काम करना बन्द कर देती हैं; और संवेदनशक्ति किंवा सोचने की शक्ति और जैवशक्ति सब अपने अन्तिम आश्रयस्थान हृदय के अन्दर आ जाती हैं—तब उस अन्तिम शरणाश्रय अर्थात् हृदय में निवास करने वाली चेतना, जिसे क्षमता भी कह सकते हैं, कर्म के बल से विद्यमान रहती है। यह कर्म उस वस्तु को जिसके ऊपर यह निर्भर करता है, अपने अन्दर समवेत एवं स्थिर रखता है, और इससे पूर्व के वे कर्म भी सम्मिलित रहते हैं जो अधिक महत्त्व के हैं, और बार-बार अभ्यास में आए होंगे तथा इस समय अधिक सन्निकट हैं, अथवा यही कर्म अपना अथवा नवीन जीवन की आकृति का पूर्वाभास देता होगा जिसमें अभी जाना है, और इसी विषय को लक्ष्य में रखने के कारण चेतना अपना अस्तित्व स्थिर रखती है।

''चूंकि चेतना अभी भी विद्यमान है यहां तक कि इच्छा एवं अज्ञान अभी भी दूर नहीं हुए और उद्देश्य का अशुभ भाग अभी भी अज्ञान के कारण छिपा हुआ है, इच्छा के द्वारा चेतना का झुकाव जीवन रूपी लक्ष्य की ओर करा दिया जाता है; और कर्म जो चेतना के साथ-साथ ही आ गया, इसे उक्त उद्देश्य की ओर अग्रसर करता है। यह चेतना उस श्रृंखला के अन्दर रहते हुए जिसका झुकाव इच्छा के कारण उक्त उद्देश्य की ओर है और जिसे कर्म ने इसकी ओर अग्रसर किया है, एक खाई के ऊंचे किनारे पर के वृक्ष से लटकती रस्सी के

1. देखिए पूसीं—'द वे टु निर्वाण', पृष्ठ 83-84।

सहारे झूलने वाले मनुष्य के समान अपने पहले विहित स्थान को छोड़ती है और दृश्यमान पदार्थों के ऊपर निर्भर करती हुई अपनी स्थिति को संभाले रहती है एवं कर्म द्वारा निर्मित अन्य किसी विहित स्थान पर प्रकाशित होती भी है और नहीं भी होती। यहां पर चूंकि पहली चेतना अब नहीं रही, इसलिए कहा जाता है कि अमुक मनुष्य अब इस संसार में नहीं रहा, और परवर्ती चेतना चूंकि नये जीवन में फिर से उत्पन्न होती है इसलिए उसे हम पुनर्जन्म कहने लगते हैं। किन्तु यह समझ लेना चाहिए कि यह परवर्ती चेतना नये जीवन में पूर्वचेतना से नहीं आई, और यह कि यह केवल पूर्वजन्म में वर्तमान कारण से ही अर्थात् कर्म अथवा क्षमता एवं झुकाव (नया जन्म लेने की प्रवृत्ति) से ही वर्तमान जीवन में प्रकट हुई है।"[1]

जीवन की भिन्न-भिन्न योनियों का वर्णन किया गया है, अर्थात् एक ओर पशु, प्रेतात्मा एवं मनुष्ययोनि और दूसरी ओर देवता तथा नरक के प्राणी अथवा दानव।[2] दूसरे विभाग की योनियां आभास या छाया मात्र हैं, और उनकी जन्मविषयक चेतना ही असंगठित प्रकृति के अन्दर से अपने शरीर का निर्माण कर सकती है। पशु, प्रेतात्मा और मनुष्य की योनियों के लिए जीवनधारण-सम्बन्धी चेतना के लिए विशेष भौतिक अवस्थाओं का विद्यमान रहना आवश्यक है और यदि मृत्यु के क्षण में वे अवस्थाएं उत्पन्न न हो सकीं तब मृत्युसमय की चेतना नये जन्म की चेतना के रूप में तुरन्त आगे नहीं चल सकती। ऐसे व्यक्ति के लिए गन्धर्वयोनि में एक अल्पकालिक मध्यवर्ती जन्म में होने का विधान बनाया गया है। यह गन्धर्व एक देहविहीन आत्मा के समान यथासम्भव शीघ्र ही गर्भाधान-सम्बन्धी घटकों की सहायता से उपयुक्त भ्रूण का निर्माण कर देता है।

निरन्तरता का कारण-कार्य-सम्बन्धी समाधान ही पुनर्जन्म का भी समाधान कर देता है। जिस व्यक्ति ने नया जन्म धारण किया है वह मृत मनुष्य के कर्म का उत्तराधिकारी है, किन्तु तो भी है वह एक नया प्राणी। स्थायी साम्यता न रहने पर भी अभावात्मक विच्छेद भी तो नहीं है। नया प्राणी वह है जो उसे उसके कर्मों ने बनाया है। कर्म के अनुजीवन के इस सिद्धान्त की चर्चा उपनिषद् में भी—बृहदारण्यक उपनिषद् में आर्तभाग और याज्ञवल्क्य के मध्य हुए संवाद में—आती है।

बौद्धधर्म की मुख्य प्रवृत्ति तो कर्म को अनुजीवी घटक बताने की है किन्तु ऐसे संकेत भी मिलते हैं जिनसे प्रकट होता है कि विज्ञान का भी यही कार्य बताया गया है, अर्थात् विज्ञान के कारण पुनर्जन्म होता है। "हम आज जो कुछ भी हैं, अपने विचारों के परिणामस्वरूप हैं।" विज्ञान को वास्तविक अर्थों में "हमारी आत्मा का सारतत्त्व बताया गया है।"[3] यह कथन केवल यह बताने के लिए है कि विज्ञान और कर्म में कितना घनिष्ठ सम्बन्ध है और इसी प्रकार विचार और इच्छाशक्ति में भी। व्यक्तित्व के विनाश के साथ-साथ दुःख समाप्त हो जाता है। कर्म के ही कारण जीवन की प्रक्रिया निरन्तर चलती रहती है। इसलिए जब कर्म पूर्णतया अपने फल दे चुकता है तो जीवन का भी अन्त हो जाता है।

---

1. बुद्धघोष का विसुद्धिमग्ग, अध्याय 17; देखिए वारेन : 'बुद्धिज़्म इन ट्रांसलेशन्स', पृष्ठ 238-239। मध्यकाल के बौद्धधर्म के मनोविज्ञान ने पुनर्जन्म अथवा गर्भधारण, या पतिसंधि, की व्याख्या का जो प्रयास किया है उसके उदाहरक के लिए हम पाठकों से कहेंगे कि वे श्री औंग के अनुरुद्धकृत अभिधम्मत्थसंग्रह के अनुवाद और विशेषकर उसके प्रस्तावनारूप निबन्ध को देखें।
2. देखिए औंग एवं रीज़ डेविड्स : 'कम्पेंडियम आफ फिलासफी', पृष्ठ 137-139।
3. यह जानने योग्य विषय है कि ह्यूम के मत में भी वैयक्तिक समता केवल परस्पर-सम्बद्ध विचारों की शृंखला के साथ विचारधारा की धीर एवं अबाधित प्रगति से ही उत्पन्न होती है।

16. निर्वाण

"अब हम दुःख के निवारणरूप आर्यसत्य का प्रतिपादन करेंगे। यथार्थ में यह मृत्यु ही है क्योंकि इस अवस्था में कोई वासना शेष नहीं रहती, यह एक उत्कट अभिलाषा रूपी तृष्णा का त्याग है—उससे विरहित हो जाना एवं उससे मुक्ति पा जाना, तभी इसके आगे उसे पास न फटकने देने का ही नाम निर्वाण है।" बुद्ध ने कभी निर्वाण के वास्तविक स्वरूप के सम्बन्ध में किसी प्रथा का प्रत्यक्ष विध्यात्मक उत्तर नहीं दिया। उन्होंने अनुभव किया कि उनके जीवन का उद्देश्य परमानन्द अथवा ईशकृपा के रहस्यों का उद्घाटन न होकर मनुष्यों को उसका साक्षात् अनुभव कराना ही था। उनके सम्मुख सबसे मुख्य विषय, जिसके अन्दर सब कुछ आ जाता है, दुःखमय जीवन की समस्या को हल करना था। 'निर्वाण' शब्द का अर्थ है बुझ जाना अथवा ठंडा होना। बुझ जाने से विलोप हो जाने का संकेत है। ठंडा हो जाने का तात्पर्य है सर्वथा शून्यभाव नहीं बल्कि केवल ऊष्णतामय वासना का नष्ट हो जाना। "मन का मुक्त हो जाना ऐसा ही है जैसाकि एक ज्वाला का बुझ जा।।"[1] निर्वाण से उपलक्षित जीवन के इन विधिनिषेधात्मक, एक ही परम या निरपेक्ष अवस्था के दो भिन्न-भिन्न पक्षों को केवल समझा जा सकता है, किन्तु विचारधारा की परिभाषा में इसकी सही-सही परिभाषा नहीं की जा सकती। हर हालत में बौद्धधर्म के अनुसार, निर्वाण का स्वरूप ईश्वर की कृपा से उसका साहचर्य नहीं है क्योंकि उसका तात्पर्य होगा कि जीवित रहने की इच्छा बराबर बनी रहे। अनेक वाक्यों से यही ध्वनित होता है कि बुद्ध का आशय केवल मिथ्या इच्छा का विनाश करना था, जीवनमात्र का विनाश करने से नहीं था। कामवासना, घृणा एवं अज्ञान के नाश का नाम ही निर्वाण है। निर्वाण के केवल इन्हीं अर्थों में हम पैंतीस वर्ष की अवस्था में बुद्ध की बोधि या सत्यज्ञान की प्राप्ति का आशय भली प्रकार समझ सकते हैं, क्योंकि उन्होंने अपने जीवन के शेष पैंतालीस वर्ष क्रियात्मक रूप से प्रचार करने एवं प्राणिमात्र का उपकार करने में व्यतीत किए। कहीं-कहीं दो प्रकार के निर्वाणों में भेद किया गया है : (1) उपाधि-शेष, जिसमें मनुष्य की केवल वासनाएं ही लुप्त होती हैं, और (2) अनुपाधिशेष, जिसमें पूरा अस्तित्व विलुप्त हो जाता है। चिल्डर्स के अनुसार, पहले प्रकार का निर्वाण पूर्णता प्राप्त सन्तपुरुष को उपलक्षित करता है जिसमें कि पांचों स्कन्ध अब भी उपस्थित हैं, यद्यपि वह इच्छाशक्ति जो हमें जन्मधारण करने की ओर आकृष्ट करती है, लुप्त हो जाती है। दूसरे प्रकार के निर्वाण में सन्तपुरुष की मृत्यु के पश्चात् एवं मृत्यु के परिणामस्वरूप समस्त अस्तित्व का ही लोप हो जाता है। ऐसा प्रतीत होता है कि यहां उन दो प्रकार के मुक्तात्मा पुरुषों के भेद को दर्शाया गया है जिनमें से एक जीवन्मुक्त हैं अर्थात् मुक्त होते हुए भी जीवन धारण करते हैं, एवं दूसरे वे हैं जिनका सांसारिक जीवन समाप्त हो गया है। जब कभी यह कहा जाता है कि मनुष्य को इसी जन्म में निर्वाण की प्राप्ति हो सकती है उससे तात्पर्य उपाधिशेष निर्वाण से ही होता है। अर्हत्त्व का नाम ही परिनिर्वाण है क्योंकि अर्हत् इस क्षणभंगुर संसार से तिरोधान हो जाता है। उपाधिशेष एवं अनुपाधिशेष का भेद इस प्रकार निर्वाण एवं परिनिर्वाण के बीच में जो भेद है, उसके अनुकूल है, जिसका तात्पर्य नाश होना

1. दीघनिकाय, 2 : 15; देखिए मज्झिम 72 भी, जहां बुद्ध निर्वाण की तुलना उस बुझती हुई अग्निज्वाला से करते हैं जिसके सामने न तो कोई सूखी घास और न कोई काष्ठ ही जलाने के लिए शेष रह गया है। श्वेताश्वतर उपनिषद् (4 : 19) में परमात्मा को ऐसी अग्नि कहा गया है जिसका ईधन निःशेष हो गया है।—देखिए नृसिंहोत्तरतापनीय उपनिषद्, 2।

एवं नितान्तस्वरूप में नष्ट हो जाना है।[1] इस प्रश्न पर शब्द का कोई सुनिश्चित अर्थ व्यवहार के लिए नहीं दिया जा सकता।[2] यहां तक कि 'परिनिर्वाण' शब्द का भी आशय नितान्त अभाव नहीं लिया जा सकता। इससे तात्पर्य केवल अस्तित्व की नितान्त पूर्णता से है। ''महात्मा बुद्ध ने अन्तिम मोक्ष का आशय यह बताया है कि यह चेतना निर्दोष अवस्थाओं के प्रवाह के अतिरिक्त और कुछ नहीं है।''[3] किसी भी प्रकार के दबाव एवं संघर्ष से मुक्त यह एक प्रकार का मानसिक विश्राम है। दुर्वासनापरक प्रवृत्तियों के दमन के साथ-साथ तुरन्त आध्यात्मिक उन्नति भी होने लगती है। निर्वाण जो आध्यात्मिक संघर्ष की समाप्ति एवं सिद्धि है, एक निश्चित परमानन्द की अवस्था है। यह पूर्णताप्राप्ति का लक्ष्य है एवं शून्यता का अगाध गर्त नहीं है। अपने अन्दर के समस्त व्यक्तित्वभाव को विनष्ट कर देने से ही हम सम्पूर्ण विश्व के साथ संयुक्त हो सकते हैं एवं उस महान प्रयोजन के आन्तरिक अंग बन सकते हैं। उस अवस्था में पूर्णता का अर्थ होता है उन समस्त पदार्थों के साथ एक होना जो हैं, या कभी रहे हैं, या रहेंगे। सत् पदार्थों के क्षितिज का विस्तार उस अवस्था में यथार्थ परमसत्ता तक हो जाता है। यह एक ऐसा जीवन है जो अहंभाव से विहीन एक अनन्त जीवन है, जो ''विश्वास, शान्ति, प्रशान्ति, परम आनन्द, सुख, मृदुता, पवित्रता एवं प्रत्यग्रता (ताज़ेपन) से परिपूर्ण है।''[4] मिलिन्द में ऐसे स्थल आते हैं जिनमें इस विषय का संकेत किया गया है कि परिनिर्वाण के पश्चात् बुद्ध के जीवन का अन्त हो गया था। ''महाभाग इस प्रकार के अन्त को प्राप्त हुए जिस प्रकार के अन्त में अन्य व्यक्तित्व को प्राप्त करने का मूलमात्र शेष नहीं रहता। महाभाग का अन्त हो चुका है और इसलिए उनके विषय में यह नहीं कहा जा सकता कि वे यहां हैं या वहां हैं। किन्तु सिद्धान्त रूपी शरीर के रूप में उनका निर्देश अब भी अवश्य किया जा सकता है।''[5] हम बुद्ध की तो पूजा नहीं कर सकते क्योंकि वे अब इस संसार में नहीं हैं और इसीलिए हम उनके पवित्र अवशेषों और सिद्धान्तों की ही पूजा कर सकते हैं।[6] नागसेन ने निर्वाण के विचार को अभावात्मक अथवा सब प्रकार की चेष्टा से विरहित (चित्तवृत्तिनिरोध) एवं सब प्रकार के भाव (भावनिरोध) के रूप में ही वर्णन किया है। तो भी हमें ऐसा प्रतीत होता है कि कतिपय प्राचीन बौद्धों की दृष्टि में निर्वाण का अर्थ है सत्य की पूर्णता, अनन्त परसुख (कैवल्य) अर्थात् सांसारिक सुखों एवं दुःखों से बहुत ऊंचे पद का परम आनन्द। ''हे वच्छ, तथागत जब इस प्रकार से भौतिकता की कोटि से मुक्त हो जाता है तो बहुत गम्भीर, अपरिमेय, एवं अगाध समुद्र के समान हो जाता है।'' भिक्षुणी खेमा कोसल के पसेनदी को विश्वास दिलाती है कि मृत्यु ने तथागत को पांचों स्कन्धों के आनुभविक जीवन से मुक्त कर दिया। सारिपुत्त यमक को इस प्रकार का धर्मद्रोही विचार प्रकट करने के लिए बुराभला कहता है कि जिस भिक्षु के अन्दर से पाप निकल गया है वह मर भी सकता है। मैक्समूलर एवं चिल्डर्स निर्वाण-विषयक जितने भी स्थल हैं उनका विधिपूर्वक अनुसंधान करने के पश्चात् इस परिणाम पर पहुंचते हैं कि ''एक भी स्थल ऐसा

---

1. मिलिंद, 2 : 2, 4।
2. देखिए ओल्डनबर्ग : 'एक्सकर्सस ऑन निर्वाण', 3।
3. सर्वसिद्धान्तसारसंग्रह, 2 : 4, 21।
4. मिलिन्द, 2 : 2, 9; 3 : 4, 6; 2 : 1, 6।
5. मिलिन्द, 3 : 5, 10। इससे उस विचार स्मरण होता है जो जार्ज इलियट के 'क्वायर इनविजिबल', अथवा मेटरलिंक के 'ब्ल्यू बर्ड' में भावी सन्तति की स्तुति में आता है।
6. 4 : 1; देखिए संयुत्त, 1, भी।

नहीं पाया जाता जिसमें यह अर्थ निकाला जा सकता हो कि निर्वाण का अर्थ शून्यावस्था अथवा अभावात्मक अवस्था है।" इसलिए यह स्पष्ट है कि व्यक्तित्व का मिथ्या विचार नष्ट होता है एवं यथार्थ सद् का भाव फिर भी रहता है। जैसे इन्द्रधनुष तथ्य या घटना एवं कल्पना का सम्मिश्रण है, इसी प्रकार व्यक्तित्व भी सत् एवं असत् का मिश्रण है। गिरती हुई वर्षा बूंद 'रूप' है एवं प्रकाश की पंक्ति 'नाम' है, और उनके परस्पर एक-दूसरे को काटने से उत्पन्न पदार्थ का नाम 'भाव' या इन्द्रधनुष है जो भासमात्र व भ्रांति है। किन्तु उसका आधार कुछ यथार्थसत्ता अवश्य है और वह नित्य है। "संसार मेरे ऊपर निर्भर करता है क्योंकि मैं जानने वाला हूं और उसका ज्ञान प्राप्त करता हूं, इस प्रकार वह मुझसे पृथक् है। केवल रूप या आकृति का ही ज्ञान हो सकता है, उसका नहीं जिसके ऊपर यह आधारित है। फिर किसके लिए ज्ञान के द्वारा संसार का त्याग किया जाए—अर्थात् केवल उसके रूप का ही। आकृति के रूप में ही यह उत्पन्न होता है और नष्ट हो जाता है, क्या यह सत् है, और सत् का अन्त होना आवश्यक है। वह जिसके ऊपर रूप का आधार है वही मूलभूत सत् है; तथा वह कभी भी और कहीं भी असत् में परिवर्तित नहीं हो सकता; और जो नित्य है उसका कभी भी और कहीं भी अन्त नहीं हो सकता।"[1] निर्वाण आत्मा की नित्य अवस्था है, क्योंकि वह संस्कार नहीं है, और न ही ऐसी वस्तुओं के एकत्रीकरण से बना है जो अस्थायी है। यह निरन्तर रहता है, केवल इसकी अभिव्यक्तियों में परिवर्तन होता है। यही वह है जो स्कन्धों की पृष्ठभूमि में विद्यमान है जबकि स्कन्ध जन्म एवं क्षीणता के अधीन है। परिणति की भ्रांति का आधार निर्वाण की यथार्थसत्ता है। बुद्ध इसकी परिभाषा करने की चेष्टा नहीं करते, क्योंकि यह सबका मौलिक तत्त्व है, और इसीलिए अवर्णनीय है। यह कहा जाता है कि निर्वाण की अवस्था में, जिसकी तुलना प्रगाढ़ निद्रा के साथ की जाती है, आत्मा अपने व्यक्तित्व को खो बैठती है एवं प्रमेयरूपी सम्पूर्ण विश्व में विलीन हो जाती है। बाद के महायानग्रंथों में जिस मत पर विशेष बल दिया गया है वह यह है कि जो कुछ है वह भवांग है अर्थात् सत्-रूप का प्रवाह है। अज्ञान की वायु इसके ऊपर से बहती है और इसके प्रवाह को चंचल बना देती है और इस प्रकार से इस जीवन रूपी समुद्र में कम्पन उत्पन्न करती है। प्रसुप्त आत्मा जागरित हो उठती है, और इसका प्रशान्त अबाधितमार्ग रुक जाता है। यह प्रबुद्ध हो उठती है, विचार करती है, एक व्यक्तित्व का निर्माण करती है और अपने को सत् के प्रवाह से पृथक् कर लेती है। सुषुप्ति की अवस्था में ये अवरोध छिन्न-भिन्न हो जाते हैं। निर्वाण फिर से सत् की धारा में आ जाने और अबाधित प्रवाह का रूप धारण कर लेने का नाम है। जिस प्रकार सोते हुए मनुष्य को कोई भी विचारधारा क्षुब्ध नहीं कर सकती, इसी प्रकार निर्वाण में हमें शान्तिमय विश्राम मिलता है। निर्वाण न तो शून्यरूप है और न ही जीवन है, जिसका विचार मन में आ सके, किन्तु यह अनन्त यथार्थसत्ता के साथ ऐक्य का भाव स्थापित कर लेने का नाम है, जिसे बुद्ध प्रत्यक्षरूप में स्वीकार नहीं करते। चूंकि यह मानव के विचारक्षेत्र से परे का विषय है, अतएव हम निषेधात्मक शब्दों द्वारा ही उसका वर्णन कर सकते हैं। यह एक ऐसी अवस्था है जो विषयी एवं विषय के परस्पर-सम्बन्ध से अतीत है। इसमें आत्मचेतना की प्रतीति नहीं की जा सकती। यह क्रियाशीलता की एक ऐसी अवस्था है जो कारणकार्यभाव के अधीन नहीं है, क्योंकि यह उपाधिविहीन स्वातन्त्र्य या मोक्ष है।[2]

1. दाहलके : 'बुद्धिस्ट एसेज़', पृष्ठ 258।
2. तुलना कीजिए : "शून्यतानिमित्तप्रणिहितम्।"

यह एक यथार्थ और दृढ़ अवस्था है यद्यपि देश और काल से जकड़े हुए संसार में विद्यमान नहीं है। भिक्षुओं एवं भिक्षुणियों के स्तोत्रग्रन्थ अगाध आह्लाद के कौशलपूर्ण वर्णनों से भरे पड़े हैं जिनमें निर्वाण का अमर आनन्द मिलता है और जो वाणी का विषय नहीं है। व्यक्तिगत चेतना एक ऐसी अवस्था में प्रवेश करती है जहां पर सब सापेक्ष जीवन आकर विलीन हो जाते हैं। यह एक मौन अतीत है। एक अर्थ में यह आत्मविलोप है और दूसरे अर्थ में परम स्वातन्त्र्य है। जिस प्रकार सूर्य के उज्ज्वल प्रकाश में तारा अस्त हो जाता है अथवा जल से विहीन बादल ग्रीष्म ऋतु के आकाश में छिन्न-भिन्न हो जाता है, इसी उपमा से इसे समझा जा सकता है। बुद्ध के अनुसार, यह सोचना कि निर्वाण शून्यता का नाम है, एक प्रकार का दूषित धर्मद्रोह है।[1]

यद्यपि निर्वाण की अवस्था को उच्चतम क्रियाशीलता का उपलक्षण बताया गया है, तो भी इसे मुख्यरूप से निषेधात्मक रूप में निष्क्रिय ही समझा जाता है। आजकल के युग में जबकि यह संसार कोलाहल, संघर्ष व उत्तेजनामय जीवन से परिपूर्ण है, ऐसे व्यक्तियों को जो जीवन से ऊब गए हैं, पूर्णावस्था को स्वच्छन्दतावादी होने की अपेक्षा अधिक विश्रामपूर्ण एवं ऐसी दशा में प्रस्तुत करना वांछनीय है जो शान्ति एवं सुख, निस्तब्धता एवं नीरवता, तथा विश्रान्ति एवं नवीन स्फूर्ति से पूर्ण है। जीवन-मरण का निरन्तर प्रवाह इतना प्रवल है कि निर्वाण का, अथवा ऐसी अवस्था का जिसमें कहा जाता है कि वह प्रवाह रुक जाता है, एक स्वर्गीय मुक्ति के रूप में स्वागत किया जाता है।

उपनिषद् के विचारकों के ही समान बुद्ध ने भी निर्वाण प्राप्त पुरुषों की दशा के विषय में किसी प्रकार की धारणाविशेष को स्थान देने से निषेध किया है, क्योंकि वह ज्ञान का विषय नहीं है। तो भी उपनिषदों के मार्ग का अवलम्बन करके वे इसका विध्यात्मक एवं निषेधात्मक दोनों ही प्रकार का वर्णन करते हैं। 'तेविज्जसुत्त' में वे इसे ब्रह्मा के साथ युक्त होने तक का नाम देते हैं। चूंकि इस प्रकार का वर्णन उस मत के साथ संगति नहीं रख सकता जो बुद्ध को एक निषेधात्मक विचारक बतलाता है और जो इस संसार में एवं मनुष्य में किसी स्थायी नियम से निषेध करता है, रीज़ डेविड्स कहते हैं : "ब्रह्मा के साथ विश्वप्रेम के अभ्यास द्वारा संसर्ग होने की आशा दिलाने में सम्भवतः अधिकतर भाव यह था कि बौद्धपरिभाषा में 'ब्रह्मा के साथ संसर्ग' एक पृथक्रूप में ब्रह्मा के साथ क्षणिक साहचर्य है, जो नवीन प्राणी है और जो चेतनारूप में पूर्वप्राणी के समान नहीं है। यह बिलकुल सम्भव है कि मतानुज्ञा की व्याख्या सुत्त के इस भाग में भी व्याप्त हो गई हो और यह कि 3 : 1 का आशय इस प्रकार का समझा जाए कि "यह विश्वप्रेम ही एकमात्र उपाय है उस प्रकार के संसर्ग का, अपने निजी ब्रह्मा के साथ जिसकी तुम आकांक्षा रखते हो।' किन्तु बुद्ध का इस प्रकार की एक विधर्मी सम्मति के आगे झुकना विशेषकर सत्य की अपनी व्याख्या के अन्त में संभव नहीं है।"[2] रीज़ डेविड्स भूल जाते हैं कि यह कथन बुद्ध के अनुसार विधर्मिता नहीं है। यदि हम निर्वाण का एक विध्यात्मक अवस्था में निरूपण करें तो हमें अवश्य ही एक स्थायी सत्ता को स्वीकार करना पड़ेगा। तर्कशास्त्र बड़ी कड़ाई से काम लेता है। बुद्ध को एक स्थायी तत्त्व से बाधित होकर स्वीकार करना ही पड़ा—"हे शिष्यो, कोई सत्ता है जो अजन्मा है, उत्पन्न नहीं की जा सकती, बनाई नहीं गई, न मिश्रितरूप है। हे शिष्यो, यदि इस प्रकार की कोई अजन्मा सत्ता न होती

1. संयुत्त, 3 : 109।
2. 'इण्ट्रोडक्शन टु तेविज्जसुत्त : सैक्रेड बुक्स आफ द ईस्ट', खण्ड 11 पृष्ठ 161।

तो जिसने जन्म लिया है उसके छुटकारे का मार्ग भी कोई नहीं हो सकता था।''[1] यह भी स्पष्ट है कि आत्मा को कुछेक स्कन्धों का बना हुआ बतलाने से भी वह परम एवं निरपेक्ष या निर्विकल्प सत्ता नहीं हो सकती। यदि आत्मा को केवल देह एवं मन, तथा गुणों एवं क्रियाओं का ही सम्मिश्रण मान लिया जाए तो जब सब विनाश को प्राप्त हो जाते हैं तब ऐसी कोई सत्ता नहीं बचेगी जिसे कि मुक्त होना है। हम अपनी इच्छाओं को नष्ट कर देते हैं, अपने कर्मों को भस्मसात् कर देते हैं एवं इस प्रकार सदा के लिए खो जाते हैं। इस प्रकार मोक्ष (स्वातन्त्र्य) शून्यरूप रह जाएगा। किन्तु 'निर्वाण' का जीवन कालाबाधित जीवन है और इसीलिए बुद्ध को एक अकालपुरुष या आत्मा की सत्ता को स्वीकार करना ही होगा। सम्पूर्ण जीवन की पृष्ठभूमि में एक ऐसी सत्ता है जो उपाधिरहित है, एवं समस्त अनुभवात्मक गुणों से ऊपर है, जो किसी कार्य को जन्म नहीं देती और न स्वयं किसी अन्य कारण का ही कार्य है। ''निर्वाण के विषय में हम यह नहीं कह सकते कि यह उत्पन्न हुआ है, अथवा यह कि यह उत्पन्न नहीं हुआ, अथवा यह कि यह उत्पन्न हो सकता है, और यह कि यह भूत, भविष्यत् या वर्तमान है।''[2] निर्वाण उस समकालिकता का नाम है जो हरेक तारतम्य का आधार है। मूर्तरूप काल अमूर्त नित्य में अपनी सत्ता को खो बैठता है। यह संसार का परिवर्तनशील स्वरूप स्थिर रहने वाली यथार्थसत्ता को आवरण कर लेता है। बुद्ध-प्रतिपादित निर्वाण के स्वरूप को पूर्णता प्रदान करने के लिए केवल इसी प्रकार के मत की आवश्यकता है। इसी प्रकार के गूढ़ विषयों की व्याख्या करने के लिए बुद्ध ने जान- बूझकर प्रयास नहीं किया, यद्यपि वे इन्हें यथार्थरूप में स्वीकार करते थे, क्योंकि ये सांसारिक जीवन एवं ऐहिलौकिक उन्नति में विशेष सहायक सिद्ध नहीं होते। मालुंक्यापुत्त के प्रश्नों के सम्बन्ध में जो उपदेश बुद्ध ने दिए उनके अनुसार, कि वे ऐसी ही समस्याओं के सम्बन्ध में संवाद करेंगे जो शांति, पवित्रता एवं ज्ञान की उन्नति में सहायक हों अन्य के प्रति नहीं, उन्होंने अन्तिम लक्ष्य-सम्बन्धी प्रश्नों की आज्ञा एकदम नहीं दी। किन्तु जान-बूझकर निषेध करने अथवा ऐसी मौलिक समस्या के सम्बन्ध में टाल-मटोल करने वाला उत्तर देने से इस प्रकार की समस्या को उठाने की स्वाभाविक प्रवृत्ति को सदा के लिए दबा तो नहीं दिया जा सकता। यह मनुष्य के मन की एक सहज अन्तःप्रेरणा है जो इस समस्या को सम्मुख लाकर खड़ा कर देती है। और चूंकि बुद्ध इस समस्या का कोई शास्त्रसम्मत समाधान प्रस्तुत करने में असफल रहे, तब भिन्न-भिन्न सम्प्रदायों ने उनकी इस प्रवृत्ति के कारण भिन्न-भिन्न प्रकार के निष्कर्ष निकाल लिए। कतिपय विद्वानों ने निर्वाण का शून्यता के रूप में वर्णन किया, अर्थात् एक प्रकार की रिक्तता एवं अभाव। बिशप विगाण्डेट कहते हैं कि ''बौद्धधर्म का यह विधान एक अव्याख्येय एवं शोचनीय अव्यवस्थितचित्तता के साथ जनसाधारण को उनके नैतिक पुरुषार्थों के लिए पुरस्कारस्वरूप एक अगाध शून्यता की खाई की ओर निर्देश करता है।'' श्रीमती रीज़ डेविड्स के अनुसार, ''बौद्धधर्म का निर्वाण केवलमात्र अभावात्मक विलोप है।'' ओल्डनबर्ग का झुकाव एक निषेधात्मक मत की ओर है।[3] दाहलके भी स्थान-स्थान पर ऐसा ही लिखते हैं। एक स्थान पर वे लिखते हैं : ''केवल बौद्धधर्म में ही दुःख से छुटकारा पाने का भाव एक विशुद्ध निषेधात्मक रूप में पाया जाता है और यह स्वर्गीय आनन्द के रूप में विध्यात्मक नहीं है।''[4]

1. उदान, 8 : 3, और इतिवुत्तक, 43।
2. मिलिन्द।
3. देखिए 'बुद्‌ध', पृष्ठ 273।
4. 'बुद्धिस्ट एसेज़', पृष्ठ 48।

इन लेखकों के मत में निर्वाण एक प्रकार की अभावरात्रि है, यह ऐसा अन्धकार है जहां सब प्रकार का प्रकाश अस्त हो जाता है। बुद्ध के सिद्धान्त का इस प्रकार का नितान्त एकपक्षीय अध्ययन नया नहीं है। इस प्रकार की घोषणा करने के पश्चात् कि मुक्तात्मा की दशा अचिन्तनीय है, बुद्ध आगे कहते हैं : "इस प्रकार की शिक्षा देते समय एवं इस प्रकार की व्याख्या करते समय मुझ पर कुछ व्यक्तियों ने भूल से बिना किसी कारण के अनुचितरूप से एवं असत्यरूप से दोषारोपण किया है।...'श्रमण गौतम एक नास्तिक है, वह उपदेश देता है कि यथार्थसत्ता का नाश हो जाता है, वह शून्यरूप में परिणत होकर मृत्यु को प्राप्त हो जाती है, आदि-आदि।' मुझपर ऐसे आरोप लगाए जाते हैं जो मैं नहीं हूं, एवं जो मेरा सिद्धान्त भी नहीं हैं।"[1] यह भी अत्यन्त आश्चर्य का विषय है कि दूसरी ओर ऐसे भी लोग हैं जो बौद्ध धर्म में प्रतिपादित निर्वाण के स्वरूप को प्रत्यक्ष में आनन्ददायक समझते हुए बुद्ध के ऊपर नास्तिकता का दोषारोपण करते हैं। इसलिए यह स्पष्ट है कि बहुत प्रारंभिक अवस्था में ही बुद्ध के भाषणों को लेकर दो विभिन्न पक्ष उत्पन्न हो गए थे। बुद्ध का अपना निजी मत सम्भवतः यह रहा कि निर्वाण पूर्णता की एक ऐसी दशा है जिसे हम सोच नहीं सकते, और यदि इसका वर्णन करने को हमें बाध्य होना ही पड़े तो सबसे उत्तम यह होगा कि हम इसकी अनिर्वचनीयता का निषेधात्मक कथन के द्वारा एवं इसके तत्त्व की समृद्धिशालिता का विध्यात्मक गुणविधान के द्वारा वर्णन करने का प्रयत्न करें, किन्तु बराबर ही इस बात का ध्यान बना रहना चाहिए कि इस प्रकार के वर्णन केवल निकटतमता को ही दर्शाते हैं एवं सम्पूर्ण नहीं हो सकते।

17. ईश्वर के सम्बन्ध में बुद्ध के विचार

बुद्ध के आविर्भाव के समय में जो धर्म उस समय प्रचलित था उसके अनुसार मनुष्यों एवं देवताओं में आदान-प्रदान की पद्धति सर्वोपरि थी। उपनिषद्-प्रतिपादित ब्रह्म तो उन्नत एवं श्रेष्ठ था ही, किन्तु साथ-साथ असंख्य देवता, अन्तरिक्ष के ज्योतिष्क पिण्ड एवं कितने ही भौतिक तत्त्व, पौधे, पशु, पर्वत तथा नदियों को भी मान्यता दी गई थी। उद्दाम कल्पना की छूट के बल पर संसार का सम्भवतः कोई भी पदार्थ देवत्व की कल्पना से नहीं बचा, और यहां तक कि इसे भी अपर्याप्त समझकर उसी गिनती में विकट रूप वाले दानव, छायारूप प्रेतात्मा एवं कितने ही काल्पनिक प्रतीक भी उनके साथ जोड़ दिए गए। इसमें सन्देह नहीं कि जहां तक विचार के क्षेत्र का सम्बन्ध था, उपनिषदों ने इन सबको छिन्न-भिन्न कर दिया, किन्तु क्रिया-कलापों में इनका आधिपत्य फिर भी बना रहा। इस प्रकार ऐसे व्यक्तियों की कमी नहीं थी जिन्होंने देवताओं को संसार का स्रष्टा एवं समस्त विश्व का शासक बना डाला और उन्हें यहां तक शक्ति दे दी कि वे मनुष्य की नियति को भी अच्छा या बुरा बना सकते थे। बुद्ध ने अनुभव किया कि देवताओं के इस प्रकार के भय को दूर करने, एवं भविष्य की सम्भाव्य यन्त्रणाओं को, अथवा मनुष्य-स्वभाव के भ्रष्टाचार को, जिसका झुकाव चापलूसी एवं स्तुति द्वारा देवताओं के प्रसाद को खरीद लेने की ओर था, हटा देने का एकमात्र उपाय यही हो सकता था कि सब देवताओं की कल्पना को ही सदा के लिए समाप्त कर दिया जाए। 'आदिकारण' का भाव हमें अपनी नैतिक प्रगति में सहायक नहीं हो सकता। इससे निष्कर्मण्यता एवं अनुत्तरदायित्व रूपी दुर्गुणों को प्रोत्साहन मिलता है। यदि ईश्वर की सत्ता

---

1. मज्झिम, 22।

है तो उसे जो कुछ भी संसार में होता है, अच्छा अथवा बुरा, उस सबका एकमात्र कारण मानना पड़ेगा, और उस अवस्था में मनुष्य की अपनी स्वतन्त्रता कुछ भी न रही। यदि वह दुश्चरित्रता से घृणा करता है और पाप का स्रष्टा होना स्वीकार नहीं करता, तब वह सार्वभौम कर्ता कैसे हुआ? हम आशा करते हैं कि ईश्वर हमें क्षमा कर देगा।[1] यदि ईशकृपा सर्वशक्तिमान है, यदि इसके द्वारा एक पापी भी क्षणमात्र में महात्मा बन सकता है, तब स्वभावतः हमें धार्मिक जीवन एव चरित्रनिर्माण के प्रति उदासीन रहने का प्रलोभन घेरता है। चरित्रनिर्माण भी उस अवस्था में सर्वथा निरर्थक सिद्ध होगा। पुण्य एवं पाप का फल स्वर्ग एवं नरक के रूप में मिलता है। यदि पापाचार का तात्पर्य केवल नरक में जाना ही है तो नरक तो अभी बहुत दूर है, जब जाना पड़ेगा तब देखा जाएगा, अभी तो प्रत्यक्ष में सुख ही मिलता है। बुद्ध ने उक्त प्रचलित मत का विरोध किया और यह घोषणा की कि पुण्य एवं सुख तथा पाप एवं दुःख स्वभावतः परस्पर-सम्बद्ध हैं।[2] दार्शनिक कल्पना का अनिश्चित स्वरूप तो एक ओर है जिसके कारण अनेक प्रकार की कल्पनाएं करने का प्रलोभन मनुष्य के सामने रहता है, किन्तु दूसरी ओर क्रियात्मक भरोसा जो जनसाधारण के मनों में घर किये हुए था और जिसके कारण वे अपने पुरुषार्थ के ऊपर निर्भर न करके सारी ज़िम्मेदारी देवताओं के ऊपर ही छोड़े हुए थे। ऐसी अवस्था में बुद्ध ने अधिक उचित यही समझा कि अपने उपदेश के लिए इसी संसार तक सीमित रहना अधिक उपयुक्त होगा। सही वैज्ञानिक रीति का आश्रय लेने पर न तो बिजली की घटना में किसी देवता का हाथ दिखाई देता है और न ही अंतरिक्ष में कहीं देवदूतों का पता मिलता है। इस प्रकार घटनाओं की प्राकृतिक व्याख्या से धार्मिक भ्रांतियां विलुप्त हो गईं। एक शरीरधारी ईश्वर की कल्पना, उक्त प्रकार की प्राकृतिक व्याख्या के अनुसार, असंगत ही प्रतीत हुई। कर्म के विधान के अनुसार, हमें रियायत अथवा छूट, मन की मौज एवं निरंकुशता-सम्बन्धी सब कल्पनाओं को तिलांजलि दे देना आवश्यक है। इस कर्मविधान के सम्मुख ईश्वर का वैभव एवं दैव का प्रभाव सब फीके पड़ जाते हैं। कर्म की प्रेरणा के बिना सिर का एक बाल भी टूटकर नहीं गिर सकता और न ही एक पत्थर ही भूमि पर गिर सकता है। इसलिए एक ऐसे ईश्वर का होना न होना समान है जो न तो अपने को कर्मविधान के अनुकूल बना सकता है और न ही उसे बदल सकता है, न कर्म को उत्पन्न कर सकता है और न उसमें परिवर्तन कर सकता है। इसके अतिरिक्त एक प्रेमस्वरूप ईश्वर की सत्ता में विश्वास करने से इस जीवन की अनेक हृदयविदारक घटनाओं की व्याख्या भी सरलतापूर्वक नहीं की जा सकती। संसार में जो दुःख है उसका कारण कर्म-विधान को स्वीकार करने पर ही समझ में आ सकता है, अन्यथा नहीं। कर्म का सिद्धान्त चेतन जगत्, नरक के निवासियों, पशुओं, भूत-प्रेतों, मनुष्यों एवं देवताओं आदि सबके विषय में पूर्ण व्याख्या कर सकता है। कर्म से ऊपर कुछ नहीं। यद्यपि बुद्ध, इन्द्र, वरुण इत्यादि देवताओं की सत्ता को भी स्वीकार करते हैं, तो भी संसार की व्याख्या में उनका कोई स्थान नहीं है। जन्म-मरण के चक्र में देवता आदि भी आते हैं किन्तु गम्भीर नैतिक कर्म-विधान के बीच में किसी प्रकार का हस्तक्षेप नहीं कर सकते।[3] हमारे जीवन की निर्माणकारी दैवीय सत्ता कोई नहीं है। मनुष्य अपने कर्मों से जन्म धारण करता है। कर्म के ही अनुसार उसे वैसे माता-पिता

---

1. "गुरमात्मा मुझे क्षमा कर देगा क्योंकि यह उसका काम है।" —हाइन।
2. देखें अंगुत्तरनिकाय, 6, 1।
3. देखिए, 'डायलॉग्स आफ बुद्ध', 1। पृष्ठ 280 और आगे, 302।

मिलते हैं। "मेरा कर्म ही मेरी निधि है।...यही मेरा दायभाग है...यही मुझे यथोचित मां की कोख में धारण करता है।...मेरी जाति का निर्धारण भी इसीसे होता है...यही मेरा शरणस्थल है।" सनातन-धर्मियों के इस मत का कि जगत् का स्रष्टा एक सर्वोपरि देहधारी ईश्वर है एवं भौतिकवादियों के इस स्वभववादी मत का कि इस संसार का विकास वस्तुओं के स्वतन्त्र अन्तर्निहित स्वभाव के कारण होता है, बौद्ध धर्मावलम्बी खण्डन करते हैं। संसार की नानाविधता कर्मों के कारण है।[1] कर्म ही फल के रूप में प्राधान्य प्राप्त करते हैं। वे प्राकृतिक पदार्थों का निर्माण एवं उनकी व्यवस्था करते हैं, जैसा-जैसा जिसका फल मिलने को होता है। यदि किसी मनुष्य की नियति में सूर्यदेवता बनना है तो यही नहीं कि वह केवल जन्म धारण करेगा, उसे एक स्थान-विशेष भी मिलेगा एवं दिव्य राज-भवन, एवं दोलायमान रथ आदि-आदि भी प्राप्त होगा, और यह प्राधान्य अथवा अधिपति का पद उसको कर्मफल के रूप में मिला है।[2] विश्वरचना के आदिकाल में भी समस्त प्राकृतिक विश्व का निर्माण कर्मों की अधिपतिरूप शक्ति के द्वारा ही हुआ, जिसका सुखोपभोग भविष्य के निवासियों को मिला। संसार का यह भाजन-भाण्ड या आश्रय, जिसे भोजन-लोक कहते हैं, सब जीवित प्राणियों के कर्मों के आधिपत्य का फल है और इसे सत्त्वलोक कहते हैं।

ईश्वर की सत्ता के समर्थन में जो प्राचीनकाल से परम्परागत तर्क उपस्थित किए जाते थे, प्राचीन बौद्धधर्म के अनुयायियों ने उन सबका खण्डन किया। यह प्रमाण कि जैसे एक घड़ी अपने बनाने वाले घड़ीसाज का संकेत करती है इसी प्रकार यह संसार इसके बनाने वाले एक ईश्वर का संकेत करता है, उन्हें अप्रिय प्रतीत होता है। हमें किसी चेतन कारण को मानने की आवश्यकता नहीं। जैसेकि एक बीज विकसित होकर अंकुर बन जाता है एवं अंकुर वृक्ष की शाखा के रूप में परिणत हो जाता है, इसी प्रकार बिना किसी विचारशक्तिसम्पन्न कारण अथवा बिना किसी शासक दैव के उत्पत्ति सम्भव है। विचार एवं पदार्थ भी सुखकर एवं असुखकर संवेदनाओं के समान ही कर्मों के फल हैं। मिलिन्द कर्म द्वारा निर्धारित जीवनचक्र की तुलना एक ऐसे चक्र से करता है जो अपनी ही परिधि में घूमता है, अथवा जिस प्रकार अण्डे से मुर्गी और मुर्गी से अण्डे का जन्म होता है, यह चक्र एक-दूसरे के ऊपर निर्भर करता है अर्थात् अन्योन्याश्रित है। आंख, कान, शरीर और आत्मा बाह्य जगत् के सम्पर्क में आते हैं जिनसे संवेदना, इच्छा, कर्म आदि उत्पन्न होते हैं और क्रम से फिर इन्हीं के फलस्वरूप आंख, कान, शरीर और आत्मा उत्पन्न होते हैं जिससे नया प्राणी उत्पन्न होता है। यही न्यायनिष्ठा अथवा औचित्य का निरन्तरस्थायी विधान है। हम इसके प्रवाह को नहीं बदल सकते। बुद्ध जो मुक्तिदाता से अधिक एक शिक्षक के रूप में हमारे सम्मुख अपने को प्रकट करते हैं, हमें सत्य का निरीक्षण करने में सहायता देते हैं। वे ऐसे किसी संसार के स्रष्टा की कल्पना नहीं करते जिसने युगों पूर्व इस संसार की श्रृंखला का प्रारम्भ किया हो। संसार के प्रवाह का कारण, उनकी सम्मति में, स्वयं संसार के अतिरिक्त और कुछ नहीं है। बुद्ध की दृष्टि में सृष्टिविद्या-सम्बन्धी तर्क में कोई बल नहीं है। यदि हम इतना जान सकें कि घटनाएं कैसे होती हैं तो पर्याप्त है। हमें संसार की व्यवस्था की पृष्ठभूमि में जाने की आवश्यकता नहीं। यद्यपि पूर्व में क्या अवस्थाएं रहीं यह जानना भी परमसत्य नहीं है, तो भी मनुष्य के आगे इससे अधिक और कुछ क्षेत्र भी तो खुला नहीं है। एक ऐसे आदिकारण को स्वीकार

---

1. "कर्मजं लोकवैचित्र्यम्", अभिधर्मकोष, 4 : 1।
2. अधिपतिफल।

करना जिसका कारण अन्य कुछ न हो, एक स्वतःविरोधी कल्पना ही दिखती है। प्रत्येक कारण को किसी अन्य कारण का कार्य मानने की आवश्यकता, और जिसका कारण फिर अपने से पहला कार्य है, कारण रहित कारण की कल्पना को नितान्त अचिन्तनीय बना देता है। इसी प्रकार संसार की अपूर्णता के कारण उद्देश्यवाद का तर्क भी स्थिर नहीं रह सकता। यह संसार एक प्रकार की सुकल्पित कपट-योजना है, जो केवल दुःख देने के लिए की गई प्रतीत होती है। इस कष्टदायक योजना से बढ़कर और कोई योजना इतने परिष्कृत रूप में एवं सुलझे हुए ढंग की शायद नहीं हो सकती थी। एक ऐसा स्रष्टा जिसे अपने में पूर्ण कहा जाता है, ऐसे अपूर्ण संसार का रचयिता कैसे हो सकता है ! इसलिए कोई परोपकारी अथवा मनमौजी ईश्वर नहीं है, किन्तु एक ऐसा विधान–अर्थात् कर्मों का विधान–जो निश्चयात्मक तर्क पर आश्रित है, वस्तुसत्य है। स्पिनोज़ा के समान बुद्ध का भी यही मत प्रतीत होता है कि संसार न अच्छा है न बुरा है : न तो हृदयविहीन है और न ही विवेकशून्य है; न पूर्ण है और न ही सुन्दर है। यह मनुष्य के अपने मानवीकरण के स्वभाव के कारण ही है जो विश्व-रचना की प्रक्रिया को मनुष्य की सी रचना के रूप में देखता है। प्रकृति ऐसे किन्हीं नियमों का शासन स्वीकार नहीं करती जो बाहर से उसके ऊपर थोपे जाएं। हमें प्रकृति के अन्दर केवल आवश्यकताएं ही कार्य करती प्रतीत होती हैं।[1]

---

1. अनाथपिण्डक के साथ वार्तालाप करते समय कहा जाता है कि बुद्ध ने उक्त प्रश्न पर इस प्रकार तर्क किया : "यदि संसार को ईश्वर ने बनाया होता तो उसमें किसी प्रकार का परिवर्तन अथवा उसका विनाश नहीं होना चाहिए था, न दुःख एवं विपत्ति ही होनी चाहिए थी, उचित-अनुचित का भेद भी क्यों होना चाहिए–यह देखते हुए कि शुद्ध अथवा अशुद्ध जो कुछ भी है, सब आता तो उसी ईश्वर से है। यदि दुःख और सुख एवं प्रेम और घृणा, जो सब प्राणीमात्र को व्यापते हैं, ये भी ईश्वर के ही कार्य हैं तो उसे भी दुःख और सुख, प्रेम और घृणा व्यापनी चाहिए, और उस अवस्था में फिर वह पूर्ण कैसे रह सकता है? यदि ईश्वर ही कर्ता है, और सब प्राणियों को मौनभाव से उस कर्ता की शक्ति के अधीन रहना है तो फिर धर्मकार्य करने से क्या लाभ? तब तो उचित एवं अनुचित सब एकसमान होंगे, क्योंकि सब कर्म उसी के बनाए हुए हैं और इसलिए उनके कर्ता की निगाह में भी एकसमान ही माने जाने चाहिए। किन्तु यदि कहा जाए कि दुःख और शोक का कुछ अन्य कारण है तो ऐसी भी एक वस्तु हुई जिसका कारण ईश्वर नहीं है। तो क्यों नहीं फिर सभी को बिना कारण के मान लिया जाए ? इसके अतिरिक्त यदि ईश्वर कर्ता है तो वह या तो निष्प्रयोजन कार्य करता है अथवा किसी प्रयोजन को लेकर कार्य करता है। यदि किसी प्रयोजन को लेकर कार्य करता है तो वह पूर्ण नहीं हुआ क्योंकि प्रयोजन अभाव का द्योतक है, और जहां अभाव है वहां पूर्णता नहीं हो सकती। यदि बिना किसी प्रयोजन के कार्य करता है तो ऐसा या तो कोई पागल ही कर सकता है या फिर मातृस्तन से दूध पीने वाला बच्चा ही कर सकता है, ज्ञानसम्पन्न व्यक्ति नहीं कर सकता। इसके अतिरिक्त यदि ईश्वर ही कर्ता है तो क्यों नहीं लोग श्रद्धा व आदर भाव से उसके आगे झुक जाएं ? उन्हें आवश्यकता के दबाव में पड़कर उसके आगे भिक्षायाचना करने की क्यों आवश्यकता होनी चाहिए और क्यों लोग एक से अधिक देवताओं की पूजा करें ? इस प्रकार विवेकपूर्ण तर्क के आधार पर ईश्वर के अस्तित्व का विचार मिथ्या सिद्ध होता है, और समस्त विरोधी कथनों की निस्सारता को जनसाधारण के आगे रख देना चाहिए" (अश्वघोष का बुद्धिचरित्र)। "यदि, जैसाकि ईश्वरवादी कहते हैं, ईश्वर इतना महान है कि मनुष्यों के लिए उसका ज्ञान प्राप्त करना कठिन है तो उसके गुण भी हमारे विचार के क्षेत्र से बाहर के विषय हुए और इसलिए न तो हम उसे जान सकते हैं और न ही उसमें कर्तृत्वगुण का आधान कर सकते हैं" (बोधिचर्यवतार)। अनाथपिण्डक पूछता है कि यदि संसार को ईश्वर ने बनाया नहीं तो क्या यह भी नहीं माना जा सकता कि यह समस्त जीवित संसार उस निरपेक्ष, परमसत्ता की अभिव्यक्ति है जो अनुपाधिक है, अज्ञेय है किन्तु इस सब भासमान संसार की पृष्ठभूमि में है ? "महावग्ग बुद्ध ने उत्तर दिया, 'यदि निरपेक्ष→

18. कर्म के संकेत

इस यन्त्रवत् संसार की क्लेशमय अनुभूति ही इससे छुटकारा पाने के लिए एक उत्कट अभिलाषा उत्पन्न करती है। यह निराशाजनक दृष्टिकोण तब तक अनिवार्यरूप से बना ही रहेगा, जब तक कि पूर्वकथित तथ्य वर्तमान रहेंगे। आध्यात्मिक नास्तिकता के अपने दृष्टिकोण के कारण बुद्ध उपनिषदों के विचार पर बल नहीं दे सकते थे। उपनिषदों के मत में तो संसार एक प्रकार की दैवीय योजना है जिसका निर्माण मनुष्य की आत्मा के विकास

→परमसत्ता से तुम्हारा आशय ऐसी सत्ता से है जो इन सब ज्ञात पदार्थों के सम्बन्ध से परे है तो उसकी सत्ता की किसी भी तर्क (हेतुविद्याशास्त्र) द्वारा सिद्ध नहीं किया जा सकता। हम कैसे जान सकते हैं कि ऐसा पदार्थ जिसका अन्य पदार्थों से कोई भी सम्बन्ध नहीं है, विद्यमान है ? समस्त विश्व, जैसा हम इसे जानते हैं, सम्बन्धों के द्वारा निर्मित व्यवस्था है : असम्बद्ध कोई भी पदार्थ हमारे ज्ञान का विषय नहीं है। जो स्वयं किसी के ऊपर निर्भर नहीं करता और किसी से सम्बद्ध नहीं है, कैसे उस विश्व को उत्पन्न कर सकता है जहां सब पदार्थ अपनी स्थिति के लिए एक-दूसरे से सम्बद्ध हैं ? फिर यह निरपेक्ष परम एक है या अनेक हैं यदि एक है तो वह कैसे भिन्न-भिन्न पदार्थों का कारण हो सकता है, जिन्हें हम जानते हैं कि भिन्न-भिन्न कारणों से उत्पन्न होते हैं? यदि निरपेक्ष परम भी अनेक हैं और पदार्थों के ही समान अनेक हैं तो यह उन पदार्थों के कारण कैसे हो सकते हैं जो सब एक-दूसरे से सम्बद्ध है ? यदि निरपेक्ष परम सब पदार्थों में व्याप्त है और समस्त आकाश में भी व्याप्त है तो यह उनका निर्माता नहीं हो सकता क्योंकि फिर बनाई जाने के लिए कोई वस्तु ही पृथक्रूप में नहीं रह जाती। इसके अतिरिक्त यदि वह निरपेक्ष परम निर्गुण है तो उससे उत्पन्न होने वाले समस्त पदार्थ भी गुणरहित होने चाहिए। किन्तु वस्तुतः वे हैं सब गुणसहित। इसलिए निरपेक्ष परम उनका कारण नहीं हो सकता। यदि उसे गुणों से भिन्न माना जाए तो वह निरन्तर उनका निर्माण करते हुए एवं अपने को उनके द्वारा व्यक्त करते हुए कैसे माना जा सकता है? फिर यदि निरपेक्ष परम अपरिवर्तनशील है तो समस्त पदार्थ भी अपरिवर्तनशील होने चाहिए क्योंकि कार्य स्वरूप में कारण से भिन्न नहीं हो सकता। किन्तु संसार के सब पदार्थ परिवर्तित भी होते हैं एवं क्षीण भी होते हैं। तब फिर निरपेक्ष परम कैसे अपरिवर्तनशील हो सकता है? इसके अतिरिक्त यदि निरपेक्ष परम ही सर्वपदार्थों में व्याप्त है तो फिर हमें छुटकारा किससे पाना है जो हम मोक्ष के लिए चेष्टा करें? क्योंकि उस अवस्था में उक्त निरपेक्ष हमारे अपने ही अन्दर उपस्थित है और हमें उसके द्वारा बनाए गए सब दुःख-क्लेश को धैर्य के साथ सहन करना चाहिए'' (अश्वघोषरचित बुद्ध-चरित्र)। 'सर्वसिद्धान्तसारसंग्रह' में हमें अर्वाचीन बौद्ध धर्म द्वारा प्रस्तुत सब तर्क, जो ईश्वरवादी न्याय एवं वैशेषिक दर्शनों के विरुद्ध दिए जा सकते हैं, मिलते हैं, यथा : (1) हम तर्क द्वारा ईश्वर के कर्तृत्व को नहीं सिद्ध कर सकते। (2) यदि वही सब संसार का स्वामी है तो अधर्मयुक्त कार्यों को करने में भी मनुष्यों को वही प्रेरणा देता है। (3) यदि धर्मग्रन्थों के लिए उसी की प्रामाणिकता है तो फिर उसकी परस्पर-असंगत भाषा कैसे प्रामाणिक हो सकती है? (4) यदि उसे धर्मात्मा पुरुषों का प्रतिनिधित्वरूप माना जाए तब वह असीम व अनन्त नहीं और न ही सम्पूर्ण सत् है। (5) सृष्टि की रचना में उसका कोई प्रयोजन अथवा अपना स्वार्थ है अथवा नहीं? यदि है तो वह अपूर्ण है और यदि नहीं तो फिर वह क्यों अपना समय नष्ट करता है एवं क्यों सृष्टिरचना का कष्ट उठाता है? क्या वह ऐसा भी काम करता है जिससे कुछ लाभ नहीं? यदि यह सब उसका मनोरंजन मात्र है तो क्या वह बच्चा है? (6) ईश्वर की सत्ता मानने से मनुष्य असमर्थ हो जाता है क्योंकि लाचार होकर उसे ईश्वर की प्रेरणा से स्वर्ग या नरक में जाना पड़ता है। (7) यह सुझाव देने से क्या लाभ कि मनुष्यों को केवल भगवान की मर्जी से कष्ट मिलता है। (8) यदि वह वरदान देने के लिए स्वतन्त्र है तो वह दुराचारियों एवं दुष्टात्माओं को भी वर दे सकता है और सदाचारियों को भी नरक में भेजने के लिए स्वतन्त्र है? (9) यदि वह प्रत्येक व्यक्ति के कर्मों के अनुसार ही उन्हें पारितोषिक देता है तब मनुष्य भी उसी के समान भगवान हो गए क्योंकि जब पारितोषिक के विषय में उसे पूरी स्वतन्त्रता न रही तो उसे मनुष्यमात्र का अधिपति ही क्यों कहा जाए? (4 : 23-38)। यह बात लक्ष्य करने योग्य है कि उक्त तीनों ग्रन्थ, जिनका यहां उल्लेख किया गया है, अर्वाचीन बौद्धकाल के हैं।

के लिए हुआ है। बिना आध्यात्मिक पृष्ठभूमि के समस्त विचार विवाद-विषय से सर्वथा शून्य प्रतीत होता है, अन्यथा यही कहना पड़ेगा कि समस्त जीवन प्रयोजनविहीन है। किन्तु कर्म की आवश्यकता एवं आत्मा की यथार्थता एक ही सत्य को अभिव्यक्त करने के दो भिन्न-भिन्न मार्ग हैं। विशेष चमत्कारों के साथ तो कर्म की संगति नहीं बैठती, किन्तु आत्मिक क्रियाशीलता के साथ-साथ यह बराबर चल सकता है। कर्म केवल एक मनमौजी ईश्वर की स्वीकृति में ही बाधा उपस्थित करता है जो सर्वत्र विद्यमान नहीं है और सदा विद्यमान नहीं है, किन्तु कहीं-कहीं ही है एवं वह भी कभी-कभी। अमूर्तरूप बुद्धि, जो मानसिक विचार की रूपरेखाओं एवं धारणाओं के बीच गति करती है, संसार के मूर्तरूप अस्तित्व को भी सामान्य परिभाषाओं में प्रस्तुत करती है। उपनिषदों में भी ब्रह्म का इस प्रकार का अमूर्त निरूपण है जिसका जीवन एवं चेतना के मूर्तरूप अस्तित्व के साथ कोई वास्ता नहीं। वह असीम सत्ता दृष्टिशक्ति एवं विचार के क्षेत्र से भी परे है। इस प्रकार का एक अतीन्द्रिय भाव, जिसे हम उदासीन रूप में एक अनन्त शून्य भी कह सकते हैं, अथवा एक ऐसी यथार्थसत्ता जिसकी वाणी द्वारा व्याख्या नहीं हो सकती, नामरहित शून्य जो अवर्णनीय (अनिर्देश्यम्), अनिवर्चनीय एवं आत्मविहीन (अनात्म्यम्), आधाररहित (अनिलयनम्) है, जीवन के लिए सर्वथा अनुपयुक्त है। इसलिए बुद्ध ने कहा कि यह अध्यात्मशास्त्रियों की मिथ्या कल्पना है (ब्रह्मजालसुत्त, 1:26)। ऐसे काल में जबकि जन साधारण परब्रह्म के आह्लादकार रूप को पहचानने के लिए जिस नैतिक शक्ति की आवश्यकता है उसे खो रहे थे, इस प्रकार की चेतावनी की बहुत आवश्यकता थी। अधिक से अधिक यही हो सकता था कि चूंकि ऐसी असीम शक्ति की यथार्थता को प्रमाणित करना दुष्कर कार्य था, हम इसे एक खुले प्रश्न के रूप में ही छोड़ देते। बुद्ध का आदेश हमें यह है कि जहाँ ज्ञान असम्भव हो तो निर्णय को स्थगित रख देना चाहिए। यदि सापेक्षता विचार का एक आवश्यक अंग है तो ईश्वर-सम्बन्धी विचार के लिए भी सापेक्षता क्यों न लागू हो ? इसलिए परमसत्ता के विवरण-सम्बन्धी प्रयास को छोड़कर हमें प्रत्यक् अर्थात् वास्तविक, के प्रति ध्यान देना चाहिए, एवं पराक् अर्थात् इन्द्रियातीत, के प्रति नहीं। अनुभवात्मक प्रवाह का हमें निश्चित ज्ञान प्राप्त है। घटनाओं के कारण-कार्यभाव सम्बन्ध पर ज़ोर देने के कारण ही ऐसा प्रतीत होता है कि वह ऐसे मत का समर्थक है जिसके अनुसार इस पुरातन तट विहीन एवं रूपमय समुद्र के पीछे, जिसके रूप समझ में आ न सकने वाले तरीके से परिवर्तित होते रहते हैं, निरपेक्ष कोई परमात्मसत्ता नहीं है—एक ऐसा अज्ञात ईश्वर जो अपने प्रबल जादू अथवा माया से समस्त ब्रह्माण्ड को नाना रूपों से ढालता रहता है तो भी उपनिषदों की स्पष्ट शिक्षा, जिसे स्वीकार करने से बुद्ध ने कहीं भी निषेध नहीं किया है, बुद्ध के सिद्धान्त में पूर्णता लाने के लिए आवश्यक है।[1] उपनिषद् एवं बौद्धधर्म दोनों के ही अनुसार, मनुष्य के भाग्य में ही बेचैन रहना, सनकी स्वभाव होना एवं दुखी रहना है। किन्तु यह दुःख ही सब कुछ नहीं है। उपनिषदों का तर्क है कि संसार का असत्याभास, अव्यवस्थितचित्तता, इसकी दुःखान्तता ही आत्मा के अस्तित्व की साक्षी हैं। यही सब तो मनुष्य की अन्तर्निहित आध्यात्मिक शक्ति को प्रोत्साहित करती हैं कि वह इन सब पर विजय

1. ऐसा एक भी स्थल नहीं है जहां पर बौद्धग्रन्थों ने उपनिषदों के ब्रह्म का उल्लेख किया हो, यहां तक कि विवाद के उद्देश्य से भी नहीं किया। "विश्वात्मा के रूप में बौद्धों ने कहीं भी ब्रह्म का निर्देश नहीं किया है, एवं इसे न तो विपरीत मत का न अपने निजी मत का अवयव माना है यद्यपि कहीं-कहीं और बार-बार ईश्वर ब्रह्मा की चर्चा अवश्य की है।" (ओल्डनबर्ग : 'बुद्ध')।

प्राप्त करे। विरोध वस्तुओं के अन्तस्थल में है, क्योंकि संसार आध्यात्मिक है। बुद्ध स्वीकार करते हैं कि हमें पाप-वासनाओं पर विजय प्राप्त करनी चाहिए, जिससे हमें आत्मा का सुख मिल सके। यह सोचना भ्रांतिजनक है कि नीचे दर्जे की वासनाएं एवं अव्यवस्थित चित्तता ही विश्व के केन्द्र में सब कुछ हैं, और इनके अतिरिक्त और कुछ नहीं। बुद्ध यह स्वीकार करने के लिए तैयार हैं कि धैर्य धार्मिकता, साहस एवं सत्य की मौलिक शक्ति का सारतत्त्व है। यदि हम इस दैवीय प्रबन्ध के एक भी अनिवार्य घटक या तत्त्व के विषय में अतिशयोक्ति करें, तब हमारा सुझाव संसार को ईश्वर विहीन मानने की ओर होगा। यदि सम्पूर्ण विश्व पर हम ध्यान दें तो हमें पता लग जाएगा कि हम विश्वात्मा की उस धड़कन एवं स्वरलहरी को ग्रहण करते हैं जो इस अव्यवस्थित कही जाने वाली प्रकृति के अन्दर भी जारी है। बिना इस प्रकार की एक धारणा के इस संसार में प्रयोजन या उद्देश्य की झलक नहीं मिल सकती। यह सिद्धान्त भी कि संसार उच्च श्रेणी की नैतिकता एवं गहन ज्ञान-प्राप्ति की ओर गति कर रहा है, अपना महत्त्व खो बैठेगा। निश्चय ही बुद्ध जगत् को उद्देश्यशून्य एवं तर्क-रहित नहीं मानते। यह ऐसी परिणति नहीं है जिसका कोई लक्ष्य या उद्देश्य न हो, एवं केवल शब्द तथा ऋतु आदि का भीषण प्रकोप हो, जिससे कुछ तात्पर्य नहीं निकलता। इस प्रकार का मत रखने से समस्त आदर्शवाद का अन्त ही हो जाएगा। बुद्ध ने खूब गहरी निगाह से इस विषय का निरीक्षण किया और अनुभव किया कि घटनाओं के क्रम में एक गहन विधान कार्य करता दिखाई देता है। क्षणिक घटनाओं से पूर्ण यह संसार एक विशेष विचार की यथार्थता को प्रतिबिम्बित करता है, जिसे चाहे कर्म कहें या औचित्य का विधान कहें। इस विधान का विरोधी और कोई विधा नहीं है। इस बाह्य महत्त्व की पृष्ठभूमि को माने बिना यह संसार का सारा तमाशा केवल मायाजाल या छायाचित्र ही रह जायेगा। कर्म का अनुशासन मनुष्य को पवित्र बनाने के लिए एवं उपचार के रूप में है। इसकी क्रियात्मकता मौलिक विधान को सशक्त बनाती है। अब यह मनुष्य का काम रह जाता है कि वह अपने जीवन की व्यवस्था ऐसी करे कि वह उक्त मत के साथ साम्य स्थिर कर सके। संसार सदा से न्यायनिष्ठा या औचित्य के द्वारा शासित होता आया है, अब भी शासित हो रहा है एवं भविष्य में भी इसी से शासित होता रहेगा। शरीरधारी स्रष्टा के विषय में तो बुद्ध का प्रतिवाद भले ही है किन्तु उक्त विचार के सम्बन्ध में उन्हें भी आपत्ति नहीं क्योंकि यह एक नित्य सिद्धान्त है। बुद्ध यह कभी नहीं कहेंगे कि कर्म का सिद्धान्त एक ऐसी शक्ति है जिसमें मानसिक शक्ति का नितान्त अभाव है। ऐसा तत्त्व विवेकशक्ति से रहित नहीं हो सकता जो विद्युदणुओं (आयनों) की रचना करता हो एवं ऋणात्मक विद्युदणुओं (इलेक्ट्रोनों) का निर्माण करता हो, जो परमाणुओं को एकत्र करके अणु एवं अणुओं से नाना लोकों की रचना करता है। ऐसा हमें कहीं कुछ नहीं मिलता कि बुद्ध ने एक नित्य, स्वयं में स्थित, आत्मा की यथार्थता का निषेध किया हो, जो विश्व का क्रियाशील मस्तिष्क है। जबकि हम ईश्वर के सम्बन्ध में इससे अधिक और कुछ नहीं जान सकते कि वह एक परम (निर्विकल्प एवं निरपेक्ष) विधान है, हम इस सापेक्षतापूर्ण जगत् में पर्याप्तरूप में प्रत्यक्ष अनुभव कर सकते हैं और हम यह स्वीकार करने के लिए बाध्य होते हैं कि एक अदृश्य आत्मा है। यह विधान एक दैवीय मस्तिष्क की अभिव्यक्ति मात्र है, यदि हम ईश्वर ज्ञानविषयक परिभाषा का प्रयोग करने का अधिकार रखते हों।

कर्म का विधान ईश्वर के अस्तित्व का विरोध केवल उसी हालत में कर सकता है

जबकि ईश्वर की कल्पना से तात्पर्य स्वेच्छापूर्वक हस्तक्षेप एवं विधान व व्यवस्था के अतिक्रमण का आ जाता है, अन्यथा नहीं, क्योंकि ईश्वर की इस प्रकार की चेष्टा अप्राकृतिक होगी। केवल बच्चे एवं असभ्य-अशिक्षित लोग ही ऐसे ईश्वर में आस्था रख सकते हैं जो सृष्टिक्रम में अनावश्यक हस्तक्षेप करने वाला हो। निरर्थक हस्तक्षेप को अस्वीकार करने से तात्पर्य एक सर्वोपरि आत्मा की यथार्थसत्ता से निषेध करना नहीं है। क्योंकि एक ऐसी व्यवस्था का भाव जो प्राकृति एवं नैतिक हो, आत्मा के परम कर्तृत्व का अतिक्रमण नहीं करता। केवल इसीलिए कि हम आत्मिक शक्ति के उद्‌भव एवं स्थिरता के केन्द्र का ज्ञान पूरा-पूरा नहीं उपलब्ध नहीं कर सकते, हमें उसकी सत्ता से ही निषेध करने की आवश्यकता नहीं। नैतिक विधान की परमार्थता को भी, जिसे बुद्ध भी स्वीकार करते हैं, एक केन्द्रीभूत आत्मा की आवश्यकता है जिसके विषय में वे मौन हैं। हमारे इस विश्वास का आधार कि घटनाएं एवं पूर्व निर्धारित तर्कसम्मत विधान के अनुसार सम्पन्न होती रहेंगी और भविष्य में वस्तुओं के अन्दर ऐसी कोई अस्तव्यस्तता भी न आएगी जिसकी व्याख्या न की जा सके, विश्व में व्यापक आध्यात्मिक विधान ही तो है। बुद्ध के प्रति नितान्त विपरीत धारणा रखने पर भी यह हमें अवश्य ही कहना पड़ेगा कि बुद्ध ने एक ऐसे प्रचलित किस्म के धर्म का उच्छेद किया जो अधिकतर कायर पुरुषों के भय एवं शक्ति की पूजा पर आश्रित था, और ऐसे धर्म को सुदृढ़ किया जो न्यायनिष्ठा के ऊपर भरोसा रखता था। वे विश्व को धार्मिक मानते हैं, केवल यन्त्रवत् नहीं, जिसे वे धर्मकाय की संज्ञा देते हैं और जिसमें जीवन की धड़कन अनुभव की जा सकती है। इस सब जीवित एवं जंगम जगत् का ताना और बाना धर्म ही है। प्रत्येक प्राकृतिक कारण उसी आत्मा की अभिव्यक्ति है जो इस सब की पृष्ठभूमि में कार्य कर रही है। संसार के धार्मिक आधार के सम्बन्ध में संशय करना अनासक्ति की भावना से जो आचरण किया जाता है उसके साथ मेल नहीं खा सकता। बुद्ध पर इस प्रकार की विरोधाभासपूर्ण स्थिति का आरोप लगाना ठीक नहीं है।

19. क्रियात्मक धर्म

मनुष्य के अन्तःकरण में जो धर्म-सम्बन्धी सहज आन्तरिक प्रेरणा है उसके लिए ईश्वर की आवश्यकता है और इसलिए बौद्धधर्म सरीखे क्रियात्मक धर्म में बुद्ध के अत्यन्त तत्परता के साथ सावधानी बरतते रहने पर भी उन्हें एक देवता का रूप दे ही दिया गया। क्योंकि जब सारिपुत्त ने उनसे कहा : "मेरा ऐसा विश्वास है और मैं ऐसा सोचता हूं कि न तो कोई भिक्षु और न कोई ब्रह्मा ही कभी आपसे अधिक महान एवं अधिक बुद्धिमान हुआ है, न होगा," तब बुद्ध ने उत्तर दिया कि "तुम्हारे ये शब्द बहुत बड़े एवं साहसपूर्ण हैं। देखो, तुम परमाह्लाद के वशीभूत होकर यह गा गए हो। अच्छा बताओ, क्या तुमने उन सब बुद्धों के विषय में ज्ञान प्राप्त किया है जो अतीतकाल में हो गए हैं ?" "नहीं, प्रभो।" "क्या तुमने उन सब बुद्धों के विषय में जानकारी प्राप्त कर ली है जो आगे होंगे ?" "नहीं, प्रभो।" "किन्तु कम-से-कम तुम मुझे जानते हो, मेरे चरित्र को जानते हो, मेरे मन को जानते हो और मेरी बुद्धि, मेरे जीवन एवं मोक्ष को जानते हो ?" "नहीं, प्रभो !" "तुम देखते हो कि तुम अतीतकाल के एवं भविष्यत् के पूज्य बुद्धों के विषय में कुछ नहीं जानते, तब फिर तुमने इतना साहस पूर्ण कथन कैसा किया ?"[1] तो भी मनुष्य की प्रकृति ऐसी है कि उसे दबाकर

1. महापरिनिब्बानसुत्त।

नहीं रखा जा सकता। हमें उस बुद्ध का अनुकरण करना है जो संसार की आंख (लोकचक्षु) है और हमारा आदर्श है, वह जो हमारे लिए पूर्णता के मार्ग का प्रकाश करता है, जो अपने को एक जिज्ञासु से अधिक और कुछ नहीं मानता एवं जिसने सत्यमार्ग की खोज की है और अन्यों के लिए भी यह सम्भव बना दिया कि वे उसके पदचिह्नों पर चल सकें, वहीं एकमात्र हमारा शरणस्थान है एवं जनसाधारण के देवता के समान है।[1]

बुद्ध प्रचलित ईश्वर ज्ञान के स्वरूप को स्वीकार कर लेते हैं जोकि हमें दूसरे लोकों के निर्माण द्वारा सान्त्वना प्रदान करता है, क्योंकि उन्होंने ब्रह्मा आदि अन्य देवताओं के अस्तित्व को स्वीकार कर लिया।"[2] भेद केवल इतना है कि बुद्ध के मान्य देवता सब मरणधर्मा हैं। बुद्ध विश्व के आदिकारण एक स्रष्टा एवं कर्म के ऊपर नियन्त्रण करने वाले ईश्वर की सत्ता का निषेध करते हैं, किन्तु प्रचलित विश्वासों को मान लेते हैं एवं मनुष्यों और देवताओं के बीच पारस्परिक सम्बन्ध के विषय में भी कहते हैं। वे ऐसी धार्मिक क्रियाओं को भी स्वीकार कर लेते हैं जो हमें आकृतियुक्त एवं आकृतिविहीन निम्नतर लोकों में जन्म ग्रहण करने में सहायता प्रदान करती हैं। बौद्धधर्म की प्रतिष्ठा को बढ़ाने के विचार से कभी-कभी यह भी सुझाया गया है कि ब्रह्म एवं शक्र (इन्द्र) ने भी बौद्धधर्म में दीक्षा ग्रहण की। इस प्रकार उन्हें भी मनुष्यों के समान ही ज्ञानप्राप्ति की आवश्यकता रहती है। यह सब ब्राह्मण या पौराणिक धर्म की परम्परा के अनुसार है, जिसमें यह कहा जाता है कि देवताओं को भी दैवीय स्तर पर पहुंचने के लिए पवित्राचरण, यज्ञ-याग एवं तपस्या की आवश्यकता होती है। दैवीय आनन्दों के भोग लेने के बाद जब उनका सञ्चित पुण्य क्षय को प्राप्त हो जाता है तब वे अन्य रूप धारण कर लेते हैं। ऐसी कथाएं आती हैं जिनमें देवताओं को जीवन एवं शक्ति की प्राप्ति के लिए संघर्ष करते हुए वर्णन किया गया है। वे अपनी प्रतिष्ठा एवं आधिपत्य के लिए भी संघर्ष करते हैं। जब दैवीय पद के नए उम्मीदवार अपनी तपस्याओं एवं पुण्यों का पर्याप्त पुञ्ज संग्रह कर लेते हैं जो उन्हें देवत्व के योग्य बनाते हैं तब पुराने देवता उनके मार्ग में बाधाएं उपस्थित करते हैं।[3] बौद्धधर्म में पुराने देवताओं को नये सिद्धान्त के अनुकूल बनाकर स्वीकार कर लिया गया है किन्तु उन्हें निर्वाणप्राप्ति का लक्ष्य रखने वाले भिक्षु के अधीन माना गया है। "ब्रह्मा को भी अविद्या व्याप जाती है, विष्णु को भी महान माया ने वशीभूत कर लिया जिसमें भेद करना कठिन है। शंकर ने अत्यन्त आसक्ति के कारण पार्वती को अपने शरीर में संयुक्त रूप में रखा, किन्तु इस संसार में यह महामुनि बुद्ध भगवान अविद्या से रहित है, जिसे न माया व्यापती है, और जिसमें विषयाशक्ति तो नाममात्र को नहीं है।"[4]

20. ज्ञान-विषय सिद्धान्त

बौद्धधर्म के ज्ञान-विषयक सिद्धान्त का प्रतिपादन करते समय हम देखते हैं कि

1. तुलना कीजिए : "इसी प्रकार हे ब्राह्मण, उन सब प्राणियों के विषय में भी है तो अज्ञान में रहते हैं और बन्द हैं जैसेकि एक जीव अण्डे के अन्दर बन्द रहता है। मैंने सबसे पहले अज्ञानरूपी अण्डे के ऊपर के छिलके को तोड़ दिया है और अकेले ही इस संसार में उन्नत सार्वभौमिक बुद्धत्व प्राप्त किया है। इस प्रकार हे ब्राह्मण, मैं सबसे पुरातन एवं प्राणियों में सबसे श्रेष्ठ हूं।" (ओल्डनबर्ग : 'बुद्ध', पृष्ठ 325)। बुद्ध केवल एक मार्गदर्शक है।
2. देखिए, महागोविन्दसुत्त एवं तेविज्जसुत्त।
3. मेनका एवं विश्वमित्र की गाथा जैसी गाथाएं इस तथ्य के दृष्टान्त हैं।
4. रामचन्द्रकृत भक्तिशतक, 3।

भौतिकवादी के विपरीत बौद्ध प्रत्यक्ष के अतिरक्त अनुमान-प्रमाण को भी स्वीकार करता है।[1] यद्यपि बौद्धदर्शन के अनुमान-प्रमाण एवं न्यायदर्शन के अनुमान में भेद है, बौद्ध मत में केवल कारण एवं कार्य के मध्य सम्बन्ध स्थापित किया जा सकता है जबकि नैयायिक अन्य प्रकार के भी सतत साहचर्य के दृष्टान्तों को अनुमान के अन्तर्गत स्वीकार करता है। बौद्धदर्शन के अनुसार, हम कार्य से कारण का अनुमान कर सकते हैं, किन्तु न्यायदर्शन के अनुसार कारण से कार्य का अनुमान करने के अतिरिक्त लक्षणों के द्वारा उपलक्षित वस्तुओं की सत्ता का भी अनुमान कर सकते हैं। यह भेद परिणति के बौद्ध सिद्धान्त के कारण है। यद्यपि आगमनात्मक अनुमान द्वारा प्राप्त सामान्य व्यापक सिद्धान्त, जिनका आधार वस्तुओं के साहचर्य के ऊपर है, सर्वथा यथार्थ नहीं भी हो सकते, कारणकार्यसिद्धान्त के आधार पर प्राप्त अनुमानज्ञान बराबर सही होता है। सींग रखने वाले सब पशुओं के खुर फटे होते हैं, यह एक आनुभविक सामान्य अनुमान है जो अनुभव की सीमा के अन्दर सही निकलता देखा गया है, यद्यपि यह नितान्त रूप से सत्य नहीं भी हो सकता है। किन्तु धुएं को देखकर अग्नि की उपस्थिति का अनुमान करना ऐसा है जिससे निषेध नहीं किया जा सकता, क्योंकि यदि इस प्रकार के सत्य का निषेध करने लगें तो जीवन ही असम्भव हो जाएगा।

दो घटनाओं के बीच हम कारणकार्य-सम्बन्ध कैसे स्थापित कर सकते हैं ? प्राचीन बौद्ध का कहना है कि यदि 'क' 'ख' से पूर्व उपस्थित रहता है और 'क' के लुप्त हो जाने पर 'ख' का भी लोप हो जाता है और शेष सब अवस्थाएं वही रहें, तो मानना चाहिए कि 'क' 'ख' का कारण है। यह व्यतिरेक-प्रणाली ('मेथेड आफ डिफरेंस') कहलाती है। आधुनिक बौद्ध इसी सिद्धान्त को परिष्कृत करते हुए कारण के तात्कालिक पूर्ववर्ती अवयवों पर बल देते हैं। वे इस पर भी बल देते हैं कि हमें पूरी सावधानी बरतनी चाहिए कि अन्य परिस्थितियों में भी कोई परिवर्तन होना चाहिए। इस प्रकार वे कारणकार्य-सम्बन्धी अनुमान के पूर्ण सिद्धान्त को पांच भागों में विभक्त करते हैं और इसीसे इसे 'पञ्चकारणी' की संज्ञा दी गई है : (1) प्रथम भाग में हमें न तो कारण और न ही कार्य का प्रत्यक्ष होता है; (2) दूसरे भाग में कारण प्रकट होता है; (3) तीसरे भाग में कार्य प्रकट होता है; (4) कारण विलुप्त हो जाता है; (5) और कार्य भी विलुप्त हो जाता है। निःसन्देह सह-अस्तित्व विषयक सम्बन्धों की भी स्थापना की जा सकती है जैसेकि जातियों एवं उपजातियों के मध्य सह-अस्तित्व का सम्बन्ध देखा जाता है यद्यपि इसका प्रकार दूसरा ही है। यदि साहचर्य के एक विशेष स्वरूप के, अन्य कतिपय स्वरूपों के साथ, कुछेक दृष्टांतों पर दृष्टिपात करें, और यदि उनमें से एक को कभी बिना दूसरे के साथ के न देखा हो, तो हमें दोनों के बीच एक मौलिक तादात्म्य का सन्देह अवश्य होगा। और यदि सन्देह पुष्ट हो जाता है और तादात्म्य भी स्थापित हो जाता है तो सामान्य अनुमान परिणामतः निकाला जा सकता है। यदि हम एक पदार्थ को जानते हैं कि वह त्रिकोण है तो हम उसे आकृति का नाम अवश्य दे सकते हैं, क्योंकि विशिष्ट में सामान्य रूप का उपस्थित रहना आवश्यक है ही, क्योंकि यदि यह आकृति न होती तो त्रिकोण भी न हो सकता। इसी प्रकार बौद्धों के अनुसार कारणकार्य-सम्बन्धी पूर्वानुपरक्रमों में और जाति-उपजाति-सम्बन्धी

1. देखिए सर्वसिद्धान्तसारसंग्रह, 3 : 4, 4, 18-22। ऐसा प्रतीत होता है कि प्राचीन बौद्धधर्म ने उपमान और आप्त प्रमाणों को भी स्वीकार किया था। मैत्रेय ने उपमान को और दिङ्नाग ने आप्तप्रमाण को छोड़ दिया। देखिए, 'जर्नल आफ द रायल एशियाटिक सोसाइटी आफ बंगाल', 1905, पृष्ठ 179।

सहअस्तित्व अथवा साहचर्य के दृष्टान्तों में सामान्य अनुमान का नियम पाया जाता है।

हम निश्चयपूर्वक नहीं कह सकते कि सत्य-सम्बन्धी उक्त नियम बुद्ध को अभिमत थे या नहीं। जीवन के प्रति निराशापूर्ण दृष्टिकोण, संसार, स्वर्ग एवं नरक इत्यादि की समस्त कल्पनाएं ठीक उसी रूप में बुद्ध ने ले ली हैं जो उनके समय में प्रचलित थीं। इससे केवल यही स्पष्ट होता है कि यथार्थता की व्याख्या नितान्त मौलिक रूप की होने पर भी जनसाधारण के मन में प्रविष्ट भूतकाल के संस्कारों को एकदम नहीं उड़ा सकती। यदि हम बुद्ध के सिद्धान्त में के इस अंश को जिसे उन्होंने बिना तर्क द्वारा विश्लेषण किए अंगीकार कर लिया, निकाल दें तो हम अनुभव करेंगे कि उनके दर्शन का शेष भाग न्यूनाधिक रूप में संगत ही है। उन्होंने जगत् के आदिकारण एवं अन्तिम लक्ष्य पर विचार करने से निषेध किया। उन्हें वास्तविक जीवन से ही तात्पर्य है, परम यथार्थसत्ता से नहीं। एक ऐसे ब्राह्मण को जो संसार की नित्यता अथवा अनित्यता से सम्बन्धित दार्शनिक तथ्यों के ऊहापोह में ही निमग्न है, बुद्ध ने कहा कि मुझे कल्पनाओं से कुछ वास्ता नहीं। बुद्ध की पद्धति दर्शन-पद्धति न होकर एक प्रकार का यान या सवारी है, यह एक क्रियात्मक पद्धति है जो मोक्ष प्राप्त कराती है।[1] बुद्ध अनुभव का विश्लेषण करते हैं, उसके यथार्थ स्वरूप में भेद करते हैं। चूंकि बौद्ध विचारक विश्लेषणात्मक पद्धति को लेकर चलते हैं इसलिए उन्हें कभी-कभी विभाज्यवादी के नाम से भी पुकारा जाता है। बुद्ध अपने ध्यान को इस संसार तक ही सीमित रखते हैं और देवताओं को एकदम नहीं छूते, इसी प्रकार देवताओं से भी यही आशा करते हैं कि वे भी उनके ध्यान में विघ्न नहीं डालेंगे। इन्द्रियातीत यथार्थसत्ताओं के प्रति वे हठपूर्वक नास्तिकवाद का ही रुख बनाये हुए हैं, क्योंकि एकमात्र इसी प्रकार के मत की आनुभविक तथ्यों, तार्किक परिणामों एवं नैतिक नियमों के साथ संगति बैठ सकती है। किसी भी विषय का उन्होंने सर्वथा निराकरण नहीं किया अपितु पृष्ठभूमि को खुला छोड़ दिया है, जिस पर कोई भी सिद्धान्त-सम्बन्धी पुनर्रचना की जा सकती है। हमें इस विषय को विशेष ध्यानपूर्वक लक्ष्य करना है कि इसका अर्थ यह नहीं है कि बुद्ध संशयवादी थे, जो निषेध में ही समस्या का हल पाते हैं। उनके कथन का एकमात्र तत्त्व यह है कि पूर्णता के लक्ष्य के सम्बन्ध में वाद-विवाद किए बिना पहले हम अपने को पूर्ण बना लें। अध्यात्मशास्त्र-सम्बन्धी सिद्धान्तों के प्रति वे इतने उदासीन न थे। उनके प्रारम्भिक अनुयायियों में बहुत-से ब्राह्मणमत या पौराणिक मत को मानने वाले भी पाये जाते हैं। ब्रह्मजालसुत हमें ऐसे भी शिष्यों का परिचय देता है जो प्रकटरूप से बौद्धमत के विरुद्ध भाषण करते थे। बुद्ध के उपदेश अपने ब्राह्मण एवं बौद्ध अनुयायियों के लिए एक साथ ही होते थे। जब तक हम इस संसार में हैं, हम सांसारिक हैं, और इसलिए बुद्ध का कहना है कि जो अव्याख्येय है उसकी व्याख्या करने के सब प्रकार के प्रयत्नों को छोड़ देना चाहिए और अध्यात्मविद्या-सम्बन्धी समस्याओं के विवादों में नहीं पड़ना चाहिए। इस प्रकार के विवादों को वे 'बुद्धि का प्रेमालाप' कहते थे। विधर्मियों को फुसलाने के लिए न तो उन्होंने कभी विवश किया और न ऐसा कोई चमत्कार ही दिखाया। उनकी सम्मति में आंतरिक प्रेरणा ही हमें सत्य का मार्ग दिखलाती है, और इस प्रकार उन्होंने अपने शिष्यों को प्रेम एवं दान सम्बन्धी कर्मों में ही निरत रहने का उपदेश दिया। दार्शनिक ज्ञान नहीं अपितु केवल शान्ति ही आत्मा को पवित्र करती है। नैतिक जीवन के द्वारा जब अगाध प्रकाश उत्पन्न होगा तभी हमें यथार्थ ज्ञान की प्राप्ति हो सकती है, और इसलिए अपनी दुर्बल

1. मज्झिमनिकाय।

बुद्धि के द्वारा उसकी पहले से ही धारणा क्यों बना लें ?

इस तथ्य पर विशेषरूप से ध्यान आकृष्ट होता है कि बुद्ध मौन साधकर ऐसे सब प्रश्नों को जो अध्यात्मशास्त्र से सम्बन्ध रखते हैं, टाल देते हैं, इस आधार पर कि नैतिक दृष्टि से उनका कोई महत्त्व नहीं। बुद्ध के मौन में कौन-सा वास्तविक गम्भीर आशय छिपा है ? क्या वे सत्य को जानते थे और तब भी जान-बूझकर उसे प्रकाशित करने से इन्कार करते थे ? क्या वे निषेधात्मक रूढ़िवादी थे, जिन्होंने आत्मा एवं ईश्वर के अस्तित्व का सर्वथा निषेध किया ? अथवा क्या वे इस प्रकार के विवादों को निष्फल समझते थे ? अथवा क्या उनका विचार यह था कि इस प्रकार की कल्पनात्मक प्रवृत्ति एक प्रकार की दुर्बलता है जिसे प्रोत्साहित करना उचित नहीं है ? बौद्धधर्म का अध्ययन करने वाले अनेक विद्यार्थी सोचते हैं कि बुद्ध ने ईश्वर एवं आत्मा के भाव को सर्वथा ही उड़ा दिया और यह कि जितना अभी तक हमें जताया गया है उनसे कहीं अधिक निश्चितरूप में वे नास्तिक या अनीश्वरवादी थे। इस प्रकार की निषेधात्मक व्याख्या का समर्थन नागसेन, बुद्धघोष, एवं उन हिन्दू विचारकों ने भी किया है जिन्होंने इस पद्धति की समीक्षा की है, यह भली-भांति विदित है। और न हम इस विषय का ही निषेध कर सकते हैं कि बौद्धधर्म ने बहुत प्रारम्भिक अवस्था में ही अपना तादात्मय निषेधात्मक अध्यात्मशास्त्र के साथ स्थापित कर लिया। किन्तु हमारा कहना यह है कि स्वयं बुद्ध ने इस प्रकार के निषेधात्मक मत का कहीं भी आश्रय नहीं लिया है, किन्तु उनके प्रारम्भिक अनुयायी जब इन समस्याओं पर विचार करते थे और बुद्ध उत्तर में मौन साध लेते थे तो उनके इस प्रकार के मौन से ही ऐसी व्याख्याओं की सृष्टि हुई प्रतीत होती है। किन्तु बुद्ध का इस प्रकार का मौनधारण या तो परमसत्य के विषय में अज्ञान का द्योतक हो सकता है, अथवा मोक्ष के मार्ग की ओर जो सबके लिए खुला था, संकेत करना भी हो सकता है, क्योंकि उनके मत में आध्यात्मिक विषयों की ओर झुकाव न रहने पर भी मोक्षप्राप्ति सम्भव है। इसलिए बुद्ध के मौन के नाना प्रकार के अर्थ लगाए जा सकते हैं; यथा, (1) यह नास्तिकता के भाव को प्रकट करने वाला था; (2) अथवा यह नैतिकता एवं मनुष्यजाति के प्रति प्रेम की ओर पूरा ध्यान देना चाहता था। बौद्धधर्म का प्रतिपादन करने में हमने प्रायः बलपूर्वक यही कहा है कि बुद्ध के द्वारा आत्मा के अस्तित्व से निषेध के विरुद्ध की गई स्पष्ट घोषणाएं एवं निर्वाण की शून्यता समझने के विरुद्ध घोषणाएं और एक अनुपाधिक यथार्थसत्ता के सम्बन्ध में की गई घोषणाएं, जिनको प्राप्त करने के लिए सोपाधिक संसार के छोड़ने की कल्पना की जा सके, एक निषेधात्मक दर्शन के साथ संगत नहीं हो सकती। यह तथ्य कि बुद्ध ने अनुभव किया कि उन्होंने सत्य को ढूंढ़ लिया है और वे अन्य मनुष्यों को सत्य के मार्ग का पथप्रदर्शन भी करा सकते हैं, नास्तिकवाद की द्वितीय कल्पना के विरुद्ध बैठता है। यदि उन्होंने सत्य को न जाना तो वे अपने को बुद्ध अथवा ज्ञानी न कहते। (3) अब तीसरी कल्पना शेष रह जाती है कि बुद्ध परमार्थ-विषयक सब समस्याओं के विषय में पूर्ण ज्ञान रखते थे, किन्तु वे जनसाधारण के अन्दर, जो उनका उपदेश सुनने को एकत्र होते थे उन सत्यों की घोषणा इस डर से नहीं करना चाहते थे कि कहीं उनके मन विचलित न हो जाएं।[1] यह समाधान हमें सबसे अधिक सन्तोषजनक प्रतीत होता है। एक अवसर पर बुद्ध ने कुछ सूखे पत्ते उठाए और उन्हें अपनी हथेली पर रखकर आनन्द से पूछा कि मेरे हाथ में ये जितने सूखे पत्ते हैं क्या इनसे अधिक पत्ते भी हैं। आनन्द ने उत्तर दिया,

1. देखिए भगवद्गीता, 3 : 26।

"पतझड़ का मौसम है इसलिए पत्ते बराबर झड़कर सब दिशाओं में गिर रहे हैं। इसलिए जितने पत्तों को हम गिन सकते हैं उनसे कहीं अधिक संख्या में पत्ते विद्यमान हैं।" तब बुद्ध ने कहा कि "इसी प्रकार मैंने तुम्हारे आगे केवल मुट्ठीभर सत्यों की ही व्याख्या की है किन्तु इसके अतिरिक्त हज़ारों सत्य ऐसे हैं जिनकी संख्या गिनती में नहीं आ सकती।"[1] तात्पर्य यह निकला कि बुद्ध के अपने ही कथन के अनुसार आनुभविक जगत्-सम्बन्धी सत्यों के अतिरिक्त, जिनका प्रकाश उन्होंने किया, दूसरे भी सत्य हैं। जिस प्रकार का ज्ञान बुद्ध ने स्वयं प्राप्त किया उसके लिए नैतिक तैयारी की आवश्यकता है इसलिए अपने उद्देश्य की सिद्धि के लिए स्वयं बुद्ध ने ही इस विषय पर अन्यों के लिए भी आग्रह किया है। बुद्ध का इस प्रकार का भाव दार्शनिक दृष्टि से सर्वथा युक्तियुक्त है। वे मनुष्य के ज्ञान की सीमाओं से परिचित थे और इसलिए उन्होंने तर्क द्वारा जानने योग्य विषय एवं अज्ञेय विषय के मध्य परिधि की रेखा खींच दी। वे यह अनुभव करते थे कि हमारी इन्द्रियां परिणत पदार्थों का ज्ञान प्राप्त कर सकती हैं और परिणत वस्तुएं वास्तव में सत् नहीं हैं। इसपर भी उपनिषदों के साथ सहमत होते हुए वे अनन्त के रहस्य को मानते हैं। जब परिमित शक्ति वाली बुद्धि अपने ज़िम्मे नित्यता को काल की परिधि में बांधने का एवं विशालता को देश की अवधि में बन्द करने का काम ले लेगी, जिसका कभी अन्त नहीं हो सकता, तो विरोधाभासों के चक्कर में आकर यह अपांग हो जाएगी। जो कल्पनातीत है उसकी हम कल्पना नहीं कर सकते। सत् के विषय में विचार करने का एवं यथार्थता को समझने का हरेक प्रयत्न उसे अनुभव का विषय बना देते हैं। मनुष्य के मन की पहुंच से यथार्थसत्ता हमेशा ही बाहर रहेगी क्योंकि मनुष्य स्वयं अविद्या की उपज है। ऐसा ज्ञान जो 'मैं' और 'तू' में भेद करता है, परमज्ञान नहीं है। मनुष्य एवं सत्य के बीच तक ऐसा आवरण है जिसके बीच में प्रवेश करना कठिन है। तो भी यह सत्य अथवा ज्ञान जिसे हम प्रत्यक्ष नहीं कर सकते या नहीं जान सकते, अयथार्थ नहीं है। "हे नागसेन, ज्ञान का निवास कहां है ?" "राजन्, कहीं नहीं।" "भगवन्, तब फिर ज्ञान कोई वस्तु नहीं है।" "राजन्, वायु का निवासस्थान कहां है ?" "कहीं भी नहीं।" "राजन्, तब फिर वायु नाम का कोई पदार्थ नहीं ?" बुद्ध का कहना है कि परम यथार्थता को तर्क के द्वारा प्रत्यक्ष नहीं दिखाया जा सकता, अथवा सिद्ध नहीं किया जा सकता, किन्तु तो भी वे यह कभी नहीं कहते कि इसीलिए उसकी सत्ता नहीं है। बुद्ध की एतद्विषयक सम्मति को कवि गेटे के 'फाउस्ट' की इन पंक्तियों में रखा जा सकता है : "उनका नाम रखने का कौन साहस कर सकता है ? इसी प्रकार उसके विषय में इस प्रकार का कथन करने का भी कौन साहस कर सकता है कि मैं उसमें विश्वास करता हूं ? ऐसा कौन है जो इतना साहसी हृदय रखता हो कि कह सके कि मैं उसके अस्तित्व को नहीं मानता ?"

ब्रह्म की यथार्थता का आधार बुद्ध वेद के प्रमाण के अनुसार बनाने के विचार से सहमत नहीं हैं, क्योंकि जहां एक बार हमने ईश्वरीय ज्ञान की गवाही को स्वीकार किया तो फिर उसका कहीं अन्त नहीं है। इस प्रकार तेविज्जसुत्त में ऐसे व्यक्तियों की तुलना जो वेद के प्रमाण के आधार पर ब्रह्म में विश्वास करते हैं एवं उसके साथ मिलना चाहते हैं, उन लोगों से की गई है जो किसी ऐसे ऊंचे भवन के ऊपर पहुंचने के लिए चौरस्ते पर एक सीढ़ी बनाते हैं जिसके विषय में यह भी नहीं जानते कि वह भवन कहां है और कैसा है एवं किस चीज से बना है और वह है भी या नहीं। और यह भी सत्य है कि बुद्ध ऐसे प्रयत्नों को प्रोत्साहित

---

1. आनन्दाचार्य के 'ब्रह्मदर्शनम्', पृष्ठ 10, में उद्धृत।

नहीं करते जो अज्ञात वस्तु की गहराई को नापने के लिए किए गए हों।[1] जिन वस्तुओं का ज्ञान प्राप्त करने के लिए हमारी बुद्धियां अपर्याप्त हैं ऐसी वस्तुओं के सम्बन्ध में विवाद करना अपने अमूल्य समय को नष्ट करना है। इसके अतिरिक्त बुद्ध ने अध्यात्मविद्या-सम्बन्धी पुराने विवादों के इतिहास से यह भी परिणाम निकाला कि जब हम कल्पना के सूक्ष्म वायुमण्डल में उड़ने का प्रयत्न करते हैं तो यह ठोस पृथ्वी एवं नैतिक विधान हमारे पैरों के नीचे से हिलने लगते हैं। इसलिए वे हमें आदेश देते हैं कि हम मातृस्वरूप भूमि की ओर वापस लौट पड़ें एवं वृथा पंखों को फड़फड़ाते हुए परम सत्तारूपी शून्य आकाश मे न खो जाएं। अध्यात्मविद्या-सम्बन्धी समस्याओं के प्रति प्रश्नकर्त्ताओं की गहरी रुचि को वे उनकी कल्पनात्मक प्रवृत्ति का प्रमाण मानते थे। इस प्रकार इस कल्पनात्मक प्रवृत्ति को भी बुद्ध ने पांच प्रकार के पाखण्डों में सम्मिलित किया है।[2] नैतिक विषयों में अत्यन्त ग्रस्त रहने के कारण ही बुद्ध अध्यात्मविद्या-सम्बन्धी समस्याओं के विषय में बराबर अनिश्चित रहते हैं। अपने समय की द्विविधा में और कुछ जोड़ने के अनिच्छुक बुद्ध हमें आदेश देते हैं कि हमें समझ में आने योग्य विषयों तक ही अपने को सीमित रखना चाहिए।

अध्यात्मविद्या-सम्बन्धी समस्याओं के विषय में काण्ट एवं बुद्ध में बहुत कुछ समानता पाई जाती है। दोनों ने ही एक ऐसे समय में जन्म लिया जबकि दर्शनशास्त्र का क्षेत्र दो विरोधी पक्षों अर्थात् अध्यात्मविद्या-सम्बन्धी रूढ़िगत परम्पराओं एवं संशयवाद में बंटा हुआ था। दोनों ही अनुभव करते थे कि परम्परागत तर्क की प्रक्रिया के आधार के अन्दर गहराई तक जाने की आवश्यकता है, और दोनों ही नैतिक सिद्धान्तों की मान्यता की रक्षा के लिए आतुर थे। दोनों का आदेश हमें यह है कि हमें अतीन्द्रिय विषयों की यथार्थता को तर्क के द्वारा जानने का प्रयत्न करना रोक देना चाहिए। उक्त दोनों ही महापुरुषों की दृष्टि में अध्यात्मविद्या ऐसी समस्याओं को हल करने में असमर्थ है जो तर्क के द्वारा वस्तुओं के गुप्त स्वभाव के विषय में उत्पन्न होती हैं। जैसे ही हम उन्हें बुद्ध के द्वारा ग्रहण करने की चेष्टा करेंगे, हम नाना प्रकार के असत्याभासों एवं विरोधों में खो जाएंगे। दोनों ही नैतिक विधान को जीवन का सर्वोपरि मार्गदर्शक समझते हैं। यह एक ऐसा विधान है जो देवताओं एवं मनुष्यों से ऊपर है, सदा से रहा है और सदा रहेगा। नैतिक विधान के विषय में संशय (विचिकित्सा) रखना एक बड़ा पाप है जो मोक्ष का घातक है।

परमार्थ-सम्बन्धी समस्याओं को पीछे छोड़ देने की प्रवृत्ति के विषय में हमें यही कहने के लिए बाध्य होना पड़ता है कि यह एक दुर्भाग्य का विषय है। मनुष्य परमार्थ-विषयों के दार्शनिक ज्ञान की जिज्ञासा के बिना नहीं रह सकता। जब बुद्ध यह कहते हैं कि जो कुछ हमारे सम्मुख है वह सब संस्कृत है, तो स्वभावतः प्रश्न उठता है—क्या असंस्कृत भी इस विश्व में कुछ है ? इस प्रकार की समस्याएं—जैसे कि क्या इस संसार का कोई आरम्भ है, क्या आत्मा अमर है, क्या मनुष्य एक स्वतंत्र कर्त्ता है, क्या इस संसार का कोई सर्वोपरि कारण है—मनुष्य-जाति की महत्त्वाकांक्षाओं के साथ अपरिहार्य सम्बन्ध रखती हैं, और इन्हें यों ही एक ओर हटाया नहीं जा सकता। हमारे लिए इन समस्याओं को सुलझाना भले ही सम्भव न हो, किन्तु उठाने से अपने को रोके रखना भी सम्भव नहीं है। यदि मनुष्य पदार्थों

1. फ्रांसिस बेकन बुद्ध के ही भाव के अनुकूल कहता है कि अन्तिम लक्ष्य, देवता को समर्पित की गई कुमारी कन्याओं की भांति, बांझ हैं।
2. चुल्लवग्ग, 9 : 1, 4।

के सत्य को न जान सके तो उसकी प्रतिष्ठा में कोई हानि नहीं होती, किन्तु उसी प्रतिष्ठा की यह भी मांग है कि मनुष्य को ऐसी समस्याओं के प्रति उदासीन भी न रहना चाहिए। बुद्ध हमें कहते हैं कि हमें गहराइयों में दृष्टिपात करने के प्रलोभन से चौकन्ना रहना चाहिए, क्योंकि अगाध गह्वर को माप सकना हमारे सामर्थ्य के बाहर की बात है। किन्तु अतीन्द्रिय विषयों का जिज्ञासा-सम्बन्धी उनका कट्टरतापूर्ण निषेध अन्त में जाकर सफल न हो सका।[1] बौद्धधर्म का इतिहास अध्यात्मविद्या की अनिवार्यता की ओर निर्देश करता हे। सत्य के विषय में इससे बढ़कर और ज्वलन्त प्रमाण क्या हो सकता है कि हम अध्यात्मविद्या का विरोध करते हैं, किन्तु अन्त में चलकर हमें उसी अध्यात्मविद्या में निमग्न होना पड़ता है।

अनिर्णय अथवा संदिग्धता में सदा भलाई हो ऐसी बात नहीं, क्योंकि बुद्ध की अध्यात्मविद्या-विषयक अनिश्चितता ने उनके शिष्यों को इस योग्य बना दिया कि वे भिन्न-भिन्न पद्धतियों का सम्बन्ध बुद्ध के प्रवचनों के साथ जोड़ने लगे। उसकी सावधानता-भरी प्रवृत्तियों ने निषेधात्मक दर्शन-पद्धतियों के विकास को जन्म दिया और उनकी अपनी शिक्षा उसी कट्टरता अथवा रूढ़ि का शिकार बन गई जिससे बचने के लिए वे स्वयं बराबर इतने आतुर रहे। जैसाकि हम देख चुके हैं, नागसेन में सर्वोपरि यथार्थसत्ता एक निराधार धारणा बन गई। वह ज्ञेय एवं अज्ञेय के बीच के भेद का खण्डन करता है। वस्तुओं का ज्ञान उनकी दृष्टि में सापेक्ष नहीं रह जाता। यह यथार्थ एवं निरपेक्ष है। अनुभव से परे कुछ नहीं। यथार्थ एवं अनुभवजन्य, उसके मत में एकसमान हैं। सापेक्ष ही परम तत्त्व है। सच्ची अध्यात्मविद्या का सिद्धान्त वही है जो अनुभव का सिद्धान्त हो, न कि जो पृष्ठभूमि में अपने को पर्दो में छिपाए हुए हो। हमें यह तथ्य स्वीकार करना ही होगा कि संसार की सीमाएं न तो देश से बद्ध हैं, और न ही काल से उसके प्रारम्भ का विधान बताया जा सकता है। सृष्टि के अतिरिक्त अन्य किसी कारण-सम्बन्धी कल्पना का प्रयोग इसकी व्याख्या के लिए आवश्यक नहीं है। बुद्ध के अन्य अनुयायियों ने भी इस संसार के स्वरूप के सम्बन्ध में दिए गए बुद्ध

1. "यदि हम समझते हैं कि सुदूर-स्थित ज्ञानरूपी लक्ष्य तक हम अवश्य पहुंच सकते हैं तो एक भोले-भाले किन्तु बुद्धिमान व्यक्ति के लिए यह कह देना कि उसके बिना भी हमारा काम चल सकता है, व्यर्थ है। क्योंकि ज्ञान को आगे बढ़ाने का जो एक प्रकार का आह्लाद है वह तुरन्त कर्त्तव्य का रूप ले लेता है और उस अवस्था में जान-बूझकर तर्क के ऊपर प्रतिबन्ध लगाना ऐसा प्रतीत होता है कि यह ज्ञान भोलापन नहीं अपितु मूर्खता है, जो हमारे स्वरूप की उन्नति में बाधा उपस्थित करती है। क्योंकि आत्मा का स्वभाव, मोक्ष, नियति और आगामी जीवन इत्यादि प्रश्न तुरन्त बुद्धि की समस्त शक्तियों को क्रियान्वित कर देते हैं और अपने महत्त्व के कारण हठात् मनुष्य को कल्पना करने का एक ऐसा ज्वर-सा चढ़ा देते हैं कि जिसके आवेश से वह उक्त सूक्ष्म विषयों को भी ग्रहण करके निर्णय करने, उनके सम्बन्ध में निश्चयपूर्वक कह सकने, वाद-विवाद उपस्थित करने में अन्तर्दृष्टि एवं प्रत्येक नये रूप को साथ लेकर कार्य करने की क्षमता प्राप्त कर लेता है। किन्तु इस प्रकार की उद्दाम कल्पनाओं के लिए सीमा नियत करना तभी सम्भव होता है जबकि इस प्रकार के विवाद एक दर्शनपद्धति का रूप धारण कर सकें, क्योंकि यह कार्य क्रमबद्ध दर्शनपद्धति का ही है कि वह अपनी प्रक्रिया को भी जांच ले एवं केवल पदार्थों की व्याख्या तक ही सीमित न रहकर, मानव-मस्तिष्क की शक्ति के साथ उनका क्या सम्बन्ध है इसका भी ज्ञान प्राप्त कर ले। साधारण ज्ञानसम्पन्न व्यक्ति जिन विचारों को आसान एवं सरल समझता है उनके अन्दर खड़ी हो जाने वाली कठिनाइयों को केवल दर्शनपद्धति ही ढूंढ़कर निकाल सकती है। दर्शनशास्त्र का ज्ञान आगे बढ़कर हमारी उस ज्ञानविषयक भ्रांति को भी दूर कर सकता है जो अभी तक शेष है और हमें निर्देश कर सकता है कि ऐसे पदार्थ मनुष्य की बुद्धि के क्षेत्र से एकदम परे हैं।" (केयर्ड—'फिलासफी आफ काण्ट', खण्ड 1, पृष्ठ 142।)

के निर्णयों को, अध्यात्मविद्या-सम्बन्धी अपनी-अपनी योजनाओं के आधार पर, अपने अनुकूल बना लेने के प्रयत्न किए।

21. बौद्धधर्म और उपनिषदें

जो जिज्ञासु अतीत की विचारधाराओं को फिर से सुसंगठित करने की इच्छा रखता है उसके पास सिवाय अविरत प्रगति अथवा तार्किक विकास के और कोई निश्चित सफलता प्राप्त कराने वाली कुंजी नहीं है। बुद्ध ने अन्धकार के प्रति हार्दिक घृणा एवं प्रकाश के प्रति प्रेम के कारण समस्त गूढ़ रहस्यों को एकदम छोड़ देना ही ठीक समझा। उनकी इस कार्यपद्धति से स्पष्ट एवं निश्चित विचारधारा को तो लाभ हुआ, किन्तु इसके अन्दर कुछ दोष भी थे। बुद्ध की शिक्षा में गहराई की कमी रही एवं एक व्यवस्थित या संगठित स्वरूप का अभाव रहा। उनके विचार असंस्कृत रूपरेखाओं के रूप में ही रह गए, जो परस्पर एक-दूसरे से अलग-अलग थे। उनके विचारों के आन्तरिक सम्बन्ध स्पष्ट लक्षित नहीं हुए। इस प्रकार का एक वातावरण केवल जो भिन्न-भिन्न अवयवों को मिलाकर एक आध्यात्मिक पूर्णता को सम्पादित करने में सफल हो सकता है, परोक्षरूप में, विद्यमान था। मानव-मस्तिष्क को, जो स्वभाव से व्यवस्थापक है, अपने विचारों एवं सिद्धान्तों को एक सुव्यवस्थित पद्धति के अवयवरूप में ही मानना चाहिए, और इसी मन की सहज अन्तःप्रेरणा के कारण हमारे लिए इस विषय को खोजने की आवश्यकता अनुभव होती है कि किस प्रकार बुद्ध की शिक्षा की पृष्ठभूमि में एक सिद्धान्त की एकता काम कर रही थी। उपनिषदों की पृष्ठभूमि में जो अध्यात्मविद्या थी केवल वही इस प्रकार की अध्यात्मविद्या थी जो बुद्ध के नैतिक अनुशासन का उचित आधार बन सकती थी। बौद्धधर्म केवल उस विचारधारा के आन्दोलन का एक परवर्ती रूप था जिसक पूर्ववर्ती रूप उपनिषदें थीं। "उपनिषदों के बहुत-से सिद्धान्त निःसन्देह विशुद्ध बौद्धधर्म के ही सिद्धान्त हैं, अथवा इसे यों कहना अधिक संगत होगा कि अनेक विषयों में बौद्धधर्म ने ठीक-ठीक रूप में उन्हीं सिद्धान्तों को क्रियात्मक रूप दिया जो उपनिषदों में प्रतिपादित किए गए थे।"[1] बुद्ध स्वयं को किसी नवीन व्यवस्था का संस्थापक न समझकर केवल प्राचीन मार्ग का पुनरुद्धारक समझते थे, और वह मार्ग उपनिषदों का मार्ग था। बौद्धधर्म एवं उपनिषदें दोनों ही वेदों की प्रामाणिकता का खण्डन करते हैं, जहां तक कि उनके दर्शनशास्त्र-सम्बन्धी विषय का सम्बन्ध है। क्रियात्मक रूप में दोनों ने अपने से विपरीत विश्वासों के साथ एक प्रकार की सन्धि कर ली; इसके फलस्वरूप ऐसे अनेक व्यक्ति जिन्होंने सिद्धान्त रूप में उनकी शिक्षा को ग्रहण कर लिया था, क्रियात्मक रूप में फिर भी दूसरे देवताओं की पूजा करते रहे। इस विषय में बौद्धधर्म उपनिषदों की अपेक्षा समझौते के लिए कम उद्यत हुआ। दोनों ने यन्त्रवत् यज्ञ-याग आदि अनुष्ठानों एवं अविचारपूर्ण कर्मकाण्ड के क्रियाकलापों के विरुद्ध आवाज़ उठाई। दोनों इस विषय का बलपूर्वक प्रतिपादन करते हैं न तो यज्ञ आदि से और न ही तपश्चर्या से बार-बार जन्म ग्रहण करने से छुटकारा मिल सकता है। केवल सत्य के साक्षात्कार द्वारा एवं यथार्थसत्ता के ज्ञान द्वारा, जो समस्त जीवन का आधार है, हमें मोक्ष की प्राप्ति हो सकती है। व्यक्ति की वास्तविकता से निषेध करने की प्रवृत्ति दोनों में समान है। इस प्रकार का भाव कि यह जीवन दुःखमय है और यह कि हम परलोक-जीवन के लिए तरसते हैं, दोनों को एकसमान मान्य है। दोनों हमें जीवन के

---

1 मैक्समूलर : 'सैक्रेड बुक्स आफ द ईस्ट', खंड 15; भूमिका, पृष्ठ 37।

आवेशयुक्त ज्वर से मुक्त हो जाने के लिए प्रबल प्रेरणा करते हैं। उपनिषदों की महत्त्वपूर्ण शिक्षा एवं समस्त जीवन की एकता को बुद्ध ने स्वीकार किया। दोनों की दृष्टि में जीवन एक प्रकार की महत्त्वपूर्ण पुण्य यात्रा है जिसमें हम नीचे भी गिर सकते हैं अथवा ऊपर भी चढ़ सकते हैं। बौद्ध नीतिशास्त्र की सार्वभौमिकता के प्रति प्रवृत्ति कोई नई वस्तु नहीं है। दोनों स्वीकार करते हैं कि निरपेक्ष परमसत्ता का बोध बुद्धि के द्वारा नहीं हो सकता। बुद्ध द्वारा दिया गया परमसत्ता का विवरण कि वह न तो शून्य है, न अशून्य है, न दोनों ही है एवं दोनों में से अन्यतम भी नहीं है, हमें उपनिषदों के इसी प्रकार के अनेक वाक्यों का स्मरण कराता है। यदि यथार्थ कुछ नहीं है, और यदि विधि का विधान ऐसा ही है कि हम सदा के लिए अज्ञान में ही रहें तो हमारे अन्दर युक्त विषय-सम्बन्धी कभी शांत न होने वाली उत्सुकता, जो हमें खाए जाती है, उत्पन्न न होती। बौद्धधर्म में आत्मा, संसार एवं इसी प्रकार की अन्य समस्याओं की व्याख्या में हमें उपनिषदों के पारिभाषिक शब्दों का प्रयोग मिलता है, यथा नामरूप, कर्मविपाक, अविद्या, उपादान, अर्हत्, श्रमण, बुद्ध, निर्वाण, प्रकृति, आत्मा निवृत्ति इत्यादि। बौद्धधर्म ने उपनिषदों के दार्शनिक सिद्धान्तों को, जो उस समय तक कुछ थोड़े-से चुने हुए लोगों तक ही सीमित थे, जन-साधारण के अन्दर प्रचारित करने में सहायता दी। इस प्रक्रिया की यह मांग थी कि ऐसे गहन दार्शनिक सत्यों को जिन्हें साधारण जनता को स्पष्ट रूप में नहीं समझाया जा सकता, व्यावहारिक उद्देश्य को आगे रखकर एकदम दृष्टि से ओझल कर दिया जाए। बुद्ध के धर्मप्रचार का उद्देश्य यह था कि उपनिषदों के आदर्शवाद को उसके उत्कृष्टरूप में स्वीकार करके, उसे मनुष्य-जाति की दैनिक आवश्यकताओं के लिए उपयोगी बना दिया जाए।[1] ऐतिहासिक बौद्धधर्म से तात्पर्य है उपनिषदों का जनसाधारण में प्रचार। इस प्रकार से बौद्धधर्म ने अपने पीछे एक ऐसी विरासत छोड़ी जो आज तक भी जीवित है। इस प्रकार के सार्वजनिक महान परिवर्तन हिन्दूजाति के इतिहास में बराबर होते रहे हैं। उस समय में जबकि महान ऋषि-मुनियों के निधिरूप ग्रंथ कतिपय व्यक्तियों की ही निजी सम्पत्ति बन गए थे, तब महान वैष्णव रामानुजाचार्य ने उन रहस्यमय ग्रन्थों का प्रचार अस्पृश्य समझी जाने वाली जातियों में भी किया। हम कहने को कह सकते हैं कि ब्राह्मणधर्म के अपने मौलिक सिद्धान्तों में वापस लौट आने का नाम बौद्धधर्म है। बुद्ध कोई ऐसा क्रान्तिकारी नहीं था कि जिसने उपनिषद् के सिद्धान्तों की प्रतिक्रियारूपी लहर चलाकर ख्याति एवं सफलता प्राप्त की, बल्कि उसका उद्देश्य एक सुधारक के रूप में उपनिषदों के प्रचलित सिद्धान्तों के ढांचे में परिवर्तन करके उसमें प्रतिपादित सत्यों को, जो भुला दिए गए थे, फिर से प्राधान्य में लाना था। बुद्ध की शिक्षा में जो प्रधान दोष है वह यह है कि उन्होंने अपने नैतिक प्रचार के उत्साह में केवल सत्य के आधे हिस्से को लेकर उसे महत्त्व दिया और इस रूप में प्रतिपादन किया कि मानो वही सत्य का पूर्णरूप हो। अध्यात्मविद्या के प्रति उनकी अरुचि ने उन्हें यह अनुभव करने से वंचित रखा कि आंशिक सत्य का एक अनिवार्यपूरक भी रहता है और उसका आधार ऐसे सिद्धान्त होते हैं जो उसे अपनी स्वनिर्मित सीमाओं से भी परे ले जाते हैं।

22. बौद्धधर्म और सांख्यदर्शन

कुछ ऐसे भी विचारक हैं जिनकी सम्मति में बौद्धधर्म एवं जैनधर्म दोनों का आधार

1. देखिए होम्स : 'द क्रीड आफ बुद्ध'।

सांख्य सिद्धान्त है। बर्नूफ के विचार में, बौद्धधर्म ने केवल सांख्य के सिद्धान्त को ही क्रियात्मक रूप बना दिया। वेबर के अनुसार, यह असम्भव नहीं है कि सांख्यदर्शन के ग्रन्थकार कपिलमुनि और गौतम बुद्ध एक ही व्यक्ति रहे हों, और अपनी इस कल्पना के समर्थन में वह हमारा ध्यान इस घटना की ओर आकृष्ट करता है, बुद्ध का जन्म कपिलवस्तु नामक नगर में हुआ। दोनों की दर्शनपद्धतियों की एक ही सामान्य धारणा है, अर्थात् यह कि जीवन दुःखमय है। ये दोनों ब्राह्मणधर्म के निम्नस्तर के अल्पजीवी देवताओं को मानते हैं, किन्तु सर्वोपरि नित्यदेव की सत्ता के विषय में मौन हैं। विल्सन लिखता है कि प्रकृति के नित्यत्व से सम्बन्ध रखने वाले कुछेक विषय, द्रव्यों के तत्त्व एवं अन्तिम अवसान आदि सांख्य एवं बौद्धधर्म में समान हैं। जैकोबी और गार्ब के अनुसार, सांख्य की द्वैत एवं तत्त्वों की गणना सम्बन्धी स्थापनाएं बौद्धधर्म से प्राचीन हैं। यह सत्य है कि सृष्टिरचना-सम्बन्धी सांख्य की कल्पना एवं बौद्धधर्म की कल्पना में कुछ समानताएं हैं।[1] बौद्धधर्म के चार आर्यसत्य सांख्यशास्त्र के चार सत्यों के अनुकूल हैं जैसाकि 'सांख्यप्रवचनभाष्य' में प्रतिपादित किया गया है : "(1) जिससे हमें छुटकारा पाना है वह दुःख है; (2) दुःख के विनाश का नाम मोक्ष है; (3) प्रकृति एवं पुरुष के बीच भेद न करने से ही दुःख उत्पन्न होता है जिसके कारण प्रकृति व पुरुष का परस्पर सम्बन्ध बराबर बना रहता है; (4) मोक्ष का उपाय सदसद्विवेक-सम्बन्धी ज्ञान ही है।" कपिलमुनि (सांख्यकार) ने भी बुद्ध के समान यज्ञयाग आदि, प्रार्थनाओं एवं अनुष्ठानों को वर्जित बताया है।

बौद्ध लोग स्वीकार करते हैं कि कपिल मुनि ने, जिसे सांख्यदर्शन का रचयिता बतलाया जाता है, बुद्ध से अनेक पीढ़ी पहले जन्म लिया था और यह कि बुद्ध के समय में सांख्य के विचार प्रचलित थे। दीघनिकाय के पहले सुत्तन्त में, जहां जीवन की बासठ प्रकार की कल्पनाओं का वर्णन किया गया है, सांख्य के समान ही मत भी पाया जाता है। "किन युक्तियों के आधार पर और किस तर्क से मुनि एवं ब्राह्मण लोग, जो जीवन की नित्यता में विश्वास करते हैं, यह घोषणा करते हैं कि जीवात्मा एवं संसार दोनों नित्य हैं," एवं साथ ही यह भी कि "जीवात्मा अनेक हैं ? बुद्ध सांख्यदर्शन को भले ही न जानते हों किन्तु सांख्य के आरम्भ का वृतान्त अवश्य जानते होंगे। यह संसार पापमय है और प्रकृति से विच्छेद हो जाना ही मोक्ष है, इसी सिद्धान्त से बुद्ध को भी सुझाव मिला होगा। आत्मिक प्रक्रिया के विषय जो सांख्य का विचार है वही बुद्ध के स्कन्ध-सम्बन्धी सिद्धान्त के मूल में रहा होगा। किन्तु इसमें कोई सन्देह नहीं कि सांख्यदर्शन बहुत अर्वाचीन समय की कृति है जिसमें शताब्दियों का कार्य संग्रहीत है। सांख्य सूत्र (1 : 27-47) बाह्य पदार्थों की क्षणिकता वाले बौद्ध सिद्धान्त का खण्डन करते हैं जो एक निरन्तर प्रवाह में एक-दूसरे के पीछे उत्पन्न हुए प्रतीत होते हैं; वे इस सिद्धान्त का भी खण्डन करते हैं कि वस्तुओं का अस्तित्व केवल प्रत्यक्षज्ञान के ही अन्दर है, और वे अपनी प्रमेयविषयक कोई सत्ता नहीं रखतीं और यह कि शून्य के अतिरिक्त और कुछ नहीं है। सांख्यसूत्रों से यह भी पता लगता है कि सूत्रकार को बौद्धधर्म के नाना सम्प्रदायों का ज्ञान था और उनकी रचना उक्त सम्प्रदायों के पश्चात् हुई है।

---

1. अविद्या का सादृश्य 'प्रधान' से, संस्कार का बुद्धि से, विज्ञान का अहंकार से, नामरूप का तन्मात्राओं से, षडायतन आ इन्द्रियों से है (देखिए, कर्न : मैन्युअल आफ बुद्धिज़्म', पृष्ठ 47, पादटिप्पणी 6)। सांख्यों के प्रत्ययसंघ और बौद्धों के प्रतीत्यसमुत्पाद का एक-दूसरे से निकटतम सादृश्य है।

23. बौद्धधर्म की सफलता

एक ऐसे देश में जहां हज़ार वर्ष से भी अधिक काल तक ब्राह्मण या पौराणिक धर्म एक प्रचलित धर्म के रूप में रहा हो, बौद्धधर्म को उसकी जड़ें खोखली करने में सफलता मिल गई और इतना ही नहीं अपितु लगभग दो सौ वर्षों की ही अवधि में वह भारत का राजधर्म भी हो गया। इस्लाम एवं ईसाई धर्म जैसे प्रचारक धर्मों को संसार के किसी भाग में इस प्रकार की अद्‌भुत सफलता नहीं मिली। यह भी नहीं कहा जा सकता कि बुद्ध ने जनसाधारण के जोश और मानसिक पक्षपातों को भड़काने में सहायता की। उन्होंने आत्मा के पापमोचन के लिए कोई ऐसा सस्ता नुस्खा भी नहीं बतलाया और न ही मोक्ष को नीलाम की बोली पर चढ़ाया। उनके धर्म में मानवीय-स्वार्थपरता को लेकर भी ऐसा कोई आकर्षण नहीं था, क्योंकि बौद्धधर्म का आग्रह है कि ऐसे सुखों को कष्ट उठाकर भी छोड़ दिया जाए जिन्हें प्रायः मनुष्य खोजते हैं। बौद्धदर्शन को धर्म के रूप में सफलता मिलने के कारणरूप तीन रत्न (त्रिरत्न) हैं : (1) बुद्ध, (2) धर्म और (3) संघ। मानवता के मित्र, उच्छ्रित व्यक्तियों की उपेक्षा करने वाले, दिव्य जितेन्द्रिय वीर बुद्ध का अपना अद्‌भुत व्यक्तित्व एवं समस्त जीवन मनुष्यों के मन पर अद्‌भुत प्रभाव डालता था। धर्म के संस्थापक के व्यक्तित्व के विषय में बार्थ लिखता है : "हमें अपने आगे उस सराहनीय आकृति को विशदरूप में रखना चाहिए ...जो प्रशांत एवं मधुर तेजस्विता का, जीवमात्र के प्रति अनन्य स्नेह का एवं समस्त दुःखी प्राणियों के प्रति करुणा का, पूर्ण नैतिक स्वातन्त्र्य का एवं हर प्रकार के पक्षपात से विरहित स्वभाव का साक्षात् उदाहरण है।"[1] "उसने कभी भी कल्याणकारी वाणी एवं विवेकपूर्ण भाषा के बिना बोलना नहीं जाना। वह संसार का ज्योतिस्तम्भ था।"[2] यदि ऐसे दिव्यपुरुष की हृदय की विशालता एवं नैतिक उत्कर्ष जनसाधारण की कल्पना को अपनी ओर आकृष्ट न करते

1. 'द रिलिजन्स आफ इंडिया', पृष्ठ 118।
2. यहां तक कि मध्य काल में भी मार्कोपोलो ने बुद्ध के संबंध में सुना और उनके बारे में लिखा : "उसका जीवन इतना पवित्र और शुद्ध था कि यदि वह ईसाई होता तो हमारे प्रभु जीसस क्राइस्ट का एक महान संत होता।" "दोनों धर्मों के संस्थापकों के स्वरूप और उनकी शिक्षाओं में निर्विवादरूप से बहुत कुछ समानता है। दोनों को अत्यधिक आलोचनात्मक प्रकृति वाले और अत्यधिक बुद्धिमान के रूप में प्रस्तुत किया गया है। दोनों मानव-जाति की मुक्ति को सर्वोपरि महत्त्व देते थे। दोनों प्रेम के स्वर्गिक सिद्धान्त—स्वयं अपने प्रति और अपने पड़ोसियों के प्रति प्रेम के सिद्धान्त—के समर्थक थे, तथा बुद्ध तो हमारी दयालुता की पात्र अन्य वस्तुओं में हमारे उन सम्बन्ध ी जीवों को भी सम्मिलित करते हैं, जिन्हें हम असंस्कृत जगत् के सदस्य कहते हैं। 'तुम किसी भी जीव को पीड़ा नहीं पहुँचाओगे।' दोनों की अपने अनुयायियों से मांग थी कि वे प्रत्येक वस्तु का त्याग करें और अपने गुरु का अनुगमन करें। दोनों ने संसार की निरर्थकता को प्रकट किया, आत्मत्याग पर बल दिया और अपने व्यवहार में करुणा को जीवन का सर्वोच्च नियम सिद्ध किया। दोनों ने विचार और कर्म की अत्यधिक पवित्रता की शिक्षा दी। दोनों ने बुराई के अप्रतिकार की और भलाई से बुराई को जीतने की शिक्षा दी। दोनों के मन में शिशुओं, निर्धनों, पीड़ितों और परित्यक्तों के प्रति अपार करुणा थी। दोनों के जीवन का जो ब्यौरा हमें प्राप्त होता है उसमें अत्यधिक समानता मिलती है तथा इससे भी अधिक महत्त्वपूर्ण और उल्लेखनीय बात यह है कि दोनों के व्यक्तित्व आज भी संसार की सबसे बड़ी धार्मिक शक्तियों के स्रोत के रूप में हैं और एक आध्यात्मिक चुम्बक की तरह युगों से लोगों के हृदय को आकर्षित करते चले आ रहे हैं।" (डब्ल्यू. एस. लिली : 'मैनी मैन्शन्स', पृष्ठ 62।) "मुझे अधिकाधिक ऐसा प्रतीत होता है कि सत्य के गैर-इसाई अग्रदूतों में शाक्यमुनि अपने व्यक्तित्व और अपने प्रभाव में उसके सबसे अधिक समीप हैं जो आदिमार्ग है, जो सत्य है और जो जीवन है।" ('मेमॉएर्स आफ बिशप मिल्मैन', पृष्ठ 203।)

तो अवश्य ही आश्चर्य का विषय होता। मनुष्यमात्र के भ्रातृभाव के विचार ने जात-पांत के अत्याचारों को भी शिथिल कर दिया। संघ रूपी संस्था एवं इसके अनुशासन-सम्बन्धी भाव ने बहुत संख्या में जनसाधारण को अपनी ओर आकृष्ट किया। बौद्धभिक्षुओं ने, अपने संस्थापक के समान ही, सत्य के प्रचार के लिए सब कुछ त्याग दिया। उच्चश्रेणी की इस नैतिकता में, (जिसकी शिक्षा बुद्ध ने दी) कि केवल पवित्रहृदय ही मोक्ष प्राप्त कर सकता है, बौद्धधर्म के विधान एवं उसके प्रचारक देवदूत के जीवन का सारतत्त्व आ जाता है। बुद्ध ने ऐसे व्यक्तियों के लिए भी जो किसी शरीरधारी ईश्वर की सत्ता में विश्वास नहीं करते, सत्कार्य करने को न्यायोचित बताया। किसी भी अन्य स्वतन्त्र नीतिशास्त्र ने सार्वभौमिक उपकार के इससे अधिक पुलकित करने वाले स्वरूप को हमारे सम्मुख आज तक प्रस्तुत नहीं किया है। एक ऐसे समय में जबकि रक्तरंजित यज्ञयागों का पूरा प्रचार था एवं उन्हें मान्य ठहराया गया था, सृष्टिमात्र के लिए दया के भाव की शिक्षा ने बहुत बड़ा प्रभाव उत्पन्न किया। रीतिबन्धन के विरोध ने बुद्ध के सिद्धान्त को जनता द्वारा अपनाए जाने में अधिक योग दिया। बुद्ध के उपदेशों की अलौकिक प्रतिष्ठा उनके इन वचनों से जांची जा सकती है : "इस संसार में घृणा घृणा से शान्त नहीं होती, घृणा प्रेम से शान्त होती है।" "विजय से घृणा का जन्म होता है क्योंकि विजित पुरुष दुःखी रहता है।" "कोई व्यक्ति युद्ध में एक हज़ार मनुष्यों पर विजय प्राप्त कर सकता है, किन्तु जो अपने ऊपर विजय प्राप्त करता है वह सच्चा विजयी है। "मनुष्य को चाहिए कि वह दया के द्वारा क्रोध पर विजय प्राप्त करे एवं पुण्य के द्वारा पाप पर।" "जन्म के द्वारा नहीं अपितु केवल आचरण के द्वारा ही मनुष्य नीच या ब्राह्मण होता है।" "अपने शुभ कर्मों को गुप्त रखो एवं जो तुमने पाप किए हैं उन्हें संसार के आगे स्वीकार करो।" "ऐसा कौन व्यक्ति है जो पापी पुरुष के लिए उसके पाप स्वीकार करने पर कटु शब्दों का प्रयोग करेगा–कटे पर नमक छिड़कने का कार्य करेगा ?" बुद्ध के समान किसी अन्य ने कभी भी हमारे कानों में इस प्रकार की गम्भीर वाणी द्वारा कल्याणकारी आचरण के गौरव को नहीं गुंजाया। यही धर्मभावना या न्यायनिष्ठता का प्रज्वलित आदर्श है जिसने बौद्धदर्शन को धर्म के रूप में सफलता प्रदान करने में सहायता प्रदान की। धर्मप्रचार की भावना ने उक्त धार्मिक सिद्धान्त के विस्तार में पूरा-पूरा सहयोग प्रदान किया। बुद्ध ने अपने शिष्यो को आदेश दिया कि "सब देशों में जाओ और इस धार्मिक सिद्धान्त का उपदेश करो। उन्हें बताओ कि निर्धन एवं नीच जाति के व्यक्ति और धनी एवं उच्च घराने वाले सब एक हैं, और यह कि इस धर्म में सब जाति वाले मिलकर एक हो जाते हैं जैसेकि समुद्र में पड़कर सब नदियां एक हो जाती हैं।" बौद्धधर्म को इतनी अच्छी सफलता इसलिए मिली क्योंकि यह प्रेम का धर्म था। इसने ऐसी सब मूक शक्तियों को भी वाणी प्रदान की जो रूढ़िगत व्यवस्था एवं रीतिविधान से पूर्ण धर्म के विरुद्ध कार्य कर रही थीं; इसने निर्धनों, निम्नस्तर के लोगों और ऐसे लोगों को भी जिन्हें उत्तराधिकार में कुछ नहीं मिला था, अपना सन्देश सुनाया।

उद्धृत ग्रन्थ

'बुद्धिस्ट सुत्ताज़, सैक्रेड बुक्स आफ द ईस्ट', खंड 11।
'धम्मपद ऐंड सुत्तनिपात, सैक्रेड बुक्स आफ द ईस्ट', खंड 10।
'क्वेश्चंस आफ किंग मिलिन्द, सैक्रेड बुक्स आफ द ईस्ट, खंड 35 और 36।
वारने : 'बुद्धिज़्म इन ट्रांसलेशंस'।
रीज़ डेविड्स : 'बुद्धिज़्म'।
रीज़ डेविड्स : 'बुद्धिस्ट इंडिया'।
रीज़ डेविड्स : 'द डायलॉग्स आफ बुद्ध'।
श्रीमती रीज़ डेविड्स : 'बुद्धिज़्म'।
श्रीमती रीज़ डेविड्स : 'बुद्धिस्ट साइकोलॉजी'।
श्रीमती रीज़ डेविड्स एण्ड औंग : 'अनुरुद्धाज कम्पेण्डियम आफ फिलासफी'।
श्रीमती रीज़ डेविड्स एण्ड मौग तिन : 'द एक्सपोज़िटर'।
पूसीं : 'द वे टु निर्वाण'।
कर्न : 'मैनुअल आफ इंडियन बुद्धिज़्म'।
हॉपकिंस : 'द रिलिजन्स आफ इंडिया', अध्याय 13।
होम्स : 'द क्रीड आफ बुद्ध'।
कुमारस्वामी : 'बुद्ध एण्ड द गोंस्पल आफ बुद्धिज़्म'।

आठवां अध्याय

महाकाव्यों का दर्शन

ब्राह्मणधर्म का पुनर्गठन–महाभारत–महाभारत का रचनाकाल और उसके रचयिता –रामायण–तत्कालीन सामान्य विचार–दुर्गापूजा–पाशुपत पद्धति–वासुदेव कृष्ण–महाकाव्यों का संसृतिशास्त्र–नीतिशास्त्र–श्वेताश्वर उपनिषद्–मनुस्मृति।

1. ब्राह्मणधर्म का पुनर्गठन

जबकि एक ओर भारत देश के पूर्वीय भाग में विद्रोहात्मक पद्धतियों ने आन्दोलन छेड़ रखा था, उस समय देश के पश्चिम भाग में जो कि ब्राह्मणधर्म का गढ़ था, अनजाने में स्वभावतः ही महान् परिवर्तन हो रहे थे। जब नये-नये समुदाय, जिनके अद्भुत प्रकार के धार्मिक विश्वास थे, नये सिरे से आर्यजाति के अन्दर प्रविष्ट किए जा रहे थे, तब प्राचीन वैदिक संस्कृति को एक ऐसे परिवर्तन में आना पड़ा जो नये आगुन्तक गिराहों को मान्य हुए जो वस्तुतः देश को आप्लावित किए जा रहे थे, क्योंकि यदि ऐसा प्रयास न किया जाता तो देश में आर्यों का प्राधान्य नहीं हो सकता था। आर्यजाति को एक बात का चुनाव करना था कि या तो वह अपना विस्तार बढ़ाए एवं अपने धर्म को नए ढांचे में ढाले जिसके अन्दर नये विश्वास भी समा सकें, नहीं तो उनके आगे पराजय स्वीकार कर सदा के लिए विलुप्त हो जाए। आर्यत्व का अभिमान उन्हें नवागन्तुकों को यज्ञों का अधिकार देने के लिए अनुमति नहीं देता था, लेकिन नवागन्तुकों को एकदम उपेक्षित भी नहीं किया जा सकता था। चूंकि नये विश्वासों या मतों को अपने अन्दर पचा लेना ही एकमात्र ऐसी एक शर्त थी जिसको मान लेने से आर्यजाति का अस्तित्व अबाध गति से आगे बढ़ सकता था, आर्यसंस्कृति ने नये मतों को अपने अन्दर समाविष्ट करने एवं नवागन्तुकों की नैतिक आवश्यकताओं के अनुकूल अपने को बना लेने का महान कार्य अपने ज़िम्मे लिया, यद्यपि इस प्रयत्न में उसे अनेक आपदाओं एवं विरोधों का सामना करना पड़ा। आर्य बनाने की प्रक्रिया मौलिक रूप में एक धार्मिक प्रक्रिया थी। ब्राह्मणों ने मिथ्या विश्वासों एवं प्रतीकों और कहानियों एवं किंवदन्तियों को अलंकारों का रूप प्रदान किया, क्योंकि नवागन्तुकों के गिरोह उनमें अधिक रुचि दिखाते थे। आर्यों ने उक्त गिरोहों के देवी-देवताओं की पूजा को स्वीकार कर लिया और वैदिक संस्कृति के साथ उनका समन्वय करने की चेष्टा की। कतिपय अर्वाचीन उपनिषदों में इस प्रकार के अनार्य प्रतीकवाद के आधार पर वैदिकधर्म के निर्माण-सम्बन्धी प्रयत्नों का वर्णन किया गया है। पाशुपत, भागवत एवं तांत्रिक विकास सब इसी सामाजिक उथल-पुथल के काल के आन्दोलन हैं, जिनके द्वारा बुद्ध के आविर्भाव के पूर्व के भारत में

विस्तृत समुदायों को आर्य-जाति के अन्दर समाविष्ट करने का कार्य चलता रहा। उन्हें इस प्रकार के सांचे में ढाला गया एवं उनका उत्कर्ष किया गया कि आज यह मत प्रकट करना भी कठिन प्रतीत होता है कि उनका उद्गम प्राचीन उपनिषदों अथवा वेदों में नहीं था। रामायण एवं महाभारत दोनों महाकाव्य हमारे आगे वैदिकधर्म के इसी विकास का वर्णन प्रस्तुत करते हैं जो भारत में आर्यजाति के विस्तारकाल में निष्पन्न हुआ।

2. महाभारत

महाभारत में उस महान युद्ध का वर्णन है जो प्राचीन समय में एक ही राजपरिवार की दो विभिन्न शाखाओं अर्थात् भरतवंशियों के मध्य हुआ। शतपथ ब्राह्मण[1] में कहा गया है कि भरवंशियों की सी महत्ता को न तो उनसे पूर्व और न उनके पश्चात् ही मनुष्यजाति का कोई भी सम्प्रदाय प्राप्त कर सका। उक्त महाकाव्य में उस महायुद्ध के वीरतापूर्ण एवं पराक्रम के कार्यों का विशद वर्णन दिया गया है जो ईसा से पूर्व लगभग तेरहवीं अथवा बारहवीं शताब्दी में (आर. सी. दत्त एवं प्रैट जैसे विद्वानों की गणना के अनुसार)[2] लड़ा गया। कोलब्रुक उसका समय चौदहवीं शताब्दी ईसापूर्व मानते हैं। विल्सन, एलफिनस्टन एवं विलफोर्ड आदि विद्वानों का भी महाभारत के काल की गणना के सम्बन्ध में यही मत है। मैकडालन लिखता है: "इसमें बहुत कम सन्देह है कि ऐतिहासिक पृष्ठभूमि के रूप में इस महाकाव्य का मूल आधार वह कलह है जो दो पड़ोसी जातियों अर्थात् कुरु एवं पांचालों के बीच चलता था, और जो अन्त में जाकर परस्पर मिलकर एक हो गईं। यजुर्वेद में उक्त दोनों जातियां परस्पर संयुक्त प्रतीत होती हैं एवं काठक में राजा धृतराष्ट्र विचित्रवीय का, जो महाभारत का एक प्रधान पात्र है, एक प्रसिद्ध व्यक्ति के रूप में वर्णन किया गया है। इसलिए उक्त महाकाव्य के ऐतिहासिक आधारतत्त्व को अत्यन्त प्राचीनकाल में ढूंढना चाहिए जो कि कम-से-कम ईसा से पूर्व दसवीं सदी से इधर का नहीं हो सकता।"[3] प्रारम्भिक घटना का स्वरूप अनार्य रहा प्रतीत होता है, क्योंकि भीम की रक्तपिपासा, द्रौपदी का बहुपतित्व, एवं इसी प्रकार की अन्यान्य घटनाओं से यह स्पष्ट हो जाता है। किन्तु शीघ्र ही इसने आर्यजाति के इतिहास का रूप धारण कर लिया। यह एक राष्ट्रीय महाकाव्य बन गया—देश के विभिन्न भागों की कथाओं का भी समावेश होकर एक सम्पूर्ण ऐतिहासिक ग्रन्थ का निर्माण हुआ। यह ग्रन्थ भारत के प्रत्येक भाग में—चाहे वह बंगाल हो या दक्षिणी भारत, पंजाब हो या दक्कन सभी जगह—एक समान रुचिकर समझा जाता है। महाभारत का यह लक्ष्य था कि उसे जनसाधारण में प्रचलित किया जाए, और यह तभी सम्भव हो सकता था जबकि उसमें प्रचलित कथाओं का भी समावेश हो। समस्त प्राचीन विश्वासों एवं आर्यजाति की परम्पराओं के एकत्रीकृत संग्रह को इसमें सुरक्षित रूप में रखा गया है। यह अपने क्षेत्र में इतना अधिक सार्वभौम है कि, प्रचलित लोकोक्ति के अनुसार, जो महाभारत में नहीं पाया जाता वह भरतवंशियों के इस देश में अन्यत्र भी कहीं नहीं पाया जा सकता। एक ही स्थान पर विभिन्न जातियों के लोगों के सामाजिक एवं धार्मिक विचारों का, जो इस भारत की भूमि पर एकत्र हुए हैं, एकत्र संग्रह करके इसने मनुष्यों के मनों में इस विश्वास को दृढ़ करने का प्रयत्न किया कि भारतवर्ष में मौलिक एकता विद्यमान है। भगिनी निवेदिता लिखती हैं: "कोई विदेशी पाठक एक विद्वान के रूप में नहीं

1. 13 : 5, 4।
2 दत्त : 'ऐंशियंट हिन्दू सिविलिज़ेशन'।
3. 'संस्कृत लिटरेचर', पृष्ठ 284-285।

किन्तु सहानुभूति का भाव रखकर यदि अध्ययन करेगा तो उसे इसमें तुरन्त दो विशेषताएं लक्षित होंगी : एक तो यह कि इस देश में विविध जातियों के मिश्रण के अन्दर भी एक प्रकार की ओतप्रोत रहने वाली एकता विद्यमान है; दूसरी यह कि इसकी निरन्तर यह चेष्टा रही है कि जहां तक सम्भव हो सके, इस देश के विषय में सुनने वालों के ऊपर एक केन्द्रीभूत भारत के विचार की छाप पड़ सके, जिसकी अपनी एक विशेष वीरतापूर्ण परम्परा है और वही रचनात्मक एवं एकत्व सम्पादन करने वाली प्रेरणा है।"

3. महाभारत का रचनाकाल और उसके रचयिता

यह अब सर्वसम्मत विचार है कि महाभारत का वर्तमान रूप जो हमें उपलब्ध है इससे पूर्व परम्परा का, जिसका नाम भारत था, बृहत्तर संस्करण है। महाभारत के प्रारम्भिक अध्याय की उक्ति के अनुसार, भरतसंहिता में (जिसे प्रारम्भ में व्यास ऋषि ने बनाया) केवल चौबीस हज़ार श्लोक थे यद्यपि व्यास ने उसे बढ़ाकर साठ लाख श्लोकों का किया, जिनमें से अब केवल एक लाख बचे हैं। किन्तु इस भरतसंहिता का आधार भी लोकगाथाओं, पद्यबद्ध वीरगाथाओं तथा महायुद्ध की घटना-सम्बन्धी परम्पराओं का श्लोकबद्ध वर्णन रहा होगा। आल्हाओं एवं गीतों की—जिनमें महान योद्धाओं के शौर्यपूर्ण कार्यों का वर्णन हो एवं महान योद्धाओं की स्तुति हो, राजमहिषियों के सौन्दर्य का वर्णन हो, राजदरबार की भव्यता की चर्चा हो—रचना अवश्य ऐसे ही काल में होनी चाहिए जिसमें जनसाधारण के कान में युद्ध की प्रतिध्वनि गूंज रही थी। बहुत पुराने समय से भारत के पश्चिम में जो कुरु एवं पांचालों का देश है एवं पूर्वदिशा में जो कोसल लोगों का देश है, स्थानीय भाट लोग अपनी-अपनी जाति के शूरवीरों की शौर्यगाथाएं गीतों के द्वारा गाते-फिरते थे। ये गीत चूंकि मौखिक रूप में एक से दूसरे की तरफ आते थे इसलिए इनका कोई नियत रूप नहीं था, और अवश्य ही प्रत्येक युग में इनमें अनेक परिवर्तन हुए होंगे। ब्राह्मण-धर्म को इन सब परम्पराओं, विचारों एवं महत्त्वाकांक्षाओं का भी विचार आगे रखना पड़ा, यद्यपि ये उसके अपने नहीं थे। आर्यजाति की संस्कृति के और उन ऐतिहासिक तथ्यों, पौराणिक गाथाओं, इतिहास एवं पुराणों के समूह के मध्य में, जिनके साथ उक्त संस्कृति का सामना हुआ, समन्वय करने का सर्वप्रथम प्रयास महाभारतग्रन्थ है। युद्धकाल में सबसे अधिक समीप के समय में निर्मित होने के कारण यह पहले केवल वीरगाथापूर्ण सामान्य कविता के रूप में ही रहा होगा, तथा हो सकता है कि इसका कोई शिक्षात्मक प्रयोजन अथवा दार्शनिक संश्लेषण का उद्देश्य भी न रहा हो। इसकी रचना का काल 1100 वर्ष ईसापूर्व[1] अथवा इसके लगभग रहा होगा। शीघ्र ही नई सामग्री एकत्र हो गई और उसे समाविष्ट करने का कार्य लगभग असम्भव-सा हो गया। तो भी उसके लिए प्रयास किया गया और उस प्रयास का परिणाम ही महाभारत है। साधारण रूप से देखने पर इसमें नये आगन्तुक समुदायों के लोकगीतों व मिथ्या विश्वासों का, और आर्यजाति की धार्मिक भावना का समन्वय है। व्यास ने[2], जहां तक उनसे बन पड़ा, विपरीत परिस्थिति में भी अच्छे-से-अच्छा मार्ग ढूंढ़ निकालने का प्रयत्न किया और इधर-उधर बिखरे हुए वीरचरितवर्णनों के पुंजों, वीरपूजा तथा स्वाभाविक कलहों और युद्ध के दृश्यों को एकत्र करके

1. श्री वैद्य महाभारत के प्रथम संस्करण का समय लगभग 3100 पूर्व ईसापूर्व मानते हैं।
2. यह बहुत संदिग्ध है कि किसी एक ही व्यक्ति को इस ग्रन्थ का रचयिता माना जाए।

उनके द्वारा एक बृहत्काय महाकाव्य का निर्माण किया, जिसके अन्दर अनिश्चितमूल और सन्दिग्ध चरित्र नये-नये देवी-देवताओं को पुराने वैदिक देवताओं का छोड़ा हुआ जामा पहना दिया। यह स्पष्ट है कि पहले पद्यबद्ध वीरगाथाओं का रूप था और उसके बाद वह भारत के रूप में आया। इसका निर्माण ऐसे समय में हुआ भी माना जा सकता है जिस समय में धर्म कर्मकाण्ड और बहुदेवतावाद से पूर्ण था। महाभारत के वे भाग जो वैदिक देवताओं, अर्थात् इन्द्र और अग्नि, की पूजा के औचित्य का विधान करते हैं, उस स्थिति के स्मृतिचिह्न हैं। स्त्रियों को उस काल में बहुत स्वतन्त्रता प्राप्त थी, और जन्मपरक जाति को कोई कठोर बन्धन नहीं था। सम्प्रदायवाद का कहीं पता नहीं था, आत्मा-विषयक दर्शन अथवा अवतारों की कल्पना भी तब तक नहीं हुई थी। कृष्ण एक ऐतिहासिक पुरुष के रूप में प्रकट होता है। भारतीय विचारधारा का अगला युग वह है जबकि यूनानी (यवन), पार्थियन (पह्लव) और सीथियन (शक) जातियों ने इस देश में प्रवेश किया। उस समय हमारे सामने ब्रह्मा, विष्णु और महेश की त्रिमूर्ति का भाव आता है जो एक ही सर्वोपरि ब्रह्म के तीन प्रकार के भिन्न-भिन्न कार्यों, अर्थात् उत्पत्ति, स्थिति और विनाश को सम्पादन करने वाले भिन्न तीन रूप हैं। शक्ति के जो कार्य प्रारम्भ में इन्द्र के नाम से वर्णन किए जाते थे वे अब विष्णु के और कहीं-कहीं शिव के हो गए। जो ग्रन्थ पहले एक वीरगाथा का काव्य था उसने अब ब्राह्मणधर्म के ग्रन्थ का रूप धारण कर लिया और आस्तिकवादी या ईश्वरवादी ग्रन्थ के रूप में परिणत हो गया। भगवद्गीता सम्भवतः इसी युग की पुस्तक है, यद्यपि साधारणतः महाभारत के दार्शनिक भाग अन्तिम युग में निर्मित हुए समझे जाने चाहिए। बारहवें और तेरहवें अध्याय में हमें दर्शन, धर्म, राजनीति एवं विधि के ऊपर संदाद मिलते हैं। जब ब्राह्मणधर्म कुछ थोड़े-से चुने हुए व्यक्तियों का ही धर्म नहीं रह गया, क्योंकि उसमें अपने ही देश के अन्य अनेक विश्वास तथा अपने आसपास के नाना धार्मिक क्रियाकलाप आकर सम्मिलित हो गए, तब प्राचीन ज्ञान को नवीन दार्शनिक रूप देना आवश्यक हो गया। कितने ही प्रयत्न उपनिषदों के परमशक्तिवाद या निरपेक्षवाद को जनसाधारण के ईश्वरवाद के साथ संयुक्त करके एक संश्लेषणात्मक सम्पूर्ण विचार का निर्माण करने के विषय में किए गए, यद्यपि उनके अन्दर समन्वय करने का कोई सच्चा सिद्धान्त नहीं था। भगवद्गीता के रचयिता ने सच्ची काल्पनिक अन्तर्दृष्टि एवं संश्लेषणात्मक शक्ति के साथ एक नवीन दार्शनिक तथा धार्मिक संश्लेषण का सूत्रपात किया, जिसने परवर्तीकाल के आस्तिक दर्शनों की पृष्ठभूमि का निर्माण किया। इस प्रकार अपने अन्दर भिन्न-भिन्न कालों तथा भिन्न-भिन्न ग्रन्थकारों की रचनाओं का समावेश कर लेने के कारण महाभारत इतिहास, पुराणविद्या, राजनीति, विधिविधान, ईश्वरविज्ञान और दर्शनशास्त्र आदि विविध विषयों का एक प्रकार का विश्वकोष बन गया।

महाभारत को कभी-कभी पांचवें वेद की भी संज्ञा दी जाती है। इसे आचरण एवं

---

1. हम ठीक-ठीक नहीं जानते कि महाभारत कब बना। किन्तु इतना निश्चय तो अवश्य है कि बौद्ध-धर्म के उदय के समय महाभारत का अस्तित्व था। मैकडानल का मत है कि "महाकाव्य का प्रारम्भिक संस्करण ईसा से पांचवीं शताब्दी पूर्व में हुआ।" गौतम बुद्ध का उल्लेख उक्त महाकाव्य में न रहने से इस मत की पुष्टि होती है। महाभारत के पात्रों से पाणिनि परिचित था गविंयुधिभ्यां स्थिरः, 8, 3, 95; वासुदेवार्जुनाभ्यां वुण, 4, 3, 98)। आश्वलायन गृहसूत्रों में भारत के अतिरिक्त महाभारत ग्रन्थ का भी वर्णन आता है (गृह्यसूत्र, 3, 4, 4)। गुप्तवंशीय राजाओं का एक शिलालेख मिलता है जिससे महाभारत का अस्तित्व उस काल में प्रकट है। भास कवि ने अपने नाटकों के लिए अनेक कथानक महाभारत से लिए हैं। अश्वघोष ने अपने बुद्धचरित एवं सौन्दरनन्द में भारत का उल्लेख किया है। बौद्धायन ने अपने धर्मसूत्रों में एक ऐसा श्लोक उद्धृत किया है जो ययाति के→

समाजशास्त्र के विषय पर प्रामाणिक ग्रन्थ समझा जाता है।[1] दुर्बल अथवा अन्त्यज वर्ग के लोगों के लिए भी नैतिक आचरण के नियमों की शिक्षा देना उक्त ग्रन्थ को अभिमत है।[2] बौद्धधर्म के शास्त्र सबके अध्ययन के लिए खुले हुए थे, और ब्राह्मणों के धर्मग्रन्थ केवल तीन उच्च वर्णों, अर्थात् ब्राह्मण, क्षत्रिय और वैश्य के लिए ही थे। इसलिए एक पांचवें वेद की आवश्यकता हुई जो सबके लिए उपलब्ध हो।

4. रामायण

वाल्मीकिकृत रामायण मुख्यरूप में एक महाकाव्य है, और महाभारत की भांति इसका विविधरूप नहीं है। इस महाकाव्य के नायक राम को, जो धर्म का आदर्श और पूर्णता का उदाहरण है, विष्णु का अवतार बना दिया गया है, जिसने इस पृथ्वी पर अधर्म को दबाने तथा धर्म का प्रचार करने के लिए शरीर धारण किया। जो प्रारम्भ में एक महाकाव्य के रूप में था वह आगे चलकर एक वैष्णवग्रन्थ बन गया। इसका क्षेत्र महाभारत की भांति सार्वभौमिक नहीं है। इसकी सम्पूर्ण रचना और पद्धति में ऐसा कोई संकेत नहीं होता है जिससे यह प्रतीत हो सके कि यह ग्रन्थ अनेक रचयिताओं की मिश्रित रचना है। तो भी हम इसके दो भिन्न-भिन्न विकास-बिन्दुओं को लक्ष्य कर सकते हैं, जिनमें से पहला महाकाव्य का स्वरूप है और दूसरा इसका धार्मिक रूप है। यदि हम दूसरे काण्ड से छठे काण्ड तक को लें और पहले तथा सातवें काण्ड को बिल्कुल छोड़ दें—जो पीछे से प्रक्षिप्त किए गए प्रकरण माने जाते हैं—तो हम देखेंगे कि उक्त काव्य का मुख्य सार धर्मनिरपेक्ष है। राम केवल एक सच्चरित्र तथा महान् पुरुष है, जिसने दक्षिण में सभ्यता का प्रचार करने के लिए वहीं की आदिम जातियों का उपयोग किया, और उसे विष्णु का अवतार नहीं कहा गया। जिस धर्म का यह ग्रन्थ वर्णन करता है वह स्पष्टरूप में बहुदेवतावादी एंव बाह्य या सांसारिक है। इसमें वैदिक देवताओं का वर्णन है जिनका मुखिया इन्द्र है। नये देवता, यथा काम, कुबेर, कार्तिकेय, गंगा और लक्ष्मी और उमा (जो क्रमशः विष्णु और शिव की पत्नियां हैं); देवतारूप माने गये जीव, जैसे सर्प शेषनाग, वानर हनुमान, रीछ जाम्वत, पक्षी गरुड़, जटायु अर्थात्

→उपाख्यान में पाया जाता है, और दूसरा श्लोक भगवद्गीता में पाया गया है (?, 2, 26; 2, 22, 9), और कहा जाता है कि ययाति 400 वर्ष ईसापूर्व में हुआ। इस सब साक्षी के आधार पर यह अनुमान किया जा सकता है कि बुद्ध के समय के लगभग महाभारत पूर्णरूपेण तैयार हो गया था। इसके भिन्न-भिन्न भागों की रचना इतिहास के किस-किस समय में हुई इसका ठीक-ठीक निर्णय करना कठिन है। पांचवीं शताब्दी ईसापूर्व के पश्चात् भी, उन आर्वाचीन लेखकों द्वारा जो धर्म एवं नैतिकता के क्षेत्र में अग्रगामी विचारों का इस ग्रन्थ के द्वारा प्रचार करना चाहते हैं, इसमें अशतः कुछ बढ़ाया या बदला नहीं गया ऐसा नहीं कह सकते। ऐसे भी विद्वान् हैं जिनकी सम्मति में महाभारत के कुछ भाग इतने परवर्ती हैं जितने कि पुराण हैं और यह कि इसका आकार ईसा के पश्चात् छठी शताब्दी तक बढ़ता रहा। "यह निश्चित रूप से सिद्ध हो चुका है कि उक्त काव्य का ईसा के पश्चात् 300 वर्ष में मान्यता प्राप्त थी और 500 वर्ष ईसा के पश्चात् तक यह उसी आकार का था जैसाकि आज है" (बुहलर और किर्सटे : 'कण्ट्रिब्यूशन टु द स्टडी आफ द महाभारत')। इस सबके होते हुए भी यह कहना अनुचित न होगा कि ग्रन्थ का अधिकतर भाग 500 वर्ष ईसापूर्व से लेकर आज तक एक समान ही रहा है।

1. आश्वलायन गृह्यसूत्र, 3, 4, 4।
2. सायणाचार्य कृष्णयजुर्वेद के ऊपर की गई अपनी टीका में कहते हैं कि महाभारत और पुराणों की रचना स्त्रियों एवं शूद्रों की कर्त्तव्यकर्म के विधान की शिक्षा देने के लिए हुई है, क्योंकि इन दोनों के लिए वेदों का पढ़ना निषिद्ध था (देखिए, 'बिब्लिओथिका इण्डिका', खण्ड 1, पृष्ठ 2)।

गृध्रपक्षी और नन्दी वृषभ—इन सबका मुख्यरूप से वर्णन है। यज्ञ ही पूजा की विधि था। यद्यपि प्रधानता विष्णु तथा शिव की ही पूजा को दी जाती थी, तो भी सांपों, वृक्षों तथा नदियों की पूजा भी मिलती है। कर्म और पुनर्जन्म के विचार भी सुनने में आते हैं; यद्यपि सम्प्रदायों का उसमें कहीं पता नहीं। दूसरे विकास बिन्दु पर यूनानियों, पार्थियनों और शकों का उल्लेख भी मिलता है। राम को विष्णु का अवतार बनाने का प्रयत्न भी पाया जाता है।

दर्शन तथा धर्म की दृष्टि से रामायण इतने महत्त्व का ग्रन्थ नहीं है जितना कि महाभारत है, यद्यपि उस समय के प्रचलित रीति-रिवाजों और धार्मिक विश्वासों पर यह अधिक विशदरूप में प्रकाश डालता है। कभी-कभी इसे बौद्धधर्म के वैराग्यवाद का विरोधी भी कहा जाता है, क्योंकि यह गृहस्थधर्म को महत्त्व देता है और यह प्रतिपादन करता है कि मोक्षप्राप्ति के लिए गृहस्थ-जीवन के त्याग की आवश्यकता नहीं है।

चूंकि रामायण में बुद्ध को नास्तिक कहा गया है,[1] इसी आधार पर इसका रचनाकाल महाभारत के रचनाकाल से पीछे का बताया जाता है यद्यपि इसकी कथा भले ही पूर्वकाल की हो।

भारतीय दर्शन के विद्यार्थी के लिए महाभारत में रुचिकर अंश है—सनत्सुजातीय, भगवद्गीता, मोक्षधर्म और अनुगीता। जब युद्ध के अन्त में अर्जुन ने कृष्ण से कहा कि युद्ध के आरम्भ में आपने जो कुछ मुझे उपदेश दिया था उसकी पुनरावृत्ति कीजिए, तो कृष्ण ने कहा कि अब मैं योग की उस अवस्था में नहीं हूँ जिसमें युद्ध के आरम्भ में था, और इसलिए उक्त उपदेश के प्रतिनिधिरूप में जो कुछ कृष्ण ने कहा वह अनुगीता में रखा गया है। भिन्न-भिन्न मतों में परस्पर समन्वय करने के भगवद्गीता के प्रयत्न के अतिरिक्त महाभारत में भिन्न-भिन्न धार्मिक विश्वासों का संग्रहमात्र मिलता है—अर्थात् संहतिवाद है किन्तु कोई क्रमबद्ध पद्धति नहीं है। अनुगीता के पढ़ने से यह निर्देश मिलता है कि उस समय में बहुत बड़ी संख्या में भिन्न-भिन्न दार्शनिक सम्प्रदाय थे। "हम देखते हैं कि पुण्य के विभिन्न रूप परस्पर-विरोधी हैं। कई कहते हैं कि शरीर के नष्ट हो जाने पर भी पुण्य रहता है; कई कहते हैं कि ऐसी बात नहीं है। कई कहते हैं कि हरेक विषय संदिग्ध है, और दूसरे कहते हैं कि संशय कहीं है ही नहीं। कई कहते हैं कि नित्यतत्त्व अस्थायी है, दूसरे कहते हैं कि नहीं, इसकी सत्ता है। और ऐसे भी हैं जिनका कहना है कि यह है भी और नहीं भी है। कई कहते हैं कि यह एकाकी है, दूसरों का कहना है कि नहीं इसमें द्वैतभाव है, और अन्य कहते हैं कि यह दोनों हैं। कुछ ऐसे ब्राह्मण जो ब्रह्मज्ञानी हैं और जिन्होंने सत्य का साक्षात्कार किया है, विश्वास रखते हैं कि यह एक है; दूसरे कहते हैं कि यह भिन्न है; और ऐसे भी हैं जिनके मत से यह नानारूप है। कुछेक कहते हैं कि देश और काल दोनों की सत्ता है, दूसरों का कहना है कि ऐसी बात नहीं है।"[2] परस्परविरोधी विचारों को एक पूर्णरूप में एकत्र कर दिया गया है। हमें उसमें वेदों का बहुदेवतावाद, उपनिषदों का एकेश्वरवाद, सांख्य का द्वैतवाद, योग का ईश्वरवाद, भागवतों, पाशुपतों तथा शाक्तों का एकेश्वरवाद सभी कुछ मिलता है। भिन्न-भिन्न धार्मिक मतों की ब्यौरेवार मीमांसा को अगले विभाग के लिए छोड़कर हम यहां केवल ऐसे ही दार्शनिक विचारों के पुंज का उल्लेख करेंगे जो महाभारत के विचारकों की सम्मिलित निधि है।

---

1. अयोध्याकाण्ड।

2. अध्याय 24।

5. तत्कालीन सामान्य विचार

चूंकि महाभारत में भिन्न-भिन्न प्रकार की दार्शनिक प्रवृत्तियां पाई जाती हैं इसलिए हम निश्चितरूप से यह नहीं कह सकते कि यह किस प्रकार की धार्मिक व्यवस्था को प्रमाण-स्वरूप मानता है। सामान्यरूप से वैदिक शास्त्रों को प्रमाण माना गया है। प्रत्यक्ष अर्थात् इंद्रिय और पदार्थ के सन्निकर्ष से उत्पन्न ज्ञान, अनुमान और आगम अर्थात् आप्तवचन एवं श्रुति की प्रामाणिकता को मान्यता दी गई है। कहीं-कहीं न्यायशास्त्र के चार सामान्य नियमों का वर्णन किया गया है।[1] यह निश्चयपूर्वक ऐसे व्यक्तियों का विरोध करता है जो वेदों के प्रामाण्य का निषेध करते हैं। पञ्चशिख नामक विद्वान ने, जो सांख्यदर्शन का अनुयायी था, भिन्न मतावलम्बियों[2] के नास्तिक-सम्प्रदाय का खण्डन किया है।[3] लोकायतों का भी वर्णन किया गया है।[4] तर्कशास्त्री पंडितगण (हेतुमन्तः), जो आत्मा की यथार्थसत्ता को अस्वीकार करते हैं और दुराचार से घृणा करते हैं, "पृथ्वी पर सर्वत्र विचरण करते हैं।"[5] एक स्थान पर जैनियों का भी उल्लेख मिलता है जहां पर एक पुरोहित के विषय में कहा गया है कि "उसने लोगों को आश्चर्यचकित करके और दिगम्बर रहकर पैदल यात्रा करते हुए काशी का चक्कर लगाया...मानो कोई पागल हो।"[6] बौद्धधर्म का विरोध भी पाया जाता है। एक महिला दूसरी महिला से प्रश्न करती है, "तुम इतनी तेजस्वी किस प्रकार से दिखाई देती हो?" उसका उत्तर है : "मैंने पीले वस्त्र नहीं पहने, न वलकल बसन ही धारण किए, न सिर मुंडाया, और न तपस्विनियों की भांति बालों का गुच्छा रखा।"[7] वेदों की निन्दा और खण्डन को समझा गया कि ये नरक में अथवा नीच योनियों में ले जाने वाले कर्म हैं। महाभारत[8] के एक पात्र का कहना है कि "मेरा जन्म शृगाल की योनि में कैसे हुआ इसका कारण यह है कि मैं एक नकली पंडित था; मैं हेतुवादी अथवा युक्तिवादी, वेदों की आलोचना करने वाला, एवं तर्कशास्त्र में तथा निरर्थक तर्कविज्ञान में रमा हुआ था; मैं तार्किक युक्तियों की घोषणा करता था, सभाओं में बहुत बोलता था, पुरोहितों की निन्दा करता था और ब्रह्म के विषय में जो युक्तियां और प्रमाण वे उपस्थित करते थे उनका विरोध करता था; मैं नास्तिक था, और ऐसे सब व्यक्तियों को मैं सन्देह की दृष्टि से देखता था जो मुझे पंडित समझते थे।" पुराणों एवं इतिहासों को भी मान्यता दी गई है।[9] जहां-तहां वेदों के प्रामाण्य के विषय में सन्देह प्रकट किया गया है। "वेद कपट से पूर्ण है।"[10] सम्भवतः यहां पर उपनिषदों के इस मत का कि जिन्होंने नित्य कर्मों का त्याग कर दिया है उनके लिए वेदों का कोई उपयोग नहीं है, प्रतिबिम्ब पड़ा प्रतीत होता है।

महाभारत को जो धर्म अभिमत है वह वैदिक है, यद्यपि यह अपने भूतकाल को लेकर भविष्यकाल में अधिक महान हो गया है। अपनी स्वतन्त्र सत्ता को स्थिर रखते हुए इसने नये देवी-देवताओं के साथ भी उचित न्याय का व्यवहार किया है। इन्द्र बहुत महत्त्वहीन हो गया है। सौर जगत् के देवता विष्णु के गुण अग्नि और सूर्य को प्रदान कर दिए गए हैं। यम अपने महत्त्व को संभाले हुए है, यद्यपि जहां वह न्यायधीश बना दिया गया है, अर्थात् धर्मराज। "यम नाम मृत्यु का नहीं है, जैसाकि कुछेक लोगों का विचार है, वह एक ऐसा देवता

1. 12 : 56, 41।
2. 2 : 31, 70
3. शान्तिपूर्व, 218।
4. 1 : 70, 46।
5. 12 : 19, 23
6. 14 : 6, 18।
7. 13 : 123, 8; और भी देखिए 12 : 18, 32।
8. 12 : 180, 47-48।
9. 12 : 343, 20।
10. 12 : 329, 6।

है जो धर्मात्माओं को आनन्द और दुराचारियों को कष्ट देने की व्यवस्था करता है।"[1] वायु और वरुण का अस्तित्व है किन्तु वह गौरव नहीं रहा। प्रजापति जैसा का तैसा ही है, यहां तक कि कुछ समय तक, अर्थात् शिव और विष्णु के उदय से पूर्व तक, उसे सबसे श्रेष्ठ देवता समझा गया। बौद्धधर्म का आदिम पाली-साहित्य इस स्थिति का प्रतिपादन करता है। दूसरी स्थिति की विशेषता त्रिमूर्ति के विचार से लक्षित होती है। ब्रह्मा, विष्णु और शिव सर्वोपरि सत्ता के ही भिन्न-भिन्न रूप माने गए, यद्यपि पद में सब एक समान हैं। मेगस्थनीज इस विचार से अभिज्ञ था। विष्णु और शिव अन्य देवताओं से ऊपर माने गए, यद्यपि इन्हें उस समय तक कोई स्पष्ट विशेषता प्रदान नहीं की गई थी। वे बहुत सरलता के साथ एक-दूसरे के अन्दर प्रविष्ट हो जाते थे।[2] एक श्लोक में शिव को विष्णु का रूप धारण किए हुए और इसी प्रकार विष्णु को शिव का रूप धारण किए हुए सम्बोधन किया गया है।[3] तीसरी स्थिति का उदय तब होता है जबकि कृष्ण को, जो महाभारत के महाकाव्य का एक नायक है, विष्णु का रूप दे दिया गया। कृष्ण का वैष्णवमत अध्यात्मवाद-विषयक मिथ्या विश्वासों और वैदिक कर्मकाण्ड दोनों से उत्कृष्ट समझा गया। कालिय सर्प के सिर पर चढ़कर कृष्ण के नाचने की घटना को नाग अथवा सर्पों की पूजा को कृष्ण की पूजा द्वारा दबा दिए जाने का प्रतीक माना गया। कृष्ण द्वारा इन्द्र की पराजय वैदिक रूढ़िवाद के वैष्णवमत द्वारा दबा दिए जाने का प्रतीक है।

एकेश्वरवाद की प्रवृत्ति अभी भी प्रचलित थी। "मैं नारायण हूं, मैं विश्व का स्रष्टा हूं और मैं ही संहारकर्ता हूं, मैं विष्णु हूं, मैं ब्रह्मा हूं, मैं इन्द्र हूं, मैं राजा कुबेर हूं, यम, शिव, सोम, कश्यप और प्रजापति भी मैं ही हूं।"[4] उपनिषदों में प्रतिपादित एकेश्वरवाद ने अपना अधिकार जमाकर भिन्न-भिन्न देवताओं को एक ही सर्वोपरि ब्रह्म की भिन्न-भिन्न अभिव्यक्तियों में परिणत हुआ बताया। दैवीय अन्तर्यामिता का खुले रूप में प्रचार किया गया। उपनिषदों के ब्रह्म को एक विशिष्ट व्यक्तित्व प्रदान किया गया और उसे ईश्वर कहा गया जो विविध नामों से प्रकट होता है, यथा शिव, विष्णु, कृष्ण।[5] भक्ति अथवा ईश्वर के प्रति प्रगाढ़ प्रेम जो किसी इच्छा-विशेष की प्रेरणा से नहीं उत्पन्न होता, महाभारतधर्म का महत्त्वपूर्ण रूप है। अशरीरी ब्रह्म पूजा का विषय नहीं बन सकता, इसलिए महाभारत के आस्तिक धर्म ने ब्रह्म को ईश्वर का रूप दे दिया। निःसन्देह इसे इस विषय का भली प्रकार से ज्ञान है कि अशरीरी परम या निरपेक्ष ब्रह्म दोनों से अधिक यथार्थ है।[6] यह अभिव्यक्त वासुदेव से श्रेष्ठ है। "यथार्थसत्ता वह है जो अविनाशी है, नित्य है, तथा अपरिवर्तनीय है।"[7] शरीरी वासुदेव पर बल दिया गया है और धार्मिक दृष्टि से उपनिषदों में इसका समर्थन पाया जाता है।[8]

महाभारत उस समय के विविध प्रचलित धार्मिक विश्वासों को स्वीकार कर सका क्योंकि यह एक सन्दिग्ध विश्वास फैला हुआ था कि ये सब एक सत्य की प्राप्ति के भिन्न-भिन्न मार्ग हैं। "ज्ञान की पांचों पद्धतियों में भिन्न-भिन्न प्रकारों एवं भिन्न-भिन्न विचारों के अनुसार उसी एक नारायण का प्रचार किया गया है और पूजा का विधान बताया गया है;

---

1. 5 : 42, 6।
2. 3 : 189, 5।
3. 3 : 39, 76।
4. 3 : 189, 5 ।
5. महर्षि पतञ्जलि ने शिव भागवतों का उल्लेख किया है। देखिए, महाभाष्य, 2 : 76।
6. शान्तिपर्व, 339, 21-28।
7. वही, 162, 10।
8. देखिए, कठोपनिषद्, 1 : 2, 20; श्वेताश्वतर उपनिषद्, 3 : 20; 6 : 21, मुण्डक, 3 : 2, 3।

अज्ञानी पुरुष उसे इस प्रकार से नहीं पहचान सकते।" रामायण व महाभारत दोनों महाकाव्यों में पुराने वैदिकधर्म का नवीन हिन्दूधर्म में क्रमशः परिवर्तन देखा जाता है। शाक्त, पाशुपत अथवा शैव और पाञ्चरात्र पद्धतियां, जो आगम की श्रेणी में आती हैं और इसीलिए अवैदिक हैं, हिन्दूधर्म में प्रविष्ट की गईं। मन्दिरों में मूर्तिपूजा और तीर्थस्थानों की यात्रा भी धीरे-धीरे प्रचलित हो गई। चूंकि उन भिन्न-भिन्न धार्मिक सम्प्रदायों का ज्ञान जो हमें महाभारत में मिलते हैं, उन प्रयासों को समझने के लिए आवश्यक है जो शास्त्रीय काल में ब्रह्मसूत्रों की व्याख्या के लिए किए गए, इसलिए अब हम संक्षेप में उनका प्रतिपादन करते हैं।

6. दुर्गापूजा

महाभारत के भीष्मपर्व के प्रारम्भ में दुर्गा की पूजा का उल्लेख है। कृष्ण अर्जुन को युद्ध आरम्भ करने से पूर्व सफलता-प्राप्ति के लिए दुर्गा को अभिवादन करने का परामर्श देते हैं।[1] प्रथम अवस्था में दुर्गा केवल एक कुमारी देवी के रूप में थी जिसकी पूजा विन्ध्य पर्वत की जंगली जातियां करती थीं। शीघ्र ही वह शिव की अर्धाङ्गनी बन गई और उमा नाम से पुकारी जाने लगी। मार्कण्डेयपुराण में और हरिवंश[2] के दो श्लोकों में उसके नाम पर एक बृहत् सम्प्रदाय बन गया। सातवीं शताब्दी के प्रारम्भ में बाण ने चण्डीशतक लिखा।

इसमें सन्देह नहीं कि प्रारम्भ में शक्ति की पूजा अनार्यजाति में प्रचलित थी और धीरे-धीरे आर्यजाति ने उसे अपना लिया। चूंकि वह एक भयानक देवी थी, जो संसार की संहारकारक शक्तियों का आधिपत्य करती थी, इसलिए उसे रुद्र की पत्नी बना दिया गया। उसे ऋग्वेद की देवियों, रुद्राणी, भवानी आदि, के साथ सम्बन्धित करने के लिए प्रयत्न किए गए। देवीसूक्त,[3] जिसे जीवन की आद्या शक्ति की स्तुति में लिखा हुआ बताया जाता है, शाक्तधर्म का आधार बनाया गया है। उसका छठा श्लोक इस प्रकार है : "मैं रुद्र के धनुष को झुकाती हूं, पापकर्म एवं ब्रह्म के विद्रोही का उच्छेद करने के लिए। मैं मनुष्य की ओर से युद्ध करती हूं। मैं आकाश एवं पृथ्वी पर व्याप्त हूं।" वह परमात्मा से निकली हुई, आकाश से नीचे की ओर आती हुई, सकल विश्व में व्याप्त शक्ति है। "मैं वायु के समान सब पदार्थों को समेटती हुई विचरती हूं।"[4] केन उपनिषद् में हमें एक देवी का वर्णन मिलता है जो उन देवों के होश ठिकाने लगा देती है जिन्हें असुरों के ऊपर विजय प्राप्त कर लेने के कारण बहुत गर्व हो गया था, और अन्त में वह इन्द्र के आगे एक हैमवती उमा नाम की एक सुन्दर स्त्री के रूप में उसे सर्वश्रेष्ठ ज्ञान देने के लिए प्रकट होती है। वही आगे चलकर ब्रह्म की

---

1. अध्याय 23। उसे कई नाम दिए गए हैं, यथा कुमारी, काली (कृष्णवर्ण अथवा काल, जो संहार करती है), कपाली (नरमुण्ड धारण करने वाली), महाकाली, (महान संहारक), चण्डी (भयानक) कान्तारवासिनी (जंगल में रहने वाली)। विराटपर्व में एक श्लोक है (अध्याय 6) जो युधिष्ठिर ने दुर्गा की स्तुति में पढ़ा है। महिषासुर को मारने वाली के रूप में उसका उल्लेख किया गया है, एक ऐसी देवी जो विन्ध्याचल के पहाड़ों में रहती है, मद्य पीती है, मांस खाती है और यज्ञों में पशुओं की बलि लेती है। उसे कृष्ण की बहिन भी बताया गया है जो कृष्ण के ही समान रंग में घनश्याम है।
2. अध्याय 59 और 166, और भी देखिए एवलॉन : 'हिम्स टु द गॉडेस'।
3. ऋग्वेद 10 : 125।
4. 10 : 13, 8।

मायाशक्ति बनती है। इसका दार्शनिक समाधान यों दिया जाता है कि परमब्रह्म सृष्टि, उसकी स्थिति और संहार के तीनों कार्य बिना अपनी शक्ति की सहायता के नहीं कर सकता। जब ईश्वर सृजन करता है वह वाणीरूप शक्ति से संस्पृष्ट होता है, जब संसार की रक्षा (स्थिति) के कार्य में संलग्न होता है तो श्री अथवा लक्ष्मीशक्ति प्रबल होती है और जब संहार करता है तो दुर्गाशक्ति प्रबल होती है। शक्ति ही ईश्वरी है, जो समस्त सत्ता एवं जीवन का उद्‌गम, आधार एवं अन्त है। शक्ति-सम्प्रदाय को अपने अन्दर सम्मिलित करने के लिए किए गए आर्यीकरण के प्रयत्नों के बावजूद इसके प्रारम्भ की जो सीमाएं थीं वे आज भी शाक्तों की कार्यप्रणाली में देखने आती हैं।

7. पाशुपत पद्धति

महाभारत में हमें एक ईश्वरज्ञान मिलता है जिसका नाम पाशुपत है और जो शिव से सम्बद्ध है।[1] ऋग्वेद का रुद्र (1 : 114, 8), जो प्रकृति की संहारक शक्तियों का मूर्तरूप है, 'शतरुद्रीय' में पशुओं का स्वामी–'पशूनां पतिः' बन जाता है। ब्राह्मणग्रन्थों में रुद्र के लिए विशिष्ट परिभाषा के रूप में शिव शब्द का प्रयोग आता है। पाशुपत पद्धति-रुद्र शिव की परम्परा को जारी रखती है।

पाशुपत दर्शन का वृत्तान्त हमें सर्वदर्शनसंग्रह[2] और अद्वैतानन्द के ब्रह्मविद्याभरण में मिलता है। शंकर[3] ने अपने वेदान्तसूत्रों के भाष्य में इस ईश्वरज्ञान की समीक्षा की है। पांच मुख्य विभाग इस प्रकार से हैं : (1) कारण; कारण प्रभु है, पति (स्वामी) है, नित्यशासक है, जो समस्त जगत् की रचना करता है, उसे स्थिर रखता है और संहार करता है। (2) कार्य; यह कारण के ऊपर निर्भर है। इसके अन्दर आते हैं–ज्ञान अथवा विद्या, इन्द्रियां अथवा कलाएं, और जीवात्मा अथवा पशु। समस्त ज्ञान एवं जीवन, पांच तत्त्व, और पांच गुण, पांच इन्द्रियों और पांच कर्मेन्द्रियों और तीन आभ्यन्तर इन्द्रियां–बुद्धि, अहंभाव और मन–ये सब उसी प्रभु के अधीन हैं। (3) योग अथवा साधन या अनुशासन; यह मानसिक प्रक्रिया है। जिसके द्वारा जीवात्मा ईश्वर को प्राप्त करती है। (4) विधि अथवा नियम; यह उन क्रियाओं से सम्बन्ध रखता है जो मनुष्य को धार्मिक बनाती है। (5) दुःखान्त, अथवा दुःखों का अन्त; यह अन्तिम मोक्ष है अथवा दुःखों का नाश है और आत्मा को उन्नत पद की प्राप्ति ज्ञान और क्रिया की पूर्णशक्ति द्वारा, प्राप्त कराता है। जीवात्मा अपनी परामर्थ अवस्था में भी अपना व्यक्तित्व स्थिर रखती है, और विविध रूप धारण कर सकती है तथा किसी भी काम को तुरन्त कर सकती है। वैशेषिकसूत्रों के सर्वप्रथम टीकाकार प्रशस्तवाद और न्यायभाष्य पर की गई व्याख्या के रचयिता उद्द्योतकर इस मत के अनुयायी थे।

---

1. नारायणीय विभाग (शान्तिपर्व 349, 5, 64) में इसे धार्मिक सिद्धान्तों के पांच सम्प्रदायों में से एक सम्प्रदाय बताया गया है। वनपर्व में अर्जुन पुशपति (पशुओं का स्वामी)–जो अपनी स्त्री उमा, पार्वती अथवा दुर्गा के संग हिमालय पर्वत में रहता है और जिसके असंख्य गण हैं–से गाण्डीव धनुष प्राप्त करता है। इसका सम्बन्ध ऋग्वेद के रुद्र से है, जिसके गण मरुत थे, और उनके नेता के रूप में उसे गणपति कहा जाता है।
2. अध्याय 6।
3. शांकरभाष्य, 2 : 2 37-39।

8. वासुदेव कृष्ण

अब हम महाभारत के सबसे अधिक महत्त्वपूर्ण सिद्धान्त, वासुदेवकृष्ण-सम्प्रदाय की ओर आते हैं जो भगवद्गीता और आधुनिक वैष्णव-सम्प्रदाय का आधार है। भागवतधर्म के विकास की चार भिन्न-भिन्न स्थितियों का वर्णन गार्ब ने किया है। पहली स्थिति में यह ब्राह्मणधर्म से सर्वथा स्वतन्त्र सत्ता रखता था। इस स्थिति की मुख्य-मुख्य विशेषताएं, जो गार्ब की सम्मति में 300 वर्ष ईसापूर्व तक बनी रहीं, ये हैं—कृष्ण वासुदेव द्वारा एक प्रचलित एकेश्वरवाद की स्थापना, सांख्ययोग के साथ इसका सम्मिलन, उक्त धर्म के संस्थापक को देवता का रूप दे देना, और भक्ति के आधार पर एक अगाध धार्मिक भावना उत्पन्न कर देना। इस धर्म का जो वैदिक-विरोधी स्वरूप है और जिसकी समीक्षा वेदान्तसूत्रों के भाष्यकारों ने की है वह इसी स्थिति से सम्बन्ध रखता है। इस धर्म को ब्राह्मणधर्म का रूप देना, कृष्ण को विष्णु के समान मान लेना, और विष्णु को प्रधानता देना, अर्थात् उसे न केवल एक बड़ा देवता किन्तु उन सबसे बड़ा मानना—ये द्वितीय स्थिति (काल) से सम्बन्ध रखते हैं, जो लगभग 300 वर्ष ईसापूर्व का है। विष्णु के उपासकों के सम्प्रदाय के लिए 'वैष्णव' नाम महाभारत में आता है।[1] विष्णु की वैदिक पूजा में ईशानुकम्पा का कोई उल्लेख नहीं है। तीसरी स्थिति वह है जबकि भागवतधर्म वैष्णवमत के अन्दर परिवर्तित हुआ और उसमें वेदान्त, सांख्य और योग के दार्शनिक तत्त्वों का समावेश हुआ। गार्ब के मत से यह प्रक्रिया क्रिश्चियन सन् के प्रारम्भ से लेकर 1200 वर्ष ईसा के पश्चात् तक चली। इसके पश्चात् अन्तिम व चौथी स्थिति तब आई जबकि महान अध्यात्मवादी रामानुज ने इसको दार्शनिक पद्धति का रूप दिया। हमें यहां पहली दो स्थितियों से ही मतलब है।

भागवतधर्म—जिसमें वासुदेव का व्यक्तित्व प्रमुख एवं केन्द्रीभूत है और जिसकी शिक्षा भगवान कृष्ण ने श्वेतद्वीप में नारद को दी—कहा जाता है कि वही है जो हरिगीता[2] एवं भगवद्गीता[3] का सिद्धान्त है।

महाभारत के नारायणीय विभाग में नारद की बदरिकाश्रमयात्रा की कथा पाई जाती है,

---

1. 18 : 6, 67।
2. शान्तिपर्व, 346।
3. 348, 53। यह एक एकेश्वरवादी अथवा एकांतिक धर्म है। नारायणीय, सात्वत, एकांतिक, भागवत और पाञ्चरात्र ये शब्द पर्यायवाची के रूप में प्रयोग में आते हैं। इस सम्प्रदाय के मुख्य उद्भव-स्थान महाभारत का नारायणीय विभाग, शाण्डिल्यसूत्र, भागवतपुराण, पाञ्चरात्र आगम, तथा आलवार एवं रामानुज के ग्रन्थ हैं। नारदपाञ्चरात्र में उल्लेख आता है कि उक्त विषय पर मुख्य ग्रन्थ हैं ब्रह्मवैवर्तपुराण, भागवत, विष्णुपुराण, भगवद्गीता और महाभारत (2 : 7, 28-32; 3 : 14, 73; 4 : 3, 154)। रामानुज के ग्रन्थ हमारे वर्तमान प्रयोजन में उपयोगी न होंगे, क्योंकि वे ईसा के पश्चात् की बारहवीं शताब्दी के हैं और उनमें जान-बूझकर उपनिषदों के एकेश्वरवाद का भागवतधर्म के साथ समन्वय करने का प्रयत्न किया गया है। भागवतपुराण भी कुछ अधिक महत्त्व का नहीं है, क्योंकि परम्परा के अनुसार, इसके रचयिता ने इसका निर्माण उस समय किया जब उसने यह अनुभव किया कि उसने महाभारत में भक्तिप्रधान अंश के साथ पूरा न्याय नहीं किया है (1 : 4 और 5)। यह नारद की प्रेरणा से ही सम्भव हो सका कि उसने भागवतपुराण में भक्ति को मुख्य स्थान दिया। नारदसूत्र और शाण्डिल्यसूत्र महाभारत तथा भागवत से अर्वाचीन हैं क्योंकि प्रथम में शुक और व्यास का उल्लेख मिलता है (न्यायसूत्र, 83), और दूसरे में भगवद्गीता के अनेक उद्धरण हैं (9, 15)। इस प्रकार हमारा मुख्य आधार महाभारत का नारायणीय विभाग है।

जहां वे नर और नारायण को देखने गए थे। वहां पर नारायण को कुछ धार्मिक कृत्य करते हुए देखकर नारद ने उद्विग्न मन से पूछा कि क्या और भी कोई ऐसी सत्ता है कि जिसकी पूजा सर्वोपरि भगवान को भी करनी होती है। नारायण ने उत्तर दिया कि उन्होंने उस सनातन नित्य आत्मा की पूजा की है जो आद्यतत्त्व है। उसे देखने की उत्कण्ठा से नारद श्वेतद्वीप में गए जहां महान सत्त्व ने उनसे कहा कि वह ऐसे व्यक्ति को दिखलाई नहीं दे सकता जो पहले से उसमें भक्ति न रखता हो। वासुदेव के धर्म की व्याख्या नारद के लिए कर दी गई। वासुदेव सर्वोपरि आत्मा है, जो सब संसार का अन्तर्व्यापी रूप से शासक है। जीवित प्राणियों का प्रतिनिधित्व संकर्षण द्वारा हुआ है, जो वासुदेव की ही एक आकृति है। संकर्षण से प्रद्युम्न अथवा मन निकलता है और प्रद्युम्न से अनिरुद्ध अथवा आत्मचेतना उत्पन्न होती है। ये चार सर्वोपरि ब्रह्म के रूप हैं। महाभारत यह भी सुझाव देता है कि इन व्यूहों अथवा रूपों की संख्या और स्वरूप के विषय में भिन्न-भिन्न मत स्वीकार किए गए हैं।[1] भगवद्गीता उनका उल्लेख नहीं करती और वेदान्त सूत्र इस कल्पना की समालोचना यों करते हैं क्योंकि सृष्टिरचना के विषय में जो सर्वमान्य मत है उसके साथ इसकी संगति नहीं बैठती। अवतारों का भी उल्लेख है यथा वराह, नरसिंह, वामन, परशुराम, श्रीराम और वह "जो मथुरा में कंस के वध के लिए जन्म लेगा।" बुद्ध का नाम अवतारों में नहीं है। भीष्म ने युधिष्ठिर को जो उपरिचरवसु की कथा सुनाई उसमें व्यूहों अथवा आकृतियों का कहीं पता नहीं।[2] इससे दो बातें स्पष्ट हो जाती हैं। प्रथम यह कि भागवतधर्म एकेश्वरवादी है और वह भक्ति को ही मोक्ष का मार्ग बतलाता है। पशुहिंसा वर्जित है। बुद्ध ने भी पशुहिंसा के प्रति ऐसा ही विरोध प्रदर्शित किया, यही कारण है कि उसे विष्णु का अवतार मान लिया गया। धर्म बार-बार भक्ति और कर्म के संयुक्त रूप में पालन के ऊपर बल देता है।[3] यह तपस्या व त्याग की मांग नहीं करता।[4]

'भगवत्' का पहला और मुख्य नाम वासुदेव है।[5] "नित्य ईश्वर को, जो रहस्यमय

1. शान्तिपर्व, 348, 57।
2. उपरिचरवसु ने पाञ्चरात्र-पद्धति के धर्म को अङ्गीकार किया जिसका प्रचार पहले-पहल चित्रशिखण्डियों ने किया। इस पद्धति की व्याख्या ऋषियों ने भगवान की उपस्थिति में की थी जिसने कहा कि "तुमने एक लाख श्लोकों का निर्माण किया है, जिनमें मनुष्यों के कार्यों के सम्बन्ध में सब नियमों का विधान है और जो वेद के भी अनुकूल हैं...और जिनमें क्रियात्मक धर्म के सम्बन्ध में सब प्रकार के उपदेश विद्यमान हैं और चिन्तन या ध्यान सम्बन्धी उपदेश भी हैं। यह शास्त्र मनुष्यों को एक से दूसरे को पहुंचता रहेगा और अन्त में बृहस्पति तक पहुंचेगा। उससे राजा वसु इसे प्राप्त करेगा और मेरा भक्त बन जाएगा।" राजा वसु ने एक अश्वमेघ यज्ञ किया, जिसमें बृहस्पति पुरोहित बना और एकत, द्वित, तथा त्रित दर्शक अथवा सदस्य बने। उस अवसर पर कोई पशु नहीं मारा गया। ईश्वर केवल राजा के सामने प्रकट हुआ और उसने प्रसाद ग्रहण किया। बृहस्पति क्रोधित हुआ। दर्शकों (सदस्यों) ने उससे कहा कि प्रभु तो केवल उन्हीं के सामने प्रकट होता है जो उसकी अनुकम्पा के पात्र होते हैं। वे श्वेतद्वीप की कथा कहते हैं, जहां पर "ऐसे मनुष्य हैं, जो चन्द्रमा के समान कान्ति वाले और देवता में भक्ति रखने वाले हैं, जिनके इन्द्रियां नहीं हैं, जो कुछ नहीं खाते, जो केवल परमेश्वर में ही रत रहते हैं जो सूर्य के समान उज्ज्वल हैं। वहीं पर हमने इस महान उपदेश को सुना कि ऐसे व्यक्ति को जो उसमें भक्ति नहीं रखता, सर्वोपरि ईश्वर दिखाई नहीं देता।" देखिए भण्डारकर : 'वैष्णविज़्म'
3. शान्तिपर्व, 334-351।
4. तुलना कीजिए : "प्रवृत्तिलक्षणश्चैव धर्मो नारायणात्मकः", शान्तिपर्व, 347, 80-81।
5. देखिए, भगवद्गीता, 7 : 19।

सबका उपकार करने वाला एवं प्रेममय है, वासुदेव जानना चाहिए।''[1] यह नाम भागवत-मन्त्र में आता है।[2] कभी-कभी यह कहा जाता है कि भगवत् नाम संकेत करता है कि यह धर्म पुराने वैदिक-सम्प्रदाय का विकसित रूप है। हमें वेदों में भग नामक एक देवता का वर्णन मिलता है जिसे वरदान देने वाला कहा गया है। धीरे-धीरे 'भग' का अर्थ सौजन्य अथवा उदारता हो गया; और संस्कृत व्याकरण के नियमों के अनुसार ऐसा देवता जिसमें उदारता के गुण उपस्थित हों, भगवत् नाम से जाना जाने लगा। और ऐसे देवता की उपासना ही भागवतधर्म हुआ। विष्णुपुराण में कहा है कि ऐश्वर्य, धर्म, यश, सम्पत्ति ज्ञान और वैराग्य भग कहलाते हैं, और वह जिनके अन्दर ये गुण उपस्थित हैं वह भगवत है।[3] आगे चलकर वासुदेव को नारायण और विष्णु का रूप दे दिया गया।

प्रारम्भ से ही विष्णु को दैव अथवा भाग्य का महान विधाता माना गया है। वेदों में उसे तीन पाद वाला देवता कहा गया है। वह अचिन्त्य है और उसका निवास प्रकाश के उज्ज्वल साम्राज्य में है, ''जहां कि आकाश में उड़ने वाले पक्षी भी उड़ने का साहस नहीं कर सकते।''[4] उपनिषदों में 'विष्णु के उच्चतम स्थान तक पहुंचना मनुष्य का उद्देश्य बताया गया है।[5] वेदों में भी विष्णु के लिए मनुष्य को विपत्ति से छुड़ाने का काम बताया गया है।[6] शतपथ ब्राह्मण से कहा है कि ''मनुष्य विष्णुरूप हैं।''[7] ऐतरेय ब्राह्मण के अनुसार, असुरों के विरुद्ध वही देवताओं का बड़ा सहायक है। असुरों से देवताओं के लिए भूमि प्राप्त करने के लिए वह वामन अवतार का रूप धारण कर लेता है।[8] नारायण नाम सबसे पहले हमें शतपथ ब्राह्मण में ही मिलता है,[9] यद्यपि वहां वह विष्णु से सम्बद्ध नहीं है।[10]

---

1. भीष्मपर्व, अध्याय 66।
2. ''ओं नमो भगवते वासुदेवाय।''
3. 6 : 5, 74 : भागवत धर्म को सात्वतधर्म के नाम से भी पुकारा जाता है, क्योंकि वासुदेव को यह नाम दिया गया है (आदिपर्व, 218, 12)। भागवत में सात्वतों को भगवत् के उपासक बतलाया गया है (9 : 9, 49)। ये अन्धक और वृष्णियों के समान यादवों की उपजातियां थीं। (भागवत, 1, 14, 25; 3, 1, 29)। मेगस्थनीज़ ने भी उनका संकेत किया है। आर्यीकरण के फलस्वरूप वासुदेव का नारायण के साथ और उसके पश्चात् विष्णु के साथ साम्य हो गया। हम यह निश्चयपूर्वक नहीं कह सकते कि भगवद्गीता के समय में विष्णु को सर्वोपरि यथार्थता माना गया या नहीं। इसमें वह केवल आदित्य है। महाभारत के नारायणीय विभाग में वासुदेव और नारायण एकसमान बताए गए हैं। ऐसे दो पक्षियों के सम्बन्ध में पुराने वैदिक विचार ने, जो परस्पर मित्र हैं और एक ही वृक्ष पर निवास करते हैं, नर और नारायण की सनातन मित्रता की कथाओं को जन्म दिया होगा—ये जीवात्मा एवं ईश्वर के रूप हैं। केवल साक्षीमात्र है नारायण, और फलों को खांने वाला है नर। नारायण, जो विश्व की सनातन आत्मा है, मनुष्यों के लिए विश्रान्ति का स्थान है (महाभारत, 12 : 341)। मनु कहता है कि जल को 'नार' कहा गया है, और चूंकि सर्वोपरि ब्रह्म का निवास स्थान जल है इसलिए उसे नारायण कहा गया है। (1 : 10; और भी देखिए, ऋग्वेद 10 : 82, 5 और 6)। वह समस्त संसार का आदि उद्भवस्थान है, सर्वोपरि ईश्वर है जिसे एक बृहत्काय सर्प शेषनाग के ऊपर क्षीरसागर में लेटे हुए दिखाया जाता है। अलंकार को छोड़कर, वह समस्त विश्व का स्वात्मचेतन स्वामी है, जिसकी प्रतिद्वन्द्विता में अनात्मतत्त्व है। कल्पना की जाती है कि इसी से नारद ने अपना एकेश्वरवादी धर्म प्राप्त किया।
4. ऋग्वेद, 1 : 155, 5।
5. कठोपनिषद्, 1, 3, 9।
6. ऋग्वेद, 6, 49, 13।
7. 5 : 2, 5, 2-3।
8. शतपथ ब्राह्मण, 1 : 2, 5, 5; तैत्तिरीय ब्राह्मण, 1 : 6, 1, 5।
9. 12 : 3, 4, 1।
10. तैत्तिरीय आरण्यक में नारायण 'नित्य, सनातन, सर्वोपरि एवं स्वामी' के अर्थों में आता है और वहां उसका नाम हरि है (तैत्तिरीय आरण्यक, 10 : 11, 1)। महाभारत में नारायण एक प्राचीन ऋषि→

कृष्ण का सम्बन्ध वासुदेव-नारायण के साथ कैसे हुआ? महाभारत में कहीं-कहीं उसे उनसे भिन्न किया गया है।[1] किन्तु शीघ्र ही उसे सर्वोपरि ब्रह्म के समान मान लिया गया। मेगस्थनीज ने, जो चन्द्रगुप्त (300 वर्ष ईसापूर्व) के राजदरबार में यूनान देश का राजदूत था, इस तथ्य का वर्णन किया है कि उस काल में मथुरा में कृष्ण की पूजा होती थी। यदि हम कृष्ण के पूर्वपुरुषों की खोज करने का प्रयत्न करें तो हमें एक वैदिक ऋषि का यही नाम मिलता है जिसने एक सूक्त की रचना की।[2] उसे अङ्गिरस् ऋषि का वंशज कहा गया है।[3] छान्दोग्य उपनिषद में देवकी के पुत्र कृष्ण को हम घोर नाम ऋषि का, जो एक आङ्गिरस है, शिष्य पाते हैं।[4] यह स्पष्ट है कि वैदिकसूक्तों के समय से लेकर उपनिषद्-काल तक वैदिक विचारक के रूप में कृष्ण की एक परम्परा थी। किन्तु ऋग्वेद के एक अन्य वाक्य में कृष्ण का एक अनार्य सेनापति के रूप में वर्णन किया गया है, जिसे अंशुमती के किनारे पर दस हज़ार सेना के साथ इन्द्र से युद्ध के लिए प्रतीक्षा में दिखाया गया है।[5] सर आर० जी० भण्डारकर का विश्वास है कि घुमक्कड़ चरवाहों की एक उपजाति, जिसे आभीर या भील कहते थे, एक बालदेवता की पूजा करती थी।[6] यह एक आर्येतर जाति का गिरोह था, जिसके आचार-विचार असंस्कृत थे। कृष्ण के जीवन के सम्बन्ध में जो लम्पटता या विषयासक्ति की कथाएं कही जाती हैं वे इन्हीं घुमक्कड़ जातियों से निकली होंगी।[7] श्री वैद्य के अनुसार, कृष्ण क्षत्रियों की यादव-जाति का था, जो आर्यों के द्वितीय आक्रमण के समय इस देश में आई—यह एक ऐसा समुदाय है जो अपनी प्रकृति में अभी तक पशुपालक है, एवं पशुओं को चराने का काम करता है और इसने अपना स्थान जमुना के किनारों पर बनाया।[8] वेबर और दत्त इत्यादि दूसरे भारतीय विद्याविशारदों का कहना है कि पाण्डव आर्येतर जाति के थे, जिनके अन्दर एक विचित्र रिवाज था कि सब भाइयों की एक समानरूप से विवाहित स्त्री होती थी। उनके अन्दर कृष्ण-सम्प्रदाय का प्रचार हुआ, और महाभारत का रचयिता यह

→का नाम है (और भी देखिए, ऋग्वेद, 10, 90 और महाभारत 5 : 49; 5—20; 7 : 200, 57)। ब्राह्मणग्रन्थों के समय में नारायण सार्वभौम रूप धारण कर लेता है, और महाभारत में उसे विष्णु से तद्रूप कर दिया गया है। इस प्रकार से भीष्मपर्व में वासुदेव, नारायण और विष्णु पर्यायवाची रूप में प्रयोग में आए हैं (अध्याय 65 और 66)।

1. 12 : 334, 18।
2. ऋग्वेद, 8, 74
3. देखिए, कौषीतकि ब्राह्मण, 30 : 9; पाणिनि, 4 : 1, 96।
4. 3 : 17।
5. 8 : 96, 13-15। पीछे की किंवदंतियां—जिनमें कहा गया है कि कृष्ण ने गोपों का इन्द्रक की पूजा से निवारण किया और उसके कारण इन्द्र ने क्रोध किया, जिसके परिणामस्वरूप निरन्तर वर्षा हुई और कृष्ण ने गोपों को वर्षा से बचाने के लिए गोवर्धन पर्वत को उनके सिरों से ऊपर उठा लेने का कौशलपूर्ण काम कर दिखाया—ऋग्वेद में वर्णित इस घटना के आधार पर निर्भर हो सकती है। अर्थर्वसंहिता में कहा गया है कि कृष्ण ने राक्षस केशी का वध किया। बौद्धग्रन्थों में भी उसके नाम का वर्णन है (देखिए ललितविस्तर) हमारे पास यह विश्वास करने को पर्याप्त साक्षी है कि जिस समय जैनधर्म का प्रादुर्भाव हुआ, कृष्ण की पूजा प्रचलित थी, क्योंकि हम देखते हैं कि कृष्ण की पूरी कथा साधारण परिवर्तनों के साथ बाईसवें तीर्थकर अरिष्टनेमि के जीवन में दुहराई गई है। और वह एक प्रसिद्ध यादव था!—देखिए 'सैक्रेड बुक्स ऑफ द ईस्ट,,खण्ड 22, पृष्ठ 276-279।
6. मौसलपर्व, अध्याय 7।
7. 'वैष्ण विज़्म', पृष्ठ 36-38।
8. 'एपिक इण्डिया', अध्याय 18।

दिखलाने का प्रयत्न करता है कि कृष्ण में भक्ति रखने के कारण उनकी विजय हुई। पाण्डवों की, जो ब्राह्मण-समुदाय के बाहर के लोग थे, लड़ाइयों तथा अन्य घटनाओं को महाकाव्य में एक धार्मिक प्रेरणा के कारण स्थान मिला और उन्हें भी भरतवंशियों के नाम से आर्यजाति के अन्दर प्रविष्ट कर लिया गया। गार्ब का विश्वास है कि कृष्ण बुद्ध से लगभग 200 वर्ष पूर्व हुआ और वह वासुदेव का पुत्र था। उसने एक एकेश्वरवादी तथा नैतिक धर्म की स्थापना की, और अन्त में जाकर उसी को देवता बना दिया गया, और भगवान वासुदेव के साथ उसे तद्रूप कर दिया गया, जिसकी पूजा की नींव भी स्वयं उसी ने रखी थी। महाभारत में कृष्ण के विषय में समस्त परम्पराओं का हम सम्मिलन पाते हैं जोकि उस समय तक बच रही थीं–कृष्ण आर्येतर जाति का नायक था, एक धार्मिक शिक्षक था, किंवा एक उपजाति का देवता था।

महाभारत में हम एक प्रक्रिया देखते हैं जिसके द्वारा कृष्ण को एक सर्वश्रेष्ठ देवता बना दिया गया। किसी-किसी स्थान पर उसे महादेव की पूजा करते हुए दिखाया गया है। ऐसे भी प्रकरण हैं जहां उसके देवत्व को अमान्य ठहराया गया है।[2] सभापर्व में शिशुपाल कृष्ण को देवत्व का पद देने का विरोध करता है। भीष्म कृष्ण का पक्ष लेता हुआ कहता है : "जो कोई कहता है कि कृष्ण एक साधारण मनुष्यमात्र है वह मन्दबुद्धि है।" इससे यह स्पष्ट होता है कि कृष्ण को देवता का रूप देने का प्रबल विरोध था। उसे कभी-कभी द्वारका का शूरवीर योद्धा एवं अधिपति कहा गया है। समय-समय पर वह एकेश्वरवाद का धार्मिक प्रचारक बन जाता है, जिसका पूजनीय देवता भगवत् था। कभी-कभी उसे ही स्वयं भगवत् कहा गया है। महाभारत में विचार के अनेकों स्तर हैं जोकि युग-युग में एक-दूसरे के ऊपर उगते गए और जो कृष्ण को सब श्रेणियों में प्रदर्शित करते हैं अर्थात् एक ऐतिहासिक पुरुष के रूप से लेकर विष्णु के अवतार तक।

यह स्पष्ट है कि महाभारत के सम्पादकों ने यह अनुभव किया था कि एक सर्वमान्य एवं प्रचलित नायक को विधर्मियों के शक्तिशाली प्रभाव की प्रतिद्वन्द्विता में मुख्य केन्द्र बनाना चाहिए। कृष्ण का व्यक्तित्व सहजप्राप्त था। निःसन्देह कृष्ण के जीवन से सम्बन्ध रखने वाले कुछेक कर्म ऐसे हैं जो एक दैवीय सत्ता के योग्य नहीं जंचते, जैसेकि रासलीला अथवा गोपियों के साथ नृत्य, तथा जलक्रीड़ा और वस्त्रापहरण अर्थात् स्नान करती हुई गोपियों के कपड़े उड़ा लेना आदि। इन सबके समाधान की आवश्यकता है। राजा परीक्षित ने शुक से कहा कि मेरा संशय निवारण कीजिए : "विश्व के स्वामी ने अवतार धारण किया धर्म की स्थापना तथा अधर्म के विनाश के लिए। क्या उसने, जो धार्मिक नियमों का प्रकाशक, अधिपति और रक्षक है, व्यभिचार रूपी अपवित्र कार्य करके उन नियमों को भंग नहीं किया?" उत्तर था कि "देवताओं द्वारा धार्मिक नियमों का व्याघात और इसी प्रकार यशस्वी पुरुषों के साहसिक कार्य कलंक का कारण नहीं बनते हैं, जैसे अपवित्र पदार्थ को आग में डालने से आग में कलंक नहीं आता है। किन्तु जो देवताओं की कोटि में नहीं हैं उन्हें ऐसे कर्मों को करने का विचार तक नहीं करना चाहिए। यदि शिव का अनुकरण करके कोई मूर्ख व्यक्ति विषपान करे तो वह अवश्य ही मरेगा। देवताओं की वाणी तो सदा सत्य होती है, किन्तु उनके कार्य कभी सत्य होते हैं और कभी नहीं भी होते।"[3] किन्तु ब्राह्मण की मेधाविता इसे यहीं नहीं

---

1. देखिए द्रोणपर्व।
2. म्योरः 'ओरिजिनल संस्कृत टेक्स्ट्स', 4, पृष्ठ 205, और आगे।
3. भागवत खंड 10, 33, 26-29।

छोड़ती। वह कृष्ण के सारे जीवन को रूपकालंकार में बांधकर उसे पवित्र सिद्ध कर देगा और सारे वायुमण्डल को रहस्यमय बना देगा। गोपियां ऐसे व्यक्तियों के उपलक्षण हैं जिन्होंने बिना अध्ययन के केवल भक्ति के द्वारा ही परमात्मा को पा लिया। गोपियों द्वारा अपने गृह तथा पतियों का त्याग इस बात का उपलक्षण है कि जीवात्मा दिव्य पति के आगे आत्मसमर्पण कर देता है। मनुष्य का हृदय वृन्दावनस्थानीय है। राधा और गोपियां संसार की माया में फंसी हैं। कृष्ण की वंशी ईश्वर की वाणी है। उसका अनुसरण करने का तात्पर्य है—नाम और यश का मोह छोड़ देना, मान-मर्यादा तथा आत्मप्रतिष्ठा को त्याग देना, और घर-परिवार और सबसे नाता तोड़ लेना। जो सामाजिक सुरक्षा व शान्ति की परवाह करते हैं वे अनन्त की पुकार का उत्तर नहीं दे सकते। ईश्वर से प्रेम करना सूली पर चढ़ने के समान है। जीवात्मा को दिव्य पति के आगे आत्मसमर्पण कर देना सबके लिए एक समान है और प्रत्येक के लिए विशिष्ट भी है। यह ऐसा अलंकार है जो केवल भारत में ही नहीं पाया जाता—इसमें ऐहलौकिक गृह और पति का त्याग आ जाता है। इससे पूर्व कि ईश्वर की प्राप्ति हो, सब कुछ का त्याग अत्यन्त आवश्यक होता है। वैष्णव-काव्य में हम निरन्तर ऐसी टेक सुनते हैं, "मैं तुम्हारे लिए हरजाई बन गई।" बहुत-सी लोक-कथाओं की व्याख्या इसी रहस्मय विधि में की जाती है, और ऐसी घटनाओं को जिनकी नैतिकता में सन्देह है, ईश्वर और जीवात्मा के सम्बन्ध में लाकर एकदम उनका रूप ही बदल दिया गया है। तो भी इतिहास को नये सिरे से लिखने की, तथ्यों को अलंकार का रूप देने की एवं नई-नई व्याख्याओं का आविष्कार करने की अत्यन्त अभिलाषा रखते हुए भी पुराणों में जो कृष्ण का चरित्र दिया गया है उसे हम स्वीकार नहीं कर सकते। इन घटनाओं से—जिनमें कृष्ण के बाल्यकाल की गाथाएं और बलराम की मद्य पीने की दुर्बलता शामिल है—स्पष्ट संकेत मिलता है कि कृष्ण आर्येतर जाति का था। यदि आज कृष्ण सबसे अधिक मान्य भारतीय देवता है तो इसका कारण यह है कि भगवद्गीता के रचयिता ने उसके मुख से उच्चतम धर्म एवं दर्शन का उपदेश दिलाया है। जब कृष्ण देवता बन गया तो उसके दूसरे-दूसरे नाम, यथा केशव, जनार्दन आदि, वासुदेव के लिए प्रयुक्त होने लगे, और उसके देवकी के पुत्र होने आदि की कथाएं, आदिम देवता के साथ जोड़ दी गईं, और आज भी हमें उसके परस्पर असंगत वर्णन मिलते हैं, जैसे—एक ओर वह उत्कृष्ट कोटि का धार्मिक आत्मा है जिसके अन्दर तीक्ष्ण दार्शनिक अन्तर्दृष्टि है और दूसरी ओर वह एक सर्वमान्य शूरवीर योद्धा है जो अपने व्यवहार में सर्वथा दोष-रहित नायक नहीं है।

भागवत-पद्धति को, जिसमें उसकी वासुदेव-कृष्ण की पूजा भी निहित है, पाञ्चरात्र धर्म भी कहा जाता है। इस नाम के आदि-उद्गम का तो हमें ज्ञान नहीं किन्तु पद्मतन्त्र में ऐसा कहा गया है कि "पांचों अन्य शास्त्र इसके सामने अंधकार के समान हैं और इसीलिए इसका नाम पाञ्चरात्र प्रचलित हो गया।"[1] इस नाम का कारण यह भी हो सकता है कि इस पद्धति में पांच भिन्न-भिन्न प्रकार के सिद्धान्त सम्मिलित हैं। हम निश्चयपूर्वक नहीं कह सकते कि हमें महाभारत के नारायणीय विभाग में भी इस धर्म का विशुद्ध रूप में वर्णन प्राप्त हो सकता है या नहीं, क्योंकि वैदिक अनुकूलता का कार्य उस समय भी प्रारम्भ हो गया प्रतीत होता है। दक्षिण भारत के आलवार लोग, जिनके सबसे आदिपुरुष पांचवीं शताब्दी ईसा के पश्चात्

1. 1 : 1, 69। इस नाम के उद्भव के सम्बन्ध में एक भिन्न मत को जानने के लिए देखिए, श्रेडरः 'इण्ट्रोडक्शन टु पाञ्चरात्र'।

रहे कहे जाते हैं, इस सिद्धान्त को अंगीकार किए हुए हैं। 'आलावार' शब्द का अर्थ है–वह जो परमात्मा के प्रेम में निमग्न हो। बारह आलवार सब वर्णों से इसमें दीक्षित किए गए हैं और इनके लिखित ग्रन्थ, जो तमिल भाषा में हैं, प्रबन्ध कहलाते हैं, जो किसी-न-किसी रूप में विष्णु की स्तुति करने वाले गीत हैं और जो पवित्रता एवं भक्ति से ओतप्रोत हैं। यही वैष्णवों का वेद है। वेदांतसूत्रों के भाष्यकार रामानुज परवर्ती काल के हैं और धर्मगुरुओं की परम्परा में नादमुनि से छठे हैं जिन्हें नम्मालूवार ने उक्त धर्म में दीक्षित किया था। भागवत लोग ही भारत में वैष्णवधर्म के सर्वप्रथम अग्रणी हुए। पाञ्चरात्र के अनुयायी को प्रकटरूप में पूजा की वैदिक विधियों को ग्रहण करने की आज्ञा नहीं थी। वे स्वयं भी अपने विचारों के लिए पाञ्चरात्र आगमों[1] को आधार के रूप में मानते थे।

साधारणतः आगम विवाद-विषयों को चार शीर्षकों के अन्दर विभक्त करते हैं : (1) ज्ञान, (2) योग अथवा ध्यान, (3) मूर्तियों का निर्माण एवं स्थापना (क्रिया) और (4) क्रिया-कलाप (चर्या अथवा संस्कार)। मुख्य देवता वासुदेव-कृष्ण है, जिसके साथ चार 'व्यूह' हैं। कृष्ण की अन्तर्यामिता के ऊपर बल दिया गया है। "ब्रह्म से लेकर एक साधारण स्तम्ब (तृण) तक सब कृष्ण ही है।"[2] विष्णु अपनी शक्ति के कारण सर्वोपरि है। इस शक्ति के दो पक्ष हैं क्रिया और भूति, जैसे शक्ति और प्रकृति दो रूप हैं। वही सृष्टि की रचना करता है। विष्णु और उसकी शक्ति का सम्बन्ध अविच्छेथ है एवं एक-दूसरे के अन्दर निहित है, जैसेकि पदार्थ का सम्बन्ध उसके गुणों के साथ है। रामानुज पाञ्चरात्र के सिद्धान्त के आधार पर ब्रह्म, जीवात्मा और संसार की पृथक्-पृथक् सत्ता को स्वीकार करते हैं, यज्ञ के स्थान पर मन्दिरों में मूर्तियों की पूजा को मान्यता देते हैं। यों धर्म अधिकतर भावना-प्रधान हो गया। भक्ति पर बल दिया गया। आधुनिक वैष्णवधर्म की एक मुख्य विशेषता, जो इस पद्धति की देन है, प्रपत्ति–अर्थात् सर्वथा आत्मसमर्पण–का सिद्धान्त है। ईश्वर उनका सहायक है जो अन्य सब प्रकार की आशा छोड़कर उसके चरणों में गिर जाते हैं। प्रश्न उठता है कि न्यायकारी ईश्वर कैसे पापात्माओं को क्षमा दे सकता है। यह पद्धति ईश्वर की पत्नी लक्ष्मी को मध्यस्थ के ऊंचे स्थान पर बैठा देती है। ईश्वर का कठोर न्याय लक्ष्मी की दयाशीलता क कारण नरम पड़ जाता है, जो दण्ड देना जानती ही नहीं।[3] इस मध्यस्थ का स्वभाव ईश्वर के ही समान है, और यह भक्त की पुकार पर वैसे ही कार्य करती है। ईश्वर की रियायत चाहने वाले को पहले लक्ष्मी की रियायत प्राप्त करना आवश्यक है। पिछले जन्म के कर्म भी क्षमा किए जा सकते हैं। प्रपत्ति ऐसा मार्ग प्रतीत होता है जिसके द्वारा जीवात्मा सर्वोपरि सत्ता को प्राप्त हो जाता है, और यह उतना ही शक्तिसम्पन्न है जितना कि सांख्य अथवा योग का दूसरा कोई उपाय है।[4] विष्णु के उपासकों में वर्णभेद नहीं है। जाबाल ब्राह्मण कहता है : 'किरात और हुण जाति के लोग भी...केवल उन व्यक्तियों के संसर्ग में आने मात्र से जिनका हृदय विष्णु में लिप्त है, अपने पापों से मुक्त होकर पवित्र हो जाते हैं।" इस मत के अनुयायी वर्णाश्रमधर्म की इतनी परवाह नहीं करते जितनी कि स्मात एवं वे व्यक्ति करते हैं जो वैदिकशास्त्रों को मानते हैं।

---

1. उनमें से बहुतों का उल्लेख वेदान्तदेशिक की पाञ्चरात्ररक्षा में है। यह एवं दसवीं शताब्दी में हुए यमुनाचार्य का आगमप्रामाण्य एवं वेदान्तसूत्रों (2 : 2, 39-42) का पाञ्चरात्र-विभाग इस पद्धति के लिए हमारे पास उपलब्ध सामग्री है। वैष्णवमतावलम्बी, जो आगमों को स्वयं नारायण द्वारा प्रकाशित मानता है, उसके लिए किसी काल की गणना की आवश्यकता नहीं समझता।
2. "आब्रह्म स्तम्बपर्यन्तं सर्व कृष्णश्चराचरम्" (नारदापाञ्चरात्र)।
3. "नित्यमज्ञातनिग्रह।"
4. शान्तिपर्व, 348, 74।

यह एक विवादग्रस्त विषय है कि पाञ्चरात्र, भागवत अथवा सात्वत धर्म अपने विकासरूप में आर्यजाति का था अथवा आर्येतर था। कुछेक का कहना है कि यह आर्येतर था क्योंकि इसकी पूजा का विधान अवैदिक था। इसने वैदिक क्रिया-कलाप अथवा संस्कारों को नहीं अपनाया, और जीवों एवं मन की उत्पत्ति संकर्षण से हुई है, इसका यह सिद्धान्त वैदिक कल्पनाओं के विपरीत था। यामुनाचार्य अपने 'आगम-प्रामाण्य' नामक ग्रन्थ में आगमों की प्रमाणिकता के विरुद्ध अनेक आपत्तियां उठाता है। और उन सबका खण्डन करता है। विरोध में जो तर्क उपस्थित किए गए हैं वे इस आधार पर हैं कि उनके प्रतिपाद्य विषय वेदों की भावना के विपरीत हैं, और यह कि वे अग्निहोत्र अथवा ज्योतिष्टोम आदि क्रिया-कलापों एवं यज्ञानुष्ठानों का विधान नहीं करते, यहां तक कि वे वेदों के लिए अपशब्दों तक का प्रयोग करते हैं, और यह कि द्विजों ने उन्हें स्वीकार नहीं किया है। दूसरी ओर सात्वत, जो प्रत्यक्षरूप में एक आर्येतर जाति के हैं, उस पर आचरण करते हैं।[1] उनके अन्दर जादू-टोना एवं मिथ्या विश्वास भी बहुत है।[2] परम्परागत सिद्धान्तों की सूची में इस पद्धति की गणना नहीं है। यदि हम शंकर के मत को स्वीकार करें, तो यहां तक कि बादरायण भी इसका समर्थन नहीं करता। इसकी अपनी ही एक विचित्र संस्कारों की पद्धति है यथा तिलक-छाप आदि। इन आपत्तियों के उत्तर में यामुनाचार्य का कहना है कि इस सम्प्रदाय का सम्बन्ध वेद के साथ है। महाभारत एवं भागवत में बादरायण ने, और भृगु तथा भारद्वाज आदि प्रसिद्ध व्यक्तियों ने भी, इसकी प्रामाणिकता को स्वीकार किया है, और यह कि भागवत सबसे श्रेष्ठ ब्राह्मण हैं, और यह कि सात्वत नाम किसी वर्ण-विशेष को नहीं बतलाता अपितु उन व्यक्तियों के लिए प्रयोग किया जाता है जिनके अन्दर सत्त्वगुण बहुत अधिक मात्रा में विद्यमान हैं। रामानुज भी यामुनाचार्य के मत का समर्थन करता है। इसके समर्थन की आवश्यकता ही यह प्रकट करती है कि उक्त सम्प्रदाय को वैदिकरूप में स्वीकृति प्राप्त करने में कुछ समय लगा। आधुनिक वैष्णवधर्म के कुछेक अनिवार्य तत्त्व—जैसे मूर्तिपूजा, शरीर को दागना, ऊर्ध्वपुण्ड्र तिलक लगाना—पाञ्चरात्रधर्म के कारण इसमें आए हैं।

इसे चाहे किसी नाम से भी क्यों न पुकारा जाए, इसमें सन्देह नहीं कि यह धर्म बहुत प्राचीन है, सम्भवतः कम से कम बौद्धधर्म के समान प्राचीन है यदि उससे अधिक प्राचीन न भी माना जाए; किन्तु चूंकि नारायणीय विभाग में—जहां पर इस धर्म का वर्णन है—नारद की श्वेतद्वीप की यात्रा का वर्णन है जहां के निवासी एकान्ती अथवा एकेश्वरवादी थे, कभी-कभी यह तर्क उपस्थित किया जाता है कि इसमें जो एकेश्वरवाद है वह ईसाईमत से लिया गया है। डाक्टर सील का कहना है कि 'यह नारायणीय वृत्त, मेरी सम्मति में, इस विषय की एक निश्चित साक्षी है कि कुछ भारतीय वैष्णवों ने वस्तुतः मिस्र अथवा एशिया माइनर के समुद्री किनारों की यात्रा की, और इसी वृत्त में यह भी प्रयत्न किया गया है, जैसाकि भारत का प्राचीन उदार आशय सदा से रहा है, कि ईसा को भी सर्वोपरि आत्म अर्थात् नारायण के अवतारों में सम्मिलित कर लिया जाए—जैसाकि आगे चलकर बुद्ध को अवतारों में सम्मिलित किया गया।"[3] वेबर की भी यही सम्मति है।[4] लेसन भी इससे सहमत है। उसकी दृष्टि में यह सम्भव है कि कुछेक ब्राह्मणों को अपनी मातृभूमि के उत्तर-पश्चिम में स्थित देश

1. मनु, 10 : 23, 5।
2. "क्षुद्रविद्याप्रचुरता।"
3. 'वैष्णविज़्म ऐण्ड क्रिश्चियनिटी' पृष्ठ 30।
4. 'इण्डियन ऐण्टिकरी', 1874, कृष्णजन्माष्टमी पर्व के प्रारम्भ के विषय में अन्वेषण।'

में प्रचलित ईसाईधर्म के विषय में पता लगा हो और वे कुछ ईसाई सिद्धान्तों को भारत में लाए हों। उसका विचार है कि वह देश पार्थिया होगा जहां "यह पुरानी परम्परा है कि ईसाइधर्म के प्रचारक टामस ने ईसा के धार्मिक सिद्धान्तों का प्रचार किया।" किन्तु वैदिक साहित्य के लिए एकेश्वरवाद कोई अज्ञात सिद्धान्त नहीं था। छान्दोग्य उपनिषद् में वर्णन आता है तथा नारद ने जिन शास्त्रों का अध्ययन किया उनमें से एक एकायनधर्म भी था।[1] भागवतधर्म में ऐसा कोई अंश नहीं है जो भारत की धार्मिक विचारधारा के लिए विदेशी हो। गार्ब के अनुसार, "एक ऐसे व्यक्ति की दृष्टि में जो प्राचीन भारत के बौद्धिक जीवन से भली प्रकार से परिचित हो, भक्ति का सिद्धान्त नितांत इसी देश की एक यथार्थ उपज है।"[2] "भक्ति का विचार ईसाई मत से आया–इस कल्पना के समर्थन में अभी तक तिलमात्र भी कोई साक्षी नहीं दी जा सकी है। भक्ति शब्द में जो धार्मिकता का भाव है वह केवल ईसाईधर्म में ही हो सकता हो ऐसी कोई बात भी नहीं है। यही नहीं कि ईश्वर के प्रति भक्ति और उसमें विश्वास ने दूसरे एकेश्वरवादी धर्मों में अपने को क्रमशः विकसित किया है, बल्कि एकेश्वरवाद विषयक विचारों के क्षेत्र से परे भी ये दोनों विचार पाए जाते हैं। और विशेषकर भारत देश में हमारे पास ऐसे सब आवश्यक तत्त्व उपस्थित हैं जिनके बल पर हमें भक्ति को इसी देश की उपज स्वीकार करना होता है, जैसाकि बार्थ कहता है, क्योंकि ऋग्वेद के समय से लेकर बराबर आगे तक भारत के धार्मिक इतिहास में लगभग सभी समयों में एकेश्वरवाद सम्बन्धी विचार प्रचलित पाए जाते हैं, और दैवीय शक्ति को जानने की प्रबल अभिलाषा ने–जोकि अत्यन्त प्राचीन काल से भारतीय आत्मा की एक विशेषता रही है–इस प्रकार की भावनाओं को अवश्य विकसित किया होगा जैसे दैवीय प्रेम और एकेश्वरवाद का विचार, जिसकी कल्पना सर्वसाधारण में भी थी।" उस युग के विश्वशास्त्र या भूगोलविद्या के अनुसार, श्वेतद्वीप भारत देश का ही एक भाग था जो मेरु पर्वत के उत्तर में था। ईसाईधर्म तो भारत में ईसा के पश्चात् केवल दूसरी या तीसरी शताब्दी में ही पहुंचा, इससे पूर्व इसका कहीं पता भी न था। हमारे पास यह सिद्ध करने के लिए पर्याप्त साक्षी है कि एकेश्वरवादी धर्म उससे कहीं पूर्व प्रचलित था। वासुदेव का नाम पाणिनि के व्याकरण में आता है।[3] सर आर० जी० भण्डारकर के अनुसार, यदि इससे पूर्व न मानें तथापि पाणिनि ईसापूर्व सातवीं शताब्दी में तो हुए ही।[4] बौद्ध और जैन धर्म के ग्रन्थों में भी भक्ति-सम्प्रदाय का उल्लेख है।[5] एम० सेनार्ट लिखता है कि 'भक्तिमान्' शब्द, जो थेरगाथा में आया है, बौद्धधर्म ने एक प्राचीनतर भारतीय धर्म से उधार लिया है। "यदि पहले से एक ऐसा धर्म प्रचलित न रहता जिसमें योग के सिद्धान्त, वैष्णवधर्मसम्बन्धी उपाख्यान, और विष्णु-कृष्ण के प्रति भक्ति–जिसकी भगवान के नाम से पूजा की जाती थी–यह सब कुछ समवेत था तो बौद्धधर्म कभी उत्पन्न ही न होता।"[6] बार्थ कहता है:[7] "भागवत, सात्वत अथवा पाञ्चरात्र सम्प्रदाय जो नारायण एवं अपने शिक्षक देवकीपुत्र कृष्ण की पूजा में लगा हुआ था, जैनधर्म के प्रादुर्भाव के बहुत पूर्व से अर्थात् आठवीं शताब्दी ईसापूर्व से भी पहले से विद्यमान था।"[8] पतञ्जलि पाणिनि के विषय में अपनी टिप्पणी लिखते हुए कहता है कि वासुदेव नाम है उपास्थ अथवा पूजार्ह

1. 7 : 1, 4।
2. गार्ब : 'फिलासफी आफ ऐंशियेंट इण्डिया', पृष्ठ 84।
3. 4 : 3, 98।
4. 'बॉम्बे गज़ेटियर', खण्ड 1 : भाग 2, पृष्ठ 141।
5. थेरगाथा, 370।
6. 'इण्डियन इण्टरप्रेटर', 1910, पृष्ठ 177-178।
7. 'इंडियन ऐण्टिकरी', 1894, पृष्ठ 248।
8. 'जनरल आफ रायल एशियाटिक सोसाइटी', 1910, पृष्ठ 168।

का, जोकि ईश्वर है। यह सिद्ध करने के लिए कि भागवतधर्म ईसाईधर्म के उद्‌भव से पूर्व विद्यमान था, हमारे पास पुरातत्त्व-सम्बन्धी साक्षी भी है। दूसरी शताब्दी ईसापूर्व के पाए गए बेसनगर के शिलालेख[1] में भागवतधर्म के अनुयायी हेलियोडोरा द्वारा वासुदेव के सम्मान में एक ऐसे ध्वजदण्ड की स्थापना का वर्णन है जिसमें गरुड़ की मूर्ति थी। इसी प्रकार घोसुण्डी के शिलालेख में भी, जो पहली शताब्दी ईसापूर्व का है और नानाघाट में मिला है, संकर्षण और वासुदेव की पूजा मिलती है। इस सबसे यह स्पष्ट हो जाता है कि भारत का एकेश्वरप्रधान धर्म सब प्रकार के विदेशी प्रभावों से सर्वथा स्वतन्त्र है, और यह कि उस समय के जीवन और विचारधारा की स्वाभाविक उपज है।

9. महाकाव्यों का संसृतिशास्त्र

संसृति-विज्ञान के विषय में महाभारत सांख्य के सिद्धान्त को अंगीकार करता है, यद्यपि संगतिपूर्वक नहीं। यह पुरुष और प्रकृति दोनों को एक ही ब्रह्म के अंश मानता है। संसार ब्रह्म से विकसित हुआ, ऐसा विचार महाभारत में प्रकट किया गया है। कहा गया है कि वही विश्वात्मा अपने अन्दर से उन गुणों को जो प्रकृति के तत्त्व हैं, बाहर फैलाता है जैसेकि मकड़ी अपनी ही अन्दर से जाला बुनती है।[2] ब्रह्म की उत्पादक क्रियाशीलता का वही विचार दूसरे रूपों में भी पाया जाता है। यह विचार भी हमें मिलता है कि ब्रह्म से ही ईश्वर ब्रह्मा की रचना हुई जो एक स्वर्णरूप अण्ड में से निकाला और जो सब प्राणियों के शरीर को बनाता है। विश्वरूपी अण्ड या ब्रह्माण्ड का भाव बराबर ही रहा है। कभी-कभी सांख्य-प्रतिपादित द्वैत और अधिक स्पष्ट हो जाता है। प्रकृति पुरुष से भिन्न है, यद्यपि पुरुष को सार्वभौम के रूप में माना गया है। पुरुष और प्रकृति दोनों का उद्‌भव एक ही सामान्य तत्त्व से है। प्रकृति सृजन करती है पुरुष के वश में रहकर :[3] अथवा यों कहना चाहिए कि पुरुष सृजनात्मक अवयवों को प्रेरणा करता है।[4] अन्य स्थान पर यह भी कहा गया है कि समस्त क्रिया प्रकृति में ही होती है, और पुरुष कार्य नहीं करता, केवल साक्षीरूप रहता है, और यदि यह अपने को कर्ता समझता है तो भ्रम में है।[5] ऐसा विचार भी पाया जाता है कि यद्यपि सृजन और विनाश प्रकृति के काम हैं, तो भी प्रकृति केवल पुरुष के अन्दर से ही बाहर आई है और समय-समय पर उसीमें समा जाती है।[6] हमारे विचार से—संकेतरूप में भले ही माना जाए—माया की कल्पना महाकाव्यों में नहीं है। सांख्यदर्शन-विहित संसार के विकास का वर्णन महाभारत में स्थान-स्थान पर पाया जाता है।[7]

इसमें सन्देह नहीं कि सांख्य के विचार धीरे-धीरे इस काल में पक रहे थे यद्यपि एक दर्शन-पद्धति के रूप में उनकी रचना अभी तक नहीं हुई थी। सांख्यदर्शन की मुख्य विशेषताएं, जो महाभारत में पाई जाती हैं ध्यान देने योग्य हैं क्योंकि पश्चाद्‌वर्ती बहुत-सी विचारधाराओं ने सांख्य के मनोविज्ञान एवं संसृतिशास्त्र या सृष्टिविद्या को स्वीकार किया, यद्यपि उसके

---

1. 'एपिग्राफिका इंडिका', खंड 10।
2. 12 : 285, 40।
3. 12 : 314, 12।
4. 12 : 315, 8।
5. 12 : 222, 15-16; और भी देखें भगवद्‌गीता, 6 : 37।
6. 12 : 303, 31, और आगे।
7. देखिए अश्वमेधपर्व, 35, 20-23 और 47, 12-15।

अध्यात्मशास्त्र एवं धर्म को स्वीकार नहीं किया। सांख्य में दी गई द्रव्यगणना को महाभारत ने स्वीकार किया है।[1] अनुगीता में[2] हम इस शास्त्रीय कल्पना के और अधिक निकट पहुंचते हैं, जहां पर विकास की व्यवस्था दी गई है। अव्यक्त से महत्, महत् से अहंकार, अहंकार से पांच तत्त्वों की उत्पत्ति होती है; और उन पांच तत्त्वों से एक ओर शब्द, गन्ध आदि गुण, और दूसरी ओर पांच मुख्य वायुओं की उत्पत्ति होती है, जबकि अहंकार से ही ग्यारह इन्द्रियां उत्पन्न होती है जिनमें पांच ज्ञानेन्द्रियां और पांच कर्मेन्द्रियां हैं एवं ग्यारहवां मन है। सांख्यदर्शन अभी दूर था, क्योंकि पुरुष को कुछ स्थलों पर सत्रहवां गिना गया है जो सोलह गुणों से घिरा है; वह पच्चीसवां नहीं है। अनेक स्थानों पर पच्चीस तत्त्वों का वर्णन करते हुए महाभारत उसमें ईश्वर नामक छब्बीसवें को साथ में जोड़ता है।[3] इन सबसे यह प्रदर्शित होता है कि यह वह काल था जबकि लोग सांख्य-सम्बन्धी विषयों पर निरन्तर विचार में मग्न थे।

महाभारत में गुणों का सिद्धान्त माना गया है। प्रकृति का जिनसे निर्माण हुआ वे तीन गुण हैं—सत्त्व, रजस् और तमस्। प्रत्येक वस्तु में ये तीनों गुण बराबर रहते हैं यद्यपि भिन्न-भिन्न मात्रा में। प्राणियों की भिन्न-भिन्न श्रेणियां की गई हैं, यथा देवता, मनुष्य और पशु, और ये श्रेणियां उक्त गुणों की मात्रा के अनुसार हैं, कहीं एक, कहीं दूसरा गुण मात्रा में न्यूनाधिक रहता है।[4] ये ही तीन गुण आत्मा के बन्धन हैं। "ये प्रायः परस्पर-मिश्रित अवस्था में देखे जाते हैं। ये एक-दूसरे से जुड़े हुए हैं और उसी प्रकार एक दूसरे के पश्चात् भी आते हैं।...इस विषय में कुछ भी सन्देह नहीं है कि जब तक सत्त्वगुण है तब तक तमोगुण भी विद्यमान है। और जब तक सत्त्वगुण एवं तमोगुण हैं तब तक रजोगुण भी रहेगा, ऐसा कहा गया है। ये तीनों गुण एकसाथ मिलकर यात्रा करते हैं और संयुक्तरूप में ही इतस्ततः गति करते हैं।"[5] इसके ऊपर टिप्पणी करते हुए नीलकण्ठ कहते हैं : "सत्त्वगुण चाहे जितना ही क्यों न बढ़ जाए तो भी तमोगुण उसके ऊपर नियंत्रण रखता है, और इस प्रकार से इन तीनों गुणों में निरन्तर एक ऐसा सम्बन्ध रहता है कि प्रत्येक एक-दूसरे का नियन्त्रण भी करता है और एक-दूसरे द्वारा नियन्त्रित भी होता है। ये एकसाथ विद्यमान रहते हैं, यद्यपि मात्रा एवं शक्ति में इनमें परस्पर भेद रहता है।" तमँस् चेष्टाविहीनता का गुण है, अथवा मनुष्य के अन्दर इसे ही जड़ता का भाव या व्यामोह की अवस्था कहा जाता है। इन्द्रियों की तृप्ति इसका लक्ष्य है। इन्द्रियसुख इसका परिणाम है। इसका स्वरूप अज्ञान है। यदि इसको वश में किया जा सके तो मनुष्य संयमी या मिताचारी कहलाता है। रजोगुण भावुकतापूर्ण शक्ति है जो इच्छाओं को उत्तेजना प्रदान करती है। यह मनुष्य को बेचैन बना देती है, और वह सफलता और शक्ति के लिए प्रबल इच्छा करने लगता है, किन्तु यदि इसका दमन किया जाए तो इसका नम्र पक्ष है अनुराग, करुणा एवं प्रेम। यह तमोगुण एवं सत्त्वगुण के बीच की अवस्था है। तमोगुण हमें अज्ञान और मिथ्यात्व की ओर ले जाता है और सत्त्वगुण से अन्तर्दृष्टि का विकास होकर यथार्थता की प्राप्ति होती है। सत्त्वगुण मनुष्य का बौद्धिक पक्ष है। यह चरित्र की स्थिरता को बढ़ाता है और सौजन्य की जड़ जमाता है। यह अकेला ही मनुष्यों को श्रेष्ठ

---

1. देखिए, शान्तिपर्व, 303-308; अनुगीता, 11 : 50, 8; 12 : 306, 39-40।
2. 14, 40-42।
3. शान्तिपर्व 308; और भी देखिए 306, 29 : 310, 10।
4. अनुगीता, 14, 36-38।
5. अनुगीता, अध्याय 24।

मार्ग का प्रदर्शन करने में समक्ष है। इसका धर्म है क्रियात्मक ज्ञान, और इसका लक्ष्य है कर्त्तव्यपालन। कोई भी मनुष्य इन गुणों से विहीन नहीं है। तीनों गुण सापेक्ष रूप में मन, जीवन और शरीर में अपना दृढ़ स्थान रखते हैं। तमोगुण अथवा जड़ता का तत्त्व हमारी भौतिक प्रकृति में सबसे अधिक प्रबल है; रजोगुण हमारी शक्तिमान प्रकृति में प्रबल है, जो भौतिक प्रकृति के विरोध में कार्य करता है; और सत्त्वगुण हमारी मानसिक प्रकृति में प्रबल है। वास्तविक अर्थों में ये मिश्रित रूप में हमारे भौतिक शरीर की रचना के प्रत्येक रेशे में विद्यमान हैं। चेतनामय जीवन के ऐच्छिक पक्ष को लेने पर तमोगुण का अंश निरन्तर रहने वाले अभावों और तृप्तियों के साथ जुड़ी हुई हमारी निम्न श्रेणी की बुभुक्षाओं में प्रधान रहता है। रजोगुण का अंश शक्ति एवं लाभ, सफलता और बड़े-बड़े उद्योगों को लेकर प्रवृत्त हुई हमारी इच्छाओं में प्रबल रहता है। सत्त्व के अंश का लक्ष्य है आत्मा का अपनी परिस्थितियों के साथ सुखकर समन्वय तथा आन्तरिक समभाव।[1] ये तीनों गुण अपनी परस्पर-प्रतिक्रिया द्वारा मनुष्य के चरित्र का एवं उसके स्वभाव का निर्णय करते हैं। इसलिए मनुष्य के तीन विभाग किए जा सकते हैं–जड़, आतुर, और सौम्य स्वभाव। द्विजों में वैश्य अथवा व्यापारी वर्ग सबसे नीचे की श्रेणी में आते हैं; क्षत्रिय लोग अपने सोचने के प्रतिस्पर्धात्मक ढंगों एवं एक-दूसरे के ऊपर आधिपत्य के प्रयत्नों के कारण मध्यम श्रेणी में आते हैं; और ब्राह्मण सबसे ऊंची श्रेणी में आते हैं। ईश्वर के सम्बन्ध में इन तीन गुणों का उल्लेख होने पर तो विष्णु, ब्रह्मा और शिव का भाव उत्पन्न होता है। ये तीनों गुण ही दैवीय शक्ति के अनिवार्य बल हैं जो न केवल उसमें समान रूप से अवस्थित हैं अपितु इन्हींके कारण दैवीय कर्म भी सम्पन्न होते हैं। ईश्वर के अन्दर तमोगुण एक शान्ति है जो सब कार्यों का दमन करने का द्योतक है, रजोगुण उसकी इच्छा का द्योतक है जो शक्तिशाली तथा आनन्दरूप कर्म कराता है, और सत्त्वगुण दैवीय सत्ता का स्वयं सत्प्रकाश है। ये तीनों गुण, जो सर्वत्र मिश्रित अवस्था में पाये जाते हैं, प्रकृति के समस्त कार्यों में मूलभूत कारण हैं। संसार इन्हींके नानारूपों का एक खेल है। विविध प्रकार की घटनाओं की उत्पत्ति इन तीनों गुणों की साम्यावस्था, गति एवं जड़ता की परस्पर प्रतिक्रिया के कारण है। "गुणों की उत्पत्ति गुणों के अन्दर से होती है और उन्हीं गुणों के अन्दर वे विलीन हो जाते हैं।"[2]

सांख्यदर्शन के शिक्षक कपिल, आसुरि और पाञ्चशिख[3] कहे जाते हैं, यद्यपि सांख्यदर्शन और पञ्चशिख में परस्पर मतभेद है।[4]

हम ड्यूसन के इस मत से सहमत नहीं है कि महाकाव्यों के दर्शन का समय वेदान्त के आदर्शवाद तथा सांख्य के यथार्थवाद के मध्य संक्रमण का काल है। इसके अन्दर दोनों ही प्रकार की धारणाएं पाई जाती हैं। यद्यपि महाकाव्यकाल में सांख्य के कई विशिष्ट स्वरूप विकसित नहीं हुए थे तो भी सब आवश्यक रूप उपस्थित थे ही। योगदर्शन को भी मान्यता दी गई है, यद्यपि पतञ्जलि के दर्शन के पारिभाषिक शब्द अभी अनुपस्थित थे।[5]

मनोविज्ञान के क्षेत्र में महाभारत ने पांचों इन्द्रियों, अर्थात् सुनने, स्पर्श करने, देखने,

---

1. तुलना कीजिए प्लेटो के तीन तत्त्वों–अभिलाषा, भाव, तर्क से, और उनके मनुष्य-समाज के तीन विभागों से।
2. शान्तिपर्व, 305, 23।
3. अनुगीता, 12 : 319, 59; 12 : 218, 14।
4. देखिए, कीथ : 'सांख्य सिस्टम', पृष्ठ 39-40।
5. देखिए 12 : 237, 6-7।

रस लेने एवं गन्ध लेने वाली इन्द्रियों, को स्वीकार किया है। और तदनुकूल पांच भौतिक तत्त्वों, अर्थात् पृथ्वी, जल, तेज, वायु और आकाश को भी माना है। इन्द्रिय का पदार्थ के साथ सम्बन्ध होना ही प्रत्यक्षज्ञान के लिए पर्याप्त नहीं है। संवेदना का मन के द्वारा बुद्धि तक और वहां से आत्मा तक पहुंचना आवश्यक है। "देखने की क्रिया केवल आंख के द्वारा निष्पन्न नहीं हो सकती जब तक मन की सहायता प्राप्त न हो।"[1] ज्ञान में बुद्धि ही निर्णायक अंश है, क्योंकि मन तो केवल आगे पहुंचाने का साधनमात्र है।"[2] आत्मा के स्वरूप के विषय में कुछ लोगों का विश्वास है, जैसेकि सांख्य का विचार है, कि यह गतिविहीन और निष्क्रिय है तथा प्रकृति का साक्षी मात्र है। प्रकृति ही कर्म का कारण है एवं परिवर्तन, संवेदना और विचार की उत्पादक है। आत्मा के आणविक स्वरूप का भी वर्णन है, जिसे स्वीकार किया गया है। जीवात्माओं के अतिरिक्त यह एक सर्वोपरि आत्मा में भी विश्वास रखता है, जिसे पुरुषोत्तम कहा गया है। उपनिषदों का सिद्धान्त भी उपस्थित है। आत्मा को क्षेत्रज्ञ कहा गया है जब वह शरीर के अन्दर बद्ध रहती है, और वही शरीर से एवं गुणों से उन्मुक्त होकर परमात्मा है।[3] लिंग शरीर अथवा सूक्ष्म शरीर का सामान्य विचार भी देखा जा सकता है।[4]

10. नीतिशास्त्र

महाभारत में नीतिशास्त्र को सुख की प्राप्ति का साधन मानकर बहुत महत्त्वपूर्ण स्थान दिया गया है। "सब प्राणी सुख की अभिलाषा करते हैं और दुःख से परे रहना चाहते हैं।"[5] हम जिस वस्तु की इच्छा करते हैं वह सुख है और जिससे हम घृणा करते हैं वह दुःख है।"[6] इस संसार में दोनों मिश्रित पाए जाते हैं।[7] किन्तु सुख और दुःख दोनों ही अनित्य और क्षणिक हैं। मनुष्य के पुरुषार्थ का लक्ष्य एक ऐसी अवस्था प्राप्त करना है जिसमें पहुंचकर हम सुख एवं दुःख दोनों को समानरूप में शान्तभाव से बिना विचलित हुए ग्रहण कर सकें।[8] धर्म एक स्थिरता की अवस्था है, जिससे मनुष्य को पूर्ण सन्तोष मिलता है। यह उसे मोक्षप्राप्ति में सहायक होता है एवं इस संसार में भी शान्ति तथा सुख प्राप्त कराता है।

धर्म मोक्ष की ओर ले जाता है। दोनों में भेद किया जाता है—एक साधन है तो दूसरा अन्तिम लक्ष्य है। मनुष्य के चार उद्देश्यों या पुरुषार्थों—धर्म, अर्थ, काम और मोक्ष में भी दोनों को पृथक् रखा गया है। मोक्षप्राप्ति के लिए जिन नियमों का विचार किया गया है उन्हें मोक्षधर्म कहते हैं। संकुचित अर्थों में, धर्म से तात्पर्य नीतिशास्त्र-सम्बन्धी विधान है जोकि धार्मिक विधि-विधान से भिन्न है, यद्यपि इसका उद्देश्य भी आत्मा को दुःखों से मुक्त कराना ही है।

कुछ सामान्य सिद्धान्तों के अतिरिक्त, जैसे सच बोलना, अहिंसा आदि, धर्म सापेक्ष है और समाज की दशा के ऊपर निर्भर करता है। इसलिए यह सदा ही समाज से सम्बन्ध रखता है। यह ऐसा बन्धन है जो समाज को संगठित रखता है।[9] यदि हम धर्म का पालन

---

1. शान्तिपर्व, 311, 17।
2. शान्तिपर्व, 251, 11।
3. देखिए शान्तिपर्व, 187, 24।
4. देखिए वनपर्व, 296, 16।
5. शान्तिपर्व, 139, 61।
6. वही, 295, 27।
7. वही, 190, 14; 25, 23; वनपर्व, 260, 49।
8. शान्तिपर्व, 25, 16।
9. "धारणाद् धर्ममित्याहुर्धर्मो धारयते प्रजाः।" कर्णपर्व, 69, 59।

नहीं करेगें तो समाज में अराजकता फैलेगी, और न तो धन-सम्पत्ति और न ही किसी कला का विकास हो सकेगा। धर्म से ही समाज में ऐक्यभाव का विकास सम्भव होता है।[1] इनका लक्ष्य समस्त विश्व का कल्याण है।[2] "ऐसे कार्यों से जिनसे समाज का कल्याण न होता हो और जिन कार्यों के करने में तुम्हें लज्जा का अनुभव हो, उन्हें कभी मत करो।"[3] महाभारत के अनुसार, समस्त कर्त्तव्यों का सार इस कथन में रखा गया है: "ऐसा व्यवहार दूसरों के साथ कभी न करो जो तुम दूसरों के द्वारा अपने साथ किया जाना नहीं चाहते।"[4] भिन्न-भिन्न वर्णों के कर्त्तव्य का भी विधान किया गया है क्योंकि साधन के रूप में उनका महत्त्व है। "शक्ति के द्वारा राज्य को सहारा देना और सिर के बल न बनवाना क्षत्रिय का कर्त्तव्य है।"[5] निःसन्देह जो यथार्थ में शील एवं आचार सम्बन्धी कर्त्तव्यधर्म हैं वे वर्ण धर्मों से ऊपर एवं उत्कृष्ट हैं। "सत्य, आत्मसंयम, त्याग, उदारता, अहिंसा, धार्मिक कार्यों में निरन्तर तत्पर रहना—ये सफलता के साधन हैं, न कि वर्ण या परिवार।"[6] "चिरख्याति एवं सांसारिक जीवन की अपेक्षा धार्मिक जीवन का महत्त्व कहीं अधिक है। राज्य, पुत्र, यश, धन-सम्पत्ति, ये सत्य के सोलहवें भाग के समान भी महत्त्व नहीं रखते।"[7] यद्यपि स्त्रियों को वैदिक यज्ञ करने का अधिकार नहीं था तो भी उन्हें तीर्थयात्रा करने, महाभारत, रामायण आदि महाकाव्यों के अध्ययन और विचारपूर्वक ईश्वर की उपासना का अधिकार प्राप्त था।[8]

धर्म का विचार किसी सुखवादी भावना में नहीं था। यह इच्छाओं की तृप्तिमात्र ही नहीं है। सुखों का संग्रह हमें यथार्थ आनन्द नहीं प्राप्त करा सकता। "सुख की अभिलाषा सुखों के उपभोग से शान्त नहीं हो सकती।"[9] हमें जो कुछ प्राप्त होता है, हम उससे भी आगे और अधिक प्राप्ति की कामना करते हैं। "रेशम का कीड़ा अपने द्वारा निर्मित सम्पत्ति में ही मृत्यु को प्राप्त होता है।"[10] अनन्त को प्राप्त करने की जो उत्कट अभिलाषा है उसकी पूर्ति सीमित पदार्थों द्वारा नहीं हो सकती। धर्म के लिए कष्ट सहन करना भी हमारे लिए आवश्यक हो जाता है। सच्चे सुख में दुःख मिला रहता है।[11] असन्तोष से उन्नति के लिए प्रेरणा मिलती है।[12] हमें अपने मनों को वश में रखना चाहिए और अपनी वासनाओं को नियन्त्रित करना चाहिए। जब हम हृदय में पवित्र हो जाएंगे और सत्य को धारण कर लेंगे तब हम दूसरे मनुष्यों को कहीं बुरा न लगे इस विचार से, और दुःख से बचने के लिए भी, कभी कुमार्ग पर नहीं जा सकते। इस प्रकार की प्रवृत्ति को विकसित करने के लिए मन और इच्छाशक्ति के अनुशासन की आवश्यकता है। किसी-किसी स्थान पर अत्यन्त वैराग्य का भी समर्थन किया गया है। क्योंकि सुख और दुःख एक-दूसरे के ऊपर निर्भर हैं इसलिए उनसे

---

1. लोकसंग्रह अथवा समाजधारण।
2. सर्वभूतहितम्।
3. शान्तिपर्व, 124, 66; 261, 9; 109, 10।
4. पंडित, 1871, पृष्ठ 238।
5. "दण्ड एव हि राजेन्द्र क्षात्रधर्मों न मुण्डनम्।" शान्तिपर्व, 23, 46।
6. 3 : 181, 42।
7. 3 : 34, 22।
8. 3 : 37, 33; और भी देखें 3 : 84, 83।
9. "न जातु कामः कामानामुपभोगेन शाम्यति।" आदिपर्व, 75, 49। और भी देखिए मनु 2 : 94।
10. 12 : 330, 29।
11. वनपर्व, 233, 4।
12. सभापर्व, 55, 11। "असन्तोषः श्रियो मूलम्।"

मुक्त होने का एकमात्र उपाय तृष्णा का नाश है।[1] प्रशिक्षण द्वारा हम ऐसी अवस्था प्राप्त कर सकते हैं जो इच्छापूर्ति की तुलना में उससे कहीं अधिक महत्त्वपूर्ण है और इन्द्र का स्वर्गस्थित आसन भी उसकी तुलना में कुछ नहीं।[2] महाभारत में योग और तपस्या के प्रति कोई एक निश्चित एवं संगत प्रवृत्ति नहीं पाई जाती। हमें ऐसे ऋषि मिलते हैं जो एक टांग पर खड़े होकर तपस्या करते थे। और ऐसे भी मिलते हैं जिन्हें दुष्ट कीड़ों ने खा डाला था। दूसरी ओर दुर्वासा जैसे भी ऋषि मिलते हैं जो साधारण-सी बात पर क्रुद्ध हो जाते थे। तप का विचार प्रमुख अवश्य था किन्तु कभी-कभी हमें इसका विरोध भी मिलता है। "काषाय रंग की पोशाक, मौनव्रत, त्रिदण्डधारण, जल का कमण्डल—ये सब मनुष्य को केवल पथभ्रष्ट करते हैं। इनसे मोक्ष प्राप्ति नहीं होती।"[3] जब तक कोई व्यक्ति अन्य आश्रमों के कर्त्तव्य पूरे नहीं कर लेता तब तक संन्यासाश्रम में प्रवेश करने की आज्ञा नहीं है। महाभारत में एक कथा आती है जिसमें यह बताया गया है कि संसार को छोड़ने से पूर्व गृहस्थधर्म में रहना कितना अधिक आवश्यक है। एक संन्यासी, जिसने बिना विवाह किए ही संसार का त्याग कर दिया था, अपनी परिव्राजक-अवस्था में चलते-चलते एक ऐसे भयानक स्थान पर पहुंचता है जो नरक का गढ़ा था। वहां उस गढ़े के खुले मुंह के अन्दर उसने अपने पिता, बाबा एवं अन्य पूर्वजों को एक-दूसरे के आश्रित ऊपर और नीचे लटका हुआ पाया और जिस रस्सी के सहारे वे लटके हुए थे और जो उन्हें उस गढ़े में गिरने से रोक रही थी उसे भी एक चूहा काट रहा था जोकि काल (समय) का प्रतीक था। उसके कान में ऐसे अनेक शब्द पड़े जो उसके तब के पूर्वपरिचित थे जब वह केवल एक बच्चा था—"हमें बचाओ! हमें बचाओ!" इस प्रकार समस्त पूर्वजों की लम्बी पंक्ति के लिए एकमात्र आशा थी सन्तान उत्पत्ति। उस वैरागी को शिक्षा मिल गई, वह घर वापस हो गया और उसने विवाह कर लिया।

तब यदि हमें समाज के सदस्य के रूप में अपने कर्त्तव्यों का पालन करना है, तो हम कैसे जान सकते हैं कि हमारे क्या कर्त्तव्य हैं? नियम और कानून अपने-आपमें पवित्र और पूर्ण हैं। अपूर्ण व्यक्तियों के लिए अन्य व्यक्तियों द्वारा निर्मित नियमों को स्वीकार करना आवश्यक है, ऐसे नियम जिसे समाज स्वीकार करता है। मुख्य नियम आचार अथवा रीति-रिवाज है।[4] ये नियम ही आदेशों का रूप धारण कर लेते हैं और बन्धनस्वरूप अनुभव होने लगते हैं, क्योंकि ये हमारे स्वभाव की कृत्रिम प्रवृत्तियों पर अंकुश का काम करते हैं।[5] यदि कर्त्तव्य-कर्मों में कहीं विरोध उत्पन्न हो तो हमें महान पुरुषों के आचरण का अनुसरण करना चाहिए। एक ऐसे आकर्षक व्यक्तित्व की आवश्यकता प्रतिपादित की गई है जो अपने प्रभाव से हमें प्रेरणा दे सके। "तर्क का कहीं अन्त नहीं है, श्रुतियों एवं स्मृतियों में भी परस्पर मतभेद मिलता है, किसी एक विशेष ऋषि की सम्मति प्रामाणिक नहीं हो सकती, धर्म का तत्त्व बहुत गुप्त कहीं गुहा में छिपा है; इसलिए महापुरुष जिस मार्ग पर चलते हों उसी मार्ग पर चलना श्रेयस्कर है।"[6] आत्मज्ञानी, अथवा वे जो आध्यात्मिक ज्ञान रखते हैं, यथार्थ में महान हैं।

कुछ सामान्य नियमों का विधान किया गया है, जैसे अति को हर कहीं छोड़ दें।[7]

1. शान्तिपर्व, 25, 22; 174, 16।
2. वही, 174, 48; 177, 49।
3. 12 : 321, 47।
4. अनुशासनपर्व, 104, 157; मनु, 1 : 108।
5. देखिए मीमांसासूत्र, 1 : 1, 2; महाभारत, शान्तिपर्व, 29, 4, 29।
6. वनपर्व, 312, 115।
7. "अति सर्वत्र वर्जयेत्।"

यहां तक कि अत्यधिक सहनशीलता या सहिष्णुता भी वर्जित ठहराई गई है।[1] यद्यपि सत्य और अहिंसा के सिद्धान्तों को अनिवार्य माना गया है तो भी महाभारत ने इनके अन्दर भी अपवाद को स्थान दिया है।[2] सत्य भाषण का अपना कोई आन्तरिक महत्त्व नहीं है क्योंकि सच्चाई, जिसका आशय मनुष्य जाति-मात्र से प्रेम हैं, वही बिना किसी शर्त का एकमात्र अन्तिम लक्ष्य है।[3] तो भी, नियमों में अपवाद करने में कहां भय उत्पन्न हो सकता है, यह जानते हुए महाभारत ने ऐसे व्यक्तियों के लिए जो सत्यभाषण का उल्लंघन करें, प्रायश्चित्त पर बल दिया है।[4]

पाप का अस्तित्व है, इसको स्वीकार करके पश्चात्ताप की महत्ता को भी उचित स्थान दिया गया है। सच्चे हृदय से पश्चात्ताप करने को कहना चाहिए कि "मैं फिर ऐसा कभी न करूंगा।" भक्ति अथवा ईश्वर के प्रति श्रद्धायुक्त अनुराग को नैतिक पवित्रता को प्राप्त करने का साधन माना गया है। किसी-किसी स्थल पर ऐसा कहा गया है कि हम परब्रह्म को ज्ञान के द्वारा ही प्राप्त कर सकते हैं, कर्म के द्वारा नहीं, भले ही कर्म कितने ही अच्छे और कितने ही योग्य क्यों न हों, 'जब तक मन की एकाग्रता द्वारा अन्तिम मोक्ष की प्राप्ति के लिए पवित्रता नहीं प्राप्त की जाती' तब तक हम जन्म-मरण के चक्र में बंधे रहेंगे।[5]

महाभारत कर्म की शक्ति में विश्वास करता है जिसका अर्थ है कि कर्म ही भाग्य का निर्माणकर्ता है। यह उपनिषद् के इस सिद्धान्त को स्वीकार करता है कि सब प्राण कर्म में बंधे हुए हैं और ज्ञान के द्वारा ही उन्हें मुक्ति मिल सकती है।[6] कभी-कभी पूर्वजों के कर्मों का भी उनके वंशजों को फल मिलता है।[7] कर्मसिद्धान्त का कर्म करने में मनुष्य की स्वतन्त्रता के साथ समन्वय करने के लिए प्रयत्न किए गए हैं। कर्मसिद्धान्त की सामान्य प्रवृत्ति यह है कि उसके अवश्यम्भावी परिणाम के सम्बन्ध में मनुष्य की स्वतन्त्रता के लिए कोई स्थान नहीं है, फिर भी उससे त्राण पाने के उपाय हैं। मनुष्य का पुरुषार्थ कर्मफल में परिवर्तन ला सकता है। कर्म की तुलना अग्नि के साथ की गई है जिसे अपने पुरुषार्थ से हम पंखा करके प्रज्वलित करके, आग की लपेटों में भी परिवर्तित कर सकते हैं अथवा बिलकुल बुझा भी सकते हैं। कर्म के नाना प्रकार बताए गए हैं : यथा, प्रारब्ध, संचित और आगामी। ऐसे कर्मों के संस्कार जिन्होंने पूर्वजन्म के संचित कर्मों में से इस जन्म में इस शरीर के द्वारा अपना फल देना प्रारम्भ कर दिया है, वे प्रारब्धकर्म कहलाते हैं। पिछले जन्म के शेष बचे हुए कर्मों को संचित कहते हैं, अर्थात् जो संस्कार अभी बीजरूप में हैं वही संस्कार इस जन्म में जब कर्मों के द्वारा नये सिरे से प्राप्त होते हैं तो उन्हें आगामी कर्म कहते हैं। पिछली दोनों श्रेणियों के कर्म यथार्थ ज्ञान के द्वारा तथा प्रायश्चित्त स्वरूप धार्मिक विधान के द्वारा उलटे जा सकते हैं, किन्तु प्रारब्धकर्मों पर हमारा कोई वश नहीं है। ईश्वर की कृपा से, संचित और आगामी कर्मों के बल को क्षीण किया जा सकता है। यह भी माना गया है कि किसी भी उद्योग में सफलता पाना केवल कर्म या प्रारब्ध पर ही निर्भर नहीं है, बल्कि मनुष्य के अपने पुरुषार्थ पर भी निर्भर है। कर्मसिद्धान्त की कार्यवाही से ईश्वर की शक्ति में कोई कमी नहीं आती,

1. वनपर्व, 28, 6 और 8।
2. शान्तिपर्व, 109, 15-16।
3. "यद्भूतहितमत्यन्तमेतत्सत्य मतं मम।" शान्तिपर्व, 329, 13; 287, 16।
4. 8 : 104-109।
5. अनुगीता, 3 : 23।
6. "कर्मणा वध्यते जन्तुर्विद्यया तु प्रमुच्यते।" शान्तिपर्व, 240, 7।
7. वही, 129। मनु भी देखिए, 4 : 170, और आदिपर्व, 80-3।

क्योंकि कर्मसिद्धान्त स्वयं ईश्वर के स्वभाव को व्यक्त करता है। विष्णु को कर्मसिद्धान्त का साक्षात् मूर्तरूप, उसका आधार एवं शक्ति कहा गया है।[1]

परलोक के प्रश्न पर महाभारत में कोई स्पष्ट विचार नहीं मिलते। देवों के मार्ग (यान) से पितरों के मार्ग (यान) का भेद बताया गया है। और एक तीसरा स्थान नरक का भी माना गया है। 'अमरत्व एक राजा के जीवन के समान गौरवशाली एवं वैभव-सम्पन्न जीवन' नहीं है।[2] यह एक स्वर्ग के नित्य आनन्द का जीवन है, जिसमें भूख, प्यास, मृत्यु अथवा वृद्धावस्था सम्बन्धी किसी प्रकार का दुःख नहीं। यह परम आनन्द की अन्तिम अवस्था है जो एक योगी प्राप्त करता है। एक योद्धा के लिए 'इन्द्र' के स्वर्ग में आनन्द'-प्राप्ति का वायदा किया गया है। नक्षत्रों को मृत ऋषियों का आत्मास्थानीय समझा जाता था। अर्जुन की दृष्टि में वे युद्ध में मारे गये वीरपुरुष थे। निःसन्देह उच्चतम लक्ष्य ईश्वर के साथ मिलना ही था। सांख्य के इस सिद्धान्त का भी उल्लेख किया गया है कि आत्मा इस आनुभाविक जगत् से उस समय मुक्त हो जाती है जब यह भौतिक प्रकृति से पृथकत्व का अनुभव कर लेती है। "जब एक शरीरधारी आत्मा अपने स्वरूप को ठीक-ठीक पहचान लेती है, तब उसके ऊपर कोई शासक नहीं रहता, क्योंकि वही तीनों लोकों की स्वामी है। वह अपनी इच्छा के अनुसार नाना प्रकार के शरीर धारण कर सकती है...वह ब्रह्म को प्राप्त हो जाती है।"[3]

11. श्वेताश्वतर उपनिषद्

कुछ परवर्ती उपनिषदें इसी काल की हैं और उनका आशय प्राचीन उपनिषदों की शिक्षाओं का नये सिरे से प्रचार करना था। इन परवर्ती उपनिषदों को देखने से यह लक्षित होता है कि इस मध्यवर्ती काल में विचार के क्षेत्र में कहां तक प्रगति हुई और देश के मस्तिष्क का कहां तक विकास हुआ। किसी न किसी धर्म विशेष अथवा दार्शनिक सम्प्रदाय के प्रति उनका झुकाव और उनसे सम्बन्ध देखा जाता है। ऐसी उपनिषदें हैं जो विशेषरूप से यौगिक क्रियाओं की शिक्षा देती हैं अथवा सांख्य के सिद्धान्तों अथवा वेदान्त दर्शन का प्रतिपादन करती हैं। जाबाल तपस्या की पराकाष्ठा का समर्थन करते हुए हमें सब प्रकार की इच्छाओं को उखाड़ फेंकने की प्रेरणा देता है। मैत्रेयी उपनिषद् का झुकाव भी निराशावाद की ओर है।[4] यह सांख्य और योग दोनों के विचारों का संश्लेषण करता है। इसके अन्दर सांख्यदर्शन के चौबीस तत्त्वों को सर्वोपरि परब्रह्म से उद्‌भूत हुआ बताने का प्रयत्न किया गया है। मैत्रेयी, ध्यानबिन्दु और योगतत्त्व उपनिषदें योग की विधि की अत्यधिक प्रशंसा करती हैं। अमृतबिन्दु उपनिषद् शिक्षा देती है कि जीव ब्रह्म के ही अंश हैं, इस अर्थ में कि जैसे सीमाबद्ध देश एक की सार्वभौम देश के भाग हैं। यह एक प्रकार से अद्वैतपरक व्याख्या करती है। "यही यथार्थ में अखण्ड ब्रह्म है जो समस्त विचार से परे है और निष्कलंक है। यह जान लेने वाला व्यक्ति कि 'वही ब्रह्म मैं हूं', 'निर्विकार हो जाता है।" वह एक ही विभिन्न उपाधियों अथवा मर्यादाओं के कारण नानारूप प्रतीत होता है, "जिस प्रकार एक ही चन्द्रमा जल के अन्दर नानारूप प्रतीत होता है, इसी प्रकार यह एक होते हुए भी नानारूप प्रतीत होता है।"[5] कैवल्य उपनिषद्

---

1. महाभारत, 13 : 149। 2. 7 : 71, 17। 3. अनुगीता, 4।
4. 1 : 2-4। 5. 8 और 12।

संन्यास अथवा संसार के त्याग को एकमात्र मोक्ष का मार्ग बताती है।[1] यह ज्ञान[2] पर बल देती है और तर्क के आधार पर प्रतिपादन करती है कि आत्मा पदार्थों के ऊपर निर्भर नहीं है। "जागरित, स्वप्न एवं सुषप्ति इन तीनों अवस्थाओं में जो कुछ सुख का साधन है वह, तथा सुखानुभव करने वाला, और सुख का अनुभव स्वयं भी, इन सबसे भिन्न मैं हूं जो साक्षी, विशुद्ध बुद्धिस्वरूप तथा नित्य उत्तम या कल्याणकारी है।"[3] कुछ अन्य उपनिषदें चिन्तन के ऊपर एवं एक शरीरधारी ईश्वर की पूजा तथा प्रतीक में ध्यान लगाने पर भी बल देती हैं। ऐसी भी उपनिषदें हैं जो प्रतिपादन करती हैं कि विष्णु अथवा शिव सब विश्व का सर्वोपरि प्रभु व स्वामी है। वे भक्तिमार्ग पर बल देती हैं। महानारायण, रामतापनीय, श्वेताश्वर, कैवल्य तथा अथर्वशिरस् उपनिषदें उक्तमत के दृष्टान्त हैं। इनमें से अधिकतर मुख्यतः सांख्ययोग एवं वेदान्तदर्शनों के विरोधी आदेशों का परस्पर समन्वय करने में ही व्यस्त हैं और निश्चय ही उक्त दर्शनग्रन्थों के निर्माण काल के परवर्ती काल में बनी हैं। यहां पर श्वेताश्वर उपनिषद् के अन्तर्गत विषयों का वर्णन करना उपयोगी सिद्ध होगा क्योंकि इसमें हम भगवद्गीता के ही समान रचना पाते हैं; अन्तर केवल इतना ही है कि इस उपनिषद् में शिव को सर्वोपरि प्रभु कहा है।

यह उपनिषद् बौद्धकाल के पीछे की है, क्योंकि इसमें सांख्य और योग दोनों दर्शनों के पारिभाषिक शब्द पाये जाते हैं। इसमें कपिल के नाम का उल्लेख है यद्यपि शंकर का विचार है कि उक्त नाम के हिरण्यगर्भ का आशय है जो कपिल वर्ण अथवा सोने के रंग का है। तीन रंग वाली[4] अजा या बकरी को कहीं-कहीं सांख्यदर्शन के तीन गुणों का प्रतीक माना गया है। किन्तु शंकर की व्याख्या के अनुसार, यह उपनिषदों के तीन प्रारम्भिक तत्त्वों, अग्नि, जल एवं पृथ्वी, का उल्लेख है। उपनिषद का दूसरा अध्याय योगदर्शन के बार-बार के उल्लेखों से भरपूर है। 'लिङ्ग' शब्द का प्रयोग सम्भवतः न्यायशास्त्र के अर्थों में किया गया है।[5] ऐसा प्रतीत होता है कि इस उपनिषद् के रचयिता को बौद्धधर्म की काल, स्वभाव अथवा कर्मशृंखला, संयोग अथवा तत्त्वों किंवा पुरुष आदि की कल्पनाओं का भी ज्ञान था। उच्चतम यथार्थसत्ता के विषय में प्रतिपादन करते समय इस उपनिषद् में ऐसे-ऐसे नामों का उपयोग किया गया है जैसे हर, रुद्र, शिव आदि।[6] ब्राह्मणधर्म के सर्वमान्य देवता को ब्रह्म के गुणों से सुभूषित किया गया है।

ड्यूसन श्वेताश्वतर उपनिषद् को 'ईश्वरवाद, (अस्तित्ववाद) का कीर्तिस्तम्भ' कहता है, क्योंकि यह एक ऐसे शरीरधारी ईश्वर के विषय में उपदेश देती है जो सृष्टि का स्रष्टा है, न्यायाधीश है और विश्व का रक्षक है। हर, जो स्वामी या प्रभु है, जीवात्माओं एवं भौतिक प्रकृति पर शासन करता है। यह उपनिषद् प्रकृतिवाद की कल्पना का खंडन करती है जो 'स्वभाव' को ही विश्व का कारण मानती है।[7] स्वभाववाद की कल्पना का विश्वास है कि विश्व की उत्पत्ति एवं स्थिति पदार्थों की स्वाभाविक और आवश्यक क्रियाओं द्वारा होती है, और यह उनके अपने गुणों के कारण है। इस प्रकार के मत में सर्वोपरि सत्ता को मानने की कोई आवश्यकता नहीं रहती।

ईश्वर की यथार्थता तर्क से सिद्ध नहीं की जा सकती। इसे केवल श्रद्धा तथा समाधि

---

1. 1, 1।
2. 9 और 10।　　3. 18।　　4. 4 : 5।
5. 6 : 9।
6. 1 : 10; 3 : 4 और 7; 4 : 10 और 12।
7. 6 : 1 ।

के द्वारा ही अनुभव किया जा सकता है।[1] "जब अपनी एकाग्रता में मग्न होकर एक योगी अपनी आत्मा के यथार्थ स्वरूप के द्वारा जो प्रकाश की भांति ब्रह्म के—जोकि अजन्मा, नित्य एवं भौतिक प्रकृति के समस्त प्रभावों से मुक्त है यथार्थ स्वरूप को देखता है तो वह सब बन्धनों से छूट जाता है।"[2] उसका ऐसा रूप नहीं है जो आंखों से देखा जा सके। ऐसे व्यक्ति जो उसका ज्ञान हृदय एवं बुद्धि के द्वारा प्राप्त करते हैं क्योंकि वह हृदय में स्थित है, वे अमर हो जाते हैं।"[3] वह भौतिक प्रकृति एवं आत्मा का स्वामी है, बन्धन एवं मोक्ष का कारण है, सब पदार्थों में नित्य है, स्वयम्भू है।[4] दैवीय अन्तर्यामिता को भी स्वीकार किया गया है। उसका निवास मनुष्य के हृदय में है और वह सब प्राणियों में अन्तर्निहित है। "तुम ही स्त्री हो, तुम ही पुमान हो, तुम ही युवा एवं युवती भी हो, तुम ही अपनी लाठी के ऊपर कांपते हुए वृद्धपुरुष हो, यह विश्व तुम्हारा रूप है।[5]

इस उपनिषद् को अशरीरी ब्रह्म की यथार्थता का भी ज्ञान है, जिसके तीन रूप हैं ईश्वर, संसार व जीवात्मा। "जहां अन्धकार नहीं है, जहां न तो दिन है, और न रात, न सत्ता है और न असत्ता, वहां भी वह सर्वमान्य एकाकी है।"[6] उसे 'निर्गुण' कहा जाता है, यद्यपि ईश्वरवादी व्याख्याकारों का कहना है कि इस शब्द से तात्पर्य यह है कि सर्वोपरि परब्रह्म दुर्गुणों से रहित है।[7] इसमें कोई सन्देह नहीं है कि श्वेताश्वतर उपनिषद् परिवर्तनशील संसार के ऊपर एक सर्वोपरि ब्रह्म के यथार्थ अस्तित्व को स्वीकार करती है,[8] जो देश से सीमित नहीं है,[9] अविचल है, परिणमन के परिवर्तन तथा कारण-कार्य-भाव के बन्धन से भी स्वतन्त्र है।[10] यह विशुद्ध मौलिक चेतना है जिसके प्रकाश से समस्त विश्व प्रकाशित है।[11] इसका इस प्रकार वर्णन किया गया है कि "यह अखण्ड है, क्रियारहित है, दोषरहित है, अज्ञान अथवा दुःख से भी रहित है।"[12] इस सर्वोपरि सत्ता से तीन जन्मरहित तत्त्व निकले हैं, सर्वज्ञ ईश्वर, अल्पशक्ति जीवात्मा, और प्राकृत जगत् जो अपने अन्दर सुख और दुःख की सामग्री को धारण करता है।[13] ये तीनों परमार्थ रूप में भिन्न नहीं हैं। ये एक ही ब्रह्म के तीन रूप हैं।[14] उपनिषदों का निरपेक्ष परब्रह्म सबसे ऊंचा तत्त्व बन जाता है, और व्यक्तियों के अन्दर वह अपना एक व्यक्तित्व रखता है। शरीरधारी प्रभु मिश्रित ब्रह्म है जो जीव और प्रकृति का सनातन आधार है।[15] सब प्रकार के ईश्वरवाद में इस प्रकार की सन्दिग्धार्थता है। मानवीय चेतना की धार्मिक आवश्यकताओं की मांग है कि परमतत्त्व ही श्रेयस्कर है,[16] सबका मित्र[17] एवं आश्रयस्थान है, इच्छित पदार्थों का दाता है।[18] चूंकि एक अशरीधारी ब्रह्म का चिन्तन करना कठिन है इसलिए एक शरीरधारी प्रभु की कल्पना की गई।[19] "ब्रह्म चेतनामय बुद्धि है, जो अखण्ड है एवं अशरीरी है। साधक को अपनी साधना में सहयोग देने के लिए उसके

---

1. 6 : 13।
2. 2 : 15
3. 4 : 20।
4. 6 : 16; 6 : 7 6 : 13।
5. 3 : 11, 14, 16 ; 4 : 3, देखिए महानारायण भी, 2 : 7; कैवल्य, 9 और 10।
6. 4 : 18।
7. 6 : 11।
8. 3 : 14।
9. 3 : 20।
10. 5 : 13; 6 : 5।
11. 6 : 14।
12. 6 : 19।
13. 1 : 9।
14. 1 : 12, त्रिविधं ब्रह्ममेतत्। और भी देखें 1 : 7।
15. "संयुक्तम् एतत्।"
16. 3 : 5।
17. 3 : 17।
18. 4 : 11।
19. कैवल्य, 24।

विषय में भिन्न-भिन्न प्रकार के प्रतीकों एवं आकृतियों की कल्पना कर ली गई है।"[1] श्वेताश्वर शरीरी एवं अशरीरी दोनों का एकात्म्य करता है, यद्यपि यह शरीरी को अशरीरी ब्रह्म की रचना मानता है, यदि ऐसे कर्म के लिए रचना शब्द का प्रयोग उचित समझा जा सके। संसार के किंवा उसके मनुष्यों के सम्बन्ध में परब्रह्म शरीर धारण कर लेता है। जब तक एक व्यक्ति अपने व्यक्तित्व में लिप्त रहता है, परब्रह्म एक अतिरिक्त एवं शरीरी ईश्वर है। किन्तु जब वही व्यक्ति अपने व्यक्तित्व को आत्मसमर्पण कर देता है तब दोनों एक हो जाते हैं।

हमें माया के सिद्धान्त से भी वास्ता पड़ता है और ईश्वर को माया का नियन्त्रणकर्ता बताया जाता है। सांख्य की व्याख्या को कुछ परिवर्तनों के साथ स्वीकार किया गया है। प्रकृति एक स्वतन्त्र शक्ति नहीं रह जाती किन्तु स्वयं ईश्वर का ही स्वभाव बन जाती है।[2] संसार की रचना ईश्वर की अपनी शक्ति (देवात्मशक्ति) के द्वारा हुई।[3] "जैसे एक मकड़ी अपना जाला अपने ही शरीर से तागे निकालकर बुनती है, इसी प्रकार एकाकी ईश्वर ने संसार रूपी तत्त्व को अपने ही अन्दर से उत्पन्न किया और उसमें रम गया।"[4] ईश्वर एक से अनेक हो जाता है।[5] ऐसा तो कोई सुझाव इस उपनिषद् में नहीं पाया जाता जहां संसार को भ्रान्तिरूप प्रतीति कहा गया हो। यह स्वीकार किया गया है कि यह संसार सर्वोपरि यथार्थ सत्ता को हमारी दृष्टि से ओझल रखता है।[6] संसार माया है, क्योंकि हम नहीं जानते कि अशरीरी ब्रह्म किस प्रकार ईश्वर, संसार एवं आत्माओं के रूप में परिणत हो जाता है। माया को दैवीय शक्ति के अर्थों में भी स्वीकार किया गया है, प्रकृति को माया कहा गया है क्योंकि स्वतः चेतन ईश्वर समस्त संसार को अनात्म की शक्ति द्वारा विकसित करता है। माया को अविद्या के अर्थों में अंगीकार किया गया है, क्योंकि यह संसार रूपी नाटक या प्रदर्शन अपने अन्दर विद्यमान आत्मा को छिपाए हुए है। ये भिन्न-भिन्न भावार्थ ऐसे नहीं जिनका समन्वय न किया जा सके, यद्यपि सावधानी से भेद न करने से अव्यवस्था अवश्य आएगी।

अनेक कल्पों की कल्पना को, उपनिषदों में दिए गए सृष्टि के विवरणों और संसार की अनादि-अनन्तता के मध्य समझौते के विचार से, स्थान दिया गया। संसार के अनादि-अनन्तता के सिद्धान्त के अनुसार, प्रत्येक जन्म के कर्म अगले जन्म का कारण बनते हैं, इस प्रकार प्रत्येक जीवन अपने से पूर्वजीवन की कल्पना करता है, और इस प्रकार से कोई भी जीवन पहला नहीं हो सकता और इसीलिए किसी विशेष समय पर आकर सृष्टि का निर्माण हुआ हो, यह नहीं बनता। फिर भी हम सुनते हैं कि सृष्टि की रचना एक ऐसी घटना है जो अनन्तकाल से समय-समय पर होती चली आई है। एक बार का निर्माण किया हुआ विश्व एक पूरे कल्प तक रहता है जिसे संसार का काल कहते हैं और उसके बाद संसार वापस ब्रह्म में विलीन हो जाता है। और फिर उसीके अन्दर से प्रादुर्भूत होता है, आदि-आदि। दुबारा सृष्टि के होने का कारण यह है कि जीवात्मा के कार्य फिर भी शेष बचे रहते हैं और उनकी मांग नई सृष्टि के लिए होती है अथवा यों कहा जाए कि उन कर्मों की समाप्ति के लिए नये जीवन की आवश्यकता होती है। समय-समय पर सृष्टि के प्रलय और पुनर्रचना का विचार भगवद्‌गीता, श्वेताश्वतर उपनिषद् एवं महाकाव्यों की विचारधारा में एक समान पाया जाता है।[7] "वह सब प्राणियों में निवास करता है और प्रलयकाल में रुद्ररूप धारण करके

---

1. रामतापनीय, 1, 7; देखिए कैवल्य, 18।
2. 4 : 9-10।
3. 1 : 3।
4. 6 : 10।
5. 6 : 12। "एकं रूपं बहुधा यः करोति।"
6. 5 : 1।
7. भगवद्‌गीता, 9 : 7; और भी देखिए, 8 : 17-19।

वही प्रभु सब रचित पदार्थों को छिन्न-भिन्न करके टुकड़े-टुकड़े कर देता है।"[1] "वह ईश्वर है जो कितने ही कालों में एक के पीछे दूसरा जाल आकाश में फैलाता है और फिर उसको समेट लेता है।"[2] परवर्ती उपनिषदों ने इस विचार को बहुत महत्त्व दिया है। "यही वह है जोकि जब संसार का प्रलय होता है तब उस सबके निरीक्षण के लिए एकमात्र शेष रह जाता है और यह भी वही है जो फिर से आकाश के गह्वर से पवित्र आत्माओं को जीवित करता है।"[3] उपनिषदों के अनुसार, केवल एक सृष्टि के निर्माण के ही लिए बार-बार दोहराई जाने वाली प्रक्रिया मिलती है, अर्थात् प्रत्येक प्रलय के पश्चात् पुनः सृष्टि रचना होती है जिसका निर्धारण जीवात्माओं के कर्मों के कारण होता है।

श्वेताश्वर-प्रतिपादित धर्म ईश्वरवादी होने के कारण उपासक एवं उपास्य में, अर्थात् जीवात्मा एवं ईश्वर में, भेद करता है।[4] यद्यपि यह भेद केवल उपाधि के कारण है। ईश्वर में ध्यान लगाने से और अपने को उसके सुपुर्द कर देने से मनुष्य का अज्ञान दूर हो जाता है।[5] भक्ति के ऊपर बार-बार बल दिया गया है और कहा गया है कि ईश्वर की अनुकम्पा ही मनुष्य के मोक्ष का कारण हो सकती है।[6] किन्तु ईश्वर ऐसा मनमौजी नहीं है और इसलिए अपनी अनुकम्पा प्रदान करने में विशेष सिद्धान्तों का अनुसरण करता है। इसके लिए प्रपत्ति अथवा आत्मसमर्पण का भाव होना चाहिए।[7] ध्यान और पूजा में परस्पर विरोध प्रतीत होता है। "इस परब्रह्म को नित्य समझना चाहिए और यह सदा ही मनुष्य की अपनी आत्मा में विद्यमान है, क्योंकि उसके अतिरिक्त अन्य किसीका ज्ञान प्राप्त करने को नहीं है; सुखोपभोग करने वाला व्यक्तिगत जीवात्मा, सुखदायक पदार्थ और सुख का भोग कराने वाला—ये तीनों ही ब्रह्म हैं, इस प्रकार से जो जान लेता है वह मोक्ष को प्राप्त होता है।"[8]

मृत्यु के पश्चात् जीवात्मा को तीन में से किसी एक मार्ग का आश्रय लेना होता है, अर्थात् देवताओं का मार्ग (यान) जो ज्ञान के द्वारा प्राप्त होता है, पितरों का मार्ग (यान) जो अच्छे कर्मों से प्राप्त होताा है, और नीचे का मार्ग जो दुष्ट चरित्र व्यक्तियों के लिए है।[9] सृष्टि के रचयिता का ज्ञान प्राप्त करने पर हम सब बन्धनों से मुक्त हो जाते हैं।[10] उस समय तक हमें अपनी इच्छाओं के स्वरूप के अनुरूप नाना प्रकार की शरीराकृतियां धारण करनी होती हैं। "तब तक इस ब्रह्मचक्र में--जो सब प्राणियों का आधार और अन्तिम लक्ष्य भी है, जो अनन्त है—तीर्थयात्री के रूप में जीवात्मा इतस्ततः भ्रमण करती है, जब तक वह अपने तथा सर्वोपरि शासक में भेद करती है; किन्तु जब ब्रह्म इसको ऊंचा उठाता है तब यह अमरत्व को प्राप्त करती है।[11]

12. मनुस्मृति

भगवद्गीता के विषय को लेने से पूर्व हम संक्षेप रूप से मनुस्मृति के विषय का उल्लेख करना आवश्यक्र समझते हैं, क्योंकि स्मृतियों के अन्दर मनुस्मृति को ही सबसे ऊंचा स्थान दिया

1. 3 : 2, श्वेताश्वर उप०।
2. 5 : 3; और भी देखिए, 6 : 3-4।
3. मैत्रेयी उपनिषद्, 6 : 17।
4. 4 : 6-7; 1 : 8।
5. 1 : 10; 4 : 4-6।
6. 3 : 20; और भी देखिए, 1 : 16, 2, 2, 3, 12, 6, 6 और 21।
7. 6 : 18।
8. 1 : 12।
9. 5 : 7।
10. 5 : 13।
11. 1 : 6।

गया है। इस विधि-ग्रन्थ के रचयिता को, वेदों में जिस मनु[1] का उल्लेख आया है उसके साथ सम्बद्ध करने के, अनेक प्रयास किए गए हैं। ऋग्वेद में इसे प्रायः पिता मनु के नाम से पुकारा गया है।[2] वह सामाजिक एवं नैतिक व्यवस्था का संस्थापक था, जिसने धर्म को स्थिररूप दिया। वही मनुष्य जाति का पूर्वपुरुष या कुलपुरुष हुआ। यद्यपि वह व्यक्तिगत रूप में कानून का विधान बनाने वाला न भी रहा हो, उसके नाम से जो धर्मशास्त्र प्रचलित है उसे बहुत प्रतिष्ठा के साथ देखा जाता है। "मनु की स्मृति के साथ जिस स्मृति का विरोध होगा उसे स्वीकार नहीं किया जा सकता।"[3]

सर विलियम जोन्स ने मनुस्मृति का समय बहुत प्राचीन अर्थात् 1250 वर्ष ईसापूर्व का निर्धारित किया है। श्लेगल का मत है कि इसका काल 1000 वर्ष ईसापूर्व से पीछे का नहीं हो सकता। मोनियर विलियम्स इसे 500 वर्ष ईरापूर्व में रखता है।[4] वेबर का विचार है कि मनुस्मृति महाभारत के कुछ भागों के भी पीछे बनी। इसका रचयिता वैदिक साहित्य से अभिज्ञ है और वह पहले के विधिनिर्माताओं एवं परम्पराओं का उल्लेख करता है। वेबर, मैक्समूलर और बर्नल आदि विद्वानों का ऐसा विचार है कि मानवधर्मशास्त्र का वर्तमान पद्यबद्ध संस्करण पहले के गद्यबद्ध ग्रन्थ का श्लोकों में रूपान्तर है। कहा जाता है कि "यह मानव जाति की कृति है, जो कृष्ण यजुर्वेद के मैत्रायणीय सम्प्रदाय के छः उपविभागों में से एक है और जिनके कुछ अनुयायी आज भी बम्बई प्रदेश में विद्यमान हैं।" बर्नल इस मत के समर्थन में व्हिटनी का उद्धरण देता है।[5] मनुस्मृति की शैली एवं भाषा की दृष्टि से उसका काल महाकाव्यकाल बताया जाता है। महाभारत और पुराणों के ही समान यह पुस्तक भी एक सर्वमान्य प्रकृति की है, जिनका निर्माण ऐसे व्यक्तियों के लिए किया गया है जो कि आदिस्रोत (वेद) तक नहीं पहुंच सकते। यह कानून एवं धर्म के परस्पर घनिष्ठ सम्बन्ध को दर्शाती है। इसका मुख्य आशय दार्शनिक नहीं है। मेधातिथि की सम्मति में, दार्शनिक अंश न्यूनाधिक रूप में भूमिका-मात्र हैं। पहले और दूसरे अध्याय में जो दार्शनिक विचार पाए जाते हैं वे वही हैं जो पुराणों के हैं।

जैसाकि कोलब्रुक अपने प्रबन्धों में कहता है, मनु में हमें वेदान्तदर्शन के साथ मिश्रित, पौराणिक सांख्य मिलता है।[6] मनु के सृष्टिरचना के वर्णन में कोई अपनी विशेषता नहीं है।[7] यह ऋग्वेद की सृष्टिरचना-सम्बन्धी ऋचा में दिये एक वर्णन पर ही आश्रित है। परम यथार्थता ब्रह्म है जो शीघ्र स्वयम्भू हिरण्यगर्भ एवं अन्धकार के अन्दर एक द्वैत को अभिव्यक्त करता है। "उसने नाना प्रकार के प्राणियों को अपने निजी शरीर से उत्पन्न करने की इच्छा करते हुए सबसे पूर्व जलों को बनाया और अपने बीज का उनके अन्दर आधान किया। वह बीज एक सुवर्ण के अण्ड में परिणत हो गया जो सूर्य के समान उज्जवल था। उसी ब्रह्माण्ड में वह स्वयं भी ब्रह्मा के रूप में प्रादुर्भूत हुआ जो समस्त संसार का पूर्वपुरुष है...उस एकमात्र दैवीय शक्ति ने जो उस ब्रह्माण्ड के अन्दर विद्यमान थी, उसे दो भागों में विभक्त किया जिससे उसने द्यूलोक एवं मर्त्यलोक का निर्माण किया, और, उनके मध्य में अर्थात् मध्यस्थ वायुमण्डल

1. ऋग्वेद, 8 : 27।
2. ऋग्वेद, 1 : 80, 16; 1 : 124, 2 ; 2 : 33, 13।
3. देखिए तैत्तिरीयसंहिता, 2 : 2, 10, 2 ; 3 : 1, 9, 4।
4. 'इण्डियन विज़डम', पृष्ठ 215।
5. बर्नल : 'द आर्डिनेंस आफ मनु', इण्ट्रोडक्शन, पृष्ठ 18।
6. 'मिस्लेनियस एसेज़', खण्ड 1, पृष्ठ 249।
7. 1 : 5, और आगे।

में, क्षितिज के आठ लक्ष्यबिन्दुओं एवं जलो के नित्यस्थान को बनाया...उन्हीं से उसने मन की सृष्टि की, आत्मभाव की सृष्टि की, और तब उसने महान तत्त्व आत्मा और अन्य सब पदार्थों को, जो त्रिगुणयुक्त हैं, और पांचों इन्द्रियों को बनाया जो संवेदनाओं के द्वारा प्रत्यक्ष ज्ञान प्राप्त करती हैं।" इस ग्रन्थ की अन्तिम अध्यात्मशास्त्र-सम्बन्धी स्थिति के सम्बन्ध में अनेक विवाद हैं : "पहले यह सब अदृष्ट अन्धकारमय था, जिसमें भिन्न-भिन्न वस्तुओं का पार्थक्य नहीं लक्षित होता था, तर्क जिसका विचार नहीं कर सकता था, जो अविज्ञेय था, जिसका सर्वांग प्रगाढ़ निद्रा में सोये हुए के समान था।"[1] अन्धकार (तमसु) को साधारणतः मूल प्रकृति कहा गया है जो सांख्यदर्शन की मूल वक्ररेखा है। 'तमोभूतम् का अर्थ है इस प्रकृति में निमग्न। राघवानन्द, जो एक वेदान्ती भाष्यकार हैं, तम का अर्थ अविद्या करते हैं। कहा गया है कि संसार का विकास हिरण्यगर्भ की कारणकार्यक्षमता के द्वारा हुआ, उस व्यवस्था में जो सांख्यदर्शन को अभिमत है। संसार को हिरण्यगर्भ का शरीर भी कहा जाता है और आत्माओं को उसकी सृष्टि बताया गया है। सृष्टिरचना के वर्णन की व्याख्या स्वयं समालोचकों के ही मत में विविध प्रकार की है। गुणों के सिद्धान्त[2], त्रिमूर्ति के विचार[3] और सूक्ष्म शरीर[4] के विचार पर भी ध्यान देना चाहिए।

मनुस्मृति मूल रूप में एक धर्मशास्त्र है, नैतिक नियमों का एक विधान है। इसने रिवाजों एवं परम्पराओं को, ऐसे समय में जबकि उनका मूलोच्छेदन हो रहा था, गौरव प्रदान किया। परम्परागत सिद्धान्त को शिथिल कर देने से रूढ़ि और प्रामाण्य का बल भी हल्का पड़ गया। स्वच्छन्द भावात्मकता का जवाब साधारण बुद्धि के द्वारा यही दिया जाता है कि उसे प्रतिष्ठित समझा गया है। मनु के आदेशों का आधार हैं वे प्राचीन प्रथाएं एवं आचार जो गंगा के किनारे पर बस गए हिन्दू लोगों में प्रचलित थे। वह वैदिक यज्ञों को मान्यता देता है[5] और वर्ण (जन्मपरक जाति) को ईश्वर का आदेश मानता है।[6] वह तपश्चर्या के पक्ष में है किन्तु साथ में यह भी कहता है कि हमें ऐसी इच्छाओं का जो धर्म के विरुद्ध हैं, त्याग कर देना चाहिए।[7] उसके अन्दर बहुत-सी दोषपूर्ण बातों के साथ कहीं-कहीं प्रतिभा एवं अन्तर्दृष्टि का आभास भी मिलता है। "माता बनने के लिए स्त्रियों की सृष्टि की गई और पिता बनने के लिए पुरुषों की।"[8] "केवल उसी मनुष्य को हम पूर्ण कहते हैं जिसकी स्त्री, वह स्वयं और उसकी सन्तान वर्तमान है।" स्त्री के ही लिए पति होता है।[9] सामाजिक कर्त्तव्यों का निर्वाह अथवा पालन सबसे पहले और प्राथमिकता देकर होना चाहिए। "द्विजाति का ऐसा पुरुष जो परममोक्ष प्राप्त करना चाहता है किन्तु जिसने वेदों का अध्ययन नहीं किया, तथा सन्तानोत्पत्ति नहीं की और यज्ञ भी नहीं किए वह नीचे की ओर गिरकर पतित हो जाता है।"[10] एकाग्रमन होकर अध्ययन करना ही ब्राह्मण का तप है; क्षत्रिय के लिए तप है निर्बलों की रक्षा करना; व्यापार, वाणिज्य तथा कृषि वैश्य के लिए तप हैं और शूद्र के लिए अन्यों की सेवा करना ही तप है।"[11]

नैतिक आचरण वह है जिसमें सत्त्वगुण की प्रधानता हो और जो आगामी जीवन का

---

1. आसीदिदं तमोभूतमप्रज्ञातमलक्षणम्।
   अप्रतर्क्यमविज्ञेयं प्रसुप्तमिव सर्वतः॥ (1 : 5)

2. 12 : 24। 3. 1 : 10। 4. 12 : 16-17।
5. 3 : 76। 6. 1 : 31। 7. 4 : 176।
8. 9 : 96। 9. 9 : 45। 10. 6 : 37।

11. देखिए भगवानदास—'हिन्दू सोशल आर्गनिज़ेशन' और 'इण्टरनेशनल जर्नल आफ एथिक्स', अक्टूबर, 1922, 'हिन्दूधर्म' शीर्षक लेख।

मार्ग न बनाए।[1] आदर्श वीर वही है जिसने सबके ऊपर विजय पा ली हो। दूसरे मनुष्यों की अधीनता का नाम दुःख है, और सुख अपनी निजी अधीनता है।[2] "ऐसा व्यक्ति जो केवल अपनी आत्मा के लिए यज्ञ करता है, किन्तु सब उत्पादक प्राणियों में भी आत्मा को समानरूप से जानता है, और सब उत्पादक प्राणियों को अपनी आत्मा में जानता है, वह आत्मशासक एवं स्वतः प्रकाश बन जाता है।"[3] हमारे कर्मों का आगामी जीवन पर क्या प्रभाव पड़ेगा, नैतिकता इसकी अपेक्षा करती है। ऐसा आचरण जिसकी प्रवृत्ति उत्तम जन्म दिलाने की ओर है, सदाचार का कर्म है, इसी प्रकार जिस आचरण से निकृष्ट जीवन मिलेगा वह दुराचार का कर्म है। किन्तु ये दोनों ही सर्वोत्कृष्ट कर्म से हीन है जो हमें पूर्णता तक पहुंचने अथवा पुनर्जन्म से छुटकारा दिलाने में सहायक होता है।

हम यह नहीं कह सकते कि मनु ही एकमात्र उस सुदृढ़ व्यवस्था का पक्षपोषक है जिसकी स्मृति में उन्नति के लिए कोई गुजांइश नहीं है। उसके अनुसार, उचित एवं अनुचित के निर्णय के चार साधन हैं : वेद, स्मृति, आचार और अपनी अन्तरात्मा। पहले तीन साधन सामाजिक व्यवस्था को बनाते हैं किन्तु सामाजिक उन्नति अन्तिम साधन के द्वारा ही निश्चित है। हम ऐसा काम कर सकते हैं जो हमारे अपने अन्तःकरण को प्रिय प्रतीत हो (आत्मनः प्रियम्)।[4] हमें ऐसा कर्म करने की आज्ञा है जिसका तर्क द्वारा निश्चय हो सके।[5] मनु अन्तस्तल की साक्षी को, अर्थात् हमारे अन्दर अवस्थित ईश्वर की वाणी को, जिसे अन्तरात्मा कहा जाता है, स्वीकार करता है।[6]

उद्धृत ग्रन्थ

तेलंग : 'भगवद्गीता, अनुगीता आदि : सैक्रेड बुक्स आफ द ईस्ट', खण्ड 8।
होपकिंस : 'द ग्रेट एपिक आफ इण्डिया', अध्याय 3।
सी० बी० वैद्य : 'एपिक इण्डिया', अध्याय 17।
आर० जी० भण्डारकर : 'वैष्णविज़्म, शैविज़्म', आदि।
हेमचन्द्र राय चौधरी : 'अर्ली हिस्ट्री आफ द वैष्णव सैक्ट'।
बुहलर : 'द लॉज़ ऑफ मनु : सैक्रेड बुक्स आफ द ईस्ट', खंड 25।

1. 12 : 89।
2. 4 : 1, 160। "सर्व परवशं दुःखं सर्वमात्मवशं सुखम्।"
3. 12 : 91 ; और भी देखें 118।
4. 2 : 12।
5. मनःपूतं समाचरेत्, 6 : 46।
6. 4 : 161।

नवां अध्याय

भगवद्गीता का आस्तिकवाद

भगवद्गीता–गीता का काल–अन्य पद्धतियों के साथ सम्बन्ध–गीता का उपदेश–परम यथार्थता–परिवर्तनमय जगत्–जीवात्मा–नीतिशास्त्र–ज्ञानमार्ग–भक्तिमार्ग–कर्ममार्ग–मोक्ष।

1. भगवद्गीता

भगवद्गीता, जो महाभारत के भीष्मपर्व का एक भाग है, संस्कृत-साहित्य का एक अत्यन्त लोकप्रिय धार्मिक काव्य है। यह "सबसे अधिक सुन्दर और यथार्थ अर्थों में सम्भवतः एकमात्र दार्शनिक गीत है जो किसी ज्ञात भाषा में लिखा गया है।"[1] यही एक ऐसा ग्रन्थ है जिसमें दर्शन, धर्म और नीतिशास्त्र का समन्वय हुआ है। इसे श्रुति तो नहीं समझा जाता और न ईश्वरीय प्रेरणास्वरूप धर्मशास्त्र ही माना जाता है, किन्तु स्मृतियों में इसकी गणना होती है, और इसे परम्परा भी कह सकते हैं। यदि किसी ग्रन्थ का मनुष्य के मन पर कितना अधिकार है, इसे उस ग्रन्थ के महत्त्व की कसौटी समझा जाए जो कहना होगा कि गीता भारतीय विचारधारा में सबसे अधिक प्रभावशाली ग्रन्थ है। मोक्ष के विषय में इसका सन्देश सरल है। जहां एक ओर केवल धनवान व्यक्ति ही अपने यज्ञों के द्वारा देवताओं को खरीद सकते थे और केवल सभ्य पुरुष ही ज्ञान के मार्ग का अनुसरण कर सकते थे, गीता एक ऐसी विधि बतलाती है जो सबकी पहुंच के अन्दर है, और वह है भक्ति अर्थात् ईश्वर में श्रद्धा का भाव। इसका रचयिता कवि गुरु को ही साक्षात् ईश्वर का रूप देता है जो मनुष्य जाति के अन्दर उतर आया है। वह मनुष्यों के प्रतिनिधिरूप अर्जुन को उसके जीवन के एक बड़े संकट के समय में उपदेश देता है। अर्जुन युद्धक्षेत्र में आता है, जिसे अपने कार्य की उचितता में पूरा विश्वास है, और जो शत्रु से युद्ध करने को उद्यत है। एक मनोवैज्ञानिक क्षण में वह अपने कर्तव्य-पालन में झिझक का अनुभव करता है। उसका अन्तःकरण उद्विग्न हो गया, उसका हृदय दारुण दुःख के मारे फटने लगा और उसकी मानसिक अवस्था ऐसी हो गई, "जैसे किसी छोटे-से राज्य में विप्लव हो गया हो।" यदि हिंसा करना पाप है तो ऐसे व्यक्तियों की हिंसा करना तो घोरतम पाप है जिनके प्रति हमारा प्रेम और पूज्यभाव है। अर्जुन एक ऐसे व्यक्ति का उदाहरण है जो संघर्ष करता हुआ इस जगत् के बोझ और रहस्य को अनुभव करता है। वह अभी तक अपने अन्दर इतना आत्मबल संग्रह नहीं कर सका

1. विलियम वॉन हम्बोल्ट

जिसके आधार पर वह न केवल अपनी इच्छाओं एवं वासनाओं की ही निस्सारता को अनुभव कर सके अपितु अपने प्रतिपक्षी जगत् की असली मर्यादा को भी समझ सके। अर्जुन की निराशा एक साधारण निराश व्यक्ति की क्षणिक मनोवृत्ति नहीं है बल्कि एक प्रकार की शून्यता की संवेदना, एक प्रकार की निश्चेष्टता है जो हृदय के अन्दर अनुभव होने लगती है और जिसके कारण वस्तुओं की निःसारता प्रतीत होने लगती है। अर्जुन आवश्यकता हो तो अपना जीवन भी त्याग देने के लिए उद्यत है। वह यह निश्चय नहीं कर पा रहा कि उसके लिए क्या करना उचित है। उसे इस समय एक भयानक प्रलोभन का सामना करना पड़ रहा है और वह एक गहरे मानसिक दुःख के अन्दर से गुजर रहा है। उसका क्रन्दन सरल किन्तु बहुत प्रबल है, जो मनुष्य के ऐसे दुःखान्त जीवन के समान है जो वर्तमान के वास्तविक अभिनय के परे देखा जा सकता है। गीता के पहले अध्याय में वर्णित निराशा, जिसमें अर्जुन डूबा हुआ है, ऐसी है जिसे योगी लोग आत्मा की अन्धकारपूर्ण रात्रि कहते हैं और जो उच्च जीवन के मार्ग में एक अनिवार्य पड़ाव है। प्रकाश और ज्ञानग्रहण की आगे की मंज़िलें संवाद में पाई जाती हैं। दूसरे अध्याय से लेकर आगे तक हमें दार्शनिक विश्लेषण मिलता है। मनुष्य के अन्दर जो तात्त्विक अंश है वह शरीर अथवा इन्द्रियां नहीं अपितु अपरिवर्तनशील आत्मा है। अर्जुन के मन को अब एक नव मार्ग पर चला दिया गया। कुरुक्षेत्र की युद्धभूमि मनुष्य की आत्मा का उपलक्षण है और कौरव ऐसे शत्रुओं के उपलक्षण हैं जो आत्मा की उन्नति में बाधक सिद्ध होते हैं। अर्जुन प्रलोभनों का सामना करते हुए तथा वासनाओं को वश में रखते हुए मनुष्य के राज्य को फिर से प्राप्त करने का प्रयत्न करता है। उन्नति का मार्ग दुःखों तथा आत्मोत्सर्ग या सर्वत्याग से होकर गुज़रता है। अर्जुन इस कठोर परीक्षा से सूक्ष्म युक्तियों तथा बनावटी बहानों के द्वारा बच निकलने का प्रयत्न करता है। कृष्ण ईश्वर की वाणी का उपलक्षण है जो अपना सन्देश पुलकित कर देने वाले शब्दों में दे रही है और अर्जुन को सावधान कर रही है कि वह अपने मन में निराशा को स्थान न दे। प्रारम्भिक अध्याय में कृष्ण के मानवीय हृदय के अन्तर्निरीक्षण की महत्ता का पता चलता है जिसमें उन्होंने बताया है कि किस प्रकार हृदय के अन्दर प्रेरक भावों का अन्तर्द्वन्द्व चलता है, कहां तक स्वार्थता प्रबल रहती है और पाप की भावना किस प्रकार मनुष्य को पथभ्रष्ट होने की प्रेरणा देती है। ज्यों-ज्यों संवाद आगे बढ़ता है, नाटकीय रूप विलुप्त हो जाता है। युद्धक्षेत्र की प्रतिध्वनि समाप्त होती है और ईश्वर तथा मनुष्य के मध्य वार्तालाप मात्र रह जाता है। युद्ध का रथ जैसे ध्यान के लिए एकान्त कोष्ठ बन जाता है और युद्धक्षेत्र का एक कोना, जहां कि संसार की ध्वनियां बन्द हो चुकी होती हैं, सर्वोपरि सत्ता के विषय में विचार करने के लिए एक उपयुक्त स्थान बन जाता है।

शिक्षक भारत का एक सर्वप्रिय देवता है, जो एक साथ ही मनुष्य भी है और दैवीय शक्ति भी है। वह सौन्दर्य तथा प्रेम का देवता है जिसको उसके भक्त पक्षियों के पंखों पर आरूढ़ करते हैं, फूलों की पंखुड़ियों में उसे देखते हैं और अपने सब प्रिय पदार्थों में और प्राणिमात्र के अन्दर उसे ढूंढ़ते हैं। कवि विशदरूप में कल्पना करता है कि किस प्रकार एक अवतार के रूप में ईश्वर अपने विषय में कह सकेगा। कवि की योजना को समर्थन प्राप्त है जिसके अनुसार वह कृष्ण के मुख से यह कहलाता है कि वह ब्रह्म है। वेदान्तसूत्रों में[1] उस वैदिक वाक्य की व्याख्या की गई है जिसमें इन्द्र अपने को ब्रह्म के नाम से घोषित करता है, इस कल्पना के आधार पर कि इन्द्र केवल इस दार्शनिक सत्य का ही उक्त वाक्य में

1. 1 : 1, 30।

उल्लेख करता है कि मनुष्य के अन्दर जो जीवात्मा है वह और सर्वोपरि ब्रह्म एक ही है। जब इन्द्र कहता है कि "मेरी पूजा करो" तो उसका तात्पर्य यह होता है कि "उस ईश्वर की पूजा करो जिसकी मैं करता हूं।" इसी के समान सिद्धान्त के आधार पर वामदेव की उस घोषणा की कि वह मनु और सूर्य है, व्याख्या की जाती है। इसके अतिरिक्त गीता का यह भी उपदेश है कि जो मनुष्य वासनाओं तथा भय से मुक्त हो गया है किंवा ज्ञानरूपी अग्नि के द्वारा पवित्र हो गया है, वह ईश्वर की अवस्था को प्राप्त कर लेता है। गीता का कृष्ण ससीम के अन्दर व्यापक असीम या अनन्त का उपलक्षण है, वह ईश्वर है जो मनुष्य में शरीर और इन्द्रियों की शक्तियों के अन्दर छिपा हुआ है।

गीता के सन्देश का क्षेत्र सार्वभौम है। यह प्रचलित हिन्दूधर्म का दार्शनिक आधार है। इसका रचयिता गहरी संस्कृति वाला है, समालोचक न होकर सर्वग्राही है। वह किसी धार्मिक आन्दोलन का नेता नहीं है; उसका उपदेश किसी सम्प्रदाय-विशेष के लिए नहीं है; उसने अपना कोई सम्प्रदाय स्थापित नहीं किया किन्तु मनुष्य-मात्र के लिए उसका निर्दिष्ट मार्ग खुला है। सब प्रकार की उपासना-पद्धतियों के साथ उसकी सहानुभूति है, और इसलिए हिन्दूधर्म की भावना की व्याख्या के कार्य के लिए सर्वथा उपयुक्त है, क्योंकि हिन्दूधर्म अपनी संस्कृति को भिन्न-भिन्न विभागों में विभक्त करने की इच्छा नहीं रखता और न ही अन्य विचारों की विधियों के प्रति खण्डनात्मक भाव रखना चाहता है।[1] गीता केवल अपने विचार की प्रबलता तथा दूरदर्शिता की भव्यता के ही कारण नहीं, अपितु भक्ति के प्रति उत्साह तथा धार्मिक भावना की मधुरता के कारण भी हमारे ऊपर अपना असर रखती है। यद्यपि गीता ने धार्मिक पूजा को विकसित करने और अमानुषिक प्रक्रियाओं का मूलोच्छेदन करने के लिए बहुत कुछ किया, तो भी अपनी खण्डन-विरोधी प्रवृत्ति के कारण इसने पूजा की मिथ्याविधियों को सर्वथा नष्ट नहीं किया।

गीता की उपदेशशैली कट्टरता को लिए हुए है, और इसके रचयिता को लेशमात्र भी इस विषय में सन्देह नहीं है कि उससे भूल भी हो सकती है। वह अपने अनुभव के बिल्कुल अनुरूप सत्य का प्रकाश करता है, और वह उस सत्य का दर्शन सत्य के पूर्णरूप में और अनेकांगरूप में करता हुआ प्रतीत होता है, और सत्य की रक्षणशक्ति में भी वह विश्वास करता है। "गीता का सन्त (कृष्ण) अपने ज्ञान तथा मनोभावों को, पूर्णता तथा उत्साह के साथ, कथन करता है—एक ऐसे दार्शनिक के रूप में नहीं जो किसी सम्प्रदाय-विशेष में पले होने के कारण अपनी सामग्री को पूर्वस्थापित विधि की अनुकूलता प्राप्त करने के लिए तदनुसार विभक्त करता है और अपने सिद्धान्त के अन्तिम निष्कर्ष पर एक क्रमबद्ध विचारों की कसौटी के द्वारा पहुंचता है।"[2] गीता की स्थिति एक दार्शनिक पद्धति और काव्यमय उच्च प्रेरणा के मध्य में है। हमें इसमें उपनिषदों की सी मर्यादारहित सुझाव की शक्ति नहीं मिलती क्योंकि यह जीवन की समस्या का यत्नपूर्वक कियाा गया एक बौद्धिक समाधान है। इसकी योजना अन्तःकरण के क्लेशों और मानसिक अव्यवस्था से उत्पन्न हुई जटिल परिस्थिति का सामना करने के विचार से की गई है।

गीता तथा उपनिषद् का भाव प्रायः समान है; अन्तर केवल यह है कि गीता में धार्मिक पक्ष पर अधिक बल दिया गया है। उपनिषदों के सूक्ष्म अमूर्तभाव मनुष्य की आत्मा की जो नानाविध आवश्यकताएं हैं उनकी पूर्ति नहीं कर सकते थे। जीवन के रहस्यों का समाधान

1. भगवद्गीता 3 : 29।
2. 'इण्डियन ऐण्टिकरी', 1918, पृष्ठ 3; गार्ब्स इंट्रोडक्शन टु द भगवद्गीता।

करने के लिए किए गए अन्य प्रयत्न अपनी रचना में अधिकतर ईश्वरज्ञानपरक थे। गीता के रचयिता ने यह अनुभव किया कि जनसाधारण में तर्क के प्रति प्रेम उत्पन्न नहीं किया जा सकता। इसलिए उसने अपना आधार उपनिषदों को बनाया और उनके धार्मिक संकेतों को लेकर तथा उनमें प्रचलित पौराणिक गाथाओं किंवा राष्ट्रीय कल्पनाशक्ति का समावेश करके एक इस प्रकार का मिश्रण तैयार किया कि एक चेतनापूर्ण पद्धति बनकर तैयार हो गई। यही गीता का स्वरूप है।

2. गीता का काल

भगवद्गीता की रचना के समय का निर्णय सरलतापूर्वक नहीं हो सकता। चूंकि यह महाभारत का एक भाग है, इसलिए कभी-कभी यह सन्देह किया जाता है कि पीछे चलकर इसे महाभारत में मिला दिया गया है। टालब्वाएज व्हीलर के अनुसार कृष्ण और अर्जुन युद्ध के पहले ही दिन प्रातःकाल, जबकि दोनों पक्षों की सेनाएं युद्ध के लिए मैदान में उतर आई हों और लड़ाई छिड़ने को ही हो, ऐसी परिस्थिति में, एक ऐसे लम्बे और दार्शनिक संवाद में लग जाएं जिसमें आत्मा की मुक्ति के निमित्त विधान की गई भक्ति की नाना विधियों का निर्णय किया जाए, अस्वाभाविक प्रतीत होता है। तेलंग भी विशेषकर इसी निर्णय के साथ सहमत होते हुए तर्क करते हैं कि भगवद्गीता एक स्वतन्त्र ग्रन्थ है, जिसे महाभारत के ग्रन्थकार ने अपने प्रयोजन को सिद्ध करने के लिए महाभारत में प्रविष्ट कर लिया है।[1] यद्यपि दार्शनिक वाद-विवाद युद्ध के आरम्भ में 'असम्बद्ध और असंगत' प्रतीत होता है, तो भी इस विषय में भी कोई सन्देह नहीं है कि केवल अत्यन्त भीषण संकटकाल ही, जैसेकि युद्धक्षेत्र, विवेकशील व्यक्तियों के मन में आधारभूत मूल्यों पर ध्यान देने के लिए उत्तेजना पैदा कर सकता है। केवल ऐसे ही समय में धार्मिक वृत्ति वाले मनों के अन्दर इस प्रकार का खिंचाव उत्पन्न होता है जो इन्द्रियों की मर्यादाओं को तोड़कर आंतरिक यथार्थसत्ता का स्पर्श करा सके। यह सम्भव है कि अर्जुन को युद्ध के क्षेत्र में अपने मित्र कृष्ण से विशेष उपदेश या निर्देश ही मिला हो और महाभारत के कवि ने उसे सात सौ श्लोकों का जामा पहना दिया हो। महाभारत का रचयिता धर्म के सिद्धान्तों को परिष्कृत करने के लिए आतुर था—जब कभी भी उसे इसके लिए उचित अवसर मिल जाए, और गीता में उसे ऐसा ही अवसर मिल गया।

महाभारत में स्थान-स्थान पर भगवद्गीता का उल्लेख है जिससे यह स्पष्ट संकेत मिलता है कि महाभारत के निर्माणकाल से ही गीता को उसका एक वास्तविक भाग माना जाता रहा है।[2] गीता और महाभारत में शैली की जो समानताएं हैं वे भी यही निर्देश करती हैं कि ये दोनों ग्रन्थ एक ही सम्पूर्ण इकाई हैं।[3] अन्यान्य दर्शनपद्धतियों एवं धर्मों के विषय में भी दोनों की सहमति है। दोनों ही कर्म को अकर्म से उत्कृष्ट मानते हैं।[4] वैदिक यज्ञों के प्रति विचार[5], सृष्टि की व्यवस्था-सम्बन्धी स्थापनाएं[6], गुण-सम्बन्धी सांख्य की

1. 'सेक्रेड बुक्स आफ द ईस्ट', खण्ड 8, इण्ट्रोडक्शन, पृष्ठ 5-6।
2. आदिपर्व, 2, 69; 1, 179। 2, 247।
3. तिलक : 'गीतारहस्य', परिशिष्ट ; 'सेक्रेड बुक्स आफ द ईस्ट', खण्ड 8, भूमिका।
4. भगवद्गीता, अध्याय 3; वनपर्व, अध्याय 32।
5. शान्तिपर्व, 267; देखिए मनु० भी, अध्याय 3।
6. भगवद्गीता, अध्याय 7 और 8; शान्तिपर्व, 231।

कल्पना[1], तथा पतञ्जलि के योग के सम्बन्ध में[2], तथा विश्वरूप[3] के वर्णन में भी उक्त दोनों न्यूनाधिक रूप में लगभग समान ही हैं। हम यह भी नहीं कह सकते कि समन्वयपरक सिद्धान्त गीता की ही अपनी विशेषता है।

भगवद्गीता को महाभारत का वास्तविक भाग मान लेने पर भी हम भगवद्गीता के काल का ठीक-ठीक निर्णय नहीं कर सकते, क्योंकि इसमें भिन्न-भिन्न कालों की कृतियों का भी समावेश हो गया है। तेलंग भगवद्गीता की अपनी विद्वत्तापूर्ण प्रस्तावना में इसके सामान्य रूप, इसका पुरानी शैली और इसकी छन्दोबद्धता के विषय में प्रतिपादन करते हैं और इसके अन्तर्गत उद्धरणों पर भी प्रकाश डालते हुए अपना विचार प्रकट करते हैं कि उक्त ग्रन्थ अवश्य ही ईसापूर्व तीसरी शताब्दी से अधिक प्राचीन होना चाहिए। सर आर० जी० भण्डारकर का विचार है कि गीता कम से कम चौथी शताब्दी ईसापूर्व की तो है ही। गार्ब प्रारम्भिक गीता को दो सौ वर्ष ईसापूर्व और इसके वर्तमान आकार को दो सौ वर्ष ईसा के पश्चात् का बतलाता है। शंकर ने (नवीं शताब्दी ईसा के पश्चात्) इसके ऊपर टीका की है, और कालिदास को भी इसका ज्ञान था। उसके 'रघुवंश' में[4] गीता के श्लोक के समान एक श्लोक मिलता है; बाणभट्ट ने भी गीता का उल्लेख किया है और दोनों कवि क्रमशः पांचवीं और सातवीं शताब्दी ईसा के पश्चात् हुए। पुराणों में (जिनका समय दूसरी शताब्दी ईसा के पश्चात् है) भगवद्गीता की ही शैली पर निर्मित कई गीताएं पाई जाती हैं। भास कवि के 'कर्णभार' में एक वाक्य आता है जो गीता के एक श्लोक की एकदम प्रतिध्वनि है।[5] भास कवि को कहीं दूसरी अथवा चौथी शताब्दी ईसा के पश्चात् का और कहीं दूसरी शताब्दी ईसा से पूर्व का बताया गया है। पहले मत को स्वीकार करने पर भी गीता को उससे प्राचीन होना चाहिए। बोधायन के गृह्यसूत्रों में वासुदेव की पूजा का परिचय मिलता है। इसमें एक वाक्य आता है जो भगवान का कहा गया बताया जाता है और जो भगवद्गीता का ही उद्धरण प्रतीत होता है।[6] यही बात उसके पितृमेधसूत्रों के विषय में भी सत्य है। यदि आपस्तम्ब गृहसूत्र को तीसरी शताब्दी ईसापूर्व[7] का माना जाए, तब बोधायन एक या दो शताब्दी पूर्व होना चाहिए। मेरा विश्वास है कि यदि हम गीता को पांचवी शताब्दी ईसा से पूर्व[8] का मान लें तो हमारा मत कुछ अधिक अनुचित न होगा।

3. अन्य पद्धतियों के साथ सम्बन्ध

उस युग में जितने भी मत प्रचलित थे, लगभग सभी ने गीता के रचयिता के मन पर प्रभाव डाला था, क्योंकि उसने इस विषय में समस्त संसार में जितना भी धार्मिक प्रकाश बिना किसी निश्चित योजना के डाला गया था उसे एकत्र और केन्द्रीभूत कर दिया। हमारे लिए यह

---

1. भगवद्गीता, 14 और 15 ; अश्वमेधपर्व, 36-39 ; शान्तिपर्व, 285 और 300-311।
2. भगवद्गीता, अध्याय 6; शान्तिपर्व, 239 और 300।
3. उद्योगपर्व, 170; अश्वमेधपर्व, 55; शान्तिपर्व, 339; और वनपर्व, 99।
4. 10, 31; तुलना कीजिए भगवद्गीता, 3, 22।
5. "हतोऽपि लभते स्वर्ग जित्वा तु लभते यशः।" तुलना कीजिए भगवद्गीता, 2 : 37।
6. 2, 22, 9 तुलना कीजिए भगवद्गीता, 9 : 26।
7. 'सेक्रेड बुक्स आफ द ईस्ट, खण्ड 2, भूमिका, पृष्ठ 43; तुलना कीजिए, खण्ड 14, पृष्ठ 43।
8. यदि धर्मसूत्रों के अन्तर्गत उद्धरणों को प्रक्षिप्त मान लें तो गीता को तीसरी अथवा दूसरी शताब्दी ईसापूर्व का माना जा सकता है।

आवश्यक है कि वेदों, उपनिषदों, बौद्धधर्म, भागवत्धर्म और सांख्य तथा योगदर्शन इन सबका गीता के साथ ठीक-ठीक सम्बन्ध कैसे है, इस पर लक्ष्य करें।

गीता वेदों की प्रामाणिकता को सर्वथा त्याज्य नहीं बताती। इसकी दृष्टि में वैदिक आदेश एक विशेष सांस्कृतिक मर्यादा के मनुष्यों के लिए सर्वथा उपयुक्त है। गीता के अनुसार, वेदों के आदेशों का पालन किए बिना मनुष्य पूर्णता प्राप्त नहीं कर सकता। यज्ञात्मक कर्म बिना किसी पुरस्कार की आकांक्षा के लिए जाने चाहिए।[1] एक विशेष अवस्था के बाद वैदिक क्रिया-कलापों का करना पूर्णता प्राप्ति के मार्ग में बाधा भी उपस्थित कर सकता है। वैदिक देवताओं के उच्च स्वरूप को मान्यता नहीं दी गई। यद्यपि वैदिक कर्मकाण्ड हमें शक्ति तथा धन-सम्पत्ति प्राप्त कर सकते हैं, लेकिन हमें सीधा मोक्ष नहीं प्राप्त करा सकते। आत्मज्ञान से ही मोक्ष प्राप्त हो सकता है। जब मोक्ष का रहस्य हमारे अपने अन्दर विद्यमान है, तब वैदिक कर्मकाण्ड का प्रतिपालन करने की आवश्यकता नहीं है।[2]

गीता की दार्शनिक पृष्ठभूमि उपनिषदों से ली गई है। कितने ही श्लोक गीता और उपनिषदों में समानरूप से पाए जाते हैं।[3] क्षेत्र और क्षेत्रज्ञ, क्षर और अक्षर विषयक विवेचन उपनिषदों के आधार पर हैं। सर्वोपरि यथार्थसत्ता की व्याख्या भी इसी उत्स से ली गई है। भक्ति का सिद्धान्त उपनिषदों की उपासना का ही सीधा विकास है। सर्वोपरिसत्ता के प्रति प्रेम करने का तात्पर्य है अन्य सब प्रकार के प्रेमों से हाथ खींच लेना। "जब हमें इस संसार में रहकर इस सत् स्वरूप का साक्षात्कार हो गया तो हमें सन्तान का क्या करना है?"[4] सर्वोपरिसत्ता के प्रति भक्ति, आत्मा की विजय तथा शान्ति और अनुद्वेग की अवस्था की प्राप्ति उस काल के वातावरण में व्याप्त थे। उपनिषदों में भी निष्काम कर्म का समर्थन किया गया है।[5] उपनिषदों में भी यही प्रतिपादन किया गया है कि मन की उच्च अवस्था से ही 'अनासक्ति' का भाव उत्पन्न होता है।[6] उपनिषदों की शिक्षाओं की क्रियात्मक तथा धार्मिक प्रवृत्तियां इतनी अधिक विकसित और परिष्कृत हैं तो भी प्राचीन विचारकों की शिक्षाओं से आगे नहीं बढ़ सकीं। संसार की भावशून्य एवं निर्दोष पूर्णता निःसन्देह एक बढ़िया व्याख्या थी, किन्तु यह जीवन को बदल देने वाली शक्ति के अनुकूल न थी। भागवतधर्म के प्रचार ने गीता के रचयिता का झुकाव उपनिषद् प्रतिपादित परब्रह्म को एक विशेष प्रकार की दीप्ति तथा अन्तःप्रवेश करने वाली शक्ति के साथ संयुक्त करने की ओर किया। गीता के रचयिता ने इसे शरीरधारी ईश्वर का रूप दिया, जिसे भिन्न-भिन्न नाम (यथा शिव, विष्णु आदि) दिए गए थे। किन्तु साथ-साथ वह यह भी जानता था कि वह एक मृतप्राय भूतकाल में फिर से जीवन डाल रहा है, किसी नई कल्पना को जन्म नहीं दे रहा है। "इस अक्षय योग की मैंने विवस्वत् को शिक्षा दी, और उसने इसे मनु को सिखाया, मनु ने इक्ष्वाकु को सिखाया।" और इस रहस्य का प्रकाश अब कृष्ण ने अर्जुन के सामने किया।[7] यह वाक्य संकेत करता है कि गीता का सन्देश एक प्राचीन-ज्ञान था जिसकी शिक्षा गायत्री के ऋषि विश्वामित्र ने दी और

---

1. 17 : 12।
2. 2 : 42-45; 9 : 20-21।
3. भगवद्गीता, 2 : 29 और कठ उप०, 2 : 7; भगवद्गीता, 2 : 20; 8 : 11, और कठ उप०, 2 : 19; 2 : 15; भगवद्गीता, 3 : 42, और कठ उप०, 3 : 10; भगवद्गीता, 6 : 11, और श्वेताश्वतर उप०, 2 : 10; भगवद्गीता, 6 : 13 और श्वेताश्वतर उप०, 2 : 8।
4. बृहदारण्यक उप०, 4 : 4, 22।
5. ईश उपनिषद्।
6. छान्दोग्य उप०, 4 : 14, 3; बृहदा०, 4 : 4, 23।
7. 4 : 1-3।

ऋग्वेद के तीसरे मण्डल के ऋषि ने एवं राम, कृष्ण, गौतमबुद्ध तथा सूर्यवंश के अन्यान्य शिक्षकों ने भी दी। गीता का पूरा नाम, जैसाकि प्रत्येक अध्याय की पुष्पिका से प्रकट है, भगवाद्गीता नामक उपनिषद् है। गीता और उपनिषद् के पारस्परिक सम्बन्ध का परम्परागत विवरण उस वाक्य में है जो अत्यन्त प्रचलित है कि "सब उपनिषदें गौएं हैं, कृष्ण दूध दुहने वाला है, अर्जुन बछड़े की जगह है और गीता अमृत के समान दूध है।"

भगवद्गीता के संश्लेषण में भागवतधर्म से तत्काल प्रेरणा मिली। वस्तुतः यही कहा जाता है कि गीता का उपदेश भागवतों के सिद्धान्त के साथ बिल्कुल समानता रखता है। इसे कभी-कभी हरिगीता भी कहा जाता है।[1]

बौद्धधर्म का नाम नहीं लिया जाता, यद्यपि गीता के कितने ही विचार बौद्धधर्म के मत के सदृश हैं। दोनों ही वेदों के स्वतः प्रमाण होने का विरोध करते हैं और वर्ण के कठोर बन्धनों को न्यूनतम स्थायी आधार पर रखकर शिथिल करने का प्रयत्न करते हैं। दोनों ही उसी एक धार्मिक उथल-पुथल को अभिव्यक्त करते हैं जिसने कर्मकाण्डप्रधान धर्म को हिलाकर रख दिया, यद्यपि गीता अधिक कट्टर थी और इसीलिए उसका विरोध भी उतना सर्वांगरूप में नहीं था। बुद्ध ने स्वर्णिम मध्यमार्ग की घोषणा की यद्यपि उनका अपना उपदेश उनके सर्वथा अनुकूल नहीं था। विवाहित जीवन की अपेक्षा ब्रह्मचर्य को पसन्द करना, दावतों की अपेक्षा उपवास को अधिक मान्यता देना, स्वर्णिम मध्यमार्ग का क्रियात्मक रूप नहीं है। गीता वनवासी तपस्वियों के धार्मिक उन्माद का प्रतिवाद करती है और ऐसे सन्तों की धार्मिक आत्महत्या का भी प्रतिवाद करती है जो दिन के प्रकाश की अपेक्षा अन्धकार को तथा सुख की अपेक्षा कष्ट को उत्तम समझते हैं। मोक्ष की प्राप्ति दैन्य एवं मृत्यु का प्रचार करने वाले धार्मिक सम्प्रदाय का अनुसरण किए बिना सम्भव है 'निर्वाण' शब्द गीता में[2] आता है, किन्तु यह बौद्धधर्म से नकल किया गया हो ऐसा नहीं दिखाई देता है, क्योंकि यह गीता के लिए कोई विशेषता नहीं रखता। आदर्श व्यक्ति के लक्षण प्रकट करने में गीता और बौद्धधर्म एकमत हैं।[3] दर्शन तथा धर्म दोनों दृष्टियों से गीता बौद्धधर्म की अपेक्षा अधिक परिपूर्ण है, क्योंकि बौद्धधर्म निषेधात्मक पक्ष पर आवश्यकता से कहीं अधिक बल देता है। गीता जहां एक ओर बौद्धधर्म के नैतिक सिद्धान्तों को स्वीकार करती है वहां दूसरी ओर बौद्धधर्म के निषेधात्मक अध्यात्मशास्त्र को संकेतों द्वारा दूषित भी ठहराती है, क्योंकि गीता की सम्मति में यही सब प्रकार की नास्तिकता एवं भ्रान्ति की जड़ है। गीता का सम्बन्ध प्राचीन परम्परा के अधिक अनुकूल है और इसीलिए भारत में गीताधर्म बौद्धधर्म की अपेक्षा अधिक सफल व भाग्यशाली रहा।

गार्ब के अनुसार, "सांख्य-योगदर्शन की शिक्षाएं ही लगभग पूर्णरूप से भगवद्गीता के दार्शनिक विचारों का आधार हैं। उनकी तुलना में वेदान्त का स्थान दूसरा आता है। सांख्य और योग के नाम का उल्लेख तो प्रायः ही पाया जाता है किन्तु वेदान्त का नाम केवल एक ही स्थान पर आया है (वेदान्तकृत, 15 : 15), और वह भी उपनिषद् अथवा ग्रन्थ के अर्थों में। इस प्रकार जब हम केवल इस विषय पर विचार करते हैं कि दर्शनशास्त्रों का भाग उस गीता में किस अंश तक है जो आज हमें उपलब्ध है, और जब हम ऐसे मतभेदों पर ध्यान देते हैं जो सांख्य-योग तथा वेदान्तशास्त्र के अन्दर हैं, और जिनका परस्पर समन्वय हो सकना

1. शान्तिपर्व, 349, 10।
2. 6 : 15।
3. 2 : 55-72; 4 : 16-23; 5 : 18-28; 12 : 13-16। तुलना कीजिए धम्मपद, 360-423; सुत्तनिपात, मुनिसुत्त, 1 : 7 और 14।

कठिन है और जो मतभेद सम्भवतः दूर तभी हो सकते हैं जबकि हम सावधानी के साथ प्राचीन तथा अर्वाचीन में भेद कर सकें, तो हम इसी परिणाम पर पहुंचेगे कि भगवद्गीता के वेदान्त-सम्बन्धी अंश उक्त ग्रन्थ के आदिम संस्करण के नहीं सिद्ध होते। जब भी हम भगवद्गीता का अनुसंधान धार्मिक और दार्शनिक किसी भी पक्ष को लेकर करेंगे, हम पहुंचेगे इसी परिणाम पर।" गीता में सांख्य-योग शब्द जहां भी आते हैं वहां सांख्य और योग के शास्त्रीय सम्प्रदायों से अभिप्राय न होकर केवल मोक्षसाधन की चिन्तन तथा ध्यान सम्बन्धी उनकी पद्धतियों से अभिप्राय है।[1] इसके अतिरिक्त गीता के समय में एक ओर सांख्य-योग और दूसरी ओर वेदान्त इनमें कोई ऐसा स्पष्ट पारस्परिक भेद नहीं था। इसी विचार को लेकर गार्ब की व्याख्या युक्तियुक्त ठहर सकती है। फिट्ज एडवर्ड हाल का कथन इस विषय में अधिक यथार्थ जंचता है। वह कहता है : "उपनिषदों, भगवद्गीता तथा अन्य प्राचीन हिन्दूशास्त्रों में हमें ऐसे अनेक सिद्धान्त मिश्रितरूप में मिल सकते हैं, जो नाना परिवर्तनों में से गुज़रकर—जिन परिवर्तनों के कारण वे पृथक्-पृथक् अपने-आपमें ऐसे पूर्णरूप में आ गए कि उनका फिर परस्पर समन्वय न हो सका—आगे चलकर किसी अनिश्चित काल में परस्पर अलग-अलग सांख्य और वेदान्त के भिन्न-भिन्न नामों से पहचान में आने लगे।"[2] सांख्य का मनोविज्ञान तथा सृष्टिक्रम गीता ने स्वीकार किया है यद्यपि उसके अध्यात्मशास्त्र-सम्बन्धी संकेतों को अमान्य ठहराया है।[3] कपिल के नाम का तो उल्लेख है यद्यपि पतञ्जलि के नाम का नहीं है। हम निश्चयपूर्वक यह नहीं कह सकते कि यह कपिल सांख्यदर्शन का कर्ता कपिल ही है। यदि वही कपिल हो तो भी इससे यह परिणाम नहीं निकाला जा सकता कि सांख्यशास्त्र अपनी सर्वांग-सम्पूर्ण अवस्था में उस समय तक पहुंच चुका था। बुद्धि, अहंकार एवं मन आदि पारिभाषिक शब्दों का प्रयोग मिलता है। यद्यपि सब स्थानों पर उन अर्थों में नहीं जिनमें सांख्य में ये पारिभाषिक शब्द प्रयुक्त हुए हैं। प्रकृति के विषय में भी यही बात सत्य है।[4] जहां सांख्य एक ओर ईश्वर की सत्ता के प्रश्न को छूता तक नहीं, वहां गीता उसकी स्थापना के लिए अत्यन्त आतुर प्रतीत होती है।

यद्यपि पुरुष और प्रकृति के बीच का भेद उसे मान्य है तो भी द्वैत को अमान्य ठहराया गया है। पुरुष एक स्वतन्त्र तत्त्व नहीं अपितु प्रकृति अथवा ईश्वर का ही एक रूप है। आत्मिक प्रज्ञा उन्नतरूप है। जब हम सांख्यदर्शन के विषय को लेंगे तब देखेंगे कि वह किस प्रकार से प्रकृति की सब अवस्थाओं को एक प्रतीति के रूप में मानता है जो एक नित्यस्थायी विषयी की ओर संकेत करती हैं अथवा उसके उपलक्षण मात्र हैं जिसे कि यह प्रतीति होती है और जिसके प्रयोजन के लिए ही इनका अस्तित्व है। यद्यपि प्रकृति चेतनारहित है किन्तु इसके कार्य निष्प्रयोजन नहीं हैं, और जीवात्मा को मोक्ष प्राप्त कराना ही इन कार्यों का प्रयोजन है। इसका हेतुवादपरक स्वभाव इसकी तथाकथित जड़ता के साथ अनुकूलता नहीं रख सकता। गीता में इस कठिनाई का समाधान निकाला गया है। इस प्रकृतिरूप नाटक की

---

1. भगवद्गीता, 2 : 39; 3 : 3; 5 : 4-5; 13 : 24। अठारहवें अध्याय में सांख्यदर्शन का उल्लेख है। माध्वाचार्य ने व्यासस्मृति से एक श्लोक उद्धृत किया है जिसमें सांख्य का अर्थ आत्मा का ज्ञान अथवा आत्मतत्त्वविज्ञान बतायी गयी है। देखिए भगवद्गीता पर उनकी टीका, 2 : 40।
2. 'प्रिफेस टु सांख्यसार', पृष्ठ 7।
3. 2 : 11-16; 18-30; 2 : 27-29; 5 : 14; 7 : 4; 13 : 5।
4. 3 : 33; 4 : 6; 7 : 4; 9 : 8; 11 : 51; 13 : 20; 18 : 59।

पृष्ठभूमि में एक धार्मिक परब्रह्म-सम्बन्धी तथ्य विद्यमान है। पुरुष और आत्मा एक स्वतन्त्र यथार्थसत्ता नहीं है, जैसाकि सांख्यदर्शन में है। इसका स्वरूप केवल ज्ञानस्वरूप ही नहीं, किन्तु आनन्दस्वरूप भी है। जीवात्माओं का परमरूप में पृथक्त्व गीता को अभिमत नहीं है।[1] यह एक उत्तमपुरुष या पुरुषोत्तम अथवा सर्वोपरि आत्मा के अस्तित्व में विश्वास करती है। तो भी जीवात्मा का स्वरूप और उसका प्रकृति के साथ सम्बन्ध, जैसा कि भगवद्‌गीता में दिया गया है, सांख्यदर्शन के प्रभाव को दर्शाता है।[2] पुरुष केवल दर्शक या साक्षी है किन्तु कर्ता नहीं है। प्रकृति ही सब कुछ करती है। जो यह सोचता है कि 'मैं करता हूं' वह भ्रम में है। पुरुष और प्रकृति अथवा आत्मा तथा प्रकृति के परस्पर पार्थक्य को अनुभव कर लेना मनुष्यजन्म का लक्ष्य है। गुणों का सिद्धान्त स्वीकार किया गया है। "देवताओं के अन्दर भी इस पृथ्वी पर अथवा स्वर्ग में ऐसा कोई नहीं है जो प्रकृति के तीन गुणों, अर्थात् सत्, रजस् और तमस्, से स्वतन्त्रे हो।"[3] ये गुण एक त्रिगुणात्मक बन्धन है। और जब तक हम इनके अधीन रहेंगे, हमें जन्म-जन्मांतर के चक्र में निरन्तर भ्रमण करते रहना पड़ेगा। मोक्ष तीनों गुणों से छुटकारा पाने का नाम है। आभ्यन्तर अंगों एवं इन्द्रियों की भौतिक रचना का वर्णन इसमें सांख्य के समान ही पाया जाता है।[4]

गीता यौगिक प्रक्रियाओं का भी उल्लेख करती है। जब अर्जुन कृष्ण से पूछता है कि किस प्रकार से उस मन को जो निश्चय ही ऊधमी और चंचल है, वश में किया जा सकता है, तो कृष्ण उत्तर में कहते हैं कि अभ्यास और वैराग्य अर्थात् सांसारिक पदार्थों के प्रति उपेक्षाभाव, का आश्रय लेना चाहिए।[5]

4. गीता का उपदेश

गीता के रचनाकाल में परमसत्ता की यथार्थता तथा मनुष्य की नियति के विषय में नाना प्रकार के मत फैले हुए थे। एक ओर उपनिषदों की परम्परा थी जिसका आधार आत्मा की अन्तर्दृष्टि था, दूसरी ओर सांख्य का सिद्धान्त था जिसके अनुसार प्रकृति के साथ सम्बन्ध-विच्छेद करके मोक्ष प्राप्त किया जा सकता था; कर्ममीमांसा का मत था कि हम अपने कर्तव्यों का पालन करके पूर्णता को प्राप्त कर सकते हैं, भक्तिवाद भी था जिसके अनुसार हृदय की उन्नति के द्वारा ही मोक्ष का आनन्द प्राप्त किया जा सकता है, और दूसरी ओर, योगदर्शन के अनुसार, मनुष्य को उसी समय मोक्ष प्राप्त होता है जबकि जीवात्मा का शान्त जीवन संसार के नानाविध प्रकाश का स्थान ले लेता है। सर्वोपरि आत्मा को या तो अशरीरी परमसत्ता और या शरीरधारी भगवान समझा गया है। गीता का प्रयास यह है कि परस्पर-विरोधी एवं विषमाङ्ग तत्त्वों का संश्लेषणात्मक समन्वय करके उनका एक पूर्णरूप में एकत्रीकरण किया जाए। यही कारण है कि हमें इसके अन्दर प्रकटरूप में मोक्ष के उद्देश्य तथा उसकी साधना के उपायों के विषय में परस्पर-विरोधी मत मिलते हैं। यह देखकर गीता सिद्धान्तों का संगतिपूर्ण ग्रन्थ नहीं है, विभिन्न लेखकों ने विभिन्न प्रकार से इस असंगति की व्याख्या की

---

1. 7 : 4; 13 : 20-22; और भी देखिए वेदान्तसूत्र, 2, 1, 1, और उन पर शाकंर भाष्य।
2. सांख्यकारिका, 62; भगवद्‌गीता, 13 : 34।
3. 18 : 40, 14 : 5।
4. 3 : 40-42; 13 : 5।
5. देखिए भगवद्‌गीता, 6 : 33-34। शंकर को न्यायदर्शन के विषय का भी एक उल्लेख अध्याय 10, श्लोक 32 में मिला। देखिए भगवद्‌गीता पर शांकर भाष्य।

है। गार्ब तथा होपकिंस की धारणा है कि भिन्न-भिन्न काल में अनेक लेखकों ने इस पर कार्य किया है। गार्ब के मतानुसार, आदिम गीता ईसापूर्व दूसरी शताब्दी में एक आस्तिकवादपरक लघु पुस्तिका के रूप में लिखी गई और उसका आधार सांख्ययोग था, भले ही ईसा के पश्चात् दूसरी शताब्दी में उपनिषदों के एकेश्वरवादी समर्थकों ने इसमें रूपान्तर किया। "ये दो सिद्धान्त अर्थात् आस्तिकवाद या ईश्वरज्ञानवाद तथा सर्वेश्वरवाद एक-दूसरे के साथ मिले हुए हैं। ये कभी सर्वथा असम्बद्ध रूप में और कभी शिथिल सम्बन्ध में मिलते हैं। और यह भी बात नहीं है कि इनमें से एक को तो निम्न श्रेणी का, सामान्य बोधगम्य अथवा सर्वसाधारण व्यक्तियों के लिए समझा जाए, तथा दूसरे को उच्च श्रेणी का केवल दीक्षित व्यक्तियों के लिए माना जाए। ऐसी शिक्षा कहीं नहीं पायी जाती कि ईश्वरज्ञानवाद यथार्थसत्ता के ज्ञानप्राप्ति में एक प्रकार का प्रारम्भिक पग मात्र है अथवा केवल उक्त सत्ता का प्रतीक-स्वरूप है, और वेदान्त का सर्वेश्वरवाद स्वयं परम यथार्थता है। इस प्रकार दोनों ही सिद्धान्तों का इस तरह से बराबर निरूपण किया गया है मानो उसमें मौखिक अथवा वास्तविक किसी प्रकार का भी परस्पर-भेद नहीं है।"[1] होपकिंस गीता को वैष्णवकाव्य का कृष्णपरक विवरण बताता है जोकि स्वयं एक अर्वाचीन उपनिषद् है। कीथ का विश्वास है कि यह श्वेताश्वतर की भांति प्रारम्भ में एक उपनिषद् ही थी किन्तु आगे चलकर कृष्ण के नाम के धार्मिक सम्प्रदाय का मान्य ग्रन्थ बन गई। होल्ट्ज़मान की दृष्टि में यह एक सर्वेश्वरवादपरक काव्य का वैष्णवधर्म में परिवर्तित रूप है। बार्नेट का विचार है कि गीता के रचयिता के मन में भिन्न-भिन्न परम्पराओं की धाराएं एक ही स्थान पर आकर अव्यवस्थित रूप में समा गई थीं। ड्यूसन के मत में यह उपनिषदों के एकेश्वरवादी विचार की अवनतरूप उपज थी जिसका निर्माण उस समय में हुआ जबकि आस्तिकवाद से यथार्थ अनीश्वरवाद की ओर संक्रमण हो रहा था।

उक्त सब कल्पनाओं में से किसी एक को हम स्वीकार कर ही लें यह आवश्यक नहीं है। उपनिषदों के आदर्श का उन नई परिस्थितियों में जो महाभारत के समय में उत्पन्न हो गई थीं, उपयोग ही गीता का यथार्थरूप है। उपनिषदों के आदर्शवाद को आस्तिकता की ओर प्रवृत्ति रखने वाले जनसाधारण के लिए अनुकूल बनाने में यह उपनिषदों के दार्शनिक ज्ञान से एक धर्म का विधान बनाने का प्रयत्न करती है। यह प्रदर्शित करती है कि उपनिषदों के चिन्तनशील धार्मिक आदर्शवाद के अन्दर शरीरधारी ईश्वर के प्रति उत्साहपूर्ण, भक्तिपरक एवं जीवित धर्म के लिए स्थान था। उपनिषदों के परब्रह्म को मनुष्य-स्वभाव की चिन्तनात्मक तथा भावना-प्रधान मांगों को पूर्ण करने वाला बताया गया है। इस प्रकार का परिवर्तन कल्पनात्मक से क्रियात्मक और दार्शनिक से धार्मिक की दिशा में अर्वाचीन उपनिषदों में भी पाया जाता है जहां हमें भक्तों की पुकार पर भगवान प्रकट होते हुए दिखाई देते हैं। गीता का प्रयत्न एक ऐसे धार्मिक संश्लेषण की ओर है जो मनुष्यों के जीवन और आचार को, उपनिषदों द्वारा प्रतिपादित तथ्यों के आधार पर, सहारा दे सके, और जिसे इसने भारतीय जनता के नैतिक जीवन में प्रविष्ट कर दिया।

गीता की विचारधारा की विभिन्न प्रवृत्तियों को एकत्र करके यथार्थ एवं पूर्ण इकाई बनाने में सफलता प्राप्त हुई या नहीं इसका उत्तर आगे चलकर हमारे विवेचन में मिल सकेगा। भारतीय परम्परा ने तो सदा ही ऐसा अनुभव किया है कि विरोधी तत्त्व भी इसके अन्दर आकर एकरूप हुए हैं, किन्तु पश्चिमी विद्वानों का आग्रहपूर्वक कहना है कि उज्ज्वल अंशों

1. 'इण्डियन ऐण्टिकरी', दिसम्बर, 1918।

ने गीता के ग्रन्थकार के जैसे कुशल हाथों में पड़कर भी उसके अन्दर एकीभूत हो जाने से इन्कार कर दिया। विवेचन के साध्यपक्ष में ही रूढ़ियुक्त आस्था व्यक्त करने से कोई लाभ नहीं है।[1]

वह प्रसंग जिसमें पड़कर कहा जाता है कि गीता का उपदेश दिया गया, यह निर्देश करता है कि इसका मुख्य प्रयोजन जीवन की समस्या को हल करना और न्यायोचित आचरण को प्रेरणा देना था। प्रत्यक्षरूप में यह एक नैतिक ग्रन्थ है, एक योगशास्त्र है। गीता का निर्माण एक नैतिक धर्म के युग में हुआ था और इसलिए उस युग की भावना में इसने भी भाग लिया। भले ही गीता में योग शब्द का व्यवहार किसी भी प्रकरणानुकूल अर्थों में क्यों न हुआ

---

1. गीता के ऊपर भारतीय लेखकों की अनेक टीकाएं मिलती हैं, जिनमें से मुख्य वे हैं, जो वृत्तिकार, शंकर, रामानुज, माध्व, बल्लभ, निम्बार्क और ज्ञानेश्वर ने लिखी है। आनन्दगिरि कहते हैं कि वृत्तिकार बोधायन ने, जिसने वेदान्तसूत्रों पर बृहदाकार टीका लिखी; गीता पर भी वृत्ति (टीका) लिखी है (देखिए भगवद्गीता के शांकर भाष्य पर आनन्दगिरि, 2 : 10)। उनके अनुसार, गीता ज्ञान और कर्म के संयुक्त मार्ग के अनुसरण का उपेदश करती है। उक्त दोनों में से कोई भी अकेला मोक्ष की ओर नहीं ले जा सकता। शंकर का विश्वास है कि ज्ञान ही पूर्णता की प्राप्ति का उच्चतम साधन है। साथ ही उनका कहना है कि जीवात्मा का सर्वोपरि के साथ एकत्व अन्तर्दृष्टि के ज्ञान द्वारा ही जाना जा सकता है। संसार में अनेकता मनुष्य की अपूर्णता के कारण है। समस्त कर्म बन्धन का कारण है क्योंकि यह द्वैत के मिथ्याभाव के ऊपर निर्भर करता है। जब सत्य ज्ञान हमारे द्वैतपरक विचारों को दूर कर देता है तो जीवात्मा को त्राण मिल जाता है और उसके अनन्तर कर्म की कोई आवश्यकता नहीं रहती। अन्य सब मार्ग अर्थात् कर्म, भक्ति तथा योग (आत्मनियन्त्रण) केवल ज्ञान की ओर ही ले जाते हैं। (देखिए, भगवद्गीता पर शांकर भाष्य, 3 : 1) रामानुज जीव अर्थात् चित्, संसार अर्थात् अचित् (जड़) और ईश्वर इन तीन भिन्न-भिन्न सत्ताओं को मानते हैं और पहले दोनों को ईश्वर के शरीर के निर्माणकर्ता मानते हैं। अध्यात्मशास्त्र में वे इस प्रकार से परिवर्तित रूप में एकेश्वरवाद और क्रियात्मक रूप में भक्तिमार्ग पर आग्रह करते हैं। संकेत द्वारा वे यह सुझाव देते हैं कि वर्णधर्मों का हमेशा पालन करना आवश्यक है। शंकर और रामानुज दोनों ही कर्म को कम महत्त्व देते हैं यद्यपि उनके प्रेरणाहेतु भिन्न-भिन्न हैं। मध्वाचार्य माया की कल्पना का खण्डन करते हैं और परब्रह्म तथा जीवात्माओं के अन्दर परस्पर पारमार्थिक भेद को स्वीकार करते हैं। उनके मत में भी ईश्वर की भक्ति ही आनन्द-प्राप्ति के लिए सर्वश्रेष्ठ मार्ग है। यद्यपि वल्लभाचार्य घोषणा करते हैं कि ब्रह्म और पवित्र आत्मा एक हैं तो उनके मत में जीव ब्रह्म का अंश मात्र है। मायारूपी जगत् मिथ्या नहीं है क्योंकि माया ईश्वर की ही शक्ति है जो उसकी इच्छा से उससे पृथक् होती है। ईश्वर की अनुकम्पा ही एकमात्र उपाय है, जिसके द्वारा जीवात्मा मोक्षलाभ कर सकती है। निम्बार्क के अनुसार, जगत् और आत्माएं ईश्वर के ऊपर निर्भर हैं जिसके अन्दर वे अवस्थित हैं, यद्यपि सूक्ष्म अवस्था में। उनकी कल्पना को द्वैतवादपरक अद्वैत नाम दिया गया है। ज्ञानेश्वर के मत में, पतञ्जलि का योग ही गीता के उपदेश का लक्ष्य है। जहां योग्य मस्तिष्कों के द्वारा गीता के विषय में इतने सारे मत प्रकट किए गए हों तो पाठक का कार्य सरल नहीं रह जाता। इनके साहसिक तथा पांडित्यपूर्ण विश्लेषण और समन्वय हमें सर्वदा इस विषय का ठीक-ठीक ज्ञान नहीं देते कि किस प्रकार से परस्पर विरोधी विचारों को तार्किक दृष्टि से संयुक्त किया जा सकता है। इससे कोई इन्कार नहीं कर सकता कि गीता आत्मिक जीवन का पोषण करती है। जब तक हमारे अन्दर धार्मिक भावना रहती है और हम रूढ़िपरक विचारधारा पर निर्भर रहते हैं तब तक भावुकतापूर्ण एक अपूर्ण ज्ञान अथवा बोध की अवस्था ऐसी है जो कल्पना का विषय बनती है और हमारी प्रकृति को ऊपर उठाती है। किन्तु समालोचनात्मक बुद्धि को इसके ऊपर सावधानी के साथ कार्य करना होता है इससे पूर्व कि वह उसमें से कोई संगतिपूर्ण पद्धति का विकास कर सके।

हो, यह समस्त ग्रन्थ में आदि से अन्त तक अपने कर्मपरक निर्देश को स्थिर रखता है।[1] योग ईश्वर के सान्निध्य में पहुंचने, एक ऐसी शक्ति के साथ जो विश्व का शासन करती है, सम्बन्ध जोड़ने और परमसत्ता को स्पर्श करने का नाम है। यह न केवल आत्मा की किसी विशेष शक्ति को अपितु हृदय, मन एवं इच्छा की समस्त शक्तियों को ईश्वर के अधीन कर देना है। यह मनुष्य का अपने को गम्भीरतम तत्त्व के साथ संयुक्त कर देने का प्रयत्न है। हमें आत्मा के सम्पूर्ण सन्तुलन को परिवर्तित करके एक निरपेक्ष तथा दृढ़ भाव में लाने एवं शक्ति और सुख के प्रतिरोध की शक्ति को विकसित करने की आवश्यकता है। इस प्रकार योग से तात्पर्य उस अनुशासन (अथवा आत्मनियन्त्रण) से है जिसके द्वारा हम संसार के आघातों को सहन करने के लिए अपने को अभ्यस्त बना सकें और हमारी आत्मा के मुख्य अस्तित्व पर भी कोई प्रतिकूल प्रभाव न पड़ सके। योग एक ऐसा साधन अथवा उपाय है जिसके द्वारा लक्ष्य को प्राप्त किया जा सकता है। पतञ्जलि का योग आत्मिक नियन्त्रण की एक ऐसी पद्धति है जिसके द्वारा हम बुद्धि को निर्मल बना सकते हैं, मन को उसकी भ्रांतियों से मुक्त कर सकते हैं और यथार्थसत्ता का साक्षात्कार कर सकते हैं। हम अपनी भावनाओं को नियन्त्रित कर सकते हैं और ईश्वर के प्रति आत्मसमर्पण करके सर्वोपरिसत्ता का ज्ञान प्राप्त कर सकते हैं। हम अपनी इच्छा को इस प्रकार साध सकते हैं कि हम अपने समस्त जीवन को निरन्तर दैवीय सेवा के योग्य बना सकें। हम अपनी आत्मा के स्वरूप के अन्दर दैवीय शक्ति को भी प्रत्यक्ष कर सकते हैं; तथा उत्साहपूर्ण प्रेम और महत्त्वाकांक्षा के साथ इस पर तब तक बराबर दृष्टि रख सकते हैं जब तक कि यह दैवीय स्फुलिंग बढ़ते-बढ़ते एक अनन्त प्रकाश में परिणत नहीं हो जाता। ये सब भिन्न-भिन्न प्रकार के योग अथवा उपाय हैं जो हमें एक सर्वोच्च योग अर्थात् ईश्वर के साथ संयोग की ओर ले जाते हैं। किन्तु कोई भी नैतिक सन्देश स्थिर नहीं रह सकता, यदि उसे आध्यात्मिक वचन का समर्थन प्राप्त न हो। इस प्रकार गीता के योगशास्त्र का मूल ब्रह्मविद्या अर्थात् आत्मसम्बन्धी ज्ञान है। गीता एक कल्पनापद्धति भी है और जीवन का विधान भी है, बुद्धि के द्वारा सत्य का अनुसन्धान भी है और सत्य को मनुष्य की आत्मा के अन्दर क्रियात्मक शक्ति देने का प्रयत्न भी है। प्रत्येक अध्याय के उपसंहारपरक वाक्य से यह स्पष्ट हो जाता है कि हमें एक अनिश्चित काल से प्राप्त होता आ रहा है, वह यह कि यह एक योगशास्त्र है अथवा ब्रह्म-सम्बन्धी दर्शनशास्त्र का धार्मिक अनुशासन है, "ब्रह्मविद्यानां योगशास्त्रे।"

5. परम यथार्थता

गीता में उपनिषदों के ही समान परमतत्त्व की मीमांसा दो विधियों से की गई है—एक तो विषयगत विश्लेषण से, और दूसरे विषयीगत विश्लेषण से। गीता के रचयिता के आध्यात्मिक झुकाव पर दूसरे अध्याय में स्पष्टरूप से प्रकाश डाला गया है। जहां उसने यह सिद्धान्त प्रस्तुत किया है जिसपर उसकी योजना का आधार है : "असत् से सत् उत्पन्न नहीं हो सकता और सत् का अभाव कभी नहीं होता।"[2] विषयगत विश्लेषण सारतत्त्व एवं आभास के मध्य, अमर

---

1. योग क्रियात्मक अभ्यास है और सांख्य अथवा ज्ञान से भिन्न है। देखिए, श्वेताश्वतर उपनिषद्, 'सांख्ययोगादिगम्यम्', ज्ञान तथा अभ्यास के द्वारा जानने योग्य। योग का अर्थ कर्म भी है। देखिए गीता, 3 : 7; 5 : 1, 2; 9 : 28; 13 : 24। भगवान के योग को उसकी अद्भुत शक्ति कहा गया है। देखिए, 9 : 5; 10, 7; 11 : 8। जो पदार्थ हमारे पास नहीं है उनके प्राप्त करने के अर्थ में भी योग शब्द का प्रयोग होता है। देखिए 9 : 22।

2. 2 : 16।

और नश्वर के मध्य, तथा अक्षर और क्षर के मध्य भेद को आधार बनाकर आगे बढ़ता है। "संसार के अन्दर ये दो सत्त्व हैं, क्षर और अक्षर। अपरिवर्तनशील अक्षर है।"[1] हम यह नहीं कह सकते कि वह 'अपरिवर्तनशील', जिसका यहां निर्देश किया गया है, सर्वोपरि यथार्थसत्ता है क्योंकि अगले ही श्लोक में गीता घोषणा करती है कि "सर्वोपरि सत्ता दूसरी ही है जिसे सर्वोच्च आत्मा अर्थात् परमात्मा कहते हैं, जो अक्षय भगवान, तीनों लोकों में व्याप्त है और उन्हें धारण किए हुए है।"[2] गीता का रचयिता पहले संसार की स्थायी पृष्ठभूमि को उसके क्षणिक व्यक्तरूपों से भिन्न करके बतलाता है अर्थात् वह प्रकृति है जो परिवर्तनों से पृथक् है। इस आनुभाविक लोक में हमें नश्वर एवं स्थायी दोनों ही पक्ष मिलते हैं। यद्यपि संसार के परिवर्तनों की तुलना में प्रकृति नित्य है तो भी यह निरपेक्ष रूप से यथार्थ नहीं है, क्योंकि इसका आधार भी सर्वोपरि जगत् का स्वामी है।[3] यह सर्वोपरि आत्मा ही यथार्थ में अमर है जो नित्य का आश्रयस्थान है।[4] रामानुज अपने विशेष सिद्धान्त की अनुकूलता को ध्यान में रखकर 'क्षर' का अर्थ प्रकृतितत्त्व और 'अक्षर' का अर्थ जीवात्मा करते हैं, फिर भी पुरुषोत्तम अथवा सर्वोपरि आत्मा को इन दोनों से उत्कृष्ट एवं ऊपर बताते हैं। हमारे लिए यह सम्भव है कि पुरुषोत्तम के भाव की व्याख्या करने में हम उसका एक ठोस मूर्तरूप व्यक्तित्व स्वीकार कर लें जोकि सीमित तथा असीम के मिथ्या अमूर्तभावों से उत्कृष्ट है। कठिनाई केवल यही है कि ब्रह्म को, जिसे सीमित जगत् का भी आधार बताया गया है, केवल अमूर्तरूप में नहीं समझा जा सकता है। गीता सीमित अथवा अस्थायी एवं असीम अथवा स्थायी सत्ता में भेद करती है। जो कुछ सीमा वाला और क्षणिक प्रकृति वाला है वह यथार्थ नहीं है। समग्र परिणमन एक अमान्य प्रतिषेध है। जो परिणत होता है वह सत् नहीं है। यदि यह सत् होता तो इसका परिणमन न होता। चूंकि संसार की सब वस्तुएं कुछ अन्य रूप में आने के लिए संघर्ष कर रही हैं इसीलिए वे यथार्थ या वास्तविक नहीं है। इस पृथ्वी पर की सब वस्तुओं में क्षणिकता लक्षित होती है। हमारी चेतना की पृष्ठभूमि में इस प्रकार का एक विश्वास अवश्य है कि ऐसी कोई वस्तु अवश्य है जो नष्ट नहीं होती। क्योंकि अभाव से किसी वस्तु की उत्पत्ति नहीं हो सकती। वह यथार्थसत्ता रूपी परम सत् सदा बदलती रहने वाली प्रकृति नहीं हो सकती। यह सर्वोपरि परब्रह्म ही है। यह अनादि, अनन्त और कूटस्थ या चट्टान की तरह दृढ़ है जबकि जगत् केवल समयरहित और अन्तरहित सत्ता, अनादिप्रवाहसत्ता है। "यथार्थ में द्रष्टा वही है जोकि सर्वोपरि प्रभु को सब वस्तुओं में एक समान विद्यमान रहने वाला करके देखता है जो वस्तुओं के नष्ट होने पर भी नष्ट नहीं होता।"[5] इस अनादि-अनन्त आत्मा का सब प्राणियों के अन्दर निवास है, और इसलिए गुणों की दृष्टि से सीमित पदार्थों से भिन्न नहीं दिखता है। गीता एक ऐसी असीम सत्ता में विश्वास करती है जो सब सीमित वस्तुओं की आधारभूत है, और उनमें जीवन का संचार करती है।

जीवात्मा सदा ही अपने-आपसे असन्तुष्ट रहती है और बराबर कुछ अन्य बनने के लिए संघर्ष करती रहती है। अपनी सीमितता के ज्ञान में भी अनन्त का भाव विद्यमान है।

---

1. 15 : 16।
2. 15 : 17।
3. यह कहा जाता है कि "एक और सत्ता है जो अव्यक्त और नित्य है और इस अव्यक्त तत्त्व से भिन्न है जिसका अन्य सब वस्तुओं का नाश होने पर नाश नहीं होता" (8 : 20)।
4. 8 : 21।
5. 13 : 27; और भी देखिए, 8 : 20।

सीमित जीवात्मा, जिसकी शक्तियां परिमित हैं और जो सदा ही अपनी दुःखमय अवस्था से ऊपर उठने का प्रयत्न करती है, परमार्थरूप ये यथार्थ नहीं हैं। यथार्थ आत्मा का स्वरूप अविनश्वरता का स्वरूप है। गीता आत्मा के अन्दर स्थायित्व के अंश को खोजने का प्रयत्न करती है, वह जोकि सदा ही ज्ञाता या प्रमाता अथवा विषयी है, ज्ञेय या प्रमेय अथवा विषय नहीं है। क्षेत्र स्थान अथवा पदार्थ है और क्षेत्रज्ञ पदार्थ का ज्ञाता अथवा विषयी है।[1] जो कुछ जाना जाता है वह ज्ञाता की सम्पत्ति नहीं है। मनुष्य की आत्मा के अन्दर ज्ञाता का अंश है जो समस्त परिवर्तनों के अन्दर भी अविचल और बराबर एकरस रहता है। यह अनादि अनन्त है, अखण्ड है, कालाबाधित और स्वम्भू है। मनुष्य के व्यक्तित्व को उसके बनाने वाले शरीर, मन एवं जीवात्मा के अवयवों में से अलग करके गीता इनमें से उस तत्त्व को खोज निकालने का प्रयत्न करती है जो सदा रहता है। शरीर स्थायी नहीं है। क्योंकि इसका अन्त है। यह एक क्षणिक ढांचा है।[2] इन्द्रियों का जीवन भी अल्पकालिक, चंचल तथा विकारयुक्त है।[3] मन भी सदा परिवर्तनशील है। यह सब एक ज्ञाता (विषयी) के लिए ज्ञेय पदार्थ है, ये वे साधन हैं जिनके द्वारा आत्मा कार्य करती है। इनकी स्वतन्त्र सत्ता का कोई अर्थ नहीं है। आभ्यन्तर तत्त्व जो समस्त ज्ञान का आदिस्रोत है, गीता के शब्दों में, "इन्द्रियों से, मन से और बुद्धि से भी महत्तर है।"[4] यह वह तत्त्व है जो सबको एकत्र रखता है और बराबर यहां तक कि सुषुप्ति या प्रगाढ़ निद्रा में भी उपस्थित रहता है। परस्पर सबको जोड़े रखने का यह कार्य इन्द्रियों का नहीं हो सकता, न बुद्धि का ही हो सकता है, और अपने-आप ही यह सम्भव हो सकता है।[5] ज्ञाता या विषयी रूपी तत्त्व एक अनिवार्य तथा आवश्यक आधार है जिसके ऊपर ज्ञेय या प्रमेय जगत्, जिसमें आनुभाविक आत्मा भी सम्मिलित है, स्थिर है। यदि हम ज्ञाता को छोड़ दें तो ज्ञेय का भी लोप हो जाता है। किन्तु स्वयं ज्ञाता का लोप नहीं होता, भले ही ज्ञेय का लोप हो जाए। इस अमर रहने वाले तत्त्व का विवरण बहुत परिष्कृत रूप में गीता में दिया गया है। यह शरीर का स्वामी है। "वह कभी नहीं जन्मा और न वह मृत्यु को प्राप्त होता है और चूंकि उसका आदि नहीं है इसलिए अन्त भी नहीं है। वह अजन्मा, नित्य, शाश्वत और पुराणपुरुष आत्मा शरीर के मारे जाने पर भी नहीं मरता है।"[6] "शस्त्र इसको काट नहीं सकते, अग्नि इसे जला नहीं सकती, न पानी ही इसे गीला कर सकता है। वायु इसे सुखा नहीं सकती। इसके अन्दर कोई छेद नहीं कर सकता। इसे आग नहीं लग सकती। यह नित्यस्थायी, सर्वव्यापक, स्थिर रहने वाला, अचल और सनातन है।"[7]

गीता का सर्वोपरि आत्मा का वर्णन कुछ भ्रांतिजनक अवश्य है। "यह अक्षय सर्वोपरि आत्मा, अनादि होने के कारण और निर्गण होने के कारण, कार्य नहीं करता, न इसमें कोई दोष लगता है, यद्यपि यह शरीर में अवस्थित है।"[8] यह केवल द्रष्टा या साक्षी मात्र है। आत्मा अकर्तृया या अकर्ता है। विकास का समस्त नाटक पदार्थ-जगत् से ही सम्बन्ध रखता है। बुद्धि, मन और इन्द्रियां जड़ प्रकृति के ही विकार हैं किन्तु यह सब विकृति भी आत्मा की उपस्थिति से ही सम्भव होती है। प्रमाता या ज्ञाता आत्मा, जो हमारे अन्दर हैं, शान्त, एक

1. 13 : 1 और 5-6
2. 2 : 13, 11, 18
3. 2 : 14।
4. 3 : 42।
5. 13 : 6।
6. 2 : 20।
7. 2 : 22.25।
8. 13 : 31।

समान, बाह्य जगत् में अनासक्त है, यद्यपि यह उसका आधार है और अन्तर्व्यापक साक्षी है।

सांसारिक व्यक्तियों में हमें विषयी और विषय का परस्पर संयोग मिलता है।[1] अनुभव करने वाले व्यक्ति विषयी के दैवीय तत्त्व हैं जो ज्ञेय पदार्थों से मर्यादित हैं। इस संसार के अन्दर विषयी और विषय सदा साथ-साथ मिलते हैं।[2] केवल विषय या पदार्थ का ही परम इन्द्रियातीत अस्तित्व नहीं है। विषयी जो विषय से उत्कृष्ट है, विषय का आधार है। "जब मनुष्य को इस बात का अनुभव हो जाता है कि नानाविध सत्ताओं का एक ही मूल है और सब उसी से निकली हैं तब वह सर्वोपरि सत्ता के साथ ऐक्यभाव का अनुभव करता है।"[3] जब पदार्थ (विषयवस्तु) के साथ मिश्रण-सम्बन्धी भ्रांति का अन्त हो जाता है तो विषयी सबमें एकसमान दिखाई देने लगता है। कृष्ण ने जो अर्जुन को बलपूर्वक यह कहा कि मरे हुओं के लिए शोक मत करो तो उसका आशय यह था कि मृत्यु एकदम विलोप का नाम नहीं है। व्यक्तिगत रूप बदल सकता है, किन्तु सारभूत तत्त्व का नाश नहीं होता। जब तक पूर्णता प्राप्त नहीं हो जाती, व्यक्तिगत का भाव विद्यमान रहता है। यह मरणधर्मा शरीर का ढांचा भले ही बार-बार नष्ट हो जाए, आभ्यन्तर व्यक्तिगत अपने अस्तित्व को सुरक्षित रखता है और एक नया रूप धारण कर लेता है। इस विश्वास से जीवन की प्रेरणा प्राप्त करके मनुष्य को आत्मज्ञान के लिए कार्य करना चाहिए। हमारी अविनश्वरता निश्चित है—या तो अनन्तता द्वारा अथवा पूर्णता की प्राप्ति द्वारा। हमारी उपलक्षित असीमता का यह केवल प्रकटरूप में आ जाना ही है। आत्मा के अस्तित्व के इस प्रतिपादन के आधार पर और उपनिषदों की अन्तर्दृष्टि के इस समर्थन के द्वारा कि आत्मा अथवा निर्मल ज्ञाता हमारे शरीर के मिट्टी में मिल जाने पर भी अछूता अथवा अप्रभावित बचा रहता है, इस प्रकार श्रीकृष्ण ने अर्जुन के मन की बेचैनी को दूर किया था :

"आत्मा का जन्म कभी नहीं हुआ; न यह आत्मा कभी नष्ट होगी;
ऐसा कोई समय नहीं था जबकि यह न रही हो; अन्त और आदि
केवल स्वप्नरूप हैं;
उत्पत्तिरहित, और मृत्युरहित यह आत्मा परिवर्तनरहित सदा एक-
समान रहती है;
मृत्यु इसका बाल भी बांका नहीं कर सकती यद्यपि इसका आवास-
स्थान मृत दिखाई देता है।"[4]

उपनिषदों की ही भावना के अनुकूल गीता भी आत्मा और ब्रह्म की एकता का प्रतिपादन करती है। क्षणिक सत्ता वाली इन्द्रियों और शरीर के पीछे आत्मा है। संसार के क्षणिक पदार्थों की पृष्ठभूमि में ब्रह्म है। दोनों एक ही हैं क्योंकि दोनों का स्वभाव एकसमान है। इसकी यथार्थता प्रत्येक मनुष्य के अपने-अपने अनुभव का विषय है और उसे वह स्वयं ही अनुभव कर सकता है। अपरिवर्तनशील की व्याख्या परिवर्तनशील की परिभाषा के द्वारा करने के सब प्रयत्न निष्फल सिद्ध होंगे। यह ठीक है कि गीता में अन्तर्दृष्टि से जानी गई परमार्थसत्ता संसार की तर्कसंगत आधारभूमि है ऐसा सिद्ध करने का कोई प्रयत्न नहीं किया

1. 13 : 27।
2. 13 : 20-21।
3. 13 : 31।
4. गीता के एक श्लोक का सर एड्विन आर्नल्ड कृत अनुवाद।

गया, किन्तु इसका संकेत अवश्य है। यदि यह संसार अनुभव का विषय है और एक अव्यवस्थित भ्रांति नहीं है तो हमें एक निरुपाधिक परमरूप यथार्थता की भी आवश्यकता है। किन्तु हमें इस विषय में बहुत सावधान रहना चाहिए कि हम अनन्त और सान्त दोनों के क्षेत्रों की पारस्परिक विभिन्नता का विरोध न करें। इससे हमें सान्त के विषय में भ्रमपूर्ण विचार मिलेगा। जो बात सबसे प्रथम हमारे लक्ष्य में आती है वह यह है कि क्षणिकस्वभाव सान्त और यथार्थस्वरूप अनन्त में भेद है। किन्तु यदि यही सब कुछ होता तो अनन्त-असीम भी सीमित हो जाएगा तथा ऐसे रूप में परिणत हो जाएगा जो सान्त है, क्योंकि विरुद्धगुण और बहिष्कृत सीमाबद्ध सत्ता ही असीम अथवा अनन्त की सीमा बन जाएगी। यह समझना अनुचित होगा कि अनन्त कोई ऐसी वस्तु है जो सान्त अथवा सीमित के अन्दर से हठात् बाहर आ गई हो। यह स्वयं ही सच्चे अर्थों में सान्त है। सीमित ही अनन्त का रूप है और वह अनन्त ही सान्त के अन्दर यथार्थसत्ता है और ऐसी कोई वस्तु नहीं है जो उसके साथ-साथ या बराबर में हो। सान्त पदार्थसमूह में जो अनन्त का अंश है यदि हम उसे दृष्टि से ओझल कर दें तो हमें एक अन्तविहिन उन्नति का सामना करना होगा जो सान्त जगत् की विशेषता है। यह अन्तविहीनता ही सान्त के क्षेत्र के अन्दर अनन्त की विद्यमानता का लक्षण है। सान्त अपने को इससे अधिक रूप में व्यक्त में नहीं कर सकता जैसेकि अनन्त को ही सान्त बना दिया गया हो। अनन्त और सान्त के बीच भेद करना केवल शिथिल विचार का लक्षण है। यथार्थ में अनन्त ही सत्य है और सान्त केवल अनन्त का सीमित रूप है। इससे परिणाम यह निकला कि इन्द्रियातीतता और अन्तर्यामिता आदि परिभाषाएं अनुपयुक्त हैं, क्योंकि परमतत्त्व से भिन्न भी कुछ है और इसकी वे कल्पना कर लेती है। परमसत्ता की व्याख्या के लिए जिस किसी भी उपाधि या लक्षण का प्रयोग किया जाए, सब अपर्याप्त हैं। इसका वर्णन करते हुए कहा जाता है कि यह न तो सत्स्वरूप है, न असत् ही है, न आकृतिमान है और न आकृतिविहीन ही है।[1] गीता उपनिषद् के ही सिद्धान्त को दोहराती है कि यथार्थसत्ता निर्विकार है, स्वतन्त्र सत्ता वाली है, और देश, काल एवं कारण-कार्य के नियम से जकड़े हुए समस्त ब्रह्माण्ड की पृष्ठभूमि में है।

गीता दर्शन के क्षेत्र में अद्वैत अर्थात् जीव और ब्रह्म की एकता के सिद्धान्त को सत्य बताती है। सर्वोपरि ब्रह्म एक निर्विकार स्वतन्त्र सत्ता है, "जिसके विषय में वेदान्ती वर्णन करते हैं जिसे तपस्वी लोग प्राप्त करते हैं।" यह सबसे ऊंचा स्तर है और आत्मा के कालक्रम से गति करने का सर्वोपरि लक्ष्य है, यद्यपि अपने-आपमें यह गति नहीं है, अपितु एक स्तर है जो मौलिक है, सनातन है और सर्वोपरि है। ब्रह्म की अपरिवर्तनीय नित्यता ही सब चराचर एवं विकसित जगत् का आधार है। ब्रह्म के ही कारण उनका अस्तित्व है। बिना इसके उनकी सत्ता कोई सत्ता नहीं, यद्यपि यह किसी को बनाता नहीं, करता कुछ नहीं और किसी का निर्णय नहीं करता। दोनों अर्थात् ब्रह्म और जगत् स्वरूप में परस्पर-विरोधी प्रतीत होते हैं। यदि हम संसार की यथार्थता का खण्डन भी करें और इसे केवल एक आभासमात्र मानें तो भी कुछ तो तत्त्व मानना पड़ेगा जिसका कि यह आभास है। निरन्तर अपने से ऊपर उठने के लिए संघर्ष करते रहने के कारण संसार अपनी अयथार्थता को स्वयं दर्शाता है किन्तु परब्रह्म अपने-आपमें स्वयं लक्ष्य है और वह अपने से परे अन्य किसी लक्ष्य या उद्देश्य का ध्यान नहीं करता। चूंकि संसार परब्रह्म के ऊपर आश्रित है इसीलिए परब्रह्म को कभी-कभी

1. 13 : 12।

परिवर्तनरहित तथा परिवर्तनशील दोनों ही कहा जाता है। संसार के अन्तरहित विवरणों और विरोधों का अस्तित्व केवल इसीलिए है कि यह मनुष्य के मन को ऐसी दशा में मोड़ दे जहां सब विरोधों पर विजय प्राप्त की जाती है और एक तारतम्य-विहीन चेतना में तारतम्यों से प्रेम-सम्बन्ध स्थापित किया जाता है। जहां एक ओर समस्त सम्भव सम्बद्ध तथा विरोधी इसी के ऊपर आश्रित हैं, यह उनका विरोधी नहीं है क्योंकि उनका एकमात्र अधिष्ठान जो यही है। यह तो हम ठीक-ठीक नहीं जानते कि यह संसार ठीक किस प्रकार से परब्रह्म का आश्रित है किन्तु इतना हमें निश्चय है कि परब्रह्म के बिना संसार भी नहीं हो सकता था। एक ओर समुद्र चुपचाप सोने वाला है, तो दूसरी ओर अत्यन्त क्षुब्ध भी है। हम नहीं जानते कि दोनों ठीक-ठीक किस प्रकार से परस्पर-सम्बद्ध हैं। हम अपने इस अज्ञान को माया कहकर छिपा लेते हैं। दोनों एक ही हैं तो भी वे भिन्न-भिन्न प्रतीत होते हैं और यह प्रतीति माया के कारण है। इंद्रियातीत यथार्थता यद्यपि परिवर्तन से परे है तो भी परिवर्तनों का निर्धारण करती है। दार्शनिक दृष्टि से हमें यहीं ठहर जाने को बाध्य होना पड़ता है। "किसने प्रत्यक्ष रूप से देखा और कौन निश्चयपूर्वक घोषणा कर सकता है कि यह चित्र-विचित्र सृष्टि किससे उत्पन्न हुई और क्यों उत्पन्न हुई?"[1]

जीवात्मा के सम्बन्ध में वही समस्या है क्योंकि यहां एक स्वतन्त्र विषयी और विषय के बीच में परस्पर के सम्बन्ध का प्रश्न है। हम नहीं जानते कि एक अमर साक्षीरूप जीवात्मा और चेतना के प्रवाहरूप निरन्तर होते हुए परिवर्तनों के मध्य में परस्पर का बन्धन कसा है। इस कठिनाई को हल करने के लिए शंकर ने 'अध्यास' की कल्पना की। विषयी और विषय दोनों का परस्पर संयोग नहीं हो सकता क्योंकि विषयी (प्रमाता जीवात्मा) के हिस्से जो नहीं हैं। इनका परस्पर-सम्बन्ध समवायसम्बन्ध अर्थात् अङ्गाङ्गीभाव-सम्बन्ध भी नहीं हो सकता जिसमें एक दूसरे से पृथक् न हो सके, क्योंकि ये कारणकार्यभाव से तो परस्परसम्बद्ध नहीं है। इसलिए शंकर इस परिणाम पर पहुंचे कि "इन दोनों का परस्पर-सम्बन्ध अध्याय के रूप का है अर्थात् एक-दूसरे को और उन दोनों के गुणों को भ्रम के कारण जो वह नहीं है वैसा मान लेना—और यह विषयी तथा विषय के स्वरूप में भेद न करने के कारण होता है जैसे सीप को भ्रम से चांदी समझ लेना, रस्सी को भ्रम से सांप समझ लेना। दोनों का परस्पर-सम्पर्क प्रतीतिमात्र अथवा मिथ्या ज्ञान है और सत्यज्ञान प्राप्त कर लेने पर यह अध्याय विलुप्त हो जाता है।"[2] यह कल्पना गीता में नहीं पाई जाती, इसका संकेत भले ही समझ लिया जाए।

उपनिषदों का आध्यात्मिक आदर्शवाद गीता में ईश्वरवादी धर्म के रूप में परिणत हो गया है, जिसमें प्रेम, प्रार्थना और भक्ति सबका समावेश है। जब तक हमें परब्रह्म का साक्षात्कार नहीं होता और हम आनुभविक जगत् के पक्ष से ही कार्य कर रहे हैं, हम उक्त विषय की व्याख्या सर्वोपरि ईश्वर की, जिसे गीता में पुरुषोत्तम कहा गया है, कल्पना के आधार पर कर सकते हैं। परमार्थसत्ता का अशरीरधारी होना ही मनुष्य की दृष्टि में उसका पूर्ण महत्त्व नहीं रखता। गीता उपनिषदों के आदर्शवाद को मनुष्य-जाति के दैनिक जीवन के अनुकूल बनाने के लिए उत्सुक है और इसके लिए वह उक्त यथार्थ परमसत्ता की दैवीय क्रिया तथा प्रकृति के कार्यों में भाग लेने के विचार का समर्थन करती है। यह हमारे सामने एक ऐसे ईश्वर की कल्पना प्रस्तुत करती है जो मनुष्य के कुल जीवन के लिए सन्तोषप्रद

1. तैत्तिरीय ब्राह्मण, 2 : 8-9।
2. भगवद्गीता पर शांकर भाष्य, 12 : 3।

है। गीता का ईश्वर ऐसी यथार्थसत्ता है जो केवल अनन्त और केवल सान्त दोनों से ऊपर है। परमात्मा संसार का जनक (उत्पादक) तथा कारण है जो अभिभाज्य शक्ति के रूप में समस्त प्राणीमात्र में व्याप्त है। नैतिक गुण आध्यात्मिक गुणों के साथ जुड़े हुए है।[1] गीता लक्षणभेद को पृथक्त्व-कारण मानने के हेत्वाभास को स्वीकार करने के लिए तैयार नहीं है। यह सब प्रकार के अमूर्तभावात्मक विरोधों का परस्पर समन्वय करती है। पहले 'परस्पर-भेद करके तब उनमें परस्पर-समन्वय स्थापित किए' बिना विवेक अपना कार्य नहीं कर सकता। ज्योंही हम परमतत्त्व का चिन्तन करने लगेंगे, हमें अन्तर्दृष्टि के पात्र तथ्य को विचार की परिभाषा में परिणत करना होगा। विशुद्ध सत् शून्यरूप में परिणत हो गया, और अब हमारे सम्मुख सत् तथा शून्य का संयुक्त रूप है। यह संयुक्त रूप ऐसा ही यथार्थ है जैसा कि विचार। यह ठीक है कि गीता हमें उस प्रक्रिया के विषय में कुछ नहीं बतलाती कि जिससे निरपेक्ष परमतत्त्व, जो अशरीरी है, और निष्क्रिय आत्मा है, क्रियाशील और शरीरधारी भगवान प्रभु बन जाता है जो विश्व की रचना व उसका धारण करता है। बुद्धि के द्वारा तो यह समस्या हल नहीं हो सकती। इस रहस्य का उद्घाटन तभी होता है जबकि हम अन्तर्दृष्टि के स्तर तक उठते हैं। निरपेक्ष परमतत्त्व (ब्रह्म) का ईश्वर के रूप में परिणत होना माया, अथवा रहस्य है। यह इन अर्थों में माया भी है कि परिणत संसार इतना यथार्थ नहीं है जितना कि परब्रह्म स्वयं है।

यदि तर्क के द्वारा हम परब्रह्म के संसार के प्रति सम्बन्ध को समझने का प्रयत्न करें तो हम इसे शक्ति का नाम देंगे। निष्क्रिय और निर्गुण परब्रह्म, जो किसी भी पदार्थ से असम्बद्ध है, तर्क के द्वारा सक्रिय एवं शरीरधारी ईश्वर के रूप में परिणत हो गया—जिसके अन्दर वह शक्ति है जिसका सम्बन्ध प्रकृति से है। हमें गीता में नारायण का ज्ञान मिलता है 'जो जल में आसीन विचारमग्न है।' वह नित्यरूप 'अहंकार' 'अनात्म' के सम्पर्क में आता है। इसी 'अनात्म' को प्रकृति भी कहा गया है, क्योंकि यह संसार का जनक है। यह भ्रांति का आदिस्रोत है, क्योंकि यही यथार्थसत्ता के सत्यस्वरूप को मरणधर्मा मनुष्यों की दृष्टि से छिपाकर रखता है। संसार अङ्गाङ्गीभाव से पुरुषोत्तम के साथ जुड़ा हुआ है। ऊपर पुरुषोत्तम से लेकर नीचे तक सब वस्तुओं में सत् और असत् का अंश विद्यमान है। निषेध के भाव का परमार्थतत्त्व के सम्बन्ध में प्रवेश किया गया है, और परिणमन की प्रक्रिया में एकत्व को हठात् अपने आन्तरिक रूप को प्रकट करना पड़ता है। 'कर्म के प्रति स्वाभाविक आदिम प्रेरणा' जो अन्दर से उठती है, पुरुषोत्तम के हृदय में अपना स्थान रखती है। मौलिक एकत्व के गर्भ में विश्व की समस्त प्रगति अवस्थित है, जिसके अन्दर भूत, वर्तमान, और भविष्यत् अब सर्वोपरि सत्ता में है। कृष्ण अर्जुन को सम्पूर्ण विश्वरूप का एक विस्तृत आकार में दर्शन कराते हैं।[2] नित्यता के प्रकाश में अर्जुन नामरहित वस्तुओं का दर्शन करता है, कृष्ण की विराट आकृति को इस जीवन की सीमाओं का उल्लंघन करते हुए देखता है, जिसने सम्पूर्ण अन्तरिक्ष और विश्व को व्याप्त कर लिया। उसने विभिन्न लोकों को उस विराट रूप के अन्दर से बड़े-बड़े जलप्रपातों की भांति अपना-अपना मार्ग बनाकर निकलते देखा। प्रत्याख्यान अथवा अन्तर्विरोध उन्नति का मुख्य स्रोत है। यहां तक कि ईश्वर के साथ भी निषेधात्मक तत्त्व लगा है जिसे माया कहा गया है, यद्यपि ईश्वर उसे वश में रखता है। सर्वोपरि ईश्वर अपने क्रियाशील स्वभाव अथवा 'स्वां प्रकृतिम्' का उपयोग करके जीवों की सृष्टि करता है, जो

1. भगवद्गीता, 8 : 9 और 13।
2. भगवद्गीता, अध्याय 11; 6 : 29; 7 : 8-9 8 : 22; 10।

अपनी-अपनी प्रकृति के द्वारा निर्णीत मार्ग में स्वयं अपने-अपने भाग्य का निर्माण करते हैं। जहां एक ओर यह सब सर्वोपरि ब्रह्म के द्वारा अपनी आदिम शक्ति का प्रयोग नश्वर संसार में करके सम्पन्न होता है, दूसरी ओर एक अन्य पक्ष भी है जिसका सम्बन्ध इस सबके साथ नहीं है। वह अशरीरी निरपेक्ष परपतत्त्व है और अन्तःस्थित इच्छाशक्ति भी है। वह ऐसा कारण है जिसका अन्य कोई कारण नहीं है, स्वयं अचल है किन्तु समस्त विश्व का वह संचालक है।

> "वह प्राणिमात्र के अन्दर है और बाहर भी है—
> गतिरहित होते हुए भी गतिमान है; सूक्ष्मरूप होने के कारण
> साक्षात् दर्शन के क्षेत्र में नहीं आता;
> प्रत्येक व्यक्ति के पास भी हैं और फिर भी अपरिमेय दूरी पर है;
> बहुगुण न होते हुए भी समस्त जीवित प्राणियों में विद्यमान रहता है।
> अन्धकार के अन्तस्तल में भी वह प्रकाशों का प्रकाश है, अनन्त काल से आलोकित है।"[1]

सर्वोपरि सत्ता के दो स्वरूप वर्णन किए गए हैं—एक उच्च श्रेणी का जिसे 'परा' की संज्ञा दी गई है और दूसरा निम्न श्रेणी का जिसे 'अपरा' संज्ञा दी गई है।। ये दोनों विश्व के चेतन और जड़ दो विभिन्न पक्षों की अनुकूलता में हैं। निम्न श्रेणी की प्रकृति भौतिक एवं कारण से उत्पन्न प्रकृति में कार्य एवं परिवर्तन उत्पन्न करती है। उच्च श्रेणी की प्रकृति पुरुषों अथवा बुद्धिसम्पन्न आत्माओं को उद्देश्यपूर्ण तथा मूल्यों वाले जगत् में जन्म देती है। किन्तु दोनों एकमात्र आध्यात्मिक परमात्मा से सम्बन्ध रखती हैं। मध्व इस आशय का एक पद उद्धृत करते हैं : "ईश्वर के लिए दो प्रकृतियां हैं—जड़ अर्थात् अचेतन, और उसके विपरीत अजड़ अर्थात् चेतन। प्रथम श्रेणी की अव्यक्त प्रकृति है, दूसरी श्रेणी की श्री अथवा लक्ष्मी है जो पहली श्रेणी की प्रकृति को सहारा देती है। दूसरी नारायण की पत्नी है। इन दोनों से हरि संसार की रचना करता है।"[2] गीता सांख्य के सिद्धान्त को स्वीकार करती है जिसके अनुसार सजातीय (एकधर्मा, अथवा समांग) प्रकृति से नानाविध या बहुगुण संसार का विस्तार होता है और पुरुष उसका साक्षीरूप द्रष्टा है। केवल पुरुष की उपस्थिति, जो प्रकृति में उत्तेजना उत्पन्न करके उसके अन्दर गति उत्पन्न करने के लिए आवश्यक है, एक यथार्थ उपस्थिति होनी चाहिए। इसलिए यह कहना अधिक ठीक होगा कि समस्त क्रियाशीलता पुरुष और प्रकृति के सम्मिलित प्रयत्न के कारण है, यद्यपि बुद्धि का अंश प्रमाता (ज्ञाता) के क्षेत्र में प्रकृति का अंश प्रेमय (ज्ञेय पदार्थ) के क्षेत्र में अधिक प्रधान रहता है। वे दोनों एकमात्र सर्वोपरि ब्रह्म के स्वरूप का निर्माण करते हैं। वही दोनों संसार का निर्माण करने की सामग्री हैं।[3] यही कारण है कि प्रभु को संसार का आधार कहा जाता है और चेतना

---

1. 13 : 15-18। सर एडविन आर्नल्ड का अनुवाद।
2. 7 : 5 पर टीका।
3. रामानुज कहते हैं : "बुद्धिरहित प्रकृति और उसके अन्दर बुद्धिसम्पन्न निक्षिप्त किये गये गर्भ से (14, 3) प्राणिमात्र उत्पन्न होते हैं, जो देवताओं से लेकर और स्थिर पदार्थों तक एक चेतनाविहीन वस्तु के साथ परस्पर-मिश्रित हैं।" (गीता का रामानुजभाष्य 13, 2।) साथ ही रामानुज यह भी मानते हैं कि ये सब प्राणी अपनी परमसत्ता भी रखते हैं, जो ईश्वर की सत्ता से भिन्न है। यद्यपि गीता का विचार इस विषय में निश्चित है। अविभाज्य ब्रह्म यथार्थ में विभक्त नहीं होता किन्तु केवल ऐसा प्रतीत होता है। ("विभक्तमिव", 13, 16)।

को पूर्ण प्रकाशित करने वाला प्रकाश कहा जाता है। गीता का रचयिता इसके प्रकार का वर्णन नहीं करता कि जिसके अनुसार ईश्वर का एक स्वरूप एक अवस्था में तो अपने को चेतनाविहीन या जड़ प्रकृति के रूप में अभिव्यक्त करता है, और दूसरी अवस्था में चेतन बुद्धि के रूप में, और साथ ही किस प्रकार से ये एक ही आदिम स्रोत की उपज होते हुए संसार की प्रगति में एक- दूसरे के विपरीत रहकर कार्य करते हैं।[1]

मनुष्य एवं प्रकृति में निवास करते हुए भी सर्वोपरि ब्रह्म दोनों में महान है। अनन्त विश्व अनन्त देश और काल से बद्ध उसी ब्रह्म में अवस्थित है न कि वह ब्रह्म इसमें। ईश्वर की अभिव्यक्ति में परिवर्तन हो सकता है, किन्तु उसके अन्दर एक अंश है जो आत्मस्वरूप है, और प्रतीतिरूप परिवर्तनों की स्थिर पृष्ठभूमि है। नानाविध जीवन उसके स्वरूप में कोई परिवर्तन नहीं ला सकते।[2] जिस प्रकार शक्तिशाली वायु सब जगह गति करती हुई आकाश में स्थिर है, इसी प्रकार सब वस्तुएं मेरे अन्दर स्थिर हैं।"[3] तो भी बिना वायु के गति करने पर भी आकाश आकाश ही है। रचना के गुणों के कारण उस प्रभु में कोई उपाधि नहीं आती। यह संसार उसके स्वरूप की अभिव्यक्ति होते हुए भी ईश्वर की आत्मपूर्णता में किसी प्रकार की न्यूनता नहीं लाता। तो भी हम संसार की रचना से भिन्न ईश्वर के स्वरूप का ज्ञान नहीं कर सकते। यदि, संज्ञात्मक तत्त्व को समस्त सारवस्तु से रिक्त कर लिया जाए और उस सबसे भी रिक्त कर लिया जाए जिससे ज्ञान तथा जीवन का निर्माण होता है, तो ईश्वर अपने-आपमें अज्ञेय बन सकता है। यह भी सत्य है कि हम यदि इस संसार में ही भटकते रहेंगे तो यथार्थता के दर्शन हमें कभी नहीं हो सकते। यह जानना हमारे लिए आवश्यक है कि पदार्थों के साथ सम्बन्ध में स्वतन्त्ररूप में ईश्वर क्या है, और उन सब परिवर्तनों में भी जिन्हें वही इस संसार में लाता है, अपने को उनसे पृथक् बनाए रखता है। चूंकि वह पदार्थों के साथ के सम्बन्ध को पृथक् नहीं कर सकता, केवल इसीलिए हमें यह नहीं सोच लेना चाहिए कि विषयी आत्मा अपने अन्दर आत्माभिज्ञा नहीं रखता। यदि अभिव्यक्ति को आत्मा के साथ मिश्रित कर दिया जाए तो गीता का सिद्धान्त भी एक प्रकार का सर्वेश्वरवाद बन जाएगा। किन्तु गीता का रचयिता स्पष्टरूप से इस प्रकार के सुझावों का खण्डन करता है। समस्त संसार को ईश्वर एक अंश में धारण करता है, "एकांशेन।"[4] दसवें अध्याय में कृष्ण घोषित करते हैं कि वे अपने वैभव के केवल एक अंश को ही अभिव्यक्त कर रहे हैं। परब्रह्म की निर्विकारिता और ईश्वर की क्रियाशीलता दोनों पुरुषोत्तम के भाव के अन्दर आ जाते हैं।

धार्मिक दृष्टि से शरीरधारी पुरुषोत्तम उस निर्विकार, स्वयम्भू परब्रह्म से उच्चकोटि का है जो निर्लेप है, अर्थात् विश्व के विषयी तथा विषय सम्बन्धी प्रतीतिरूप पदार्थों से निर्लिप्त है। उसे एक ऐसा निष्पक्ष शासक समझा जाता है जो कष्ट और विपत्ति से ग्रस्त व्यक्तियों की सहायता करने के लिए सदा उद्यत रहता है। केवल इसी कारण से कि वह कभी-कभी दण्ड देता है, उसे हम अन्यायी और नृशंस नहीं कह सकते। श्रीधर एक श्लोक उद्धृत करता है जिसमें कहा गया है : "जिस प्रकार एक माँ अपने बच्चे को लाड़-प्यार करने के साथ-साथ मारती भी है तो हम उसे नृशंस नहीं कहते, इसी प्रकार ईश्वर भी जो पुण्य और पाप का

1. इसलिए हम इस स्थिति में नहीं हैं कि गीता के पुरुषोत्तम अथवा सम्पूर्ण सम्बन्धी विचार तथा बर्गसां की नित्य (Duree) सम्बन्धी कल्पना में, अथवा गीता के पुरुष और प्रकृति सम्बन्धी सिद्धान्त तथा बर्गसां के जीवन और भौतिक प्रकृति के मध्य कोई तुलना कर सकें।

2. महाभारत, शान्तिपर्व, 339-344।

3. 9:6; 9:10।

4. 10 : 42।

निर्णय करने वाला है, नृशंस नहीं कहला सकता है।"[1] अशरीरी परब्रह्म की धार्मिक कार्यों के प्रयोजन से पुरुषोत्तम के रूप में परिकल्पना की गई है। पुरुषोत्तम का विचार जानबूझकर कोई ऐसी आत्मप्रवंचना नहीं है जिसे मनुष्यहृदय ने अपनी निर्बलता के कारण स्वीकार किया हो। यद्यपि शुष्क तर्क तो हमें निर्गुण यथार्थसत्ता का ही पता देता है, यह आध्यात्मिक अन्तर्दृष्टि है जो हमारे सामने एक ऐसे ईश्वर को प्रकाश में लाती है जिसके शरीरी और अशरीरी दोनों ही रूप हैं। उपनिषदों में हमें 'समन्वय' का सिद्धान्त मिलता है। ईशोपनिषद् में यथार्थसत्ता को चल और अचल दोनों ही रूपों में कहा गया है। इन दोनों में से किसी एक ही रूप के प्रतिपादन का परिणाम ज्ञान का अभाव अथवा अज्ञान होगा। गीता का प्रयत्न अविनश्वर आत्मा और परिवर्तन-सम्बन्धी अनुभव के परस्पर-संश्लेषण की ओर है। पुरुषोत्तम सर्वोपरि आध्यात्मिक सत्ता का नाम है। जो शक्ति से संयुक्त है, उसी को नित्य विश्राम की अवस्था में ब्रह्म कहते हैं। शंकरानन्द एक श्लोक उद्धृत करता है, जिसमें कहा गया है : "वासुदेव के दो रूप हैं—एक व्यक्त और दूसरा अव्यक्त, परब्रह्म अव्यक्तरूप है; और यह समस्त चराचर जगत् उसका व्यक्तरूप है।"[2] सर्वोपरि ब्रह्म के व्यक्त और अव्यक्त दो पक्ष हैं। पहले पक्ष पर बल रहता है जब प्रकृति अपना कार्य करती है एवं जीव उसका ही एक भाग कहलाता है।[3] कृष्ण के कथन में भी उसी पक्ष पर बल दिया गया है : "इस संसार में जो कुछ विभूतिमान, उत्तम, सुन्दर और शक्तिमान है, हे अर्जुन! उस सबको मेरे ही तेज के अंश से उत्पन्न हुआ समझो।"[4] जब कृष्ण हमें अपना भक्त बनाने की प्रेरणा करता है, जब वह विश्वरूप का दर्शन कराता है, और इस सम्बन्ध में जहां-जहां प्रथम पुरुष 'मैं' का प्रयोग करता है, वहां सर्वोपरि परब्रह्म के व्यक्त पक्ष से तात्पर्य है[5] दैवीय स्वरूप का यह पक्ष सृष्टि-रचना के कार्य में प्रविष्ट है, जहां यह अपने को कालक्रम में और परिणमन की लहरों में खो बैठता है। इस सबसे ऊपर दूसरी श्रेणी है जो मौन और निर्विकार है, जिससे ऊंचा और कुछ नहीं है। दोनों पक्ष एकसाथ मिलकर पुरुषोत्तम कहलाते हैं। यदि हम यह सिद्ध करने का प्रयत्न करें कि शरीरधारी प्रभु ही उच्चतम आध्यात्मिक सत्ता है तो हम विषम परिस्थिति में पड़ जाएंगे। "मैं इस ज्ञान के प्रयोजन में घोषणा करूंगा—इस ज्ञान के कि कौन उस अमरत्व को प्राप्त करता है जो सबसे ऊंचा ब्रह्म है जिसका आदि व अन्त नहीं है, और जिसे न सत् और न असत् की कहा जा सकता है।"[6] गीता का रचयिता हमें बार-बार स्मरण कराता है कि व्यक्तरूप उसकी अपनी ही रहस्यमयी शक्ति के कारण है, जिसे योगमाया भी कहते हैं।[7] "अज्ञानी लोग मेरे इन्द्रियातीत और अक्षय सारतत्त्व को न जानने के कारण, जिससे ऊंचा और कुछ नहीं है, मुझे यह समझने लगते हैं कि मैं अदृश्य से अब दर्शन का विषय बन गया हूं।"[8] अन्तिम विश्लेषण में परब्रह्म का पुरुषोत्तमरूप धारण करना यथार्थ से न्यून हो जाता है। इसलिए इस प्रकार का तर्क करना अनुचित है कि गीता के अनुसार अशरीरी आत्मा यथार्थता में शरीरधारी ईश्वर की अपेक्षा निम्न श्रेणी की है, यद्यपि यह सत्य है कि गीता एक शरीरधारी ईश्वर की कल्पना को धार्मिक कार्यों के लिए अधिक उपयोगी समझती है।

---

1. गीता पर टीका, 4 : 8।
2. वही, 4 : 11।
3. 15 : 7।
4. 10 : 41।
5. 9 : 34; 14 : 27; 18 : 65।
6. भगवद्गीता पर रामानुजभाष्य, 13 : 12।
7. 7 : 25।
8. 7 : 24।

इससे पूर्व कि हम गीता में प्रतिपादित विश्वशास्त्र के विषय को हाथ में लें, हमें पुरुषोत्तम और कृष्ण की धारणाओं के पारस्परिक सम्बन्ध पर ध्यान देना है क्योंकि यहीं आकर अवतारों का प्रश्न हमारे सामने आता है।

कृष्ण और पुरुषोत्तम क्या एक ही हैं अथवा कृष्ण उसकी केवल आंशिक अभिव्यक्ति है, यह एक ऐसा प्रश्न है जिसके विषय में बहुत मतभेद है। गीता में अवतारों की कल्पना का वर्णन है। "यद्यपि मैं अजन्मा हूं और अपने सार रूप में अक्षय हूं तो भी सब प्राणियों का प्रभु हूं और अपनी प्रकृति पर पूरा अधिकार रखते हुए मैं अपनी माया से जन्म लेता हूं।"[1] साधारणतया सब अवतार परब्रह्म के अंश या कला रूप में ही व्यक्तरूप हैं किन्तु भागवत कृष्ण को अपवादरूप बताते हुए उसे पूर्णव्यक्त या षोडशकलापूर्ण अवतार कहती है, "कृष्णस्तु भगवान् स्वयम्।" कृष्ण का जो रूप वर्णन किया जाता है वह उसकी पूर्णता का उपलक्षण या संकेत करने वाला है। उसके सिर पर जो मोरपंख का मुकुट है वह चित्र-विचित्र रंगों के होने से मनुष्य की दृष्टि को आप्लावित कर देता है। उसका वर्ण आकाश की भांति श्याम है, वन्य फूलों से गुथी हुई माला सौरजगत् तथा नक्षत्रमण्डल के वैभव की प्रतीक है। बांसुरी जो वह बजाता है वह है जिसके द्वारा वह अपना सन्देश देता है। पीतवस्त्र जो उसके शरीर का परिधान है उस प्रकाश के प्रभामण्डल का प्रतीक है जो सारे अन्तरिक्ष में व्याप्त है। उसके वक्षःस्थल पर जो चिह्न है वह भक्त की भक्ति का प्रतीक है, जिसे वह मनुष्य जाति के प्रति प्रेम के कारण बड़े गौरव के साथ धारण किये हुए है। वह भक्तों के हृदय में निवास करता है और मनुष्य-जाति के प्रति उसका आकर्षण इतना अधिक है कि उसके दोनों पैर जो इस आकर्षण के प्रतीक हैं, एक-दूसरे के ऊपर रखे हुए हैं जिससे कि उसे पूरी दृढ़ता प्राप्त हो सके। शंकर और आनन्दगिरि कृष्ण को सर्वोपरि ईश्वर की केवल आंशिक अभिव्यक्ति के रूप में ही मानते हैं।[2] गीता के रचयिता की सम्मति में कृष्ण पुरुषोत्तम है। "मेरे सर्वोपरि रूप से अनभिज्ञ होने के कारण सब प्राणियों के महान अधिपति मुझको, मनुष्य-शरीर धारण किये हुए देखकर, मूर्ख लोग गलत समझने लगते हैं।"[3]

अवतारों की कल्पना मनुष्य-जाति के लिए एक नया आध्यात्मिक सन्देश प्रस्तुत करती है। अवतार संघर्षशील देवता हैं जो पाप, मृत्यु और विनाश के विरुद्ध संघर्ष करते हैं। "जब-जब धर्म के प्रति ग्लानि और अधर्म की वृद्धि होती है, मैं अपने को सृजन करता हूं। मैं युग-युग में सज्जनों की रक्षा के लिए और दुर्जनों के नाश के लिए तथा धर्म की स्थापना के लिए जन्म धारण करता हूं।"[4] यह आध्यात्मिक जगत् की व्यवस्था को अभिव्यक्त करने वाली वाग्मिता की शैली है। यदि ईश्वर हमारी दृष्टि में मनुष्य का रक्षक है तो जब कभी पापरूप शक्तियां मनुष्य-जीवन के मूल्य को नष्ट करने में प्रवृत्त हों उस ईश्वर को अवश्य प्रकट होना चाहिए। हिन्दूधर्म के पुराणशास्त्रों के अनुसार, जब कभी रावण या कंस जैसे पापिष्ठ लोग प्रभुता प्राप्त कर लेते हैं तब इन्द्र, ब्रह्मा आदि नैतिक व्यवस्था के प्रतिनिधि, भूमि के प्रतिनिधि समेत, (क्योंकि पृथ्वी की ही सबसे अधिक हानि होती है) स्वर्ग के दरबार में जाकर क्रन्दन करते हैं और संसार के किसी मुक्तिदाता की मांग उपस्थित करते हैं। यों

---

1. 4 : 6।
2. "अंशेन सम्बभूव", अर्थात् अंश से उत्पन्न। शंकर। इस पर टीका करते हुए आनन्दगिरि कहते हैं कि यह एक भ्रांतिमय रूप है जो अपनी इच्छा से सिरजा है–"स्वेच्छानिर्मितेन मायामयेन स्वरूपेण।"
3. 9 : 11।
4. चौथा अध्याय। तेविज्जसुत्त भी देखिए, महानिर्वाणतन्त्र, 4।

तो त्राण का कार्य निरन्तर ही होता रहता है किन्तु विशेष अवसरों पर इस कार्य के ऊपर अधिक बल देना होता है। ईश्वर की साधारणरूप आत्माभिव्यक्ति अधिक बलशाली हो जाती है जबकि संसार की व्यवस्था अधिक पापिष्ठ हो जाती है। अवतार से तात्पर्य ईश्वर का मनुष्य शरीर धारण करने से है, मनुष्य का ईश्वररूप हो जाना नहीं है। यद्यपि प्रत्येक चेतन प्राणी में ईश्वर उतर आता है किन्तु यह अभिव्यक्ति अप्रकट रहती है। दैवीयशक्तिसम्पन्न आत्मचेतन प्राणी और अज्ञानावृत्त प्राणी में भेद है। मनुष्य भी अवतार के समान है यदि वह संसार की माया का उल्लंघन करके अपनी अपूर्णता से ऊपर उठ सके। संसार का कर्ता पुरुषोत्तम अपने प्राणियों से भिन्न नहीं है। दोनों का पृथक् अस्तित्व नहीं है। वह अपने को सम्पूर्ण से बराबर प्रविष्ट रखता है। मनुष्य अपने पौरुष को यथार्थरूप देकर पूर्णचेतना को प्राप्त कर सकता है। ऐसी अवस्था में यह एक ही बात है, चाहे तो हम यों कहें कि ईश्वर मनुष्य के रूप में अपने को सीमित कर लेता है, अथवा यह कि मनुष्य ऊपर उठकर अपनी प्रकृति के द्वारा कर्म करता हुआ ईश्वर तक पहुंच जाता है। तो भी अवतार का अर्थ साधारणतया यह समझा जाता है कि ईश्वर एक विशेष प्रयोजन को लेकर इस पृथ्वी पर अपने को सीमा के अन्दर बांधकर अवतरित होता है और उस सीमित रूप में भी ज्ञान की पूर्णता रखता है।

दार्शनिक बुद्धि अवतारों अथवा पूर्णता के आदर्शों का नाता संसार की महान उन्नति के साथ जोड़ती है। उच्चश्रेणी की आत्माएं, जिन्होंने प्रतिनिधिरूप युगों का अपने अन्दर केन्द्रीकरण किया, एक विशेष अर्थ में ईश्वर के मूर्तरूप या अवतार बन गईं। इन अवतारी व्यक्तियों के उदाहरण—जिन्होंने अपनी प्रकृति के ऊपर उठकर श्रेष्ठता प्राप्त की और अपने ब्रह्म तत्त्व से अन्तर्यामी ईश्वर की अभिव्यक्ति जनसाधारण के लिए की—मोक्षप्राप्ति के लिए संघर्ष करते हुए मनुष्यों के लिए अधिक उपयोगी सिद्ध हुए। उनसे मनुष्य उत्साह प्राप्त कर सकता है और उनके स्तर तब बढ़ने का प्रयत्न कर सकता है। ये एक प्रकार के आदर्श ढांचे हैं जिनके अन्दर एक जिज्ञासु आत्मा अपने को ढालने का प्रयत्न करती है, जिससे कि वह ईश्वर की ओर बढ़ सके। जो कुछ एक विशेष व्यक्ति ने यथा, ईसा अथवा बुद्ध ने, सिद्धि प्राप्त की उसकी पुनरावृत्ति अन्य मनुष्यों के जीवन में भी हो सकती है। इस भूलोक को पवित्र करने अथवा ईश्वर के आदर्श को प्रकाश में लाने की चेष्टा को, इस भौतिक जगत् के विकास की प्रक्रिया में, कई श्रेणियों के अन्दर से गुज़रना पड़ा है। विष्णु के दस अवतार मुख्य-मुख्य मार्गों का निर्देश करते हैं। मनुष्ययोनि से नीचे अर्थात् जन्तु योनि के स्तर पर मत्स्य, कच्छप और वराह के अवतार पर ज़ोर दिया गया है। इससे ऊपर उठकर हमें जन्तुजगत् एवं मनुष्यजगत् में संक्रमण मिलता है, अर्थात् नृसिंहावतार, जो मनुष्य और सिंह का संयुक्तरूप है। यह विकास अभी पूर्णता को नहीं पहुंचता जबकि हम वामनावतार की ओर आते हैं। मनुष्यों में अवतार की पहली श्रेणी अत्यन्त उग्र, असंस्कृत और हिंसक प्रवृत्ति वाले परशुराम की है जिसने मनुष्य जाति का संहार किया। इसके आगे चलकर हमें मिलते हैं दैवीय तथा अध्यात्मवृत्ति वाले मर्यादा पुरुषोत्तम राम का अवतार, जो गृहस्थ-जीवन की पवित्रता का तथा प्रेममय जीवन का आदर्श प्रस्तुत करता है, और कृष्णावतार, जो हमें संसार के युद्धक्षेत्र में साहस के साथ प्रवेश करने का उपदेश देता है; उसके बाद बुद्ध का अवतार हमें मिलता है, जो जीवमात्र के लिए करुणा के भाव से ओत-प्रोत होकर मनुष्य-जाति के मोक्ष के लिए कर्म करता है। इसके बाद भी एक अवतार, जो अन्तिम अवतार होगा, अभी आने वाला है। यह रणवीर ईश्वर का रूप कल्कि होगा, जो हाथ में शस्त्र लेकर पाप और अन्याय के विरुद्ध युद्ध करेगा। मनुष्य-जाति के महान संकटकालों में ये अवतार हुए हैं।

6. परिवर्तनमय जगत्

गीता में माया की कल्पना का उचित स्थान क्या है यह जानने के लिए यह भी जानना आवश्यक है कि किन-किन भिन्न अर्थों में माया शब्द का प्रयोग वहां किया गया है, और उन सबके विषय में गीता का अपना ठीक अभिप्राय क्या है। (1) यदि सर्वोपरि यथार्थसत्ता के ऊपर संसार की घटनाओं का कोई प्रभाव नहीं पड़ता, तब उक्त घटनाओं के कारण की व्याख्या एक रहस्यमय समस्या बन जाती है। गीता का रचयिता इस अर्थ में माया शब्द का प्रयोग नहीं करता, भले ही उसके विचारों द्वारा यह उपलक्षित क्यों न होता हो। एक अनादिकाल से चली आई किन्तु अयथार्थ अविद्या संसार की भ्रांति का कारण रहते हुए भी उक्त ग्रन्थकार के मन में प्रवेश नहीं पा सकती। (2) कहा गया है कि शरीरधारी ईश्वर सत् और असत् को ब्रह्म की निर्विकारिता को, एवं परिणमन के विकार, विक्रिया या परिवर्तन, को भी अपने अन्दर धारण करता है।[1] माया एक ऐसी शक्ति है जिसके द्वारा वह विकारवान प्रकृति को उत्पन्न करता है। यह शक्ति है, अथवा ईश्वर की क्रियाशीलता है अथवा आत्मविभूति है, जो आत्मपरिणमन की शक्ति है। इन अर्थों में ईश्वर और माया परस्पर एक-दूसरे पर निर्भर है और दोनों ही अनादि हैं।[2] गीता में सर्वोपरि ब्रह्म की इस शक्ति को 'माया' कहा गया है।[3] (3) चूंकि ईश्वर विश्व की उत्पत्ति में अपने दो तत्त्वों, प्रकृति और पुरुष, (प्रकृति और चेतना) के द्वारा समर्थ होता है। इसलिए उन्हें ईश्वर की माया (निम्न तथा उच्च श्रेणी की) कहा गया है।[4] (4) धीरे-धीरे आगे चलकर माया का अर्थ निम्न श्रेणी की प्रकृति हो गया, क्योंकि पुरुष को ऐसा बीज बतलाया गया है जिसे प्रभु परमेश्वर प्रकृति के गर्भ में प्रवेश कराता है और जिससे विश्व की उत्पत्ति होती है (5) चूंकि यह अभिव्यक्तिरूप जगत् मरणधर्मा मनुष्यों की दृष्टि से यथार्थ को छिपाता है, इसलिए इसे भ्रांतिरूप कहा गया है।[5] यह जगत् अपने आपमें भ्रांतिरूप नहीं है, यद्यपि इसे केवल प्रकृति का यांत्रिक परिणामस्वरूप समझकर, जो ईश्वर के साथ असम्बद्ध है, हम इसके दैवीय तत्त्व को साक्षात् करने में असफल रहते हैं। यही भ्रांति का मूल बन जाता है। दैवीय माया अविद्यामाया बन जाती है। यह केवल हम मरणधर्मा मनुष्यों के लिए ही ऐसी है, क्योंकि हम सत्य से दूर हैं। ईश्वर के लिए, जो इसका पूर्ण ज्ञान रखता है और इस पर नियन्त्रण रखता है, यह विद्यामाया है। मनुष्य के लिए माया विपत्ति और दुःख का कारण है, क्योंकि यह एक भ्रांत, आंशिक चेतना का पोषण करती है और उस अवस्था में पूर्ण यथार्थता पर से चेतना को ग्रहण करने की शक्ति का प्रभाव शिथिल हो जाता है। ईश्वर माया के गहन आवरण में ढका हुआ प्रतीत होता है।[6] (6) चूंकि यह जगत् ईश्वर का केवल कार्यरूप ही है, और इसका कारण है ईश्वर, और चूंकि हर जगह कारण कार्य की अपेक्षा अधिक यथार्थ होता है, इसलिए इस जगत् को भी ईश्वररूपी कारण से न्यूनतर यथार्थ कहा गया है। जगत् की उक्त सापेक्ष अयथार्थता की परिणमन की प्रक्रिया

---

1. 9 : 19।
2. देखिए शाण्डिल्यसूत्र, 2 : 13 और 15।
3. 18 : 61; 4 : 6।
4. 4 : 16।
5. 7 : 14; 7 : 25।
6. वह माया जो अविद्या को उत्पन्न नहीं करती, सात्त्विकी माया कहलाती है। जब इसमें मल आ जाता है, तब यह अज्ञान अथवा अविद्या को जन्म देती है। प्रथम प्रकार की माया में प्रतिबिम्बित ब्रह्म ईश्वर है और दूसरे प्रकार की माया में प्रतिबिम्बित ब्रह्म जीव अथवा जीवात्मा है। यह अर्वाचीन वेदान्त है। देखिए, पंचदशी, 1 : 15-17। गीता इस मत से अनभिज्ञ है।

के आत्मविरोधी स्वरूप में भी पुष्टि होती है। इस आनुभविक जगत् में विरोधी शक्तियों का एक संघर्ष है, और यथार्थ सत्ता सब विरोधी शक्तियों के ऊपर है।[1]

इस जगत् के परिवर्तन केवल कल्पनारूप हैं—इस विषय का कोई संकेत गीता में नहीं पाया जाता है।[2] यहां तक कि शंकर का अद्वैतवाद भी जगत् के यथार्थ परिवर्तनों को स्वीकार करता है, केवल प्रारम्भिक परिवर्तन को अर्थात् ब्रह्म के जगत् के रूप में परिवर्तन को, वह केवल प्रतीतिमात्र अथवा विवर्त समझता है। इस जगत् का सर्वोपरि पुरुषोत्तम से उद्‌भव अथवा निःसरण यथार्थ है; केवल अन्तिम परमरूप के दृष्टिकोण से यह जगत् यथार्थ नहीं है, क्योंकि यह सदा ही परस्पर द्वन्द्वरत रहता है। गीता इस मत का खण्डन करती है कि "यह जगत् मिथ्या है, इसका कोई निश्चित आधार नहीं है, इसका कोई शासक नहीं है केवल इच्छा के कारण तत्त्वों के परस्पर मिलने से यह बन गया है और कुछ नहीं इत्यादि।"[3] इसका तात्पर्य यह हुआ कि, गीता के अनुसार, इस जगत् में जो विकास हमें दृष्टिगोचर होता है वह यथार्थ है और ईश्वर उसका अधिष्ठाता है। यह कहना अनुचित होगा कि गीता इस जगत् को उसी समय तक यथार्थ मानती है जब तक कि हम इसमें रहते हैं। ऐसा कोई संकेत नहीं है कि यह जगत् अनन्त व असीम के हृदय का एक कष्टमय स्वप्नमात्र है। गीता के अनुसार, इस परिणमनरूप जगत् में रहते हुए कालातीत् आत्मसत्ता रूपी अमरत्व को प्राप्त किया जा सकता है। हमारे सामने सर्वश्रेष्ठ पुरुषोत्तम का दृष्टान्त है जो इस जगत् का उपयोग बिना जगत् के द्वारा भ्रान्त हुए करता है। जब हम माया से ऊपर उठते हैं तो काल, देश व कारण हमसे दूर नहीं हो जाते। जगत् सर्वथा विलुप्त नहीं हो जाता किन्तु मात्र अपने आशय में परिवर्तन कर लेता है।

पुरुषोत्तम कोई दूरस्थ चमत्कार का विषय नहीं है जो एक सर्वोपरि अवस्था में हम सबसे दूर हो, बल्कि वह प्रत्येक मनुष्य और पदार्थ के शरीर और हृदय में अवस्थित है। वह परस्पर सम्बद्ध सब जीवनों का नियन्ता है। आत्मा और भूत द्रव्य का यह जगत् उसके सत्त्व का परिणाम है। ईश्वर शून्य से जगत् का निर्माण नहीं करता, वरन् अपने सत्स्वरूप से करता है। प्रलयकाल में समस्त जगत् जिसमें जीव भी सम्मिलित हैं, एक सूक्ष्म अवस्था में उसी दैवीय सत्ता के अन्दर विद्यमान रहते हैं। अभिव्यक्ति अवस्था में वे एक-दूसरे से पृथक् रहते हैं तथा अपने आदि स्रोत को भूले रहते हैं। यह सब उसका परम योग है। इस जगत् की तुलना एक ऐसे वृक्ष से की गई है जिसकी 'जड़ें ऊपर की ओर और शाखाएं नीचे की ओर' हैं।[4] प्रकृति जगत् के सामान्य रूप का नाम है। बराबर रहने वाली प्रतिद्वन्द्विताएं, नाना प्रकार के जीवों का एक-दूसरे को खा जाना, विकसित होना परस्पर भेदभाव करना, संगठन करना और भौतिक पदार्थों में जान डालना—ये सब कार्य प्रकृति के हैं। "पृथ्वी, जल, अग्नि, वायु, आकाश, मन, बुद्धि और अहंकार—ये आठ विभाग मेरी प्रकृति के हैं।" यह ईश्वर का निम्न श्रेणी रूप है। और जो रूप इन सबको शक्ति देता है और जगत् को धारण करता है, वह उसका उच्चतर रूप है।[5] रामानुज लिखते हैं : "प्रकृति, अथवा विश्व का भौतिक स्वरूप, सुख प्राप्ति का विषय है; और वह जो इससे भिन्न है,—जोकि जड़ और सुखप्राप्ति का विषय

1. 2 : 45; 7 : 28।
2. 3 : 28; 4 : 6; 7 : 14; 14 : 23।
3. 16 : 8।
4. 15 : 11।
5. 7 : 4-5; और भी देखिए भगवद्‌गीता पर रामानुज भाष्य, 7 : 4-5।

है—जीवन का तत्त्व जीव है, और यह एक अन्य व्यवस्था का है। यह निम्नश्रेणी का सुख भोगने वाला और बुद्धि सम्पन्न आत्माओं के रूप में है।" गीता रामानुज के यथार्थता-विषयक मत का समर्थन करती है—यदि हम इसकी परमतत्त्व रूप पृष्ठभूमि को दृष्टि से ओझल कर दें और पुरुषोत्तम के विचार पर बल दें, जिसका स्वरूप द्वैतपरक है अर्थात् चेतना और प्रकृति। माला के मनके और रस्सी की उपमा, रामानुज के अनुसार, दर्शाती है कि किस प्रकार "बुद्धि-सम्पन्न एवं जड़ पदार्थों का समूह दोनों ही अपनी कारण और कार्य अवस्था में, जो मेरे शरीर के रूप हैं, एक प्रकार की मणियां हैं, जो एक रस्सी में पिरोई हुई हैं और जो मेरे आश्रय से लटक रही हैं तथा जिन्हें मेरा ही सत्स्वरूप आत्मा प्राप्त है।"[1]

जीवात्मा को प्रभु का एक अंश कहा गया है, अर्थात् "ममैवांशः।"[2] शंकर अपनी इस प्रकार की व्याख्या में कि 'अंश' अथवा भाग, केवल काल्पनिक अथवा भासमान अंश का ही संकेत करता है, भगवद्‌गीता के रचयिता के वास्तविक अभिप्राय के साथ न्याय नहीं करते, क्योंकि यह (जीवात्मा) पुरुषोत्तम का यथार्थरूप है। शंकर की स्थिति उसी अवस्था में ठीक मानी जा सकती है जबकि उल्लेख अखण्ड ब्रह्म का हो, जो अंश रहित है। परन्तु उस अवस्था में पुरुषोत्तम भी काल्पनिक है, क्योंकि उसमें भी अनात्म का एक अंश विद्यमान है। वास्तविक जीवात्मा एक कर्ता है; इस प्रकार वह विशुद्ध अमर आत्मा नहीं है अपितु शरीरधारी आत्मा है जो ईश्वर की सीमित अभिव्यक्ति है। उस स्वरूप के कारण जो यह अपने-आप स्वीकार करती है, अर्थात् इन्द्रियों और मन के कारण इसको पृथक् रखा गया हैं। जिस प्रकार प्रकृति का एक निश्चित परिमाण, अवधि एवं स्फुरण है, इसी प्रकार पुरुष भी एक निश्चित सीमा और चेतना को प्राप्त करता है। सर्वव्यापी आत्मा एक मानसिक, शाक्तिक, भौतिक आवरण में सीमाबद्ध प्रसंग में अन्तर्निविष्ट हो जाता है। "पुरुष प्रकृति के साथ संयुक्त होकर प्रकृति के गुणों का सुखोपभोग करता है, और इसके जन्म एवं पाप या पुण्य का कारण है, उन्हीं गुणों के साथ इसका सम्बन्ध है।"[3]

7. जीवात्मा

मनुष्य माया के अधीन है और बाह्य प्रतीतियों में खोये रहते हैं।[4] इस जगत् में मनुष्य अपनी अपूर्णता के कारण जन्म लेता है। जब तक हम सत्य का साक्षात् नहीं करेंगे, जीवन-मरण के चक्र में घूमते रहने अनिवार्य है। जब हम माया से ऊपर उठेंगे और अपने यथार्थ पद को पहचानेंगे तभी हम अपने इस पृथक्त्व से छुटकारा पा सकेंगे। जीवात्मा कोई भी आकृति क्यों न धारण करे, उसे उससे ऊपर ही उठना होगा। जीवात्मा सदा ही रूप बदलता है। किसी भी सान्त या सीमित रूप में उसके अनन्त स्वरूप की पूर्णता अभिव्यक्ति नहीं हो सकती। यह बराबर अपने सान्त रूप से ऊपर ही ऊपर उठता है जब कि उसका यह परिणमन अपने लक्ष्य तक नहीं पहुंच पाता, अर्थात् सत्-रूप में नहीं आ जाता, और सान्त अनन्त में जाकर विलीन नहीं हो जाता। सान्त संसार की प्रगति का अन्त नहीं है। यह प्रगति अनन्त की पूर्णता का साक्षात्कार है जो सदा बढ़ते हुए इच्छित विषय के क्रमशः समीप और समीपतर पहुंचता है। परिणाम यह निकला कि परिणमन तथा प्रकृति के सम्बन्धों के ऊपर आश्रित भेद केवल क्षणिक और अस्थायी है। जब तक गीता का विचार पुरुषोत्तम के स्तर पर रहता है वह पुरुषों

---

1. भगवद्‌गीता पर रामानुजभाष्य, 7 : 7।
2. 15 : 7।
3. 13 : 21।
4. 7 : 13; 26, 27।

की नित्यता एवं अनेकता को स्वीकार करती है। ऐसी अवस्था में सभी जीव शरीरधारी पुरुषोत्तम के केवल अंशमात्र हैं। परम-सत्य की दृष्टि से उनका व्यक्तित्व विषय या प्रमेयरूपी तत्त्व के ऊपर निर्भर करता है। इस भौतिक जगत् में भी ऐसे कर्म जो पृथक् व्यक्तित्व का संकेत करते हैं, अमर एवं निष्क्रिय आत्मा के कारण नहीं हैं, किन्तु प्रकृति की शक्तियों से ही उनकी उत्पत्ति होती है। "प्रकृति के गुण प्रत्येक मनुष्य को कुछ-न-कुछ कर्म करने के लिए बाधित करते हैं।"[1] यदि पुरुष सनातन, शाश्वत या नित्य है तो यह सोचना कोई भ्रान्ति न होगी कि वे कर्ता भी हैं और एक-दूसरे से भिन्न हैं। गीता में कहा है : "कर्म सब प्रकृति के गुणों के कारण निष्पन्न होते हैं। (किन्तु) मनुष्य की आत्मा अहंकार से विमूढ़ होकर (मोह अथवा भ्रांति को प्राप्त होकर) यह समझने लगती है कि करने वाला मैं हूँ।" "गुण तो गुणों के अन्दर वर्तमान है।"[2] व्यक्तित्व की मिथ्याभावना पदार्थरूपी ज्ञेय वस्तु की परिभ्रांति के कारण ही उत्पन्न होती है। तब यह स्पष्ट है कि भेद का आधार अनात्म अर्थात् जड़ प्रकृति है जबकि आत्मा सबमें, अर्थात् 'कुत्ते में और कुत्ते को खा जाने वाले चाण्डाल दोनों में' एकसमान है।[3] इन सब वाक्यों को बलपूर्वक अपने अद्वैत को सिद्ध करने के लिए प्रयोग में लाना शंकर के लिए बहुत आसान हो जाता है। वे कहते हैं : "और आत्मा के अन्दर ऐसे कोई भेद नहीं हैं जिन्हें अन्त्य-विशेष या परमरूप में तात्त्विक भेद कहा जा सके, क्योंकि शरीरों के नानात्व के रहने पर भी आत्माओं के अन्दर इस प्रकार के भेदों को सिद्ध करने वाली कोई साक्षी उपलब्ध नहीं होती। इसलिए ब्रह्म समांग अथवा सरूप, एवं एकमात्र है।"[4] व्यक्तिभेद के प्रकट लक्षणों के कारण हमें यह धारणा न बना लेनी चाहिए कि इस जगत् में पृथक्त्व अथवा भिन्नता है, क्योंकि मनुष्यों में भिन्नता केवल भिन्न-भिन्न भौतिक शरीरों के कारण ही है। इसी प्रकार का कथन महाभारत में भी आता है, "गुणों से बद्ध मनुष्य जीवात्मा है; और जब उन गुणों से वह स्वतन्त्र हो जाता है तो वही परमात्मा अथवा सर्वोपरि आत्मा है।"[5] ऐसे वाक्यों की व्याख्या जो आत्मा एवं सर्वोपरि आत्मा के तादात्म्य की घोषणा करते हैं, रामानुज ने एक अन्य प्रकार से की है। उदाहरण के लिए "ब्रह्म के सर्वत्र हाथ और पैर हैं और उसी ने सबको अपने अन्दर लपेट रखा है।" इसका आशय रामानुज के मत में यह है कि "आत्मा का जो विशुद्ध स्वरूप है वह शरीर और ऐसे ही अन्यान्य पदार्थों के साथ सम्बन्ध-विरहित होने पर सब वस्तुओं में व्याप्त रहता है।"[6] किन्तु आगे चलकर जहां गीता में आता है कि प्रत्येक के अन्दर जो पुरुष है वह साक्षी, आदेश देने वाला, धारण करने वाला एवं सुख का उपभोक्ता है, वह महान प्रभु और सर्वोपरि आत्मा है," तब रामानुज असमंजस में पड़ जाते हैं। "इस प्रकार का पुरुष उन गुणों के कारण जो प्रकृति की उपज है, अपने शरीर के सम्बन्ध में ही शासक बनता है और उच्चतम आत्मा भी इसी शरीर के कारण बनता है।"[7]

किसी एक प्रासंगिक, एकवचन अथवा बहुवचन के प्रयोगमात्र से हम आत्मा के परमस्वरूप के विषय में कोई अनुमान नहीं कर सकते। जब उसके सांसारिक या आनुभविक पक्ष पर बल होता है तो बहुवचन का प्रयोग मिलता है। "ऐसा कोई काल नहीं था जबकि

1. 3 : 5
2. 3 : 27-28।
3. 5 : 18; 13 : 2, 22।
4. भगवद्गीता पर शांकरभाष्य, 5 : 19।
5. शान्तिपर्व, 187, 24।
6. भगवद्गीता पर रामानुजभाष्य, 12 : 13।
7. भगवद्गीता पर रामानुजभाष्य, 13 : 23, और भी देखिए 13 : 33।

मैं नहीं था, अथवा तुम नहीं थे, अथवा प्रजाओं के ये शासक नहीं थे; अथवा हम सबमें से कोई भी इसके पश्चात् न रहेगा, सो भी नहीं है।"[1] उक्त कथन के आधार पर आत्माओं का सनातन नानात्व के परिणाम पर पहुंचना बहुत सरल है। रामानुज कहते हैं कि "भगवान स्वयं प्रकट करता है कि आत्मा का भगवान से भेद एवं अन्य आत्माओं से भी भेद उच्चतम यथार्थता है।" दूसरी ओर शंकर बलपूर्वक कहते हैं कि "आत्मा के ही रूप में हम त्रिकाल अर्थात् भूत, वर्तमान और भविष्यत् में सनातन या शाश्वत हैं।" उनका मत है कि बहुवचन का प्रयोग शरीरों के ही सम्बन्ध में किया गया है, जो भिन्न-भिन्न हैं, जैसाकि अगले श्लोक में स्पष्ट है जो पुनर्जन्म के विषय में है। आत्मा के सम्बन्ध में यह बहुवचन का प्रयोग नहीं किया गया है। आध्यात्मिक दृष्टि से आत्मा केवल एक ही है।[2]

परमपद की प्राप्ति से पूर्व पुनर्जन्म होता रहता है, यह गीता का मत है। अपूर्णता के कारण उत्पन्न जन्म का मृत्यु में और मृत्यु का जन्म में परिणत होना आवश्यक है। जन्म और मृत्यु का चक्र वैसा ही है जैसा कि शैशवकाल, युवावस्था और उसके पश्चात् वृद्धावस्था मनुष्य के शरीर में आते हैं।

"जैसे मनुष्य पुराने कपड़ों को बदलकर नये कपड़े धारण करता है,
वैसे ही जीर्ण शरीरों को छोड़कर वह नये शरीरों को धारण कर लेता है।"[3]

मृत्यु तो केवल एक घटना है, जो घटनास्थिति को बदल देने मात्र का कार्य करती है, अन्य कुछ नहीं। यह वाद्यमन्त्र, जिसके द्वारा गायक अपनी संगीतकला को अभिव्यक्त कर सकता है, ठीक रहना ही चाहिए। वृद्धावस्था में शक्तियों के क्रमिक ह्रास, या रोगजनित सामयिक अशक्तता की प्रतिक्रिया से मन के अन्तःस्तल में, शारीरिक रूप में, प्रतिक्रिया होती है। जब यह शरीर मर जाता है तो आत्मा को उसके स्थान पर एक नया साधन दिया जाता है। हमारा जीवन हमारे साथ मृत्यु को नहीं प्राप्त होता : जब यह शरीर जीर्ण-शीर्ण हो जाता है, तब वह दूसरा शरीर धारण कर लेती है। जन्म किस प्रकार का हो यह इसके ऊपर निर्भर करता है कि हमने किस प्रकार का चरित्र निर्माण किया है। हम ज्योतिर्मय लोकों में जन्म लेते हैं, अथवा मनुष्य की योनि में इस मृर्त्यलोक में जन्म लेते हैं, अथवा पुशयोनि में जन्म लेते हैं, अपने चरित्र के आधार पर हमने उसे जैसा भी ढाला होगा अर्थात् हममें सत्त्व, रजस् एवं तमस् आदि जिस गुण की प्रधानता होगी उसी के अनुसार हम जन्म ग्रहण करेंगे। प्रत्येक पग जो हम बढ़ाते हैं उसका प्रभाव स्थिर एवं हमारे लिए सुरक्षित रूप में रहता है। जब अर्जुन कृष्ण से ऐसे व्यक्तियों के भाग्य के विषय में प्रश्न करता है जो इस जन्म में पूर्णता पाने में असमर्थ रहते हैं कि क्या उनका सर्वथा नाश हो जाता है, तब कृष्ण उत्तर देते हैं कि कोई भी मनुष्य जो जनता का कल्याण करता है, कभी ।वेनाश को प्राप्त नहीं होता, बल्कि वह दूसरा जन्म ग्रहण करता है "और उसमें वह अपने पूर्वजन्म की मानसिक विशेषताओं को पुनः प्राप्त कर लेता है और उन विशेषताओं को लेकर वह पूर्णता की प्राप्ति के लिए फिर से प्रयत्न करता है।"[4] प्रत्येक महत्त्वपूर्ण काम सुरक्षित रहता है। यदि मनुष्य सर्वोपरि ब्रह्म को अपने हृदय में ध्यान करता रहे तो पथभ्रष्ट नहीं हो सकता। एक जन्म के बाद दूसरा

1. भगवद्गीता पर रामानुज का भाष्य और भगवद्गीता पर शांकर भाष्य, 2 : 12।
2. 8 : 4; 13 : 31।
3. 2 : 22, सर एड्विन अर्नाल्ड का अनुवाद। और भी देखिए 2 : 13; 2 : 27।
4. 6 : 44-45।

और फिर तीसरा इस प्रकार यह क्रम बना रहता है जब तक कि लक्ष्य की प्राप्ति नहीं हो जाती।[1] सूक्ष्म शरीर, जिसमें इन्द्रियों की शक्तियां और मन रहते हैं, मृत्यु के पश्चात् भी बचा रहता है, और उसीमें मनुष्य के चरित्र-सम्बन्धी संस्कार सुरक्षित रहते हैं।[2] पुनर्जन्म एक प्रकार का साधनास्थल है जिसके द्वारा हम अपने को पूर्ण बना सकते हैं। गीता में देवताओं के मार्ग का भी उल्लेख है, जिसमें होकर संसारी पुरुष गुज़रते हैं।[3] तीसरा मार्ग पापियों का है, उसका भी वर्णन है।[4]

8. नीतिशास्त्र

मनुष्यों की परस्पर-विभिन्नता, उनकी सान्तता और उनका व्यक्तित्व, यह सब केवल आनुषंगिक है और यह वस्तुरूप में सत्य नहीं है। कोई भी मनुष्य शान्ति के रहस्य को, जो एकमात्र स्थायी और निरापद है, प्राप्त नहीं कर सकता जब तक कि वह भासमान आत्मनिर्भरता अथवा पृथक्त्व के बन्धन को नहीं तोड़ देता। यथार्थ मोक्ष से तात्पर्य है आत्मा का ऊपर उठना अथवा उच्च श्रेणी की सत्ता के साथ संयुक्त होना, चाहे वह तर्क द्वारा या कि प्रेम अथवा जीवन द्वारा सिद्ध हो। जिस लक्ष्य पर पहुंचने के लिए हम पुरुषार्थ करते हैं वह ब्रह्मत्व की प्राप्ति है। अथवा ब्रह्म के साथ सम्पर्क है, "ब्रह्मसंस्पर्शम्।" यही एकमात्र परम उत्कर्ष है।[5]

यह सब मनुष्यों के सामर्थ्य में है कि वह पाप का नाश कर सकें, शारीरिक भ्रष्टाचार को दूर कर सकें, निम्न श्रेणी की प्रकृति का त्याग कर सकें तथा वासना की दासता से इन्द्रियों की रक्षा कर सकें। संघर्ष में प्रवृत्त प्रत्येक मनुष्य को चाहिए कि वह अपनी स्वतन्त्र दृष्टि से सत्य का साक्षात्कार करने, अपनी स्वतन्त्र बुद्धि से सत्य का निर्णय करने और अपने सच्चे हृदय से सत्य को प्रेम करने के लिए निरन्तर प्रयत्न करता रहे। स्वयंप्राप्त सत्य का अर्धांश भी अन्यों के द्वारा प्राप्त पूर्ण सत्य से कहीं अधिक मूल्यवान होता है।

मनुष्य बुद्धि, इच्छा और भावना इन सबका सम्मिश्रण है, और इस प्रकार अपनी आत्मा के सत्य प्रकाश का साक्षात्कार इन्हीं सबके द्वारा प्राप्त करने की चेष्टा करता है। वह सर्वोपरि यथार्थसत्ता के ज्ञान द्वारा, अथवा किसी पहुंचे हुए महात्मा पुरुष के प्रति प्रेम व भक्ति के द्वारा अथवा अपनी इच्छा को किसी दैवीय प्रयोजन के अधीन करके लक्ष्य को प्राप्त कर सकता है। उसके अपने अन्दर एक प्रकार की प्रेरणा है जो उसे बाध्य करती है कि वह उक्त भिन्न-भिन्न दिशाओं में इस अल्पज्ञ आत्मा से ऊपर उठ सके। हम चाहे जिस दृष्टिकोण को भी अंगीकार करें, लक्ष्य सबका एक ही है। यह हमारे नाना पक्षों की एकसमान क्षमता ही है जिससे सत्य की प्राप्ति होती है, सौन्दर्य का निर्माण होता है और हमारा आचरण निर्दोष होता है। गीता इस विषय पर विशेष बल देती है कि चेतनामय जीवन के किसी भी पक्ष को हम भुला नहीं सकते, अर्थात् सर्वतोमुखी उन्नति की आवश्यकता है। नाना प्रकार के दृष्टिकोण या पक्ष एक अविकल एवं अखण्ड दैवीय जीवन में जाकर पूर्णता को प्राप्त होते हैं। ईश्वर स्वयं सत्, चित्त और आनन्द है; यथार्थ सत्य एवं आनन्द स्वरूप है। वह परब्रह्म ज्ञान की प्राप्ति के लिए पुरुषार्थ करने वालों के लिए अपनी अभिव्यक्ति एक शाश्वत

---

1. 7 : 19।
2. 15 : 8।
3. 8 : 23, 26।
4. 9 : 12; 16 : 19-21।
5. 6 : 20, 23, 27 और 28।

प्रकाश के रूप में करता है जो निर्मल, स्वच्छ है, और मध्याह्न के सूर्य की भांति पूर्ण ज्योतिर्मय है, जिसमें अन्धकार का लेशमात्र नहीं है; उन व्यक्तियों के लिए जो पुण्य-अर्जन करने के लिए पुरुषार्थ कर रहे हैं, वह शाश्वत, न्यायपरायण, दृढ़ एवं निष्पक्ष रूप में प्रकट होता है; और इसी प्रकार ऐसे व्यक्तियों के लिए जो भावनाप्रधान है, वह शाश्वत प्रेम और पवित्रता के सौन्दर्यरूप में प्रकट होता है। ठीक जिस प्रकार ईश्वर अपने अन्दर ज्ञान, साधुता और पवित्रता सबको समाविष्ट रखता है, उसी प्रकार मनुष्यों का उद्देश्य भी आत्मा की पूर्णता प्राप्त करने का होना चाहिए। जब हम अपने गन्तव्य लक्ष्य तक पहुंच जाते हैं तो मार्ग की रुकावटें फिर अपना कार्य करना छोड़ देती हैं। यह सत्य है कि मनुष्य के इस सान्त जीवन में चिन्तन और कर्म में एक प्रकार का विरोध प्रतीत होता है, किन्तु यह केवल हमारी अपूर्णता का लक्षण है। जब कृष्ण से पूछा गया कि हम कौन-से विशेष मार्ग का अवलम्बन करें तो वे स्पष्ट रूप में कहते हैं कि इसके लिए हमें परेशान होने की ज़रूरत नहीं क्योंकि भिन्न-भिन्न मार्ग अन्त में जाकर भिन्न नहीं रहते अपितु एक ही सामान्य लक्ष्य की ओर हमें ले जाते हैं और अन्त में एक ही प्रतीत होते हैं, भले ही वे बीच में एक-दूसरे को काटते हुए प्रतीत होते हों। मनुष्य खण्डरूप में कार्य नहीं करता। उन्नति परस्पर सम्बद्ध और असम्बद्ध विकास की अवस्था है। ज्ञान, मनोभाव और इच्छा आत्मा की एकमात्र और समान गति के भिन्न-भिन्न रूप हैं।

गीता ने अपने समय के प्रचलित विभिन्न आदर्शों में सामंजस्य स्थापित करके उनके अन्दर जहां कहीं सीमा का उल्लंघन हुआ उसे सुधारने का प्रयत्न किया। बौद्धिक जिज्ञासा, श्रमसाध्य आत्मत्याग, उत्कट भावनामयी भक्ति, कर्मकाण्ड का अनुष्ठान तथा यौगिक प्रक्रियाओं के बारे में यह समझा जाता था कि ये दैवीय शक्ति के पास पहुंचाते हैं।[1] गीता इन सबका समन्वय करती है और इनमें से प्रत्येक का कौन-सा उचित स्थान है तथा क्या महत्त्व है इसे दर्शाती है। इसके मत में संयुक्त मोर्चे का प्रभाव सदा ही होता है, ऐसे समन्वयकारक आदर्श से, जो उक्त सब विधानों का लक्ष्य है, विश्व के साथ मनुष्य की घनिष्ठता बढ़ती जाती है, जिसका अधिष्ठाता पुरुषोत्तम है।

मधुसूदन सरस्वती के विचार में गीता उपनिषदों में वर्णित तीनों विधानों, अर्थात् कर्म, उपासना और ज्ञान को स्वीकार करती है, और क्रमशः प्रत्येक के ऊपर छः अध्यायों में प्रतिपादन किया गया है। इसमें सत्य का अंश भले ही जो कुछ हो, किन्तु यह चेतनामय जीवन के तीन बड़े विभागों पर बल देती है। गीता इस विचार को प्रश्रय देती है कि भिन्न-भिन्न श्रेणी के मनुष्यों के लिए भिन्न-भिन्न मार्ग आध्यात्मिक ज्ञान प्राप्त करने के लिए विहित हो सकते हैं; जैसे, कुछेक नैतिक जीवन की उलझनों के मार्ग से, दूसरे बुद्धि में उत्पन्न संशयों के द्वारा, और तीसरे पूर्णता की प्राप्ति के लिए जो भावनामयी मांग मनुष्य के अन्दर उत्पन्न

---

1. तुलना कीजिए प्लाटिनस : "इस गन्तव्य उद्देश्य (आध्यात्मिक ज्ञान) तक पहुंचने के भिन्न-भिन्न मार्ग हैं : सौन्दर्य का प्रेम जो कवि को प्रेरणा देता है; वह एकमात्र सत्ता के प्रति भक्ति और वह विज्ञान की ऊंचाई जिससे दार्शनिक के अन्दर महत्त्वाकांक्षा उत्पन्न होती है; वह प्रेम और वे प्रार्थनाएं जिनके द्वारा एक भक्त और व्याकुल आत्मा, अपनी नैतिक पवित्रता के कारण पूर्णता को प्राप्त करने के लिए प्रवृत्त होता है। ये सब महान प्रमुख मार्ग हैं जो वैयक्तिक जीवन से ऊपर उस ऊंचाई तक ले जाने वाले हैं जहां पहुंचकर हम उस अनन्त के एकदम निकट में स्थित हो जाते हैं, जो मानो आत्मा की गहराई के अन्दर से भासमान हो रहा है।" (फ्लाकस को लिखा गया पत्र।)

होती है उसके कारण, आध्यात्मिक ज्ञान की ओर प्रवृत्त होते हैं।

9. ज्ञानमार्ग

एक तार्किक मस्तिष्क आंशिक से सन्तुष्ट न रहकर वस्तुओं की सम्पूर्णता को ग्रहण करने का प्रयत्न करता है और जब तक वह सत्य को नहीं प्राप्त कर लेता तब तक चुप नहीं बैठता। इसको उस अमिट श्रद्धा से प्रोत्साहन मिलता है जिसका अन्तिम लक्ष्य परमसत्य को प्राप्त करना है।[1] गीता दो प्रकार के ज्ञान का प्रतिपादन करती है—एक वह जो बुद्धि के द्वारा बाह्य जगत् के अस्तित्व को समझने का प्रयत्न करता है, और दूसरा वह जो अन्तर्दृष्टि के बल से इन भासमान घटनाओं की शृंखला की पृष्ठभूमि में जो परमतत्त्व है उसे ग्रहण करता है। मनुष्य की आत्मा जब तार्किक बुद्धि के अधीन रहती है तो अपने को प्रकृति के अन्दर खो बैठने के प्रति प्रवृत्त होती है और उसीकी गतिविधि के साथ अपना तादात्म्य समझने लगती है। इस जीवन के तथ्य को अर्थात् इसके उद्भव एवं यथार्थता के ज्ञान को ग्रहण करने के लिए इसे मिथ्या ज्ञान के पाश से अपने को मुक्त करना आवश्यक है। जीवन के विवरणों को बुद्धि के द्वारा जानने का नाम विज्ञान है, और यह साधारण ज्ञान से भिन्न है, अथवा समस्त जीवन के सामान्य आधार का सम्पूर्ण ज्ञान है। ये दोनों एक ही पुरुषार्थ के दो भिन्न पक्ष हैं। समस्त ज्ञान ईश्वर का ज्ञान है। विज्ञान और दर्शन दोनों ही अनादि-अनन्त आत्मा के अन्दर वस्तुओं के एकत्व रूपी सत्य को पहचानने का प्रयत्न करते हैं। कहा जाता है कि विज्ञान-विषयक ज्ञान रजोगुणप्रधान है एवं आध्यात्मिक ज्ञान सत्त्वगुणप्रधान है। यदि हम भौतिक विज्ञान के आंशिक तथ्यों को भूल से आत्मा-सम्बन्धी पूर्ण तथ्य समझ लें तो हमें निम्न श्रेणी का ज्ञान प्राप्त होता है जिसमें निम्नतम श्रेणी के तमोगुण का प्राधान्य रहता है।[2] जब तक हम भौतिक ज्ञान के स्तर पर रहते हैं, आत्मविषयक तथ्य केवल कल्पनामात्र रहता है। अन्तरहित परिणमन सत्स्वरूप को आवृत कर लेता है। विज्ञान उस अन्धकार को दूर कर देता है जो मन के ऊपर एक प्रकार का बोझ है और अपने भौतिक जगत् की अपूर्णता को प्रदर्शित करता है, और अपने से सुदूर जो सत्ता है उसे प्राप्त करने के लिए तैयार करता है। यह हमारे अन्दर नम्रता को भी अनुप्राणित करता है, क्योंकि इसके द्वारा हम सब कुछ नहीं जान सकते। हम अतीत की विस्मृति और भविष्य की अनिश्चितता के मध्य फंसे हुए हैं। विज्ञान इस बात को स्वीकार करता है कि पदार्थों के आदिकारणों से परिचित होने की काल्पनिक इच्छा करना, और मनुष्यजाति का अन्त क्या है इस विषय पर कल्पना करना एक निरर्थक प्रयास है। यदि हमें परम सत्य तक पहुंचना है तो (भौतिक) विज्ञान के स्थान में दूसरी ही साधना का आश्रय लेना होगा। गीता की सम्मति में 'परिप्रश्न' अथवा अनुसन्धान के साथ- साथ सेवा का भी मेल होना आवश्यक है। अन्तर्दृष्टि की शक्ति के विकास के लिए हमें मन को दूसरी दिशा में घुमाने की आवश्यकता है अर्थात् आत्मा के दृष्टिकोण में परिवर्तन होना आवश्यक है। अर्जुन ने अपने को साधारण दृष्टि के द्वारा सत्य के दर्शन में

---

1. "ईश्वर के प्रति जिसे प्रेम है वह सौभाग्यशाली है, और यह अवस्था ज्ञान से प्राप्त होती है।" (स्पिनोज़ा) "कुछेक व्यक्तियों की सम्मति में विश्व को समझने के लिए बौद्धिक प्रयत्न देवत्व को अनुभव करने का मुख्य मार्ग है।" (ब्रैडले)।
2. 18 : 20-22।

असमर्थ पाया और इसलिए कृष्ण से आध्यात्मिक ज्ञान के लिए दिव्य दृष्टि की याचना की।[1] विश्वरूप अन्तर्दृष्टि-सम्बन्धी अनुभव का कवि द्वारा अतिशयोक्तिपूर्ण वर्णन है जिसमें कि ईश्वर के अन्दर रमण करने वाला व्यक्ति सब पदार्थों का उसके अन्दर दर्शन करता है। गीता का मत है कि इस प्रकार की आध्यात्मिक दृष्टि को प्राप्त करने के लिए मनुष्य को अपने में अन्तर्निहित होने का ज्ञान प्राप्त करना चाहिए और अपने मन को उच्चतम यथार्थसत्ता के अन्दर स्थिर करना चाहिए। केवल बुद्धि के दोष से ही नहीं किन्तु स्वार्थ की लालसा से भी सत्य हमारी दृष्टि से ओझल रहता है। अज्ञान बौद्धिक भ्रम नहीं है अपितु आध्यात्मिक अन्धापन है। इसे दूर करने के लिए हमें शरीर एवं इन्द्रियों के मल को हटाकर आत्मा को निर्मल करना चाहिए एवं आध्यात्मिक दृष्टि को प्रज्वलित करना चाहिए जो समस्त पदार्थों को एक नये दृष्टिकोण से देखती है। वासना की अग्नि और इच्छा की अशान्ति का दमन करना आवश्यक है।[2] चंचल और अस्थायी मन को एक प्रशान्त जलाशय की भांति स्थिर रखना आवश्यक है जिससे कि उसके अन्दर ज्ञान ऊपर से ठीक-ठीक प्रतिबिम्बित हो सके। बुद्धि अथवा सत् और असत् में विवेक करने वाली शक्ति को प्रशिक्षित करना आवश्यक है।[3] यह शक्ति किस दिशा में कार्य करती है यह हमारे पूर्व के संस्कारों के ऊपर निर्भर करता है। हमें इसे इस प्रकार से प्रशिक्षित करना है कि इसकी विश्व के धार्मिक दृष्टिकोण के साथ सहमति हो जाए।

गीता ने जो योग-प्रणाली को अंगीकार किया है वह मानसिक प्रशिक्षण के साधन के रूप में ही स्वीकार किया है। योग-साधना हमें ऐसे निर्देश देती है जिनके द्वारा हम अपने को अपने परिवर्तनशील व्यक्तित्व से ऊपर उठाकर असाधारण प्रवृत्ति में ला सकते हैं जहां हमारे पास ऐसी कुंजी रहती है जो सम्बन्धों रूपी समस्त नाटक का सूत्र है। योगसाधना के अनिवार्य उपाय ये हैं : (1) मन, शरीर एवं इन्द्रियों को पवित्र करना जिससे कि दैवीय शक्ति का उसके अन्दर संचार हो सके; (2) एकाग्रता, अर्थात् इन्द्रियों की ओर दौड़ने वाले विश्रृंखल विचारों की चेतना से मन को हटाकर उसे सर्वोपरि ब्रह्म में स्थिर करना; (3) और यथार्थसत्ता तक पहुंचने के पश्चात् उसके साथ तादात्म्य स्थापित करना। गीता इतनी अधिक क्रमबद्ध नहीं है जैसे कि पतंजलि के योगसूत्र हैं, यद्यपि भिन्न-भिन्न साधनाओं का उसमें उल्लेख अवश्य है।[4]

गीता हमारे सामने कुछ ऐसे सामान्य सिद्धान्त प्रस्तुत करती है जिन्हें सब श्रेणी के विचारक स्वीकार कर सकते हैं। हमें श्रद्धा रखने एवं विद्रोहात्मक मनोवृत्तियों का दमन करने का आदेश दिया गया है[5] और ईश्वर के विचार को दृढ़ता के साथ धारण करने का आदेश है। आध्यात्मिक दर्शन के लिए मौन एवं शान्ति का वातावरण आवश्यक है। मौन अवस्था में, जो मन को वश में करने से ही सम्भव है, हम आत्मा के शब्द को सुन सकते हैं। यथार्थ योग है जो हमें आध्यात्मिक निष्पक्षता अर्थात् समत्व प्राप्त कर सके।[6] "योग ऐसी दुःख से मुक्त अवस्था का नाम है जिसमें एक ऊपर से छाए हुए स्थान में रखे दीपक की भांति मन प्रकम्पित नहीं होता, जिस अवस्था में आत्मा के द्वारा आत्मा का प्रत्यक्ष कर लेने पर मनुष्य के अन्दर सन्तोष अनुभव करता है, जहां मनुष्य को ऐसे परम आनन्द का अनुभव होता है

1. 11। तुलना कीजिए, पैग़म्बर के शब्दों से, "हे भगवान! उसकी आंखें खोलो जिससे कि वह देखने में समर्थ हो।" और भी देखिए इज़ाकिल का स्वप्न और एक्सोडस, बाइबिल, 33 : 18; इलहाम अध्याय 4, और सद्धर्मपुण्डरीक, अध्याय 1 ।

2. 4 : 39।
3. 2 : 44।
4. अध्याय 6।
5. 4 : 39।
6. 2 : 48।

जो केवल बुद्धि द्वारा ग्रहण करने ही का विषय है। किन्तु इन्द्रियों की पहुंच से सदा बाहर है और जहां पर आसीन होकर मनुष्य फिर सत्यमार्ग से भ्रष्ट नहीं होता; जहां अन्य किसी प्रकार का लाभ उससे अधिक महत्त्व का नहीं है और जिस अवस्था में अवस्थित हो जाने पर मनुष्य बड़े कष्ट से भी विचलित नहीं होता।"[1] आध्यात्मिक अन्तर्दृष्टि प्राप्त करने के लिए सबको योग के अभ्यास की आवश्यकता नहीं है। मधुसूदन सरस्वती ने एक श्लोक वशिष्ठ से उद्धृत किया है : "मन के अहंकार आदि का दमन करने के लिए योग और ज्ञान दो ही साधन हैं। योग चित्त की वृत्तियों के निरोध का और ज्ञान सम्यक् अवेक्षण का नाम है। कुछ श्रेणी के व्यक्तियों के लिए योग-साधन सम्भव नहीं है इसी प्रकार कुछ श्रेणी के व्यक्तियों के लिए ज्ञान सम्भव नहीं है।"[2] आध्यात्मिक अन्तर्दृष्टि में कर्म और उपासना भी सहायक हो सकते हैं।[3]

कुछ अवस्थाओं में आध्यात्मिक प्रशिक्षण के लिए योग की उपयोगिता को स्वीकार करते समय गीता इसके भयावह परिणामों से भी अनभिज्ञ नहीं है।[4] उपवास और इसी प्रकार के अन्य उपायों से हम केवल अपनी इन्द्रियों की शक्ति को ही क्षीण करते हैं जब कि इन्द्रियों की विषयोपभोग की लालसा वैसी ही बनी रहती है। इसलिए जिसकी आवश्यकता है वह है इन्द्रियों को वश में रखना और भौतिक पदार्थों के आकर्षण के प्रति उपेक्षा का भाव रखना। और यह केवल ज्ञान के उदय से ही सम्भव है।

आध्यात्मिक अन्तर्दृष्टि, जो स्वरूप में साक्षात्कार कराने में अधिक समर्थ है,[5] ऐसा निश्चयात्मक ज्ञान नहीं देती जिसकी समालोचना न हो सके। इसे वैज्ञानिक निर्णय का समर्थन प्राप्त है। यह ज्ञान का कठोर तपस्या और रजोवृत्ति के साथ संयोग है, और यह एक ऐसा पूर्ण अनुभव है जो हमें प्राप्त होना सम्भव हो सका है जिसमें मन को किसी प्रकार की दुविधा न रहकर आत्मा की सच्ची शान्ति तथा विशान्ति का सुखोपभोग प्राप्त हो सकता है।[6]

जहां एक बार ज्ञान-सम्बन्धी अनुभव प्राप्त हो गया तो चेतना के इतर पक्ष भी, यथा भावना और इच्छा, अपने-आपको प्रकट करने लगते हैं। ईश्वर का दर्शन आध्यात्मिक प्रकाश में तथा सुख के वातावरण में प्राप्त होता है। सम्पूर्ण जीवन की महत्त्वाकांक्षा एक प्रकार से अनन्त की निरन्तर आराधना बन जाती है। ज्ञाता भी एक भक्त है और उन सबमें सर्वश्रेष्ठ है।[7] "जो मुझे जानता है, मेरी पूजा करता है।"[8] सत्य का ज्ञान अपने हृदय को सर्वोपरि ब्रह्म के प्रति ऊंचा उठाना, उसे स्पर्श करना और उसकी अर्चना करना है।[9] एक क्रियात्मक प्रभाव भी है। जितने ही अधिक प्रगाढ़रूप में हमें अपने स्वरूप का ज्ञान होगा, उतनी ही अधिक गहराई के साथ हम औरों की यथार्थ आवश्यकताओं को जान सकेंगे। कल्याणकारी कर्म केवल ज्ञान का मूल सिद्धान्त ही नहीं, अपितु नेटलशिप की प्रसिद्ध परिभाषा में चरित्र का ध्रुव नक्षत्र बन जाता है। हमारे सामने बुद्ध का उदाहरण है जो सबसे बड़ा ज्ञानी व धर्मात्मा था। मनुष्यमात्र के प्रति उसके प्रेम ने उसे निरन्तर चालीस वर्षों तक मनुष्यमात्र का शासक बनाकर रखा।

कभी-कभी ऐसा तर्क उपस्थित किया जाता है कि ज्ञान अथवा बुद्धि का नैतिकता के

---

1. 6 : 19–26।
2. गीता पर टीका, 6 : 29।
3. 4 : 42।
4. 2 : 59–61।
5. 9 : 2 "प्रत्यक्षावगमम्।"
6. 4 : 35; 5 : 18...21।
7. 7 : 17।
8. 15 : 19।
9. 10 : 8–9।

प्रति उपेक्षा का भाव रहता है। यह कहा जाता है कि बुद्धि चरित्र का अनिवार्य अंश नहीं है। बुद्धि के द्वारा हम केवल निर्णय-सम्बन्धी भूलें ही करते हैं जो नैतिक दृष्टि से अनुचित कहलाएंगी। बुद्धि स्वयं में न अच्छी है न बुरी, क्योंकि इसका प्रयोग सदाचारमय जीवन की उन्नति तथा विनाश दोनों ही कार्यों में किया जा सकता है। हमारे विश्लेषणात्मक ज्ञान की प्राप्ति के सम्बन्ध में यह सब सही हो सकता है। ज्ञान अर्थात् गीता का ज्ञान हमें एकपक्षीय मतों एवं संकुचित दृष्टिकोणों से हटाकर सर्वग्राही सत्य की ओर ले जाता है जहाँ हमें यह अनुभव होता है कि मनुष्यों के अन्दर परस्पर के मतभेद परम रूप में कोई अस्तित्व नहीं रखते और ऐसा कोई भी आचरण, जिसका आधार मिथ्या भेदों के ऊपर है, धार्मिक कहा जा सकता है। हम देखते हैं कि मनुष्यों के जीवन का मूल एक ही है और एक स्वयंसिद्ध अनादि अनन्त आत्मा सब मनुष्यों के जीवन में जीवितरूप में समान शक्ति के साथ कार्य कर रही है। इस सत्य का साक्षात्कार हो जाने पर इन्द्रियां एवं जीवात्मा दोनों ही अपनी शक्ति से वंचित हो जाते हैं।[1]

10. भक्तिमार्ग

भक्ति का मार्ग मनुष्य की उचित क्रियाशीलता के भावनाप्रधान पक्ष के विधान की ओर संकेत करता है। भक्ति ज्ञान एवं कर्म दोनों से भिन्न भावनामयी आसक्ति का नाम है।[2] इसके द्वारा हम अपनी भावनात्मक सम्भावनाओं को दैवीय सम्भावना को अर्पित करते हैं। भावना मनुष्यों के अन्दर एक जीते-जागते सम्बन्ध को व्यक्त करती है। और यही धार्मिक भाव की शक्ति से क्षमता प्राप्त करके सहज प्रवृत्ति के रूप में प्रकट होती है जो मनुष्य को ईश्वर के साथ एक बन्धन से जोड़ती है। यदि हम प्रेम न करें, न पूजा ही करें, तब हम एक प्रकार से अपने ही अहंकार रूपी कारागार में अपने को बन्द कर लेते हैं। यही मार्ग सम्यक् रूप में नियमित हो जाने पर हमें सर्वोपरि ब्रह्म के दर्शन की ओर ले जाता है। भक्ति का मार्ग सब किसी के लिए—अर्थात् दुर्बलात्मा तथा निम्न ज़ाति के व्यक्तियों के लिए, अशिक्षितों और अज्ञानियों[3] के लिए भी—एक समान खुला है और सबसे अधिक सुगम है। प्रेम का त्याग इतना कठिन नहीं है जैसाकि इच्छाशक्ति को दैवीय प्रयोजन के लिए साधने का कार्य है अथवा तपस्या की साधना तथा कष्टसाध्य चिन्तन का प्रयत्न है। यह बिलकुल उतना ही फलदायक है जितना कि अन्य कोई भी दूसरा उपाय हो सकता है। अपितु कभी-कभी कहा जाता है कि अन्य सब उपायों से यह अधिक महत्त्वपूर्ण है, क्योंकि यह अपना फल स्वयं देता है जबकि अन्य उपाय किसी अन्य उद्देश्य की सिद्धि के लिए केवल साधनमात्र हैं।

भक्तिमार्ग की उत्पत्ति का पता अत्यन्त प्राचीनकाल के इतिहास के गर्भ में छिपा है। उपनिषदों की उपासना विधि और भागवतों के भक्तिपरक मार्ग ने गीता के रचयिता को भी प्रभावित किया। उसे उपनिषदों के धार्मिक स्तर से सम्बद्ध विचारों की व्यवस्था को विकसित करने के लिए पर्याप्त परिश्रम करना पड़ा, क्योंकि उपनिषदें उक्त विचारों को पूर्ण स्वतन्त्रता के साथ और असन्दिग्ध भाषा में व्यक्त करने में असमर्थ रहीं। गीता में परमतत्त्व 'उन

---

1. 2 : 59।
2. शाण्डिल्यसूत्र, 1 : 4–5 और 7।
3. 9 : 32; और भी देखिए, 11 : 53–54।

व्यक्तियों के लिए जो सूक्ष्म दृष्टि रखते हैं, ज्ञानस्वरूप है और गौरव शालियों का गौरव है।"[1] देवताओं एवं मनुष्यों के सर्वप्रथम ऋषियों में प्रधान, तथा उस मृत्यु से भी महान है जो सबका संहार करती है।[2] यह स्वीकार करते हुए कि अव्यक्त परम तत्त्व का ध्यान हमें लक्ष्य की प्राप्ति की ओर ले जाता है, कृष्ण कहते हैं कि यह एक कठोर प्रक्रिया है।[3] परिमित शक्ति वाले मनुष्य को यह कोई ऐसा आधार नहीं देता जहां से कि इस तक पहुंचा जा सके। उस प्रेम में जो हम किसी पदार्थ के प्रति अनुभव करते हैं, एक पृथक्त्व का भाव रहता है। प्रेम चाहे कितना ही निकटतम संयुक्त करे, प्रेम करने वाला और जिसके प्रति प्रेम किया जाय वह एक-दूसरे से भिन्न रहते ही हैं। चाहे विचार में ही हो, हमें द्वैत के भाव में ही सन्तोष करना होता है; किन्तु एकेश्वरवाद को, जो द्वैतवाद से ऊपर है, निम्न स्तर पर उतरा हुआ बताना उचित न होगा। सर्वोपरि ब्रह्म के प्रति भक्ति एक शरीरधारी ईश्वर को मानने से ही सम्भव है, जो एक मूर्तिमान व्यक्ति है और आनन्द एवं सौन्दर्य से पूर्ण है। हम अपने मनों की छाया या आभास से प्रेम नहीं कर सकते। मूर्तरूप ही सहचारिभाव, अथवा मैत्री या परस्पर के भाव, को उपलक्षित करता है। व्यक्तिगत सहायक ही व्यक्तिगत आवश्यकता की पूर्ति में सहायक हो सकता है। इस प्रकार ऐसा ईश्वर जिसके अन्दर प्रेमपूर्ण हृदय का प्रवेश हुआ है वह ईश्वर नहीं है जो रक्त होली में आनन्द लेता हो, और न ऐसा ही ईश्वर है जो अमूर्तरूप से गम्भीर निद्रा में सोता रहता हो जबकि दुःख के भार के आक्रान्त हृदय सहायता के लिए पुकार करते होते हैं। वह प्रेमस्वरूप है।[4] ऐसे व्यक्ति के लिए, जो अपना सब कुछ ईश्वर को समर्पित कर देता है और उसके चरणों में अपने को झुका देता है, प्रभु का द्वार खुला हुआ मिलता है। ईश्वर की वाणी घोषित करती है कि "यह मेरा प्रतिज्ञात वचन है कि वह जो मुझसे प्रेम करता है, नष्ट नहीं होगा।"[5]

प्रत्युपकार का जो कठोर विधान है केवल उसी के अनुसार ईश्वर का इस जगत् के साथ सम्बन्ध हो, ऐसा नहीं है। ईश्वर भक्ति के द्वारा कर्मों के फल का निवारण भी किया जा सकता है। यह कर्मविधान का अतिक्रमण नहीं है क्योंकि उक्त विधान के ही अनुसार भक्तिरूप कर्म का भी पुरस्कार मिलना चाहिए। कृष्ण कहते हैं : "यदि पापी मनुष्य भी अनन्य भाव और पूर्ण प्रेम के साथ मेरी भक्ति करता है तो वह भी धर्मात्मा ही है, क्योंकि वह एक निष्ठावान इच्छा को लेकर ईश्वर की शरण में आया है और इसीलिए वह एक धार्मिक आत्मासम्पन्न व्यक्ति है। भगवान स्वयं किसी के पुण्य या पाप को नहीं ग्रहण करता।"[6] तो भी उसने इस जगत् की ऐसी व्यवस्था कर रखी है कि कोई भी कर्म बिना फल दिये नहीं रहता। एक अर्थ में यह सत्य है कि "भगवान सब यज्ञों एवं तपस्याओं से प्रसन्न होता है।" इसी प्रकार प्रकटरूप में परस्पर-विरोधी मतों का, जो अग्रलिखित वाक्यों में व्यक्त किए गए हैं, हम समन्वय कर सकेंगे : "मुझे न कोई अप्रिय है और न प्रिय है" और "मेरे भक्त मुझे प्रिय हैं।"[7] ईश्वर निरन्तर मनुष्य का ध्यान रखता है अर्थात् एक क्षण को भी उसे भुलाता नहीं।

ईश्वर के प्रति प्रेम अथवा भक्ति के स्वरूप का भाषा के द्वारा वर्णन नहीं किया जा सकता, "जैसे कि गंगा अपने स्वाद को भाषा द्वारा व्यक्त नहीं कर सकता।"[8] इस भावनापूर्ण

1. 7 : 10।
2. 10 : 20—25, 3, 4।
3. 12 : 5।
4. "शरणागतवत्सलः।"
5. 9 : 31।
6. 9; 5 : 15।
7. 9 : 29; 12 : 14—20; और भी देखिए, 16 : 16।
8. नारदसूत्र, 51—52।

आसक्ति की अनिवार्य विशिष्टताओं का अवश्य बखान किया जा सकता है। उपासना या पूजा ऐसे ही तत्त्व की हो सकती है जिसे परमरूप में पूर्ण समझा जा सके। चूंकि अपना प्रयोजन भी पूर्णता प्राप्त करना है इसलिए ऐसी ही एक उच्चतम सत्ता का विचार करना होगा; उससे न्यून को स्वीकार करने से प्रयोजन सिद्ध नहीं हो सकता। नारद अपने सूत्रों में मानवीय प्रेम की उपमा देते हैं,[1] जिसमें परिमित शक्ति वाला जीवात्मा भी अपने को ऊंचा उठाता है और एक आदर्श तक पहुंच जाता है। प्रायः यह आदर्श ही स्वयं अपने वास्तविक स्वरूप को व्यक्त करता है। भक्ति का विषय सर्वोच्चत सत्ता है जिसे पुरुषोत्तम कहते हैं। वह आत्माओं को प्रकाशित करता है एवं जगत् को जीवनदान देता है। उन भिन्न तत्त्वों को जो निम्न स्तर पर परमसत्ता के रूप में प्रतीत होते हैं, ईश्वर नहीं समझ लेना चाहिए, और न ही वह यज्ञों का अधिष्ठाता है जैसी कि मीमांसकों की कल्पना है। और न ही भ्रमवश ऐसी प्राकृतिक शक्तियों को जिन्हें मनुष्य अपने मन में परमात्मा के प्रति मूर्तिमान प्रतिनिधि मान बैठा है, ईश्वर मानना चाहिए। वह सांख्य का पुरुष भी नहीं है। गीता का ईश्वर यह सब है किन्तु इससे भी अधिक है।[2] किस प्रकार से ईश्वर हरेक मनुष्य के अन्दर निवास करता है, गीता का रचियता इस पर बल देता है। यदि सर्वोपरि सत्ता मानवीय चेतना के लिए नितान्त विदेशीय होती तो वह पूजा का विषय न हो सकती। और यदि वह मनुष्य के साथ नितान्त तादात्म्य रखती है तो भी पूजा सम्भव नहीं है। वह मनुष्य के साथ अंशतः समान है और अंशतः भिन्न भी है। वह दिव्य शक्ति वाला भगवान है जिसका प्रकृति अथवा लक्ष्मी के साथ साहचर्य है, जिसके हाथों में वांछनीय वस्तुओं का कोष है। उसके साथ संयोग हो जाने की प्रत्याशा एक प्रसन्नता की झलक है। "तू अपने मन को मेरे अन्दर लगा, मेरे ही अन्दर तेरी बुद्धि को भी लगना चाहिए; इसके उपरान्त तू निश्चय ही अकेला मेरे साथ निवास करेगा।"[3] और जितना भी प्रेम है, इसी सर्वश्रेष्ठ प्रेम की एक अपूर्ण अभिव्यक्ति-मात्र है। हम जो दूसरे पदार्थों से प्रेम करते हैं वह उनके अन्दर जो सनातन का अंश है उसके कारण ही करते हैं। एक भक्त के अन्दर नितान्त नम्रता की भावना होनी चाहिए। आदर्श के आगे वह यह अनुभव करता है कि वह कुछ भी नहीं है, और इस प्रकार के अपनी आत्मा के नितान्त पराभव को अनुभव कर लेना ही यथार्थ धार्मिक भक्ति के पूर्व की अनिवार्य आवश्यकता है। ईश्वर विनम्र अथवा दीन मनुष्य से प्रेम करता है।[4] जीवात्मा अपने को ईश्वर से भिन्न होकर सर्वथा अनुपयुक्त अनुभव करता है। उसकी भक्ति यह दर्शाती है कि या तो ईश्वर के प्रति प्रेम है, अथवा ईश्वर के विरह के कारण दुःख है। अपने उपास्यदेव के महत्त्व का सही-सही ज्ञान प्राप्त कर लेने पर मनुष्य के अन्दर ऐसी भावना के अतिरिक्त और कोई भावना उत्पन्न हो ही नहीं सकती कि वह स्वयं कुछ नहीं है, केवल निष्प्रयोजन कूड़ा-कर्कट मात्र है। भक्त अपने को सर्वथा ईश्वर की दया के ऊपर छोड़ देता है। नितान्त निर्भरता ही एकमात्र मार्ग है। "अपने मन को मेरे अन्दर लीन कर दो, मेरे भक्त बनो, मेरे आगे झुक जाओ, हर हालत में तुम्हें मेरे पास आना ही है। तुम मेरे प्रिय सखा हो इसलिए मैं तुमसे सत्य प्रतिज्ञा करता हूं। सब धर्मों को छोड़कर केवल मेरा ही आश्रय ग्रहण करो, सोच मत करो, मैं तुम्हें सब पापों से छुड़ा दूंगा।"[5] ईश्वर का आग्रह है कि भक्ति अनन्यमनस्क होकर की जानी चाहिए,

1. नारदसूत्र, 23।
2. 8 : 4।
3. 12 : 8।
4. नारदसूत्र, 27, "दैन्यप्रियत्वम्।"
5. भगवद्गीता, 18 : 64–66।

और वह हमें निश्चय दिलाता है कि वह हमारे ज्ञान को, भूलों के कारण उसमें जितनी भी त्रुटियां होंगी उन्हें दृष्टि से ओझल करके, अपने अनन्त प्रकाश एवं विश्वकल्याण की पवित्रता के रूप में परिवर्तित कर देगा। आगे चलकर आदर्श की भक्ति करने के लिए निरन्तर इच्छा प्रकट की गई है। भक्त को "केवल अपने उपास्यदेव के ऊपर ही दृष्टि रखनी चाहिए, केवल उसी के सम्बन्ध में भाषण करे और उसीका चिन्तन करे।"[1] वह जो कुछ भी कर्म करता है, ईश्वर के गौरव के लिए ही करता है। उसका कर्म सर्वथा निःस्वार्थ होता है क्योंकि उसमें फलप्राप्ति की आकांक्षा नहीं होती। यह सर्वातीत परब्रह्म के प्रति नितान्त आत्मत्याग है।[2] जब भक्त आदर्श के हाथों में अपने को पूर्णरूप से सौंप देता है तो उस समय मनोवेग की निरुद्देश्य घनता नष्ट हो जाती है। यह एक प्रकार से बांह फैलाकर ऐसा आत्मसमर्पण है जिसमें भावना का स्थान जीवन ले लेता है। उस अवस्था में मन में ईश्वर ही प्रधान लालसा के रूप में रह जाता है। भक्त अपने लक्ष्य तक पहुंच जाता है, अमरत्व और आत्मसन्तोष को प्राप्त कर लेता है। वह फिर न किसी वस्तु के लिए इच्छा रखता है, न दुःख करता है, वह सुख और शान्ति से आपूर्ण हो जाता है एवं आत्मा में ही लवलीन होता है।[3] सच्ची भक्ति, गीता के अनुसार, ईश्वर में विश्वास, उससे प्रेम, उसके प्रति श्रद्धा, एवं उसी के अन्दर प्रवेश का नाम है। यह स्वयं ही अपना पुरस्कार है।

सच्ची भक्ति के लिए हमें सबसे पहले श्रद्धा एवं विश्वास की आवश्यकता है। उच्चतम सत्ता के प्रति पहले तो धारणा ही बनानी पड़ती है क्योंकि जब तक आगे चलकर स्वयं वह परब्रह्म भक्त के हृदय में अपनी अभिव्यक्ति न करे तब तक यह धारणा ही भक्ति का आधार है।[4] चूंकि श्रद्धा अथवा विश्वास एक महत्त्वपूर्ण तत्त्व है, इसलिए देवताओं के लिए भी गीता में स्थान प्राप्त है क्योंकि मनुष्य उनके अन्दर विश्वास रखते हैं। इस विचार को ध्यान में रखते हुए कि मनुष्यो के स्वभाव एवं मानसिक विचारों में नाना प्रकार के भेद पाये जाते हैं, विचारों तथा पूजा की विधि में मनुष्य को स्वतन्त्रता दी गई है। एकदम न होने से कुछ भी प्रेम होना अच्छा है क्योंकि यदि हमारे अन्दर प्रेम न हो तो हम अपने ही अन्दर सीमित रहते हैं। वह अनन्त ब्रह्म विविध रूपों में अपने को मनुष्य के सामने प्रस्तुत करता है। निम्न श्रेणी के देवता उसी एकमात्र सर्वश्रेष्ठ यथार्थसत्ता के रूप या पक्ष हैं। गीता दिव्य शक्ति के अवतारों को पुरुषोत्तम की अपेक्षा निम्न श्रेणी का बताती है; ब्रह्मा, विष्णु और शिव यदि इन्हें सर्वोपरि सत्ता के नाम स्रष्टा, धारणकर्त्ता, तथा विनाशकर्त्ता के रूप में न समझा जाए तो ये देवता भी पुरुषोत्तम से नीचे है।[5] वैदिक देवताओं की पूजा गीता को अभिमत है।[6] गीता ऐसे व्यक्तियों को जो क्षुद्र देवताओं की पूजा करते हैं, उनके ऊपर तरस खाकर, उक्त प्रकार की पूजा के लिए भी छूट देती है। यदि पूजा भक्ति के साथ की जाए तो वह हृदय को पवित्र करती है तथा मन को उच्चतम चेतना के लिए तैयार करती है।[7]

इस सहिष्णुता की प्रवृत्ति का औचित्य दार्शनिक दृष्टिकोण से इस प्रकार दर्शाया गया है, यद्यपि पूर्णतया उसका प्रतिपादन नहीं किया गया। मनुष्य के जैसे विचार रहते हैं वैसा ही वह हो जाता है। जिस किसी पदार्थ में उसकी श्रद्धा या भक्ति होगी, वही उसे प्राप्त हो

---

1. नारदसूत्र, 55।
2. भगवद्गीता, 9 : 28।
3. नारदसूत्र, 4–7 मत्तः स्तब्धः आत्मारामः।
4. 4 : 40।
5. 11 : 37।
6. 9 : 23।
7. 7 : 21-23।

जायेगा। इस जगत् के अन्दर एक प्रकार की उद्देश्यपूर्ण नैतिक व्यवस्था पाई जाती है, जहां पर मनुष्य जिस पदार्थ की इच्छा करता है वह उसे प्राप्त हो जाता है। जो देवताओं के पास पहुंचने का व्रत लेते हैं, उन्हें देवता मिल जाते हैं; और जो पितरों के पास पहुंचने का व्रत लेते हैं, पितरों को प्राप्त कर लेते हैं।[1] "पूजा करने वाला जिस किसी स्वरूप की पूजा श्रद्धाभक्ति के साथ करता है, मैं उसी स्वरूप के प्रति उसकी भक्ति को स्थिर कर देता हूं। उसी श्रद्धा को धारण करके वह उक्त देवता की पूजा करने का प्रयत्न करता है और उसी से उसे उन सब उपयोगी वस्तुओं की प्राप्ति होती है जो वस्तुतः मेरे ही द्वारा दी गई है।"[2] जैसा कि रामानुज ने कहा है कि "ब्रह्म से लेकर एक क्षुद्र पौधे तक जितना भी जीवित जगत् है, जन्म एवं मृत्यु के अधीन है और उसका कारण कर्म है। इसलिए वह ध्यान में सहायक नहीं हो सकता।" केवल सत्यस्वरूप भगवान ही, जिसे पुरुषोत्तम कहते हैं, भक्ति का विषय बन सकता है। निम्न श्रेणी के पूजा के साधन उस तक पहुंचने के लिए केवल मार्ग बना सकते हैं। दसवें अध्याय में हमें आदेश दिया गया है कि हमें अपना ध्यान विशेष-विशेष पदार्थों तथा ऐसे पुरुषों में स्थिर करना चाहिए जिनके अन्दर असाधारण शक्ति और विभूति दिखाई देती हो। इसे प्रतीक-उपासना कहते हैं। ग्यारहवें अध्याय में समस्त विश्व को ही ईश्वर का स्वरूप बताया गया है। बारहवें अध्याय में अधिष्ठाता के रूप में ईश्वर का वर्णन है। केवल सर्वोच्च सत्ता ही हमें मोक्ष दिला सकती है। दूसरे भक्त सान्त लक्ष्य तक पहुंचते हैं। केवल सर्वोपरि ब्रह्म के भक्त ही अनन्त आनन्द की प्राप्ति कर सकते हैं।[3]

भक्ति के विविध प्रकार हैं : ईश्वर की शक्ति, ज्ञान तथा साधुता का चिन्तन, भक्तिपूर्ण हृदय से निरन्तर उसका स्मरण, अन्यान्य व्यक्तियों के साथ उसके गुणों के विषय में सम्भाषण, अपने साथियों के साथ उसके स्तुतिपरक गीतों का गायन और समस्त कर्मों को ईश्वर की सेवा के भाव से करना।[4] इसके लिए कोई निश्चित नियमों का विधान नहीं बनाया जा सकता। इन विविध प्रकार की गतियों के द्वारा मानवीय आत्मा दैवीय शक्ति के समीप पहुंचती है। अनेक प्रकार के प्रतीकों और साधनाओं का आविष्कार किया गया है जिससे कि मन प्रशिक्षित होकर ईश्वर की ओर मुड़ सके। ईश्वर के प्रति परम भक्ति तब तक सम्भव नहीं है जब तक कि हम इन्द्रियों के विषयों की लालसा को नहीं त्याग देते। इस प्रकार कभी-कभी योग को अपनाना होता है।[5] प्रेरणा पूजा के किसी भी प्रकार को अंगीकार कर सकती है, अर्थात् बाह्य पूजा से लेकर समय-समय पर हमें जीवन के अन्य धन्धों से अपने-आपको मुक्त करने के लिए स्मरण कराना। गीता का आदेश है कि कभी-कभी और सब विषयों को छोड़कर केवल ईश्वर ही के विषय में विचार करना चाहिए। यह एक निषेधात्मक प्रकार है।[6] इसका यह भी आदेश है कि हम समस्त विश्व को ईश्वर का सर्वश्रेष्ठ अभिव्यक्तरूप मानें।[7] प्रकृति तथा आत्मा दोनों में समानरूप से ईश्वर की व्यापकता का अनुभव करके हमें अपने आचरण को इस प्रकार ढालना चाहिए कि जिससे यह प्रतीत हो सके कि मनुष्य के अन्दर दैवीय शक्ति का निवास है। सर्वश्रेष्ठ भक्ति और पूर्णरूपेण आत्मसमर्पण अथवा भक्ति और प्रपत्ति एक

---

1. 9 : 25, और भी देखिए 17 : 3।
2. 7 : 20–21।
3. "अन्तो ब्रह्मादिभक्तानां मद्भक्तानामनन्तता...।" गीता पर, माधवाचार्य की टीका, 7 : 21।
4. नारदसूत्र, 16–18।
5. वही, 47–49।
6. भगवद्गीता, 18 : 73।
7. अध्याय 6 और 11।

ही तथ्य के भिन्न-भिन्न पक्ष हैं। गीता को यह अभिमत है कि एक की अनन्त ईश्वर तक पहुंचा जा सकता है तथा उसकी पूजा की जा सकती है उसके किसी भी एक स्वरूप से। इसी सहिष्णुता के भाव ने हिन्दूधर्म को भिन्न-भिन्न प्रकार की पूजा तथा अनुभव का संलेषण बना दिया है और एक ऐसा वातावरण उत्पन्न कर दिया है जो अनेक पन्थों तथा सम्प्रदायों में एकता स्थापित किए हुए है। यह विचार की एक ऐसी पद्धति है अथवा एक ऐसी धार्मिक संस्कृति है जिसका आधार है यह सिद्धान्त कि एक ही सत्य के अनेक पक्ष हैं।

भक्ति की उच्चतम पूर्णता में हमें पदार्थ के विषय में निश्चितता मिल जाती है। यह अनुभव स्वरूप से स्वतः प्रमाण है। इसका प्रमाण यह स्वयं ही है—"स्वयं प्रमाणम्।" तार्किक विवाद अधिक उपयोगी सिद्ध नहीं होते। सच्चे भक्त ईश्वर के सम्बन्ध में निरर्थक वाद-विवाद की परवाह नहीं करते।[1] यह उच्चतम प्रकार की भक्ति है जिससे और किसी विषय की ओर संक्रमण नहीं होता। भक्ति ही है जो निरन्तर है और निर्हेतुक है।[2] ऐसे व्यक्ति बहुत कम मिलेंगे जो ईश्वर की सेवा बिना किसी प्रयोजन के करने की इच्छा रखते हैं। गीता के अन्दर उन भावनाप्रधान धर्मों की निर्बलता नहीं पाई जाती जो प्रेम की वेदी पर ज्ञान और इच्छा का भी बलिदान कर देते हैं। यों तो भगवान को सभी भक्त प्रिय हैं लेकिन ज्ञानी सबसे अधिक प्रिय हैं।[3] अन्य तीन श्रेणियों के भक्त, अर्थात् आतुर, जिज्ञासु और स्वार्थवश भक्ति करने वालों के उद्देश्य तुच्छ होते हैं और जब उनकी इच्छा की पूर्ति हो जाती है तो वे ईश्वर के प्रति प्रेम रखना छोड़ देते हैं किन्तु ज्ञानी पुरुष उसकी उपासना सदा ही आत्मा के पवित्र भाव से करते हैं।[4] उस अवस्था में भक्ति अथवा ईश्वर के प्रति प्रगाढ़ प्रेम एक प्रकार की ऐसी ज्वाला बन जाती है जो अपनी उष्णता से वैयक्तिकता की समस्त मर्यादाओं को भस्मसात् कर देती है और फिर सत्य के प्रकाश का दर्शन होता है। इस आध्यात्मिक सत्य के संयम के अभाव में गीताधर्म भी केवल भावनामय ही रह जाता है और भक्ति भी स्वयं केवल एक भावना का प्रमोदोत्सव रह जाती।

जो एक मौन प्रार्थना से प्रारम्भ होती है और अपने प्रिय का साक्षात् दर्शन करने की उत्कट अभिलाषा है, वह अन्त में जाकर प्रेममय हर्षोन्माद तथा असीम सुख के रूप में परिणत हो जाती है। उपासक ईश्वर के साथ तन्मय हो जाता है। वह ईश्वर की एकता रूपी सत्य की शक्ति को इस विश्व के अन्दर व्याप्त जान लेता है। "वासुदेवः सर्वमिति।" वह जीवन के एकाकीपन और इस जगत् की असारता से बचकर, जहां कि वह केवल एक व्यक्ति था, ऐसे स्थान पर पहुंचता है, जहां वह प्रधान आत्मा का साधन बन जाता है।[5] महान से महान व्यक्ति भी उसकी केवल आंशिक अभिव्यक्ति मात्र है। प्रत्येक व्यक्ति का यथार्थ स्वरूप देश-काल से नियन्त्रित शाश्वत आत्मा की ही अभिव्यक्ति है। ज्ञान और भक्ति परस्पर एक-दूसरे के ऊपर निर्भर हो जाते हैं।[6] सच्ची भक्ति निःस्वार्थ आचरण के द्वारा प्रकट होती है। भक्त का अपना व्यक्तित्व उस प्रेम के अन्दर छिप जाता है जो सर्वग्राही तथा सबका कल्याणकारी है और जो अपनी अतिशयता के लिए बदले में कुछ नहीं चाहता, यह उस दैवीय प्रेम के समान है जिसने इस जगत् को वर्तमान रूप में रचा, इसको धारण करता है और इसे ऊंचा उठाता है। भक्त स्वयं कुछ नहीं करता किन्तु दैवीय भावना, जो उसके अन्दर है, वह दैवीय

1. नारदसूत्र, 58 और 75।
2. भगवद्गीता, 7 : 17—18; 8 : 14—22; भागवत्, 3 : 29—12।
3. 7 : 17।
4. 18 : 5।
5. भगवद्गीता, 18 : 46; 7 : 19; 8 : 7।
6. नारदसूत्र, 28—29।

स्वतन्त्रता के साथ कर्म कराती है। सच्चे भक्त के आचरण में नितान्त आत्मसमर्पण तथा सब कर्मों को ब्रह्मार्पण करके करना यह विशेष लक्षण पाया जाता है। इस प्रकार से भक्त के अन्दर उच्चतम दार्शनिक तत्त्व तथा पूर्ण मनुष्य की शक्ति का समावेश पाया जाता है। यद्यपि जहां-तहां हमें ऐसे भावप्रबण व्यक्ति भी मिलते हैं जिन्हे जगत् के व्यापार से कोई मतलब नहीं तो भी गीता का आदर्श भक्त वह है जिसके अन्दर प्रेम के साथ-साथ ज्ञान का भी प्रकाश है और जो मनुष्यजाति के लिए कष्ट उठाने को लालायित रहता है। तिलक ने विष्णुपुराण से एक श्लोक उद्धृत किया है जिसमें कहा गया है कि "ऐसे व्यक्ति जो अपने कर्त्तव्य कर्मों का त्याग करके केवल कृष्ण-कृष्ण नाम का जप करते बैठे रहते हैं वे वास्तव में ईश्वर के शत्रु तथा पापी हैं, क्योंकि यहां तक स्वयं भगवान् ने भी इस जगत् में धर्म की स्थापना के लिए जन्म लिया था।"[1]

यह स्पष्ट है कि जो भक्ति को धार्मिक जीवन का अन्तिम रूप समझते हैं उनकी दृष्टि में भी अनन्त के अमूर्त रूप में लीन हो जाना लक्ष्य नहीं है, अपितु लक्ष्य है पुरुषोत्तम के साथ संयोग। वस्तुतः गीता निर्गुण भक्ति को मानती है अर्थात् परमेश्वर को सब गुणों से रहित एवं अन्य सबसे श्रेष्ठ और ऊपर समझकर उसकी भक्ति करना। ऐसी अवस्था में परमतत्त्व स्वयं ही एक निरपेक्ष उपाधि बन जाता है।[2] जब भक्ति पूर्णता की अवस्था को पहुंच जाती है तब भक्त आत्मा तथा उसका ईश्वर एक-दूसरे के अन्दर घुल-मिलकर परमानन्द के रूप में आ जाते हैं और एक ही जीवन के पक्ष बनकर अपनी अभिव्यक्ति करते हैं। इसलिए नितान्त एकेश्वरवाद द्वैत की पूर्णावस्था है, जिसको लेकर भक्तिपरक चेतना आगे बढ़ती है।

11. कर्ममार्ग

दैवीय सेवा, अर्थात् कर्म, के द्वारा ही हम सर्वोच्च सत्ता तक पहुंच सकते हैं। जिससे अमूर्त भी मूर्तरूप धारण करता है वह भी कर्म ही है।[3] कर्म को अनादि कहा गया है और जगत् का कार्य ठीक किस प्रकार से होता है, समझना कठिन होता है।[4] सृष्टि के अन्त में समस्त जगत एक सूक्ष्म कर्मरूपी बीज की अवस्था में विद्यमान रहता है और अगली सृष्टि में अंकुर के रूप में प्रस्फुटित होने के लिए उद्यत रहता है।[5] चूंकि संसार की प्रक्रिया भगवान के ऊपर निर्भर है, हमें उसे कर्म का अधिपति भी कह सकते हैं।[6] हमें कोई न कोई कर्म करना ही है। किन्तु हमें यह देख लेना आवश्यक है कि हमारा आचरण धर्म का हितसम्पादन करने वाला हो, जिसका परिणाम आध्यात्मिक शान्ति और सन्तोष की प्राप्ति है। कर्ममार्ग आचरण का वह मार्ग है जिसके द्वारा सेवा के लिए उत्सुक व्यक्ति अपने लक्ष्य तक पहुंच सकता है।

गीता के समय में सदाचार के सम्बन्ध में अनेक प्रकार के मत प्रचलित थे; यथा, कर्मकाण्ड तथा क्रियाकलाप-सम्बन्धी अनुष्ठान से सम्बन्ध रखने वाली वैदिक कल्पना, सत्य के अन्वेषण का उपनिषदों का सिद्धान्त, बौद्धधर्म का विचार अर्थात् समस्त कर्मों का त्याग

1. देखिए भगवद्‌गीता, 9 : 30; तुलना कीजिए, 1, जॉन, 2 : 9–11, 4 : 18–20।
2. देखिए भागवत, 3 : 29; 7 : 14।
3. 7 : 24–25।
4. 4 : 17।
5. 8 : 18–19।
6. 7 : 22।

और ईश्वरपूजा का आस्तिक विचार। गीता ने इन सबको एकत्र करके एक संगतिपूर्ण पद्धति में आबद्ध करने का प्रयत्न किया।

गीता का कहना है कि कर्म ही के द्वारा हमारा समस्त संसार के साथ सम्बन्ध स्थिर होता है। नैतिकता की समस्या केवल मानवीय जगत् से ही सम्बन्ध रखती है। जगत् के समस्त पदार्थों में केवल मनुष्य की ही आत्मा ऐसी है जो अपनी ज़िम्मेदारी का विचार रखती है। मनुष्य की महत्त्वाकांक्षा आध्यात्मिक सुख की प्राप्ति के लिए होती है। किन्तु वह जगत् के भौतिक तत्त्वों से इसे प्राप्त नहीं कर सकता। जिन सुखों की प्राप्ति के लिए वह प्रयत्न करता है वे विभिन्न प्रकार के हैं। भ्रांत मन एवं मिथ्या प्रकार की इच्छाओं से जिस सुख की प्राप्ति होती है उसमें तो अधिकतर तमाशा ही रहता है; और इन्द्रियों से जो सुख प्राप्त होता है उसमें रजोगुण अधिक रहता है और आत्मज्ञान का जो सुख है उसमें सत्त्वगुण का भाव अधिकांश में रहता है।[1] सबसे उन्नत कोटि का सन्तोष तभी हो सकता है कि जब मनुष्य अपने को एक स्वतन्त्रकर्त्ता समझना छोड़कर यह अनुभव करने लगता है कि ईश्वर अपनी अनन्त कृपा से जगत् का मार्गदर्शन करता है। मनुष्य की अन्तरात्मा को यह देखकर परम सन्तोष होता है कि इस जगत् में भी आत्मा का निवास है।[2] सत्कर्म वह है जो मनुष्य को मोक्ष प्राप्त कराने और आत्मा को पूर्णता प्राप्त कराने में सहायक होता है।

जिससे हमारा ईश्वर, मनुष्य और प्रकृति के साथ यथार्थ ऐक्य अभिव्यक्त हो सके वही शुद्ध आचरण है, और अशुद्ध आचरण वह है जो यथार्थता के इस अनिवार्य संगठन के सम्पादन में असमर्थ हो। विश्व का एकत्व आधारभूत सिद्धान्त है। जिससे पूर्णता की ओर प्रगति हो सके वही पुण्य है और जिसकी संगति इसके साथ न बैठे वह पाप है। बौद्धधर्म और गीता के अन्दर यही तात्त्विक भेद है। निःसन्देह बौद्धधर्म ने नैतिकता को साधु-जीवन के लिए प्रधानता दी, किन्तु उसने नैतिक जीवन और आध्यात्मिक पूर्णता अथवा विश्व के प्रयोजन का जो परस्पर सम्बन्ध है उसके विषय में पर्याप्त बल नहीं दिया। गीता में हमें निश्चय दिलाया गया है कि यद्यपि हम अपने प्रयत्न में असफल रह जाएं, परन्तु प्रधान दैवीय प्रयोजन का कभी नाश नहीं होता। इससे यह लक्षित होता है कि प्रकटरूप में भले ही विरुद्धभाव प्रतीत होता हो, जगत् की आत्मा न्यायकारी है। मनुष्य अपनी नियति को पूर्णता तक पहुंचा देता है जब वह ईश्वर के बढ़ते हुए प्रयोजन का साधन बन जाता है।

सीमाबद्ध भिन्न-भिन्न केन्द्रों को समझना चाहिए कि वे एक संगठन के अंग हैं, और उन्हें पूर्ण के हित में कार्य करना चाहिए। निरपेक्ष परमतत्त्व होने का भ्रान्त दावा और यह अनुचित विचार कि उसकी स्वतन्त्रता में अन्य सब बाधक हैं, छोड़ देना चाहिए। यथार्थ आदर्श है—लोकसंग्रह अथवा जगत् की एकता रूपी संघटना पूर्णपुरुष की आत्मा जगत् में कार्य कर रही है। पुण्यात्मा व्यक्ति को इसके साथ सहयोग करना चाहिए और संसारमात्र के कल्याण को अपना लक्ष्य बनाना चाहिए।[3] गीता वैयक्तिक दावों का खण्डन करती है। समाज में जो सर्वश्रेष्ठ मनुष्य हैं उनके ऊपर सबसे अधिक कर्त्तव्य का भार है। सान्त जीवों के उद्योग यह उपलक्षित करते हैं कि पाप पर विजय पाना है। पाप और अन्याय के विरुद्ध युद्ध करने से हम नहीं बच सकते। दुविधा में पड़े अर्जुन को कृष्ण ने युद्ध करने की प्रेरणा

---

1. 2 : 71; 6 : 22, 15, 28; 12 : 12; 17 : 62; 18 : 36-38।
2. [illegible]–'रिपब्लिक', 9।
3. 5 : 25; 12 : 4।

दी—न तो यशप्राप्ति की आकांक्षा से और न राज की लालसा से बल्कि धर्म के विधान को स्थिर करने के लिए। किन्तु जब हम अन्याय के प्रति युद्ध करते हैं तो हमें न तो वासनावश और न अज्ञानवश ऐसा करना चाहिए जिससे शोक एवं अशांति उत्पन्न होती है, अपितु ज्ञानपूर्वक और सबके प्रति प्रेम रखते हुए अन्याय के साथ युद्ध करना चाहिए।[1]

इन्द्रियनिग्रह धर्मात्मा पुरुष का विशेष लक्षण बन जाता है। वासना हमारे धार्मिक स्वरूप की स्वतन्त्रता का अपहरण कर लेती है। इसके कारण विवेकशक्ति चेतनाशून्य हो जाती है और तर्कशक्ति पर भी प्रतिबन्ध लग जाता है। मन की अनियन्त्रित प्रेरणाओं को उद्दाम रूप में खुला छोड़ देने से शरीर के अन्दर निवास करने वाली आत्मा दास बन जाती है।[2] गीता हमें अनासक्ति के भाव को विकसित करने तथा कर्मफल के प्रति उपेक्षा का भाव रखने एवं योग की भावना अथवा निष्पक्षता को विकसित करने का आदेश करती है।[3] सच्चा त्याग इसीमें है। अज्ञान के कारण जो कर्म को छोड़ना है वह तमोगुण युक्त त्याग है। परिणामों के भय से, जैसे शारीरिक कष्ट के भय से, कर्मों को छोड़ना भी त्याग है किन्तु यह त्याग रजोगुणयुक्त त्याग है; किन्तु अनासक्ति की भावना से और परिणामों के भय से सर्वथा रहित सबसे उत्तम रूप कर्म का है क्योंकि इसमें सात्विक गुण का प्राचुर्य है।[4]

कर्म के विषय में गीता का क्या विचार है, उसको ठीक-ठीक समझ लेना आवश्यक है। यह तपस्यापरक नीतिशास्त्र की समर्थक नहीं है। बौद्धधर्म के त्याग के सिद्धान्त की व्याख्या इसमें अधिकतर विध्यात्मक रूप में की गई है। बिना किसी पुरस्कार की आशा से जो कर्म किया जाता है वही सच्चा त्याग है। कर्म के स्वरूप का विश्लेषण करते हुए गीता इसको दो विभागों में विभक्त करती है—एक तो मानसिक पूर्ववृत्त अर्थात् पूर्व के कर्मों के संस्कार जो मन में पहले से रहते हैं, और दूसरा बाह्य कर्म। इसलिए गीता का आदेश है कि मानसिक पूर्ववृत्त को हम वश में करें जो स्वार्थपरता के भाव के दमन से ही सम्भव है।[5] नैष्कर्म्य अथवा कर्म का त्याग सदाचार का यथार्थ विधान नहीं अपितु निष्कामता अर्थात् उदासीनता कर्मफल की ओर से उदासीनता है।[6] काम, क्रोध और लोभ इन तीनों पर, जो नर्क के मार्ग हैं, विजय पानी चाहिए।[7] सभी प्रकार की कामनाएं बुरी नहीं हैं। धार्मिकता की कामना दैवीय है।[8] गीता यह नहीं कहती कि वासनाओं को मूलोच्छेन कर दो किन्तु उन्हें पवित्र करने का आदेश देती है। भौतिक प्राणधारक प्रकृति को स्वच्छ रखने की आवश्यकता है। और इसी प्रकार से मानसिक-बौद्धिक प्रकृति को भी पवित्र करना आवश्यक है और इसके अनन्तर ही धार्मिक प्रकृति को सन्तोष प्राप्त हो सकता है। गीता को निश्चय है कि निष्क्रिय रहना स्वतन्त्रता नहीं है, अर्थात् निष्क्रिय रहकर मोक्ष की प्राप्ति नहीं हो सकती। "और न ही शरीरधारी जीव नितान्त रूप से कभी कर्म का त्याग कर सकते हैं।"[9]

आंख अपने कार्य अर्थात् देखने के बिना नहीं रह सकती,
न कान को ही हम यह आदेश दे सकते हैं कि अपना काम बन्द करो,
हमारे शरीर जहां कहीं भी वे रहेंगे,

---

1. 11 : 55।
2. 6 : 46; 8 : 27।
3. 6 : 46; 8 : 27।
4. 17 : 7–9, 11–12।
5. 18 : 18।
6. 5 : 11; 18 : 49।
7. 2 : 62–63; 16 : 21।
8. 7 : 11।
9. 18 : 11।

हमारी इच्छा के विरुद्ध या इच्छा के अनुसार अनुभव करना नहीं छोड़ सकते।[1]

इस मर्त्यलोक में विश्राम नहीं है, यहां तो जीवन-भर कर्म करते रहना चाहिए। कर्म ही संसार-चक्र की गति को जारी रखता है और प्रत्येक व्यक्ति को अपनी ओर से पूरा प्रयत्न इसकी गति को जारी रखने में करना चाहिए।[2] गीता की समस्त योजना यही संकेत करती है कि यह कर्म करने का ही उपदेश है। जब तक हमें मोक्ष प्राप्त न हो, कर्म करते रहना अनिवार्य है। पहले तो हमें मोक्षप्राप्ति के लिए कर्म करना है और मोक्ष प्राप्त कर लेने पर दैवीय शक्ति के साधन के रूप में हमें कर्म करना है। अवश्य ही उस समय मन को तैयार करने अथवा हृदय को पवित्र करने का कार्य शेष नहीं रह जाता। मुक्तात्माओं के लिए किन्हीं विशेष नियमों का पालन करना आवश्यक नहीं है। वे यथेष्ट कार्य करते हैं किन्तु यह आवश्यक है कि वे कुछ न कुछ कर्म करते अवश्य रहें।[3]

गीता हमें आदेश करती है कि हम इस प्रकार कर्म करें कि कर्म हमें बन्धन में न जकड़ सकें। स्वयं प्रभु भी मनुष्य-जाति के लिए कर्म करते हैं। यद्यपि परमार्थ के दृष्टिकोण से वे स्वात्मनिर्भर तथा इच्छारहित हैं तो भी उन्हें संसार में कुछ न कुछ कार्य सम्पन्न करना ही होता है। इसीलिए अर्जुन को आदेश दिया गया कि युद्ध करो और अपने कर्त्तव्य का पालन करो। मुक्तात्माओं का भी यह कर्त्तव्य है कि वे दूसरों को अपने अन्तःस्थित दैवीय शक्ति की खोज करने में सहायता करें। मनुष्य-जाति की सेवा ही ईश्वर की उपासना है।[4] निष्कामभाव से तथा विदेहवृत्ति से संसार एवं ईश्वर के निमित्त किया गया कर्म बन्धन का कारण नहीं होता। "और इस प्रकार के कर्म मुझे बन्धन में नहीं जकड़ सकते क्योंकि मैं उक्त कर्मों के प्रति सर्वथा उदासीन भाव से ऊंचे स्थान पर अवस्थित हूं।"[5] गीता संन्यास और त्याग में भेद करती है : सब प्रकार के ऐसे कर्मों का त्याग जो फल की आकांक्षा को लेकर किए जाते हैं, संन्यास है तथा त्याग कर्मों के फल को छोड़ देने का नाम है।[6] इनमें से त्याग अधिक व्यापक है। गीता का आदर्श है कि हमें साधारण जीवन के व्यवहार से घृणा नहीं करनी चाहिए, किन्तु सब स्वार्थमय इच्छाओं का दमन करना आवश्यक है। गीता का आदेश प्रवृत्ति अर्थात् कर्म करना और निवृत्ति अर्थात् उससे उपरामता दोनों का एकत्रीकरण है। कर्मों से केवल निवृत्त रहना सच्चा त्याग नहीं है। हाथ निश्चल रह सकते हैं किन्तु इच्छाएं अपने कार्य में व्यस्त रहती हैं। यह कर्म नहीं है जो हमें बन्धन में डालता है किन्तु भाव ही है जिसको लेकर हम कर्म करते हैं जो बन्धन का कारण है। "अज्ञानियों द्वारा किया गया कर्मों का त्याग वस्तुतः एक विध्यात्मक कर्म है, ज्ञानियों का कर्म वस्तुतः अकर्म है।"[7] आत्मा का आन्तरिक जीवन सांसारिक क्रियाशील जीवन के अनुरूप होता है। गीता दोनों का समन्वय उपनिषदों के भाव के अनुकूल करती है। जिस कर्म का संकेत गीता में किया गया है वह कौशलपूर्ण कर्म है। "योगः कर्मसु कौशलम्," अर्थात् कर्मों मे कुशलता का नाम ही योग है।[8]

हम जो कुछ भी कर्म करें उसे किसी बाह्य विधान की अधीनता के अन्दर रहकर करना उचित नहीं, अपितु आत्मा के मोक्ष के लिए कृत आन्तरिक संकल्प के आदेश के अनुसार

---

1. वड्र्सवर्थ।
2. 3 : 10, 16।
3. बृहदारण्यक उपनिषद् 6 : 4, 22; वेदान्तसूत्रों पर शांकरभाष्य, 3 : 32।
4. 18 : 46।
5. 9 : 9; 4 : 13–14।
6. 18 : 2।
7. अष्टावक्रगीता, 18 : 61।
8. 2 : 50, 48; 3 : 3; 4 : 42; 6 : 33, 46।

करना चाहिए। यही उच्चश्रेणी का कर्म है। अरस्तू कहता है, "जो अपने निश्चित सिद्धान्तों के आधार पर काम करता है वह सबसे उत्तम है एवं उससे उतरकर वह है जो अन्यों के परामर्श के आधार पर कार्य करता है।"[1] असंस्कृत व्यक्तियों के लिए शास्त्र ही प्रमाण है। वेदों के आदेश केवल बाह्य हैं और जब हम उच्चतम श्रेणी में पहुंच जाते हैं उस समय वह हमारे ऊपर लागू नहीं रहते। क्योंकि उस अवस्था में स्वभावतः हमें आत्मा के शब्द के अनुकूल ही कर्म करना होता है।

प्रत्येक कर्म पवित्र प्रेरणा के वश होकर ही करना चाहिए। हमें अपने मन में से स्वार्थपरता की सूक्ष्म छाया को भी निकाल देना चाहिए; कर्म के विशेष प्रकार को प्राथमिकता देने के भाव को एवं सहानुभूति अथवा प्रशंसा की आकांक्षा को त्याग देना चाहिए। यदि मन को पवित्र करके ज्ञान-प्राप्ति के लिए प्रयत्न करना है तो सत्कर्म इसी भाव से करना चाहिए। स्वार्थी अहंकार की भावना लेकर जो अपने आप को इस लोक में देवता समझता है और इन्द्रियों के विषयभोग का ही शिकार रहता है, देवता नहीं दैत्य है, जो अध्यात्मविद्या में भौतिकवाद को और नैतिकता में विषयभोग को स्थान देता है।[2]

गीता के नीतिशास्त्र में गुणों के सिद्धान्त का एक महत्त्वपूर्ण स्थान है।[3] गुणों का बन्धन ही परिमित शक्तिमत्ता का भाव उत्पन्न करता है। जिन बन्धनों का सम्बन्ध मन से है उनका सम्बन्ध भूल से आत्मा के साथ जोड़ा जाता है। यद्यपि सत्त्वगुण से आपूर्ण कर्म को सबसे उत्तम प्रकार का कर्म कहा गया है[4], यह कहा जाता है कि सत्त्वगुण भी बन्धन का कारण होता है क्योंकि एक श्रेष्ठ अथवा उदार इच्छा भी शुद्धतर अहंकार के भाव को उपजाती है। पूर्ण मोक्ष के लिए अहंकार का सारा अस्तित्व मिट जाना उचित है। अहंकार कितना ही पवित्र क्यों न हो, एक बाधा उत्पन्न करने वाला आवरण है और उसका बन्धन ज्ञान और आनन्द के साथ है। सब गुणों से ऊपर उठकर एक अमूर्त तथा विश्वव्यापी दृष्टिकोण को स्वीकार करना—यही आदर्श अवस्था है।[5]

गीता यज्ञों के सम्बन्ध में जो वैदिक कल्पना थी उसे परिवर्तित करके आध्यात्मिक ज्ञान के साथ उसका समन्वय प्रस्तुत करती है।[6] बाह्य उपहार आन्तरिक भाव का प्रतीक मात्र है। यज्ञ आत्मनियन्त्रण और आत्मसमर्पण को विकसित करने के उद्देश्य से किए गए प्रयत्न हैं। सच्चा यज्ञ इन्द्रियों के सुख का होम कर देने में ही है। यह आहुति जिस देवता को समर्पित की जाती है वह सर्वोपरि ब्रह्मतत्त्व है अथवा वही यज्ञपुरुष या यज्ञों का अधिष्ठाता है।[7] हमें यह अनुभव करने की आवश्यकता है कि सब पदार्थ दैवीय शक्ति के द्वारा नियुक्त उच्चतम लक्ष्यों की प्राप्ति के लिए साधनरूप हैं और इसी दृष्टिकोण से सब कर्मों को ब्रह्मार्पण करके हमें कर्म करने में प्रवृत्त रहना चाहिए। हमारा खान-पान एवं अन्य सभी कर्म जो हम करें, ईश्वर के गौरव के लिए ही करें। एक योगी सदा ईश्वरार्पण करके कर्म करता है और इसलिए उसका आचरण ऐसा नमूना है जिसका अनुसरण अन्यों को भी करना चाहिए।[8]

मानवीय आचरण को नियमित करने के लिए गीता ने अनेक सामान्य नियमों का विधान किया है। कुछ वाक्यों में मध्यम मार्ग का उपदेश दिया गया है।[9] गीता मनुष्य-समाज

---

1. 'एथिक्स', 1 : 4, 7।
2. 16 : 8, 42।
3. 14 : 5।
4. 18 : 23।
5. 14 : 19।
6. 4 : 24—27।
7. 4 : 33।
8. 3 : 21।
9. 6 : 16—17।

के वर्णपरक विभागों तथा जीवन की विभिन्न स्थितियों अर्थात् आश्रमों की व्यवस्था को स्वीकार करती है। मनोभाव एवं विचार की दृष्टि से निम्नश्रेणी के स्तर पर अवस्थित मनुष्य एकदम से ऊंची अवस्था में नहीं पहुंच सकते। उन्हें यथार्थ मनुष्यता तक पहुंचाने की प्रक्रिया के लिए निश्चय ही एक दीर्घकाल और यहां तक कि कई पीढ़ियों से भी गुज़रने की आवश्यकता है। उन्नत दिशा में उठने के लिए जो चार अवस्थाओं अर्थात् चार आश्रमों का विधान किया गया है, और जो मौलिक रूप से चार प्रकार के व्यक्तियों के अनुकूल हैं, उसे गीता अंगीकार करती है। वर्ण का आधार गुणों[1] को बताते हुए गीता प्रत्येक व्यक्ति को अपने वर्ण के कर्त्तव्यपालन का आदेश करती है।[2] स्वधर्म वह कर्म है जो अपनी आत्मा के विधान के अनुकूल हो। यदि हम धर्मशास्त्र-विहित कर्त्तव्यों का पालन करते रहें तो वही सच्ची ईश्वरपूजा है।[3] ईश्वर के अभिप्राय के अनुसार, प्रत्येक व्यक्ति के मनुष्य-समाज के प्रति कुछ कर्त्तव्य-कर्म हैं। सामाजिक व्यवस्था का संगठन दैवीय है ऐसा कहा जाता है। प्लेटो भी इसीके अनुरूप एक सिद्धान्त का समर्थन करता है। "विश्व के नियन्ता व शासक ईश्वर ने सब पदार्थों की व्यवस्था उत्कर्ष का विचार आगे रखते हुए की है और उनका आशय सम्पूर्ण की रक्षा करना है, और प्रत्येक भाग जहां तक सम्भव है, अपने अनुकूल कार्य तथा मनोवेग रखता है—क्योंकि प्रत्येक चिकित्सक और प्रत्येक कुशल कलाकार सब कुछ पूर्ण के प्रति ही करता है, अपने इस प्रयत्न को सर्वसामान्य के कल्याण के लिए उसी दिशा में मोड़ते हुए एक भाग को सम्पूर्ण सत्ता के लिए न कि पूर्ण को उसके भाग के लिए।"[4] यद्यपि प्रारम्भ में तो वर्ण या जाति का विधान गुणों के ही आधार पर रखा गया था किन्तु बहुत शीघ्र ही वह जन्म का विषय बन गया, क्योंकि यह जानना कठिन है कि कौन क्या गुण रखता है। इसलिए एकमात्र उपलब्ध कसौटी जन्म ही रह जाता है। जन्म और गुणों की गड़बड़ी के कारण ही वर्ण का जो धार्मिक आधार था उसका मूलोच्छेद हो गया। यह आवश्यक नहीं है कि एक जाति-विशेष में जन्म लेने वाले सब व्यक्तियों का आचरण वही हो जिसकी उनसे आशा की जाती है। चूंकि जीवन के तथ्य तार्किक आदर्श के सदा अनुकूल ही नहीं होते, इसलिए सम्पूर्ण वर्णव्यवस्था की संख्या भंग होती जा रही है। यद्यपि आधुनिक वर्तमान समय के ज्ञान के आधार पर इस व्यवस्था को दूषित ठहराना आसान है, फिर भी हमें न्याय की दृष्टि से यह मानना पड़ेगा कि इसने मनुष्य-समाज का निर्माण परस्पर सद्भावना तथा सहयोग के आधार प्रर करने का प्रयत्न किया और परस्पर प्रतिस्पर्धा के जो दुष्परिणाम हो सकते हैं उन्हें दूर करने का प्रयत्न किया। इसने यह माना कि श्रेष्ठता धन-सम्पत्ति की नहीं है अपितु ज्ञान की है, और महत्त्व-विषयक जो इसका निर्णय है वह सही है।

जीवन की चारों अवस्थाओं या आश्रमों में अन्तिम संन्यास की अवस्था है। इसमें आकर मनुष्य को आदेश दिया गया है कि वह अपने को संसार के व्यवहार से पृथक् कर ले।[5] कभी-कभी यह कहा गया है कि इस आश्रम में तब प्रवेश करना चाहिए जबकि शरीर क्षीण होने लगे और मनुष्य अपने को कार्य करने के अयोग्य अनुभव करने लगे।[6] किन्तु चूंकि स्वार्थमयी कामनाओं का त्याग ही सच्चा संन्यास है इसलिए यह गृहस्थाश्रम में रहते

1. 4 : 13।
2. 2 : 31।
3. 18 : 46—47।
4. 'लाज़' (जावेट संस्करण), 10 : 903 बी।
5. मनु० 6 : 33-37; महाभारत, शान्तिपर्व 241, 15; 244, 3।
6. मनु० 6 : 2; महाभारत, उद्योगपर्व, 36, 39।

हुए भी सम्भव है।[1] यह कहना उचित न होगा कि गीता के मत में हम तब तक मोक्ष को प्राप्त नहीं कर सकते जब तब कि अन्तिम आश्रम संन्यास को ग्रहण न कर लें।

गीता में प्रतिपादित भाव से जो कर्म किया जाता है उसकी पूर्ति ज्ञान में होती है।[2] अहंकार के भाव को दूर करके दैवीय भाव को जगाना चाहिए। यदि हम ऐसा कर सके तो हमें सिद्धान्त का अभिप्राय समझ में आ जाएगा। और उस अवस्था में हृदयानुभूत भक्ति भी दैवीय शक्ति के प्रति उत्पन्न हो जाएगी। इस प्रकार कर्ममार्ग हमें एक ऐसी दशा को प्राप्त कराता है जहां भावना, ज्ञान और इच्छा सब विद्यमान रहते हैं।

ऊपर दिए गए वृतान्त से यह स्पष्ट है कि सेवा का मार्ग ही मोक्षप्राप्ति का भी मार्ग है, भेद केवल इतना ही है कि पूर्वमीमांसा की परिभाषा के अनुसार यह कर्म नहीं है। वैदिक यज्ञ हमें मोक्ष की ओर नहीं ले जाते। उनका उपयोग केवल साधन के रूप में ही होता है। वे उच्च श्रेणी के ज्ञान की प्राप्ति के लिए भी मन को तैयार करते हैं। किन्तु ईश्वरार्पण के रूप में किया गया कर्म भी जो अनासक्ति और वैयक्तिक स्वार्थ से रहित भाव से किया गया है, उतना ही प्रभावकारी है जितना कि अन्य कोई उपाय हो सकता है और उसे ज्ञानरूपी उपाय की अपेक्षा निम्न स्तर का नहीं समझना चाहिए, जैसाकि शंकराचार्य समझते हैं, और न भक्ति से नीचा समझना चाहिए जैसाकि रामानुज का विश्वास है। अपने मतों की उत्कृष्टता बताने के लिए ही उक्त दोनों विद्वान ऐसा प्रतिपादन करते हैं कि कृष्ण ने कर्म के मार्ग को सर्वश्रेष्ठ केवल इसलिए कहा क्योंकि उन्हें अर्जुन को फुसलाकर किसी न किसी विधि से कर्म करने के लिए प्रोत्साहित करना था।[3] हम यह कल्पना नहीं कर सकते कि कृष्ण ने अपनी आत्मा में एक असत्यभाषण को स्थान देकर अर्जुन को कर्म करने की प्रेरणा की, और न ही वे ऐसे अज्ञानी थे जिसे अपने मन एवं हृदय की पवित्रता के लिए काम करना था। हमारे लिए यह भी सम्भव नहीं है कि हम जनक, कृष्ण एवं इसी कोटि के अन्यान्य महापुरुषों के विषय में ऐसा विचार रखें कि वे कर्म करने में इसलिए तत्पर थे कि उनका ज्ञान अपूर्ण था। न हमें ऐसा ही सोचने की आवश्यकता है कि ज्ञान प्राप्त कर लेने के अनन्तर कर्म करने की कोई सम्भावना नहीं रहती। जनक का कहना है कि सच्चा उपदेश उसे जो मिला सो कर्म करने का उपदेश था और यह ज्ञान के द्वारा स्वार्थमयी कामनाओं का नाश करके ही हो सकता है। शंकर ने भी इस विषय की छूट दी है कि ज्ञान प्राप्त करने के अनन्तर शरीर को धारण करने लिए कुछ कर्म आवश्यक हैं।[4] यदि कुछ कर्मों की छूट दी गई है, तब प्रश्न केवल मात्रा का रह जाता है कि मुक्तात्मा कितना कर्म करता है। यदि कोई व्यक्ति फिर से कर्म के अधीन होने से भय खाता है तो इसका अर्थ यह है कि उसका अपनी इन्द्रियों के ऊपर पूर्ण रूप में शासन नहीं है।[5] जिस प्रकार ब्रह्म संसार से भिन्न है, यदि इसी प्रकार आत्मा को भी शरीर से पृथक् माना जाए तो भी शरीर को कर्म करने से रोकने वाला कोई नहीं।[6] यह बात अवश्य है कि गीता के मत में मनुष्य भिन्न-भिन्न मनोवृत्ति वाले हैं जिनमें से कुछ का झुकाव संसार के त्याग के प्रति होता है और अन्यों का सेवाभाव के प्रति होता है और उन सबको अपनी

1. भगवद्गीता, 5 : 3।
2. अध्याय 4।
3. भगवद्गीता पर शांकरभाष्य, 5 : 2; 6 : 1–2; 18 : 11; रामानुज का भाष्य गीता पर, 5 : 1; 3 : 1।
4. 3 : 8।
5. 18 : 7; 3 : 6।
6. 4 : 21; 5 : 12।

आत्मा के विचार के अनुसार कर्म करना होता है।[1]

इससे पूर्व कि हम इस विषय से आगे बढ़ें, हमें मनुष्य के मोक्ष के विषय में गीता के विचार पर ध्यान देना आवश्यक है। मनुष्य की इच्छा का निर्णय पूर्वस्वभाव, पैतृक संस्कारों, प्रशिक्षण तथा परिस्थिति इन सबके आधार पर होता है। समस्त संसार व्यक्ति के स्वरूप में केन्द्रित होता प्रतीत होता है। सिवा अप्रत्यक्ष रूप के, स्वभाव के अनुरूप किया गया निर्णय ईश्वर का निर्देश नहीं कहा जा सकता है। "सभी प्राणी अपनी प्रकृति का अनुसरण करते हैं, और उसमें निग्रह क्या कर सकेगा?"[2] मनुष्य का अपना प्रयत्न व्यर्थ प्रतीत होता है, क्योंकि समस्त जगत् का केन्द्र ईश्वर सब प्राणियों को, जो मानो यन्त्र पर आरूढ़ हों, अपनी मायारूपी शक्ति से चक्कर दे रहा है।[3] यदि प्रकृति द्वारा नियन्त्रित इच्छा ही सब कुछ हो तब फिर मनुष्य को कर्म करने में स्वातन्त्र्य कहां रहा? बौद्ध लोग घोषणा करते हैं कि आत्मा कुछ नहीं है, कर्म ही कार्य करता है। गीता का मत है कि यान्त्रिक विधि से निर्णीत इच्छा से ऊपर और श्रेष्ठ एक आत्मा है। जीवात्मा की परम अवस्था के विषय में सत्य चाहे कुछ भी क्यों न हो, भौतिक प्रकृति के बन्धन से मुक्त होने पर सदाचार के स्तर पर इसकी एक स्वतन्त्र पृथक सत्ता अवश्य है। मनुष्य के मोक्ष के विषय में गीता की निश्चय ही जीवन के सम्पूर्ण दार्शनिक ज्ञान की व्याख्या करने के अनन्तर कृष्ण अन्त में अर्जुन से यही कहते हैं कि "जैसा तुम चाहो वैसा कर्म करो।"[4] मनुष्य की आत्मा के ऊपर कोई भी सर्वशक्तिसम्पन्न प्रकृति नहीं है। हम प्रकृति के आदेशों का अनुसरण करने के लिए बाध्य नहीं हैं। वस्तुतः हमें अपनी रुचि तथा अरुचि के प्रति सावधान रहने को कहा गया है, क्योंकि "यही जीवात्मा के मार्ग में बाधक बनती है।" प्रकृति की रचना में जो कुछ अनिवार्य है और जिसका हम दमन नहीं कर सकते एवं मन की उन भ्रांतियों तथा दुविधाओं में जिनसे हम अपने को मुक्त कर सकते हैं, भेद किया गया है। वे प्राणी जिनकी आत्मा संघर्ष करने के पश्चात् उन्नत अवस्था को प्राप्त नहीं हुई है, भौतिक प्रकृति के प्रवाह में बह जाते हैं। मनुष्य, जिसमें बुद्धि का प्राधान्य है, प्रकृति की गति का सामना कर सकता है। उसके सब कर्म बुद्धिसम्पन्न इच्छा के अनुसार होते हैं। मनुष्य जब तक वासना के वश न हो तब तक साधारण स्थिति में वह पशुओं का सा विवेकशून्य जीवन नहीं बिताता। "वह कौन-सी शक्ति है जो मनुष्य को बलात् पाप की ओर ले जाती है, और प्रायः प्रकटरूप में उसकी इच्छा के भी विरुद्ध मानो किसी गुप्त शक्ति के द्वारा बाधित हो?" उत्तर में कहा गया है कि "यह काम-वासना है जो उसे उकसाती है—यही लोक में मनुष्य की शत्रु है।"[5] यह मनुष्य के सामर्थ्य की बात है कि वह अपनी वासना को वश में करके अपने आचरण को बुद्धि के द्वारा नियमबद्ध कर सके। शंकर लिखते हैं : "सभी इन्द्रियों के विषयों के सम्बन्ध में, यथा शब्द आदि के विषय में, प्रत्येक इन्द्रिय में एक अनुकूल विषय के प्रति प्रेम उत्पन्न होता है और प्रतिकूल विषय के प्रति अरुचि उत्पन्न होती है। अब मैं बताऊंगा कि वैयक्तिक पुरुषार्थ के तथा शास्त्रों के उपदेश के लिए क्षेत्र कहां बचता है। जो शास्त्रों के उपदेश के अनुकूल आचरण करेगा, प्रारम्भ में ही प्रेम और विरक्ति के शासनक्षेत्र से ऊपर उठ जाएगा।"[6] कर्म केवल एक अवस्था-मात्र है, नियति नहीं। गीता का कर्म के सम्बन्ध में जो विश्लेषण है उससे

---

1. महाभारत, शान्तिपर्व, 339-340।
2. 18 : 59—60, और भी देखिए, 3 : 33, 36.।
3. 18 : 61।
4. "यथेच्छसि तथा कुरु", 18 : 63।
5. 3 : 37; 6 : 5-6।
6. भगवद्गीता पर शांकरभाष्य, 3 : 34।

भी यही परिणाम निकलता है, जहां भाग्य को पांच अवयवों में से अन्यतम बताया गया है। कर्म की सिद्धि के लिए पांच अवयवों का होना आवश्यक है। वे हैं : अधिष्ठान, अथवा आधार, या कोई ऐसा केन्द्र जहां से कर्म किया जा सके; कर्त्ता, अर्थात् कर्म करने वाला; करण, अर्थात् प्रकृति का साधन; चेष्टा अर्थात् प्रयत्न या पुरुषार्थ; और दैव अथवा भाग्य। यह अन्तिम घटक मनुष्य की शक्ति के अतिरिक्त एक शक्ति या शक्तियां हैं। यह एक सार्वभौम तत्त्व है जो कर्म के परिवर्तन की पृष्ठभूमि में सदा विद्यमान रहता है और इसीके कारण कर्मफल का निर्णय कर्म के रूप में अथवा पुरस्कार के रूप में होता है।

12. मोक्ष

हम ज्ञान, प्रेम अथवा सेवा की चाहे जिस पद्धति का अनुसरण करें, गन्तव्य लक्ष्य एक ही है और वह है सर्वोपरि ब्रह्म के साथ जीवात्मा का संयोग। जब मन पवित्र हो जाता है और अहंकार नष्ट हो जाता है तो मनुष्य को सर्वोपरि ब्रह्म के साथ तादात्म्य प्राप्त हो जाता है। यदि हम मनुष्य की सेवा से प्रारम्भ करें तब भी हम सर्वोपरि ब्रह्म के साथ ऐक्य-सम्बन्ध स्थापित कर लेते हैं, न केवल कार्य तथा चेतना के विषय में अपितु जीवन और सत् के रूप में भी। प्रेम भक्ति के परमानन्द में परिणत हो जाता है जहां पहुंचकर आत्मा और ईश्वर एक हो जाते हैं। चाहे हम किसी भी मार्ग का अवलम्बन करके पहुंचें, अन्त में हमें मिलता है उसका दर्शन, तथा दैवी जीवन का अनुभव और उसीके अन्दर निवास। यह धर्म का उच्चतम रूप है, अथवा आत्मा का जीवन है, जिसे विस्तृत अर्थों में ज्ञान कहते हैं।

आध्यात्मिक यथार्थता की प्राप्ति का उपायस्वरूप ज्ञान आध्यात्मिक अन्तर्दृष्टि रूपी उस ज्ञान से भिन्न है जो आदर्श है। शंकर ठीक कहते हैं कि मोक्ष अथवा ईश्वर का साक्षात्कार सेवा अथवा भक्ति का कर्म नहीं है और इसीलिए बोध भी नहीं है, यद्यपि ये मोक्षप्राप्ति के साधन अवश्य हो सकते हैं। मोक्ष एक अनुभव अथवा सत्य का प्रत्यक्ष दर्शन हैं। भिन्न-भिन्न मार्गों का अवलम्बन ईश्वरप्राप्ति के लिए ही किया जाता है। यथार्थता की प्राप्ति के लिए अवलम्बन किए गए भिन्न-भिन्न मार्गों के मूल्यांकन के विषय में गीता पूर्णरूप से अपने कथन में संगत नहीं है। "मुझे जानने का प्रयत्न करो, यदि तुम मेरा चिन्तन नहीं कर सकते तो योगाभ्यास करो, यदि यह तुम्हें अनुकूल नहीं पड़ता तो अपने सब कर्म को मुझे अर्पित करके मेरी सेवा करने का प्रयत्न करो। यदि यह भी कठिन प्रतीत हो, तो अपने कर्त्तव्य का पालन करो किन्तु परिणाम की लालसा मत रखो और न फल की आकांक्षा करो।"[1] आगे चलकर, "निःसन्देह, निरन्तर कर्म करने की अपेक्षा ज्ञान उत्तम है, ध्यान ज्ञान से उत्तम है; कर्मफल का त्याग ध्यान से भी उत्तम है, कर्मफल के त्याग से शान्ति प्राप्त होती है।"[2] प्रत्येक उपाय को कभी न कभी प्रधानता दी गई है।[3] ग्रन्थकर्ता के मत में कोई भी उपाय ठीक है, और यह उपाय कौन-सा हो यह व्यक्ति के अपने चुनाव के ऊपर है। "कई ध्यान के द्वारा, अन्य कई चिन्तन के द्वारा, और कई कर्म के द्वारा तथा अन्य कई पूजा-उपासना के द्वारा अमरत्व को प्राप्त करता है।"[4]

सर्वोत्तम अनुभूत तथ्य मोक्ष है, और ज्ञान शब्द का प्रयोग दोनों, अर्थात् स्वयं इस

---

1. 12 : 9—11।
2. 12 : 12।
3. 6 : 46; 7 : 16; 12 : 12।
4. 13 : 24—25; 18 : 54—56।

साहसिक कार्य और इस तक पहुंचाने वाले मार्ग, के लिए हुआ है। इस दुविधा ही के कारण कुछ विद्वानों का यह विचार हो गया कि ज्ञान एक मार्ग के रूप में मोक्षप्राप्ति के अन्यान्य मार्गों की उपेक्षा उत्तम है और यह कि एकमात्र बोध ही निरन्तर रहता है जबकि अन्य घटक अर्थात् मनोभाव और इच्छा मोक्ष की सर्वोच्च अवस्था में रह जाते हैं। इस प्रकार के मत की स्थापना के लिए कोई युक्तियुक्त प्रमाण प्रतीत नहीं होता।

मुक्ति अथवा मोक्ष सर्वोपरि आत्मा के साथ संयुक्त हो जाने का नाम है। इसके अन्य भी कई नाम हैं : मुक्ति; ब्राह्मी स्थिति (ब्रह्म में स्थित हो जाना) ; नैष्कर्म्य या कर्म का त्याग; निस्त्रैगुण्य, अर्थात् तीनों गुणों सत्त्व, रजस् और तमस् का जिसमें अभाव हो; कैवल्य अर्थात् एकान्तरूप मोक्ष; ब्रह्मभाव, अर्थात् ब्रह्म हो जाना। निरपेक्ष अनुभूति में समस्त विश्व की एकता का अनुभव होता है। "आत्मा ही सब प्राणियों में है और समस्त प्राणी आत्मा के अन्दर निहित हैं।"[1] पूर्णता की अवस्था धार्मिकता के उन फलों से कहीं अधिक है जो वैदिक विधि-विधानों के अनुष्ठान, यज्ञों के अनुष्ठान और अन्य सब उपायों के परिणाम हो सकते हैं।[2]

हम पहले कह चुके हैं कि परम अवस्था में कर्म का क्या स्थान है। इस विषय में विविध प्रकार के निर्वचन प्रस्तुत किए जाते हैं। इस विषय में कि परम अवस्था में व्यक्तित्व का कोई आधार रहता है या नहीं, गीता का मत एकदम स्पष्ट नहीं है। अन्तिम या चरम अवस्था को सिद्धि अथवा पूर्णता; परासिद्धि, सर्वोत्तम पूर्णता; 'परांगतिम्', अर्थात् सर्वोच्च आदर्श; 'पदम् अनामयम्', अर्थात् आनन्दमय स्थिति; शांति; 'शाश्वतं पदम् अव्ययम्' अर्थात् नित्य एवं अविनश्वरस्थान भी कहा गया है।[3] उक्त सब परिभाषाएं इस विश्व में उदासीन अथवा वैशिष्ट्यहीन हैं और यह हमें कुछ नहीं बतातीं कि मोक्ष की अवस्था में व्यक्तित्व बना रहता है या नहीं। ऐसे वाक्य अवश्य पाए जाते है जो विशेषरूप से कहते हैं कि मुक्तात्माओं को संसार के व्यापारों से कोई मतलब नहीं रहता। उनका व्यक्तित्व नहीं रहता और इसीलिए कर्म का आधार भी नहीं रहता। द्वैतभाव का विलोप हो जाने से कर्म भी असम्भव हो जाता है। मुक्तात्मा निर्गुण होती है। वह नित्य आत्मा के साथ मिलकर एकत्व प्राप्त करती है।[4] यदि कर्म का आधार प्रकृति है और यदि नित्य प्रकृति की क्रियाविधियों से सर्वथा स्वतन्त्र है तब मोक्ष की अवस्था में न अहंकार को स्थान है और न इच्छा व कामना को ही स्थान है। यह एक ऐसी अवस्था है जो सब प्रकार की विधियों और गुणों से रहित, भावहीन, स्वतन्त्र तथा शान्तिमय है। यह केवलमात्र मृत्यु के पश्चात् विद्यमानता की ही दिशा नहीं अपितु सर्वोच्च सत्ता की अवस्था को प्राप्त हो जाना है, जहां कि आत्मा अपने को जन्म और मृत्यु से ऊपर, अनन्त, नित्य, तथा अभिव्यक्तियों की उपाधियों से परे अनुभव करती है। शंकर इन्हीं वाक्यों का आश्रय लेकर गीता के मोक्ष की व्याख्या सांख्यवादियों के कैवल्य के रूप में करते हैं। यदि शरीर हमारे साथ लगा रहेगा तो प्रकृति भी अपना कार्य करती चलेगी, जब तक कि शरीर का छोड़े हुए खोल की भांति सर्वथा त्याग नहीं कर दिया जाता। अमूर्त आत्मा शरीर की क्रिया के प्रति अनासक्त रहती है। यहां तक कि शंकर भी इस बात को स्वीकार

1. 6 : 29।
2. 8 : 28।
3. 12 : 10; 16 : 23; 14 : 1; 6 : 45; 8 : 13; 9 : 32; 16 : 22—23; 2 : 51; 4 : 39; 5 : 12; 18 : 62; 18 : 56।
4. "आत्मैव।" 7 : 18। वह मेरे स्वरूप को प्राप्त कर लेता है—"मभ्दावं याति," 8 : 5; और भी देखिए, 8 : 7।

करते हैं कि जब तक शरीर रहेगा तब तक जीवन भी रहेगा और कर्म भी रहेगा। हम प्रकृति की साधनता से बच नहीं सकते। जीवन्मुक्त पुरुष जो शरीर धारण किए हुए हैं, ब्रह्म जगत् की घटनाओं से प्रतिक्रियारूप में सम्बद्ध है, यद्यपि वह उनमें आसक्त नहीं होता। ऐसा कोई सुझाव नहीं मिलता कि सम्पूर्ण प्रकृति अमरत्व के धर्म में परिणत हो जाती हो, जो दैवी अंश की अनन्त शक्ति है। आत्मा ओर शरीर का द्वैतभाव प्रकट है और इनमें परस्पर-समन्वय नहीं हो सकता अतएव जीवात्मा अपनी पूर्णता को तभी प्राप्त कर सकती है जबकि शरीर की यथार्थता के भाव को सर्वथा दूर कर दिया जाए। इस विचार के आधार पर हम सर्वोच्च ब्रह्म के कर्म के विषय में सोच भी नहीं सकते, क्योंकि समस्त क्रिया का आधार अर्थात् अस्थायी निर्माणकार्य एवं अस्थायी प्रतीति अनन्त के विशाल वक्ष में विलीन हो जाते हैं। हमारे दृष्टिकोण का पूर्णरूपेण त्याग सब प्रकार की प्रगति का अन्त प्रतीत होता है। शंकर कहते हैं कि अनन्त के विषय में हमारा मत इसका यथार्थ माप नहीं है। हम अपने मानवीय दृष्टिकोण से उस अनन्त के जीवन की पूर्णता का ज्ञान ग्रहण नहीं कर सकते। इस मत को स्वीकार करते हुए वे कहते हैं कि गीता के श्लोक जिनसे आत्माओं की अनेकता ध्वनित होती है, परम-अवस्था में सम्बन्ध नहीं रखते, अपितु वे केवल सापेक्ष अवस्थाओं के ही सम्बन्ध में हैं।

हमें और भी ऐसे श्लोक मिलते हैं जिनसे यह प्रकट होता है कि मुक्त आत्माओं के लिए भी कर्म सम्भव हो सकता है। अन्तर्दृष्टि तथा ज्ञान से सम्पन्न व्यक्ति सर्वोपरि ब्रह्म का अनुकरण करते हैं और इस संसार में कार्य करते हैं।[1] सर्वोच्च अवस्था सर्वोपरि ब्रह्म में लय अथवा तिरोभाव हो जाना नहीं है अपितु अपना पृथक् व्यक्तित्व है। मुक्त पुरुष की आत्मा यद्यपि विदेहभाव में केन्द्रित है लेकिन अपना निजी व्यक्तित्व भी रखती है और दिव्य आत्मा का अंश है। ठीक जिस प्रकार पुरुषोत्तम, जो समस्त विश्व में व्याप्त है, कर्म करता है; मुक्तात्मा को भी उसी प्रकार कर्म करना चाहिए। सर्वोच्च अवस्था पुरुषोत्तम में निवास करने की अवस्था है।[2] जो इस अवस्था को प्राप्त कर लेते हैं, पुनर्जन्म के बन्धन से मुक्त हो जाते हैं और ईश्वर के पद को प्राप्त करते हैं।[3] मोक्ष सदा के लिए व्यक्तित्व का विलोप हो जाना नहीं है अपितु जीवात्मा की एक आनन्दरूप मुक्ति एवं ईश्वर की उपस्थिति में एक पृथक् तथा लक्षित हो सकने वाला अस्तित्व है। "मेरे भक्त मेरे पास आ जाते हैं।"[4] गीता का रचयिता मोक्षावस्था में भी एक चेतनासम्पन्न व्यक्तित्व के तारतम्य को मानता है, ऐसा प्रतीत होता है। वस्तुतः कुछ एक स्थलों से यह सुझाव मिलता है कि मुक्तात्माएं ईश्वर तो नहीं बन जातीं किन्तु तत्त्वरूप में ईश्वर के समान हो जाती हैं।[5] मोक्ष विशुद्ध तादात्म्य नहीं है बल्कि केवल गुणात्मक समानता है, यह जीवात्मा का ऊंचे उठकर ईश्वर के सदृश अस्तित्व प्राप्त कर लेना है, जहां तुच्छ इच्छाओं के प्रवृत्त होने की कोई शक्ति नहीं है। अमर होने से आशय नित्यस्वरूप प्रकाश में निवास है। हमारी आत्मता नहीं नष्ट होती बल्कि अधिक गहरी हो जाती है, पाप के सब धब्बे मिट जाते हैं, संशय की गांठ कट जाती है, हम अपने ऊपर प्रभुत्व पा जाते हैं और हम सदा के लिए प्राणिमात्र का कल्याण करने में अपने को लगा देते हैं। हम अपने को सभी गुणों से मुक्त नहीं कर लेते किन्तु सत्त्वगुण धारण करते

---

1. 4 : 14—15।
2. "निवसिष्यति मय्येय।"
3. 18 : 21; 4 : 10, "मभ्दावमागताः।
4. 7 : 23; और भी देखिए, 9 : 25; 4 : 9।
5. 14 : 2, "मम साधर्म्यमागताः।"

हैं और रजोगुण का दमन करते हैं।[1] रामानुज भी इसी मत पर बल देते हैं और प्रतिपादन करते हैं कि मुक्त आत्मा ईश्वर के साथ सदा संयुक्त रहती है और उसका समस्त जीवन इसको अभिव्यक्त करता है। उस प्रकाश से जिसमें वह निवास करता है, ज्ञान की धारा प्रवाहित होती है, और वह अपने ईश्वर के प्रति प्रेम में एक प्रकार से खो जाता है। इस अवस्था में हम एक सर्वोत्तम जीवन को प्राप्त करते प्रतीत होते हैं, सम्पूर्णरूप में प्रकृति का बहिष्कार करके नहीं अपितु उच्चकोटि की आध्यात्मिक पूर्णता के द्वारा। इसी दृष्टिकोण से हम कर्म करते तथा ईश्वर में निवास करते हैं, केवलमात्र क्रियाशीलता का केन्द्रबिन्दु जीवात्मा से हटकर दिव्यरूप में परिवर्तित हो जाता है। दैवी शक्ति की धड़कन समस्त विश्व में अनुभव की जा सकती है जो विभिन्न वस्तुओं में भिन्न-भिन्न रूप धारण कर लेती है। प्रत्येक जीवात्मा अपना केन्द्र तथा परिधि ईश्वर के अन्दर रखती है। रामानुज के मत में आध्यात्मिक शरीर उच्चतम अनुभूति में भी एक महत्त्वपूर्ण घटक है।

इस प्रकार गीता में परम अवस्था के विषय में दो प्रकार के परस्पर-विरोधी मत हैं। एक तो वह है जिसके अनुसार मुक्त आत्मा अपने को ब्रह्म के अमूर्तरूप में खो देता है और संसार के द्वन्द्व से दूर रहकर शान्ति प्राप्त करता है। दूसरे मत के अनुसार, हम ईश्वर को धारण करते हैं और उसमें हर्ष का अनुभव करते हैं तथा समस्त दुःख क्लेश एंव क्षुद्र इच्छाओं की उत्सुकता से ऊपर उठ जाते हैं, क्योंकि ये ही दासत्व के चिह्न हैं। गीता धार्मिक पुस्तक होने के कारण एक शरीरधारी ईश्वर की परमार्थता के ऊपर बल देती है। और साथ में यह भी प्रतिपादन करती है कि मनुष्य के अन्दर जो दैवी शक्ति है उसे अपनी पूर्ण शक्ति के साथ ज्ञान, शक्ति, प्रेम एवं सार्वभौमता के रूप में पूर्णतया विकसित होना चाहिए। इससे हम निश्चय ही यह परिणाम नहीं निकाल सकते कि गीता का मत उपनिषदों के मत के विपरीत है। यह मतभेद इस सामान्य समस्या का एक विशिष्ट उपयोग है कि परब्रह्म अथवा शरीरधारी पुरुषोत्तम इन दोनों में किसकी यथार्थता उच्चश्रेणी की है। गीता के अध्यात्मज्ञान का विवचेन करते समय हमने कहा है कि गीता ब्रह्म की परम यथार्थता का खण्डन नहीं करती, किन्तु केवल यही सुझाव देती है कि हमारे दृष्टिकोण से उक्त परमतत्त्व अपने को शरीरधारी भगवान् के रूप में अभिव्यक्त करता है। विचार के लिए, चूंकि यह मानवीय है और कोई मार्ग उच्चतम यथार्थसत्ता के विषय में चिन्तन करने का नहीं है, उसी दृष्टिकोण को अपनाते हुए हम कह सकते हैं कि मोक्ष की परम अवस्था के विषय में दोनों मत आन्तरिक दृष्टि से तथा बौद्धिक दृष्टि से समन्वय रखने वाले हैं, यद्यपि भिन्न-भिन्न दृष्टि से दोनों एक ही अवस्था को प्रदर्शित करते हैं। हमारे मानवीय दृष्टिकोण से परमतत्त्व एक निष्क्रिय, सम्बन्धविहीन व्यक्तित्व, और सब प्रकार के कर्म करने में अयोग्य प्रतीत होता है जबकि वस्तुतः वह ऐसा नहीं है। यदि हम इसका विध्यात्मक-वर्णन करना चाहें तो हमें केवल रामानुज का वर्णन ही इस प्रकार का मिलता है। यह प्रतिपादन करने के लिए कि दोनों अर्थात् परमतत्त्व और शरीरधारी ईश्वर एक ही हैं, गीता का कहना है कि अमूर्तता तथा मूर्तिमत्ता परस्पर में इस प्रकार से संयुक्त है कि उच्चतम यथार्थसत्ता हमारी समझ से बाहर है। इसी प्रकार मुक्तात्माएं अपना व्यक्तित्व भले ही न रखती हों तो भी आत्ममर्यादा के कारण व्यक्तित्व रख सकती हैं। इसी प्रकार से सम्भव है कि गीता ने प्रकृति के अनादिशक्ति प्रदर्शन के साथ कालातीत आत्मा के नित्य अचल निवृत्ति मार्ग की संगति बैठाने का प्रयत्न किया है।

1. "शान्तरजसम्," 6 : 27।

मृत्यु के उपरान्त मुक्तात्मा की अवस्था के विषय में चाहे जो कुछ भी तथ्य हो, जब तक वह संसार में जीवनधारण किए रहती है, उसे कुछ न कुछ कर्म करना ही है। शंकर के अनुसार मुक्तात्मा की यह क्रियाशीलता प्रकृति के कार्य का प्रकार है और रामानुज के मत में सर्वोपरि सत्ता के ये कर्म हैं। ये दोनों कर्म के अमूर्तरूप को व्यक्त करने के दो भिन्न मार्ग हैं। मुक्त आत्मा का कर्म आत्मा के स्वातन्त्र्य से होता है और इसमें आन्तरिक हर्ष तथा शान्ति का समावेश रहता है जो न तो अपने उद्भव के लिए और न ही निरन्तरता के लिए बाह्य वस्तुओं के ऊपर निर्भर नहीं करता। मुक्त व्यक्ति संशयवाद की जड़ता को उतार फेंकते हैं। समस्त अन्धकर (अज्ञान) उसके चेहरे से दूर भाग जाता है। उनकी सजीव दृष्टि और दृढ़तापूर्ण वाणी से यह विदित होता है कि उनके अन्दर आध्यात्मिक प्रेरणा का बल है, जिसके ऊपर वे अविश्वास नहीं कर सकते; वे भौतिक शरीर के अधीन नहीं हैं, न इच्छा ही उन्हें आकृष्ट कर सकती है। विपत्ति में वे निराश नहीं होते और न सम्पत्ति में प्रमत्त ही होते हैं। चिन्ता, भय और क्रोध आदि उन्हें नहीं व्यापते। उनका मन सरल एवं बालक के समान दृष्टिकोण सर्वथा अक्षत और पवित्र होता है।[1]

मुक्त व्यक्ति समस्त पुण्य-पाप से परे हैं। पुण्य भी पूर्णता के रूप में परिणत हो जाता है। मुक्त पुरुष जीवन के केवल नैतिक नियम से ऊपर उठकर प्रकाश, महत्ता और आध्यात्मिक जीवन की शक्ति को पहुंचता है। यदि उसने ऐसे कोई बुरे कर्म भी किए होंगे जोकि साधारण परिस्थिति में इस पृथ्वी पर दूसरे जन्म की आवश्यकता का कारण बन सकें तो भी इसकी आवश्यकता नहीं रहती। सामान्य नियमों तथा विधि-विधानों से वे मुक्त हैं। जहां तक लक्ष्य का सम्बन्ध है, गीता के मत में परमव्यक्तिवाद की महत्ता है। यदि यह मुक्तपुरुष नीत्शे के अतिमानव का अनुकरण करें तो यह एक भयावह सिद्धान्त होगा जिसका दुर्बल तथा अयोग्य और अपांग एवं अपराधी व्यक्तियों से कोई नाता नहीं। यद्यपि सामाजिक कर्त्तव्यों से वे मुक्त हैं तो भी गीता के मुक्तात्मा समाज के ऐसे व्यक्तियों को भी कभी नहीं भूलते। मुक्त व्यक्ति अपने-आपमें कभी उद्विग्नता का भाव नहीं आने देते और न दूसरों को कभी उद्विग्न करते हैं।[2] जगत् के कल्याण के लिए कार्य करना उनका स्वभाव बन जाता है। ये श्रेष्ठ व्यक्ति एक समान मन से इस लोक के सब पदार्थों के साथ व्यवहार करते हैं। वे गतिशील और रचनात्मक धार्मिक जीवन के प्रतीक हैं और इस बात का ख्याल रखते हैं कि सामाजिक नियम मनुष्य के जीवन के धार्मिक पक्ष को पुष्ट करने में पूर्णतया सहायक सिद्ध हों। वे अपने नियत कर्म को करते हैं जिसका आदेश उनके अन्दर अवस्थित दैवी शक्ति करती है।

जहां एक ओर गीता सामाजिक कर्त्तव्यों पर बल देती है, यह सामाजिक स्थिति से ऊपर भी एक अवस्था मानती है। मनुष्य समाज से पृथक् भी मनुष्य की एक अनन्त नियति है। संन्यासी सब नियमों, वर्णों और समाज से भी ऊपर है। यह मनुष्य के अनन्त गौरवपूर्ण पद का प्रतीक है, जो अपने को समस्त बाह्य पदार्थों से पृथक् कर सकता है; यहां तक कि स्त्री तथा बच्चों से पृथक् और आत्मनिर्भर होकर यह स्थल के एकान्त में जाकर बैठ सकता है, यदि उसका ईश्वर.उसके साथ है। संन्यासी जिस आदर्श को अंगीकार करता है वह त्याग व तपस्या का नहीं है। वह समाज से एकदम पृथक् रहकर भी मनुष्य-मात्र के प्रति करुणा

---

1. तुलना कीजिए : "बालभावस्तथाभावो निश्चन्तो योग उच्यते।"–ज्ञानसंकलनीतन्त्र।
2. 12 : 15।

का भाव रखता है। महादेव ने हिमालय के बर्फीले शिखरों पर बैठकर मनुष्य-जाति की रक्षा के लिए विषपान किया था।

उद्धृत ग्रन्थ

तेलंग : 'भगवद्‌गीता। सेक्रेड बुक्स आफ द ईस्ट,' खण्ड 7।

तिलक : 'गीतारहस्य'।

अरविन्द घोष : 'एसेज़ ऑन द गीता'।

दसवां अध्याय

बौद्धमत : धर्म के रूप में

बौद्धधर्म के सम्प्रदाय—हीनयान—महायान—महायान की तत्त्वमीमांसा—महायान धर्म—नीतिशास्त्र--भारत में बौद्धधर्म का ह्रास—भारतीय विचारधारा पर बौद्धधर्म का प्रभाव।

1. बौद्धमत के सम्प्रदाय

बुद्ध के जीवन काल में भी उसके अनुयायियों में[1] मतभेद की प्रवृत्तियां आने लगी थीं, यद्यपि संस्थापक के आकर्षक व्यक्तित्व के कारण बढ़ने न पाई थीं। बुद्ध के देहान्त के पश्चात् वे बल पकड़ गईं। हीनयान-सम्प्रदाय वालों का विश्वास है कि थेरवाद और तीन पिटक एक ही हैं जैसे कि वे इस समय लंका में पाये जाते हैं और जिनका संग्रह राजगृह में आयोजित पहली परिषद् में किया गया था। पहली परिषद् में अत्यन्त विरोध रहने पर भी तपस्वी जीवन की कठोरताओं को शिथिल करने का प्रयत्न किया गया और नियमों को नरम बनाने वाले कुछ उचित परिवर्तन किए गए। पहली परिषद् के लगभग 100 वर्ष पश्चात् एक दूसरी परिषद् वैशाली में हुई। इस परिषद् ने 'विनयपिटक' के आगम-भाग एवं प्रक्रिया भाग पर विचार किया, जिसमें संघ के नियमों पर एवं इस विषय पर भी विवाद हुआ कि कुछ छूट दी जानी चाहिए या नहीं। अत्यधिक संघर्ष के पश्चात् संघ के स्थविरगण[2] छूट देने के विषय को दूषित ठहराने में सफल हो सके। प्रगतिशील दल में अथवा महासंघिकों में, जिनकी हार हुई, ऐसे व्यक्तियों की संख्या अधिक थी जिन्होंने उनका समर्थन किया। उन्होंने एक सभा की जिसे उन्होंने महासंगीति अर्थात् 'महती सभा' नाम दिया। हमें दीपवंश-5 में कट्टरपन्थी दृष्टिकोण से लिखा गया इस बड़ी सभा का वृत्तान्त मिलता है। कहा गया है कि उक्त सभा ने धर्म को उलट दिया, और पुराने धर्मशास्त्रों को भंग कर दिया,' 'निकायों में वर्णित वाक्यों एवं सिद्धान्तों को तोड़-मरोड़ दिया,' और बुद्ध के उपदेशों के आशय को नष्ट कर दिया।' सन्तानी एवं सुधारक विभागों में परस्पर मतभेद का मुख्य विषय बुद्धत्व की प्राप्ति के प्रश्न पर था। स्थविरों का मत था कि यह एक ऐसा गुण है जो विनयपिटक में उल्लिखित नियमों का अक्षरशः पालन करने से प्राप्त किया जाता है। सुधारवादी कहते थे कि बुद्धत्व एक ऐसा गुण है जो प्रत्येक मनुष्य के अन्दर सहजरूप में विद्यमान है और पर्याप्त मात्रा में उसका विकास होने से वह ऐसे व्यक्ति को तथागत की कोटि तक पहुंचा देता है। स्थविरवाद अथवा सनातन मत लंका के बौद्धमत की वंश-परम्परा का पूर्वज था, ऐसा कहा जाता है। यहां तक

1. देवदत्त के प्रयत्नों पर ध्यान दीजिए।
2. पाली थेर।

कि बौद्धमत अपने जीवन की दूसरी शताब्दी में ही अठारह विभिन्न सम्प्रदायों में बंट गया था और उनमें से प्रत्येक अपने को आदि बौद्धमत कहने का दावा करता था। इसके पश्चात् अशोक के समय तक हमें बौद्धमत की गति का और अधिक ब्यौरा प्राप्त नहीं है।[1] बुद्ध के देहान्त की ढाई शताब्दी पश्चात् जब मौर्य सम्राट अशोक ने बौद्धमत स्वीकार किया तब बौद्धमत का अत्यन्त प्रबल रूप में विस्तार हुआ। जो बौद्धमत बुद्ध की मृत्यु के पीछे लगभग तीन शताब्दियों तक हिन्दूधर्म की केवल एक शाखा मात्र था, वह अब अशोक के प्रयत्नों द्वारा एक विश्वधर्म के रूप में परिणत हो गया।[2] अपने विस्तृत साम्राज्य में, जो एक ओर काबुल की घाटी से लेकर गंगा के मुहाने तक और दूसरी ओर उत्तर में हिमालय से लेकर दक्षिण दिशा में विन्ध्यपर्वतमाला तक फैला हुआ था, उसने आदेश जारी किए कि उसकी राजघोषणाओं को पत्थर के खम्भों पर खोद दिया जाए जिससे वे सदा के लिए बनी रहें। उसने भारत के प्रत्येक भाग में धर्मप्रचारक भेजे, कश्मीर से लेकर लंका तक, यहां तक कि उन देशों में भी जहां उसका शासन नहीं था। तेरहवीं घोषणा में कहा गया है कि उसने सीरिया के एण्टियोकस द्वितीय के पास, मिस्र देश के टॉलेमी द्वितीय के पास, मैसिडोनिया के एण्टिगोनस गोनाटोस के पास, साइरीन के मागस के पास, एपिरस के अलैक्ज़ेंडर द्वितीय के पास भी प्रचारक भेजे। ईसा के पश्चात् तीसरी शताब्दी में बौद्धमत ने कश्मीर एवं लंका में प्रवेश किया और शनैः शनैः नेपाल, तिब्बत, चीन, जापान और मंगोलिया में भी फैल गया। यह कहा जाता है कि अशोक के पुत्र महेन्द्र को लंका में बौद्धधर्म का प्रधान बनाया गया। बौद्धधर्म में नई-नई क्रियाओं के प्रविष्ट होने की प्रवृत्ति के सम्बन्ध में अशोक ने बौद्धधर्म के नैतिक पक्ष पर अधिक बल दिया।[3] बौद्ध संघ की बढ़ी हुई प्रतिष्ठा के कारण सन्दिग्ध विचार वाले अनेक व्यक्तियों ने भी इधर आकृष्ट होकर इसमें प्रवेश किया, और जैसाकि महावंश में कहा है, "विधर्मियों ने भी संघ के लाभ में हिस्सा बंटाने के लिए, पीले वस्त्र धारण कर लिए, एवं अपने-अपने मतों को वे बौद्ध सिद्धान्त बताकर प्रचार करने लगे। वे अपनी इच्छा के अनुसार आचरण करते थे और जैसा होना चाहिए था वैसा आचरण नहीं करते थे।"[4] तीसरी परिषद् पाटलिपुत्र में[5] तिस्सा मौग्गली के पुत्र की अध्यक्षता में हुई जिसका उद्देश्य सिद्धान्तों को शुद्ध करना था।

भारत के नये शासकों ने जैसे यवन, शक, क्षत्रप, सतवाहन, पह्लव और कुषाण आदि ने, जिनमें अनेक विदेशी थे, बौद्धधर्म को शीघ्र स्वीकार कर लिया। यद्यपि उस समय भी ब्राह्मणधर्म के प्रतिनिधि दक्षिण एवं पश्चिम में विद्यमान थे, तो भी अधिकांश जनता बौद्धधर्मावलम्बी थी। गुप्तवंशीय राजाओं के समय में, जोकि ईसा पश्चात् पहली शताब्दी में सत्तारूढ़ हुए (सम्भवतः 319 वर्ष ईसा के पश्चात्), ब्राह्मणधर्म का फिर से प्रादुर्भाव हुआ।

1. "बुद्ध के देहान्त के पश्चात् डेढ़ शताब्दी तक क्या हुआ, इसके वृत्तान्त के विषय में हम भारतीय अथवा विदेशी लेखकों के द्वारा बहुत ही थोड़ा जान सके हैं।" रीज़ डेविड्स—'बुद्धिस्ट इण्डिया', पृष्ठ 259।
2. देखिए, विसेंट स्मिथ कृत 'अशोक', पृष्ठ 22।
3. अशोक अपने शिलालेखों में से एक में उल्लेख करता है कि उसने कनकमुनि का एक स्तूप दोबारा स्थापित कराया। यह स्पष्ट है कि जनसाधारण पहले से ही स्तूपों का निर्माण करने लगे थे, एवं तीर्थयात्रा भी करने लग गए थे। यह घटना कि कनकमुनि को प्राचीन बुद्ध के रूप में माना जाता था, यह दर्शाती है कि उस समय भी बुद्धों की परम्परा में विश्वास किया जाता था।
4. 38—39।
5. 252 वर्ष ईसापूर्व।

अध्ययन करने से हमें समुद्रगुप्त से अश्वमेघयज्ञ का वृत्तान्त मदुरा में पाये गए चन्द्रगुप्त के शिलालेखों में और समुद्रगुप्त के विहार में पाये गए शिलालेखों में मिलता है। ब्राह्मणधर्म के पुनरुत्थान के इसी प्रकार और भी अनेक स्मारक पाए जाते हैं। शिव एवं विष्णु की साम्प्रदायिक पूजाएं प्रचलित हो गईं। सुबन्धु ने अपने 'वासवदत्ता' नामक नाटक में हमें बताया कि जैमिनि के अनुयायियों ने बौद्धसिद्धान्तों पर आक्रमण किया।[1] बौद्धों की मुख्य भाषा प्राकृत पर संस्कृत का आधिपत्य हो गया, जैसाकि उस युग के बौद्धधर्म-सम्बन्धी संस्कृत शिलालेखों से विदित होता है। बौद्धधर्म ने ब्राह्मणधर्म का अनुकरण करके बुद्ध को भी एक देवता के रूप में मान लिया। बुद्ध की मूर्तियां स्थापित हो गईं, एक शरीरधारी सत्ता के प्रति भक्ति का विकास हुआ और कनिष्क के समकालीन नागार्जुन ने इस प्रकार के बौद्धधर्म को एक विशेष रूप दिया, जिसका नाम महायान पड़ा, यद्यपि इस समय से पूर्व भी यह अपना रूप बना रहा था। महायान-सम्प्रदाय उस आन्दोलन की पराकाष्ठा था जिसके कारण ही महासंघिकों को थेरवाद छोड़ने के लिए बाध्य होना पड़ा था। प्राचीन बौद्धधर्म का ह्रास, महायान सम्प्रदाय का उत्थान एवं ब्राह्मणधर्म का पुनरुद्भव यह सब एक ही काल में सम्पन्न हुए। महायान-सम्प्रदाय कनिष्क के समय में संगठित परिषद् द्वारा, जो पंजाब के जालन्धर शहर में हुई थी, बनाए गए नियमों का अनुसरण करता है। मौलिक सिद्धान्त को बहुत विस्तृत कर दिया गया। नई सामग्री उसमें जोड़ी गई और प्रचलित जादू-टोना और मिथ्या विश्वास भी उसमें पर्याप्त मात्रा में जोड़ दिए गए। निःसन्देह यह एक छोटी शाखा है जिसका सम्बन्ध संस्कृत भाषा से है, जबकि हीनयान शाखा पुरानी है और उसकी भाषा पाली है। हीनयान-सम्प्रदाय का दावा है कि वह गौतमबुद्ध के उपदेशों को उनके मौलिक रूप में प्रस्तुत करता है एवं उसके विहार सम्बन्धी एवं निष्ठावादी युक्तिपूर्ण अंशों को सुरक्षित रखता है। महायान-सम्प्रदाय बौद्ध सिद्धान्त को रहस्यमय, पारमार्थिक एवं श्रद्धात्मक रूप में विकसित करता है। लंका एवं बर्मा में हीनयान की प्रधानता है एवं नेपाल और चीन में महायान की प्रधानता। बौद्धधर्म के परवर्ती इतिहास में बराबर हीनयान-सम्प्रदाय की आभ्यन्तरिकता–जिसके कारण वह अपने को बाह्य जगत् से अलग करता है–और महायान-सम्प्रदाय द्वारा बाह्य जगत् के साथ अपनी अनुकूलता स्थापित करने के अन्दर प्रत्यक्ष एवं घोर विरोध दिखाई पड़ता है। महायान मनुष्य-मात्र के लिए मार्ग प्रदर्शित करता है जबकि हीनयान केवल कुछ चुने हुए व्यक्तियों के लिए ही है। दक्षिण देशों में, जहां कि हीनयान का ही शासन था, कनिष्क की परिषद् को मान्यता प्राप्त नहीं हुई। हीनयान-सम्प्रदाय को दाक्षिणात्य बौद्धधर्म भी कहा जाता है क्योंकि इसका प्रचार अधिकतर लंका आदि दक्षिणी देशों में हुआ, एवं महायान को उत्तरदेशीय कहा जाता है क्योंकि इसने उत्तरी देशों तिब्बत, मंगोलिया, चीन, कोरिया और जापान आदि में उत्कर्ष प्राप्त किया। किन्तु यह विभाजन कृत्रिम प्रतीत होता है। रीज़ डेविड्स लिखता है : "तथाकथित उत्तरदेशीय एवं दक्षिणदेशीय बौद्धधर्म में न तो मत-विषयक, और न भाषा विषयक ही और न तो वर्तमान में और न पहले भी कभी कोई एकता रही।"[2] यदि हम इस विषय को भली-भांति समझ लें और बौद्धधर्म के लगभग समस्त प्रामाणिक साहित्य का चाहे जहां भी इसका विस्तार हुआ हो, प्रादुर्भाव भारत के उत्तर में ही हुआ, और यह भी समझ लें कि ये दोनों परस्पर भिन्न विभाग नहीं हैं बल्कि इनमें पारस्परिक प्रभाव के चिह्न

1. "केचिज्जैमिनिमतानुसारिण इव तथागतमतध्वंसिनः।"
2. 'बुद्धिस्ट इण्डिया', पृष्ठ 173।

पाये जाते हैं, तो हम देखेंगे कि एक को उत्तर देशीय और दूसरे को दक्षिणदेशीय कहना आवश्यक नहीं है। इसके अतिरिक्त यह स्पष्ट है कि हीनयान एवं महायान का भेद ईसा के पश्चात् चौथी शताब्दी से पूर्व भी प्रचलित था। फाह्यान एवं ह्वेनचांग (युआन च्वांग) दोनों चीनी यात्रियों ने हीनयान का उल्लेख किया है और 'ललितविस्तर' में भी इसका वर्णन मिलता है।

हीनयान-सम्प्रदाय अपना आधार पाली भाषा में लिखे गए नियमों को बनाता है जबकि बौद्धधर्म के अनेक संस्कृतग्रन्थ महायान-सम्प्रदाय के हैं। महायान बौद्धधर्म की कोई विशिष्ट धार्मिक व्यवस्था नहीं है क्योंकि यह किसी एक समजातीय सम्प्रदाय की स्थापना नहीं करता।[1]

---

1. इस सम्प्रदाय के सबसे अधिक महत्त्वपूर्ण ग्रंथ 9 हैं जो निम्नलिखित हैं : (1) अष्टसाहस्रिका प्रज्ञापारमिता, (2) गण्डव्यूह, (3) दशभूमीश्वर, (4) समाधिराज, (5) लंकावतार, (6) सद्धर्मपुण्डरीक, (7) तथागतगुह्यक, (8) ललितविस्तर, (9) सुवर्णप्रभास। प्रज्ञापारमिता (200 वर्ष ईसा के पश्चात्) में बोधिसत्व के छः पूर्णरूपों का वर्णन है, विशेषकर उच्चतम प्रज्ञा अर्थात् शून्य सिद्धान्त के ज्ञान से युक्त रूप है। उसका एक संक्षिप्त संस्करण, जो नागार्जुन का बनाया हुआ बताया जाता है, 'महायानसूत्र' है जिसमें से ही नागार्जुन ने अपने माध्यमिक सूत्रों का निर्माण किया है। गण्डसमूह बोधिसत्व मंजुश्री का कीर्तिगान करता है, एवं शून्यता, धर्मकाय तथा बोधिसत्व द्वारा संसार के मोक्ष का उपदेश देता है। दशभूमीश्वर (400 वर्ष ईसा के पश्चात्) उन दस भूमियों या स्तरों का विवरण देता है जिनमें से गुज़रकर बुद्धत्व प्राप्त होता है। समाधिराज एक सम्वाद है जिसमें चिन्तन की नानाविध भूमियों का वर्णन है जिनके द्वारा कोई बोधिसत्व उच्चतम ज्ञान के प्रकाश को प्राप्त कर सकता है। लंकावतार सूत्र 400 वर्ष ईसा के पश्चात् में योगाचार के विचारों का वर्णन है। सद्धर्मपुण्डरीक या नैतिक नियमों का कमल (250 वर्ष ईसा के पश्चात्) बुद्ध को देवताओं से श्रेष्ठदेव बतलाता है—एक ऐसा अत्यन्त श्रेष्ठ पुरुष जो असंख्य युगों में विद्यमान रहा है और सदा रहेगा। इसके अनुसार ऐसा प्रत्येक मनुष्य बुद्ध हो सकता है जिसने बुद्ध का उपदेश सुना हो एवं पुण्यकार्य किए हों। और वे भी जो स्मारकों की पूजा करते हैं और स्तूप खड़ा कराते हैं, उच्चतम ज्ञान के प्रकाश को प्राप्त करते हैं। ललितविस्तर, जैसाकि इसके नाम से ही ध्वनित होता है, बुद्ध की लीला का ब्यौरेवार वर्णन करता है। यह बुद्ध के सारे जीवनचरित्र को एक प्रकार से सर्वोपरि सत्ता का विलासमात्र बताता है। एडविन आरनल्ड की 'लाइट ऑफ एशिया' पुस्तक इसीपर आधारित है। सुवर्णप्रभास के विषय कुछ अंशों में दार्शनिक एवं कुछ अंशों में किंवदन्ती के रूप में हैं। इसमें तान्त्रिक क्रिया-कलापों का भी वर्णन है। सुखावतीव्यूह एवं अमितायुर्ध्यानसूत्र तथा वज्रच्छेदिका (अर्थात् हीरे को काटने वाली) जापान में प्रचलित है। सुखावतीव्यूह (100 वर्ष ईसा के पश्चात्) में परम आनन्द के स्थान का ब्यौरेवार वर्णन दिया गया है और अमिताभ की प्रशंसा की गई है। कारण्डव्यूह जो परवर्ती हिन्दू पुराणों के सदृश है, अवलोकितेश्वर की प्रशंसा से भरा हुआ है। यह ऐसा प्रभु है जो प्राणिमात्र पर दयादृष्टि रखता है। यह आदर्श बोधिसत्त्व है जो अनन्त करुणा के कारण तब तक बुद्धत्व की प्राप्ति से भी इन्कार करता है जब तक कि प्राणिमात्र दुःख से छुटकारा न पा जाएं। सार्वभौम मोक्ष के प्रति उत्कट अभिलाषा को इसमें बलपूर्वक दर्शाया गया है। महावस्तु, अर्थात् बड़ी-बड़ी घटनाओं की पुस्तक को हीनयान की पुस्तक बताया गया है और यह लोकोत्तरवादियों के धर्मद्रोही सम्प्रदाय की पुस्तक है जो बुद्ध को अलौकिक पुरुष मानते हैं। इसमें अनेक महायानी सिद्धान्त भी आए हैं जैसे बोधिसत्व की दस अवस्थाओं की गणना, बुद्ध के स्तुतिपरक श्लोक एवं बुद्ध की पूजा के ऊपर बल, जिसे मोक्ष का साधन बतलाया गया है। अश्वघोष का बुद्धचरित (ईसा के पश्चात् की पहली शताब्दी) महायान बौद्धधर्म के मुख्य श्रेष्ठ एवं प्राचीन साहित्य में से एक है। इस ग्रन्थकार के ग्रन्थों में सौन्दर्यानन्द काव्य भी सम्मिलित है जिसमें बुद्ध के सौतेले भाई नन्द की बौद्धधर्म में दीक्षा का वर्णन है। वज्रसूची नामक ग्रन्थ भी उसी का बताया जाता है। आर्यशूर अश्वघोष के सम्प्रदाय का एक कवि है (ईसा के पश्चात् चौथी शताब्दी) उसने एक प्रसिद्ध जातकमाला लिखी है। शान्तिदेव का शिक्षासमुच्चय (सातवीं शताब्दी) महायान के उपदेशों का एक गुटका है। बोधिचर्यावतार एक अत्यन्त महत्त्वपूर्ण धार्मिक काव्य है। इन→

2. हीनयान

हीनयान बौद्धमत प्रामाणिक ग्रन्थों में प्रतिपादित सिद्धान्तों का तर्कसम्मत विकास है। उनमें क्रमविहिन पद्धति में व्यक्त किए गए विचारों का, जो मिलिन्द में भी स्पष्ट देखे जा सकते हैं, बाद में विकास होने पर एक पद्धति के रूप में समावेश हुआ है और वैभाषिकों (सर्वास्तिवादियों) के अभिधम्मों में उन्हें प्रविष्ट कर दिया गया है, तथा बुद्धघोष के ग्रन्थों एवं अभिधर्मसंग्रह में भी ये पाये जाते हैं। हीनयान बौद्धमत के अनुसार, सब पदार्थ क्षणिक हैं।[1] स्थायी कही जाने वाली वास्तविक वस्तुओं यथा देश और निर्वाण का अस्तित्व नहीं है। ये केवल निषेधात्मक संज्ञाएं हैं। समस्त रचना क्षणिक वस्तु है जिन्हें धर्म कहा जाता है। यह सोचने वाला कोई पृथक् नहीं है, केवल विचार ही है; अनुभव करने वाला कोई नहीं है, केवल संवेदनाएं ही हैं। विशुद्ध प्रत्यक्ष ज्ञानवाद ही है जिसके कारण पदार्थों अथवा व्यक्तियों का अनस्तित्व टिका हुआ है।[2] यह धर्मों की निरपेक्ष सत्ता में विश्वास रखता है, जो छोटी एवं संक्षिप्त यथार्थताएं हैं, और जो कारण-कार्य के रूप में वर्गीकृत होकर मिथ्या व्यक्तियों की सृष्टि करती हैं।

इस जीवन का लक्ष्य निर्वाण प्राप्त करना अथवा चेतना का विराम है। समस्त चेतना किसी वस्तु की संवेदना है और इसीलिए बंधन का कारण है।[3] हीनयान में निर्वाण के पश्चात् क्या शेष रहता है, इस विषय की किसी की किसी कल्पना को स्थान नहीं है।

हीनयान का विशिष्ट चिह्न अर्हत् आदर्श है, जो अपनी ही शक्तियों के द्वारा मोक्ष की सम्भावना का विधान करता है। उसकी विधि है चार सत्यों का चिन्तन एवं ध्यान करना।[4] जो अर्हत् अवस्था को पहुंच जाते हैं उनकी बुद्धत्वप्राप्ति के विषय में हीनयान बौद्धधर्म का मत अनिश्चित है और न ही वह यह कहता है कि हर एक प्राणी बुद्धत्व को प्राप्त कर सकता है। हमें यह समझ में नहीं आ सकता कि अर्हत् का आदर्श, जो पूर्ण अहंवादी है और जो दूसरों के लिए बिल्कुल अनुपयुक्त है, बुद्ध के वास्तविक व्यक्तित्व के लिए असत्य हो, जो करुण एवं दयामय था—यद्यपि महायान मत की भी रक्षक बुद्ध पर निर्भरता बुद्ध के मौलिक उपदेशों के प्रति असत्य है, चाहे वह कितनी ही उपयोगी क्यों न हो। हीनयान के आदर्श को, इब्सन के शब्दों में, इस प्रकार से संक्षेप में वर्णन किया जा सकता है : "वस्तुतः ऐसे क्षण आए हैं जबकि मुझे संसार का सारा इतिहास एक जहाज़-दुर्घटना-सा प्रतीत हुआ है जो एकमात्र सबसे महत्त्वपूर्ण वस्तु मुझे प्रतीत हुई वह यह थी कि मैं अपने को कैसे बचाऊं।"

अर्हत् की अवस्था उच्चतम अवस्था है, यह सन्तभाव है जबकि वासना की ज्वाला बुझ जाती है और जिस अवस्था में पहुंच जाने पर आगे कोई कर्म हमें पुर्नजन्म के बन्धन में डालने को शेष नहीं रह जाते। कहा जाता है कि बुद्ध इस अवस्था को अपने पौरोहित्य के प्रारम्भ में ही पहुंच गए थे। इस संसार में आत्मनिग्रह द्वारा निर्वाण प्राप्त करने के लिए किसी अलौकिक शक्ति की आवश्यकता नहीं है। सब प्राणियों में महानतम स्वयं बुद्ध की

→महायान-ग्रन्थों के ब्यौरेवार वृत्तान्त के लिए देखिए, नरीमैन—'लिटरेरी हिस्टरी आफ संस्कृत बुद्धिज़्म' और राजेन्द्रलाल मित्र—'नेपालीन बुद्धिस्ट लिटरेचर'। यहां जो तारीखें दी गई हैं वे केवल आनुमानिक हैं।

1. "यत् सत् तत् क्षणिकम्।"

2. पुद्गलनैरात्म्य।

3. वारेन : 'बुद्धिज़्म इन ट्रांसलेशन्स,' पृष्ठ 162।

4. दर्शन एवं भावना।

भी प्रतिष्ठा उनके उपदेशों व निजी आचरण के कारण की जाती है जिनका आदर्श उन्होंने हमारे सामने रखा, न कि और अन्य कारण से। हीनयानवादी अपने एकान्त कमरों में बैठकर लक्ष्य की प्राप्ति करने का प्रयत्न करते हैं और इनके लिए वे दैनिक जीवन में अपने को औरों से पृथक् रखते हैं। खग्गविषाणसुत्त में गृहस्थ-जीवन एवं सामाजिक सम्बन्धों से भी पृथक् रहने का कड़ा आदेश है। "उस व्यक्ति के अन्दर जो सामाजिक जीवन व्यतीत करता है, प्रेम-सम्बन्ध उत्पन्न हो जाते हैं एवं दुःख उत्पन्न होता है जो प्रेम-सम्बन्धों के पीछे ही आता है।"[1] हीनयान के अनुयायियों को आदेश दिया गया है कि वे जब राजमार्ग से गुज़रें तो अपनी आंखें बन्द कर लें ताकि कहीं उनकी दृष्टि किसी बाह्य सौन्दर्य पर न पड़ जाए। एक बुद्धिमान व्यवित को बिवाहित जीवन से बचना चाहिए मानो यह जलते हुए अंगारों का गढ़ा हो।'

> "संसार के साथ मित्रता का सम्बन्ध जोड़ने से उत्कण्ठा का उदय होता है, गृहस्थ-जीवन में ध्यानाकर्षण रूपी धूल उठती है। गृहस्थी एवं मित्रता के बन्धनों से मुक्त अवस्था ही एकमात्र ऐसी अवस्था है जो विरागी का लक्ष्य है।"[2]

उस व्यक्ति को जो निर्वाण प्राप्त करना चाहता है, विशुद्धिमग्ग के अनुसार श्मशान-भूमि में जाना चाहिए जो अनेक विशिष्ट गुणों के लिए एक प्रकार का शिक्षणालय है, जो हमें यह पाठ सिखाता है कि संसार और आत्मा दोनों ही अयथार्थ हैं। प्रेममय एवं क्रियात्मक जीवन द्वारा हम अपने लक्ष्य तक नहीं पहुंच सकते। जीवन की उष्णता का अभाव एवं वासनाविहीनता, जो अर्हत् जीवन का आदर्श है, ऐसी उच्च प्रेरणा नहीं देती। यह भले ही सम्भव है कि शिथिल सामाजिक जीवन के उस काल में उक्त विश्वासों का बहुत महत्त्व था। किन्तु समस्त संसार विहार नहीं बन सकता। हम स्त्री-पुरुषों और बच्चों आदि सबको बलात् निर्जन स्थानों एवं विहारों में चले जाने के लिए अनिवार्य रूप से भरती नहीं कर सकते। मनुष्य के जीवन में जीवन के प्रति असन्तोष ही सब कुछ महत्त्व नहीं रखता। यथार्थ तपस्वी जीवन संसार के दुःख के प्रति सर्वथा उदासीन नहीं होता, किन्तु वह जीवन की कोलाहलपूर्ण हलचल में भी एक मौन केन्द्र का निर्माण कर रहा होता है। हमें इतनी मात्रा में धार्मिक होना उचित है कि न केवल एकान्तवासी की कुटिया एवं शान्त वातावरण में ही अपितु संसार के कोलाहल के बीच भी हम अपनी आत्मा को वश में रख सकें। हीनयान के विपरीत, प्राचीन बौद्धधर्म का आदेश था कि दुःखों और विपत्तियों एवं जनसमुदाय के कोलाहल अथवा रास्ता चलने वालों की हलचल के बीच में से भी हमें एकाग्रता के लिए अवसर ढूंढ़ लेने चाहिए।

हीनयान ने विकसित होकर अवतारवाद की कल्पना को जन्म दिया जिसका आधार प्रचलित बहुदेवतावाद था, और इस प्रकार एक सर्वोपरि स्रष्टा में विश्वास करके उसके अधीन नाना देवी-देवताओं की कल्पना की। ये देवी-देवता न तो सर्वशक्तिमान थे और न सर्वज्ञ ही। उनकी कल्पना केवल इस आशय को लेकर की गई कि ध्यान आत्मनिग्रह की अनिवार्य सीढ़ी है। ऐतिहासिक व्यक्ति बुद्ध को दिव्य महिमा से मण्डित किया गया। इतना ही नहीं उन्हें देवता का रूप दिया गया और इस प्रकार उपासना के योग्य पदार्थ का प्रयोजन सिद्ध कर लिया गया। कहा गया कि उनके जन्म के समय देवताओं ने भी अपना सम्मान प्रदर्शित किया था और इसी प्रकार उनकी मृत्यु के समय भी। बुद्ध को देवताओं के ऊपर

---

1. दूसरा अध्याय।
2. सुत्तनिपात का मुनिसुत्त, 1 : 12; जिसे मिलिन्द में उद्धृत किया गया है, 4 : 5, 1।

ईश्वर का स्थान दे दिया गया अर्थात् देवातिदेव ज्ञान एवं शक्ति में सर्वोपरि, किन्तु तो भी पुजारी एवं पूज्य के मध्य के सम्बन्ध की कोई विशेष परिभाषा नहीं की गई। यथार्थ में बुद्ध केवल एक प्रचारक एवं सत्यमार्ग के दर्शक थे। वे न तो दैवी हैं न अलौकिक ही है। वे अन्य सन्तों के इस अंश में भिन्न हैं कि अन्यों ने भी बोधि को प्राप्त किया जबकि बुद्ध ने केवल मोक्ष- सम्बन्धी सत्य का अनुसन्धान मात्र ही नहीं किया अपितु उन्होंने संसारमात्र के लिए उसकी घोषणा भी की। सनातन हीनयान-सम्प्रदाय में बुद्ध केवल मनुष्य ही थे, अन्य मनुष्यों के समान। भेद केवल इतना ही था कि उनमें अन्य सबसे बढ़कर प्रतिभा थी और अन्तःप्रेरणा की शक्ति भी विशेष थी। बुद्ध की पूजा केवल उनके पुण्य-स्मरण की ही एक विधि थी। इस धर्म के कुछ अनुदार अनुयायी यह भी मानते थे कि हम भी बुद्ध का अनुकरण कर सकते हैं। यद्यपि उनके जैसी पूर्णता प्राप्त करने की उनमें योग्यता नहीं थी।[1] वे यह आशा भी रखते थे कि दैवी लोकों में जन्म लेकर बोधि की प्राप्ति के लिए इस यात्रा को कभी न कभी भविष्य में समाप्त कर सकेंगे। ऐसा प्रतीत होता है कि हीनयान ने गौतम के इस उपदेश को कि अदृष्ट की कल्पना व्यर्थ है, बिलकुल भुला ही दिया। पहले बुद्ध को, उनके आगे बुद्धत्व के मार्ग पर चलने वाले मुनियों को, उनके आगे हिन्दू देवी-देवताओं को स्वीकार करके हीनयान-सम्प्रदाय क्रियात्मक रूप में बहुदेवतावादी बन गया। दार्शनिक प्रत्यक्ष ज्ञानवाद एवं धार्मिक बहुदेवतावाद तथा एकाधिकारी शासक-सम्बन्धी प्रवृत्तियां सभी हमें इसमें मिलती हैं। हीनयान एक वर्णविहीन धर्म है जो सिद्धान्त के रूप में तो ईश्वर का निराकरण करता है किन्तु क्रियात्मक रूप में बुद्ध की पूजा की अनुज्ञा दे देता है। ऐसी कोई भक्ति नहीं है जो एक जीवित ईश्वर की ओर संकेत करती हो।

हीनयान बौद्धमत केवल निर्वाण का ही साधन नहीं है अपितु यह हमें पवित्रात्माओं की कृपा एवं सहायता के द्वारा ब्रह्मा के लोक में पुनर्जन्म लेने का मार्ग भी बताता है। यह स्वर्ग एवं नरक की कल्पना को भी स्वीकार करता है। यह मत क्रियमाण के साथ निरन्तर होने वाले संघर्ष के प्रति क्लान्ति एवं विरक्ति की एवं प्रयत्न छोड़ देने मात्र से ही निर्वृति मिलने की भावाभिव्यक्ति मात्र है। यह सिद्धान्त किसी को स्वस्थचित्त नहीं बना सकता। एक प्रकार से संसार के प्रति घृणा की भावना अनुप्राणित करना ही इसका प्रयोजन है। यह निषेधात्मक है एवं दार्शनिक दृष्टि से सही-सही उतरने वाली परिभाषाओं की ओर से निर्देश करता है जबकि दूसरी ओर महायान-सम्प्रदाय का लक्ष्य एक सुनिश्चित धार्मिक भावाभिव्यक्ति है। हीनयान, बुद्ध की ऐतिहासिक परम्पराओं को अधिक श्रद्धालुता के साथ प्रस्तुत करता है जबकि महायान की महत्त्वाकांक्षा जनसाधारण की रुचि का विचार करके ऐसी अवस्था बतलाना है जिसमें उनकी हार्दिक आवश्यकताओं की पूर्ति हो सके। अपनी अमूर्त एवं शुष्क भावात्मक तथा निषेधपरक प्रवृत्तियों के कारण हीनयान-सम्प्रदाय निर्जीव विचारों एवं आत्मा के कारागार का ही स्वरूप रह गया। इसके द्वारा हमें ऐसे लक्ष्य के प्रति जिसके लिए जीवनयापन वांछनीय समझा जाए, किसी प्रकार की उत्साहपूर्ण श्रद्धा का भाव नहीं प्राप्त होता और न किसी ऐसे आदर्श की ही प्राप्ति होती है जिसके लिए कर्म करने की प्रेरणा मिल सके।

1. हीनयानियों के एक विभाग ने, जिन्हें लोकोत्तरवादी कहा जाता है, बुद्ध को अलौकिक या लोकोत्तरपुरुष बताया है, जो कुछ समय के लिए मनुष्य जाति की रक्षा के लिए अवतार लेकर आया।

3. महायान

यदि बौद्धमत्त के उदय एवं अशोक के समय के मध्यवर्ती काल में प्रचारित सिद्धान्तों के विषय में यह समझ लिया जाए कि वे प्राचीन बौद्धमत्त के ही सिद्धान्त रहे होंगे तो निश्चित ही वे हीनयान बौद्धमत के ही सिद्धान्त थे। अशोक के समय से लेकर कनिष्क के समय तक की अवधि में जिन प्रवृत्तियों ने विकास पाया और जो उसके पश्चात् प्रकटरूप में आ गईं उनके द्वारा ही महायान बौद्धधर्म का निर्माण हुआ। एक अरुचिकर एवं अनुरागहीन तत्त्व-विज्ञान, जो धार्मिक शिक्षाओं से सर्वथा रहित हो, अधिक समय तक जनता को उत्साह एवं प्रसन्नता की प्रेरणा नहीं दे सकता। हीनयान बौद्धमत ने मनुष्य की आत्मा की किसी उच्चतर सत्ता की खोज में रहने वाली प्रवृत्ति की ओर से एकदम मुंह मोड़कर मनुष्य के धार्मिक पक्ष के प्रति अन्याय किया। हीनयान के अन्तर्गत दार्शनिक अनीश्वरवाद पेटी के अन्दर बन्द अस्थिपंजर एवं सुन्दर पुष्प के अन्दर निहित एक रुग्ण कृमि के समान है। मनुष्य-प्रकृति के दलित पहलुओं ने फिर से सिर उठाया और उस अरुचिकर कल्पनाशक्ति के विरुद्ध निरंकुश तीव्रता के साथ विद्रोह किया। यह भी उतना ही अत्याचारपूर्ण एवं बहिष्कार-वृत्ति वाला सिद्ध हुआ जैसीकि पूर्व-योजना थी। क्षुधित आत्मा एवं तृषित कल्पना ने प्रचलित धर्म के अन्दर जो एक सुझाव देने वाला प्रतीकवाद था, उससे पौष्टिक आहार प्राप्त करने की चेष्टा की। बुद्ध का जीवन जनता में अनुराग उत्पन्न कर सकता था, इसीलिए स्वभावतः बुद्ध को देवता का रूप दे दिया गया। वह नैतिक विचार का संग्रह एवं मूर्तिमान विधान-शास्त्र था। परमार्थज्ञान के प्रति जिन हीनयानियों की प्रवृत्ति थी एवं जो बुद्ध के उपदेशों में आस्था रखते थे उन्होंने दुविधा में न पड़कर निराशा के हल्के-से परदे को उतारकर फेंका और वे अब भी बुद्ध को केवल मनुष्य के ही रूप में मानते रहे। किन्तु ऐसे मत के लिए जो जनता के अन्दर श्रद्धा एवं भक्ति की ज्वाला को प्रज्वलित कर सकने में असमर्थ हो, दो ही मार्ग रह जाते हैं, या तो वह समय के अनुसार अपने अन्दर उचित परिवर्तनों को आ जाने दे या फिर नष्ट हो जाए।

नैतिक जीवन में संसार से एकदम निःसंग होकर विहारों में जा बैठने की प्रवृत्ति, एवं जीवन के समस्त व्यवहारों और सुखों का विकृत दमन, किंवा प्राकृतिक जीवन का सर्वथा विनाश मनुष्य-प्रकृति के लिए असन्तोषजनक सिद्ध हुआ। मनुष्य जिस संसार से भाग निकलने का प्रयत्न करता है, उसके साथ जकड़ा हुआ है। यदि अनात्म की दासता से मुक्त होने का आशय आत्मा का सर्वथा विलोप होना है तो मृत्यु ही हमारा लक्ष्य है। बुद्ध का तात्पर्य मुक्ति से अनात्म पर विजय प्राप्त करना था, न कि उसका विनाश करना। महायान के अनुयायियों का कहना है कि बुद्ध ने कभी तप करने का प्रचार नहीं किया। निर्वाण प्राप्त करने पर भी वह संसार की ओर से अपनी आंख बन्द नहीं कर लेता अपितु उसे ऐसा प्रकाश प्रदान करता है जिससे वह अपने लक्ष्य तक पहुंच सके। "जिनकी रक्षा का कोई साधन नहीं है, मैं उनका रक्षक बनूंगा, पथिक का मार्गदर्शक बनूंगा, एक जहाज़ का काम दूंगा। मैं मूल स्रोत हूं एवं दूसरे किनारे पर पहुंचने के अभिलाषियों के लिए सेतु के समान हूँ। जिन्हें दीपक की आवश्यकता है उनके लिए मैं दीपक बनूंगा, क्लान्त व्यक्तियों के लिए, जिन्हें विश्राम करने के लिए शय्या की आवश्यकता है, मैं उनके लिए शय्या का काम दूंगा, एवं उन व्यक्तियों के लिए जिन्हें सेवा की आवश्यकता है, मैं यथार्थ में दास हूं।"[1] हीनयान में निर्वाण की

1. बोधिचर्यावतार।

निषेधात्मक व्याख्या करके उसका अर्थ सब प्रकार की सत्ता का विलोप स्वीकार किया गया। साधारण व्यक्ति के लिए यह सम्भव नहीं है कि वह शून्यवाद को अपना सके।

हीनयान का निषेधात्मक दर्शनशास्त्र एक प्रचलित सर्वमान्य धर्म नहीं बन सकता था। जब बौद्धधर्म ने सार्वभौम रूप धारण कर लिया और अपार जनसमूह ने उसे अपना लिया तो हीनयान से काम नहीं चल सकता था। एक ऐसे धर्म की मांग हुई जो हीनयान से अधिक उदार रुचि का हो एवं न्यूनतम त्याग का आदर्श जनता के समक्ष प्रस्तुत कर सके। जब बौद्धधर्म का प्रसार सारे भारत में और उसके भी बाहर हो गया, तब यह फैल गया, यह उस समय के प्रचलित धर्मों का सीधा विरोध नहीं कर सकता था, इसीलिए इसने अपना स्थान अन्यान्य रूपों में बना लिया। महायान बौद्धधर्म के निर्माणकाल में देश में बाहर से निरन्तर कुछ खानाबदोश जातियों का आगमन होता रहा। अर्धसभ्य जातियों के गिरोहों ने पंजाब एवं काश्मीर[1] के हिस्सों में दखल जमा लिया। बहुत-से विदेशियों ने पराजित बौद्ध जनता के धर्म, भाषा, संस्कृति एवं सभ्यता को अपना लिया। राजाओं में सबसे अधिक शक्तिशाली कनिष्क ने स्वयं बौद्धमत को अंगीकार किया। शक्ति का केन्द्र पूर्वदिशा से उठकर पश्चिम दिशा में चला आया। पाली का स्थान संस्कृत ने लिया। उन असभ्य जाति के लोगों ने जो मिथ्या विश्वासों में डूबे हुए थे, बिना उसमें परिवर्तन किए बौद्धधर्म को नहीं अपनाया। उन्होंने उच्चश्रेणी के धर्म को अपनी समझ के स्तर पर नीचे उतार दिया। यद्यपि महायान बौद्धधर्म एवं ब्राह्मणमत में सिद्धान्त-सम्बन्धी अनेक प्रकार के मतभेद थे तो भी अपने अनुयायियों के लिए इसने जो रूप धारण किया वह नया एवं उस काल के लिए अश्रुतपूर्व नहीं था। महायान ने अनुभव किया कि यह जनसाधारण के मन पर केवल ऐसी अवस्था में ही अधिकार जमा सकेगा जबकि यह प्राचीन बौद्धमत के कुछ नितान्त भावनाशून्य विधानों का त्याग करके एक ऐसे धर्म का निर्माण करे जो लोगों के हृदय को प्रभावित कर सके। इसने हिन्दूधर्म के उन सफल परीक्षणों का अनुकरण किया जोकि योग एवं अर्वाचीन उपनिषदों तथा भगवद्गीता के आस्तिक्यवाद में निहित थे।

महायान बौद्धधर्म हमारे सम्मुख ईश्वर, जीवात्मा एवं मानव-जीवन के लक्ष्य के विषय में निश्चयात्मक विचार प्रस्तुत करता है। "महायान अर्थात् बड़ी नौका (या संसार-सागर को पार करने का साधन) यह नाम इसके अनुयायियों ने हीनयान (छोटी नौका) को, जो प्राचीन बौद्धमत है, प्रतिद्वन्द्विता में दिया है। महायानमत प्राणिमात्र के लिए और सब लोकों में श्रद्धा, प्रेम एवं ज्ञान के द्वारा मोक्ष प्राप्त करने की योजना प्रस्तुत करता है, जबकि हीनयान केवल कुछ ऐसे थोड़े-से सशक्त व्यक्तियों के लिए ही है जिन्हें किसी बाह्य धार्मिक सहायता अथवा पूजा की तृप्ति की आवश्यकता नहीं है; वह क्षुब्ध जीवनरूपी समुद्र को पार करके दूसरे किनारे पर निर्वाण तक पहुंचाने के लिए नौका प्रस्तुत करता है। हीनयान उन निर्गुण ब्रह्म के उपासकों के अनजाने मार्ग की भांति अत्यन्त कठोर है, जबकि महायान का भार हलका है और मनुष्य के लिए इस विषय का विधान नहीं करता कि वह तुरन्त संसार और उसके साथ ही मनुष्यमात्र के साथ सब प्रकार के सम्बन्धों का त्याग कर दे। महायान का कहना है कि धर्मशास्त्र के

---

1. इस प्रश्न का अभी तक भी हल नहीं निकल सका है कि बौद्धधर्म ने चीन देश में अपने प्राचीन हीनयान के स्वरूप में प्रवेश किया अथवा आधुनिक महायान के रूप में, किन्तु भले ही जो यथार्थ हो, महायान ने शीघ्र ही प्राधान्य प्राप्त कर लिया और आज तक उस देश में इसी की प्रधानता है।

विधान में बुद्ध की सभी सन्तानों की नानाविध आवश्यकताओं की अनुकूलता की गुंजाइश है, जबकि हीनयान केवल उन्हीं के मतलब का है जो अपने धार्मिक शैशव को बहुत दूर तक अपने पीछे छोड़ चुके हैं। हीनयान ज्ञान के संचय पर बल देता है और व्यक्तिगत मोक्ष को लक्ष्य रखता है एवं निब्बान के रहस्य को निश्चयात्मक भाव में विकसित करने का निषेध करता है; महायान उतना ही प्रत्युत उससे कहीं अधिक बल प्रेम के ऊपर देता है, एवं प्रत्येक संज्ञासम्पन्न प्राणी के लिए मोक्ष के उद्देश्य का विधान करता है तथा निर्वाण के अन्दर एकमात्र ऐसी यथार्थसत्ता को देखता है जो शून्य है; इन अर्थों में यह हमारे आनुभाविक ज्ञान की सब प्रकार की मर्यादाओं से उन्मुक्त है।"[1] हीनयान का इसके विरोध में कहना है कि महायान केवल मानवीय प्रकृति की आवश्यकताओं की ही शिक्षा देता है। चाहे जो भी हो जहां यह संसार के आगे ज्ञान के द्वारा उच्चतम शक्ति की प्राप्ति का उदाहरण उपस्थित करता है, वहां महायान हमें संसार में भाग लेने की प्रेरणा प्रदान करता है एवं सामाजिक और धार्मिक क्षेत्र में नवीन आदर्शों का प्रतिपादन भी करता है। अलौकिक शक्ति के अभाव और उसीके परिणामस्वरूप कल्पना के लिए भी स्थान के अभाव के कारण, और जीवन की समस्याओं को हल करने के विकृत मार्ग के कारण, निर्वाण को शून्यता में परिणत कर देने एवं नैतिक जीवन को मठों में रखकर त्यागमय बनाकर, हीनयान केवल चिन्तनशील एवं जितेन्द्रिय व्यक्तियों का ही धर्म रह गया, जबकि भावुक एवं आराधना की प्रवृत्ति वाले व्यक्तियों के लिए एक नवीन प्रकार के अधिक विकसित रूप को उदय होना ही था।

4. महायान की तत्त्वमीमांसा

यहां पर हम पहले महायान के सामान्य दार्शनिक सिद्धान्तों का निरीक्षण करेंगे एवं इसके दो महत्त्वपूर्ण सम्प्रदायों के अर्थात् शून्यवाद, जिसके अनुसार सब कुछ अभावात्मक है, और विज्ञानवाद, जिसकी घोषणा है कि चेतना के बाह्य किसी पदार्थ की सत्ता नहीं है, विस्तृत विवाद के विषय को अगले अधिकरण के लिए छोड़ देंगे। जहां एक ओर हीनयान आत्मा को क्षणिक तत्त्वों का सम्मिश्रण समझता है, वहां महायान का मत है कि यह तत्त्व भी यथार्थ नहीं है। इसका अभिप्राय यह नहीं है कि कुछ भी यथार्थ नहीं है। एक आध्यात्मिक अधिष्ठान को स्वीकार कर लिया गया है। इस यथार्थता को सत्ताशास्त्र की दृष्टि से 'भूत तथता' या सत्ता के सारतत्त्व की संज्ञा दी गई है। धार्मिक दृष्टि से इसे धर्मकाय कहेंगे। यह सबसे उन्नत तत्त्व है जो सब विरोधों में समन्वय उपस्थित करता है। इसीको निर्वाण भी कहते हैं। क्योंकि यह छिन्न-भिन्न हृदय को परम शक्ति प्रदान करता है। यह बोधि अथवा प्रज्ञा है। यह संसार की गतिविधि का संचालन करता है और सब कुछ को रूप प्रदान करता है। महायान की अध्यात्मविद्या स्वरूप में अद्वैतवादी है। संसार के सब पदार्थ एक ही यथार्थसत्ता के रूप हैं। इस यथार्थसत्ता के रूप का न भाषा वर्णन कर सकती है और न इसकी व्याख्या की जा सकती है। "वस्तुओं को अपने मौलिक रूप में न तो कुछ संज्ञा ही दी जा सकती है और न ही उनकी व्याख्या की जा सकती है। किसी भी प्रकार की भाषा में उन्हें ठीक-ठीक व्यक्त नहीं किया जा सकता। वे प्रत्यक्ष ज्ञान के क्षेत्र से परे हैं और उनके कोई विशिष्ट रूप भी नहीं हैं। उनमें तात्त्विक समानता है एवं न तो उनका रूप-परिवर्तन ही होता है और न ही विनाश

---

1. कुमारस्वामी–'बुद्ध एण्ड द गॉस्पैल आफ बुद्धिज़्म', पृष्ठ 226-227।

होता है। वे एक आत्मा के अतिरिक्त और कुछ नहीं हैं, जिसे तथता की संज्ञा दी गई है।''[1] ''तब वहां वह भी नहीं है जो बोलने वाला है, न वही है जिसके विषय में कुछ कहा जाए। जब तुम तथता के साथ अनुकूलता प्राप्त कर लेते हो और जब तुम्हारी व्यक्तिवादिता पूर्णरूप से विलुप्त हो जाती है, ऐसी अवस्था में कहा जा सकेगा कि तुम्हें आन्तरिक दृष्टि प्राप्त हुई।''[2] परमसत्ता सापेक्षता से उन्मुक्त है, व्यक्तित्व एवं उपाधिरहित है, यद्यपि यह अपने-आपमें सत् है और सबका आदिस्रोत है। यह ''महान प्रज्ञा का ज्योति पुंज है, धर्मधातु (विश्व) की सार्वभौम ज्योति है, यथार्थ एवं सत्यज्ञान है, अपने स्वरूप में विशुद्ध एवं निर्मल मन है, नित्य, सौभाग्यशाली, आत्मनियामक एवं पवित्र है, निर्विकार एवं मुक्त है।''[3]

दृश्यमान जगत् आभासमात्र है, वास्तविक नहीं है। इसकी तुलना एक स्वप्न के साथ की गई है, यद्यपि यह बिना प्रयोजन के नहीं है। महायान बौद्ध विश्व की उपमा माया से देते हैं जो मृगतृष्णिका है, बिजली की चमक के सदृश है, अथवा फेन के समान निःसार वस्तु है।[4] संसार की सब वस्तुओं के तीन पक्ष हैं : (1) सारभाग, (2) लक्षण अथवा विशेषता और (3) क्रियाशीलता। उदाहरण के लिए यदि हम एक घड़े को लें, तो मिट्टी इसका सारभाग है, घड़े की आकृति इसका लक्षण है और क्रियाशीलता यह है कि इसमें पानी रहता है। लक्षण एवं क्रियाशीलता उपजते एवं नष्ट भी हो सकते हैं, किन्तु सारभाग अविनश्वर है, जैसे समुद्र में लहरों में चाहे ज्वार हो या भाटा हो तो भी जल स्वयं मात्रा में न बढ़ता है, न घटता है। समस्त विश्व के दो पक्ष हैं, एक अपरिवर्तनशील एवं दूसरा परिवर्तनशील। भूततथ.ता प्रथम श्रेणी की है, यह परम निरपेक्ष सत्ता है जोकि समस्त देश और काल में सबका आधार है। यह सार्वभौम एवं नित्यस्थायी अधिष्ठान या आश्रय उपनिषदों के ब्रह्म के अनुकूल है।[5] परमार्थ तथ्य के अधिकृत क्षेत्र में उसके अतिरिक्त और कुछ सत्य नहीं है। किन्तु सापेक्ष सत्य के, अर्थात् 'संवृत्ति' के, क्षेत्र में हमें नाम और रूप के द्वारा एक ही अनेक रूप में दिखाई देता है। परमार्थ सत् की दो अवस्थाएं हैं, संस्कृत एवं असंस्कृत, अर्थात् एक तो स्वयं सत का अपना क्षेत्र और दूसरा जन्म एवं मृत्यु का। संसार के स्वरूप के विषय में महायान की मध्यम वृत्ति है। यह न तो यथार्थ है और न ही अयथार्थ है। महायान कहता है कि यह सत रूप तो है किन्तु वह इसकी परम यथार्थ सत्ता का निषेध करता है। लहरें हैं किन्तु परमार्थरूप में नहीं हैं। संसार एक आभासमात्र एवं अस्थायी है, किन्तु प्रवाह एवं परिवर्तन के अधीन है। चूंकि यथार्थता सबमें व्याप्त है, हरएक वस्तु व्यक्तिरूप में कार्य क्षमता की दृष्टि से पूर्ण है, अथवा धार्मिक भाषा का प्रयोग करें तो कह सकते हैं कि प्रत्येक व्यक्ति एक कार्यक्षम बुद्ध है। अवतंसकसूत्र में कहा है : ''कोई भी जीवित प्राणी ऐसा नहीं जिसमें तथागत की बुद्धि न हो। किन्तु केवल अहंकारी विचारों एवं उपाधियों के कारण ही सब प्राणियों को इस विषय का ज्ञान नहीं होता।'' व्यक्तिगत जीवात्माएं परम निरपेक्ष सत्ता के रूप ही हैं। जिस प्रकार जल लहरों का सारतत्त्व है, इसी प्रकार तथता व्यक्तियों की यथार्थता है। जो एक जन्म

1. सुजूकी का पाठ–'द अवेकनिंग आफ फेथ', पृष्ठ 56।
2. वही, पृष्ठ 58।
3. वही, पृष्ठ 96।
4. ललितविस्तर।
5. ऐसा प्रतीत होता है कि महायान ने अनुयायी अपनी स्थिति की उपनिषदों के मत के साथ समता से अभिज्ञ थे। लंकावतारसूत्र कहता है कि 'तथागत गर्भ' की व्याख्या को परम सत्य अथवा यथार्थता इसलिए कहा गया जिससे कि वे लोग भी जो आत्मा की कल्पना में मिथ्या विश्वास रखते हैं, हमारी ओर आकृष्ट हो सकें।

से दूसरे जन्म में जाती है वह अहंरूप आत्मा है एवं अविनश्वर आत्मा नहीं है। गुज़रने वाली अहंरूप आत्मा नित्य यथार्थसत्ता का ही प्रतिरूप या अभिव्यक्ति है, और इस पृथ्वी पर प्रत्येक वस्तु स्वयम्भू एवं नित्यसत्ता का सारभाग है। "एक ही आत्मा में हम दो स्वरूपों में भेद कर सकते हैं, एक निर्विकल्प सत् आत्मा और दूसरी आत्मा जो संसारी है...दोनों परस्पर इतने घनिष्ठ रूप में सम्बद्ध हैं कि एक दूसरे से पृथक् नहीं हो सकता है।"[1]

जैसाकि अन्य सब में है, संसार की उत्पत्ति की व्याख्या आलंकारिक भाषा में विहित अध्यात्मशास्त्र के द्वारा की गई है। अज्ञान अथवा अविद्या को संसार का कारण बताया गया है। "सब वस्तुएं हमारी अव्यवस्थित आत्मपरकता के कारण व्यक्तिगत रूप में परिवर्तन की भिन्न-भिन्न आकृतियों में प्रतीत होती हैं। यदि हम इस आत्मपरकता से ऊपर उठ सकें तो व्यक्तिगत रूप में परिवर्तन के लक्षण विलुप्त हो जाएंगे और इस पदार्थ मय संसार का कहीं भी पता नहीं चलेगा।"[2] "जब सब प्राणियों का मन जो अपने स्वरूप में विशुद्ध और निर्मल है, अविद्या के झोकें से उत्तेजित हो जाता है तो प्रवृत्ति की लहरें प्रकट होती हैं। मन, अज्ञान एवं प्रवृत्ति इन तीनों की परमसत्ता नहीं है।"[3] न तो आत्मपरकता और न ही बाह्य जगत्, जिसे निषेध किया गया है, यथार्थ है। "ज्योंही आत्मपरकता निस्सार एवं अयथार्थ कर दी गई, हमें निर्विकार आत्मा का दर्शन होता है जो स्वयं नित्य, स्थायी, निर्विकार और पूर्णरूप से उन सब पदार्थों का रूप है जो निर्मल हैं।"[4] जगत् की व्याख्या यह है, कि वस्तुतः जगत् एकदम कुछ नहीं है—अविद्या या अज्ञान ही इसे जन्म देता है। यह अविद्यारूपी निषेधात्मक तत्त्व कहां से आया? कोई उत्तर नहीं दिया गया। किन्तु यह है, और यह परमसत्ता के मौन को भंग करता है एवं संसारचक्र को गति देता है, एक को अनेक में परिणत करता है। हम कल्पनात्मक रूप में भ्रान्ति के कारण और प्रकटरूप में अविद्या के अंश को निर्विकार सत्स्वरूप में प्रविष्ट कर देते हैं। आनुभविक जगत् निर्विकार सत् की अभिव्यक्ति है जिसका कारण अविद्यारूप उपाधि है। परमार्थरूप में भले ही कितनी भी भ्रांतिरूप क्यों न हो, अविद्या तथता के सत् में अवश्य रहती है। अश्वघोष का सुझाव है कि अविद्या एक ऐसा स्फुलिंग है जो निर्विकल्प सत्स्वरूप के अगाध अन्तस्तल से उदय होता है। यह उसे चेतना के समान बतलाता है। चेतना की यह जागृति तथता अथवा निर्विकल्प सत् की आत्मनिर्भरता से संसार के उदय होने में प्रारम्भिक पग है। उसके पश्चात् विषयी एवं विषय के भेद उत्पन्न होते हैं। आदिम सत् परम यथार्थ था, जहां विषयी एवं विषय एक में ही समाविष्ट और तादात्म्यात्मक थे। यद्यपि यह नितान्त शून्यता से भिन्न है, फिर भी हम इसकी तार्किक व्याख्या नहीं कर सकते। जिस क्षण में हम उस अवस्था से जिसका ग्रहण हम बोधि-अवस्था अर्थात् पूर्णज्ञान की अवस्था में करते हैं, पीछे पग उठाते हैं तो हमारे सम्मुख विरोधों एवं सम्बन्धों से भरपूर

---

1. सुज़ूकी—'द अवेकनिंग आफ फेथ', पृष्ठ 55।
2. वही, पृष्ठ 36।
3. पंचास्तिकायसमयसार, पृष्ठ 68।
4. ज्ञान की अवस्था में हम जानते हैं कि सब वस्तुएं वस्तुतः एक ही परमार्थसत्ता के रूप हैं। अश्वघोष लिखता है : "समस्त भ्रांतिमय कहलाई जाने वाली अनुभूत घटनाएं प्रारम्भ से वैसी ही हैं जैसी कि हैं, और उनका सार एक आत्मा के अतिरिक्त और कुछ नहीं है। यद्यपि अज्ञानी पुरुष, जो भ्रांतिरूप पदार्थों से चिपटे रहते हैं, नहीं समझ सकते कि सब वस्तुएं अपने स्वरूप से परमार्थ हैं, समस्त तथागत बुद्ध निर्लेप होने के कारण वस्तुओं के वास्तविक स्वरूप को अन्तर्दृष्टि से जान सकते हैं। इसलिए मन जो आत्मपरकता से भरपूर है, शून्य हो जाता है, सब वस्तुओं का ज्ञान हो जाता है और सर्वज्ञता की प्राप्ति हो जाती है।" (सुज़ूकी—'द अवेकनिंग आफ फेथ', पृष्ठ 125; देखिए, पृष्ठ 60 भी)।

संसार प्रकट होता है। अविद्या से सृष्टि की प्रकृति प्रारम्भ होती है। बुद्धि का प्रयोग करके हम केवल यही कह सकते हैं कि यह निषेधात्मकता का अंश परमसत्ता के ही अपने अन्दर है। क्यों? क्योंकि यह वहां है। मणि कमल के अन्दर निहित है।[1] अपने आप सृजन करने की शक्ति परमसत्ता के ही अन्दर है। यथार्थसत्ता एवं भासमान जगत् निरपेक्ष रूप में परस्पर भिन्न नहीं है। यह उसी एक वस्तु के दो क्षण हैं, एक यथार्थसत्ता के दो पहलू हैं। यदि इस विश्व की यथार्थसत्ता की किसी न किसी रूप में अभिव्यक्ति न समझा जाए तो इस विश्व का कोई प्रयोजन ही न रहेगा और यह नितान्त अवास्तविक हो जाएगा। जन्म एवं मरण का समस्त प्रदेश अविनाशी की ही अभिव्यक्ति मात्र है। यह परमसत्ता का देश और काल से सम्बद्ध क्रियात्मक रूप है। परमार्थसत्ता सर्वसत्त्व है, जो सब वस्तुओं की आत्मा है, यथार्थ और कल्पनागम्य है। "यह निर्विकल्प सत्स्वरूप ही जन्म एवं मृत्यु (अर्थात् संसार) का रूप धारण करता है, जिसके अन्दर प्रकाश में आते हैं—महायान के द्वारा प्रतिपादित सारभाग, लक्षण, और क्रियाशीलता अथवा जो महान यथार्थसत्ता है। (1) पहली सारभाग की महानता है। महायान का सारभाग सत् के रूप में सब वस्तुओं में विद्यमान है, शुद्ध एवं मलिन सब वस्तुओं में अपरिवर्तित रूप में रहता है, सर्वदा एक समान रहता है, न बढ़ता है न घटता है, और सब प्रकार के भेद से रहित है। (2) दूसरी लक्षणों की महानता है। यहां हमें तथागत का गर्भ मिलता है जिसके अन्दर अपरिमेय एवं असंख्य पुण्य इसके विशेष गुणों के रूप में वर्तमान हैं। (3) तीसरी है, क्रियाशीलता की महानता। क्योंकि इसीके द्वारा संसार के सब अच्छे लौकिक एवं अलौकिक कार्य सम्पन्न होते हैं।"[2]

5. महायान धर्म

अपनी प्रकृति के विरुद्ध मनुष्य का विद्रोह अधिक समय तक स्थिर नहीं रह सकता। मानव हृदय की आवश्यकताएं आलोचक आत्मा की अबाध गति में बाधा देती हैं। प्रामाणिक लेखों में कुछेक स्थल मानव हृदय को पर्याप्त सन्तोष देने वाले अवश्य थे, यथा—मज्झिमनिकाय (22) में यह कहा गया है कि "ऐसे व्यक्तियों को भी जो धर्म में दीक्षित नहीं हुए, स्वर्ग निश्चयपूर्वक मिल सकता है यदि उनमें मेरे प्रति प्रेम व श्रद्धा है।" यह गीता के भक्तिपरक सिद्धान्त की प्रतिध्वनि है। महायान इन उद्धृत अंशों का उपयोग करते हुए एक रक्षक ईश्वर की सत्ता में विश्वास करता है। महायानधर्म में एकता नहीं है। इसने बड़ी खुशी से मिथ्या विश्वासों को अपने अन्दर प्रविष्ट होने दिया। भारत, चीन, कोरिया, स्याम, बर्मा एवं जापान आदि जिन-जिन देशों में भी इसका प्रचार हुआ, प्राचीन धर्मों के प्रति इसने सहिष्णुता प्रदर्शित की किन्तु उसके साथ-साथ इसने उन्हें जीवन के प्रति एक नये प्रकार की निष्ठा दिखाने की भी शिक्षा दी, एवं सब जीव-जन्तुओं के प्रति दयालुता और त्याग के भाव का भी उपदेश दिया। जिस समय तक जनसाधारण कतिपय नैतिक नियमों के अनुकूल आचरण करते रहे और बौद्ध भिक्षुओं की संस्था के प्रति सम्मान प्रदर्शित करते रहे, बौद्ध प्रचारकों ने भी मिथ्या विश्वासों के प्रयोग को दूषित ठहराने की आवश्यकता अनुभव नहीं की। यदि तुम्हारा आचरण पवित्र है तो इस बात की कोई परवाह नहीं कि तुम किस देवता की पूजा करते हो। इसी प्रवृत्ति के कारण महायान बौद्धमत का अतिपरिवर्तनशील स्वरूप है। प्रत्येक देश में जहां इसे

1. तुलना कीजिए "ओम् मणिपद्मेहुम्।"
2. सुजूकी—'द अवेकनिंग आफ फेथ', पृष्ठ 53-54।

अपनाया गया, इसका एक अपना पृथक् ही इतिहास है एवं सिद्धान्त-विषयक विकास भी भिन्न है।

भारत की सीमाओं के बाहर जो बौद्धमत को बाद के समय में सम्मान प्राप्त हुआ, यहां हमारा काम उसके इतिहास का वर्णन करना नहीं है। यदि बौद्धधर्म का प्रारम्भ एक कठोर, तपस्वी जीवन एवं आत्मनिग्रह-सम्बन्धी सदाचार के नियमों से होकर उसका अन्त उसके न्यायालयों के खण्ड-खण्ड एवं जीर्ण होकर भूमिसात् हो जाने में हुआ तो उसका मुख्य कारण उसकी यही सहिष्णुता की प्रवृत्ति थी। असंस्कृत एवं बर्बर जातियों के लिए बौद्धधर्म में बिना अपने विचारों को साथ लिए दीक्षित होना असम्भव था। धार्मिक विषयों में मतभेद की छूट का सामंजस्य महायान के परमार्थविद्या-सम्बन्धी विचारों में पाया जाता है। सब धर्म समान रूप से उसी धर्मकाय की दैवी प्रेरणा हैं और सत्य के किसी न किसी पहलू का प्रतिपादन करते हैं। धर्म एक सर्वव्यापक आत्मिक शक्ति है जो जीवन का परम एवं सर्वोपरि सिद्धान्त है। धर्म को शरीरधारी रूप में प्रकट करने का सबसे प्रथम प्रयास आदि बुद्ध के विचार में पाया जाता है जो सृष्टा, नित्य ईश्वर, सब प्राणियों में उत्कृष्ट, सर्वोपरि, सब बुद्धों में सर्वप्रथम है, और जिसके समान दूसरा कोई नहीं है।[1] यह आदिबुद्ध भी एक आध्यात्मिक विचार है। जीवन एवं सांसारिक अनुभव से परे एवं उस जगत् के साथ जिसे उसने उत्पन्न किया, क्रियात्मक सम्बन्ध रखने वाली कोई सक्रिय शक्ति नहीं है। संसार की रक्षा का कार्य बुद्धों के द्वारा ही होता है, जो उच्चतम श्रेणी की प्रज्ञा एवं प्रेम से युक्त हैं। प्राचीनकाल में इन बुद्धों की अनियमित संख्या थी और भविष्य में भी असंख्य बुद्ध होंगे। चूंकि प्रत्येक व्यक्ति का लक्ष्य बुद्ध बनना है, इसलिए बुद्ध अनेक हैं। मोक्षप्राप्ति में इनका अपना भविष्य सुरक्षित रहने पर भी ये उसे स्वीकार करने में विलम्ब करते हैं, जिससे कि दूसरों का भला कर सकें। वे सब उस एकाकी अनन्त सत्स्वरूप के अस्थायी आविर्भावस्वरूप हैं। ऐतिहासिक पुरुष बुद्ध (गौतम) इसी प्रकार के एक नैतिक आदर्श के मूर्तरूप में आविर्भूत हुए थे। वह एकमात्र यथार्थसत्ता नहीं किन्तु अन्य कइयों में से एक ईश्वर हैं। अमिताभ उनके एक पार्श्व में है एवं अवलोकितेश्वर, जो अपनी महिमा से श्रद्धालु भक्तों की रक्षा करते हैं, दूसरे पार्श्व में है।[2] सर्वोपरि सत्ता का भिन्न-भिन्न रूपों में भिन्न-भिन्न मनुष्यों की आवश्यताओं के अनुकूल वर्णन किया गया है। "मैं धर्म का इसके विविध रूपों में प्रकाश करता हूं। क्योंकि प्राणियों की प्रवृत्तियां एवं स्वभाव भिन्न हैं। मैं प्रत्येक व्यक्ति को जागरित करने के लिए उनके अपने स्वभाव के अनुकूल भिन्न साधनों का प्रयोग करता हूं।"[3] बहुत से वैदिक देवता एक ही सर्वोपरि सत्ता के रूप हैं। नागार्जुन ने अपने उपदेश एवं आचरण से भी यह शिक्षा दी कि हिन्दु देवता—ब्रह्मा, विष्णु, महेश और महाकाली ब्राह्मणधर्म के शास्त्रों में विभिन्न गुणों के कारण दिए गए नामवाची हैं और उन्हें प्रसन्न रखना चाहिए। हिन्दुओं के परम्परागत देवताओं को एक नई पद्धति के अन्दर ठीक स्थान पर बैठा दिया गया जहां उन्हें विभिन्न स्थान एवं कार्य भी सौंप दिए गए।[4] इसका नाम महायान मत इसलिए भी पड़ा कि इसमें अत्यधिक

---

1. सूत्रालंकार ने आदिबुद्ध के सिद्धान्त की आलोचना इस आधार पर की है कि बिना पुण्य और ज्ञान के रूप में उपयुक्त सामग्री (संभार) के, कोई भी बुद्ध नहीं बन सकता। किन्तु इसकी प्राप्ति के लिए एक अतिदीर्घ भूतकाल की आवश्यकता है।
2. अश्वघोष : 'द अवेकनिंग आफ फेथ,' सुज़ूकी कृत अनुवाद, पृष्ठ 68।
3. तुलना कीजिए, भगवद्गीता, 9 : 44, एवं सद्धर्मपुण्डरीक, 2।
4. इन्द्र ही शतमन्यु एवं वज्रपाणि बन जाता है और उसका अपना स्वर्ग का राज्य है जिसका नाम 'त्रयस्त्रिश्लोक' है। ब्रह्मा और उसके मुख्य गुण मंजुश्री (अर्थात् बुद्धि का प्रकाश) में समाविष्ट→

संख्या में बोधिसत्त्व सनिविष्ट थे, प्रमुख देवदूत एवं सन्त लोग थे जो केवल वैदिक आर्यों के ही प्राचीन देवता थे एवं नाममात्र को जिन्हें बौद्ध प्रतीकवाद ने भिन्न स्वरूप में रख दिया था। इसमें सन्देह नहीं कि भक्ति को एक बड़ा स्थान देने के कारण महायान की मोक्षप्राप्ति की योजना ने तान्त्रिकों एवं अन्यान्य रहस्यवादी मतों को इसके अन्दर प्रवेश के लिए मार्ग खोल दिए।[1]

महायान के द्वैतपरक अध्यात्मशास्त्र ने प्रकटरूप में एक बहुदेवतावादी धर्म को जन्म दिया, किन्तु हमें इस बात को लक्ष्य करना चाहिए कि नाना देवता एक ही मुख्य देव के अधीन हैं। महायान धर्म की इस एकता का प्रतिपादन तीन 'कायों' के साथ इसका सम्बन्ध करके किया जाता है, जो एक रूपकालंकार के रूप में अच्छी प्रकार से समझ में आ सकेगा। धर्मकाय कालविहीन धर्म की असंस्कृत धार्मिक सत्ता है। यह एक शरीरधारी सत्ता नहीं है जिसने अपने को एक ऐतिहासिक व्यक्ति के रूप में प्रकट किया हो किन्तु सर्वव्यापक आधार है जो बिना किसी परिवर्तन के नाना प्रकार के रूप धारण कर लेता है। धर्मकाय अशरीरी परमार्थसत्ता है एवं उपनिषदों में वर्णित 'ब्रह्म' के अनुकूल है। यह धर्म की काया (शरीर) इतना नहीं है जितना कि एक अगाध गम्भीर सत्ता है, जो समस्त सत्ता का एक आदर्श नमूना है।[2] जब परमार्थतत्त्व नाम और रूप को धारण करता है तो धर्मकाय संभोगकाय के रूप में परिणत हो जाता है। पदार्थ जो विद्यमान रहता है, विषयी बनकर सुखोपभोग करता है। यहां आकार ब्रह्म की ईश्वर संज्ञा हो गई। वह स्वर्ग में स्थित ईश्वर है, नाम और रूप के द्वारा उसका निर्णय होता है, वह सर्वज्ञ, सर्वव्यापक, सर्वशक्तिमान् आदिबुद्ध है और अन्य सब बुद्धों का शिरोमणि है। जब हम निर्माण की ओर जाते हैं तो इसी एक चेतना के नानाविध व्यक्तरूप मिलते हैं, जिन्हें अवतार कहते हैं।

प्रत्येक बुद्ध तीनों कायों के स्वरूप में भाग लेता है। बुद्ध का यथार्थ स्वरूप बोधि अथवा प्रकाशमय है। किन्तु निर्वाणप्राप्ति के समय तक बोधिसत्त्व के रूप में उसमें कर्म निहित रहते हैं और वह अपने कर्मों का फल भोगता है। उस समय उसके पास एक अतिशय सुखद शरीर होता है जिसे सम्भोगकाय कहते हैं। ऐतिहासिक बुद्ध यही यथार्थ बुद्ध हैं जो दिव्य लोकों के अधिपति हैं और मनुष्य-जाति को दुःख से छुटकारा दिलाने के लिए इस पृथ्वी पर प्रकट होते हैं। "मैं बुद्धों की एक लम्बी शृंखला की एक कड़ी हूं। कितने ही बुद्धों ने पहले जन्म लिया और कितने ही भविष्य में जन्म लेंगे। जब अधर्म और हिंसा का राज्य इस भूमि पर छा जाता है तब बुद्ध धर्म के राज्य को स्थापित करने के लिए जन्म ग्रहण करता है।"[3] "समभिप्रशंसित या उदार बुद्ध बहुजन को दुःख से मुक्त कराने के लिए, बहुजन को सुख देने के लिए, संसार के प्रति करुणा के भाव से देवताओं और मनुष्यों के लिए एक आशीर्वाद, मोक्ष एवं सुखस्वरूप इस लोक में प्रकट होता है।"[4]

→कर दिए गए हैं। सरस्वती बराबर उसकी एक पत्नी है, दूसरी का नाम लक्ष्मी है। अवलोकितेश्वर अथवा पद्मपाणि के वही गुण हैं जो विष्णु अथवा पद्मनाभ के हैं! विरूपाक्ष शिव के अनेक नामों में से एक है, यद्यपि बौद्ध किंवदन्तियों में वह चार राजाओं में से एक है। गणेश को दोनों रूपों में ले लिया गया है, अर्थात् विनायक एवं दैत्य विनतक। सात तथागत सप्तऋषि हैं। अजित शाक्यमुनि और अवलोकितेश्वर के साथ मिलकर एक त्रिमूर्ति बनाते हैं।

1. तुलना कीजिए, कर्नल वैडल का विवरण जिसमें महायान बौद्धमत को एक प्रकार का "हेत्वाभासरूप शून्यवादी रहस्यवाद बताया गया है।"
2. इसके पर्यायवाची शब्दों से यह स्पष्ट है, जैसे स्वभावकाय, तत्त्व, शून्य, निर्वाण और समाधिकाय।
3. तुलना कीजिए, गीता, 4 : 7-8।
4. अंगुत्तरनिकाय।

जहां तक महायान का सम्बन्ध है, इसके और भगवद्गीता के धर्म के मध्य कोई भेद नहीं प्रतीत होता। धर्मकाय का परमार्थविद्या-सम्बन्धी विचार अथवा सत्तामात्र का परम आधार गीता के ब्रह्म से मिलता है। जिस प्रकार कृष्ण अपने को सर्वोपरि बताते हैं, उसी प्रकार बुद्ध को भी सर्वोपरि ईश्वर बना दिया गया। वह एक साधारण देवता नहीं है, वरन् 'देवातिदेव' अर्थात् देवताओं के ईश्वर है।[1] वह सब बोधिसत्त्वों का स्रष्टा है।[2] यह कि बुद्ध ने गया में बोधि-अवस्था अर्थात् प्रकाश प्राप्त किया, इसी लोक के धर्मसंस्काररहित जनसमुदाय की कल्पना है। "मैं संसार का जनक हूं, अपने से ही प्रादुर्भूत हुआ स्वयम्भूः हूं।" ये शब्द बुद्ध ने अपने विषय में कहे हैं। "मैं जानता हूं कि मूर्ख लोग किस प्रकार विपरीतमति एवं अन्धे हैं, इसीलिए मैं उनके आगे यह प्रकट करता हूं कि मैं मरणधर्मा हूं।"[3] बुद्ध अनन्त काल से विद्यमान रहा है। मनुष्य-जाति के प्रति उसका उत्कट प्रेम एक जलते हुए मकान के दृष्टान्त से दर्शाया गया है।[4] सब प्राणी उसकी सन्तान हैं।[5] "तथागत तीनों लोकों की प्रचण्ड ज्वाला से बचकर अपने अरण्याश्रम में शान्ति के साथ निवास कर रहा है एवं अपने प्रति कह रहा है कि तीनों लोक मेरी सम्पत्ति हैं, सब जीवित प्राणी मेरी सन्तान हैं, संसार भयंकर क्लेश व कष्टों से भरपूर है, किन्तु मैं स्वयं उनको दुःखों से छुड़ाने के लिए कार्य करूंगा।" जो मेरे प्रति भक्ति एवं विश्वास रखते हैं, मैं उनका कल्याण करता हूं और जो मेरी शरण में आते हैं वे मेरे मित्र हैं।"[6]

तीन कायों का सिद्धान्त व्यक्तिरूप मनुष्य पर भी लागू होता है। सब प्राणियों में धर्मकाय अथवा स्थायी यथार्थसत्ता है, और ठीक इसके ऊपर हमें सुखभोग का शरीर अर्थात् सम्भोगकाय मिलता है, जो शरीरी आत्मा है, और उसके पश्चात् निर्माणकाय, जिसमें मन को देवता मान लिया गया है।

6. नीतिशास्त्र

महायान का नैतिक आदर्श बोधिसत्त्व है, जो हीनयान के 'अर्हत्' से सर्वथा भिन्न है। बोधिसत्त्व का शाब्दिक अर्थ है ऐसा व्यक्ति जिसका सारतत्त्व पूर्णज्ञान है। किन्तु ऐतिहासिक दृष्टि से इसका अर्थ है—वह व्यक्ति जो पूर्णज्ञान के मार्ग पर है, अर्थात् भावी बुद्ध। इस परिभाषा का प्रयोग सबसे प्रथम गौतम बुद्ध के लिए उस समय किया गया जिस समय वे मोक्ष की खोज में थे। इसलिए इसका अर्थ होता है, बुद्ध नाम धारी अथवा वह व्यक्ति जिसे इस जन्म में अथवा भविष्यजन्म में अवश्य बुद्धत्व प्राप्त करना है। जब एक बार निर्वाण प्राप्त हो जाता है तो समस्त सांसारिक सम्बन्ध समाप्त हो जाते हैं। बोधिसत्त्व दुःख से कातर मुनष्यजाति के प्रति अपार प्रेम के कारण निर्वाण प्राप्त करने में विलम्ब करता है। दुर्बल मनुष्य विपत्ति और दुःख में एक व्यक्तिगत मार्गप्रदर्शक की आवश्यकता का अनुभव करता है और ये उच्च प्राणी जो निर्वाण के मार्ग पर चल सकते थे, मनुष्यों को सत्यज्ञान का मार्ग दिखाने के लिए अपने को अर्पित कर देते हैं। हीनयान द्वारा प्रतिपादित पूर्णरूप से विलीन हो जाने

1. सद्धर्मपुण्डरीक, 7 : 31।
2. वही, अध्याय 14।
3. सद्धर्मपुण्डरीक, 15 : 21; देखिए, भगवद्गीता, 4 : 9।
4. 'लोटस', अध्याय 3, महावग्ग, 1 : 21।
5. 'लोटस' पृष्ठ 89।
6. ललितविस्तर, 8। तुलना कीजिए, भगवद्गीता, 7 : 16।

का आदर्श अथवा अर्हत् की अवस्था जो अमरत्व के मार्ग पर एकाकी यात्रा का दूसरा नाम है एवं जो एकान्त आनन्द है, महायान के मन से मार के द्वारा दिया गया प्रलोभन है।[1]

बुद्धत्व की प्राप्ति की आकांक्षा रखने वाले व्यक्ति के जीवन के लिए आदिम बौद्धमत में जिस आठसूत्री मार्ग का विधान किया गया था, यहां उसे अधिक परिष्कार के साथ दस भूमियों अथवा श्रेणियों में विभक्त किया गया है। पहली भूमि प्रसन्नता अथवा प्रमुदिता है जो बोधि के विचार से पहचानी जा सकती है।[2] यहीं पहुंचकर बोधिसत्व उन सारगर्भित (प्रणिधान) संकल्पों को करता है जो आगामी मार्ग का निर्धारण करते हैं; जैसे अवलोकितेश्वर का यह संकल्प कि वह तब तक मोक्ष स्वीकार नहीं करेगा। जब तक कि धूलि का अन्तिम कण तक उसके सम्मुख बुद्धत्व प्राप्त न कर लेगा। अन्तर्दृष्टि धीरे-धीरे विकसित होती है, जिससे हृदय पवित्र होता है एवं मन अहं की भ्रांति से उन्मुक्त होता है। वस्तुओं के अस्थायी स्वभाव को पहचान लेने से महत्त्वाकांक्षी व्यक्ति की संवदेवशील प्रकृति और विस्तृत हो जाती है और हमारे सम्मुख 'विमलता' या पवित्रता की दूसरी भूमि आती है। इसमें हमारा आचरण शुद्ध होता है और हम बुद्धिपूर्वक (अधिचित्त) कार्य करते हैं। अगली भूमि में बोधिसत्त्व अपने को नाना प्रकार की भावनाओं से संयुक्त करता है जो उसे इस योग्य बनाती हैं कि वह क्रोध, घृणा एवं भ्रांति को नष्ट करके श्रद्धा, करुणा, दान एवं अनासक्ति के भावों को समुन्नत कर सके। यह तीसरी भूमि 'प्रभाकरी' है जहां जिज्ञासु का मुखमण्डल धैर्य एवं सहनशीलता आदि गुणों के कारण दमकने लगता है। बोधिसत्त्व अहंकार के समस्त अवशेषों को भी छोड़ देने के योग्य बनने के लिए अपने-आप को कल्याणकारी कार्यों के लिए प्रशिक्षित करता है और विशेषकर बोधि से सम्बन्ध रखने वाले गुणों को अपने अन्दर धारण करने व बढ़ाने में चित्त को लगाता है (बोधिपक्ष धर्म)। यह चौथी भूमि प्रकाशमयी (अर्चिष्मती) है। इसके पश्चात् जिज्ञासु स्वाध्याय एवं समाधि के मार्ग पर अग्रसर होता है जिससे वह चार आर्यसत्यों को उनके यथार्थ प्रकाश में ग्रहण कर सके। यह पांचवीं दुर्जय (सुदुर्जय) भूमि है, जिसमें ध्यान एवं समाधि का आधिपत्य रहता है। नैतिक आचरण एवं ध्यान के परिणामस्वरूप जिज्ञासु मूलभूत सिद्धान्तों अर्थात् पराधीन उत्पत्ति एवं अयथार्थता (असारता) की ओर मुड़ता है। इस भूमि को अभिमुखी कहते हैं। यहां प्रज्ञा का शासन है, और अब भी वह पूर्णरूप से राग से विमुक्त नहीं हुआ है। क्योंकि अब भी वह बुद्ध बनने की आकांक्षा रखता है एवं मनुष्यजाति को दुःखों से छुड़ाने का संकल्प भी रखता है। वह उस ज्ञान की प्राप्ति में अपने को लगाता है जो उसे मनुष्यमात्र को मोक्ष प्राप्त कराने के अपने लक्ष्य की प्राप्ति के योग्य बनाएगा। अब वह सातवीं भूमि पर है, जिसे दुरगम कहते हैं। जब वह विशिष्ट के प्रति उत्सुक इच्छा से विमुक्त है तो उसके विचार किन्हीं विशेष पदार्थों से बद्ध नहीं रह सकते और वह अचल हो जाता है। यह आठवीं भूमि है जहां कि सर्वोपरि धर्म का (अनुत्पत्तिकधर्मचक्षुः), अर्थात् पदार्थों को उनके यथार्थरूप में देखने की शक्ति का, जो तथता में निहित है, आधिपत्य है। बोधिसत्त्व के कर्म में किसी प्रकार के द्वैतभाव अथवा स्वार्थपरता का प्रभाव नहीं है।

1. अष्टसाहस्रिका प्रज्ञापारमिता, 9। यदि विलियम जेम्स के मनोहर वर्णन का प्रयोग करें तो कह सकते हैं कि ''यदि अन्तिम दिन समस्त सृष्टि जब उच्च स्वर से भगवत्स्तुति कर रही होगी और यदि एक झींगुर भी ऐसा रह जाएगा जिसमें भगवद्गीता न जागरित हो सकी होगी, तो यह अवश्य बोधिसत्व की शान्ति को भंग कर देगी, किन्तु अर्हत की विलीनता को अशान्त न कर सकेगी।''
2. चित्तोत्पाद।

वह शान्तिपूर्ण विश्राम से सन्तुष्ट न होकर अन्यों को धर्म का उपदेश देने में बराबर लगा रहता है। यह नौवीं भूमि है जो साधुपुरुषों की है (साधुमती), जबकि उसके सब कर्म स्वार्थविहिन और बिना आसक्ति या आकांक्षा के होते हैं। गौतम बुद्ध के विषय में यह कहा जाता है कि इस विशाल संसार में एक भी ऐसा स्थान नहीं हैं जहां उसने किसी पूर्वजन्म में अपने जीवन का अन्यों के लिए न त्याग किया हो। महायान के बोधिसत्त्व का वर्णन उपनिषदों में प्रतिपादित प्रबुद्ध, ईसाईधर्म में वर्णित मनुष्यमात्र के मुक्तिदाता ईसामसीह एवं नीत्शे के अतिमानव के वर्णन के अनुकूल है, क्योंकि वह ऐसे संसार की सहायता करता है जो अपने लक्ष्य को स्वयं बिना किसी की सहायता के प्राप्त नहीं कर सकता। दसवीं भूमि में आकर बोधिसत्त्व तथागत बन जाता है जो धर्ममेघ (अर्थात् धर्म की वर्षा करने वाला मेघ, बादल) की अवस्था है। मोक्ष से तात्पर्य जीवन को धर्म के अनुसार ढालने से है। यह मनुष्य एवं जीव-जन्तुमात्र के प्रति सार्वभौम प्रेम की अभिव्यक्ति है। महायान बौद्धधर्म में दो श्रेणियां अर्हत्व से और ऊंची हैं—बोधिसत्त्व एवं बुद्धत्व। बोधिसत्त्व का सिद्धान्त महायान का एक ऐसा विशिष्ट लक्षण है कि कभी-कभी इसे बोधिसत्त्वायन भी कह दिया जाता है, अर्थात् बोधिसत्त्व के गुणों का पालन करने से मोक्ष प्राप्त करने वाला धर्म।

नैतिक जीवन के सिद्धान्त हैं--दान, वीर्य, शील, शान्ति या धैर्य एवं ध्यान; और इनमें सर्वोच्च है प्रज्ञा, जो शान्ति एवं ईशकृपा का आवास स्थल है। मठों एवं विहारों के जीवन की कठोरता को शिथिल कर दिया गया है। तुम भिक्षु बनो या मत बनो, यह तुम्हारे स्वभाव एवं मानसिक वृत्ति के ऊपर निर्भर करता है। गृहस्थ-जीवन व्यतीत करते हुए भी लक्ष्य की प्राप्ति की जा सकती है। हीनयान के नीतिशास्त्र में जिनका विशेष महत्त्व है, अर्थात् तपस्या एवं अकिंचनता, वे दोनों यहां अपवादस्वरूप ही हैं। बुद्ध के आदेशों का पालन करना ही मोक्ष का मार्ग है। ईश्वर में विश्वास अथवा भक्ति पर भी बल दिया गया है। प्रज्ञापारमिता ग्रन्थ की टीका में नागार्जुन कहता है : "बुद्ध के बताए हुए नियमों-रूपी समुद्र में श्रद्धा के द्वारा प्रवेश सम्भव है किन्तु ज्ञान ही वह जहाज़ है जिसके द्वारा उस समुद्र में यात्रा की जा सकती है। महायान के मत से मनुष्य अपनी शक्तियों के द्वारा मोक्ष प्राप्त कर सके, इसकी सम्भावना नहीं है। इसके लिए एक मुक्तिदाता की सहायता आवश्यक है। जब तक हम अभी मार्ग में ही हैं, प्रार्थना एवं पूजा उपयोगी सिद्ध हो सकती है; किन्तु लक्ष्य पर पहुंचने के समय इनकी उपमिता नहीं रह जाती। कर्म के सिद्धान्त, अर्थात् हमारे अच्छे या बुरे कर्मों को अपना फल देने का कार्य, दयाप्रदर्शन के द्वारा नरम पड़ जाते हैं और इसका मार्ग विश्वास लाने के विधान में ही है। श्रावकों (अर्थात् सुनने वालों), बुद्धों एवं बोधिसत्त्वों की तीन श्रेणियां मानी गई हैं। पहली श्रेणी वाले पवित्रता को साधन मानते हैं, दूसरी श्रेणी वाले ज्ञान को, एवं तीसरी श्रेणी वाले अन्यों के आध्यात्मिक कल्याण के प्रति भक्ति को ही साधन मानते हैं।[1]

जबकि हीनयान ने कहा कि निर्वाण-प्राप्ति के अधिकारी थोड़े-से ही व्यक्ति हो सकते हैं जो भिक्षुजीवन व्यतीत कर सकें, वहां महायान ने कहा कि नहीं, प्रत्येक मनुष्य बोधिसत्त्व बनने का उद्देश्य रख सकता है। यहां तक कि निम्न जाति के मनुष्य भी धर्माचरण करने एवं बुद्ध में भक्ति रखने से मोक्ष प्राप्त कर सकते हैं। महायान के विशिष्ट नैतिक विधान मानववाद एवं सार्वभौमवाद आदिम बौद्धधर्म के भाव के सर्वथा अनुरूप पाये जाते हैं। मनुष्यमात्र को मोक्ष के सुख का लाभ पहुंचाना ही बुद्ध के जीवन का ध्येय था। "हे भिक्षुओं!

1. देखिए अंगुत्तरनिकाय, 2 : 245।

अब तुम जाओ बहुतों के लाभ के लिए, मनुष्य-जाति के कल्याण के लिए, संसार के प्रति करुणा का भाव हृदय में लेकर जाओ। ऐसे सिद्धान्त का प्रचार करो जो आरम्भ में प्रशस्त है, मध्य में प्रशस्त है, एवं अन्त में भी प्रशस्त है–भाव में भी प्रशस्त है और अपने लिखित रूप में भी प्रशस्त है।'' हीनयान के मत में नैतिकता अनिवार्य रूप से एक निवृत्तिपरक प्रक्रिया है, अर्थात् सांसारिक इच्छाओं एवं दुष्कर्मों से आत्मा को मुक्त करना है। बोधिसत्त्व का आदर्श अधिक निश्चित एवं विध्यात्मक है। इसके साथ विशेषरूप से सम्बद्ध 'परिवर्त' का सिद्धान्त (अर्थात् नैतिक पुण्य को अन्यों के लाभों के लिए संचय करना) है। यह हमें परार्थ किए गए पश्चात्ताप के सिद्धान्त का स्मरण कराता है जो जीवन की एकता के विचार को लेकर चलता है। कोई भी मनुष्य केवल अपने ही लिए नहीं जीता। एक के किए गए पुण्य एवं पाप का प्रभाव समस्त मनुष्यजाति पर पड़ता है।

माध्यमिक बौद्ध-सम्प्रदाय के सम्मुख यह एक समस्या है कि हम अध्यात्मशास्त्र-सम्बन्धी सत्य (अर्थात् इस विश्व में यथार्थसत्ता कुछ नहीं है) और नैतिक धर्म (जिसके अनुसार हमें अपने पड़ोसी के हित के लिए भी कर्म करना चाहिए और उसके दुःख से अपने को दुःखी समझना चाहिए)–इन दोनों में कोई समन्वय हो सकता है या नहीं। प्रकटरूप में महायान के बोधिसत्त्व को अभी भी यह भ्रान्ति है कि उसे संसार का त्राण करना है।

महायान में निर्वाण पर बल नहीं दिया गया, किन्तु बोधि अर्थात् ज्ञान सम्पन्न सन्त की पदवी प्राप्त करने के ऊपर बल दिया गया है। निर्वाण आत्मा का मोक्ष है। आगे चलकर निर्वाण शब्द का व्यवहार अमरत्व पर केन्द्रित ध्यान की प्रसन्नमुद्रा के लिए होने लगा। क्रमयुक्ति अथवा नियमित क्रम से मोक्ष प्राप्ति का विधान, जैसा कि ब्राह्मणधर्म के शास्त्रों में है, मनुष्य के हृदय को–जो सदा अनन्त आनन्द को प्राप्त करने के लिए आतुर रहता है–शान्ति प्रदान करने के लिए किया गया है। सांसारिक जीवन की समाप्ति के बाद भी बुद्धों का अस्तित्व स्वीकार किया गया है। निर्वाण के विचार के स्थान में एक स्वर्ग के विचार को अपनी प्रतिपक्षी नरक के साथ महायान में स्थान दिया गया है। बोधिसत्त्वता की प्राप्ति के मार्ग में एक व्यक्ति असंख्य दिव्य लोकों में निवास का सुख भोगता है। महायान ने अधिकतर अपना ध्यान इस दिव्यलोकों में निवास के प्रति दिया और निर्वाण के अन्तिम लक्ष्य के प्रश्न को टाल-सा दिया। किन्तु जब कभी भी इस विषय का प्रश्न उठा, उसका उत्तर परम्परागत बौद्धधर्म की रीति से ही दिया गया। निर्वाण का अर्थ है पुनर्जन्म के बन्धन से बरी हो जाना,[1] जीवन की शृंखला को काट गिराना,[2] इच्छा, द्वेष एवं अज्ञान को समूल नष्ट कर देना,[3] अथवा एक निरुपाधिक प्राणी।[4] चूंकि हम सबके जीवन सोपाधिक हैं, निर्वाण एक निरुपाधिक सत्स्वरूप है। यह केवल जीवन के अभाव-मात्र का ही नाम नहीं, किन्तु यथार्थ मुक्तावस्था है जहां अज्ञान के ऊपर विजय प्राप्त कर ली जाती है। जब वह बुद्ध बन जाता है तो बोधिसत्त्व का क्या होता है? क्या वह फिर परमार्थ सत् में विलीन हो जाता है, अथवा वह

---

1. पुनर्जन्मनिवृत्ति। अश्वघोष द्वारा रचित 'बुद्धचरित', 15 : 30।
2. नागार्जुन। 3. रत्नकूटसूत्र।
4. वज्रछेदिका। बोधिचर्यावतार इसे संसार एंव अहंकार का त्याग कहता है। रत्नमेघ ने इस परिभाषा को स्वीकारा है। प्रज्ञापारमिता के मन में निर्वाण सत्स्वरूप का प्रगाढ़ एवं अगाध रूप है। चन्द्रकीर्ति निर्वाण को शून्यता के समान, अथवा एक ऐसा ज्ञान मानता है जो भ्रान्ति को नष्ट कर देता है।

अपने व्यक्तित्व को स्थिर रखता है? महायान का मत इस विषय में स्पष्ट नहीं है, यद्यपि इसका सुझाव अधिकतर पिछले विकल्प की ओर ही है। बुद्ध हो जाने का तात्पर्य साररूप में अनन्त के साथ एकत्व स्थापित करना है। अश्वघोष पूर्ण अवस्था का इस प्रकार वर्णन करता है : "यह आकाश की शून्यता और दर्पण की उज्ज्वलता की भांति है और उस अवस्था में यह सत्य है, यथार्थ है एवं महान है। यह सब वस्तुओं को समाप्ति तक पहुंचाता एवं पूर्ण बनाता है। यह नश्वरता की उपाधि से उन्मुक्त है। इसके अन्दर जीवन का प्रत्येक पक्ष एवं संसार की प्रत्येक क्रिया प्रतिबिम्बित होती है। इसमें से न तो कुछ बाहर जाता है, न इसमें कुछ प्रवेश करता है, न ही कुछ विनष्ट होता है और न शून्य होता है। यह एक अमर आत्मा है, इसे अपवित्र करने वाले कोई भी रूप इसे दूषित नहीं कर सकते; यह बुद्धि का सारतत्त्व है।" असंग के अनुसार, निर्वाण विश्व की महान आत्मा के साथ संयोग है। महायान के अनुयायी यह प्रतिपादन करने के लिए उत्सुक हैं कि निर्वाण शून्यता नहीं है।

7. भारत में बौद्धधर्म का ह्रास

भारत के बौद्धधर्म के तिरोभाव का प्रधान कारण यह ऐतिहासिक तथ्य है कि अन्त में जाकर इसे हिन्दूधर्म के अन्य फलते-फूलते सम्प्रदायों यथा वैष्णवमत, शैवमत एवं तान्त्रिक मतों से पृथक् करना असम्भव हो गया। भारत के पास एक अधिकतर सर्वमान्य धर्म था, एक ऐसा धार्मिक सम्प्रदाय जो उसकी कल्पना की अपने सौन्दर्य के कारण तृप्ति कर सकता था। पुराना बौद्धधर्म अपनी शक्ति खो चुका था। क्योंकि वह ईश्वर की सत्ता का ही निषेध करता था, मनुष्य को अमरत्व की कोई आशा नहीं देता था, एवं समस्त जीवन को दुःखमय मानता था, जीवन के प्रति प्रेम को सबसे बड़ा पाप और सब प्रकार की इच्छा के विलोप को ही मनुष्य-जीवन का लक्ष्य प्रतिपादिन करता था। महायान-सम्प्रदाय प्राचीन बौद्धधर्म के समान प्रतिष्ठा प्राप्त करने में अक्षम था और इसलिए ब्राह्मणधर्म के साथ संघर्ष में निर्बल एवं अस्थिरमत सिद्ध हुआ। इसके अतिरिक्त ज्यों-ज्यों इसका विस्तार होता गया, यह बराबर निर्बल ही होता चला गया। इसमें परिष्कृत रूप में कितने ही विकास हुए थे, जिसके कारण जनसाधारण इससे वैसे भी असन्तुष्ट था। अपनी समस्त विजयों के बराबर इसने दूसरे धर्मों को दबाने में अपने ही नैतिक भाव से उन्हें भरने का प्रयत्न किया। इसने सब प्रकार के मनुष्यों के साथ एवं समयों में उदारता दिखाई। परिणाम यह हुआ कि स्वर्गलोकों का समावेश हुआ एवं सर्वचेतनावाद-सम्बन्धी विचार भी घुस आए। इस प्रकार के समझौते की प्रवृत्ति इसकी निर्बलता भी थी एवं शक्ति भी थी। महायान-सम्प्रदाय का विशिष्ट लक्षण सम्राट अशोक के इस 12वें राज्यादेश में ध्वनित होता है : "अपने मत की स्तुति एवं अन्य मतों की निन्दा न होनी चाहिए, अपितु अन्य मतों को भी उचित सम्मान दिया जाना चाहिए जिस किसी भी कारण से वे उक्त सम्मान से योग्य हों।" महायान ने भी उन्हीं चतुर उपायों का प्रयोग किया जिन्हें आगे चलकर सेंट पॉल ने पवित्र घोषित किया था, जो यहूदियों के लिए यहूदी बन गया, और सब प्रकार के मनुष्यों के लिए सब प्रकार की वस्तुएं प्रदान करना उसका काम बन गया जिससे कि कम से कम कुछ चेले तो मिल सकें। भिन्न-भिन्न देशों में महायान के अपने भिन्न-भिन्न रूप हो गए।[1] जब महायान में प्रार्थना, उपासना, पूजा, भक्ति एवं मुक्ति

1. महायान के इन विकसित रूपों का विवरण हैकमैन द्वारा लिखित 'बुद्धिज़्म ऐज़ ए रिलिजन'।→

को स्थान मिल गया तो इसके द्वार सब प्रकार के मिथ्या विश्वासों के लिए खुल पड़े। घोर अमिताचार का भी समर्थन निरर्थक नैय्यायिक तर्क की विधि से करना पड़ा। सर्वचेतनवाद के रहस्यमय रूप भी सत्य के महान क्षेत्र में गुप्त मार्ग से आकर इसके अन्दर प्रविष्ट हो गए। जादू, परोक्ष दर्शन एवं भूत-प्रेतों के किस्सों को अपने अन्दर स्थान देकर इसने अपने को निर्बल कर लिया। अनुयायियों ने उस एकाकी, आडम्बरहीन और प्रशान्तहृदय व्यक्तित्व को घटिया विलक्षणताओं और चमत्कारों से आवृत कर दिया जो चीवर धारण कर, सिर झुकाए नंगे पैरों वाराणसी की यात्रा के लिए अग्रसर हो रहा था। बुद्ध के व्यक्तित्व के प्रति बाह्य जगत् के व्यक्तियों की श्रद्धा जगाने के लिए भक्त प्रचारकों ने एक मिथ्या इतिहास का भी निर्माण कर लिया। बुद्ध के एक मरणधर्मा पिता के पुत्र होने में विश्वास करना असम्भव है। उसे देव-रूप देने के लिए कहानियां गढ़ी गईं। "इस प्रकार की अस्वस्थ कल्पनाओं के ग्राही प्रभावों के कारण बुद्ध की नैतिक शिक्षाएं लगभग गुप्त ही रह गईं, कल्पनाएं उठाई गईं, उनका खूब प्रचार हुआ, प्रत्येक नये पग के साथ प्रत्येक नई कल्पना ने अन्य कल्पना को जन्म दिया; और अन्त में सारा वातावरण मस्तिष्क की भ्रष्ट कल्पनाओं से भर गया, यहां तक कि धर्मसंस्थापक की उदारतम एवं सरल शिक्षाएं आध्यात्मिक सूक्ष्मताओं के प्रज्वलित पुंज के नीचे दब गईं।"[1] बौद्धभिक्षु अपने प्राचीन दिव्य सन्देशवाहक के उत्साह को खो बैठे। बौद्धधर्म का मठवाद भी इतना ही दूषित हो गया जैसाकि हिन्दू पौरोहित्य दूषित हो चुका था। "अब बौद्धधर्म में परिव्राजक भिक्षु, जिनका जीवन पवित्र होता था, नहीं रह गए थे किन्तु उनके स्थान पर समृद्धिशाली मठ बन गए थे, जिनमें स्थूलकाय पुरोहित बैठे थे। जनता की नैतिक एवं धार्मिक चेतना को जागरित करने वाले सरल संवाद अब नहीं रहे बल्कि उनके स्थान पर अनुशासन एवं आध्यात्मिक शास्त्र-सम्बन्धी सूक्ष्म तर्क रह गया था।"[2] बौद्धधर्म का जीवन अब मिथ्या विश्वासों, स्वार्थपरता एवं विषयलोलुपता से भरा हुआ था। इस सबके अतिरिक्त अब उसमें और कुछ नहीं रह गया था। परिणाम यह हुआ कि जब यूआन च्वांग भारत में आया तो उसने आदिम बौद्धधर्म के यथार्थ सत्यों के स्थान पर इसे मिथ्या पौराणिक किस्सों एवं किंवदन्तियों के कूड़े-कर्कट के दलदल में फंसा हुआ पाया। वह धर्म जो सम्राट अशोक के काल में भी प्रशस्त था, और यहां तक कि कनिष्क के समय तक भी जनता को उच्च प्रेरणा देने में सक्षम रहा था, अब चमत्कारों एवं मिथ्या कल्पनाओं के बीहड़ जंगल में पड़कर स्वयं ही भटक रहा था। अनन्त बुद्धों की कल्पना एवं उनकी अद्‌भुत उत्पत्ति की कथाओं की सृष्टि हो गई।

बौद्धधर्म की अवनति के अतिरिक्त भारत में भूतकाल का भी गढ़ था। सर्वसाधारण के जीवन में ब्राह्मणधर्म का आधिपत्य था। यहां तक कि बौद्धधर्म भी पौराणिक सनातन (ब्राह्मण) धर्म के देवताओं को अपने अन्दर समाविष्ट करके ही फल-फूल सका था। आदिम बौद्धधर्म में इन्द्र, ब्रह्मा और अन्यान्य देवताओं का समावेश पाया जाता है। बौद्धधर्म में नये दीक्षित होने वाले व्यक्ति प्राचीन देवताओं के प्रति सम्मान का भाव अपने साथ लाए। हीनयान बौद्धधर्म ने ब्रह्मा, विष्णु और नारायण को उनके अपने नामों के साथ ही स्वीकार कर लिया। हमने देख ही लिया कि महायान ने कभी भी तत्परता के साथ हिन्दू सिद्धान्तों एवं क्रिया-कलापों के साथ विरोध मोल नहीं लिया। इसने पौराणिक गाथाओं को और भी

→नामक पुस्तक में मिलता है। बौद्धधर्म के इतिहास लेखक को अवतंसक, ध्यान एवं मनन सम्प्रदायों तथा चीन के त्येनवाई और जापान के निचिरेन को भी भूलना न चाहिए।

1. रीज़ डेविड्स–'बुद्धिज्म'।

2. हॉपकिंस।

बढ़ाकर अनेक देवताओं तथा उनकी भिन्न-भिन्न शक्तियों के विषय में वर्णन किया और इस पर बल दिया कि उन सबका शिरोमणि आदिबुद्ध था। चूंकि ब्राह्मणों ने बुद्ध को विष्णु का अवतार माना इसलिए बौद्धों ने उसके प्रति कृतज्ञता दिखाने के लिए विष्णु को बोधिसत्त्व पद्मपाणि के समान बतलाकर उसे अवलोकितेश्वर का नाम दिया। धर्म एक निजी मामला हो गया और ब्राह्मण तपस्वियों को बौद्ध श्रमणों के भाई-बन्धु के रूप में माना जाने लगा। ब्राह्मणधर्म और महायान मत के दार्शनिक एवं धार्मिक विचारों में समानता स्वीकार की जाने लगी। भारतीय मस्तिष्क के आग्रहशील विशिष्ट गुण के कारण दर्शनशास्त्र के क्षेत्र में एकेश्वरवादपरक आदर्शवाद एवं धर्म के क्षेत्र में पूजा का स्वातन्त्र्य (इष्टदेवताराधन) स्पष्टतया लक्षित होता है। महायान का अध्यात्मशास्त्र एवं धर्म अद्वैतपरक अध्यात्मशास्त्र एवं ईश्वरवाद के अनुकूल है। जनता के अधिकांश भाग की आवश्यकताओं की पूर्ति के लिए यह केवल भगवद्गीता का ही एक दुर्बल प्रतिरूप मात्र रह गया। धीरे-धीरे इस बौद्धिक विलयन एवं परिवर्तन के विकास का परिणाम यह हुआ कि महायान को महान वैष्णव आन्दोलन का ही एक सम्प्रदाय समझ लिया जाने लगा।[1] हीनयान को उसके तपस्यापरक रूप के कारण शैवमत का एक सम्प्रदायमात्र समझा जाने लगा! बौद्धधर्म ने ऐसी अवस्था में यह अनुभव किया कि उसके पास कोई विशेष विषय प्रचार के लिए नहीं है। जब ब्राह्मणधर्म ने भी विश्वप्रेम और ईश्वरभक्ति के ऊपर बार-बार बल देना प्रारम्भ किया और बुद्ध को विष्णु का अवतार घोषित कर दिया तो भारत से बौद्धमत की मानो अर्थी उठ गई। बौद्धधर्म भी बार-बार हिन्दूधर्म के गुणों एवं दोषों को दोहराने लगा। अत्यन्त दीर्घ पुरातन काल के प्रभाव ने अपनी मोहक कल्पनाओं को साथ में लेकर एवं उन विश्वासों के साथ जो उसे विरासत में मिले थे, फिर से सारे देश पर अपना आधिपत्य जमा लिया और बौद्धधर्म हिन्दूधर्म में घुल-मिलकर विलीन हो गया।

बौद्धधर्म भारत में स्वाभाविक रूप में काल का ग्रास बना।[2] यह कहना कि कट्टर एवं हठधर्मी पुरोहितों ने अपने बल से बौद्धधर्म को विलुप्त कर दिया, स्वार्थी व्यक्तियों के मस्तिष्क की बहक भले ही हो, ऐतिहासिक तथ्य नहीं है। यह सत्य है कि कुमारिल भट्ट एवं शंकर ने बौद्ध सिद्धान्तों की आलोचना की, किन्तु ब्राह्मणधर्म ने जो बौद्धधर्म का मुकाबला किया वह एक पुराने संघटन का मुकाबला था जो एक ऐसे नये आन्दोलन को मिला जबकि उस नये आन्दोलन के पास कोई नया विषय जनता के आगे रखने के लिए नहीं रह गया था। भारत में से बौद्धधर्म को बलात् बाहर निकाला गया। यह केवल एक किंवदंती है, ऐतिहासिक तथ्य नहीं हो सकता। बौद्धमत एवं ब्राह्मणधर्म दोनों परस्पर इतने अधिक निकट आ गए कि कुछ समय के लिए तो उनमें पहचान करना ही कठिन हो गया और अन्त में वे मिलकर एक ही हो गए। धीरे-धीरे किया गया विलयन और अपरोक्ष रूप में बौद्धमत के प्रति उपरामता ही, न कि पुरोहितों की हठधर्मिता अथवा विधिपूर्वक किया गया विनाश, बौद्धमत के पतन के कारण हैं।

जीवन की दुःसाध्य समस्या पर बौद्धधर्म का इतिहास एक निश्चित मत रखता है।

---

1. बोद्धधर्म का वैष्णव मत में संक्रमण उड़ीसा प्रान्त के 'पुरी' नामक तीर्थ में देखा जा सकता है, जहां एक मन्दिर प्रारम्भ में गौतम बुद्ध को अर्पित किया गया था और अब कृष्ण का आवासस्थान है, कृष्ण को जगन्नाथ नाम दिया गया है। बौद्धर्म का एकमात्र पवित्र स्मृतिचिह्न जो आज भी वहां पाया जाता है, यह है कि सब जातियों के लोग उसी प्रभु के गृह में पके हुए भोजन को ग्रहण करते हैं।
2. देखिए, मोनियर विलियम्स—'बुद्धिज़्म', अध्याय 7।

धार्मिक विधानों से स्वतन्त्र एक निर्दोष नैतिकता को प्राप्त करने में जो अनेक कठिनाइयां आ सकती हैं उन्हें यह स्पष्ट प्रकट करता है। बौद्धधर्म भारत को यथार्थरूप में धार्मिक मोक्ष प्राप्त कराने में असफल रहा, यद्यपि यह सत्य है कि यह बराबर ही अत्यन्त कठोरता के साथ कल्याण के मार्ग पर चलने के लिए सादे एवं शुद्ध-पवित्र जीवन पर बल देता रहा। प्राचीन बौद्धमत ने विरोधी व्यक्तियों के लिए मार्ग खुला रखा था। हीनयान ने अपनी अतिशयोक्ति के कारण बौद्ध पद्धतियों की निर्बलताओं को प्रकट कर दिया। महायान भी उस कमी की पूर्ति के लिए प्रयत्न करने में एकदम दूसरे छोर तक पहुंच गया और उसने सब प्रकार के मिथ्या विश्वासों को धार्मिक जीवन में हस्तक्षेप करने की अनुज्ञा प्रदान करके बुद्ध के वास्तविक भाव को ही नष्ट कर दिया। बिना किसी समझौते के नैतिक विधान के प्रति आस्था रखना यह बौद्धधर्म की शक्ति का रहस्य है, एवं मनुष्य-प्रकृति के रहस्यमय पक्ष को सर्वथा भुला देना ही इसकी असफलता का कारण है।

भारतीय विचारधारा पर बौद्धधर्म का प्रभाव

बौद्धधर्म भारत की संस्कृति पर अपनी एक विशिष्ट छाप छोड़ गया है। हर दिशा में इसका प्रभाव लक्षित होता है। हिन्दूमत ने इसके नीतिशास्त्र के श्रेष्ठतम अंश को अपने अन्दर समाविष्ट कर लिया है। जीवन के प्रति नये प्रकार का आदर भाव, सब जन्तुओं के प्रति करुणा का भाव, उत्तरदायित्व का भाव, एवं उच्चतर जीवन की प्राप्ति के लिए पुरुषार्थ इत्यादि विषयों को इसने नये बल के साथ फिर से भारतीय मस्तिष्क में बैठाने का स्तुत्य प्रयत्न किया। ब्राह्मण (पौराणिक) धर्म के शास्त्रों ने बौद्धधर्म के प्रभाव से ही अपने धर्म के उन भागों को ताक में रख दिया जिनका सामञ्जस्य मानवता एवं तर्क के साथ नहीं हो सकता था।[1] महाभारत में बौद्धधर्म के उत्कृष्ट पक्ष की प्रतिध्वनि पाई जाती है : "विजय से घृणा बढ़ती है और घृणा से घृणा नष्ट नहीं हो सकती।"[2] बौद्धधर्म के आविर्भाव के पश्चात् भारतीय विचारधारा के लिए संसार को आशाजनक दृष्टि से देखना लगभग असम्भव ही हो गया। जीवन का वह मानदण्ड जो उस समय तक मनुष्य के मन को सन्तोष देता था, अब अधिक समय तक स्थिर नहीं रह सकता था। मनुष्य-जीवन पापमय है और जन्म के बन्धन से छूटने का नाम मुक्ति है। आधुनिक विचार-पद्धतियों ने इसे स्वीकार किया। न्यायशास्त्र ने जन्म एवं प्रवृत्ति को पाप में गिना है।[3] सत्कर्म एवं दुष्कर्म दोनों ही अवांछनीय हैं, क्योंकि उन्हींके कारण पुनर्जन्म होता है। हम संसार में वापस आते हैं, पुरस्कार प्राप्त करने एवं दुष्कर्मों का दण्ड भोगने के लिए। जन्म लेने का तात्पर्य ही है मरना। जन्म के सर्वथा अभाव में ही सुख है। प्रकृति के प्रति आत्मा के विद्रोह के भाव ने बुद्ध के समय से ही भारतीय विचारधारा को आच्छादित किया। उसके पश्चात् आने वाले सब विचारकों ने महान त्याग

---

1. 'आचारमयूख' नामक ग्रंथ में, जो किसी शंकर का रचित कहा जाता है, पांच निषिद्ध वस्तुओं को वर्जित कहा गया है : (1) अग्नि में आहुति देना, (2) यज्ञों के लिए गोहत्या करना, (3) शरीर को कष्ट देने वाली तपस्याएं करना (4) पितरों को उद्देश्य करके किए गए यज्ञों में मांस का प्रयोग करना एवं (5) मृत भाई की विधवा पत्नी से विवाह करना। "अग्निहोत्र गवालम्भं संन्यासं फलपैतृकम्, देवरेण सुतोत्पत्तिः कलौ पञ्च विवर्जयेत्।" निर्णयसिन्धु, 3 भी देखिए, 'अग्निहोत्रम्' के स्थान पर एक दूसरा पाठ भी है—'अश्वालम्भम्।'
2. उद्योगपर्व, 71 : 56 और 63।
3. न्यायसूत्र, 1 : 2; 4 : 55।

की छाया में ही अपना जीवन बिताया। संन्यासी के वेश से ही जीवन का उद्देश्य लक्षित होता है। इच्छारूपी पाप के विषय में अतिशयोक्ति से काम लिया गया है।[1] संसार इच्छा से ही बद्ध है।[2] बौद्धधर्म के जो विचार जीवन के अस्थायित्व एवं सापेक्षता के सिद्धान्त के सम्बन्ध में थे, भारतीय विचारधारा को बाध्य होकर उन्हें अपनाना पड़ा। परवर्ती विचारधारा के ऊपर बुद्ध की भ्रान्त धारणाओं एवं कुछ उनके गम्भीर आत्मनिरीक्षण का भी समानरूप से प्रभाव पड़ा। कभी-कभी संसार के उत्तम से उत्तम पदार्थ भी एक बार फिर से नये रूप में उत्पन्न होने के लिए नष्ट हो जाते हैं। ठीक इसी प्रकार भारत में बौद्धधर्म का विनाश फिर से एक सुसंस्कृत ब्राह्मणधर्म के रूप में उत्पन्न होने के लिए हुआ। बुद्ध आज भी उन भारतीयों के जीवन के रूप में जीवित हैं जिन्होंने अपनी प्राचीन परपम्पराओं को सर्वथा नहीं त्याग दिया है। उनकी उपस्थिति चारों ओर अनुभव की जा सकती है। बराबर एक देवता के रूप में पूजे जाकर उनका स्थान पौराणिक गाथा से सुरक्षित है जो अभी जीवित है और जब तक पुरातन धर्म नये धार्मिक भावों के भक्षक प्रभाव के आगे खंड-खंड होने से बचा हुआ है, तब तक बुद्ध का स्थान भारत के देवताओं में बना रहेगा। उनका निजी जीवन एवं उनके धार्मिक उपदेश मनुष्य-जाति को बाध्य करेंगे कि वह उनका उचित सम्मान करें। ये अनेक अशांत मनों को सान्त्वना प्रदान करेंगे, अनेक सरलहृदयों को आह्लाद प्रदान करेंगे और भोले-भाले लोगों की प्रार्थनाओं को भी सफल बनाएंगे।

उद्धृत ग्रन्थ

'सद्धर्मपुण्डरीक, सेक्रेड बुक्स आफ द ईस्ट', 21।
'बुद्धिस्ट महायान टेक्स्ट्स' सेक्रेड बुक्स आफ द ईस्ट', 1।
सुज़ूकी : 'महायान बुद्धिज़्म'।
सुज़ूकी : 'द अवेकनिंग आफ फेथ'।
कुमारस्वामी : 'बुद्ध ऐण्ड द गॉस्पल आफ बुद्धिज़्म'।

1. जन्म दुःखं, जरा दुःखं जाया दुःखं पुनः पुनः।
   आशाशाः परमं दुःखं, निराशाः परमं सुखम्॥
2. "आ शया बध्यते लोके।"

ग्यारहवां अध्याय

बौद्धमत की शाखाएं

बौद्धर्म के चार सम्प्रदाय—वैभाषिक नय—सौत्रान्तिक नय—योगाचार नय—माध्यमिक नय—ज्ञान का सिद्धान्त—सत्य और यथार्थता की श्रेणियां—शून्यवाद और उसका तात्पर्य—उपसहांर।

1. बौद्धधर्म के चार सम्प्रदाय

सत्य की खोज के लिए बुद्ध आलोचनात्मक विश्लेषण का प्रयोग करते थे। पर्यवेक्षण एवं तर्क पर उनका आग्रह था। उनका धर्म रूढ़ि या परम्परा पर आधारित नहीं था। बुद्ध की एक उक्ति बताई जाती है जिसका आशय है, "मेरे विधान को मुझमें केवल भक्ति रखने के कारण ही किसीको स्वीकार नहीं कर लेना चाहिए, बल्कि पहले सोने की भांति आग में तपाकर उसकी परीक्षा कर लेनी चाहिए।"[1] अध्यात्मविद्या-सम्बन्धी पृष्ठभूमि को कल्पना करने वालों के लिए खुला छोड़कर बुद्ध ने वस्तुओं के परम-आधार-सम्बन्धी अनिश्चितता को और भी अधिक बढ़ा दिया। प्राचीन बौद्धधर्म में ऐसे मूलतत्त्व विद्यमान थे जिनमें अन्दर भिन्न-भिन्न मार्गों द्वारा विकसित होने की शक्ति अन्तर्निहित थी। संस्थापकों के अपने अन्दर जिस प्रकार के विचारों की उत्पत्ति होती है, अन्य लोगों में उस प्रकार की नहीं होती। इस नियम के अनुसार जब कल्पना करने वाले विचारकों ने बौद्धधर्म में से उस सब अंश को जो अधिकतर बुद्ध के अपने जीवन एवं व्यक्तित्व से सम्बन्ध रखता था, निकाल फेंका तो बौद्धधर्म केवल कतिपय अमूर्त या भावात्मक स्थापनाओं का रूप रह गया जिनमें से विभिन्न विचारकों ने अपनी प्रवृत्तियों के आधार पर भिन्न-भिन्न पद्धतियों का निर्माण करना प्रारम्भ कर दिया। बुद्ध के अनुसार, अनुभव ही एकमात्र हमारे लिए ठोस आधार वस्तु है, अर्थात् यह यथार्थ जीवन और यही परम तथ्य है जिसे मानकर समस्त विचारपद्धति को आगे बढ़ना होता है। बुद्ध के अनुभववाद ने परम्परागत विश्वासों की सम्पूर्णरूप में समीक्षा की और उनका विश्लेषण किया। बौद्ध सम्प्रदायों का अनुभववाद स्वयं अनुभव के भी ऊपर आज़मायी गई एक आलोचनात्मक एवं बुद्धिसंगत प्रयोगविधि है। किसी स्थिर योजना के आधार पर नहीं

1. दुर्भाग्यवश जब जनता के अधिकांश भाग ने बौद्धधर्म को अपने धर्म के रूप में अंगीकार कर लिया, उस समय इस दार्शनिक भावना का ह्रास हो गया। बुद्ध के शब्दों पर ही विश्वास बल पकड़ने लगा, अशोक ने कहा कि "जो कुछ बुद्ध भगवान ने कहा है, ठीक कहा है।" दिव्यावदान ग्रन्थ में यह घोषित किया गया है कि "अन्तरिक्ष चन्द्र एवं नक्षत्रों समेत पृथ्वी पर गिर सकता है, पृथ्वी अपने पर्वतों एवं वनों समेत आकाश पर चढ़ सकती है, समुद्र भी सूख सकते हैं किन्तु बुद्ध लोग कभी अनुचित बात नहीं कह सकते।"

अपितु तर्क के ही बल पर बौद्धधर्म विचारधारा के भिन्न-भिन्न सम्प्रदायों में बंट गया। बुद्ध की मृत्यु के पश्चात् तुरन्त ही विश्वासों एवं क्रियाओं में भेद प्रकट होने लगे। यहां तक कि वैशाली की परिषद् ने भी सिद्धान्त-सम्बन्धी विवाद के कारण ही महासंघ नाम की एक बड़ी सभा को जन्म दिया, जिसकी व्यवस्था सम्बन्ध-विच्छेद करने वालों ने की थी और जो स्वयं भी बाद में आठ विभिन्न सम्प्रदायाओं में बंट गए। वैशाली की परिषद् का आयोजन करने वाले थेरा या स्थविर लोगों ने भी ईसा से पूर्व दूसरी शताब्दी में अनेक सम्प्रदायों का विकास किया यद्यपि उनकी प्रमुख शाखा ने सर्वास्तिवाद्, अर्थात् प्रत्येक वस्तु की सत्ता है, का समर्थन किया। पाली का नियम-विधान विचार के क्षेत्र में परस्पर नितान्त विरोधी आन्दोलनों का साक्षी है, और कथावत्थु में इनमें से नाना मतों एवं सम्प्रदाय के विषय का प्रतिपादन हुआ है।[1] हिन्दूधर्म के विचारकों ने बौद्धधर्म के इन सम्प्रदायों का कहीं उल्लेख नहीं किया है जो ईसा से पूर्व की पहली शताब्दी में उदित हुए। उनके अनुसार बौद्धों के मुख्य चार ही सम्प्रदाय हैं, जिनमें से दो का सम्बन्ध हीनयान से है और दो का महायान से। वैभाषिक एवं सौत्रान्तिक, जो यथार्थवादी अथवा सर्वास्तिवादी हैं, यह विश्वास करते हैं कि देश और काल की अवधि में जकड़ा हुआ यह विश्व यथार्थ है, जिसमें मन की स्थिति भी अन्य सीमित वस्तुओं के साथ ही एक समान है—ये हीनयान शाखा के सम्प्रदाय हैं। योगाचार एवं माध्यमिक, जो आदर्शवादी हैं, महायान शाखा के सम्प्रदाय हैं। योगाचारों का कहना है कि विचार ही से सब कुछ निर्माण होता है। यही परम तत्त्व है, और यही यथार्थता का परमरूप भी है। माध्यमिक दर्शन एक निषेधात्मक एवं विवेचनात्मक पद्धति है, जो महायानसूत्रों की अध्यात्मविद्या-सम्बन्धी पृष्ठभूमि का निर्माण करती है। माध्यमिकों को कहीं-कहीं सर्ववैनाशिक अथवा शून्यवादी भी कहा गया है।[2]

बौद्धधर्म के अन्तर्गत कल्पनात्मक पद्धतियों की उक्त प्रवृत्तियां, यों तो बहुत पहले से विद्यमान थीं किन्तु उन्हें व्यवस्थित रूप में एवं संहिता के आकार में कनिष्क के समय के बाद ही लाया गया। हिन्दूधर्म की विचार-पद्धतियों ने उक्त सम्प्रदायों की समालोचना की है। इससे इस विषय का संकेत मिलता है कि उक्त सम्प्रदाय स्वयं हिन्दूधर्म की इन विचार-पद्धतियों से पूर्व वर्तमान थे। यदि हम इन सम्प्रदायों का समय ईसा के पश्चात् की दूसरी शताब्दी का रखें तो सम्भवतः यह निर्णय कुछ अधिक अनुचित न होगा। यद्यपि सम्भव है कि एक-दो सम्प्रदायों के प्रसिद्ध प्रवर्तक उसके पीछे के काल के भी रहे हों। बुद्ध की मृत्यु के पश्चात् तीसरी शताब्दी में वैभाषिक सम्प्रदाय वालों ने ज़ोर पकड़ा और सौत्रान्तिकों ने बुद्ध की मृत्यु के पश्चात् चौथी शताब्दी में प्रमुखता प्राप्त की। आर्यदेव के अनुसार, माध्यमिक सम्प्रदायी बुद्ध की मृत्यु के 500 वर्ष पश्चात् उत्पन्न हुए। योगाचार-सम्प्रदाय का संस्थापक असंग इतना आधुनिक है कि ईसा के पश्चात् तीसरी शताब्दी का माना जाता है। बौद्ध दार्शनिक विचार

1. देखिए, 'जर्नल आफ द रॉयल एशियाटिक सोसाइटी', 1891, और 'जर्नल आफ द पाली टेक्स्ट्स सोसाइटी', 1904-1905।

2. छठी शताब्दी में हुए ई-त्सिंग का कहना है : "वे लोग जो बोधिसत्त्वों की पूजा करते हैं एवं महायानसूत्रों का अध्ययन करते हैं, महायानी (महान) कहलाते हैं, जबकि वे जो कर्म नहीं करते, हीनयानी (छोटे) कहलाते हैं। महायान के केवल दो ही प्रकार हैं : पहला माध्यमिक, दूसरा योग; इनमें माध्यमिकों का कहना है कि जिसे साधारण बोलचाल में जीवन कहा जाता है, वस्तुतः वह अस्तित्व नहीं है और प्रत्येक पदार्थ केवल एक निस्सार भ्रान्ति की भांति आभासमात्र है किन्तु योगाचरों का कहना है कि बाह्य वस्तुओं की यथार्थता नहीं है जो केवल आन्तरिक विचारमात्र है। सब पदार्थों का अस्तित्व केवल मन ही के अन्दर है।" (ताकाकुसु की 'ई-त्सिग,' पृष्ठ 15)।

ने पांचवीं, छठी एवं सातवीं शताब्दियों में अपने जीवनकाल के प्रबलतम रूप का प्रदर्शन किया।

2. वैभाषिक नय

हीनयान शाखा से सम्बन्ध रखने वाले कल्पनात्मक सम्प्रदाय सर्वास्तिवाद अथवा महत्त्वपूर्ण यथार्थवाद को मानने वाले हैं।[1] वैभाषिकों को यह संज्ञा इसलिए दी गई, क्योंकि वे अन्य सम्प्रदायों की भाषा को असंगत अर्थात् विरुद्ध भाषा समझते हैं[2] और इस कारण भी उनको यह संज्ञा दी गई कि उन्होंने अपना सम्बन्ध विभाषा अथवा अभिधर्म की टीका से जोड़ा। वे सूत्रों की सत्ता को अस्वीकार करते हैं। और केवल अभिधर्म को ही मान्यता प्राप्त करते हैं। वे अनुभव को स्वीकार करते हैं। क्योंकि अनुभव ही पदार्थों के स्वरूप का निर्दोष साक्षी है। अनुभव से उनका तात्पर्य उस ज्ञान से है जो पदार्थ के साथ सीधा सन्निकर्ष होने पर उत्पन्न होता है। संसार प्रत्यक्ष ज्ञान का क्षेत्र है। यह सोचना कि बाह्य जगत् का प्रत्यक्ष नहीं हो सकता, गलत है, क्योंकि बिना प्रत्यक्ष के अनुमान नहीं हो सकता। यदि प्रत्यक्ष ज्ञान से हमें उचित सामग्री उपलब्ध न हो तो हम व्याप्ति (अर्थात् व्यापक सिद्धान्तों) का प्रतिबोधन भी नहीं कर सकते। पदार्थ के प्रत्यक्ष ज्ञान से सर्वथा स्वतन्त्र भी अनुमान की प्राप्ति हो सकती है, यह बात एक साधारण बुद्धि में नहीं आ सकती।[3] इसलिए पदार्थों का विभागीकरण दो प्रकार का है--एक वे जो प्रत्यक्ष ज्ञान के विषय हैं, दूसरे वे जो अनुमान द्वारा जाने गए हों—इन्द्रियगम्य और तर्कनीय अथवा चिन्तनीय। यद्यपि बाह्य पदार्थों की इतस्ततः सत्ता का ज्ञान अनुमान द्वारा भी किया जा सकता है परन्तु साधारणतः उनकी सत्ता का निर्देश प्रत्यक्ष द्वारा ही होता है। विचारों के आन्तरिक जगत् और पदार्थों के बाह्य जगत् के मध्य प्रायः भेद किया जा सकता है। परन्तु प्रकृति में जिस प्रकार का पदार्थों का एकत्रीकरण होता है एवं विचारों में जिस प्रकार उनका एकत्रीकरण होता है, उन दोनों प्रकारों में परस्पर अन्तर है। इस प्रकार वैभाषिक स्वभावतः द्वैतवादी हैं जो प्रकृति एवं मन की पृथक् सत्ता को स्वीकार करते हैं। प्रमाणवाद की दृष्टि से उनका सिद्धान्त एक सरल और अकृत्रिम यथार्थवाद है। मस्तिष्क पदार्थों से अभिज्ञ रहता है। अपने ऐसे ज्ञान को अथवा ऐसे पदार्थों के विषय में अपनी अभिज्ञता को जो मानसिक नहीं है, निर्माण न कहकर हम केवलमात्र खोज कहेंगे। पदार्थ पहले से उपस्थित हैं। पदार्थों का वस्तुतत्त्व नित्य एवं सत् है, और वह भूत, वर्तमान एवं भविष्यत काल के इन तीनों विभागों में विद्यमान रहता है।

---

1. सर्वास्तिवादी, जिन्हें हेतुवादी अथवा कारणकार्यवादी भी कहा जाता है, सात ग्रन्थों को महत्वपूर्ण समझते हैं, जिनमें से प्रधान कात्यायनीपुत्र-रचित 'ज्ञान-प्रस्थान' है, जिसका निर्माण बुद्ध की मृत्यु के 300 वर्ष पश्चात् हुआ। इस ग्रंथ के ऊपर एक टीका का सम्पादन, जिसका नाम महाविभाषा है, पांच सौ अर्हतों द्वारा वसुमित्र के नेतृत्व में सम्भवतः कनिष्क की अध्यक्षता में आयोजित बृहत् परिषद् में हुआ। इसका एक संक्षिप्त सार वसुबन्धु कृत अभिधर्मकोश में मिलता है। अभिधर्मकोशव्याख्या के रचयिता हैं यशोमित्र। उदानवग्ग, धम्मपद और एकोत्तरागम के कुछ आंशिक खण्डों पर सर्वास्तिवाद का प्रभाव प्रतीत होता है। अश्वघोष कृत बुद्धिचरित (बावजूद इसके, इसमें बुद्ध के प्रति आस्था पर बल दिया गया है) एवं आर्यशूर कृत जातकमाला—ये दोनों ग्रंथ इसी सम्प्रदाय से सम्बद्ध प्रतीत होते हैं। भदन्त (तीसरी शताब्दी ईसा पश्चात्), धर्मत्रात, घोषक और बुद्धदेव इस मत के प्रचारकों में प्रमुख माने जाते हैं, यद्यपि वे सभी सम्बद्ध विषयों में एक-दूसरे से सहमत नहीं हैं।
2. देखिए सर्वदर्शनसंग्रह।
3. "सकललोकानुभवविरोधश्च।"

पदार्थों के नित्यतत्त्व क्षणिक प्रतीत नहीं हैं, किन्तु वे अवयव हैं जो प्रतीति के विषय-पदार्थों की पृष्ठभूमि का निर्माण करते हैं। कुछ सर्वास्तिवादी स्कन्धों अथवा पदार्थों के घटकों की तात्त्विक प्रतिमूर्तियों की स्थायी सत्ता को मानते हैं। वह कारण-कार्य-सम्बन्ध की कठिनाई से बचने के लिए मान लेते हैं कि कारण एवं कार्य दोनों एक ही वस्तु के दो पक्ष हैं, जैसेकि, जल बर्फ एवं नदी की धारा दोनों में समान पदार्थ हैं। रूप क्षणिक (अस्थायी) है किन्तु अधिष्ठान स्थायी है। आर्यदेव ने कारण-सम्बन्धी इस मत को इन शब्दों में रखा है : "कारण कभी विनष्ट नहीं होता किन्तु अवस्था-परिवर्तन होने पर जब यही कार्य बन जाता है तो केवल अपना नाम बदल लेता है। उदाहरण के लिए मिट्टी अपनी अवस्था परिवर्तित करके घड़ा बन जाती है और इस अवस्था में कारणभूत मिट्टी का नाम गायब होकर घड़े के नाम उदय होता है।"[1]

जिन पदार्थों को हम देखते हैं वे उस अवस्था में जबकि वे प्रत्यक्ष का विषय नहीं रहते, नष्ट हो जाते हैं। उनकी सत्ता का अवधिकाल बहुत संक्षिप्त है जैसे बिजली की चमक का। अणु तुरन्त अलग-अलग हो जाते हैं और उनका एकत्रीकरण भी तात्कालिक होता है। वस्तुओं का अस्तित्व चार क्षणों तक ही रहता है, अर्थात्–उत्पत्ति, स्थिति, क्षय और मृत्यु (या विनाश)। फिर भी उनका पदार्थ के रूप प्रकट होना प्रत्यक्षज्ञान की क्रिया के कारण नहीं है। पदार्थों की स्थिति हमारी प्रत्यक्षज्ञान की क्रिया से सर्वथा स्वतन्त्र भी है। यद्यपि जिस क्षण हम उन्हें देखना बन्द कर देते हैं, उसी क्षण वे नष्ट भी हो जाते हैं। वैभाषिक और सौत्रान्तिक दोनों ही स्वीकार करते हैं कि वस्तुओं की पृष्ठभूमि में स्थित घटकों की स्थायी सत्ता है अथवा यों कहें कि मन के बाहर भी उनकी स्थिति है। पृष्ठभूमि में स्थित यथार्थता एवं उनकी प्रतीयमान अभिव्यक्तियों के मध्य में परस्पर किस प्रकार का सम्बन्ध है, इसकी कोई स्पष्ट व्याख्या नहीं की गई है। घटक अवयवों एवं वस्तुओं की प्रतिमूर्तियों के विषय में भी कोई स्पष्ट मत नहीं है। हमें प्रायः बताया जाता है कि ये घटक अवयव भी क्षणभंगुर हैं। कभी-कभी

---

1. अभिधर्मकोश में परिष्कृत किए गए मत से तुलना कीजिए : "क्या हम यह समझें कि अग्नि की ज्वाला के सम्पर्क में आकर लकड़ी नष्ट हो जाती है? हां–क्योंकि जब लकड़ी जल जाती है तो हमें फिर लकड़ी दिखाई नहीं पड़ती। और हमारी इन्द्रियों की साक्षी से बढ़कर तर्क पर निर्भर नहीं किया जा सकता। नहीं–यह एक तर्क का विषय है; क्योंकि यद्यपि हम फिर लकड़ी को न देख सकेंगे। यह इस घटना का परिणाम है कि लकड़ी स्वयं नष्ट हो गई और पुनः सत्ता के रूप में न आ सकेगी। लकड़ी का अभाव, जो आपके अनुसार आग के कारण हुई केवल शून्यता है, एक अवस्तुता है, और अवस्तुता कार्य नहीं हो सकती न ही इसका कोई कारण हो सकता है। इसके अतिरिक्त यदि विनाश अथवा अभाव जो विद्यमानता के पश्चात् आता है, अपना कुछ कारण रखता है तो जन्मों के समान इसका भी कोई कारण सदा होगा। और आप स्वेच्छा से स्वीकार करते हैं कि अग्निज्वाला, शब्द एवं विचार, स्वभाव से क्षणिक है।" (4 : 2) "यदि पदार्थ बिना किसी कारण के और अपने स्वभाव से ही विनष्ट होते हैं जिस प्रकार कि आकाश में उछाले गए पदार्थ गिर पड़ते हैं, तब वे अपनी उत्पत्ति के क्षण में ही अवश्य नष्ट हो जाते हैं, और वे जिस क्षण में सत् रूप में आते हैं, उसके आगे स्थिर नहीं रह सकते; क्योंकि विनाश के कारणरहित होने के कारण यदि पदार्थ के जन्म के ही समय न हो तो उसके पीछे तो हो नहीं सकेगा क्योंकि पदार्थ जो है वही रहेगा।" (वही।) आप कहते हैं कि पदार्थ पकता है, अधिक पुराना होता है, आदि-आदि। जो पुराना पड़ता है और जिसमें परिवर्तन आता है, वह शृंखला है। परिवर्तन का विचार परस्पर-विरोधी है। "वही वस्तु अपने से भिन्न हो सकती है, यह विचार असंगत है।" (वही, 4 : 2)। यदि पदार्थ क्षणभंगुर हैं तब तो वे बिना किसी कारण के स्वयं ही नष्ट हो जाते हैं। अग्निज्वाला नष्ट हो जाती है क्योंकि वह क्षणभंगुर है, इसलिए नहीं कि वह जलकर बुझी है। जो विद्यमान है, हम उसका नाश नहीं कर सकते। और न ही हम उस पदार्थ का विनाश कर सकते हैं जो अभावात्मक हैं।

उन्हें केवल सारतत्त्वरूपी भाव के ही रूप में कहा गया है।[1] पुद्गल नाम से पुकारी जाने वाली आत्मा की भी इस शरीरी जीवन के घटक अवयवों से अतिरिक्त कोई सत्ता नहीं। मानसिक अवस्थाओं के निरन्तर प्रवाह को ही व्यक्ति की एकता मान लेना ही मिथ्या विचार है। इस सिद्धान्त का आधार प्राकृतिक इतिहास-विषयक धारणाएं हैं, और ठीक-ठीक परिष्कृत किए जाने पर वे हमें भौतिकवाद अथवा संवदेनावाद की ओर ले जाती हैं। इस विषय को अनुभव करते हुए कि हम क्षणिक घटनाओं से निपट रहे हैं, सौत्रान्तिक लोग तर्क करते हैं कि पृष्ठभूमि में वर्तमान तत्त्वों का हम अनुमान करते हैं, किन्तु साक्षात् प्रत्यक्ष नहीं करते।

वैभाषिक एवं सौत्रान्तिक दोनों ही बाह्य जगत् की यथार्थता को स्वीकार करते हैं। वे पदार्थों में बाह्य एवं अबाह्य अथवा आभ्यन्तर, इस प्रकार का भेद करते हैं। बाह्य पदार्थों के विभाग में भूत अथवा तत्त्व एवं भौतिक पदार्थ आते हैं। आभ्यन्तर पदार्थों के विभाग में चित्त अथवा बुद्धि एवं चैत्त अर्थात् बुद्धि-सम्बन्धी पदार्थ आते हैं।[2]

तत्त्व चार हैं, पांच नहीं—पृथ्वी जो कठोर है, जल जो शीतल है, अग्नि जो उष्ण है, एवं वायु जो गतिमान है। पांचवें तत्त्व आकाश को वे नहीं मानते। बाह्य पदार्थ परम अणुओं के अपनी-अपनी क्षमता के अनुसार एकत्रीकरण का परिणाम हैं। वैभाषिक एवं सौत्रान्तिक दोनों ही आणविक सिद्धान्त को स्वीकार करते हैं। सब पदार्थ अन्त में जाकर और विभक्त होकर अणुओं के रूप में आ जाते हैं। वैभाषिकों का मत है कि अणु के छः पार्श्व है और फिर भी अणु स्वयं एक ही है क्योंकि अणु के अन्तर्गत आकाश या देश अविभाज्य हैं। वे यह भी मानते हैं कि अणु पुंजरूप में ही देखे जा सकते हैं और उन्हें अलग-अलग नहीं देख सकते, ठीक जिस प्रकार के बालों को हम समूहरूप में देख सकते हैं किन्तु एक बाल अलग देखने में सूक्ष्म है।[3] वसुबन्धु के अनुसार, अणु रूप का अत्यन्त छोटा कण है।[4] इसे कहीं स्थापित नहीं किया जा सकता, न इसको पैर के नीचे दबाया जा सकता है एवं इसे पकड़ना व आकृष्ट करना भी असम्भव है। यह न तो लम्बा है और न छोटा, न वर्गाकार है और न गोलाकार, न चक्र है और न सीधा, न ऊंचा है और न नीचा ही। यह अविभाज्य,

---

1. देखिए 'जर्नल आफ द पाली टेक्स्ट सोसाइटी', 1913-1914, पृष्ठ 133।
2. हमें वसुबन्धु के 'अभिधर्मकोश में वर्णित विषयिगत एवं पदार्थनिष्ठ वर्गीकरण पर ध्यान देना चाहिए। विषयिगत वर्गीकरण सरल है। सत् को निर्माण करने वाले पांच स्कंध हैं, बारह आयतन अर्थात् स्थान हैं, एवं अठारह धातु अर्थात् आधार हैं। पदार्थनिष्ठ वर्गीकरण दो प्रकार के पदार्थों के सम्बन्ध में प्रतिपादन करता है—असंस्कृत धर्म (असंयुक्त) एवं संस्कृत धर्म (संयुक्त)। असंयुक्त धर्मों में से जो पदार्थों से उत्पन्न नहीं होते एवं स्वतः वर्तमान हैं तथा परिवर्तन से भी विरहित हैं, अर्थात् उत्पत्ति, वृद्धि एवं विनाश से रहित हैं, तीन प्रकार के हैं : (1) प्रतिसंख्यानिरोध, (2) अप्रतिसंख्यानिरोध और (3) आकाश अथवा देश। संयुक्त (संस्कृत) धर्म भी चार प्रकार के हैं : (1) ग्यारह रूपधर्म (रूप प्रकृति के समान है), (2) एक चित्त (मानस), (3) छियालीस चित्तधर्म और (4) चौदह चित्तविप्रयुक्त अथवा अमानसिक सम्मिश्रण। बहत्तर संयुक्त धर्म एवं तीन असंयुक्त धर्म इन सबके अन्दर ही समस्त पदार्थ आ गए। बौद्धधर्म में 'धर्म' शब्द का प्रयोग कई अर्थों में होता है। यथा कानून (विधान), नियम, विश्वास, धर्म, सांसारिक घटनाएं, पदार्थ, अवस्था : यहां पर इसका प्रयोग किसी भी विद्यमान पदार्थ के अर्थों में हुआ है। देखिए सोजेन—'सिस्टम आफ बुद्धिस्टिक थॉट।'
3. न्यायसूत्रों के मत में, अणु इन्द्रियातीत है, अर्थात् उसका प्रत्यक्ष इन्द्रियों द्वारा नहीं हो सकता। न्यायसूत्र, 2 : 1, 36; 4 : 2, 14।
4. परमाणु 'रूप' का सूक्ष्मतम आकार है। इसके अन्दर छिद्र नहीं हो सकता, न इसे उठाया और न फेंका जा सकता है।

अविश्लेष्य, अदृश्य है, श्रवण का विषय नहीं है, अस्थायी एवं अस्पर्शनीय है।[1] अणु एक-दूसरे के अन्दर प्रवेश नहीं कर सकते। वैभाषिक एवं सौत्रान्तिक द्विगुणित अथवा त्रिगुणित अणुओं को स्वीकार नहीं करते, यद्यपि अणुओं का अनन्त एकत्रीकरण उन्हें अभिमत है। मिश्रित पदार्थ आदिम तत्त्वों से मिलकर बने हैं। शरीर, जो इन्द्रियगोचर होते हैं, अणुओं के ही एकत्रीकरण से बने हैं। भौतिक पदार्थ जो इन्द्रियों को बाधा प्रदान करते हैं, रूप की चतुर्विध आधारभूमि के संग्रह हैं अर्थात् वर्ण, गंध, स्वाद एवं स्पर्श के संग्रह। इस चतुर्विध गुण को रखने वाली इकाई ही परमाणु है जिसका आगे विश्लेषण नहीं हो सकता। परमाणु भी जब परस्पर संयुक्त हो जाते हैं तो दृष्टिगोचर हो सकते हैं। दृष्टिगोचर हो सकने योग्य आणविक इकाई 'अणु' है जो परमाणुओं का एकत्रीकरण है। समस्त तत्त्वों के अन्दर पृथ्वी, वायु, अग्नि और जल के गुण रखने वाले अणु एक समान हैं यद्यपि भौतिक पदार्थों में चारों भिन्न-भिन्न तत्त्वों के गुण विद्यमान हैं तो भी ऐसा होता है कि कुछ अवस्थाओं में कुछ तत्त्व अपनी क्रियात्मक शक्ति का प्रदर्शन करते हैं जबकि अन्य तत्त्व गुण अवस्था में रहते हैं। कठोर धातु में पृथ्वीतत्त्व, बहती हुई नदी में जलतत्त्व एवं जाज्वल्यमान अग्निज्वाला में अग्नितत्त्व की प्रधानता रहती है। सर्वास्तिवादी दो लोकों में परस्पर भेद करते हैं—अर्थात् भाजनलोक, वह विश्व जो वस्तुओं का आवासस्थान है; और सत्त्वलोक जो जीवित प्राणियों का संसार है। पहला दूसरे लोक की सेवा के लिए है। चित्तविप्रयुक्त धर्म संयुक्त शक्तियां हैं जो प्रकृति एवं मन से भिन्न हैं जैसेकि प्राप्ति और अप्राप्ति। वे वास्तविक नहीं हैं, किन्तु केवल गुप्त हैं और वास्तविक सत्ता के रूप में आ जाती हैं जब वह अपने को किसी मानसिक अथवा एक भौतिक आधार से सम्बद्ध करती हैं।

असंयुक्त तत्त्व तीन हैं। आकाश जो सब प्रकार के भेद से स्वतन्त्र एवं अनन्य है। यह एक नित्य, सर्वव्यापक भावात्मक पदार्थ हैं।[2] यह सत् है यद्यपि इसका रूप कुछ नहीं है और न यह भौतिक पदार्थ (वस्तु) ही है। अप्रतिसंख्यानिरोध धर्म का प्रत्यक्ष न होना है, जो प्रत्यय अथवा अवस्थाओं की अनुपस्थिति के कारण होता है और जो ज्ञान के द्वारा उत्पन्न नहीं होता।[3] यह किसी एक विषय पर प्रगाढ़रूप में एकाग्रता है जिससे कि अन्य सब प्रकार के प्रभाव मौन के अन्दर लुप्त हो जाते हैं। प्रतिसंख्यानिरोध अतीन्द्रिय ज्ञान का निश्चित परिणाम (फल) है और यही सर्वास्तिवादी का सर्वोच्च आदर्श है। इस शाखा का निर्वाण न तो ठीक वैसा ही है जो स्कन्धों द्वारा नियन्त्रित हो और न उससे भिन्न ही है। चूंकि वैभाषिक स्कन्धों के अणुओं की स्थायी सत्ता को स्वीकार करते हैं। इसलिए निर्वाण स्कन्धों से सर्वथा स्वतन्त्र अवस्था नहीं हो सकती। शंकर की समीक्षा के अनुसार, तीनों असंयुक्त अथवा असंस्कृत धर्म अवस्तु अर्थात् अवास्तविक हैं, एवं केवल अभावमात्र हैं जिनका परिज्ञान केवल निषेधात्मक वर्णन के द्वारा ही हो सकता है, तथा निरूपाख्य या रूपविहीन हैं।[4] यह सत्य है कि उनकी व्याख्या (परिभाषा) नहीं हो सकती किन्तु इसका अर्थ यह नहीं है कि वे अयथार्थ हैं।

ज्ञान के यथार्थ साधन, जो हमें उपलब्ध हैं, इन्द्रियप्रत्यक्ष एवं सामान्य प्रत्यय हैं। हमें यथार्थ ज्ञान प्रत्यक्ष अथवा इन्द्रियों द्वारा ग्रहण होता है, क्योंकि यह सब प्रकार की कल्पना से विरहित है। किन्तु यह हमें केवल अनिश्चित बोध ही देता है। सामान्य प्रत्यय अथवा

---

1. अभिधर्ममहाविभाषा।
2. यही मत न्याय का भी है।
3. वसुबन्धु।
4. वेदान्तसूत्रभाष्य, 2 : 2, 22-24।

परिज्ञान (अध्यवसाय) हमें ज्ञान नहीं प्राप्त कराता, यद्यपि यह है निश्चित, क्योंकि यह मानसिक अथवा कल्पनात्मक है। प्रत्यक्ष ज्ञान भ्रमात्मक तो नहीं किन्तु अनिश्चित है। सामान्य प्रत्यय भ्रमात्मक है यद्यपि है निश्चित। प्रत्यक्ष का ऐसा विषय जो बिल्कुल निर्णय में न आ सका हो, उसकी सत्ता नहीं है। वस्तुतः ज्ञान-विषयक पदार्थों में प्रस्तुत एवं कल्पनात्मक पक्षों को पृथक् करना कठिन है। यहां पर वैभाषिकों के सिद्धान्त में असंगति प्रतीत होती है, क्योंकि यदि प्रत्यक्ष इतना अनिश्चित है तो हम यह भी कैसे कह सकते हैं कि यह हमें पदार्थों की यथार्थता का ज्ञान देता है। यह हो सकता है कि प्रत्यक्ष के द्वारा हम यथार्थता से टकरा जाएं और यह अनुभव करें कि कोई न कोई यथार्थ वस्तु है। किन्तु उस पदार्थ का स्वरूप निर्णय करने के लिए जिसके सम्पर्क में हम आते हैं, अनुमान की आवश्यकता है।

प्रत्यक्षकारक अथवा उपलब्धि करने वाला विज्ञान है और चेतना (चित्त अथवा मन) का अधिष्ठान स्थायी है। स्मृति एक चित्तधर्म अथवा चित्त का एक गुण है। इन्द्रियों के विषय हैं रूप (वर्ण अथवा आकृति), स्वाद, गन्ध, स्पर्श और शब्द। इन पांच इन्द्रियविषयों के अनुकूल पांच इन्द्रियां दी गई हैं। बाह्य विषयों को ग्रहण करने के पश्चात् इन्द्रियां चित्त अथवा मन को सजग करती हैं एवं विज्ञान अथवा चेतना को उत्तेजित करती हैं। ये इन्द्रियां जो पदार्थ को ग्रहण करती हैं, अपने स्वरूप में भौतिक हैं। प्रत्येक के दो भाग हैं, मुख्य और सहायक। दर्शनेन्द्रिय के विषय में देखने की नाड़ी मुख्य है एवं आंख का गोलक सहायक है। पांच ज्ञानेन्द्रियों और छठे मन के कारण, जो आभ्यन्तर इन्द्रिय है, ज्ञान के छः भेद कहे जाते हैं। छठी इन्द्रिय मन के द्वारा हमें केवल विषय रंगों का ही ज्ञान नहीं होता किन्तु यह भी ज्ञान होता है कि यह रंग है, यह शब्द है इत्यादि। वसुबन्धु के अनुसार, चित्त एवं मन, विज्ञान अथवा विभेदीकरण सब एक ही हैं।[1] विज्ञान अथवा चित्त से भिन्न आत्मा कोई पृथक् सत्ता नहीं है।

इस शाखा के मत से बुद्ध एक साधारण व्यक्ति थे जिन्होंने अपने बुद्धत्व के द्वारा निर्वाण प्राप्त करने एवं मृत्यु के द्वारा अन्तिम निर्णय (महापरिनिर्वाण) प्राप्त करने के पश्चात् अपनी सत्ता को खो दिया। बुद्ध के अन्दर एकमात्र दैवी अंश यह था कि उन्होंने बिना किसी अन्य की सहायता के आन्तरिक दृष्टि द्वारा ही सत्य का ज्ञान प्राप्त किया।

3. सौत्रान्तिक नय

हीनयान-सम्प्रदाय की दूसरी शाखा सौत्रान्तिक है।[2] सौत्रान्तिक लोग बाह्य जगत् की मानसिक

---

1. मन को चित्त कहा जाता है, क्योंकि यह जांच अर्थात् पर्यवेक्षण करता है (चेतति), मन इसलिए है, क्योंकि यह विचार या मनन करता है (मनयते) एवं विज्ञान इसलिए कहा जाता है कि यह परस्पर भेद करता है (विजानते)—अभिधर्मकोष, 2।
2. सौत्रान्तिक परिभाषा की उत्पत्ति के विषय में माधवाचार्य कहते हैं कि "सौत्रान्तिक परिभाषा का उदय इस प्रकार हुआ कि महाभाग बुद्ध ने उन कतिपय शिष्यों को जिन्होंने प्रश्न किया कि सूत्रों का अन्त (लक्ष्य) क्या है, उत्तर में कहा कि सौत्रान्तिक हो जाओ।" (सर्वदर्शनसंग्रह, पृष्ठ 332)। यह भी हो सकता है किं इस शाखा के अनुयायियों का नाम सौत्रान्तिक इसलिए भी पड़ा हो कि ये सुत्तपिटक ही को सर्वमान्य ग्रन्थ मानते हैं जिसमें बुद्ध के संवाद हैं, एवं अन्य दो पिटकों का निषेध करते हैं। सौत्रान्तिक लोग सूत्रों को ही अपना आधार मानते हैं। इनमें भी दो वर्ग हैं, एक वह है जो बुद्ध की वाणी के अतिरिक्त और किसी प्रमाण को मान्य नहीं ठहराता, दूसरा वह जो अन्य प्रमाणों को भी स्वीकार करता है। कुमारलब्ध, जो नागार्जुन का समकालीन था, इस पद्धति→

सत्ता से पृथक् सत्ता में विश्वास करते हैं। भेद केवल इतना है कि हमें उसका सीधा प्रत्यक्ष नहीं होता। हमें मानसिक अनुभव प्राप्त होते हैं जिनके द्वारा हम बाह्य जगत् के पदार्थों की सत्ता का अनुमान करते हैं। बाह्य पदार्थों की सत्ता अवश्य होनी चाहिए क्योंकि साक्षात् ज्ञान का विषय न होने से साक्षात् ज्ञान नहीं उत्पन्न हो सकता।[1]

माधवाचार्य ने अपने सर्वदर्शनसंग्रह नामक ग्रन्थ में उन सब तर्कों का वर्णन किया है जिनके आधार पर सौत्रान्तिक बाह्य जगत् की सत्ता का अनुमान करते हैं : "बोध के लिए अन्तिम रूप किसी न किसी पदार्थ का होना आवश्यक है क्योंकि इसकी अभिव्यक्ति द्वैत के रूप में होती है। "यदि वह पदार्थ जिसकी सिद्धि बोध के द्वारा हुई है, केवलमात्र बोध ही की एक आकृति होती तो उसकी अभिव्यक्ति भी उसी रूप में होती, बाह्यपदार्थ के रूप में न होती।" आधुनिक तर्कशास्त्र संभवतः इस मत को पदार्थनिष्ठता एवं बहिर्भाव के मध्य सम्भ्रम समझे। यदि यह कहा जाय कि आन्तरिक तत्त्व अपने-आपको इस प्रकार से अभिव्यक्त करता है मानो यह कोई बाह्य पदार्थ हो, तो सौत्रान्तिक उत्तर देते हैं कि "यह मत ठहर नहीं सकता, क्योंकि यदि बाह्य पदार्थों की सत्ता न होती तो इस प्रकार के मूलरूप न होने के कारण इस प्रकार की तुलना कि मानो वे बाह्य हैं, अयुक्तिपूर्ण है। कोई भी व्यक्ति जो अपने होश में हो ऐसा कथन कभी न करेगा कि वसुमित्र निःसन्तान मां के पुत्र की तरह दिखाई देता है।"[2] हम विशेष गुणों के द्वारा पदार्थ की सत्ता का अनुमान करते हैं जैसे कि "किसी व्यक्ति के बढ़ते हुए शरीर को देखकर हम अनुमान करते हैं कि उसे पौष्टिक भोजन मिलता होगा, तथा भाषा के द्वारा वक्ता की राष्ट्रीयता का अनुमान कर लेते हैं और मुखाकृति से मनोभाव का अनुमान लगा लेते हैं।"[3] इसके अतिरिक्त "चेतना स्वयं अपने में सर्वत्र एकसमान है और यदि चेतना ही सब कुछ होती तो सारा संसार एक होना चाहिए था। किन्तु कभी नीला है तो कभी लाल है। यह भेद स्वयं पदार्थों के अपने अन्तर्गत भेद के कारण ही है।" चेतनागत आकारों की विविधता यह संकेत करती है कि बाह्य पदार्थों की सत्ता है। इसके अतिरिक्त "वे वस्तुएं जो किसी वस्तु-विशेष के रहते हुए कभी-कभी अपने को अभिव्यक्ति करती हैं, उस वस्तु के अतिरिक्त अन्य किसी पर अवश्य निर्भर करती हैं।" चेतना कभी-कभी अपने को जैसे नीले रंग आदि के रूप में अभिव्यक्त करती है, आगे चलकर "वह पदार्थ का ज्ञान या आलयविज्ञान है, जिसका सम्बन्ध अहं से है। और वह पदार्थ का ज्ञान है, अर्थात् प्रवृत्ति-विज्ञान जो नीले आदि के रूप में अभिव्यक्त होता है।" और अन्त में यह बाह्य जगत् हमारी इच्छा के अनुसार तो सत्ता में प्रकट नहीं होता। इन्द्रियानुभवों के अनैच्छिक स्वरूप की व्याख्या के लिए हमें ऐसे जगत् की यथार्थता को स्वीकार करना आवश्यक है जो शब्द, स्पर्श, रंग, स्वाद, गन्ध, सुख एवं दुःख आदि को उत्पन्न करने में सक्षम हो। इस प्रकार से संसार चेतना के लिए बाह्य है। हमारा विश्वास इसकी सत्ता के विषय में अनुमान के ऊपर आधारित है। हम पूछ सकते हैं कि क्या इसकी सत्ता इस प्रकार निरपेक्षरूप में स्वतः प्रकट है और प्रदर्शित की जा सकती है कि उसमें सन्देह का तनिक भी स्थान न रह जाए? जिस प्रकार डेकार्ट आपत्ति करता है : "क्या ऐसा नहीं हो सकता कि कोई दुष्ट प्रेतात्मा हमारे मन के साथ खिलवाड़ कर रही हो और उसमें ऐसे पदार्थों के विचार जागरित

→का संस्थापक माना जाता है। धर्मोत्तर जो तार्किक था और यशोमित्र जो वसुबन्धु के अभिधर्मकोष नामक ग्रन्थ का टीकाकार था—ये तीनों इसी शाखा के अनुयायी हैं।

1. लॉक का 'एसे', 4 : 4, 3।

2. पृष्ठ 27।

3. पृष्ठ 28।

कराती हो जिनकी यथार्थता कुछ न हो?'' यहां आकर ऐसा प्रतीत होने लगता है कि हम योगाचार के मत में आ गए जिनके अनुसार चेतनागत तात्कालिक पदार्थ जिनके विषय में हमें कुछ निश्चय हो सकता है, हमारे विचार ही हैं, अन्य कुछ नहीं है। कोई भी मिथ्याचारी प्रेतात्मा उनके विषय में हमें धोखा नहीं दे सकती। जहां एक बार विचार एवं सत् की एकता में विच्छेद हो गया और जैसे ही हम आत्मचेतना को संसार की तात्कालिक चेतना से पृथक् करते हैं तो ये दोनों ही अपना जीवन खो बैठती हैं। माध्यमिकों का सिद्धान्त संगतिपूर्वक आत्म एवं अनात्म दोनों ही का निराकरण कर देता है और हमें एक निरपेक्ष एकता की ओर ले जाता है जोकि आत्मा एवं अनात्म के भेद से परे है।

यह मानते हुए भी कि बिना बाह्य पदार्थों की सत्ता के पदार्थों का इन्द्रियजन्य प्रत्यक्ष नहीं हो सकता, सौत्रान्तिकों का कहना है कि ये बाह्य पदार्थ क्षणभंगुर हैं। सब वस्तुएं क्षणभंगुर हैं।[1] यदि वे पदार्थ जो चेतना की आकृतियों का निर्णय करते हैं, केवल क्षणिक ही हैं तो हमें स्थायी पदार्थों का भ्रम कहां से और कैसे होता है? ''पदार्थ की आकृतियां एक के बाद दूसरी हमारे बोध में प्रवेश करती हैं; युगपदता की भ्रान्ति इस प्रक्रिया की शीघ्रता के कारण होती है, ठीक उसी प्रकार जैसे कि एक बाण एक फूल की आठों पंखड़ियों के अन्दर से एक ही समय में गुज़र जाता है, अथवा जलती हुई मशाल घुमाने पर चक्कर-सा बांध देती है।'' सौत्रान्तिक लोग परिकल्पित द्वैतवादी हैं, अथवा हैमिल्टन की परिभाषा में, सर्वेश्वरवादपरक आदर्शवादी एक स्वतन्त्र जगत् के तात्कालिक ज्ञान का निषेध करते हैं किन्तु स्वतन्त्र जगत् की यथार्थता को स्वीकार करते हैं जिससे हमारे प्रत्यक्ष इन्द्रियजन्य ज्ञान एवं प्रतिकृतियों की व्याख्या सम्भव हो सके। चेतना के द्वारा प्रस्तुत होने से पदार्थों का बोध होता है। इसमें सन्देह नहीं कि जहां तक मनावैज्ञानिक तथ्य का सम्बन्ध है, वैभाषिक उत्कृष्टतर भूमि पर है। जब हम देखते हैं कि सौत्रान्तिक का कहना है कि हमारे आगे एक विचार प्रस्तुत होता है। एक सीधा-साधा व्यक्ति, जिसका मन मनोवैज्ञानिक अध्ययन से दूषित नहीं हुआ है, वैभाषिक के कथन की पुष्टि करते हुए कहता है कि वह वृक्ष को देखता है, न कि किसी विचार को जिससे वृक्ष का अनुमान किया जाए। एक अनुभव करने वाले सरल व्यक्ति के मन में मनोवैज्ञानिक विश्लेषण के निष्कर्षों को घुसाना मनोवैज्ञानिक का हेत्वाभासरूप कर्म है। एक व्यक्ति वृक्ष को देखता है और वह वृक्ष वह स्वयं नहीं है। यह कहना कि उसे एक विचार का बोध होता है जिसका सम्बन्ध वह आगे चलकर बाह्य पदार्थ के साथ जोड़ता है, यह सीधे-सादे तथ्यों को मोड़ना तोड़ना है। आधुनिक मनोविज्ञान वैभाषिकों के इस सिद्धान्त का समर्थन करता है कि प्रत्यक्ष ज्ञान चेतना का ही एक ऐसा कर्म है जो विद्यमान अमानसिक भौतिक पदार्थ के साथ सम्बन्ध रखता है।

धर्मोत्तर अपनी 'न्यायबिन्दु टीका' में, जो धर्मकीर्ति के 'न्यायबिन्दु' पर की गई टीका है, सम्यक् ज्ञान को मनुष्य की प्रत्येक इच्छा की पूर्ति का एकमात्र साधन मानता है। जबकि निष्कर्ष की यथार्थता पदार्थों की अनुकूलता में है, यथार्थता की कसौटी सफल चेष्टा में है। समस्त ज्ञान प्रयोजन को लेकर है। यह एक विचार को लेकर चलता है और उस इच्छा की पूर्ति में, जिसे इससे प्रेरणा मिली है, जाकर अन्त होता है। चूंकि प्रत्यक्ष ज्ञान एवं अनुमान दोनों ही हमें अपनी इच्छा की सिद्धि में सहायता करते हैं, वे दोनों ही ज्ञान के निर्दोष प्रकार हैं। केवल प्रत्यक्ष ज्ञान में ही इन्द्रिय के साथ सीधा सन्निकर्ष होता है, जबकि अनुमान में यह सम्बन्ध लिंग अथवा हेतु के माध्यम के द्वारा होता है। स्वप्न एवं भ्रांतियां दूषित (अशुद्ध)

---

1. सर्वसिद्धांतसारसंग्रह, 3 : 3, 16।

ज्ञान के दृष्टान्त हैं।

बाह्य जगत् की यथार्थता को स्वीकार करते हुए सौत्रान्तिक ज्ञान की प्रक्रिया की व्याख्या करना प्रारम्भ करता है। चार अवस्थाओं के आधार पर ज्ञान की उत्पत्ति होती है, और वे इस प्रकार हैं : (1) सामग्री अथवा आलम्बन, (2) सुझाव अथवा समानान्तर, (3) माध्यम और सहकारी और (4) प्रमुख इन्द्रिय अथवा अधिपतिरूप। "नीले रंग की सामग्री से नीलवर्ण आकृति का बोध उत्पन्न होता है और इस अभिव्यक्ति को ज्ञान अथवा बोध कहा जाता है। सुझाव से पुराने ज्ञान की पुनरावृत्ति होती है। इस या उस पदार्थ के ज्ञान के मार्ग में बाधा प्रकाशरूपी माध्यम के द्वारा उत्पन्न होती है, जो एक अवस्था है और दूसरी प्रमुख इन्द्रिय है।"[1] धर्मकीर्ति अपने 'न्यायबिन्दु' नामक ग्रन्थ में प्रत्यक्ष ज्ञान की परिभाषा करता है कि यह केवल पदार्थ के द्वारा ही निर्णीत अनुभव है जो सब प्रकार की मानसिक कल्पनाओं से सर्वथा स्वतन्त्र है। स्पष्ट है कि यह निर्विकल्प ज्ञान है क्योंकि सविकल्प ज्ञान में, मन की भावनापरक क्रियाशीलता भी सम्मिलित रहती है। धर्मकीर्ति की सम्मति में नाम एवं सम्बन्ध मन के ही द्वारा प्रस्थापित किए जाते हैं जबकि इन्द्रियां, यदि वे स्वयं किन्हीं ऐन्द्रिय अथवा विजातीय कारणों से विपरीत क्रिया न करने लगें तो, पदार्थों का यथार्थरूप में निरूपण करती हैं। यह विशुद्ध प्रत्यक्ष ज्ञान सब प्रकार की भावरूपक क्रियाशीलता के अवशेषों से स्वतन्त्र हमें पदार्श के अपने स्वरूप (स्वलक्षण) की उपलब्धि कराता है। निस्सन्देह हमें अपने वास्तविक प्रत्यक्ष ज्ञानों में जो किसी भी प्रकार विशुद्ध नहीं हो सकते, यह निर्णय करना कठिन है कि उनमें पदार्थ एवं मन की पृथक्-पृथक् देन का कितना अंश सम्मिलित है।

सौत्रान्तिकों ने बहुत थोड़े भेद के साथ वैभाषिकों की आणविक कल्पना को स्वीकार किया है। क्योंकि सौत्रान्तिकों की दृष्टि में आकाश का वही स्थान है जो परम-अणु का है क्योंकि दोनों ही भावमात्र हैं, इससे अधिक कुछ नहीं।[2]

वैभाषिकों एवं माध्यमिकों के विरोध में सौत्रान्तिक लोगों का मत है कि विचार स्वयं अपने को सोच सकता है और यह कि हमें स्वयं चेतना भी हो सकती है।[3] यद्यपि उंगली का अगला सिरा स्वयं अपने को नहीं छू सकता किन्तु एक दीपक स्वयं भी जलता है एवं दूसरे को भी जलाता है।[4] यह कल्पना यथार्थवाद के सर्वथा अनुकूल है।

सौत्रान्तिक यशोमित्र, जो वसुबन्धु के अभिधर्मकोष का टीकाकार भी है, ईश्वर की यथार्थता के प्रदिपादन के सम्बन्ध में इस प्रकार का तर्क करता है : "प्राणियों की सृष्टि न तो ईश्वर से होती है, न पुरुष (आत्मा) के द्वारा और न ही प्रधान (प्रकृति) के द्वारा होती है। यदि ईश्वर एकमात्र कारण होता, वह ईश्वर भले ही महादेव अथवा वासुदेव या अन्य ही कोई क्यों न हो अर्थात् चाहे आत्मा या प्रकृति ही क्यों न हो, तो इस साधारण सत्य के अनुसार आदिम कारण की विद्यमानता से समस्त जगत् को एकसाथ और एक ही समय में कार्यरूप में आ जाना चाहिए था। क्योंकि यह नहीं माना जा सकता कि कारण के रहने पर कार्य न हो। किन्तु हम देखते हैं कि सब प्राणी एकसाथ संसार में नहीं आते बल्कि क्रमशः आते हैं, कई एक गर्भ में रहकर आते हैं तो दूसरे कलियों के रूप में आते हैं। इसलिए हम इस परिणाम पर पहुंचने को बाध्य होते हैं कि कारणों की शृंखला है एवं ईश्वर ही एकमात्र कारण नहीं है। किन्तु यह आपत्ति की जाती है कि कारणों की विभिन्नता देवता की इच्छाशक्ति के कारण है अर्थात् वह नियमन करता है कि "अब अमुक-अमुक प्राणी उत्पन्न

---

1. सर्वदर्शनसंग्रह, पृष्ठ 30।
2. सर्वसिद्धान्तसारसंग्रह, 3 : 3-5।
3. स्वसंवित्ति।
4. बोधिचर्यावतार, 9 : 15।

हों और अब अन्य प्राणी इस-इस प्रकार से जन्म लें, आदि।" प्राणियों के प्रादुर्भाव की व्याख्या इसी प्रकार से की जा सकती है और यह सिद्ध हो गया कि ईश्वर ही उन सबका कारण है। इसके उत्तर में हमारा कहना यह है कि ईश्वर में भिन्न-भिन्न इच्छाशक्ति के कार्यों के स्वीकार करने का तात्पर्य हुआ कारणों की अनेकता को स्वीकार करना, और इस प्रकार की स्वीकृति से प्रथम कल्पना का ही स्वयं व्याघात हो जाता है कि एक आदिम कारण है। इसके अतिरिक्त यह कारणों का बाहुल्य भी उत्पन्न हुआ नहीं माना जा सकता जब तक कि इसे एक ही समय में उत्पन्न हुआ न माना जाए, क्योंकि वह ईश्वर जो इच्छा-शक्ति के उन भिन्न-भिन्न कर्मों का उद्गमस्थान है जिनसे नानाविध कारण उत्पन्न हुए, स्वयं एक है और अखण्ड है। शाक्य के पुत्रों का मत हैं कि संसार के विकास का कोई भी प्रारम्भ नहीं है, अर्थात् यह अनादि है।[1]

4. योगाचार नय

आर्यासङ्ग अथवा असङ्ग एवं उसके छोटे भाई वसुबन्धु ने जो, दिङ्नाग का गुरु था, मिलकर विज्ञानवाद, या योगाचार के आदर्शवादपरक मत की स्थापना की।[2]

---

1. नरीमैन के 'लिटरेरी हिस्ट्री आफ संस्कृत बुद्धिज़्म' के पृष्ठ 284-85 पर उद्धृत।
2. प्रारम्भ में सर्वास्तिवाद सम्प्रदाय का एक अनुयायी असंग-योगाचार के सिद्धान्त का प्रधान व्याख्याकार हुआ। वह अपने सिद्धान्त की व्याख्या स्वरचित योगाचार भूमिशास्त्र, महायान सूत्रालंकार नामक ग्रन्थ में करता है। इस ग्रन्थ में भिन्न-भिन्न छन्दों में स्मारक श्लोक एवं उनके ऊपर ग्रन्थकार की ही अपनी टीका है। कहा जाता है कि वसुबन्धु चौथी शताब्दी के अन्तिम भाग में हुआ। ताकाकूसू एवं जैकोबी उसे पांचवीं शताब्दी के अन्तिम भाग में हुआ बतलाते हैं। एक अन्य सम्मति के अनुसार, वह ईसा के लगभग 300 वर्ष पश्चात् हुआ। वसुबन्धु का शिष्य गुणप्रभ कन्नौज के राजा श्री हर्ष का गुरु था और युआन च्वांग नामक चीनी यात्री का मित्र था। यह तथ्य जैकोबी की सम्मति के अनुकूल पड़ता है अर्थात् वसुबन्धु पांचवीं शताब्दी के द्वितीयार्ध में हुआ। वसुबन्धु अपनी प्रगाढ़ विद्वता एवं विचार की प्रतिकूलता के लिए प्रसिद्ध है। हीनयान-सम्प्रदाय के ग्रंथ 'अभिधर्मकोष' का रचयिता यही वसुबन्धु है। अपने जीवन के पिछले भाग में उसके भाई असंग ने उसे महायान-सिद्धान्त का अनुयायी बना लिया और उसने महायान के सम्बन्ध में अनेक टीकाएं लिखीं। अश्वघोष भी योगाचार शाखा का ही एक अनुयायी है। उसका मुख्य ग्रंथ है महायानश्रद्धोत्पाद' अर्थात् महायान के प्रति श्रद्धा की जागृति जिसका अनुवाद सुजूकी ने अपनी 'ओपन कोर्ट' ग्रन्थमाला में किया है। किन्तु अश्वघोष के इस ग्रन्थ में रचयिता होने में सन्देह भी हो सकता है। वह पूर्वी भारत का एक ब्राह्मण था जोकि ईसा के पश्चात् की पहली शताब्दी में विद्यमान था। कहा जाता है कि वह प्रसिद्ध कुषाण-सम्राट कनिष्क का धार्मिक गुरु था। (कनिष्क के काल विषय में कई मत हैं। कुछ विद्वान यथा बौयर, ओल्डबर्ग एवं हरप्रसाद शास्त्री इसे ईसा के पश्चात् की पहली शताब्दी में रखते हैं। सर. आर. जी. भण्डारकर की सम्मति है कि कनिष्क ईसा के पश्चात् की तीसरी शताब्दी में हुआ। 'जर्नल ऑफ द रायल एशियाटिक सोसाइटी', बम्बई शाखा, खण्ड 20)। अश्वघोष ही बुद्धचरित्र का भी रचयिता है। लंकावतारसूत्र में बुद्ध के लंका में जाकर रावण से मिलने का वर्णन है जिसने कितने ही प्रश्नों का उत्तर योगाचार-सिद्धान्त के अनुसार दिया। इस शाखा की यह एक महत्त्वपूर्ण कथावस्तु है, यद्यपि माध्यमिक शाखा के सिद्धान्तों का भी इसमें अभाव नहीं है। 'अभिसमयालंकारालोक' एवं 'बोधिसत्त्वभूमि' उसी शाखा के अन्य ग्रन्थ हैं। इस धार्मिक सम्प्रदाय के प्रसिद्ध विचारकों में नन्द, दिङ्नाग, धर्मपाल, और शीलभद्र का नाम लिया जा सकता है। इनमें से अन्तिम अर्थात् शीलभद्र नालन्दा विश्वविद्यालय में प्राध्यापक था जिससे चीनी यात्री युवांग च्वांग ने बौद्धदर्शन का ज्ञान प्राप्त किया था। दिङ्नाग, जो न्यायबिन्दु, सुभाषितसंग्रह एवं प्रमाण-समुच्चय का रचयिता है, दक्षिणभारत का एक दार्शनिक एवं असंग अथवा वसुबन्धु →

इस शाखा को योगाचार का नाम इसलिए दिया गया है कि यह घोषणा करती है कि परम (निरपेक्ष) सत्य अथवा बोधि, जो बुद्धों के अन्दर प्रकट होती है, केवल योगक्रिया द्वारा ही प्राप्त की जा सकती है, अन्यथा नहीं। योगाचारसंज्ञा दर्शनशास्त्र के क्रियात्मक पक्ष का निरूपण करती है जबकि विज्ञानवाद इसके कल्पनात्मक विशेषत्व का निरूपण करता है। आलोचनात्मक विश्लेषण के सिद्धान्त का प्रयोग केवल व्यक्तिगत अहं एवं भौतिक पदार्थों तक ही सीमित नहीं है किन्तु धर्मों अर्थात् वस्तुओं के घटक अवयवों पर भी लागू होता है और इस प्रकार एक ऐसे आदर्शवाद का विकास होता है जो समस्त यथार्थता को केवल विचार-सम्बन्धों के रूप में ही परिणत कर देता है।

सौत्रान्तिकों द्वारा अभिमत प्रत्यक्ष ज्ञान-सम्बन्धी प्रतिनिधि सिद्धान्त स्वभावतः हमें योगाचार के विषयी विज्ञानवाद (अथवा ज्ञान सापेक्षतावाद) की ओर ले जाता है। हमारी ज्ञान-विषयक सामग्री एक प्रकार का अव्यवस्थित मिश्रण है जो हमें बाहर से प्राप्त होता है और उन वस्तुओं से मिलता है जो विद्यमान हैं। वे वस्तुएं क्या हैं, इसका हमें ज्ञान नहीं। यदि हमारे प्रमेय पदार्थ केवलमात्र हमारे मानसिक विचार ही हैं; जिनका स्वरूप प्रतिनिधि रूपक है, क्योंकि उनका उल्लेख ऐसे पदार्थों से है जो उनसे भी परे हैं और जिन्हें उन वस्तुओं की प्रतिकृति अथवा कार्य समझा जाता है जो विचार करने वाले प्रमाता (विषयी) से भिन्न हैं, तो उनके स्वरूप को पूर्णरूप से जानना कठिन है। कहा जाता है कि वे अपने से परे किसी के प्रतीक हैं। यदि हम अनुल्लिखित विचारों को लेकर आगे बढ़ें तो पीछे से उनका सम्बन्ध पदार्थों के साथ यथार्थ नहीं भी हो सकता। बाह्य जगत् की सत्ता एक मिथ्या धारणा है। और यदि है भी तो कभी जाना नहीं जा सकता। हम परदे के पीछे झांककर कभी न जान सकेंगे कि विचारों का कारण क्या है। "हमारी इन्द्रियां गवाही नहीं देतीं किन्तु फिर भी हमारे पास कुछ विचार अवश्य हैं और यदि हम साक्ष्य के आधार पर ऐसे निष्कर्ष निकालेंगे जिन्हें तर्कवाक्य का समर्थन प्राप्त न हो तो हम अपने को धोखा देते हैं।"[1] जब सौत्रान्तिक यह मत प्रकट करता है कि हमारे पास विचार हैं और उसके द्वारा हम वस्तुओं की सत्ता का अनुमान करते हैं तब यह स्पष्ट है कि यदि बाह्य पदार्थ हैं भी तो हम उन्हें नहीं जान सकते और यदि वे नहीं हैं तो भी हम इतना तो ही सोच सकते हैं कि मानो वे हैं।[2] यदि विचारों का कारण होना आवश्यक है तो वह कारण आवश्यक नहीं कि बाह्य जगत् ही हो। ऐसे विचारों के सम्बन्ध में भी जो स्वेच्छापूर्वक उत्पन्न नहीं किए जा सकते, हम जो कुछ कह सकते हैं वह यही है कि कुछ न कुछ कारण अवश्य होना चाहिए। सौत्रान्तिक ज्ञान-विषयक अपने प्रतिनिधि सिद्धान्त के परिणामों का सामना नहीं कर सकता, क्योंकि वह शुरू ही करता है दो पदार्थों की धारणा से।

योगाचार का कार्य बर्कले के समान सौत्रान्तिक की अज्ञात परम प्रकृति के निराधार एवं परस्पर-विरोधी स्वरूप की निस्सारता दिखाना है, एवं हमें इस विषय के लिए प्रेरणा प्रदान

→का शिष्य था। कुछ एक विद्वान् दिङ्नाग को गुणप्रभ का समकालीन और ईसा के पश्चात् 520 से 600 वर्ष तक की अवधि में विद्यमान मानते हैं। यह असम्भव नहीं है कि कालिदास ने अपने मेघदूत में इसी दिङ्नाग का उल्लेख किया हो और वह यदि यही दिङ्नाग है, तो वह कालिदास के समय में रहा होगा। कालिदास के शब्द ये हैं : "अद्रेः शृंगे हरत्रि—दिङ्नागानां पथि परिहरन् स्थूलहस्तावलेपन्।"। सुगुइटा का कहना है कि दिङ्नाग आंध्रदेश का निवासी था। देखिए उनकी पुस्तक, 'हिन्दू लॉजिक ऐज प्रिज़र्व्ड इन चाइना एण्ड जापान', पृष्ठ 33।

1. रीड—'वर्क्स, पृष्ठ 286।
2. बर्कले—'प्रिंसिपल्स आफ ह्यूमन नॉलेज', विभाग 7।

करना है कि हम बाह्य सत्ता-विषयक सब प्रकार के विचारों को त्याग दें। भौतिक तत्त्व को समस्त विचारों का कारण मानने का हमें कोई अधिकार नहीं है। प्रकृति स्वयं एक विचार है और इससे अधिक कुछ नहीं। वस्तुएं संवेदनाओं का समुदाय हैं। ज्ञान के विषय (प्रमेय) या तो वे विचार हैं जिनकी वास्तविक छाप इन्द्रिय के ऊपर पड़ती है। या वे हैं जिनका अनुभव वासनाओं पर ध्यान देने किंवा मन के व्यापार द्वारा होता है। चेतना से स्वतन्त्र बाह्य पदार्थ बुद्धिग्राह्य नहीं है। योगाचार लोग प्रश्न करते हैं कि "क्या बाह्य पदार्थ, जिसका हमें बोध होता है, किसी सत्ता से उत्पन्न होता है? यह किसी सत्ता से उत्पन्न नहीं होता, क्योंकि जो पदार्थ उत्पन्न होता है वह स्थायी नहीं होता, और यह भी नहीं कि यह किसी सत्ता से उत्पन्न न होता हो क्योंकि जो सदूरूप में नहीं आया उसकी सत्ता नहीं।"[1] फिर, "क्या बाह्य पदार्थ एक सरल या अमिश्रित अणु है अथवा एक संयुक्त पदार्थ? यह संयुक्त पदार्थ नहीं हो सकता क्योंकि हम नहीं जानते कि जिसका हमें बोध होता है वह एक अंशमात्र है अथवा अपने में पूर्ण इकाई है। यह एक अणु नहीं हो सकता क्योंकि यह इन्द्रियों से परे है।" हमें अणुओं का बोध नहीं हो सकता और एकत्रीभूत अणुओं के विषय में हम यह नहीं कह सकते कि वे एकत्रीभूत पुंज अणुओं से भिन्न हैं या नहीं। यदि वे अणुओं से भिन्न हैं तो उन्हें अणुओं से निर्मित हुआ नहीं समझ सकते। यदि वे अणुओं से भिन्न न होकर अणुओं के ही समान होता है तो वे ठोस (मूर्तरूप) पदार्थों के मानसिक अनुभवों के कारण नहीं हो सकते। इसके अतिरिक्त यदि पदार्थ क्षणिक हैं तब वे केवल क्षणमात्र के लिए रहते हैं और ज्ञान जो कार्यरूप है, तभी उत्पन्न हो सकता है जबकि कारण का विलोप हो जाएगा। इस प्रकार यह कभी उत्पन्न ही न हो सकेगा। बोध के क्षण में पदार्थ नष्ट हो चुका होगा। इसका तात्पर्य यह हुआ कि पदार्थ के प्रत्यक्ष ज्ञान के लिए हमारे पास पदार्थ नहीं भी हो सकता। यदि प्रमेय पदार्थों की सत्ता हो भी तो भी वे विचारों के द्वारा ही ज्ञान के विषय बनते हैं, और जो पदार्थों की आकृति धारणा कर लेते हैं। चूंकि आवश्यकता हमें विचारों की ही है, इसलिए बाह्य पदार्थों की आकृति धारणा करने की कोई आवश्यकता नहीं। चूंकि हमें विचारों और वस्तुओं का ज्ञान एकसाथ होता है, इसलिए दोनों एक-दूसरे से भिन्न हैं। सभी गुण—जिनका हमें ज्ञान होता है, यथा लम्बाई, आकार, स्वाद आदि—विषयीनिष्ठ हैं। हमसे पृथक् पदार्थों की स्वतंत्र सत्ता नहीं है और जब हम इनके विषय में कुछ कहते हैं तो हम शब्दमात्र का ही प्रयोग करते हैं। बाह्य पदार्थ असद्रूप हैं। हमारे आसपास जो प्रतीयमान घटनाएं हैं वे मन की आन्तरिक क्रियाओं के ही परिणाम हैं। वे तेज़ी के साथ गायब हो जाने वाले बादलों के समान प्रकट होती हैं और नष्ट हो जाती हैं। तथाकथित बाह्य वस्तुएं नक्षत्र और ग्रह वस्तुतः सब मानसिक अनुभवमात्र हैं जो एक स्थिर व्यवस्था में उदित होते हैं जिसके ऊपर किसी न किसी प्रकार से निर्भर किया जा सकता है।[2] हम बाह्य प्रकृति का अध्ययन करते हैं किन्तु वह वस्तुतः हमारे मन में ही विद्यमान है। यदि हम प्रश्न उठाते हैं कि फिर विचारों में वास्तविक नानात्व क्यों है तो योगाचार कहता है कि पूर्वविचारों के जो प्रभाव रह गए हैं वही नानात्व का कारण हैं। हमारे स्वप्नगत अनुभव ऐसे विचारों से परिपूर्ण हैं जिनका उदय पूर्व के मानसिक प्रभावों से होता है। जबकि बाह्य पदार्थ वहां कहीं भी नहीं होते। इसी प्रकार से जागरित अवस्था

1. सर्वदर्शनसंग्रह, पृष्ठ 24।
2. तुलना कीजिए, आइन्स्टीन का सापेक्षता का सिद्धान्त, जिसके अनुसार लम्बाई भी डण्डे का नितान्त गुण नहीं है किन्तु वह सापेक्ष वेग (द्रुतगति), डण्डे की स्थिति एवं द्रष्टा के ऊपर निर्भर करती है।

के अनुभवों की भी व्याख्या की जा सकती है।[1] समस्त धर्म अथवा वस्तुएं एवं उनके गुण चेतना के घटक अवयव हैं। हमारी चेतना अपने दो कार्यों–अर्थात् ख्याति अथवा प्रत्यक्ष ज्ञान, एवं वस्तुप्रतिविकल्प अथवा उसकी व्याख्या–से आनुभाविक जगत् का विकास करती है। योगाचार लोग चेतना की क्रियाशीलता का कारण उसके अन्दर कार्य करती हुई अनादिकाल से वर्तमान सहज प्रवृत्तियों को बताते हैं।[2]

योगाचारी विज्ञानवाद के समर्थक हैं। विज्ञान अथवा चेतना के अतिरिक्त अन्य सब पदार्थों की सत्ता का वे निषेध करते हैं। 'सर्वबुद्धिमयं जगत्' समस्त संसार आदर्शमय (अर्थात् विचारों का बना हुआ) है। प्राकृतिक जगत् के विषय में जो बाहर कहा जाता है, भले की हम जो कुछ भी कहें, आन्तरिक अनुभव से किसी अवस्था में निषेध नहीं किया जा सकता। हमारा ज्ञान भले ही प्राकृतिक सत्यों का लेखा न हो किन्तु इसकी सत्ता का कोई निषेध नहीं कर सकता। ज्ञान का अस्तित्व है। इसकी उपस्थित गुप्त है। प्राचीन बौद्ध-दर्शन इस सिद्धान्त का समर्थन करता है जिसके अनुसार जो कुछ भी होता है, विचार ही का परिणाम है एवं विचार ही से बना है। "हम जो कुछ भी हैं, अपने विचारों के परिणामस्वरूप हैं, इस सबका आधार हमारे विचार हैं और विचारों से ही सब कुछ बना है। मनुष्य की मृत्यु के पश्चात् भी जो मनोदेह-विषयक आंगिक संघटन (साइकोफिज़िकल ऑरगैनिज़्म) विद्यमान रह जाता है, कहा जाता है कि चेतना की पुनरुत्पत्ति द्वारा ही उसका निर्माण मातृगर्भ में होता है। चूंकि योगाचारी बाह्य पदार्थों पर चेतना की निर्भरता स्वीकार नहीं करते और कहते हैं कि यह स्वतः विद्यमान है, उनके मत को निरालम्बनवाद की संज्ञा दी गई है। धर्मों का पारस्परिक भेद भौतिक एवं मानसिक रूप में भी स्वतः ही लुप्त हो जाता है, क्योंकि सभी धर्म मानसिक अस्तित्व रखते हैं।

जब माध्यमिक तर्क करता है कि विज्ञान भी अयथार्थ है, क्योंकि बिना पदार्थ के हमें यह चेतना नहीं हो सकती जिसका ज्ञान हमें हो, तो उत्तर में योगाचारी कहता है : "यदि सब शून्य (अभावात्मक) है, तब अभाव ही सत्य का मापदण्ड (मूलतत्त्व) हो जाता है और फिर माध्यमिक को अन्यों के साथ विभिन्न दिशा में विचार-सम्बन्धी वाद-विवाद करने का कोई अधिकार नहीं रह जाता। ऐसा व्यक्ति जो अभाव को ही यथार्थ मानता हो, न तो अपनी ही स्थापना को सिद्ध कर सकता है और न अपने प्रतिपक्षी की स्थापना को काट सकता है।"[3] जब माध्यमिक सब वस्तुओं को शून्य ही समझता है, तब विशिष्ट गुणों की अनुपस्थिति

---

1. दिङ्नाग के तर्क के अनुसार सत्ता का अर्थ है–कार्य-सम्पादन की क्षमता अर्थात् अर्थक्रियाकारित्व। बाह्य वस्तुएं यथार्थ नहीं है। एक स्थायी वस्तु निष्क्रय होती है। क्या जिस क्षण में यह अपना वर्तमान कार्य कर रही होती है, इसके अन्दर अपने भूत एवं भविष्यत् को सम्पादन करने की क्षमता विद्यमान होती है? यदि होती है तो यह उन सबको एकसाथ सम्पादन कर दे। क्योंकि साधारणतः यदि कार्य करने की क्षमता वस्तुविशेष के अन्दर है तो वह उसे अन्य समय के लिए टालती नहीं है। यदि ऐसा न हो तो यह कभी उनका सम्पादन न करेगी। जैसेकि एक पत्थर जो अभी एक पक्षी को नहीं उत्पन्न नहीं कर सकता, आगे भी कभी नहीं करेगा। यदि यह कहा जाए कि स्थायी वस्तु अमुक प्रकार के कार्य को उत्पन्न करती है, अन्य अवयवों (घटकों) के सहयोग से, तब यदि वे अवयव बाह्य हैं तो वे अवयव सक्रिय हुए; यदि वे स्थायी वस्तुओं को नई शक्ति प्रदान करते हैं तब पहला प्राणी जिसमें यह क्षमता नहीं थी, नष्ट हो गया और उसके स्थान पर नया प्राणी जिसमें यह क्षमता है, उत्पन्न हो गया। स्थायी वस्तुओं में जो अपने अनुरूप हैं, निरन्तर क्रियाशीलता का गुण बताना कठिन है। इसलिए ये सब क्षणभंगुर है।
2. देखिए लंकावतारसूत्र।
3. सर्वसिद्धान्तसारसंग्रह, 3 : 3-4।

भी कुछ वस्तुओं का संकेत कर देती है। इसे बोधिसत्त्वभूमि नामक ग्रन्थ से इस प्रकार प्रतिपादित किया गया है 'शून्य' की प्रस्थापना को युक्तियुक्त सिद्ध करने के लिए हमें पहले उस पदार्थ की सत्ता स्वीकार करनी चाहिए जिसका अभाव बतलाया जाए और तब उसके अभाव के बारे में कहा जा सकता है कि जिसकी अनुपस्थिति के कारण ही यहां शून्यता प्रकट हुई है, किन्तु यदि दोनों में से एक भी नहीं है तो फिर शून्यता कैसे हो सकती है? रस्सी में सांप के भाव का हम अनुचित रूप में आरोप करते हैं, रस्सी तो विद्यमान है, सांप नहीं है। इसलिए रस्सी सांप से रहित (शून्य) है। इसी प्रकार से वह गुण एवं विशेषताएं यथा आकृति इत्यादि जो साधारणतः वस्तुओं के विषय में वर्णन किए जाते हैं, नहीं भी विद्यमान रह सकते। यद्यपि वर्णन करने योग्य गुण न भी विद्यमान हों, अधिष्ठान अवश्य विद्यमान रहता है। ज्ञान एवं ज्ञेय का परस्पर भेद किसी सत् वस्तु पर आधारित है। स्वप्न की उपमा का प्रयोग इस स्थिति के दृष्टान्त को समझाने के लिए किया जाता है। कहा जाता है कि स्वप्न में जो वस्तुएं दिखाई देती हैं, वे दृश्य वस्तुओं से स्वतन्त्र (असम्बद्ध) है। स्वप्न में हमें जो हाथी दिखाई देते हैं वे विद्यमान नहीं होते। वे मन की उपज हैं, जिन्हें भूल से उद्देश्य अथवा लक्ष्यबिन्दु बना दिया जाता है। हाथी की आकृति का ग्रहण विचार ने कर लिया—उस वासना (अनुभव) के प्रभाव से जो चाक्षुष ज्ञान ने छोड़ा है। यह ज्ञान भी कि हम एक हाथी का स्पर्श करते हैं, विचार की ही एक धारणा है। चूंकि वस्तुतः ज्ञेय कुछ नहीं है, ज्ञान भी वस्तुतः नहीं है विचार के बाहर प्रकृति अथवा रूप कोई वस्तु नहीं है तो भी इन सब कल्पनात्मक वस्तुओं का कुछ न कुछ अधिष्ठान अवश्य होना चाहिए और वह अधिष्ठान योगाचार के अनुसार विज्ञान है।

योगाचारी स्पष्टरूप में आदर्शवादी हैं। उनके मत में जो कुछ है वह एक समान रूप विज्ञान है जो अमूर्त भावरूप न होकर एक ठोस (मूर्तरूप) यथार्थसत्ता है। विचार करने वाला प्राणी इसकी सत्ता एवं विषयी के अस्तित्व से पदार्थों को जानकर ही अभिज्ञ होता है। सत्य घटनाओं की समस्त पद्धति व्यक्तिगत चेतना के अन्दर विद्यमान रहती है। 'आलय' विषयी एवं विषय सम्बन्धी अपने आन्तरिक द्वैत के साथ स्वयं में एक लघु संसार बन जाता है। और यह अपने ही परिवर्तनों की परिधि के अन्दर सीमित रहता है। यथार्थ जगत् अपने स्वातन्त्र्य को खो बैठता है और केवल विचारों अथवा विचार-सम्बन्धों का ही एक खेलमात्र रह जाता है। आलय, जो चेतना का निरन्तर परिवर्तित होता हुआ प्रवाह है, आत्मा के विपरीत है जोकि निर्विकार है, यद्यपि योगाचारी आलय के सही-सही महत्त्व के विषय में स्वयं भी कोई स्पष्ट विचार प्रस्तुत नहीं करते। कहीं-कहीं आलय का वास्तविक आत्मा के रूप में वर्णन किया गया है जो सदा विकसित होता और बढ़ता रहता है।[1] यह अनुभवों को ग्रहण करता है और अपने अन्दर कर्म अथवा अनुभव द्वारा निहित बीजांकुरों का विकास करता है और इस प्रकार निरन्तर क्रियाशील है। यह केवलमात्र सामान्य आत्मा ही नहीं है किन्तु चेतना का एक बृहद् आगार है जिसकी खोज योगी पुरुष समाधि में लीन होकर करते हैं। ध्यान एवं आत्मनिरीक्षण की ऐसी ही अन्यान्य प्रक्रियाओं के द्वारा हमें अनुभव होता है कि हमारी जागरित अवस्था अथवा सामान्य चेतना विस्तृततर पूर्णता का केवल एक अंशमात्र है। प्रत्येक व्यक्ति अपने अन्दर इस महान विस्तृत चेतना को धारण किए हुए है जो एक ऐसा महान

---

1. तुलना कीजिए, जेण्टाइल के नवीन आदर्शवाद की विचार के ऊपर अपने आग्रह एवं यथार्थता के ऐतिहासिक स्वरूप के साथ।

जलाशय है जिसमें निहित सामग्री के विषय में स्वयंचेतन आत्मा भी पूर्णरूप से अभिज्ञ नहीं है।[1] हमारी वैयक्तिक चेतना को भी हमारी सम्पूर्ण चेतनावस्थाओं अर्थात् आलय-विज्ञान का केवलमात्र बहुत छोटे अंश का ही ज्ञान होता है। ऐसे संकेत पाये जाते हैं कि आलय-विज्ञान का प्रयोग निरपेक्ष आत्मा के अर्थों में होता था। इसे अनादि, एवं स्थिति तथा विलोप से रहित अर्थात् 'उत्पादस्थितिभंगवर्जम्' कहा जाता है।[2] यह मनोभावों एवं विचारों के अनन्त प्रकारों की स्थायी पृष्ठभूमि है जो सब सत्त्वों के लिए एक समान है। यह एकमात्र सत् है, वैयक्तिक एवं बौद्धिक उपज केवलमात्र प्रतीति एवं आलय के ही भिन्न-भिन्न रूप हैं। संसार के अस्तित्व के सम्बन्ध में जो मिथ्या धारणा है उसका एकमात्र आधार भी यही है। विश्व की सब वस्तुएं इसके अन्दर हैं। विशेष घटनाएं आलय की ही अभिव्यक्तियां हैं जिनका निर्माण अवस्थाओं की संख्या एवं स्वरूप के अनुसार होता है। हम अपने अज्ञान के कारण इस चेतना को अनेक अवयवों (तत्त्वों) में विभक्त कर देते हैं। जहां तक चेतना के स्वरूप का सम्बन्ध है, यह वस्तुतः अविभाज्य है किन्तु उन व्यक्तियों के लिए जिनका दृष्टिकोण स्पष्ट नहीं है, ऐसा प्रतीत होता है कि यह प्रत्यक्षीकृत पदार्थ प्रत्यक्ष करने वाला प्रमाता (ज्ञाता) एवं प्रत्यक्ष ज्ञान में विभक्त है।[3] आगे चलकर कहा है कि "वस्तुतः एक ही वस्तु सत् है और वह चेतना के विवेक रूपी तत्त्व के स्वरूप की है और इसका यह एकत्व इसकी नानारूप अभिव्यक्तियों के द्वारा नष्ट नहीं होता।"[4] मान अर्थात् ज्ञान का साधन, मेय या ज्ञान का विषय और फल अर्थात् परिणामस्वरूप ज्ञान—ये सब विज्ञानरूपी पूर्ण इकाई के ही अन्तर्गत भेद हैं। प्रमेय के विषय-पदार्थ मन के अन्दर होते हुए क्रमिक परिवर्तनों के कारण उत्पन्न होते हैं। लंकावतार सूत्र में कहा है, "चित्त तो सत् है, किन्तु दृष्टि के विषय पदार्थ सत् नहीं है। पदार्थों के द्वारा जिसका बोध चक्षु से होता है, चित्त अपने को व्यक्ति के शरीर के अन्दर सुखकारी पदार्थों एवं निवासस्थान आदि के रूप में अभिव्यक्त करता है। इसे मनुष्यों का आलय कहते हैं।" विज्ञान में समस्त विश्व का समावेश है। प्राकृतिक पदार्थ केवल इसके अतिरिक्त हैं किन्तु विज्ञान एक सम्पूर्ण इकाई है, जिसमें वह स्वयं एवं उक्त प्राकृतिक पदार्थ भी अन्तर्निहित हैं। मनोवैज्ञानिक रूप से आत्मा के तार्किक रूप में प्रति क्रमिक संक्रमण को हम अनुभव करते हैं। सब वस्तुओं का सम्बन्ध विज्ञान के साथ है। विचार से बाह्य अथवा विचार के अतिरिक्त अन्य कुछ नहीं है। विचार करने वाले विषयी एवं पदार्थ जगत् के अन्दर जिसका वह विचार करता है, परस्पर नितान्त विरोध कभी हो ही नहीं सकता। विचार ही समस्त ज्ञान का आदि एवं अन्त है। विचार को हटा दो, और सब कुछ विनष्ट होकर शून्य हो जाएगा। विचार करने वाला व्यक्ति केवल व्यक्ति ही नहीं है, वह उस सबका एक भाग है जिसका वह ज्ञान प्राप्त करता है, और वह सब जिसे वह जानता है उसका भाग है। ज्ञान के क्षेत्र से बाह्य यथार्थता जो स्वयं एक वस्तु है, काँट के अनुसार, मन की उपज या रचना है। विचार की पृष्ठभूमि में जो अन्य किसी वस्तु का विचार है, वह भी केवल एक अन्य विचार ही है, इसके अतिरिक्त अन्य कुछ नहीं। विचार ही ऐसी यथार्थसत्ता है जिससे हमें प्रयोजन हैं यह वह है जो ज्ञान की प्राप्ति करता है एवं वह पदार्थ भी जिसका ज्ञान यह प्राप्त

---

1. योगाचारियों ने उपचेतना के सिद्धान्त को स्वीकार किया है, जिसके बारे में विलियम जेम्स ने कहा है कि आधुनिक काल में मनोविज्ञान ने यह अत्यन्त महत्त्वपूर्ण पग उठाया है।
2. लंकावतारसूत्र।
3. सर्वसिद्धान्तसारसंग्रह, 3 : 2-4।
4. सर्वसिद्धान्तसारसंग्रह 3 : 2-6।

करता है। यदि यही मत योगाचार का है तब बाह्य जगत् एक अभावात्मक वस्तु ठहरता है जिसे हम अनात्म कहते हैं और जिसकी सृष्टि विचार करने वाला अपने अन्दर करता है और जिसके साथ संघर्ष करते हुए यह चेतना को प्राप्त करता है। विचार की पूर्वसत्ता और उत्पादन क्षमता ही यहां मुख्य विषय है। विचार ही यथार्थसत्ता का ढांचा एवं सामग्री भी है। यह अपने से बाह्य किसी आधारभूत सामग्री अथवा यथार्थसत्ता की पूर्वकल्पना नहीं करता, चाहे उसे देश अथवा प्रकृति आदि किसी भी नाम से क्यों न पुकारा जाए। यह केवल इतने तक ही ज्ञान रखता है कि यह अपने को ज्ञान का विषय समझता है। विचार के अपने अन्दर ही सब कुछ है। यदि प्रमेय विषय जिसका निर्माण प्रमाता द्वारा ही हुआ है, प्रमाता से अपना सम्बन्ध-विच्छेद करता है और ऐसे क्षेत्र में बन्द रह जाना चाहता है जहां प्रमाता का प्रवेश न हो सके, तब यह अपने प्राणभूत तत्त्वों एवं यथार्थता से सर्वथा रिक्त हो जाएगा। और इन अर्थों में विचार ईश्वर के अतिरिक्त और कुछ नहीं। योगाचार जब इस विषय की शिक्षा देता है कि विज्ञान के ही अपने अन्दर सब वस्तुएं निहित हैं, और जब वह यह प्रतिपादित करता है कि आलय सब व्यक्तियों में एक समान है एवं प्रतीयमान आत्मा भिन्न-भिन्न होने पर भी इन्द्रियातीत आत्मा सबमें एक समान है, तब वह इसी मत को स्वीकार कर रहा होता है। आलय-विज्ञान निरपेक्ष समष्टि है, मौलिकता अथवा कल्पनाशक्ति है, एवं सृजनात्मक है, जो देश-काल से अबाधित है। क्योंकि देश और काल मूर्तरूप अनुभवसिद्ध व्यक्तित्व की सत्ता के ही प्रकार हैं। भौतिक वस्तुएं विचाररूपी महान समुद्र के अन्दर से ही आई हैं। वे सब उसके पारदर्शक एकत्व एवं सरलता में पुनः वापस होकर समा जा सकती हैं जो चेतना का उत्पादक समुद्र है, जिसके अन्दर से वस्तुएं उदित होती हैं और फिर उसी में समा जाती हैं। यह एक जीवित आधार है, जिसमें से घटक अवयव आते हैं और फिर जो अपने-आप वापस हो जाते हैं। यह सर्वोच्च अथवा निर्दोष ज्ञान है जिसमें कोई वस्तु नहीं जानी जाती और न कोई भेद ही अनुभव होता है। यह सदा एकरस रहता है और इसीलिए पूर्ण है। आलय आनुभाविक आत्मा न होकर विश्वात्मा बन जाता है।

तब जबकि अध्यात्मशास्त्र की दृष्टि से सब कुछ एक ही यथार्थसत्ता के कारण है और वह सत्ता विचार है, योगाचारी कहीं-कहीं अनुभूत आत्मा के विपरीत गुण प्रकृति को केवल संवेदना अथवा संवेदनाओं के संग्रहमात्र के रूप में परिणत कर देता है। यह जगत् केवल इस अथवा अमुक चेतना की सामग्री ही नहीं है। ठोसपन, दूरी, कठोरता एवं बाधा आदि केवल सीमित मन के विचारमात्र ही नहीं है। यह स्वीकार करने पर कि उनकी सत्ता है, योगाचार का मत असंस्कृत रूप में विषयीनिष्ठ मत का हो जाता है। यह उस सांसारिक ऐन्द्रिय संघटन की व्याख्या नहीं कर सकता जोकि मानवीय चेतना की उत्पत्ति से पूर्व विद्यमान रहता है, और न ही यह दृश्यमान जगत् की यथार्थता की व्याख्या कर सकता है जिसके ही कारण हमारे सांसारिक जीवन के सब कार्य सम्भव हो सकते हैं। हम यह मानने को उद्यत हैं कि योगाचार शाखा का उद्देश्य यह कभी नहीं था कि वह देश-काल से जकड़े हुए जगत् की वैयक्तिक चेतना के ऊपर निर्भर अथवा उसीकी उपज के रूप में निरूपित करे तो भी यह कहने के लिए हम बाध्य हैं कि सरल आदर्शवाद के निराकरण की उत्सुकता में उन्होंने मनोवैज्ञानिक एवं आध्यात्मिक दृष्टिकोणों को परस्पर गड़बड़ कर दिया एवं इस प्रकार से एक असंस्कृत मानसिकवाद का समर्थन किया। और इस असमंजस को इससे और भी बढ़ावा मिला कि परिवर्तनशील एवं अपरिवर्तनशील मानसिक जीवन दोनों को परिलक्षित करने के

लिए उसी एक पारिभाषिक शब्दविज्ञान का प्रयोग किया गया। हमारे सामने स्कन्ध-विज्ञान है जो कर्म का प्रतीयमान कार्य है, एवं आलय-विज्ञान है जो सदा क्रियाशील, निरन्तर और सबके अन्दर निवास करने वाली आत्मिक शक्ति है। संसार की यथार्थता आलयविज्ञान पर ही निर्भर है। पदार्थों के अस्तित्व एवं ज्ञान के लिए एक नितान्त निरपेक्ष चेतना की सत्ता आवश्यक है। इसका तात्पर्य यह नहीं कि संसार केवल चेतना का ही नाम है, तो भी योगाचारी प्रायः इस प्रकार का अनुमान करते पाये जाते हैं।

योगाचारियों ने उन यथार्थवादियों की सरल धारणा को एकदम उखाड़ फेंका जो मन को एक स्वयं में पूर्ण वस्तु मानते थे, और अनुभव में जिसको अन्य ऐसी ही स्वतः पूर्ण वस्तुओं से वास्ता रहता है। भौतिक प्रकृति एवं मन इन दोनों द्रव्यों की पृष्ठभूमि में जाकर उन्होंने एक ऐसी सारगर्भित यथार्थसत्ता को खोज निकालने का प्रयत्न किया जिसके अन्तर्गत ये दोनों आ सकें। यथार्थ अन्तर्दृष्टि की सहायता से उन्होंने अनुभव किया कि जो वस्तुतः पदार्थ-जगत् की रचना करने वाला है वह बुद्धि अथवा विज्ञान है और यह व्यक्ति से बढ़कर है। इस विज्ञान के अन्दर ही विषयी (ज्ञाता) एवं विषय (ज्ञेय) का भेद उत्पन्न होता है। आलय विज्ञान यथार्थसत्ता का आधारभूत तथ्य है जो अपने को व्यक्तियों के मनों एवं वस्तुओं में प्रकट करता है। विषयी एवं विषय में जो परस्पर भेद है वह स्वयं ज्ञान के द्वारा अपने क्षेत्र में बनाया गया है, किन्तु इस प्रकार का सम्बन्ध नहीं है जैसाकि दो स्वतन्त्र वस्तुओं के अन्दर हो सकता है, जैसी कि वैभाषिकों और सौत्रान्तिक की धारणा है। आलय-विज्ञान अपने में एक सम्पूर्ण इकाई है जिसके अन्दर ज्ञाता एवं ज्ञेय दोनों समा जाते हैं। दुर्भाग्यवश हम ऐसी प्रवृत्ति पाते हैं जिसके अनुसार आलय-विज्ञान एवं स्कन्धविज्ञान को एक ही समान मान लिया गया जबकि स्कन्धविज्ञान केवल सीमित मन का गुण है। यदि आधारभूत ज्ञान को विशेष ज्ञाताओं की देशकाल से बद्ध क्रियाविधियों के साथ मिश्रित कर दिया जायेगा तो हम ऐसी ढलान पर पहुंच जाएंगे जो हमें संशयवाद की खड़ी चट्टान पर जा पटकेगी। लगभग सभी बौद्धेतर समीक्षकों ने योगाचार के सिद्धान्त में निहित सत्य के अंश को दृष्टि से ओझल किया है (यद्यपि उसमें भ्रान्तियों का भी समूह सम्मिलित है) और इसका निराकरण इसे केवल मानसिकवाद कहकर कर दिया है।

शंकर इस सिद्धान्त की समीक्षा करते हुए अनेक युक्तियों के आधार पर कहते हैं कि संसार का पृथक् कोई अस्तित्व नहीं है, सिवाय इसके कि वह मनुष्य के मन में ही है। प्रत्यक्ष ज्ञान की नानाविधता की व्याख्या करने में यह असमर्थ है। जब हम सूर्यास्त का आनन्द ले रहे हों तो आकस्मिक कोलाहल का ज्ञान कैसे हो जाता है? इसकी व्याख्या क्या है? यह कहना कि वस्तुएं एवं विचार एक समय में ही प्रस्तुत होते हैं, इसका तात्पर्य यह नहीं है कि वे एक हैं, न पृथक् होने वाला सम्बन्ध (साहचर्य) तादात्म्य से भिन्न है। यदि सब प्रकार का बोध वस्तु से रिक्त है तब यह चेतना भी कि कोई वस्तु नहीं है, रिक्त है। स्वप्नावस्था से जागरित अवस्था की तुलना करना असमंजस अथवा परिभ्रांति के कारण होता है। स्वप्नावस्था का अनुभव आत्मगत एवं सर्वथा निजी व गुप्त है जबकि जागरितावस्था का अनुभव ऐसा नहीं है। जागरितावस्था के ज्ञात पदार्थ स्थायी होते हैं जबकि स्वप्नावस्था के पदार्थ केवलमात्र स्वप्न में ही विद्यमान रहते हैं। शंकर का तर्क है कि जागरित एवं स्वप्न अवस्थाओं में वास्तविक भेद है। स्वप्नावस्था में हम बड़ी दूरी की यात्रा कर सकते हैं और यदि जागरित एवं स्वप्न अवस्था दोनों एक समान मानी जाएं तो हमें जागने के समय उस स्थान पर होना चाहिए जहां तक हम स्वप्नावस्था में यात्रा करते-करते पहुंच चुके होते हैं, न कि उस स्थान

पर जहां हम स्वप्न देखना प्रारम्भ करने के समय थे। यदि कहा जाए कि दोनों में निरन्तरता नहीं है और जागरित अवस्था की अपेक्षा स्वप्नावस्था की असत्यता का अनुमान करने के लिए हम स्वतन्त्र हैं, इसी प्रकार स्वप्नावस्था की अपेक्षा क्यों नहीं हम जागरितावस्था की भी असत्यतता का अनुमान कर सकते, तो शंकर उत्तर देते हैं कि चूंकि जागरित अवस्था का अनुभव ऐसा है जिसका प्रभाव क्रियात्मक रूप में हमारे जीवन पर होता है, हम अनुमान कर लेते हैं कि स्वप्न असत्य है। यदि बौद्धधर्मी जागरितावस्था के जगत् की असत्यता का अनुमान करता प्रतीत होता है तो उसे ऐसे किसी अनुभव का आश्रय लेना चाहिए जो जागरित अवस्था के अनुभव का विरोध करने में समर्थ हो सके। यदि वह इस प्रकार के किसी उच्चतम अनुभव को स्वीकार करता है तो उसे यह भी मानना पड़ेगा कि अन्तोगत्वा कुछ न कुछ स्थायी अवश्य है और इस प्रकार उसका क्षणिकता का सिद्धान्त सर्वथा विलुप्त हो जाता है और वेदान्त की स्थापना हो जाती है। अभावात्मक वस्तुओं का हम प्रत्यक्षज्ञान प्राप्त नहीं कर सकते। शंकर अपना आधार मनोवैज्ञानिक तथ्यों को बनाते हैं : "हम सर्वदा किसी न किसी वस्तु का ज्ञान रखते हैं," और केवल अभिज्ञ मात्र नहीं होते। कोई भी व्यक्ति एक खम्भे अथवा दीवार का प्रत्यक्ष ज्ञान प्राप्त करते समय केवल ज्ञान से ही अभिज्ञ होता है। हम प्रत्यक्ष के विषय की अभिज्ञता रखते हैं, यथा खम्भा अथवा दीवार। स्वप्नावस्था में देखी गई कुर्सी स्वप्नद्रष्टा के मन का भाग नहीं बनती जबकि वह कुर्सी जिस पर एक व्यक्ति जागरित अवस्था में बैठता है, बैठने वाले के मन का भाग बनती है। मन के ऊपर निर्भर करना मन का भाग बनना नहीं है। यह कथन कि प्रत्यक्ष ज्ञान-विषयक चेतना दृष्ट वस्तु के आकार को ग्रहण कर लेती है जिससे कि हमें वस्तु का ज्ञान कभी नहीं होता अपितु केवल उस आकार का ज्ञान होता है जिसका ग्रहण चेतना ने किया है, शंकर के अनुसार सर्वथा असंगत है। वे प्रश्न करते हैं कि यदि प्रारम्भ से ही पदार्थ नहीं है, तो प्रत्यक्ष ज्ञान पदार्थों की आकृति कैसे ग्रहण करता? पदार्थ हैं तभी तो चेतना उनके आकार को ग्रहण कर सकती है, अन्यथा चेतना अपनी इच्छानुसार किसी भी आकृति को ग्रहण कर सकती है। यदि कहा जाए कि हमारी वस्तुओं के बाह्यरूप की चेतना भ्रांतिमात्र है, अर्थात् हम पदार्थों को भ्रम से बाह्यरूप में देखते हैं जबकि वस्तुतः वे बाह्य नहीं है तो शंकर फिर प्रश्न करते हैं कि यदि वस्तुतः बाह्यवस्तु कुछ नहीं है तो हमें बाह्यता के सम्बन्ध में भ्रान्ति भी कैसे हो सकती है? यदि सांप नाम की कोई वस्तु बिल्कुल ही न होती और हम उसे जानते भी नहीं तो हम रस्सी में उसकी कल्पना कैसे कर सकते थे? इसलिए बाह्य वस्तुओं का अस्तित्व आवश्यक है।[1]

कुमारिल यह तर्क करता है कि जागरित एवं स्वप्न अवस्था में भेद है। "हमारे लिए स्वप्नावस्था का बोध निश्चितरूप से जागरित अवस्था के बोध से विरोध होने के कारण असत्य हो जाता है। जबकि तुम्हारे लिए जागरित अवस्था के बोध की यथार्थता एवं स्वप्नावस्था की चेतना में क्या अन्तर है जब कि तुम दोनों को ही एक समान मिथ्या समझते हो।"[2] इस आपत्ति के उत्तर में कि जागरित अवस्था के बोध को भी योगी लोग अपनी अन्तर्दृष्टि से असत्य सिद्ध कर देते हैं, कुमारिल कहता है कि "इस प्रकार की यौगिक शक्ति किसी पुरुष में इस जन्म में तो दिखाई नहीं देती और उसके विषय में जो यौगिक अवस्था को प्राप्त हो गए हैं, हम नहीं जानते कि उनका क्या हुआ।"[3] यदि निरालम्बनवादी अपने पक्ष के समर्थन में न्याय के सिद्धान्त का उद्धरण देता है, अर्थात् निष्कर्ष और अनुमान की

1. देखिए उदयनकृत आत्मतत्वविवेक।
2. 5 : 3, 88-89। श्लोकवार्त्तिक।
3. 93-94।

व्याख्या इसके द्वारा निर्वाचक प्रस्थापनाओं के उद्देश्य एवं विधेय के आधार पर होती है और यह कि इन्हें बाह्य पदार्थों की यथार्थता की कोई आवश्यकता नहीं है, तो उत्तर में कुमारिल का कहना है कि न्याय बाह्य पदार्थों की यथार्थता को स्वीकार करता है और उसी आधार पर आगे बढ़ता है।[1] विचारों के पारस्परिक भेदों को वासनाओं में से ढूंढ़ निकालने के प्रयत्न से हम अन्योन्याश्रय-दोष में पहुंच जाते हैं और इस प्रकार कहीं भी नहीं ठहर सकते। हम विचार के विशुद्ध आकार में कोई भेद नहीं कर सकते। वासना से ज्ञान प्राप्त करने वाले में तो भेद आ सकता है किन्तु ज्ञेय पदार्थ में भेद नहीं आ सकता[2] और वासना स्वयं में अव्याख्येय है। "विचार तो क्षणिक हैं और उनका तिरोभाव सम्पूर्ण (पीछे बिना कोई चिह्न छोड़े) एवं प्रभावित तथा प्रभाव डालने वाले में परस्पर कोई सम्बन्ध न होने से (क्योंकि दोनों कभी एकसाथ प्रकट नहीं होते) वासना रह नहीं सकती।" दोनों क्षणों के एकसाथ न रहने के कारण प्रभाव के द्वारा उनका परस्पर सम्बन्ध स्थिर नहीं हो सकता और यदि वे दोनों साथ भी रहते तो भी वे परस्पर सम्बद्ध नहीं हो सकते। क्योंकि दोनों ही क्षणिक हैं और इसलिए एक-दूसरे के ऊपर असर नहीं रख सकते।[3] यदि पूर्व के बोधों के गुण आगे आने वालों में विद्यमान रहते हैं तो हम यह नहीं कह सकते कि उनका सर्वथा नाश हो जाता है। इसलिए एक स्थायी चेतना की आवश्यकता है जो प्रभाव ग्रहण कर सके और वासनाओं को सुरक्षित रख सके। इसी कारण योगाचारियों को आलय के स्थायी रूप को मानना होता है तो भी अपनी बौद्धदर्शन-सम्बन्धी पूर्वधारणाओं के अनुसार वे इसे सदा परिवर्तनशील मानने को बाध्य है। इसलिए योगाचार का सिद्धान्त असन्तोषजनक है। शंकर की समीक्षा ने विषयवस्तु को ठीक-ठीक पकड़ लियां। जब तक किसी ऐसे निरन्तर स्थायी तत्त्व को स्वीकार नहीं किया जाएगा जो प्रत्येक पदार्थ के बोध को ग्रहण करता है, हम ज्ञान की व्याख्या नहीं कर सकते। यदि आलय-विज्ञान को स्थायी आत्मा के रूप में माना जाए तो बौद्धधर्म का यह विशिष्ट स्वरूप कि कोई वस्तु स्थायी नहीं है समाप्त हो जाता है। दार्शनिक अन्तःप्रेरणा योगाचारी को उपनिषदों के सिद्धान्त की ओर ले जाती है जबकि बौद्धधर्म-सम्बन्धी पूर्वधारणाएं इस प्रकार की स्वीकृति में जाने से रोकती हैं।

दूसरी ओर योगाचारियों ने यह भी अनुभव किया कि यदि संसार को केवलमात्र विचारों के सम्बन्धरूप में ही परिणत करते हैं तो यथार्थता का सम्पूर्ण अर्थ ही जाता रहता है। इसलिए संसार की प्रतीयमान सत्ता को, जिसमें विषयी एवं विषय का भेद है, वे स्वीकार कर लेते हैं। माधवाचार्य लिखते हैं : "और न ही ऐसी कल्पना करनी चाहिए कि इस कल्पना के आधार पर रस, शक्ति एवं पाचनक्रिया, जो काल्पनिक किंवा वास्तविक मिठाई से आने चाहिए, एक समान होंगे।"[4] यह हमें काँट द्वारा प्रतिपादित प्रसिद्ध भेद का, जो उसने कल्पनात्मक एवं वास्तविक एक सौ डालरों में किया है, स्मरण कराता है। मनोवैज्ञानिक दृष्टि से योगाचारी विषयी एवं विषय के भेद को स्वीकार करते हैं, किन्तु आलोचनात्मक विश्लेषण उन्हें इस तथ्य का प्रकाश करता है कि ये समस्त भेद एक ही सम्पूर्ण इकाई के अन्तर्गत हैं, जिसे योगाचारी 'विज्ञान' अथवा 'विचार' कहता है। आनुभाविक अर्थात् संसारी आत्मा एक पदार्थ को अपने से विपरीत गुण वाला पाता है। जिसके बिना उसका अपना चेतनामय जीवन सम्भव नहीं हो सकता। वह जिसे स्वतःसिद्ध आनुभाविक आत्मा मान लेता है, वह निरपेक्ष आत्मा के लिए कोई केवल आनुषंगिक स्वीकृत तत्त्व नहीं है। संसार ऐसा ही वास्तविक है जैसेकि विशेष आत्मा है और उससे स्वतन्त्र है, यद्यपि विश्वचेतना के ऊपर

---

1. 167-175। 2. 180-181। 3. 182-185। 4. सर्वदर्शनसंग्रह, पृष्ठ 26।

निर्भर है। हमें यह बतलाने की आवश्यकता नहीं कि किस प्रकार आलय-विज्ञान का पीछे का मत फिश्ते के दार्शनिक मत से बिलकुल मिलता-जुलता है जोकि समस्त अनुभव को एक आत्मचेतन प्रमाता का अनुभव मानता है। उसकी दृष्टि में आत्मा दोनों ही है अर्थात् कर्म भी है और कर्म का परिणाम भी है, एक ही के अन्दर। अहं आत्मा अपनी सत्ता के विषय में निश्चयपूर्वक कहता है और अपनी स्थिति को तथ्यरूप में मान लेता है और इस प्रकार की स्थापना में वह अपने से विरोधी गुण अनात्म में भेद करता है। इस प्रकार की सीमित अथवा निषेधपरक प्रक्रिया के द्वारा आत्मा अन्यता के भाव की सृष्टि करती है। निरपेक्ष (परम) अहं सीमित आत्माओं के बाहुल्य में एवं अपने में तुरन्त भेद कर लेता है।

देश एवं काल की सीमाओं में बद्ध संसार हमारे अपने अपूर्ण ज्ञान के कारण वास्तविक प्रतीत होता है। हमारी बुद्धि यद्यपि मौलिक रूप में विषयी एवं विषय के प्रकारों से स्वतन्त्र है, तो भी वह प्रत्यक्षदर्शी व्यक्ति एवं प्रत्यक्ष ज्ञान के मध्य नानाविध भेदों का विकास करती है। इसका कारण अवास्तविक विचार अथवा अनादि पूर्वनिश्चित धारणाएं हैं।[1] हमारी बुद्धि के दो रूप हैं, बोधात्मक और अबोधात्मक; जिसमें से बोधात्मक बुद्धि हमें एक सत्यज्ञान की ओर ले जाती है और अबोधात्मक बुद्धि का, जो एक मौलिक निश्चेतनता के ऊपर निर्भर है, प्रादुर्भाव स्कन्धों, आयतनों एवं धातुओं में से (अथवा शरीर के भौतिक अवयवों द्वारा) हुआ है और यही अविद्या का निवासस्थान है, अतएव सत्य का भी प्रामाणिक मापदण्ड नहीं है।[2] प्रत्येक व्यक्ति के पास विज्ञान है जिसके अन्दर सब वस्तुओं के बीजांकुर अपने विचाररूप में विद्यमान रहते हैं। विषयरूप जगत् की वास्तविक सत्ता नहीं है किन्तु अविद्या के कारण जो आत्मा के अन्दर भ्रांति उत्पन्न कर दी जाती है, व्यक्ति आलय-विज्ञान में बाह्य-जगत् के लिए उन बीजांकुरों को आगे बढ़ाता है और कल्पना कर लेता है कि वह जैसे प्रतीत होते हैं, वैसे ही हैं। हमें फिर यहां विषयी-निष्ठता से वास्ता पड़ता है। क्योंकि पदार्थ-जगत् केवल मानसिक सामग्री के रूप में परिणत हो गया। "सर्वरक्षक चेतना में अथवा आलय में अविद्या प्रविष्ट हो जाती है और ज्ञान के अभाव में वह कार्य प्रारम्भ करता है जो देखता है, वह जो प्रस्तुत करता है, वह जो ज्ञान ग्रहण करता है और पदार्थ जगत् भी प्रतीत होता है तथा वह जो निरन्तर पदार्थों में वैशिष्टय देखता रहता है।"[3] आलय के साथ अविद्या का सम्पर्क होने से आनुभविक आत्मा का आगमन होता है और इस आनुभविक आत्मा का सहायक आनुभविक जगत् है और ये दोनों ही प्रतीतिमात्र हैं और आलय इन दोनों से अतीत है। अध्यात्मतत्त्व मनोवैज्ञानिक तत्त्व का तथ्यरूप है।

सभी विचार बुद्धि के विचार को छोड़कर तीन प्रकार के रूप वाले हैं : (1) परिकल्पित रूप वाले, (2) परतन्त्र स्वरूप वाले और (3) निरपेक्ष अथवा आध्यात्मिक स्वरूप वाले (अर्थात् परिनिष्पन्न)। स्वप्नावस्था के हमारे अनुभव प्रथम कोटि के अन्तर्गत आते हैं। विचार अपने को नित्यरूप में स्वप्नगत आकृतियों के रूप में प्रकट करता है। इस प्रकार के दूषित रूप में पदार्थों का रूप ग्रहण किए हुए बोध के विषय-पदार्थ शरीरधारी इन्द्रियां हैं, तथा उनके द्वारा ज्ञात वस्तुएं एवं भौतिक जगत् है। 'अहंदृष्टि'-विषयक विचार में, विचार अपने को पदार्थ और बोध के विषय के रूप में प्रस्तुत करता है। द्वैत के विरोध में से तथाकथित वर्गों अर्थात् सत्, असत् सारतत्त्व आदि का उदय होता है। द्वैत के स्वरूप परिणत

1. अनादिवासनावशात् (सर्वदर्शनसंग्रह, 2 : 26)। 2. सर्वसिद्धान्तसारसंग्रह, 3 : 4, 6-7।
3. अश्वघोष : द अवेकनिंग आफ फेथ, पृष्ठ 75।

होता है, इस तथ्य के कारण कि हम तथाकथित पदार्थों को, जो केवल विचार की आकृति मात्र हैं, बाह्य समझते हैं कि एवं उनका अस्तित्व स्वीकार कर लेते हैं, ठीक वैसे ही जैसेकि एक स्वप्नद्रष्टा स्वप्नगत हाथियों को जब देखता है तो उनकी यथार्थता में विश्वास कर लेता है। इस द्वैत में आध्यात्मिक यथार्थता नहीं है किन्तु यह केवल कल्पना की उपज है जिसे परिकल्प अथवा विकल्प भी कह सकते हैं और जो विचार के ऊपर विषयी एवं विषय के भाव को आरोपित करती है। किन्तु विचार अपना प्रादुर्भाव कहां से पाते हैं? वह कौन-सा विधान है जिसके अनुसार वे एक व्यवस्थित क्रम में प्रकट होते हैं? उनकी उत्पत्ति यथार्थवादियों के बाह्य पदार्थों से नहीं होती। और न ही वे एक निर्विकार आत्मा के कारण हैं, जैसाकि वेदान्तियों का तर्क है; और न स्वायत्त या आत्मशासित हैं। विचार परस्पर एक-दूसरे पर आश्रित हैं। एम. पौसिन लिखता है कि "सब बौद्ध दार्शनिक जो कर्मसिद्धान्त को मानते हैं, यह स्वीकार करने के लिए बाध्य हुए कि विचार यद्यपि क्षणिक हैं तो भी सर्वथा विनष्ट नहीं होते किन्तु कभी-कभी बहुत दीर्घ व्यवधान के पश्चात् भी नये-नये विचारों को जन्म देते हैं। जब तक वे प्रकृति के अस्तित्व में विश्वास रखते हैं एवं मनुष्य को भौतिक-मानसिक मिश्रण के रूप में मानते हैं, उनके लिए विचारों की पारस्परिक निर्भरता की व्याख्या करना कठिन न होना चाहिए।" सम्बोध की छहों श्रेणियों को भौतिक समर्थन प्राप्त है एवं बाह्य उत्तेजना भी, और इसलिए स्मृति-समेत समस्त मनोवैज्ञानिक तथ्यों की व्याख्या करना इन छः सम्बोधों से सम्भव है। किन्तु आदर्शवादियों को बिना किसी भौतिक अंश की कल्पना के एक मनोवैज्ञानिक पद्धति का प्रतिपादन करना है। वे कहते हैं : "यथार्थवादी सम्प्रदायों द्वारा अभिनत दृष्टि-सम्बन्धी...मानसिक संबोध बीज उत्पन्न करते हैं, जो नियत समय पर परिपक्व होंगे बिना किसी के हस्तक्षेप के सिवाय बोधिसत्त्वों की शक्ति के नये दृष्टि-सम्बन्धी ...मानसिक सम्बोधों के रूप में। ये बीड़ा दृष्टि-सम्बन्धी...मानसिक सम्बोधों का भाग नहीं हैं जो बीजों के बोने एवं परिपक्व होने की मध्यगत अवधि के अन्दर क्रमिक रूप में उदित होते हैं। उदाहरण के रूप में नीले रंग का बोध जो कल प्रकट होगा, बोधों की एक विशेष शृंखला में जिसे अहं कहते हैं, विगत कल के विश्वास रूपी सम्बन्धों के ऊपर निर्भर करता है। किन्तु इसका बीज उन किन्हीं सम्बोधों में नहीं पाया जा सकेगा जिनका ज्ञान मुझे आज प्राप्त है। इसलिए आदिम मनोविज्ञान के षड्गुण सम्बोध में सम्बोधों के एक अन्य वर्ग को और जोड़ना चाहिए जिसे आधुनिक काल का दार्शनिक अचेतन अथवा अवचेतन मन की प्रतिकृतियों के नाम से पुकारता है। ये वास्तविक सम्बोध के बीज हैं। इनकी रचना वास्तविक सम्बोध के द्वारा हुई है। इसके साथ-साथ एवं वास्तविक सम्बोध के अन्तस्तल में वह क्षणिक अचेतन प्रतिकृतियों के प्रवाह के रूप में प्रवाहित होते हैं और अबाधित स्वतः पुनरुत्पत्ति के कारण आगे बढ़ते रहते हैं। इस शृंखला में पुराने बीजों की भरती रहती है, जो नये बीजों के बोने से बढ़ती रहती है और जो उन शृंखलाओं की फल-प्राप्ति के पश्चात् स्वयं बन्द हो जाएंगे जबकि आगे नये बीजों का भी बोना बन्द हो जाएगा।"[1] यदि कोई नया बीज नहीं बोया जाता और पुराना संगृहीत भण्डार शेष हो जाता है तो हम ज्ञान की दूसरी मंज़िल से आगे बढ़ जाते हैं और तीसरी मंज़िल में पहुंच जाते हैं जिसे परिनिष्पन्न कहते हैं। विषयी एवं विषय का द्वैत विचार का ही आनुषंगिक रूप है ऐसा समझ में आ जाता है, क्योंकि यह भाव कल्पना की मिथ्या धारणा के कारण उत्पन्न होता है। विचार को इसके आध्यात्मिक रूप में जानने के लिए द्वैत के भाव पर विजय पाना आवश्यक है। यह सत्य है कि ज्योंही

1. 'इंसाइक्लोपीडिया आफ रिलीजन ऐण्ड एथिक्स', खण्ड 9, पृष्ठ 850।

यह एक बार द्वैत के भाव से मुक्त हो जाएगा, यह समझने योग्य हो जाएगा, यद्यपि वह अनिर्वचनीय होगा। इसके किसी वैशिष्ट्य का वर्णन नहीं किया जाा सकता। इसके विषय में केवल यही कहा जा सकता है कि यह सत् है (भवति एव)। इसलिए इसकी परिभाषा वस्तुमात्र या केवल एक वस्तु अथवा चित्तमात्र या केवल विचार, इसी प्रकार से की जाती है।

यह हमारे अपने निर्णय के ऊपर निर्भर करता है कि हम परिकल्पित सत्य को एक प्रकार की निश्चित भ्रांति कहें, जैसे कि हम भूल से रस्सी को सांप समझ लेते हैं, परतन्त्र सत्य को सापेक्ष ज्ञान के रूप में मानें जैसे कि हम रस्सी को रस्सी के ही रूप में देखते हैं : एवं परिनिष्पन्न सत्य को आध्यात्मिक अन्तर्दृष्टि के रूप में मानें, जैसे कि हम यह जानते हैं कि रस्सी केवल एक सामान्य प्रत्यय (धारणा) मात्र है एवं अपने-आपमें किसी वस्तु के रूप में सत्ता नहीं रखती। नागार्जुन पहले दो को मिलाकर उन्हें एक कर देता है और उसे संवृत्ति सत्य की संज्ञा देता है और तीसरे को परमार्थ की संज्ञा देता है। परिकल्पित कांट का भ्रांतिपूर्ण ज्ञान है जो उपाधिरहित होने के कारण केवल विषयीनिष्ठ है। यह आलोचनात्मक निर्णय के आगे नहीं टिक सकता और इसमें क्रियात्मक क्षमता भी नहीं है। परतन्त्र काण्ट का आनुभाविक ज्ञान है जो सापेक्ष एवं सोपाधिक है। वर्गों में विभक्त इस ज्ञान के द्वारा निरपेक्ष यथार्थसत्ता, जो सब प्रकार की उपाधियों से विहीन है, नहीं जानी जा सकती। हमारे लिए आध्यात्मिक अन्तदृष्टि तक उठना सम्भव है, क्योंकि एक ही विश्वात्मा का सबमें निवास है। प्रत्येक पदार्थ की इकाई में यह पूर्ण एवं अविभक्त रूप में अवस्थित है, जो प्रतीति की सब आकृतियों से स्वतन्त्र है। द्वैत सम्भव है, देश एवं काल की अधीनता के कारण, जो दोनों व्यक्तित्व के तत्त्व हैं। आलय विविधता से मुक्त है, यद्यपि इसकी प्रतीतियां देश और काल के कारण असंख्य हैं। सर्वोच्च अवस्था जो समस्त विरोधी पदार्थों से ऊपर है, जिसमें विधि एवं निषेधात्मक पदार्थ दोनों एक हैं और इसी (भावाभाव समानता) को योगाचारी तथता या विशुद्ध सत् के नाम से प्रतिपादित करते हैं।"[1]

यथार्थवादियों के साथ सहमत होकर योगाचारी विश्व की सब वस्तुओं को संस्कृत अथवा संयुक्त एवं असंस्कृत अथवा असंयुक्त दो प्रकार के वर्गों में विभक्त करते हैं। संयुक्त धर्मों का भी विभाग किया गया है जैसा कि यथार्थवादी सम्प्रदायों में है, यद्यपि उनमें पहला स्थान रूप अथवा प्रकृति को दिया गया है जबकि योगाचारी पहला स्थान चित्त अथवा मन को देते हैं। चित्त अथवा मन सब वस्तुओं का परम उद्‌भव-स्थान है। इस चित्त के दो रूप हैं; एक है लक्षण अथवा प्रतीयमान, एवं दूसरा भाव अथवा तात्त्विक। पहला इसकी परिवर्तनशीलता से सम्बन्ध रखता है जबकि दूसरा इसकी निर्विकारता का प्रतिपादन करता है। इसके दो कार्य हैं, पदार्थों पर ध्यान देना एवं उनका प्रभाव ग्रहण करना। सब मिलाकर इसके आठ धर्म हैं जिनमें से पांच इन्द्रियों के ऊपर निर्भर करते हैं, छठा आभ्यन्तर इन्द्रिय है, सातवां विज्ञान-सम्बन्धी है जो उनका वर्णन करता है, और आठवां आलयविज्ञान-सम्बन्धी है।[2]

---

1. देखिए महायानसूत्रालंकार।
2. शंकर कहते हैं : "इस सिद्धान्त के सम्बन्ध में हमें यह कहना है : इन दो समष्टियों को जिनसे दो विभिन्न वर्गों का निर्माण होता है और जिनके दो भिन्न कारण हैं जिन्हें बौद्ध धारणा के रूप में मान लेते हैं (अर्थात् तत्त्वों की समष्टि एवं मौलिक वस्तुएं जिनका कारण परमाणु है तथा पांचों स्कन्धों की समष्टि), बौद्धसिद्धान्तों के आधार पर सिद्ध नहीं किया जा सकता है, अर्थात् समष्टि कैसे बन जाती है इसकी व्याख्या नहीं की जा सकती। क्योंकि समष्टियों को बनाने वाले भौतिक

असंस्कृत धर्म छः है। आकाश अनन्त है, सब प्रकार के परिवर्तन के रहित जिसे केवल सद्रूप कह सकते हैं; सब प्रकार के क्लेशों एवं दुःखों के अभाव का नाम प्रतिसंख्या निरोध है, जिसकी प्राप्ति सम्पूर्ण ज्ञान की शक्ति के द्वारा होती है; अप्रतिसंख्यानिरोध ऐसा अभाव है जो बिना सम्पूर्णज्ञान की सहायता से प्राप्त होता है। अचल वह अवस्था है जिसमें सब प्रकार की शक्ति एवं सुख की उपेक्षा की जाती है और संज्ञावेदनानिरोध वह है जहां वेदना और संज्ञा कार्य नहीं करते। ये पांचों सर्वथा स्वतन्त्र नहीं हैं। ये भिन्न-भिन्न संज्ञाएं हैं जिनका प्रयोग परम्परा से विश्व के तात्त्विक रूप को दर्शाने के लिए किया गया है। हम उन्हें भिन्न-भिन्न भूमियों या मंज़िलों के नाम से भी पुकार सकते हैं जिनके द्वारा यथार्थसत्ता तक पहुंचा जा सकता है। धर्मपाल कहता है : "ये समस्त परम्परागत पांच परिभाषाएं अभिव्यक्ति एवं विशुद्ध सत् की नाना भूमियों या मंज़िलों को दी गई है।" यह हमें योगाचार शाखा के यथार्थ आध्यात्मिक परमतत्त्व की ओर ले जाता है जिसे 'तथता' कहा गया है। "यही सब वस्तुओं के सम्बन्ध में सर्वातीत तथ्य है और इसकी पारिभाषिक संज्ञा तथता है, क्योंकि इसका अनिवार्य (प्रधान एवं तात्त्विक) स्वरूप यथार्थ एवं नित्य है। इसके स्वरूप का वर्णन वाणी की पहुंच के बाहर है। यह अव्याख्येय है।"[1] इसे हम कहीं शून्यता अथवा अभावात्मक न समझे बैठें, इसके लिए इसे भाव अथवा सत्ता की संज्ञा दी गई। असंग कहता है : "इसे हम न तो अस्तित्व ही कह सकते हैं और न अभाव ही। यह न इस प्रकार का है और न किसी अन्य प्रकार का। यह न उत्पन्न होता है न नष्ट। यह न बढ़ता है और न घटता है। यह न तो पवित्रता है और न अशौच ही है। सर्वातीत सत्य का यही लक्षण अथवा स्वरूप है।"

विशुद्ध सत् अथवा तथता को, इसके क्रियाशील पक्ष को लेकर जब यह व्यक्तित्व अथवा निषेध के तत्त्व के साथ संयुक्त होता है, आलयविज्ञान भी कहा जाता है। ज्योंही हम विशुद्ध सत् को विज्ञान अथवा चित् बना देते हैं हम उसमें व्यक्तिवाद अथवा अहंवाद के अंश को प्रविष्ट करते हैं। आलय के अपने अन्दर नित्यरूप में भेद है। हम आत्मज्ञान की

अवयव बुद्धि से रहित हैं एवं बुद्धि का प्रज्वलित होना निर्भर करता है अणुओं की उस समष्टि के ऊपर जो पहले से एकत्र हो। और बौद्ध दार्शनिक किसी अन्य बुद्धिसम्पन्न नित्य सत्ता अर्थात् किसी उपभोक्ता आत्मा को अथवा किसी शासक प्रभु को, जो अणुओं के एकत्रीकरण का सम्पादन कर सके, स्वीकार नहीं करते। अणु और स्कन्ध स्वयं क्रिया में प्रवृत्त हो जाते हैं, ऐसी धारणा भी नहीं बनाई जा सकती है, क्योंकि इसका तात्पर्य यह होगा कि उनकी क्रियाशीलता का कभी अन्त नहीं होगा। समष्टि का कारण तथाकथित स्थान में भी नहीं ढूंढ़ना होगा (अर्थात् आलय-विज्ञान के प्रवाह में जो आत्मबोध का प्रवाह है) क्योंकि उक्त प्रवाह या तो एकाकी बोधों से भिन्न है अथवा उनसे भिन्न नहीं है। यदि भिन्न है तो या तो यह नित्य है और उस अवस्था में यह सिवाय वेदान्तियों की नित्य आत्मा के और कुछ नहीं है, अथवा अनित्य है तब केवल उसे क्षणिकमात्र स्वीकार करना होगा एवं उस अवस्था में इसका कोई प्रभाव नहीं हो सकता और इसीलिए अणुओं के अन्दर की गति का भी कारण नहीं हो सकता। पिछली अवस्था में हम प्रथम अवस्था से कुछ आगे भी नहीं बढ़े। इन सब कारणों से समष्टियों के निर्माण की व्याख्या नहीं हो सकती। किन्तु बिना समष्टियों के ऐहलौकिक जीवन के प्रवाह का ही अन्त हो जाएगा क्योंकि वे इन समष्टियों की पूर्वधारणा बना लेते हैं।" ('कमेंटरी ऑन वेदान्तसूत्राज', जी. थिबौट द्वारा सम्पादित, पृष्ठ 403-404)। समष्टियों के निर्माण की व्याख्या अविद्या द्वारा नहीं हो सकती क्योंकि, "यह उसका कारण कैसे हो सकती है जिसको अपना स्थान माने बिना यह विद्यमान ही नहीं रह सकती? इसके अतिरिक्त कारण-कार्य-सम्बन्ध का भाव अपने-आपमें समझ में नहीं आ सकता।"

1. बसुबन्धु।

चेतना को धारण किए हुए हैं जो हेगल के सिद्धान्त के अनुरूप है।[1] जिस क्षण में हम निरपेक्ष परम सत् से नीचे उतरकर आलय-विज्ञान में आते हैं, हमें चेतना के अतिरिक्त एवं अनात्म के साथ-साथ देश का तत्त्व भी मिलता है। देश और कुछ नहीं है, केवल व्यक्तीकरण का एक प्रकार है और अपनी निजी सत्ता कुछ नहीं रखता। समस्त प्रतीयमानजगत् अव्यवस्थितमन के वैयक्तिकीकरण के कारण है। यदि भ्रान्ति स्पष्ट हो जाए तो सापेक्ष अस्तित्व के भिन्न-भिन्न रूप भी स्वयं विलुप्त हो जाएंगे। एक नियमित अर्थ में देश वास्तविक और स्थायी है।[2] अविद्या के कारण उत्पन्न हुए आकस्मिक रूप विशुद्ध आत्मा को कलुषित नहीं करते। यहां हमें वह प्रतीत होता है जिसे नव्य वेदान्त विवर्तवाद अथवा प्रतीतिवाद कहता है। "बोध के एकत्व में द्वैत का आभास एक भ्रान्ति है।"[3] आगे कहा गया है कि "आभ्यन्तर तत्त्व अपने को ऐसे रूप में व्यक्त करता है जैसेकि वह बाह्य हो।"[4] एक सत्य का साक्षात्कार अविद्या की शक्ति के द्वारा संसार के रूप में होता है। हम नहीं कह सकते कि सब वस्तुएं परब्रह्म में किन अर्थों में विद्यमान हैं। यदि सब कुछ इसके अन्दर है तब विकास का कुछ अर्थ ही नहीं रह जाता। और यदि सब इसके अन्दर नहीं है और परब्रह्म ही उन्हें उत्पन्न करता है तब जो कुछ उत्पन्न होगा उसके कारण उसमें कुछ न्यूनता न आए यह नहीं हो सकता। उस अविद्या की व्याख्या नहीं हो सकती जो हमारे समस्त अनुभव का कारण है और जो आलय-विज्ञान के साथ ही उत्पन्न हो जाती है।" यद्यपि चेतना के समस्त आकार और मानसिक अवस्थाएं अविद्या की ही उपज हैं, अविद्या अपने परमस्वरूप में अविद्या ही है, एवं प्रकाशन या ज्ञान से भिन्न है। एक अर्थ में यह विनश्वर है और दूसरे में नहीं भी है।"[5] ज्ञान एवं ज्ञानाभाव एक ही हैं, जिस प्रकार मिट्टी के बरतन यद्यपि परस्पर भिन्न हैं किन्तु हैं उस एक ही मिट्टी के बने हुए।[6] तथता प्रथम तत्त्व है। उसके पश्चात् अविद्या के साथ आलय आता है। उसके पश्चात् आनुभविक विषयी (प्रमाता) और विषय (प्रमेय) आते हैं, जो अन्योन्याश्रित होने के कारण एक-दूसरे को बढ़ाते हैं।

प्रत्येक व्यक्ति अपने अन्दर उच्चतर तत्त्व संजोए हुए है जिसके साथ स्वार्थपरक व्यक्तित्व का अंश भी सम्बद्ध है। जब तक हम अविद्या के अधीन रहते हैं, व्यक्तित्व की भावना भी हमसे चिपकी रहती है। मनुष्यों के अन्दर पारस्परिक विभेद अज्ञान की शक्ति के कारण हैं। "यद्यपि समस्त प्राणी एक समान गुण को धारण करते हैं तो भी प्रगाढ़ता में अज्ञान अथवा विशिष्टीकरण के तत्त्व में, जो अनन्त काल से अपना कार्य कर रहा है, वे इतने असंख्य वर्गों में विभक्त हैं कि उनकी संख्या गंगा की बालू के कणों से भी अधिक है।"[7] विचार-दोष के कारण संसार विशिष्टीकरण की ओर प्रवृत्ति का नाम है। वासनाएं

---

1. "यह कि आध्यात्मिक स्वात्मचेतन सत् एक ही है और उसी की क्रिया अथवा अभिव्यक्ति वह सब है जिसे हम यथार्थ कहते हैं; यह कि हम उसी आध्यात्मिक सत् से सम्बद्ध हैं न केवल उस संसार के भाग के रूप में, जो इसका अभिव्यक्तरूप है, वरन् उस आत्मचेतना के भाग के रूप में–जिसके द्वारा यह अपने आपकी रचना करती है एवं अपने को संसार से पृथक् रूप में रखती है–अपरिपक्व रूप में हिस्सा बंटाने वाले हैं। यह कि यह हिस्सा बटाना ही नैतिकता एवं धर्म का आदिस्रोत है। इसे हम मौलिक सत्य समझते हैं, जिसकी शिक्षा हेगल ने दी है।" (टी. एच. ग्रीन, 'वर्क्स', खण्ड 3 पृष्ठ 146)।
2. सुजूकी, पृष्ठ 107।
3. सर्वदर्शनसंग्रह, पृष्ठ 27।
4. वही।
5. सुजूकी, पृष्ठ 67।
6. वही, पृष्ठ 73-74।
7. वही, पृष्ठ 80।

अथवा प्रवृत्तियां एवं कर्म इस संसार-चक्र को बिना विश्राम अथवा बाधा के निरन्तर प्रवृत्त रखते हैं। आलय अथवा चित्त उन पदार्थों का जिनका हमें प्रत्यक्ष होता है, उत्पत्तिस्थान है और अपने अन्दर उन क्षमताओं को धारण किए हुए है जो भूतकाल के हमारे आचरण से निर्णीत होती हैं और जिन्हें अवश्य विकसित होना है। समस्त धर्म, दुःख, सुख, सुकृत एवं दुष्कृत आलय में संगृहीत एवं कार्यक्षम बीजों की बाह्य अभिव्यक्तियां हैं। इनमें के कतिपय बीज दोषों से पूर्ण होते हैं और उन्हीं के कारण संसार की रचना होती है।[1] अन्य कतिपय दोषमुक्त होते हैं[2] और वे मोक्ष में प्रवृत्त होते हैं। इन्द्रियातीत तत्त्व (अंश) की उपस्थिति के कारण ही हमें ऊंचे विचारों को ग्रहण करने में सहायता मिलती है।

किन्तु केवल परमतत्त्व की उपस्थिति ही हमें मोक्ष की ओर नहीं ले जा सकती। हेतु एवं कारण (प्रत्यय) में भेद किया जाता है। काष्ठ का जलने का स्वभाव अग्नि का हेतु है, परन्तु हमें काष्ठ में आग लगानी चाहिए अन्यथा बिना उसके काष्ठ नहीं जलेगा। ठीक इसी प्रकार यद्यपि परमतत्त्व की उपस्थिति मोक्ष का हेतु हो सकती है तो भी ज्ञान (विवेक) एवं पुण्य के कार्य आवश्यक हैं। असंग लिखता है : "धन-सम्पत्ति एवं सांसारिक सुखों के प्रति अनासक्त रहकर, धर्मशास्त्र की अज्ञाओं को भंग करने की इच्छामात्र भी न रखने से, विपत्तियों में भी निराश न होने से, एवं पुण्यकार्य करते हुए किसी प्रकार से भी ध्यान को अन्यत्र भटकने से रोकने एवं उदासीनता या निष्कर्मण्यता का त्याग करने से विघ्नों के रहते हुए भी और संसार की अव्यवस्था में भी मन की गम्भीरता को अक्षुण्ण बनाए रखने से, और अन्त में निरन्तर एकाग्रचित्त रहने से एवं वस्तुओं के यथार्थ स्वरूप को ग्रहण करने से बोधिसत्त्व व्यक्ति विज्ञानमात्र के उस तथ्य को ग्रहण करते हैं जो समस्त चेतना का आदिस्रोत है।" योगाचारी योग का अभ्यास करते हैं। योग हमें आन्तरिक दृष्टि को प्राप्त कराने में सहायक होता है। तर्कमय अथवा विवादग्रस्त बोध हमें केवल पराधीन अथवा आनुभविक ज्ञान देता है। आध्यात्मिक तथ्य को योगयुक्त अनुशासन की आवश्यकता है। जब मन सब प्रकार के पक्षपात एवं भ्रान्ति से विरहित होकर निर्मल हो जाता है तो उसमें सत्य प्रतिबिम्बित होता है।[3]

मन के पवित्रीकरण का नाम निवार्ण है एवं अपने आदिम सरल अथवा ज्योतिष्मय पारदर्शिता के स्वरूप में वापस लौट आना है। "जब निरन्तर चिन्तन के द्वारा हम सब प्रकार की पूर्वधारणाओं से अपने को मुक्त कर लेते हैं तब ऐसे ज्ञान का उदय होता है जो भ्रान्तियों से मुक्त है और प्रमेय पदार्थों का आकार ग्रहण करता है, इसे 'महोदय' कहते हैं अर्थात् महान उत्कर्ष अथवा मोक्ष।"[4] विज्ञानमात्रशास्त्र निर्वाण के चार भेद करता है : (1) निर्वाण धर्मकाय का पर्यायवाची है, जो निर्दोष सारतत्त्व के रूप में सब वस्तुओं में उपस्थित है। यह निर्वाण प्रत्येक ज्ञानशक्ति-सम्पन्न व्यक्ति को प्राप्त है एवं अपने मौलिक सद्रूप में विशुद्ध

1. सास्रव बीज।
2. अनास्रव बीज।
3. देखिए, स्पिनोजा की पुस्तक 'एथिक्स' का अन्तिम खण्ड, जिसमें वह प्रतिपादित करता है कि तब मनुष्य में स्थित अनन्त तत्त्व, जिसका सारतत्त्व प्रकाश एवं समता है, अज्ञानमय एवं विषमतापूर्ण संसार से मुक्त हो जाता है जबकि वासनाओं को दबा दिया जाता है। जब तक मन वासनाओं का शिकार बना रहता है, यह अयथार्थ को भूल से यथार्थ समझ लेता है। जब मन के ये उतार चढ़ाव, जो इन वासनाओं के कारण उत्पन्न होते हैं; नष्ट हो जाते हैं, तब यथार्थ वस्तुसत्ता का अन्तर्ज्ञान सम्भव होता है।
4. सर्वदर्शनसंग्रह, पृष्ठ 26।

एवं निर्दोष है। (2) उपाधिशेषनिर्वाण, अथवा वह जिसमें कुछ शेष अंश उपस्थित है। यह एक सापेक्ष सत् की अवस्था है और यद्यपि सब प्रकार के अनुराग (उपाधि) और बाधा से उन्मुक्त है तो भी भौतिक शृंखलाओं के अधीन है जो दुःख एवं क्लेश के कारण हैं। (3) अनुपाधिशेषनिर्वाण, अथवा ऐसा निर्वाण जिसमें कुछ दोष नहीं रहता। यह सब प्रकार के बन्धनों से पूर्णतया मुक्त है। (4) निर्वाण, जिसका तात्पर्य नितान्त प्रकाश है और जिसका उद्देश्य दूसरों का उपकार करना है; यह सबसे उच्च श्रेणी का निर्वाण है।

योगाचार के सिद्धान्त ने जहां एक ओर योगाविज्ञान के क्षेत्र में बहुत बड़ा कार्य किया क्योंकि इसने सब प्रकार की यथार्थता को ग्रहण करने के लिए विचार की आवश्यकता की ओर निर्देश किया, वहां साथ ही साथ इसने अपनी निर्बलता का भी प्रकाश किया क्योंकि इसने बार-बार मन के बाह्य यथार्थसत्ता एवं अनुभव का निषेध किया। आलय-विज्ञान की परिभाषा का प्रयोग अत्यधिक अनिश्चित है। कहीं-कहीं इसे तथता का पर्यायवाची मान लिया गया है, जब इसका वस्तुमात्र के साथ तादात्म्य वर्णन किया गया है जो सत् का केवल अमूर्तरूप है, एवं विशुद्ध अस्तित्ववाचक है, अथवा हेगल का मत है, और जब हम प्रत्येक तथ्य एवं सत्ता की आकृति का सार निकालते हैं तो जो परमतत्त्व के रूप में रह जाता है। इसके अतिरिक्त इसे मन की प्रीतीति समझा जाता है, जिसके क्षेत्र के अन्दर अन्य प्रतीतियां भी समाविष्ट हैं। यही विश्वमन भी है, जिसमें निषेधात्मकता का अंश भी सम्मिलित है। कभी-कभी व्यक्ति के अन्दर जो चेतना का प्रवाह है, उसके साथ इसकी समता की जाती है। इस सिद्धान्त की ऐसे मुख्य विषय में अनिश्चितता ने ही इसे पर्याप्त मात्रा में युक्तियुक्त समीक्षा का लक्ष्य बनाया।

5. माध्यमिक नय[1]

माध्यमिक दर्शन-पद्धति एक प्राचीन पद्धति है जिसका पता बुद्ध के आदिम उपदेशों में मिलता है। बुद्ध ने अपने नैतिक उपदेश को बराबर मध्यम वर्ग कहा है, और दोनों ही प्रकार की

1. माध्यमिक दर्शन के मुख्य पाठ हैं नागार्जुन के माध्यमिक सूत्र। नागार्जुन दक्षिणभारत का एक ब्राह्मण था, जिसने कुमारजीव के अनुसार—जिसने उसके जीवनचरित्र को चीनी भाषा में ईस्वी सन् 401 में अनुवाद किया—दूसरी शताब्दी ईसा के पश्चात् हुआ, यद्यपि उसके दर्शन की परम्परा क्रिश्चियन सन् की पहली शताब्दी की प्रतीत होती है। एक मत यह भी है कि नागार्जुन ईसा से पूर्व पहली शताब्दी में हुआ। शरत्चन्द्रदास की सम्मत्ति में (देखिए, 'इण्डियन पण्डित्स इन द लैंड आफ स्नो', पृष्ठ 15) नागार्जुन ने धोरभद्र को, जो 56 वर्ष ईसा से पूर्व हुआ, बौद्धर्म में दीक्षित किया, यदि भारतीय इतिहास के उस वर्णन पर विश्वास किया जाए जो दलाई लामा के पुरातत्व लेखों में सुरक्षित है। चीनी यात्री युआनच्वांग पर मत है कि नागार्जुन बुद्ध की मृत्यु के 400 वर्ष पश्चात् दक्षिणी कौशल में हुआ और उसने सर्वोपरि ज्ञान प्राप्त करके बोधिसत्त्व प्राप्त किया। डॉ. विद्याभूषण नागार्जुन को लगभग 300 वर्ष ईसा के पश्चात् हुआ मानते हैं। किन्तु किसी भी अवस्था में वह 401 वर्ष ईसा के पश्चात् से इधर नहीं हुआ जबकि कुमारजीव ने नागार्जुन के जीवनचरित्र का अनुवाद चीनी भाषा में किया। इसके अतिरिक्त नागार्जुन न्यायसूत्रों के दिए गए 16 द्रव्यों की परिभाषाओं का ज्ञान भी रखता था और उसने प्रमाणों के ऊपर एक पुस्तक भी लिखी। इसमें नागार्जुन ने पांच अवयवों से युक्त तर्कक्रम के अवयवघटित वाक्य (हेतुमद् अनुमान) को घटाकर केवल तीन अवयवों में ही विभक्त किया। तर्कशास्त्र पर लिखे गए एक अन्य ग्रन्थ 'उपायकौशल्यहृदयशास्त्र' में हमें सम्वाद कला का एक विशद वर्णन मिलता है। 'विग्रहव्यावर्तिनी कारिका' में नागार्जुन न्यायशास्त्र की प्रमाण-सम्बन्धी कल्पना की समीक्षा करता है और सम्भवतः न्यायशास्त्र का कर्ता वात्स्यायन नागार्जुन के मत से अभिज्ञ था। माध्यमिक सूत्रों पर जो संस्कृत टीका हमें उपलब्ध है वह→

अतिवादिताओं (अर्थात् तपस्वी-जीवन एवं प्रवृत्ति के वशीभूत भौतिक इन्द्रियभोग) के जीवन का विरोध किया है। अध्यात्मविद्या के क्षेत्र में भी उन्होंने सब प्रकार की अतिवादी स्थिति को दूषित ठहराया है, अर्थात् सब वस्तुएं सत् हैं एवं कुछ भी सत् नहीं हैं, दोनों ही स्थापनाएं अग्राह्य हैं। माध्यमिक दर्शन चरम विधि और चरम निषेध दोनों के मध्यम मार्ग को स्वीकार करता है। नागार्जुन को हम भारत के एक बहुत महान विचारक के रूप में पाते हैं, जिसने विषयी निष्ठतावादी एवं यथार्थवादी दोनों वर्ग के विचारकों से कहीं अधिक आगे बढ़कर प्रबलरूप में अनुभव के विषयों का विश्लेषण किया है। निःस्वार्थ बौद्धिक उत्साह एवं दार्शनिक लगन के द्वारा, जिनका लक्ष्य उनके अपने ही हित में सम्यक्ता एवं समग्रता पाना है, उसके मत को समर्थन मिला। उसका दर्शन कभी तो संशयवाद को स्पर्श करता है तो कभी रहस्यवाद को। उसका संशयवाद उसके विचार की अनिवार्य सापेक्षता को जान लेने के कारण है। किन्तु तो भी उसकी आस्था एक परम यथार्थसत्ता के मानदण्ड में है। उसके संशयवाद का उद्भव तो बौद्ध दर्शन से है और परमार्थवाद उसने उपनिषदों से लिया है। नागार्जुन एक यथार्थ दार्शनिक भावना से प्रेरित होकर ऐसे विरोधी तत्त्वों को प्रकाश में लाकर रख देता है जिन्हें विवेकशून्य वाक्यरचना एवं चिन्तन के प्रति उदासीनता के कारण हमारी दैनिक चेतना परदे की ओट में रखती है। योगाचार यथार्थता के सापेक्ष दृष्टिकोण का सुझाव देता है जिसमें से ही नागार्जुन अपने संशयवाद को विकसित करता है। किन्तु उसके दर्शन का जो निश्चित अंश है वह उपनिषदों की अद्वैतपरक व्याख्या के मत से भिन्न नहीं है। यह कल्पना करना एक भयंकर भूल है कि नागार्जुन में हमें केवल उपनिषदों का ही सिद्धान्त मिलता है। उपनिषदों से वह प्रेरणा लेता हुआ अवश्य प्रतीत होता है किन्तु उसके दर्शन-सिद्धान्त का विकास अधिकतर बौद्धमत के आश्रय में एवं उसी के उद्धरणों द्वारा हुआ। निष्कर्ष यह है कि नागार्जुन ने जिस सिद्धान्त का प्रतिपादन किया उसके नमूने का विचार पहले से नहीं रहा यद्यपि यह समझा जाता है इसकी उत्पत्ति प्रज्ञापारमिता से हुई। यह प्रतिपादन करना सम्भवतः अधिक उपयुक्त होगा कि साधारण धारणा के अनुसार शून्यवाद विज्ञानवाद से पूर्व प्रादुर्भूत हुआ, यद्यपि इस विषय में निश्चित रूप से कुछ नहीं कहा जा सकता। सम्भवतः दोनों का विकास साथ-साथ हुआ हो। हर हालत में हमारी उक्त विषय के प्रतिपादन की व्यवस्था उक्त दोनों पद्धतियों के अन्दर तार्किक सम्बन्धों को पहचानने में सहायक सिद्ध होती है।

6. ज्ञान का सिद्धान्त

यदि हम प्रत्यक्षानुभवों से आगे बढ़कर उन पदार्थों तक जिनके विषय में हमें अनुभव होते हैं, नहीं पहुंच सकते तो हम अनुभवों से उस आत्मचेतना तक कैसे पहुंच सकते हैं जो प्रत्यक्ष की सम्पादक है? जिस यथार्थ का निषेध हम बाह्य जगत् के विषय में करते हैं उसका श्रेय

→चन्द्रकीर्ति द्वारा रचित है, जो सम्भवतः सातवीं शताब्दी (ईसा के पश्चात्) के उत्तरार्ध में हुआ। सातवीं शताब्दी (ईसा के पश्चात्) में हुए शान्तिदेव को कभी माध्यमिकों में गिना गया है और कभी योगाचारों में। बोधिचर्यावतार एवं शिक्षा-सभुच्चय जैसे अपने ग्रन्थों मे वह दो प्रकार के सत्यों को मानता है, संवृत्ति और परमार्थ तथा शून्य के सिद्धान्त को वह स्वीकार करता है। "अपने पुण्य का निश्चय करो ऐसे कर्मों के द्वारा जो नम्रता एवं शून्य की भावना से ओतप्रोत हो।" (शिक्षा-समुच्चय, 5 : 21)। विचार की अन्य पद्धतियां माध्यमिक सिद्धान्त की आलोचना करती हैं।

विचारों को भी कैसे दे सकते हैं? क्योंकि दोनों ही अस्थायी अनुभव के वर्ग के हैं। हम यह भी नहीं जानते कि देखने, अनुभव करने एवं इच्छा करने के अतिरिक्त चेतना का और क्या स्वरूप है। पदार्थ गुणों से भिन्न नहीं हैं। और यदि ऐसा है तो उसका ग्रहण नहीं हो सकता। इसलिए बाह्य जगत् को आन्तरिक जगत् की ही प्रतीति मानने की कोई आवश्यकता नहीं अथवा विषयी (प्रमाता) को ही सर्वव्यापक मानने की भी आवश्यकता नहीं। योगाचारों ने एक निरन्तर विद्यमान विषयी (प्रमाता) की स्थापना के द्वारा इन्द्रियगम्य संसार की व्याख्या की। तर्क को इससे भी आगे बढ़ाया गया और आत्मा की छायामात्र को त्याग दिया गया। यदि योगाचारी ठीक मार्ग पर हैं तब ज्ञेय पदार्थों की सत्ता नहीं है।[1] विषय (प्रमेय पदार्थ) के अभाव का तात्पर्य हुआ कि विषयी (प्रमाता) भी नहीं है। इस प्रकार से माध्यमिक निरन्तर आलय को उड़ा देता है और केवल विचारों के प्रवाह का ही प्रतिपादन करता है। यदि विषय-सम्बन्धों की खोज नहीं की जा सकती तो संसार का नितान्त अभाव है। बाह्य पदार्थ (प्रमेय विषय) एवं आन्तरिक अवस्थाएं दोनों ही शून्य-रूप हैं। माध्यमिक का कहना है कि हम जागरित अवस्था में भी स्वप्न ही देख रहे होते हैं। तर्क के बल पर माध्यमिक प्रमाता एवं प्रमेय दोनों ही अन्तिम अवस्था में अव्याख्येयता का अनुमान करता है। विज्ञान अथवा साधारण बुद्धि द्वारा की गई व्यवस्थाएं, जो यथार्थ प्रतीत होती हैं, रोचक एवं महत्त्वपूर्ण अवश्य हैं किन्तु वे अन्तिम रूप में यथार्थ नहीं हैं। इससे पूर्व कि हम माध्यमिक के जगत् के प्रतीयमान रूपक सिद्धान्त के सही-सही महत्त्व की परिभाषा करने का प्रयत्न करें, आइए हम उन युक्तियों पर विचार करें जिनके आधार पर माध्यमिक अपने मत की स्थापना करता है।

माध्यमिक, जैसाकि नाम से ही उपलक्षित होता है, एक ऐसी स्थिति को अंगीकार करता है जो परले सिरे की विधि एवं परले सिरे के निषेध के बीच का मार्ग है। यदि संसार की सत्ता को यथार्थ माना जाए तो उसमें कोई भी परिवर्तन नहीं हो सकता। उन्नति एवं ज्ञान उसी अवस्था में सम्भव हैं जबकि संसार लचकदार या नमनशील हो और निरन्तर परिणमन की अवस्था में हो। जिस प्रकार नागार्जुन पर टीका करते हुए चन्द्रकीर्ति कहता है कि "यदि सब कुछ अपना-अपना स्वात्मतत्त्व रखता है जिसके कारण एक अवस्था से दूसरी अवस्था में जाना ही असम्भव हो जाता है तो फिर मनुष्य ऊंचा उठने की इच्छा कैसे कर सकता है, यदि वस्तुतः वह जीवन के स्तर में ऊपर उठते रहने की अभिलाषा करे?" एक ऐसे जगत् में जो यथार्थ एवं स्वयं में पूर्ण है, हम कुछ नहीं कर सकते; इसलिए इसे अयथार्थ होना ही चाहिए। नागार्जुन प्रश्न पूछता है कि "यदि आप शून्य के सिद्धान्त का निषेध करते हैं तो कार्यकारणभाव के सिद्धान्त का भी निषेध हो जाता है। यदि स्वात्मतत्त्व नामक कोई वस्तु होती तो वस्तुओं का बाहुल्य भी स्वरचित एवं अविनश्वर रूप ठहरता, जो एक प्रकार से स्थायी शून्यता ही के समान है। यदि शून्यता (रिक्तता) न होती तो जो अभी तक प्राप्त नहीं हुआ उसकी प्राप्ति भी न हो सकती और न दुःख का विनाश हो सकता और न ही समस्त वासनाओं का पूर्ण विलोप हो सकता।"[2] जगत् का विकासोन्मुख स्वरूप हमें विवश करता है कि हम उसकी परमार्थता का निषेध करें। इससे यह स्पष्ट प्रतीत होता है कि जहां नागार्जुन जगत् के परमार्थ सत् रूप को अस्वीकार करता है, वह इसे नितान्त शून्यरूप में भी परिणत नहीं करता है।

---

1. सर्वसिद्धान्तसारसंग्रह, 3 : 1, 18।

2. अध्याय 24।

संसार के प्रतीति-आत्मक स्वरूप सम्बन्धी माध्यमिक का सिद्धान्त प्रतीत्यसमुत्पाद (अर्थात् आश्रित उत्पत्ति) के सिद्धान्त से निकला है। एक उन धर्मों का पुंज है जो एक-दूसरे के पीछे निरन्तर अटूट शृंखला के रूप में आते हैं। प्रत्येक मनुष्य व्यक्तिरूप में धर्मों का संग्रह है। क्योंकि प्रत्येक विचार, सम्वेदना अथवा इच्छा एक धर्म है। एक गाड़ी भौतिक धर्मों के संगृहीत समूह का नाम है; इसी प्रकार मनुष्य भी भौतिक एवं मानसिक धर्मों का संगृहीत पुंज है जिनसे उसमें व्यक्तित्व का निर्माण होता है। धर्मों से पृथक् गाड़ी एवं मनुष्य का अस्तित्व केवल विचारों में ही है--ऐसा अस्तित्व जो प्रज्ञप्ति (नाम) मात्र का है। केवल धर्मों का ही अस्तित्व है किन्तु उनका नाश अवश्यम्भावी है। निरन्तर प्रवाहरूपी शृंखला में धर्म केवल क्षणिक है। प्रत्येक विचार अपने निर्णायक कारण अथवा प्रत्यय के रूप में अनेक धर्म रख सकता है जो कुछ-कुछ उसके बाह्य हों, यथा दृष्टि के विषय एवं चक्षु इन्द्रिय आदि-आदि। किन्तु इसका कारण अथवा हेतु वही विचार हैं जो ठीक उससे पूर्व रहा हो। ठीक जैसेकि दीपशिखा की जीवनावधि का प्रत्येक क्षण तेल व बत्ती आदि के ऊपर निर्भर करता है, यद्यपि यथार्थ में यह दीपशिखा के पूर्ववर्ती क्षणों की ही शृंखला है। कोई भी वस्तु अपनी स्वतन्त्र सत्ता नहीं रखती। प्रत्येक वस्तु दूसरी वस्तु के ऊपर निर्भर करती है। माध्यमिक सब धर्मों एवं उनके संग्रह को अयथार्थ घोषित नहीं करते यद्यपि वे उन्हें प्रतीतिरूप एवं क्षणिक अवश्य मानते हैं,[1] तो भी यह स्वीकार करना होगा कि विवाद के आवेश में आकर वे कभी-कभी सुझाव देते हैं कि धर्म सर्वथा अभावात्मक हैं।

यदि व्याख्या करने की अक्षमता को ही किसी वस्तु की यथार्थता के निषेध का पर्याप्त कारण मान लिया जाए तब न तो बाह्य पदार्थ और न ही आन्तरिक आत्मा यथार्थ ठहर सकेंगे। योगाचारों का तर्क है कि बाह्य पदार्थ अयथार्थ हैं, क्योंकि हम नहीं कह सकते कि उनका प्रादुर्भाव अस्तित्व से हुआ है या नहीं, और वे सरल अणु हैं अथवा संयुक्त देह हैं। इस कल्पना के अन्दर काम करने वाले सिद्धान्त को नागार्जुन स्वीकार करता है, अर्थात् कि अयथार्थ बुद्धिगम्य नहीं है, किन्तु उसका कहना है कि इस दृष्टिकोण से चेतना अथवा विज्ञान भी अयथार्थ ठहरता है—यह देखते हुए कि हम इनके विषय में किसी प्रकार का संगत कथन नहीं क़र सकते। यहां पर आकर नागार्जुन अपनी सम्बन्ध-विषयक कल्पना का विकास करता है। योगाचार इस विषय पर बल देते हैं कि सब वस्तुओं की सत्ता चेतना के सम्बन्धों द्वारा ही है। विचार करने वाली चेतना के अतिरिक्त हम और ऐसे किसी माध्यम को नहीं जानते जिसके द्वारा वस्तुओं का अस्तित्व सम्भव हो सके। नागार्जुन यह भी स्वीकार करता है कि संसार की स्थिति के कारण सम्बन्ध ही हैं। संसार केवल इन सम्बन्धों का सम्मिश्रण है। अन्तरिक्ष के सूर्य, चन्द्र, नक्षत्र आदि एवं पृथ्वी पर का कुल सामान और वे सब पदार्थ जो इस महान जगत् के ढांचे का निर्माण करते हैं, अपना कोई महत्त्वपूर्ण (यथार्थ एवं तात्त्विक) अस्तित्व नहीं रखते। ये सारवान सम्बन्ध हैं, किन्तु सम्बन्ध स्वयं बुद्धिगम्य नहीं है। नागार्जुन दिखाना चाहता है कि सारा आनुभविक जगत् केवल प्रतीतिमात्र और अज्ञेय सम्बन्धों का जाल मात्र है। प्रकृति और आत्मा, देश और काल, कारण और कार्यरूप पदार्थ, गति और विश्रान्ति, यह सब एक समान दृष्टिशक्ति में आने वाला निराधार ढांचा मात्र है जो अपने पीछे उड़ते

---

1. जब हम विवेक-बुद्धि से वस्तुओं की परीक्षा करने लगते हैं तो हम किसी भी वस्तु के स्वरूप का ठीक-ठीक निरूपण नहीं कर सकते, इसलिए हमें घोषणा करनी पड़ती है कि वस्तुएं अव्याख्येय हैं और उनका कोई स्वभाव अथवा स्वरूप नहीं बताया जा सकता (लंकावतारसूत्र, 2 : 173)।

हुए बादलों की तरह कोई चिह्न भी नहीं छोड़ सकता। यथार्थता को कम से कम स्थिर एवं संगत तो होना ही चाहिए। किन्तु वे विभाग जिनमें से हम अपनी यथार्थता अथवा अनुभव की रचना करते हैं, हमारे लिए बुद्धिगम्य नहीं है, बल्कि परस्पर-विरोधी हैं। बुद्धिगम्य होना तो कम से कम यथार्थता के लिए आवश्यक है ही, किन्तु अनुभवजन्य सम्बन्धों में इतना गुण भी नहीं है। जो वस्तुएं परस्पर-संगत नहीं हैं वे वास्तविक तो हो सकती हैं किन्तु यथार्थ नहीं। यहां हमें ब्रैडले के इस सम्बन्ध में किए गए प्रयास का स्मरण होता है क्योंकि दोनों ही अवस्थाओं में सामान्य नियम वही है। निस्सन्देह वहां पर हमें उक्त नियम का वैसा विशद एवं क्रमबद्ध प्रयोग नहीं मिलता जो ब्रैडले के अध्यात्मशास्त्र को महत्त्व प्रदान करता है। नागार्जुन का प्रयास न तो उतना पूर्ण है और न ही उतना विधिपूर्वक है जैसाकि ब्रैडले का है। नागार्जुन में ब्रैडल की भांति क्रमबद्धता और एकरूपता का अभाव है किन्तु उसे सामान्य नियम का पूरा ज्ञान है और उसके ग्रन्थ में बहुत कुछ न्यूनता एवं निष्प्रयोजनता के रहने पर भी एक प्रकार की एकता पाई जाती है।

गति के प्रकार की व्याख्या नहीं हो सकती। हम उसके स्वरूप को नहीं समझ सकते। कोई भी वस्तु एक ही समय में दो स्थानों में नहीं हो सकती। "हम ऐसे मार्ग पर नहीं चल रहे हैं जिस पर पहले यातायात न हो चुका हो। और न ही हम ऐसे मार्ग पर चल रहे हैं जिसपर अभी चलना है। ऐसे मार्ग का अस्तित्व जिसपर अभी तक कोई न चला हो और न ही जिसपर अभी चलना शेष हो, हमारी समझ से बाहर है।"[1] ऐसे मार्ग को दो भागों में विभक्त किया जा सकता है अर्थात् एक वह मार्ग जिसपर पहले चला जा चुका हो और दूसरा वह जिसपर अभी चलना शेष हो। तीसरा मार्ग सम्भव नहीं। पहला तो समाप्त हो चुका और दूसरा अभी सामने नहीं आया इसलिए गति असम्भव है। गति के इस निषेध के परिणामों को बाद के छन्दों में विकसित किया गया है।[2] चूंकि गति नहीं है तो चलने वाला भी नहीं है।[3] बिना गति के कोई गति का कर्ता नहीं और इसीलिए कोई भी कर्त्ता कैसे चल सकता है? "चूंकि तुम ऐसे मार्ग पर चलना प्रारम्भ नहीं कर रहे हो जिसपर पहले चला जा चुका है और न ऐसे ही मार्ग पर चलना प्रारम्भ कर रहे हो जिस पर अभी तक किसी ने गति नहीं की, न ऐसे ही मार्ग पर हो जिसपर चला जा रहा है, तो फिर तुम किसी मार्ग पर चलना प्रारम्भ कर रहे हो?"[4] चलने वाले एवं गति के विषय में भी हम निश्चयपूर्वक कह सकते हैं, क्योंकि बिना गति की क्रिया के गति करने वाला नहीं हो सकता। वह न तो एक-दूसरे से सृदश हैं और न ही एक-दूसरे से भिन्न हैं। इसलिए एकमात्र परिणाम जो निकलता है वह यह है कि गति करने वाले एवं मार्ग और गतिरूप कर्म सभी अयथार्थ हैं।[5] और हम यह नहीं कह सकते कि स्थितिरूप कर्म ही यथार्थ है। गति, परिवर्तन एवं स्थिति ये सब बुद्धि से परे हैं। ऐसा प्रतीत हो सकता है कि इस सारे कथन में नागार्जुन केवल क्रियात्मक कठिनाइयां उत्पन्न कर रहा है, क्योंकि परिवर्तन और गति सत्य घटनाएं हैं। इसमें सन्देह नहीं कि ये वास्तविक घटनाएं हैं किन्तु प्रश्न यह है कि हम किस प्रकार अपनी बुद्धि से उन्हें समझ सकते हैं। जब तक हम दार्शनिक ज्ञान की प्राप्ति के लिए यत्नशील हैं, हम पूर्ण व्याख्या से न्यून में सन्तुष्ट नहीं हो सकते। गति एवं स्थिति की पूर्ण रूप से व्याख्या नहीं हो सकती है और इसीलिए ये परम तथ्य नहीं हैं किन्तु केवल सापेक्ष परिभाषाएं हैं, एवं उपयोगी परम्पराएं हैं।

सातवें अध्याय में नागार्जुन संयुक्त पदार्थों अथवा संस्कृतों के विषय को लेता है जो

---

1. माध्यमिक सूत्र, 2 : 1।
2. 2 : 2-5।
3. 2 : 6, 7, 8।
4. 2 : 12।
5. 2 : 14, 18।

जीवन धारण करते हैं, स्थित रहते हैं एवं नष्ट हो जाते हैं।[1] यदि प्रादुर्भाव, स्थिति एवं विनाश तीनों ही पृथक् रूप में एक संस्कृत पदार्थ के रूप का निरूपण नहीं कर सकते तब वे मिलकर एवं एक ही समय में एक ही पदार्थ में रह सकते हैं। यदि पदार्थ अपने प्रादुर्भाव के समय में विनाश एवं स्थितिरहित हो तब उसे हम संस्कृत नहीं कह सकते। यही अवस्था दोनों अन्य गुणों के सम्बन्ध में भी है। तो भी तीनों एकसाथ एक ही क्षण में नहीं हो सकते। प्रकाश और अन्धकार एक ही समय में नहीं रह सकते, इस प्रकार से संस्कृत पदार्थ यथार्थ नहीं हैं। इक्कीसवें अध्याय में वह प्रादुर्भाव एवं विनाश के विषय को लेता है (सम्भव-विभाव), और उनकी अयथार्थता को प्रमाणित करता है। आलोचनात्मक दृष्टि से देखने पर न तो उद्भव ही और न विनाश ही सम्भव है। उन्नीसवें अध्याय में काल के विचार को जिसमें भूत, वर्तमान एवं भविष्यत् सब सम्मिलित हैं, वह बुद्धिगम्य पदार्थों की श्रेणी से बाह्य घोषित करता है। भूतकाल का विवरण सन्दिग्ध है एवं भविष्यत् एक निर्विकल्प भविष्यवाणी है। जो कुछ वर्तमान में अनुभव में आता है, वही सब कुछ प्रतीत होता है जोकि है। किन्तु भूत एवं भविष्यत् काल से पृथक् वर्तमान भी हमें नहीं मिलता। इसलिए काल भी विचार का ही एक रूप है जिसकी रचना शून्यता में से हुई है।[2]

वस्तु का ज्ञान हमें उसके गुणों के कारण ही होता है। जब हम सब गुणों को ग्रहण कर लेते हैं तो कहा जाता है कि हम अमुक वस्तु को जानते हैं और यदि हम गुणों को ग्रहण नहीं करते तो हम पदार्थ को भी नहीं जानते। पांचवें अध्याय में नागार्जुन इस विषय का प्रतिपादन करता है और उसमें पृथ्वी, जल, अग्नि, वायु, आकाश अथवा अन्तरिक्ष आदि तत्त्वों का एवं चेतना अथवा विज्ञान का विशेष उल्लेख करते हुए तर्क करता है कि गुणों से पूर्व कोई पदार्थ नहीं होता क्योंकि इसका अर्थ यह होगा कि पदार्थ गुणों से विहीन है।[3] तब फिर गुणों का आवास कहां है? ऐसा प्रतीत होता है कि वे निर्गुण पदार्थों में भी नहीं रहते, न अपने अन्दर ही हैं और वे और भी कहीं नहीं हैं। फिर, गुणों से दूर एवं विरहित पदार्थ भी नहीं रह सकता तथा ऐसी कोई वस्तु नहीं जो पदार्थ भी न हो और गुण भी न हो। गुण तो हमें पदार्थ की ओर निर्देश करता है, और पदार्थ हमें गुणों की ओर ले जाता है और हम नहीं जानते कि ये दोनों एक हैं या पृथक् हैं। पन्द्रहवें अध्याय में स्वभाव अथवा अन्तर्निहित गुण का प्रतिपादन किया गया है और इसमें यह दर्शाया गया है कि न तो अस्तित्व और न ही अभाव को पदार्थ का अनिवार्य गुण सिद्ध किया जा सकता है। रंग, कठोरता, कोमलता, गन्ध, स्वाद इत्यादि गुण विषयीनिष्ठ अर्थात् प्रमाता में ही स्थित हैं। उनका अस्तित्व है, क्योंकि इन्द्रियों का अस्तित्व है। आंख के अभाव में रंग का और कान के अभाव में शब्द का भी अस्तित्व न होता। इसलिए गुण अपने से भिन्न एवं पृथक् अवस्थाओं के ऊपर निर्भर करते हैं। वे स्वतन्त्र रूप से यथार्थ नहीं हैं क्योंकि वे हमारी इन्द्रियों पर निर्भर करते हैं। वे स्वतन्त्र रूप से अपने-आपमें अस्तित्व नहीं रख सकते। चूंकि गुणों का अस्तित्व इन्द्रियों के साथ सम्बन्ध रखता है, इसलिए वे सब इन्द्रियों पर निर्भर करते हैं, और इसलिए नागार्जुन गुणों में मुख्य एवं गौण विषयक भेद नहीं करता। चूंकि सब गुण प्रतीति या आभास मात्र ही हैं, वे पदार्थ भी जिनके अन्दर उनका आवास है, यथार्थ नहीं हो सकते। यदि वस्तु का सम्बन्ध गुणों के साथ है तब प्रतीति आभासरूप गुणों का वस्तु पर भी प्रभाव रहेगा। हम

---

1. "उत्पाद-स्थिति-भंग-समाहार-स्वभावम्।"
2. "ते आकाशस्थितेन चेतसा कालं कुर्वन्ति।"
3. अध्याय।

ऐसे पदार्थों को नहीं जानते जो इन गुणों को धारण किए हुए हैं। हमारा ज्ञान गुणों तक ही सीमित है। तथाकथित वस्तु अनुभव से परे है और इसलिए इसमें विश्वास रखना एक परम्परागत धारणा मात्र ही है। हम यह नहीं कह सकते कि कोई अन्य नहीं, केवल ये गुण ही वस्तुविशेष के गुण हैं। यदि पदार्थ केवल एक प्रकार की संयोजक वस्तु है, जो गुणों को एकसाथ, जैसे एक-दूसरे से चिपकाकर, रखती है एवं उनमें पारस्परिक संघर्ष को रोकती है, तब पदार्थ केवल एक प्रकार का सम्बन्ध ही बन जाता है। इस प्रकार पदार्थ गुणों का एक अमूर्तरूप सम्बन्ध है और चेतना से पृथक् अस्तित्व नहीं रख सकता जो एक ऐसा वाहन है कि जिसके द्वारा इसका निर्माण होता है। पदार्थ एवं गुण अन्योन्याश्रित हैं और इनमें से किसी एक को स्वतन्त्र रूप में पूर्ण यथार्थता की इकाई नहीं माना जा सकता। परमार्थ रूप में जिसका अस्तित्व है वह न तो पदार्थ है और न ही गुण है क्योंकि ये दोनों परस्पर एक-दूसरे के ऊपर निर्भर हैं। कुछ समय के लिए व्यावहारिक दृष्टि से हम अपने अनुभव में उसे पदार्थ के रूप में मान ले सकते हैं। जिसके अन्तर्गत गुण रहते हैं क्योंकि भार एवं आकृति आदि गुणों की कल्पना हम उसकी पृष्ठभूमि में किसी अधिष्ठान को माने बिना नहीं कर सकते। वस्तुतः नागार्जुन का विश्वास है कि वस्तुएं कारणकार्य-भाव सम्बन्ध के कारण, और परस्पर-निर्भरता, सान्निध्य और सौपाधिकता के कारण यथार्थ प्रतीत होती हैं।

माध्यमिक सूत्रों के पांचवें अध्याय में कारणकार्य-सम्बन्धों का खण्डन किया गया है। "कोई भी पदार्थ अपने कारण से पृथक् रूप में प्रत्यक्ष का विषय नहीं बनता और पदार्थ का कारण भी स्वयं पदार्थ से पृथक् रूप में नहीं ग्रहण किया जा सकता है। यदि पदार्थ का कारण स्वयं पदार्थ से पृथक् है तब इसका तात्पर्य यह हुआ कि आप पदार्थ को कारणविहीन मानते हैं। किन्तु पदार्थ के कारण को मानना युक्तियुक्त नहीं है क्योंकि बिना कारण के पदार्थ का अस्तित्व नहीं रह सकता।" नागार्जुन तर्क करता है कि कारण से पृथक् कार्य अथवा कार्य से पृथक् कारण अभावात्मक है। किसी भी वस्तु की उत्पत्ति न तो अपने-आपसे होती है और न ही दूसरे पदार्थ से होती है और न दोनों ही से होती है तथा बिना कारण भी नहीं होती। तर्क की दृष्टि से उत्पत्ति असम्भव मालूम होती है।[1] कोई भी यथार्थ वस्तु उत्पन्न होती हुई नहीं सुनी जाती और न यही कहा जा सकता है कि वह घड़ा जो इस क्षण में असत् है, अगले क्षण में उत्पन्न हो जाता है। ऐसा कथन करना असंगत होगा। जब हम यह जानते हैं कि वस्तुओं की कोई परमार्थ सत्ता नहीं है तो हम देखते हैं कि वह ऐसे सत्तासम्पन्न दूसरी वस्तुओं को भी उत्पन्न नहीं कर सकती। यदि हम कारणों के विषय में कुछ कहते हैं तो उसमें तर्क की अवहेलना करते हैं और विषयी और विषय, पदार्थ और गुण, देश और काल का कुछ समय के लिए उपयोग करते आनन्द लूटते हैं। परमार्थ दृष्टि से यदि देखा जाय तो न तो कोई कारण है और न कार्य ही है, न उत्पत्ति है और न विनाश है।[2] कभी-कभी कारण को ही समस्त सामग्री समझ लिया जाता है—उसे भी सब प्रकार के नियन्त्रण से रहित और ऐसा कि जिसे समझना कठिन है।[3] इस विवाद से यह परिणाम निकलता है कि परिवर्तन

---

1. सर्वसिद्धान्तसारसंग्रह (अध्याय 4 : 7, 9) इस प्रकार का तर्क उपस्थित करता है, जो असत् है, उसकी उत्पत्ति किसी भी कारण के द्वारा नहीं हो सकती जैसे कि एक चतुष्कोण चक्र; यदि उत्पादन को एक सत् पदार्थ के सम्बन्ध में वाञ्छनीय स्वीकार कर लिया जाए तो भी वह केवल उसी वस्तु को उत्पन्न करेगा जिसकी उत्पत्ति पहले हो चुकी है। एक ही वस्तु सत् एवं असत् दोनों नहीं हो सकती और न ही हम यह कह सकते हैं कि एक ही वस्तु सत् एवं असत् से भिन्न है।

2. अध्याय 21।

3. अध्याय 20।

का विचार बुद्धिगम्य नहीं है। 'क' 'ख' में परिवर्तित होता है। नागार्जुन तर्क करता है कि यदि 'क' 'ख' बन सकता है तो यह सदा ही 'ख' रहा होगा अन्यथा यह 'ख' नहीं बन सकता। किन्तु वह 'ख' नहीं रहा होगा। क्योंकि अन्यथा इस कथन की कुछ आवश्यकता ही नहीं कि वह 'ख' बन गया। परिवर्तन की प्रक्रिया बुद्धिगम्य नहीं है। कारण-कार्यभाव परिवर्तन का समाधान नहीं है, क्योंकि यह स्वयं एक असम्भव विचार है।

गुण का पदार्थ के साथ निर्भरता का सम्बन्ध है। दोनों विशेष प्रकार के सम्बन्ध से अस्तित्व रखते हैं। बोध एवं ज्ञेय पदार्थ में भी परस्पर ऐसा ही सम्बन्ध है। परमार्थदृष्टि से दोनों ही अयथार्थ हैं किन्तु सापेक्षरूप में उन दोनों का अस्तित्व प्रतीत होता है और जब तक एक वस्तु दूसरी वस्तु के ऊपर निर्भर करती है, तब तक उनमें से एक भी अपना स्वतन्त्र अस्तित्व नहीं रखती।

एक प्रतीति-विषयक घटना (जो विशेषकाल और देश के सम्बद्ध है) एक अन्य घटना के साथ (जो दूसरे काल एवं देश से सम्बद्ध है) सान्निध्य के सम्बन्ध से सम्बद्ध हो सकती है किन्तु यह स्पष्ट है कि देश-सम्बन्धी सम्बन्ध सापेक्ष होते हैं और यह कि उनमें नितान्त पूर्ववर्तिता अथवा पश्चाद्वर्तिता नहीं होती।

हिस्से का सम्बन्ध पूर्ण इकाई के साथ सोपाधिकता (कण्डीशनैलिटी) का है, जैसे कि धागों का सम्बन्ध कपड़े के साथ है। धागों से पृथक् कपड़ा नामक कोई वस्तु नहीं, और न ही धागे कपड़े से पृथक् हैं। इन दोनों में से किसी की भी परमार्थसत्ता नहीं है। बिना हिस्सों के सम्पूर्ण इकाई नहीं बनती एवं पूर्ण इकाई के बिना हिस्सों का अस्तित्व नहीं, दोनों ही एक दूसरे के साथ उपाधि रूप सम्बन्ध में अवस्थित प्रतीत होते हैं। किन्तु यह केवल प्रतीति अथवा 'संवृति' मात्र है। विश्व के किन्हीं भी पदार्थों का परमार्थरूप में अस्तित्व नहीं है। उनका अस्तित्व सम्बन्धों द्वारा ही प्रतीत होता है।

छठे अध्याय में आत्मा के विषय को लिया गया है। इस सामान्य सिद्धान्त के आधार पर कि गुणों के अतिरिक्त पदार्थ की सत्ता कुछ नहीं है, हम इस परिणाम पर पहुंचते हैं कि चेतना की अवस्थाओं के अतिरिक्त आत्मा का कोई पृथक् अस्तित्व नहीं है। कार्य करने, अनुभव करने एवं विचार से पूर्व आत्मा का अस्तित्व नहीं है। नवें अध्याय में नागार्जुन कहता है : "कुछ व्यक्तियों का कहना है कि वह सत्ता जिसका कार्य देखना, सुनना एवं अनुभव करना है, अपने इन कर्मों से पूर्व भी विद्यमान रहती है। किन्तु हम यह कैसे जान सकते हैं कि वह इन कर्मों से पूर्व अपना अस्तित्व रखती है। यदि आत्मा का अस्तित्व देखने के कर्म से पूर्व एवं उसके बिना भी था तो देखने का कार्य बिना आत्मा की सत्ता के भी होना चाहिए। आत्मा एवं देखने की क्रिया दोनों ही एक-दूसरे की पूर्वकल्पना कर लेते हैं। इसके अतिरिक्त यदि सुनने एवं देखने की सारी क्रिया से पूर्व आत्मा का अस्तित्व नहीं था तो इनमें से प्रत्येक के पूर्व यह कैसे विद्यमान हो सकता है? यदि यह वही एक (सामान्य) आत्मा है जो देखती है, सुनती है और अनुभव करती है तो अवश्य उसका अस्तित्व इन सब कर्मों से पूर्व होना चाहिए। आत्मा तत्वों में विद्यमान नहीं रहती जिसके द्वारा देखने, सुनने और अनुभव की क्रियाएं सम्पन्न होती हैं।" जब तक देखने आदि की क्रियाएं सम्पन्न नहीं होतीं, आत्मा की विद्यमानता को नहीं जाना जा सकता। इसलिए यह उक्त क्रियाओं से पूर्व विद्यमान नहीं थी और न ही यह उक्त क्रियाओं के अनन्तर अस्तित्व में आती है। क्योंकि यदि देखने आदि की क्रियाएं आत्मा के बिना भी निष्पन्न हो सकती हैं तो आत्मा को बीच में डालने का उपयोग ही क्या? इसलिए हम इसी परिणाम पर पहुंचते हैं कि आत्मा एवं देखने आदि की क्रियाएं एक ही समय में एक-दूसरे के साथ-साथ अपना अस्तित्व रखती हैं। क्योंकि जब

तक वे एक-दूसरे से स्वतन्त्र न हों, दोनों एक ही समय में नहीं हो सकती।[1] नागार्जुन आत्मा के सम्बन्ध में उन्हीं तर्कों का प्रयोग करता है जिनका प्रयोग योगाचारी बाह्य यथार्थता के निराकरण के लिए करते थे। यदि उन गुणों के कारण जो हमारे सम्मुख बाह्य विश्व के अध्ययनकाल में आते हैं, एक ऐसी स्थायी यथार्थता का निर्देश नहीं करते जिसे हम प्रकृति कहते हैं, तब फिर विचारों का अस्तित्व कैसे आत्मा का निर्देश कर सकता है? क्योंकि आत्मा तो विचार नहीं है। क्षणिक मानसिक अवस्थाओं की अबाधित शृंखला ही सब कुछ है, जिसे हम आत्मा समझ सकते हैं। हम चेतना के स्वरूप के विषय में कुछ नहीं जानते। यह एक प्रकार का प्रवाह है, संवेदनाओं का विकसित होता हुआ एक क्षेत्र है जो हमारे सम्मुख खुलता है। नागार्जुन के मत में एक नित्य आत्मा में विश्वास, इसी प्रकार का एक साहसिक और रूढ़िबद्ध विश्वास है, जैसाकि उसके समानान्तर भौतिक जगत्-सम्बन्धी विश्वास। यह धारणा कि चेतनागत पदार्थों की व्यवस्था मनोवैज्ञानिक शृंखलाबद्ध क्रम से इस प्रकार से होती है कि उनसे पृथक् मनों की सृष्टि हो सके, एक कोरी कल्पना है। वस्तुएं ऐसी ही हैं जैसी वे प्रतीत होती हैं। हम विचारों के प्रवाह के विषय में कह भी नहीं सकते। यदि हम एक आत्मा की यथार्थता को स्वीकार करते हैं, जो चेतना की अवस्थाओं के अतिरिक्त है, तो यह केवल क्रियात्मक उपयोग के लिए है। आत्मा और उसकी अवस्थाओं में तथा कर्त्ता और उसकी क्रियाओं में परस्पर-निर्भरता के विषय का प्रतिपादन आठवें अध्याय में किया गया है। "कार्य के सम्बन्ध में ही कर्त्ता का प्रश्न उठता है और कार्य भी कर्त्ता के सम्बन्ध से ही है। किन्तु परमार्थता की दृष्टि से न तो कोई कर्त्ता है और न कार्य ही है।"[2]

ज्ञान की व्याख्या असम्भव है। सम्वेदनाओं से विचारों का जन्म होता है। ठीक ऐसे ही जैसे कि विचार सम्वेदनाओं को जन्म देते हैं। पौधों में से बीज उत्पन्न होते हैं और बीज से फिर पौधे का जन्म होता है। प्रत्यक्ष ज्ञान का स्वतः अस्तित्व नहीं है। "तुम उसे नहीं देख रहे हो जिसे पहले देखा जा चुका है। और न ही तुम ऐसे पदार्थ को देख रहे हो जो अभी तक नहीं देखा गया है। क्योंकि ऐसा दृश्य पदार्थ जो न तो अभी तक पहले देखा गया है और न अभी तक देखा जाने को है, अस्तित्वरहित है।"[3] "चक्षु इन्द्रिय इसको नहीं देखती और दर्शनेन्द्रिय के अतिरिक्त तो कोई शक्ति देख ही नहीं सकती। तो फिर तीसरी ऐसी कौन शक्ति है जो देखे?"[4] देखने वाला, द्रष्टव्य पदार्थ और देखने की क्रिया आदि चलने वाले, जिस मार्ग पर चला जा सके वह, और गति-विषयक क्रिया आदि के समान एकसाथ विचार में नहीं आ सकते। प्रत्यक्ष ज्ञान एवं द्रष्टव्य पदार्थ एक-दूसरे से सम्बद्ध होकर ही अपना अस्तित्व रखते हैं। यदि दर्शन की क्रिया न हो तो रंग भी नहीं है और रंग के अभाव में रंग की प्रत्यक्ष ज्ञान भी न होगा। "जिस प्रकार पुत्र अपने माता-पिता पर निर्भर करता है, ठीक उसी प्रकार दृष्टिशक्ति की सम्वेदना आंखों एवं रंगों पर निर्भर करती है।" और हमें इस

---

1. न्यायशास्त्र नागार्जुन के इस मत का उल्लेख करते हुए उत्तर में कहता है : "यदि इस प्रकार आप प्रत्यक्ष ज्ञान आदि का निराकरण करते हैं तब कोई भी व्यक्ति इन्द्रियगम्य पदार्थों की स्थापना नहीं कर सकता और यदि इन्द्रियगम्य पदार्थों का अस्तित्व नहीं है तो उनके विषय में कोई आपत्ति भी नहीं उठाई जा सकती। इस प्रकार आपकी उठाई हुई आपत्तियां एकदम निराधार हैं। और यदि आप सब प्रकार की साक्षियों का निषेध करते हैं तब आपकी आपत्तियों का कोई महत्त्व नहीं रहता; यदि आप अपनी आपत्तियों की निर्दोषता को स्वीकार करते हैं तब आप प्रत्यक्ष ज्ञान आदि की विविधता से सहमत होते हैं।"

2. 16, 10।

3. 3 : 3।

4. 3 : 4।

विषय का भी कभी निश्चय नहीं हो सकता कि हम जो कुछ देखते हैं, वह सम्पूर्ण रूप में हमारा अपना ही है। वही एक वस्तु भिन्न-भिन्न व्यक्तियों को भिन्न-भिन्न प्रकार की प्रतीत होती है और उस एक व्यक्ति को भी भिन्न-भिन्न समय में भिन्न-भिन्न प्रकार की प्रतीत होती है। चौदहवें अध्याय में संसर्ग अथवा पदार्थ के साथ सन्निकर्ष का विश्लेषण किया गया है और उसका निराकरण कर दिया गया है। परिवर्तन एवं अवस्थाएं आती-जाती रहती हैं और पूर्वापर की शृंखला भी स्थिर नहीं रहती, जब तक कि वह, जो अनुभवकर्ता है, एकरस न हो और तारतम्य की शृंखला में बराबर विद्यमान न रहे। किन्तु आत्मा को इस प्रकार एकरस समझना अपने-आपमें एक कठिन समस्या है।

फिर सामान्य गुणों (जाति) के विषय में क्या है? क्या वे उन 'जातिमत्' पदार्थों से स्वतन्त्र रूप में भी पाए जाते हैं अथवा वे सदा व्यक्तियों के अन्दर ही पाए जाते हैं। हमारा समस्त ज्ञान भेद के ऊपर निर्भर है। गाय क्या है? वह घोड़ा नहीं है और न भेड़ ही है; इसका तात्पर्य यह हुआ कि एक गाय, गाय से भिन्न कुछ नहीं है। 'गाय है' यह कहने की अपेक्षा यह हमें कहेंगे कि यह एक घोड़ा या वृक्ष नहीं है। हमारा समस्त ज्ञान सापेक्ष है और भेद के आधार पर स्थिर रहता है। घोड़ा नहीं है, संसार नहीं है आदि। हम नहीं जानते कि यह क्या है। इस पहेली को इस प्रकार से रखा गया है : हम किसी भी वस्तु के स्वरूप को अन्य वस्तुओं से भिन्न किए बिना नहीं जान सकते और न हम दूसरों से इसके भेद को जान सकते हैं, सिवा इसके कि उसके निजी स्वरूप का ज्ञान प्राप्त कर सकें।[1] एक वस्तु से हम दूसरी की ओर जाते हैं और इस प्रक्रिया का कही अन्त नहीं है। हमें वस्तुओं के सम्बन्ध में अन्तिम व्याख्याओं की प्राप्ति नहीं हो सकती।[2] सब वस्तुएं सापेक्ष हैं। कोई भी वस्तु अपने अस्तित्व के लिए आत्मनिर्भर नहीं है। क्योंकि प्रत्येक वस्तु कारण-कार्य की अनन्त शृंखला के ऊपर आश्रित है। वस्तुओं के समस्त गुण सम्बन्धयुक्त हैं और परमार्थरूप नहीं हैं। हम पारस्परिक सम्बन्धों की योजनाओं के द्वारा ही कार्य करते हैं और वे भी एकसाथ एकत्र नहीं होते। जिन वस्तुओं को हम अब देख रहे हैं वे प्रगाढ़ निद्रा में दिखाई नहीं देतीं। जो कुछ स्वप्न में दिखाई देता है वह जब हम जागरित अवस्था में होते हैं तो दिखाई नहीं देता। यदि वस्तुतः किसी वस्तु का यथार्थ में अस्तित्व होता तो वह तीनों अवस्थाओं (जागरित, स्वप्न, सुषुप्ति) में प्राप्य होनी चाहिए थी। विचार न तो अपने को और न ही दूसरे किसी पदार्थ को जान सकता है। सत्य की समता मौन के साथ है (अर्थात् सत्य वाणी का विषय नहीं हो सकता)। ज्ञान असम्भव है।[3] नागार्जुन के कठोर तर्क का यही निष्कर्ष निकलता है।

विश्व से पृथक् कोई ईश्वर नहीं और ईश्वर से पृथक् कोई विश्व नहीं, और दोनों ही एक समान प्रतीति मात्र हैं। यदि नागार्जुन इस प्रकार ईश्वर के विचार का परिहास करता है तो हमें स्मरण रखना चाहिए कि यह देवतावादी या आस्तिक का ईश्वर है जिसका वह निराकरण करता है, किन्तु वह उस यथार्थरूप ईश्वर के प्रति भक्ति के प्रति सच्चा है जो महायान बौद्धधर्म का धर्मकाय है।

एक साहसपूर्ण तर्क का आश्रय लेकर वह यह दिखाता है कि किस प्रकार यह संसार

---

1. यस्मानू न हि स्वभावनां प्रत्ययादिषु विद्यते।
   अविद्यमाने स्वभावे परभावो न विद्यते॥
2. रूपादिव्यतिरेकेन यथा कुम्भो न विद्यते।
   वाय्वादिव्यतिरेकेन तथा रूप न विद्यते॥

   (अध्याय 1)।

3. अध्याय 27।

जो जन्म, जीवन एवं मरण से युक्त है, अयथार्थ है।[1] दुःख[2], संस्कार[3] अथवा मानसिक प्रवृत्तियां, बन्धन, मुक्ति[4] एवं समस्त कर्म[5] अयथार्थ हैं। ये सब ऐसे सम्बन्धों के कारण हैं कि जिनके स्वरूप को हम कभी समझ नहीं सकते। नागार्जुन में इतना साहस अवश्य है कि वह अपने तर्कशास्त्र के निर्णयों का सामना कर सके, भले ही वे मनुष्यजाति के धार्मिक हितों के लिए कितने ही अरुचिकर क्यों न हों। वह अपनी दर्शन-पद्धति का निचोड़ इन शब्दों में रखता है कि यथार्थ में बुद्ध अथवा तथागत भी नहीं है[6], और परमार्थ के दृष्टिकोण से सत्य एवं मिथ्या में किसी प्रकार का भेद भी नहीं है। जब यथार्थ कुछ है ही नहीं तो किसी विषय के मिथ्याज्ञान की भी सम्भावना नहीं उठती।[7] दुःख-विषयक जो चार आर्यसत्य हैं[8] वे एवं निर्वाण-विषयक विचार[9]—ये सब अयथार्थ हैं। अपने माध्यमिक शास्त्र से पहले ही श्लोक में वह कहता है : "मृत्यु नहीं है, न जन्म ही है, भेद भी कुछ नहीं है; स्थिरता (अभिनिवेश) भी नहीं है, न एकत्व है, न अनेकत्व है; आना और जाना भी कुछ नहीं है।" यथार्थ कुछ नहीं है। इसका निषेधात्मक तथ्य पहले दिया गया है। किसी निश्चयात्मक प्रदर्शन की आवश्यकता नहीं। जो सत् है उसके कारण की आवश्यकता है, किन्तु जो असत् है उसके कारण की कोई आवश्यकता नहीं। संसार की केवल प्रतीतिरूप में ही सत्ता है, एवं वस्तुएं न तो क्षणिक हैं और न स्थायी या नित्य हैं, न उत्पन्न होती हैं और न नष्ट होती हैं, न तो वही रहती हैं और न भिन्न होती हैं, म आती हैं और न जाती हैं। यह सब केवल प्रतीतिमात्र है। संसार गुणों एवं सम्बन्धों की एक आदर्श पद्धतिमात्र है। हम ऐसे सम्बन्धों में विश्वास रखते हैं जिनकी व्याख्या बुद्धि के द्वारा नहीं हो सकती। विज्ञान का यह एक उच्चश्रेणी का मिथ्या विश्वास है कि आनुभविक जगत् की उपयोगी श्रेणियां परमार्थरूप में यथार्थ हैं जिसे नागार्जुन ने निर्मूल सिद्ध करके इस प्रकार उड़ा दिया।

अनुभवसिद्ध जगत् भ्रान्ति है, जिसे सम्बन्धों द्वारा पुष्टि मिलती है। कारणकार्य अंश एवं अंशी आदि विभाग, जिनका स्वतन्त्र अस्तित्व नहीं है और जो परस्पर एक-दूसरे पर निर्भर हैं, इन्हीं सबसे मिलकर यह संसार बनता है। ये सब केवल कुछ समय के लिए हमें प्रतीयमान यथार्थता का ज्ञान देते हैं जो संवृति अथवा परम्परागत रूढ़िज्ञान का विषय है। घटनाओं के अन्योन्याश्रम-सम्बन्धों का निर्णय करने के लिए वे अनुकूल सिद्ध होते हैं। किन्तु जब वे अस्तित्व के यथार्थ तत्त्व को व्यक्त करने का प्रयास करते हैं तो उनमें परस्पर-विरोध उत्पन्न होता है। वे केवल कामचलाऊ विचार मात्र हैं जिनका परमार्थ दृष्टि से दार्शनिक महत्त्व कुछ नहीं। हम यहां पर यह उल्लेख कर देना आवश्यक समझते हैं कि जहां एक ओर ब्रैडले का कहना है कि विचार मर्यादाओं के अन्दर ऐसे सम्बन्धों की स्थापना करता है कि मर्यादाएं स्वयं सम्बन्धों में परिणत नहीं की जा सकतीं, वहां दूसरी ओर नागार्जुन, ग्रीन के समान, स्थति को स्वीकार करता है, अर्थात् अनुभव की यथार्थता केवल सम्बन्ध-विषयक है; यद्यपि परमार्थसत्ता उसकी पृष्ठभूमि में रहती है। ब्रैडले की दृष्टि में साधारण ज्ञान एवं विज्ञान से युक्त संसार में कुछ न कुछ सत्ता ऐसी अवश्य रहती है जो सम्बन्धों के रूप में परिणत नहीं हो सकती। किन्तु नागार्जुन की दृष्टि में ऐसी कोई वस्तु यहां नहीं है। तो भी नागार्जुन केवल

---

1. अध्याय 11।
2. अध्याय 12।
3. अध्याय 13।
4. अध्याय 16।
5. अध्याय 18।
6. अध्याय 22।
7. अध्याय 23।
8. अध्याय 24।
9. अध्याय 25।

विनाशात्मक संशयवादी नहीं है वरन् रचनात्मक विचार करने वाला दार्शनिक है। परमार्थ सत्य अवश्य है जहां तक विज्ञान नहीं पहुंच सकता। वह समस्त अनुभव को विभिन्न अंशों से विभक्त कर देता है जिससे कि उसकी पृष्ठभूमि में विद्यमान परमार्थसत्ता प्रकाश में आ सके। प्रतीतिरूप जगत् में वास्तविक विरोधी तत्त्व सम्मिलित हैं और विशुद्ध निश्चयात्मक घोषणा ही तात्त्विक है। इस जगत् के पीछे, जिसमें हम देखते, सुनते एवं अनुभव करते हैं, कुछ न कुछ अवश्य है जिसके विषय में हम विचार करने को विवश हो जाते हैं। रंग, आकृति एवं शब्द, जिनका हम प्रत्यक्ष ज्ञान करते हैं, निश्चय ही किसी अभावात्मक वस्तु के आवासरहित गुण नहीं हैं। चौथे अध्याय में नागार्जुन हमें बताता है कि शून्यतारूपी निष्कर्ष एक प्रकार से अनायास ही उसके ऊपर आ पड़ा, जिसकी कल्पना उसने प्रारम्भ में नहीं की थी। और इसे स्वतः सिद्ध मान लेने से यह 'साध्यसम' हेत्वाभास (Petitio Principii) होगा। प्रतीतिवाद (Phenomenalism) भी बलात् उसके सिद्धान्त में आ गया। तर्कशास्त्र का प्रश्न ज्ञान के सिद्धान्त के रूप में यह है कि अनुभव किस प्रकार सम्भव होता है। नागार्जुन उन अवस्थाओं को दिखाता है जो अनुभव को सम्भव बनती हैं, और उनकी अबुद्धिगम्यता को भी दिखाता है, और अनुभव के अपरमार्थ-स्वरूप का अनुमान करता है। नागार्जुन के तर्कशास्त्र का कुल प्रदर्शन उसके हृदय का चित्रपट है जो परमार्थसत्ता में विश्वास रखता था। बाह्य संशयवाद आन्तरिक सत्य के हित में ही था। प्रकृति एक आभास-मात्र है तो भी उसकी एक स्थायी नींव है, जो असीम है, जिसमें से सब पदार्थ निकलते हैं और अन्त में समा जाते हैं। केवल मात्र इसके विषय में बात करते समय हमें अपने आनुभाविक जीवन के सब विभागों का त्याग कर देना चाहिए। हम यह नहीं कह सकते कि यह क्या है अर्थात् यह स्वतन्त्र अथवा चेतनामय है। प्रश्न स्वयं उपलक्षित करते हैं कि हमारे मर्यादित जीवन की अवस्थाएं अनन्त यथार्थता में परिवर्तित हो जाती है। अनन्त आत्मा की व्याख्या से निषेध का आशय यह नहीं कि हम उसका निराकरण करते हैं। परमार्थ की यथार्थता में दृश्यमान जगत् की प्रतीति समाविष्ट है। "स्कन्ध रिक्त हैं; सब वस्तुएं रिक्तता के स्वभाव वाली हैं, उनका न कोई प्रारम्भ है और न अन्त है, वे निर्दोष हैं और निर्दोष नहीं भी हैं, वे अपूर्ण नहीं हैं और पूर्ण भी नहीं हैं; इसलिए हे सारिपुत्र, इस शून्यता में न तो कोई रूप है, न प्रत्यक्षज्ञान है, न नाम है, न कोई प्रत्यय है और न ज्ञान है।"[1]

यह स्वीकार करते हुए कि ज्ञानमय जगत् सम्बन्धयुक्त है, योगाचारों ने विज्ञान की यथार्थता की स्थापना की, जो सम्बन्धों को जोड़ता है। नागार्जुन विज्ञान के विचार को आत्मा के रूप में लेकर उसकी अपर्याप्तता को दर्शाता है। यदि विज्ञान एक मर्यादित आत्मा है तो वह परमार्थ तत्त्व नहीं हो सकता। यदि यह अनन्त आत्मा है तो इसे ऐन्द्रिय विभाग की श्रेणी में रखना अनुचित होगा। परमार्थसत्ता परमार्थसत्ता ही है और उसके विषय में हम और कुछ नहीं कह सकते। विचार जितना भी है सब सापेक्ष है और परमतत्त्व भी जब विचार का विषय बनता है, एक प्रकार से सापेक्ष हो जाता है; हम इसे स्वतः चेतन व्यक्ति के रूप में विचारगत नहीं कर सकते, जब तक कि उसके विषय में वर्णन करने के लिए किसी नाममात्र वस्तु की स्थापना न कर लें।

---

1. बृहत्तर प्रज्ञापारमिताहृदय सूत्र, पृष्ठ 148, 'सेक्रेड बुक्स आफ द ईस्ट', 49।

7. सत्य और यथार्थता की श्रेणियां

ऐसा प्रतीत होता है कि नागार्जुन की प्रतीतिवाद-सम्बन्धी कल्पना हमें मूल्यांकन की समस्त योजना को भ्रान्ति समझकर छोड़ देने की प्रेरणा देती है। जब प्रत्येक वस्तु ही अयथार्थ बन गई, पुण्य एवं पाप भी अयथार्थ है, तब हमें निर्वाण की अवस्था को प्राप्त करने के लिए प्रयास करने की भी आवश्यकता नहीं और न ही दुःखों से मोक्ष प्राप्त करने की आवश्यकता है, क्योंकि दुःखों का अस्तित्व ही नहीं है। जीवन को भ्रान्तिरूप समझते हुए हम जीवन निर्वाह नहीं कर सकते। भ्रान्ति का पता लग जाने पर फिर नैतिक जीवन को उसके ऊपर आधारित करना लगभग असम्भव हो जाता है। यद्यपि परमार्थ के मापदण्ड से देखने पर दुःख अयथार्थ हैं, किन्तु जहां तक हमारे वर्तमान जीवन का सम्बन्ध है, उनकी वास्तविकता से निषेध नहीं हो सकता। ऐसे व्यक्ति के लिए तो, जिसने परमार्थ को ग्रहण कर लिया है, इस प्रकार की कोई समस्या ही नहीं रह जाती, क्योंकि वह तो निर्वाण को पहुंच चुका। किन्तु जो व्यक्ति संसार में फंसे हुए हैं उन्हें तो कार्य करना ही है। नैतिक जीवन पर कोई संकट इसलिए नहीं आ सकता कि माया का प्रभाव पृथ्वी पर के प्रत्येक प्राणी के लिए अनिवार्य है। भ्रान्ति मनुष्य के जीवन में इतनी शक्तिशाली है कि पुण्य एवं पाप का भेद इससे अछूता रहता है, ऊंची अवस्था में जाकर भले ही जो कुछ हो। नागार्जुन सत्य के दो प्रकार मानता है, "एक परमार्थ और दूसरा आनुभाविक।" बुद्ध का उपदेश दो प्रकार के सत्य के सम्बद्ध है। सापेक्ष सोपाधिक सत्य एवं इन्द्रियातित परमार्थ-सत्य।[1] इस प्रकार के भेद द्वारा परमार्थ शून्यवाद एवं नैतिक जीवन के मध्य का अन्य किसी प्रकार से न सुलझ सकने वाला विरोध भी दूर हो जाता है। निर्वाण की प्राप्ति तो ज़रूर उच्चतर जीवन से ही होती है, किन्तु उच्चतर जीवन तक भी तो नीचे के सांसारिक जीवन द्वारा ही पहुंचा जा सकता है। संवृत्ति मनुष्य की तार्किक शक्ति की उपज है यह विश्व का कारण है और इसकी प्रतीति भी है। इसका यौगिक अर्थ है आवरण अथवा परदा, जो सत्य को छिपाए रखता है। इसके अस्तित्व को सिद्ध करने की कोई आवश्यकता नहीं, क्योंकि यह अपना साक्षी स्वयं है। स्वप्न देखने वाला मनुष्य किसी भी तर्क के द्वारा अपने स्वप्नावस्था से निषेध नहीं कर सकता, क्योंकि प्रत्येक तर्क जिसका वह उपयोग करेगा, वैसे ही असत्य होगा जैसे कि वह वस्तु मिथ्या है जिसे वह सिद्ध अथवा असिद्ध करने जा रहा है। जब हम जाग जाते हैं तो हम स्वप्न में देखे गए पदार्थ के मिथ्यात्व को सिद्ध कर सकते हैं। ठीक इसी प्रकार संवृत्ति अथवा क्रियात्मक सत्य के मिथ्यात्व को परमार्थतत्त्व अथवा निरपेक्ष सत्य की प्राप्ति हो जाने पर सिद्ध किया जा सकता है। कितने भी तर्क के द्वारा संवृत्ति स्वयं अपने को मिथ्या सिद्ध नहीं कर सकती। इसके अन्दर ही सब कुछ होता है जैसेकि वस्तुएं यथार्थ एवं तात्त्विक धर्मों की बनी हुई हैं। इस स्तर पर प्रमाता (विषयी) एवं प्रमेय (विषय) के यथार्थ एवं भ्रान्ति के बन्धन और मोक्ष के भेद वास्तविक हैं। परमार्थ की अवस्था में जाकर संवृत्ति एकदम सत्य नहीं ठहरती, क्योंकि यह एक प्रकार का स्वप्न या भ्रान्ति है। संसार की सब वस्तुएं बुद्ध के समान इसके मनोहर भ्रम एवं निर्वाण-सम्बन्धी पवित्र आशाएं टुकड़े-टुकड़े हो जाती हैं। ऐसी साधारण आपत्तियां, जैसेकि यदि सभी भ्रान्तिमय है तो भ्रान्ति का विचार भी स्वयं भ्रान्ति है, नागार्जुन को अपने मत से विचलित नहीं कर सकती। विवाद-सम्बन्धी कठिनाइयों के कारण वह एक निरपेक्ष तत्त्व को स्वीकार कर लेता है, जो नित्य एवं परमार्थ सत्य है। इस आपत्ति के उत्तर में कि यदि सब कुछ शून्य

---

1. अध्याय 24।

है और न कुछ उत्पन्न होता है और न नष्ट होता है इसीलिए पुण्य एवं पाप में तथा सत्य एवं भ्रान्ति में भेद नहीं किया जा सकता, नागार्जुन का कहना है कि सर्वोपरि सत्य—जो सब प्रकार की जिज्ञासा को शान्त करके आन्तरिक शान्ति प्राप्त कराएगा—संवृत्ति एवं हमारे जीवन की रूढ़िगत परम्पराओं के कारण छिपा रहता है। यथार्थ में जीवन कुछ नहीं है, जीवन की समाप्ति भी कुछ नहीं है और न कोई जन्म या मोक्ष ही है। यथार्थ इन अर्थों में शून्य है, क्योंकि मूर्तरूप एवं व्यक्तित्व नहीं है। इसका तात्पर्य यह नहीं है कि यह परम शून्यता अथवा एक कोरा रूपविहिन सत् पदार्थ है।[1] यह रिक्त है, जो संवृत्ति से भिन्न है, जिसे यथार्थ कहा जाता है। नागार्जुन बुद्ध के वचन को इस प्रकार उद्धृत करता है : "कोई स्त्री, कोई पुरुष, कोई भी जीवन, कोई चेतनावान प्राणी और कोई आत्मा नहीं है, अर्थात् ये सब कुछ नहीं है, ये सब धर्म अयथार्थ हैं, अस्तित्वविहिन हैं, जैसेकि स्वप्न, अथवा मिथ्या उपन्यास की कल्पना होती है अथवा जैसेकि पानी में पड़ता हुआ चन्द्रमा का प्रतिबिम्ब अवास्तविक होता है।"

तर्क को दूषित बतलाया गया है, जो केवल विश्वास के लिए स्थान बनाता है। यह एक विश्वास ही है, जिसको ज्ञान का सहारा है एवं अज्ञान से जिसकी पुष्टि नहीं होती। यह केवल कल्पना का खेल-मात्र नहीं है, बल्कि तर्क पर आश्रित है। यदि परमार्थ एवं सापेक्ष सत्य परस्पर सम्बद्ध न होते तब हम नितान्त संशयवाद में फंस जाते। यदि ज्ञान को तात्त्विक (Noumenal) यथार्थता से पृथक् कर दें तो प्रतीति अथवा आभास-विषयक ज्ञान की भी प्रामाणिकता नहीं रह जाती। नागार्जुन संकेत करता है कि बिना क्रियात्मक सत्य का आश्रय लिए इन्द्रियातीत सत्य की भी प्राप्ति नहीं हो सकती।[2] बुद्धिगम्य सत्य को हम सर्वथा एक ओर नहीं हटा सकते, भले ही यह अन्तिम सत्य न भी हो। यह सर्वोपरि शक्ति नहीं है जैसाकि कुछ दार्शनिक इसे समझते हैं। उन्नत श्रेणी का सत्य, जिसका प्रकाश बुद्धि के द्वारा नहीं होगा, सीमित शक्ति वाले मन के लिए केवल एक पूर्वधारणा अथवा स्वीकृत पक्ष के रूप में है। यद्यपि हम इसका साक्षात् नहीं कर सकते, फिर भी हम इस पर विश्वास कर सकते हैं। कोई मनुष्य यह नहीं कह सकता कि उसने इसे इस प्रकार जान लिया है जिस प्रकार कि वह अनुभवजन्म पदार्थों को जानता है। तब भी वह यह अनुभव करता है कि अपने अनुभव को पूर्णता प्रदान करने के लिए इस प्रकार की एक कल्पना की आवश्यकता अवश्य है। हमारे सम्मुख उपस्थित तथ्यों की मांग है कि उन्हें उक्त प्रकार से पूर्णता प्रदान की जाए। तब भी सम्पूर्ण योजना हमारे आगे स्पष्ट नहीं है। सत्य हमारे हृदय के ऊपर चक्कर काट रहा है एव यदि हम उसे ग्रहण करने को उद्यत हों तो वह हमारे हृदय में अवश्य उतर सकता है। हमें अपनी सीमाओं से ऊपर उठना चाहिए। पूर्ण अन्तर्दृष्टि का अभाव उसकी आवश्यकता के अन्दर विश्वास के बिलकुल संगत है। यद्यपि विचार को तर्क के क्षेत्र में नहीं लाया जा सकता, तो भी विश्वास जमा हुआ है। यथार्थ विश्वास केवल ऐसा ही है और यह अदृष्ट पदार्थों का साक्षी है।

एक सर्वथा अमूर्त भावात्मक दृष्टिकोण को लेते हुए कुमारिल नागार्जुन की आलोचना इस प्रकार करता है : "यह मानना चाहिए कि ऐसा पदार्थ जिसका अस्तित्व नहीं है वह कभी भी नहीं है, और जिसका अस्तित्व है वह नितान्त रूप में यथार्थ है। और इसलिए दो प्रकार

---

1. तुलना कीजिए—"राजमार्ग की दिशा चाहे किसी ओर क्यों न हो, निश्चय रखो कि अन्त में कुछ नहीं मिलेगा।"—आर. एल. स्टीवेन्सन।
2. "व्यवहारमनाश्रित्य परमार्थो न देश्यते।" अध्याय 24।

के सत्य की धारणा नहीं बन सकती।''[1] शंकर की धारणा है कि माध्यमिकों का सिद्धान्त जगत् की नितान्त शून्यता का समर्थन करता है। उस भाव को लेकर उदयन प्रश्न करता है : ''शून्यता का भाव तथ्य है अथवा नहीं? यदि यह ऐसी तथ्य घटना नहीं है जिसका किसी ने प्रत्यक्ष ज्ञान किया हो, तो तब तुम कैसे कह सकते हो कि संसार शून्य है? यदि यह तथ्य घटना है तो क्या यह स्वतः सिद्ध है अथवा दूसरे किसीके द्वारा प्रत्यक्षीकृत है? तब उस अन्य प्रत्यक्ष करने वाले के और जो कुछ उसने प्रत्यक्ष किया उन दोनों के अस्तित्व को स्वीकार करना पड़ेगा।''

नागार्जुन विभिन्न प्रकार के अस्तित्व को मानता है। इन्द्रजाल (माया अथवा दृष्टिभ्रम) में देखे गए पदार्थों का अस्तित्व उन अर्थों में नहीं है जिन अर्थों में प्रत्यक्ष ज्ञान के पदार्थों का अस्तित्व है, यद्यपि वे दोनों ही मानसिक तथ्य के रूप में एक ही व्यवस्था के अन्दर आते हैं। सब वस्तुएं एवं मनुष्य धर्मों के संगृहीत पुंज हैं और उनके बीच का भेद धर्मों के स्वभावों द्वारा जांचा जाता है, जो अपने अन्दर वर्ग बना लेते हैं। वस्तुओं के विषय में उसी प्रकार के धर्म समाविष्ट होते हैं। मनुष्यों के सम्बन्ध में यह बात ऐसी नहीं है। जबकि हमारी महत्त्वपूर्ण इन्द्रियां आदि बिना किसी विशेष परिवर्तन के ही फिर से नवशक्ति प्राप्त कर लेती हैं, मानसिक धर्म महान परिवर्तनों के अधीन रहते हैं। इन्द्रजाल के पदार्थों का अस्तित्व मन से बाहर नहीं है किन्तु हमारे अनुभव के पदार्थ अनुभव के सम्बन्ध में विद्यमान रहते हैं और उस सीमा तक प्रमाता (विषयी) से स्वतन्त्र हैं। नागार्जुन मानता है कि संसार का अस्तित्व देश एवं काल की स्थिति के सम्बन्ध में है, यद्यपि यह स्थायी या निरन्तर रहने वाला नहीं है। अनुभवगम्य पदार्थ की एक विशेष स्थिरता है, क्योंकि उसकी दैशिक स्थिति एवं भौतिक सम्बन्ध है। विशेष अवस्थाओं में हम उससे अभिज्ञ हो सकते हैं एवं उस अनुभव की पुनरावृत्ति भी कर सकते हैं। यह विषयी से अतीत अथवा निरपेक्ष है क्योंकि उचित अवस्थाओं में सर्वसाधारण के अनुभव का एक सामान्य विषय है। विशुद्ध मानसिक अवस्था देश से सम्बन्ध रखने वाले भावों से न तो विस्तृत होती है और न उसके द्वारा वर्णित ही होती है तथा वह क्षणिक स्वभाव की होती है और उसका ज्ञान सीधा एवं एक ही प्रमाता के द्वारा होता है। इस प्रकार भौतिक पदार्थ का अस्तित्व केवल मानसिक अस्तित्व की अपेक्षा अधिक निश्चित है। प्रतिकृतियां क्षणिक हैं एवं चेतना के प्रवाह के साथ परिवर्तनशील हैं, जबकि इन्द्रियगम्य पदार्थ अपेक्षाकृत निश्चित स्वभाव के हैं तथा निश्चित अवस्थाओं के अनुसार चेतना में बार-बार आ सकते हैं। संसार में अस्तित्व का तात्पर्य है देश, काल एवं कारणकार्य-पद्धति में विशेष स्थिति; यद्यपि नितान्त (परमार्थ) स्वतः अस्तित्व से तात्पर्य नहीं है। इसका तात्पर्य यह भी नहीं है कि उनका अस्तित्व नहीं है। ललितविस्तर में कहा गया है : ''ऐसा कोई पदार्थ नहीं है जिसका अस्तित्व हो और न ही ऐसा कोई पदार्थ है जिसके अस्तित्व का अभाव हो।'' यह संसार परमार्थरूप में यथार्थ नहीं है और न परमार्थरूप में शून्य ही है, क्योंकि शून्यता का भाव असम्भव है। इसलिए शून्य से माध्यमिकों का तात्पर्य यह नहीं है कि परमार्थ रूप से अभावात्मक है, किन्तु यह है कि उसकी सत्ता सापेक्ष है। इसीको शंकर आनुभविक अस्तित्व कहते हैं। स्वतः अस्तित्व के अर्थों में वस्तुएं तात्त्विक नहीं हैं—यह एक बात है, और यह कहना कि वस्तुएं तात्त्विक तो हैं ही नहीं, इसलिए उनका अस्तित्व ही नहीं है—यह दूसरी बात है। माध्यमिक शाखा के ग्रन्थों में दोनों ही मतों की ओर झुकाव प्रतीत होता है, किन्तु उसका यथार्थ मत पहला ही है। प्रतीत्यमुत्पाद का सिद्धान्त—

---

1. न सत्यद्वयकल्पना। श्लोकवार्त्तिक, 115, 3, 10।

अर्थात् यह कि धर्मों का यह स्वभाव है कि उनकी उत्पत्ति कारणों के एकसाथ एकत्र होने पर होती है और इस प्रकार जो उत्पन्न होता है वह स्वतः उत्पन्न नहीं है और इसीलिए उसका स्वतः अस्तित्व नहीं है—इसी मत का समर्थन करता है कि वास्तविक रूप में विद्यमान वस्तुएं परमार्थ दृष्टि से यथार्थ नहीं हैं। इस अर्थ में शून्य से तात्पर्य यह है कि वस्तुएं अपनी उत्पत्ति (सत्ता) के लिए कारणों के अधीन हैं। बौद्धधर्म के यथार्थवादी, अर्थात् सौत्रान्तिक एवं वैभाषिक, दूसरी ओर इस मत के ऊपर कोई बल नहीं देते कि जो कुछ कारणों से उत्पन्न होता है, अपने आपमें सत्ता नहीं रखता और इसीलिए वह तात्त्विक नहीं है और शून्य एवं अभावात्मक है। "सब कुछ को शून्य अथवा रिक्त इसलिए कहा जाता है कि ऐसा कोई पदार्थ नहीं है जो सार्वभौमिक कारणकार्यभाव की उपज न हो।"[1] माध्यमिकों का शून्यवाद निषेधात्मक दृष्टि से पदार्थों का अभाव है और विध्यात्मक दृष्टि से सदा परिवर्तित होते रहने वाला संसार का प्रवाह है। यह कभी-कभी कहा जाता है कि माध्यमिकों के मत में धर्मों का अस्तित्व एकदम ही नहीं है न तो यथार्थता में और न प्रतीति में ही। उनकी तुलना केवल ऐसी असम्भव वस्तुओं से की जा सकती है जैसे कि वन्ध्या स्त्री की पुत्री। इस प्रकार की स्त्री के सौन्दर्य का तो हम वर्णन कर सकते हैं किन्तु उक्त वर्णन के साथ-साथ जिस पदार्थ का वर्णन करते हैं वह अभावात्मक है। इस प्रकार का मत नागार्जुन के वास्तविक अभिप्राय को प्रदर्शित नहीं करता है, भले ही उसके कुछ-एक वक्तव्यों का झुकाव इस प्रकार की व्याख्या की ओर पाया जाए। ऐसे वक्तव्यों में से एक इस प्रकार है : "क्या हमें धर्मों का अनुभव नहीं होता?" नागार्जुन कहता है : "हां होता है, ठीक वैसे ही जैसेकि एक भिक्षु, जिसकी आंखें खराब हैं, अपने भिक्षापात्र में एक बाल देखता है। वस्तुतः वह उसे देखता नहीं, क्योंकि जैसेकि पदार्थ नहीं है उसका ज्ञान भी असत् है। यह इस बात से सिद्ध हो जाता है कि अच्छी आंखों वाले मनुष्य के मन में बाल का विचार भी नहीं आता।" जब एक व्यक्ति परम सत्य को प्राप्त कर लेता है, वह वस्तुओं के यथार्थ स्वरूप को जान जाता है और तब वह उनके अस्तित्व के सम्बन्ध में कुछ नहीं कहेगा। वह फिर उसकी प्रतीति में नहीं आता; और इस प्रकार परमार्थज्ञान का तात्पर्य वस्तुओं का अज्ञान है। समस्त संसार एक जादू के खेल के समान है। अविद्या के बन्धन से रहित साधु पुरुष उसके अधीन नहीं है। जिस वस्तु की अस्तित्व के रूप में प्रतीति होती है, वह एक भ्रांतिमात्र है। चूंकि माध्यमिकों की दृष्टि से सब विचार एवं वस्तुएं शून्यरूप हैं, उन्हें कभी-कभी सर्ववैनाशिक भी कहा जाता है। यह विचार कि यह विश्व अपने सूर्यों एवं नक्षत्रों सहित एक निराधार आभासमात्र के अतिरिक्त और कुछ भी नहीं है, बौद्धधर्म के प्रचलित चारों निकायों—अर्थात् वैभाषिकों, (जो बाह्य पदार्थों की प्रत्यक्ष योग्यता को स्वीकार करते हैं), सौत्रान्तिक, योगाचारों (जो विषयीनिष्ठ) ज्ञानवादी हैं) एवं माध्यमिकों (अथवा शून्यवादियों)—में एक समान है किन्तु हम नहीं समझते कि यह मत नागार्जुन की शिक्षाओं के भी अनुकूल है, क्योंकि वह कोई सामान्य जादूगर नहीं है जो यह सिद्ध करना चाहता है कि वह कुर्सी जिसपर हम बैठे हैं, कुर्सी नहीं है। वह स्वीकार करता है कि अस्तित्व ही प्रतीति की निरन्तर उत्पत्ति का एकमात्र सम्भव अर्थ है, यद्यपि वह इसे परमार्थरूप में यथार्थ स्वीकार करने को उद्यत नहीं है।

1. अध्याय 24।

8. शून्यवाद और उसका तात्पर्य

शून्य शब्द के नाना प्रकार के अर्थ समझे जाते हैं। कतिपय व्यक्तियों के लिए इसका अर्थ अभावात्मक है और अन्यों के लिए एक स्थिर, इन्द्रियातीत और अव्याख्येय तत्त्व, जो सब वस्तुओं के अन्तर्गत है। पहला अर्थ आनुभाविक संसार के लिए सत्य है एवं दूसरा आध्यात्मिक यथार्थता के लिए। शून्य के वायुमण्डल में भ्रान्तिरूप ढांचा भी नहीं ठहर सकता। प्रत्येक निषेध एक अन्तर्निहित स्वीकृति के ऊपर निर्भर करता है। नितान्त निषेध असम्भव है। पूर्ण संशयवाद एक काल्पनिक वस्तु है, क्योंकि इस प्रकार का संशयवाद संशयवादी के निर्णय की यथार्थता का संकेत करता है; नागार्जुन एक उच्चतर यथार्थता के अस्तित्व को स्वीकार करता है यद्यपि उपनिषदों के ही समान वह उसे अनुभव का पदार्थ नहीं मानता। "आंख नहीं देखती, न मन ही उसका विचार करता है : यह उच्चतर श्रेणी का सत्य है जिसमें मनुष्यों का प्रवेश नहीं है। ऐसे क्षेत्र को जहां पर सब पदार्थों की पूर्ण छवि तुरन्त प्राप्त होती है, बुद्ध ने 'परमार्थ' कहा है, अर्थात् निरपेक्ष सत्य जिसका वाणी के द्वारा प्रचार नहीं किया जा सकता।"[1] इसे न तो शून्य ही कह सकते हैं और न अशून्य ही; दोनों भी नहीं कह सकते और न दोनों में से एक कह सकते हैं, लेकिन केवल उसका संकेत करने को शून्य (रिक्त) कहा जाता है।"[2] आधारभूत यथार्थता नामक एक वस्तु अवश्य है जिसके बिना वस्तुएं जो हैं वह न होतीं। शून्यता एक भावात्मक तत्त्व है। कुमारजीव नागार्जुन पर टिप्पणी करते हुए कहता है कि "यह शून्यता ही के कारण है जो प्रत्येक वस्तु सम्भव हो सकती है और बिना इसके संसार में कुछ सम्भव नहीं है।" यही सबका आधार है। "हे सुभूति, सब धर्मों का आश्रय शून्यता ही है : वे उस आश्रयस्थान में कुछ परिवर्तन नहीं लाते।"[3] "शून्यता उसका पर्यायवाची है जिसका कोई कारण नहीं, जो विचार एवं प्रत्यय या भाव से परे है, वह जिसकी उत्पत्ति नहीं होती, जो उत्पन्न नहीं हुई और जिसका कोई माप नहीं है।"[4] आनुभाविक जगत् के सम्बन्ध में प्रयुक्त होने पर शून्यता का अर्थ होता है प्रतीतिरूप जगत् की सदा परिवर्तनशील अवस्था। अनन्तता के आतंककारी शून्य में मनुष्य सब आशा को खो बैठता है किन्तु ज्योंही वह इसकी अयथार्थता को समझ लेता है, वह उससे ऊपर उठता है और स्थिर तत्त्व तक पहुंच जाता है। वह यह जानता है कि सम्पूर्ण इकाई एक क्षणिक स्वप्न है जिसमें वह विवाद-विषयों के प्रति उदासीन और विजय को निश्चित मानकर बैठा रह सकता है।

परमार्थ यथार्थता के विषय में हम कुछ नहीं कह सकते। सत्य की प्राप्ति के लिए हमें उन सब उपाधियों को एक ओर हटा देना चाहिए जिनकी संगति सत्य के साथ नहीं हो सकती। परमार्थ न तो सत्तावान है, न अभावात्मक है और न ही दोनों प्रकार का है अर्थात् सत्स्वरूप एवं असत्स्वरूप भी नहीं, और न असत् एवं सत् दोनों से भिन्न है।[5] माध्यमिकों की दृष्टि में तर्क एवं वाणी का उपयोग केवल सीमित जगत् के लिए ही हो सकता है। सीमित विभागों या वर्गों का प्रयोग अनन्त के विषय में करना इसी प्रकार का एक प्रयास होगा

1. अध्याय 3।
2. "शून्यमिति न वक्तव्यमशून्यमिति वा भवेत्।
   उभयं नोभयं चेति प्रज्ञाप्त्यर्थं तु कथ्यते॥"
3. प्रज्ञापारमिता।
4. अष्टसाहस्रिकाप्रज्ञापारमिता, अध्याय 18।
5. "अस्तिनास्ति-उभय-अनुभय इति चतुष्कोटिविनिर्मुक्तं शून्यत्वम्।"
   —माधव-सर्वदर्शनसंग्रह।

जैसाकि सूर्य की गरमी को हम साधारण थर्मामीटर के द्वारा मापने का प्रयास करें। हमारे दृष्टिकोण से परमार्थ कुछ नहीं है।[1] हम इसे शून्य कहते हैं क्योंकि संसार की उपाधियों के सम्बन्ध में प्रयुक्त होने वाला कोई भी वर्ग उसके लिए पर्याप्त नहीं है। इसे सत् कहना अनुचित होगा। क्योंकि ठोस मूर्त पदार्थ ही सत् कहे जा सकते हैं। इसे असत् कहना भी उतना ही अनुचित होगा।[2] इसलिए इसके सब प्रकार के वर्णन से बचना ही सबसे उत्तम है। विचार अपने कार्यों में द्वैतपरक है और जो है वह अद्वैत है। कहा जाता है कि बुद्ध ने ऐसा कहा था : "ऐसे पदार्थ का जिसे वर्णमाला के अक्षरों द्वारा नहीं दर्शाया जा सकता, क्या वर्णन किया जा सकता है या उसके ज्ञान का भी क्या उपाय किया जा सकता है? यहां तक कि इस प्रकार का वर्णन करना भी कि इसे वर्णमाला के अक्षरों से प्रदर्शित करना सम्भव नहीं है, यह भी तो अक्षरों के द्वारा ही किया जाता है, जिनका प्रयोग उस इन्द्रियातीत, निरपेक्ष (परमार्थ तत्त्व) एवं जिसे शून्यता के पारिभाषिक शब्द द्वारा लक्षित किया गया है, उसके लिए किया जाता है–'धर्म की यथार्थ अवस्था' निर्वाण की भांति अवर्णनीय, अज्ञेय, जन्म एवं मरण से रहित, एवं विचार तथा वाणी दोनों की पहुंच से परे है।[3] इन्हीं सब प्रकार के सम्बन्धों से अतीत अर्थों में डंस स्काटस कहता है : "ईश्वर को जो शून्य कहा जाता है सो अनुचित नहीं है।" "विचार के लिए जो सापेक्ष नहीं है (अर्थात् सम्बन्धों से विहीन है) वह शून्य ही है।"[4]

परमार्थतत्त्व सब प्रकार की सीमाओं से मुक्त होने पर भी और हमारी सीमित चेतना द्वारा विचार में आने योग्य न होने पर भी, उस अविद्या के कारण जो मनुष्य के मन में अन्तर्निहित रहती है, आनुभाविक जगत् में अपने को अभिव्यक्त करता है। अविद्या ही सापेक्षता का तत्त्व है। निस्सन्देह संसार में नित्य तत्त्व या परमार्थ प्रतिबिम्बित होता है, अन्यथा हम संवृत्ति के द्वारा, जिसे नागार्जुन स्वीकार करता है, परमार्थ को प्राप्त नहीं कर सकते। वस्तुओं का सारतत्त्व परिभाषा के दोनों अर्थों में शून्य है। "वे वस्तुएं जिनका वर्तमान में हम प्रत्यक्ष ज्ञान प्राप्त करते हैं, भूतकाल में शून्य थीं और भविष्य में भी शून्य हो जाएंगी। सब वस्तुएं अपने स्वरूप में सारतत्त्व के रूप में शून्य ही हैं।" अविद्या के ही कारण हम उन वस्तुओं का, जो वस्तुतः अभावात्मक हैं, अस्तित्व मान लेते हैं। सत्य के ज्ञान को महाविद्या कहा जाता है, और उसके विपरीत अविद्या है।

नागार्जुन का शून्य पाठक को हैमिल्टन की निरुपाधिक अथवा स्पैंसर की अचिन्त्य शक्ति का स्मरण कराता है। इसके सम्बन्धविहीन स्वरूप के कारण कभी-कभी इसको प्लाटिनस के एकत्व के, 'स्पिनोज़ा' के सारतत्त्व एवं शैलिंग के क्लीवाणु (Neutrum) के समान बतलाया जाता है। संसार के क्षोभ से क्षुब्ध मानवीय मस्तिष्क को यह भाव बहुत रुचिकर प्रतीत होता है।[5] वह उच्चतम तत्त्व अपनी निरपेक्षता या परमार्थता में गतिविहीन

---

1. "शून्यं तत्त्वम्।"
2. "तत्र अस्तिता वा नास्तिता वा न विद्यते नोपलभ्यते।"
3. अध्याय 18।
4. ब्रैडले। महोपनिषद् के अनुसार, ब्रह्म "शून्य अथवा रिक्त, तुच्छ, अभाव, अव्यक्त, अदृश्य, अचिन्त्य एवं निर्गुण है। योगस्वरोदय ब्रह्म के स्वरूप को यथार्थ, प्रज्ञा एवं आनन्द कहते हुए भी शून्य कहता है। "शून्यं तु सच्चिदानन्दं निःशब्दब्रह्मशब्दितम्।" तुलना कीजिए कबीर से : "जो सत्यों का भी सत्य है जो सब सत्यों का आगार है, उसे वे रिक्त या शून्य कहते हैं।" (टैगोर का अनुवाद)।
5. तुलना कीजिए फेबर के उस भजन से, जिसका आशय है : "हे प्रभु, मेरा हृदय दुःखी है, इस सतत परिवर्तन से दुःखी है, और जीवन एक विश्रामहीन दौड़ में थका देने वाली गति के साथ बढ़ता→

होने के कारण सब प्रकार के परिणमन (Becoming) का प्रभाव प्रतीत होता है। निषेध के अंश को मान लेने से ही इसकी परमार्थता दुविधा में पड़ जाती है। इस मत के अनुसार, यदि परमार्थतत्त्व पूर्णरूप से यथार्थ है, तब इसमें निषेधात्मक तत्त्व के लिए कोई स्थान नहीं है। इस प्रकार की एक निस्सीम सत्ता निस्तेज एवं उदास शून्यरूप प्रतीत हो सकती है। निषेध भी ऐसा ही महत्त्वपूर्ण प्रतीत होता है जैसाकि विध्यात्मक कथन। बिना इसके हमें भेद का अंश भी नहीं मिलता और परिणाम में जीवन अथवा अभिव्यक्ति ही असम्भव हो जाती है। यदि विशुद्ध सत् जीवित एवं यथार्थ होता तो हमें इसके अन्दर भेदवाचक तत्त्व एवं निषेधात्मक के तत्त्व के सम्बन्ध में विचार करने को बाध्य होना पड़ता। नागार्जुन की दृष्टि में इस प्रकार का तर्क 'मानवीय एवं आवश्यकता से अधिक मानवीय' ठहरेगा। परमार्थसत्त्व के स्वरूप की व्याख्या करने में अपनी अक्षमता अथवा सीमित एवं असीम के मध्यगत सम्बन्ध को समझ सकने की अयोग्यता के कारण हमें इस प्रकार की प्रेरणा न मिलनी चाहिए कि हम उसे शून्य समझने लगें। परमार्थ तत्त्व की यथार्थता एवं उसकी पूर्णता का प्रमाण ब्रह्म-साक्षात्कारवादी योगियों द्वारा प्राप्त निर्वाण का परमानन्द ही है। यदि योगाचार शाखा माध्यमिक शाखा से अर्वाचीन है तब तो हम इस विकास के तर्क को सरलता से समझ सकते हैं। नागार्जुन द्वारा प्रतिपादित परमार्थ सत्ता की बौद्धिक व्याख्या हमें आलयविज्ञान की ओर ले जाती है। अपने सीमित स्तर से नागार्जुन का परमार्थतत्त्व अपनी परमार्थता में गतिविहीन प्रतीत होता है। योगाचार की दृष्टि से यह सार्वभौम चेतना है, जो सदा बढ़ने वाली है। वस्तुएं एवं मनुष्य उसके बाहर न होकर उसके अन्तर्गत ही हैं। वे इसकी निरन्तर प्रक्रिया के अंश हैं एवं परमार्थतत्त्व की चेतना में समाविष्ट हैं। माध्यमिकों की दृष्टि में वस्तुएं विशुद्ध सत् के लिए बाह्य हैं एवं अपनी ही सीमितता के अन्दर बन्द हैं तथा अपने अस्तित्व के कारण मर्यादित हैं, और यह हम नहीं जानते कि अनन्तस्वरूप सत् के साथ उनका क्या सम्बन्ध है। 'आलयविज्ञान' कोई अवस्था न होकर एक प्रक्रिया है। यह धार्मिकता या आध्यात्मिकता है, विज्ञान स्वयं पदार्थ का रूप धारण करता है या अपने को पदार्थ जगत् में अभिव्यक्त करता है। उच्चतम श्रेणी की मार्ग, जिसके द्वारा विचार परमार्थतत्त्व का चिन्तन व मनन कर सकता है, इसे चेतना, चितिशक्ति अथवा विज्ञान के रूप में मानने से ही है। इसके अन्दर हमें दोनों मिलते हैं, अर्थात् विध्यात्मक कथन और निषेध, तादात्म्य और विभेद। योगाचारों की कल्पना हेगल की उस कल्पना के तुल्य है जो स्वात्मचेतना को वस्तुओं के केन्द्र के रूप में समझती है। माध्यमिकों की कल्पना शंकर अथवा ब्रैडले के अद्वैत के नमूने की है, क्योंकि इसके अनुसार आत्मविषयक विचार अन्ततोगत्वा, एक प्रकार का सम्बन्ध ही है और परमार्थतत्त्व को किसी भी सम्बन्ध के अधीन कहना तर्कसम्मत नहीं होगा।

9. उपसंहार

यह जगत् यद्यपि प्रतीतिमात्र है तो भी हम अपने भूतकालीन स्वभाव के दबाव में आकर इसे यथार्थ मानने लगते हैं। निर्वाण-प्राप्ति के लिए हमें प्राचीन मार्ग का अनुसरण करना होता है और वस्तुओं की यथार्थता-विषयक समस्त मिथ्या धारणाओं को त्याग करके सब दुःखों

→जाता है; परिवर्तन में और तुझमें कोई समानता नहीं है, और तेरी मौन अनन्तता में उसकी कोई प्रतिध्वनि नहीं है।"

का नाश करना होता है। कष्ट और दुःख, आनन्द और सुख यह सब हमारी अविद्या के कारण ही हैं। मन ही सब प्रकार की आपदाओं एवं दुःखों का आदिस्रोत है। नैतिक सम्बन्ध का महत्त्व सीमाबद्ध संसार में ही है।

यह दिखाया जा चुका है कि संसार केवल प्रतीतिमात्र है। यदि हम इसके यथार्थ सत्य को ग्रहण कर सकें तो यह निर्वाण है। सत्य ही परमार्थतत्त्व है। तथागत विशेष प्राणी का अभाव या अनुपस्थिति है और संसार भी निश्चित सत् का अभाव है।[1] वह सब जो शून्य के विषय में कहा जाता है, निर्वाण के विषय में सत्य है। यह सापेक्ष अभिव्यक्ति के शासन से परे है। हम नहीं कह सकते कि यह शून्य है अथवा अशून्य है अथवा दोनों है या दोनों में से एक भी नहीं है।[2] परम्परागत रूप में हम कह सकते हैं कि बुद्ध का अस्तित्व है। किन्तु वस्तुतः हम ऐसा कथन भी नहीं कर सकते। नागार्जुन कहता है : "उसे निर्वाण कहा जाता है जिसमें अभाव नहीं है, जो प्राप्त नहीं किया गया, जो विच्छेद होने वाला नहीं है, न इसके विपरीत ही है, जिसका वर्णन नहीं हो सकता और जिसकी रचना नहीं हुई है।" जब निर्वाण प्राप्त हो जाता है, ज्ञान का अन्त हो जाता है और जीवन के बन्धन शिथिल हो जाते हैं। उस समय केवल निरुपाधिक, असृष्ट और रूपविहीन ही शेष रह जाता है। यहां तक भी कहा गया है कि निर्वाण कोई ऐसी वस्तु नहीं है जिसे प्राप्त नहीं किया जा सके। केवल अज्ञान से छुटकारा पाना चाहिए।

ऐसे व्यक्तियों को, जो अन्तिम मुक्ति को प्राप्त करने का प्रयास करते हैं, इन छः अतीन्द्रिय गुणों का कठोरतापूर्वक अभ्यास करना चाहिए—दानशीलता, नैतिकता, धैर्य, उद्योग, ध्यान एवं सर्वोपरि ज्ञान। इनमें पूर्णता प्राप्त करनी चाहिए। यदि हम यह प्रश्न करें कि एक बोधिसत्त्व, जो सब वस्तुओं की अयथार्थता को जानता है, क्यों दूसरों का उनके पापों से उद्धार करने का प्रयत्न करता है? इसका उत्तर वज्रछेदिका के शब्दों में इस प्रकार दिया जा सकता है : "जिसने बोधिसत्त्व के मार्ग में पग रखा है, उसे अपना विचार इस प्रकार बनाना चाहिए : मुझे सब प्राणियों को दुःख से छुटकारा दिलाकर निर्वाण के पूर्वतायुक्त जगत् में पहुंचाना है तो भी इन सब प्राणियों को छुटकारा दिलाने के पश्चात् और किसी प्राणी को छुटकारा नहीं दिलवाया है, और यह किसलिए? क्योंकि हे सुभूति, यदि बोधिसत्त्व को प्राणियों का कोई भी विचार हो तो उसे बोधिसत्त्व ही नहीं कहा जा सकता था।"[3] "बोधिसत्त्व को, पदार्थों को यथार्थ मानकर किसी वस्तु का दान नहीं देना चाहिए।"[4] वस्तुतः बोधिसत्त्व के विषय में यथार्थता-सम्बन्धी धारणा भी असत्य है।

वैभाषिक द्वैतपरक अध्यात्मविद्या को लेकर प्रारम्भ करते हैं और पदार्थों के साक्षात् अभिज्ञान को ज्ञान समझते हैं। सौत्रान्तिक लोगों ने विचारों को माध्यम बनाया, जिसके द्वारा यथार्थता का ज्ञान किया जाता है, और इस प्रकार मन और वस्तुओं के मध्य में एक प्रकार का आवरण उत्पन्न कर दिया। योगाचारों ने बिलकुल संगतरूप में प्रतिकृतियों के पीछे जो वस्तुएं हैं, उनका उच्छेद कर दिया और समस्त अनुभव को अपने मन के अन्दर विचारों की शृंखला के रूप में परिणत कर दिया। माध्यमिक लोगों ने अधिकतर साहसपूर्ण एवं तार्किक रूप में मन को भी केवल विचार में ही परिणत कर दिया और हमें विचारों की विशृंखल

---

1. अध्याय 22 : 16, और भी देखिए, 25 : 12।
2. अध्याय 22 : 11।
3. 'सेक्रेड बुक्स ऑफ द ईस्ट', 49, पृष्ठ 132।
4. वही, पृष्ठ 1।

इकाइयों एवं अनुभवों में ही छोड़ दिया, जिसके विषय में हम कुछ भी निश्चित रूप से नहीं कह सकते। इंग्लैंड के दार्शनिकों का अनुभूतिवाद या प्रत्यक्षवाद इस तार्किक आन्दोलन की पुनरावृत्ति करता है। लॉक और उसके उत्तराधिकारियों के समस्त प्राकृतिक पदार्थों की यन्त्रवत् व्याख्या करने वाले तर्कशास्त्र का प्रारम्भिक विवाद-विषय विषयी एवं विषय के परस्पर एक-दूसरे को प्रभावित करने के विषय में तथा सीमित इकाइयों और इस अन्योन्य क्रिया के परिणाम के ज्ञान के विषय में विचार करना था। इस प्रकार के ज्ञान के द्वारा जिसमें उन अवयवों में से कोई भी नहीं होता जिनकी इसे उपज कहा जाता है, हम न तो विषयी को और न विषय को ही जान सकते हैं। इस प्रकार की कल्पना का तार्किक परिणाम ह्यूम के संशयवाद के रूप में ही प्रकट होता है, जिसमें कि आत्मा एवं संसार दोनों ही को मानसिक अवस्थाओं की ही शृंखला का रूप दिया गया है। इस आन्दोलन के इंग्लिश पक्ष को रीड ने इस प्रकार साररूप में रखा है : "विचारों का प्रवेश दर्शनशास्त्र में पहले प्रतिकृतियों के सरल रूप में कराया गया और इस स्वरूप में वे केवल यही नहीं कि निरापद प्रतीत हुईं किन्तु मनुष्य की ग्रहणशक्ति की क्रियाओं की व्याख्या करने में भी उन्होंने बहुत उपयोगी भाग लिया। किन्तु चूंकि लोग उनके विषय में स्पष्ट रूप में और विशद प्रकार से तर्क करने लगे, उन्होंने धीरे-धीरे अपने घटकों या अवयवों का गुप्त रूप में मूलोच्छेदन करके प्रत्येक अन्य पदार्थ का अपने अतिरिक्त अस्तित्व नष्ट कर दिया। वे विचार ऐसे स्वतन्त्र एवं बिना किसी अन्य के ऊपर निर्भर हैं जैसे कि आकाश में विचरने वाले पक्षी। तो भी अन्ततोगत्वा ये स्वयं अस्तित्व वाले और स्वतन्त्र विचार दयनीय रूप में आवरणहीन दिखाई देते हैं और जब इस विश्व में अकेले छोड़ दिए जाएं तो निराश्रय दिखाई देते हैं, यहां तक कि उनको ढंकने के लिए कोई भी आवरण प्राप्त नहीं हो सकता।"[1] ज्ञान सम्भव नहीं, अनुभव बुद्धिगम्य नहीं, और दर्शनशास्त्र भी बिना अपनी मौलिक स्थिति पर पुनर्विचार किए एकदम आगे नहीं बढ़ सकता।

अध्यात्मशास्त्र की दृष्टि से वैभाषिकों की पदार्थद्वय-सम्बन्धी कल्पना मन के पक्ष में भारी पड़ती है जब हम सौत्रान्तिक की ओर जाते हैं। योगाचारों ने बाह्यजगत् का परित्याग करके मन को ही सब वस्तुओं का केन्द्रस्थानीय माना और माध्यमिकों ने दावा किया कि न तो वैयक्तिक आत्मा और न ही भौतिक पदार्थ परमार्थ रूप में यथार्थ माने जा सकते हैं; जो यथार्थ है वही परमतत्त्व है। जहां योगाचारी विश्वास के साथ आत्मचेतना के भाव का प्रयोग परमार्थसत्त्व के लिए करते हैं, माध्यमिक लोग आत्म एवं अनात्म दोनों को एक समान अयथार्थ मानते हैं। व्यक्तित्त्व परमार्थ नहीं है। हमें यह कहने की आवश्यकता नहीं कि अद्वैत वेदान्त दर्शन पर माध्यमिकों के सिद्धान्त का बहुत अधिक प्रभाव पड़ा। गौड़पादीय कारिकाओं का अलातशान्ति-प्रकरण माध्यमिक सिद्धान्तों से भरपूर है। अद्वैतवेदान्त द्वारा प्रतिपादित व्यवहार अथवा अनुभव एवं परमार्थ अथवा यथार्थसत्ता में जो भेद है वह माध्यमिकों के संवृत्ति और परमार्थ के भेद के अनुकूल है। शंकर का निर्गुण ब्रह्म और नागार्जुन के शून्य में बहुत कुछ साम्य है। अविद्या की शक्ति को, जो प्रतीतिरूप विश्व को जन्म देती है, दोनों ही स्वीकार करते हैं। सूक्ष्म तर्क, जिसके कारण यह संसार अमूर्त भावों, नाना प्रकार की श्रेणियों एवं सम्बन्धों में बंटकर केवल एक खेलमात्र रह जाता है, दोनों में एक समान है। यदि हम श्रीहर्ष के समान एक अद्वैत वेदान्ती को लें तो हम देखते हैं कि उसने माध्यमिकों

1. 'वर्क्स, पृष्ठ 109।

की कल्पना को ही विकसित करने की अपेक्षा और अधिक कुछ नहीं किया तथा जिन श्रेणियों का आश्रय लेकर हम चलते हैं उनके परस्पर विरोध को प्रकट किया है जैसेकि कारण और कार्य, पदार्थ और उनके गुण; साथ ही में इस आधार पर वस्तुओं की यथार्थता का भी निषेध किया है। उनकी पर्याप्त रूप में व्याख्या करना हमारे लिए सम्भव नहीं। श्रीहर्ष के खण्डन के अनुसार, वस्तुएं अनिर्वचनीय हैं अर्थात् उनका ठीक-ठीक वर्णन नहीं हो सकता। माध्यमिक वृत्ति के अनुसार, वे निःस्वभाव हैं, अर्थात् साररहित हैं। वस्तुतः व्याख्या के योग्य न होना अथवा स्वरूपविहीन होना एक ही बात है। अदृश्य के प्रति जो बुद्ध की भावना है, उसके साथ निश्चयात्मक परमार्थतत्त्व के विषय में नागार्जुन कुछ अधिक नहीं कहता, यद्यपि वह इसकी यथार्थता को स्वीकार करता है। अपने निषेधात्मक तर्क के द्वारा जो अनुभव को केवल प्रतीतिमात्र बतलाता है, वह अद्वैतदर्शन की ही भूमिका तैयार करता है। यह एक अद्भुत भाग्य-विडम्बना ही है कि दोनों सिद्धान्तों के महान व्याख्याकार अपने-आपको परस्पर-विरोधी स्थितियों का समर्थक समझते रहे।

उद्धृत ग्रन्थ

सर्वदर्शनसंग्रह, अध्याय 2।
सर्वसिद्धान्तसारसंग्रह।
वेदान्तसूत्रों पर शांकर भाष्य।
नागार्जुनों के माध्यमिक सूत्र।
यामाकामी सोजेन : 'सिस्टम्स आफ बुद्धिस्टिक थॉट।'

परिशिष्ट

कुछ समस्याओं का पुनर्विवेचन[1]

विषय-प्रवेश की विधि–तुलनात्मक दृष्टिकोण–उपनिषदें–प्राचीन बौद्धधर्म–निषेधात्मक, नास्तिकवादी और विध्यात्मक विचार–प्राचीन बौद्धर्म और उपनिषदें–प्राचीन बौद्धधर्म के निकाय–नागार्जुन का यथार्थता सम्बन्धी सिद्धान्त–शून्यवाद और अद्वैत वेदान्त

मेरी पुस्तक 'भारतीय दर्शन' का विद्वत्समाज ने सहृदयता के साथ स्वागत किया है, और इस अवसर का लाभ उठाते हुए मैं अपने आलोचकों को उनके उचित मूल्यांकन तथा सहृदयता के लिए धन्यवाद देता हूं। अब यहां पर मेरा विचार उन कुछ विवादास्पद विषयों के प्रतिपादन का है जो पुस्तक के प्रथम खण्ड के प्रकाशित होने पर उठाए गए हैं, यथा दार्शनिक व्याख्या की विधि, तुलनात्मक अध्ययन का मूल्य, उपनिषदों के उपदेश, बुद्ध की तथाकथित नास्तिकता और नागार्जुन का अध्यात्मशास्त्र।

1

दर्शनशास्त्र के इतिहासलेखक को उचित है कि वह अपने कार्य को केवल किसी भाषाशास्त्री या किसी विद्वान के रूप में ही नहीं, बल्कि एक दार्शनिक के रूप में अपने हाथ में ले। और अपनी विद्वत्ता का उपयोग शब्दों के अन्दर से ऐसे विचारों को ढूंढ़ निकालने में करे जो उनमें अन्तर्निहित हैं। जो केवल भाषा-विज्ञान का पण्डित है वह प्राचीन भारतीय विचारकों के मतों को दर्शनशास्त्र के इतिहास की ऊबड़-खाबड़ और त्रुटिपूर्ण सतह पर बिखरे हुए पुराकालीन अवशेषों के ही रूप में देखता है और इसलिए उसके दृष्टिकोण से ऐसी कोई भी व्याख्या खींचातानी की तथा असत्य ही प्रतीत होगी, जो उनमें फिर से जीवन का संचार कर दे और सारगर्भित रूप में प्रस्तुत कर दे। दूसरी ओर एक दार्शनिक उन प्राचीन भारतीय सिद्धान्तों के महत्त्व को अनुभव करता है जो जीवन की निरन्तर बनी रहने वाली समस्याओं से जूझते हैं, और उन्हें केवल पुराकालीन निर्जीव विचारों का अवशेषमात्र मानने के स्थान पर ऐसी सामग्री समझता है जो अद्‌भुत रूप में निरन्तर विद्यमान है। दार्शनिक समस्याओं के प्रति जो मानवीय मस्तिष्क की प्रतिक्रियाएं हैं और जिनका लिखित रूप में समावेश उपनिषदों एवं बुद्ध के सम्वादों में हमें प्राप्य है, उनका निरूपण आधुनिक काल की किसी अत्यन्त प्रसिद्ध पद्धति में पुनरुज्जीवित रूप में किए जाने की आवश्यकता है। प्राचीन भारतीयों के वचन बिखरे हुए एवं अस्पष्ट और परस्पर समन्वयविहीन भले ही समझे जाएं, किन्तु इसीलिए ऐसा समझ लेने

1. यह निबन्ध 'माइण्ड' नामक पत्रिका में प्रकाशित हुआ था, खण्ड 35, एन. एस. संख्या 138।

का कोई कारण नहीं है कि उनके साहित्यिक अवशेषों के समान उनका तर्कशास्त्र भी न्यूनताओं से पूर्ण है। भाषा विज्ञान-सम्बन्धी विश्लेषण के विपरीत रचनात्मक तर्कशास्त्र का कार्य है कि बिखरी हुई सामग्री को खण्डशः एकत्र करके उनके अन्दर जो भाव व्यक्त किए गए हैं उन्हें बाह्याकारो से पृथक् करके हमारे सम्मुख प्रस्तुत करे। मैक्समूलर ने लिखा है : "मैं जो अनुभव करता हूं वह यह है कि किसी प्राचीन दर्शन के प्रत्यय-वचनों की, जो सूत्रों के अन्दर सरलता के साथ सुलभ हैं, पुनरावृत्ति ही पर्याप्त नहीं है अपितु हमें उचित है कि हम पहले उन प्राचीन समस्याओं को अपने आगे रखें, उन्हें अपना समझें और फिर उन प्राचीन विचारकों के पदचिह्नों का जिन्हें वे अपने पीछे छोड़ गये हैं, अनुसरण करने का प्रयत्न करें।"[1] तथ्यों का संग्रह और साक्ष्य का एकत्रीकरण एक महत्त्वपूर्ण भाग अवश्य है किन्तु यह उस इतिहास-लेखक के कार्य का एक भाग ही है जो मानवीय आत्मा के नानाविध साहसिक कार्यों को लेखबद्ध करने का प्रयत्न करता है।[2] उसे विचारों की पृष्ठभूमि में जो तर्क कार्य करता है, उसपर विशेष ध्यान देना चाहिए, उससे परिणाम निकालना चाहिए, विविध प्रकार की व्याख्याओं के सुझाव देने चाहिए और उनसे कल्पना का निर्माण करना चाहिए जिससे कि ऐतिहासिक तथ्यों के उस आकृतिविहीन एवं परस्पर-असंबद्ध पुंज में एक प्रकार की व्याख्या स्थापित की जा सके। यदि दर्शनशास्त्र के इतिहास को दिवंगत शास्त्रकारों तथा उनके लेखों के सम्बन्ध में जो ऐतिहासिक तथ्य हैं, उनका एक निरा सूचीपत्रमात्र बने रहने के स्थान पर कुछ अधिक महत्त्वपूर्ण कार्य करना है और जनसाधारण के मस्तिष्क को शिक्षित करना है तथा कल्पनाशक्ति को आकृष्ट करना है तो इतिहासलेखक को केवल यान्त्रिक विधि से फटे-पुराने चिथड़े बटोरने वाला न रहकर, समालोचक एवं व्याख्याकार भी होना चाहिए।

2

पूर्व और पश्चिम दोनों देशों का शिक्षित वर्ग अब परस्पर एक-दूसरे को सुचारु रूप से समझने का इच्छुक है और इस कार्य के लिए तुलनात्मक अध्ययन से बढ़कर और कुछ इतना उपयोगी नहीं हो सकता। इस विधि से त्रुटियों के लिए भी स्थान अवश्य है। क्योंकि यूरोपीय विद्वान तथा भारतीय आलोचक दोनों ही के लिए समानरूप से सर्वथा पक्षपातशून्य होकर विवेचन करने का कार्य बहुत कठिन है। भारत में रहने वाले यूरोपीय ईसाई धर्म-प्रचारकों द्वारा 'रेलिजस क्वेस्ट आफ इण्डिया' (भारत की धार्मिक खोज) नामक ग्रन्थमाला में प्रकाशित ग्रन्थों में, यद्यपि उनसे पूर्व की पीढ़ी के प्रचारकों द्वारा प्रकाशित ग्रन्थों की अपेक्षा, कुछ प्रगति अवश्य लक्षित होती है, फिर भी ये ग्रन्थ भारतीय विचारधारा के निष्पक्ष रूप को जनसाधारण

---

1. 'सिक्स सिस्टम्स आफ इण्डियन फिलासफी', पृष्ठ 293।
2. तुलना कीजिए : हेगल : "क्योंकि विचार के क्षेत्र में, और विशेष रूप से कल्पनात्मक विचार के क्षेत्र में, ग्रहण से तात्पर्य कुछ अधिक है। यह केवल व्याकरण की दृष्टि से शब्दों का समझ लेना ही नहीं है और न साधारण भावमात्र समझ लेना है। इसलिए कथनों, प्रस्थापनाओं अथवा दार्शनिकों की सम्पत्तियों का ज्ञान रखते हुए भी तथा उक्त सम्मतियों की आधारभित्तियों और उनसे निकाले गए निष्कर्षों में लिप्त रहने पर भी इन सबके अन्दर निविष्ट जो मुख्य वाद-विषय है उसके ज्ञान का अभाव रह जाने से यह प्रस्थापनाओं का ज्ञान ग्रहण नहीं समझा जा सकता।" हेगल दर्शनशास्त्र के ऐसे दार्शनिक ज्ञानशून्य इतिहास-लेखकों की तुलना 'उन पशुओं के साथ करता है जिन्होंने संगीत को सुना हो सही किन्तु जिन्हें उसके अन्तर्गत सुर, ताल आदि का ज्ञान कुछ नहीं है।"—'हिस्ट्री आफ फिलासफी', अंग्रेज़ी अनुवाद, खण्ड 1, पृष्ठ 25।

के आगे नहीं रखते, क्योंकि उनका मुख्य उद्देश्य यह सिद्ध करना है कि भारतीय विचारधारा तथा खोज का अन्तिम लक्ष्य ईसाई धर्म है। अनेक पश्चिमी विद्यार्थी, जो भारतीय संस्कृति का अध्ययन करते हैं, यह समझते हैं कि प्रारम्भ से ही भारतीयों की आत्मा का विकास अवरुद्ध रहा है, और भारतीयों के लिए अपने वास्ते दर्शनशास्त्र अथवा धर्म, यहां तक कि विज्ञान, कला और साहित्य के क्षेत्र में भी कुछ निकाल सकना उसकी शक्ति के परे है। उन्हें निश्चय है कि प्रभावोत्पादक संस्कृति तथा दर्शनशास्त्र के प्रति अभिरुचि पर पश्चिमी राष्ट्रों का ही सदा से ही एकाधिकार रहा है। वे यूरोपीय सभ्यता को अधिक प्राचीन एवं अत्यधिक गौरवपूर्ण सिद्ध करने का प्रयत्न करते हैं, और भारतीय विचारधारा में जो कुछ महत्त्वपूर्ण एवं उत्तम अंश पाया जाता है उसे भी ईसाई युग से ही आया हुआ सिद्ध करने का प्रयत्न करते हैं। वे डंके की चोट पर कहते हैं कि अनेक क्षेत्रों की ऐसी सफलताएं जिनके लिए अज्ञान लोग भारतीयों को श्रेय देते हैं, सब यूनान देश की देन है। उनका झुकाव इस ओर है कि ऋग्वेद की ऋचाओं तथा सभ्यता के उस काल को भी जो उक्त ऋचाओं द्वारा प्रकट है, वे बेबिलोनिया तथा मिस्र की संस्कृतियों के बाद का सिद्ध कर सकें।

जहां एक ओर पश्चिमदेशीय विद्वान ऐसे सब प्रयत्नों को अनुचित और अयुक्तियुक्त बतलाकर त्यागने की ओर प्रवृत्त दिखाई देता है जो प्राचीन भारत की 'असंस्कृत और आदिम' कल्पनाओं की पश्चिम की परिपक्व पद्धतियों के साथ तुलना करने के क्षेत्र में किए जाते हैं, वहां दूसरी ओर भारत में भी ऐसे आलोचकों का अभाव नहीं है जिनके पुराने आत्माभिमान को, भारतीय विचारधारा की तुलना पश्चिमी विचारधारा के साथ किए जाने पर, ठेस पहुंचती है। उनका विचार है कि कम से कम धर्म और दर्शनशास्त्र के क्षेत्र में तो हर प्रकार से भारत पश्चिम की अपेक्षा अत्यन्त उत्कृष्ट है और भारतीय विचारधारा की तुलना में पश्चिमी विचारधारा ही निस्सार (Jejune) एवं आदिम अवस्था में प्रतीत होती है।

उक्त निर्णयों के साथ किसी की सहानुभूति है या नहीं, यह तो अपनी-अपनी रुचि का विषय है। किन्तु एक-दूसरे को परस्पर समझने का कार्य सम्यक् रूप से तब तक सम्भव नहीं हो सकता जब तक दोनों एक-दूसरे के प्रति आदर एवं सहानुभूति का भाव न रखें। यदि हम इतिहास के प्रति नेकनीयत हैं तो हम अनुभव कर सकेंगे कि प्रत्येक जाति या राष्ट्र का आन्तरिक ज्ञान के प्रकाश में तथा आध्यात्मिक खोज में अपना-अपना उचित भाग रहा है। कोई भी ऐसा सांस्कृतिक अथवा धार्मिक साम्राज्यवादी, जिसके अन्दर यह विचार जमा हुआ हो कि सब प्रकार का प्रकाश उसी अकेले के पास है और अन्य केवल अन्धकार में टटोलते हैं तुलनात्मक अध्ययन के क्षेत्र में निर्भर करने योग्य मार्गप्रदर्शक कभी नहीं बन सकता। ऐसे व्याख्याकार को, जिस पर भरोसा किया जा सके, अपने अन्वेषण-कार्य के लिए अनुभवसिद्ध विधि का प्रयोग करना चाहिए और साथ में अपनी बुद्धि और कल्पनाशक्ति का भी युक्तियुक्त उपयोग करना चाहिए। जहां एक ओर भारतीय विचारों के ऊपर आधुनिक विचाराधारा की परिभाषा में विचार-विनिमय करना उचित होगा, वहां उन्हें वर्तमान काल की समस्याओं के साथ सम्बद्ध करना भी आवश्यक है, साथ ही अन्वेषक को इस विषय में भी पूरी सावधानी बरतनी होगी कि विवाद-विषय के लिए ऐसे पारिभाषिक शब्द चुने जाएं जो वस्तुतः भिन्न होंगे, यद्यपि तत्समान प्रतीत होंगे। उसे प्राचीन विचारपद्धति के स्थान पर नई तर्कशैली का प्रयोग करने से भी बचना होगा। इस प्रकार के उद्योग में अन्वेषक पर इस प्रकार के दोषारोपण की सम्भावना सदा ही बनी रहती है कि उसने एक का दूसरे की दृष्टि से अध्ययन किया, किन्तु यह कठिनाई समस्त ऐतिहासिक कार्यों में सदा ही बनी रहेगी। इस

आशंका से बचने का एक ही सुरक्षित उपाय है और वह है, तुलनात्मक विधि का प्रयोग। तभी हम प्रत्येक परम्परा की विशिष्टता का और उसके सही-सही मूल्यांकन का प्रतिपादन कर सकते हैं।

3

मेरे बहुत से समालोचक उपनिषद्-सम्बन्धी मेरे विवेचन से हैरान रह गए, क्योंकि इस विषय में मैंने उपनिषदों के प्रसिद्ध भाष्यकारों में से किसी एक के भी झण्डे के नीचे न आकर अपनी एक भिन्न ही व्याख्या उपस्थित की और किसी भी अन्यतम भाष्यकार का सर्वांश में अनुसरण नहीं किया। 'भ्रांति' के विषय में मेरी अपनी कल्पना को देखकर, जो सामान्यरूप से शंकर के मत के साथ साहचर्य रखती है और जिसको ड्यूसन का समर्थन प्राप्त है, मेरे कतिपय समालोचकों ने यह समझ लिया कि मैं शंकर के मत का विरोधी हूं। कुछ अन्य समालोचकों को शरीरधारी ईश्वर की कल्पना के प्रति भी मेरी उदासीनता के कारण यह भी उसी प्रकार स्पष्ट हो गया कि मैं रामानुज की व्याख्या के साथ भी सहमत नहीं हूं। किन्तु यदि कोई शंकर अथवा रामानुज अथवा अन्य किसी प्रतिष्ठित भाष्यकार के मत का अनुयायी न हो तो यही धारणा बनाई जाएगी कि ऐसा व्यक्ति दार्शनिक भाव के विपरीत एक विलक्षण मानसिक हलचल में आनन्द मनाने वाला व्यक्ति है। मेरा दावा है कि उपनिषदों की मेरी अपनी व्याख्या अयुक्तियुक्त नहीं है। भले ही यह इस या उस परम्परा से इस या उस वाद-विषय में भिन्न प्रतीत होती हो।

पाण्डित्य-प्रदर्शक या शास्त्रीय व्याख्याएं मौलिक विचार प्रकट करने वाले किसी भी प्रतिभाशाली व्यक्ति की शिक्षाओं को दबा देने का प्रयत्न करती है। हमारी प्रवृत्ति सुकरात को प्लेटो की दृष्टि से देखने और प्लेटो को अरस्तू अथवा प्लाटिनस की दृष्टि से देखने की है। उपनिषदों की व्याख्या सामान्यरूप से किसी न किसी महान भाष्यकार की दृष्टि से की जाती है। मैंने यह दर्शाने का प्रयत्न किया कि किस प्रकार उपनिषदें भिन्न-भिन्न प्रकार के विकास के अधीन रहीं और क्या यह सम्भव न होगा कि उनकी शिक्षाओं का कोई ऐसा सामंजस्यपूर्ण वर्णन किया जाए जो दो प्रमुख भाष्यकारों, शंकर एवं रामानुज के मुख्य सिद्धान्तों के भी अनुकूल हो। यदि हम एक भी ऐसे सामान्य समन्वयकारक दृष्टिकोण को खोज सकें, जिसके आधार पर दोनों को एक समान समझा जा सके तो अधिक अच्छा हो। यह हो सकता है कि अभी ऐसा सामान्य दृष्टिकोण विद्यमान न हो किन्तु यदि ऐसे दृष्टिकोण की खोज की जा सके तो यह सम्भव है कि उस उपनिषदों की शिक्षाओं को अधिक उत्तम रूप में ग्रहण कर सकेंगे। दार्शनिक व्याख्यां में सबसे अधिक सामंजस्यपूर्ण मत ही सबसे अधिक यथार्थ होता है।

उपनिषदें परम यथार्थसत्ता के स्वरूप का वर्णन करने में दो प्रकार की भाषा का प्रयोग करती हैं। एक स्थान पर वे उसे निरपेक्ष प्रतिपादन करतीं हैं जिसके विशिष्ट लक्षण आनुभाविक लक्षणों की कोटि में नहीं आ सकते। और दूसरे स्थान पर वे उसे एक सर्वोपरि पुरुष के रूप में रखती हैं जिसकी हमें पूजा और उपासना करनी चाहिए। इस मत के परिणामस्वरूप हमारे सामने संसार के स्वरूप के विषय में दो मत उपस्थित हो जाते हैं। कुछ वाक्यों में इस संसार को ब्रह्म (परमसत्ता) का आकस्मिक उपलक्षण मात्र कहा गया है, और अन्य कुछ वाक्यों में इसे ईश्वर का अंग बताया गया है। एक सावधान पाठक इन दो प्रवृत्तियों को उपनिषदों में आदि से अन्त तक बराबर ही लक्ष्य कर सकेगा। अर्थात् एक वह प्रवृत्ति जो परब्रह्म को निर्मल सत्ता मानती है और संसार को उसका आनुषंगिक विवर्त (प्रतीति) मात्र

मानती है, और दूसरी प्रवृत्ति वह है जो परमसत्ता को एक मूर्तरूप पुरुष मानती है, जिसकी अभिव्यक्ति के रूप में यह संसार है।[1] पहला मत शंकर के मत के अधिक समीप है और दूसरा रामानुज के। मैं मानता हूं कि "यह निश्चय करना कठिन है कि शंकर का अद्वैतमत अथवा रामानुज की परिवर्तित स्थिति का मत दोनों में से कौन-सा मत मूल विश्वसनीय सत्य की यथार्थ शिक्षा है।"[2]

उक्त दोनों प्रत्यक्षरूप में, दृष्टिभेद में द्वैत होने के कारण, विरोधी मतों के अन्दर केवल एक ही समन्वय जो बुद्धिगम्य प्रतीत होता है, वह यह है जबकि हम बुद्धि के स्तर से ऊपर उठकर यथार्थसत्ता के स्वरूप का अंतर्दृष्टि के द्वारा मनन करेंगे तब हम देखेंगे कि निरपेक्ष एवं परब्रह्म के अतिरिक्त अन्य कुछ भी नहीं है और संसार का भी अन्तिम रूप वही निरपेक्ष है। दोनों के मध्यवर्ती सम्बन्ध की समस्या भी नहीं उदय होती। क्योंकि जब परब्रह्म और संसार दो परस्पर विभिन्न सत्त्व हैं ही नहीं, तो उनके परस्पर-सम्बन्ध का प्रश्न ही नहीं उठता। जब हम परब्रह्म का चिन्तन एवं मनन मानुषिक लक्ष्यबिन्दु से करते हैं तब तार्किक वर्गों के द्वारा हम इसे एक पूर्ण इकाई समझते हैं, जो अपने अन्दर भिन्न-भिन्न तत्त्वों अथवा घटकों को बांधे हुए है। उसी परब्रह्म को एक शरीरधारी ईश्वर मान लिया जाता है जिसकी आत्माभिव्यक्ति की शक्ति अथवा माया के द्वारा यह संसार स्थिर है। निर्मल सत्स्वरूप परब्रह्म (शंकर के मत में) और परब्रह्म एक शरीरधारी ईश्वर के रूप में (रामानुज के अनुसार) एक ही सर्वोपरि तथ्य के अंतर्दृष्टिप्राप्य और बुद्धिगम्य प्रदर्शन है।[3] चूंकि विचार की ये दो धाराएं स्थान-स्थान पर उपनिषदों में परस्पर एक-दूसरे से टकराती हैं, इसलिए शंकर और रामानुज दोनों ही उनके अन्दर अपने मतों का समर्थन कर सके। जैसाकि हम देखेंगे, शंकर ने उपनिषदों के विभिन्न पाठों में समन्वय लाने के लिए दृष्टिकोणों की द्वैतपरक योजना को स्वीकार किया।

4

प्राचीन बौद्धधर्म के अपने वर्णन में मैंने यह प्रतिपादन करने का प्रयत्न किया था कि 'यह उपनिषदों के ही विचार की पुनरावृत्ति' है, जिस पर नवीनरूप में बल दिया गया है।[4] उपनिषदों का विशेषरूप में उल्लेख न रहने पर भी यह स्वीकार किया जाता है कि बुद्ध के उपदेशों में उपनिषदों की विचारधारा का पर्याप्त मात्रा में प्रभाव पड़ा प्रतीत होता है।[5] वैदिक प्रामाण्य के प्रति उदासीनता,[6] शिष्टाचार-सम्बन्धी पवित्रता,[7] कर्मसिद्धान्त में आस्था, पुनर्जन्म,[8] और मोक्ष अथवा निर्वाण[9] की सम्भावना तथा संसार और जीवात्मा

1. देखिए पृष्ठ 168, 172-173, 184-186, 202।
2. पृष्ठ 258-259।
3. देखिए पृष्ठ 168, 172, 180-181, 184-185, 258-259।
4. पृष्ठ 361; और भी देखिए पृष्ठ 375 और आगे।
5. कुमारिन जैसा कट्टर हिन्दू विचारक भी घोषणा करता है कि बुद्ध के विषयीज्ञानवाद, क्षणिकता के सिद्धान्त और अनात्मवाद के सिद्धान्त को उपनिषदों से ही प्रेरणा प्राप्त हुई है। "विज्ञानमात्र-क्षणभंगनैरात्म्यादिवादानाम् अपि उपनिषत्प्रभावत्वम्" तन्त्रवार्तिक, 1 : 3, 2।
6. मुण्डकोपनिषद्, 1 : 1, 5।
7. वही, 2, 7-10; बृहदारण्यक उपनिषद्, 1 : 4, 15।
8. छान्दोग्य उपनिषद् 5 : 10, 7; कठ, 5 : 7; श्वेताश्वतर, 5 : 11-12।
9. छान्दोग्य उपनिषद्, 4 : 15, 5-6; बृहदारण्यक, 6 : 2, 15; श्वेताश्वतर, 1 : 7, 8, 11।

की अनित्यता[1] उपनिषदों तथा बुद्ध के उपदेशों में एक समान है। परम यथार्थसत्ता इस भौतिक जगत् के किसी भी प्राणी की सम्पत्ति नहीं है, यह विश्व संसार परिणमनरूप है, जिसका न आदि है और न अन्त। उक्त मतों को स्वीकार करने के विषय में तो बुद्ध उपनिषदों की स्थिति से सहमत हैं किन्तु वे निरपेक्ष परमतत्त्व की यथार्थता के विषय में निश्चयपूर्वक कुछ नहीं कहते। इसी प्रकार आत्मा एवं मोक्ष की अवस्था के विषय में भी उनका स्पष्ट कथन कोई नहीं मिलता। मृत्यु के पश्चात् प्रबुद्ध की क्या अवस्था होती है, क्या उसका अस्तित्व रहता है, या नहीं रहता अथवा दोनों अवस्थाएं हैं या दोनों में से एक भी नहीं है, आत्मा एवं संसार के स्वरूप के विषय में कि क्या ये नित्य हैं, अनित्य हैं, दोनों हैं अथवा दोनों में से एक भी नहीं, क्या यह स्वयंभू है, अथवा दूसरे के द्वारा बनाए गए हैं, दोनों प्रकार के हैं, अथवा दोनों में किसी प्रकार के भी नहीं—इन सब प्रश्नों के विषय में बुद्ध हमें कुछ नहीं बतलाते। वस्तुतः इस प्रकार के प्रश्न सुरक्षित वाद-विषय थे जिनके विषय में बुद्ध किसी प्रकार की कल्पना को स्थान नहीं देते थे। यद्यपि इसमें सन्देह नहीं कि बुद्ध उक्त समस्याओं के विषय में किसी भी प्रकार के रूढ़ सिद्धान्त को स्थिर करने से स्पष्ट निषेध करते थे तो भी यह एक रोचक प्रश्न है कि क्या उनका कोई उत्तर हो भी सकता है, अथवा इस प्रकार के निषेध से वास्तव में क्या संकेत होता है।

तीनों प्रश्न—अर्थात् सांसारिक परिवर्तन जिसे नहीं व्याप्ते ऐसी एक परम यथार्थसत्ता है या नहीं; परिवर्तनशील पदार्थों से भिन्न एक नित्य आत्मा की सत्ता है या नहीं; तथा क्या निर्वाण एक निश्चित सत् की अवस्था है—अध्यात्मशास्त्र की एक ही मौलिक समस्या के भिन्न-भिन्न पक्ष हैं। यदि परम यथार्थसत्ता कोई है जो परिवर्तनशील जगत् के नियमों के अधीन नहीं है तो उसी क्षेत्र की प्राप्ति का नाम 'निर्वाण' है और प्रबुद्ध ही अविनाशी नित्य आत्मा है। यदि परम यथार्थसत्ता नहीं है तब नित्य आत्मा का भी अस्तित्व नहीं है और निर्वाण शून्यता है। पहला मत उपनिषदों के धार्मिक आदर्शवाद के अधिक समीप है और दूसरा वैज्ञानिक अध्यात्मशास्त्र के निषेधात्मक विवेकवाद के समीप है।

बुद्ध का निजी मत चाहे जो भी रहा हो, उन्होंने आध्यात्मिक प्रश्नों का वाद-विवाद में पड़ने से सदा ही इस आधार पर निषेध किया कि मोक्ष की खोज करने वाले के लिए वे उपयोगी नहीं है। बुद्ध के इस प्रकार समस्त आध्यात्मिक विषयों से बचे रहने के कारण और इस विषय के अस्पष्ट रहने से दर्शनशास्त्र के आधुनिक इतिहासलेखक को बहुत क्षोभ होता है जो प्रत्येक विचारक तथा विचार-पद्धति को एक प्रकार की विशिष्ट उपाधि देने के लिए आतुर रहता है। किन्तु बुद्ध उसकी पकड़ से बाहर है। क्या बुद्ध का मौन अनिश्चितता का लक्षण है? क्या अपने विचार स्पष्टरूप से प्रकट कर देने के विषय में वे मानसिक दुर्बलता अनुभव करते थे, अथवा क्या वे इन विषयों में प्रवेश ही नहीं कर सके थे? क्या उनका मन स्वयं सन्दिग्धावस्था में था, अथवा क्या इस भय से कि कहीं धोखा न खा जाएं वे इन सब प्रश्नों से दूर रहने का प्रयत्न करते थे? क्या वे अपने उपदेशों के विध्यात्मक और निषेधात्मक संकेतों के प्रति उदासीन रहकर दोनों मार्गों का समर्थन कर रहे थे? हमारे सामने

1. जगत् शब्द ही संसार के परिवर्तनशील स्वरूप को ध्वनित करता है। ईशोपनिषद्, 1; बृहदारण्यक उपनिषद्, 3 : 1, 3; तुलना कीजिए, "सर्व मृत्योरन्नम्।" बृहदारण्यक, 3 : 2, 10; और 1 : 3, 28। कठोपनिषद् (1 : 12) में स्वर्ग के वर्णन में कहा गया है कि यह वह स्थान है जहां भूख, प्यास, दुःख, जरावस्था, और मृत्यु नहीं हैं। सांसारिक सुखोपभोग की निष्फलता भी कठ. उप. में बताई गई है—1 : 26-28।

इस विषय में केवल तीन ही विकल्प हैं—बुद्ध ने परम यथार्थसत्ता को स्वीकार किया, अथवा स्वीकार नहीं किया, अथवा वे उस विषय के तथ्य से अनभिज्ञ थे, आइए, इसका निर्णय करें कि उनके विचार का स्वरूप निषेधात्मक था, या विध्यात्मक, अथवा नास्तिक था।

हमें तुरन्त जिस कठिनाई का सामना करना है वह यह है कि हमें बुद्ध के उपदेशों की लिखित रूप में कोई ऐतिहासिक साक्षी उपलब्ध नहीं है। पाली भाषा में धार्मिक विधान अपने वर्तमानरूप में बुद्ध की मृत्यु के बहुत देर बाद आया। इसमें कुछ सामग्री तो ऐसी है जो बहुत पुरानी है और कुछ ऐसी भी है जो बाद की है। इसीलिए निश्चयपूर्वक यह कहना कठिन है कि बौद्धधर्म के विधान का कितना अंश स्वयं बुद्ध के द्वारा प्रतिपादित है और कितना उसमें पीछे से मिलाया गया। प्राचीन भारत में शिक्षकों के कितने ही विवरण और भाषण उनके शिष्यों द्वारा स्मृति में सुरक्षित रखे जाते थे और उन्हें आगामी पीढ़ी तक मौखिक रूप में ही पहुंचाया जाता रहा। महान वैदिक साहित्य का भी यही हाल है। बुद्ध के विषय में भी यही सत्य है कि उन्होंने अपने जीवनकाल में एक नियमित व्यवस्था के अनुसार अपने चारों ओर एक शिष्य-समुदाय को एकत्र किया और ये शिष्य ही उनके उपदेशों के आगे चलकर प्रतिनिधि बने। यद्यपि यह तो हम निश्चयपूर्वक नहीं कह सकते कि हमें बुद्ध-प्रोक्त शब्द (वचन) प्राप्त हैं, किन्तु इसमें सन्देह नहीं कि हमारे पास अधिकांश में उनके उपदेशों का सार एवं गहराई अवश्य पहुंच सकी है। यदि हम बुद्ध के महत्त्वपूर्ण प्रवचनों की प्रामाणिकता में सन्देह प्रकट करते हैं, उनके चार आर्यसत्यों में, अष्टवर्गमार्ग में, उनके उन उपदेशों में सन्देह करते हैं जो बुद्ध द्वारा दिए गए कहे जाते हैं और जो महापरिनिब्बानसुत्त, और सुत्तनिपात में दिए गए हैं तो हम उन शिक्षाओं के सम्बन्ध में भी जो याज्ञवल्क्य, शांडिल्य और उद्दालक की कही जाती हैं, सन्देह प्रकट कर सकते हैं।[1] प्राचीन बौद्धधर्म की व्याख्या में किसी न किसी प्रयोजन की सिद्धि के लिए नास्तिकवादी या निषेधात्मक अथवा विध्यात्मक वाक्यों को प्राचीन एवं स्वयं बुद्ध का बताने तथा अन्य वाक्यों को बुद्ध के अनुयायियों का बताने के प्रयत्न किए गए हैं। किन्तु इस विचार को लेकर चलना कि जो वाक्य बुद्ध के मौन के विरोधी हैं, वे अर्वाचीन हैं, एक चक्रक दोष होगा, क्योंकि जिस तर्क के आधार पर उन्हें अर्वाचीन माना गया वह यही तो है कि वे एक भिन्न दृष्टिकोण के उपलक्षण हैं। अपना आधार उन पुस्तकों पर रखते हुए जो साधारणतः बुद्ध की मानी जाती हैं, आइए हम जानने का प्रयत्न करें कि उनमें कौन सा आध्यत्मिक दृष्टिकोण प्रस्तुत किया गया है।

5

बुद्ध के मौन का अर्थ निषेधात्मक उत्तर होता था, यही अधिकतर प्रचलित विचार है। हिन्दू विचारक, प्राचीन बौद्ध और भारतीय विचारधारा के अनेक आधुनिक विद्यार्थी भी यही मत रखते हैं।[2] पश्चिमी देशों में उन्नीसवीं शताब्दी के उत्तरार्ध में जबकि जन साधारण के मन

---

1. रीज डेविड्स के अनुसार, चार महत्तर निकाय और हीनतर निकायों की ऐसी पुस्तकों के अधिकतर भाग यथा 'इतिवुत्तक' और 'सुत्तनिपात' 400 वर्ष ईसापूर्व पुराने हैं और विनय के 'महावग्ग' 'चुल्लवग्ग' 1—9, 300 वर्ष ईसा पूर्व पुराने हैं। सांची के स्मारकों और स्तूपों पर प्रदर्शित कथाओं तथा उपाख्यानों से यह स्पष्ट हो जाता है कि तीसरी शताब्दी ईसापूर्व के मध्यभाग के लगभग कई बौद्धग्रंथ, जिन्हें पिटकों का नाम दिया गया था और जो पांच निकायों में विभक्त थे, प्राप्य हो गए थे।
2. तुलना कीजिए, प्रोफेसर मैकडानल, "बुद्ध ने इन विषयों पर किसी प्रकार के संदेह के लिए स्थान नहीं छोड़ा—समस्त संस्कारों की समाप्ति, समस्त स्कंधों का विलोप, स्थायी मृत्यु।"—'हिन्दुस्तान रिव्यू' 1923, पृष्ठ 98।

को हरबर्ट स्पैंसर तथा औगस्त कोंते सरीखे वैज्ञानिक अध्यात्मवादियों ने अत्यन्त प्रभावित कर दिया तो बौद्ध साहित्य के अध्ययन के प्रति लोगों की बहुत रुचि हुई। स्वभावतः बौद्ध विद्वानों ने अनुभव किया कि बुद्ध का मौन निषेधात्मकवाद को प्रकट न होने देने के लिए एक प्रकार का आवरण था। बुद्ध अपने मत को प्रकट करने में संकोच करते थे, इस भय से कि कहीं अपना मत प्रकट कर देने से उनके अनुयायी चौंककर उत्तेजित न हो जाएं। यदि हम इस मत को स्वीकार करते हैं तो बुद्ध के दर्शन में असंगति आने के अतिरिक्त बुद्ध के अपने चरित्र पर भी लांछन आता है। हमें ऐसे अनेक वाक्य मिलते हैं जो निस्सन्देह बुद्ध के अपने वचन हैं और जिनकी व्याख्या उक्त मत के आधार पर संगत नहीं हो सकती। इसके अतिरिक्त बुद्ध की शिक्षा की सफलता की व्याख्या करने में भी, ऐसे समय में जबकि विष्णु और शिव जैसे बड़े-बड़े देवताओं का उदय हो रहा था और उन्हें मान्यता प्राप्त हो रही थी, कठिनाई अनुभव होगी। हमारे पास पर्याप्त प्रमाण इस विषय के हैं कि प्रारम्भ में बौद्धधर्म में दीक्षित होने वाले व्यक्ति बड़े धार्मिक वृत्ति वाले थे। 'महासुदस्सन' तथा 'चक्कवती सीहनादसुत्तन्त' इस विषय पर भी प्रकाश डालते हैं कि प्राचीन बौद्ध धर्मावलम्बियों के मन में सूर्यदेवता की पौराणिक कथा समाई हुई थी। एक निषेधात्मक धार्मिक सम्प्रदाय 'जटिलों' या अग्निपूजकों के मन को प्रभावित नहीं कर सकता था, जो बौद्धधर्म में दीक्षित होने वालों में सबसे प्रथम थे।[1] एक ऐसा दर्शन जो परम यथार्थसत्ता का भी निषेध करता हो, आत्मा के अस्तित्व का भी खण्डन करता हो और लोगों को धार्मिक जीवन व्यतीत करने के पुरस्कारस्वरूप केवल शून्यता की आशा दिलाता हो, मनुष्य के हृदय में अपने संस्थापक के लिए किसी प्रकार का उत्साह अथवा उसकी शिक्षा के प्रति कोई अनुराग नहीं उत्पन्न कर सकता। यह धारणा बना लेना कि इस प्रकार का निष्फल विवेकवाद छठी शताब्दी ईसापूर्व के भारतीय हृदय को प्रेरणा दे सकता था, मनोविज्ञान के समस्त नियमों को सर्वथा भुला देना है। कीथ के समान चौकस रहने वाला विद्वान् प्रोफेसर बेरिडेल भी यह विश्वास करने को उद्यत नहीं है कि बुद्ध नास्तिवादी था। उसका मत है कि पाली भाषा के ऐसे धार्मिक विधानों को जो बुद्ध के क्रियात्मक प्रयोजन के लिए प्रकट किए गए नास्तिवाद को निश्चित नास्तिवाद बतलाते हैं, बुद्ध के उपदेशों का गम्भीर तत्त्व नहीं समझना चाहिए।[2]

6

नास्तिवाद के सम्बन्ध में दूसरे विकल्प को, जिसके विषय में हम स्पष्टरूप से कुछ भी नहीं कह सकते, प्रोफेसर कीथ का महत्त्वपूर्ण एवं प्रबल समर्थन प्राप्त हुआ। वे कहते हैं : 'यह मत प्रकट करना कि बुद्ध यथार्थ में सच्चे नास्तिवादी थे, बिलकुल युक्तियुक्त होगा—यह कि उन्होंने अपने समय में प्रचलित समस्त विचार-पद्धतियों का अध्ययन एवं मनन किया और उनसे किसी प्रकार का सन्तोष उन्हें प्राप्त नहीं हुआ, जैसाकि हमें आज भी आधुनिक विचार-पद्धतियों के अध्ययन से नहीं प्राप्त होता, और यह कि वे इस विषय में कोई निश्चित विचार स्थिर नहीं कर सके। उक्त विचार-पद्धतियों में किसी प्रकार की रचनात्मक दार्शनिक शक्ति

1. महावग्ग, 1 : 15 और आगे।
2. 'बुद्धिस्ट फिलासफी', पृष्ठ 47 और आगे।

के सामान्य अभाव के कारण, जो उनमें दिखाई देती थी और जो बुद्ध को भी इसी रूप में प्रतीत हुई, ऐसी ही व्याख्या स्वभावतः कोई भी व्यक्ति करेगा।" "ऐसे विषयों में नास्तिकता का आधार ज्ञान की सीमाओं का कोई युक्तियुक्त निश्चय नहीं हो सकता। यह दो प्रकार के आधार पर है कि बुद्ध स्वयं भी उक्त विषयों पर सत्य क्या है, इसका विशद विवेचन करके किसी परिणाम पर नहीं पहुंच सके किन्तु इतना उन्हें अवश्य विश्वास था कि उक्त विषयों का निषेध करने से भी मन के ऊपर ऐसा कोई प्रभाव नहीं पड़ेगा जो निर्वाण की प्राप्ति में अनिवार्य रूप से बाधक बन सके।"[1]

नास्तिकता-सम्बन्धी समाधान–जिसका तात्पर्य यह है कि बुद्ध अध्यात्मविद्या-सम्बन्धी प्रश्नों का उत्तर देने से केवल इसलिए इनकार करते थे कि उनके पास कुछ उत्तर था ही नहीं–बुद्ध जैसे प्रतिभाशाली के साथ अन्याय करना है। यदि बुद्ध के पास जीवन के सम्बन्ध में अपनी निजी कल्पना जनसाधारण को देने के लिए न होती तो उनके लिए मनुष्य-जीवन को एक विस्तृत रूप एवं महत्तर गंभीरता प्रदान करना असम्भव होता। यह नहीं हो सकता कि वे बिना किसी नक्शे के ही जीवनरूपी अगाध समुद्र की यात्रा को निकल पड़े हों, क्योंकि उस अवस्था में उनकी निर्दिष्ट विचार-पद्धति बुद्धिगम्य न होती और मनुष्यमात्र के लिए जो उनके हृदय में दया का भाव था, उसका भी कोई कारण न बताया जा सकता। यदि बुद्ध के आगे मनुष्य के सब प्रकार के पुरुषार्थ के अन्तिम लक्ष्य के स्वरूप का कोई स्पष्ट एवं निश्चित विचार न होता, यदि निर्वाण-विषयक रहस्य का उद्घाटन करने के लिए सत्य का कोई प्रकाश भी न होता तो वे किस प्रकार यह कह सकते कि अपने स्वरूप को सम्पूर्ण करने से ही मनुष्य अनिर्वचनीय आनन्द प्राप्त करेगा? बुद्ध संज्ञा ही जिसका अर्थ है ज्ञानसम्पन्न, जिसका उन्होंने अपने लिए प्रयोग किया–हमें इस अनुमान पर पहुंचाती है कि परमार्थ-सम्बन्धी प्रश्नों पर उनके अपने कुछ निश्चित विचार अवश्य थे, वे चाहे उचित हों चाहे अनुचित ही क्यों न हों। निश्चय की गहराई, जो बुद्ध के उन अनेक उपदेशों में पाई जाती है जो उन्होंने अपने अनुयायियों को सत्य तक पहुंचने के लिए ग्रहण करने योग्य आदर्श की व्याख्या करते हुए दिए, नास्तिकवाद की कल्पना के आधार पर तो नहीं समझ में आ सकती। वे कहते हैं : "कोई भी बुद्धिसम्पन्न व्यक्ति मेरे पास क्यों न आए, ऐसा व्यक्ति जो ईमानदार, निष्पक्ष और स्पष्टवक्ता हो, मैं उसे उपदेश दूंगा, आदर्श के विषय में शिक्षा दूंगा, और यदि मेरी शिक्षा के अनुसार वह आचरण करेगा तो उसे स्वयं यह जानने और अनुभव करने में कि उस सर्वश्रेष्ठ धर्म एवं लक्ष्य की प्राप्ति के लिए जिसके लिए लोग गृहस्थजीवन को त्यागकर संन्यास धारण करते हैं, उसे एक सप्ताह से अधिक समय नहीं लगेगा।"[2] यदि बुद्ध के आगे परमार्थ-विषयों के सम्बन्ध में कोई स्पष्ट एवं विशद विचार न होते तो उस अवस्था में इस प्रकार का दावा रखने वाले व्यक्ति को जो ऐसे लहजे में बोलता हो, या तो पाखण्डी या भ्रांत व्यक्ति ही कहा जाएगा।

इसके अतिरिक्त इस प्रकार की व्याख्या ऐसे वाक्यों के साथ भी ठीक संगति में नहीं बैठ सकती, जहां पर बुद्ध ने कहा कि मै उन सभी सत्यों का प्रतिपादन नहीं कर रहा हूं जिनका मुझे ज्ञान हुआ है। पासादिक सुत्तन्त[3] में वे हमें बताते हैं कि वे उन सब सत्यों को प्रकाशित

---

1. 'बुद्धिस्ट फिलासफी' पृष्ठ 63 और 45।
2. 'उदुम्बरिकासीहनादसुत्तंत'। दीघनिकाय, 3 : 56।
3. वही, 3 : 134।

नहीं करते हैं जो उनके पास हैं, क्योंकि वे मनुष्य की नैतिक उन्नति में सहायक हो सकें इसकी सम्भावना नहीं है। संयुत्तनिकाय में एक घटना का वर्णन किया गया है, जिसमें बुद्ध ने कुछ पत्तों को अपने हाथों में उठाकर एकत्र भिक्षुओं से कहा कि जिस प्रकार जंगल के कुल पत्ते इन मेरे हाथों में के पत्तों से संख्या में कहीं अधिक हैं, इसी प्रकार वे सब सत्य जिन्हें मैंने जाना है किन्तु जिनका उपदेश नहीं किया, उन सत्यों की अपेक्षा संख्या में कहीं अधिक हैं जिनका मैं उपदेश करता हूं। जबकि वास्तविक सत्य तो यह है कि बुद्ध ने, जितना कि वे जानते थे, उससे कहीं कम का उपदेश किया और उनके शिष्यों ने, जितने का बुद्ध ने उपदेश दिया था, उससे भी कम पर आचरण किया।

प्रोफेसर कीथ बुद्ध के नास्तिकवाद को तर्कसंगत मानने के लिए उद्यत नहीं हैं। यद्यपि तर्क की दृष्टि से तो इसपर विवेचन नहीं किया गया, फिर भी यह कि परमार्थविषयक समस्याओं को अनुभव-ज्ञान के द्वारा हल करना कठिन है, बुद्ध के पूर्ववर्ती विचारकों को ज्ञात था। यदि बुद्ध ने इस विषय पर कि संसार का कभी प्रारम्भ था या नहीं, कुछ भी कहने से इन्कार किया तो उन्हें दोनों ही विकल्प असन्तोषजनक प्रतीत होते थे। यदि बुद्ध ने उस समय की प्रचलित विविध विचार-पद्धतियों का अध्ययन किया होता तो उपनिषदों का कुछ युक्तिसंगत नास्तिकवाद उनकी दृष्टि में तुरन्त आ जाता।

यह माना जाता है कि बुद्ध का नास्तिकवाद यदि उपनिषदों जैसा नितान्त नास्तिकवाद है और केवल हठवाद ही नहीं है तो यह उसकी दार्शनिक क्षमता के लिए कोई श्रेय का विषय नहीं हो सकता, और बुद्ध के मौन का ऐसा अर्थ लगाने वालों की प्रवृत्ति बुद्ध को उदासीन श्रेणी के दार्शनिकों में रखने की ओर है। किन्तु यह केवल व्यक्तिगत सम्मति का विषय है। उन विभिन्न आध्यात्मिक कल्पनाओं के प्रति बुद्ध की समालोचनात्मक प्रवृत्ति—जिनमें से 62 तो ब्रह्मजालसुत्त में हैं और 10 ऐसी हैं जिन्हें पोट्ठपादसुत्त[1] में उठाया गया है और फिर एक ओर रख दिया गया है, क्योंकि वे मुक्ति की प्राप्ति में सहायक नहीं हैं—तथा उनके समय की धार्मिक प्रथाएं, ये सब इस बात को दर्शाती हैं कि बुद्ध कोई मामूली हैसियत के विचारक एवं समालोचक न थे। इस प्रकार की कल्पना कि वे एक सूक्ष्म विचारक नहीं हैं, एक ऐसे व्यक्ति की अध्यात्मविद्या-विषयक योग्यता का निषेध करना होगा जिसने अध्यात्मविद्या-सम्बन्धी अनेकों योजनाओं का प्रतिपाद किया है। यह एक प्रकार की ऐसी उपेक्षा होगी जिसके लिए बहुत न्यून प्रमाण हैं। इसके अतिरिक्त कोई भी ऐसा विवेकशील व्यक्ति कम से कम बुद्ध सरीखे बौद्धिक एवं नैतिक व्यक्तित्व वाला व्यक्ति तो कभी भी नहीं हो सकता था, जो इन्द्रियातीत पदार्थों के मूल्यांकन में किसी न किसी प्रकार की आस्था न रखता हो।

ऐसे विद्वान् जो नास्तिकवाद की कल्पना का समर्थन करते हैं, ऐसा इसलिए करते हैं कि ऐसा ही विचार उनके इस विचार के साथ अनुकूलता रख सकता है कि बुद्ध के उपदेश विशेष रूप से आदिम या असंस्कृत विचारों की श्रेणी के हैं। अन्य व्याख्याओं को वे इस आधार पर अस्वीकृत कर देते हैं कि वे व्याख्याएं इतनी अधिक तार्किक हैं कि ऐसी आदिम व्याख्याएं नहीं हो सकतीं। हमें यह कहने की आवश्यकता नहीं कि ऐसा मत जो बुद्ध को एक संकीर्ण, विवेकवादी तथा उदासीन मनोवैज्ञानिक और दुर्नाम दार्शनिक के रूप में चित्रित करता है, उन व्यक्तियों को निश्चय नहीं दिला सकेगा जो समालोचकों के विचारों से सहमत

1. दीघनिकाय, 1 : 187 और आगे।

नहीं हैं। स्पष्ट है कि इस प्रकार का सन्दिग्धात्मा स्वप्नदृष्टा ऐसा व्यक्ति ही होगा जो कभी भी छठी शताब्दी ईसापूर्व के भारत पर भी इतना विस्तृत धार्मिक प्रभाव नहीं रख सकता था।

7

यदि हमारा यह विश्वास हो कि बुद्ध एक अनिश्चित स्वप्नदर्शी अथवा दम्भी न थे, अपितु एक ऐसे ईमानदार और धीर-गम्भीर महापुरुष थे जिनकी मानसिक वृत्ति रूढ़िवादी परम्परा के विपरीत थी, तब उनका कोई भी आकस्मिक वाक्य अथवा अर्थपूर्ण स्पर्श एक सावधान निरीक्षक के लिए उनकी सामान्य स्थिति को समझने के लिए सूत्र का काम कर सकता है और वही उनके जीवन एवं विचार की स्थायी पृष्ठभूमि है। इस अध्यात्मशास्त्र का भाव सर्वत्रव्यापी है, भले ही उसकी अभिव्यक्ति न हो।

बुद्ध ने इस संसार की क्षणभंगुरता तथा निस्सारता पर जो बल दिया है वह उपनिषदों में बताए गए सब प्रकार के सांसारिक जीवन के मूल्य-ह्रास के साथ प्रत्यक्षरूप में बिलकुल समानता रखता है।[1] महत्त्वपूर्ण प्रश्न यह है कि बुद्ध ने जो इस आनुभविक जगत् को हेय ठहराया है, क्या वह इसका परिणाम है कि वे इस जगत् के परे किसी निरपेक्ष परम यथार्थता को भी स्वीकार करते हैं जैसाकि उपनिषदों को मान्य है? जब कोई व्यक्ति ऐसा कहता है कि वह किसी यथार्थसत्ता अथवा ईश्वर में विश्वास नहीं करता हो उसका अर्थ केवल यही समझना चाहिए कि एतद्विषयक जो प्रचलित विचार हैं उन्हें वह स्वीकार नहीं करता। बुद्ध के द्वारा अपर्याप्त विचारों के परित्याग का तात्पर्य यही था कि उनके मुकाबले में अधिक पर्याप्त विचारों को रखना उन्हें अभीष्ट था। वस्तुतः बुद्ध ने उपनिषदों में प्रतिपादित परब्रह्म-भाव का कहीं भी खण्डन नहीं किया। 'कथावत्तु' में जहां भिन्न-भिन्न विवादास्पद विषयों पर विचार किया गया है, एक अपरिवर्तनशील सत्ता के प्रश्न का कहीं उल्लेख नहीं है। यह सब यदि कुछ संकेत करता है तो यहीं कि बुद्ध उपनिषदों की स्थिति को स्वीकार करते हैं। इसके अतिरिक्त वाराणसी में दिया गया बुद्ध का प्रसिद्ध उपदेश एक निरपेक्ष परमसत्ता के शासन की ओर प्रबल संकेत करता है। परमसत्ता के इस प्रकार के वर्णन कि वह न तो सत् है, न असत् है, न दोनों ही है और न उनमें से अन्यतम है, हमें बौद्धधर्म से इतर दर्शन-पद्धतियों में प्रकट किए उसी के समान वाक्यों का स्मरण कराते हैं जिनमें परमसत्ता के अस्तित्व का सर्वथा निषेध नहीं है किन्तु उसके भौतिक अनुभवों के आधार पर दी गई वर्णनशैली का निषेध है।[2]

तो फिर क्यों नहीं बुद्ध ने परमसत्ता की यथार्थता को स्पष्ट शब्दों में स्वीकार किया? बुद्ध ने परमसत्ता की व्याख्या करने से इसलिए इन्कार किया कि ऐसी व्याख्या सापेक्ष दृष्टि के ही आधार पर करनी पड़ती, जिस विधि की युक्तियुक्तता का विरोध दूसरे की तुलना में सबसे पूर्व स्वयं बुद्ध ने ही किया था। परमसत्ता इन्द्रियों द्वारा प्रत्यक्ष अनुभव का विषय नहीं है, और न ही आनुभाविक जगत् कहीं भी अपनी सीमाओं के भीतर उस परमसत्ता का प्रकाश करता है। उपनिषदें इस विषय को स्वीकार करती हैं और हमें सावधान भी करती हैं कि कहीं हम प्रतीतिरूप संसार की उपाधियों का प्रयोग परमसत्ता के सम्बन्ध में न करने

---

1. "ज्ञानी पुरुष इस संसार में अनित्य (अध्रुव) पदार्थों में से नित्य (ध्रुव) की खोज नहीं करते।" कठोपनिषद्, 4 : 2।
2. ऋग्वेद, 10 : 129, 1-2; बृहदारण्यक उपनिषद्, 2 : 5, 19; 3 : 8, 8; ईशोपनिषद्, और 5; कठ, 3 : 15; मुण्डक, 1 : 1, 6; 2 : 2, 1; श्वेताश्वतर, 6 : 11; मैत्री, 4 : 17।

लगें। उपनिषदों का ऋषि परमसत्ता के स्वरूप निरूपण के विषय में प्रश्न किए जाने पर मौन रह गया और जब प्रश्न को दोहराया गया तब भी फिर मौन ही रहा और अन्त में जाकर उसने घोषणा की कि 'आत्मा मौन है' (शान्तोऽयमात्मा)।[1] "जहां आंख नहीं जाती, वाणी का प्रवेश नहीं, न मन का प्रवेश है; हम नहीं जानते, हम नहीं समझ सकते कि किस प्रकार कोई उसका उपदेश कर सकता है।"[2] वह ज्ञात से भी भिन्न है और अज्ञात से भी ऊपर है![3] उपनिषदें प्रायः परमसत्ता की निषेधात्मक व्याख्या करती हैं।[4] किन्तु परमसत्ता का इस प्रकार का भाव, कि वह एक ऐसी अज्ञात एवं अविज्ञेय सत्ता है जिसका न आदि है न अन्त है, जो रूपरहित है, साररहित है, न उसका कोई निवास-स्थान है, ऐसा अत्यन्त ऊंचा भाव है जो साधारण व्यक्ति की समझ में नहीं आ सकता। इसलिए उपनिषदों ने यह अधिक उचित समझा कि उक्त सत्ता का विध्यात्मक वर्णन किया जाए, जिससे धर्म के कार्य सिद्ध हो सकें और जनसाधारण यह जान सकें कि अनिर्वचनीय परमसत्ता का विध्यात्मक रूप भी है। जहां एक ओर उपनिषदें परमसत्ता के दुर्बोध स्वरूप के सर्वविदित भाव के प्रति बराबर आस्थावान न रह सकीं, वहां दूसरी ओर बुद्ध ने बार-बार इसी विषय पर बल दिया कि हम परमसत्ता का आनुभविक जगत् की किसी प्रकार की उपाधियों से युक्त वर्णन नहीं कर सकते। जहां वे इस विषय का प्रतिपादन करते हैं कि परमसत्ता परिवर्तनशील जगत् से भिन्न है, एवं आत्मा शारीरिक आकृति, प्रत्यक्षानुभव, संवेदनाओं, मानसिक वृत्तियों और बुद्धि के द्वारा आनुभविक निर्णयों के भिन्न है, तथा निर्वाण भी आनुभविक सत् पदार्थ नहीं है, वे यह भी नहीं बताते कि आखिर ये हैं क्या,[5] क्योंकि इन्हें तर्क द्वारा नहीं जांचा जा सकता। इनकी यथार्थता का ज्ञान अन्तर्दृष्टि के द्वारा मुक्तात्माओं को ही होता है और अन्यों को उन्हीं की प्रामाणिकता के आधार पर इन्हें स्वीकार करना होता है। किन्तु यदि एक स्थान पर प्राप्त प्रमाण को बुद्ध ने स्वीकार कर लिया तो क्यों नहीं वैदिक देवताओं के विषय में वेद की प्रामाणिकता को भी स्वीकार किया जाए? इसका कोई कारण समझ में नहीं आ सकता कि क्यों बुद्ध के मत को मानवीय हृदय के ऐसे ही अन्य अनेक स्वप्नों तथा मानवीय मन के आभासों से ऊंची श्रेणी का माना जाए, जिन्हें दूसरों के प्रामाण्य के आधार पर स्वीकार कर लेने का आग्रह किया जाता है। उपनिषदें बलपूर्वक कहती हैं और बुद्ध उनसे इस विषय में सहमत हैं कि परमार्थ-विषयों पर कल्पनात्मक निश्चितता प्राप्त करना हमारे लिए सम्भव नहीं है और ऐसे व्यक्ति जो कहते हैं कि उन्होंने यह निश्चितता प्राप्त कर ली है, दम्भी और प्रवंचक है और अशिक्षित वर्ग पर अपना रोब गांठना चाहते हैं। जब बुद्ध ने एक ओर अपने से पूर्वकाल के शिक्षकों द्वारा रूढ़ परम्पराओं का मूलोच्छेदन किया, वहां उनके स्थान पर अपनी अन्य कोई रूढ़ि प्रचलित करने की उनकी अभिलाषा न थी, क्योंकि इस प्रकार की प्रक्रिया केवल ऐसे एक तर्क-वितर्क को प्रोत्साहन देती जो धार्मिक उन्नति में बाधा उपस्थित करता है। बुद्ध स्पष्ट कहते हैं कि मैं उन सब सत्यों का प्रकाश नहीं करता जिन्हें मैं जानता हूं, केवल इसीलिए नहीं कि मोक्ष के अन्वेषक के लिए वे उपयोगी नहीं है, किन्तु इसलिए भी कि उनके विषय

1. शांकरभाष्य, 3 : 2, 17।
2. केन उपनिषद्, 1 , 3; देखिए कठोपनिषद् भी, 6 : 12-13; मुण्डक, 3 : 1, 8।
3. केन, 1 : 4 :
4. बृहदारण्यक उपनिषद्, 2 : 3, 6; 3 : 8, 8; 3 : 9, 26; 4 : 2—4; कठ, 3 : 15; मुण्डक 1 : 6।
5. तुलना कीजिए, आगस्टाइन : "परमेश्वर क्या नहीं है यह तो हम जान सकते हैं, किन्तु यह नहीं जान सकते कि वह क्या है।" ट्रिनिटी', 7 : 2।

में लोगों के नाना प्रकार के विचार हैं।[1] बुद्ध के समय में निरर्थक वादविवाद लगभग एक प्रकार का मानसिक रोग हो गया था। बुद्ध की दृष्टि में हिन्दू विचारक जीवन की गम्भीरतम आवश्यकताओं को दृष्टि से ओझल करते जा रहे थे और विचारधारा के ऐसे विषयों को पकड़े बैठे थे जिनका कोई आधार नहीं था। इसलिए बुद्ध ने अपने अनुयायियों को उपदेश दिया कि वे ऐसी दर्शन-पद्धतियों के झगड़े से अलग रहकर अपने ध्यान को ऐसे धर्म में लगाएं जोकि सत्य की प्राप्ति का एकमात्र मार्ग है। जब हम सब प्रकार के पक्षपातों से अपने को मुक्त कर लेंगे तो सत्य स्वयं हमारे अन्दर प्रकट होगा। यथार्थता को स्वयं अपने अन्दर प्रतिबिम्बित होने दो और उसे हमारे जीवन को उचित दिशा में मोड़ने का अवसर दो। सत्य को जीवन के अन्दर ही से खोजना चाहिए। यह केवल शास्त्रीय वादविवाद का विषय नहीं है किन्तु एक आध्यात्मिक आवश्यकता है। चूंकि तर्क द्वारा यथार्थता के अन्वेषण की सीमाएं प्रत्यक्ष हैं, इसलिए बुद्ध ने अध्यात्मशास्त्र-सम्बन्धी आकांक्षाओं की पूर्ति करने को अपना कर्तव्य नहीं माना, यद्यपि अध्यात्म-विषयों पर उनके अपने निश्चित विचार अवश्य थे।

तर्क द्वारा अभिमत सीमाओं के अन्दर रहकर ही बुद्ध विश्व के परमतत्त्व को धर्म अथवा विधान का नाम देते हैं। धर्म के ठीक भाव की महत्ता जानने के लिए इससे पूर्व के वैदिक साहित्य पर हमें ध्यान देना होगा। हमें ऋग्वेद में 'ऋत' का भाव मिलता है, जो इस जगत् की नैतिक तथा भौतिक व्यवस्था है। इसे ईश्वर ने नहीं बनाया किन्तु यह अपने-आपमें दैवीय है और देवताओं से स्वतन्त्र है जिन्हें उक्त ऋत का संरक्षक बताया गया है। इस विश्व की उस नैतिक व्यवस्था को, जो जीवन में कानून, रीति-रिवाज और नैतिकता के विभिन्न क्षेत्रों में उठने वाली समस्याओं का नियन्त्रण करती है, धर्म कहते हैं, बृहदारण्यक उपनिषद् में कहा गया है कि क्षत्रिय, वैश्य और शूद्र आदि वर्णों की रचना के पश्चात् सर्वोपरि विधाता ने "उनसे अधिक उत्कृष्ट एक आकृति की रचना की और वह धर्म का विधान है। धर्म के विधान से बढ़कर और कुछ नहीं है। (धर्मात् परं नास्ति)...यथार्थ में जो धर्म का विधान है, वही सत्य है।...वस्तुतः ये दोनों अर्थात् सत्य एवं धर्म एक ही वस्तु हैं।"[2] वैदिक 'ऋत' शब्द दोनों के लिए प्रयुक्त होता है।[3] तैत्तिरीय उपनिषद् में पूर्णरूप को प्राप्त आत्मा, जिसने समस्त विश्व के साथ अपने एकत्व को अनुभव किया है, गा उठती है : "मैं ही सबसे आगे उत्पन्न हुआ ऋत (अथवा यथार्थ) हूं, जो देवताओं से भी पूर्वजन्मा और अमरत्व का केन्द्र है।"[4] इसी प्रकार कठोपनिषद् में, जहां ऋग्वेद[5] से एक वाक्य ठीक उसी रूप में उद्धृत किया

---

1. उदान, पृष्ठ। 1; संयुत्तनिकाय, 5 : 437; दीघनिकाय, 1 : 179। परमार्थसत्ता के दुर्बोधस्वरूप का भाव प्रकट करने के लिए मौन साधन एक प्रख्यात विधि है। जब विमलकीर्ति से परमार्थसत्ता के स्वरूप-निरूपण के लिए कहा गया तो वह मौन रह गया और बोधिसत्त्व मंजुश्री ने उल्लसित होकर कहा, "धन्य हो, धन्य हो! अद्वैत का भाव वस्तुतः वाणी का विषय नहीं है।" विमलकीर्तिसूत्र। तुलना कीजिए, सुजूकी—'महायान बुद्धिज़्म', पृष्ठ 106-107।
2. 1 : 4, 14, और भी देखिए, बृह. उप., 4 : 15, 1; ईश उप. 15; "यथार्थ सत्य का रूप स्वर्णमय पात्र से ढका हुआ है; हे पूषण! तुम उसका अनावरण कर दो जिससे उसे हम देख सकें, जिसका विधान (धर्म) सत्य है।" और भी देखिए ऋग्वेद, 4 : 5, 5; 7 : 104, 8; 9 : 113, 4; 10 : 190, 1।
3. ऋत का विपरीत है अनृत, जो असत्य और अधर्म है।
4. "अहमस्मि प्रथमजा ऋतास्य, पूर्व देवेभ्यो नाभायि।"
5. 4 : 40, 5; देखिए और भी, वाजसनेयी संहिता, 10 : 24; 12 : 14; तैत्तिरीय संहिता, 3 : 2, 10, 1; शतपथ ब्राह्मण, 6 : 7, 3, 11; तैत्ति. आरण्यक, 6 : 1, 5, 6; रंगरामानुज कठोपनिषद् का भाष्य करते हुए, ऋत का 4 "अपरिच्छिन्नसत्यरूपब्रह्मात्मकम्" के साथ साम्य बतलाता है। (5 : 2)।

गया है, ऋत का सर्वोपरि आत्मा के साथ तादात्म्य बताया है।[1] सर्वोपरि ब्रह्म ऋत व सत्य दोनों ही है।[2] ऋत और धर्म के सत्य के साथ तादात्म्य का सिद्धान्त उतना ही पुराना है जितना कि ऋग्वेद और उपनिषदें हैं। एकाकी परमार्थसत्ता एक दार्शनिक भाव वाले व्यक्ति के लिए अपने को नित्य-सत्य व यथार्थता के रूप में अभिव्यक्त करती है और उसको प्राप्त करने का उपाय ज्ञान और श्रद्धा है। यह वह मत है जिसपर उपनिषदें बल देती हैं। धार्मिक प्रवृत्ति वाले व्यक्तियों के लिए परमार्थसत्ता नित्यप्रेमस्वरूप है और उसकी प्राप्ति का मार्ग प्रीति एवं भक्ति का मार्ग है। इस प्रकार के मत पर कुछ अर्वाचीन उपनिषदों, भगवद्गीता तथा पुराणों ने बल दिया है। ऐसे व्यक्तियों की दृष्टि में जिनका झुकाव नैतिकता की ओर है, परमार्थसत्ता नित्य धर्म की भावना है और उनका विचार है कि हम उसे सेवा तथा स्वार्थत्याग के द्वारा प्राप्त कर सकते हैं—वही एकमात्र परमसत् जो प्रकाश, प्रेम और जीवन है तथा भिन्न प्रवृत्ति वाले जिज्ञासुओं के लिए भिन्न रूप में अपने को अभिव्यक्त करता है।

बुद्ध का पूरा झुकाव मुख्यरूप से नैतिक है और इसीलिए स्वभावतः परमसत् का नैतिक पक्ष एवं उसकी धर्मभावना का स्वरूप उन्हें सबसे अधिक आकृष्ट करता है। उपनिषदों ने जो स्थान ब्रह्म को दिया है, बुद्ध ने वही स्थान धर्म को दिया है।[3] धर्म सब वस्तुओं को वश में रखता है। अगञ्ञ सुत्तन्त में संसार का विकास और उसमें प्राणियों का वर्गीकरण धर्म के तत्त्व द्वारा ही नियन्त्रित होता है।[4] ब्रह्मचक्र ही धर्मचक्र बन जाता है। ब्रह्म के मार्ग को ही धर्म का मार्ग कहते हैं।[5] अष्टवर्ग मार्ग को बिना किसी भेदभाव के ब्रह्मयान या धर्मयान कहा गया है। कहा गया है कि ब्रह्म अथवा धर्म ही तथागत का शरीर है। वह ब्रह्म अथवा धर्म के साथ तादात्म्यरूप हो जाता है, ऐसा कहा गया है।[6] पालीविधान में अनेक वाक्य ऐसे आते हैं जिनमें हमें धर्म को पूज्यभाव से देखने का आदेश है।[7] मिलिन्द में धर्म को धर्मभावना के देवता का रूप दिया गया है।[8] धर्म ही उच्च श्रेणी की यथार्थसत्ता है और संसार के पदार्थ

---

1. 5 : 2; तैत्तिरीय पर शांकरभाष्य देखिए, 3 : 10 और कठोपनिषद् 5 : 2।
2. "ऋतं सत्यं परं ब्रह्म", तैत्ति. आर., 6 : 13, 27, 12।
3. तुलना कीजिए रवीन्द्रनाथ टैगोर से, "यह धर्म और उपनिषदों का ब्रह्म तात्त्विक रूप में एक ही है ...बौद्धधर्म के अनुसार, धर्म शान्ति, सौजन्य और प्रेमस्वरूप एक शाश्वत या नित्य यथार्थसत्ता है, जिसके प्रति मनुष्य अपनी सर्वोच्च कोटि की भक्ति, यहां तक कि अपने जीवन को भी, अर्पित कर सकता है। यह धर्म ही मनुष्य को त्याग-सम्बन्धी अतिमानवीय शक्ति के लिए प्रेरणा दे सकता है और आत्मोत्सर्ग के द्वारा उसे अपने जीवन के परमलक्ष्य तक पहुंचने के लिए मार्ग दिखा सकता है। यह वह अवस्था के जिसकी तुलना हम संसार के किसी पदार्थ के साथ नहीं कर सकते, किन्तु फिर भी जिसका हम एक धुंधला विचार अवश्य बना सकते हैं जबकि हम यह जान जाएं कि इस तक केवल अपरिमित प्रेम के द्वारा ही पहुंचा जा सकता है, न कि अपने को सर्वथा मिटा देने वाले मार्ग के द्वारा। इस प्रकार अनन्त प्रेम की निरन्तर चेतना में निवास का नाम भगवान बुद्ध ने ब्रह्मविहार दिया है अर्थात् ब्रह्म में गति करना।—'विश्वभारती' त्रैमासिक, 1924, पृष्ठ 385 से 386 तक।
4. दीघनिकाय, 3 : 80 इत्यादि।
5. संयुत्तनिकाय 1 : 141; 5 : 5; थेरगाथ, 689।
6. कहा जाता है कि बुद्ध निर्वाण प्राप्त करने पर 'धर्मधातुस्वभावात्मक' हो गए।
7. संयुत्तनिकाय, 2 : 138; अंगुत्तरनिकाय, 2 : 20।
8. तुलना कीजिए, शतपथ ब्राह्मण, 13 : 4, 3, 14। तुलना कीजिए, पूसी—"यदि बौद्ध लोग न किसी न्यायधीश की और न किसी स्रष्टा की सत्ता को स्वीकार करते हैं तो कम से कम वे एक सर्वोपरि→

धर्म हैं क्योंकि वे सब एक ही परमार्थतत्त्व के व्यक्तरूप हैं।

इस आधार पर कि शरीराकृति, प्रत्यक्षानुभव, संवेदनाएं, प्रवृत्तियां एवं बुद्धि ये सब अस्थायी और क्षणिक हैं, बुद्ध इन्हें आत्मा का स्वरूप मानने में इनकार करते हैं।[1] जीवात्मा के परिवर्तनशील रूप का अग्नि एवं जल की गति के उपमालंकार से दृष्टान्त दिया गया है। वाराणसी में दिए गए उपदेश में परिवर्तनशील आनुभविक पदार्थपुंजों से विभिन्न आत्मा के अस्तित्व का निषेध नहीं किया गया है। बुद्ध वच्छगोत के साथ अपने वार्तालाप में एक नित्य आत्मा की यथार्थता का निषेध करने से इनकार कर देते हैं। 'लंकावतार' नामक ग्रन्थ में, जो बुद्ध के शताब्दियों पश्चात् लिखा गया, यह सुझाव दिया गया है कि बुद्ध ने आत्मा के सिद्धान्त को केवल अपने श्रोताओं को फुसलाने के लिए स्वीकार किया था। यह धारणा बना लेना आवश्यक नहीं है कि बुद्ध ने अपने स्वीकृत मापदण्डों का स्तर उपयोगिता या कार्यसाधकता के विचार से स्वयं गिरा दिया था, जबकि अन्य व्याख्याएं सुलभ थीं। जब बुद्ध यह तर्क करते हैं कि शारीरिक मृत्यु से पूर्व भी एक सन्त व्यक्ति निर्वाण प्राप्त कर सकता है और इसको वे उच्चतम श्रेणी के सुख के समान बताते हैं, जिसके साथ सब प्रकार के भविष्य-जन्मों के नाश का भाव भी लगा हुआ है, तब वे आत्मा की यथार्थता को अव्यक्तरूप से स्वीकार कर लेते हैं। जब वे यह घोषणा करते हैं कि प्रबुद्ध का स्वरूप प्रकृति से परे है, और उनके ऊपर जो इस विषय का दोषारोपण किया जाता है कि वे यथार्थ सत् के नाश का उपदेश देते हैं।[2] इसके विरोध में वे स्वीकार करते हैं कि पांच तत्त्वों का विनाश यथार्थ आत्मा को स्पर्श नहीं करता। धम्मपद में आत्मा को जीवात्माओं का प्रभु एवं उनके पुण्य और पाप कर्मों का साक्षी बताया गया है।[3] सांख्य और अद्वैत वेदान्त में उस सबको जो अनात्म के साथ सम्बन्ध रखता है, आत्मा में से निकालकर पृथक् कर दिया गया है और यही भावना उपनिषदों की और बौद्धधर्म की भी है।

किन्तु बुद्ध आत्मा की यथार्थता को सांसारिक अनुभव की साक्षी के आधार पर पुष्ट नहीं कर सके। इस प्रकार वे अनुभवातीत आत्मा के विषय में उठाए गए इन प्रश्नों का उत्तर देने से इन्कार कर देते हैं कि वह समष्टियों से युक्त है[4] अथवा उनसे भिन्न है। वस्तुतः उन्होंने नित्य आत्मा के अस्तित्व का निषेध नहीं किया, अपितु उसके विषय में जो नाना प्रकार की कल्पनाएं प्रस्तुत की जाती हैं उनका निषेध किया है। आत्मा के स्वरूप के सम्बन्ध में

→और निर्भ्रान्त न्याय को तो मानते हैं—ऐसा न्याय जो आश्चर्यजनक अन्तर्दृष्टि तथा अनुकूलता का न्याय है, भले ही यह यान्त्रिकरूप में कार्य करता हो। मेरी सम्मति में बौद्धों को नास्तिक कहना एक मिथ्या आरोप है। उन्होंने किसी न किसी तरह दैवीय शक्ति के एक पक्ष पर तो पूरा-पूरा ध्यान दिया।" ('बुद्धाज़ वे आफ वर्चू' में पृष्ठ 13 पर उद्धृत) मि. सौण्डर्स कहते हैं कि, "धर्मभावना, अदृश्य की यथार्थता और अतिसूक्ष्म मूल्यवान गुणों में उसके (बुद्ध के) सौम्य तथा अडिग विश्वास को धार्मिक ही कहना चाहिए, और हम खूब अच्छी तरह समझ सकते हैं कि अपने देश के लोगों तथा उनके धार्मिक स्वभाव को जानते हुए उनका विचार यही हुआ कि उन्हें इस कारणकार्य के विधान की भी धार्मिक दृष्टि से ही व्याख्या करने के लिए स्वतन्त्र छोड़ दिया जाए।" मि. सौण्डर्स के मत में कर्म और धर्म के विधान पर जो बुद्ध का विशेष आग्रह है, यह 'नैतिक ईश्वरज्ञान के प्रति एक विशेष देन है।' 'एपॉक्स आफ बुद्धिस्ट हिस्ट्री', पृष्ठ 3)।

1. देखिए महावग्ग, 1 : 6, 38; मज्झिमनिकाय, 35; महानिदानसुत्त : दीघनिकाय, 2 : 66।
2. अलगद्दूपमसुत्त : मज्झिमनिकाय, 1 : 140।
3. 160।
4. मज्झिमनिकाय, 1 : 256।

जो छः भिन्न-भिन्न प्रकार की कल्पनाएं हैं, उनके विषय में बुद्ध कहते हैं कि "हे भिक्षुओं! यह नाना सम्मतियों के अन्दर केवल भ्रमणमात्र है, केवल सम्मतियों का आश्रयमात्र लेना है, निस्सार सम्मतियों में केवल समय को नष्ट करना है? और सम्मतियों का एक तत्त्वविहीन प्रदर्शनमात्र है।"[1] बुद्ध के आरम्भिक शिष्यों की एक शाखा ने पुद्गलवाद अर्थात् एक नित्य-अमर आत्मा के अन्दर आस्था रखने के सिद्धान्त को स्वीकार किया था। कथावत्तु इस विचार को सम्मितीय एवं विज्जिपुत्तकों का बताता है। संयुत्तनिकाय में हमें बोझ ढोने वाले का सूत्र मिलता है।[2] बुद्धघोष, वसुबन्धु, चन्द्रकीर्ति और यशोमित्र जैसे बौद्ध टीकाकार, जिनका झुकाव बुद्ध के उपदेशों की निषेधात्मक व्याख्या की ओर है, इसका समाधान कर देते हैं, यद्यपि यह मानना कठिन है कि परिवर्तनशील समष्टियां बोझ भी हों और उसे ढोने वाले भी हों।

वर्तमान काल में सामान्यतः यह स्वीकार किया जाता है कि निर्वाण को 'निरन्तर शून्यता' के साथ मिलाना अनुचित है। निर्वाण शब्द का यौगिक अर्थ है 'बुझ जाना', और जो चीज़ें बुझती हैं वे हैं, 'उत्कट अभिलाषा, दुःख और पुनर्जन्म।'[3] निर्वाण का सबसे पुराना भाव यह है कि यह एक ऐसी अव्याख्येय अवस्था है जो तण्हा (तृष्णा) का सम्पूर्णरूप से नाश कर देने से एवं मन की अशुद्धियों का भी नाश कर देने से[4] यहीं और अब भी प्राप्त की जा सकती है।[5] यह एक यथार्थ स्थिति है, जहां संसार का अन्त हो जाता है और एक वर्णनातीत शान्ति प्राप्त होती है।[6] अपण्णकसुत्त निर्वाण का ऐसे शब्दों में वर्णन करता है जो उपनिषदों के मोक्ष का संकेत करते हैं। "न अपने को कष्ट पहुंचाते हुए न पहले कभी इसी जीवन में दूसरों को कष्ट पहुंचाते हुए, आगे किसी प्रकार की कामना न रखते हुए, वह जिसकी तृष्णा बुझ गई है, शान्त भाव को प्राप्त, अपने को स्वस्थ अनुभव करते हुए, उस आत्मा के साथ निवास करता है तो ब्रह्म हो गई है।"[7] थेरा और थेरी गाथाओं का सुन्दर काव्य निर्वाण की स्वतन्त्रता का आह्लाद से ओतप्रोत है।

हम निर्वाण के स्वरूप का ठीक वर्णन नहीं कर सकते, क्योंकि यह तार्किक ज्ञान का विषय नहीं है। यद्यपि इसे वही अनुभव करते हैं जो इसको विध्यात्मक रूप में भोगते हैं, विचार के रूप में यह एक अभावात्मक अवस्था है। निर्वाण कर्म के नियम अथवा संसार के बन्धन से बद्ध सांसारिक प्राणी का निषेध है। "हे भिक्षुओ! कोई ऐसी सत्ता अवश्य है जो न पृथ्वी है, न जल है, न अग्नि है, न वायु है; न तो देश की असीमता है, न चेतना की ही असीमता है, न शून्यता है, न प्रत्यक्ष ज्ञान है, न यह संसार है, न वह संसार है, न सूर्य है और न चन्द्रमा है।" "जहां न मृत्यु है, न जन्म है, वहां न यह जगत् है न वह जगत् है, न मध्य का जगत् है—यह दुःखों का अन्त है।"[8] किन्तु यह असत् नहीं है। कुछ अजन्मा अनादि, स्वयंभूः,

1. शीलाचार, 'डायलॉग्स आफ बुद्ध', खण्ड 1 , पृष्ठ 6।
2. 3 : 25।
3. महावग्ग, 6 : 31—7; 'सेक्रेड बुक्स आफ द ईस्ट', खण्ड 13।
4. देखिए ब्रह्मजालसुत्त, 1।
5. "नन्दी संयोजनो लोको विटक्कस विचारणा, तण्हाय विप्पहानेन निब्बानं इति उच्यति।"
—सुत्तनिपात, 1109, और भी देखिए 1087।
6. मज्झिमनिकाय, 139। तुलना करें, प्रोफेसर कीथ : "यह कि निर्वाण याथार्थिक है, निस्सन्देह, स्वयं इस धर्मग्रन्थ के सामान्य भाव के अनुकूल ही है।" (बुद्धिस्ट फिलासफी, पृ. 83)।
7. "अनत्तन्तपो अपरन्तपो दिट्ठे वे धम्मे निच्छातो निब्बुतो सीतिभूतो सुखपटिसम्वेदी ब्रह्मभूतेन अत्तना विहरति।" म. नि. 1 : 412।
8. उदान, 8 : 1; और भी देखिए 2 : 10 और इतिवुत्तक।

असंयुक्त है अवश्य, क्योंकि यदि ऐसी कोई सत्ता न होती तो उससे छुटकारा न हो सकता जो जन्म ग्रहण करने वाला है, जिसका आदि है, जो निर्मित है, एवं संयुक्त है।[1] इस प्रकार इस विषय में प्रमाण मिलता है कि निर्वाण ऐसा है जो अकृत है और अनन्त है[2], अथवा एक असंयुक्त तत्त्व है, जो नश्वर संसार से भिन्न है।[3] उदान ऐसे बुद्ध व्यक्तियों की अवस्था के विषय में संकेत करता है जिन्होंने निर्वाण प्राप्त कर लिया है। जिस प्रकार बुझी हुई अग्नि के मार्ग का पता चलाना कठिन है, इसी प्रकार जो पूर्णरूपेण मुक्त हो गए हैं उनके मार्ग का भी पता चलाना कठिन है। उपनिषदों ने[4] सर्वोपरि आत्मा की तुलना ऐसी अग्नि से की है जिसका ईंधन समाप्त हो चुका है। ईंधन के विलोप हो जाने से अग्नि नष्ट नहीं होती यद्यपि दिखाई नहीं देती।[5] जिस प्रकार उपनिषदें मोक्ष का स्वर्गप्राप्ति से भिन्न वर्णन करती हैं, इसी प्रकार बुद्ध भी निर्वाण को स्वर्ग के जीवन से भिन्न बताते हैं और अपने अनुयायियों को चेतावनी देते हैं कि अरूपलोक में आनन्दमय जीवन बिताने की कामना भी एक बन्धन है, जो निर्वाण की प्राप्ति में बाधा पहुंचाता है।

स्पष्ट है कि बुद्ध ने निर्वाण के विध्यात्मक स्वरूप को स्वीकार किया है। सारिपुत्र ने, निर्वाण के विषय में यमक का शून्यतारूप रात्रि का जो मत है उसे धर्मद्रोह कहकर, त्याज्य बताया है।[6] कोसल देश के राजा पसेनदी और भिक्षुणी खेमा के मध्य जो रोचक संवाद हुआ उसमें यह स्वीकार किया गया है कि निर्वाण एक वर्णनातीत अवस्था है, जिसका वर्णन अनुभव के आधार पर नहीं हो सकता। तथागत की गम्भीर प्रकृति की थाह नहीं मिल सकती, जिस प्रकार गंगा की बालू अथवा समुद्रजल के बिन्दुओं की गिनती नहीं हो सकती।[7] निर्वाण के स्वरूप के सम्बन्ध में पूछे गये प्रश्नों का उत्तर देने से बुद्ध ने इन्कार किया, क्योंकि ऐसे प्रश्न उन्नति में बाधक हैं[8] और निर्वाण अकल्पनीय (अननुवेज्जो) है। "जिसके विषय में कुछ कहना सम्भव नहीं है, उसके विषय में मौन ही रहना चाहिए।"[9]

---

1. उदान, 8 : 3, 10, तुलना कीजिए, छान्दोग्य उप. 8 : 13, 1, जहां कि ब्रह्म जगत् को, जिसमें पूर्णता प्राप्त पुरुष पहुंचता है, 'अकृतम' कहा गया है। मोक्ष की अवस्था का अकृत के रूप में वर्णन किया गया है। मुण्डक उप., 1 : 2, 12।
2. मिलिन्द, पृष्ठ 271।
3. देखिए 'साइकोलॉजिकल एथिक्स', पृष्ठ सं. 367 और आगे।
4. श्वेताश्वतर उपनिषद्।
5. तुलना कीजिए, कीथ : "इसमें सन्देह नहीं कि अग्नि के बुझने का भारतीय विचार वह नहीं है जो हमें नितान्त शून्य में मिलता है, किन्तु यह है कि जैसे अग्निज्वाला अपनी प्रारम्भिक, विशुद्ध, अदृश्य अग्नि की उस अवस्था में वापस लौट आती है जिस अवस्था में वह दृश्यरूप में आने से पूर्व विद्यमान थी।" (बुद्धिस्ट फिलासफी', पृष्ठ 65-66)।'
6. संयुत्तनिकाय, 3 : 109।
7. वही, 4 : 374; मज्झिमनिकाय, 1 : 487।
8. संयुत्तनिकाय 2 : 223; मज्झिम 63।
9. तुलना कीजिए, अरविन्द घोष : "निर्वाण का आदर्श केवल निषेधात्मक है और उच्चतम वेदान्त-विषयक अनुभव का एकमात्र कथन है।" (आर्य, 6, पृष्ठ 101)। फ्रेड्रिक हेलर के अनुसार, "निर्वाण यद्यपि यह विरोधाभास-सा प्रतीत होता है और विचार-विषयक निषेधात्मकता के रहते हुए भी केवल नित्य स्थायी मोक्ष ही है जिसके लिए समस्त पृथ्वी के धर्मात्मा व्यक्तियों का हृदय तरसता है ('न्यू पाली-इंग्लिश डिक्शनरी' में उद्धृत)। बौद्धधर्म की परवर्ती शाखा; जिनकी व्याख्या के अनुसार निर्वाण सार्वभौम बुद्ध के साथ एक चेतनामय संयोग है अथवा मनुष्य के हृदय में→

8

बौद्धधर्म के ऐसे विद्यार्थी जिनका झुकाव विज्ञान की ओर है, बुद्ध के उपदेश को निषेधात्मक विवेकवाद समझते हैं। अध्यात्मशास्त्र-सम्बन्धी आधुनिक समस्त प्रयासों की विफलता का प्रभाव जिनके ऊपर हुआ है ऐसे समस्त व्यक्ति बुद्ध के सिद्धान्त को नास्तिकवाद समझते हैं। और यदि उन्हें कहीं इसके विपरीत अर्थ वाले वाक्य मिलते हैं, जिनकी संगति वे अपने इस मत से न लगा सकें तो वे कह देते हैं कि ये बुद्ध के अनुयायियों के हैं। प्रोफेसर कीथ का भी यही कहना है कि एक विध्यात्मक दर्शन जो परमतत्त्व, आत्मा एवं निर्वाण की यथार्थता स्वीकार करता है, बौद्ध विधान में ढूंढ़ा जा सकता है, किन्तु वे ऐसे विचारों को स्वयं बुद्ध के विचारों के रूप में मानने को उद्यत नहीं हैं, और इसलिए उसका श्रेय वे हर हालत में 'बुद्ध के आरम्भिक अनुयायियों के एक विभाग' को देते हैं।[1] आध्यात्मिक विषयों पर बुद्ध के मौन के जो भिन्न-भिन्न अर्थ लगाए गए हैं वे अर्थ लगाने वालों के अपने-अपने विभिन्न विश्वासों के कारण हैं।[2] एक निष्पक्ष इतिहासलेखक को उचित है कि यह न केवल यही कि अपने कथनों में यथार्थता का पालन करे अपितु अपने निर्णयों में भी न्याय का आश्रय ले। जहां एक ओर उसका यह कर्तव्य है कि वह दर्शन-पद्धति के अन्तर्गत परस्पर-विरोधों एवं असंगतियों को देखे, वहां दूसरी ओर यदि वह चाहता है कि उसकी व्याख्या सफल हो, तो उसे यह भी प्रयत्न करना चाहिए कि उनके अनिवार्यरूप में आवश्यक अंशों एवं आनुषंगिक (आकस्मिक) अंशों में भी भेद करके उचित व्याख्या करे। यदि अन्य व्याख्या न केवल यही कि सम्भव हो अपितु आदिम आरम्भिक विधा के उपदेशों के अधिक अनुकूल जंचती हो तो निषेधकतापरक अथवा नास्तिकपरक व्याख्या पर आग्रह करना उचित नहीं है। नास्तिकतापरक व्याख्या करने वाला इसे भीरुता का कार्य बताता है। पहले मत के अनुसार, बुद्ध सत्य को नहीं जानते थे, बल्कि अपना पीछा यह कहकर छुड़ाते थे कि आध्यात्मिक प्रश्न आवश्यक नहीं हैं, और इसीलिए वे उन प्रश्नों से बचते हैं। दूसरे मत के अनुसार, वे निश्चित विचार रखते थे किन्तु चूंकि उनमें सर्वमान्य और पहले से प्रचलित सम्मतियों का विरोध करने की हिम्मत नहीं थी, इसलिए वे अपनी सम्मति को प्रकट नहीं करते थे। उन व्यक्तियों को जो बुद्ध को संसार के बड़े व्यक्तियों में अन्यतम मानते हैं—और जिनके विषय में, जैसाकि प्लेटो ने सुकरात के विषय में 'फीडो' में कहा है, यह कहना असत्य न होगा कि "वे सबसे श्रेष्ठ और सबसे अधिक ज्ञानी तथा अपने समय के सबसे अधिक धर्मात्मा थे"—निषेधात्मक एवं नास्तिवादपरक व्याख्याकारों के साथ सहमत न हो सकने के कारण क्षमा ही करना होगा।

→बुद्धात्मा-सम्बन्धी जागृति है, उनकी अपेक्षा बुद्ध की शिक्षा के अधिक निकट हैं जो इसे सदा के लिए जीवन का अन्त हो जाना मानते हैं।

1. 'बुद्धिस्ट फिलासफी', पृष्ठ 63-64।
2. अपेक्षाकृत प्राचीन दर्शन-पद्धतियों की व्याख्या में श्रद्धा के स्थान का उल्लेख करते हुए जहां हमें पूर्णरूप से लिखित प्रमाणों का ही आश्रय लेना है, जो "प्रायः खण्डात्मक हैं और अन्य किसी साधन से प्राप्त हैं अथवा ऐसे हैं जिनकी प्रामाणिकता सन्दिग्ध है," प्रोफेसर बर्नेट कहते हैं, "ऐसे व्यक्ति को जो अपना जीवन प्राचीन दार्शनिकों की सहानुभूति में व्यतीत करना चाहता है, कभी-कभी कोई ऐसा विश्वास प्रत्यक्षरूप में उसके ऊपर हठात् प्रभाव डाल जाता है कि जिसके कारणों को बहुत अपूर्णता के साथ किसी पाद टिप्पणी के उद्धरणों में ही खोजा जा सकता है। ऐसे वाक्यों की गणना यदि पूर्ण न हो सकें—और यह कभी पूर्ण हो भी नहीं सकती—और जब तक प्रत्येक वाक्य का अध्ययन उसी प्रकार से अन्य अनेकों वाक्यों की संगति के साथ न किया जाए जो स्मृति में उपस्थित न हों तब तक तथाकथित प्रमाणों का किन्हीं भी दो व्यक्तियों के मन पर एक ही जैसा असर नहीं हो सकता।" ("ग्रीक फिलासफी", पृष्ठ 1—2)।

यदि हम चाहते हैं कि बुद्ध की दार्शनिक शक्ति अथवा नैतिक महानता में किसी प्रकार की न्यूनता न आने पाए तो हमें विध्यात्मक व्याख्या को स्वीकार करना चाहिए। केवल यही व्याख्या बुद्ध की आध्यात्मिक सफलताओं और असफलताओं और उनके नैतिक उपदेश को स्पष्ट कर सकती है जो उनकी अध्यात्मविद्या का तार्किक परिणाम है। यही बुद्ध का सम्बन्ध उनकी धार्मिक परिस्थितियों से जोड़ती है और उनकी विचारधारा को उपनिषद् की विचारधारा की शृंखला का भाग बताती है। प्रत्येक राष्ट्र की विचारधारा का इतिहास एक सजीव विकास होता है, केवल परिवर्तनों की शृंखला मात्र नहीं।

9

यदि बुद्ध उपनिषदों के आध्यात्मिक दृष्टिकोण को स्वीकार करते हैं तो फिर क्या कारण है कि हिन्दू विचारक उन्हें धर्मद्रोही कहते हैं? हिन्दुओं और बौद्धों की धार्मिक पद्धतियों और संस्कृति में इतना अन्तर कैसे और क्यों हुआ?

हिन्दू का बुद्ध के आध्यात्मिक विचारों के साथ उतना विरोध नहीं है जितना कि उनके जीवन की क्रियात्मक योजना के साथ है। विचार की स्वतन्त्रता, किन्तु कर्म में कट्टरता, इतिहास के आरम्भिक काल से उसकी विशेषता रही है। हिन्दू सांख्य तथा पूर्वमीमांसा की विचार-पद्धति को भी शास्त्रीय व कट्टरपंथी के रूप में स्वीकार कर लेगा—बिना इस बात पर ध्यान दिए कि उक्त दोनों दर्शन आस्तिकता के प्रति उदासीन हैं, किन्तु वह बौद्धधर्म को, इसके प्रबल नैतिक और धार्मिक भाव के रहते हुए भी, स्वीकार करने को उद्यत नहीं होगा, केवल इस कारण कि सांख्य व पूर्वमीमांसा इसके सामाजिक जीवन और संगठन में हस्तक्षेप नहीं करते जबकि बौद्धधर्म अपने सिद्धान्त को जनता के जीवन के समीप लाने पर ज़ोर देता है।

उपनिषदों के दर्शन-सिद्धान्तों के अन्दर से अपूर्व सुन्दता और तर्क के द्वारा निष्कर्ष निकालते हुए बुद्ध ने ऐसे व्यक्तियों के विश्वासों एवं कर्मों में अनेक असंगतियों को निकालकर जनसाधारण के आगे रख दिया जो उपनिषदों के प्रति केवल मौखिक भक्ति प्रदर्शित करते थे। जहां एक ओर उपनिषदों के, साहसिक कल्पना करने वाले, रचयिताओं ने परमार्थसत्ता के निरावरण शिखरों तक पहुंचने का प्रयत्न किया, वहां जनसाधारण को खुली छुट्टी थी कि वे अपने छोटे-छोटे देवी-देवताओं की पूजा करते थे और यज्ञादिक संस्कार भी कर सकते थे, क्योंकि यह उनकी मांग थी। विस्तृत यज्ञात्मक धर्म पर से बुद्ध के समय में विवेकी पुरुषों का विश्वास उठ चला था। वस्तुतः वानप्रस्थ और यति तो उससे मुक्त थे ही, और स्वभावतः सन्देह प्रकट किया जाने लगा था कि गृहस्थ लोग भी ऐसे खर्चीले और जटिल क्रियाकलाप और कर्मकाण्ड से छुट्टी पा सकते हैं या नहीं। बुद्ध ने ऐसे व्यक्तियों का विरोध किया जो मौन धारण किए बैठे थे और यह घोषणा की कि मोक्ष का बाह्य जीवन से कोई सम्बन्ध नहीं है, अपितु उसका सम्बन्ध केवल आन्तरिक व धार्मिक जीवन से ही है।

उपनिषदों ने अहिंसा के सिद्धान्त का समर्थन तो किया किन्तु बिना अपवाद के नहीं। वैदिक दृष्टिकोण इतना अधिक सुरक्षित था कि उपनिषदों ने वैदिक संस्थाओं को स्थिर रहने दिया, भले ही वे उपनिषदों की भावना के विपरीत भी क्यों न रही हों। दृष्टान्त के रूप में छान्दोग्य उपनिषद् आदेश देती है कि ''मोक्ष की प्राप्ति के इच्छुक व्यक्ति को अन्य कर्तव्य

कर्मों के साथ-साथ अन्य प्राणियों को कभी कष्ट नहीं देना चाहिए, केवल कुछ पवित्र स्थानों को छोड़कर'', अर्थात् पशुयज्ञों को छोड़कर।[1] किन्तु बुद्ध की सम्मति में पशुओं की हिंसा अत्यन्त कुत्सित कार्य था और उन्होंने पशुबलि वाले यज्ञों को सर्वथा त्याज्य बताया।[2]

उपनिषदें वर्णधर्मों को प्रोत्साहित तो नहीं करती थीं लेकिन उन्होंने वर्णधर्मों का विरोध भी नहीं किया, किन्तु बुद्ध की योजना ने तो वर्ण-व्यवस्था का सर्वथा मूलोच्छेदन ही कर दिया। उसने घोषणा की कि कोई भी व्यक्ति जन्म के कारण ऊंचा या नीचा नहीं होता, किन्तु अपने आचरण या चरित्र से होता है।[3] इसके अतिरिक्त ब्राह्मणों ने धर्मशास्त्रों के अध्ययन का विधान केवल द्विजों अर्थात् ब्राह्मण, क्षत्रिय और वैश्य के लिए ही ठीक बताया; बुद्ध ने इस प्रकार के सब प्रतिबन्धों को एकदम हटा दिया। बौद्धिक क्षेत्र में ब्राह्मणों की श्रेष्ठता को स्वीकार करने के साथ-साथ बुद्ध ने श्रामणों को भी वही ओहदा दिया और श्रामणवर्ग के द्वार को शुद्रों एवं चाण्डालों तक के लिए खोल दिया। सुनीत, जो एक भंगी था, तुरन्त श्रामण-समुदाय में प्रविष्ट कर लिया गया, जैसेकि उच्चवर्ण के किसी ब्राह्मण को किया जाता था।[4]

ऐसे सुधारों के बाकी रहते हुए भी, जिन्हें वे कार्यरूप में परिणत करना चाहते थे, बुद्ध जीवन-भर यही विश्वास करते रहे कि मैं पूज्य आर्यधर्म के ही सिद्धान्तों को फिर से स्थापित कर रहा हूं। वे अपने को किसी नये धर्म का संस्थापक नहीं मानते थे, यद्यपि वे ब्राह्मणों के हिन्दूधर्म को पवित्र बनाना चाहते थे और अपने चारों ओर के मनुष्य-समाज के अन्दर नया जीवन फूंकना चाहते थे। किन्तु उन्नति के अग्रणी पुरुषों को प्रत्येक युग में स्वाभाविक सन्देह के साथ विप्लव और विद्रोह के वीर नेता समझ लिया जाता है। वंशक्रमागत पुरोहिताई के स्थान पर धार्मिक भ्रातृभाव का विचार रखने, जन्मगत भेद के स्थान पर वैयक्तिक योग्यता पर बल देने, वैदिक ईश्वरप्रेरणा या इलहाम के स्थान पर तर्क को प्राधान्य देने, क्रियाकलाप-सम्बन्धी पवित्रता के स्थान पर नैतिक जीवन की श्रेष्ठता बताने और वैदिक देवताओं के स्थान पर पूर्णात्मा साधु पुरुष को महत्ता प्रदान करने के कारण बुद्ध पर ब्राह्मण पुरोहितों का रोष उमड़ पड़ा, और उन्होंने बुद्ध को समाज-विरोधी शक्ति समझ लिया। ब्राह्मण पुरोहितों की दृष्टि में जिस कारण बुद्ध और उनके अनुयायी अक्षम्य रूप में विधर्मी सिद्ध हुए वह सामाजिक क्रान्ति थी, जिसका वे खुलेआम प्रचार करते थे। बुद्ध के सिद्धान्त में ऐसा कुछ भी नहीं है जिसका समन्वय हिन्दू विचारधारा के साथ न किया जा सके। किन्तु एक ऐसी

---

1. ''अहिंसन् सर्वभूतानि अन्यत्र तीर्थेभ्यः।'' 8 : 15।
2. देखिए कूटदन्तसुत्त : दीघनिकाय, 1 : 127। बुद्ध ने अपने भिक्षुओं के लिए कड़े नियन्त्रण पर बल दिया था, फिर भी उन्होंने अपने अनुयायियों की सामाजिक-धार्मिक क्रियाओं में हस्तक्षेप नहीं किया, यद्यपि उसी सीमा तक जहां तक कि वे उनके मुख्य सिद्धान्तों के साथ विरोध में न आती हों। उन्होंने कूटदन्त नामक ब्राह्मण को यज्ञों के करने की अनुमति प्रदान की, क्योंकि उन यज्ञों में जीवहिंसा सम्मिलित नहीं थी। कुमार कस्सप ने जो बुद्ध का अपना शिष्य था, राजा पायासि को आदेश किया कि वे यज्ञ जिनमें हिंसा नहीं है, उनसे उत्तमकोटि के हैं जिनमें हिंसा का विधान' है : देखिए, पायासि सुत्तन्त : दीघनिकाय 2। बुद्ध के अनुसार सबसे उच्चकोटि का यज्ञ मनुष्यमात्र के प्रति प्रेम और सदाचारमय जीवन है। देखिए, छान्दोग्य उपनिषद्, 3 : 16 और 17।
3. अगञ्ञ सुत्तन्त : दीघनिकाय 3 : संयुत्तनिकाय 2 : 138, अंगुत्तरनिकाय, 2 : 20।
4. कस्सप सीहनादसुत्त; समन्नफलसुत्त, 14 : अशोक के गिरनीर और शहबजगढ़ के शिलालेख। विनयपिटक, खण्ड 2, मधुरासुत्त भी देखिए। तुलना कीजिए, ''इन सबमें क्षत्रिय सबसे उत्तम हैं जो अपना विश्वास वंशपरम्परा में रखते हैं। किन्तु वे जो पूर्ण ज्ञानी और धर्मात्मा हैं, देवताओं और मनुष्यों में सबसे उत्तम हैं।'' (अम्बत्थसुत्त)।

सामाजिक व्यवस्था में जिसका आधार ब्राह्मण की श्रेष्ठता हो और ऐसी व्यवस्था में जो उसे स्वीकार करने का सर्वथा निषेध करे, संघर्ष होना स्वाभाविक है। ईश्वरज्ञान-सम्बन्धी विवादों में, जिनमें स्वभावतः जोश आ ही जाता है, प्रत्येक विरोधी पक्ष को नास्तिक कह दिया जाता है। यदि कोई हमारे भ्रान्त विचारों के साथ सहमत नहीं है तो वह धर्म भ्रष्ट है; यदि वह नैतिकता का मापदण्ड हमारे मापदण्ड से भिन्न रखता है तो वह अनैतिक है। वैदिक-यज्ञादिपूर्ण धर्म के कर्णधार बुद्ध को धर्म का शत्रु समझते थे। जब बुद्ध भारद्वाज नामक एक ब्राह्मण के समीप पहुंचे जो अग्नि में होम कर रहा था तो उसने चिल्लाकर कहा, "वहीं खड़े रहो, हे मूंड-मुंडाए श्रामणक! तुम नीच जाति के हो।"[1] जब कभी वैदिक धर्म के विरुद्ध कोई मत उठा, हिन्दू कट्टरता ने यही प्रवृत्ति दिखाई। मण्डन मिश्र ने शंकर को वैदिक पवित्रता को परब्रह्म के ज्ञान की अपेक्षा नीचा स्थान देने के लिए बहुत बुरा-भला कहा।[2] बुद्ध का विद्रोह उपनिषदों की आध्यात्मविद्या के विरोध में नहीं है; अपितु ब्राह्मणों ने जिस हिन्दूधर्म पर आधिपत्य जमाया हुआ था उसके विरोध में है। यह परस्पर का मतभेद आगे चलकर तब और भी विस्तृत हो गया जब बुद्ध के अनुयायियों का स्वाभाविक धार्मिक जोश, नये धार्मिक विधान के ग्रहण से, जैसाकि प्रायः ही होता है, और भी उमड़ पड़ा और उन्होंने बौद्ध सिद्धान्तों का इस प्रकार विकास किया कि वे परम्परागत वेदान्त-सिद्धान्त के सीधे विरोध में खड़े हो गए। बुद्ध की शिक्षा का निषेधात्मक पक्ष हमें 'कथावत्तु', 'मिलिन्दपञ्ह' तथा हीनयान और महायान सम्प्रदाय के ग्रन्थों में मिलता है। यदि वेदान्त के भाष्यकारों ने बौद्धधर्म के विभिन्न रूपों को अपनी कठोरतम आलोचना का विषय बनाया तो इसमें कोई आश्चर्य की बात नहीं है।

10

बौद्धधर्म के चारों सम्प्रदाय बुद्ध की शिक्षा में भक्ति रखने का दावा करते हैं, जिसने जीवन के तत्त्वों (धम्म), उनके कारणकार्य-सम्बन्ध को तथा उनकी क्षमता को सदा के लिए दबा देने के उपाय की भी खोज की। आजीविकों के विरुद्ध, जो वर्तमानकाल पर भूतकाल के प्रभाव का विरोध करते थे, क्योंकि उनका कहना था कि भूतकाल तो नष्ट हो गया और फिर से आने वाला नहीं है, बुद्ध ने घोषणा की कि नहीं, 'सब कुछ रहता है', यद्यपि वस्तुएं केवल शक्तियों के एकत्रित समूह (संस्कारसमूह) हैं। सब वस्तुओं के अस्तित्व का समर्थन बुद्ध ने इसलिए किया जिससे कि नैतिक जीवन का महत्त्व स्थिर रह सके। सर्वास्तिवादी लोग (वैभाषिक और सौत्रान्तिक) बहुत्व की यथार्थता को मानते हैं। उपनिषदों के नामरूप का बौद्धों ने आगे चलकर विकास किया और उसे रूप (प्रकृति) तथा चार मानसिक अवयवों (नाम) में अर्थात् प्रत्यक्ष ज्ञान, संवेदनाओं, प्रवृत्तियों एवं बुद्धि में विभक्त किया। इन्द्रिय सामग्रीरूप (प्रकृति) है और दूसरे चार मिलकर आत्मा का निर्माण करते हैं। प्रायः जीवन के

1. "तत्र एव मुण्डक, तत्र एव समनक, तत्र एव वसलक, तिट्ठाहि।"
2. "जब मण्डन मिश्र ने सालग्राम के आह्वान द्वारा सब देवताओं को निमन्त्रण दे रखा था और अपना हाथ दर्भ की कुशा से धो रहे थे तो उनकी दृष्टि पवित्र गोलाकार वृत्त की परिधि के अन्दर खड़े शंकराचार्य के चरणों की ओर गई। शंकराचार्य को ऊपर से नीचे तक देखकर उन्होंने जान लिया कि यह कोई संन्यासी है और वे एकदम क्रोध से चिल्ला पड़े, 'यह मुण्डित मुण्ड आदमी कहां से आ गया?' (कुतो मुण्डी)—आनन्दगिरि कृत 'शंकरविजय'।

तत्त्वों को छः ज्ञान ग्रहण करने वाली शक्तियों (सदायतनों) में विभक्त किया जाता है, जिनमें पांच ज्ञानेन्द्रियां तथा मन हैं और उनके छः ही प्रकार के विषय हैं।[1] मन के विषय अचेतन हैं और चौंसठ प्रकार के हैं। कहीं-कहीं पांच इन्द्रियों के अतिरिक्त मन और षड्गुण विषय तथा चेतना के छः रूप भी बताए गए हैं और इस प्रकार ये अट्ठारह धातुएं बनती हैं। वास्तविक अर्थों में आन्तरिक एवं बाह्य में कोई भेद नहीं हो सकता और विभिन्न तत्त्वों में कोई यथार्थ क्रिया-प्रतिक्रिया भी नहीं हो सकती, यद्यपि प्रचलित भाषा में इस प्रकार के अनधिकृत भावों का प्रयोग अवश्य होता है। प्रकृति और मन दोनों ही निरन्तर प्रवाहित होते हुए, विभिन्न क्षणों तथा अप्रवेशनीय सामग्री में प्रकृति के विषय में और मन के विषय में चेतना में परिवर्तित हो जाते हैं। ऐसा समझा जाता है कि इन्द्रिय-सामग्री और मनस्तत्व कारण-कार्य के नियमों के अनुकूल होते हैं। किन्तु कारण-कार्यभाव क्षणिक पदार्थों के सम्बन्ध में, जो केवल प्रकट होते और विलुप्त होते हैं किन्तु न गति करते हैं और न परिवर्तित ही होते हैं, एक नया अर्थ रखता है। यह केवल प्रतीत्यसमुत्पाद है, अर्थात् जहां एक पदार्थ की उत्पत्ति पूर्व पदार्थ के ऊपर निर्भर करती है। एक अवस्था दूसरी के पश्चात् अस्तित्व में आती है। प्रथम अवस्था का पश्चात् की अवस्था को उत्पन्न करने का प्रश्न ही नहीं उठता।

बहुत्वपूर्ण यथार्थता की कल्पना के अनुसार, ज्ञान चेतना तथा विषय की एकसाथ उपस्थिति से अधिक और कुछ नहीं। प्रोफेसर शेरबत्सकी ने इसे यों प्रतिपादित किया है : "रंग (रूप) का एक क्षण, देखने की इन्द्रिय (चक्षु) का एक क्षण, और एक क्षण विशुद्ध चेतना (चित्त) एकसाथ उदित होकर रंग की संवेदना (स्पर्श) का निर्माण करते हैं।"[2] इसका तात्पर्य यह है कि चेतना का तत्त्व विषय की उपाधि से युक्त और इन्द्रिय के द्वारा पुष्ट होकर प्रकट होता है। चेतना इन्द्रिय को ग्रहण नहीं करती अपितु केवल विषय को ग्रहण करती है, क्योंकि दोनों में एक विशेष प्रकार का सम्बन्ध (सारूप्य) है। चेतना उसी प्रकार ज्ञान ग्रहण करती है जैसेकि प्रकाश के बारे में कहा जाता है कि वह गति करता है। अभिधर्मकोष में कहा है : "दीपक का प्रकाश एक साधारण आलंकारिक नाम है, वस्तुतः वह निरन्तर अबाध रूप से उत्पन्न होती हुई दीप्तिमान ज्वालाओं की एक शृंखला है। जब यह उत्पत्ति अपना स्थान-परिवर्तन करती है तो हम कहने लगते हैं कि प्रकाश चला गया। इसी प्रकार चेतना भी चेतनामय क्षणों की शृंखला का रूढ़ या परम्परागत नाम है। जब यह अपना स्थान परिवर्तन करती है, अर्थात् किसी अन्य विषयीभूत तत्त्व के साथ प्रकट होती है, तो हम कहने लगते हैं कि यह उक्त विषय का ज्ञान ग्रहण करती है।"[3] वस्तुतः ये स्वयं चेतना ही के क्षणभंगुर प्रकाश हैं किन्तु ज्ञान ग्रहण करने वाला कोई अन्य नहीं है। चेतनामय क्षणों की निरन्तरता में पूर्व आने वाला क्षण पश्चात् आने वाले का कारण है।

इस मत के अनुसार यह योगाचारों के विज्ञानवाद की ओर एक पग उठाना हुआ, जो सब तत्त्वों को एक ही सामान्य आधार 'चेतना' (आलयविज्ञान) के रूप में परिणत कर देता है। जीवन के तत्त्व (धर्म) विचार ही की उपज हैं। पदार्थ (ज्ञेय विषय) हमारे अपने भूतकाल के अनुभवों के रूप में चेतना में आ जाते हैं। बाह्य जगत् हमारे विचारों की ही सृष्टि हैं जिसे

---

1. तत्त्वों का वर्गीकरण स्कंधों, आयतनों और धातुओं में किया गया है। देखिए, थेरगाथ, 1255।
2. 'त्रयाणां सन्निपातः स्पर्श' ('द सेंट्रल कन्सेप्शन आफ बुद्धिज़्म', पृष्ठ 55)।
3. नवां अध्याय; देखिए, शेरबत्स्की—'द सेंट्रल कंसेप्शन आफ बुद्धिज़्म', पृष्ठ 57।

हम नाम तथा विचार देते हैं।[1] विचारों की उमड़ती हुई जलधारा की कल्पना, जिसमें पूर्व का क्षण आने वाले क्षण का कारण है जहां दोनों केवल समानान्तरत्व के सम्बन्ध से जुड़े हुए हैं, अपना स्थान एक सारवान सार्वभौमिक चेतना (आलय के सिद्धान्त को देती है, मानसिक अवस्थाएं जिसके परिवर्तित रूप (परिणाम) हैं। अयथार्थता की श्रेणियों का भाव एक प्रकार से परमार्थसत्ता की मौन स्वीकृति है। व्यक्तिगत विचार अवास्तविक (निःस्वभाव) हैं, पहले तो इसलिए कि वे तार्किक रचनाएं (परिकल्पित) हैं। क्योंकि उनके अनुरूप मनोनीत जगत् में वास्तविकता नहीं पाई जाती, दूसरे इसलिए भी कि वे केवल आनुषंगिक रूप में वास्तविक (परतन्त्र) हैं और तीसरे, क्योंकि वे सब परमार्थतत्त्व (तथता) की यथार्थता में विलीन (परिनिष्पन्न) हैं। भिन्न-भिन्न तत्त्व अपने-आपमें यथार्थ नहीं हैं, किन्तु उनकी यथार्थता परमतत्त्व में ही है और यह विशुद्ध चेतना का स्वरूप है जहां ज्ञाता और ज्ञेय अथवा प्रमाता और प्रमेय का परस्पर भेद नहीं है। (ग्राह्यग्राहकरहित)।[2] चूंकि परमतत्त्व अन्तर्यामी रूप से संसार में व्याप्त है, इसलिए निर्वाण की प्राप्ति के लिए केवल दृष्टिकोण में परिवर्तन हो जाने की ही आवश्यकता पर्याप्त है। योग की रहस्यमयी शक्ति हमें इसे दृश्यमान जगत् की वस्तुओं को देखने में सहायक होती है। नित्यता की दृष्टि से देखने पर संसार धर्मसंस्काररहितों के लिए वैसा ही है जैसाकि धर्मसंस्कारापन्नों के लिए निर्वाण है। किन्तु योगाचारी ध्यानपूर्वक वैयक्तिक एवं सार्वभौमिक चेतना में भेद नहीं करता है। जब वह यह प्रतिपादित करता है कि ज्ञाता, ज्ञेय और ज्ञान के परस्पर भेद यथार्थरूप नहीं हैं, किन्तु चेतना के अनादिकाल से मलिन हो जाने के कारण ही हैं, और जब वह व्यक्तिगत चेतना की अवस्थाओं के सम्बन्ध का सार्वभौमिक चेतना के साथ इस प्रकार से तुलना करता है जैसेकि लहरों का सम्बन्ध समुद्र के साथ है; और जब वह नित्य तथता की सार्थकता को स्वीकार करता है और इसे ही एकमात्र 'असंस्कृत धर्म' के रूप में स्वीकार करता है और शेष सबको सापेक्ष बतलाता है तथा जब वह सब धर्मों को एक मौलिक तत्त्व के प्रकारों में परिणत करता है, तब वह मौनरूप से एक परम चेतना की यथार्थता को स्वीकार करता है, यद्यपि विषयी-ज्ञानवाद की ओर उसका झुकाव प्रायः पाया जाता है। माध्यमिक लोग योगाचारों की कल्पना की सूक्ष्मता के साथ समीक्षा करते हैं। उनका कहना है कि हमें कभी स्वचेतना (स्वसंवित्ति) नहीं हो सकती, क्योंकि कोई भी वस्तु अपने ऊपर क्रिया नहीं कर सकती। उंगली अपना स्पर्श नहीं कर सकती और न चाकू अपने को काट सकता है। माध्यमिक लोग जीवन के सब तत्त्वों को आकस्मिक रूप से एक-दूसरे के ऊपर आश्रित बतलाते हैं और इसीलिए संसार को रिक्त अथवा शून्य बताते हैं। शून्य ही को समस्त जीवन का मौलिक सत्य बताया गया है। नागार्जुन के माध्यमिक अध्यात्मशास्त्र के विद्यार्थी उसकी पद्धति को शून्यतावादी ही समझते हैं।[3] इस विषय पर लिखे गये अपने विवरण में[4] मैंने यह दिखाया है कि यह उससे कहीं अधिक विध्यात्मक है जैसाकि इसे दिखाया जाता है। मैंने कहा है कि नागार्जुन एक परमार्थरूप यथार्थता में आस्था रखता है, जिसे केवल इन अर्थों में शून्य कहा गया है कि वह सब प्रकार

1. नामसंज्ञाव्यवहार। लंकावतारसूत्र, पृष्ठ 85।
2. 'अद्वयलक्षणं विज्ञप्तिमात्रम्।' देखिए, शेरबत्स्की–'द कंसेप्शन आफ बुद्धिस्ट निर्वाण', पृष्ठ 32-33।
3. कर्न–'मैन्युअल'' पृष्ठ 126; जैकोबी : ए. ओ. जे. 31, पृष्ठ 1; कीथ–'बुद्धिस्ट फिलासफी', पृष्ठ 237, 239, 247, 261।
4. पृष्ठ 643 और आगे।

के आनुभविक निर्णयों से रहित है। आइए, हम यह देखने का प्रयास करें कि नागार्जुन की अभिमत परमार्थ यथार्थता एक बृहत् शून्य अथवा अपने से पूर्ण निषेध है या नहीं है।

11

इसमें सन्देह नहीं कि नागार्जुन संसार को अयथार्थ अथवा शून्य मानता है। यथार्थ से तात्पर्य हमारा ऐसी सत्ता से है जिसका अपना विशिष्ट स्वभाव हो, जिसकी उत्पत्ति किन्हीं कारणों से न हो (अकृतक) और जो किसी अन्य वस्तु के ऊपर निर्भर करती हो (परत्र निरपेक्ष)।[1] जो सापेक्ष है अथवा निर्भर है, वह अयथार्थ और शून्य (स्वभावशून्य) है। स्वतन्त्र तथा कारणविहीन ही यथार्थ है।[2] आनुभविक जगत् नाना प्रकार के सम्बन्धों से जकड़ा हुआ है; जैसे ज्ञाता और ज्ञेय, पदार्थ और उसके गुण, कर्ता और कर्म, अस्तित्व और अभाव, उत्पत्ति, स्थिति और विनाश, एकत्व और बहुत्व, पूर्ण और उसका भाग, बन्धन और मुक्ति तथा काल और देश के सम्बन्ध; और नागार्जुन इन सब सम्बन्धों में से एक-एक की परीक्षा करता है और उनके परस्पर-विरोधों को खोलकर रख देता है।[3] यदि अवरोध ही यथार्थता की कसौटी है, तब यह आनुभविक जगत् यथार्थ नहीं है। संसार न तो विशुद्धरूप में सत् है और न विशुद्ध रूप में असत् है। विशुद्ध सत जीवन नहीं है अथवा संसार की प्रक्रिया का अंग नहीं है। विशुद्ध असत् एक ठीक विचार नहीं है, क्योंकि यह ऐसा होता तो परम शून्यता भी एक वस्तु समझी जा सकती और जो परिभाषा की दृष्टि से सब प्रकार के जीवन का अभाव है, एक सत्तात्मक वस्तु बन जाती। अभाव कोई वस्तु नहीं है। जीवन एक परिणमन है। संसार की वस्तुएं हैं नहीं, किन्तु वे सदा बन जाती हैं। वे सदा अपने से ऊपर बढ़ जाती हैं। वे न तो स्वतः अस्तित्व वाली हैं और न अभावात्मक हैं, क्योंकि वे प्रत्यक्षज्ञान का विषय बनती हैं व कार्य की प्रेरणा करती हैं तथा कार्य उत्पन्न करती हैं। ललितविस्तर में कहा है : "ऐसा कोई पदार्थ नहीं है जिसका अस्तित्व हो, न ऐसा ही है जिसका अभाव हो। वह जो सोपाधिक अस्तित्व की शृंखला का ज्ञान रखता है, दोनों के ऊपर पहुंच जाता है।"[4] नागार्जुन के ग्रन्थ का प्रारम्भिक कथन यह है कि वस्तुएं न तो क्षणिक हैं और न नित्य, न उत्पन्न होती हैं और न नष्ट होती हैं, न एक समान हैं और न भिन्न, न आती हैं और न जाती हैं।[5] यथार्थ उत्पत्ति (समुत्पाद) कुछ नहीं है, किन्तु केवल सोपाधिक (प्रतीत्य) सापेक्ष और प्रतीयमान उत्पत्ति है। वास्तविक विनाश भी कुछ नहीं है, केवल प्रतीतिरूप विनाश (प्रतीत्य समुच्छेद) है; ऐसा ही शेष सबके सम्बन्ध में है। संसार की सब वस्तुएं सोपाधिक तथा सापेक्ष हैं। 'शून्य' शब्द का प्रयोग नागार्जुन ने संसार के सोपाधिक रूप को नाम देने के लिए किया है।[6] यदि कोई वस्तु यथार्थ होती और अनुपाधिक होती तब उत्पत्ति एवं विनाश से उसका स्वतन्त्र होना भी

1. माध्यमिक कारिका, 15 : 2।
2. अशून्यम्...अप्रतीत्यसमुत्पन्नम्। माध्यमिक वृत्ति, 403।
3. पृष्ठ 645; इत्यादि।
4. "न च पुनरिह कश्चिदस्ति धर्म्मः।
सोऽपि न विद्यति यस्य नास्तिभावाः॥
हेतु क्रियापरम्परा य जाने।
तस्य न भोतिह अस्तिनास्तिभावाः॥" (अध्याय 25)
5. "अनिरोधमनुत्पादमनुच्छेदमशाश्वतम्।
अनेकार्थमनानार्थमनागमम निर्गमम्॥"
6. "यः प्रतीत्यसमुत्पादः शून्यतां तां प्रवक्ष्यते।" (माध्यमिक कारिका, 24)
"शून्याः सर्वधर्माः निःस्वभावयोगेन।" (प्रज्ञापारमिता)

आवश्यक होता।[1] इस संसार में ऐसा कोई भी पदार्थ नहीं है जो परिवर्तन के अधीन न हो, और इसीलिए संसार शून्य है।

नागार्जुन मध्यम मार्ग का अनुयायी या माध्यमिक था, इसीलिए उसने जगत् को भ्रममात्र बताकर उसे मिथ्या नहीं कहा। उसका प्रहार वस्तुओं की स्वतंत्र सत्ता के विषय में है, किन्तु इससे वस्तुओं की सोपाधिक सत्ता पर कुछ असर नहीं पड़ता। नागार्जुन पर टीका करते हुए चन्द्रकीर्ति कहता है : "हमारा इस प्रकार का तर्क कि पदार्थ स्वतः अस्तित्व वाले नहीं हैं, संसार की यथार्थता पर तुम्हारे लिए असर रखता है, जिसे पदार्थों का स्वतः अस्तित्व स्वीकार है। यह मत कि पदार्थ स्वतः अस्तित्व वाले नहीं हैं, हमारी उस कल्पना पर कोई प्रभाव नहीं डालता जिसके अनुसार पदार्थों का अस्तित्व सोपाधिक (नियन्त्रित) है।"[2]

किन्तु यह नहीं हो सकता कि नागार्जुन ने संसार को अयथार्थ समझा और फिर भी अन्य किसी यथार्थसत्ता में विश्वास नहीं किया। यदि सभी विचार मिथ्या हैं तो वास्तविक विचार कुछ होना चाहिए, जिसके विषय में मिथ्यात्व का कथन किया जाता है। क्योंकि यदि सत्य कोई वस्तु नहीं है तो मिथ्यात्व का भी कुछ अर्थ नहीं रहता। बिना निरपेक्ष ज्ञान के उसके अन्दर विद्यमान रहते हुए सापेक्ष ज्ञान भी बन नहीं सकता। ऐसे आनुभविक जगत् की सत्ती भी नहीं है जो अतीद्रिंय की अभिव्यक्ति न कर सके। "हे सुभूति! शून्यता ही समस्त वस्तुओं का आश्रय है और वे उस आश्रय को नहीं बदलती।"[3] यदि वस्तुएं स्वतन्त्र रूप में प्रतीत होती हैं तो इस प्रकार की प्रतीति माया के कारण है।[4] "हे सारिपुत्र! उन वस्तुओं को जिनका अस्तित्व नहीं है, जब सद्रूप बतलाया जाता है तो यही अविद्या कहलाती है।"[5] यदि हम प्रतीतिरूप जगत् को तात्त्विक रूप में यथार्थ समझ लें तो यह अविद्या का विषय है। किन्तु हम आनुभविक जगत् के माध्यम के बिना सर्वातीत यथार्थता को समझ नहीं सकते और बिना परमार्थसत्ता को समझे हम निर्वाण भी प्राप्त नहीं कर सकते।[6]

माध्यमिक शास्त्र का उद्देश्य निर्वाण के स्वरूप का उपदेश करना है, जो समस्त संसार का अभाव और परमानन्द का रूप है।[7] निर्वाण, जो वस्तुओं के प्रत्यक्ष होने के अभाव का

---

1. "यद्यशून्यमिदं सर्वम् उदयो नास्ति न व्ययः।" (माध्यमिक कारिका, 24)
2. "भवतस्तु स्वभाववादिनः स्वभावस्य भावानां वैधुर्यात् सर्वभावापवादः सम्भाव्यते; वयं तु प्रतीत्योत्पन्नत्वात् सर्वभावानां स्वभावमेवं नोपलभामहे, तत् कस्यापवादं करिष्यामः।" (माध्यमिक वृत्ति, 8)। ऐसे वाक्य मिलते हैं जिनमें निरपेक्ष भ्रांति प्रकट होती है। अध्याय 18 में नागार्जुन संसार की वस्तुओं को स्वप्न के हवाई किलों आदि के सदृश बताता है :

   क्लेशाः कर्माणि देहाश्च फलानि च।
   गन्धर्वनगराकारा मरीचिस्वप्नसन्निभाः॥

   चन्द्रकीर्ति का तर्क है कि ये सब वस्तुएं स्वरूपविहीन हैं किन्तु भ्रांतिरूप नहीं हैं : "गंधर्व-नगराकारादिवन्निः स्वभावा वेदितव्याः।' चन्द्रकीर्ति का आग्रह है कि "हम लोग सापेक्षतावादी हैं, हम निषेधात्मकतावादी नहीं हैं।" माध्यमिकवृत्ति, 368।
3. "शून्यतागतिका हि, सुभूते! सर्वधर्माः ते तां गतिं न व्यतिवर्तन्ते।"
4. "धर्मतैषा सर्वधर्मानां मायाधर्मतामुपादाय।..."
5. "यथा सारिपुत्र न संविद्यंते तथा संविद्यंते एवं अविद्यमानाः तेनोच्यन्ते अविद्येति।"
6. "व्यवहारमनाश्रित्य परमार्थो न देश्यते।
   परमार्थमनागम्य निर्वाणम् नाविगम्यत इति॥" (माध्यमिक कारिका, 24)
7. "सर्वप्रपञ्चोपशमशिवलक्षणं निर्वाणं शास्त्रस्य प्रयोजनम्।" माध्यमिक वृत्ति, और भी देखिए माण्डूक्य उप., 7 और 12। तुलना कीजिए, चन्द्रकीर्ति : "भावाभावान्तरद्वयरहितत्वात् सर्वस्वभावानुत्पत्तिलक्षणा शून्यता" माध्यमिक वृत्ति, 24।

नाम है, परम निरपेक्ष सत्य है।[1] इसे प्रसिद्ध ग्रन्थ 'शतक' में शून्यता के समान बताया गया है।[2] निर्वाण तथा शून्यता दोनों के स्वरूप का उसी निषेधात्मक प्रकार से निरूपण किया गया है। निर्वाण न अस्तित्व वाला है और न ही अस्तित्वविहीन है, बल्कि दोनों से परे है।[3] शून्यता सत्य है अथवा तथता है, जो न बढ़ती है और न घटती है।[4] 'अष्टसहस्रिका प्रज्ञापारमिता' से शून्यता को अगाध कहा गया है। "हे सुभूति! 'अगाध' शब्द उसका पर्यायवाची है जिसका कोई कारण नहीं है, वह जोकि चिन्तन से भी दूर है, जिसका विचार भी हम नहीं कर सकते, वह जो उत्पन्न नहीं होता, जो असत् से उत्पन्न नहीं होता और न त्याग, न आत्मसंयम, न विलोप और न मृत्यु से ही प्राप्त होता है।"[5] नागार्जुन की दृष्टि में निर्वाण, बुद्ध, शून्यता एक ही यथार्थसत्ता के भिन्न-भिन्न नाम हैं। यदि निर्वाण को संसार का अन्त मानें तो यह एक सापेक्ष भाव हो जाता है जो कारणों से उत्पन्न हुआ है। यह धारणा कि निर्वाण से पूर्व तो संसार विद्यमान रहता है और निर्वाण के पश्चात् वह तिरोहित हो जाता है, एक तर्क विहीन विचार है। इस प्रकार नागार्जुन आग्रहपूर्वक कहता है कि परमार्थतत्त्व तथा प्रतीतिस्वरूप में कोई वास्तविक भेद नहीं है, इसी प्रकार निर्वाण और संसार में भी वास्तविक भेद नहीं है। वह कहता है : "कारणों और उपाधियों का विचार करते हुए हम इस जगत् को प्रतीतिरूप कहते हैं। और यही जगत् कारणों तथा उपाधियों से हटा देने से परमार्थ कहलाता है।"[6] जब नागार्जुन परम यथार्थता को अकृत, विनाश के अयोग्य, अनित्य और स्थिर रहने वाला कहता है तो उसका आश्रय यही है कि यथार्थसत्ता समस्त आनुभविक रूपों से विपरीत है। वह अपनी शून्यता का निरूपण लगभग उन्हीं शब्दों में करता है जिन शब्दों में उपनिषदों में 'निर्गुण ब्रह्म' का निरूपण किया गया।[7] यह न एकाकी है और न बहुगुणित है, न सत् है और न असत् है।[8] शून्य जो परम यथार्थता है, न तो विचारशक्ति में आ सकता है और न वाणी द्वारा ही उसका वर्णन हो सकता है।[9]

शान्तिदेव का कहना है कि निरपेक्ष यथार्थता बुद्धि के क्षेत्र में नहीं आ सकती, क्योंकि बुद्धि के क्षेत्र की सीमा सापेक्ष है। माध्यमिक भी इस बात से इनकार करते हैं कि तर्कपूर्ण विचार द्वारा परम सत्य की सिद्धि की जा सकती है। विद्वान लोग सब प्रकार के भावों (विचारों) के अभाव को शून्यता कहते हैं। यहां तक कि वे भी जो इसे शून्यता ही समझते हैं, इसमें कोई सुधार नहीं कर सकते।[10] क्या एक ऐसे पदार्थ का वर्णन या ज्ञान दिया जा

---

1. "योऽनुपलम्भः सर्वधर्माणां सा प्रज्ञापारमितेत्युच्यते।"
2. "शून्यतामेव निर्वाणं केवलं तद्‌दूहोभयम्।"—माध्यमिक वृत्ति, 18।
3. "न चाभावोऽपि निर्वाणं कुत एवास्य भावता।
   भावाभावपरामर्शक्षयो निर्वाणमुच्यते॥"—रत्नावली।
4. महामहोपाध्याय हरप्रसाद शास्त्री का कहना है : "इन सब निषेधात्मक विवरणों में एक अचिन्त्य विध्यात्मक सत्ता है जो शून्य है।" (जरनल आफ द बुद्धिस्ट टेक्स्ट सोसाइटी, खण्ड 2, भाग 3, पृष्ठ 6)
5. 18।
6. माध्यमिक कारिका, 25 : 9।
7. केन, 3, 11; बृहदारण्यक, 2 : 5, 19; 3 : 8-8; कठ, 3 : 15; ईश, 9—10; मुण्डक, 1 : 6; माण्डूक्य, 7।
8. "नास्तिको दुर्गति याति, सुगति यात्यनास्तिकः।
   यथाभूतपरिज्ञान, मोक्षमद्वयनिश्रिता॥"—आर्यरत्नावली।
9. बोधिचर्यावतार, 9 : 2।
10. "शून्यता सर्वदृष्टीनां प्रोक्ता निःसरणं जिनैः।
    येषां तु शून्यतादृष्टिः तान् अमाध्यान् वभाषिरे।" (माध्यमिक कारिका, 13)

सकता है जिसका निरूपण अक्षरों द्वारा नहीं किया जा सकता? इतना कहना भी कि इसे अक्षरों द्वारा प्रदर्शित नहीं किया जा सकता, भ्रांतिजनक अध्यास या आरोपण द्वारा ही संभव है।[1] 'भ्रांतिजनक अध्यास' में हम एक ऐसे भाव का प्रयोग करते हैं जोकि हमारे अध्ययन के विषयीभूत पदार्थ के अधिक से अधिक समीप पहुंचता है, किन्तु शीघ्र ही उसे वापस भी ले लेते हैं क्योंकि उसका विचार वस्तु के लिए अपर्याप्त है।[2] शून्य को जानना सब कुछ जान लेना है; यदि हमने उसे नहीं जाना तो कुछ नहीं जाना।[3] अद्वितीय तथा अनिर्वचनीय, सत् स्वरूप ही सब यथार्थसत्ताओं में वास्तविक अर्थों में यथार्थ है (धर्माणां धर्मता), जो अनिवार्य 'इदमृता' (यह है का भाव) है, ऐसा है का भाव (तथता) है, समस्त जीवन की तथता (भूततथता) तथा भगवान् बुद्ध का गर्भ (तथागत गर्भ) है। यदि हम नागार्जुन के शून्यता के सिद्धान्त के[4] परमार्थसत्तापरक उपलक्षणों को स्वीकार नहीं करते तो उसके अध्यात्मशास्त्र तथा भक्तिविषयक आग्रह की अन्यथा व्याख्या करना अत्यन्त कठिन होगा।

12

बहुत-सा भ्रम 'शून्य' शब्द के संदिग्धार्थक होने के कारण उत्पन्न होता है। यह आनुभविक जगत् और परमार्थसत्ता दोनों ही के लिए प्रयुक्त किया गया है। बुद्धि के द्वारा बताए गए सम्बन्धों के आधार पर निर्मित आनुभविक जगत् का समझ में आना कठिन है। नागार्जुन दृढ़तापूर्वक इस बात से इनकार करता है कि उसका अपना कोई ऐसा प्रतिपाद्य विषय-विशेष है जिसकी रक्षा उसे करनी है, क्योंकि प्रत्येक तार्किक प्रमाण में वही निर्बलता विद्यमान होगी। यदि बुद्धि अनुभवों की व्याख्या करने में असमर्थ है, क्योंकि यहां उसे अनेकों व्यर्थ असत्याभासों से वास्ता पड़ता है, इसलिए परमार्थसत्ता के विषय में इसे वहां अधिक सफलता की आशा नहीं हो सकती। पहला उतना ही रहस्यमय है जितना कि दूसरा, और नागार्जुन उसी 'शून्य' का प्रयोग दोनों के लिए करता है। सत्य मौन रूप है, जिसका तात्पर्य है न स्वीकृति और न निषेध ही। भिन्न अर्थों में आनुभविक जगत् और परमार्थसत्ता दोनों ही असत् अथवा सत् दोनों रूप में वर्णन से परे हैं। यदि परमार्थसत्ता को ही यथार्थ सत् करके ग्रहण करते हैं तो संसार को सत् नहीं माना जा सकता। और इसी प्रकार यदि संसार के सत् को यथार्थ सत् मानते हैं तो परमार्थसत्ता सत् नहीं। इसलिए भिन्न अर्थों में दोनों ही शून्य हैं।

नागार्जुन की दर्शन-पद्धति पर विचार करते हुए अन्त में मैंने शून्यवाद और अद्वैत

---

1. "अनक्षरस्य धर्मस्य श्रुतिः का देशना च का।
श्रूयते यस्य तच्चापि समारोपात् अनक्षर॥" (माध्यमिक वृत्ति, 15)
2. देखिए वेदान्तसार, पृष्ठ 8 (जेकब का संस्करण)।
3. माध्यमिक कारिका, 24; तुलना कीजिए बृहदारण्यक, 2 : 4, 5, 7–9; 3 : 2, 1; 4 : 4, 21; 5 :1, 1; मुण्डक 1 : 3।
4. रुडोल्फ ओटो का कहना है : "हमारे रहस्यवादियों की अद्भुत शून्यता के विषय में जो कुछ सत्य है, वही बौद्ध रहस्यवादियों के शून्यम् और शून्यता के विषय में भी सत्य है। पाश्चात्य रहस्यवादियों के 'अभाव' की भांति 'पूर्व वालों का शून्य' भी 'पूर्णतः 'अन्य' का एक दैवी भाव-संकेत मात्र है। इसके सम्बन्ध में कुछ भी नहीं कहा जा सकता, क्योंकि यह जो कुछ विद्यमान है और जो कुछ सोचा जा सकता है, उससे बिल्कुल उल्टा है।" (द आइडिया आफ द होली', अंग्रेज़ी अनुवाद, पृ. 30)।

वेदान्त में कुछ समानताएं प्रदर्शित की थीं।[1] दोनों ही संसार को परिवर्तनशील और इसीलिए अयथार्थ मानते हैं।[2] दोनों इस विषय में सहमत हैं कि यथार्थसत्ता समस्त अनुभवगत भेदों और ज्ञान से अतीत है।[3] नागार्जुन इसे केवल सुझाव के रूप में प्रस्तुत तो करता है किन्तु उसका पूर्णरूप में निरूपण नहीं करता, जैसाकि अद्वैत वेदान्त करता है। माया और अविद्या के सिद्धान्त को अद्वैत वेदान्त में उठाया गया है और उसे बहुत कुछ परिष्कृत किया गया है। दोनों ही पुण्य और पाप को क्रमशः ऊंची और नीची श्रेणियों में इस संसार में साधन के रूप में स्वीकार करते हैं, जबकि परमार्थ मोक्ष इनसे एकदम अछूता रहता है।[4] अद्वैत वेदान्त को शास्त्रीय की अपेक्षा विवेकयुक्त आधार देने के सम्बन्ध में गौडपाद को माध्यमिक सिद्धान्त से बढ़कर और कुछ इतना उपयोगी साधन प्राप्त नहीं हो सका। गौडपाद की अनेक कारिकाएं हमें नागार्जुन के ग्रन्थ का स्मरण कराती हैं।[5] वाचस्पति ने शून्यवाद के मानने वालों को जो उन्नत विचार वाले (प्रकृष्टमति) कहा है वह ठीक ही कहा है, जबकि बहुत्व को मानने वाले यथार्थवादियों (सर्वास्तिवादी) को हीनतर विचार वाले (हीनमति) तथा योगाचारों को मध्यम योग्यता वाले माना है।[6]

---

1. पृष्ठ 668-69।
2. शंकर निम्नलिखित वाक्य का समर्थन करेंगे :
   जरामरणधर्मेषु सर्वभावेषु सर्वदा।
   तिष्ठन्ति कतमे भावाः जरामरणं बिना॥ (माध्यमिक कारिका, 7)
3. चन्द्रकीर्ति का कथन : 'सर्वकलपनाजालरहितज्ञानाज्ञेयनिवृत्तिरवभावं, शिवं, परमार्थस्वभावम्;' शंकर के मोक्ष एवं यथार्थता-सम्बन्धी विचार के विषय में सर्वथा सत्य है। और भी देखिए शांकरभाष्य, 3 : 2, 17; भगवद्गीता, 13 : 12।
4. "धर्मे च सत्यधर्मे च फलं तस्य न विद्यते।"—माध्यमिक कारिका, 8; तुलना कीजिए, बृहदारण्यक, 4 : 3, 21—22; कठ, 2 : 14।
5. तुलना कीजिए, गौडपादीय कारिका, 2 : 32; 4 : 22; 4 : 88।
6. भामती, 2 : 2, 18।

टिप्पणियां

पहला अध्याय

पृष्ठ 21—प्रशस्तपाद के अनुसार, ईश्वर विश्व का स्रष्टा है। देखें 'पदार्थधर्मसंग्रह', पृष्ठ 48।

पृष्ठ 27, पा. टि. 1—भामती, 1 : 1, 1।

पृष्ठ 36—'दर्शन' शब्द के 'दृष्टिकोण' अथवा 'दार्शनिक मत' के अर्थों में प्रयोग के लिए देखें, नागार्जुन की कारिका के सम्बन्ध में चन्द्रकीर्ति (पृष्ठ 75, सेंट पीटर्सबर्ग आवृत्ति) तथा सुरेश्वर के बृहद्वार्तिक (पृष्ठ 890) के ऊपर टीका में भर्तृपञ्च से दिए गए उद्धरण और जैकोबी कृत 'सेक्रेड बुक्स आफ द ईस्ट', पृष्ठ 14, खण्ड 22की भूमिका। यह उल्लेख मुझे प्रोफेसर हिरियण्ण से प्राप्त हुआ है।

पृष्ठ 39—इस विधि को शाखाचन्द्रन्याय कहते हैं।

पृष्ठ 43—"यह अत्युक्ति न होगी कि किसी भी साहित्य में नैतिकता का पुट देने वाली घोषणा इतने अधिक प्राधान्य में नहीं मिलेगी। चूंकि भावाभिव्यक्ति की इस प्रकार की पद्धति सर्वत्र पाई जाती है, सम्भवतः इसीलिए संस्कृत भाषा में विशुद्ध नैतिकता को प्रतिपादन करने वाले ग्रन्थ बहुत न्यून संख्या में पाये जाते हैं।" (मैक्डानल कृत 'कम्पैरिटिव रिलिजन', पृष्ठ 70)।

पृष्ठ 47—यहां पर 'सूत्रकाल' शब्द का प्रयोग विशेषकर दार्शनिक सूत्रों के लिए किया गया है न कि वैदिक अथवा कल्पसूत्रों के लिए। वैदिक अथवा कल्पसूत्रों का काल ईसा के 500 वर्ष पूर्व से 200 वर्ष पूर्व तक का कहा जाता है।

दूसरा अध्याय

पृष्ठ 50—साधारणतः यह माना जाता है कि ऋग्वेद के अन्तर्गत ऋचाओं का निर्माण भारत के उत्तर-पश्चिम में हुआ। देखें मैक्डानल कृत 'संस्कृत लिटरेचर', पृष्ठ 40।

पृष्ठ 53—आर्नॉल्ड के मत में छन्द, भाषा तथा शब्दावली पंचविध विभाग के प्रधान मापदण्ड हैं।

पृष्ठ 53—वेद के काल के विषय में प्रोफेसर विंटरनिट्ज अपने अनुसन्धानों का सारतत्त्व निम्नलिखित रूप में देते हैं :

1. बौद्ध तथा जैनमत दोनों ही सम्पूर्ण वेद की विद्यमानता को मान लेते हैं। यदि, जैसाकि सम्भव है, जैन मत का प्रारम्भ महावीर के पहले जाकर उसके पूर्ववर्ती पार्श्वनाथ तक जाता है तो वेद ईसा से पूर्व आठवीं शताब्दी में अवश्य सम्पूर्ण रूप में आ गए थे तथा ब्राह्मणधर्म के पवित्र ग्रन्थ भी माने जाने लगे थे।

2. ऋग्वेद की ऋचाएं शेष समस्त भारतीय साहित्य से प्राचीन हैं।
3. ऋग्वेदसंहिता की उत्पत्ति तथा विकास के लिए एक लंबे समय अर्थात् अनेक शताब्दियों की आवश्यकता थी।
4. ऋग्वेदसंहिता अर्थर्ववेदसंहिता तथा युजर्वेदसंहिता से बहुत प्राचीन है।
5. सभी संहिताएं ब्राह्मणों से प्राचीन हैं।
6. ब्राह्मणों तथा उपनिषदों दोनों को ही अपने-अपने विकास के लिए एक सुदीर्घकाल की आवश्यकता थी।
7. वैदिक संहिताओं की भाषा तथा अवेस्ता की भाषा एवं पुरानी फारसी भाषा में परस्पर घनिष्ठ सम्बन्ध को देखते हुए हम वैदिककाल के प्रारम्भ का समय ईसा से हज़ारों वर्षों पूर्व तक नहीं ले जा सकते।
8. दूसरी ओर राजनीतिक, धार्मिक तथा साहित्यिक इतिहास के तथ्यों को देखते हुए हमें इस परिणाम पर पहुंचना होता है कि ऋग्वेद की प्राचीनतम ऋचाओं एवं पुरातन उपनिषदों के अत्यन्त अर्वाचीन भागों तथा बौद्धमत के उत्थान के मध्य में कम से कम एक हज़ार वर्ष और सम्भवतः इससे भी अधिक समय का अन्तर होना चाहिए।
9. वैदिक काव्य के प्रारम्भ का कोई निश्चित काल नियत करना सम्भव नहीं है। इससे अधिक हम निश्चित रूप से कुछ नहीं जानते कि वैदिक साहित्य का प्रारंभ भूतकाल के किसी अज्ञात भाग में हुआ और आठवीं शताब्दी तक उनका निर्माण होता रहा।
10. किन्तु अधिक सम्भव यह है कि वैदिक साहित्य के प्रारम्भ का उक्त अज्ञात काल 1500 से 1200 वर्ष ईसा से पूर्व की अपेक्षा 2500 से 2000 वर्ष ईसा से पूर्व के लगभग हो। ('कैलकटा रिव्यू', नवम्बर 1923)

पंजाब के हड़प्पा तथा सिन्ध के मोहनजोदड़ो में की गई अर्वाचीनकाल की खोज भारतीय सभ्यता की प्राचीनता पर अतिरिक्त प्रकाश डालती है। अब हमारे पास पुरातत्त्वविषयक पर्याप्त साक्षी है। यह दर्शाने के लिए कि 5000 वर्ष हुए सिन्ध तथा पंजाब के निवासी सुनिर्मित नगरों में निवास करते थे और उनकी सभ्यता भी अपेक्षाकृत विकसित थी जिसमें कला तथा शिल्प के उच्चतम मापदण्ड का समावेश था तथा उनकी लिपि भी एक विकसित पद्धति की थी। पंजाब और सिन्ध की प्राचीन वस्तुओं में हमें 'पक्की ईंटों' के बने बहुत सुदृढ़ मकान तथा मन्दिर मिलते हैं, जिनमें संगमरमर के पत्थर से ढंकी सुनिर्मित जल-प्रणालियों की भी व्यवस्था थी।' नाना प्रकार के चित्रित तथा सादे बरतनों के अतिरिक्त, जिनमें कुछ हाथ के बने और कुछ चाक पर बने हुए हैं, खिलौने तथा नीले रंग की चूड़ियां, शीशे का मसाला तथा सीप आदि सम्मिलित हैं। हमें अनेक खुदी हुई मोहरें भी मिली हैं, जिनमें कुछेक पर ऐसे लेख हैं जो आज तक अज्ञात चित्रलिपि में हैं। भारत के भूतपूर्व पुरातत्त्व-महानिदेशक सर जॉन मार्शल लिखते हैं कि "इन खोजों ने सदा के लिए यह सिद्ध कर दिया है कि भारत की भूमि पर ईसा के तीन हज़ार वर्ष पूर्व एक ऐसी सभ्यता विद्यमान थी जोकि मेसोपोटामिया की सुमेरियन संस्कृति के समान परिष्कृत तथा प्रकटरूप में उतनी ही अधिक विस्तृत थी। इन दोनों के मध्य घनिष्ठ सम्बन्ध था, इसका भी सुनिश्चित प्रमाण मिलता है।" यद्यपि अभी निश्चित रूप से यह कह तो देना तो ठीक न होगा कि 3000 वर्ष ईसा से पूर्व भारत और मेसोपोटामिया में परस्पर सम्बन्ध था, किन्तु इन खोजों से द्राविड़ समस्या की कोई कुंजी सम्भवतः मिल सकेगी।

पृष्ठ 57—'देव' शब्द का सम्बन्ध लैटिन के 'ड्यूस' शब्द के साथ है और इसका धात्वर्थ है चमकना। निरुक्त की परिभाषा पीछे की है।

पृष्ठ 57—यास्क अपने निरुक्त में कहता है कि कितने ही वैदिक मन्त्रों की व्याख्या आधिभौतिक, आधिदविक (धार्मिक) और आध्यात्मिक दृष्टि से की जा सकती है। उदाहरण के लिए अग्नि आधिभौतिक क्षेत्र में आग का वाचक है, धार्मिक क्षेत्र में पुरोहित देवता का तथा आध्यात्मिक क्षेत्र में ईश्वर के महान् तेज का वाचक है। प्राकृतिक शक्तियों को सम्बोधन करते समय भक्त के मन में अन्तर्निहित शक्ति का भाव रहता है, भौतिक तथ्य का नहीं।

पृष्ठ 59, पा. टी. 1—प्राचीन वैदिक काल में जो भाषा बोली जाती थी वह उस भाषा का पूर्वरूप थी जो आगे चलकर और सम्भवतः एक भिन्न स्थान में संस्कृत (शास्त्रीय) बन गई।

पृष्ठ 62—ऋत का भाव ऐसा है जो पीछे के इण्डो-ईरानियन काल तक पाया जाता है।

पृष्ठ 68—इन्द्र का पता इण्डो-ईरानियम काल में पहले से ही मिलता है। देखें कीथ कृत 'द रिलिजन ऐण्ड फिलासफी आफ द वेद', खण्ड 1 पृष्ठ 133।

पृष्ठ 70—वाक् की ऋचा में (10 : 125) हमें एक अन्तर्निहित शब्द का भाव मिलता है। यह एक शक्ति है जो प्रत्येक वस्तु में रहती है तथा कार्य करती है और जिसके अन्दर बिना जाने सब मनुष्यों का अस्तित्व है।

पृष्ठ 79—ऋग्वेद में जहां कि विषय मुख्यतः विश्वरचना-सम्बन्धी है, 'सत्' से तात्पर्य वस्तुजगत् अथवा अनुभव से है तथा 'असत्' से तात्पर्य वस्तुओं की उस प्रारम्भिक अवस्था से है जिसमें परस्पर भेद दृष्टिगोचर नहीं हो सकता और जो वर्तमान जगत् की व्यवस्था का पूर्ववर्ती रूप है। तुलना करें, तैत्तिरीय उपनिषद्, 2 : 7, जहां सत् अथवा नामरूपात्मक जगत् को असत् से उत्पन्न कहा गया है।

पृष्ठ 82—दैवीय विश्वोत्पत्ति सिद्धान्त में यह विचार पाया जाता है कि सबसे प्रारम्भ में केवल मूलभूत जल था, उससे एक अण्डा उत्पन्न हुआ जिसमें से प्रथम प्राणी अर्थात् हिरण्यगर्भ का जन्म हुआ। देखें निलसन कृत, 'ए हिस्ट्री आफ ग्रीक रिलिजन', पृष्ठ 73।

पृष्ठ 86—इष्ट (अर्थात् जिसे यज्ञ में दिया जाए) और पूर्त (अर्थात् जो पुरोहितों को भेंटस्वरूप दिया जाता है) (ऋग्वेद, 10 : 14, 8) के विचारों में परवर्ती कर्मकाण्ड के अंकुर मिलते हैं। इष्टापूर्त के अन्दर एक विशिष्ट सारवान् जीव रहता है जिसके साथ हम मृत्यु के पश्चात् संयुक्त हो जाते हैं। यह वह पुण्य अथवा पाप है जिसे हम अपने पवित्र कर्मों द्वारा अर्जित करते हैं। कर्म का सिद्धान्त इसी विचार से अधिकतर प्रभावित होता है।

पृष्ठ 80—तुलना करें, ब्लमफील्ड : "ऋत के सम्बन्ध में नीतिशास्त्र की एक सुन्दर पूर्णपद्धति भी है जो एक प्रकार से स्वतः पूर्ण शिक्षा है।" ('द रिलिजन आफ द वेद', पृष्ठ 126)।

पाप की भावना भी ऋग्वेद में मिलती है; तुलना करें : "हे वरुण! उन बन्धनों को जिनसे मैं जकड़ा हुआ हूं, शिथिल करो; उन बन्धनों को शिथिल करो जो ऊपर, मध्य में और नीचे हैं।"

"इस प्रकार, हे आदित्य! तेरे पवित्र विधान में हम 'पापमुक्त होकर अदिति के बन जाएं।" (ऋग्वेद, 1 : 24, 15; इसे भी देखें, 1 : 31, 16; 4 : 54, 3)।

पृष्ठ 89—तुलना करें, "जो धर्म का आचरण करता है, उसका मार्ग निष्कण्टक है" (ऋग्वेद, 1 : 41)। "ऐसे व्यक्ति को जो धर्म को धारण करता है, वह वृद्ध हो या युवा, तू सुख और शक्ति प्रदान करता है, जिससे कि वह भली प्रकार जीवन व्यतीत कर सके।" (ऋग्वेद 1 : 91)। ऋग्वेद, 3 : 59, 2 भी देखें।

तीसरा अध्याय

पृष्ठ 104, पा. टी. 1—ठीक-ठीक अर्थों में 'विद्' धातु का अर्थ है जानना।

पृष्ठ 106—ऋत का पुराना वैदिक विचार जो भौतिक तथा नैतिक क्षेत्रों की व्यवस्था के सम्बन्ध में है, ब्राह्मणग्रन्थों में जाकर निश्चित रूप से 'धर्म' के विचार में परिणत हो गया है, जिसका तात्पर्य विशेष करके जगत् की धार्मिक व्यवस्था से है। इसके अन्तर्गत वे सब क्षेत्र आ जाते हैं जिन्हें आगे चलकर कर्मकाण्ड, संहिता, सदाचार और शिष्टाचार आदि विभागों में विभक्त किया गया है। कहीं-कहीं धर्म ईश्वर के रूप में प्रकट होता है। देखें शतपथ ब्राह्मण 13 : 4, 3, 14।

पृष्ठ 110—देखें कीथ रचित 'ऐतरेय ब्राह्मण।'

चौथा अध्याय

पृष्ठ 117—यद्यपि प्राचीन साहित्य में इस विषय से सम्बन्ध रखने वाले सुझाव जहां-तहां मिलते हैं (देखें अथर्ववेद, 18 : 44), उपनिषदों में यह विषय प्रमुख हो गया है।

पृष्ठ 135—मन का सम्बन्ध प्राण से है। तुलना करें, प्राणबन्धनं हि सौम्य मनः।

पृष्ठ 137—शंकर 'आनन्दमय' को जीव मानते हैं।

पृष्ठ 138—ईश्वर के अन्तर्यामी होने का भाव भी ऋग्वेद में मिलता है (देखें, अदिति को लक्ष्य करके कही गई ऋचा 1 : 89, 10)। किन्तु उपनिषदों में इस पर बल दिया गया है।

पृष्ठ 153, पा.टि.3—उपनिषदों में नाम और रूप से तात्पर्य नाम तथा भौतिक आकृति से है। देखें बृहदारण्यक उपनिषद्, 1 : 6, 1–2; मुण्डक उपनिषद्, 6 : 8; और ओल्डनबर्ग कृत 'बुद्ध', पृष्ठ 445 से लेकर।

पृष्ठ 181—ड्यूसन का विचार है कि प्राचीनतम उपनिषदों में केवल तीन ही आश्रम अर्थात् ब्रह्मचर्य, गृहस्थ तथा संन्यास को माना गया है, किन्तु जो सत्य को जानते हैं वे आश्रमों से भी ऊपर उठे हुए हैं। देखें 'फिलासफी आफ द उपनिषद्स', पृष्ठ 368। जाबाल उपनिषद् में चार आश्रमों का वर्णन है। देखें बृहदारण्यक उपनिषद्, 4 : 4, 10 और 22; छान्दोग्य उपनिषद्, 2 : 23, 1; 5 : 10।

पृष्ठ 182—"इस आशय की एक आधुनिक भ्रमात्मक कल्पना भी प्रचलित है कि दार्शनिक पुरोहित वर्ग के न होकर क्षत्रिय वर्ग के होते थे, सम्भवतः विदेशी होते थे, यहां तक कि बुद्ध भी विदेशी जाति के रहे होंगे। किन्तु यह कल्पना के समर्थन में तो कुछ नहीं अपितु इसके विरुद्ध पर्याप्त सामग्री मिलती है। उपनिषदों के दार्शनिक विचारों के अंकुर पुरोहित वर्ग के अथर्ववेद और ब्राह्मणग्रन्थों में मूल रूप में निहित हैं और उन्हीं के अंदर से हमें अर्वाचीन ऋषियों के क्रमविहिन दार्शनिक कथनों को खोजकर निकालना है, जिनके शास्त्रार्थों

में सम्भवतः उस समय के राजाओं ने भी रुचि दिखाई जोकि सुसंस्कृत राजपरिवारों के लिए एक परम्परा बन गई थी और इन शास्त्रार्थों में जब उन्होंने भाग लिया तो उन्हें विजय प्राप्त हुई।'' (हॉपकिंस : 'एथिक्स आफ इण्डिया')

पृष्ठ 187, पा.टि.5—स्वयमेव राजते। तब इसका अर्थ होता है कि वह स्वतः प्रकाश है अथवा स्वात्मनिर्भर है।

पृष्ठ 191—धातुप्रसाद शब्द का प्रयोग हुआ है। कठोपनिषद्, 2 : 20।

पृष्ठ 198—जीवन्मुक्त पारिभाषिक शब्द अर्वाचीन समय का है, यद्यपि उक्त विचार उपनिषदों में विद्यमान है। तुलना करें, उदाहरण के लिए कठ उपनिषद्, 6 : 14।

पृष्ठ 216—देखें बेलवालकर और रानाडे कृत 'हिस्ट्री आफ इंडियन फिलासफी', खण्ड 2; कीथ, 'द रिलिजन ऐण्ड फिलासफी आफ द वेद', खण्ड 2 और रानाडे, 'ए कंस्ट्रक्टिव सर्वे आफ उपनिषदिक फिलासफी।'

पांचवा अध्याय

पृष्ठ 222—संजय के संशयवाद ने बुद्ध की अध्यात्मविद्या के प्रति प्रवृत्ति तथा जैन दर्शन के सप्तभंगी विचार पर पर्याप्त प्रभाव डाला। तुलना करें, 'यदि तुम मुझसे पूछो कि परलोक है या नहीं (अत्थि परलोको)—तो, यदि मैं यह समझता कि दूसरा लोक है तो मैं ऐसा अवश्य कहता और मैं नहीं समझता कि यह इस प्रकार का या उस प्रकार का है और मैं यह नहीं समझता कि यह अन्य प्रकार का है, और मैं उसका निषेध भी न करता।' ('सेक्रेड बुक्स आफ द बुद्धिस्ट्स', खण्ड 2 : पृष्ठ 75)।

पृष्ठ 224—भास्कर अपनी ब्रह्मसूत्रों पर की गई टीका में (3 : 3, 53) बृहस्पति के सूत्र का उल्लेख करता है।

पृष्ठ 225—यदि चार्वाक किसी व्यक्ति-विशेष का नाम है तो यह बृहस्पति के शिष्य का हो सकता है। इसे प्रायः एक सामान्य संज्ञावाचक नाम समझा जाता है। देखें मैक्डॉनल कृत 'संस्कृत लिटरेचर', पृष्ठ 450।

पृष्ठ 230—अर्थशास्त्र में भौतिकवाद को सांख्य और योग के समान माना गया है। देखें 1 : 2।

छठा अध्याय

पृष्ठ 234—कहीं-कहीं ऐसा कहा गया है कि जैन मत में दस निर्युक्त तथा अनेक भाष्य हैं।

पृष्ठ 239—आगमनात्मक अनुमान से प्राप्त सत्य अनुपपत्ति अथवा प्रतिपक्ष की असम्भाव्यता से निकलते हैं। देखें प्रमेयकमल-मार्तण्ड, पृष्ठ 40, 50, 100—1।

पृष्ठ 239—ज्ञान की प्रामाणिकता पदार्थों के यथार्थरूप में प्रस्तुत होने से ही होती है किन्तु इसकी परीक्षा कार्यक्षमता से होती है।

पृष्ठ 257—'यद्यपि यह सब (पांच स्थितियां) एक प्रकार से एक समान हैं तो भी विशेष-विशेष रूपों के कारण उनके भिन्न-भिन्न नाम हैं। कुछेक अवस्थाओं में पूर्वापरता अथवा क्रम का शीघ्रोत्पत्ति के कारण पता ही नहीं चलता।' (प्रमाणनयत्तत्वालोकालंकार, 2)

सातवां अध्याय

पृष्ठ 276—तुलना करें; के. जे. सौंडर्स : "हमारे आधुनिक वैज्ञानिक विचारपद्धति के महत्त्वपूर्ण आधार अर्थात् कारणकार्य-सम्बन्ध तथा विश्व के एकत्व को यदि पहले-पहल गौतम ने न भी मालूम किया हो तो भी प्रचलित उसने ही किया।" ('एपक्स इन बुद्धिस्ट हिस्ट्री,' पृष्ठ 9)।

पृष्ठ 227—त्रिपिटक के भिन्न-भिन्न कालों में निर्णीत विचार संगृहीत हैं। आज दिन धर्म और विनय के सिद्धान्त जिस रूप में पाए जाते हैं वे पहली परिषद् में बने हों या नहीं किन्तु यह तो स्पष्ट है कि बौद्ध मत के बड़े-बड़े स्थविर अनुयायी बुद्ध की मृत्यु के पश्चात् शीघ्र ही एकत्र हुए और उन्होंने सिद्धान्त तथा नियन्त्रण-सम्बन्धी विषयों पर विचार-विनिमय किया। वैशाली में आयोजित दूसरी परिषद् के विषय में तो हम अधिक निश्चित स्थिति पर हैं, जो बुद्ध की मृत्यु के सौ वर्ष पश्चात् हुई, जिसका विशेष उद्देश्य ऐसे दस भ्रांतिपूर्ण विचारों को निकाल देना था जो इस बीच के सिद्धान्त के अन्दर घुस आए थे। भले ही यह हो सकता है कि धर्मव्यवस्था वस्तुतः पाटलीपुत्र की तीसरी परिषद् में बनाई गई हो जिसका सभापतित्व तिस्स ने किया था और जो अशोक के समय में हुई और तब तक भिन्न-भिन्न सम्प्रदाय धर्मप्रवर्तक की शिक्षा के आधार पर विकसित हो चुके थे। अशोक के आज्ञापत्र उस समय की विच्छेदकारी प्रवृत्तियों का विरोध करते हैं। लंका में प्रचलित परम्परा के अनुसार तीसरी परिषद् में निर्मित धर्मव्यवस्था को लंका में ले जाने वाले महेन्द्र थे, जो तिस्सा के शिष्य और अशोक के छोटे भाई अथवा (एक अन्य किंवदंती के अनुसार) पुत्र थे, और वत्तगामनि के अन्दर उसे राजकीय अभिलेख में रखा गया। देखें कीथ, 'बुद्धिस्ट फिलासफी', पृष्ठ 3, 13-32।

पृष्ठ 278—प्रोफेसर कीथ का विचार है कि अभिधम्म पिटक 'विभाज्यवादियों' का ग्रन्थ है। देखें, 'बुद्धिस्ट फिलासफी', पृष्ठ 152-53।

पृष्ठ 280—बुद्धघोष ने दीघनिकाय पर एक टीका लिखी है, जिसका नाम है 'सुमंगलविलासिनी।'

पृष्ठ 286—देखें शीलाचार, 'डिस्कोर्सेज़ आफ गौतम, द बुद्ध', खण्ड 2 : 35 तथा 36।

पृष्ठ 287 पा. टि. 1—देखें चूलसच्चक सुत्त, मज्झिमनिकाय (35), 1 : 237।

पृष्ठ 287—जातकों से हमें गौहत्या (1 : 144) और नरहत्या तक का भी पता मिलता है। (3 : 314)।

पृष्ठ 289—जातकों में बराबर ब्राह्मण जाति के अधःपतन और धनलोलुपता का उल्लेख मिलता है। 1 : 77 में राजा का पुरोहित एक नवयुवक ब्राह्मण को, जो यज्ञ में हिंसा करने के विरुद्ध था, इन शब्दों द्वारा फुसलाता है : "हे मेरे पुत्र, इसमें हमें धन मिलेगा, बहुत अधिक धन।" इसी प्रकार जब राजपुरोहित का शिष्य पशुबलि का विरोध करता है तो उसे कहा गया है : "हमें बहुत सुस्वादु पदार्थ खाने को मिलेंगे, तुम चुप रहो" (3 : 314)। शृगालजातक में शृगाल कहता है कि "ब्राह्मण लोग मन की लालसा से भरे हैं" (1 : 142; और भी देखें, 4 : 496)।

पृष्ठ 292 पा. टि. 1—मज्झिमनिकाय 1 : 265।

पृष्ठ 293—बौद्धमत में जो चार सत्य हैं उसकी तुलना करें, चिकित्साशास्त्र सम्बन्धी

विषयों अर्थात् रोग, रोग का निदान, आरोग्य तथा चिकित्सा के साथ। योग भाष्य, 2 : 15।

पृष्ठ 301—यद्यपि व्यवस्थित विकास का विचार उपनिषदों के अन्दर विद्यमान है (देखें कठ.), बौद्धमत के कार्यकारणभाव का नियम इसके ऊपर बल देता है।

अर्वाचीन बौद्ध ग्रन्थ सामान्य कारणों (पच्चय) तथा यथार्थ कारण (हेतु) के मध्य महत्त्वपूर्ण भेद करते हैं। क्योंकि हेतु ही वस्तुतः परिणाम को उत्पन्न करने वाला है तथा अन्य कारण अवस्थाएं हैं और समान नैमित्तिक अथवा सहायक हैं। पट्ठान में अवस्थाओं का चौबीस शीर्षकों के अन्दर वर्गीकरण किया गया है। अर्वाचीन बौद्धमत में एक विचार की अन्य विचार के ऊपर असर डालने की शक्ति को 'सत्ती' अर्थात् योग्यता के नाम से कहा गया है।

पृष्ठ 301 पा. टि.—देखें अंगुत्तरनिकाय, 1 : 286; संयुत्तनिकाय, 2 : 25; दीघनिकाय, 2 : 198।

पृष्ठ 303—महावग्ग, 1 : 21; संयुत्तनिकाय, 1 : 133; 4 : 157 और 399। यह निश्चित रूप से कहना कठिन है कि क्षणिकवाद का सिद्धान्त कब बना। कथावत्तु (8 : 8) के निर्माता को इसका ज्ञान था, ऐसा प्रतीत होता है। 'एकचित्ता क्षणिका सब्बे धम्मा।' सभी पदार्थ क्षणिक हैं, ठीक जैसेकि मानसिक अवस्थाएं क्षणिक हैं। लोप हो जाना ही अस्तित्व का वास्तविक सारतत्त्व है। जो कुछ विद्यमान है, दूसरे ही क्षण में नष्ट हो जाता है। प्रत्येक वस्तु अभाव से उत्पन्न होती है और अभावरूप में ही विलुप्त हो जाती है। न्यायबिन्दु-टीका, पृष्ठ 68, और भी देखें रत्नकीर्ति का 'क्षणभंगसिद्धि' नामक ग्रन्थ।

पृष्ठ 303—क्षणिकता के मत में कारणकार्य संबंध न तो कारण का कार्य के रूप में विकास है और न कारण के द्वारा ऐसे कार्य की रचना है जो उससे भिन्न है अपितु निश्चित कार्यों की अनिवार्य परम्परा है। सही-सही अर्थों में जो क्षणिक है, उसमें कारण-कार्य-सम्बन्ध नहीं बताया जा सकता।

कथावत्तु (17 : 3; 21, 7 और 8) फलरहित कर्मों की सम्भावना को मानता है, ऐसा प्रतीत होता है। और भी देखें, 12 : 2; 17 : 1। मिलिन्द में कहा है कि अर्हत् ऐसे दुःख को सहता है जिसके ऊपर उसका वश नहीं है (पृष्ठ 134 और आगे)। यह स्पष्ट रूप में अनिमित्त (आकस्मिक) पर बल देता है; पृष्ठ 180 और आगे।

पृष्ठ 305 पा. टि. 2—'प्रोसीडिंग्स आफ द ऐरिस्टोटलियन सोसायटी', 1919 पृष्ठ 236।

पृष्ठ 308—प्रतीत्यसमुत्पाद का सिद्धान्त अथवा कारणकार्य का नियम, जिसका सबसे प्रथम तत्त्व अविद्या अर्थात् अज्ञान है, इस जगत् के विषयीविज्ञान-सम्बन्धी विचार को पुष्ट करता है।

पृष्ठ 309—प्रत्यक्ष ज्ञान का सिद्धान्त, जिसका सुझाव प्राचीन साहित्य (मज्झिमनिकाय, 3 : 242) में मिलता है, इस जगत् के यथार्थता-सम्बन्धी विचार को पुष्ट करता है।

अभिधम्म चार तत्त्वों को मूलभूत प्रकृति मानता है और आकाश का उत्पन्न तत्त्व मानता है (धम्मसंगणि, मज्झिमनिकाय, 1 : 423; 2 : 17)। कहीं-कहीं हम छः यथार्थ तत्त्वों का भी उल्लेख पाते हैं, जहां देश और चैतन्य साधारण चार तत्त्वों में जोड़ दिए गए हैं। (देखें इतिवृत्तक, 44, 51 और 73)।

पृष्ठ 310 पा.टि.1—मज्झिमनिकाय 426।

पृष्ठ 311 पा. टि. 4—महानिदानसुत्त भी देखें, दीघनिकाय, 2 : 66; मज्झिमनिकाय, 138, 300; संयुत्तनिकाय 3 : 66, 4 : 34।

पृष्ठ 313—अलगद्दूपमसुत्त (मज्झिमनिकाय, 1 : 140) बुद्ध सर्वेश्वरवादी विचार का खण्डन करते हैं, जो आत्मा तथा जगत् को एक ही मानता है।

पृष्ठ 313—वच्चगोत्त के संवाद के लिए देखें अग्गिवच्चमोत्तसुत्त, मज्झिमनिकाय, 72; 1 : 484-89; देखें दहलके कृत, 'बुद्धिज़्म ऐण्ड इट्स प्लेस इन द मेंटल लाइफ आफ मैनकाइण्ड', पृष्ठ 36 और आगे।

पृष्ठ 313—वज्जिपुत्तक लोग पुद्गल के विचार को मानते हैं, अर्थात् एक ऐसे व्यक्तित्व को जो आनुभविक व्यक्तित्व के अस्थिर अवयवों से पृथक् है। उनका कहना है कि वह व्यक्ति यद्यपि आनुभविक व्यक्तित्व के तत्त्वों के अन्दर सन्नद्ध है तो भी उनसे सर्वथा भिन्न अर्थात् विशिष्ट है, ठीक जिस प्रकार आग न तो ठीक जलती हुई लकड़ी है और न ही उससे भिन्न है, किन्तु लकड़ी से कुछ अधिक है। एम.पूसीं लिखता है : "मैं यह सोचने के लिए बाध्य होता हूं कि पुद्गलवाद अधिकतर दुःखसत्य और कर्मविधान के अनुकूल है न कि नैरात्म्यवाद के" ("जनरल आफ रॉयल एशियाटिक सोसायटी', 1901, पृष्ठ 308)। वसुबन्धु, जो सौत्रान्तिक है, एक स्वयम्भूः, नित्य, निर्विकार आत्मा के विचार में, जो निष्क्रिय तथा असमर्थ है, आपत्ति उठाता है।

श्रीमती रीज़ डेविड्स इस प्रश्न पर संक्षेप में अपने विचार इस प्रकार रखती हैं : "(1) जहां तक हम पता लगा सकते हैं, प्रारम्भिक बौद्धधर्म की शिक्षा में स्वयं मनुष्य तथा आत्मा के अस्तित्व का निषेध नहीं था। इसपर विचार करने के लिए हमें अठारहवीं शताब्दी में प्रचलित अपने दृष्टिकोण की ओर जो आज तक भी हमारे सामने है, त्याग देना होगा, हमें आत्मा (अत्तन) शब्द की उस शक्ति की कल्पना करनी चाहिए जो सातवीं शताब्दी (ईसापूर्व) के एक शिक्षित भारतीय की दृष्टि में थी जिसे एक धार्मिक गुरु ने आमन्त्रित करके कहा कि तुम्हें अत्तन को जानना चाहिए। इसका तात्पर्य लगभग वही था—'ईश्वर को जानो' अथवा 'उस पवित्र आत्मा को जानो जो तुम्हारे अन्दर है।' इसे बौद्धमत के संस्थापक के सबसे आरम्भ के उपदेशों में से अन्यतम बतलाया जाता है। विनय, 1 : 23, महावग्ग, 1, 14, 'बुद्धिस्ट साइकॉलोजी, पृष्ठ 28 और आगे। ऐतिहासिक दृष्टि से इसका गम्भीर महत्त्व है। और इसकी पुष्टि चार मुख्य ग्रन्थों (निकायों) में आए अनेक वाक्यों से और धम्मपद से होती है, जिसका विषय है—मनुष्य का आत्मा के साथ सम्पर्क तथा अपने को जानना तथा उसके उपाय। अर्वाचीन शिक्षाओं में इन शब्दों को नहीं रखा गया है।

"प्रारम्भ से ही जिस विषय का निषेध किया गया, वह यह था कि मनुष्य अर्थात् आत्मा, जिसे अत्तन शब्द से कहा गया, या तो यथार्थ में शरीर है अथवा मन है। यदि वह इन दोनों से कोई एक या दोनों होता तो इतनी दुर्बल तथा अस्थायी वस्तुएं होने के कारण वह परिणमन की इच्छा करने वाला न होता (किन्तु इच्छा उसने की), वह अपने भाग्य का निर्णायक स्वयं नहीं हो सकता। यह मनुष्य के अन्तःस्थ मनुष्य होने का निषेध नहीं है। इसका तात्पर्य यह है कि 'तुम वास्तव में क्या हो इस विषय में कोई ऐसा भ्रमात्मक भाव न बनाओ' किन्तु उन दिनों भारत में इसका तात्पर्य होता कि 'तुम इन दोनों में से एक भी नहीं हो इसलिए तुम बिलकुल ही नहीं हो अर्थात् तुम केवल दोनों का एक पंजमात्र हो।' इस प्रकार का एक नया दार्शनिक सन्देश सर्वथा विवेकशून्य होता और सुनने वाले की बुद्धि को भी अपमानजनक प्रतीत होता।

"(2) तो भी आज तक भी एशिया के दक्षिणी बौद्ध और बौद्धमत पर लिखने वाले

पश्चिम के अत्यन्त आधुनिक लेखक भी उस परिवर्तन को पहचानने में अकृतकार्य रहे जोकि बौद्धमत के ऊपर इस विषय में कलंकस्वरूप छा गया।

"(3) क्या ऐसा कोई भी नहीं है जो इन मनुष्यों के सहायक का, जो उदार तथा ज्ञानी था, समर्थक हो सके? क्या ऐसा कोई नहीं है जो इस विषय को समझ सके कि वह व्यक्ति जो मनुष्य-जाति के लिए एक नवीन संदेश लाया है जिसे हम धर्म कहते हैं—ऐसा है कि उसने जिस विषय की भी शिक्षा दी उसमें ऐसे विषय को सम्मिलित नहीं किया—केवल इसलिए कि जिस स्थिति में वह था उनकी वह शिक्षा नहीं दे सकता था। ऊपर जो कुछ मैंने प्रतिपादन किया है, यदि वह हमारा सम्बन्धविषयक चिन्तन में यथोचित दृष्टिकोण है : धर्मादेश का प्रचारक, धर्मादेश, धर्मादृष्टि परस्पर सम्बन्ध के दोनों पदों के विचार से और जो उनके बीच बन्धन है); तब हम निश्चित रूप से यह कह सकते हैं कि धर्मप्रचारक मनुष्य के अन्तर्गत यथार्थ मनुष्य को अपील करते हुए धर्मादिष्ट को यह नहीं बता सकते कि यह 'वह' यथार्थ नहीं था अथवा अभावात्मक था। हम निश्चित हो सकते हैं कि इसके विपरीत मनुष्य के उसकी यथार्थता के सम्बन्ध में विश्वास को अपने विषय में ज्ञान का क्षेत्र बढ़ाने के कारण पुष्ट करता है। और इससे भी कहीं अधिक हम निश्चिन्त होंगे कि धर्मप्रचारक इस प्रकार से मनुष्य के ज्ञान के क्षेत्र का विस्तार करने में और उसके द्वारा एक नये परिणमन को उत्पन्न करने में तथा उससे मनुष्य के अन्दर एक नवीन परिवर्तन लाकर धर्मादिष्ट को बतला सकने में समर्थ होगा कि मनुष्य के अन्दर एक ऐसी सत्ता है जो निर्विकार है।" ("कैलकटा रिव्यू', नवम्बर 1927)।

पृष्ठ 313, पा. टि. 2—मज्झिमनिकाय, 1 : 256।

पृष्ठ 324, पा. टि. 3—देखें दीघनिकाय, 2 : 63।

पृष्ठ 327—मज्झिमनिकाय के अनुसार (1 : 190) प्रत्यक्ष में तीन अवयव सम्मिलित हैं—ज्ञेय पदार्थ, इन्द्रियां और ध्यान देने की क्रियाएं।

पृष्ठ 328—धम्मसंगणी में चित्त के अन्दर इन्द्रियजन्य ज्ञान की पांचों प्रकार की आकृतियां, मन की चेष्टा और प्रतीकात्मक बोध आ जाते हैं किन्तु चैतसिक में अन्य तीन भावनाओं के संघातों, प्रत्यक्ष ज्ञान तथा चित्तवृत्तियों का समावेश हो जाता है।

पृष्ठ 329—बुद्धघोष संज्ञा, विज्ञान और प्रज्ञा को एक चढ़ाई की क्रमिक सीढ़ियां मानता है, जिसका दृष्टान्त यह है कि मूल्यवान धातुओं को देखकर भिन्न-भिन्न व्यक्तियों में भिन्न-भिन्न प्रतिक्रियाएं होती हैं अर्थात् एक बच्चा रंग-बिरंगे पदार्थों को देखता है, एक नागरिक उसके विनिमय-सम्बन्धी मूल्य को पहचानता है और एक विशेषज्ञ उनकी उत्पत्ति तथा विकास के सम्बन्ध में सब कुछ जान जाता है। देखें मज्झिमनिकाय पर बुद्ध घोष, 1 : 292।

बौद्धमत की धार्मिक व्यवस्था में हमें मनोभावनाओं के विषय में कोई व्यवस्थित वर्णन नहीं मिलता। लोभ, द्वेष और मोह का वर्णन उनके विरोधी अलोभ, अद्वेष, और अमोह, उपेक्षा, मैत्री तथा यथार्थज्ञान के साथ किया गया है। मैत्री (मेत्ता), करुणा और सुख के प्रति प्रसन्नतापूर्वक सहानुभूति (मुदिता) का भी वर्णन आता है। निरन्तरता (सन्तति) का विचार अभिधम्म में पाया जाता है। (धम्मसंगणी, 585, 643, 734; कथावत्तु 10 : 1; 11 : 6 और 21 : 4; अभिधम्मत्थसंग्रह, 5 : 12, 15 और 16)। पदार्थों के अनुभव अपने पीछे अपना बीज छोड़ जाते हैं अथवा ऐसे संस्कार चेतनता की अविच्छिन्न धारा में रहते हैं और समय पूरा होने पर यह बीज पकता है तथा चेतनता के अन्दर उदित होता है और उससे हमें प्रत्यभिज्ञा (पहचान) होती है। यह चेतनता की शृंखला केवल मोक्ष पर जाकर ही समाप्त होती

है। सौत्रान्तिकों ने इस अविच्छिन्नता के विचार को और विकसित किया जो जीवात्मा को चित्तसन्तान के समान समझते हैं।

पृष्ठ 333—यद्यपि पुनर्जन्म नया जन्म है तो भी जन्म के समय जो चेतनता प्रकट होती है तथा मृत्यु के समय जो चेतनता प्रकट होती है उनके अन्दर नैरन्तर्य्य है (मिलिन्द पृष्ठ 47)। यही कारण है तथा ऐसा प्रायः कहा जाता है कि मृत्यु के समय जो अन्तिम विचार होता है, उसका अनिवार्य प्रभाव पुनर्जन्म पर होता है।

पृष्ठ 333—जीवात्मा प्रत्येक क्षण में अपना भविष्य अपने साथ रखता है (मिलिन्द, पृष्ठ 101)। हमारे जीवन के प्रत्येक क्षण में सत्ति अर्थात् भूतकाल की शक्ति भरी रहती है और वर्तमानकाल उस सबपर, जो कुछ अब होता है, अपनी छाप रखता है अथवा यों कहना चाहिए कि उस सबको सुवासित करता है, क्योंकि 'वासना' शब्द का अर्थ भी यही जताता है।

पृष्ठ 334—नये जीवन के प्रथम क्षण को विज्ञान कहते हैं किन्तु सूची में इसका तीसरा स्थान हैं। इसके पूर्ववर्ती कर्म अच्छी अथवा बुरी मनोवृत्तियां हैं जोकि प्रारम्भ से इसके साथ संलग्न हैं। उन्हें संस्कार अथवा जन्म से पूर्व की शक्तियों के नाम से कहा गया है। प्रथमस्थानीय अविद्या अज्ञान के मलिंन करने वाले स्वभाव को दर्शाती है।

पृष्ठ 334, पा. टि. 1—संयुत्तनिकाय, 2 : 10।

पृष्ठ 334 पा. टि. 3—विसुद्धिमग्ग, 388; अंगुत्तरनिकाय, 1 : 177।

पृष्ठ 366—यह कहा गया है कि चेतनता जीवन से मृत्यु तक जाती है किन्तु हम यह निश्चयपूर्वक नहीं कह सकते कि यह अपने-आपमें दृष्टि का विषय है अथवा सूक्ष्म शरीर इसके साथ जाता है।

पृष्ठ 336, पा. टि. 1—दीघनिकाय, 2 : 63।

पृष्ठ 337—कारणकार्यभाव की श्रृंखला के सम्बन्ध में जो भिन्न-भिन्न मत हैं, उनके लिए देखें कीथ, 'बुद्धिस्ट फिलासफी', पृष्ठ 105 से 111 तक।

पृष्ठ 339, पा. टि. 1—धम्मपद, 60।

पृष्ठ 343—देखें शीलाचार, 'डिस्कोर्सेज़ आफ गौतम, द बुद्ध', खण्ड 1, पृष्ठ 41।

पृष्ठ 443—मिलिन्द (पृष्ठ 95, 117) ने उस सिद्धान्त का उल्लेख किया है जिसके अनुसार एक व्यक्ति अपने पुण्य को अपने लिए न रखकर अन्य पुरुष को दे सकता है।

पृष्ठ 344—अन्तर्ज्ञान का बुद्धि के साथ घनिष्ठ सम्बन्ध है। देखें मज्झिमनिकाय 1 : 292 पृष्ठ, और आगे।

पृष्ठ 352, पा. टि. 1—दीघनिकाय, 1 : 124।

पृष्ठ 356—"बुद्ध ने वर्ण (जाति) को सामाजिक संस्था के रूप में उखाड़ फेंकने का प्रयत्न किया ऐसा तो कहीं नहीं पाया जाता। उन्हें ऐसा करने की आवश्यकता भी क्या थी क्योंकि उनके इस उपदेश पर बल दिया जा सकता था कि सच्चे अर्थों में जो ब्राह्मण है, वही धर्मात्मा ब्राह्मण है। और बौद्धसंघ के अन्दर वर्णभेद का लोप नहीं हुआ था क्योंकि नीच वर्ण के व्यक्ति भी भिक्षु के रूप में संघ में लिए गए, ऐसे अनेक दृष्टान्त हैं।" (ई. जे. टामस, 'द लाइफ आफ बुद्ध', 128; देखें उदान, 5 :5)। बुद्ध के सबसे पहले शिष्यों में एक नाई भी था, जो आगे चलकर संघ में एक नेता बन गया। अग्गण्ण सुत्तन्त में (दीघनिकाय, 3 : 80 और आगे) जन्म के आधार पर श्रेष्ठता-सम्बन्धी ब्राह्मणों के दावों को निन्दनीय समझकर छोड़ दिया गया है।

पृष्ठ 358—हमें ऐसे वाक्य भी अवश्य मिलते हैं, यद्यपि ऐसे वाक्य बहुत कम हैं, कि

ऐसी आकस्मिक घटनाएं जो प्रत्यक्ष रूप में कर्म के विधान के साथ अनुकूलता नहीं रखतीं, सम्भव हैं। कथावत्तु, 17 : 3; 16 : 8; मिलिन्द, पृष्ठ 135 और आगे, 180। ये सब वस्तुतः अपवादस्वरूप हैं जो केवल सामान्य नियम को पुष्ट करते हैं। देखें मज्झिमनिकाय, 2 : 104।

पृष्ठ 361—प्रारम्भिक बौद्धमत में अदृश्य लोकों की यथार्थसत्ता को स्वीकार किया गया है जिनमें से प्रत्यक्ष में फिर तीन-तीन लोक हैं, अर्थात् वे लोक जो काम, भौतिक आकृति या (रूप) और अरूप के हैं। प्रथम प्रकार के लोक प्रेतों के, असुरों के एवं मनुष्यों और देवताओं के हैं। दूसरी कोटि में ब्रह्मलोक आते हैं, जो संख्या में सोलह हैं, जिसमें इच्छा से मुक्त देवताओं के अनुसार भेद किया गया है, जो उनमें निवास करते हैं। ऐसे व्यक्ति जो चार प्रकार के चिन्तन का अभ्यास करते हैं और पुनर्जन्म से मुक्त हैं, वहां तब तक निवास करते हैं जब तक कि वे निर्वाण प्राप्त नहीं कर लेते। अरूप लोक ऐसे व्यक्तियों का निवासस्थान है जो निराकार की उपासना करते हैं।

पृष्ठ 363—वैभाषिक सम्प्रदाय वाले इस मध्यम अवस्था को मानते हैं जिसमें अर्धभौतिक (आतिवाहिक) शरीर विद्यमान रहता है।

पृष्ठ 364—थेरा तथा थेरी गाथाओं के सुन्दर काव्यों की पृष्ठभूमि में अन्तःप्रेरणा निर्वाण-सम्बन्धी सुख के विचारों की है जिसे इसी जीवन में प्राप्त किया जा सकता है, (देखें दीघनिकाय, 1 : 84)।

पृष्ठ 366—नागसेन के अनुसार, ऐसे व्यक्तियों के लिए जो फिर से जन्म लेते हैं, सांसारिक अनुभव है; और जो संसार से मुक्त हो चुके हैं उनके लिए सांसारिक अनुभव नहीं है। काल का सम्बन्ध सांसारिक जीवन के लिए है, (देखें मिलिन्द, पृष्ठ 50 और आगे)।

पृष्ठ 366—देखें मज्झिमनिकाय, 1 : 487; संयुत्तनिकाय, 4 : 347; 3 : 109, और भी तुलना करें पतिसंभिदामग्ग, 1 : 143—45।

पृष्ठ 367—मिलिन्द के अनुसार (पृष्ठ 271) देश और निर्वाण कारणकार्यभाव के समस्त रूपों से स्वतन्त्र भी विद्यमान रहते हैं।

पृष्ठ 368—देखें मज्झिमनिकाय (63), 1 : 427—432।

पृष्ठ 369, पा. टि. 1—अलद्दूपमसुत्त, मज्झिमनिकाय, 1 : 140—41।

पृष्ठ 371—विश्व के विकास में अधिक पुण्य वाले पुरुष देवताओं का पद प्राप्त करते हैं, यहां तक कि ब्रह्म की अभिव्यक्ति भी इस भ्रांति के साथ कि वह स्वयम्भूः है, इसी सिद्धान्त के अनुकूल होती है।

पृष्ठ 372, पा. टि. 1—देखें लक्ष्मीनरसु, 'एसेंस आफ बुद्धिज़्म', पृष्ठ 261-62, 275-76।

पृष्ठ 380—देखें प्रैट्, 'द पिलग्रमेज आफ बुद्धिज़्म', अध्याय 5।

पृष्ठ 386—प्रकृति की निरन्तर हो रही प्रक्रिया का भाव बौद्धमत के मान्य जगत् के निरन्तर परिणमन के सर्वथा समान है। दोनों ही में कारणकार्य के विधान के अनुसार प्रक्रिया सम्पन्न होती है। समस्त दुःख का कारण अविद्या है। इसपर दोनों ही दार्शनिक पद्धतियों ने एक समान बल दिया है।

पृष्ठ 386—योगदर्शन के विचार प्रारम्भिक बौद्धमत पर एक प्रबल अधिकार रखते थे। आलारकालाम और उद्दक नामक दो बौद्ध शिक्षक योगाभ्यास में निपुण थे। बिल्कुल सम्भव है और बहुत करके समझा जाता है कि बुद्ध ने अपने चित्तनिरोध-सम्बन्धी विचार योगदर्शन से लिए हों जैसाकि चित्त और निरोध शब्दों के प्रयोग से प्रकट होता है। योगदर्शन

ने अज्ञान को दुःख का कारण बतलाया है और इसे ऐसे क्लेश में गिना है जोकि अन्य सब क्लेशों अथवा दोषों का मूल कारण है। समाधि अथवा एकाग्रता की चार अवस्थाएं बुद्ध की चार साधारण समाधियों के प्रारम्भिक स्रोत हो सकती हैं (योगसूत्र, 1, 17)। मैत्री, करुणा, मुदिता (सुखी को देखकर प्रसन्न होना) तथा उपेक्षा आदि चारों ब्रह्मविचार भी योगदर्शन में समान हैं (योगसूत्र, 1 : 33)। कारणकार्य की शृंखला का स्रोत योगदर्शन में ढूंढ़ना कठिन कार्य नहीं है (4 : 11)। और भी देखें शेरबत्स्की, 'द कन्सेप्शन आफ बुद्धिस्ट निर्वाण', पृष्ठ 2 और आगे।

पृष्ठ 388—और भी देखें कीथ, 'बुद्धिस्ट फिलासफी।'

आठवां अध्याय

पृष्ठ 393—'त्रिमूर्ति' का विचार प्रायः बहुत बाद का समझा जाता है। देखें हापकिंस, 'द ग्रेट एपिक्स', पृष्ठ 46, 184। तो भी हम इसे मैत्रेयी उपनिषद् में पाते हैं (4 और 5), यद्यपि उपनिषद् के उस भाग को जिसमें यह आता है, पीछे से जोड़ गया माना जाता है।

पृष्ठ 495—वह संदर्भ, जिसमें बुद्ध का उल्लेख रामायण में मिलता है, प्रक्षिप्त बतलाया जाता है।

पृष्ठ 400—महाकाव्य के विकास की पहली दो अवस्थाओं में विष्णु अपनी वैदिक प्राचीनता के साथ, नारायण जो विश्व का देवता है और समस्त विश्व के विकास का अधिष्ठाता है, वासुदेव जो रक्षा करने वाला देवता है और कृष्ण, जो सखा और सुखदाता है, सब एकसाथ मिलकर आगे बढ़ते हैं। देखें शान्तिपूर्व, 341, 20-26, 342, 129।

पृष्ठ 402 पा. टि. 7—

"आपो नारा इति प्रोक्ता आपो वै नरसूनवः।
अयनं तस्यताः पूर्व तेन नारायणः स्मृतः"॥

पृष्ठ 405—डाक्टर झा ने एक विलक्षण सुझाव का उद्धरण दिया है कि "पञ्चरात्र-पद्धति का नाम इसलिए हुआ कि इसका निर्वाण उन पांच दिनों में जबकि वेद राक्षस के पास में रहे, मनुष्यों की धार्मिक आवश्यकताओं की पूर्ति के लिए हुआ था, और प्रलय के बाद पुनः जगत् की उत्पत्ति से पूर्व विष्णु ने वेदों को छुड़ाया।" ('हिन्दुस्तान रिव्यू', जनवरी 1924, पृष्ठ 219)।

पृष्ठ 412, पा. टि. 6—चक्षुः पश्यति रूपाणि मनसा न चक्षुषा।

पृष्ठ 412, पा. टि. 5—दुःखादुद्विजते सर्वः सर्वस्य सुखमीप्सितम्।

पृष्ठ 415, पा. टि. 7—

पांप कर्म कृतं किञ्चिद् यदि तस्मिन्न दृश्यते।
नृपते तस्य पुत्रेषु पौत्रेष्वपि च नप्तृषु॥

पृष्ठ 417—काल और प्रकृति केवल बौद्धधर्म में ही नहीं हैं। इसका पता प्रारम्भिक प्राकृतिक कल्पनाओं में भी मिलता है। देखें अथर्ववेद, 19 : 53, जहां काल को देवता का रूप दिया गया है।

नवां अध्याय

पृष्ठ 434, पा. टि. 1—आनन्दगिरि ने, जिसने भगवद्गीता पर शांकर भाष्य की टीका (पृष्ठ 6 और 27 आनन्दाश्रम आवृत्ति) में एक वृत्तिकार का दो बार उल्लेख किया है, उसे और बोधायन को एक नहीं बताता।

पृष्ठ 440, पा. टि. 1—देखें ऋग्वेद भी, 10 : 129।

पृष्ठ 443—लालने ताडने मातुर्नाकारुण्यं यथार्भके।
तद्वदेव महेशस्य नियन्तुर्गुणदोषयोः॥

पृष्ठ 444—भागवत, 1 : 3, 2, 8।

पृष्ठ 454, पा. टि. 1—ब्रैडले, 'अपीयरेंस ऐण्ड रियलिटी', पृष्ठ 5-6।

पृष्ठ 463—"महाभाग की पूजा केवल मात्र समाधि में ही अपने को अभिव्यक्त नहीं करती। इसके अन्दर मनुष्य का सम्पूर्ण सत्त्व समाविष्ट रहता है। 'वह सदाशय है।' इस सदाशयता में कर्म के अन्दर धार्मिक होना अवश्यम्भावी है।" (मैकंज़ी, 'हिन्दू एथिक्स', पृष्ठ 131)।

पृष्ठ 466—तुलना करें, निवृत्तिरपि मूढस्य प्रवृत्तिरुपजायते।
प्रवृत्तिरपि धीरस्य निवृत्तिफलभागिनी॥

पृष्ठ 470—देखें महाभारत, शान्तिपर्व, 320, 36 और 38।

पृष्ठ 473—देखें भगवद्गीता, 5 : 23-25।

दसवां अध्याय

पृष्ठ 484—महायान में बुद्ध का मानवीय स्वरूप नष्ट हो गया और उसे अलौकिक शक्तियां प्रदान कर दी गई हैं। हीनयान के जातकों में अवदानों अथवा बुद्ध तथा उनके अनुयायियों की चमत्कारपूर्ण सिद्धियों को स्थान दिया गया है।

पृष्ठ 486—महायानसम्परिग्रहशास्त्र में असंग ने ऐसे सात विषय गिनाए हैं जिनमें महायान को श्रावकयान से श्रेष्ठ समझा जा सकता है। "महायान सर्वतो मुखी है; जो कुछ भी बुद्ध ने, (न केवल शाक्यमुनि ने केवल एक जीवन में) उपेदश दिया है उसे स्वीकार किया गया है, अपितु इससे भी अधिक, जैसाकि हमने देखा, जो कुछ भी भलाई की बात है उसे किसी बुद्ध का वाक्य समझना चाहिए। दूसरे, महायान का लक्ष्य सर्वसाधारण को मुक्ति प्राप्त कराना है, केवल व्यक्ति-विशेष की मुक्ति नहीं, और इस प्रकार भूतमात्र के प्रति प्रेमभाव रखने से वह उत्कृष्ट है। तीसरे, महायान का क्षेत्र बुद्धि की दृष्टि से हीनयान की अपेक्षा कहीं अधिक विस्तृत है। क्योंकि हीनयान आत्मा की यथार्थता का निषेध करता है जबकि महायान यहां तक बढ़कर कहता है कि वह सब जो प्रतीत होता है यथार्थ नहीं है। चौथे, महायान आध्यात्मिक शक्ति को भी मानता है; श्रावक के समान इसका लक्ष्य केवल अपने लिए शीघ्रता से मोक्ष प्राप्त करना नहीं है। पांचवें, महायान मनुष्यों को मोक्ष के प्रति प्रेरणा करने में नाना प्रकार के उपाय ढूंढ़ निकालने में दक्ष है; यह उनके विविध प्रयोग की दृष्टि से अविचलित रहता है। इसके अतिरिक्त यह एक अत्यन्त ऊंचे आदर्श तक हमें ले जाता है; प्रवीण पुरुष का लक्ष्य केवल सन्त बनना ही नहीं अपितु अपने पूर्णत्व की प्राप्ति में बुद्धत्व प्राप्त करना है। और अन्त में जब कोई प्रवीण पुरुष बुद्ध बनता है तो उसे समस्त विश्व के अन्दर आनन्दमय शरीर से अपने को व्यक्त करने की अनन्त शक्ति प्राप्त हो जाती है।" देखें सुज़ूकी, 'महायान बुद्धिज़्म', अध्याय 2।

पृष्ठ 487—वसुबन्धु का कहना है कि जीवन की क्षणभंगुरता तथा निर्वाण की नित्यता निरपेक्ष ब्रह्म की यथार्थता के द्वारा उपलक्षित हैं।

पृष्ठ 490—हीनयान में बुद्ध का भौतिक शरीर धम्म के उस शरीर से भिन्न बताया गया है जिसका अनुभव प्रत्येक पुरुष को अपने लिए करना होता है। आगे चलकर दिव्यावदान में (पृष्ठ 19 और आगे; देखें दीघनिकाय, 3 : 84), हमें यह विचार मिलता है कि बुद्ध का भौतिक शरीर तो शरीर है किन्तु उसकी आत्मा धर्म का विधान है। बुद्ध की यथार्थ प्रकृति अथवा बुद्ध की आत्मा वह प्रज्ञा अथवा बोधि है, जिसे उन्होंने प्राप्त किया था। आध्यात्मिक परिभाषा में व्यक्त किया जाए तो हम कहेंगे कि यह वह परम यथार्थता है जो आनुभविक विश्व के मूल में विद्यमान है। चूंकि इस यथार्थसत्ता का सम्बन्ध प्रत्येक बुद्ध से है इसीलिए प्रत्येक बुद्ध का साथ-साथ एक अपना धर्मकाय रहता है। धर्मकाय और तथता एक ही हैं, अर्थात् आदिम भेदरहित यथार्थसत्ता अथवा तथागत का गर्भ अथवा प्रत्येक व्यक्ति का जन्मस्थान (लंकावतार, पृष्ठ 80)। प्रत्येक बुद्ध के विषय में यह कल्पना की जाती है कि उसका एक अनिर्वचनीय ज्योतिमय शरीर है, जिसे संभोगकाय कहते हैं। संभोगकाय का धर्मकाय के साथ क्या सम्बन्ध है? चन्द्रकीर्ति ने इसकी व्याख्या की है (माध्यमिकावतार, 3 : 12)। जो ज्ञानसम्पन्न हैं, जैसेकि बुद्ध लोग, वे धर्मकाय को प्राप्त करते हैं। किन्तु वे जो पुण्यवान हैं, जैसेकि बोधिसत्त्व लोग, संभोगकाय को प्राप्त करते हैं। किन्तु कोई भी इस विषय में निश्चित रूप से नहीं कह सकता, क्योंकि महायान साहित्य में अमिताभ और शाक्य मुनि को दृश्य रूप दिए गए हैं।

पृष्ठ 490, पा. टि.—देखें सूत्रालंकार, 9 : 77 और कारण्डव्यूह। यहां तक कि किसी बुद्ध के लिए भी कोई निरपेक्ष सत्ता नहीं हो सकती।

पृष्ठ 491—"वे लोग, जो बोधिसत्त्वों की पूजा करते हैं और महायानसूत्रों का अध्ययन करते हैं, 'महायानी' कहलाते हैं।" ('ई-त्सिग', ताकाकुसु का अंग्रेज़ी अनुवाद, पृष्ठ 14)।

धर्मविधान को बुद्ध का शरीर मानने का विचार धर्मशास्त्र में सुझाया गया है। सौत्रान्तिक लोग एक आनन्दमय शरीर मानते प्रतीत होते हैं, जो तीन कायाओं में से एक है।

पृष्ठ 492—निरपेक्षसत्ता का अपने को बुद्धों तथा बोधिसत्त्वों के रूप में परिणत करने का जो भाव है, इसका बहुत बड़ा धार्मिक महत्त्व है। यह दर्शाता है कि किस प्रकार निरपेक्षसत्ता जीवात्मा के साथ उसे मोक्ष के आनन्द को प्राप्त कराने के लिए सहयोग प्रदान करती है।

पृष्ठ 492—ज्योतिर्मय विज्ञान अपने को क्रियाशील बुद्धि के रूप में परिणत करता है तथा भौतिक एवं चेतनामय जगत् के रूप में विकसित करता है।

पृष्ठ 492—महावस्तु को भी देखें।

पृष्ठ 493—बोधिसत्त्व, दया के कारण नरक की यातनाओं का सामना करने को उद्यत है (बोधिचर्यावतार, 6 : 120; शिक्षा-समुच्चय, पृष्ठ 167)। बोधिसत्त्व लोग जो दुःख भोगते हैं वह पूर्वकृत पापों के दण्डस्वरूप न होकर अपनी पूर्णता-प्राप्ति के अभ्यास के दिए गए अवसर के रूप में भोगते हैं (बोधिचर्यावतार, 6 : 106)। बोधिसत्त्व भक्ति तथा उपासना के योग्य हैं। उसके सम्मुख यदि हम अपने पापों को स्वीकार कर लें तो हम उनकी क्षमा के अधिकारी बनते हैं (वही, 6 : 119, 122, 124; और भी तुलना करें, शिक्षा-समुच्चय, पृष्ठ

160 और आगे)। अपने पुण्य को दूसरे के लिए दे देने से बोधिसत्त्व लोग प्रसन्न हो सकते हैं (बोधिचर्यावतार, 5 : 85; शिक्षा-समुच्य, 127)। शान्तिदेव ऐसे मनुष्य को मूर्ख समझता है जो अपने शरीर को जंगली जानवरों को अर्पित कर देता है। इसलिए कि उन्हें भोजन मिल जाए, जबकि वह यथार्थ धर्म के ज्ञान को अन्यों के लिए भेंटस्वरूप दे सकता है (शिक्षा-समुच्चय, पृष्ठ 119 और 34 तथा आगे; बोधिचर्यावतार, 5 : 86 और आगे; बोधिसत्त्वभूमि, 1: 9)। जीवन के प्रति नैराश्य नहीं मिलता। संन्यास के कड़े जीवन में भी कुछ नरमी कर दी गई और गृहस्थी को भी बुद्धत्त्व की प्राप्ति के लिए उपयुक्त स्थिति में समझा जाने लगा। देखें सुजूकी, 'महायान बुद्धिज़्म' अध्याय 2।

पृष्ठ 494—हम नहीं कह सकते कि कैसे ज्ञान के प्रकाश का उदय होता है। ऐसे अनन्त श्रद्धारूप कर्म का ज्ञान केवल प्राचीन विद्वानों को ही था वे मनुष्यों को ज्ञानरूपी प्रकाश का विचारमात्र त्याग देने पर भी मोक्ष प्राप्त करा सकते थे।

पृष्ठ 495, पा. टि. 3—रागद्वेषमोहक्षयात् परिनिर्वाणम्।

पृष्ठ 496—विमलकीर्तिसूत्र में निर्वाण का एक निश्चित वर्णन किया गया है। यह स्वीकार करता है कि इस जीवन में ही और सब प्रकार के ध्यान बंटाने वाले विघ्नों के रहते हुए भी अन्तर्दृष्टि में उन्नति होना सम्भव है। निर्वाण संसार है और हमें जीवन में ही और इस जीवन के द्वारा ही, सांसारिक क्रियाओं से विरत रहकर नहीं, निर्वाण प्राप्त करने का प्रयत्न करना चाहिए। असंग के महायानसंपरिग्रहशास्त्र के अनुसार बुद्ध यद्यपि संसार से लिप्त नहीं है और निष्कलंक है तो भी मृत पुरुषों के प्रति दया का भाव रखता है कि उसे उनकी भी रक्षा करनी है।

पृष्ठ 500—देखें के. जे. सौंडर्स, 'एपक्स इन बुद्धिस्ट हिस्ट्री', सर चार्ल्स इलियट, 'हिन्दूइज़्म ऐण्ड बुद्धिज़्म', जे. बी. प्रैट्, 'द पिलग्रिमेज आफ बुद्धिज़्म।'

ग्यारहवां अध्याय

पृष्ठ 501, पा. टि.—देखें अशोक का भाबरू वाला आज्ञापत्र और दिव्यावदान पृष्ठ 272। अंगुत्तरनिकाय (4 : 163) में बुद्ध की एक अन्न-भण्डार के साथ उपमा दी गई है, जिसमें से मनुष्य हर एक उत्तम उपदेश ले जाते हैं। देखें, विंसैण्ट स्मिथ, 'अशोक', पृष्ठ 154।

पृष्ठ 503—सर्वास्तिवाद अथवा इस मत के सम्बन्ध में कि प्रत्येक वस्तु की सत्ता है। देखें, शेरबत्स्की कृत, 'द सेंट्रल कंसेप्शन आफ बुद्धिज़्म'। सर्वास्तिवाद बौद्धमत का एक प्राचीन सम्प्रदाय था, जिसकी शृंखला वैभाषिक दर्शन है।

पृष्ठ 503, पा. टि.—धर्मपात्र उदानवर्ग और संयुक्ताभिधर्महृदयशास्त्र का रचयिता है। महामहोपाध्याय हरप्रसाद शास्त्री का कहना हे कि "आर्यदेव कांची का रहने वाला था", ('इण्डियन हिस्टोरिकल क्वार्टली', 1925, पृष्ठ 111)।

पृष्ठ 504—आत्मा अथवा जीवित प्राणी परम तथ्य नहीं, बल्कि यथार्थ धर्म परम तथ्य हैं। नैरात्म्य अथवा आत्माशून्यता परम यथार्थसत्ता (धर्मता) के अस्तित्व के व्यक्त करने का निषेधात्मक ढंग है; जिसे हम आत्मा कहते हैं, केवल वह नहीं है। तुलना करें अभिधर्मकोष, अध्याय 9 पर यशोमित्र की टीका। प्रवचनधर्मता पुनरत्र नैरात्म्य बुद्धानुशासनी वा। शेरबत्स्की का कहना है : "बौद्धमत ने सांसारिक अर्थों में आत्मा के अस्तित्व का कभी निषेध नहीं किया, इसने केवल इतना ही कहा कि यह परम यथार्थसत्ता (अर्थात् धर्म) नहीं है।" (देखें

'द सेंट्रल कन्सेप्शन आफ बुद्धिज़्म', पृष्ठ 25-26)।

"मूल तत्त्वों या धर्मों के चार विशिष्ट लक्षण हैं : (1) वे द्रव्य नहीं हैं—यह समस्त 75 तत्त्वों पर लागू होता है चाहे वे नित्य हों अथवा अनित्य। (2) उनकी कोई कालावधि नहीं है—यह केवल 72 अस्थायी तत्त्वों पर ही लागू होता है, जिनकी सांवृत्तिक सत्ता है। (3) वे अशान्त हैं—यह पिछले वर्ग के केवल एक भाग पर ही लागू होता है, वह जोकि साधारण तौर पर एक सामान्य मनुष्य के अनुकूल है किन्तु एक सन्त (आर्य) पुरुष के धर्म की शुद्ध अवस्था के विपरीत है। (4) उनका अशान्ति का अन्त अन्तिम मोक्ष में है। पारिभाषिक रूप में कहा जाए तो—(1) सब धर्म अनात्म हैं; (2) सब संस्कृत धर्म अनित्य हैं; (3) सब साश्रव धर्म दुःख हैं, और (4) उनका निर्वाण ही एकमात्र शान्त है। धर्म अद्रव्य है, यह क्षणिक है, यह विक्षोभ की एक अनादि स्थिति में है, और इसका अन्तिम दमन ही पीड़ा कम करने का एकमात्र साधन है।"

नित्य तत्त्वों या धर्मों के अपनी अभिव्यक्तियों के साथ सम्बन्ध के विषय में विभाष चार भिन्न-भिन्न मत उपस्थित करता प्रतीत होता है। धर्मत्रातभाव में परिवर्तन के साथ द्रव्य की एकता को स्थिर रखता है। अस्तित्व में परिवर्तन होने पर भी सारतत्त्व में परिवर्तन नहीं होता, जैसेकि दूध परिवर्तित होकर दही बन जाता है। ऐसा प्रतीत होता है कि उक्त विचार पर सांख्य के सिद्धान्त का प्रभाव पड़ा। घोष यह मानकर चलता है कि मूलतत्त्व यद्यपि भूत, वर्तमान और भविष्य में थे और हैं और रहेंगे, किन्तु वे समय-समय पर अपने लक्षणों में परिवर्तन करते रहते हैं। इस मत को साधारणतः स्वीकार नहीं किया जाता। क्योंकि यह भिन्न-भिन्न पक्षों की एक ही काल में सहसत्ता का होना निर्दिष्ट करता है। बुद्धदेव के मत में भूत, वर्तमान और भविष्यत् एक-दूसरे के ऊपर सप्रतिबन्ध हैं और एक ही सत्ता को पूर्व एवं पश्चात् के क्षण के सम्बन्ध में भूत, वर्तमान अथवा भविष्यत् माना जा सकता है, ठीक जैसेकि एक ही स्त्री को माता, पत्नी अथवा पुत्री पुकारा जा सकता है। इस मत को स्वीकार नहीं किया जा सकता, क्योंकि कहा जाता है कि इसमें काल की तीन अवधियों का सम्मिश्रण है। वसुमित्र अवस्था के परिवर्तन, अर्थात् वर्तमान में क्षमता एवं भूत तथा भविष्यत् में अक्षमता का समर्थन करता हैं। जब कोई विद्यमान वस्तु अपना कार्य सम्पन्न करके आगे कार्य करना बन्द कर देती है तो यह भूतकाल कहलाता है, और जब वह कार्य कर रही होती है तो वह वर्तमान है और जब तक उसने कार्य नहीं प्रारम्भ किया होता है तब तक वह भविष्यत् है। तीनों ही अवस्थाओं में वस्तुसत्ता यथार्थ है। भूतकाल यथार्थ है क्योंकि यदि यथार्थ न होता तो यह ज्ञान का विषय न बन सकता और न ही यह वर्तमान का निर्णय कर सकता। वैभाषिक लोग सामान्यतः वसुमित्र के मत को स्वीकार करते हैं। विभाज्यवादियों का मत है कि वर्तमान धर्म और भूतकाल के वे धर्म भी, जिन्होंने अभी अपना कार्य नहीं किया है, अस्तित्व रखते हैं; किन्तु भविष्यत् तथा भूतकाल के धर्म, जो अपना कार्य कर चुके, अब विद्यमान नहीं हैं। देखें शेरबत्स्की, 'बुद्धिस्ट फिलासफी', पृष्ठ 104-5।

पृष्ठ 505, पा. टि. 2—चैत्तधर्म चित्त से भिन्न हैं और केवल उसकी अवस्थामात्र ही नहीं है जैसाकि योगाचार में है। परवर्ती स्थविरवादियों ने चित्त तथा चैतसिक धर्मों को सापेक्ष्य ऐक्य प्रदान किया, वहां पर चित्त की तुलना एक क्षेत्र से की गइ है और चैतसिकों को उसके विभाग बताया गया है। चैतसिक वे धर्म हैं, जिनमें से मानसिक ग्रंथियों का निर्माण होता है "जिस प्रकार चारों महाभूत और पांच इन्द्रियविषयों के परमाणु अनन्त प्रकार से

संयुक्त हो सकते हैं जिससे कि उस जटिल बाह्य जगत् की रचना हो सके जो हमारे चारो ओर है, ठीक इसी प्रकार विविध चैतसिक भी अनन्त प्रकार से एक बच्चे के सरल विचारों तथा इच्छाओं से लेकर अत्यन्त सूक्ष्म तथा दुर्बोध आध्यात्मिक अनुमान तक संयुक्त किए जा सकते हैं।" (मैक्गवर्न : 'बुद्धिस्ट फिलासफी', पृष्ठ 138)। मोटे तौर पर चैतसिकों का विभाजन इस प्रकार किया जा सकता है : (1) सामान्य मानसिक गुण, जो न तो पुण्यरूप हैं और न ही पापरूप (2) पुण्य रूप और (3) पापरूप। जहां स्थविरवादियों के मत में केवल यही तीन हैं, वहां सर्वास्तिवादी और योगाचारी एक चौथा इनके मध्य का और जोड़ देते हैं।

पृष्ठ 506—सर्वास्तिवाद का मत है कि पांच इन्द्रियों, पांच इन्द्रियविषयों, और चार महाभूतों की अनुकूलता में चौदह प्रकार के परमाणु हैं। ये परमाणु वैशेषिक और जैन दार्शनिकों के परमाणुओं के समान नित्य नहीं हैं। क्षणिकवाद के सिद्धान्त की अनुकूलता में कहा जाता है कि ये समय-समय पर उत्पन्न होते हैं और नष्ट हो जाते हैं। यहां तक कि वे परमाणु भी, जो अणुओं को सहारा देने वाले कहे जाते हैं, नित्य नहीं हैं, क्योंकि वे जन्म, स्थिति, क्षय, तथा विनाश इन चार प्रकार की प्रक्रियाओं के वशीभूत हैं।

सर्वास्तिवाद अविज्ञप्तिरूप अथवा अव्यक्त प्रकृति के अस्तित्व को स्वीकार करता है। बौद्ध सिद्धान्त के अनुसार, प्रत्येक भौतिक कार्य, शब्द अथवा विचार का कुछ-न-कुछ अनुरूप परिणाम निकलना चाहिए। प्रत्येक क्रिया अणुओं के स्वरूप तथा स्थिति में परिवर्तन उत्पन्न करती है। यदि प्रत्यक्ष रूप में ऐसा परिवर्तन उत्पन्न नहीं करती तो कम से कम परोक्ष रूप में तो करती ही है। क्योंकि किसी क्रिया का परिणाम कुछ न हो ऐसा नहीं हो सकता। सर्वास्तिवादियों ने अविज्ञप्ति रूप की यथार्थता को तो स्वीकार किया किन्तु उन्हें इसके स्वरूप के विषय में कुछ निश्चय नहीं। हरिवमन वपने सत्त्वसिद्धि ग्रंथ में प्रतिपादन करता है कि यह न तो भौतिक है और न ही मानसिक है और चित्तविप्रयुक्त धर्मों से सम्बन्ध रखता है। चूंकि सर्वास्तिवादियों का दावा है कि समस्त स्वरूप अन्ततोगत्वा भौतिक हैं इसलिए अविज्ञप्तिरूप भी रूपधर्म है।

पृष्ठ 506—देखें अभिधर्मकोष, 4 : 1 ब; और शेरबत्स्की, 'द कन्सेप्शन आफ बुद्धिस्ट निर्वाण', पृष्ठ 27-29।

पृष्ठ 507—'प्रतिसंख्या का तात्पर्य है, प्रबुद्ध विचार-विमर्श, और यह बुद्धि का एक नमूना है, क्योंकि यह चार आर्यसत्यों के ऊपर विचार करता है। इसलिए विचार-विमर्श की शक्ति द्वारा निरोध की प्राप्ति प्रतिसंख्यानिरोध कहलाती है ठीक जैसेकि बैलों द्वारा खींची जाने वाली एक बैलगाड़ी बीच में से एक पद को छोड़कर बैलगाड़ी कहलाती है।' (अभिधर्मकोष, 1 : 3 ब; मैक्गवर्न, 'बुद्धिस्ट फिलासफी,' पृष्ठ 111)।

सर्वास्तिवादी लोग "धर्मों के सारतत्त्वों और व्यक्त रूपों में भेद करते हैं। निर्वाण के समय व्यक्त रूप सदा के लिए विलुप्त हो जाते हैं और फिर पुनर्जन्म नहीं होता किन्तु सारतत्त्व विद्यमान रहता है। किन्तु है यह एक प्रकार की विद्यमान वस्तु जिसमें चेतनता नहीं है।" (शेरबत्स्की, 'द सेंट्रल कन्सेप्शन आफ बुद्धिज़्म', पृष्ठ 53)।

देखें अभिधर्मकोष, 3 : 30, जहां पर 'नीले रंग' के प्रत्यक्ष ज्ञान तथा 'यह नील है',' के निर्णय में भेद किया गया है।

पृष्ठ 507—अभिधर्मकोष संकल्पशक्ति के महत्त्व पर बल देता है (देखें अध्याय 4)। कूष्माण्ड को लक्ष्य करके किए गए प्रहार से यदि आकस्मिक दुर्घटना के रूप में किसी मनुष्य की जान चली जाती है तो वह हत्या नहीं है। इस मत को प्रकट करने में सम्भवतः जैनियों के तर्क को लक्ष्य किया गया है, जिसके अनुसार वह मनुष्य जो किसी का प्राण हरण करता

है, चाहे अनजाने में ही क्यों न हो, हत्या का दोषी है, जिस प्रकार कि, जो आग को छूता है, चाहे अनजाने में ही क्यों न छुए, अवश्य जलता है। अभिधमकोष किसी भी कर्म के मनोवैज्ञानिक और भौतिक परिणाम में भेद करता है। इच्छाशक्ति (संकल्प) मानसिक श्रृंखला पर केवल एक वासना मात्र छोड़ जाती है, जबकि शारीरिक क्रियाएं एक प्रकार के अर्धभौतिक परिणाम उत्पन्न करती हैं, जिन्हें तार्किक लोग अविज्ञप्ति कहते हैं जो स्थिर रहती है तथा व्यक्ति-विशेष की चेतनता के जाने बिना भी विकसित होती है। पुनर्जन्म की यन्त्र-रचना पर अत्यधिक विशद रूप में विचार किया गया है। विगत जीवन की चेतना से नये जीवन की प्राप्ति का निर्णय होता है। पुनर्जन्म अथवा प्रतिसन्धिविज्ञान मृत्यु से पूर्व की भूतकालीन चेतनता की श्रृंखला है। मरते हुए मनुष्य की अन्तिम चेतना अपने लिए अव्यवस्थित प्रकृति के अन्दर से आवश्यक शरीर उत्पन्न कर लेती है।

पृष्ठ 507, पा. टि. 1—तीनों एक हैं और एक ही वस्तु हैं, यद्यपि भिन्न-भिन्न रूप में कार्य कर रहे हैं। "बौद्ध, कम से कम सर्वास्तिवादी और स्थविरवादी, इस विषय में सहमत हैं कि भेद केवल शब्दों का है, किन्तु वस्तु का विषय वही है", (मैकगवर्न, 'बुद्धिस्ट फिलासफी', पृष्ठ 132)।

पृष्ठ 509—सौत्रान्तिक लोग वैभाषिकों के इस मत का, कि नित्य द्रव्यों का अस्तित्व सब समय में विद्यमान रहता है, खण्डन करते हैं। उनका कहना है कि यदि भूतकाल को इस आधार पर कि इसने अपनी क्षमता प्रदर्शित की है, यथार्थ माना जाय तो इसे वर्तमान से भिन्न नहीं किया जा सकता। यह तर्क करना कि हम अभावात्मक वस्तुओं को नहीं जान सकते, निरर्थक है। ऐसी वस्तुएं भी जो वस्तुतः क्षमताशून्य हैं, ज्ञान का विषय बनती है। किसी वस्तु तथा उसकी क्षमता के मध्य भेद करना नहीं हो सकता क्योंकि यह जानना कठिन है कि क्यों एक वस्तु हठात् क्रियात्मक क्षमता धारण कर लेती है। सौत्रान्तिकों का कहना है कि सब वस्तुएं क्षणिक हैं, अचानक उत्पन्न होती हैं, क्षणमात्र के लिए रहती हैं और फिर अभावात्मक हो जाती हैं। उनका अस्तित्व और क्षमता एक ही वस्तु है। परिणाम यह निकलता है कि 'वस्तुएं' कुछ क्षणिक रंगों तथा रसों आदि के लिए केवल नाममात्र हैं जो काल्पनिक रूप में एक नामांकित पट्टे के अन्दर एक हो गई हैं। आत्मा भी मनोवैज्ञानिक क्षणिक घटनाओं की श्रृंखलाओं के लिए दिया गया एक अभिधान है जो परस्पर कारणकार्य के विधान से सम्बद्ध है। स्मृति को किसी आत्मा की आवश्यकता नहीं अपितु केवल एक भूतपूर्व अनुभव की आवश्यकता है। इसका उदय तब होता है जबकि ध्यान, दुःख से विमुक्ति इत्यादि अनुकूल अवस्थाएं उपस्थिति हों। चेतनता की श्रृंखलाओं का अन्तिम क्षण नये जीवन का निर्णय करता है। यह सर्वथा स्पष्ट नहीं है कि चेतनता के बीज के साथ कोई सूक्ष्म प्रकृति नये शरीर में जाती है या नहीं। देखें कीथ, 'बुद्धिस्ट फिलासफी', पृष्ठ 166।

"किसी पदार्थ के प्रत्यक्ष ज्ञान के स्वरूप में तीन भिन्न-भिन्न प्रकार के मत प्रकट करने का श्रेय सौत्रान्तिकों को है : (1) इसकी सब विशिष्टताएं विचार के रूप में प्रस्तुत होती हैं और इस प्रकार उनका बोध होता है; (2) विचार की आकृति वास्तविक रूप में प्रस्तुत विशेषताओं का कुल जोड़ ही है, अर्थात् चित्र-विचित्र रंग के रूप में; (3) विषयरूप पदार्थ के सब पक्ष विचार के अन्दर प्रस्तुत होते हैं, किन्तु यह उनको संश्लिष्ट करके अर्थात् भिन्न-भिन्न रंगों को परस्पर मिलाकर एक ही मानता है" (उसी स्थान पर, 162 टिप्पणी)।

509—अभिधर्मकोष के अनुसार, ज्ञान की घटना अनेकों धर्मों के एकसाथ प्रकट होने से उत्पन्न होती है। सम्पर्क, प्रभाव अथवा आन्तरिक सम्बन्ध का प्रश्न नहीं उठता। रूप-

सम्बन्धी गति, दृष्टिशक्ति की गति तथा चित्त की गति यह सब एकसाथ निकटतम सान्निध्य में उदित होते हैं और स्पर्श अथवा वर्ण की भावना को उत्पन्न करते हैं। चेतनता विज्ञान सदा किसी विषय तथा ग्रहण करने वाली इन्द्रिय के द्वारा पुष्ट होकर ही सदा प्रकट होता है। कहा जाता है कि चेतनता विषय को ग्रहण करती है क्योंकि चेतनता तथा विषय में एक विशेष सम्बन्ध है जिसे सारूप्य कहते हैं। वर्ण का बोध चक्षुइन्द्रिय नहीं अपितु चेतनता ग्रहण करती है। वस्तुतः यह चेतनता के क्षणिक स्फुरण से सम्पन्न होता है। "चेतनता उसी प्रकार बोध ग्रहण करती है जिस प्रकार प्रकाश गति करता है। दीपक के प्रकाश को, एक अविछिन्न स्फुरण वाली अग्नि-ज्वाला की शृंखला की उत्पत्ति के लिए, साधारण उपमा के रूप में उपस्थित किया जाता है। जब यह उत्पन्न वस्तु अपना स्थान परिवर्तन करती है तो हम कहते हैं कि प्रकाश में गति हुई। इसी प्रकार चेतना चैतन्ययुक्त क्षणों की शृंखला के लिए एक रूढ़िगत संज्ञा है। जब यह अपना स्थान बदलती है (अर्थात्, दूसरे धर्म के सम्बन्ध में प्रकट होती है) तब हम कहते हैं कि यह उस पदार्थ का बोध ग्रहण करती है।" (अभिधर्मकोष, 9; शेरबत्स्की, पृष्ठ 57)।

पृष्ठ 510, पा. टि. 1—अभिधम्मत्थसंग्रह में चार कारण उस हेतु के रूप में दिए गए हैं जो वस्तु को उत्पन्न करता है, आलम्बन अथवा आश्रय, जो विचार तथा इसके परिणाम को उत्पन्न करता है, समानान्तर अथवा तुरन्त निकटवर्ती कारण जो विचार के प्रवाह में नवीन प्रस्तुत वस्तु को समाविष्ट करता है, और अधिपति, वह जिसके अस्तित्व पर दूसरा निर्भर करता है। देखें कीथ, 'बुद्धिस्ट फिलासफी', बी. 177।

स्वलक्षण से तात्पर्य है केवलमात्र अंशपरिणामी।

पृष्ठ 510—सौत्रान्तिक ने आत्मचेतनता के विचार को छोड़ दिया, क्योंकि पूर्वक्षण की चेतनता आने वाली चेतनता के द्वारा न केवल विषयों को प्रकाशित करती है, किन्तु अपने को भी प्रकाशित करती है, ठीक वैसे ही जैसेकि एक दीपक केवल कमरे ही को नहीं किन्तु अपने को भी प्रकाशित करता है। चेतनता मात्र आत्मचेतनता है। सौत्रान्तिकों की दृष्टि से बाह्य वस्तुओं का प्रत्यक्ष केवल परोक्ष रूप में होता है। वस्तुओं का ज्ञान इसलिए होता है कि चेतनता इन्द्रियों के माध्यम द्वारा ज्ञातव्य विषय का रूप धारण कर लेती है और अपने विषय में भी चेतन रहती है। हम ज्ञातव्य विषयों की बाह्यता की उनके क्षणिक और आकस्मिक स्वरूप के कारण पहचानते हैं, जिससे यह ज्ञात होता है कि वे स्वयं चेतनता के अंश नहीं हैं।

पृष्ठ 510, पा. टि. 2—देखें यूई, 'द वैशेषिक फिलासफी', पृष्ठ 26-28।

पृष्ठ 511, पा. टि. 1—अभिधर्मकोषव्याख्या, 7।

पृष्ठ 511, पा. टि. 2—कीथ दिङ्नाग का समय 400 वर्ष ईसा के पश्चात् के लगभग रखता है। देखें 'बुद्धिस्ट फिलासफी', पृष्ठ 305।

वसुबन्धु की विज्ञप्तिमात्रतात्रिंशत्कारिका पर लगभग दस टीकाएं हुई हैं। धर्मपाल ने जो, युआनच्वांग के शिक्षक शीलभद्र का गुरु था, विज्ञप्तिमात्रतासिद्धिशास्त्र लिखा है। वह ज्ञानवाद में आत्मनिष्ठ आदर्शवाद को मानता है और सभी प्रकार के यथार्थवाद का खण्डन करता है।

पृष्ठ 512—सर्वास्तिवाद के इस मत को स्वीकार करना कि यह जगत् 75 अपरिवर्तनशील तत्त्वों के परिवर्तनशील संयोग का परिणाम है, क्षणिकता के प्रमुख सत्य के विरुद्ध जाता है।

पृष्ठ 517—प्रमेय पदार्थों की चेतनता हमारे अन्दर हमारे भूतकाल के अनुभव के परिणामस्वरूप उत्पन्न होती है। वे स्वतः सिद्ध प्रतीत होते हैं किन्तु वस्तुतः वे हमारे विचारों की सृष्टि हैं। बाह्य जगत् हमारे विचार की उपज है, जिसे हम नाम और विचार देते हैं (नामसंज्ञाव्यवहार)। देखें लंकावतारसूत्र, पृष्ठ 85।

ज्ञाता, ज्ञेय और ज्ञान के आन्तरिक भेद भी यथार्थ नहीं हैं। वे विचार के दोषों के परिणाम हैं, यद्यपि हम इस दोषयुक्तता के प्रारम्भ तक नहीं पहुंच सकते। आलय की कोई उत्पत्ति, स्थिति, अथवा विनाश नहीं है। विशेष बौद्धिक गतियां इसमें समुद्र की लहरों के समान हैं।

पृष्ठ 523, पा. टि. 2—योगचार-सम्प्रदाय वाले आठ प्रकार के विज्ञान को मानते हैं जिनमें से पांच, पांच भौतिक इन्द्रियों की अनुकूलता में, छठा मनोविज्ञान जो अधिक सामान्य रूप का है और स्मृति व निर्णय की क्रियाओं को सम्पन्न करने वाला है, सातवां क्लिष्ट मनोविज्ञान अथवा यौगिक अर्थों में दूषित मनश्चेतनता है। इसके विषय में मैक्गवर्न कहता है : "चूंकि मनोविज्ञान तर्क की साधारण प्रक्रिया से कार्य करता है, यह अधिकतर उन विचारों के विषय का ही प्रतिपादन करता है जो अपने-आप प्रस्तुत हो जाते हैं। यह उनमें न तो जान-बूझकर और न निरन्तर ही परस्पर कोई भेद करता है, जो आत्मा के साथ सम्बन्ध रखते हैं तथा जो अनात्म के आगे प्रकट होते हैं। यह निरन्तर भेद सातवें विज्ञान का कार्य है, जो योगाचारों के अनुसार अपना कार्य उस समय भी करता है जबकि मनुष्य निद्रा में हो अथवा बेखबर हो। यह आत्मा-सम्बन्धी सिद्धान्त के प्रति निरन्तर झुकाव का आधार है, क्योंकि यह आलयविज्ञान को मिथ्यारूप में यथार्थ और स्थायी अहंभाव समझता है यद्यपि वस्तुतः यह निरन्तर प्रवाह की अवस्था में रहता है।" (बुद्धिस्ट फिलासफी', पृष्ठ 134)। वही लेखक आलयविज्ञान के त्रिविध कार्य के विषय में लिखता है : "पहले को हम विध्यात्मक कह सकते हैं, क्योंकि यह और सब विज्ञानों के अंकुरों का संग्रह करके रखता है। दूसरे को हम निषेधात्मक कह सकते हैं, क्योंकि यह अन्य सब प्रतीतिरूप विज्ञानों के प्रभाव को ग्रहण करता है। तीसरा यह विज्ञान है जिसे मिथ्या विश्वास का विषय समझा जाता है, क्योंकि सातवां विज्ञान निरन्तर यह समझता है कि यह सदा परिवर्तनशील आलयविज्ञान एक नित्य अहं वस्तु है।" (पृष्ठ 135)। योगाचारों का झुकाव छठे को विज्ञान के नाम से पुकारने की ओर है, सातवां मन और आठवां चित्त।

पृष्ठ 524, पा. टि. 1—देखें मैक्गवर्न, 'बुद्धिस्ट फिलासफी', पृष्ठ 113।

पृष्ठ 527—कर्न का मत है कि बौद्धमत प्रारम्भ से ही एक आदर्शवादी शून्यवाद का दर्शन है। देखें मज्झिमनिकाय, 1 : 4, 134, 297 और 329; 2 : 261; 3 : 246।

पृष्ठ 527—जब नागार्जुन बुद्ध का निषेध करता है तो उसका तात्पर्य हीनयान के बुद्ध-विषयक मत से है जिसे जगत् की उन्नति का अन्तिम लक्ष्य मानकर उसका निषेध किया गया है, किन्तु वह उस बुद्ध का निषेध नहीं करता जो सब आनुभविक निर्णयों से ऊपर है। देखें चन्द्रकीर्ति की माध्यमिक वृत्ति, 432 और आगे।

पृष्ठ 537—भ्रमात्मक प्रवत्तियां बुद्धपालित और चन्द्रकीर्ति में विकास को प्राप्त मिलती हैं और एक प्रकार से शान्तिदेव में भी; किन्तु अधिक तार्किक विचार भावविवेक के अन्तर्गत नागार्जुन के विचारों के भाष्य में पाया जाता है।

पृष्ठ 544, पा. टि. 6—इसके साथ भी तुलना करें—

प्रभाशून्यं मनःशून्यं बुद्धिशून्यं निरामयम्।
सर्वशून्यं निराभासं समाधिस्तस्य लक्षणम्॥

पृष्ठ 547—देखें, कर्न, 'मैनुएल आफ इण्डियन बुद्धिज़्म', पृष्ठ 126।

पृष्ठ 573—देखें, कीथ भी; बुद्धिस्ट फिलासफी'; मैक्गवर्न, 'ए मैनुएल आफ बुद्धिस्ट फिलासफी', शेरबत्स्की, 'द सेंट्रल कन्सेप्शन आफ बुद्धिज़्म', 'द कन्सेप्शन आफ बुद्धिस्ट निर्वाण', प्रैट्, 'द पिलग्रिमेज आफ बुद्धिज़्म', अध्याय 12।

* * *

पारिभाषिक शब्द

अंत:प्रज्ञावाद	: Intuitionism
अकर्मण्यता	: Indolence
अद्वैतवाद	: Non-dualism
अधोनैतिक	: Sub-moral
अनीश्वरवाद	: Agonosticism
अनुदारवाद, रूढ़िवाद	: Conservatism
अनेकान्तवाद	: Pluralism
अन्वय	: Agreement
अराजकतावाद	: Anarchism
अवेचतना	: Subconsciousness
अवतारवाद	: Anthropomorphism
असत्	: Non-being
आकस्मिक विकास	: Accidental evolution
आगमनात्मक	: Inductive
आचार-नियम	: Maxims of morality
आत्मनिष्ठ, व्यक्तिनिष्ठ	: Subjective
आत्मनिष्ठ उपाधि	: Subjective condition
आदर्शवाद	: Idealism
आनन्दमार्गी, सुखवादी	: Hedonist
आस्तिवाद	: Theism
उत्संस्करण, संस्कृति-संक्रमण	: Acculturation
एकेश्वरवाद	: Monotheism
कालक्रमिक	: Chronological
कालदोष	: Anachronism
केवलान्वय	: Single agreement
तत्त्वमीमांसा, अध्यात्मविद्या	: Metaphysics
तर्कना, तर्क	: Reasoning
तर्कवाक्य	: Proposition
तर्कशास्त्र	: Logic
तार्किक ज्ञान	: Logical knowledge
दर्शन, आत्मविद्या	: Philosophy
देशदोष	: Anachorism
द्वैतवाद	: Dualism
निगमनिक	: Deductive

निरपेक्ष, परम, चरम : Absolute
निरपेक्षतावाद, परमसत्तावाद : Absolutism
निष्पत्ति : Accomplishment
नीतिशास्त्र, आचारशास्त्र : Ethics
नैतिक. निर्णय : Moral judgement
पदार्थ, उत्पादन, विषयवस्तु : Matter
परमाणुवाद, सूक्ष्मवाद : Atomism
परोक्ष अभिप्राय : Indirect intention
परोक्ष ज्ञान : Indirect knowledge
पश्च विचार : After-thought
प्रकृतिवाद : Naturalism
प्रतिकूल, विरुद्ध : Adverse
प्रत्यक्ष ज्ञानवाद : Phenomenalism
प्रमाता, विषयी, अहम् : Subject
बहुत्ववाद : Pluralism
बुद्धिवाद : Intellectualism
भौतिकवाद, जड़वाद : Materialism
मताग्रहिता : Dogmatism
मरणोत्तर जीवन : After-life
महाकाव्य काल : Epic period
यथार्थ सत्ता : Reality
वस्तुनिष्ठ : Objective
वस्तुनिष्ठ उपधि : Objective condition
विशुद्धाद्वैतवाद : Pure monism
विश्लेषक तर्कवाक्य : Analytic proposition
विश्लेषण : Analysis
विश्लेषण, आनुभाविक : Empirical analysis
विषयिविज्ञानवाद, व्यक्तिनिष्ठावाद : Subjectivism
वैराग्यवाद : Asceticism
व्यष्टिवाद, व्यक्तिवाद : Individualism
व्यष्टि-सापेक्षवाद : Individual relativism
व्यावहारिक, उपयोगितावादी : Pragmatic
शास्त्रीयवाद : Scholasticism
शास्त्रीय वाद-विवाद : Academic discussion
संक्रमण : Transition
संश्लेषण : Synthesis
संसृतिशास्त्र : Cosmology
सत्, परम सत्ता, जीव : Being
अदृश्य, अनुरूप : Analogous
समानुपाती : Proportional
समायोजन : Accommodation

सापेक्ष : Relative
साम्यानुमान : Analogy
साम्यानुमान, मिथ्या : False analogy
सिद्धान्त : Theory
सिद्धान्तबोधन : Indoctrination
सौन्दर्यबोधी, सौन्दर्यानुभूति-विषयक : Aesthetic
स्वगुणार्थक परिभाषा : Analytic definition
